中国人民银行
朔州市中心

中国人民银行朔州市中心支行是在1998年人民银行体制改革时，由原来的“中国人民银行朔州分行”更名的。该行于1989年随着朔州市的成立而组建，是中国人民银行总行派出的二级分支机构，在行政、党务、纪检监察方面直接受中国人民银行天津分行的垂直领导，在本辖区内履行中央银行授权的各项职责。全系统现有干部职工333名。下属机构有怀仁、山阴、应县、平鲁、右玉五个区县支行。

朔州市中心支行主要职责：一是组织辖内各金融机构认真贯彻执行国家各项金融方针、货币政策；二是加强对辖区内各金融机构各项经营业务活动监督和监管，依法查处金融违法、违规案件，防范和化解金融风险；三是经理国库，办理好同城和异地支付清算工作，做好辖内现金调拨供应，汇总、统计、分析上报各个时期的经济金融运行情况，为上级行和当地政府提供决策依据、信息；四是充分运用各种货币政策工具，按照国家产业政策，搞好信贷总量调节和信贷投向引导，积极支持地方经济发展。

中心支行现任行长杨庆和，班子其他成员有副行长宋立新、张自强、蔡如刚，纪检书记段仁勇，工会主席赵福。

行长　杨庆和

地址：山西省朔州市开发南路58号
邮编：036002
电话：0349-2020988
传真：0349-2034718

中国工商银行
厦门市城建支行

中国工商银行厦门市城建支行于1997年3月成立，这是一支年轻、精干的战斗队伍，在厦门市分行党委的领导下，支部一班人精诚团结、勇于创新，带领全行员工努力拼搏，不断开辟住房金融业务新领域，各项业务健康快速发展，有力支持了厦门房地产市场的发展。至2000年，支行累计发放住房贷款50多亿元，并取得较高的资产质量和较好的经济效益，共创利5550万元，人均创利173.5万元。同时，支行被授予厦门市计委系统“文明单位”称号；党支部多次被厦门市分行党委授予“先进基层党组织”，2001年“七一”被工总行党委授予“先进基层党组织”。

中国工商银行厦门市城建支行

党支部 书记
支　行 行长　吴毅锋

城建支行宽敞明亮的营业大厅

中国工商银行厦门市城建支行全体员工

地址：福建省厦门市鹭江道270号
邮编：361001
电话：0592－2392299（总机）
传真：0592－2392302

六盘水市钟山区信用联社

六盘水市钟山区信用联社，成立于1993年6月1日，地处钟山开发区中心地段，交通便利，有装饰舒适的营业大厅和办公大楼，主要办理存款、贷款、同城资金清算、国内结算、票据贴现业务，办理经中国人民银行批准的其它业务。辖区内共设1个营业部、10个信用社、4个分社，网点遍布钟山区各乡、镇、办。它们是联社营业部、黄土坡信用社、凤凰信用社、月照信用社、汤坝信用社、荷城信用社、德坞信用社、大湾信用社、大河信用社、汪家寨信用社、老鹰山信用社、中心分社、开发区分社、中路分社、南环路分社。

在新一届领导班子的带领下，钟山联社继续深化农村金融体制改革，探索防范和化解金融风险的有效途径，严格控制货币与信贷投入，优化资产结构和负债结构，努力改进金融服务，完善各项规章制度，致力于提高信用社经营管理水平和效益，强化内控机制建设，加强人事、财务、稽核、安全保卫等各项管理工作，有力地促进了全辖各项业务的稳步发展。截止2001年5月底，与换届前的数字相比，全辖存款余额突破2.8亿元大关，贷款余额为2.7亿元，各项业务得以迅猛发展，全辖业务量成倍增长，为支持地方经济的发展起到了积极的作用。

中：联社主任　王建忠　左：联社副主任　胡良品
右：联社总稽核　任　均

联社放贷支持的企业

▼　繁忙的营业厅

设备先进、宽敞明亮的办公环境

地址：贵州省六盘水市钟山区八八商贸城四楼
邮编：553000
电话：0858-8686402
传真：0858-8686858

泸西县农村信用合作社联合社

联社主任杨彦祥正在审阅材料

泸西县农村信用合作社联合社成立于1954年2月，在近50年的风雨历程中，泸西农村信用社在曲折中求发展。1984年10月组建县信用合作联社，1996年12月行社正式脱离行政隶属关系。按照合作制原则进行管理体制改革，真正把农村信用社办成由社员入股，由社员民主管理，主要为社员服务的合作金融组织。截止2001年8月末，全县有独立核算的乡（镇）法人农村信用社11家，县级法人信用联社1家，非法人分社9家，有在册职工206人，其中，在职职工136人，离退休职工70人，有入股社员6.98万户，股金余额1065万元；各项存款29168万元，各项贷款28829万元。

在党组织建设方面，泸西农村信用社1997年5月成立党组织，2001年8月经县委批准正式成立党委，下设11个党支部，共有党员108人。

泸西农村信用联社2001年的工作紧紧围绕县委、县政府“巩固提高粮烟猪，加快发展菜果药”的农村产业结构调整工作思路，提出了信贷工作实行四个转移的目标。即：一是贷款对象由大户向小户转移；二是贷款结构从单一向多元转移；三是贷款手续从繁琐向简单化转移；四是从坐等客户上门办理业务向送贷上门服务转移，通过以上扎实有效的工作，重点支持了农业、农民和农村经济，有力地支持了农村产业结构的调整，为全县广大农民提供了良好的金融服务，受到地方党委、政府的高度评价。

理事会班子成员正在学习中

联社机关大楼，营业部

部分干部职工在纪念“五四”运动八十二周年歌咏比赛中展示信合风采

地址：云南省泸西县中枢镇九华路78号
邮编：652400
电话：0873-6621039
传真：0873-6621142

哈尔滨汽车改装厂

H a r b i n　A u t o m o b i l e　R e f i t t i n g　F a c t o r y

哈尔滨汽车改装厂隶属于哈尔滨东安汽车发动机集团。是黑龙江省唯一被国家机械局确定为防弹运钞车产品定点生产的企业。

哈尔滨东安发动机集团是以研制航空发动机、直升机传动系统和微型汽车发动机为主的高科技企业集团，是国家重点大型骨干企业。2000 年生产发动机 23 万台，市场占有率达 46%，年经济指标平均增长 30%以上。

哈尔滨汽车改装厂有与集团一样的管理和生产加工能力，拥有厂房面积一万多平方米，各类通用专用设备近百台套。生产“铁龙”牌系列防弹运钞车和微型皮卡车，环卫清扫车，越野吉普车等。

哈尔滨汽车改装厂运用高科技、新工艺开发、研制、生产的十几款“铁龙”牌系列防弹运钞车，已经形成了“选材精良、工艺先进、结构严谨、保障安全、外形隐蔽、轻便实用”的产品特点。“重科技、重人才、重质量、重信誉”是企业的经营理念。“铁龙”牌防弹防暴运钞车能最大程度地满足市场和用户的需求。目前产品已销售全国近三十个省（市）、地区，在产品质量、售后服务方面赢得了用户的好评。

HGL5037XYC-A 防弹运钞车

铁龙牌 HGL5037XYC　防弹运钞车

铁龙牌 HGL5030XYC　防弹运钞车

铁龙牌 HGL5032XYC　防弹运钞车

铁龙牌 HGL5040XYC　防弹运钞车

铁龙牌 HGL5020XYC　防弹运钞车

为中国银行生产的防弹运钞车

法人代表：宋杰川
通讯地址：黑龙江省哈尔滨市太平区先锋路 154 号　　邮　编：150056
电　话：0451 - 2420168　2420268　　传　真：0451 - 2420368

关于建立

“中国金融设备采购供应商数据库”的通知

各有关单位:

为贯彻和落实国家关于做好我国设备招标采购“三库”(供应商数据库、产品价格信息库、专家学者库)建设工作的指示精神，规范金融设备采购市场，中国金融市场年鉴编辑室应部分金融机构要求，按照中国人民银行金融行业及其产品分类表，建立和编制中国金融设备采购供应商数据库。

该库将全面、详实地反映我国金融设备采购市场供应商现状，是对进入和拟进入金融设备采购市场的供应商的动态普查，该库直接服务于我国金融设备采购市场，同时为各银行、证券、保险系统、各招标公司采购提供配套服务。各级金融设备采购部门在选型、采购设备时，将优先从已入库企业中进行选取并从该库中获取供应商、产品及市场信息等第一手资料。

凡具备金融设备采购市场准入资格的供应商及其服务单位方有资格入库。本数据库将以“中国金融网”、《中国金融市场》年鉴、《中国金融设备采购目录》(光盘版)等形式对外发布。凡入库企业，其入库信息将全部纳入“中国金融网·供应商库”上宣传;企业名称、主导产品、联系方式在《中国金融市场》年鉴上集中公布;同时收录到《中国金融设备采购目录》(光盘版)，供各级金融机构查询使用。

详情可点击中国金融网(www.cmjrw.com)查询
联系电话: 010-88570128
传真: 010-88570139
联系人: 魏先生

中国金融市场年鉴

主　　编:魏　华
副 主 编:张　威　钟　城　黄　桥
责任编辑:张　晶
采　　编:
张　文　戚　锋　潘小平
陈　风　高　河　陈家军
赵　新　胡　涛　李　欣
封面设计:尹燕玲

《中国金融市场年鉴》(2001)

中国金融市场年鉴编辑部编

*

中国产业经济出版社出版
889×1194毫米　大16开　49.43印张　1328千字
2002年3月第1次印刷

ISBN　962-86555-5-8
定价:U＄90　HK＄370　￥180

目 录

金融市场

证券市场

保险市场

论文摘编

广告索引

长城金银精炼厂
石家庄印钞厂
铜陵有色金属集团金昌冶炼厂
福建紫金矿业股份有限公司
广东高要河台金矿
天津南开戈德股份有限公司
福建实达电脑设备有限公司
瑞安市凯勋机电有限公司
上海复旦金仕达计算机有限公司
江铃汽车集团公司改装车总厂
深圳市先科电子股份有限公司

七、P630 之后

深圳市蛇口龙电保安设备厂
南京依维柯汽车有限公司
国营常熟电讯器材厂
常州市中银贸易公司
信诚(天津)电子科技实业有限公司
大连市信用卡网络有限公司
江苏银行卡网络服务中心
广州海油数据科技有限公司

金融市场

货币市场综述

黄金业如何应对市场开放

随着我国加入 WTO 以及国内黄金市场即将开放的大趋势，我国黄金行业势必面临日趋激烈的竞争。市场的开放及国际金价的波动，将会更直接而迅速地影响到国内黄金市场的走势和黄金企业的兴衰。

可以想见的是，黄金市场放开后，黄金企业将丧失其“特殊待遇”，同其他传统工业企业一样，都面临着激烈的市场竞争和挑战，同样也将面临生存的危机。这种客观环境的变化将不可避免地对黄金行业产生不可低估的影响，如何在一个完全开放的新市场格局发展黄金工业，已是一个刻不容缓亟待解决的问题。

黄金市场放开后，黄金行业将面临如下问题：其一是国家将不再对黄金企业进行大规模的投资；其次是黄金产品的价值实现周期不再相对较短，产品的销售实际上就是企业面临的第一个大问题；再者，黄金企业同样存在同业竞争的问题，同时还存在以市场为导向、进行重新定位的问题。总之，黄金市场开放后，黄金生产企业进入市场面临着许多根本性的变化，面临着销售和风险问题，黄金产品销售将会增大企业的成本，销售风险也将会增大，甚至会出现销路不畅的问题。

面对新的形势，黄金行业该如何应对呢？换个角度来看，黄金市场的放开对黄金行业来说既是挑战更是发展的机遇。首先，黄金市场开放，黄金行业可以和其他行业一样掌握自己的命运。没有压力就没有动力，没有企业积极性，就难以焕发企业的活力。在取消行业保护的同时也解除了对行业的束缚，企业可以在市场经济的汪洋大海中寻找更大的商机和发展空间。其次，黄金进入市场，将使黄金企业由单一的生产主体型向生产经营一体化过渡，企业应抓住机遇，积极拓宽生产经营渠道，由单一的原料生产加工向更广阔的领域如生产、加工、经营诸方面进军，拉长产品链条，增加产品附加值。再者，市场的开放更容易发挥黄金的套值、保值功能，掌握产品销售的主动权。通过对黄金价格走势及规模的研究，科学地安排生产和销售时机，创造最佳的经济效益和社会效益。同时，黄金行业管理部门可通过管理职能的转换和管理模式的改变，充分发挥政策指导的功能，以创新求发展，充分发挥黄金协会等新的管理模式的作用，变间接服务为直接服务，走科技兴金之路，提高黄金企业生产过程的科技含量。黄金市场的开放将更充分体现市场经济的运行规律，黄金企业将逐步实现优胜劣汰，实现资源的优化配置，走联合发展规模经营之路，提高在国际市场上的竞争力。

市场互动对货币政策的影响及建议

随着人民银行批准证券公司、基金管理公司成为全国银行间市场成员以及证券公司股票质押贷款业务开办以来，我国货币市场与资本市场沟通的渠道开始畅通，两个市场在交易量、价格和期限等方面的互动性明显增强。货币市场与资本市场的互动在推动市场发展的同时，对货币政策的制定、货币政策的传导、货币政策的实施效果等都带来了深刻的影响，对中央银行宏观金融调控的有效性也提出了挑战。

(一) 货币政策传导机制更加复杂

与资本市场的沟通使货币政策的传导机制进一步发生了变化，金融市场作为货币政策的传导途径日益重要。但从我国实际情况看，由于传导的微观基础不够成熟，金融市场的传导使货币政策效果的不确定性增加，在一定程度上加大了中央银行实施宏观调控的难度。

1. 金融市场加入传导体系使得信用创造功能可以在更大范围内实现，中央银行控制货币的难度加大。

2. 互动性增强使金融市场吸纳货币的能力增强，传导更具弹性，资本市场上的资产价格变化会更直接地影响到商业银行存款的增长，在特定条件下甚至导致中小金融机构的流动性风险。

3. 在目前现代企业制度尚未完全建立、居民投资与消费行为不够成熟的情况下，货币政策意图有可能因为社会公众的非理性反应而扭曲，也有可能更多地被资本市场吸纳而不能有效传导到实体经济中去，形成货币政策传导的障碍。

(二) 适度的货币供应量衡量更加困难，货币政策中介目标的有效性减弱，影响货币供应量与货币最终目标之间的相关关系

1. 货币需求状况发生变化，对适度货币供应量的衡量更加困难。首先，得到了货币市场支撑的资本市场发展速度加快、规模扩大，财富效应导致货币投机需求扩张，吸纳货币供给的能力增强，从而扩大了经济生活中的货币供应量；其次，货币市场与资本市场的沟通会引起货币需求的结构性调整，货币流动性增强；第三，新的金融工具的出现使货币需求关系发生变化，从而使适度货币供应量的衡量更加复杂、更难以把握，监测货币供应量与主要经济变量相关性的难度加大。

2. 货币乘数发生变化，影响货币供应量。货币市场与资本市场互动增强了资金在金融市场上的运作能力，相应地也会影响商业银行的资金来源与运用，进而影响货币乘数，使货币供应量对实现其最终目标的有效性相对降低。

3. 调控基础货币的难度加大。金融机构和社会公众货币需求变化的结果，改变了基础货币在金融机构和社会公众之间的分配比例，从而影响基础货币的创造能力，调控基础货币的难度加大。尤其是股票质押贷款通过乘数效应成为基础货币投放的新渠道，质押贷款的乘数放大倍数和资本虚拟膨胀程度都是难以估算的，这更加大了中央银行通过基础货币调控全社会货币总量的难度。

(三) 各类货币政策操作工具的效率有所变化

1. 存款准备金、再贴现、再贷款政策作用力减弱。货币市场与资本市场互动性增强使社会公众的资本市场运作增加、证券公司与商业银行的资金往来增加，影响到商业银行准备金的稳定性，货币市场运作也吸收了商业银行的部分流动性，使央行通过调节存款准备金率来改变货币乘数、收缩或扩张商业银行货币创造能力、调节货币供应量的能力减弱。同时，也使金融机构对再贴现与再贷款的依赖程度降低，从而削弱了中央银行再贴现政策与再贷款政策的作用力。

2. 公开市场业务操作工具政策效应增强。货币市场为中央银行提供了通过公开市场业务灵活调控基础货币的操作平台，而货币市场与资本市场分割、封闭状态的打破，使公开市场政策工具的影响面扩大，公开市场操作的规模与力度逐渐增强。中央银行通过在公开市场上适时地买卖

有价证券和外汇，吞吐基础货币，调节商业银行的头寸，进而影响货币供应量和市场利率水平，为货币政策的有效实施创造了条件。

3. 利率工具政策效应有待进一步发挥。货币市场与资本市场互动性的增强为利率工具进一步发挥作用创造了有利条件，中央银行可以通过向货币市场发出利率调整信号，影响资本市场上的资产价格水平，并将政策信号向社会扩散，达到金融宏观调控的目的。

（四）潜在的金融风险加大

主管部门在推动货币市场与资本市场沟通时，考虑货币市场如何支持资本市场发展比较多，而对市场风险防范缺乏必要的制度设计，政策规定也十分模糊；监管当局对合规、违规没有明确的界定，对证券公司等拆入资金的用途没有具体的限制，使得资本市场的风险很容易通过市场的“管道”传导到货币市场和银行机构，加大银行机构的风险，最终影响中央银行货币政策的有效实施。

（五）对初步形成的货币政策调控方式带来一定的冲击

经过长期的摸索、实践，我国中央银行已基本建立了以稳定货币为最终目标，以货币供应量为中介目标，运用多种货币政策工具调控基础货币（操作目标）的较为有效的间接调控体系。货币市场与资本市场互动性的增强，特别是资本市场的飞速发展，对既定的货币政策调控模式带来了一定的冲击。而随着未来资产证券化和证券融资化的加速扩张，可能出现物价不吩货币政策形成压力，而是资本市场价格变化对货币政策构成冲击的状况，进而影响货币政策效果，使中央银行的货币政策陷入两难咀面。由于货币政策在资本市场上产生的效果不像在货币市场那样具有可预测性，货币政策传导机制、货币政策中介目标、货币政策工具的有效性等正在悄悄发生着变化，需要我们在实践中逐步完善、提高。为应对变化了的货币政策操作环境，进一步完善货币政策操作，我们建议：

1. 进一步规范发展货币市场和资本市场。

（1）继续完善货币市场架构，加强信息系统建设，拓展货币市场信用工具－提高资金流动效率；积极培育代理人、做市商、经纪人等中介机构，以满足不同交易主体的融资需求；开展债券柜台交易，提高货币市场的覆盖面与影响力，促使货币市场走向成熟与完善；同时，要注意平衡发展货币市场各子市场，一个发达、完善的货币市场体系应由众多自身发育较成熟的子市场构成，各子市场间应相互关联、协调发展。

（2）进一步完善证券法规，为证券市场的规范发展、依法治市提供坚实的法律基础；针对资本市场发展中出现的问题，加强对上市公司信息披露和对市场交易的监管，提高信息披露标准，推动会计标准的国际化；努力提高证券公司等金融机构抵御风险的能力，促进证券公司等建立健全合理有效的法人治理结构，避免资本市场上资产价格风险影响货币市场健康发展。

2. 建立两个市场正常的互动机制。

（1）充分发挥债券市场作用，使之成为联结两个市场的重要桥梁。债券市场具有跨越两市场的独特功能，对协调发展货币市场与资本市场具有重要意义。在当前条件下应重点完善债券发行体制，扩大债券市场总量，丰富债券品种。条件成熟时，可考虑开放利率远期协议交易、债券期货市场、期权市场，培育营造一个由债券的即期、远期、期货市场等共同组成的完整的债券市场，这不仅有利于市场主体利用市场进行投资与避险，而且有利于提高债券的流动性，促进债券市场的协调发展，加强货币政策与财政政策的配合。

（2）建立健全市场风险防范机制。证券公司、基金公司加入全国银行间市场，对于改变银行间市场交易的同质性、活跃市场交易确实起到了一定的作用，但也增加了拆借市场的风险。因此，应在货币市场与资本市场之间建立科学、合理的资金融通关系。

为避免券商融资的风险和资本市场价格的异动，建议将同业拆借主要限于存款机构进行头寸调剂，证券公司等非银行机构可以通过债券回购以及股票质押贷款（中央银行应根据宏观调控的需要随时进行质押率的调整）等方式解决临时清算资金不足问题，证券公司借入资金不得用于股票自营业务。

(3) 适应分业监管和宏观调控的需要，建立健全银行、证券、保险监管联席会议制度，定期通报监管信息，分析市场风险，协调监管政策，提高金融监管水平，共同推动货币市场与资本市场的健康、协调发展。

3. 完善货币政策传导机制。

(1) 在政策工具上以公开市场操作为主。公开市场业务是市场经济国家最主要的宏观金融调控工具。今后，我国中央银行在货币政策工具选择上，也应以公开市场操作为主，根据宏观经济形势发展的需要，适时通过公开市场业务来调控商业银行的流动性需要，形成合理的市场利率预期，打通货币市场与资本市场的通道，使资金能够在两个市场间有序、适度流动。

(2) 中介目标应从以货币供应量为主逐步向以利率为主转变。随着资本市场的不断深化发展，货币供应量作为一种事后的总量指标，无论在为货币政策提供短期数量指导方面，还是提供中期数量指导方面，可靠性都在降低，而利率因为其所具有的即时性、可测性和可控性的特点，能够在相当长的时间内保持对实体经济和虚拟经济良好可靠的指示性。当中央银行基准利率变动时，会直接影响到银行间的市场利率变化，银行可根据其融资成本及时调整贷款利率和资产结构。这样，中央银行一方面通过利率调整来改变货币市场与资本市场上各种金融工具的相对价格水平，另一方面利率可以作为一种政策信号改变投资者对实体经济和虚拟经济的未来收益预期，影响资金在不同市场的流动，进而实现货币政策目标。

(3) 以包括资产价格在内的广义价格指数稳定作为货币政策的最终目标之一。股市价格的涨跌会影响货币供应量，影响到实体经济的运行。因此，中央银行在制定货币政策时，必须关注资产价格指数，将其作为政策制定的重要参考因素，并运用市场化手段对资本市场进行间接调控。建议借鉴国外比较成熟的经验，根据我国第三产业和证券市场快速发展的实际情况，编制新的广义价格指数，增大服务产品、信息产品等所占比重，并适度考虑资产价格水平，将广义价格指数的稳定作为中央银行的货币政策最终目标之一。

凭证式国债市场的现状及其前景

第三期凭证式国债发行工作即将开始。截至2001年7月14日，我国已发行了两期凭证式国债，共计1300亿元。从整个发行过程和社会反应来看，2001年的凭证式国债发行形势延续了前两年的态势，销售比较顺利，投资者比较踊跃。据有关部门统计，第一期凭证式国债3月份发行第一周就完成了当月的发行计划，第二期国债发行第一周完成了当月发行计划的80%，以至于为了解决供需矛盾，财政部在第一期发行后期追加了200亿元的发行规模。

（一）凭证式国债热销原因及管理现状

凭证式国债2001年出现如此热销的局面，除受我国较好的宏观经济形势和对资本市场加强监管等因素影响外，还与以下几方面因素密切相关：

一是认购凭证式国债的资金已形成比较良性

的循环，且投资群体比较稳定。我国从1994年开始发行凭证式国债，自1997年至2000年，每年凭证式国债的发行量在1500～2200亿之间，期限主要是三年期和五年期，只有少部分二年期，发行时间主要集中在3～11月份，且每年凭证式国债的发行时间基本与到期凭证式国债的兑付时间相吻合。另外，从各地调查情况来看，目前已形成了一个相对稳定的购买凭证式国债群体，他们一般是银行的储蓄户，中老年人居多。

二是凭证式国债具有较强的规避风险功能。从凭证式国债的设计来看，既考虑了承销机构风险，又兼顾了购买人的利益。历年凭证式国债的期限在五年以下，主要为三年期；利率设计高于同期银行储蓄存款一定的百分点，这是为了防止一旦银行存款利率上浮幅度较大，出现投资人提前兑付而挤兑承销机构的风险，而近年实际的情况是利率一直下调，承销机构因此而获得了较好的收益。对于购买人来说，凭证式国债不但拥有较银行储蓄存款高的收益，可以免交个人利息所得税，且可以提前兑付并获得一定的收益，因此，凭证式国债不仅收益较高，而且可以规避利率变动的风险。

三是凭证式国债承销机构比较稳定。目前，已形成了以国有商业银行为主体，股份制商业银行和部分城市商业银行及邮政储汇系统为辅的凭证式国债承销群体，既发挥了国有商业银行的营业网点覆盖面大的优势，又体现了区域性和地方性商业银行的补充功能，既方便了投资者购买，又形成了一定范围的竞争。其中，国有商业银行占有主导地位，共承销了今年前两期凭证式国债900多亿元，占发行总量的75%。其他机构承销也比较积极，并利用各自优势，扩大自己的市场份额。

（二）凭证式国债需要解决的问题及前景展望

1999年以来，我国凭证式国债的销售一直比较顺畅，基本消除了以前承销机构因销售困难而被动地大量持有凭证式国债的局面，这主要得益于我国经济的持续发展和稳定。但由于凭证式国债不可流动、利率固定且可以提前兑付，其隐含的风险始终是市场各方面的一块“心病”，因此，为了降低风险和发债成本，需要在以下几个方面进行改革和完善：

一是恢复储蓄债券的本来面目，改革其发行方式。西方储蓄国债的主要特点是面向分散小额的投资者，期限为中长期。代理发行的金融机构一般具有网点分布广、网络化程度高的优势。但代理机构不承担投资者提前兑付的风险，财政部要赎回提前兑付的国债，但投资人要担负一定的利息损失。

二是理顺凭证式国债的利率机制。目前凭证式国债利率采取固定利率，并与同期银行储蓄存款挂钩，提前兑付还有较高的收益，这样的利率设计方式一方面过于呆板，存在大量提前兑付的可能性，对承销机构来说隐藏着很大风险。另一方面存在“两难”，即银行储蓄利率下调时期，降低发行成本较难；银行储蓄利率上升时期，投资人购买热情将大大减小，从而直接影响发行效果。再者，由于利率的不确定性，购买人对于持有凭证式国债的预期实际收益很难掌握。因此，可以探讨采取浮动利率方式发行凭证式国债的可能性，或者比照西方一些国家做法，采用累进利率，给持有人一个可以预期的收益，也可以有效地规避承销机构的风险。

三是加强凭证式国债发行的管理工作。首先是加强承销机构的监管，增强凭证式国债发行的公开性和规范性，并为购买人提供良好的服务；其次是合理安排凭证式国债的发行时间，做到全年均衡发行，款项均衡入库，这样一方面可以保证全年凭证式国债的供应，满足个人投资需要；另一方面，避免了国库款项剧烈变动，有利于提高国库资金运作效率，同时也便于全年国债发行计划的安排；其三是可以建立更合理的国债运行周期，减轻国债偿还压力。再次是切实防范凭证式国债风险。为此应通过科学的统计分析，提前采取相应措施，防止出现凭证式国债大量提前兑付；要提高警惕，防止不法分子利用凭证式国债进行资金诈骗；还要严格执行凭证式国债有关规定，加强市场监管；而且应扩大凭证式国债发行的覆盖面，分散投资风险。

今年上半年，我国城乡居民储蓄存款仍继续增长，6月末，全国储蓄存款余额已达6.96万亿元，增长10.8%。其中定期储蓄存款的增长较多，说明了居民的储蓄意愿增强，这主要归因于股市的波动性加大，而相关的国债、保险、基金等具有稳定收益的投资渠道又不十分完善和畅通。因此，市场对于与储蓄存款功能相似，且安全性、收益性和变现性都较好的凭证式国债具有较强的需求也就不足为奇了。凭证式国债作为主要面向机构发行的可流通国债的补充，在一定程度上为我国国债市场的市场化改革作出了贡献，并为财政政策的顺利实施提供了有力支持。所以，在今后相当长一个时期内，我国这种面向个人发行的凭证式国债将会继续存在。

电子黄金与网络货币的发展前景

早在18世纪，大多数新兴的资本主义国家就实行了金银复本位货币制度，由于“劣币驱逐良币”的格雷欣法则作用，复本位制逐渐被淘汰，取而代之的是单一的金本位货币制度。到了19世纪，单一的金本位货币制度崩溃了。20世纪70年代，国际货币基金组织和国际货币制度委员会在牙买加会议上达成了《牙买加协定》，使黄金正式退出了世界货币舞台。今天，网络科技及电子货币的高度发展和国际黄金市场大开放格局的形成，给黄金重新货币化带来了机遇，美国电子黄金的问世就是例证。其实，不仅是黄金重新货币化成为可能，在未来世界经济发展中，任何价值比较稳定且易鉴别的贵重金属在网上都可能充当货币，成为支付手段，这就是我们平时所说的网络货币或数字货币。

电子黄金，简单地说，是借助国际互联网的一种金融服务。一个客户在开设了一个电子黄金在线账户并用信用卡或者现金注入资金以后，电子黄金可向其客户出售黄金、白银、铂或者任何一种客户选定的贵金属，其价格由电子黄金决定，大体上与各种贵金属的市场价相当。以后客户就可以通过电子邮件使用这种以金属为基础的货币——电子黄金，发往某个地方去支付账单或者购物。如果接收者也是电子黄金的客户，那就很简单了。如果对方不是其客户，电子黄金就开具1张支票寄给他，并收一定的费用。电子黄金1999年问世，它由美国佛罗里达州一家医院的辐射肿瘤学家捷克逊发明。它以真实的贵金属存量为基础，便宜、高效而且方便。到1999年7月，已有5000多人开了“电子黄金”账号，而且每月还以20%的速度增加，1999年网上交易的金额达600多亿美元。电子黄金具有流通和投资双重功能，是一种成功的网上货币。

电子黄金开创了黄金重新步入流通领域的先河。电子黄金有很多好处：首先是其稳定性和可靠性。与其他货币受制于发行国的经济和政府信誉不同，黄金靠的是内在价值，这是任何货币都无法相比的。其次是黄金的通用性，它易于被任何国家和个人接受。第三是黄金交易不受任何政府限制，具有完全的独立性。投资者把钱投入“电子黄金”，就同时获得了投资和信用卡的双重功能，不使用时等于是储存了黄金，从而起到回避风险的保值作用，而这些钱又随时可以用来支付消费。

电子黄金给一国的经济生活带来了巨大的机遇。首先，它使各个国家储存的黄金迅速进入流通领域，因而各国央行也就不用出售黄金储备，减轻了黄金市场的压力。由于民间购买、持有黄金的量大大增加，从而促进了黄金消费。其次，它可以应付金融危机。从理论上说，一次大的金融危机会使普通货币迅速贬值，而以黄金为基础的货币则会安全运行。再次，它为小公司提供了便利。电子货币可以被那些没有资格领取信用卡或者不愿支付约为3%的信用卡费用的小公司采用。

电子黄金给一国的经济生活带来了巨大的挑战。首先，黄金进入流通领域，将会给黄金市场带来很大的机会和风险，价格有可能产生较大波动。其次，黄金这种货币由于不受政府控制，也可能为黑社会、反政府力量等提供便利。由于电子黄金是一种借助于互联网的数字货币，它存在于银行系统之外，有可能成为“洗钱”的工具。第三，它为偷税、漏税开了方便之门。

黄金真正重新进入流通领域还有大量的工作要做。首先是建立起庞大的黄金购买、运输、保管和结算体系，这需要国际财团的支持。仅仅靠“电子黄金”这样的公司是不够的，应当由重要的银行和从事黄金交易的大公司联手，使投资者能很方便地建立起账户，在账户上同时存有黄金和货币，既能很方便地在网上买卖黄金，又能很方便地把黄金转换成所需的货币，并用于支付活动，如同在一个账户上同时拥有两种货币一样。“电子黄金”的发展方向是逐步过渡到使世界各重要的银行都能接受这种货币，建立起数字货币使用体系。

在我国黄金市场即将走向开放时，加强对像电子黄金一样的数字货币的研究，加强对网上货币的监管，制定网络货币准入、准出政策，是我国中央银行亟须解决的问题。

正确看待票据市场发展

我国票据市场经过近几年来的努力发展，即将步入快车道，而在这个时候传出了某些地区金融机构前一阶段在办理票据业务中，出现无真实商品交易的融资性票据承兑和贴现等不规范经营，甚至出现社会上不法分子与银行内部人员勾结，套取银行信贷资金违规进入股市等现象。由此引起了一些社会人士对我国当前票据市场发展的质疑。如何正确看待我国目前票据市场的发展，事关我国票据市场今后的发展方向。为此，笔者认为很有必要在此阐述自己的看法，以期取得共识，共同推进我国票据市场的健康发展。

（一）我国票据市场发展主流是健康的，作用是彰显的

我国票据业务自80年代初在上海的银行间恢复办理以来，期间虽有过波折，但总体是向前发展的。1996年曾达到一个较大的规模。而后由于受东南亚金融危机的影响，需求不足，票据市场发展进入一个调整期，票据业务量明显下降，为了抑制国内经济可能出现的通货紧缩趋势，央行配合积极的财政政策的实施，在运用准备金和利率等货币政策工具的同时，适时地推进了我国票据市场的发展。1999年人民银行总行下发的320号文件可谓是给我国票据市场送来了春风。文件在鼓励、倡导和规范我国票据市场发展上做了重要规定。这一阶段票据市场发展的特点是，票据交易主体增加，金融机构和企业的参与面扩大；票据交易种类和交易方式增加，商业承兑汇票取得较大突破；票据流通地域扩大，成交量成倍增长；票据专业化和集约化经营程度有所加强，票据市场的作用愈益彰显：

首先，有利于央行通过票据市场适当增加货币供应量，抑制通货紧缩趋势。1997年由于受东南亚金融危机的影响，我国出现投资下降，出口受阻，国内需求不足，企业经营普遍困难。为了启动经济，抑制可能出现的通货紧缩趋势，国家实施积极的财政政策和稳健的货币政策，票据市场的再度推进就是在这种历史背景下产生的。票据贴现和再贴现工具具有微调、灵活和主动的特点，央行通过票据市场能够适时地调节基础货

币投放量，这对当时央行综合运用货币政策工具，调控宏观经济，有效抑制通货紧缩趋势有着十分重要的意义。据统计，1998年至2000年全国累计签发商业汇票16361亿元，相当于境内外股市筹资的4.2倍，其中2000年累计签发商业汇票7445亿元，余额3676亿元；贴现累计发生额6447亿元，比上年增加3948亿元，余额1536亿元，贴现增加额相当于当年贷款增加额的30%；再贴现累计发生额2667亿元，比上年增加758亿元，余额1258亿元，是当年再贷款增加额的23%。

其次，有利于企业拓宽融资渠道，扶持中小企业发展。在东南亚金融危机发生后，国内金融机构普遍加强金融风险的防范，上收信贷审批权，强化信贷员放贷责任制，但由于缺乏配套措施，在一定程度上影响了基层行经营的积极性。这给当时普遍经营困难的企业融资带来一定的影响，特别是中小企业贷款难的矛盾相当突出。而票据市场的发展在一定程度上弥补了商业银行信贷管理体制上的不足，有利于企业扩大融资渠道。特别是这一阶段的票据业务发展，是以中小金融机构为市场的主力军。据统计，2000年人行上海分行辖内票据贴现和再贴现累计发生额中，中小金融机构占比分别为79%和73%。中小金融机构的服务对象主要是中小企业，票据业务的发展对增加中小企业信贷资金投人，缓解贷款难矛盾有着积极的作用。

第三，有利于金融机构改善资产结构，增强流动性。这个时期由于资本市场的快速发展，大量资金在银行与证券市场之间流动，银行存款波动性加大。据人行上海分行统计，2000年全辖金融机构存款增减波动高低达1025亿元，波动率5.68%；今年上半年存款增减波动更大，高低达1863亿元，波动率为9.14%。商业银行资金来源短期化趋势明显，而资金运用又呈长期化趋势，资金头寸日益趋紧。票据市场的发展不但有利于商业银行资产结构的调整，而且还有利于商业银行弥补信贷资金不足。据统计，1999年至2001年上半年，人行上海分行累计办理再贴现576亿元，由此推动商业银行累计办理贴现贷款2420亿元，累计办理承兑票据业务2792亿元。票据资产占金融机构信贷资产总量比例逐年上升，1998年为0.61%，1999年为0.8%，2000年为2.5%，2001年上半年则上升为3.26%。

（二）票据市场的健康发展关键在于制度的落实

票据市场的发展对我国经济发展的推进作用应该说是毋庸置疑的。当然，我国票据市场发展还只是处于初级阶段，仍在探讨之中，还有许多不尽人意的地方。但笔者认为，一个市场能否健康发展，关键在于制度的落实。前一阶段某些地区出现的违规行为和不规范经营，究其原因也是在于制度的不落实。应该说，这几年人总行为了推进票据市场的健康发展，出台了一系列办法和规定，但关键在于落实。比如人行上海分行辖区票据市场应该说发展就比较平稳，主要原因就在于能够认真贯彻总行的有关规定和制度，坚持规范发展；能够正确认识现阶段分行在推进票据市场发展进程中的地位和作用；能够切合实际地推进辖区票据市场的发展。

早在2000年初，他们就意识到，在总行320号文件推动下，辖区票据业务量会有明显增加，于是就及时下文要求各中心支行、各金融机构规范发展。几年来，围绕着票据业务的规范发展，他们主要采取了以下措施：一是完善内控制度，加强检查监督。建立了再贴现审核审批制度，实行分级审批，层层把关，责任到人。同时，强化检查监督职能，分行要求中心支行每季度组织一次自查，而分行则每年组织一次全面交叉检查。各中心支行在相互检查中，互相学习，取长补短。针对检查中存在的问题，分行还专门发文要求各地进一步做好规范工作，以促使辖区票据业务管理不断趋于完善。二是统一操作规程。分行根据总行有关规定及时研究制定了辖区贴现、再贴现实施细则和商业汇票回购业务实施细则，为防范票据风险提供了制度保证。三是严格把握票据真实性原则，防范融资性票据风险。分行在开展票据业务过程中，除了要求对票据本身的真实性进行严格把关，认真查询，防止假票、“克隆”票外，还要求金融机构承兑、贴现应以真实商品交易为基础，要深入企业调查研究，认真审核商品交易合同和增值税发票，严禁对融资性票据予以承兑、贴现、转贴现。在加强票据业务管理的同时，分行积极理顺辖区商业汇票流通秩序，针对票据业务发展中存在的无理拒付、延付问题，在全国率先建立了辖区银行承兑汇票无理拒付通报制度。今年初又根据辖区实际情况制定了对银行承兑汇票无理拒付行为的处罚办法，有效地维护了辖区正常的票据流通秩序。

实践证明，一个市场能否健康顺利发展，关键在于制度的落实。凡是能按规定办理，严格操作，该地区的票据业务发展就一定会健康；凡是制度落实不严，只求数量不求质量，其结果必然是管理混乱，违规行为多。当然，上海大区行的票据市场发展相对平稳，也得益于辖区有一个良好的金融秩序和社会信用环境。

（三）坚定不移地推进我国票据市场的发展

任何市场的发展都要经历一个探索、规范、成熟的过程，票据市场的发展亦然。

1. 坚定信心，统一思想。

对票据市场发展中出现的这样那样的问题，我们必须要有个正确的看法，要客观地、实事求是地去看待它，分析原因，着手完善，但决不能由此而否定我国票据市场发展的健康主流。那样，对我国票据市场持续稳定发展不利，对整个事业发展不利。我们应当看到，我国绝大多数地区和金融机构是能够严格按总行规定办事，自觉规范经营，这是主流。因而，保持政策的稳定性对下一阶段推进我国票据市场的发展至关重要。我国票据市场目前还仅处于初级阶段，还是一个相当脆弱的市场，经不起折腾。为此，我们必须统一认识，坚定信心，不断去探索和完善我国票据市场的发展。

2. 在规范中不断发展我国票据市场。

我国目前票据市场的功能和作用还十分有限，票据还仅仅是作为支付手段，融资性作用还没有发挥，票据的交易种类、交易方式，都有待于进一步完善。因而，在发展我国票据市场中，要坚持规范与发展的原则。既要认识到票据贴现和再贴现作为央行宏观调控的手段，在特定的历史时期有其局限性，不能操之过急，要循序渐进，坚持规范操作，也不能因循守旧，止步不前。要根据经济发展不同阶段的需要，适时地扩大和完善票据的功能和作用，逐步推进我国票据市场与国际市场的接轨。最近，人总行下发的文件在要求严格管理，规范发展的同时，决定将商业银行持有的票据资产不列入存贷比考核，把多年来困扰商业银行自主发展票据业务的障碍解决了。这种疏堵结合、展望未来的做法，必将对我国票据市场下一阶段的健康发展产生积极的影响。

3. 继续营造良好的社会信用环境，完善法制建设，确保我国票据市场健康发展。

票据市场前一阶段出现的不规范经营和违规行为，都与社会信用环境不佳、法制建设不健全有直接关系。因而在下一步工作中，我们必须继续加大对《票据法》和《支付结算办法》等法规的学习和宣传，做到家喻户晓。同时，要进一步完善法制建设，对那些变造、伪造票据进行诈骗的犯罪分子，要坚决绳之以法；对那些违规经营，无理拒付、延付的企业和金融机构，要把它们列入黑名单，进行全国通报，并按规定予以经济制裁，确保我国票据市场的健康发展。

我国票据市场发展任重道远，要做的事情很多，需要各方共同努力，只有这样才能保证我国票据市场长期健康稳定地发展。

规范是发展的前提

红红火火的河北票据业务可称得上我国票据市场的一个亮点——头9个月，不仅票据业务的几项指标均创历史新高，而且比去年同期均有翻番增长。如果仅从数字上看，河北的票据业务，特别是商业承兑汇票的业务量并不十分惹眼，不过若换个角度来认识，或许更具深刻内涵。首先，以河北目前的经济环境和金融水平，远瞧比不上华东，近观不敌京津，票源之先天不足显然是制约票据市场发展的最大障碍；其次，与票据市场发展较早的经济发达地区相比，河北票据市场的起步似乎慢了半拍，票据业务真正红火起来也就是近一年来的事情，起步晚而发展快是其一大特点；再就全国票据市场来看，在前几年如火如荼的发展历程中，不少违规、违纪，甚至违法的行为也暴露了出来，伴随着人行监管部门清查、整治工作的步步展开，票据市场上一些违规、违纪、违法的行为纷纷被惩处。在这样的背景下，河北票据市场却能够异军突起，健康发展，不仅仅难能可贵，更耐人寻味。

河北票据市场何以能够迅猛而健康发展呢？其奥妙在于规范运作，稳健经营。

一是认识到位。票据市场的建立和发展，对优化资源配置，搞活资金融通，提高资金使用效率，建立现代企业制度都具有重要意义。而票据市场如果没有商业承兑汇票，则意味着商业信用的风险都集中在银行，不仅不利于商业信用的建立，而且也不利于银行的稳健发展。人行石家庄中心支行不仅对此有明确的认识，而且对票据市场的功能与作用还有更深刻的理解。他们认为，随着市场经济的不断发展，中小企业在整个经济生活中的作用正日益增大，而其获取资金的渠道却非常狭窄，融资难的问题十分突出。开展票据业务，从现实看，深受中小企业欢迎，从长远看，票据市场有利于市场经济信用的建立。

二是稳步推进。河北票据市场在发展之初，不是一哄而上，遍地开花，而是从抓典型入手，以点带面，循序渐进，稳步推开。他们首先在全省选择那些规模大、实力强、信誉好的企业作为试点开展商业承兑汇票业务，然后逐步扩大、推开；同时选择农行河北分行石家庄营业部为贴现试点行，在再贴现上重点支持，从而保证了票据市场的稳步发展。

三是建章立制。人行石家庄中心支行在引导和支持河北票据市场的发展过程中，始终强调规范运作，安全第一，并严肃执行票据业务纪律，警钟常敲，防患于未然。最近他们为进一步规范商业承兑汇票而制定的八条措施，则为防范市场风险提供了制度上的保障。

四是注重培训。为提高商业银行领导和业务人员的业务素质，人行石家庄中心支行不仅组织有关人员外出学习取经，还多次举办培训讲座活动，从技术环节上提高技能，增强防假、识假能力。中支自身也十分注重业务人员业务水平的提高，以保证业务开展和风险防范。

有规矩才有方圆。在规范中健康发展，是当前、也是今后我国票据市场发展的主旋律。起步晚而发展快的河北票据市场提供给同业借鉴的，不仅仅是其票据业务的突飞猛进，更在于他们的规范运作，合法经营，稳步发展。

货币市场资讯

扎实细致地做好银行账户清理整顿工作

监察部、财政部、中国人民银行、审计署于2001年7月31日在京召开中央行政事业单位银行账户清理整顿工作会议，对银行账户清理整顿和专项检查工作作出部署。监察部、财政部、中国人民银行、审计署的负责人出席会议，中央纪委副书记、监察部部长何勇主持会议并讲话。

何勇指出，清理整顿行政事业单位银行账户，是推进部门预算和国库管理制度改革的基础性工作，是从源头上预防和治理腐败的重要措施。各部门和单位要从讲政治的高度，统一思想，提高认识，正确处理部门利益与国家利益的关系，把这项工作摆在重要位置，增强工作的责任感和主动性，认真负责地抓好各项任务的落实。要建立银行账户自查责任制，单位主要领导及财务负责人对本部门及所属单位银行账户自查工作负全责，对本部门及所属单位的银行开户情况组织全面彻底的清查，严格按照有关政策规定，对现有银行账户作出取消、归并或保留处理，并注意查找工作中的薄弱环节，健全制度，规范管理。通过清理整顿，各行政事业单位要摸清本部门及所属单位银行开户的基本情况；未按规定设立的银行账户，要一律取消；能够归并的银行账户，要一律归并；如需保留的账户，要如实登记上报，说明有关情况；账户的开设均须经财政部门批准并取得人民银行核发的许可证。监察、财政、人民银行、审计等部门要相互支持，通力协作，依靠各个行政事业单位，努力形成工作合力。要加强督促检查，对单位不认真自查自纠、隐瞒账户、私设账户、公款私存以及其他情节严重的问题，要严格按有关纪律规定处理，不仅要追究直接责任人员的责任，还要按照党风廉政建设责任制的规定，严肃追究有关领导的责任。

会上，财政部副部长楼继伟、中国人民银行副行长史纪良对中央行政事业单位银行账户管理使用情况进行专项检查的工作提出了具体要求。他们强调，各行政事业单位要认真组织实施本部门及所属单位的银行账户清理整顿工作，务必在规定的时限内完成银行账户自查清理任务。各级人民银行要积极协调各金融机构支持、配合清理整顿工作。各金融机构要主动配合、大力支持专项检查，对中央行政事业单位开立的银行账户进行合规性确认，做好违规账户的撤户和资金划转工作；指派专人负责中央行政事业单位银行账户的协查工作，按照检查要求及时核实被查单位的账户资料。银行账户清理整顿工作结束后，要对各金融机构清理账户的情况进行检查，凡没有按要求开户和清理的，要按有关规定严肃处理。

中央各行政事业单位纪检监察机构负责人、财务部门负责人，各商业银行分管银行账户管理工作的副行长，以及中央纪委、监察部、财政部、中国人民银行、各商业银行、审计署有关部门的负责人出席了会议。

四部委联合发出通知要求进一步推进国家助学贷款业务发展

中国人民银行、财政部、教育部、国家税务总局联合发出通知，要求进一步落实国务院关于助学贷款有关政策措施，推进国家助学贷款业务发展。

通知说，关于国家助学贷款工作，国务院办公厅已先后发出了一系列指导意见和规定，中国人民银行也下发了配套措施。各银行、财政、教育、地方政府部门和有关高校一定要以“三个代表”重要思想为指导，从科教兴国战略的高度出发，努力使国家助学贷款工作取得决定性进展。

通知要求各经办银行进一步改进金融服务，切实加强贷款管理，防范金融风险。要积极主动地做好国家助学贷款工作，只要学生持有本人入学通知书、有效居民身份证及高校国家助学贷款申请表，并符合有关文件规定，都应对其发放国家助学贷款。为了解决银行与学生联系的困难，各经办银行办理国家助学贷款时，除学校老师和同学可作为见证人外，还可由家长作为贷款见证人。国家助学贷款是无担保的贷款，为有效防范助学贷款风险，各经办银行应以学校为单位，在公开报刊等信息媒体上公布助学贷款违约情况，对不讲信用的借款人姓名、身份证号及违约行为公开曝光。对不主动与见证人和贷款银行联系、不提供工作单位和通讯方式、不守信用的学生，也要记录在案，将来纳入全国个人信用信息系统。

各商业银行应认真执行国家助学贷款呆坏账核销和免征营业税的有关规定。要根据财政部颁布的《助学贷款呆坏账损失核销的规定》，尽快完善本系统内助学贷款呆坏账考核办法和核销损失的操作程序，充分调动基层机构和信贷人员开办国家助学贷款业务的积极性。只要基层机构和信贷人员规范操作，并符合有关政策法规，对形成的国家助学贷款呆坏账，不应再追究经办机构和经办人员的责任。经国务院批准，免征国家助学贷款利息收入营业税。为了具体落实这项政策，各经办银行要及时统计汇总国家助学贷款的有关信息，对国家助学贷款业务单立台账，单设科目，单独统计，单独核算和考核。

各级财政部门要足额安排国家助学贷款贴息资金。按时办理拨付手续，绝不能因贴息资金不到位而影响国家助学贷款的发放。同时，要抓紧制定有关国家助学贷款贴息资金使用的管理办法，明确审批程序，加强贴息资金的使用监督，提高资金使用效益。

通知最后要求各地教育行政部门和高校要积极认真配合银行开展国家助学贷款工作。取消“一校一行”的规定，允许一校多行开办国家助学贷款业务。一所高校可根据国有独资商业银行的服务质量自主选择一家或多家国有独资商业银行承办国家助学贷款业务。各高校要建立校领导责任制，如发现哪所学校的此项工作不落实，要追究领导责任。各高校要在招生简章和录取通知中，加入有关国家助学贷款政策的内容。同时，各级教育行政部门要加强对高校国家助学贷款工作的检查、督促，定期向银行、财政部门通报情况。

进出口银行成功发行金融债券80亿元确保政策性出口信贷业务正常开展

中国进出口银行通过中国人民银行债券发行系统，以利率招标方式，成功发行80亿元3年期金融债券。至此，该行已通过发行金融债券筹集资金365亿元，确保了出口信贷业务的正常开展。

据了解，尽管近年来国有大中型企业的经营效益明显好转，国民经济保持了较快的增长势头，但受世界经济增速下滑的影响，经济增长的基础还不够稳固，短期内市场利率上调的可能性较小。对于投资者而言，本期债券的期限适中，具有较好的流动性和收益率水平，利率风险不大，较好地满足了投资者的需求，因而受到市场的普遍欢迎。在本次发行中，共有43家承销商参加投标，中标23家，有效投标222笔，中标52笔，有效投标总量达338.6亿元，为发行金额的4.23倍，中标利率为2.92%。

另据进出口银行相关人士介绍，在下一阶段的债券发行工作中，该行将继续密切跟踪市场，确定合理的发债方案，推出适销的债券品种，择机入市。

中国人民银行下调境内外币存款利率

经国务院批准，中国人民银行决定自2001年8月30日起下调境内中资商业银行美元、英镑、欧元、港币、加拿大元和瑞士法郎等小额存款利率，其中一年期美元存款利率下调0.1875个百分点，调整后为2.3125%（详见附表）。

小额外币存款利率调整表

年利率：%

项目	美元	英镑*	欧元*	日元	港币*	加拿大元*	瑞士法郎*
活期	0.7500	1.0000	0.7500	0.0001	0.7500	0.7500	0.2500
七天通知	1.3750	2.000	1.5000	0.0005	1.3750	1.6250	0.5625
一个月	2.0000	3.0000	2.3125	0.0100	2.0000	2.5625	1.1250
三个月	2.1250	3.1875	2.5000	0.0100	2.1875	2.7500	1.250
六个月	2.1875	3.3125	2.7500	0.0100	2.3125	2.8750	1.3750
一年	2.3125	3.4375	2.8750	0.0100	2.4375	3.0000	1.5000
二年	2.3750	3.5000	2.9375	0.0100	2.5000	3.0625	1.5625

注：本表从2001年8月30日起执行，带*为此次调整的币种。

对办理出口退税账户托管贷款业务作出规定

为支持出口企业扩大出口，解决出口企业短期流动资金困难，防范贷款风险，中国人民银行、对外经济贸易合作部、国家税务总局发出《关于办理出口退税账户托管贷款业务的通知》（以下简称《通知》）。

出口退税账户托管贷款，是指商业银行为解决出口企业出口退税款未能及时到账而出现短期资金困难，在对企业出口退税账户进行托管的前提下，向出口企业提供的以出口退税应收款作为还款保证的短期流动资金贷款。

《通知》说，出口退税账户托管贷款对象为信誉良好、没有非法逃套汇和偷骗税行为、近年内有稳定的出口业绩、财务健全的各类出口企业。出口退税账户托管贷款期限最长不超过1年，贷款比例原则上最高不得超过企业应得退税款的70%，贷款利率按中国人民银行有关规定执行。

《通知》指出，出口退税账户托管贷款是商业性贷款，由商业银行自主审查、自主决定。商业银行应当与借款人约定：自银行发放贷款之日起至该笔贷款全部清偿完毕之日止，借款人同意由贷款人监控该账户，未经贷款人同意，借款人不得擅自转移该账户内的款项。出口退税专用账户的退税款是出口企业偿还贷款的保证，商业银行应要求企业在退税款到位后归还该项贷款的本息，必要时商业银行可根据贷款风险程度要求出口企业提供其他担保。

《通知》要求各级税务部门要在不得提供任何形式担保的前提下，认真配合商业银行做好此项贷款工作。要确保贷款企业出口退税专用账户的惟一性，保证退税款退入该专户，不得转移；在出口退税账户托管贷款全部偿还之前，未经贷款银行同意，不得为出口企业办理出口退税专用账户转移手续（国家有关法律有特殊规定的除外）。各级税务部门应为商业银行查询出口退税企业资信提供方便。各级外经贸主管部门要及时向商业银行通报出口退税政策变动情况和出口企业的经营情况，向商业银行提供信誉良好的企业名单。各商业银行要主动和各级税务部门、外经贸主管部门沟通与合作，改进金融服务，提高服务效率，加强贷款管理，严格贷前审查、贷后检查，防范贷款风险，确保此项贷款业务的稳步发展。

全国统一“银联”标识卡年底推出

在2001年9月19日召开的北京、上海、广州、杭州和深圳五城市发行全国统一的“银联”标识卡工作会议上获悉，2001年年底，我国将统一推出“银联”标识卡，在上述五城市的所有ATM、POS等终端机具上实现跨地区、跨银行联网通用。

“银联”标识卡是指符合统一业务规范和技术标准要求，并且在指定位置印有“银联”字样的银行卡。在国内创建统一的“银联”标识，对于整合现有银行卡市场资源，建立和改善统一的银行卡受理环境，提高银行卡业务服务质量和水平，普及推广银行卡应用，为广大消费者提供方便、快捷、安全的金融服务，具有重要作用。

据了解，北京、上海、广州、杭州和深圳五城市在银行卡业务发展和联网联合方面一直走在全国前列，具备率先推行“银联”标识卡的条件。到目前为止，五城市内各商业银行均与所在城市银行卡网络服务中心实现了联网，并基本完成了各种银行卡的相互代理和联网通用，银行卡发卡和受理环境日趋完善，广大群众持卡消费的意识不断增强，各类银行卡发卡量、交易量等稳定增长。据统计，各商业银行在五城市共发行各类银行卡7626万张，占全国总发卡量的23.2%，今年上半年交易金额达6186亿元，占全国交易总额的12.7%。在跨行交易方面，今年上半年五城市共完成跨行交易1.26亿笔，金额441亿元，分别占全国跨行交易总量和总交易金额的72.4%和68.2%。因此，五城市“银联”标识卡的顺利发行，对在全国范围内推行“银联”标识卡将具有举足轻重的作用。

为了保证五城市“银联”标识卡发行工作的顺利开展，人民银行要求各商业银行进一步统一认识，加强对“银联”标识卡发行工作的组织领导。各家银行要采取措施，明确五城市各项发行准备工作的进度和目标，层层落实责任制，确保各项发行准备工作的按期完成。对不符合统一的业务规范和技术标准，不能实现跨行、跨地区联网通用的银行卡，一律不得使用“银联”标识。在这次确定的五城市之外，由于各项准备尚不成熟，也不得提前推出“银联”卡。未经人民银行总行检查、测试和批准，各发卡机构一律不得自行使用“银联”标识，已经自行使用的，要立即停止。

加入WTO是促进我国金融体制和金融制度更新的有利时机 央行将集中精力做好三项重大改革

中国人民银行行长戴相龙2001年9月19日在南京出席第六届世界华商大会时称，加入

WTO是促进我国金融体制和金融制度更新的有利时机。为应对参加WTO的挑战，中国人民银行将集中精力做好三项重大改革。

戴相龙说，9月17日，世贸组织中国工作组会议已审定通过了我国加入WTO的各种文件，我国即将正式参加WTO。这标志着我国对外开放将进入一个新的历史阶段。中国加入WTO后，外资金融机构将更多地参与中国的经济建设和金融发展，有利于增加国际金融资本的流入，有利于带来现代银行经营管理制度和新的业务品种，进一步提高对外开放的金融服务水平，有利于进一步促进我国金融业的改革和发展。但是，加入WTO，更多的外资金融机构进入中国市场，也将在优质客户、优秀人才、新业务、新技术等方面与中资金融机构展开激烈竞争，会给中资金融机构经营、中央银行货币政策和监管当局监管带来新的压力和挑战。为此，我国将进一步加快国内金融企业商业化改革步伐，发展和完善金融市场，健全金融法律法规，建立高效的金融监管体系，抓紧培训金融业经营管理人才，大力提高金融管理的技术手段。

戴相龙强调，今后几年是我国金融业改革发展的关键时期。在此期间，我国金融业要促进国民经济结构实行战略性调整，要基本化解多年形成的金融风险，要应对参加WTO的挑战，任务十分艰巨。为此，中国人民银行要集中精力做好三项重大改革。

第一，提高制定和执行货币政策的水平，为国民经济发展创造良好的宏观环境。

中国人民银行实施货币政策的目标是，保持人民币币值的稳定，并以此促进经济增长。中国经济高速增长，物价回升，货币供应量增幅较高，可以说通货紧缩趋势基本得到克服。但是，由于全球经济增长下降，特别是美国受到严重的恐怖袭击，经济回升延迟，这对中国经济发展也有一定的负面影响。因此，对中国宏观经济发展不能过于乐观。我国将继续执行扩大内需的方针，立足于广泛开辟国内市场，促进国民经济持续快速增长。加入WTO后，预计国际资本流入增加，加上我国货币供应量已经增长较多，仍应防止可能出现的通货膨胀。

今后5年，我国年均经济增长的预期目标是7%左右，物价涨幅控制在3%左右，考虑到货币流通速度减慢的因素，货币供应量增幅将保持在14%以内。资本市场的快速发展，贷款增速会有所下降。预计全部中资金融机构人民币贷款将增加8万多亿元，可用于贷款的外汇资金有1500多亿美元。要继续运用好信贷政策，引导商业银行调整信贷结构，按照市场原则，逐步增加对高新技术、中西部开发和农村的贷款，促进经济结构实现战略性调整。

利率市场化是提高我国货币政策调控水平的核心。目前，我国产业资本流动性较差，国有企业对利率调整反应不敏感，中央银行对市场利率调控能力较弱，因此，还要由中央银行确定商业银行存贷款基准利率。我们将按照“先放开外币，后放开本币；先放开贷款，后放开存款”的原则，通过加大利率的浮动幅度、规定贷款利率下限和存款利率上限等过渡方式，最终建立以中央银行利率为基础、以货币市场利率为中介，金融机构根据市场资金供求决定存贷款利率水平的利率形成机制和市场利率体系，提高中央银行利用利率调控宏观经济运行的能力。提高制定和执行货币政策的水平，要协调好货币政策和资本市场的关系。间接融资比例过高，直接融资比例过低，是我国社会资金利用率不高，银行不良贷款增加较多的一个重要原因。预计到今年底，城乡居民储蓄折合人民币将达到8万亿元，相当于今年国内生产总值的83%，我国资本市场发展的潜力很大，前景广阔。一般认为，中央银行不把股票、房地产等资产价格纳入货币政策调控目标，但将密切关注资产价格的变化，充分重视资产价格在制定货币政策中的信息作用。为此，中国人民银行将进一步规范货币市场与资本市场的联系，合理确定利率水平，完善股票质押贷款管理办法，让符合条件的证券公司和基金管理公司进入同业拆借市场，研究商业银行为证券公司代办证券业务的操作办法，从制度上继续支持资本市场的健康发展。同时，禁止信贷资金违规流入股市，防范和消除新的金融风险。

第二，推动国有独资商业银行的股份制改革，提高我国银行业竞争能力。

目前，我国有中国工商银行、中国农业银行、中国银行和中国建设银行4家国有独资商业银行，到今年6月底，4家银行总资产已达11.4万亿元，占全国存款类金融机构总资产的63%。这些银行过去在支持国民经济改革和发展中发挥了很大作用。近几年，国有独资商业银行改革步伐逐步加快，现已精简分支机构和营业网点3.4万个，工作人员净下降12.7万人，不良贷款比例逐步下降，经营水平不断提高。但由于多种原因，虽经多年改革，其经营机制尚未发生真正转变。

我国加入WTO后，经过5年过渡，将对外资银行实行国民待遇，这对于我国商业银行是一个严峻的挑战。为此，我们将加快国有独资商业银行改革的步伐，争取用5年左右或更长一些时间，把我国4家国有独资商业银行改革为在国际金融市场上具有一定竞争能力的现代化大型商业银行。

为实现这一目标，从今年开始，要按照建立现代企业制度的要求，分步对国有独资商业银行进行综合改革。第一步，按照国有独资公司的形式更新经营管理制度，为进行股份制改革创造条件。第二步，将有条件的国有独资商业银行改组为国家控股，国内企业、居民和外国资本参股的股份制商业银行，完善商业银行法人治理结构，从根本上解决商业银行经营机制问题。第三步，经过较长时间的努力，将符合条件的国家控股的股份制商业银行公开上市。

当前，我们要集中力量做好国有独资商业银行进行股份制改造的基础性工作。一是精简机构和人员。二是降低不良贷款，促使国有独资商业银行近几年每年降低不良贷款比率2~3个百分点。三是实行谨慎会计制度，严格监管各家金融机构按照财政部的规定，消化历史财务包袱，提高实际盈利能力。四是大力培养高级管理人才。有计划地招聘我国在海外学习和工作的人员，以及少数外国金融企业高级管理人才，到我国金融机构工作。五是通过多种渠道增加资本金，使资本充足率达到8%。六是按照国际标准披露金融机构有关信息，增加信息透明度。

与此同时，要继续规范和发展股份制商业银行，支持其按市场原则进行联合重组，鼓励外国资本向我国现有股份制商业银行入股。加快农村金融体制改革步伐，支持信托、财务和金融租赁公司的发展。继续依据“法制、监管、自律、规范”的方针，在规范的基础上加快证券业的发展。大力发展保险业，增强对经济发展的保障能力。

第三，进一步完善汇率形成机制，稳步推进人民币可兑换进程。

中国的对外开放，有利于中国经济的繁荣，也有利于世界经济的发展。过去10年，中国进出口总额超过2.8万亿美元，其中，进口1.3万亿美元。到今年6月，中国通过外商直接投资、企业到境外上市筹资和政府、企业对外借债，已累计引进外资5500多亿美元。同时，我国政府、金融机构持有境外金融资产和企业对外投资超过3000亿美元。

1993年11月，我国提出“要逐步使人民币成为可兑换的货币”。实现这个目标，要创造条件分步进行。1996年12月，我国实现了经常项目下可兑换，同时对资本项目收支实行登记或审批，暂不允许外币购买人民币证券资产。这样做，不仅是为了促进我国经济稳步发展，也是为了保护外国投资者的利益。实践证明，在资本项目开放方面实行循序渐进的方针是正确的。加入WTO后，中国经济进一步融入全球市场，国际贸易和国际资本流动加大。我们将加快完善宏观调控体系，进一步增强国力，规范金融市场，借鉴一些发达国家开放资本市场的有效途径，稳步推进资本项目可兑换工作的进程。

在资本项目收支尚未放开，经济发展以国内市场为主的国家，不宜也不必实行自由浮动汇率。1994年以来，我国实行由市场供求决定的、有管理的浮动汇率制度，人民币汇率保持了长期稳定，对促进我国改革开放和亚洲金融稳定发挥了重要作用。目前，人民币对美元的汇率水平是基本适当的。加入WTO以后，随着贸易和投资的变化，国际收支的变化可能加大。我们将继续实行有管理的浮动汇率制度，在保持人民币币值基本稳定的前提条件下，进一步完善人民币汇率的形成机制。加强本外币利率政策的协调，发挥汇率在平衡国际收支、抵御国际资本流动冲击方面的作用。

戴相龙最后指出，中国是国际社会中的重要一员。我们将在平等竞争、互惠互利的原则下，加强各国之间、亚洲国家中央银行之间的合作。继续支持世界银行、国际货币基金组织等国际金融组织在国际金融事务中更好地发挥作用。积极探讨和建立亚洲地区货币金融稳定机制，履行“10+3”会议机制签署的“清迈协议”，推进货币互换，促进亚洲地区金融市场的稳定。

朱镕基在第六届世界华商大会举行的“中国经济论坛”上说中国必将对世界经济的繁荣发展作出更大贡献

国务院总理朱镕基出席第六届世界华商大会举行的“中国经济论坛”活动并发表演讲。他说，中国经济的更加开放和繁荣，不仅会大大增进中国十几亿人民的福祉，而且还会给包括广大华商在内的世界各国企业家提供广阔的市场和无限的商机，也必将对世界经济的繁荣和发展作出更大贡献。

朱镕基首先代表中国政府和人民，对来自世界各地的华商朋友表示诚挚欢迎！他说，在跨入新世纪之际，第六届世界华商大会在中国召开，具有特殊的重要意义。

朱镕基指出，新中国成立50多年特别是改革开放以来，中国经济蒸蒸日上，取得了举世瞩目的巨大发展。在新的历史起点上，中国经济正以雄健的步伐，走向更加开放和繁荣。

朱镕基说，近几年，国际经济环境复杂多变，中国经济历经严峻考验。我们成功地抵御了亚洲金融危机的冲击，实现经济持续快速发展。今年以来，在世界经济增长明显减缓的情况下，中国经济保持良好的发展势头。2001年，国内生产总值同比增长7.9%。1~8月与去年同期相比，工业增加值增长10.4%，财政收入增长24.7%，固定资产投资增长18.9%，社会消费品零售总额增长10.1%，居民消费价格上涨1.2%；进出口总额（3305.32亿美元）增长9.6%，其中出口（1709.94亿美元）增长7.3%；实际使用外商直接投资274.4亿美元，增长20.4%；国家外汇储备9月15日达到1935亿美元。金融平稳运行。中国经济继续在快增长、高效益、低通胀的良性循环轨道上前进。这些成绩来之不易，是以江泽民同志为核心的党中央驾驭全局，审时度势，及时采取一系列有力政策措施的结果。

朱镕基指出，随着新世纪的到来，中国改革开放和社会主义现代化建设进入了新的发展阶段。面对经济全球化进程加快和科技革命迅猛发展的新形势，顺应世界发展潮流，中国将大力实施经济结构调整战略、西部大开发战略、科教兴国战略、可持续发展战略，显著提高经济的创新力、竞争力和抗风险能力，使中国经济以更大的规模和更高的水平持续向前发展。

在详细阐述了中国各项发展战略措施后，朱镕基说，尽管中国经济目前仍有不少困难，今后还会遇到这样那样的挑战，但是有利条件很多，最重要的是国内市场巨大，人力资源丰富，社会政治稳定，发展道路符合中国国情。我们的朋友遍天下，特别是有海外广大华侨华人的关心和支持。我们将继续坚定不移地走自己的道路，完全有信心、有能力战胜前进道路上的一切艰难险阻，使国民经济得到更好的发展，不断攀登新的高峰。

朱镕基说，长期以来，广大海外华侨华人以不同方式热心支持和参与中国的经济建设。迄今为止，在华投资的外资企业，大多数的项目和资金来自华商。中国经济取得的辉煌成就，海外华侨华人功不可没。他表示，不论是已经在中国投资的，还是正在寻找项目的华商朋友，都可以在中国这片热土上找到众多的发展机会，大展宏图。我们热诚欢迎广大华商朋友以各种方式继续踊跃参与中国的现代化建设。

国家发展计划委员会主任曾培炎、对外贸易经济合作部部长石广生和中国人民银行行长戴相龙应邀在论坛上分别作了题为《乘“十五”计划东风，奏西部开发凯歌》、《开放的中国，美好的未来》以及《中国金融业在改革中发展》的演讲。

强化监管提高支农服务水平 全国农信社金融监管与金融服务工作座谈会召开 史纪良到会并作重要讲话

为期两天的全国农村信用社金融监管与金融服务工作座谈会在山东省济南市召开。会议就如何进一步加强对农村信用社的金融监管，提高农信社为“三农”服务的水平，解决好农民贷款难等问题，列出议题进行讨论。会议对全国100家农信社系统支农先进单位作出表彰，山东省潍坊市信用社等10家单位在会上作了典型发言。中国人民银行副行长史纪良到会并作重要讲话。

史纪良指出，人民银行对农村信用社的管理工作要从监管入手，落脚点放在服务上，要监管与服务并重。信用社要通过不断发展业务，改进服务方式，提高支农服务水平，解决好农民贷款难的问题，并通过自身努力，逐步建立起“自我约束、自我管理、自我发展”的与农村经济发展相适应的管理体制，更好地为“三农”服务。

史纪良强调，为“三农”服务，解决好农民贷款难的问题十分重要，要把这个问题提高到贯彻落实好江泽民总书记“三个代表”重要思想的高度上来认识。信用社干部职工要转变观念，改变服务方式，提高服务水平，尽量满足农民生产和农民生活贷款的需求。

会上，人民银行合作金融机构监管司司长张功平就近三年的支农服务工作，特别是贷款管理工作进行了总结。他说，近几年来，各地农村信用社按照中央、国务院要求，不断加大支持农业、农民和农村经济发展的力度，特别是大力推行了农户小额信用贷款和联保贷款办法，简化贷款手续，加大支农贷款投放总量，在提高自身经营效益的同时，使农户贷款更加便捷，农户贷款面进一步扩大，受到广大农民和地方各界的一致欢迎。但必须看到，个别地方的农村信用社在农户贷款管理上仍然感到困难。对此，必须引起高度重视，并采取切实措施加以改进。各级农村信用社要充分认识改进农户贷款管理的重要意义，要从巩固农业基础地位、增加农民收入、促进农村经济全面发展的战略高度，切实提高对改进农户贷款重要性和紧迫性的认识。今后一个时期，改进农户贷款管理的指导思想是：以江泽民总书记“三个代表”的重要思想为指导，通过采取改进农户贷款方式、简化农户贷款手续、完善农户贷款信用体系、规范农户贷款程序、强化农户贷款管理等综合措施，进一步方便农民贷款，支持农民发展生产，帮助农民增加收入、改善生活，促进农村经济健康、快速发展。

会议还就新修订的农户小额信用贷款管理办法和农户联保贷款管理办法以及总分行合作金融机构监管工作联系直辖市制度进行了讨论。

实践“三个代表”思想 提高央行工作水平

中国人民银行党委副书记、副行长、党校校长刘廷焕在中国人民银行党校局处级干部进修班(第四期)开学典礼上强调，人民银行的各级领导干部要在领会和把握江泽民总书记“七一”重要讲话精神实质的基础上，结合央行的工作和自己的思想实际，认真思考如何以“三个代表”思想为指导，以十五届六中全会要求的精神和作风，按温家宝副总理在中央金融工委第二十次(扩大)会议上提出的要求，做好中央银行各项工作，提高中央银行工作水平。

当前，全党全国正在深入学习江泽民“七一”讲话，贯彻落实“三个代表”的重要思想，贯彻落实中央十五届六中全会精神，刘廷焕就这次学习教育活动和进修班的任务，围绕提高人民银行党员领导干部理论素质和党性修养讲了三点意见：充分认识学习马克思主义理论的重要意义；江泽民“七一”重要讲话是当前学习马克思主义的重要内容；学习马克思主义，要坚持理论联系实际的学风。

刘廷焕说，江泽民“七一”重要讲话，是当前学习马克思主义的重要内容。学习马克思主义理论，主要包括马列主义、毛泽东思想和邓小平理论，要用这一理论认识当前的形势和任务，指导各项工作。江泽民同志在庆祝中国共产党成立80周年大会上的重要讲话，就是在这一理论指导下的马克思主义纲领性文献。学习领会《讲话》精神，对于我们更好地适应新形势、新任务的要求，进一步做好央行的各项工作，具有重大而深远的指导意义。因此，我们要把这篇讲话作为当前学习马克思主义的重要内容。

刘廷焕要求，学习《讲话》要和学习贯彻十五届六中全会精神结合起来。人民银行的各级领导干部要在领会和把握精神实质的基础上，结合央行的工作和自己的思想实际，认真思考如何以“三个代表”思想为指导，以十五届六中全会要求的精神和作风，按温家宝副总理在中央金融工委第二十次(扩大)会议上提出的要求，做好中央银行各项工作。认真检查中央银行的工作、自身岗位的工作、自身的思想状态是否体现了“三个代表”的精神，在作风建设上是否体现了全会提出的“八个坚持，八个反对”的精神，是否体现了温家宝副总理在金融工委第二十次(扩大)会议上提出的“三个带动”、“五个带头”的精神，在这些方面有哪些差距，采取什么措施给予提高。人民银行实践“三个代表”思想，坚持十五届六中全会的精神，要在强化发展意识，促进经济增长；强化稳定意识，防范化解金融风险；强化服务意识，提高金融服务水平的基础上，重视加强精神文明建设和行业文化建设，培育和树立中央银行的文化和精神，重视加强党的建设，把人民银行各级党组织建设成为带领广大职工完成金融工作任务的坚强领导核心。要切实从思想上和工作摆布上处理好各项金融业务工作与党的建设、文化建设的关系，使金融业务工作和文化建设、精神文明建设互为支撑、互为促进。要切实转变思想作风、工作作风、领导作风、学风和生活作风，深入群众、深入实际，发现、研究和解决与高质量履行人民银行职责相关的重要问题，从而保证在代表广大人民群众的根本利益方面有更大建树。人民银行各级领导干部要从巩固党的执政地位的高度，从中央银行改革和发展的高度，实践“三个代表”重要思想，加强自身作风建设，把中央银行的工作做得更好。

刘廷焕强调，学习马克思主义，要坚持理论联系实际的学风。理论联系实际主要包括三个方面内容：第一，联系思想实际，就是要把改造主观世界和改造客观世界结合起来，树立科学的理想、信念和正确的世界观、价值观和人生观，增强党性。党性修养和党性锻炼的过程，就是以马克思主义理论改造主观世界的过程。改造主观世界，首先要端正思想作风。人民银行的领导干部要从金融稳定的大局出发，同时，要坚持在金融改革方面的开拓创新意识，在监管工作方面的守土有责意识，在组织领导方面的团结民主意识，在处事为人方面的公正诚信意识，等等。其次，要切实在思想上树立起反腐防变的“长城”，要从细微处做起，防微杜渐，“不以恶小而为之”，不以任何借口放纵自己以权谋私行为或接受任何形式的不当之利。人民银行的各级党员领导干部学习马克思主义，更应该联系思想实际，提高改造主观世界的自觉性，增强党性锻炼的效果，以适应中央银行事业发展和实际领导工作的需要。第二，联系工作实际，把学习与履行岗位工作职责结合起来。在党的建设上，通过“三讲”教育，人民银行党建工作和队伍建设总的形势是好的、发展是健康的，但也存在一些不可忽视的问题，主要是少数基层党组织的凝聚力和战斗力不强的问题还没有真正彻底解决；有些党员干部在党性修养、理论修养、品德修养方面，自我要求、自我约束不严，离党和人民的要求存在着很大的距离，有的甚至不择手段，违法乱纪。这期进修班的学员大部分来自金融工作的第一线，实际工作中肯定存在着这样那样的复杂问题，希望学员能充分利用来党校学习的机会，通过系统的理论学习，运用马克思主义理论，特别是马克思主义哲学的基本原理，运用辩证唯物主义的基本观点，运用矛盾原理，对实际工作中遇到的各种复杂问题以及过去在工作中处理过的问题、作出的决策进行认真分析和反思，进行理论思考，进一步理清思路，综合归纳，得出有理论依据的结论和总结，这既有利于更好地消化、掌握所学到的理论知识，又有利于更好地做好本职工作。第三，联系发展着的客观形势，把学习马克思主义和反映当代世界新发展的各种新知识结合起来。面对金融全球化和中国即将加入 WTO 的挑战，迫切要求我们加紧研究国际国内经济金融新情况、新问题和新技术，站在世界发展的前沿，代表中国先进生产力发展的要求，制定正确的发展策略。因此，大家在学习马克思主义理论的同时，一定要注重对新知识的学习和了解，要具备“战略思维”和“世界眼光”。

开学典礼由中国人民银行党委委员、行长助理蒋超良主持，来自人民银行有关部门的领导出席了开学典礼。

三类机构合力确保
客户保证金安全

2001 年 5 月份，中国证监会发布了《客户交易结算资金管理办法》（证监会主席 3 号令）（以下简称 3 号令），并将于 2002 年 1 月 1 日正式实施。现在证监会又公布了《关于执行〈客户交易结算资金管理办法〉若干意见的通知》（以下简称《通知》）。

（一）证监会 3 号令出台的背景

3 号令是一个依据《证券法》制定的，对投资人存放在券商处的客户交易结算资金（我们习惯上称为保证金）进行管理的规章性文件。保证金是投资者为了买卖证券而存放在证券公司的资金，证券公司不能挪作它用，这在 1993 年国务院发布的《股票发行与交易管理暂行条例》和 1998 年底国家公布的《证券法》中都有明确的规定。但前些年，证券公司普遍存在挪用保证金的情况。这与以前证券公司没有合法的融资渠道有关，也与保证金的存管方式有关，当然也与证券公司的守法经营意识薄弱有一定的关系。随着这些年证券公司守法经营意识的加强，国家为证券公司逐步开通了合法的融资渠道，并对证券公司挪用保证金的行为不断加以规范，采取了许多疏堵结合的方法，证券公司挪用保证金已经大幅下降，绝大多数的证券公司全部归还了挪用的保证金。有了这些基础，中国证监会于 2001 年 5

月份出台了3号令。

3号令是在借鉴世界各国证券监管部门防止证券公司挪用客户资金的措施，并结合我国证券市场的特点而制定的一个对保证金进行管理的办法。简单地说，3号令是在证券登记结算公司、有关的商业银行和证券公司之间建立一个系统，由这个系统对保证金进行管理，以达到防止证券公司挪用保证金的目的。

（二）3号令对投资人的重要作用

确保资金的安全。证券公司挪用保证金，可能造成投资者难以完成交易行为，如果这个证券公司出现经营亏损甚至破产，投资者的保证金可能同时遭受损失。3号令实施后，保证金的运转与证券公司自身的自营业务、承销业务等经营行为完全分离。即使证券公司经营破产，投资人的资金仍是安全的。

（三）3号令对证券市场的意义

3号令的实施对我国证券市场的影响是深远的。投资者的投资行为必须通过证券公司才能完成，如果证券公司挪用保证金，有时会造成投资者没有足够的资金买卖股票，造成投资人对证券市场的信心受损；如果证券公司出现经营亏损甚至破产，就会造成投资者的资金损失，严重时出现挤兑风潮，引发金融危机甚至社会动荡。3号令实施后，证券公司的经营亏损或破产就不会对证券市场造成直接的冲击。再者，在原来的保证金存管体制下，保证金与证券公司的经营是捆绑在一起的，即使一家证券公司严重违规或者是严重亏损，我们也很难将其驱逐出证券市场，因为这样做很可能造成投资者的挤兑，引发市场危机。其结果是证券市场的退出机制很难真正地发挥作用。只有生没有死，有些人就敢乱来了，产生很大的道德风险。3号令实施后，对于那些害群之马，我们可以放心地将其驱逐出去，这样证券公司的退出机制开始真正发挥作用，我们对证券公司的许多行政监管手段可以逐步向市场化的监管手段过渡。从这个意义上讲，可以说3号令是我们对证券公司监管政策的一个分水岭。

总之，投资人的信心提高了，资金安全了，证券市场的安全性随之提高，再加上证券公司的整体素质的提高，这些都可以使我国证券市场在一个更加稳健的基础上发展。

（四）3号令如何达到保护保证金安全的目的

世界各国证券监管当局都在想一些办法对客户的资金加以管理，防止券商挪作它用。例如在20世纪70年代初，美国的证券监管当局认为证券公司随意使用客户资金存在隐患，在1972年出台的《证券交易法修定案》中制定了相应的规则。根据该规则，证券公司应保留一个“特别账户”，要求该账户持的现金和美国政府证券金额等于客户账户的资金（加证券公司欠客户的金额）减去客户欠款。监管当局根据定期检查上述账户的对应关系，亦即总额监控的手段来防止挪用。

而3号令是要在证券公司、存管银行和登记结算公司之间建立一个由备案专户构成的相对封闭的系统，证券公司必须将保证金存入专门账户，除投资者提现和券商的佣金收入等一些正常的支付行为外，保证金只能在这些经中国证监会备案的专门账户之间运动。同时，存管银行和登记结算公司每月初向证监会报告备案专户中的保证金余额。在这个过程中存管银行和登记结算公司要发挥一定的监管职能。对于证券公司将保证金划入未经备案的账户的划款请求，存管银行和登记结算公司必须予以拒绝。对于一些大额的资金运动，存管银行和登记结算公司必须给予密切的关注，对于一些异常的资金运动，存管银行和登记结算公司必须向中国证监会及时报告。即采取限制资金运动和进行总额监控两个手段，将事前防范和事后检查结合起来，以达到防止挪用的目的。可以说我们这个系统比国外许多国家对保证金的监管更先进了一步，有了更高的安全性。

（五）3号令正式实施前，证监会采取哪些措施推动这一政策的落实

为了落实《证券法》中关于严禁证券公司挪用保证金的要求，这几年证监会一直在做许多基础工作。首先要求那些由于历史原因而存在挪用保证金缺口的证券公司，根据自身的经营情况，制定出切实可行的归还方案，经证监会批准后，由证监会各派出机构监督执行。对于不能按计划归还的证券公司，证监会采取限制其业务资格、取消高管人员资格等方法对其进行制裁。同时明确了对于确实无力归还保证金的证券公司，将采取拍卖其证券营业部或转移其投资者后依法关闭的政策。对于那些没有挪用保证金的公司和按计划归还了保证金的公司，我们则从政策上支持其业务的发展。在这样疏堵结合的政策下，很多证券公司按期或提前归还了挪用的保证金。去年年底，各证券公司挪用保证金的比例已经降至5%以下。这为3号令的出台奠定了一个良好的基础。

今年5月，3号令出台后，我们要求证券公司认真学习3号令，充分认识3号令的重要性。一个证券公司能够及时、严格地落实3号令，意味着这家公司的投资者保证金的安全得到了充分保障，意味着其内控制度的建设上了一个新台阶，这样的证券公司我们当然可以放心地让其发展壮大，在营业机构的审批设立、业务品种的创新方面给予积极的支持；如果一家公司不能及时、严格地落实3号令，表明这家证券公司的投资者的保证金还没有得到充分的安全保障，表明这家公司高管人员的政策水平和业务水平存在很大问题，也表明这家公司内控制度的建设存在很大缺陷。这样的证券公司我们最起码是要限制其发展，在其新营业机构和新业务品种上给予严格限制。

据我们了解，许多证券公司已经充分认识到3号令的重要意义。有些公司要求在今年10月份就要提前落实3号令，许多公司也在组织公司员工认真学习3号令，但也有证券公司到现在都没有认识到3号令的重要性，到目前为止仍没有进行任何准备工作。这后一类证券公司要警觉了，因为要达到3号令的要求，一家证券公司要进行大量的前期准备工作，时间不等人。

（六）《通知》与3号令的关系

3号令是对保证金存管体系的制度性规定，《通知》是对3号令进行细化的操作性文件。例如在3号令中只原则上规定了存管银行应该具备的条件，而在《通知》中规定了商业银行申报存管银行业务资格的具体程序以及相应的证监会的核准程序；3号令要求保证金专户必须报备，《通知》则规定了具体的报备程序。《通知》还对证券公司、登记结算公司和存管银行之间一些具体的业务关系进行了约定。

2001年10月1日　降低农村信用社营业税税率

为缓解农村信用社的困难，支持农村信用社发展，经国务院批准，财政部、国家税务总局于日前下发了《关于降低农村信用社营业税税率的通知》。通知指出，自2001年10月1日起，对农村信用社减征，按5%的税率计征营业税，由地方税务局负责征收，营业税收入全部归属地方，《财政部、国家税务总局关于继续执行农村信用社有关营业税政策的通知》同时废止。

中国将继续实施积极财政政策

财政部副部长金立群今晚在亚太经合组织2001年会议中国筹委会秘书处举行的新闻发布会上说，在目前情况下，中国有必要继续实施积极财政政策和稳健的货币政策，并与其他措施相配合，以保证国民经济稳定持续发展。

金立群说，“十五”计划的前几年，中国将继续实施积极财政政策。2002年中国政府将继续发行适当数量的国债，以支持投资需求的增长。在不断提高国债资金使用效率的同时，中国政府将逐步把国债资金投向一些新的领域，包括环保、教育和人力资源建设等。

他认为，中国实施积极财政政策的潜力仍然是巨大的。积极财政政策的逐步淡出需要有三个条件：一是通货紧缩趋势得到遏制，消费物价指数连续出现正增长；二是民间投资逐步取代政府投资成为支持投资需求增长的主力；三是国际经济环境有所改善。

他说，受世界经济减速的影响，今年出口对中国经济增长的贡献率可能是负数。“如果没有实施积极财政政策，今年中国经济增长率将比实际低2至3个百分点。”

在回答股市有波动时，金立群说，中国资本市场尚在发展过程中，股市有波动、起伏是不足为怪的。

金立群重申国有股减持的重要性。他认为，国有股减持10%，其实数量不大。他说，之所以现在有着各种说法，可能是由于一些人对国有股减持的意义还不太了解。

金立群指出：国有股减持10%，大部分是用于社会保障资金的不足。其本身有助于国有企业的改革，有助于中国资本市场的发展。而且，将来这部分减持的资金会有专门的资金管理部门负责运作，最终是要回到股市中去的。另外，我们还应该看到国有股减持的一个很重要的作用，减少了国有企业所持的股份，增加了其他不同所有制性质的份额，这本身是好的。这将会有利于我们企业进一步的改制，加强在加入WTO后企业面对挑战的能力。

在回答国有股减持的发行价格时，金立群说，发行价格表明投资者对企业未来预期收益的估计，国家和非国有股东应当享受同等的权利和待遇。

在回答反洗钱时，金立群说，中国是负责任的国家，对反洗钱问题非常重视，一贯积极参与国际反洗钱斗争。“9·11”事件发生后，根据联合国安理会的决议，中国在这方面也做了大量的工作。他同时敦促主要发达国家在反洗钱问题上，采取一个标准，而不要采取双重乃至三重标准。他说，“9·11”事件有助于主要发达国家更好地理解反洗钱的含义。

继续坚持稳健的货币政策 中国人民银行货币政策委员会召开二〇〇一年第四季度例会

中国人民银行货币政策委员会2001年第四季度例会在北京召开。

会议分析了今年三季度经济金融形势和货币政策执行情况，认为当前我国经济增长平稳，稳健的货币政策继续发挥重要作用。9月末，广义货币余额15.2万亿元，增长13.6%，金融机构人民币各项贷款余额10.9万亿元，比年初增加9571亿元，增长13.5%。会议认为，当前货币信贷总量与经济发展的需要基本相适应。

会议还讨论了美国“9·11”事件对我国经济金融的影响，认为要充分注意美国恐怖袭击事件对我国经济发展的负面影响。

会议研究了第四季度货币政策措施，一致认为，当前通货膨胀压力不大，第四季度货币政策要继续坚持稳健原则，贯彻扩大内需为主的方针，灵活运用多种货币政策工具，保持货币供应量的适度增长，继续支持实施积极的财政政策，防止经济出现进一步减缓趋势。据预测，全年广义货币增长 13%～14%，金融机构各项贷款增加 13000 亿元左右，货币信贷总量预计达到年初确定的预期目标。

会议认为，当前要继续保持人民币存贷款利率的基本稳定，同时密切注视国内外经济金融形势的变化，协调好本外币利率政策。要在保持人民币汇率基本稳定的基础上，进一步完善汇率形成机制。

会议提出，要进一步落实各项信贷政策，引导信贷投向，促进经济结构调整。要普遍推行农户小额信用贷款和农户联保贷款，增加农业贷款的投入；要引导商业银行增强贷款营销观念，主动发现、培养、选择客户，加大对中小企业的信贷支持力度；要清理影响外汇贷款合理增长的有关规定，改进服务，扩大外汇贷款。

会议由中国人民银行行长兼货币政策委员会主席戴相龙主持，货币政策委员会副主席刘廷焕、货币政策委员会委员王春正、周小川、金立群、肖钢、郭树清、朱之鑫、吴敬琏出席了会议。

人民银行外事工作会议在京召开

中国人民银行外事工作会议 10 月 23 日在北京召开。会议按照江泽民总书记“三个代表”重要思想和“七一”讲话的要求，总结了人民银行十年来外事工作的历程，分析了当前外事工作面临的形势和挑战，研究、部署了今后一段时期人民银行的外事工作。

在会议上，中国人民银行行长助理李若谷受总行党委委托作了《认清国际国内新形势，开拓外事工作新局面》的报告。与会代表结合李行助的工作报告和当前金融外事工作进行了广泛深入的讨论。

会议指出，从 1991 年人民银行召开金融外事工作会议，至今已有十年。十年来，人民银行外事工作取得了很大的成绩：巩固和扩大了我国在国际金融组织中的地位及影响，与国际货币基金组织的关系得到了进一步的发展，在基金组织中的作用越来越受到重视；加入了国际清算银行、加勒比开发银行等国际金融机构。同时，人民银行积极参与各种国际金融论坛，旗帜鲜明地阐明了我们的观点、主张，捍卫了我国及广大发展中国家的利益。另外，多边和双边金融领域合作得到加强，国际金融调研取得了大量成果，外事管理工作初步实现了规范化、制度化、电子化，智力引进工作成绩显著。

据介绍，在与基金组织的合作中，基金组织积极参与我国的改革进程，提供了大量的技术援助和人员培训，人民银行也积极参加基金组织的历次例会和年会。1996 年中国承诺接受基金组织第 8 条款第 2、3、4 款的义务，实现了人民币经常账户下的可兑换。2001 年 2 月，经过三年多的艰苦努力，我们于 2001 年 2 月完成了在基金组织的特别增资工作，使我国在基金组织的份额位次从第 11 位上升至第 8 位。在 1997 年亚洲金融危机中，我们通过基金组织的操作预算，向遭受危机的国家贷款 24 亿美元，通过双边援助向泰国提供 10 亿美元贷款，向印度尼西亚承诺 3 亿美元贷款。同时坚持人民币不贬值，树立了我国负责任的大国形象，受到了国际社会普遍和高度的赞扬，极大地提高了中国的国际声望和信誉。

随着我国金融改革和开放的不断深入，为提高金融专业人员的素质，人民银行外事部门采取“走出去”和“请进来”的方式，以银行监管、货币政策、银行法规、金融市场等主题为重点，开展了多种形式、多个渠道的境内外培训工作。自 1995 年至今，人民银行派出培训人员 1306 人，在国内组织培训项目 44 个，邀请了 243 位外国专家来华授课，受训人员达3562人次。

会议强调，当前金融外事工作面临诸多挑战，特别是经济与金融的全球化、我国加入WTO以及国际金融体制改革的深化等。为此，会议要求金融外事工作要以江泽民同志“三个代表”重要思想为指导，抓紧培养锻炼外事工作人才，进一步加强外事工作的归口管理、国际金融调研及与周边国家的合作，抓紧人员培训，更好地利用各种国际论坛，维护我国及其他发展中国家的利益。

中国人民银行各分行、监管办、省会中支以及总行各司局和直属单位的负责同志参加了会议。

四部委发出《关于规范黄金制品零售市场有关问题的通知》

为推进黄金管理体制改革，规范黄金制品零售市场经营秩序，促进黄金制品零售市场健康发展，中国人民银行、国家经贸委、国家工商行政管理总局、国家税务总局发出《关于规范黄金制品零售市场有关问题的通知》，改革黄金制品零售管理审批制，取消黄金制品零售业务许可证管理制度，实行核准制。

通知说，经营黄金制品（包括K金制品）零售（专营、兼营）业务的单位，应经所在地人民银行分行、营业管理部，省会（首府）城市中心支行，深圳市中心支行（以下简称核准行）核准，并领取《经营黄金制品核准登记证》（以下简称《核准登记证》）。当地工商行政管理机关和税务部门凭人民银行核发的《核准登记证》办理营业执照、税务登记和消费税认定登记手续。申请经营黄金制品零售业务，应具备相应的条件，并向核准行提交有关材料。核准行自接到申请经营黄金制品零售业务报告之日起，40个工作日内，对符合经营黄金制品零售业务开办条件的申请单位，核发《核准登记证》。对不符合条件的，应当出具不予核准的书面通知。

《通知》允许开办黄金制品零售连锁店，允许黄金制品零售企业设立分支机构经营黄金制品零售业务。《通知》规定，黄金制品零售企业应从国家批准的定点单位进货，并应妥善保管好供货单位开具的供货单，以备人民银行和工商行政管理部门检查。拍卖行拍卖黄金制品、单位举办黄金制品展览（展销）会，应经人民银行当地分行、营业管理部、省会（首府）城市中心支行或深圳市中心支行核准；举办全国性或国际性黄金展览（展销）会应报人民银行总行核准，并按照国家有关法律、法规规定办理相关审批、登记手续。凡违反以上规定的，根据情节轻重，由中国人民银行、工商行政管理机关、税务部门按各自的职责权限，依据有关法律和规定予以处罚。

外商投资企业经营黄金制品零售业务，适用本通知和《外商投资商业企业试点办法》规定，经核准行核准，并向外商投资企业审批机关申请办理审批和批准证书核发或换发手续后，向工商行政机关申请办理相关登记。

人民银行党委下发《意见》要求进一步深化双文明单位创建活动

中国人民银行党委下发《关于进一步深化双文明单位创建活动的意见》，要求人民银行系统进一步明确双文明单位创建工作的指导思想，切实纠正创建工作中的不良倾向，进一步做好宣传发动工作，要通过创建活动，促进金融监管和金融业务工作的开展。

据了解，人民银行开展双文明单位创建活动，经过两年多的实践，促进了人民银行系统两个文明建设的协调发展和共同进步，各级领导班子建设得到了进一步加强，干部职工队伍素质有了明显提高，各项金融业务工作取得了可喜成绩，涌现出了一批双文明单位，在社会上树立了中央银行的良好形象。但是，各分支机构的创建活动发展还不平衡，有些单位对开展创建活动的重要性和必要性认识不足，指导思想不够端正，没有认真贯彻“重在建设”、“重视创建过程”的方针，重外表、轻内容、没有把主要精力放在加强领导班子建设、干部职工队伍建设和提高金融监管水平上。

为此，人民银行党委就进一步深化人民银行系统双文明单位创建工作，要求人民银行各级分支机构进一步明确创建工作指导思想。《意见》指出，开展创建活动的目的，是建设一个好的领导班子，建设一支政治过硬、业务优良、作风清正、纪律严明的高素质中央银行干部职工队伍，从而促进金融中心工作的开展，促进金融监管工作水平。双文明单位创建工作的指导思想是：以金融工作为中心，为中央银行依法履行职责服务，为中央银行改革和发展提供强有力的精神动力和思想保证；紧紧围绕加强领导班子建设，提高干部职工队伍素质，提高金融监管和金融业务工作水平这一创建重点，开展扎扎实实的创建活动。各分支机构在创建活动中，第一，要始终坚持以马列主义、毛泽东思想、邓小平理论和江泽民同志“三个代表”重要思想为指导，坚持“两手抓，两手都要硬”和“精神文明重在建设”的方针，重视创建过程，既要借鉴吸收地方开展文明单位创建活动的有益经验，更要注意探索紧紧围绕中央银行中心工作开展双文明单位创建活动的新方法和新途径，及时总结经验，把具有中央银行特点的双文明单位创建活动不断引向深入。

第二，要切实纠正创建工作中的不良倾向。要处理好“硬件”与“软件”的关系，处理好外表与实质的关系，坚决纠正和杜绝只靠美化环境，搞几条标语，建几个场所等形式主义思想和现象。各分支机构要始终坚持创建工作的正确方向，坚持“重在建设”的方针，重视创建过程，按照双文明单位条件，扎扎实实地开展创建活动，使双文明单位创建活动真正成为全面加强人民银行基层建设的有效载体。

第三，进一步做好宣传发动工作。各分支机构要在第一个创建年度（1999 至 2000 年）宣传发动的基础上，进一步做好第二个创建年度（2001 至 2002 年）的宣传发动工作。进一步明确创建要求，突出创建重点，修订创建措施，重视创建过程。通过宣传发动，进一步增强干部职工创建活动的意识，引导干部职工积极投入创建活动。通过宣传发动，把人民银行所有基层单位都纳入到双文明单位创建活动中，不留死角。

第四，创建工作要在强化金融监管，做好金融业务工作上下功夫。“双文明单位”是物质文明建设和精神文明建设两个方面协调发展、取得突出成绩的单位，是经考核、评选、由上级行授予的综合性荣誉称号。各分支机构在创建工作中，要按照《暂行办法》规定的双文明单位条件，找差距、定方向，制定本单位的创建方案，采取切实有效的创建工作措施，加强领导班子建设，提高干部职工队伍的整体素质，从而促进金融监管和金融业务工作的开展。要把创建工作的出发点和立足点放在如何搞好金融业务工作和提高金融监管水平上，认真落实加强金融监管和防范化解金融风险的具体措施，努力提高金融业务工作水平。总之，要通过创建活动，最终体现促进金融监管和金融业务工作的开展，要把是否促进金融业务和金融监管工作开展作为检验创建工作做得成功与否的标准，把金融监管和金融业务成绩作为考核、评选双文明单位的重要条件。

《意见》还就继续抓好各级机关和中心支行的创建工作以及加强对双文明单位的管理作了明确要求。

人民银行再次重申严禁发放无指定用途个人消费贷款

从人民银行获悉，中国人民银行发出《关于

严禁发放无指定用途个人消费贷款的通知》（以下简称《通知》），明令禁止商业银行发放无指定用途的个人消费贷款。

《通知》说，中国人民银行《关于开展个人消费贷款的指导意见》颁发以来，各商业银行积极开拓个人消费信贷业务，相继开展的个人住房、助学、耐用消费品等消费贷款业务均有不同程度的较快发展，对引导居民消费、扩大内需、促进信贷结构调整、支持国民经济发展发挥了积极作用。但是，一些商业银行违反《贷款通则》的有关规定，发放了一些无指定用途的个人消费贷款，增加了金融风险。对此，人民银行重申，城乡居民申请个人消费贷款，要如实申报用途，商业银行要认真审核，任何商业银行均不得发放无指定用途的个人消费贷款。

《通知》要求各商业银行对个人消费信贷业务进行总结检查。凡是个人消费贷款具体管理办法不符合规定，要及时进行修改；凡是已发放无指定用途的个人消费贷款，要按时收回，不得展期。

《通知》说，人民银行的分支机构要组织力量对辖区内各商业银行的自查情况进行抽查，并加强对商业银行个人消费信贷业务的监管。对发现违反规定擅自发放无指定用途个人消费贷款，情节严重的或造成损失的，要按有关规定严肃处理有关责任人。

《通知》最后指出，人民银行将继续鼓励和支持商业银行的业务创新和开发新的业务品种。

我国改进出口收汇核销和外汇账户管理有关政策

为了适应我国加入世界贸易组织的新形势，鼓励和扶持扩大出口，简化手续，提高效率，完善经常项目外汇管理，国家外汇管理局发布了《关于调整出口收汇核销和外汇账户管理有关问题的通知》（以下简称《通知》，全文见《关于调整出口收汇核销和外汇账户管理有关问题的通知》）及相关实施细则，改进了现行出口收汇核销和外汇结算账户管理有关政策，并将于2001年12月1日开始施行。

《通知》对现行出口收汇核销监管方式进行了改进，主要内容有：一是简化出口收汇核销的手续，取消企业收汇前到外汇局交单的环节，允许企业按月、集中办理出口收汇核销；二是取消出口收汇核销单的使用期限，放宽出口收汇核销单的发放数量；三是实行出口收汇差额核销制度，对出口业务中由于价格因素、不可抗力、溢短装等客观原因造成的应收汇与实际收汇之间的差额，企业可以凭规定的有效凭证向外汇局申请办理差额核销等。

为了便利企业生产经营，为中外资企业创造一个平等竞争的环境，《通知》对现行中资企业外汇结算账户政策进行了调整，主要是降低了中资企业外汇结算账户开立标准，将原来年进出口额在等值3000万美元以上、注册资金在1000万元人民币以上的外经贸企业，以及年进出口额在等值1000万美元以上、注册资金在3000万元人民币以上的生产型企业才能申请开立外汇结算账户的开户标准，调整为年度出口收汇额在等值200万美元以上，且年度外汇支出额为等值20万美元以上，享有进出口经营权，财务状况良好，没有违反外汇管理规定行为的中资企业均可以申请开立外汇结算账户。中资企业外汇结算账户采取限额管理，限额为企业上年度出口收汇累计额或外汇支出累计额中较小额的25%。这一条件的放宽，可以使一些规模较小但外汇收支频繁的进出口企业保留部分外汇用于支付，方便企业结算。

中国人民银行新闻发言人就我国加入WTO银行业改革开放发表谈话

WTO第四届部长级会议2001年11月10日在多哈审议和批准了我国加入WTO的问题。就此，中国人民银行新闻发言人在北京提出，加入WTO对我国银行业将是机遇与挑战并存，我国将认真遵守银行业对外开放的承诺，进一步推进和深化金融改革，努力做好各方面工作，趋利避害，不断提高国内银行业的国际竞争力，推进银行业在改革开放中稳步健康发展。

这位发言人说，根据WTO有关协议，我国将逐步取消对外资银行的限制。正式加入时，取消外资银行办理外汇业务的地域和客户限制，外资银行可以对中资企业和中国居民开办外汇业务。逐步取消外资银行经营人民币业务的地域限制：加入时，开放深圳、上海、大连、天津；加入后1年内，开放广州、青岛、南京、武汉；加入后2年内，开放济南、福州、成都、重庆；加入后3年内，开放昆明、珠海、北京、厦门；加入后4年内，开放汕头、宁波、沈阳、西安；加入后5年内，取消所有地域限制。逐步取消人民币业务客户对象限制。加入后2年内，允许外资银行对中国企业办理人民币业务；加入后5年内，允许外资银行对所有中国客户提供服务。允许外资银行设立同城营业网点，审批条件与中资银行相同。加入后5年内，取消所有现存的对外资银行所有权、经营和设立形式，包括对分支机构和许可证发放进行限制的非审慎性措施。允许设立外资非银行金融机构提供汽车消费信贷业务，享受中资同类金融机构的同等待遇；外资银行可在加入后5年内向中国居民个人提供汽车信贷业务。允许外资金融租赁公司与中国公司在相同的时间提供金融租赁服务。

发言人指出，银行业对外开放，有利于改善我国银行资本结构，增加国际金融资本流入，有利于吸收现代大银行管理和经营的经验，进而规范我国信贷和资金交易商场行为，从而提高我国银行业服务水平，促进我国银行业走向国际。

据人民银行统计，到今年9月底，外资银行在华共有营业机构近190家，其中分行158家，下设支行6家，大部分集中在上海、深圳、北京、广州、天津等地。外资银行总资产440亿美元，其中贷款186亿美元，存款65亿美元。

该发言人同时指出，加入WTO，不可避免地会给我国银行业发展带来一些挑战。特别是在争夺优质客户、优秀金融人才和扩大新业务市场占有率方面，中国银行业会面临外资银行激烈竞争。但竞争程度在不同地区是不平衡的。他表示相信，通过进一步深化国内银行改革，扎实工作，以全球的眼光正确对待和积极应对各种挑战，完全有可能、有能力促进我国银行业在改革开放中壮大实力。

发言人说，金融是国民经济的综合反映，加入WTO对我国经济各部门的影响也会波及到金融宏观调控和金融监管。只要我国在宏观调控中，坚持循序渐进的原则，认真执行稳健的货币政策，注意克服通货膨胀和通货紧缩两种倾向，完全有能力保持宏观金融稳定。

这位新闻发言人强调，面对新的形势，当务之急要集中精力落实各项措施。一是继续清理和完善金融法规。目前，我国已公布废止六批金融规章，要继续进行清理。同时，按WTO规则和精神，做好现有规章的修改工作，及时提出金融法律、法规的修改建议；二是深化中资商业银行的改革，促进银行制度更新。经过多年的发展，我国已经建立了近100家充满活力的股份制商业银行，四家国有独资商业银行在改革发展方面做了大量工作，取得了成效。我们将继续有计划、有步骤地推进商业银行的改革；三是正确制定和实施货币政策，为我国金融业改革和发展创造一个较好的宏观环境。稳步推进利率管理体制改革和人民币在资本项目下兑换的进程；四是切实加强对银行业的监管，化解金融风险，确保国家金融安全。要把监管重点放在促进商业银行完善法人治理结构上。同时，要全面执行巴塞尔协议监管原则，坚决降低不良贷款比率，增加银行监管透明度；五是整顿社会信用，提高信用文化水平；六是逐步改革金融管理体制，加强银行、证券、保险监管机构的工作配合，加大监管力度，提高监管业务水平。

加强开办银行承兑汇票业务管理

为改进金融服务，加强银行承兑汇票业务的管理，防范支付风险，中国人民银行日前发出《关于加强开办银行承兑汇票业务管理的通知》(以下简称《通知》)，明确了开办银行承兑汇票业务的有关事项。

《通知》说，政策性银行、国有独资商业银行、股份制商业银行、城市商业银行、外资银行、城市信用合作社、农村信用合作社县（市）联社（以下简称银行）需要开办银行承兑汇票业务的，必须符合《商业银行中间业务暂行规定》、比照《银行汇票准入、退出管理规定》中第三条的银行汇票业务的准入条件，其中城市商业银行、城市信用合作社、农村信用合作社县（市）联社，资产质量、流动性等主要资产负债指标必须符合规定（其中短期资产流动性比例达到25%以上，各项贷款与各项存款之比不超过75%，拆入资金比例不超过4%）并按时足额缴纳存款准备金，超额准备金（备付金）比例不低于3%。

《通知》指出，政策性银行、国有独资商业银行、股份制商业银行开办银行承兑汇票业务，应经中国人民银行总行批准，其分支机构开办银行承兑汇票业务，由其总行批准，并就开办业务品种及其属性向中国人民银行当地管辖行报备；城市商业银行、外资银行、城市信用合作社、农村信用合作社县（市）联社开办银行承兑汇票业务，应经当地中国人民银行分支机构审查并签署意见，报中国人民银行分行、营业管理部、省会（首府）城市中心支行审批。未经中国人民银行批准的，不得开办银行承兑汇票业务。

经批准开办银行承兑汇票业务的银行应按照中国人民银行关于《商业银行境外业务风险管理指引》的有关规定，建立授权授信制度，进一步完善承兑授权管理，明确承兑汇票业务的受理条件、程序；承兑银行要按照信贷原则要求承兑申请人提供承兑担保，对承兑申请人申请的承兑额度必须纳入统一授信额度的范围内；办理银行承兑汇票业务实行总量控制，其承兑总量不得超过其上年末各项存款余额的5%；农村信用合作社的开户单位需要办理银行承兑汇票的，通过其县（市）联社办理。开办银行承兑汇票业务的机构如严重违规，中国人民银行将取消其承兑商业汇票的资格。

银行的改革发展与机制创新

金融适度——经济最优增长的必要条件

（一）金融适度发展是经济实现最优增长的必要条件

金融适度是指既不存在金融抑制也不存在金融过度的金融发展状态。金融抑制是指金融发展在总量与结构方面落后于经济发展的内在要求，金融过度是指过多资源流入金融业导致金融发展超前于实体经济发展或由此引致的金融资产的过度膨胀。

理论分析和实证研究均已表明，金融发展与经济增长之间存在强相关关系。早在20世纪60年代，麦金农等经济学家即已揭示了金融抑制对经济增长的阻碍作用，并提出了通过金融深化促进经济增长的建议。在金融深化理论影响下，许多国家在20世纪70年代以后采取了金融自由化的措施，使国际金融业获得快速成长。但由金融自由化导致的金融资产规模的过度膨胀并未带来经济的高速增长，而是一系列的区域性或全球性金融危机与经济危机。这说明金融过度与金融抑制同样会损害经济增长。金融抑制或金融过度之所以会损害经济增长，是由于在既定时期内一国可调控的资源有限，投资于金融业的资源过少会形成金融抑制，导致金融业所提供的金融服务不能满足经济发展的内在需求，从而对经济增长形成阻碍；而过多资源投资于金融业，一方面会使实体经济因投资不足而减缓增长，另一方面，金融过度会引发资产价格膨胀并导致经济泡沫化，而泡沫经济的破灭会对经济增长形成更为严重的损害。因此，只有金融规模和金融结构与实体经济规模和结构相匹配，或者说金融适度发展，才能实现经济最优增长。但经济增长取决于多种因素，如技术进步、人力资本积累、产业资本积累、制度创新、供求结构等，从经济结构均衡发展的角度看，金融适度发展只是经济增长达到最优状态的条件之一，或者说是经济最优增长的必要条件而非充分条件。

（二）金融过度是引发金融危机或经济危机的重要因素

金融深化是衡量金融发展程度的重要指标，通常以金融资产占GDP的比例来表示金融深化程度。研究表明，各国的金融深化程度随经济规模的扩大、特别是人均收入水平的提高而不断提升，且发展水平较低的国家收入增长引致的金融深化提升幅度较高。进一步的研究还表明，在经济泡沫化期间或金融危机爆发之前，金融深化程度会异常加速提升，如日本在1986～1990年的经济泡沫化期间，产业结构未发生明显变化，但金融深化程度的年均提高幅度达7.75个百分点；泰国在1988～1996年期间的金融深化程度年均提高幅度也高达6.33个百分点，增幅均比以往时期高一倍以上；韩国在金融危机爆发前的1991～1996年期间，金融深化程度的年均提高幅度达13.4个百分点，增幅比以前最高时期（1964～1972年为7.22个百分点）还要高近一倍。日本和泰国金融深化程度的异常加速提升主要是由土地或房地产和股票等资产价格过度膨胀导致的，属于典型的经济泡沫化，即金融过度及由此导致的经济泡沫化是日本和泰国发生经济危机或金融危机的重要原因。韩国的情况与日本、泰国不同，其金融深化程度的异常加速提升并非由房地产或股票等资产价格暴涨导致的，而是由于银行过度放贷并由此形成了大量隐性不良债权引起的。但无论何种因素引发了金融深化程度异常提高，金融过度均是金融危机或经济危机的重要因素，金融深化程度的异动也因此成为金融危机的重要预警指标。

（三）要认真研究解决我国金融业发展中存在的问题

1. 我国金融发展中的金融过度倾向。

2000年我国金融深化程度（171.5%）与日本1976年、韩国1992年、泰国1997年和美国1999年的金融深化程度相当。虽然因资源秉赋、经济发展模式、经济结构、发展阶段、金融制度等诸多影响金融深化的因素不同，使各国的金融深化程度缺乏可比性，但就提升速度和提升幅度看，我国金融深化的发展是十分迅速的。我国金融深化程度从1979年的53.6%上升到2000年的171.5%用了21年时间；韩国金融深化从57%（1967年）提升到167%（1992年）用了25年时间；泰国从50%（1973年）提升到169%（1997年）用了24年时间。之所以说我国金融发展存在金融过度倾向，主要是因为1995年以后我国金融深化出现了异常加速现象：从1979年到1995年，我国金融深化程度由53.6%提高到113.7%，年均提升幅度只有3.8个百分点，但1995年以后金融深化程度异常加速提升，1996~2000年期间年均提升幅度达到11.56个百分点。导致金融深化程度异常加速提升的原因主要是债券发行大量增加和股市流通市值的迅速膨胀，我国债券余额在金融资产总额中的比重由1995年的8.5%提高到2000年的12.89%，股票流通市值占金融资产总额的比重由1995年的1.41%迅速增加到2000年的10.49%。股市流通市值的迅速扩大与上市公司大量增加有关，但股指的大幅度增长是主要因素———上证指数由1995年末的555.3点上涨到2000年末的2221.65点，2000年上证A股平均市盈率达到58.22倍，位居世界各股市前列，这说明我国股市存在泡沫化现象，由此引致的金融深化程度异常加速提升是金融过度的表现。特别是考虑到我国银行不良资产还较高，金融深化程度的异常加速提升包含了资产价格膨胀和不良资产等双重危机因素，这种金融过度倾向必须给予高度重视。

2. 我国金融发展中的金融抑制。

我国金融发展中的金融抑制问题，主要表现为市场结构不健全、金融产品结构单一、融资结构不合理、融资体制存在制度性障碍等方面。

（1）金融市场结构问题。

金融业最基本的功能是优化资本配置和提供金融中介服务，实现这两大功能需要能够提供全方位、多层次金融服务的金融市场体系。我国金融业经过20年的发展与改革，已建立了银行、证券、保险、信托投资公司、财务公司、信用社等多种金融机构并存的多元化市场格局，但银行特别是国有银行垄断金融市场的格局尚未打破，2000年银行资产占金融资产总额比重为89.6%，其中国有商业银行的金融资产在金融资产总额中比重为66.17%。金融垄断的结果必然是金融活动的低效运营。同时，从市场的服务层次结构看，各种金融机构和金融工具主要服务于国有企业或大中型企业，缺乏面向中小企业和民营企业的金融机构和金融市场组织，如金融机构贷款主要面向国有企业和大型企业，企业债券的发行基本由国有大型企业垄断；股票市场的服务对象90%以上是国有企业，扶持民营企业、高科技企业和推进风险投资的金融服务市场落后于客观需求。金融市场不健全形成的金融抑制制约着民营企业、中小企业和高科技企业的发展，降低了整个社会的资源配置效率，不利于经济增长。

（2）金融产品结构问题。

一是传统金融业务产品结构单一。我国的银行业务主要集中在信贷等传统的零售业务领域，金融中介等批发业务严重不足，即使在传统的零售业务中，也缺乏为企业提供全方位金融服务的系列产品，而国外银行业在企业的整个发展期、成熟期甚至二次创业中都会提供一系列的金融服务品种。在证券业中，债券市场发展严重滞后，债券余额占金融资产的比重很低，1999 年只有 12.94%；且债券发行以国债为主，企业债券的规模及其在债券余额中所占比重很小，1999 年企业债券余额只有 778.63 亿元，在债券余额中所占比重仅 4.35%；企业债发行在美国、日本等发达国家已成为企业重要融资方式，而我国在资本市场融资中过分倚重于股票市场。

二是衍生金融工具发展滞后。衍生工具是企业规避或分散经营与投资风险的重要手段。1991 年我国已经建立了期货市场，但交易品种局限于绿豆、有色金属等商品期货，至今尚未推出利率、汇率、股指期货以及期权、货币互换、股权互换等规避金融风险、在发达国家已广泛交易的衍生工具。

三是金融手段创新不足。在全球化、一体化已成为金融业不可逆转的发展潮流中，各国金融业为在日趋激烈的国际竞争中提高竞争力、拓展生存与发展空间，已借助电子技术的发展迅速实现金融业的电子化、网络化。我国银行业和证券业已基本实现电子化，银行、证券业务网络化也已起步，但与国外发达水平相比还有较大差距。同时，由于体制问题，金融机构在电子化与网络化过程中各自为战，如各银行的自动取款系统和结算系统独立运行、互不兼容，既提高了金融业电子化与网络化的发展成本，也因规模不经济和便利性不足而抑制了其自身的快速发展。

(3) 企业融资结构问题。

随着金融体制改革的深化，金融机构的多元化，特别是债券市场、股票市场建立与发展，使我国企业的融资渠道逐步拓宽、融资结构趋于优化，但受债券市场和股票市场规模较小且存在诸多制度性准入限制的约束，银行贷款仍是企业外源融资的主渠道，1999 年贷款融资占非金融企业外源融资总额的比例仍高达 89.89%，股票融资占外源融资总额比例为 9.11%，债券融资占外源融资总额仅为 1%。同时，从企业整个融资结构看，我国企业的融资以外源融资为主，1999 年非金融企业外源融资在企业融资总额中的比重为 75.48%，其中贷款为 69.86%，证券融资为 7.86%，其他债权债务为 8.17%，企业直接投资（内源融资）仅占 24.52%左右。

与发达国家企业的融资结构相比，我国企业外源融资总额的比例高达 89.89%，存在内源融资比重过低的问题。从国外企业融资结构看，内源融资比例，美国超过 30%，英国 15%，日本超过 25%。从外源融资结构看，美国、日本的外源融资中只有 20%左右是贷款融资，80%左右是证券市场融资，在这 80%的证券市场融资中，又以债券市场融资为主，占证券市场融资总额的 70%左右，且有不断增高的趋势。这是因为，债券融资不仅可以获得长期资金来源，最大限度地发展企业，而且能够屏蔽贷款融资和股权融资的不利之处。而我国外源融资中，贷款融资处于绝对主导地位，股票融资尤其是债券融资份额很小，这是由金融体制改革滞后引致的金融结构不合理所决定的。从日本、韩国的发展过程看，企业负债过高、特别是银行信贷在企业融资中所占比重过高，对企业发展和整个宏观经济的稳定十分不利，一旦发生危机，很容易引致债务连锁反应，形成经济与金融双重危机。

（四）结论与政策含义

我国经济发展已进入工业化中后期阶段，保持经济持续高速增长需要不断优化经济结构、促进产业结构升级，亟需金融业作出相应的变革，以满足经济结构优化升级和经济发展对金融服务提出的更高需求。我国金融发展中金融抑制和金融过度倾向并存，且二者均与金融改革滞后和制度不完善有关，因而，我国金融适度发展的当务之急是加快金融体制改革、完善金融结构，采取化解金融抑制与防范金融过度并举的双重改革措施，具体包括：一是结合入世和金融业对外开放提供的发展机遇，加快金融市场结构的调整步伐，尽快建立起多层次、能够提供全方位金融服务的市场体系，重点是发展证券市场和建立健全面向中小企业的金融服务体系，大力推进企业债券市场的发展，改善企业融资结构；二是鼓励金融机构进行金融创新，在加快金融业电子化和网络化建设的同时，尽快推出期权、货币互换等衍生工具，择机推出利率期货、货币期货，完善衍生市场，为企业经营与投资提供必要的规避或分散金融风险的工具；三是要推进国有商业银行的股份制改造，健全金融企业的法人治理结构和内部风险控制机制，增强对金融风险的自我防范能力；四是进一步改革金融监管体制，在分业监管和增强市场监管作用的基础上，加强监管机构之间的协调与配合，提高统一监管能力，在促进金融业稳健发展的同时，防范金融泡沫化和金融过度倾向；五是在全社会进行信用观念的宣传教育，形成良好的遵法守信环境，这是金融健康发展的基础性环节；六是保持虚拟经济与实体经济的基本匹配，尤其是防止房地产泡沫，因为金融泡沫和房地产泡沫是一对孪生姐妹。

国有商业银行经营机制创新

国有商业银行经营管理机制的创新包括三个层次：发展战略层次、经营战略层次和职能战略层次。发展战略支配决定经营战略和职能战略，经营战略和职能战略的实施效果又不断修正发展战略，三者之间相互统一，相互制约、相互促进。

（一）发展战略层次

在发展战略层次，国有商业银行的经营理念应该从以银行为中心转变为以为顾客提供更多的价值增值为中心，实施 CS 战略。

CS 战略即顾客满意战略，是指企业为了使顾客完全满意自己的产品或服务，综合、客观地测定顾客的满意程度，并根据调查分析结果，企业改善产品、服务及企业文化的一种经营战略，要建立的是顾客至上服务，从而达到效益倍增的管理系统。CS 战略的理论根基是顾客利益与银行利益基本一致。银行在为顾客提供尽可能大的价值增值的过程中也能使自己的价值得到增值。CS 战略是在激烈的竞争中保持稳定增长的有效战略，它是一个发展层次战略，其他战略都受它支配并为它服务。

我国国有商业银行引入 CS 战略应该从以下几点进行改变：

1. 要树立以客户为中心的观念。这种观念能使各职能部门之间的关系呈现一种团队精神，大家有共同的目标，在实现这个共同目标后能共同分享利益，可以一改过去等级式或分割块状式的部门关系，减少价值流在银行部门内流动的成本。并且客户在得到优质的服务后会对银行产生一种依赖，这对银行长期稳定发展十分有利。

2. 了解顾客价值增值系统具有变化性的特点，银行应该采取各种措施及时听取客户的需求。具体方法有：银行有关部门定期召集银行的主要大客户的主管人聚会，认真听取他们的意见，了解他们对金融产品和服务的新需求，以及对现有的金融产品和服务的改进意见。银行对这些意见要高度重视，进行综合分析，并将有关结论及时反馈给各大客户，再听取意见，再分析，不断磨合，直到银行和客户之间达成共识。

3. 推行综合柜员制。加强员工培训，建立良好的激励机制，将综合柜柜员的待遇与普通柜柜员拉开档次，激励员工学习多种技能，争作综合柜员。

4. 建立客户满意评测系统。

（二）经营战略层次

经营战略层次，就是按照资本运行的规律，在提高银行既有经营资源的资本化能力的基础上，通过产权投资和资产重组等资本运营手段，提高银行竞争力，实现银行价值增值最大化。

资本运营应遵循以下原则：

1. 效率原则。银行从资本市场上筹资，如果取得的资金没有恰当的用途，造成筹资成本高于资金带来的收益，则会导致两种结果：在债权筹资的情况下，会使净资产减少侵蚀所有者权益；在股权筹资的情况下，总利润不增加而股份数增加会稀释每股净收益，损害股东的利益，其结果都使银行资产盈利能力下降。

2. 明确资本运营目标，选择拟订最佳方案。

3. 以有利于国有商业银行制度创新为导向。国有商业银行在资本运营活动中要特别注意学习和吸收其他股份制商业银行和外资银行的先进管理经验和制度建设经验，这种无形的财富往往比有形的财富更有价值。

4. 以动态的眼光看待资本运营的目的。资本运营活动要与银行业发展的趋势符合起来。在国际银行并购的浪潮中，银行朝着巨型化、集团化和全能化的方向发展。中国银行业要在竞争中站稳脚根自然也不可能逆流而行。

5. 国有商业银行的资本运营不同于其他普通商业银行，它还必须以有利于国家控制国民经济命脉为导向。在国有商业银行股份制改造，吸收外部资金的同时，必须要以国家控股为前提。

6. 国有商业银行的资本运营活动坚持以市场为纽带的原则。切忌行政权力简单介入搞“拉郎配”，导致资源配置的低效。

（三）职能战略层次

在职能战略层次，国有商业银行应该健全经营管理机制，其目标是建立良好的公司治理机制。

1. 科学的决策体系。

优化国有商业银行的决策系统，构建科学的决策系统，第一，要明确各层管理人员的责、权、利，使决策人在做出决策时反复比较各种方案、听取各方意见、谨慎地做出抉择，选择最优方案；第二，建立有层次的、科学的决策程序；第三，决策过程中民主与集中相结合。进行决策时要认真听取各方意见，特别是在工作第一线的职工的意见，防止独断专权的行为。

2. 严格的经营目标责任制及科学的考核体系。

建立严格的经营目标责任制及科学的考核体系应做到以下几点：第一，经营目标定性和定量要求相结合；第二，经营目标的制定应具有相对稳定性；第三，在正常情况下完不成任务，要有明确的惩罚措施，并严格执行；第四，建立领导、同事、顾客评议与自我评议相结合的考核方式。

3. 审慎的会计原则。

银行的会计控制体系首先要保证各项会计数据的真实性和财务处理的准确性，通过完整的财务体系发现问题，监控各项业务运作；其次，银行从上到下应该形成统一的财务会计制度，消除财务管理上的分散混乱局面；第三，要定期对财产进行盘点清查，并与账面财产核对，发现差异及时查明原因加以处理，财产的损失计入当期损益。

4. 严密的内部控制体系。

第一，健全有效的内控组织体系，切实发挥各层次组织机构的内控作用，充分发挥内控体系的整体效应；第二，建立完整的信息资料保全系统，以利于对银行业务进行追溯核查；第三，有关岗位职责相互分离以防止道德风险的产生；第四，完善稽核监督体系，充分发挥群众的监督作用；第五，建立科学、高效的监测和预警系统，以事先防范为主，事后补救为辅。

完善货币政策传导机制

一般来说，货币政策可以通过利率（货币价格）、资产价格等渠道，经过货币市场、金融市场和实体经济三个环节，作用于投资、消费和进出口三个变量影响实体经济，发挥其调节宏观经济的功能。近年来随着信贷规模的取消、货币市场、资本市场的发展和利率杠杆的运用，货币政策传导开始从单纯的直接信贷传导向信贷、利率和资产价格多渠道传导过渡。由于我国当前货币市场不健全、利率市场化进程比较慢，加上国有企业改革任务没有完成，预算软约束依然存在，对利率调整的反应不够敏感。资本市场发展处于初期阶段，虚拟经济与实体经济之间的关系不够密切，资本市场对投资和消费的带动作用不甚明显，因此，利率和资产价格在货币政策传导中的作用比较有限。改革和完善货币政策传导机制，对有效发挥货币政策的作用具有十分重要的现实意义，势在必行。

（一）抓紧完善货币市场体系，稳步推进利率市场化

实现通过货币市场和利率传导货币政策，对于货币调控模式的转变具有决定性意义。从改革开放和市场经济体制的长远目标看，我国未来货币政策传导机制的制约渠道应该以利率和资产价格渠道为主。为此，需要加快货币市场体系建设，稳步推进利率市场化，为利率渠道发挥作用创造必要的条件。

1. 继续大力发展货币市场。

虽然我国货币市场近年来已经得到很大发展，但从传导货币政策的角度看，还存在着诸多问题。从货币政策传导的需要看，短期内发展货币市场关键在于完善货币市场的制度基础，扩充货币市场容量，继续推进货币市场利率市场化。从长期的角度看，则需要下大力气建立完善的货币市场体系，增大货币市场的广度，拓展货币市场的深度，加强货币市场传导货币政策的力度。

(1) 增加货币市场主体，鼓励货币市场创新，建立货币市场做市商制度。在现有的货币市场框架下，要提高对货币政策传导的有效性，必须充分发挥现有市场的潜力。一是通过增加货币市场主体，扩大传导货币政策的影响力。当前可以尽快推动电子网络的发展，把众多的中小金融机构纳入货币市场交易范围。进一步扩大银行间债券市场成员，使之可以包括银行机构和非银行机构。逐步增加参加外汇市场的成员，使外汇市场能够真正反映整个社会的外汇供求。二是鼓励金融创新，发展新的货币市场工具。只有不断增加货币市场工具，才能满足不同金融机构和经济主体的需要，增大货币市场的影响力和货币政策的有效性。目前比较可行的如发展金融机构债券市场、企业短期债券市场，以及推进住房抵押贷款证券化等。三是建立做市商制度，活跃市场交易。做市商在货币市场上进行买卖双边报价和交易，有利于稳定市场价格，活跃交易活动，满足中央银行调控货币供应和金融机构调整资产负债结构的需要。

(2) 大力发展票据市场，建立全国统一的国债市场，发展货币市场基金，形成完善的货币市场体系。一是把票据市场的发展作为我国货币市场发展的重点。我国票据市场发展落后，是限制货币政策传导的重要原因。应当从完善票据市场组织体系和运行机制入手，以发展具有贸易背景的票据融资为重点，通过鼓励商业银行建立票据专营机构、扩大中央银行再贴现、整顿票据市场秩序等手段，加快票据市场的发展。二是调整国

债发行结构，发展银行柜台市场，建立全国统一的国债市场。要改变我国目前国债发行结构，适应公开市场业务的需要，发行一年以内的短期国债。通过发展银行柜台交易，使中小机构和个人投资者形成与货币市场的密切联系，形成统一的国债市场，扩大货币市场的覆盖范围。三要研究借鉴国外货币市场基金的做法，发展我国的货币市场基金。基金作为机构投资者一方面与货币市场金融机构直接交易，另一方面与众多的中小投资者、企业等直接交易，能够促进货币市场交易，并增大对货币政策传导的效力。

2. 稳步推进利率市场化。

利率是市场经济体制中货币政策的主要传导渠道。我国利率机制存在的缺陷限制了利率传导货币政策的作用，而其中最基本的原因是利率还没有实现市场化。但利率市场化是一个相对长期的过程，因此提高利率对货币政策的传导作用也需要一个过程。这一方面需要继续完善现有的利率决定机制，另一方面需要继续以货币市场利率的市场化为突破口，下力气推进企业和金融体制改革，尽量加快实现利率市场化的进程，提高企业和社会公众的利率弹性和货币政策的有效性。

(1) 发挥货币市场利率的引导作用，逐步建立以中央银行利率为基础，以货币市场利率为中介，由市场供求决定金融机构存贷款利率水平的利率体系，完善利率调节机制。一是要在推动货币市场发展的同时，在建立统一的货币市场基础上，形成有机的货币市场利率机制。我国货币市场相互分割，导致货币市场各个子市场利率之间缺乏紧密联系，同时货币市场发育不充分，限制了货币市场利率对整个利率体系的引导作用。应当尽快消除各个市场之间的各种障碍，形成统一的货币市场利率，并确定出中央银行的基准利率。从我国的情况看，发展短期国债市场，通过不同的国债收益率引导市场利率是可能的。二要改革当前对金融机构存贷款利率的管理办法。中央银行除了可以考虑按照扩大金融机构利率浮动权的办法推进利率决定机制改革外，也可以比照外币存贷款利率改革的方法来改革本币存贷款利率的决定机制，使利率决定权逐步转向金融机构。三是总结国债、企业债券、金融债券发行利率市场化改革的经验教训，加快证券发行的利率市场化。

(2) 加快推进国有商业银行和国有企业改革，调整金融机构、企业和居民个人的资产结构，培育真正的市场活动主体，提高经济活动的利率弹性和货币政策的有效性。第一，要把我国的国有商业银行转变为股份制商业银行，补充资本，加强约束，建立完善的经营机制。只有这样，才能使商业银行内在的约束机制和激励机制对称，在资金供求和利率变化时，作出符合市场规则的反应，传导货币政策的意图，扩大货币政策的效应。第二，要加快国有企业改革，提高投资活动的利率弹性。我国投资利率弹性低，限制了利率传导货币政策的效果。而投资利率弹性低的主要原因就是国有企业仍然控制着主要的投资资源，在国有企业机制不能得到根本改变的情况下，利率难以对国有企业的投资活动产生足够的影响。因此，必须尽快推进国有企业改革，调整国有经济的比重和结构，使国有企业真正作为市场主体通过竞争获得资金，使利率发挥出对投资的调节作用。第三，要调整企业、金融机构特别是居民个人的资产负债结构。通过发展对居民个人的信贷业务扩大居民参与金融活动的深度，鼓励金融创新，调整居民资产结构，改变居民金融资产过度集中于银行储蓄的局面。在这样的情况下，居民的收支活动也会相应增强利率弹性。

(二) 健全资本市场体系，发挥资产价格渠道的传导作用

从发达国家的经验来看，随着资本市场的发展，资产价格渠道在货币政策传导中的作用将越来越大。近年来，我国的资本市场尤其是证券市场有了突飞猛进的发展，但由于市场体系不健全、上市公司结构单一、以及缺乏机构投资者等

原因，证券市场的发展在一定程度上是资金在市场体系内部的自我循环，单一实体经济投资与消费的影响不大，并且出现了一定程度的泡沫。因此，下一步一方面要注意证券市场发展与货币政策的协调，发挥资产价格单一货币政策的有效传导，另一方面货币政策要根据资本市场的发展变化继续适当的适用性调整，发挥资产价格的传导作用。

1. 健全证券市场体系，为资产价格渠道作用的发挥创造必要条件。

为了配合货币政策传导，证券市场发展在坚持自身规律的同时，要注意与货币政策传导机制的要求相衔接，为货币政策作用的有效发挥创造必要的条件。第一，要改善上市公司结构，增加证券市场的收入效应。改变当前上市公司中国有企业比重过大的局面，可以从根本上改变上市公司实业投资比例偏低、资金在证券市场自我循环的状况，有利于通过资产价格来调整上市公司的实际投资，促进证券市场对实体经济的影响和货币政策作用的有效发挥。第二，要发展机构投资者、发展投资基金，改变个人散户投资者的不利格局，发挥财富效应。当前我国资本市场的投资者主要是以散户状态存在的个人投资者。与机构投资者相比，个人投资者在信息和投资能力等方面均处于劣势，亏损容易获利难，因此，证券市场对个人投资者而言基本上是一个投资挤压消费的地方，无所谓财富效应，甚至有一定的负财富效应。为了改变这种局面，需要进一步发展证券投资基金等机构投资者，降低散户投资者比重，逐渐将个人投资者吸引到投资基金中来，改变个人散户投资者的不利格局，发挥财富效应。

2. 货币政策要关注资产价格。

从资产价格渠道角度来说，要改善货币传导机制，首先要提高资本市场的效率和有效性，加强市场监管，规范市场秩序，使资本市场真正发挥产金结合、提高资源配置效率的作用。其次，在资本市场效率不高、传导机制不畅的情况下，要注意引导社会资金流向其他有效的传导渠道，以提高货币政策的整体有效性。扶持资本市场发展的政策应与资本市场效率的提高同步进行，不应过分超前，否则会影响到货币政策的传导效率。第三，货币政策应关注资产价格的变化，并作出适当的反应。由于资产价格形成机制的复杂性，不应依据简单规则作机械式反应。这种反应也不应只是技术性的松紧调整，而更多地是结构性与规则的调整。第四，调整中介度量目标。要根据金融深化与金融发展过程中，资产价格对货币政策中介目标的影响，及时调整中介目标值，不能过分拘泥于以往的经验，必要时可以以通货膨胀直接为目标进行操作。第五，选择更为适当的货币政策工具，提高宏观调控效率，注重货币政策工具运用的灵活性、微调性和前瞻性。与此同时，要注意防范与资产价格相关的金融风险——股市泡沫。货币政策通过证券市场和资产价格的传导不畅与股市泡沫在一定程度上是相互促进的，股市泡沫需要及时加以防范和化解。

金融创新应注重风险防范

我国的商业银行在不断进行业务创新的同时，要高度重视防范和化解金融风险，从而获得效益最大化，实现稳定、持续、健康、快速发展。

（一）金融创新使金融业面临新的风险

在当代金融创新过程中，随着金融自由化、信用证券化及金融市场全球一体化，各种信用形式得以充分运用，金融市场价格呈现高度易变性，金融业面临的风险相应增加。因此，金融创新给金融业带来金融效益和社会效益的同时，也将使金融业在面临传统风险的同时面临新的风险。

1. 金融制度创新与金融工具创新脱节的风险。

制度学派金融创新理论认为，金融创新实质上是一种与经济制度互为影响和因果关系的制度变革。在金融创新体系中，金融制度的创新居于基础和核心的地位。目前，我国金融业尤其是国有商业银行还没有建立起真正意义上的产权清晰、权责分明、政企分开、管理科学的现代金融企业制度，任何金融工具、金融业务创新的积极效应将大打折扣，而且存在一定的风险。

2. 创新动机偏离服务于市场经济的风险。

金融业处于现代经济的核心地位，金融创新作为金融业发展的重要组成部分，必须以服务市场经济为立足点。因此，在设计、开发金融创新产品或引进、吸纳国外的金融创新成果时，必须把握一个标准，即对那些能有效提高商业银行运作效率和质量，能够促进经济增长的金融创新，可以大胆开发和引进、运用；对那些导致金融资产游离于实质经济的投机性金融创新予以舍弃。

3. 金融创新业务监管不力的风险。

金融创新丰富了商业银行金融服务品种，促进了商业银行运作效率的提高，推动了国民经济的发展。但是，目前我国市场经济体制尚未真正建立，市场运行机制还不健全，如果对金融创新管理不善，业务监督不力，没有把金融创新活动纳入法制和规范的框架中，也会使商业银行在传统风险的基础上，面临新的更大的风险。

（二）国有商业银行金融创新与风险防范策略

客观地看，国有商业银行的金融创新虽然发展加快，但同市场经济发达国家相比，我国的金融创新尚处于起步阶段。伴随着我国市场经济体制的逐步建立和我国金融市场与国际市场的接轨，政府、企业和公众对金融创新的需求将日益旺盛，国有商业银行的金融创新必将走向一个以制度创新为核心，金融工具、金融业务和金融品牌创新全面发展的新阶段。为适应这一发展趋势的要求，今后国有商业银行进行金融创新时，必须注重金融风险的防范。

1. 金融创新应以产权制度创新为核心。

建立现代金融企业制度是当前金融创新的核心，而现代金融企业制度包括产权制度和内部管理体制两个方面。从实践情况看，近年来国有商业银行比较注重内部管理体制改革，普遍建立了权责明确的责任制、推广授权制度、强化内部控制机制建设等，这对建立现代金融企业制度发挥了积极作用。但必须看到，由于产权关系不明晰，所有者虚位的现象尚未清除，在此背景下建立权责明确的内部管理体制也就一定程度上失去了依据和标准，因此，国有商业银行的产权制度创新应当逐步加强。历史地看，正是在制度创新的条件下，才出现了新的金融工具和金融业务。因此，商业银行一方面要积极推广运用各种金融新工具、新方式、新服务，同时也要按照现代企业制度的要求，对现有商业银行的产权制度、内部管理体制进行创新，使国有商业银行在经营对象、范围、方式和管理手段等诸多方面与国际惯例接轨，增强竞争实力。同时，使金融创新获得制度保障，消除人为干预风险。

2. 金融创新方式应以技术原创型为主。

国有商业银行已有的金融创新多为引进吸纳型创新，技术原创型创新不够，致使已有的创新科技含量低，运用效果差。在确定面向新世纪的金融创新主攻方向时，我们应选择技术原创型创新为突破口。其依据是：第一，技术原创型创新代表着当今国际主流方向，以此为突破口，可以发挥我国作为发展中国家的赶超优势，保持金融技术上的高起点。如果总是跟在别国后面亦步亦趋，模仿仿制，就会失去先机、受制于人，而且失去金融创新产品先期投放市场的巨大效益，造成亏损风险。第二，在我国还存在比较严格的金融管制的情况下，技术原创型创新受金融管制的程度相对较小，因此比较可行。当然，技术原创型创新投入较大，科技含量高，只有坚持推广的系统性，才能达到规模经济的要求，提高商业银行的整体效益，同时促进整个金融业技术水平的提高。

3. 逐步建立金融创新机制，增强金融创新动力。

商业银行在实施两个根本转变的进程中，应结合金融创新的趋势，从战略高度建立和完善金融创新机制，最大限度地激活创新的内在动力。第一，在组织机构上，建立一个集市场预测、科技发展、政策研究等于一体的综合部门，全面组织实施创新的预测、规划、宣传与推广工作。第二，应明确创新部门的职责，具体包括对国际、国内市场的调查；及时（定期）提供业务创新建议报告；提高新产品开发方案；监测已投放市场的产品运行情况；向行领导反馈各种创新信息等。第三，要强化创新的激励机制，特别是对来自有关基层的创新的合理化建议要给予鼓励，要制定出具体的奖励办法，对已采纳并为商业银行带来显著效益的建议以及推广创新产品成绩突出者，要给予相应的奖励。从而减少和避免金融创新的盲目性，使金融创新更好地服务市场经济建设的需要，降低和防范金融风险。

国有商业银行组织结构变革的选择

（一）国有商业银行组织结构变革所面临的机遇

从社会经济体制和金融体制的大环境看，我国国有商业银行的进一步改革正面临着一系列有利的环境和难得的机遇，这些有利条件和机遇从积极的方面拓宽了国有商业银行组织结构构建的选择空间。

1. 社会主义市场经济体制及现代企业制度的确立为国有商业银行的组织结构改革打下了坚实的理论基础。这一理论的含义在于国有商业银行将作为一个真正意义上的市场交易活动参与者——市场主体而存在，并受到市场经济规律的约束。在市场经济条件下，作为市场主体的国有商业银行，要根据市场的成本原则和效益原则来安排自己的各种经营行为，同样要承担各种经营风险。这种传导机制也就为国有银行的商业化经营提供了外部有利的环境。

2. 在传统计划经济条件下，国有银行承担的大量政策性业务被分离出来由专门的国家政策性银行所承担，为国有银行的商业化经营扫清了业务发展与核算的障碍，使国有商业银行的经营置于市场经济的环境之中。

3. 在计划经济条件下历史形成的各种不良资产被剥离出来由四大国有资产运营公司经营，为国有商业银行的发展和竞争扫清了包袱，使其和其他股份制商业银行站在市场竞争的同一起跑线上。

（二）国有商业银行组织结构变革的现实选择

前面的分析表明，国有商业银行的组织结构变革既面临着许多的有利条件和难得机遇，意味着变革具有较大的发展潜力和前景；又面临着许多不可忽视的内在约束条件。基于这两者决定了国有商业银行组织结构变革的空间和现实选择只能是一个逐步推进的过程。

1. 组织结构变革的原则。

（1）在内部组织结构主要是产权安排方面要考虑以下两点原则：①在确立银行经营权独立地位的同时，必须充分体现和强化所有权。大多数西方国家商业银行之所以经营卓有成效，是因为所有权到位，所有权的约束力能内在地作用于经营之中，成为约束经营行为的无形的内在力量。目前我们更多地关注于银行的独立经营权而对所有权这一重要前提关注不够。从银行经营的三性原则及决策的质量与效率等角度考虑，赋予银行足够的经营权无疑是必要的，但仅仅如此是不够的。因为在现行的国有体制下，所有者缺位的格局决定了利润最大化的目标并不会自发地在银行内部产生，而只能由所有者以某种方式从外部输入。所以，从市场经济的客观要求出发，在变革国有商业银行的内部组织结构时，必须充分体现和强化所有权，由所有者对经营者进行合理的约束，以促使和推动国有商业银行的商业化经营。②必须把金融性国有资产（主要指国家投入银行的资本金）的所有者职能与政府一般管理职能分离开来。原因在于：为提高决策的质量和效率，要求肯定经营权；为把利润最大化的目标输入国有商业银行，又要求体现和强化所有权。在这种情况下客观的选择是由经营者负责国有商业银行的日常运作，同时由所有者根据经营效果、盈利水平对银行进行奖罚。然而在目前政府行使所有权的条件下，上述选择将会面临政企不分的严重困扰。

（2）在外部组织结构的安排上，总分行制作为较为成熟的现代银行组织形式，不应改变而应是从组织安排上对其发展和完善。具体要注意：①要有一个决策及时、准确的最高决策系统。②决策边界清晰，尤其是中、低级层次行的决策权界定清楚，这是整个分工体系有效的基础。③下级行要绝对服从上级行的决策，但又给下级行留出一定的独立决策空间，使决策分工组织的效率在不同层级有效发挥。

2. 组织结构变革的现实选择。

从以上对国有商业银行组织结构变革所面临的机遇和约束条件出发，对国有商业银行的组织结构变革的现实选择作出如下探索性的分析。

（1）在内部组织结构上，产权安排采取逐步推进，最终形成多种股权并存、国有控股的商业银行产权安排。这种产权安排的意义在于一方面实现了国有股权的主导控制地位，更好地实现国有资产的保值增值，另一方面，多种股权成份的存在，对推动银行的商业化经营，发挥小股东的监督作用，真正实现所有权与经营权的分离将起到极大的作用，使原来意义上的国有商业银行真正按现代商业银行的运营模式来经营和管理。在具体变革过程中，涉及到三个关键问题：一是谁将代表国家来行使对现在的金融性国有资产进行管理；作为金融性国有资产管理的代表对国家和对要管理的商业银行负有的职责是什么。第二个问题是金融性国有资产的产权界定和登记工作如何完成，是按照现在的经济价值考虑，还是既存的状态考虑。这是因为如果按照经济价值考虑，其产权绝对要大于现在的既存产权。第三个问题是在吸纳小股东时有否选择，这个问题涉及到产权安排的定位形式如何。如果是按照有限责任公司的形式，自然会涉及到对出资人的选择问题，自然对保持国有控股地位没有冲突；如果选择股份有限公司并准备今后上市的话，能否保持国有控股地位。所以从以上分析看，国有商业银行在产权安排的设计上，是一个逐步推进的过程，毕竟国有商业银行是各种利益和矛盾的集结点，变革是在保持持续稳定的前提下进行的。在产权安排的逐步推进过程中，可以考虑先选择试点，取得经验后再逐步推广的方式。

（2）在外部组织结构的安排上，主要是对目前的总分行制的组织形式进一步发展和完善。从国外的经验结合我国国有商业银行的实际情况看，我国国有商业银行在外部组织结构的安排上宜采用这样一种三级模式：按照经济区域设立的各分支行作为基层组织是一个利润中心；区域行作为中级组织主要是协助总行监督各分支行的活动并评估他们的业绩，作为管理机构它是一个纯费用中心；总行负责整个系统的长期性经营决策，负责政策制定和整个公司的资源分配。这样整个银行的组织就被分解为一个利润中心和费用中心，总行和各分支行的部门分成盈利中心和支持部门两大类。管理职责层层分解到每个利润中心，各分支行对他们承担的利润目标负责。

完善现代企业信用机制 遏止国家信贷资产流失

在社会主义市场经济发育的初级阶段，由于市场体系尚不完善，现行企业信用机制日趋弱化，致使银行信贷风险呈加剧之势，资产的流动性、安全性、盈利性与资产增长呈逆向变化，沉重的债务拖欠形成了银企之间的信用危机。因此，如何认识现行企业信用机制弱化问题，进一步建立和完善现代企业信用机制，遏止国家信贷资产流失，已日益为我国经济金融界所关注。

（一）现行企业信用机制软化的主要原因

1. 企业信用观念淡薄，导致债务行为异常。由于企业机制转换工作尚未完全到位，企业仍旧负盈不负亏，对国有资产的使用缺乏刚性约束，造成企事业单位对资金的使用既无内在激励机制，又无外在的约束机制，企业竞相争投资争项目，盲目扩大负债规模，“债多不愁”，以信贷资金的超常增长刺激经济的快速发展。其结果是不但经济发展未形成良性循环，反而造成企业信用观念淡薄，银企间的信用关系被严重扭曲。一些企业的经营恶化，在还债无望的情况下，乘转制之机，利用承包租赁、关闭、停产和多头开户等手段，有意逃债、废债和赖债，将企业庞大的国有资产损失转嫁给银行，导致银行贷款被大量悬空、蚕食。

2. 企业负债结构的演变，致使企业风险补偿机制日益削弱。

3. 政企的“血缘性”造成社会信用失常。改革开放后，通过政府转变职能，政企的“血缘”关系有了很大变化，但根本格局没有改变，分灶吃饭的财政体制使地方政府的投资意愿不断强化，当企业不具备贷款条件时，政府部门往往出面强求或指定银行发放贷款，使银行贷款投放服从当地政府的行政干预。在近几年的贷款投放总量中，有很大一部分属于“点贷”，以致出现了“政策亏损贷款”、“安定团结贷款”、“缴税贷款”等，这些贷款并没有进入生产领域而直接转化为消费基金，只能形成企业账面资产，信贷资金运动背离了最起码的信用关系准则。

4. 市场融资机制不健全，市场配置资金失真。

5. 社会信用监督机制乏力，致使企业信用行为放任自流。

6. 法规制度不健全，致使银行贷款受到侵蚀。

7. 保险机制难行，信用风险加大。

（二）完善企业信用机制的基本思路

1. 深化经济体制改革，理顺社会主义市场经济的各种经济关系，为建立和完善现代企业信用机制构建良好的外部环境。

（1）理顺政府和企业的关系。企业改革以来的事实证明，在政企不分的情况下，任何形式的改革，都不能真正提高企业经济效益，只会使企业资金陷入投入—占压—损失的恶性循环中，进一步助长了拖欠有理、拖欠有利的思想。因此作为政府主管部门，当前必须退出企业内部管理者角色，认真贯彻《全民所有制工业企业转换机制条例》，努力配套进行外部环境的改善，推进现代企业制度的建立，促进企业调整结构，在提高效益上下功夫，以不断提高国有资产的保值、增值能力，确保国家资产的完整。

（2）理顺银行和企业的关系，银企双方在自谋经济利益的驱动下，建立相互选择、平等合作的市场经济关系。①平等互利关系。在经济体制改革中，应充分考虑银企双方的利益，正确处理好企业效益和银行效益的关系。②资金买卖关系。一方面在金融体系改革中，应逐步实现资金商品化，银行按市场要求状况来配置资金，企业要把资金当作商品来购置与运作；另一方面，在企业制度改革上，要逐步放弃行政性的倾斜政策，彻底改变国有企业长期以来信贷软约束的状况。③竞争选择关系。应逐步放开企业开户管理，让企业选择银行，银行选择企业，使双方经济关系趋向市场化。

2. 建立资金“借贷制”，形成以价值规律和供求关系为基础的市场融资机制。

(1) 建立以银行信用为主的多渠道、多方式的融资体系，为企业创造良好的筹资、投资环境。融资体制改革的目标应该是：让企业根据资金要求的时间、期限、数量、用途等，自由选择适于自身的筹资方式，及时获取所需资金。企业的临时性资金需求，可通过市场拆入或贴现；短期性需求，可申请银行贷款解决；中长期资金需求，可通过发行债券筹资，这样才能使企业在市场原则的导向下，实现资金低效到高效转移，真正建立起现代企业信用机制。

(2) 变革资金供给机制，变“统包”机制为资金“借贷制”。这就要求一方面金融改革要在资金商品化、利率市场化、运行企业化等方面迈出实质步伐，否则资金借贷机制变革则没有实施基础。另一方面要求企业尽快建立流动资金补偿机制，逐步摆脱对银行的依赖性。

3. 健全和完善社会信用监督机制，强化国有企业的约束功能。

(1) 建立遏止国有资产流失的联合监督管理机制。国有资产流失既有政策性因素，也有经营性因素。其流失的渠道是多种多样的，单靠一个部门是难以遏止的，必须尽快建立以国有资产管理局为主体，银行、工商、审计等有关部门协调配合，联防共堵的监督管理机制，以便对企业的资产质量、资产负债状况、企业形象、信用状况进行科学的、客观的评估，强化社会监督机制。

(2) 应大力推行信用证结算方式。从而免除或减轻双方的商业风险，及时消灭拖欠的隐患。

(3) 要全面推行贷款证制度。企业贷款，银行放款应统一使用由评信机构科学评估、中央银行颁发的贷款证，资信差的企业将受到有效的信贷制裁。

4. 进一步加大配套改革力度。

(1) 要深化企业产权制度改革。

当前，国有企业由于产权不明晰，不存在独立的生产单位主体。因而在经济活动中缺乏微观创新主体和动力机制，也就不能形成规范化市场行为。为此，当前必须加大企业产权制度改革力度，明确企业法人地位，达到产权明晰化，为完善企业信用机制奠定良好的基础。

(2) 进一步完善投资体制改革，切实改革以行政性分权为主要特征的多元投资格局，形成有效的投资约束机制。

(3) 加强法制建设，进一步完善《公司法》、《破产法》等法规，尽快出台《借款合同法》，规范企业信用行为。

5. 大力推行保险制度，督促企业参加保险，把企业参加保险作为贷款条件之一，充分发挥保险化解企业风险损失的作用。

中国金融制度：创新趋势与发展前景

随着社会的进步、经济的发展以及人类文明程度的提高，21 世纪的金融也将是一个全新的世界。为了更好地认识和把握新世纪世界金融发展的特征和趋势，探讨中国金融制度创新与发展的取向与对策，中国社会科学院财贸经济研究所《财贸经济》编辑部与中国人民银行银行监管司、中国人民银行宁波中心支行在宁波联合举办了“21 世纪中国金融制度创新与发展”理论研讨会。就“金融制度创新与金融发展”这一主题进行了充分的交流和讨论。

（一）21世纪中国金融制度创新和发展的现实起点

一般而言，一国特定的金融制度框架从根本上界定着金融发展的空间。在其他因素不变的前提下，金融发展的绩效就基本上取决于金融制度，金融发展的进程在很大程度上决定于金融制度的适应性。从我国的情况来看，二十多年的金融市场化改革取得了令人瞩目的成效，其所带来的变化也是显著的，但是这种成效和变化并不深刻。金融改革在使金融总量迅速扩张的同时，却未能使金融结构与金融制度安排发生实质性的变化；大量金融资源仍沿袭原有的融资方式与渠道进行低效配置，经济的增长过于依赖于银行资产总量的扩张推动；金融发展仍主要是由银行资产规模来推动，货币在经济发展中的作用力度不够；金融资产结构扭曲，金融创新匮乏，金融效率低下。可以说，21世纪中国金融制度创新和发展面临一个较低的现实起点。

1. 从基本的资金融通关系来看，随着体制外非国有商业金融和直接金融的出现和快速成长，我国社会资金融通关系中已注入了某种程度的市场化成分。但从总体上看，信用仍集中于国家，国有银行在资金配置中占主导地位，与国有企业之间仍未完全摆脱“资金供给制”的状态。

2. 从金融结构上看，改革至今，虽然在四大国有银行体制外新生了十几家全国或地方性的商业银行，但在整个宏观金融格局中，我国民营金融的力量仍显薄弱，四大国有商业银行仍占垄断地位，明显地垄断着储蓄和信贷市场。在国有商业银行内部，其组织结构不能适应经济发展的要求。而且在货币市场与资本市场及股票市场与债券市场的发展上都存在着明显的结构失衡。

3. 从货币资金的价格——利率来看，目前我国绝大多数的生产资料价格和生活消费品价格都已放开，由市场决定，而作为货币资金价格的利率市场化改革才刚刚起步，利率水平距离真实的市场利率水平还很远，一方面是仍带有计划特征的利率，另一方面是民间交易形成的市场利率，二者之间的差额构成了我国金融寻租的空间。

4. 从国有商业银行的改革来看，国有银行向现代商业银行制度转变的改革进展极其缓慢。尽管三大政策性银行早已成立，国有银行内控制度建设和趋利动机得到了加强，其业务中以市场为导向的商业性金融业务比重不断上升，但由于政银关系、银企关系没有理顺，国有银行的政策性金融职能仍未根本解除，国有银行始终未能成为真正独立的经营主体，银行资产质量恶化，不良资产比率不断上升，经济效益持续下降，向现代商业银行制度迈进困难重重。

5. 从宏观金融调控机制来看，尽管二十几年来中央银行的独立地位有所强化，但货币政策目标始终未能真正摆脱对国家计划和经济增长目标的依附地位。与发达国家相比，我国货币政策体系还很不健全，调控手段缺乏灵活性，宏观调控任务与其调控能力、调控微观基础也极不适应，每当经济金融出现较大波动时，总是要借助于一定程度刚性的行政干预。

6. 从金融风险上看，改革以来我国金融资产的数量有了较快的增长，但在金融资产数量急剧扩张的背后，却隐藏着相当大的风险。这突出地表现在金融机构的风险与收益不对称，经营活动高风险、高成本、低效益。过于盲目追求数量扩张和金融机构内部风险约束机制欠缺导致金融资产质量不断下降，其中包含了相当数量无法收回的“泡沫资产”，这已构成当前金融运行的最大隐患。在我国加入金融全球化的进程中，可以预计，在未来的一段时期内，潜在的金融风险还会加大。

7. 从金融制度上看，我国现行的金融制度和国际金融制度无法兼容。我国当前实行的是分离型金融制度，银行、证券和保险分业经营，在金融监管上实行中国人民银行、证监会和保监会三个部门分业监管。而WTO成员国的金融制度则是三位一体的金融制度，因而我国的金融制度在市场竞争中处于劣势。如何协调我国现行的分业监管体制和国际上合业经营发展趋势的矛盾，以及如何在目前的条件下创造合业经营的条件，这已成为当前需要着重考虑的问题。

（二）进行制度创新、推动金融发展的对策选择

1. 进行市场融资制度创新，规范和推进我国金融市场体系建设。

建立起以适度分流居民储蓄、分流企业债务、深化银行间接融资为核心的新的储蓄—投资转化机制，大力发展证券市场直接融资，打破国家垄断信用的金融制度，推动融资市场化、社会化，矫正国民收入分配结构和社会融资结构的宏观错位，由此来打通社会储蓄直接转化为投资的市场机制，减少企业对银行间接融资的“刚性”依赖，化解国有银行软资产硬负债这种资产负债结构的内在失衡，发挥金融市场在资金配置中的基础性作用，进而提高社会资源配置效率。

2. 金融体系发展的均衡化。

在民营经济对国民经济发展的推动力越来越大的情况下，应该更多地把非国有经济纳入正规金融体系的服务范围之内，克服资金供给与需求的不对称，同时积极培育民营金融机构，加快保险、基金等非银行金融机构的发展。而且，目前WTO成员国的金融制度都是三位一体的金融制度，商业银行已是“超级金融百货公司”，但我国现行的仍是分离型的金融制度，银行、证券和保险分业经营、分业监管，现行的金融制度和国际金融制度难以兼容。在加入WTO和世界性金融改革的大背景下，我国应逐步与国际接轨。

3. 加快利率市场化改革步伐。

利率市场化是引导金融业全面走向市场的核心环节，目前我国物价和利率都处在低水平状态，资金供求格局基本平衡，银行间拆借市场、债券市场利率已放开，外国银行在我国办理外汇业务由市场决定，以及国有企业扩张冲动减弱和国有银行自我约束机制的加强，这些都为加快我国利率市场化改革创造了良好条件。因此，当前应不失时机地加快推进利率市场化，充分协调好各个方面的关系，发挥利率杠杆对资金要素的市场配置功能。

4. 重建金融企业治理结构，把建立现代银行制度作为金融制度创新的中心环节，加快国有银行的现代企业制度建设。

当前应着手建立商业银行资本金的市场化补充机制，推动符合条件的商业银行上市；通过引入多元社会资本，逐步对国有独资商业银行进行股份制改造；建立现代商业银行制度，形成国有银行所有者与经营者相互制衡机制；实行现代式的公司治理，最终使银行实现自主经营、自负盈亏、自我约束和自我发展。从现实条件看，激进式的产权改革往往会显性化国有资产赤字而引起金融风险的爆发，因而，渐进式地推进从国有独资公司制到实行纵向产权结构的有限责任公司制再到实行横向产权结构的股份有限公司制的产权改革方式是一条更现实可行的选择。

5. 完善和加强我国金融宏观调控和监管体系，构建符合国际惯例的监管模式，积极防范金融风险。

从最近几年宏观金融调控的效果来看，我国宏观调控机制还存在不完善之处。在经济和金融结构都发生了重大变化的条件下，金融宏观调控面临着更新观念、目标和手段的任务。经济金融形势客观上要求加快完善间接金融调控机制的步伐。在金融监管方面，中央银行应借鉴发达国家成功的监管经验，积极构建市场化、国际化的中央银行的金融监管模式，将金融监管的重心放在构建各金融机构规范经营、公平竞争、稳健发展的外部环境上来，更多地运用最新的电子及通讯技术进行非现场的金融监管，对金融机构的资本充足率、备付金率、呆坏账比例等指标实行实时监控，以此来提高防范和化解金融风险的快速反应能力。

6. 建立和完善社会信用制度，为我国经济金融发展创造一个良好的外部环境。

当前必须积极培育社会的信用和道德观念，依法规范信用。按信用制度的内在规律和要求，推进产权制度改革，硬化产权约束，规范银企关系，建立起以市场价格机制为基础的资金融通机制、以自由交易和借贷还钱为基本原则的金融秩序。同时大力发展商业信用，规范和扶持民间信用，加快形成一个主体多元化，商业信用、银行信用、国家信用、民间信用等各种信用关系相互渗透并提供全方位服务的健康的信用市场，以此来推动我国经济金融的持续发展。

我国商业银行如何面对WTO的挑战

2001年9月17日，我国加入世界贸易组织（WTO）的谈判终于画上了圆满的句号。这是我国融入全球化世界经济体系的又一个新的里程碑。入世后，外国金融机构将被允许在中国提供外币服务，而不受顾客方面的限制。入世后五年，外国金融机构将被允许向所有的中国顾客提供人民币服务。我国银行业将面临前所未有的发展机遇和严峻的挑战。

（一）与外资银行竞争，我国商业银行既有优势，又有不足

伴随着改革开放，我国的银行业飞速发展，拥有一定的竞争优势和竞争的基础。我国的国有商业银行已建立起密集的网点体系，在广大企业客户与个人客户中树立起了自己的品牌，并在与国内企业的长期合作中缔结了比较牢固的银企合作关系，在某种程度上，尤其是在人民币业务经营领域，已形成了“自然垄断”。同时，一批中等规模的股份制商业银行的兴起，既满足了客户对现代银行业的一般要求和客户的特殊需求，又促进了银行业的竞争和活力。政府政策也在某些领域给予国内银行强有力的扶持。但是，仍然存在一些因素制约着我国商业银行的竞争能力。一是我国商业银行的资金投放结构存在一定的缺陷。贷款大多集中在国有企业，对近年来迅速崛起的乡镇企业、三资企业和私营企业重视不够，占我国出口值近45%的三资企业的大部分出口结算业务都是由外资银行办理的。这对于我国银行业全面培养和巩固客户基础不利，对我国银行业的长远发展也有负面影响。二是我国商业银行的包袱重，获利能力差，经营管理基础薄弱，抵御风险的能力不强。银行平均资本收益率和资产收益率远远低于国际上通行的15%和1%的水平，不良资产比率较高，资本充足率和核心资本充足率低于《巴塞尔协议》要求的8%和4%的最低标准。三是我国银行普遍存在着内部机构设置、运作程序不科学，缺少制衡、效率低等问题。重规模扩张、轻资产质量，重发展速度、轻经济效益，重硬件设备、轻优质服务的现象严重阻碍着我国商业银行的前进步伐。四是我国商业银行的服务水平和金融创新能力不足，并且受限制较多。加入WTO后，外资银行可能在三个方面形成优势。一是在国际结算方面。外资银行拥有广泛的国际业务网点和快捷的通信网络，加之资金力量雄厚，资产质量优良，结算业务经验丰富，可以为客户提供安全、快捷、方便的服务。从目前来看，尽管外资银行资产占我国银行体系总资产还不到5%，它们却占踞了我国国际结算和国际收支业务的近40%。二是在外汇贷款方面。由于外资银行的信用等级较高，比较容易以较低的价格从国际市场上筹措到外汇资金，从而能以比国内银行更加优惠的条件向优质客户或项目发放外汇贷款，导致大量的外汇借款人转向外资银行。三是在创新和服务手段方面。如中间业务、投资理财和网络银行等方面。与外资银行相比，我国商业银行在人民币业务经营领域、国内分支机构和网点、储蓄业务等方面具有一定

优势。

（二）加入WTO后，我国商业银行与外资银行的竞争将在四个方面展开

1. 人才争夺。

外资银行凭借其科学的用人机制、优厚的工资待遇、优越的工作环境等条件，吸引着大量的优秀人才，包括原本就职于国有银行的业务骨干，受良好教育的大学毕业生、研究生，学成归国的留学生等等。

2. 客户争夺。

优质的客户往往可以为银行带来可观的利润与市场份额。因此，一些重要行业内的大企业、跨国公司、有规模的民营企业等公司客户，保险、证券、投资基金等机构客户以及中、高级人士等个人客户势必成为中外资银行争相吸引的对象。

3. 产品和服务的竞争。

鉴于当前经济的飞速发展，单一、狭窄的业务品种已不能满足企业的发展需求，谁能提供综合的多样化的金融服务、完善合理的金融产品，谁就能在这场大战中占据主动位置。

4. 市场争夺。

资本市场、货币市场、银团贷款市场、外汇市场以及沿海市场和电子商务市场将是中外资银行极力争取占领的市场。

（三）对策建议

面对外资银行的激烈竞争，我国商业银行必须顺应国际银行业的发展趋势，在巩固和扩大国内外市场份额的基础上强化自身素质，提升资产质量，改善财务状况，才能在外资银行的竞争中立于不败之地。

1. 加快我国商业银行深化体制改革的步伐。

按照现代企业制度的要求，加快商业银行的企业化改造。尽快健全法人治理结构，建立符合市场经济要求的科学决策机制、监督约束机制和内部激励机制。

2. 注重人才战略，完善激励机制。

要在调整和优化人员结构的同时，通过各种方式，留住人才，最大限度的发挥作用。

3. 加快金融创新的步伐。

这不仅包括以增加种类、提高质量为核心的金融工具的创新，还包括金融信息技术的创新及金融服务方式的创新。例如增加个人金融服务的比重。在不断深化传统业务、巩固市场份额的同时，大力拓展代理证券、财务顾问、投资咨询、投资管理等中间业务，改变传统单一的以增加贷款来获取利润的方式。处理好风险与利润的关系，转变观念，树立全新的经营理念，强化服务意识，代人理财意识，使中间业务成为新的赢利增长点和业务输入的主要来源。

4. 加强金融合作。

一方面要充分发挥人熟、地熟、对客户情况熟悉的优势，继续搞好银企沟通与协作。另一方面，银行同业间也应加强联动。鉴于入世后，规模和实力次于四大国有商业银行的我国中小型商业银行势必成为外资银行的主要冲击对象，走合作、联盟的道路，共享规模、实力、资源成为了中小银行的必然选择。

加强对金融改革和发展问题的研究

2001年我国顺利加入世界贸易组织（WTO），中国金融未来五年发展将面临崭新的制度环境。根据《服务贸易总协定》、《金融服务协议》以及中美双边协议，正式加入时，外资金融机构即可以在我国所有地域、对所有中资企业和中国居民开办外汇业务；五年过渡期内逐步放宽对外资金融机构经营人民币业务的地域限制，五年内取消所有地域限制；逐步取消人民币业务客

户对象限制，加入两年内，允许外资银行向中资企业办理人民币业务，五年内取消包括居民在内的所有客户限制；加入后五年，取消所有对外资银行所有权、经营和设立形式进行限制的非审慎性措施。五年过渡期后，国内金融市场将对外高度开放，国内金融市场同时也就是开放的国际金融市场。面对国际强手的激烈竞争，如何在五年过渡期内，有效提高中资金融机构的国际竞争力，是金融改革和发展的首要任务。

未来五年，我国银行业还将面临网上金融服务业务的强烈冲击。最近一些年，由于现代信息技术和金融工程技术的快速发展，金融服务网上化的趋势日趋明显。如果说电子商务对传统商业服务的冲击由于发生货物配送而受到限制的话，那么网上金融服务对传统商业银行业务的冲击则是没有技术障碍的，因为网上金融服务业务的本质是信息处理。这无疑会大大改变现行中资商业银行的经营环境，对此，我们需要有充分的估计。

上述来自金融制度和金融技术两个方面的重大变革，对中国金融宏观调控和监管体系也提出了严峻挑战。由于网上金融服务业务的快速发展，非银行金融机构甚至非金融机构都具备了充足的技术条件，可能绕过监管当局的监管从事金融服务业务。无论是金融市场开放，还是网上金融服务业务的发展，都将大大增加货币当局宏观调控和金融监管当局金融监管的难度。

围绕提高中资金融机构国际竞争力和完善中国金融宏观调控、监管体系这两个层面的任务，有一系列重大问题需要研究。在现代经济中，金融是核心，但同时又蕴涵着高风险。在人类历史发展的任何一个时代，从来没有像今天这样，金融运行直接关系着国民经济和社会发展的全局；涉及金融改革和发展的重大问题，同时也就是国民经济发展的重大全局性问题。在这里，从总体上理清思路至关重要，只有总体思路清楚，才可能防止出现全局性错误。我们研究金融改革和发展中的这些重大问题，出发点和归宿都是中国的国家利益。正确处理当前利益与长远利益的关系，谋求中国经济和金融的持续发展及安全，谋求中华民族的伟大复兴是我们的宗旨。

在当前，在各种思潮像潮水一样涌来的时候，研究中国金融改革和发展的重大问题，需要特别注意遵循马克思主义正确的思想路线。总结1921年以来中国革命和建设的经验，脱离中国国情的教条主义危害最大。分析当今一些转轨国家改革失败的严重教训，大多与盲从脱离本国实际的教条主义分不开。1941年延安整风以后中国革命取得巨大胜利，1978年以来中国改革和发展取得巨大成功，基本经验是坚持理论与实际结合，坚持从中国实际出发，坚持实事求是的思想路线。毛泽东《改造我们的学习》等整风文献虽然已过去60年，今天读来仍有很强的针对性。邓小平同志指出："我们的现代化建设，必须从中国的实际出发。无论是革命还是建设，都要注意学习和借鉴外国经验。但是，照抄照搬别国经验、别国模式，从来得不到成功。这方面我们有过不少教训。把马克思主义的普遍真理同我们的具体实际结合起来，走自己的路，建设有中国特色的社会主义，这就是我们总结长期历史经验得出的基本结论。"符合中国国情的政策，必须从中国实际出发，接受中国实践的检验。"实践高于（理论的）认识"，任何"高深"的理论都必须接受实践的检验，实践是检验真理的惟一标准。注重实际，注重实践，注重经验，是坚持马克思主义辩证唯物主义认识论的基本要求。马克思在《关于费尔巴哈的提纲》中说，"人的思维是否具有客观的真理性，这不是一个理论的问题，而是一个实践的问题。人应该在实践中证明自己思维的真理性，即自己思维的现实性和力量，亦即自己思维的此岸性。"他又说，"社会生活在本质上是实践的。凡是把理论导致神秘主义方面去的神秘东西，都能在人的实践中以及对这个实践的理解中得到合理的解决。"经济学是致用之学。一部经济学说史，但凡有影响的经济学说，都是对一定国家、一定时期经济实践经验的总结。这些理论学说，有的反映人类社会经济活动的最基本规律，但大量的则是针对某一国、某一时期具体问题的具体结论，不能照抄照搬，否则会出严重问题。学习马克思主义，我们尚且强调学习立场、观点和方法，强调学习基本理论而不是具体结论，难道对待现代西方经济学说我们能够全盘照抄照搬？在基本理论指导下，具体问题具体分析，这是马克思主义活的灵魂。研究中国问题，靠罗列外国学者如何如何说是不够的。对于中国金融改革和发展重大问题的解决方案，我们不能从所谓先进的理论、原则出发，而只能从实际出发。"原则不是研究的出发点，而是它的最终结果；这些原则不是被应用于自然界和人类历史，而是从它们中抽象出来的；不是自然界和人类去适应原则，而是原则只有在适合于自然界和历史的情况下才是正确的。这是对事物惟一唯物主义的观点"。不着边际的夸夸其谈，让我们的改革走了不少弯路，其症结不是别的，正是脱离中国实际。

发展基金业务
拓展商业银行发展空间

央行颁布了《商业银行中间业务暂行规定》，明确商业银行在经过中国人民银行审查批准后，可以开办代理证券业务和投资基金托管业务。基金业务将成为我国商业银行中间业务发展的重要内容，对商业银行未来的经营将产生十分重要的影响。

(一)借鉴国外经验，创新设计方案

为了保证开放式基金项目方案能够达到国际先进水平，并符合我国证券市场的整体设计要求，商业银行应该组织专家和业务人员收集国外成功开放式基金的材料，研究国际上各种开放式基金的运作模式，并与境外基金管理公司、托管银行进行广泛的技术交流，努力借鉴国外先进经验，结合我国开放式基金设立与运作的实际要求，从理论和实践两方面的结合展开研究和论证，设计出符合我国资本市场发展现状的开放式基金运作方案。

(二)注重规范管理，强化内控监察

商业银行能否顺利托管、代销好开放式基金，关键在于制度的制订是否规范，监察的技术是否完备。商业银行应会同规范化的基金管理公司认真研究各项有关的开放式基金规章制度，制订开放式基金代销业务的各项制度，完成代销过程和各个要害环节的配套工作，规范草拟开放式基金代销协议涉及到的各种协议文本，展开商业银行开放式基金技术系统的开发和测试，使技术系统具有可操作性。

(三)制订应急方案，加强风险防范

开放式基金的风险防范机制能否有效，主要表现在两个方面：一是制度的实施有没有保证，二是应变能力如何。商业银行必须分析开放式基金运作过程中可能发生的各种风险，进行归纳、总结和研究，制订较为系统的风险防范制度，采取有效的管理和操作人员的执行保障措施，设计危机处理机制。为了上述制度、措施和机制得以有效实施，应编制银行电脑系统应急方案。当然，要保证应急方案的有效性，必须经过实战演习，以验证方案的有效性。只有完善的制度保证和落实措施，才能切实做到风险防范。

(四)加强组织指导，提供便利服务

商业银行能否面向投资者提供代销开放式基金的有效和便捷服务，是决定商业银行拓展与资本市场有关的中间业务的重要环节。为此，商业银行应该三管齐下，一是加强组织和领导，成立

以总行分管行长挂帅的开放式基金领导协调小组，负责全行的开放式基金筹办工作的统一领导和部署，下属的代销试点分行成立以主管行长挂帅的对口领导小组，具体负责各项准备工作；二是建立证券投资基金代销注册服务管理中心，作为专门的开放式基金认购、申购和赎回业务的管理部门；三是建立便利和有效的电子网络，采取安全和高效的技术措施保证开放式基金单位的认购、申购和赎回业务的顺利进行。

(五)培训专业人员,保证业务运行

商业银行应组织有关人员认真学习有关政策和国内外开放式基金的管理经验，有计划、有步骤地培训有关人员，提高他们的业务知识和操作技能水平。培训的内容应包括：开放式基金的基础知识、开放式基金的认购、申购和赎回的业务操作流程和须知、开放式基金的资金清算和会计核算；开放式基金的市场营销策略和客户开发、开放式基金的风险防范和应急措施。

(六)建立专业队伍,提高创新能力

商业银行基金业务发展很重要的环节在于商业银行有没有创新能力，而这种创新能力的形成需依靠一支结构合理的分层次的专业人员队伍，这支队伍应由三个层次的专业人员组成：信息系统人员和专业分析人员相结合组成创新产品的基础层，作为后台支撑保障；研究设计人员和业务操作人员相结合组成金融创新层，作为产品的开发主力；通晓商业银行存贷款和结算业务、投资银行融资和理财业务和信托、基金、租赁、保险等非银行金融业务的客户经理，既是面向客户推销商业银行创新中间业务品种的执行者，又是市场信息、客户需求和执行过程中问题的反馈者。有了这支专业队伍形成的创新体系，将有助于商业银行提高创新能力，发展与证券投资基金、养老基金、保险基金和社保基金相关的基金业务。

1998年6月，经中国人民银行和中国证监会批准，交通银行设立了证券投资基金托管部，同年7月获得了证券投资基金托管资格。目前，交通银行正在紧张地进行“华安创新”开放式基金试点的各项准备工作。我们认为，开放式基金业务对商业银行的基本要求是业务品种、服务手段、计划安排和内部管理必须适应市场的需要和满足客户的要求。核心是提高银行的办事效率，尤其是保证商业银行能对市场的迅速变化作出灵敏的反应，要以整体合力作后盾的信息系统和技术支撑体系作保障。交通银行将在发展开放式基金托管代理业务的同时，向经营品种市场化、服务手段多样化和内部管理规范化的商业银行的方向发展，使商业银行伴随着资本市场共同成长。

农村合作金融发展中的问题与对策

(一) 农村合作金融发展中的主要问题

农村信用社作为县市主要的农村金融机构，由于受多种因素的影响，目前在经营管理体制中存在一些问题，表现为：

1. 支农力度不够。

以黄冈市为例，据调查，由于信用社整体资产质量不高，信贷投放均有所萎缩，使能够用于支农的资金也受到限制，农业贷款同比有所下降。信用社由于过去发放的支农贷款大量收不回，近两年信贷投放已向个体工商户转移。另外，在贷款手续方面，农民普遍认为条件掌握过严，且贷款利率也较高，贷款期限也不尽合理。国家规定县以下农村信用社贷款利率可上浮50%，利率偏高，与农业生产周期较长且利润率偏低状况不相适应。另一方面，农金部门对这种低效农业也不愿意给予贷款。农业投资大，收益小，周期长，对农户贷款几乎没有什么盈利，这在客观上制约了对农户的贷款发放。

2. 外部环境不优。

据调查，信用社外部环境不优问题表现比较突出。其一是社会信用关系相对恶化，“新官不理旧账”的现象相当普遍。农村村干部变动频繁，变动后的村干部对村组集体贷款谁也不管，谁也不理，造成集体贷款大量沉淀。其二是行政干预贷款现象十分严重。由于近几年基层商业银行信贷权限上收，一些行政部门指令农村信用社发放大量本不应由信用社承担的非农贷款，这些贷款往往都是有借无还。其三是信用社税费负担过重。

3. 管理体制不顺。

农村信用社虽然与农业银行脱钩后按合作制原则成立了县级联社，但是在体制的管理上仍存在一些问题。尤其是民主管理制度流于形式，联社的社员代表大会、理事会、监事会形同虚设，没有起到应有的职能作用。

（二）完善农村金融体系的建议

2001 年 4 月中旬，朱镕基总理在江苏考察工作时，对农村信用社的改革作了重要指示，明确了信用社的发展方向，确立了信用社在农村金融中的重要地位。种种情况表明，农村信用社的管理体制已与当代中国经济的发展、与农民的需要不相适应。不改革现行的信用社管理体制和体系，要摆脱信用社困境是不可能的。为此，我们建议：

1. 尽早出台优惠政策。

一是实行优惠的税收政策，对农村信用社发放的粮、棉、油及种养业贷款应免征营业税，对贫困地区信用社继续免征所得税，对高风险信用社在一定期限内实行免税优惠，使之能休养生息，降低财务风险。二是实行优惠的财政政策，对信用社因承担政策性贷款业务造成的亏损包袱和信用社过去支付的保值储蓄贴补利息，国家财政应考虑予以补贴。三是合理消化历史包袱。可考虑：一是过去政策性的农业学大寨贷款、家庭联产承包责任制前的村组集体贷款、小水电贷款等大多已成呆账，应由国家和地方政府用专项资金予以本息核销；二是加大农村信用社呆账核销力度，对有自身承受能力的信用社，允许其提高呆账核销比例。

2. 坚持以农为本、为农服务的办社宗旨。

农村信用社是农村金融体系的基础，在农村经济发展中具有不可替代的地位和作用，以农为本、为农服务是信用社发展的根本方向。必须认真贯彻落实《中共中央、国务院关于 2000 年农业和农村工作的意见》中对包括农村信用社在内的农村金融机构提出的支农任务和要求，大力组织资金，加大信贷支农力度，进一步拓展信贷支农的范围，扩大服务领域。要在优先保证粮、棉、油等农作物生产资金需求的基础上，大力支持农副产品加工业和养殖业的发展；树立大农业和现代农业的观念，支持农业产业化经营，支持农业和农村产业结构的合理调整，促进农村支柱产业和农村整体发展水平的提高。

3. 业务上要创新。

第一，要完善农村信用社的结算服务体系，建立符合现代农业和农村经济发展需要的结算方式。目前农村信用社还没有自己的联行清算系统，使不少原由信用社一手扶持起来的客户纷纷“跳槽”，寻找结算方便快捷的的国有银行，使大量资金由农村流向城市。因此，要尽早建立地（市）辖、省辖和全国联行资金清算系统，并加入银行卡工程，为客户提供优质的结算服务。

第二，要根据农业、农村和农民的特点，探索制定与之相适应的简便易行的贷款方式，积极推广对农户的小额信用贷款，简化贷款手续，同时在运用“贷款证”、“贷款限额”发放贷款的基础上，采取“多户联保、按期存款、分期还款”的办法，推行联保贷款业务，解决没有贷款担保的农户贷款难的问题。第三，要配合国家政策，寻找经营效益的增长点，积极发放农民住房、运输、子女教育、生活消费品等消费性贷款。对信用社来说，这类贷款的发放和收回手续简便、风险低，是信用社很好的效益增长点。

4. 改善经营环境。

要建立和完善农业保险制度，使农村信用社的贷款在遇到风险时能得到一定程度的补偿。同时建立存款保险制度，可考虑先提取保险费，用于保证存款支付，再提取保险基金，用于信用社系统的救助。还有，对农村信用社要尽快立法，尽快制定适合我国国情的《合作金融法》等法规，明确农村信用社的地位作用、权利义务、经营范围、政策措施等，既为信用社发展提供法律保障，又对信用社业务经营给予规范，以更好地发挥信用社在农村金融体系中的基础作用。

民生银行：打"民"字牌　服务创特色

作为上市公司中惟一一家定位为中小企业提供金融服务的银行，中国民生银行上海分行自1996年成立以来，一直坚持主要为科技型、外向型、中小型企业服务的特色，全力扶持他们中的优势企业上规模、增效益，被誉为"中小企业的忠实伙伴"。

在当前建立和完善社会主义市场经济条件下，民营中小型企业和高科技企业获得了迅速的发展，对中国经济增长的贡献份额逐年增加，已成为中国经济发展新的增长点。因此，民生银行上海分行根据总行要求，结合本企业实际，将科技型、外向型、中小型企业作为主要服务对象，并郑重向社会作出承诺：为了加大对中小企业服务的力度，银行保证每年将贷款余款的60%，新增贷款的80%支持中小企业。他们推出了包括各类基金担保贷款、科技部科技创新贴息贷款、动产质押贷款、代理进出口银行卖方信贷业务、出口退税质押贷款业务、综合授信业务、中投保担保贷款、社保局促进就业基金项下开业贷款等项目在内的一系列为科技型、外向型、中小型企业度身定做的金融产品。同时，他们还通过金融产品的创新，开发出了创业贷款、公私联保贷款等一批业务品种，支持中小企业的发展。据统计，截至2001年6月底，该行向中小企业贷款户数占贷款总户数的82%，中小企业贷款余额占贷款总额的58%。为了更好地向科技型、外向型、中小型企业提供金融服务，他们参与了上海市财政局的上海市中小企业贷款信用担保基金、上海市科委的风险辅助基金、普陀区民营科技企业贷款担保基金、静安区财政局专项基金和虹口区中小企业信用担保基金等。该行不仅在资金、服务等方面支持科技型、外向型、中小型企业，而且为科技型、外向型、中小型企业的发展提供"融智"服务。他们与上海多家知名的资产管理公司合作，发放动产质押贷款，积极探索创业投资基金托管业务，并先后与上海市工商联、上海工商学院共同举办了三期"民营企业家研修班"，共组织150多位民营企业家参加研修。他们专门成立了中小企业服务中心，开办"金融超市"为民营中小企业和高科技企业提供全方位服务。

这些措施的实施，为银行的发展带来了丰硕的收益：到2001年6月底，该行各项存款余额达到175亿多元。在2000年末上海市金融工委组织的市民抽样调查中，民生银行获得综合评比第一的好成绩。刚刚公布的民生银行2001年度中报显示，每股净利达0.13元，上半年度净利润达30239万元。

武汉人行：推动票据市场健康发展

票据市场作为银行、企业等经济主体进行短期投融资和中央银行进行宏观调控的载体，是货币市场中最基础、最不可或缺的组成部分。几年来，人行武汉分行营管部认真贯彻国家货币信贷政策，从组织推动、积极引导、求实创新以及强化管理、规范运作、严防风险等多个方面下功夫，大力加强武汉票据市场的建设和完善，武汉票据市场取得了较大发展。1994～2000年间，武汉地区累计开出承兑汇票750亿元，年均增幅超过40%；累计办理贴现392亿元，年均增幅在60%以上；累计办理再贴现174亿元，年均增幅达50%；票据业务总量占全国的比重在2%以上，占湘鄂赣三省的比重为32.26%。尤其是近两年来，本着将票据业务做大、做好、做活和系统性发展的思路，武汉地区各家银行不断更新观念、相互配合、大力创新，域内票据业务得到快速发展，“票据航母”功能初步显现，建立一个以武汉为中心、托举中原的区域性票据市场条件已经基本具备。

（一）武汉票据市场发展过程中的难点和问题

从目前情况看，虽然武汉地区票据市场发展情况领先于全国多数地区，但仍然存在诸多问题和难点，很大程度上阻碍着武汉票据市场的进一步发展壮大。

1. 市场结构存在缺陷：市场规模偏小，市场主体缺乏，交易工具单一，交易方式过于简单。

2. 机制缺陷：票据市场尚未依靠市场机制形成市场利率。1998年人民银行改革贴现利率形成机制，在再贴现利率基础上，按不超过同期贷款利率加点生成。但是，这并没有从根本上改变贴现利率被管制的性质，贴现利率客观上仍然没有完全反映短期资金供求变化的真实状况，合理的市场利率体系难以形成，导致票据市场中资源配给的扭曲，给有条件在中央银行进行再贴现的商业银行提供了套利的机会和动力，导致商业银行一有贴现票据马上就到人民银行申请进行再贴现的这种不合理现象出现。

3. 功能缺陷：票据信用的多重功能尚未发掘。

（二）武汉区域性票据市场发展的战略构想

通过分析武汉地区票据业务发展过程中存在的规模偏小、交易方式简单、主体缺乏等问题，不难发现其根源在于缺乏有效的票据市场，缺少市场机制的推动和调节，缺乏有效的制度安排。我们认为通过构建区域性票据市场不仅可以有效解决这一根本性问题，使票据市场形成规模经济，降低交易费用，减少票据市场信息不对称现象，而且对于提高票据市场融资效率、实现中央银行货币政策调控方式转换以及推动银行信用票据化，引导社会信用秩序良性发展都有着重要的现实意义。从武汉地区目前情况来看，构建区域性票据市场已经具备了一定的条件：

1. 武汉票据业务发展基础相对较好，发展潜力巨大。

特别突出的是在票据交易主体方面，除中央银行和商业银行外，农信社和财务公司等非银行金融机构也在办理票据业务；在票据交易客体方面除银行承兑汇票外，还是全国少数几个推行商业承兑汇票的城市之一，实现了商业承兑汇票业务的突破；在票据交易方式方面，回购和转贴现已经起步；在专业性机构方面，已有两家商业银行进行票据专营机构试点。这些都为建立武汉票据交易中心奠定了较好的基础。

2. 由于有利的地理位置和便利的交通条件，武汉一直是华中地区商品流通的集散中心，商品交易规模庞大，1999年武汉地区工业企业年销售额已经达到7382亿元，加上贸易性企业的购销活动，商品流通量将达到15000亿元以上。如此活跃的商品流通环境下，票据业务发展的潜力很大，建立武汉票据交易中心所需的广泛商业信用基础已经具备。

3. 在全国建立若干个区域性票据市场是大势所趋，在武汉构建区域性票据市场顺应了这一政策要求。

近两年来，建立和完善票据市场的呼声很高，其中一个带有共性的提法就是尽快建立和完善区域性的票据市场。特别是上海、天津、郑州、沈阳等票据中心城市，都已经在积极地进行构建区域性票据市场的试验，并已经取得了不少成功的经验。从武汉自身来说，构建区域性票据交易市场也有充分的理论和舆论准备。近年来，武汉一直重视发展票据市场，多次有针对性地开展调查研究，形成了一批有理论价值和实践指导意义的调研报告和论文，这些成果为武汉区域性票据市场的建立提供了有力的理论依据和可行性研究支持。

4. 电子信息技术的发展为武汉区域性票据交易市场的建设和运转提供了便利。

现代电子信息技术发展的一个重要特征就是网络技术的发展。而网络技术的发展使构建武汉票据交易中心变得极为便利。

综上所述，构建武汉区域性票据市场的初始条件已经基本具备，但区域性票据市场本身作为一项复杂的工程，在建立过程中必须采取稳妥、严谨的战略步骤，不能一蹴而就。我们认为要实现这一目标，在近几年内，武汉票据业务发展可以实行“二步走”的规划：

第一步，以武汉票据市场现有的资源为基本，建立“武汉票据交易信息中心”。该中心立足武汉区域性票据市场，服务各票据业务主体，以提供票据市场交易、风险等各类信息为主要业务，属于一个信息服务中介。建立该中心的目的在于为商业银行开展票据交易创造有利的市场环境和交易条件，及时获取市场供求信息，以确定合理的交易价格，有效解决票据市场由于信息不对称导致的逆向选择和道德风险问题，降低交易风险和交易成本，刺激市场交易行为，从而提高商业银行开展票据业务的积极性，扩大票据业务规模和市场容量，为区域性票据市场由无形市场向有形市场过渡探索经验、奠定坚实的基础。

“武汉票据交易信息中心”成立后将发挥四个方面的功能：①信息集散功能。广泛收集并集中发布武汉地区区域性票据市场的有关票据买卖供求信息，主要是贴现、转贴现、再贴现、回购的供求信息，包括票据供求的数据和价格（利率）等等。②意向交易功能。协助并促成票据供求双方达成交易意向，平衡票据市场上的供求结构，减缓对中央银行再贴现的“倒逼”压力，推动区域性票据市场规模的扩张。③风险提示功能。对票据市场的风险状况进行预报，及时通告有关的票据诈骗案件、高风险票据（企业）名单，交流票据风险防范经验。④市场开发功能。研究国内外票据市场发展的新动向，开发票据市场的新产品、新功能，进一步推动票据市场的发展。

第二步，建立有形的武汉票据交易中心，实现武汉地区无形票据市场向有形票据市场的跨越。

银行经营管理经验借鉴

农行广西分行：强化经营管理、加强银行活力

随着金融业竞争日益加剧，优胜劣汰，在以效益见分晓的经济体制下，农行广西支行从行长到一般员工，在业务经营管理过程中，始终突出效益，紧紧围绕效益，用管理带动效益，向人们展示了效益兴行的新篇章。至 2000 年 4 月底，农行广西分行终于成功地踩住了亏损的车闸，并开始转入创利增盈的快车道，较去年同期增盈 405 万元。

（一）转换职能　实施硬性管理

管理低效是制约银行高效经营的关键。那么，提高管理效率的"妙方"何在？分行行长李进认为，潜力的挖掘源于管理的强化，建章建制与经济手段双管齐下，以机制激励人，以制度约束人是强化管理的有效之举。他们在全行上下建立了"三个机制"。

1. 竞争机制。

把不同性质的工作通过量化指标反映出来，单位、集体间不分重点与非重点，职工不论资历深浅、职务高低，从行长到一般员工，均设定量化工作目标。在将各项经营指标分解到各单位、员工的同时，以目标责任书的形式下达据以考核，工作量的多少和质的优劣一目了然，客观上形成了公平竞争的环境。

2. 约束机制。

即一级对一级负责，使岗位目标明确，人人责任具体，各个工作环节通过目标上下衔接、前后拉动控制。同时，分行与各科室（所）签订防范经济案件、三防一保责任状，所辖岗位出了问题，不仅要严肃处理当事人、直接管理人，还要相应追究有关管理科室的连带责任。

3. 激励机制。

在明确目标、落实责任制的基础上，把利益分配与经营成果相挂钩，在机会均等、公平竞争的条件下拉开基层处所之间、职工之间的分配差距，并把工作目标完成情况与行员考核、职员升降、评先创优及责任目标津贴、奖金分配直接挂钩。

（二）提高效率　实行目标管理

点多、面广是农行曾经为之自豪的资本。然而在风险与挑战的市场条件下，其反应迟钝、控制乏力等劣势却日益显现出来。如何消除这种弊端？农行分行解决问题的办法是在强化管理上作文章，根据本行实际情况，着力提高经营效益，从 2000 年元月开始，实行目标管理。

按照商业化经营要求，确立目标管理体系。在借鉴经验基础上，该行精心制订《处所相对独立核算实施方案》和《经营管理考核奖惩办法》，确定包括财务、信贷、存款、内控等指标在内的独立核算目标经营管理考核奖惩办法中的宏观目标、基础目标、工作责任目标等共计 4 大系统 14 个目标。将分行考核的各项指标分解落实到每个营业单位，保证与上级行核定的经营目标衔接。

实行目标管理，在员工思想上形成了强烈的

“碰撞”，员工经受了一次观念的洗礼，一次利益的冲击。一是观念变了。处所相对独立核算使全行经营管理上发生三大变化，即：由“任务为重”转变为“效益当先”；由单纯向贷款要效益转变为向综合经营要效益；管理科室也由“被动服务”转变为“主动出击”。业务经营上出现“两高”，即，吸收活期存款和清收不良贷款的积极性高了。过去一般员工对存款变化看成与己无关，如今每天下班之前，员工们都要问问“增加多少存款”、“完成多少任务”。经营成果成为每一个员工时刻关心的事情。二是学会算账了。此前处所只管完成任务而无需费心搞核算，如今则要亲自轧头寸，算进度，想方设法压库存，加快资金周转。三是效率高了。在经营上给予处所更大的自主权，同时也提出更高要求。各项工作随之节奏加快，效率提高。

（三）挖掘潜力　推行星级管理

为激发员工的工作潜能，分行对基层员工实行星级管理，对岗位目标考核实行千分制，分别从各员工的职业道德、岗位职责和基本制度执行情况、业务技能、服务质量、工作业绩等方面进行计分，采取年度考核，以员工实际得分多少，评定出一、二、三、四星级行员（四星为最高级），不同星级享受不同待遇。每年还通过计分，实行首尾升降办法，即按5%的比例，对各星级分数排在前位的升到上级星，排在后位的降到下级星，让每位员工接受全行的“检阅”。并以所为单位，把各所的综合考评分与分行奖励费用挂钩；员工考评分与营业所效益挂钩。

星级管理推行4个多月来，它的作用可以说是非常显著的。由于坚持了公平、公正、民主的原则，上至分行，下至基层营业所的员工都心顺，公平的竞争带来了和谐、愉快的工作环境，员工的积极性增强了，变一人管理、班子管理为集体管理、大家管理。最大限度地发挥了人的潜能，使全行业务实绩不断攀升。星级管理给员工实现自我价值的机会，努力培养职工的参与意识和集体荣誉感，不断增强员工的凝聚力，形成独具特色的企业文化，这是分行对现代企业管理的进一步深化。

农行广西分行在金融业竞争日益激烈中始终突出效益，紧紧围绕效益，用管理带动效益，为金融业谱写了以效益兴行管理加强的新篇章。

人行聊城分行：探求优化信用环境系统工程

“优化信用环境系统工程”是人行聊城市分行今年开展的一项重要工作。近年来，聊城部分企业反映银行存在“惜贷”、“恐贷”问题。聊城市分行通过调查发现，信用环境恶化、银企关系扭曲，是造成信贷资金投放减少的重要原因，这一问题甚至影响到一些信用较好企业的正常生产经营。于是，积极探索市场经济环境下的银企关系，便被提到中支的议事日程。提出了“以市场为导向，以效益为中心，以信用为纽带”处理银企关系的原则，制定了金融机构投放贷款的四条标准：

1. 产品有市场、有效益、守信用、不逃债、废债；

2. 贷款到期企业能还本付息，“两项资金”占用在35%以下；

3. 企业经营管理水平在全市处于中上游，利税高于全市平均水平；

4. 资产负债率较低。

这四条标准将难以把握的银企关系进行量化处理，把信用纳入制度化轨道，为商业银行确保贷款的合理投放，加大对重点企业的扶持力度，促进全市经济的发展发挥了作用。为从根本上优化聊城市的信用环境，改善银企关系，聊城市某支行将在地方政府的支持下采取一些切实有力的措施：

(1) 加强对实施“优化信用环境”系统工程的领导。

组成由市政府领导挂帅，人行、经委、财委、公检法等单位参与的优化信用系统工程领导机构，有关部门要联合行动，定期召开会议，分析研究落实优化信用环境的措施。

(2) 充分发挥典型带动的作用，确保信用良好企业的资金需求。

金融机构要提高服务质量，改进服务手段，提高办事效率，对这次会议上公布的20家“良好信用”企业及签订主办银行协议的40户企业要优先给予资金等各方面的支持，确保这些企业的合理资金需求。通过这一典型带动的作用，在全市营造出“守信有利”的大环境，引导有关企业切实树立信用观念。

(3) 采取有力措施，切实加强对银企双方的监督。

不仅要通报具有良好资信的企业名单，还要对企业信用状况实行法定分级公告制度。对于严重不讲信用的单位，将通过媒体公布《不守信单位名单》，同时在金融系统内建立《不守信单位内控名单》。银行要在遵循金融法规的前提下，视信誉如生命，进行金融风险控制，使资金在市场选择中得到合理配置，以获取最大的效益；企业要以良好的信誉和广阔的发展前景来获得银行扶持，使信用成为调节银企关系的主要约束机制，实现银企良性发展。

(4) 人民银行要加强对优化信用环境工作的组织协调，并提供有力的组织保障、业务保障和制度保障。

人民银行将加强货币政策的窗口指导，引导信贷资金投向，加大投放力度。要加强对金融机构落实各项信贷政策情况的考核，消除货币政策传导过程中的障碍。充分发挥《银行信贷登记咨询系统》的作用，对银行的业务经营和风险状况进行科学、及时、有效的监控，同时对主要企业的信用情况进行监测通报，有针对性地采取措施逐步改善银企关系，促进信用环境好转。

(5) 要加强舆论宣传，提高社会各方面对优化信用环境工程的认识。

建议新闻宣传部门要充分发挥舆论导向作用，通过新闻媒介对在营造良好信用环境中做出突出成绩的单位和个人进行大力宣传，弘扬和倡导诚实守信之风，对不讲信用的企业和单位进行曝光。加强对社会公众的信用意识教育，加大有关信用知识、经济金融法规宣传力度，在社会上形成重信守信的社会环境。

市场经济就是信用经济。建立互相支持的新型银企关系，是今年银行工作的一项重要内容。这种关系如何建立？我们认为，人行聊城分行的做法不失为一种有益的探索。

人行聊城分行为探求密切银企关系的最佳结合点，主动构建信用环境系统工程，这既为银行树立了良好的形象，增加了银行的信誉度，也为企业解决了许多实际困难，融洽了银企关系，改善了信贷环境也必将提高信贷质量。

人行聊城分行对优秀信用环境系统工程的构建实施采取了有力的措施，加强领导、典型带动、有力监督、组织协调、舆论宣传等，从而树立了新型的银企关系，这种做法值得借鉴。

建行平顶山分行的经营管理技巧

关注民生，把信贷营销的重点瞄准个人需求。平顶山分行注入资金支持建东、西苑等多个居民小区的住宅开发，使2万户居民喜迁新居。“要住房，找建行”这一口号在当地产生了广泛的社会效应。1998年开始，该行在当地率先开办了个人住房贷款业务，先后为1300多户居民提供住房贷款4500多万元，占当地市场份额的70%以上。

建行平顶山分行向存量要资金、要规模、要效益，在千方百计组织回收逾期欠息的同时，抓好政策机遇，积极参与资本重组、资产剥离和债转股。舞钢公司是我国第一家特厚钢板基地，平顶山分行先后为其融通资金16亿多元，一度成为河南省的利税大户。以后由于外部环境的变化，公司出现严重亏损。1997年，舞钢公司被邯钢兼并，平顶山分行积极提供金融服务，落实债权，重组之后还根据及时掌握的公司经营状况，适时为其注入贷款1700多万元，办理承兑7940万元，贴现1280万元，改制后的舞钢公司重现生机，1999年从过去的巨额亏损转为盈利，一系列政策措施使平顶山支行不良资产和欠息均出现大幅下降，长期形成的矛盾得到了有效化解。

保持存款的持续增长是平顶山分行领导班子工作的又一重点。由于当地非金融机构的不正当竞争。平顶山分行改变策略，走内涵式发展注重效益的道路，无论在任何条件下都不搞高息揽存。对公存款在发挥优势的前提下，避免无序竞争，实行行内模拟招标，减少资源浪费。

中间业务收入作为新的效益增长点，近年来日益成为商业银行备加关注的业务领域。平顶山分行凭借长期经办国家、省、市重点项目积累的丰富经验和专业技术优势，在中间业务领域发挥所长，工程审价、委托代理业务卓有成效，占当地市场60%的份额，在财政投资项目中的市场份额更是达到80%以上。与开发银行的协作关系顺利开展，以自身从事中长期固定资产投资项目管理的优势，努力做好项目的代理工作，以高质量的服务博得对方的信任和满意。在巩固和发展平煤集团等开行代理项目的同时，以自身的实力击败竞争对手，成功争取了污水处理厂等一批委托项目，在开发银行当地委托份额中占90%以上。1999年，他们又成功开展了代理保险业务，实现了中间业务的又一新突破。几年来，平顶山分行中间业务收入逐年提高，1999年在全省考评中，平顶山分行人均中间业务收入居全省建行系统第二位。

建行平顶山分行为了实现高效的管理、提高经济效益，给自己配备“双轮驱动”，一下从效益倒数第三升人经营第二，他们靠的是什么？

依我们看来不外乎以下几点：

1. 超前一步的规范管理。在改革经营管理的初期，经营困难，管理松弛，但就在这种情况下，建行平顶山分行能理清管理思路，建立管理机制，从而赢得主动；依法治行，规范管理内容又为平顶山分行赢得了时间与空间；关注企业与人民生活，瞄准信贷市场，依靠优良的用户群，赢得了客户。

2. 抓住机遇的持续管理。建行平顶山分行向存量要资金、要规模、要效益，在千方百计组织回收逾期欠息的同时，抓好政策机遇，积极参与资产重组、资产剥离和债转股。保持存款的持续增长，做好中间业务，保持持续经营管理，实现了经营状况的逐年改善，值得我们借鉴。

人行钟祥市支行加强金融监管

（一）由分散监管向统一监管转变

过去，人民银行县市支行在现场监管中往往根据监管内容，由相关股室承办，这些股室由于人员所限又从各金融机构抽调人员参加检查。这种监管股室各自为“政”，缺乏对抽调人员的责任约束，往往导致效率低下。人行钟祥市支行从去年初开始决定不再抽调各金融机构人员参加检查，对金融监管重点问题，集中各监管股室具有执法资格的人员组成执法检查队，进行统一检查。检查队成员在检查期间，与所在股室的工作完全脱离，集中精力从事现场检查。他们明确责任，严格落实金融监管责任制，对监管人员进行再监督。

（二）由银行监管向农信社监管转变

根据近几年的现场检查和风险监管情况，人行钟祥市支行认为，国有商业银行县市分行经营管理较为规范，内控制度比较完善，经营风险较小；相反，作为中小金融机构的农村信用社规模较小，内部管理不规范，风险较大。他们向全市26家农信社派驻了金融监管员，对农信社的资产负债比例、支付风险、资产质量等进行监测检查，根据监测检查情况，制订“一社一策”，使辖内农信社监管工作切实做到情况有人摸、风险有人盯、出事有人管、责任有人担。他们成立5个金融监管小组，由行领导带队，深入5家高风险社，对其信贷资金、财务管理、内控制度、管理人员等情况进行调查摸底，找出风险部位，提出化解风险措施，并组织落实。经过近两年的努力，这5家高风险社的风险基本化解，没有出现支付问题。三是督促农村信用社建立了比较完善的内部控制制度，盘活不良贷款，提高支付能力。

（三）由合规监管向风险监管转变

首先，严把“三关”，加强对高级管理人员的管理，从源头上防范风险。通过审查、书面考试和行为考核，他们向符合任职资格的304名高级管理人员颁发了证书，对有违法违规行为的5人取消其3至6年的任职资格，净化了管理人员队伍。

其次，加强金融债权管理，防范化解信贷风险。去年初，他们牵头成立金融债权管理行长联席会议制度，对逃废金融债务的企业联合实施信贷、结算、现金等制裁。

他们还主动争取政府支持，化解社会金融风险。去年以来，人行钟祥市支行多次向市委、政府汇报非法金融活动对地方经济发展的严重危害性，提出《关于防范金融风险和案件的报告》，指出晚整顿不如早整顿，要整顿必须彻底让非法机构退出的意见，引起市委、政府的高度重视。市政府批转了这个报告，决定尽早解决清理整顿农村合作基金会、供销社扩股等问题。

针对金融秩序的好坏，金融风险的状况，对于金融监管来说是非常重要的。实现监管的方法，监管对象、监管内容的转变，确保辖内金融秩序的稳定和金融安全。人行钟祥支行进行了创新管理改革。

由分散监管向统一监管转变，由银行监管向农信社监管转变，由合规监管向风险监管转变，主动争取政府支持，化解社会金融风险，这些都值得我们学习与借鉴。

农发行商丘支行实行收购资金封闭管理全员目标责任制

（一）银企联动，变“独角戏”为“大合唱”

农发行商丘支行的目标责任制管理主要有：

在市县两级农发行的努力下，签订了由政府牵头，农发行、粮食局、供销社、财政局参加的收购资金封闭运行目标责任书，对新增粮棉油信贷比率、调销贷款回笼率、回笼贷款归行率、不合理资金下降、企业降价、赊销商品、挤占挪用收购资金、财政补贴款的拨付、顺价销售等封闭运行指标进行了明确界定和分工。农发行与粮棉企业主管部门签订了收购资金封闭管理协议书，对收购资金管理方面的问题进行了进一步界定。驻库信贷员和收储企业又签订了库存管理责任书，对资金发放、码单核打、销售方式等签订了协议。各类协议书、保证书，划清了银行企业的责任和义务，建立了政府领导下的收购资金封闭运行目标责任体系，使收购资金封闭运行不再是农发行一家唱“独角戏”，而是多方面各司其职的“大合唱”。

（二）注重实效，变软任务为硬指标

该行推行的全员目标管理责任制，从行长到司机、打字员实行了全方位、全过程的目标管理。运用倒分法，将全行的工作目标分为计划信息、信贷管理、财务效益、综合保障四个一级目标和16个分目标，每个分目标下分考核项目名称、考核内容、目标要求、主要措施、责任人五个部分。把所有的工作目标分解到42个岗进行考核，每个岗的考核分数满分为100分，其中思想建设为共同类目标占15分，业务目标占85分，其评分标准细划到每一项。为保证全员目标责任制的顺利实施，该行制定了细致的考核方案，推行了行长包片、科室包县的督导责任制，考核结果联系工资、评先、晋升，增强了考核的严肃性。

（三）两翼齐飞，变“压力表”为“提示卡”

多年来企业库存一直是银行监管的难题，特别是粮棉企业存在点多面广、历史遗留问题多、新旧混放、测量困难等问题，甚至连企业自身都不知自己库存的真实情况。为此，农发行商丘市分行在实践中创造性地提出了“五个一”粮棉库存管理模式，近一年的时间，推行了一套银企双向责任制，给每个企业绘制了一张库存平面图，拍摄了一套库存影像档案，建了一套库存登记卡，坚持每周一次序时查库。对企业每一个库（垛）信贷员都进行了实地测量，并对库存的数量、等级、保存年限等与企业管库员一同签字并录像保存，以后每周查库都将库存数量形态与所携带的库存平面图、影像档案、库存登记卡、台账相对照，并随时登记，从而杜绝了企业擅自调销、虚报库存的现象。其做法被农发总行推广。另一方面，为落实“收一斤粮棉给一斤粮棉所需贷款”的收购政策，该行信贷员每人分包4至5个企业，坚持逐笔核打企业的收购码单，贷款管住了，“打码单，打码单，累得腰酸手疼脖子弯”的顺口溜也流传开了。特别是收购旺季，其劳动强度超过人的生理极限，针对农发行人员少、任务重、困难多的监管局面，他们历时8个月，开发出了收购资金封闭管理系统，该系统实现了计划、会计、信贷一体化管理，通过与企业“收购微机管理系统”联网，可自动采集企业收购码单数据、库存数据，自动生成多种传输数据及管理月报，劳动效率提高数十倍，并具有普及性、综合性、预警性、图字化等特点。去年底在全市推行这一系统后，把广大信贷员从繁杂的事务中解放出来。该系统目前已通过省级鉴定。一位信贷员在与笔者交谈的同时，完成了9分行的数据采集、汇总和上报省行的工作，时间只有10分钟。他说以往这事得干一天，还难保数字准确。往年我看到责任书，压力特大，现在我感到它只是个“提示卡”。

目标管理已不新鲜，但农发行商丘分行的目标管理却有新鲜和特别之处，特别之处主要有：第一责任制的范围大，实现银企联动；第二全是硬指标，均可以用数字考核；第三配套工作做得好。银企联动就把“独角戏”变成“大合唱”，硬指标有利于量化注重实效，配套工作既是给银行的压力也给银行提供动力，使银行两翼齐飞。

中行大同分行扩大市场份额

（一）实施形象战略，把员工形象作为形象之本

中行大同分行扩大市场份额的方法有：

大同分行党委一班人经常教育并警示员工，要把客户作为中行的饭碗，要取得客户对中行的信赖，要在公众中树立美好的中行形象，以此推动和实现中行的自身效益和社会效益。他们把员工形象视为银行的生命线，以《中国银行员工行

为守则》为有效载体，员工们人手一册《守则》，经常对照学习，使《守则》成为造就员工队伍的战略措施、创造中行无形资产的重要举措。在分行各营业网点，一线人员普遍做到了统一着装，挂牌服务，微笑服务，普遍使用了文明用语，坚持了首问服务制度。为了持之以恒地塑造员工一流的对外形象，该行按照上级规定，结合本行实际，制定了《柜台文明优质服务规范》、《美化净化服务环境规范》等行规行约，由工会、零售业务部、社会监督员等定期不定期进行明察暗访，并及时通报处理。

（二）实施人无我有、人有我优的战略，把客户满意作为标准

中行大同分行党委一班人充分认识到，作为现代商业银行，要想在市场竞争中求生存、求发展，必须而且只能用客户需要的金融产品和客户满意的服务质量去赢得市场、争得份额、获得利润、求得发展。1997 年末，为了解社会各界对该行的真实反映和对该行服务质量与服务产品的意见，该行面向社会开展了历时 2 个月的“意见建议有奖征集”活动，共收到各种意见和建议 832 条，成为研究自己难得的宝贵资料。也就是从这时候开始，大同分行把创新作为发展的动力。在服务方式的创新上，他们将柜台服务延伸到企业内部和客户家中，全面推广“上门服务”，365 天从未间断，为企业大额收、送现金，办理汇票，零、整、残币兑换，为长城卡持卡人上门办卡、换卡等一条龙服务，帮助客户进行项目评估、清理外欠、营销策划。市分行营业部上门收款月平均余额就达 2900 万元，全行每年从煤运系统、邮电、邮政、移动通信、医院、保险、商场等单位上门收款累计金额达 10 亿多元。为了使服务创新持之以恒，该行专门有偿聘请 6 位尽职尽责的离退休老干部担任社会监督员，根据监督要求对本行的服务状况进行评议监督。在新业务开发上，该行专门成立了由行长担任组长的新业务品种开发领导组，制定了发展新业务的实施办法、发展目标、业务管理及激励措施等。近年来，他们从当地实际出发，超前决策、抢占先机，先后与大同市国税局、太平洋保险公司、移动通讯公司、煤运公司、证券公司等八大系统、14 个单位签订了代收费协议，收到良好成效，其中仅“银证快车”业务日均沉淀资金就达 1 亿多元。代发工资目前已成为该行的一项重要业务，全行已为公交公司、齿轮厂、太平洋保险公司、煤运公司等 63 家效益好、影响大、有发展潜力的机关及企事业单位开办代发工资业务，每月涉及金额近 1000 万元，使新业务发展独占鳌头，走在当地同业的前列。目前，他们继续发挥公司业务、零售业务等三个攻关营销协调小组的带头作用，把住房公积金、医疗保险费、社会养老保险费等作为重点开发项目，全力攻关开发。

（三）走集约化经营和城市化发展道路，把效益作为首要目标

近年来，中行大同分行坚持走集约化经营和城市化发展道路，先后撤并地理位置偏僻的低效益分理处和储蓄所 11 个，搬迁 13 个，集中力量实施城市化发展战略，培植具有特色的精品网点。从 1997 年到 1999 年，全行亿元以上机构从零增加到 6 家，年净增 1000 万元以上所柜由 11 个增加到 26 个。全行步调一致，全方位地营销具有中行特色的存款、信贷、国际结算、非贸易、信用卡及系列金融科技产品，使之尽可能产生规模效应。近年来，配合业务发展，中行大同分行充分调动干部员工的积极性，推出“能者上、庸者下、平者让”的用人机制和“末位淘汰”制度，先后有 9 位正科级干部被淘汰，一批年轻有为的干部在公开竞聘中走上基层领导岗位。

一分耕耘，一分收获。大同分行由过去当地金融界的“小字辈”一跃成为令人刮目相看的一流银行，得到社会认可。最近 3 年连续被大同市

委、市政府评为“大同市模范单位”、“大同市文明单位”，并被山西省委、省政府授予“山西省模范单位”称号。

鲁豫城信社发展范例

（一）让高目标挑战人的极限：每年存款递增2亿，利润递增千万

市场经济总是变化不拘的，因此企业的持续发展很大程度取决于其适应变化的能力。这就意味着速度即成败的关键。中外无数企业成败的教训表明：在日趋激烈的现代商战中，企业之间大吃小的趋势已逐步让位于快吃慢的趋势。鲁豫城信分社的高速度发展目标就是在这种时代经济大背景和当地经济发展的客观基础及自身发展的切身需要中自然产生出来的。

（二）发挥人的最大潜能：拓展市场营销的最大空间和内涵

凡是到过该社的人，无不为其先客户之所想，急客户之所需，有求必应地拓展市场营销空间和内涵的主动精神所感动。担任过地区商业局副局长的分社主任秦俊梅也声称，分社的业务发展主要靠积极的市场营销。

改革传统经营方式，变被动经营为主动营销。建社之初，分社领导班子就统一了认识：要达到并保持既定的发展速度，从强手如林的竞争中脱颖而出，必须彻底改革过去那种守株待兔、坐等客户上门、被动提供服务的经营方式，主动走出机关，深入市场，深入客户群，调查、了解、研究他们的各种需求，然后有针对性地提供各种服务。基于这一认识，分社首先从认真研究地方经济发展形势入手，从中敏锐地捕捉商机，谨慎地寻找新的经济增长点。经过反复地调查论证，他们首先把贷款的投向确定在市属18家企业集团、40户重点企业和“1126”工程企业上。然后根据各自的经营规模、发展前景合理放贷，有效地缓解了这些企业流动资金不足的困难，使全市工业企业在宏观经济环境欠佳的情况下仍然保持了良好发展态势。

1998年，聊城市政府出台了发展个私经济的意见，配合这一产业结构的战略性调整，分社及时调整经营思路，将贷款重点适度向个私企业转移，并在信贷部配备专人专管个私企业贷款。同时主动找“个协”了解情况，共同选择贷款支持对象。

近两年，为改善投资环境，推动全市经济快速发展，聊城加快了基础设施建设的步伐。分社通过反复调查考证，再次调整经营思路，主动伸出援助之手，先后向高速公路、东阿引水工程、湖西公园、电厂等工程累计放贷15个亿，缓解了地方政府燃眉之急，同时也为自身拓展了业务空间，赢得了经济收益。

目前，面对消费需求不旺的现状，中心社又积极致力于扩大内需、刺激消费的市场研究和开拓，开办了消费信贷业务。

6年来，分社之所以能从变化不拘的市场经济中把准当地新的经济增长点，抢先捕获住各种商机，正是因为推行这种化被动为主动的积极营销方式的结果。这一改革使分社利息回收率一直保持在96%以上，不良贷款仅占4.74%。

开拓新业务，从以满足客户需求为导向转至以提高客户生活质量为导向。随着竞争日趋激烈，分社首创的种种主动营销产品，很快被各金融机构“拿来”通用，成为旧产品。面对这种压力，中心社一班人又统一了认识：人仿我变，人变我新。他们提出：市场营销不仅要满足客户的一般需求，还要尽可能从满足客户的特殊需求以至衍生需求上开拓业务新路子、新产品。很快，一系列金融服务新产品便应运而生：

1. 存款不挑票，为客户代劳。以往，按银

行惯例，客户存款，凡现金量大的，必须事先按币种、面值的不同分类挑齐，方才受理。这种服务方式使客户、特别是企业财务人员感到一种繁琐事务的压力和负担。为此，分社率先推出了存款不挑票业务，把方便让给顾客，把繁难留给自己。为客户减轻了负荷，节省了时间，此举果然赢得社会各界的广泛赞誉，许多大企业纷纷到分社开立账户。

2. 电话银行、汽车银行，为客户代步。随着分社知名度的提高，许多客户慕名到分社办理业务，但由于分社起步晚，网点少，距离分社较远的客户深感不便。针对这一需要，分社立即推出电话银行、汽车银行。客户只需一个电话，分社设施齐备的专用汽车和工作人员便很快来到客户身边，把银行搬到了客户门口。

3. 信息咨询服务，为客户献智。分社经常利用自身接触面广，信息灵通等多方面的优势，为企业提供经营管理、市场营销等多种信息，帮助企业确定发展思路、选择新项目和提高管理水平，从而极大拓展和丰富了金融服务经济的空间和内涵。

4. 多种延伸服务，为客户解难。随着员工与客户交往的日益频繁和深入，中心社对客户日常生活的各种需求更加熟悉。于是延伸服务就超出人们对金融服务的常规范围：外地客户子弟上学困难，他们主动帮助解决；客户生病住院，他们帮助送饭送菜；客户企业会计业务不熟，账目混乱，他们主动派会计前往辅导业务，健全账目，完善制度……

（三）充分开发人力资源：力求个人潜能发挥最大化和整体潜能发挥最优化

市场竞争，实质上是对高素质人才资源的竞争。人才资源是所有资源中最宝贵的资源，人才资源的合理开发与有效利用对企业的发展起着至关重要的作用。这也是分社发展成功的核心经验和根本优势所在。

1. 垫高员工进社门坎，优化企业的“核储备”。

分社的人才优选分两个层次：

(1) 员工优选。他们采取公开招考、择优聘用的方式进人。分社自成立以来，先后三次面向社会，公开条件，平等竞争，择优录用，并请人事局、人行共同参与考核和考察工作，保证了进人质量。由于进人的门坎高，又杜绝了一切因领导批条或种种裙带关系而走后门进人的弊端，这就保证了分社员工素质的高起点。

(2) 骨干优选。分社骨干的优选主要是靠一把手的伯乐慧眼，花里挑花，再凭“三顾茅庐”、求贤若渴的诚意以及解决住房、夫妻分居等优惠条件吸引高素质的专业人才。六年来，分社先后从人行、农行、农联社引进了计算机会计、理论研究和文字综合等专业人才，改善了人才结构。目前，在分社的人才结构中，拥有大专以上学历者占68%。人才素质越高，结构越优，其整体蕴涵的资源就越丰富，开发的价值和潜力就越大。

2. 待遇上物质精神并施，激励人才价值的最大增值。

根据马斯洛理论，人类需要分五个层次：生存、安全、爱、自我形象和自我实现。可见，自我价值的实现是人之需要的最高层次。分社以聊城地区中上水平的工资待遇、优越的住房、办公条件等物质待遇，使员工前四个层次的需要都基本得到满足。然而，最需花气力的就是最高层次需要的满足。这无论对个人或企业都是至关重要的。因为个人价值的实现和增值攸关企业整体价值的实现和增值。因此，分社特别重视员工自我价值的实现。分社一班人并不满足于把自身办成一家纯经营性质的传统企业，他们在狠抓企业经营管理的同时，努力创造一种重视学习、善于学习的文化氛围，努力把企业办成一所让员工不断回炉炼造、更新知识和技能以至终身学习的学校。一方面鼓励自学、岗位练兵和岗位交流相结合，督促员工钻业务、学技术；另一方面又请专家进社，对员工进行高水准的专业训练，并定期进行业务技术考核，务必使员工成为精益求精的行家里手；同时，他们又把大学教授请进社来，按照长远的教学计划，每周用二至三个晚上的时间集中授课，传授新的观念和知识。就这样，员工们上班各司其职，下班又同进课堂。因此，分社已不是传统意义上的单纯企业，而是学校式的企业，企业式的学校；分社的员工也不是传统企业中被当成简单生产工具的雇员，他们是既在工作中学习，又在学习中工作，与企业一同前进的企业主人。这种亦工亦学的机制给分社带来的利益和机遇是无法用金钱来衡量的。某社的领导与员工之所以在分社每一发展的关键时期，能够那么迅速而又成功地创造、寻求和转换知识，并根据新的知识及其对新知识的领悟而适时对路地调整他们的思路和行为，正是得益于这种工学相长机制，正是这种机制，卓有成效地激发和保障着企业人才价值的实现和增值。

3. 用足制度的双重效能：鞭策员工行动，鼓励员工思想。

制度的双重效用可谓分社最富特色的管理艺术之一。制度是企业的法律，从立法到执法，必须从硬从严。因此分社的当家人一方面把制度当成钢鞭，高悬员工头上，造成刚性的压力和约束，“可罚可不罚的尽量罚，可宽可严的尽量从严”，从主任到员工人人平等，概不例外；另一方面又让员工参与制度制订、修改、执行到不断完善的全过程，使制度的每一条文都成为被他们的头脑所认同的市场经济中必须遵循的种种法则，因此，制度并非是强加给他们的精神枷锁或行为桎梏，而是他们自觉意识的产物，自然就成为他们心灵深处自觉拧紧发条、鼓满风帆的前进动力。

分社最过硬的制度还是对员工实行百分考核淘汰制和对中层干部实行任务考核聘任制。即将员工的任务划分为政治表现、遵章守纪、完成任务、工作质量、业务技术、服务态度等项目，按月积分，季度示警，年终总评，积分排在最后的3%至5%的人员，列为淘汰对象。对中层干部，则年初签订责任状，年末全面完成任务的的继续聘任，有两项未完成或出现重大事故者予以解聘。初步形成了员工能进能出、干部能上能下的用人机制，增强了全员的危机感和责任感，激发了内部活力。这一改革举措曾被当地政府列为全区十项改革典型之一，在全区推广。

分社并不是靠单纯的制度治社，因为制度中饱含着员工外化的精神；分社又不是靠单纯的精神治社，因为精神中潜隐着员工内化的制度。

4. 调动精神激励的十八般武艺，最大限度地激发人才内在潜能。

凡是到过分社的人，都会被他们这种扬帆奋蹄、你追我赶的蓬勃生机所感动。这种生机从何而来？归根结底，就是从精神激励的十八般武艺的整合功能中来。分社最擅长、最富个性特色的系统工程就是精神激励。它以较小的投入、较低的成本，为分社创下了极大的产出，极高的效益。

(1) 营造企业理论，统一员工思想。

1994 年 7 月，分社开业伊始，社主任秦俊梅就语重心长地告诫大家：一个人要有灵魂，一个军队要有军魂，一个国家要有国魂，分社也要有“社魂”——“敬业爱社、拼搏奉献”。短短八个字，掷地有声，催人奋进。建社六年来，伴随着分社发展的艰难历程，这浓缩着分社“社魂”的八个大字，已经深深扎根在每个员工的心灵深处，成为企业理念的核心、员工行为的准则和工作的动力，成为衡量一切是非功过的基准。

(2) 领导表率，企业理念人格化的典范。

是什么力量把分社骨干班子团结得这么紧？——班子成员几乎异口同声：“靠一把手的人格魅力。”这魅力就是：①一切从实际出发；②无私无畏；③要求别人做到的，自己先做到；④百折不挠。这魅力正是“社魂”人格化的典范。

(3) 随机教育。

随机教育就是针对由市场竞争各种挑战和压

力引发的员工各种思想倾向进行及时的教育，以求统一思想，达到变发展阻力为动力的目的。分社的随机教育分三个方面：①教育与市场运作规律相结合。分社开始推行百分淘汰制时，员工们意识到内部竞争将更趋激烈、生活和工作的节奏将越来越快，以至给他们造成巨大的心理压力，从而产生了抵触情绪。针对这一情况，分社通过参观学习兄弟单位的成功经验，获得感性认识，尔后趁热打铁，展开百分淘汰制与市场优胜劣汰规律关系的大讨论，使员工们充分认识到市场本身实行的也是“百分淘汰制”，企业若不遵从市场这一规律就会被市场所淘汰的道理，于是从感性到理性都认同了这一制度的必要性和重要性，从而变抵触情绪为自觉拥护。②教育与员工思想实际相结合。如同所有的微小银行一样，分社的组织结构是扁平式结构，一把手与员工之间的中间层次和中间环节远简于国有大银行金字塔式结构，信息的通道迅捷通畅，失真率低，成本也低，企业决策层可以及时了解员工的思想动态，尔后对症下药地开展思想政治工作。分社把微小银行这一结构优势运用得非常充分，决策者通过高效率的“情报网”，对员工的思想动态了如指掌。因此，思想政治工作切中要害，得心应手，事半功倍，每当员工有碍发展的思想苗头刚一出现或可能出现时，分社的思想政治工作就已出台。为了预防“常在河边走，难免不湿鞋”的倾向出现，他们请来了纪委领导做反腐倡廉的专题报告，把“常在河边走，就是不湿鞋”的意识深深植入员工的心田，五年多来没有人发生经济问题。当分社刚刚渡过创业初期的难关，工作条件有所改善，员工产生了“船到码头车到站”的松劲情绪时，分社立即组织员工参观西柏坡，重温了党的历史，找到思想差距，认识到分社只能逆水行舟，永无码头永无站，从而克服了消极情绪，激发出高昂的斗志。随着分社的发展壮大，社会信誉不断提高，面对与日俱增的成就和荣誉，员工又产生各种负面思想倾向时，分社又组织学习邓小平“深化改革，加快发展”的重要论述，同时结合浙江泰隆城信社的先进经验，展开“解放思想、更新观念”的大讨论，使大家在和先进单位全面比较的情况下，找到了自己的差距和今后奋斗的目标，从而振奋了精神，鼓舞了士气，各项业务迅速呈现出蓬勃向上的势头。由于针对性强，形式又不断翻新，所以每开展一次这样的思想政治工作，就使全体员工受到一次思想洗礼，大家很快调正了自己的思想航向，紧紧跟上了领导班子的改革思路。

总之，分社之所以能在短短六年时间内后来居上，成为鲁豫城信第一社，其根本原因就是他们自始至终狠抓人力资源的开发。通过这种卓有成效的开发，他们把企业理念的感召力、班子的凝聚力、制度的约束力以及员工的创造潜能充分地调动起来，融合成一个巨大的磁场，以不可抗拒的力量同化着分社发展过程中所有负面的异化倾向和因素，形成推动分社不断向前发展的企业合力。这是他们在实践中形成的独特优势，也是他们开拓发展的竞争优势。

商业银行发展的新模式

（一）抓好传统业务，增强资金实力，努力提高信贷资产质量

1. 大力组织和发展存款，资金实力明显增强。

某市商业银行千方百计加大吸存揽储力度，探索尝试了许多新办法、新思路，彻底摆脱了去年同期资金持续下滑的被动局面，如试行客户经理制，加强基本客户建设，建立存款大户档案，深入厂矿企业搞好柜台延伸服务，争取市政府支持增加预算外资金等，促进了各项存款的稳步增长。与此同时，某市商行还严格抓好优质服务，内强素质、外树形象，增强了发展后劲。

2. 搞好市场定位，积极推行信贷营销，大力发展基本客户群。

某市商业银行牢牢把握中小市场定位，在完善贷款管理制度，提高信贷决策水平的基础上，不断优化贷款结构，改善信贷服务，积极推行信贷营销，对信誉好、盈利能力高、偿还能力强、有发展前景的优势企业和长期合作的基本客户优先扶持，对大额贷款实行驻厂信贷员制，帮助企业运作好资金，确保贷款的安全及时归行。严格的目标市场选择和操作，避免了毫无目的地盲目推销，起到了事半功倍的效果，今年1~4月份累计新增贷款33910万元，支持发展了一大批绩优中小企业和个体私营经济的基本客户群，并为市区两级重点工程、基础设施建设和高新技术产业适时注入流动资金，取得了良好的社会经济效益。

3. 开拓思路，加大清贷收息工作力度，信贷资产质量有了明显提高。

自2000年底以来，某市商业银行充分运用央行有关政策，把提高资产质量作为工作的重中之重，确定了清收和盘活双管齐下的战略，加大清贷收息和盘活转化力度，信贷资产质量有了明显好转，共收回不良贷款近1亿元，盘活转化13000多万元。新增贷款利息收回率达100%，不良贷款所占比例下降了近2个百分点，基本改善了不良贷款居高不下的状况。

（二）参与货币市场交易，积极开发中间业务，培育新的利润增长点，资金使用效率和盈利水平明显提高

1. 货币市场业务使某市商业银行的融资能力和资金利用效率都大为提高。

参与货币市场业务运作以来，某市商业银行积极贴近市场，依靠市场提高融资能力，使该行融资渠道进一步拓宽。在实际操作中，该行灵活运用T+0、T+1方式，合理安排占用期限，精心选择交易品种，把外部融资与内部调剂紧密结合起来，合理调度头寸，使全行货币吞吐能力和资金调控能力进一步增强。在市场操作上，该行充分利用货币市场不同子市场的联动性及利差存在，积极拓展业务，一是科学运用询价、报价技巧，进一步合理安排期限，力求将市场利率走势与资金期限结合起来，最大限度降低预期利率损失，使筹资成本进一步降低。二是针对不同市场的联动性、利差空间及同一市场不同期限利差空间，开展套利操作。一方面采用“短借长贷”方式双向操作开展期限套利，既赚取了差价，又扮演了做市商角色，为活跃市场提供了新的思路。

2. 通过参与货币市场业务，对某市商业银行准确地把握货币政策导向，及时调整资产负债结构起到了极大的促进作用。

某市商业银行在参与货币市场业务过程中正确及时把握央行政策意图，在经营方面做出积极的对策回应，不断优化资产负债结构，降低经营风险，取得了较好的效果。

3. 通过参与货币市场业务，某市商业银行不断进行业务创新，并积极开展代理业务，培育新的利润增长点。

货币市场资源和不同子系统之间，不同业务种类之间利差空间为商业银行经营提供了新思路，为业务创新提供了新空间。某市商业银行充分利用自己公开市场一级自营商、国债承销团甲类成员的资格，积极开展代理融资、债券分销、债券买卖等业务；并通过不同市场或同一市场开展期限或品种套利，扮演做市商角色，既取得了利差收入，又为活跃市场提供了新思路；同时，某市商业银行还将市场业务与传统业务如信贷、票据承兑、贴现、转贴现等业务有机结合起来，充分利用资金的高品质流动性及地区差、时间差、行际差获取更大利润。

参与货币市场交易 促进自身发展

（一）大力发展符合条件的金融机构加入全国货币市场，制定完善的制度措施，防范交易风险，保证货币市场业务健康有序发展

1999年初，人行济南分行就确定了货币市场工作的指导思想，即立足于为中央银行传导货币政策服务，为中小金融机构头寸管理创造条件，发展货币市场业务与中小银行监管体制相适应，与市场管理要求相适应，与中小金融机构体制改革相适应。为此，济南分行积极争取总行的指导和支持，加强同全国银行间同业拆借的联系，要求分行货币信贷管理部、交易中心、农信合作监管处等相关部门加强配合，努力推动辖内货币市场业务的发展。

1. 积极发展辖内金融机构成为交易所成员。

人行济南分行充分运用试点分行所辖农联社可以使用全国银行间同业拆借交易系统并由人民银行分行审批的倾斜政策，本着积极稳妥、合理布局的原则，审批了33家规模较大、经营水平较高的企业。

2. 逐步健全人民银行货币市场业务监管制度与会员机构的内控制度。

为规范入网会员融资行为，防范交易风险，保障全辖货币市场业务健康有序发展，济南分行本着“制度先行”原则，先后制定了《农村信用联社参加全国货币市场交易管理规定》、《中国人民银行济南分行全国货币市场委托代理融资业务管理暂行规定》、《全国货币市场委托代理总协议》和《全国货币市场成员与加入货币市场的基金管理公司和证券公司交易规定》等基本管理制度，帮助农改办制定了农联社的交易管理规定。各会员单位据此建立健全了比较严密的内控制度和业务操作程序。到去年10月末，辖内全国货币市场的管理制度框架基本确立。

3. 促进新增会员参与全国货币市场的主动性、积极性。

针对市场业务发展的初期，金融机构包括多数新增会员单位，对货币市场业务缺乏了解、认识片面，不敢参与市场交易的情况，人行济南分行积极利用各种机会宣传讲解货币市场投资风险与收益的关系，牵线搭桥鼓励金融机构到交易活跃的机构观摩、学习、交流。成功举办了两期货币市场业务培训，发动组织了三期债券分销。经过努力，许多机构逐步消除了各种疑虑，陆续参与到市场中来；部分入网机构还较好地发挥了纽带功能，以自身的示范效应带动周边金融机构参与全国货币市场业务。

（二）积极提升重点会员单位的市场资格，培育多层次的市场龙头机构

全国货币市场是包涵多层资格会员的复合市场，具备高资格的会员，可以获得债券承销和与人民银行公开市场交易的便利，有利于资产结构调整和传导货币政策。为发挥全国货币市场对辖内机构的效用，人行济南分行加大工作力度，提升重点会员单位的市场资格，取得了极大的进展。

1. 取得总行支持，赋予优质会员最高市场资格。

近年来公开市场业务成为中央银行主要货币政策工具之一，1999年该渠道投放的基础货币占人民银行当年新增量的52%。1999年下半年，人行济南分行抓住总行拟调整公开市场业务一级交易商的机会，从全辖区入网会员中筛选出市场意识强、操作水平高且市场表现比较突出的某商业银行和烟台住房储蓄银行，积极向总行推荐增加其一级交易商资格。经过努力，1999年6月份，济南商行和烟台住房储蓄银行成为政策性金

融债券承销团成员；12月份，某商行和烟台住房银行成为公开市场一级交易商，占当年全国新增名额的2/3，并保留了济南商行的一级交易商资格，成为全辖区市场业务发展的重要基础条件。

2. 以高资质会员为龙头，发展代理业务，共享市场资格。

1999年初，根据总行确定的以代理制促进货币市场发展的思路，人行济南分行积极引导和支持入网机构开展代理融资业务，特别是大力促进债券承销商和公开市场一级交易商充分发挥自身功能，为全辖机构购买债券和改善投资流动性提供服务。仅今年第一季度，三家一级交易商就为辖内机构分销债券65亿元，通过公开市场业务代理出售债券30多亿元，为委托机构节约交易费用260多万元。极大调动了金融机构参与货币市场运作的热情，市场资格共享效应显现。

与此同时，辖内的一级交易商还利用资格和代理优势，积极尝试“双边报价”业务。烟台住房储蓄银行自1999年12月1日在银行间债券市场进行了第一笔双边报价起至今已实现该类交易1.22亿元，成为全国第三家开展双边报价的成员，这些成员不仅成为活跃市场的重要成分，也给辖内新入市会员起了示范作用，带动了辖内货币市场业务的开展。

3. 以全国会员为依托，建立多层次的融资代理网络。

在抓好全辖区市场龙头的同时，济南人行注重发挥入网机构的辐射功能，培育建立区域性、系统性的融资代理机构，在调动委托、代理机构双方能动性的基础上，通过市场选择，除3家一级交易商外，新乡、临沂商行，分张店区、临沂兰山区、潍坊魁文区农联社等会员机构，也逐步发展成为未入网机构与货币市场沟通联接的代理网点，实现了市场经营“双赢”。如新乡商行已为三家机构代理融资业务1.8亿元，为委托机构获取利差收益30余万元，自身也得到代理服务收入。

（三）全辖区货币市场交易逐步活跃，在全国的位次提高，综合经济效益显著

1. 在人行济南分行的大力启动和持续推动下，其辖内机构全国货币市场交易呈加速发展态势，市场交易量逐月攀升，货币市场业务的发展速度高于全国平均水平。1999年累计交易190亿元，今年以来，随着债券承销量扩大，市场交易更趋活跃，1～4月份交易额达到363亿元，接近上年全年的两倍。其中山东省去年在全国综合排名位居第4，较上年提升2个位次，今年一季度排名又达到第3位，其中现券买入列全国第2位。

2. 通过参与货币市场业务，济南分行辖内部分金融机构的资产结构得到明显的改善，到今年3月末，济南、新乡商行债券持有率分别达到20%、18%和13%；山东省农村信用社货币市场可流通债券持有量占总资产的比例达到4%左右，较年初提高3个百分点，减少低收益资产54亿元，增加收益2500多万元。

3. 会员单位宏观政策观念明显增强，货币市场业务与常规业务的结合日益密切，综合经济效益显著。参与货币市场运作，使得中小金融机构在接受货币政策等宏观政策观念上更加主动。市场表现较好的会员不仅注重了解关注宏观政策，还自觉研究预测有关政策意图的变化，以指导操作决策。

（四）规范金融机构拆借行为，防范金融风险，资金拆借鉴证管理系统渐臻完善，今年5月已正式投入运行

为提高鉴证业务管理效率、支持金融机构间的资金融通，并将这种全国市场网络之外的资金拆借活动纳入统一的货币市场监测范围内，自去年7月份起，济南分行与全国银行间同业拆借交易中心合作，经过5次磋商和十几次修改完善，完成了“全辖资金拆借信息与监管系统”的开发

和实用测试，并于今年5月正式投入运行。该系统融资金供求信息、融资报价和人民银行电子监管鉴证，提供全国货币市场信息和政策信息于一体，投入使用后可以实现资金在全辖金融机构间的融通，有利于降低融资成本、提高人民银行监管效率。同时，济南分行各相关监管部门还密切合作，分14期对600多个有资格办理拆借业务的金融机构相关人员及各市地人行业务、科技人员进行了操作培训。

为推动全辖金融机构的货币市场业务向纵深发展。人行济南分行今年将重点在以下几方面加大工作力度：

1. 切实加强对全辖金融机构货币市场业务的监管。

2. 支持公开市场业务一级交易商向做市商发展。一方面将帮助争取辖内一级交易商成为做市商的候选机构，一方面支持他们扩大业务推介，拓展代理范围，促进“撮合式”交易，为中心业务发展奠定物质基础。此外，还将对中介机构承担“造市”、“做市”义务时予以适度的扶持政策。

3. 促进资金融通业务协作的市场化运作。

4. 针对辖内山东、河南两省金融机构在货币市场业务上发展的不平衡问题，将加大力度，采取多种措施，促使河南货币市场业务方面实现突破，获得协调发展。

用高质量的服务求发展

（一）“撬动”基础产业

工行湖南分行营业部发展优质客户主要措施有：

工行湖南分行营业部早早拟定了下半年贷款5亿元支持湖南石油公司购买成品油的计划。作为中国石化总公司的全资子公司，湖南省石油公司是全国效益和规模仅次于上海石化的石油公司，拥有雄厚的资金实力，该部在多年合作关系中与之建立了密切的关系。目前，全省石油系统十一个子公司全部在工行开户，98%的存、贷款在工行，今年双方签订了对石油系统加强金融服务的协议。根据协议，该部将对石油公司所属单位所需各类资金，在符合信贷条件的情况下，优先支持，并为其配备客户经理，提供全方位金融服务。

湖南号称三湘四水、河渠纵横。去年以来，一座座新修的桥梁如彩虹高挂，一条条高速公路如彩练飘向远方。据不完全统计，除石油系统外，从2000年至今，该部还累计为长沙市乃至湖南省的其它基础设施建设投入资金11.955亿元，包括贷款4.4亿元支持国家重点工程京珠高速公路、贷款3500万元支持湖南省公路网的改造等。2001年下半年，该部还拟投入资金14.56亿元支持湖南基础产业的发展。他们将信贷营销的目光投向电信、石油、邮政等垄断性行业，投向交通、城市建设等经济启动基础行业，充分发挥金融杠杆作用，及时“撬动”起了一大批基础设施建设重点项目。

（二）“钟情”上市公司

在工行湖南分行营业部的重点客户名单上，记者看到了一大串业绩卓著的上市公司——“海利化工”、“湘计算机”等。据不完全统计，目前共有18家上市公司和拟上市公司在发展中受惠于该部的融资支持。

湖南创智软件有限公司是国家重点扶持的四大国家级软件产业基地之一，被誉为“湖南的硅谷”。随着规模的不断扩大，企业对资金的需求不断上升。该部了解到这一信息后，在对企业进行全面调查论证的基础上，决定采取打破常规、特事特办的方式来支持创智的发展：不到10天内就给予创智3亿元的综合授信额度和2800万元首期资金支持，日前，又有2200万元资金到位，并有1亿元的贷款正在报总行直贷。源源不断的信贷支持，为湖南计算机“硅谷”崛起和创智公司进入国际市场铺架了一座金桥。

（三）“进军”民营企业

三湘大地，民营企业沐浴着改革开放之风，纷纷崛起，成了湖南经济战线一道亮丽的风景线。全国百强民营企业三一集团有限公司，是湖南省效益仅次于远大空调的大型民营企业。去年企业为谋求长远发展，争取更大的市场份额，拟筹建路面机械公司开始“第二次创业”。工行湖南分行营业部了解到企业原合作银行因种种原因，不能进一步满足其资金需求的信息后，在不到一周的时间内，就将企业先期所需1500万元贷款全部落实到位，此后又陆续发放贷款1亿元。全部上下整体联动，为企业提供从结算、外汇、住房信贷等在内的全套金融服务；派出企业财务顾问，为其上市提供项目融资、理财及营销策划，并协助企业加强日常经营和财务管理。

（四）“驰骋”文教领域

三湘子弟自古有好学的传统。湖南的教育事业一直在全国名列前茅。2001年5月底到6月初，工行湖南分行营业部向新成立的中南大学发放贷款7000万元，向湖南大学发放贷款1亿元，这是该部抓住湖南高校合并重组机遇，抢抓新优质客户的又一力作。金融资本与文化产业的结合，使“电广传媒”如虎添翼，迅速发展。仅今年以来，该部就先后投入1.2亿元资金支持湖南电广传媒股份有限公司的发展。该部今年还累计贷款6000万元支持湖南报业、出版业的发展。目前，在全国相当红火的湖南出版系统的绝大多数存贷款业务均在该部。金融资本的鼎力相助，使三湘文化得到空前的繁荣，“电视看湖南，出版看湖南”在全国产生了很大的影响。文化产业的发展也促进了金融业效益的提高。

科技为金融事业服务

（一）加快金融网络建设　构筑信息高速公路

中国人民银行长沙分行全面推进电子化建设为金融事业服务，主要措施有：

1999年初，随着人民银行体制改革的到位，该行把改造原省、市分行两栋办公楼计算机网络，使两楼办公自动化环境融为一体，作为适应人民银行体制改革的重要举措。他们将过去两栋大楼的分组网络互联方式改造成光纤直联，同时调整两楼局域网，实现两楼之间信息资源的高速传输和信息共享。紧接着，利用电信部门的最新建设成果——帧中继网络，升级改造长沙分支行机关与辖内三个县支行的X.25网络互联环境，通过帧中继将机关局域网络应用延伸到辖内县分行，极大地提高了通讯效率，实现了长沙支分行辖内办公一体化。

与此同时，他们还利用“银行信贷登记咨询系统”去年在全国推广使用这一契机，对省各分支行与该市各商业银行的互联网络进行改造，使各中心分行与辖内金融机构互连的X.25分组网全面升级到帧中继网络，实现了各中支与辖内金融机构的高速互联，保证了“银行信贷登记咨询系统”良好的网络运行环境，为“银行信贷登记咨询系统”下一步实现全国联网查询打下了坚实的基础。

（二）更新支付结算手段　促进经济融合发展

有了坚实的金融网络基础，尤其是支付与结算手段发生了质的变化，使网上金融业务得到了突飞猛进的发展。在成功研制出以同城清算计算机网络实时处理系统为基础，以同城清算、电子联行及中央银行会计核算系统三位一体为目标，实现同城、异地支付结算与资金清算业务一体化的“城市电子支付与清算系统”后，1999 年为了解决计算机“千年虫”问题，在总行新版电子联行系统和中央银行会计核算系统推出的同时，他们组织省内部分地市中某科技与业务人员，历时 4 个月进行集中开发，使城市电子支付与清算网络系统 2000 年版本的“天地对接”部分与总行的新系统成功地实现了平滑连接，确保了“天地对接”系统平安地跨入 2000 年。按照总行银行卡建设“统筹规划、突出重点、分步实施”和加强银行卡业务联合、搞好金融服务的原则，长沙银行卡建设稳步推进。到目前，已建成共享 POS 网络系统，拥有 POS 终端 1100 多台，特约商户 800 百余家。参加的成员行有工、农、中、建、交、长沙市商业银行、邮政储汇局和招商银行等，初步形成了统一的银行卡市场。既解决了 POS 机具重复摆放的问题，又改善了长沙地区的用卡环境。

建设长沙、株洲、湘潭三市一体化的金融网络是实施湖南省政府长株潭经济一体化战略目标的重要组成部分。该项工作于 1999 年初开始启动，当年完成了同城票据交换、电子联行异地转账“当日通”、三市支票通用等项目。在统一三市支票、本票的基础上，利用长沙的票据清算机将同城票据交换的范围从长沙扩大到株洲、湘潭两市，实现了三市的大同城目标。他们还牵头组织三市有关部门于 9 月初实现了长、株、潭电子联行异地转账“当日通”，实现银行客户三地跨行转账资金当天到账，加速了三市企业资金周转。长、株、潭金融网络一体化一期工程的实施，对三市经济融合与发展起到了积极的促进作用，湖南省委、省政府对长沙分支行的工作给予了充分肯定和高度评价。

（三）拓展办公自动化新领域　为监管和决策支持服务

办公自动化是信息的综合利用，信息是办公自动化建设的核心，应用是办公自动化建设的灵魂。近几年，他们在机关局域网上增加了近 20 个应用软件（“频道”），丰富了网上内容，在机关办公自动化的建设有了一个比较好的应用环境后，他们又把目标瞄准到采用最新的先进技术，实现更深层次的信息资源共享目标上来。

湖南金信港是该行用以提升办公自动化水平选准的一个重要突破口。它基于该省人行系统开放式计算机网络环境，采用数据仓库的设计思想，紧紧围绕信息这个核心，进行信息采集、存储、管理与发布。去年以来，在湖南金信港的建设应用中，他们从机关日常工作需要出发，始终坚持面向机关各部门，提供决策支持和日常信息服务：一是，利用金信港组织机关日常办公；二是，利用金信港数据仓库特点，提供信息服务；三是，利用湖南金信港为金融监管和决策支持提供服务。

证券市场

证券市场资讯

中国证券业协会基金公会成立

为适应我国证券市场发展要求，加强证券投资基金业的自律管理，在中国证监会的倡导和支持下，我国证券投资基金业的自律组织——中国证券业协会基金公会 2001 年 8 月 28 日在京成立。

中国证监会秘书长屠光绍在今天的会议上说，从 1997 年 11 月《证券投资基金管理暂行办法》正式公布实施至今三年来，我国证券投资基金业获得了巨大的发展。到目前为止，经正式批准设立并上市交易的规范性证券投资基金已经超过 36 家，基金规模 584 亿单位，基金资产净值超过 700 亿元，14 家基金管理公司的从业人员达 800 人以上。

据介绍，今天成立的中国证券业协会基金公会是我国证券投资基金业的自律组织，其宗旨是保护投资人的合法权益，发挥政府和会员之间的桥梁和纽带作用，维护会员的合法权益，促进证券投资基金业的健康稳定发展。在今天同时召开的基金公会第一届理事会第一次会议上，华夏基金管理公司总经理范勇宏当选为理事长，易方达基金管理公司总经理叶俊英、南方基金管理公司总经理高良玉、华安基金管理公司总经理韩方河分别当选为副理事长。根据公会章程，现有的 14 家基金管理公司均为理事单位。

“上证联合研究计划”一项课题指出股份回购

“上证联合研究计划”一项课题指出，股份回购有利于逐步提高流通股和社会公众股的比重，改善和优化股权结构，健全和完善上市公司的法人治理结构。

这份题为《股票回购与库存制度研究》的课题报告，对国外证券市场股票回购和库存制度进行了比较研究。报告指出，股份回购是指上市公司利用赢余所得后的积累资金即自有资金或债务融资，以一定的价格回购公司本身已经发行在外的普通股，将其作为库藏股或进行注销，以达到减资或调整股本结构的目的。

该研究认为，我国股票回购应该实行原则上禁止、例外许可的制度。在现阶段，可以允许三种类型的股票回购：一、以减持国有股为目的的国有股回购；二、以建立上市公司股权激励制度为目的的流通股回购；三、以稳定公司股价为目的的流通股回购。

该研究提出，国有股回购应该以企业自有资金为主，流通股回购应该使用自有资金。股票回购的资金总额不得超过企业未分配利润和资本公积金之和。国有股回购一般在交易所外，以协议方式回购；对于以建立上市公司股权激励制度为目的的股票回购，宜采用公开市场股票回购的方式，降低回购成本；以稳定公司股价为目的的股票回购，可采用固定价格要约和荷兰式拍卖回购方式，将回购价格确定在股票市场和股票价值之间，使股票的价格反映其价值。

该研究同时建议，国有股回购应该选择以下时机：一是拥有充足的现金流量，可以保证股票回购有充足的资金来源；二是公司股票价格相对较低，可以降低回购成本。

中国证监会将开展行业技术管理规范和安全检查

为了提高证券行业的安全应急水平，有效控制系统风险，保持市场稳定、规范发展，中国证监会日前发出了“关于检查行业落实《证券经营机构营业部信息系统技术管理规范》情况和信息系统安全状况的通知”，决定从9月1日至年底开展一次行业落实《技术管理规范》情况和信息系统安全状况的检查。

通知指出，本次检查的对象为中国证券登记结算公司，各证券交易所，各证券公司及营业部、服务部，各基金管理公司。证监会信息中心负责本次检查的总体组织与协调，并聘请有关技术专家组成独立检查专家组，参与抽查工作，对检查中的有关技术问题进行评估。证监会各派出机构负责督促辖区内证券公司及营业部、服务部和基金管理公司的非现场检查，并实施现场检查。

按照通知要求，检查将采取非现场检查与现场检查相结合的方法，分三个阶段进行：

第一阶段为非现场检查。证券登记公司，各证券交易所，证券公司及营业部、服务部，基金管理公司根据相应的非现场检查表，进行信息系统全面自查，发现问题，及时改进，并按照要求，认真填写非现场检查表。

第二阶段为现场检查，时间是从10月15日开始，到11月10日结束。证监会各派出机构组织对本辖区内至少20%的证券公司及营业部、服务部和基金管理公司，依据相应的现场检查表进行现场检查。与此同时，证监会组织独立检查专家会同证监会派出机构对证券登记公司、证券交易所进行现场检查；对证券公司及营业部、服务部和基金管理公司以抽查的方式进行现场检查，抽查比例为2%。

第三阶段为总结。各派出机构对现场检查本辖区证券公司及营业部、服务部和基金管理公司的情况进行总结，形成书面报告，报证监会信息中心。信息中心根据抽查和派出机构现场检查的情况，分别组织召开由各派出机构人员参加的安全与监管总结会和全行业技术管理人员参加的行业安全工作会议，以推动行业技术安全和规范管理水平的提高。

新版《上海、深圳证券交易所交易规则》出台

经中国证监会批准，上海、深圳证券交易所2001年8月31日联合发布《上海、深圳证券交易所交易规则》。此交易规则的发布实施，对规范证券市场交易行为、维护市场参与人尤其是中小投资者的合法权益及促进证券市场健康发展具有重要意义。

交易规则是证券市场核心的行为规则之一，本质上是市场参与人为维护交易秩序和交易安全的共同意思表示，所以需要市场参与人共同遵守。而从证券市场管理的角度看，根据《证券法》和《证券交易所管理办法》的规定，证券交易所应依法制定交易规则。此前，上海证券交易所实施的交易规则系1990年发布的《上海证券交易所交易市场业务规则》，其后虽于1993年对该业务规则进行了修改，但随着《证券法》的实施和证券市场的发展，原有规定已不适应市场发展的需要。为此，上海证券交易所会同深圳证券交易所，对原有市场交易规则重新予以修订。

据了解，这是沪、深证券交易所第一次以《交易规则》的形式全面、系统地对证券交易的

原则、方式、制度及市场参与人的权利、义务等作出规定，其范围涵盖A股、B股、投资基金、企业债券、公司债券、可转换公司债券、金融债券、政府债券、债券回购等所有在交易所上市交易的证券品种。《交易规则》共十一章，一百二十九条，新规则对证券交易及其主体、行为及过程作了较全面的规定。

基于目前沪、深两市证券交易的规则和制度在许多方面存在一致性，为方便投资者了解和掌握进行证券交易的基本规定及买卖沪、深市场证券的不同要求，《交易规则》采取由沪、深交易所统一制订的方式予以发布，而对两市规定的不同之处则采取分别表述的方式解决。

《交易规则》对现行的交易制度作了诸多改进，例如：为使交易规则尽可能规范新技术条件下的交易方式，对证券市场已经运用的新的交易手段如网上委托交易等加以了规定；调整了B股交易制度，上海市场B股交易除申报价格仍以美元计价报价以及B股境外投资者不实行指定交易外，其他如开盘价通过集合竞价方式产生、当日买入证券当日不得再行卖出等规定与A股统一；明确了对交易异常情况的处理措施及有关各方的权利义务；另外，上交所证券的收盘价作了重大改变，由原来的该证券最后一笔成交价改为按最后一笔交易前一分钟的所有交易的成交量的加权平均价确定。此外，为适应不断创新的市场需要，新交易规则还为证券市场交易方式的发展留下了空间。为更好地防范和化解市场风险，保护投资者利益，《交易规则》还加强了有关控制风险的规定，如继续规定实行涨跌幅限制制度，规定有效申报范围和有效竞价范围，规定单笔申报最大数量限制等。

为便于市场各方熟悉和掌握新的《交易规则》，该规则自发布后三个月正式实施。目前沪、深两所正在从业务和技术两个方面紧张地进行有关准备工作，以确保《交易规则》的顺利施行。

按市场化原则推进开放式基金试点 中国证监会新闻发言人就华安创新开放式基金推出发表谈话

经中国证监会批准，华安基金管理有限公司获准发行华安创新开放式证券投资基金（以下简称“华安创新基金”），标志着证券投资基金进入了新的发展阶段。日前，中国证监会新闻发言人就华安创新开放式基金推出有关的问题发表了谈话。

中国证监会新闻发言人指出，推出开放式证券投资基金，有利于迅速壮大机构投资者的力量，树立理性投资理念，对于更好地保护基金投资人的利益，促进证券市场长期健康、稳定发展具有重大意义。

该发言人介绍说，自去年10月8日《开放式证券投资基金试点办法》颁布以来，中国证监会会同中国人民银行、财政部、国家税务总局等部门对开放式基金涉及的有关问题进行了认真研究。华安基金管理公司、交通银行等基金管理公司、托管银行积极进行了开放式基金试点准备工作。经中国证监会组织的境外专家评审小组和会内有关部门多次评审，中国证监会批准华安基金管理有限公司发行我国第一只开放式基金。经中国人民银行、中国证监会批准，交通银行获准开办开放式基金销售代理业务。

在试点工作准备阶段，华安基金管理有限公司在外方合作伙伴JP摩根富林明资产管理集团的协助下，借鉴境外成熟市场经验，研究开发了有关技术系统，制定了各项业务规则和基金运作方案，通过各种途径进行了开放式基金知识普及和销售推介活动；交通银行也建立了开放式基金销售代理系统，多次组织进行了人员培训和系统测试。这些工作都为开放式基金的推出奠定了基础。

该发言人说，为做好开放式基金试点的指导和各项准备工作，中国证监会组织起草了与《开放式证券投资基金试点办法》相配套的《开放式基金招募说明书指导意见》等十多个规范性法律文件，目前正在广泛征求社会各界的意见，同时供各基金管理公司、托管银行进行开放式基金试点准备时研究和参考。由于开放式基金在我国并无先例可循，缺乏实践基础，许多问题还有待于市场进一步检验。因此，这些规定的内容需要随着开放式基金试点的进行加以补充和修改。在试点期间，有关规范性文件将根据试点情况不断完善。

中国证监会发言人指出，开放式基金的推出得到了广大投资者的高度关注，但准备投资开放式基金的投资者切不可忽视其投资风险。首先，开放式基金是建立在基金管理公司信誉基础之上的证券品种，其风险明显高于国债和银行存款；国家并不对投资者投资开放式基金所面临的任何投资风险负责；目前证券市场还没有指数期货等避险工具，有可能会出现在证券市场单边下跌时，开放式基金运作困难，面临巨额赎回、资产严重缩水甚至清盘的风险；其次，对开放式基金的业绩不可抱过高的期望。开放式基金随时面临基金投资者的赎回压力，在目前法规还不允许开放式基金融资的情况下，基金运作中必须保持一定数量的现金，一定程度上会影响基金的运作业绩；第三，开放式基金的投资者除了与投资封闭式基金一样须负担基金管理费、托管费和其他运作费用外，还要负担申购费、赎回费等，会增加投资于基金的成本。

该发言人指出，为保护投资者的自身利益，保障开放式基金发行和认购工作顺利有序进行，投资者应事先认真阅读基金契约、招募说明书等相关资料，确定拟投资的开放式基金是否与自己的理财目标和风险承担能力相适应。

该发言人还指出，华安创新基金虽然经过中国证监会的核准而设立，但其是否成功只能由证券市场本身来检验。中国证监会将本着市场化的原则推进开放式基金试点工作。除华安基金管理有限公司以外，南方、华夏等基金管理公司的开放式基金准备工作已进入最后阶段。本着成熟一家，试点一家的原则，其他基金管理公司开放式基金试点将陆续进入审批程序。中国证监会将会同中国人民银行严格监管试点基金的运作，不断提高监管工作水平，保护基金投资者的利益。

中国证监会发布信息披露规范问答第4号——金融类公司境内外审计差异及利润分配基准

为提高金融类拟发行上市公司及上市公司财务信息披露的质量，保障其持续经营能力，维护投资者的合法权益，中国证监会日前制定了《公开发行证券的公司信息披露规范问答第4号——金融类公司境内外审计差异及利润分配基准》(以下简称《基准》)。

《基准》指出，金融类拟发行上市公司及上市公司分别经境内外注册会计师审计的财务报告发生差异时，应当履行如下信息披露义务：

第一：在招股说明书、上市公告书与年度报告全文及摘要中，将经境外注册会计师审计后的重要财务数据与指标采用黑体字，与经境内注册会计师审计后财务数据并行列示，以提示投资者。银行还应补充披露贷款呆账准备金额。

第二：公司董事会应在经营情况阐述与分析部分对两份财务报告的主要差异作出说明。若两份财务报告的差异较大，可能对投资者的决策产生重要影响，董事会应充分披露差异的性质与原因，并作出合理的解释。例如银行贷款呆账准备金的计提若相差较大，董事会应说明该差异是否属于境内外会计政策差异，贷款分类及贷款呆账准备金计提比例方面的差异情况，以及为何会出现这种差异等。

《基准》指出，金融类上市公司应当按照经境内注册会计师审计后的净利润数，提取法定盈余公积金和法定公益金。但在提取任意盈余公积金及分配股利时，应当以经境内外注册会计师审计后的可供股东分配利润数以低者为基准。

《基准》还指出，金融类上市公司的中期财务报告若需经审计，在聘请会计师事务所审计、披露境内外注册会计师审计差异以及确定利润分配基准问题上，应当遵循对年度报告的相关要求。

成思危谈证券市场热点问题

全国人大常委会副委员长成思危日前在出席高新技术企业融资战略高级研讨会时指出，目前上市公司的行为亟需规范，部分证券公司将向投资银行方向发展，设立创业板在人大常委中有不同看法，《投资基金法》起草工作基本完成。

成思危说，在执法检查报告中，我们认为，上市公司的行为亟需规范。这主要是其信息披露不真实，信息披露必须规范。另外，上市公司的法人治理不健全，一股独大造成了内幕交易。有的国企把上市公司变成了“圈钱”的机器。银广夏和三九医药的问题，不是执法检查中出现的问题，是原来就存在的。在检查中要求证监会加大执法检查力度，这可能短期影响股市，但是长期利好。

证券公司的行为也存在一些问题。我国的证券公司在这次检查之前已经在整顿，有的增资扩股，有的合并。证券公司应向投资银行发展，没有投行，就没有真正的资本市场。

关于法治环境，成思危说，从检查的总体情况看，《证券法》符合当前的情况，是一部比较好的法律。该法在制定时，正值东南亚金融危机爆发，因此制定时风险方面考虑的较多。法律对证券品种的限制较严，在制定法律时，有些内容规定较粗。根据国内证券市场发展的实际情况，全国人大将对《证券法》作出一定程度的修订，但目前尚没有时间表。

在谈到《投资基金法》制定的进展情况和开放式基金对市场有何影响时，成思危说，《投资基金法》是万事俱备，只待一声号令。推出开放式基金是我国必然要走的路，对股市有好处，专业投资人将更加专业，更加理性投资。同时，提高基金管理者的素质非常关键。对于创业板问题，成思危说，国内前一段时间对创业板过热，有人认为设立创业板是为风险投资提供退出渠道，没有创业板就没有风险投资。其实上市并不是风险投资退资的惟一渠道。没有创业板，高科技企业同样有出路。

中国证监会发出通知要求
防止挪用客户资金
维护证券市场秩序

为切实执行《客户交易结算资金管理办法》(以下简称《管理办法》)，防止挪用客户交易结算资金，维护证券市场的秩序安全，10月10日中国证监会正式对外发出了“关于执行《客户交易结算资金管理办法》若干意见的通知”。

《管理办法》中的“存管银行”，按业务对象进一步分为证券公司营业部存管银行、证券公司法人存管银行、结算银行和证券公司主办存管银行。今天发出的通知对这几类“存管银行”的资格条件分别作了具体规定。

按照通知要求，证券公司营业部存管银行应符合《管理办法》第二十五条有关条款的要求。商业银行向证监会申请证券公司法人存管银行业务资格时，除符合《管理办法》第二十五条有关条款的要求外，还应达到下列条件：

1. 净资产在10亿元人民币以上，总资产在150亿元人民币以上，分支机构个数在50以上；

2. 具有全国范围内实时汇划系统，或与具有全国范围内实时汇划系统的商业银行签订了代理资金汇划协议，能保证证券公司法人和其分支机构之间的资金划转达到《管理办法》第二十五条第二款的要求。证券公司法人存管银行当然获得营业部存管银行的业务资格。

结算银行当然获得法人存管银行的业务资格。取得结算银行资格的商业银行，可以向证监会申报证券公司主办存管银行资格。通知对存管银行业务资格的申报和审批程序作了规定。商业银行按照《管理办法》及本通知向证监会申请证券交易结算资金存管业务资格，应报送相关文件。证监会作出批复后向社会公布获得各类存管业务资格的存管银行名单。存管银行向中国人民银行备案后，即可开办相应的证券交易结算资金存管业务。

关于专用存款账户的报备与管理，结算公司、证券公司和结算银行的业务约定，证券公司挪用客户交易结算资金的判断公式及其它事宜等，通知作了具体规定。

证券投资咨询活动将进一步规范 中国证监会发布公开征求意见通知

为进一步规范证券投资咨询业务行为，更好地保护投资者的合法权益，中国证监会日前制订了《关于规范面向公众开展的证券投资咨询业务活动若干问题的通知》(征求意见稿)，公开征求意见。

《通知》指出，今后任何机构或个人就证券市场、证券品种的走势，投资证券的可行性以口头、书面、电脑网络或者中国证监会认定的其他形式向公众提供分析、预测或建议，必须先行取得中国证监会授予的证券投资咨询业务资格证书；证券投资咨询机构及其执业人员从事证券投资咨询活动必须客观公正、诚实信用，不得以虚假信息、内幕信息或者市场传言为依据向客户或投资者提供分析、预测或建议；预测证券市场、证券品种的走势或者就投资证券的可行性进行建议时需有充分的理由和依据，不得主观臆断；证券投资分析报告、投资分析文章等形式的咨询服务产品不得有不负责任的煽动性语言；证券投资咨询机构及其执业人员不得参加媒体举办的荐股"擂台赛"、模拟证券投资大赛或类似的栏目或节目；证券投资咨询机构及其执业人员应防止和杜绝媒体对其所提供的稿件进行断章取义、做有损原意的删节和修改。

《通知》要求，今后证券投资咨询机构及其执业人员在与自身有利害冲突的下列情况下应当作出执业回避：经中国证监会核准的公开发行证券的企业的承销商或上市推荐人及其所属的证券投资咨询机构和证券投资咨询执业人员，不得在公众传播媒体上刊登或发布其为客户撰写的投资价值分析报告，也不得以假借其他机构和个人名义等方式变相从事前述业务；有证券投资咨询业务资格的证券公司的自营、资产管理和投资银行等业务部门的专业人员在离开原岗位的六个月内不得从事面向社会公众开展的证券投资咨询业务；中国证监会根据合理理由认定的其他可能存在利益冲突的情形。

《通知》还要求，证券投资咨询机构或其执业人员在预测证券品种的走势或对投资证券的可行性提出建议时应当按以下要求进行相应的信息披露：在预测证券品种的走势或对投资证券的可行性提出建议时，应明确表示在自己所知情的范围内本机构、本人以及财产上的利害关系人与所评价或推荐的证券是否有利害关系。

此外，《通知》还规定，证券投资咨询机构需在每逢单月的前三个工作日内，将本机构及其执业人员前两个月所推荐的证券是否涉及下列各项情况，向注册地的中国证监会派出机构提供书面备案材料：证券投资咨询机构前五名股东、前五名股东所控股的企业是否持有相关证券；证券投资咨询机构“理财工作室”客户和其他主要客户是否持有相关证券；证券投资咨询执业人员在财产上有利害关系的企业或自然人是否持有相关该证券；证券投资咨询机构或其执业人员是否与持有相关证券流通部分前五位的股东有利害关系；证券投资咨询执业人员所在的机构在过去18个月内是否从事了涉及其推荐证券所属企业的除担任承销商和推荐人以外的投资银行业务活动；证券投资咨询机构及其执业人员是否就同一证券在同一时间，向不同类型的客户做方向不一致的投资分析、预测或建议；证券投资咨询机构及其执业人员在从事面向社会公众开展的证券投资咨询业务活动时是否向所依托的媒体支付任何形式的费用或其他利益；中国证监会根据合理理由认定的其他可能存在利益冲突的情形。

《通知》进一步要求有证券投资咨询业务资格的证券公司应当建立起研究咨询业务与自营、资产管理与投资银行等业务之间的“防火墙”和相应的管理制度；专业证券投资咨询机构应当建立起研究咨询业务与其他证券类业务之间的“防火墙”和相应的管理制度；各类传播证券信息的媒体应当遵守《关于加强证券期货信息传播管理的若干规定》，不得刊发或播发未取得中国证监会授予的业务资格证书的任何机构或个人的关于证券市场、证券品种的走势，投资证券的可行性的任何形式的分析、预测或建议类的信息。中国证监会将通过其国际互联网站对违反本通知的任何机构和个人予以曝光或谴责，并根据违规事实依法暂停或撤销相关机构和个人的证券投资咨询业务资格；还将证券投资咨询机构及其执业人员遵守本《通知》的情况作为年度检查的依据之一。对于违反上述第六条规定的媒体、机构或组织，中国证监会除视情况予以谴责或曝光外，还将视情节轻重移送其主管部门直至司法机关处理。

中国证券业协会负责人发表谈话
代办股份转让试点工作进展顺利

中国证券业协会负责人表示，自发布《证券公司代办股份转让服务业务试点办法》以来，原NET、STAQ系统的历史遗留问题已基本得到解决。

目前，11家公司中，6家已在股份转让系统上挂牌转让；两家公司的流通股份已分别置换到另外两家公司；广东广建公司的股份确权已超过流通股本的50%，但由于股东间的股权纠纷，其股份转让的时间可能要延迟1~2个月；湛江供销公司已决定股份代办转让，因正在进行重组，尚不能开始股份确认工作；珠海恒通集团公司较长时期内没有经营班子，自1997年以来没有经审计的财务报告，无法按照《试点办法》的要求开展股份转让，有关券商正在努力使该公司早日实现股份转让。

从总体上看，代办券商努力工作，原挂牌公司、地方政府、工商行政管理部门、交易与登记结算机构以及代理确权机构协调配合；代办股份转让系统运行正常；试点工作进展顺利。同时，由于开户前必须阅读理解《风险揭示书》，对连续三个交易日涨停、跌停的股票进行风险提示，投资者的风险意识和法制意识得到了进一步的提高。但是，由于原两系统开户管理不规范、相当多的投资者违规借用法人执照开户也导致了股份确权过程中的一些困难。通过有关各方的共同努力，目前，这一问题正在得到逐步解决。

该负责人表示，根据投资者普遍较为关心的问题以及中国证监会关于在试点中“不断完善和发展股份转让服务业务”的要求，在经过一段试点工作，系统运行平稳、安全的基础上，证券业协会将积极研究改善交易方式、时间和信息披露等问题，同时，还将积极会同有关方面，认真研究如何在更深层次上规范发展股份转让工作的问题。

以养老基金机构投资者改善公司治理结构

国务院体改办副主任李剑阁在2001年9月10日召开的“中国上市公司的现代企业制度建设——公司治理大会”上，以“全球化、资本市场发展与公司治理”为题发表了演讲，他提出，针对当前我国上市公司治理存在的问题，大力发展机构投资者，深化养老金制度改革，促使养老基金参与资本市场，这是改善我国公司治理结构的可行之路。

李剑阁认为，养老基金作为机构投资者，至少会在以下几方面促进资本市场的发展和公司治理的改善：一是养老基金由于其资产数额庞大且投资期限长，有利于金融创新和金融深化；二是养老基金对信息披露、恪守会计标准、结算手段的现代化等提出更高的要求，有利于增加资本市场的透明度并提高效率；三是养老基金作为一项长期的国内资金来源，可以增加国民储蓄，避免经济对国际资本的过度依赖；四是养老金作为大的机构投资者，可以对公司治理积极参与和有效监督。

李剑阁还提出，上市公司治理健全与否对中国资本市场的健康发展有重要影响，反过来说，上市公司治理的有效性在很大程度上也取决于资本市场的有效性。一般而言，资本市场对公司治理的积极作用主要体现在，方便投资者了解公司经营信息，降低了股东监控管理层的信息成本；资本市场的收购兼并机制可以对公司治理的低效率加以强制性纠正；经理层的期权报酬合同可以向经营者提供激励机制以使其行为符合股东利益。但是，如果资本市场缺乏效率，上述作用将大打折扣。为此，李剑阁提出，建设一个规范化的资本市场以提升资本市场的效率，将是我国资本市场改革中的一项长期任务，也是改善我国上市公司结构的制度条件。只有切实提高我国资本市场的效率，才能为实施有效的公司治理创造良好的制度环境。

中国证监会公布《上市公司治理准则》征求意见稿

为规范证券市场发展，保护投资者权益，提高我国上市公司的质量，促进上市公司规范运作，中国证监会根据《公司法》、《证券法》和其他有关法律法规的规定制定了《上市公司治理准则》(征求意见稿)，并于2001年9月11日对外公布。中国证监会要求各上市公司必须按照《准则》规定的公司治理标准，根据自身的特点和需要，制定适合本公司的最佳作法，完善公司治理结构，提升公司治理水准。

《准则》共6章，90条。《准则》规定，上市公司治理准则包括平等对待所有股东、保护股东合法权益，强化董事的诚信与勤勉义务，发挥监事会的监督作用，建立健全绩效评价与激励约束机制，保障利益相关者的合法权利，强化信息披露、增加公司透明度等六大方面。

《准则》规定，公司治理的基本目标是保护股东权益。公司的治理结构应保证公平对待所有股东，特别是中小股东和外资股东。上市公司应健全股东大会的议事规则和决策程序，鼓励股东参与公司治理，规范控股股东和上市公司之间的关系，规范关联交易，鼓励股东进行民事诉讼。

关于董事的义务和职责，《准则》规定，要明确董事会的主要职责，建立规范的董事聘选程序，完善董事会的构成，规范董事长的兼职，建立独立董事制度，设立董事会专门委员会，建立健全董事会议事规则和决策程序，强化董事的诚信勤勉义务与责任。

为了发挥监事会的作用，《准则》规定，要明确监事会的职责，健全和发挥监事会的监督功能；完善监事会的构成和议事规则。

关于建立健全绩效评价与激励约束机制，《准则》规定，要建立健全董事、监事绩效评价体系，建立市场化的高级管理人员选聘机制和建立完善高级管理人员的激励与约束机制。

《准则》要求上市公司治理应保障利益相关者的合法权利，强化信息披露、增加公司透明度。

中国证监会发布《超额配售选择权试点意见》

为促进股票发行制度的市场化，控制股票发行风险，规范主承销商在上市公司向全体社会公众发售股票（以下简称“增发”）中行使超额配售选择权的行为，根据有关法律、法规的规定，中国证监会制定了《超额配售选择权试点意见》，并于2001年9月12日对外正式发布。

《试点意见》所称超额配售选择权是指发行人授予主承销商的一项选择权，获此授权的主承销商按同一发行价格超额发售不超过包销数额15%的股份，即主承销商按不超过包销数额115%的股份向投资者发售。在本次增发包销部分的股票上市之日起30日内，主承销商有权根据市场情况选择从集中竞价交易市场购买发行人股票，或者要求发行人增发股票，分配给对此超额发售部分提出认购申请的投资者。中国证监会依法对主承销商行使超额配售选择权进行监督管理。证券交易所对超额配售选择权的行使过程进行实时监控。

《试点意见》规定，发行人计划在增发中实施超额配售选择权的，应当提请股东大会批准，因行使超额配售选择权所发行的新股为本次增发的一部分。发行人应当披露因行使超额配售选择权而可能增发股票所募集资金的用途，并提请股东大会批准。拟在增发中实施超额配售选择权的主承销商应当向中国证监会提供充分依据，说明公司已建立完善的内部控制，遵循内部防火墙原则，并由专人负责内部监察工作。中国证监会认为必要时，可以对主承销商进行实地检查。主承销商与发行人签订的承销协议中，应当明确发行人对主承销商行使超额配售选择权的授权，以及主承销商包销和行使超额配售选择权的责任。有关超额配售选择权的实施方案应当在增发招股说明书（包括招股意向书和招股说明书）中予以披露。

按照《试点意见》规定，在超额配售选择权行使期内，如果发行人股票的市场交易价格低于发行价格，主承销商用超额发售股票获得的资金，按不高于发行价的价格从集中竞价交易市场购买发行人的股票，分配给提出认购申请的投资者；如果发行人股票的市场交易价格高于发行价格，主承销商可以根据授权要求发行人增发股票，分配给提出认购申请的投资者，发行人获得发行此部分新股所募集的资金。超额配售选择权的行使限额，即主承销商从集中竞价交易市场购买的发行人股票与要求发行人增发的股票之和，应当不超过本次增发包销数额的15%。超额配售选择权行使完成后，本次发行的新股按以下公式计算：本次发行的新股数量＝发行包销股份数量＋超额配售选择权累计行使数量－主承销商从集中竞价交易市场购买发行人股票的数量。主承销商应当在超额配售选择权行使完成后的5个工作日内，通知相关银行将应付给发行人的资金（如有）支付给发行人，应付资金按以下公式计算：发行人因行使超额配售选择权的筹资额＝发行价×（超额配售选择权累计行使数量－主承销商从集中竞价交易市场购买发行人股票的数量）－因行使超额配售选择权而发行新股的承销费用。

《试点意见》还对主承销商行使超额配售选择权所涉及的开户、清算、交收等事项作了规定。首次公开发行股票公司试行超额配售选择权的，参照本试点意见执行。

我国统一证券登记结算业务

我国证券登记结算业务的集中统一迈出实质性的一步，中国证券登记结算有限责任公司将对两个证券交易所相互独立的登记结算系统进行业务整合。

中国证券登记结算有限责任公司、上海证券交易所、上海证券中央登记结算公司、深圳证券交易所、深圳证券登记有限公司就证券登记结算业务联合发布公告。公告称，自2001年10月1日起，上海证券中央登记结算公司和深圳证券登记有限公司从事的证券登记结算业务均由中国证券登记结算有限责任公司承接，上海证券中央登记结算公司和深圳证券登记有限公司依法定程序注销。

根据安排，上海证券中央登记结算公司和深圳证券登记有限公司在2001年10月1日前已签署且尚未履行完毕的证券登记结算业务及其他合同（协议）自该日起转移给中国证券登记结算有限责任公司继续履行，相关债权债务由中国证券登记结算有限责任公司承接。

上海证券交易所2001年10月1日之前对外签订的合同（协议）及其业务规则中指明由上海证券中央登记结算公司履行的部分，由中国证券登记结算有限责任公司继续履行。深圳证券交易所2001年10月1日之前对外签定的合同（协议）及其业务规则中指明由深圳证券登记有限公司履行的部分，由中国证券登记结算有限责任公司继续履行。

登记结算系统是证券市场建设的一项基础性工程，创建全国集中统一的证券登记结算体系，不仅是证券市场规范化发展的需要，也是在证券市场逐步对外开放的环境下进一步防范和化解市场风险的需要。据了解，中国证券登记结算有限责任公司今年3月30日在京正式成立，这标志着我国证券市场向规范化建设方面迈出了重要一步。

中国证监会通知要求证券公司做好内部控制评审工作

中国证监会2001年10月8日发出通知，要求证券公司应当根据《证券公司内部控制指引》及公司自身的业务情况、财务状况和管理水平，加强内部控制的稽核、检查与完善，聘请有证券执业资格的会计师事务所对公司内部控制进行评审，以防范风险并促进公司内部控制水平的提高。

根据通知要求，证监会可以根据监管需要和证券公司暴露出来的问题，指令证券公司聘请有经验的合格的会计师事务所实施内部控制评审，并对内部控制评审过程进行协调、检查和监督。

对证券公司的内部控制评审可以分为常规评审和非常规评审、全面评审和专项评审；可以单独进行评审，也可以结合年度报告审计进行评审。内部控制评审应当侧重于风险控制的薄弱环节，这将包括证券公司的合规经营、公司治理、环境控制、业务控制、财务控制、资金控制以及电子信息系统控制等内容。

会计师事务所应当向证券公司提交内部控制评审报告，并由证券公司及时转报中国证监会。必要时，证监会可以直接从会计师事务所取得内部控制评审报告。内部控制评审报告的内容包括但不限于：审查的范围、有关客户的背景资料、当前重大风险的说明、内部控制现状及控制效果不佳的原因说明、改进或整改方案以及相关附件。证券公司应当根据内部控制评审报告中的改进或整改方案，结合公司的实际情况，及时化解风险。

中国证监会将对证券公司内部控制改进与完善情况进行监督和检查。对因为内部控制不健全或执行监督不力造成重大资产损失，出现违法违规和侵害投资者利益，或者导致重大金融风险事故的证券公司及其负有直接责任或者领导责任的相关人员，将依据有关规定，给予相应的处罚。

加强行业自律　增强职业道德《证券投资基金行业公约》和《证券投资基金业从业人员守则》正式发布

为规范证券投资基金运作，提高从业人员的道德水平，促进证券投资基金业的健康发展，经中国证券业协会基金公会第一届会员大会通过，中国证券业协会基金公会 2001 年 10 月 10 日对外正式发布了《证券投资基金行业公约》和《证券投资基金业从业人员守则》。这是中国证券业协会基金公会发挥行业自律组织的功能，加强行业自律管理的重要举措。

《证券投资基金行业公约》和《证券投资基金业从业人员守则》是在征求各方意见、会员充分讨论的基础上形成的。中国证券业协会基金公会要求全体会员自觉遵守《证券投资基金行业公约》，要求从业人员遵守《证券投资基金业从业人员守则》，并请全社会来监督《证券投资基金行业公约》和《证券投资基金业从业人员守则》的执行情况，中国证券业协会基金公会也将经常以各种形式进行检查。

《证券市场各方责任教育纲要》发布

根据《证券法》、《公司法》等相关法律以及证监会颁布的一系列部门规章，中国证监会向各派出机构印发《证券市场各方责任教育纲要》及实施方案，要求派出机构从今年下半年到明年春节前后，重点对投资者进行明确证券市场各方责任的教育。

纲要旨在通过一个阶段的教育，使投资者明确证券市场参与各方的责任，增强自我保护能力和责任意识，使各方在知情的情况下相互监督，正确履行权利义务，提高市场运作的透明度，促进证券市场规范发展。

该纲要明确了在核准发行、市场交易、终止上市三个阶段，发行人、证券公司、中介机构、交易所、监管机构以及投资者等参与各方的责任。规定：在核准发行阶段，投资者有责任认真阅读发行人股票发行、上市的公开披露信息，对发行公司股票投资人作出分析；承担不正确履行股东义务的责任；承担由发行人经营和收益变化而引致的投资风险；对由发行人欺诈发行行为造成的自身损失，具有向法院提起诉讼、请求民事赔偿的权利。

在市场交易阶段，投资者有责任承担违反合法开户、合法交易规则的责任；因参与非法金融业务受到的损失，由参与者自行承担；故意参与非法证券期货交易的非法收入予以没收；承担股价波动所导致的投资收益风险；对因上市公司及高管人员未履行信息披露或诚信义务造成的损失，有索赔的权利；对侵害股东权利的行为，有权依法向公司及责任人追究法律责任等等。

在终止上市阶段，投资者有责任承担因上市公司摘牌的投资收益风险，承担股份缺乏流动性的风险；要求上市公司在摘牌过程中严格按证监会要求披露信息；追究原上市公司因违法违规被摘牌对自身造成的损失。

由于证监会新的终止上市办法正在制定中，因此纲要在该阶段的责任规定将视情况予以调整补充。

允许企业年金进入证券市场

中国证监会基金监管部有关负责人在北京举行的“中国企业年金监管国际研讨会”上发言表示，企业年金的发展可以促进资本市场的发展，要放宽对企业年金的投资限制，允许企业年金进入证券市场。

该负责人发言指出，当前国际养老金市场正在发生一些新的变化，如养老责任由国家负担转变为更多地由企业和个人承担，养老金的管理转变为投资管理并进入证券市场等。他认为，中国企业年金是补充保险，属于多层次保障体系的一个部分，随着我国人口老龄化日趋严重，解决养老金管理的必要性日益迫切。

该负责人表示，中国企业年金的健康发展，需要从五个方面努力：第一，要为企业年金发展创造良好的宏观经济和法律环境，要完善相关的法律法规，如在税收方面给予优惠，给企业职工免交所得税；第二，要建立合理的年金治理结构。目前我国已经实施的《信托法》，为建立以委托管理为主的企业年金治理结构创造了条件；第三，要放宽对企业年金的投资限制，允许其进入证券市场，对其投资组合作出具体限制；第四，要建立集中化、专业化、市场化的投资管理体系，创造条件，规范管理，使证券公司、基金管理公司、寿险公司、各类资产管理公司及具备受托资产管理的专业机构从事企业年金的委托投资管理，同时培养企业年金的专业托管服务机构；第五，要进行技术创新，建立企业年金的比较完善的账户管理体系。

为新交易规则做准备 上证所进行技术测试

为落实新的交易规则做准备，上海证券交易所进行为期 30 天的技术测试，为此该所发出通知：

1. 新交易规则将于 2001 年 12 月 1 日起正式实施，为方便会员及营业部对各自系统进行技术测试，上证所主机房决定 11 月 1 日至 11 月 30 日期间每个交易日的 16:00～18:00 时提供落实新交易规则技术测试环境，其中，16:00～16:10 时为集合竞价时段，16:15～18:00 为连续竞价时段。

2. 如在测试过程中遇到技术问题应与上证所电脑技术部联系，电话：021－68802309。

3. 根据新交易规则的有关规定，测试中要重点注意以下变更：

(1) 收盘价：由现行的最后一笔成交价调整为当日最后一笔交易（含最后一笔交易）前一分钟所有交易的成交量加权平均价作为收盘价。

(2) 交易方式：B 股交易由现行的 T+0 回转交易调整为 T+1 回转交易，交收方式不变。

(3) 申报单位：B 股股票买入最小单位从现行的 1000 股调整为 100 股，证券投资基金可以卖出零星份额。即申报买入股票或基金，数量应当为 100 股（份）或其整数倍，不足 100 股（份）的股票或基金可以申报卖出。

(4) B 股大宗交易：大宗交易不纳入指数计算，成交量在收盘后计入该证券成交总量。该证券每笔大宗交易的成交量、成交价及买卖双方于收盘后单独公布。

(5) 债券开盘价：债券（国债、企业债、可转债）、债券回购的开盘价由现行的连续竞价调整为由集合竞价产生。

(6) 单笔申报数量进行如下调整：流通股份1亿以下的股票，单笔申报最大数量不得超过20万股；流通股份1亿以上（含1亿）的股票，单笔申报最大数量应当低于100万股。

4. 上证所近期将组织会员进行新交易规则的全程技术测试，具体时间和方式另行通知。

5.B股指定交易方式变更的时间另行通知。

瑞士股市的借鉴 《股票投资8项戒律》在京首发

2001年10月30日，由瑞士信贷金融服务部首席财务官欧文·海瑞博士撰写的新书《股票投资8项戒律》在京举行了首发仪式。

欧文·海瑞1983年获瑞士巴塞尔大学博士学位，1982年~1984年间曾分别赴美国密执安大学和斯坦佛大学做访问学者，历任巴塞尔大学统计学高级讲师及副教授，瑞士银行集团执行董事，丰泰保险公司首席投资官及首席财务官，现任瑞士信贷金融服务部首席财务官。他的《股票投资8项戒律》旨在向普通投资者提供一些基本和有效的指导。欧文·海瑞说，和其他许多国家不同，中国证券市场上主要的生力军是小额投资者。个人投资者的数量比机构投资者要多很多，而且他们受到了各种不同渠道咨询的影响。当然，这些咨询有好有坏，问题是怎样区分它们。如果想取得最大的投资回报率，最行之有效的办法就是制定一个严谨可靠的战略，从而实现对各种信息的筛选并加以利用。欧文·海瑞在此书中提供给读者的都是进行成功投资所必需的基本知识和技巧。

在中国市场上，这样的知识和技巧对个人和机构投资者来说都将有所帮助。一方面，中国经济在过去10年中的平均增长率为9.7%，这在新兴经济中首屈一指。同样，中国市场的形势也令人鼓舞。在过去4年中，A股和B股的平均增长率分别为15.5%和56.3%。但是在另一方面，中国市场还不够稳定。虽然A股本年度上涨了10.6%，但是却从最高值下降了30%左右，B股上涨了74.2%，但是也从最高点下降了35%。在这样一个高速增长和不稳定并存的市场上，一个好的投资计划是特别重要的。

《股票投资8项戒律》要点如下：第一，投资的必要性；第二，不能急功近利；第三，不要试图进行投机；第四，不要试图挑选某一只绝对正确的股票；第五，不要试图超越市场规律；第六，严谨的投资理论；第七，战略方针至关重要；第八，不要轻信任何人。这个“八戒”就是该书所能提供的投资法宝，相信通过阅读全书和研究实例会对我国的投资者有所裨益，这将帮助他们建立一个坚实的投资战略。

中国证券业协会出台 委托代理业务新规范

为了规范证券经营机构和投资者在证券交易委托代理业务中发生的权利义务关系，促进证券经纪业务的健康发展，中国证券业协会制定并于2001年11月5日正式颁布了《证券交易委托代理业务指引》(第1~4号)，并为此专门下发了有关通知。

《证券交易委托代理业务指引》(第1~4号)(以下简称《指引》)，分别为“风险提示书”、“证券交易委托代理协议书”、“授权委托书”、“网上委托协议书”。《指引》是证券经营机构和投资者签署相关法律文件的范本，也可以作为签约使用文本。

《通知》指出，各会员单位在本指引颁布实施之前自行制定的条款，凡与本指引内容不一致的，以本指引为准。本指引未作规范的内容，各会员单位可以依据有关规定，本着自愿、平等的原则自行制定相关条款。

据业内人士分析，该指引的发布实施，将有助于进一步规范券商的证券交易委托代理业务，有助于广大投资者防范各种风险，保护自身的合法权益。

深交所更新交易结算系统 证券代码由4位升到6位

深圳证券交易所于2001年11月12日启用新版交易结算系统，届时，深市证券代码、证券账户代码（股东代码）和席位代码一并升位。相关单位和投资者从11月12日起须按新代码进行操作。

具体升位规则包括：一是证券代码由4位升至6位。

其中A股证券代码（除0696、0896外）在原代码前加“00”，同时为避免与上海证券交易所挂牌国债重码，原代码0696（证券简称：“ST联益”）的新代码为001696，原代码0896（证券简称：“豫能控股”）的新代码为001896；B股证券代码在原首位代码“2”后加“00”；证券投资基金代码在原代码前加“18”；国债现货代码在原代码前加“10”；企业债券代码在原代码前加“11”；可转换债券代码在原代码前加“12”；国债回购代码在原代码前加“13”。

二是账户代码（股东代码）由8位升至10位，在原证券账户代码前加“00”，即为新证券账户代码；投资者持有的原8位股东代码卡继续有效，不需更换。

三是席位代码由4位升至6位，在原席位代码后加“00”，即为新席位代码；原席位分支代码自动转为新席位代码；B股特许经纪商的席位代码按深交所分配的新席位号进行转换。

深交所提醒各会员单位、开户代理机构、资金结算银行及相关联网用户须按照深交所《关于启用新版数据接口规范相关工作的安排》等通知的要求，做好准备工作。

从11月5日起直至新版交易结算系统启用期间，中国证券登记结算有限责任公司深圳分公司将暂停部分业务，11月12日全部恢复。

这部分业务包括：11月5日至9日暂停上市公司修改公司全称和证券简称；11月7日至12日不安排权益分派和配股登记的股权登记日；实时开户和柜台业务方面，11月9日11：30以后暂停办理A股、B股和特别转让证券账户的实时开户、挂失、资料修改和查询业务，以及实物股票托管、股份转让冻结等柜台非交易业务；11月9日起暂停股份质押；股份调账和席位整体转托管也自11月9日起暂停；另外，协助司法机关及其他有权部门办案也将于11月9日起暂停至11月12日。

深市三项业务改用新规定

自2001年11月12日始，深市证券公司股票质押登记业务、上市公司权益分派及配股登记业务、证券转托管业务等将遵循中国证券登记结算有限责任公司深圳分公司的相关业务运作指引进行实施，原深圳证券交易所关于此三项业务的细则同时废止。

关于证券公司办理股票质押业务，深圳登记结算公司要求证券公司需提前一次性向登记结算公司书面提交证券账户代码、券商席位代码及银行特别席位代码，否则申请不被受理；办理股票质押及解除质押登记业务必须采用交易系统报盘方式；证券公司和商业银行必须在同一交易日分别在各自席位报盘；办理股票质押和解除质押登记的当日，报盘后允许撤单。

关于上市公司权益分派及配股登记业务，新的指引与原办法相比的主要区别是，红股上市日、现金股利到达投资者账户日及配股缴款认购起始日由R+2日（R日为股权登记日）提前到R+1日；公众股的派息，增加了对机构投资者和个人投资者采用不同派息比例（缘于征收个人所得税）的功能；权益分派及配股所产生的零碎股或零碎权证，按数量大小排序，数量小的循环进位给数量大的股东，以达到最小记账单位1股；配股款的扣减由原来的一次性从证券公司清算头寸中扣减，改为认购期内逐日从证券公司清算头寸中扣减。

关于交易系统证券转托管业务，主要区别包括：一是投资者办理证券转托管，申报数据中未指定证券代码的，视同其所有证券转出（含当日买进证券）。指定证券代码而未指定证券转托管数量的，视同该券种全部转出（含当日买进证券）。指定证券代码同时指定证券数量的，登记结算公司确认后按投资者指令办理；二是权证可转托管。

上证所加强投资者教育工作 相关两个网站相继开通

今年以来，上海证券交易所不断加强并推进投资者教育工作。继今年7月成立“上海证券交易所投资者教育网络”之后，近日又开通了“投资者教育中心”二级网站（www.sse.com.cn/iec.htm），从而为投资者教育工作织起了一张有形和无形交织的网络。

在此这前，上海证券交易所早于去年就率先成立了“投资者教育中心”，帮助投资者增强市场风险防范意识，维护自身合法权益。为推动投资者教育工作在业界的深入开展，今年7月份，上证所联合中国银河证券和国泰君安证券等19家会员单位，组建了以上海证券交易所为轴心、覆盖全国的投资者教育骨干网络。该网络对网络成员的职责、网络任务和教育形式等作了明确规定，并建立起了一支联络员队伍，力争使该网络成为投资者教育的一个基地和一所学校。

在此基础上，近期上证所又充分利用自身技术的优势，以外部网为基础，正式建立起了“投资者教育中心”二级网站。据介绍，该网站内容涉及到投资者教育的动态信息、投资手册、教育丛书、报刊园地等内容。上证所“投资者教育中心”网站与上证所“投资者教育网络”19家成员单位网站中有关投资者教育内容的专栏都设置了链接，而各网络成员单位也将进行彼此链接，从而形成一张覆盖全国投资者教育的无形网络。

业内人士指出，上证所“投资者教育网络”的成立和“投资者教育中心”二级网站的开通，具有积极的示范意义。对于投资者教育网络的成员来说，可以利用这样一个平台，联合开展一些区域性或系统内的投资者教育活动，了解各成员单位的投资者教育工作的开展情况，达到沟通信息和交流经验的目的，有利于形成投资者教育的合力；对于投资者而言，网站的建立，使广大投资者特别是中小投资者，有了更多的学习、咨询以及反映问题的渠道，也便于投资者了解当前投资者教育工作进展的最新情况。

财政部部长助理、中国注册会计师协会秘书长李勇强调 采取多种措施强化执业标准

在财政部、证监会在京召开的“强化证券市场审计评估执业质量管理工作会议”上，财政部部长助理、中国注册会计师协会秘书长李勇强调，针对近几年股市曝光的上市公司造假案对上市公司和注册会计师行业信誉产生的严重影响以及对社会和公众造成的损害，中国注册会计师协会将加大监管力度，对造假者依法处理，决不手软，并将推出多种举措，强化行业执业标准。

李勇指出，伴随着我国证券市场的迅速发展，注册会计师、注册资产评估师对上市公司进行审计、评估，在很大程度上维护了上市公司会计信息的质量和证券市场的秩序。近几年来，我国注册会计师出具非标准无保留意见的审计报告比率明显上升：1996 年为 9.06%，1997 年为 13.29%，1998 年为 17.51%，1999 年为 19.7%，2000 年为 16.3%。这些信息及时提醒了投资者，对防范市场风险起到了积极的作用。注册会计师对上市公司错误和虚假的会计信息提出审计调整，挤掉了证券市场中的不少泡沫和水分。据不完全统计，注册会计师对上市公司 2000 年度会计报表审计中，总计审计调减资产总额 454.5 亿元，审计调减主营业务收入 79.6 亿元，审计调减主营业务成本 30.2 亿元，审计调减利润总额 84.7 亿元。

李勇同时指出，我国处于发展阶段的注册会计师、注册资产评估师行业所存在的许多问题，与社会公众的期望和职业要求还存在明显差距。中注协将针对证券市场每一起会计舞弊案及审计、评估失败案例，进一步推出多项举措，强化注册会计师行业的执业标准。这些措施主要有：严格资质管理，建立退出机制。中注协将加强对证券市场审计、评估业务的资质管理，严把入门关，并要实行严格的退出机制。最近，财政部与证监会联合发布了《注册会计师、会计师事务所证券期货相关业务许可证年检办法》，将对注册会计师、会计师事务所的证券许可证实行年检制度。此外，证券市场评估业务的准入及退出制度也即将出台。

遵循准则，严格业务质量管理。中注协将通过宣传和培训，促使注册会计师、注册资产评估师以诚信为本，操守为重，严格遵守独立审计准则，不断提高专业胜任能力，以避免不必要的审计、评估风险。同时，还要通过加大业务质量检查力度和业务技术培训力度，严格事务所的业务质量管理等。需要强调的是，尽管我国会计报表审计的目标是会计报表的合法性和公允性，但注册会计师仍然要把相当一部分精力放在侦查重大的舞弊案上，揭露重大舞弊案是注册会计师不可推卸的责任。

加强监管，改善和完善行业管理体制。一方面要进一步严格依法惩处，建立健全行业监管体系。首先要严肃查处虚假资信证明、虚假评估、虚假鉴证等违规违法行为；二要加强“联手”监管力度，建立中注协和政府部门在监管和惩处工作上的“互动”联手合作机制，强化行业监督的权威性；三要倡导司法介入，切实维护社会公众的合法权益；四要完善监管制度，尽快实施业务报备制度，完善“同业互查”制度，积极实行业内谈话提醒制度和通报制度等，丰富监管内控、监管手段和监管方法。另一方面要切实加强监管机构和监管队伍的建设。中注协将加强对上市公司审计评估业务、金融保险审计业务的监管，争取三到五年内将所有的重点监管目标过滤一遍，排除各类审计、评估风险。另外，要明确定位，理顺关系，深化行业管理体制改革。根据目前注册会计师行业发展的实际状况和入世后面临的新形势，改革行业管理体制，改进协会各级管理组织的建设，各级理事会均要经由选举产生，以提高协会决策机构的代表性和议事能力。

推行合伙制，增强事务所的风险意识。要全面推进会计师（审计师）事务所由有限责任制向合伙制的转化，建立健全注册会计师、注册资产评估师职业保险制度，酝酿实行合伙人财产登记制度，提高合伙人的风险意识。

强化职业道德建设。在开展后续教育时，不仅要讲授专业知识、训练专业技能，还必须学习职业道德知识，特别要抓好敬业教育、乐业教育、勤业教育，使广大注册会计师、注册资产评估师保持应有的职业道德水平。

中国注册会计师协会发出通知 做好2001年上市公司 年度会计报表审计

中国注册会计师协会发出通知，要求各具有从事证券、期货相关业务许可证的会计师事务所做好2001年上市公司年度会计报表审计工作。

通知要求，各具有从事证券、期货相关业务许可证的会计师事务所应当吸取“银广夏”等事件的教训，对本所注册会计师及从业人员进行一次职业道德教育，提高风险意识、责任意识，切实制定和完善事务所各项执业规范和管理制度。在2001年上市公司年报审计开始之前，各事务所应当组织业务骨干成立专门小组，对所从事的以前年度上市公司年报审计业务进行认真自查，对自查中发现的问题，及时加以改正并向中注协报告。各事务所应对本所现有的上市公司客户重新进行筛选，评估客户的诚信度和审计风险，并决定是否继续承办其2001年度审计业务。为保证2001年上市公司年报审计质量，提高审计效率，各事务所应提前做好上市公司预审工作，并委派具有胜任专业能力的人员组成审计小组。同时，各事务所应当严格执行财会［2001］1035号文的规定，事务所主任会计师、副主任会计师或合伙人中至少有一人在2001年上市公司年报审计报告中签字。事务所负责人应当加强对上市公司年报审计项目的质量控制，并按照中国注册会计师协会有关业务的要求，将2001年上市公司年报审计情况及时上报。

通知强调，从事上市公司审计业务的注册会计师应当按照职业道德准则的要求，不得同时兼任该上市公司的财务顾问或其他与执行审计业务有利益冲突的职务。

中国证监会表示 积极稳妥推进外商投资企业 在境内上市

中国证监会与外经贸部近日联合发布了《关于上市公司涉及外商投资有关问题的若干意见》，对境内外商投资企业发行上市股票行为予以规范。中国证监会表示，这一政策对完善我国证券市场上市公司结构、促进证券市场的规范和发展、增强我国对外资的吸引力将起积极作用。

中国证监会表示，将支持致力于在我国境内进行长期业务发展、运作规范、信誉良好、业绩优良的外商企业进入证券市场。国际知名的跨国公司利用境内资本市场实现更好的发展，可以起到示范作用，促进更多优秀外商企业在我国发展，有利于改善我国利用外资结构。

中国证监会将本着“公开、公平、公正”的市场准则和按“国民待遇”的原则稳妥地进行外商企业发行上市审核工作。针对外商投资企业的特点，证监会正在积极研究和探讨有关其发行股票和上市带来的新问题及相应的办法。

中国证监会将会同国务院外资管理部门和有关地方政府共同工作，进行外商投资企业发行人民币普通股并上市试点，积累监管经验，逐步推出一整套外商投资企业发行上市规则，使符合规定条件的外商投资企业按程序申请在境内上市。

财政部证监会要求提高 证券市场审计评估质量

财政部、中国证监会今天在北京国家会计学院联合召开强化证券市场审计评估执业质量管理工作会议。会议要求全面提高证券市场审计评估执业质量。

财政部部长助理、中国注册会计师协会秘书长李勇在会上说，近几年股市曝光的上市公司造假案，对上市公司和行业的信誉都产生了严重影响，对社会和公众造成了很大损害。对此，一方面我们要加大监管力度，对造假者依法处理，决不手软；另一方面，也不能消极地认为，出了一些恶性事件，整个注册会计师、资产评估行业就不行了。为强化行业执业质量管理，必须严格资质管理，严把入门关，建立退出机制；遵循准则，严格业务质量管理；加强监管，改革和完善行业管理体制。要推行合伙制，增强事务所的风险意识，强化职业道德建设。

财政部发布中期财务报告会计准则

财政部已发布了《企业会计准则——中期财务报告》，这份准则将从2002年1月1日起在所有上市公司中施行。

据了解，该准则主要对中期财务报告概念的界定、中期财务报告至少应当包括的内容、编制中期财务报告时应当遵循的确认和计量原则等作了严格规范。这份准则于相关国际会计准则在中期财务报告的编制方法和信息披露等重要方面，均取得一致。不仅如此，针对相关国际会计准则在某些领域的空白，该准则结合我国的实际作了明确规定。

据介绍，中期财务报告准则的发布实施，将有利于规范上市公司的行为，有利于保护广大投资者的利益，促进证券市场健康发展，进一步提升我国会计准则国际化水平。

PT金田 国际实业 银基发展 ST白云山 万家乐 公布重大事项

PT金田董事局审议通过了如下事宜：关于将金田磁技术公司生产线租赁予粤鑫源公司经营的议案。为了盘活资产，减少亏损，根据董事局的授权，公司经营班子将PT金田下属的深圳金田磁技术有限公司3.5英寸软磁盘生产线、注塑生产线及相关配套设备出租给深圳市粤鑫源实业股份有限公司经营，租赁期为3年，租金每月50万元人民币（含设备折旧费），由2001年7月1日起计。

深圳市粤鑫源实业股份有限公司成立于1997年11月，注册资本1000万元人民币，企业类型为有限责任公司，经营范围是兴办实业、国内商业、物资供销业。截至2001年9月30日，该公司总资产为3301万元，净资产为1921万元。PT金田公司与该公司无关联关系。

国际实业董事会审议通过了《关于与新疆屯河股份有限公司在每笔不超过5000万元总额不超过1亿元额度内进行贷款互保的议案》；根据公司经营发展的需要，按照中国证监会《关于上市公司为他人提供担保有关问题的通知》的规定，公司拟与新疆屯河股份有限公司在每笔不超过5000万元总额不超过1亿元额度内提供对等的贷款互保。新疆屯河股份有限公司是1996年上市的股份有限公司，在自治区经济中有较好的影响力，并有良好的经济效益和信誉，双方互为担保，将进一步扩大双方的融资能力，促进企业更好地发展。

公司董事会还审议通过了《关于建立独立董事制度的暂行办法》。根据证监会《关于在上市公司建立独立董事的指导意见》，独立董事是指不在公司担任除董事外的其他职务，并与其所受聘的上市公司及其主要股东不存在可能妨碍其进行独立客观判断的关系的董事。公司将引入独立董事，旨在改善公司的法人治理结构，完善公司在经营管理中的公正性、公开性，提高公司运作各环节的法律严谨性，规范董事会议事程序，保护股东、尤其是中小股东的合法权益。

银基发展为实现公司关于加快土地整理项目开发，尽快实现投资回报的经营战略，鉴于公司目前浑北土地整理项目实施进展情况，公司在积极推进土地整理工程的同时，积极组织整理后的建设用地销售工作。公司董事会议审议并通过了公司拟签署的《土地使用权转让合同》。

银基发展作为甲方与沈阳瑞海投资管理有限公司（乙方）根据《中华人民共和国土地管理法》、《中华人民共和国城镇土地使用权出让和转让暂行条例》，定立土地使用权转让合同。本次转让价格为双方在参照北京国地不动产咨询中心出具的GD2001—82—GF24土地估价报告的基础上，考虑到乙方的付款方式和付款期限，经友好协商，确定该宗地转让价格为每平方米2300元，合同总价款为39652万元。转让条件为经过甲方土地整理，该宗地办理移交时至少应达到通路（砂石路）、通水（上水）、通电（临时施工用电），场地平整和基本的绿化环境。付款方式为本合同签署生效后10日内，乙方将购地价款23791.2万元转入甲方指定的银行账户；其余价款分两次付清：2002年10月30日前支付5000万元；2002年12月30日前将余款10860.8万元全部付清。

ST白云山公布公告称，广州医药集团有限公司于2000年11月经广州市政府正式批准托管广州白云山企业集团有限公司。2001年7月，财政部同意将广州市国有资产管理局持有的公司10890万股国家股无偿划拨给广州医药集团有限公司持有，接广州医药集团有限公司通知，广州医药集团有限公司成为公司控股股东后，已着手开展对公司的资产重组工作及债务重组工作，包括就债务减免、担保解除、资产置换等与公司债权人进行协商。目前，各方未就有关资产重组和债务重组事项达成任何协议，也无实质性资产重组方案，公司将根据有关事项的进展情况及时履行持续信息披露义务。

万家乐董事会就顺德市投资控股总公司偿还公司3亿多债务的问题进行讨论，并达成以土地解决债务的初步意见。公司与顺德市投资控股总公司、顺德市房地产物业管理公司就土地抵偿债务问题达成框架协议：顺德市房地产物业管理公司以其名下位于大良镇云近区6、7、8、21号地块的土地使用权，土地面积总额为11.51万平方米，用于抵偿顺德市投资控股总公司对公司的债务，具体交易价格将参考专业中介机构的资产评估结果协商确定。目前，相关工作仍在进行中。本次交易尚需报请顺德市公有资产管理委员会（顺德市投资控股总公司、顺德市房地产物业管理公司的主管部门）批准。

深万山A ST猴王 南宁糖业 公布重大事项

深万山A第一大股东深圳市城市建设开发（集团）公司（深圳城建）与西安交大开元科技投资有限公司（开元投资）、陕西奥达建筑工程有限公司（奥达建筑）分别于11月6日、11月7日签署了《股份转让协议》。

深圳城建拟将所持公司的国有股3700万股协议转让给开元投资，每股转让价格2.7元，股份转让价款共计9990万元；拟将所持公司的国有股1800万股协议转让给奥达建筑，每股转让价格2.7元，股份转让价款共计4860万元。若本次股权转让成功，开元投资将持有公司3700万股，占公司总股份的27.04%，成为公司第一大股东；深圳城建仍持有公司国家股3603万股，占公司股份总额26.32%，为公司的第二大股东；奥达建筑将持有公司1800万股，成为公司第三大股东。本次股权转让协议等国家有关部门批准后正式实施。

ST猴王公布公告称，根据宜昌市夷陵国有资产经营公司与上海国策实业发展有限公司签订的《股权转让协议》，由宜昌市夷陵国有资产经营公司持有的公司国家股2400万股转让给上海国策实业发展有限公司持有，转让价格为0.10元/股。现湖北省财政厅已作出同意批复，此文件将上报国家财政部审查。

南宁糖业董事会日前审议通过了三项议案。一是关于SAP复合纤维超级吸水材料项目的实施方案。南宁糖业拟与丹麦DAN－WEB公司、丹麦发展中国家工业化基金会、香港新丰亚洲发展有限公司、南宁华侨投资区经济开发总公司共同出资成立中外合资公司，建设SAP复合纤维超级吸水材料项目，总投资2600万美元，其中注册资本1800万美元，南宁糖业以人民币现金出资，占61.67%。二是关于与侨凤卫生制品有限公司重组的议案。南宁华侨投资区经济开发总公司、南宁市对外经济开发总公司以原侨凤公司经评估后有形资产及无形资产作价1500万元人民币，南宁糖业拟利用配股资金出资3000万元人民币，通过舒雅3＋1护理产品系列工程项目的建设重组侨凤卫生制品有限公司。重组后的侨凤公司注册资本4500万元人民币，其中南宁糖业占66.67%。三是关于投资参股湖北侨丰物资贸易有限公司的议案。南宁糖业利用自有资金拟投资1200万元参股该公司，增资后的侨丰公司拟更名为湖北侨丰投资发展有限公司，注册资本6200万元人民币，南宁糖业占19.35%。

京东方A　金融街　天歌科技　福地科技　公布重大事项

京东方A因公司国有法人股股东北京电子管厂实施债转股，原北京电子管厂持有公司的32542.9万股国有法人股分别划转给北京京东方投资发展有限公司（京东方投资）和北京东电实业开发公司（东电实业），京东方投资持有公司国有法人股29205.9万股，东电实业持有公司国有法人股3337万股，上述股权划转已经财政部批复。本次国有法人股划转完成后，京东方投资成为公司的第一大股东，东电实业成为公司的第二大股东。

金融街董事会同意向民生银行北京工体北路支行申请5000万元人民币1年期借款，用于金融街G4项目建设。同意根据公司业务发展的需要，向交通银行北京分行申请3000万元人民币1年期借款，用于金融街B区建设。此项借款为“过桥贷款”，公司可依据资金周转情况，提前还款。

天歌科技日前公布公告称，新疆克拉玛依经贸公司拖欠公司货款一案已于1999年11月判决天歌科技公司胜诉（诉讼标的：货款8651514.20元，间接损失2837012.00元，应当履行而未履行合同义务涉及29316475.00元）。后应该公司请求转入和解，但无进展。今年，天歌科技要求以1999年南充中级法院的判决为依据进行强制执行。在南充市中级人民法院强制执行下，目前已取得一定进展，已冻结大约140万元的现金及货物，余款仍在执行当中。

福地科技公告称，广东省东莞市中级人民法院曾对公司与北京华通理邦科技发展有限公司技术转让合同纠纷一案做出判决。后北京华通理邦科技发展有限公司对该判决结果不服，上诉到广东省高级人民法院。广东省高级人民法院判决驳回上诉，维持原判；二审案件受理费31510元，由上诉人北京华通理邦科技发展有限公司负担；本判决为终审判决。此外，福地科技已获得赛宝环境管理体系认证中心颁发的ISO14001认证证书；公司控股子公司广东福地日合偏光器件有限公司已获得赛宝质量体系认证中心颁发的质量体系认证证书和质量管理体系认证证书。

证券市场机制创新与改革

我国证券市场民事赔偿制度的创新

证券市场违法违规行为的最大受损者往往是市场中的中小投资者，而作为现代证券市场的基石，数量众多而分散的中小投资者对证券市场的发展有着重要意义；对此，国外成功经验表明，健全的民事赔偿制度乃是一条重要保障。民事赔偿制度的功能在于补偿和救济证券市场中的受害人，使证券侵权人与受害人之间已经失衡的利益关系恢复原状，从而保护投资者利益并维护其对证券的信心和认同。具体来看，我国证券市场民事赔偿责任应从以下几方面进行制度创新：

（一）市场理念进行创新

成熟市场经济中的证券市场理念认为，证券市场是投资者获取回报的场所，保护投资者利益是其惟一宗旨，即股东本位论。因此，在我们证券市场的理念从政府本位论转变到企业本位论之后，应积极推动其向股东本位论转变。

（二）立法宗旨进行创新

在市场理念从企业本位论向股东本位论转变的过程中，我们的证券立法应逐渐转移到保护投资者合法权益不受侵犯的出发点上来：私法是证券法的主要性质，保护私权、救济私权是其主要宗旨。作为私法公法化的体现，证券法设置一定的行政与刑事责任是完全必要的，但我们决不能因此而淡化甚至排斥民事赔偿责任的作用。行政与刑事责任重在打击证券市场违法违规行为，恢复正常的交易秩序，其直接救济的仅仅是公共秩序，而非私人权益。而民事赔偿责任重在补偿和救济受害人的权益损失，使侵权人与受害人之间失衡的利益关系重新恢复平衡，从而实现法律的公平与正义。

（三）过错归责与举证责任进行创新

我国证券法律认为，作为侵权受害人，投资者在充当原告时与作为侵权行为人的被告之间并无契约存在，因此，这种诉讼的性质属于侵权损害赔偿责任之诉，而根据一般侵权之诉讼原理，适用过错责任归责原则，也即“谁主张，谁举证”。因此，作为侵权受害人的中小投资者，应证明以下几点存在：侵权人主观上有过错、侵害行为与侵害结果的存在以及侵害行为与结果间存在因果关系。但事实上，证券市场上的侵权行为并不是普通的侵权行为，其举证难度要远远大于一般侵权行为；中小投资者较之侵权人，无论在资金、信息还是知识、经验方面都是绝对弱者，当其自身权益受到侵害时往往无法与之抗衡。因此，为切实有效地对受害投资者提供民事救济，我们可以借鉴国外证券立法的成功经验，将证券市场违法违规行为视为一种特殊侵权行为，适用过错推定归责。所谓过错推定归责，即将过错的举证责任转移给侵权诉讼的被告，减轻原告的举证责任，从而体现证券法的救济私权宗旨与公平正义原则。

（四）监管部门介入方式进行创新

在证券市场侵权行为发生后，中小投资者往往缺乏查证案情所必需的技术条件和取证手段，甚至连自己为侵权行为所损害也不得而知，即使有所察觉也限于诉讼成本、自身实力等而难以完成复杂的调查取证工作；而且，中小投资者众多且金额较小乃是我国证券市场的一个基本现状。因此，法律应规定证监会对侵权行为的调查及处罚可以成为投资者的起诉依据；而中小投资者只要证明自己遭受损失，并且这种损失是由侵权行为引起即可。证监会的适时介入既可以实现对公共秩序的救济，又能排除中小投资者作为原告举证不力的障碍，从而体现国家对私权的救济。因此，证券法应设立这样一种救济私权的法定机制，即证监会对中小投资者的投诉负有调查事实的义务，而调查的结果，既是对侵权人实施行政、刑事处罚的依据，也是对中小投资者私权救济的证据支持。而且，为保证证监会的调查顺利进行，法律应赋予证监会更多的调查权力，如到法院申请搜查令，逮捕嫌疑人，还可以到银行清查户头等；否则，调查权力的狭窄必然使其对私权救济的力度大打折扣。

（五）民事赔偿顺序进行创新

在处理行政没收非法所得及罚款与民事赔偿责任赔偿之间的关系时，我们可以借鉴国外经验，实行民事赔偿优先的原则。证券市场的侵权行为首先体现在对投资者的损害上，所以应当对私权充分救济后再让侵权人承担社会责任，否则受损的是投资者，赔偿得益的却是政府，这将会使事情显得十分滑稽，维护正义的制度却最终损害了正义。

（六）组建基金会

在民事赔偿制度的创新中，组建基金会是一项重要措施，这一点中国证监会首席顾问梁定邦先生也曾多次提及。构建基金会制度，具体操作方法是：基金会以社团法人身份在民政部门注册，然后以自有资金分别买入所有上市公司一定量的股票，然后以股东身份要求上市公司规范运作。如果基金会认为上市公司存在疑点，可以股东身份参加股东大会，针对公司可疑行为请求作出说明；若公司的说明不能令人满意，可要求将此说明列入会议记录，根据记录请求法院宣布通过的决议不合法。如果上市公司发生重大违规，基金会将登报邀请受害的其它善意投资者，委托基金会对公司进行集体诉讼，从而维护投资者的合法权益。

我国证券公司的集团化战略

2001年6月《证券公司管理办法》（征求意见稿）的对外公布，引发了我国证券公司对实施集团化战略的极大兴趣。《办法》规定，证券公司在绝对控股的情况下，可申请设立经营经纪、网上经纪、投资银行、资产管理、证券咨询等业务的子公司，经批准可发起设立或参股其他证券公司、基金管理公司、期货公司、境外中资类证券机构、风险投资公司等。这些规定为我国证券公司实施集团化战略创造了有利的条件。

（一）集团化：我国证券公司面对入世的现实选择

与国外著名券商相比，我国证券公司普遍规模偏小，业务结构雷同，竞争力偏弱。实施集团化战略，有助于提升我国证券公司的竞争力，迎接入世的挑战：

1. 实现规模经济性。

证券公司通过开展集团化经营，可以以控股的形式控制众多的子公司，发挥资金的杠杆效应，控制规模更为庞大的资产；通过高效资产对低效资产的并购，优化证券行业的存量资产，提高证券业的集中度。

2. 提高产品差别化程度。

利用控股公司机制，证券公司可以开展横向并购活动，以壮大某项或某几项业务的竞争能力，形成强而有力的核心产品，更大限度地占领某一细分市场。在集团内部，不同分支机构基于公司的核心竞争力，侧重于不同的业务领域，有利于形成具有差别化的产品系列。

3. 有效防范经营风险。

我国证券公司目前实行的总公司—区域管理总部—营业部的管理体制本质上是一种总分公司体制，区域管理总部、营业部都不具备独立的法人资格，只能是不负盈亏的分公司，使得总公司对其行为必须承担无限责任。而采取控股公司的模式，实施集团化战略，按照不同的业务种类设立子公司，由于子公司是独立的法人实体，依据其注册资本的大小承担有限责任，无疑在母子公司之间设立起一道防火墙。

（二）我国证券公司集团化的组织架构

我国证券公司实施集团化战略，必须以控股为基本手段，实现从以总分公司体制为主要脉络的组织架构向以母子公司体制为主要脉络的组织架构转变。现有证券公司通过自身繁衍或股权并购，形成母公司，主要负责集团的投资决策和管理，作为集团的核心层；母公司以自身拥有的资产入股，建立不同业务种类的控股子公司，现有的区域管理总部、营业部通过整合，或者继续作为直属的分公司，或者将资产划归相应的子公司，这些控股子公司及分公司形成集团的紧密层；对于母公司投资入股，但没有达到控股地位的子公司，形成集团的半紧密层；此外，母公司还可以通过业务合作协议，与相关的银行、高校、科研机构等结成相应的策略联盟，建立长期合作关系，形成集团的松散层。

集团各分支机构之间应尽可能避免业务范围重叠、交叉，以消除内部无序竞争。独立性强、潜在风险大、达到了规模效应、相对成熟的业务种类，如资产管理、自营、投资咨询等业务，成立相应的专业子公司负责经营。关联性较大的几项业务，可以由一个子公司负责经营，如投资银行子公司同时负责证券承销、企业并购等业务。对营业网点依存度较高，或者单独成立子公司尚缺乏规模优势的业务，如经纪业务，由以地域分工为基础的各区域管理总部及其下属营业部进行运作。

（三）我国证券公司集团化的融资战略

《办法》允许证券公司公开发行股票、债券及其他有价证券，突破了原来主要依靠私募形式的增资扩股来筹集资金的框框，为证券公司开展集团化提供了有力的融资手段。

通过股票公开上市，证券公司不仅可以迅速充实资本金、改善资产负债结构、降低财务风险，而且可以通过引进大量的社会公众股东，改变单纯的法人股的局面，增加股权的流动性，规范内部治理结构。证券公司既可以直接上市，也可以买壳上市。就直接上市而言，证券公司让其他证券公司担当其上市辅导人和承销人，往往陷入了必须向竞争对手吐露心声但又不愿吐露心声的尴尬境地。解决这一问题，除了需要监管层出台相关的保密规定外，证券公司之间也应建立长期的战略合作关系，或选择相关联的证券公司（如两个证券公司的大股东为同一个机构）作为自己的辅导人和承销人。证券公司也可以通过收购上市公司作为壳公司，再以反向兼并的方式注入自身的有关业务和资产，通过壳公司的增发新股或配股的方式，最终达到间接上市的目的。证券公司买壳上市一定要讲求壳资源的质量，尽量选择与自身业务关联性、兼容性大且资产质量优良的上市公司作为壳资源。

我国证券公司在实施集团化战略中，举债融资的空间很大。由于债券需要到期还本付息，因此需要根据公司及证券市场的现状及发展趋势合理确定好发债规模和还款期限。

证券公司之间的并购活动是证券公司实施集团化战略有效的融资方式和组织方式。并购融资具有形式灵活多样、规模集成迅速、节约融资成本等特点，也是未来我国证券公司实施集团化战略重要的融资方式。

以结构改革解决股市难题

中国的股票市场作为一个新兴市场，有两大特点：一是发展快，平均每年新增 100 家上市公司，每年的市值平均翻一番；二是价格高，其平均市盈率 50 多倍，比国际平均水平高 2~3 倍。现在中国的股市已经成为投资者头上的一条悬河：一边是大量国有企业需要改组盘活，亟待上市的压力；一边是城乡居民近 5 万亿储蓄存款亟待寻求投资出路的压力。处理不好，决口了，那么淹掉的不仅是 6000 万股票投资者，还有中国经济持续高速增长的前景。

必须采取结构性措施，对股市进行综合治理，从股价回归内在价值入手，采取配售法促进股价的软着陆。中国的股价偏高，究其根源，是由于新兴市场股票供给不足，资金大于需求而哄抬上去的。现在股票越发越多，供求矛盾大量释放，出现了老股贵、新股贱的畸形结构。随着股票价格的下挫，原有股票投资人的利益受到了极大的损害，居民投资股票的热情受到了严重挫伤。采取按已流通股票市值对其持有人配售新股的方法，是解决这一难题和疏导股价畸高矛盾的一个好方法。主要是按加权平均水平由流通股持有人优先选择配售国有减持股、法人流通股和新发行股票，增加已流通股票的间接经济价值，逐步稀释高股价风险。

与股价悬河同样危险的，是中国证券市场已经步入春秋战国的混乱局面。证券公司像雨后春笋般设立，证券营业部已经供过于求，有些证券交易营业部门可罗雀。供过于求的证券机构必然导致不计成本的过度竞争，主要表现在三个方面：一是证券公司过多、过小，社会资源被大量浪费，国际竞争能力荡然无存。二是业务发展的空间狭小，界线模糊，高风险业务增长迅猛，不少证券公司已经把家当压在了高风险的违规经营上，根本经受不起股价暴跌的打击。三是取费标准失控，返佣回扣成风，全行业的核心竞争资源严重流失，券商互挖墙角，营业成本不断提高，平均利润直线下降，全行业在盈亏平衡线上徘徊。从稳定持续发展资本市场的大局出发，必须对中国证券业抓紧进行全行业的结构重组和整顿。一是证券公司的总数大力压缩，重点培育 3~5 家大证券公司至国际大公司规模并提高相应的竞争能力，使中国的证券行业的龙头企业的规模和素质接近和达到全世界十强水平。二是削减证券交易营业部，基本消灭微利和亏损营业部。大力发展网际交易和银证联办的委托交易业务，降低交易成本。三是成立证券从业公会，统一取费标准，对擅自降低取费的单位追究经济责任，对负责人追究刑事责任。

中国证券市场更深层次的矛盾，是上市公司本身的规模偏小、效益偏低、投资价值渺茫。这是在计划经济向市场经济转轨的过程当中形成的，是监管部门控制不力造成的，也是中介机构弄虚作假造成的，投资者不应承担责任。这个问题不抓紧积极解决，不仅会影响股市的稳定健康发展，还会最终酿成严重的金融危机，诱发破坏社会稳定的大患。

中国的证券市场经历了10年突飞猛进的发展，取得了举世瞩目的成就，同时也积累了尖锐的矛盾和严重的问题，已经到了进行自身改革重组、化解危机的时刻。无论是从金融监管部门的角度，还是从市场参与者的角度，大家都应当重视当前股市悬河所蕴藏的危机和机遇，痛下决心，以改革的手段，解决改革中出现的难题。通过结构性变革，完成中国资本市场的规范和升级，化挑战为机遇，为中国经济今后的持续高速增长，铺设可靠的轨道。

证券市场经验借鉴

某国有企业首次发行股票的请示

以下是一个国有企业改组、通过募集方式设立股份公司的“请示”(节选):

××××厂关于设立股份有限公司并公开发行17000万A股的请示

××省证管办:

为适应社会主义市场经济的需要,进一步转换企业经营机制,利用资本市场筹集资金,加快××××厂的发展,现由××××厂独家发起,募集设立××××股份有限公司(以下简称“股份公司”),并申请向社会公开发行17000万股人民币普通股(A股)(包括1700万股公司职工股)。现将有关情况报告如下:

一、××××厂概况(略)

二、资产重组及股权结构(略)

三、重组上市的必要性和可行性

1. 必要性。

(1) 重组上市可以使××××厂尽快建立规范的现代企业制度,提高管理水平,实现两个根本性转变,最终改造为产权清晰、权责明确、政企分开、管理科学的现代企业。

(2) 重组上市可以为××××厂开辟新的筹资渠道,缓解资金不足的矛盾,提高现有产品开发水平,增强企业的经济实力和市场竞争能力。

(3) 重组上市可以使××××厂培养一批适应市场经济的企业管理人才,提高企业整体素质。

(4) 重组上市,实施购并计划,可以扩大××××厂经营领域,增强企业综合实力。

2. 可行性。

(1) ××××产品是国民经济活动中不可缺少的重要能源,是国家重点发展的基础产业,符合国家产业政策。

(2) 本次拟发行的股票限于一种,为人民币普通股(A股),同股同权。

(3) 本次发行成功后,总股本68000万股,每股面值人民币壹元,计68000万元,超过5000万元。

(4) 发起人拟认购51000万股,占发行后总股本的75%,超过35%。

(5) 本次拟向社会公众公开发行17000万股,占拟发行总股本的25%,不低于总股本的25%,其中向公司职工配售1700万股,不超过社会公众股的10%。

(6) 发起人在近三年无任何违法行为。

(7) 截至1997年9月30日,拟设立股份公司的净资产为78197.08万元(评估后),占总资产121369.89万元(评估后)的64.43%,超过30%。

(8) 拟设立的股份公司连续三年盈利。

四、拟设立股份公司情况(略)

五、筹资规模(略)

六、募集资金投向(略)

依据《公司法》等法律法规规定,设立发行股票的实质条件主要有:①生产经营是否符合国家产业政策;②是否同股同权;③发起人认购的最低股本比例;④发起人认购的最低资本金额;

⑤向社会公众发行的最低股本比例；⑥发起人近三年不得有重大违法行为等。也就是以上“请示”中“股票发行可行性”的1至6项。

对于原国有企业改组设立股份公司，除了上述一般的6个条件外，还必须增加两个条件：①净资产占总资产、无形资产占净资产的比例有比较严格的要求；②拟设立的股份公司近三年连续盈利，而不仅仅是“发起人在近三年无任何违法行为”。也就是上例中“股票发行可行性”的(7)至(8)项。

温莎的基金操作技巧

约翰·奈夫，这位“市盈率”鼻祖是当今最出色地追求“价值”的基金经理人，他被人们誉为“低本益比射手”，经营温莎基金24年。直到1988年，温莎基金的复利投资报酬率为14.3%，而史坦普股价指数同期的报酬则为9.4%。在过去20年里，他也掌握双子星基金，一个封闭型双重目的的投资公司，其投资报酬也是市场的两倍。还有在他超过10年的经营的资格红利基金的投资报酬率同样也是市场的两倍。每年奈夫经营基金表现几乎都名列所有基金排名的前百位中的五名之内。这充分显示出奈夫的理财能力，远非一般人能相比得了的。

而更令人吃惊的是，虽然奈夫现在掌管巨额资金，却仍能保持优异的债效。

许多年来，他所掌管的温莎基金一直被列为数十亿美元基金的榜样。在1988年底，它所累积的60亿美元资产已经使其成为全美最大的资产与收益基金之一。

奈夫的确是个追求“价值”的人：只有当一支股票的价格下跌到很低，而且表现极不佳时，他才会进场买入，如果他认为某支股票的价格太高，在市场上仍十分抢手，就会毫不迟疑地将其卖掉。

他买的股票通常都是比较无趣的，或照他所说，是被误认为不吉利的那一类。如果股票的市价已上涨到合理水准或甚至超过其应有的价值，即是卖出的时机。单从这一点而言，奈夫是个典型反向思考者。

约翰·奈夫对于收益的观点有自己的看法，他认为市场通常会以过高的价钱购买成长股。但是这类股票有两种缺点：

1. 它们的夭折率很高，当它们的潜能被认定之后，通常成长率不会持续太久。

2. 投资现在正发放价厚股利的低成长股，投资报酬率可能会更高。

奈夫用举例法阐述自己的观点。

如果你在元月1日买进一支股票，其盈余和股价一年会涨15%，但是为了这支成长股的业绩成长，公司必须将所有现金进行再投资。因此，你几乎没有股利收入。到了12月31日，你只能希望通过资本利得而拥有15%的获利。

反之，你如果持有一支成长率较低的股票，例如10%，由于公司不需要支撑高成长率，就能发放5%的合理股利，到了年底，你的财富同样比年初时增加15%，其中部分原因是股票价格随着盈余成长而上涨10%，另外则是已经握在你手中的5%股利。

两者相比较，奈夫认为后者较实际，因为其确定性比较高。而更多的时候，股利收入要比资本利得付出更高的税额，因此，税后成长率的吸引力较大。然而，目前两者的税额差不多。不管怎样，在奈夫经营的基金中，有相当大的比例是由免税资金所组成的。

一般情况，基本经理人比较重视成长率的原因，除了免税考虑以外，还有是因为最近个别投资人，只以资产增值来衡量自己的成绩。评估投资组合时，投资人也只喜欢看到巨额的资本利润，而往往忽略其所获得的股利收入。

只有当投资机构主导市场，总投资报率才变成衡量标准。而奈夫却反其道而行之，他的经营之法，就是重视往往被投资人忽略的股利收入。

约翰·奈夫尽管管理温莎基金20多年，他却仅限于默默地工作，不追名逐利。

他住在宾西法尼亚州贝尔温市，鲜为投资圈外的人所熟知。理由是他是一个身材适中、满头灰发而且外表平常的人，行为举止一点也不像华尔街大亨，却像是一名来自中西部的经理。他穿着不追求时尚，普通又有点不修边幅。办公室内没有华丽的排场，反倒像大学里系主任的家，只充斥着杂乱无章的纸张。他不会在报纸中出现，更不写无聊的专栏。主流学会没有听过他的大名。

不过，他却是全美最知名的金融人物。事实上，在几份调查中，他都被基金经理选为管理他们资产的适当人选。

（一）奈夫的成长与业绩

约翰·奈夫是"市盈率"的创始人。他于1931年出生在俄亥俄州的哇先市，当时，正是美国经济大萧条的时代。在他三岁的时候，父母离婚，母亲很快嫁给了一位石油业企业家，小奈夫跟母亲生活在一起。随后，他们举家迁居密西根州，最后在德克萨斯州定居。在那里，奈夫度过了他的童年和少年时代。

奈夫在叶普斯克里斯蒂读中学，这期间他对课业不感兴趣，总是在外面打工。因此，成绩很平常，他和同学也相处得不十分融洽。中学毕业后，他换过几份工厂工作，其中一个是制造唱机的工厂。那时，他生父经营的汽车与工业器材公司正蓬勃发展，他父亲说服奈夫到他公司工作，奈夫同意了。

在父亲的公司里，他发现父亲的经验非常具有教育意义，对他以后的生活起到了相当重要的作用。奈夫回忆说，他父亲教他付钱时，要留意价格。他父亲常常说这样一句话："以好价钱买到的商品，一定能以好价钱卖出。"也就是说，"一分价钱一分货"。

后来，奈夫进入海军服役两年，其间成为一名飞机电子技师。退伍后，他决定继续深造，于是，他进入托瑞多大学就读工业行销。这时他的学习兴趣充分发挥，并以优异的成绩毕业了。

在学习公司理财与投资学这两门课后，奈夫认为他已找到奋斗的目标，而以往他认为从事金融工作是"常青藤"联盟毕业生的专利。在校期间，他与莉莉·涂拉克结婚。当时托瑞多大学财务金融系主任是西尼罗宾斯，一位非常杰出的投资专家。罗宾斯的一项重要工作就是替葛兰姆与多德的著名证券分析更新内容。

因此，奈夫一开始就接触投资学的价值论，而非传统教学的成长理论。后来，奈夫进入卡斯西部准备大学，取得银行与财务的硕士学位。

1954年的圣诞节假期中，奈夫以搭便车的方式到纽约，希望找到一份证券经纪人的差事。巴克公司说他的声音缺乏足够的权威感，因此只愿意让他担任证券分析师。由于夫人莉莉一点也不喜欢纽约，所以奈夫最后到富兰克林的国家市银行担任证券分析师，他在那里待了8年多。

经过一段时间的工作，奈夫成为银行信托部门的主管。然而，身为葛兰姆与多德的信徒，他相信最好的投资工具往往是最少人了解的，这使他往往和银行信托委员会的意见不一致，委员会喜欢选择知名的股票，因为这些股票就算不能赚钱，也能让投资人安心。

奈夫的良师阿特·波那斯是一位不折不扣的基本面分析师，坚持成功的投资方法就是要比其他人探讨得更深，并且随时检查自己的成果。他说，当你下定决心后，就不要反悔；重要的是要有耐心。这也成为奈夫的投资风格，而且屡试不爽。

1963年，奈夫加入费城的威灵顿管理公司。一年后，即1964年，他就被公司重用，晋升为才成立6年的温莎基金的投资组合经理人。

在温莎基金，奈夫有四名属下，他们和奈夫合作了20年。当然，总公司在波士顿的18位分析师也提供给奈夫必要的资讯。奈夫不愿多谈公司给他的报酬，但他承认七位数的薪水可以让他生活得十分充裕。他的薪水当中有一部分是绩效奖金，若温莎基金表现良好，奈夫和他的部属便可获得额外收入。奈夫也将他的股票投资哲理运用在家居生活。他居住的房子十分普通，因为他周末要打网球，才盖了一座网球场。

他喜欢描述如何买到便宜的衣服或器具，他在打折商店如庐氏皮鞋广场和席姆斯公司购买鞋子和夹克。当他女儿买一部汽车时，他仔细地研究合约，然后叫他女儿向经销商索回五百美元的折扣金。他说他喜欢阅读历史，特别有关欧洲的，也热爱旅行。

奈夫有一张诚恳、宽大、幽默的脸孔，配上一副宽大的颧骨，与一张向上微弯、表情丰富的大嘴，在他高耸的额头上覆盖着银色头发，细小的鼻子上则架着一副金属眼镜。他说话带有中西部腔调，声音低沉。白衬衫的口袋内，总是插着一支笔。

奈夫俭朴的生活习惯有时候替他制造意想不到的投资机会。有一天他在分析一家名叫布林顿外套公司的股票，他派妻子与女儿到那家公司的一家折扣连锁商店作实地调查。母女俩带了三件外套回家，并强烈建议奈夫购买那家公司。他听从建议，买下50万股，后来股票大涨，让他又大赚了一笔。

同样地，当福特公司推出金牛型汽车时，奈夫对汽车与公司产生兴趣。奈夫解释为什么想投资福特公司，指出福特只有少量的债务，却有90亿的现金。他说，福特与通用汽车公司管理阶层的差别就好比白天与晚上。通用的管理人员很自负而福特则是由“普通人”经营，他们知道如何降低成本与避免浮华的幻想。公司总裁与生产线的工人一起进餐，因此他了解员工的想法。一名福特的生产线工人每年可以拿到几千美元的红利，而通用公司的工人却什么也没有。

从1984年开始，奈夫大量买进福特的股票。当时，一般投资人对于汽车业普遍丧失信心，股价跌到每股20美元，即盈余的2.5倍！1年之内，奈夫就累积了1230万股，每股平均收购价格低于14美元。3年后，股价涨至每股50美元，温莎基金赚了近5亿美元。

奈夫指出，证券分析师在讨论汽车业时，开始总是离不开预测次年可能卖出多少辆汽车。每经过几个月，他们就会修正原先的预测来配合他们现在的想法。他们几乎不谈论货车。但是福特与克莱斯勒两家汽车公司从货车上得到的利润比小客车要高。奈夫相信福特的货车有三分之二是卖给个人，并非企业，而美国的年轻人越来越喜欢买货车和迷你厢型车，旅行车不再受欢迎，这个现象在西南部特别明显。

目前美国厂商在本国货车市场上拥有约85%的市场占有率，由于货车在日本市场并不流行，使日本汽车制造业无法以国内市场的规模做后盾建立外销生产线，因此尚无能力与美国厂商竞争。除此之外，美国对进口货车课征25%的关税。

在1980年，宾州大学要求奈夫管理校产。过去10年间，宾大的基金管理绩效与另外94所大学的校产管理相比较，是非常的差。奈夫还是一如以往，以投资不起眼的便宜公司股票的方式重组其投资组合。少数信托人反对他的作法，要求他买进当时投资人喜欢的热门股。就是这种偏执，使得过去宾大的基金管理表现不好。

因此，奈夫婉言回绝了他们的要求。这样，经过十年的经营，宾大校产管理的绩效排名一跃成为同类基金的前五名。对此，奈夫说：“我管理宾大校产的方法没有什么不同，我尽量简单化。”

奈夫曾问当年接管哈佛校产的活特·卡伯特，为什么不把它全部投入温莎基金？奈夫注意到1980年11月纽约时报的报导，哈佛校产管理单位曾经骄傲地宣称基金持有32%的能源股，当时，股价正处在顶峰，而且是在石油国组织瓦解的前夕。而奈夫却在1986年，石油国组织瓦解之后、投资人对石油前景无望之际，买进25%的石油股。他将基金的5%，投资单一股票，即皇家荷兰石油公司，另外也投资5%到壳牌石油公司。其实这是同一个公司的两个不同组织，而以法律角度分析，这属于两种不同的股票。不过这种决定和投资方针，通过实践证明，都是正确的。奈夫与其他成功的投资者一样，有两个共同的特点：年轻时很穷困，成功时是一个工作狂。他回忆说，小的时候，继父的经济情况一直都不好，使全家常在贫困中挣扎。那时，他就下决心，只要时机成熟，他一定要赚大钱。他每星期工作70个小时，连周末他也要工作15小时。上班时，他全神贯注，工作很勤奋，对属下要求也十分严格。不过，他在做出任何决定时，会请属下参与讨论。

奈夫在总结群体建议后，会对股票基金投资做出正确的选择。当然，在这操作过程中，他也和其他伟大的投资者一样，拥有自己独特的方法和技巧。

（二）奈夫原则

奈夫对自己的表现持很实际的看法。在某些温莎基金的年报中，特别是有好消息时，他会制作一张他的交易“成绩单”。这些报告书非常坦率有趣，你会希望其他经理人也用同样的方式评估自己。当然，并不是每位经理人都有奈夫的绩效。

奈夫的投资技巧较为保守，因此在市场景气时，奈夫管理基金的表现可能会比市场略差，但是在市场低迷之际，基金的获利却不会比市场衰退的快，这点并不令人感到意外。

他指出管理庞大投资组合经理人工作的重要性：好的经理动作快，特别在听到消息时立刻抛出持股。

在银行，若持股的价格下跌，负责的经理人最怕到信托委员会前告诉委员他们错了。（当然，如果你赔本卖出股票，你恐怕难逃受益人的责难。）奈夫不需要面对这些委员会，另外，由于他的想法与众不同，因此他不会和其他投资人同时大批卖出某一种股票。他可以近乎无声无息地买卖股票。

奈夫不怕将资金大量投入某些产业，例如，1983年的年报显示汽车业股票占整个基金投资组合的22.2%，银行业占16%，而前景不被看好的保险业股票则增加到13.8%。加上储贷机构、放款部门占奈夫投资组合的20%。若加上保险，则整个金融类股票达到37%。而在航空工业最低迷的1987年，航空公司的股票仍占奈夫投资组合的7.2%。

用简单的话来说，奈夫虽然没有太多点子，但他一直坚持自己的理念。他1988年的报告书显示，前十大投资就占全部59亿美元基金的一半以上。因此，我们看到奈夫将超过3亿美元的钱押在花旗银行，虽然大部分的投资人怕它倒闭而避之惟恐不及；5亿美元以上投资于福特汽车，仅仅三家保险公司就押了7.5亿美元。那可真需要自信!

奈夫敢把大量鸡蛋放在少数几个篮子的主要原因是他的赌局风险不高。

因此，奈夫的基金投资理念是：买最便宜的东西，若不幸失误，损失也不会太大。

（三）“价值”原则

奈夫一直都在找寻在市场上不受欢迎的类股。这也是他始终坚信的反向思维理念的运用。他所研究的股票都是属于低本益比，却有着异常的股利率的股票。

事实上，奈夫多年经营的温莎基金，其投资组合的本益比大约低于市场平均本益比的1/3，而平均股利率则是超出2%，故此，他被人们誉为“低本益比射手”。与本杰明·葛兰姆不同的是，奈夫注意公司的本质，他认为要选择的公司，首先价格便宜，其次公司质优。他对自己选择的公司坚持下列几项原则：

1. 良好的资产负债表；

2. 满意的现金流量；

3. 股东权益报酬率要高出平均值；

4. 有能力的管理阶层；

5. 要有满意的长期成长远景；

6. 有一项极具吸引力的产品或服务；

7. 有强大的市场活动空间。

奈夫宣称，投资人出太高的价格购买高成长的股票，不是成功的保证。然而，没有成长则代表公司本身有问题。因此，他通常购买公司成长率在8%左右的便宜货。

奈夫已是被公认的一名杰出的证券分析大师。近些年，虽然他不经常造访公司，但仍找时间与公司管理人员谈话。他有一批分析师为他工作，但是若有新股上市，他就会亲自督导。用奈夫的话讲，就是用团体力量解决问题。由于奈夫在金融界有35年的经验，因此，他想要买的公司大概都已买过了，要么早就熟知了。对他而言，投资只是收集更新资料，而无需从头做起。

有时奈夫用一种很有趣的方法比较个别股票或是类股与其他股票以及总体市场的关系。温莎基金投资组合的成长率据估计有9.5%，股利率有4.9%，投资报酬率为14.4%，股票的平均本益比为6。因此，他将总收入14.4除以6得到的2.3这个数字，称为“购买力”或是“终结关系”值。

在1987年初，总体市场的成长率为8.5%，股利率大约是37%，总投资报酬率为12.2%，除以市场本益比11则得出1.15的“购买力”值。这表示奈夫的投资组合要比整个市场的吸引力要高出一倍。

奈夫将特定股票的这些数字排列出来，比较它们之间的相对吸引力，他发现他所购买股票的盈余预估值通常会比华尔街股市来得高，用他的话来说就是比较具有“侵略性”。

大概是受到奈夫逢高卖出股利率滑落的股票和遇低买进高股利率股票的策略影响，以复利计算，温莎基金每年成长17%。

（四）奈夫的买进原则

在决定以何种价格收购某一支股票时，奈夫会预测以后几年的盈余。然后，他决定正常市场情况对股票未来获利的合理本益比。这就是奈夫几年内的目标价格。接着，他计算出目前市价与目标价格之间的折价比率，从中可以得到股票的增值潜力的百分比。

在分析过程中，主观因素当然占有一定比例。比如说，假如奈夫对成长率的稳定性特别有信心，或者他认为公司的管理者非常优秀，那么，所有的数字都会调整。反之，不利因素就会压低目标价格。他也用相同方式计算出其投资组合的合并数字，并决定“障碍率”。

他想要购买股票的复利成长率比现有投资组合的障碍率低的话，就会等股票价格降到与障碍率相同的水准才买入。但他也会改变这种方式，如果他的投资组合现金增加，而市场行情又看好，他就会买进低于障碍率的股票，把资金投下去。

奈夫在投资组合中，以计算的增值百分比为标准，衡量持股比率。在他的投资组合中有80种股票，这表示每支股票占投资组合的比率平均只超过1%，如果他对某一支股票充满信心，他会增加股量到5%；而事实上，在同一类股中，他也会买进若干个股，持股比率也都增加到5%。也就是说，只要有信心，奈夫通常都很快行动。

在1989年初，他预测到道琼斯指数会在1900点到2000点之间浮动直到投资人相信通货膨胀将被控制，那时候，长期债券价格将下跌，股价将上涨。

奈夫对股市的预测，从不用电脑，也不用股利贴规模式或者像其他投资机构那样乐于使用机器设备。在这方面，奈夫则很老式。他说：“我真正要进行交易时，立刻变得非常自律。我有目标价格，而且紧盯着市场价格，耐心等待它下跌到所设定的水准。”为此，奈夫会一等再等，如果股价没有落到他想要的价格，他就不买了。通常奈夫能够以低于开盘价的价格买到他所要的股票，不管买进的金额多大，他总是能成功地在当天盘中低点买到。

因此，往往看似十分老式的方法，也往往在新的股市中最能见效。这也是奈夫进场买入能够成功的关键。

（五）奈夫的卖出原则

至于卖股票，奈夫的纪律由两部分组成：一是他所愿意卖出的市场价格，二是从事交易的技巧。

卖出价格目标是根据整个投资组合的“障碍率”确定。当市场看好他所持有的某支股票，股价势必会上涨，经过一段时间后，那家公司未来的增值潜力将会跌到整个投资组合的水准之下。当其增值潜力跌到投资组合整体水准的65%～70%时，奈夫就开始抛售持股。他习惯一开始先大量卖出，接着等股价上扬后再卖掉剩余的持股。如果价格持续下跌，他就停止抛售。若跌得够深，他又会买进。

奈夫在交易所抛售股票时会非常谨慎。他通常会顺着交易日当天的涨势抛售持股，但是尽量避免一次卖出的量超过该股票成交量的四分之一以上。若股价开始狂涨，他就不必在乎卖出的数量。一般而言，奈夫能够以高于交易日开盘价的价格卖出股票。

交易量对市场的影响程度是决定交易成本的最重要因素。因此，奈夫的交易技巧是要在抛售持股时不影响股价的波动。

（六）耐心原则

投资人要在股票完全发挥其获利潜力之前卖出，就必须让下一位买主有足够的理由购买其手中的股票，要想做到这一步，投资人就要有足够的耐心。

这也是奈夫投资基金生涯多年来一直格守的一个原则，即如果他的持股无法充分发挥其获利潜力，他就会耐心等下去。在这方面，他与那些想在一两年内就有结果、不然就退出的那些“价值”买家想法不同。只要这家公司经营远景不错，股价比投资组合中其他股票的股价便宜，奈夫会持有数年。直到达到完全发挥其获利潜力，他才肯出手。

（七）反向投资原则

奈夫在股票投资中，比较喜欢冷门。他所看好的股票恰恰被市场遗忘，或受到其他投资人怀疑。这些股票常常都具备一个共同的特点，即证券经纪人很难将它们卖给投资者。

像福特汽车，当奈夫大量买进其股票时，投资人普遍不看好汽车制造业。克莱斯勒濒临破产以及日本汽车的大举登陆动摇了他们的信心，因此汽车公司股票跌到极低的价位，诱使奈夫大举购买。

奈夫在处理石油业、金融业，以及在其他重大投资上，也是用这种反向投资术，使温莎基金获得很可观的利益。

（八）风险投资原则

没有风险就没有大收益，那么奈夫有何决窍呢？他总结道：

第一，重视思想的独特性与管理的严密性相结合。

举例来说：假如来要求投资的公司中，有人能把木头变成金子，这位朋友可保持股票的80%；但如果是一个普通公司，那么基金的主持者只能保持股票的20%～40%。谁决定股票的比例多少呢？奈夫说：“当然由我决定，我有钱，可以投资，也可以不投资。”

第二，计划一项投资交易时，必须建立一个

明确的目标。

例如：你要求达到多少倍。需要投资者介入，除非投资者认为能在三四年内使其本钱达到四五倍。当然，这也并非一成不变。奈夫说："对于一家真正的冒险公司，我要求使我的钱达到10倍；而对一两家普通企业预计3倍就到顶了。"

风险投资是一种贪婪的事业。企业平均预计在四五年内得到的利润为本金的5倍。这就是说年利息在60%以上，换句话说，100万美元在3年内转变成为500万美元。

第三，经过努力，获得的数额不像投掷标枪那样毫无目标。

如果委托人拥有一家出售廉价衣服的商店，我们就要调查一下服装行业的概况，以确定在商店出售时应是什么价格，而利润又是多少。假定我们的公司每股1美元，我们开始投入了100万美元，计划第三年度赚钱，每一美元的利润乘以10，我们的公司3年后的资金应该达到1000万美元。

第四，根据基金公司董事会的决定，在主管部门批准后，公告延长或提前终止基金公司的经营期限。

第五，在基金公司清算结束后，公告基金公司剩余资产分配方案。

（九）公告方式

基金公司委托基金管理人至少在一家全国性报纸和若干地方的报纸上公告。

"量子基金"经理人传奇

乔治·索罗斯是当今首屈一指的国际超级投机投资家。巴菲特和林奇的投资立足于美国市场，基本上以企业股票为主，乔治·索罗斯的投资则遍及全球。他管理的名叫"量子基金"的投资基金在1992年9月短短一个月里赚了15亿美元，打破了任何世界记录。索罗斯的个人资产达10亿美元以上。

乔治·索罗斯，出生于匈牙利的一个犹太律师家庭。二次大战期间，德国占领了匈牙利，索罗斯一家用了伪造的证件，化名寄居在友人家中，才侥幸活了下来。大战结束后，匈牙利为苏军占领，索罗斯逃往瑞士，后来到了英国进入伦敦经济学院念书。毕业后默默无闻地在伦敦和纽约干了几年股票分析推销工作。

1969年，索罗斯脱颖而出，成立了取名为"量子基金"的私募投资合伙基金。以"量子"为基金命名乃表明他赞成德国物理学家、量子力学创始者海森堡所提出的测不准原理。就像微粒子的物理量不可能同时具有确定数值一样，在索罗斯看来，市场也经常处于不定状态。投资者如果能对明显的事物打个折扣，而把赌注放在别人意想不到的事物上，则必将获得大利。

索罗斯的投资是全方位的，同时又是多方向的。他投资的对象种类繁多：有芬兰的股票、香港的房地产、日本的铁路；有债券期货、商品期货、货币等等。他动用的技巧复杂，套数多变，以少量保证金作大量投机性买卖，如卖空、期权买卖等样样都来。一般人难以捉摸，更不用说去效法了。

索罗斯并不花费很多时间去研究经济或阅读股票分析报告，他主要是通过阅读报章来形成自己的见解和判断，又经常与世界各国的权威人士保持联系。和巴菲特一样，他不相信证券市场有效率，认为证券的技术分析没有任何理论根据，真正有用的是基本分析。

量子基金的路程绝非一帆风顺，却是大起大落，例如在1981年有近半数的投资者退出量子基金，1982年量子基金收益率却达57%。1987年，索罗斯虽然预见到股市将狂跌，但错过了退场的时机，在几天里损失了84.000万美元，相当于量子基金账面值的三分之一。索罗斯因此说："只预见到某种事物会来临还不够，还要能准确地把握住事物变化的时机。"如果不知道它什么时候会来临，则仍然无济于事。耐心的长期投资者如果真正懂得所投对象的价值，花50元买下几年内会值100元的东西，就用不着担心是否能准确地把握时机了。

索罗斯最引人注目的举动是1992年那次"炒外汇"。下面就介绍一下量子基金于1992年是怎么会一下子获得天文数字的利润的。

欧洲经济共同体在1979年把11种货币的兑换率联系一起，组成一种欧洲货币汇率连环保，允许各国货币在不偏离规定的"中央汇率"2.25%的范围内上下浮动。如果某国货币汇率越出这一范围，各国中央银行就一致行动，出面作市场干预，以保持欧洲货币汇率连环保的稳定。

然而欧洲各国的经济发展不均衡，政策不统一，货币受到当事国利率和通货膨胀率的影响或强或弱，连环保的安排不啻迫使各国中央银行买进疲软的货币，卖出强劲的货币以遏制外汇买卖活动造成的不稳定。目前世界外汇交易量每天达7千亿美元，相当于纽约证券交易所两个月的交易量，这就使得各国中央银行在市场发生狂飚时心有余而力不足。

索罗斯早在1989年11月柏林墙崩溃、东西德统一后，就认为欧洲货币汇率机制已无法继续维持。因为这种机制要求欧洲各国经济发展齐头并进，但是德国的统一使德国经济发展超过了所有邻国，因而其他欧洲国家指望依靠德国的货币政策是不适当的。

1992年9月，英镑对马克的汇率已降至上述范围的下限，尽管德国中央银行和英格兰银行大量买进英镑，仍无法制止英镑的下跌。当时英国经济处于不景气状态，利率已经很高，用提高英镑利率的办法支撑英镑，会严重损害英国经济，于是英国要求德国降低马克的利率以减轻对英镑的压力。但是德国统一后，因重建原东德，造成经济过热、开支过高，德国政府不得不维持高达10%的年利率藉以降温，所以德国中央银行拒绝了英国的这个要求。该行行长在《华尔街日报》上发表谈话，称欧洲货币体系的不稳定，只有通过贬值才能解决。他虽然没有点明希望英镑贬值，原意是希望重新组织欧洲货币，但是精明的索罗斯识破了这篇谈话的涵义，认为这一次德国中央银行不会出面支持英镑了。本能和经验告诉他，千载难逢的好机会来到了。于是他放手大量卖空英镑及买进马克。

英格兰银行终于被迫宣布提高英镑的利率，但是外汇市场认为这是一种恐慌的表现，因为英国的经济困境不可能维持高利率。英格兰银行提高利率的效果适得其反，反而导致英镑一再下跌。

英格兰银行按照法律必须买进英镑。但是在汇率大跌、外国投机者狂抛英镑的情况下，索罗斯判断英格兰银行已无法维持这种购买，没有力量挽狂澜于既倒，唯一的出路是停止硬撑英镑而让汇率自由落体到可以自我维持的水平。当时索罗斯以5%的保证金方式大量借贷英镑，购入马克，以期在英镑下跌后再买进英镑还债而净赚一大笔马克。这种保证金方式的借贷使1亿美元能够发挥20亿美元的威力，于是原来10%的利润率就会变成200%。所谓"四两拨千斤"说的就是这种情况。索罗斯当时动用了量子基金的10亿美元作担保，使之发挥了极限作用。

果然英国被迫退出欧洲货币的机制，英镑重跌，欧洲各中央银行损失了相当60亿美元。索罗斯的卖空相当70亿美元的英镑、买进相当60亿美元的马克的操作，使他在短短1个月赚了15亿美元，创造了世界记录。

索罗斯又更上一层楼地预见到随着欧洲货币汇率机制的瓦解和货币重组，欧洲股市将不振，进而利率将下降，于是他再接再厉，在卖空英镑的同时购进了5亿美元的英国股票，他认为英镑下跌后，英国股票会增值。他又购入德国债券和法国债券而卖空这两个国家的股票。他认为马克和法朗的升值将对股市不利，但对债券有利，因为升值会引起利率下降。

简单地说，这是基于马克和法郎的升值将使德国货与法国货变贵，影响德法两国的出口。德国和法国的经济是出口型，出口的下降将削弱整个经济，从而将迫使德国和法国政府降低利率以刺激经济。

事态的发展果然正如索罗斯所料，英镑下跌10%，马克法郎增值7%，伦敦股市上升7%，德国和法国的债券增值3%，而这两个国家的股市则处于不振的状态。

由于索罗斯的胜算和一系列的动作，量子基金的资产由1992年8月的33亿美元发展到10月份的70亿美元了。短短一个多月，奇迹般地翻了一倍多。

索罗斯认为目前好的投资机会很难发现，只有中国、墨西哥和拉丁美洲等国才有。

（一）成功哲学

索罗斯不但是一个投机投资家，对哲学也有一定的爱好。读书时深受伦敦经济学院教授、哲学家卡尔·波珀的影响，60年代初曾花了3年时间试图写一本哲学方面的书，结果以失败而告终。1987年出过一本《金融炼金术》，可惜看得懂的人很少。

索罗斯说，第二次世界大战给他最大的教训就是：期待出乎意料的事物发生并作好准备应付它。他认为每个人都因一些先入之见妨碍他们正确地认识现实，证券市场、外汇市场并不总是反映现实。股票的价值和外汇的价格取决于人们的主观认识。这种现实与对现实的认识之间的差距，就创造了有利可图的机会。重要的不是你的判断是对是错，而是在你正确的时候，你能最大限度地发挥出你的力量来。这有点像孔子所说的："君子藏器于身，待时而动，何不利之有？动而不括是以出而有获，语成器而动者也。"（《周易·系辞下传》）

索罗斯的投机原则是确定自己能承担的风险大小，在开始的时候投入少量资金，当某种倾向逐渐明显时再慢慢加大筹码。投资者不必事事了如指掌，只要比别人更了解某种事物，就不难以有限的资金、有限的信息胜人一筹。

他创立了一种"反射论"，认为人们的认识会改变事物，而事物的变化又会改变人们的认识。例如假如投资者认为美元会上涨，就拼命购买美元。他们的行为本身就会使美元上涨，从而降低美元利率，刺激美国经济，倒过来使美元的增值有了根据。如果投资者认为国际电报电话公司的股票会上涨而大量购买，使股价上升，国际电报电话公司的管理人员就可以利用高价股票以有利的条件收购别的公司，反证国际电报电话公司的股票增值有理由。这就是索罗斯所谓的现实和对现实的认识两者之间的互动关系。好比战场上有大雾，你无法获得所有的信息，等到你有了所有的信息时，战局又起了变化。

以他看来，投机者的一窝蜂行为不能用经济学中的价格供求论去解释，市场往往受到群体情绪的冲击时上时下。在现实世界里，买卖的决定取决于人们抱有怎样的预期。如果商品生产者预期产品会跌价，那么在价格下跌时他会多出售一些，而不是像经济学原理所预言的少出售一些。同样，如果价格上涨，按书本理论，这时供应量会增加，需求量会下降，从而制止价格上涨。但如果人们预期价格还会上涨得更高，则供应量反而会下降，需求量反而会增大。

索罗斯感兴趣的是所谓"经济繁荣和萧条"的交替循环过程。最初某种不为人们所认识的倾向逐渐自我强化，形成一股，后来越演越烈到达高潮，造成人们的的错觉，但终于无法维持，最后自我逆转。他举出80年代初里根当总统重建美国军事力量、降低税率、实行赤字筹资使美国经济大振的例子。当时美元加强，股市飞扬，国外投资者纷纷进入美国市场，使美国经济进一步繁荣，美元更加升值。但是美国债台高筑使得这种局面无法维持下去，肥皂泡于是破掉，整个过程逆转，引起经济下降。前两年开始的美国经济不景气，似乎印证了索罗斯的论点。

我觉得索罗斯的思维近似中国传统思想中“物极必反，否极泰来”的观点。不过，在经济发展过程中的这种循环，不能理解为回到原地，重新起步，而是每次繁荣的高峰都比前一次高，每次萧条的落点也比过去要高，否则何来进步？

索罗斯也是一位大慈善家。1984 年以来，他在 20 个国家设立了 35 种基金。1992 年，他曾捐出 1 亿美元成立基金资助俄国自然科学家的研究，又捐出 5000 万美元给战事连绵的前南斯拉夫的难民。

他认为政府的援助一般没有效率，受益的多是捐款者而非受捐者，而私人捐助能够直接帮助需要者。1993 年，他再捐出 1 亿美元给各种慈善事业。

索罗斯一旦发觉自己有错误，决不固执己见，将错就错，他会刻不容缓地完全改变自己的动作方向。对于自己的成功，这位具有大将风范、了不起的投资家说过这样一段话：“如果自己以为是成功的，那么你将会丧失使你成功的过程。一个人必须愿意承认错误，接受痛苦。如果犯了错误不承认，不愿意接受痛苦，甚至不再感到错误的痛苦，那么你就会再犯错误，就会失去赢的优势。”

（二）投机秘诀

乔治·索罗斯的理论只能透露部分的投资秘密。所谓投资秘密，指解释他相信金融市场怎么运用的架构。索罗斯也同意这个说法。

但是理论没有透露乔治·索罗斯是怎么运作的。索罗斯把那些秘密留藏心中深处。

理性上的分析只能做到那么多，在这之后，就得靠直觉本能。

“我们假装（自己能够分析）”，索罗斯观察到，“我甚至相信做得到。但是那里面也存在其他某些东西。作为交易操作员，我有相当不错的记录，但我也有理论。因此这中间有某种关联。但我不认为自己操作成功，便表示所提理论有效。那不是科学性的证明。我想，一定还有其他一些东西存在。”

由于索罗斯的理论不能提供所有的线索用以说明他的成就，有人可能会说，他只是运气特别好罢了。但是严谨的分析师不认为此说妥当。笔者曾不经意间和与索罗斯共事很久的罗伯·米勒谈及索罗斯赚钱的能力，并以为可能和他愿意赌大钱有关。米勒是安候公司的资深副总裁，听了我的话，不高兴地说：

“不对。不是他能够下那么大的赌注。要是他认为某个状况合乎所想，就会去投资。他根本不认为那是赌博，而视之为一种经济情境。”

索罗斯的运作方式和他的能力有关，而他的能力内涵可能十分独特。

首先，他有颗灵活的头脑。

市场上其他人试着追逐某支个股、某种类股和商品时，索罗斯任何时候都沉浸在与全球操作有关的复杂情境中。

他和其他大部分人不同，会从全球金融领袖所做的公开声明，以及这些领袖所做的决定，找出趋势、走势和韵律节奏。索罗斯懂得比大部分人多的地方，在于全球经济的因果关系：如果 A 发生，B 必然跟而来，接着就是 C。这样的思考没什么了不起，但它却是索罗斯成功的关键秘密之一。

其次，这个人有胆量。

他怎能不动声色，买卖金额之大，超乎想象？除了胆量，还有什么理由？他本人会否认自己很有勇气，因为他坚信投资成功的关键在于懂得如何死里求生。由于晓得如何死里求生，所以有些时候必须很保守地玩游戏，必要时认赔出场，而且一直留有很大一部分资产不投入。他喜欢说：“如果你做得不好，第一个动作就是收手，不要想翻本。重新开始时，则从小做起。”

不过索罗斯的所作所为，还是需要内心有股坚忍不屈的毅力。

公共事务评论员和耶路撒冷的以色列社会经

济进步中心主任丹尼尔·杜隆说："我坐在他的办公室，看他做涉及数亿美元的决策。我的双脚发抖，夜不成眠。他拿那么高的赌注去玩，必须有钢铁般的意志才能做那样的事。或许他已习惯于那么做了。"

常有人拿索罗斯和华伦·巴菲特相提并论，但比较之后，往往发现两人有很大的差异。巴菲特是华尔街另一位超级投资巨星。

巴菲特专研一件事情，而且只钻研那件事——以低价买进殷实的企业——索罗斯则比较有弹性，根据金融风向的变化进出金融市场，设法在正确的时机抓住市场的波动。巴菲特买进和卖出股票；索罗斯则买卖货币和利率。巴菲特集中注意力在个别公司上；索罗斯则注意全球金融市场的大趋势。

索罗斯最管用的特质之一，是有能力在进出金融市场时不动感情。

也就是说，他有点像斯多噶学派的禁欲主义者。

别人放任本身的自大阻碍聪明的市场决策形成，索罗斯却了解聪明的投资人是不动感情的投资人。宣称自己绝不犯错，没意义。自己喜欢的股票突然大跌，可能叫人自怨自艾，但不如承认自己犯了错，就像索罗斯常做的那样。

1974年有一天，索罗斯和一位朋友打网球时，电话铃声响起。东京一位营业员打来电话，告诉索罗斯一个秘密。那年水门案炒得火热，尼克松总统身陷丑闻，难以自拔，终于黯然下台。营业员打电话的目的，是让索罗斯晓得日本人对尼克松的困境，反应很不好。

索罗斯在日本股票市场建立了很大的仓位，现在必须决定怎么做——继续留在那儿，或者撤出。

和他一起打网球的朋友注意到，刚刚打球时，索罗斯前额还没出汗，现在已是汗水涔涔。

索罗斯马上做出卖出的决定，没有犹疑，或者觉得有必要找人一谈，再采取这么重大的行动。

他花了不到一秒钟便做出决定。就这么简单。

80年代和索罗斯共事的艾伦·拉法叶，相信索罗斯的沉着冷静，对他有很大帮助，而其他投资人很少具有这种特质。他说："一方面，你可以依靠它们，乔治做错时，会脱身而出。他不会说：'我是对的，错的是他们。'他很干脆地说：'我错了。'然后出场，因为留着坏仓位，它会吃掉你，你会时时刻刻惦记着它——晚上想，回到家里也想。它会消耗你的精力，你的双眼根本无法集中注意力。这样的处境很糟。如果这事容易做的话，连停车场管理员也会做，那需要不同于常人的自制、自信，而且基本上必须不动感情。"

第三，索罗斯极其高昂的自信。

索罗斯一旦相信某样投资是对的，什么事情都阻止不了他，投资仓位绝不嫌大。畏缩不前，是懦者的行为。索罗斯在书中，提及最糟的错误，不是太过大胆，而是太过保守。他喜欢问一个问题："为什么做那么小？"

最后，是他的直觉本能。

这是一种高深莫测的能力，有了它，才晓得何时应大手笔投机，何时应轧平某个投资仓位——也就是何时你已准备就绪，占好位置，何时不是。

索罗斯说："我操作的方式，基本上是先有个命题，然后拿到市场中去测试。当我放空，而市场走不同的方向时，我便很紧张，于是我感到背痛，等到回补空头仓，背痛突然间消失不见，我觉得好多了。这时就是靠直觉本能的时候。"

"提出命题，然后拿到市场中去测试。"

摩根史坦利公司的拜尔伦·伍恩总结乔治·索罗斯的投资技巧时表示："乔治的才华在于他有某种自制能力。他以非常务实的态度看市场，而且了解哪些力量影响股价。他了解市场有理性的一面，也有非理性的一面。他晓得自己不是每次都对。对的时候，他愿意采取激烈的行动，善用大好机会。错的时候能够认赔出场……肯定自己是对的之后，他便有很强的自信，一如1992年英镑危机期间他的所作所为。”

索罗斯一部分的直觉本能，在于能够察觉股票市场的走势，不管往上还是往下。在学校学不到这样的东西，伦敦经济学院的课程没教这种本事。这种天赋很少人拥有，索罗斯却有。他在伦敦的合作伙伴艾德格·厄斯泰尔，一眼便看出索罗斯成功的根源：

“他最大的成功关键，在于心理层面。他了解群众本能，晓得何时许多人会争着抢某样东西，就像一位优秀的行销人员。”

索罗斯最与众不同的特色，也就是最能够解释他的投资才华的特质，或许在于他有能力在极其排外的“俱乐部”里取得会员资格。这个俱乐部中，国际金融圈领导人物多如过江之鲫。

没人能申请成为这个俱乐部的会员。大部分参与者是富有国家的政治和经济领袖：总理、财政部长、中央银行总裁。粗估之后，会员总数不超过2000，而且散布全球各地。

索罗斯不是民选领袖，身份地位不能和其他会员相提并论。但是随着政治家的经济力量减弱，以及像索罗斯之流的投资人在金融市场取得愈来愈大的影响力，索罗斯在这些领袖心目中的份量愈来愈重。他们想要认识他，听他对全球经济有什么样的看法。最重要的，他们想了解他可能做些什么事。当然了，他有同样的兴趣，了解各个国家的领袖将做出什么决定。

很少投资人能像索罗斯那样打进这个俱乐部。别人只能从新闻媒体上看到这些领袖讲了什么话，索罗斯却能轻而易举接触他们而享有优势；他可以和某个财政部长共进早餐，和某位中央银行家吃午餐，或者礼貌性地拜会某位总理。

举例来说，80年代初某一天，索罗斯受邀出现在英格兰银行，把他认为应如何透过货币抑制措施重振金融市场的看法，和与会人士分享。1980年他买了价值10亿美元的英国债券之后，便吸引银行家对他产生兴趣。1980年一战成名，对他来说是伟大的一刻，因为他的投资赚取了可观的利润。

某位内阁部长出席他的基金会会议，或者他趁参加基金会董事会之便，顺道拜访某位政治领袖，可说是家常便饭。某日早上见了摩达维亚总统，晚上见了保加利亚总统之后，索罗斯夸耀地说：“你瞧，我和一位总统共进早餐，晚餐又和另一位总统在一起。”

这样的接触显然让索罗斯相对于其他投资人占有优势。当然啦，和政府官员吃早餐，无法让索罗斯晓得某个国家贬值货币或者提高利率的正确日期。金融领袖不会在享用煎蛋和土司的时候，透露这样的事情，就算对方是乔治·索罗斯——讲得明白些，尤其不能向乔治·索罗斯说。

不过假如有些领袖过从甚密，索罗斯能藉以察觉什么事情就要发生，而别人无法获得这种能力。他可能必须等上好几个月，才能从某次晤面得到某些有用的东西；也许那是某位财政部长三个月前吃午饭时不经意间讲的一句话。其中的关键处，在于他已和那位财政部长见过面，谈话内容印在脑子里，可以进一步利用，而别人只能从报纸上看得到。

正如伦敦华宝证券公司首席国际经济学家乔治·梅格勒斯指出的：“索罗斯的确了解全球的事件和全球的运作程序。他的欧洲背景，使他在同僚间鹤立鸡群。那样的背景给他不一样的观点，去看这个世界怎么拼凑在一起，特别是德国的统一以及其他各式各样的欧洲概念……他有德国人所说的世界观，不受某一国家或另一国家国内问题错综复杂关系太大的感染。（他所做的事是）建构一幅大图象，并将之转化成机会。”

“索罗斯的一个关键秘密，是能接触全球领袖。”

这样的世界观给了索罗斯很大的自信。

80年代以来任索罗斯助手的詹姆士·马凯斯表示：“他不是个满足于既有成就的人，但是会说：‘乖乖，这事应该照这种方式发生。’”

“你可以听到他用这样的词汇，如‘这很明显’，或者‘显然可以看出什么事将发生’，或者‘产生这件事的因素，非常简单、直接’。他很会观察整座森林；其他人只看到树木。”

其他投资人不只欠缺一张名片，好进入世界领袖专属的俱乐部。就算他们拥有一张，也很少投资人像索罗斯那样，愿意花那么多时间和全球领袖接触。

其他投资人比较习惯待在步调紧凑的交易室里。大部分人觉得，周旋于那些人物之间，会让人分心，甚至可说浪费时间。但索罗斯的想法和别人不一样；他能够了解待在交易室的重要性，但也看出踏出办公室的价值。踏出办公室不只为了见重要的决策人士，也为了有时间思考。正如索罗斯说过的：“想成功，你需要休闲娱乐。你必须留很多时间给自己。”

“想成功，就留很多时间给自己。”

索罗斯的朋友拜尔伦·伍恩发现他不管私人生活或在金融市场，都采取这样一种“从容不迫”的做法。

伍恩说：“他觉得，不应该依赖别人。有些人一天到晚找营业员交谈。他不认为那是花时间的正确方式。相反，他宁可找一些真正有帮助的人来谈，也花时间去思考、阅读和自省。他希望所找的人，拥有哲学上的敏感度。一个赚到大钱——却没有灵魂的人，他不感兴趣。他不觉得，必须在办公室做那样的事。

“他曾对我说了一句很有用的话：‘拜尔伦，你的毛病在于每天工作，而且你觉得，由于每天工作，所以必须做些什么事情。我不是每天工作。我只在工作有意义的日子里工作……而在那样的日子里，我真的做了某些事。可是你每天工作，而且做了某些事情，所以不觉得那是个特别的日子。’”

他整天进进出出地开会，但是底下的基金经理人可以随时进来和他谈某个仓位的问题。

索罗斯是以一对一的方式处理事情。他和基金经理人个别面谈，他厌恶委员会的会议。1984年到1988年间与索罗斯共事的艾伦·拉法叶指出，有些时候，听了某位经理人的想法后，索罗斯可能建议他或她打电话给某人，这个人或许能从相反的角度来看事情。“如果你喜欢某样东西，他会要你跟不喜欢那样东西的人谈谈。他总是希望在那里见到知性上的过招。他总会重新思考某个仓位。你必须不断重新思考、再思考、又思考，因为事情会变、价格会变、情况会变。身为经理人的你，有责任不断重新思考所建的仓位。”

拉法叶说：“索罗斯有种不可思议的能力，能够问正确的问题。接着他会看看走势图，没问题就说好。”

做决定的时机成熟时，他绝不花15分钟以上的时间做研究。

像拉法叶那样的基金经理人，做法上总有些弹性——不是样样事情都得经过索罗斯。小仓位，比方说，500万美元，不必索罗斯点头就可以建立。

“但是，”拉法叶指出，“找他一谈，对你真的有帮助，因为他实在太聪明了。”

对索罗斯来说，投资成功之门，在于他的绝处求生技巧。我们很难想像绝处求生是种实务上的技巧，但是就索罗斯而言，这有助于解释他的成就。举例来说，在《金融炼金术》一书中，他写道：“青少年时期，二次世界大战给了我一个终身难忘的教训。我很幸运，家父十分擅长于绝处求生的艺术，以战俘的身分脱逃后，度过了苏联革命。”

同一本书中，他提到经营风险基金对他接受的求生训练，是一大考验：“一切情况良好时，运用信用杠杆可以产生绝佳的成果，但事情未如所期时，则可以把你扫出门外。最难判断的一件事，是何种程度的风险可保安全无虞。我们找不到放诸四海皆准的尺度：每一种情况都有它独特的一面需要判断。做最后的分析时，你必须依赖自己的求生本能。”

这种求生本能发挥功用的一个例子，是1987年10月股市崩盘时。事后来看，索罗斯似乎太早轧平某些投资仓位，但是詹姆士·马凯斯认为，那正是乔治·索罗斯典型的行为——放弃战斗，活下来，好在另一天再上战场。索罗斯平仓出场，面对庞大的亏损，如此才能避免仓位赔得更惨。“许多人很难接受那样的结果，”马凯斯说，“可是索罗斯做得到，因为他有足够的信心，相信能够东山再起。当然了，他确实如此，最大的成就在 1987 年以后出现。我想，对我们所有人来说，这里面有重要的信息。”

索罗斯拥有各种特质——智慧、勇气、冷静、直觉——的组合，使得他极其与众不同。对射理论是他的盖氏计数管。对射理论没有精确地告诉他，眼光要放在什么东西上，或者最重要的，何时去看；但这个理论告诉他枪口要指向哪里，并给了他一个方法：集注全力善用潜在的机会。

接下来由他的个人特质掌控一切，用更精准的方式给他指示，引导他到现场。

接着索罗斯动手出击。他不是以惊天动地的方式去做，而是一步步测试、侦察，用以确定他脑子想的对不对。他会提出某种假设，根据这个假设，建立某个投资仓位。然后等着看这个假设正不正确。如果正确，他会建立更大的仓位，并根据个人的自信程序，决定做多大的仓位。万一原先的假设不对，他不会迟疑拖延，马上轧平仓位出场。他一直在寻找某种状况形成，好让他提出某个假设。

马凯斯回忆往事说：“乔治总是说：‘先投资再调查’。这表示先形成一个假设，建立试探性的仓位去测试这个假设，然后等市场证明你对或错。”

本质上，索罗斯爱用的这个策略，可以叫做在市场中“取得感觉”。索罗斯只偶尔用到这个技巧，80 年代，他和马凯斯共事时，有时甚至没告诉马凯斯何时他有采用。经过充分讨论后，两人最后会决定一头栽进。

马凯斯接着设计一种逐步渐进的做法，拨出基金中的一部分资金建立仓位。

“好吧，”索罗斯会说，“我想买 3 亿美元的债券，所以先卖出 5000 万美元。”

“你是想‘买’3 亿美元。”马凯斯提醒索罗斯。

“没错，”索罗斯回答，“但是我想先感受一下市场是什么样子。我想先感受一下当卖方的感觉。如果卖出很容易，如果我很容易就失掉这些债券，那我会更想当买方。但是如果这些债券很难卖出，我就无法肯定是不是该买进。”

索罗斯所有的理论和策略，并非绝无错误。有些人却相信它们百无一失。他们看了他的投资纪录之后会想，如果有人做得那么好，那一定不会犯错。

索罗斯喜欢这么想：“基本上，别人认为我不会犯错，这样的看法被误导了，因为——我一点不介意（强调）这点——其实我和旁边那个家伙犯同样多的错误。但是我觉得自己有个拿手的地方，你知道，那就是能够承认自己的错误。这就是我的成功秘密。我学得了一个重要的洞察力，就是认清人的思想有与生俱来的谬误。”

中国人民银行丹东市中心支行

左起：李学明（副行长） 于长悦（副行长） 崔显文（行长）
辛书举（副行长） 丁 力（纪委书记）

丹东市中心支行下辖三个县（市）支行，全系统现有在职干部职工298名，有11个基层党支部，是中央金融工委和人总行确定的党建工作联系单位。

近两年来，在中央金融工委、人总行和沈阳分行党委组织部的亲切关怀和热忱帮助指导下，丹东中支紧密结合履行职能，加强党的建设，开展以目标管理竞赛为载体的"创先争优"活动，取得了一些成绩。1999年市中心支行党委被沈阳分行党委评为"党风廉政先进集体"、市中心支行机关党委被沈阳分行党委评为"先进党组织"，市中心支行机关老干部党支部被中共中央组织部授予"全国离退休干部先进党支部"称号，2000年7月市中心支行党委被人总行授予"先进基层党组织"称号，2001年7月1日被中央金融工委授予全国金融系统"先进基层党组织"称号，被人总行授予人民银行系统"双文明单位"称号。

丹东中支党委在抓好党建工作的同时，始终把金融监管和各项业务工作作为工作重点，不断完善落实金融监管及各项业务工作责任制，深入扎实地开展业务工作。

首先，该行积极贯彻实施货币政策，促进辖区经济发展。两年来，全市累计发放农业贷款21亿元，累计发放封闭贷款1263万元，支持了8户企业减亏和扭亏为盈。同时，丹东中支大力推行消费信贷业务，两年发放消费贷款44268万元，有力地促进了辖区经济的发展。得到了上级行的肯定和推广。

其次，该行扎扎实实抓好监管，精心防范金融风险。该行总结的"量化到岗，责任到人"的监管经验被《金融时报》刊载；2000年，中心支行的金融监管工作获沈阳分行综合评比第一名。

另外，该行还规范内控管理，实现内部核算安全无事故。几年来，该行坚持用制度和办法严格加强内部管理，实现内部核算、"三防一保"安全无事故。去年，国库科被中国人民银行国库局评为先进单位。清算中心1999年、2000年连续两次被清算总中心和沈阳分行清算中心评为综合管理先进单位。货统科1999年、2000年连续两次被总行评为动态信息工作二等奖、1999年总行十户大型调查三等奖、荣获沈阳分行信贷登记咨询系统建设突出贡献奖。货币金银科连续多年保持一级"五好"库房荣誉称号。保卫科被省公安厅授予先进单位称号。

地址：辽宁省丹东市锦山大街72号
邮编：118000
电话：0415-2835006
传真：0415-2835001

中国人民银行辽源市中心支行

中国人民银行辽源市中心支行
行长：王景富

中国人民银行辽源市中心支行坐落在东辽河畔，建于1946年1月，走过半个多世纪的风雨历程，取得了辉煌的成就。所辖东丰县、东辽县两个县支行，共有职工246人，负责辖区340个金融机构的金融监督管理和金融服务等业务。在党的改革开放政策指引下，创造性的建立健全了"三大体系"：一是健全了独立执行货币政策的中央银行宏观调控体系，发展壮大了专门行使央行职能的职工队伍，设立了职责分明的内设机构，完善了金融监管机制；二是健全了以国有商业银行为主体，政策性银行、股份制商业银行、地方中小金融机构等多种金融机构并存的金融组织体系；三是健全了管理有序的金融市场体系。

建立城区性一级分行以来，中心支行充分发挥"思想工作活、领导班子强、职工素质好、中心工作优"的优势，以发展为主题，创新为动力，争创特色成果，创立辉煌的业绩。在全面、正确履行央行职能过程中，牢固树立优质服务思想，在服务方向上，把支持经济发展做为一切经营活动的出发点和落脚点，千方百计优化金融环境。在经营理念上，调整发展战略，从布摊设点转向现代化网络技术，不断进取，推陈出新，在竞争中寻求生存发展。在服务质量上，以保证经济发展的合理资金需求为标准，管好用活再贷款，引导商业银行加大信贷投入，推进商业银行票据业务发展，扩大货币供应，正确执行存贷款利率，减轻企业利息负担，有效支持农村经济发展。中心支行将以"三个代表"重要思想为指导，继续坚持"讲政治、抓监管，稳秩序、促发展"的工作思路，认真贯彻执行稳健的货币政策，努力发挥金融对经济增长的促进作用，切实加强金融监管，确保辖区金融安全、高效、稳健运行。

址址：吉林省辽源市南康大街128号
邮编：136200
电话：0437-3228316
传真：0437-3228316

优质高效的服务窗口

亿元支农资金换来五业兴旺

中国人民银行白城市中心支行

求真务实

开拓进取

行训

班子成员在研究工作

（左起：张晓文、许少勋、孙守华、李桂林、刘晓佳、姬铁军、张景勋）

中国人民银行白城市中心支行办公楼

中国人民银行白城市中心支行作为中国人民银行的派出机构，根据上级行的授权，负责该辖区的金融监督管理，承办有关业务。

多年来，中国人民银行白城市中心支行（原中国人民银行白城分行）以国家有关经济、金融工作的方针和政策为指针，认真执行货币政策，促进和支持地方经济发展；切实履行金融监管职责，维护金融业合法、稳健运行；不断完善内部管理和加强各项基础工作，努力改进金融服务，在经济、金融活动中发挥着重要的作用。

为保证中央银行职能的充分发挥，中国人民银行白城市中心支行以“求真务实、开拓进取”为行训，各项工作取得了喜人的成绩。站在新世纪的起点上，中国人民银行白城市中心支行决心以江总书记“三个代表”的重要思想为指导，全面开创各项工作的新局面，为促进地方经济、金融稳定发展而努力奋斗。

行　长：李桂林

地　址：吉林省白城市中兴西大路46号

邮　编：137000

电　话：0436 － 3323922

传　真：0436 － 3337598

中国人民银行吉林市中心支行

中国人民银行吉林市中心支行党委书记、行长许延辰

中国人民银行吉林市中心支行辖永吉、磐石、桦甸、蛟河、舒兰5个县（市）支行，全辖职工451人，辖内有各类金融机构7行（农业发展银行、工行、农行、中行、建行、交行、吉林市商业银行）一社（吉林市信用合作社联合社），2000年末储蓄存款余额376亿元，贷款余额440亿元。

近年来，中国人民银行吉林市中心支行在沈阳分行正确领导下，认真贯彻执行稳健的货币政策，充分利用各种货币政策工具，适度增加信贷投放，有力地支持了经济和金融事业的发展；切实履行央行金融监管和金融服务职能，有效地防范和化解了辖内金融风险，为各金融机构和居民提供方便、快捷的服务。辖内金融秩序井然，储蓄存款连年上升，贷款增量结构合理，为吉林市经济实现跨越式发展做出了积极的贡献。

地　址：吉林省吉林市吉林大街150号
邮　编：132011
电　话：0432-2452879
传　真：0432-2452568

中国人民银行四平市中心支行

党委书记、行长：杜玉华

中国人民银行四平市中心支行作为中国人民银行总行的派出机构，依法对辖区金融机构实施监督和管理。

多年来，特别是1998年新班子组建以来，中国人民银行四平市中心支行把“以人为本，从严治行，求真务实，开拓前进”作为工作理念，认真贯彻实施金融方针政策，以货币政策工具为载体，力促地方经济发展；以依法监管，从严监管为手段，确保辖区金融机构稳健经营；以提高工作质量为水准，为社会提供良好金融服务。

多年来，党委班子讲学习、讲政治、讲正气，精诚团结，拼搏进取，开拓创新，牢固树立责任意识、大局意识和发展意识。制止高息揽存，防范支付风险，取缔非法集资，化解债券风险，做到了廉洁敢管；深入调研，运筹资金，全力支持农村信用社发挥在农村金融中的主力军作用，为农业生产提供了强有力的保证；引导信贷结构调整，扩大信贷投入，为地方经济发展献计献策；强化内部管理，加强职业道德教育，“两个文明”建设同步提高；学习“三个代表”，用“三个代表”重要思想指导工作，树立了中央银行的良好形象。

全行职工爱岗敬业，脚踏实地，勤奋工作，以高度的责任感、满腔的工作热情、严谨的工作态度、全新的精神风貌投入到工作之中。牢固树立“银行光荣我光荣，我为银行增光荣”意识，求实创新，开拓进取。积极响应行党委号召，有令则行，有禁则止。正确定位自己的坐标，争先创优，惟标誓夺。各方面工作得到了上级行和党政部门的肯定，先后获省级文明单位、省级先进单位、市政府劳动模范单位等诸多荣誉称号。

办公大楼

讲学习、讲政治、讲正气的党委班子

地址：吉林省四平市中央西路80号
邮编：136000
电话：0434-3225030-359
传真：0434-3225030-275

中国人民银行忻州市中心支行

中国人民银行忻州市中心支行位于山西省北中部，隶属于人行天津分行。党委班子成员7名，全行干部职工总数207人，内设科、室、部20个。全辖1个中心支行、13个县（市）支行，共有职工734人，其中党员450人、团员58人。

忻州人行主要职责为：负责对辖区813个金融机构的监督检查；调解、仲裁金融机构之间的业务纠纷，定期对金融机构进行年检，按照管理权限负责对各类金融机构的审批和执行利率政策的监督管理；负责金融、经济统计、调研分析和信息工作；负责反假人民币工作和货币发行出纳机具管理，监督金银销售网点，办理金银的收购、配售保管；负责银行会计结算和财务工作，管理本行及所辖行的会计核算，办理金融机构之间的资金划拨，组织同城票据交换和资金清算，审核企业单位在银行开设的基本账户；管理外汇。

该行连续16年获山西省“治安安全合格证”；1997年被忻州地委、行署授予“区级文明单位”和“扶贫工作先进队”，1998年被省委、省政府授予“模范单位”称号。

邢满红，男，1947年11月生，山西原平人，中共党员，高级经济师。1972年参加工作，历任人行原平县支行副行长、行长、人民银行朔州分行副行长。1997年5月起，任中国人民银行忻州市中心支行党委书记、行长（原称忻州分行党组书记、行长）。多次被评为“先进工作者”、“优秀党员”。1998年带领原人行忻州分行获得山西省“模范单位”称号，受到山西省委、省政府隆重表彰；1999年被人行天津分行党委授予“优秀共产党员”称号。文章散见于《山西日报》、《忻州日报》、《华北金融》、《山西金融》、《财经贸易》、《中国世纪魂》等报刊、书籍。参与编著《走向市场经济》、《山西纸币》、《忻州金融50年》等书。

地址：山西省忻州市新建南路57号
邮编：034000
电话：0350－2020150　2025273
传真：0350－2020150

中国人民银行大同市中心支行

大同中支党委成员

大同中支党委书记、行长：刘满生

人行大同市中心支行是1993年在原人民银行雁北分行和大同分行两家二级分行的基础上合并成立的，是总行的派出机构，现下设七县支行，即大同、左云、阳高、天镇、浑源、灵丘、广灵，内设12个科室，2个直属单位（营业部、后勤服务部），7个党内机构。全辖561名干部职工，担负着全辖688个金融机构的监管与服务重任，其中市分行一级6个，营业部5个，支行（联社）77个，办事处78个，分理处50个，营业所36个，农村信用社148个，信用分社43个，储蓄机构245个（含邮储82个）。

几年来，人行大同中支认真履行央行职责，狠抓金融监管，采取现场和非现场检查相结合的方法，加强对金融机构高级管理人员的资格审查，并以风险性监管为主，对金融违规行为进行严肃查处，确保了全市金融业平稳健康发展。

大同中支强化金融服务，力促全市金融业迅猛发展，至2001年底，全市行、社各项存款余额303.46亿元，各项贷款余额152.09亿元，有力地支持了大同经济的发展。特别是近年来为配合大同“二次创业”战略，人行大同中支引导全市金融机构以信贷结构大调整力促经济结构大调整，集中资金重点支持了大同煤矿集团有限责任公司、大同碳素厂、焦碳企业总公司、大同县工业硅厂、京大高速公路建设等项目，为全市产业结构调整作出了应有的贡献。

地址：山西省大同市迎宾西路66号
邮编：037008
电话／传真：0352-5030741

中国人民银行驻马店市中心支行

中国人民银行驻马店市中心支行党委书记、行长韩启东

行领导深入基层检查指导工作

弘扬"团结、敬业、奉献"驻马店人行精神演讲比赛会场

地址：河南省驻马店市沿溪路中段
邮编：463000
电话：0396-2912650
传真：0396-2900637

中国人民银行驻马店市中心支行是中国人民银行总行的派出机构，在中国人民银行济南分行的领导下，在驻马店市辖区内依法履行中央银行职责，具体领导和监管辖区内的金融业务活动，目前，中心支行机关设置职能科室14个，党委工作部门5个，另设直属单位营业室，辖9个县支行。

近几年来，人民银行驻马店市中心支行坚持以发展经济、稳定金融为已任，以创建济南分行辖区A级行为动力，以创建总行级"双文明"单位为载体，切实加强金融监管，防范化解金融风险，努力建设驻马店金融安全区，全市人民银行系统各项工作不断迈上新台阶。2000年，人民银行驻马店市中心支行被人民银行济南分行评为A级行，被人民银行郑州中心支行评为金融服务先进单位，被中央金融工委授予"五一劳动奖状"称号，2001年6月，人民银行驻马店市中心支行机关被人民银行总行命名为"双文明单位"。

人行驻马店市中心支行"双文明"建设动员会会场

人行驻马店市中心支行办公楼外景

中国人民银行新疆吐鲁番中心支行

吐鲁番位于新疆天山山脉以东，土地面积6.9万平方公里，是一个以维吾尔族居多的少数民族地区。吐鲁番交通四通八达，自古就是中亚交通中心之一，并有着千年的交河、高昌故城；蕴藏着丰富的矿产资源；独特的气候造就了优质葡萄、哈密瓜享誉世界。人民银行吐鲁番地区中心支行214名干部职工就是在这火焰山下，始终以江泽民总书记“三个代表”重要思想为指导，全面加强党的思想建设、组织建设和作风建设，充分发挥基层党组织的战斗堡垒作用，认真履行中央银行职能，有效的维护一方金融平安。

随着金融体制的改革，人民银行党的领导体制由属地管理改为垂直领导，人行吐鲁番地区中心支行党委及时调整工作思路，逐步转变观念，积极探索和寻求党建工作新思路、新方法。针对吐鲁番春季常受狂风、沙尘暴袭击，夏季高温酷暑，自然环境恶劣，又是少数民族边远地区等艰苦条件，行党委始终坚持以政治思想工作为先导，团结稳定为大局，充分发扬共产党员吃苦在前，享受在后的优良传统，带领全行干部职工注重“两手抓，两手都要硬”的工作方针，认真贯彻执行稳健的货币政策，更新监管理念，切实防范和化解金融风险，促进了金融业的健康发展。

2001年，人行吐鲁番地区中心支行被分行首批命名为西安分行级“双文明单位”并多次被地方党委和上级分行评为优秀基层党组织、综合治理先进单位、纠正行业不正之风先进单位。“三防一保”工作评被为全疆先进单位，中心支行行长、党委书记段永相被评为分行优秀共产党员。全行党员共有47人次被评为优秀共产党员和优秀党务工作者。

人民银行吐鲁番中心支行党委领导班子成员

党委书记、行长	段永相	（右二）
党委委员、副行长	马木提·艾则孜	（左二）
党委委员、副行长	戚文卓	（右一）
党委委员、纪委书记	谈选民	（左一）

人行吐鲁番中心支行召开党建思想政治工作会议

▲人民银行吐鲁番中心支行为庆祝“七一”表彰一批优秀党务工作者和优秀党员

人行吐鲁番中心支行认真开展“三讲”教育活动

为庆祝建党八十周年，人行吐鲁番中心支行组织金融系统百人合唱团参加《党的光辉照千秋》晚会

地址：新疆维吾尔族自治区吐鲁番市绿洲路16号
邮编：838000
电话：0995-8522281　　传真：0995-8522382

中国人民银行

巴州中心支行

人行巴州中心支行领导班子成员（自左向右）：
周文和（党委委员、副行长），王洪顺（党委委员、副行长），
孟昭孔（党委书记、行长），矿岱（党委委员、副行长），
陈强（党委委员、纪委书记），任开顺（党委委员、总稽核）

中国人民银行巴音郭楞蒙古自治州中心支行是中国人民银行的二级分支机构，隶属中国人民银行西安分行管辖。辖内设置尉犁县支行、和静县支行、和硕县支行、焉耆县支行、轮台县支行、若羌县支行等六个人民银行县级支行。中心支行内设十二个职能科室（即：办公室、货币信贷与统计科、金融机构监管科、合作金融机构监管科、外汇管理科、会计财务科、科技科、内审科、人事教育科、货币金银科、国库科、保卫科）分别履行金融监管职能、金融服务职能及贯彻落实国家货币信贷政策，有一个直属单位和后勤服务中心。中心支行党委、纪委、监察室办事机构设有党委办公室、党委组织部、党委宣传部、纪委办公室。截止目前，全辖共有在职工作人员303名、离退休人员53名。

今年人民银行巴州中心支行的主要工作任务是在西安分行党委的领导下，按照中央经济工作会议和人民银行工作会议精神，继续贯彻执行稳健的货币政策，落实国家支持和促进西部大开发的各项金融措施，突出金融监管，把防范和化解金融风险工作放在首要位置；改善金融服务，支持金融创新；加强党建和干部队伍建设，确保辖区金融业安全、高效、稳健运行，为地方经济发展做出突出的贡献。

截止目前，人民银行巴州中心支行在努力发挥货币政策作用，积极支持巴州地区经济增长目标的实现，加强金融监管力度，继续防范和化解金融风险和不断加强各项基础工作，逐步提高中央银行的服务水平的基础上，主要做了以下工作：一是进一步落实监管责任制，防范化解金融风险取得成效；二是努力发挥货币政策作用，积极支持巴州地区经济增长目标的实现；三是落实金融服务会议精神，不断提高中央银行的服务水平；四是加强党建和思想政治工作，提高职工队伍的整体素质；五是深入进行反腐倡廉工作，加大党风廉政建设工作力度。

地址：新疆库尔勒市人民东路
邮编：841000
电话：0996-2202922

中国人民银行
庆阳地区中心支行

中支召开支行长会议，部署金融监管工作图为中支党委成员在主席台上

中支精神文明建设活动形式多样、内容丰富多彩。图为中支机关举办纪念建党80周年歌咏比赛。

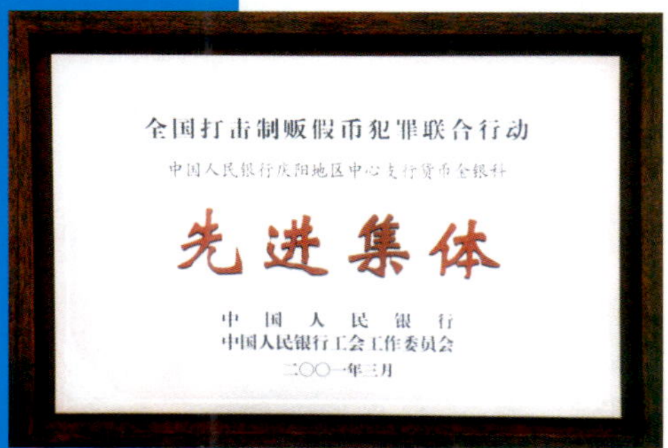
全国打击制贩假币犯罪联合行动

中国人民银行庆阳地区中心支行货币金银科

先进集体

中国人民银行

中国人民银行工会工作委员会

二〇〇一年三月

中国人民银行庆阳中支是中国人民银行总行派驻甘肃省庆阳地区的分支机构，隶属人行西安分行领导，承担着农业发展银行和工、农、中、建四大国有商业银行及城市信用社、农村信用社、邮政储蓄等8家480个金融机构的监管和服务管理任务。内设办公室、金融机构监管科、合作金融机构监管科、会计财务科、货币信贷与统计科、科技科、国库科、内审科、人事教育科、监察室、货币金银科、保卫科12个职能部门和营业部、后勤服务中心2个直属单位，下辖庆阳、镇原、宁县、环县、正宁、合水、华池7个县支行，共有职工417名。

近年来，人民银行庆阳地区中心支行认真贯彻货币政策，加强金融监管，改善金融服务，忠实履行人民银行各项职责，各项工作取得显著成绩。信息反映、调查统计、货币信贷、金融监管、会计国库在上级行的考核中，连年名列前茅。1996年，被人民银行总行树立为全国金融统计先进单位；1997年被人民银行总行树立为稽核监督先进集体；1998年被人总行清算总中心树立为全国清算工作先进单位;2000年又被人总行评为全国打击制贩假币犯罪联合行动先进集体。职能作用的较好发挥，维护了正常的金融秩序，促进了金融业的健康发展，保证了一方金融平安。2000年末，全区金融机构各项存款余额75.5亿元，各项贷款48.8亿元，货币投放10.28亿元。

地址：甘肃省西峰市长庆北路143号
邮编：745000
电话：0934-8612810
传真：0934-8612810

中支干部上街开展金融宣传

中国人民银行

天水市中心支行

中国人民银行天水市中心支行办公大楼及培训中心

党委书记、行长：王小平

团结一心、锐意进取、开拓创新、求真务实的行领导班子 党委书记、行长：王小平（左三），副行长：苏铸人（左二）、贾锐（右三）、栾立冰（右二），纪委书记：王和平（左一），工会主任：解天林（右一）。

微机会计记账业务比赛现场

天水市位于甘肃省东南部，自古以来为陇东南交通要道和军事重镇，也是经济和文化中心。气候温暖湿润，物产丰饶。地灵人杰，人才辈出。天水是华夏文明的重要发祥地之一。人文始祖伏羲生于此，故有“羲皇故里”之称。

1985年7月撤地设市，天水辖秦城、北道两区；甘谷、武山、清水、秦安、张家川五个县。全市总面积1.43万平方公里，有人口338万。

天水市是一个新兴的工业城市，先后被列为国家经济体制改革试点城市、全国优化资本结构试点城市、国家老工业基地改造重点城市、国家科教兴市和技术创新试点城市、全国中小企业融资与社区发展示范城市。

天水市共有金融机构514家，其中国有商业银行264家，政策性银行4家，农村信用社204家，城市信用社8家，信托公司1家，证券公司2家；现有职工人数4228人，其中国有商行2413人，农发行90人，农信社1105人，城信社125人，邮政储蓄136人，人行336人。截止2001年9月末，全市金融机构各项存款余额911248万元，各项贷款余额710862万元。

人民银行天水市中心支行下辖6个县支行，内设15个职能科室。多年来，支行党委带领全行职工开拓进取，锐意改革，求实创新，勤政为民。以加强内部管理为基础，以“实、深、细、严、高”为要求，以创建金融安全区、助推地方经济发展为目标，认真履行央行职能，贯彻落实货币政策，切实加强金融监管，不断提高服务质量，取得了可喜成绩，也有力地推动了地方经济与金融的有序稳健发展。

地址：甘肃省天水市秦城区建设路22号
邮编：741000
电话：0938-8212855
传真：0938-8213503

中国人民银行陇南地区中心支行

陇南中支领导班子：
行长、书记：玉宝贤（中）；
副行长：赵书海（左二）；副行长：王智新（右二）；
纪委书记：石治平（左一）；监管员：李新民（右一）

中国人民银行陇南地区中心支行始建于1950年，1984年开始专门行使中央银行职能，是全区金融业的行政管理机关，下辖8个县支行，384名职工。其主要职责是：贯彻执行货币政策，实现稳定币值并以此促进经济增长；发行人民币，管理人民币流通；审批、监督管理金融机构；监督管理金融市场；经理国库；维护支付、清算系统的正常运行；负责金融业的统计、调查、分析和预测。该行办公自动化系统建设迅速发展，建立了电视会议系统，实现了同城票据实时清算，开通了异地电子联行业务，加速了社会资金周转，金融服务质量和水平明显提高。

全区设有农业发展银行、工商银行、农业银行、中国银行、建设银行、人民保险公司、人寿保险公司、城乡信用社、邮政储蓄等10家金融单位393个金融机构，各项存款余额48.5亿元，各项贷款余额33.7亿元。按照地委、行署“西部大开发，陇南大发展”战略和“十五”规划确定的“工业、生态环境及农业、基础设施和社会事业”的开发重点，人行陇南中支党委提出了金融业支持经济发展的十五条意见，将为陇南实现经济振兴建立一个更加良好的金融秩序和更为有利的投资环境。

地址：甘肃省武都县盘旋路
邮编：746000
电话：0939-8212877

办公室一角

办公大楼

营业厅

中国人民银行毕节地区中心支行

夏永祥行长（右）在"三个代表"暨党建工作培训班上讲话。(左为张国栋副行长)

毕节地区位于贵州省西北部，扼黔、滇、川三省要冲，地处乌蒙山脉，为高寒山区。全区辖毕节市、威宁彝族回族苗族自治县及大方、黔西、金沙、织金、 纳雍、赫章8个县(市)，土地面积26853平方公里，人口近700万人。

中国人民银行毕节地区中心支行自1984年单独行使中央银行职能以来，为毕节地区的经济发展作出了应有的贡献。1998年人民银行管理体制改革成立大区分行以来，毕节地区中心支行在人行成都分行领导下，努力加强金融监管和党的建设，辖区金融秩序良好，地区经济持续、快速、健康发展。2001年，全行上下围绕中支党委"抓机遇、强监管、促发展"的工作主题，以"三个代表"重要思想和党的十五届五中全会、六中全会精神为指导，继续执行稳健的货币政策，促进西部大开发和地区经济进一步发展。

在金融监管方面，毕节中支认真开展现场检查和非现场检查，强化内部管理，全面落实金融监管责任制，提高金融监管效率。为了加强农村信用社行业管理工作，2001年成立了行业管理办公室，明确农村信用社市场定位，坚持办社宗旨，牢固树立为"三农"服务的思想。

2001年，毕节中支积极争取地方党委、政府支持，全面推进金融安全区建设，制定了2002年底前防范化解金融风险工作规划，并在全辖组织实施。同时，协助地方政府做好信托投资公司改制工作，制止和查处金融"三乱"。

在党建工作方面，一是组织全行干部职工进行了政治理论学习，提高了政治素质，增强了和党中央保持一致的自觉性；二是加强组织建设，中支机关建立了机关党委和5个党支部，加强党建目标管理，充分发挥基层党组织的战斗堡垒作用和共产党员的先锋模范作用；三是强化思想政治工作，化消极因素为积极因素；四是开展了各类丰富多彩的文娱活动，增强广大干部职工的凝聚力和向心力。

人行毕节地区中心支行高度重视党建工作，图为中支2001年召开党建工作会议时的情景。

联系人：岳长春
地址：贵州省毕节市松山路87号
邮编：551700
电话：0857-8221613
传真：0857-8223448

中国人民银行北海市中心支行

中国人民银行北海市中心支行位于旅游海滨城市——广西北海市，管辖县级支行1个，内设17个职能科室，现有干部职工165人。

近几年来，北海中支在上级行的正确领导下，围绕金融监管、货币政策、金融服务、内部管理等方面，不断团结进取，求真务实，开拓创新，各项工作取得了新的进展。基本建立健全了以"机构内控、行业自律、央行监管、社会监督"为核心的监管机制，强化监管责任，加大防范化解金融风险工作力度，确保金融平稳运行；运用货币政策工具，改善金融服务，积极支持地方经济的发展；强化内部管理，完善了职责明确、高效运作、两个文明协调发展的内部管理机制；为适应加入WTO的需要，建立了以人为本，着力提高干部队伍政治和业务素质的教育、培训和管理制度；加强党建工作，使政治思想与业务工作互相促进。2000年度，该行荣获中国人民银行广州分行"双文明"单位，营业室获得全国"巾帼文明示范岗"称号，共有14个科室获得上级行的表彰。

中国人民银行北海市中心支行党委书记、行长　陈锋

中国人民银行北海市中心支行党委成员
陈　锋行长（左三）、鲁式毅副行长（右三）、
叶青副行长（左二）、吴韶川副行长（右二）、
蔡立和系统工会主任（左一）
谭芳朝纪委书记（右一）

中国人民银行北海市中心支行营业室荣获全国"巾帼文明示范岗"称号

开展"创先争优"活动加强党建工作

以形式多样的文体活动促精神文明建设

地址：广西北海市北部湾西路
邮编：536000
电话：0779－3034527
传真：0779－3032351

中国人民银行丹寨县支行

近年来，人行丹寨县支行在上级行和县委、县政府的领导下，认真履行央行职能，执行稳健的货币政策，加大金融监管力度，防范和化解金融风险，促进了辖内经济金融的发展。2000年各项存款余额15843万元，比1995年增加10238万元，增长182.65%；各项贷款余额18747万元，比1995年增加7633万元，增长68.68%。

针对丹寨县是省级贫困县，在金融监管工作中，丹寨县支行从实际出发，制订责任制，并层层分解落实。订立农村信用社高风险处置预案，及时跟踪监测和预警，抓好创建金融安全区的测评和规划。督促金融机构健全内控制度。按程序和权限审批金融机构的设立、变更和撤并，做好金融机构年检及高级管理人员任职资格的审查。大力开展对不良贷款的调查和清收工作。定期开展利率、结算纪律检查。加强账户管理，抑制多头开户现象。

支行领导班子召开会议研究工作事宜

在执行货币政策上，积极开展调查研究，引导信贷投向。按季召开银企座谈会，致力相互沟通和协调发展。运用再贷款加大信贷支农力度，保证了辖区农业和农村经济发展的资金需要。

在职工队伍建设上，从制度入手，把思想政治工作融入具体业务工作当中，以软、硬件为内容，加强金融文化建设，促进了两个文明建设的发展。1998年该行被评为贵州省文明单位。2000年被评为全州人行系统先进集体。

行长　许林

副行长　陈建伦

中国人民银行丹寨县支行办公大楼

副行长　杨志训

监察室主任(副行级)　张在玉

地址：贵州省丹寨县龙泉镇
邮编：557500
电话：0855-3611593
传真：0855-3611255

中国证券市场发展大事记

一月

2001年1月3日　中国保险监督管理委员会批准平安、泰康等8家保险公司再次提高其保险资金入市比例。

2001年1月9日　中国证监会有关人士称，中国证监会正在会同有关部门查处涉嫌操纵亿安科技股票案，对已持有亿安科技股票的主要账户进行重点监控。

2001年1月13日　全国证券期货监管工作会议在京召开，中国证监会主席周小川强调指出，要对庄家操纵股市等问题进行依法定性，依法处理。

2001年1月13日　著名经济学家吴敬琏在中央电视台《对话》栏目中，针对许多居民把资金投向股市这一现象指出：资本市场要扩大，应该吸引越来越多的人进行直接投资，这是好事。但是，现在发展到全民炒股，这就不正常了。随后引发了一场股市大争论。

2001年1月14日　中国证监会发布《证券公司高级管理人员谈话提醒制度实施办法》。

2001年1月16日　中国证监会发布《关于新股发行公司通过互联网进行公司推介的通知》。

2001年1月18日　中国人民银行行长戴相龙在记者招待会上强调指出，要加强银行信贷监管，防止出现新的风险，注意和制止信贷资金违规进入股市。

二月

2001年2月5日　郑百文公布重组方案。

2001年2月6日　中国证监会颁布实施了《证券公司内部控制指引》。

2001年2月8日　中国证监会制定发布《公开发行证券公司信息披露编报规则第10号——从事房地产开发业务的公司招股说明书内容与格式特别规定》和《公开发行证券公司信息披露编报规则第11号——从事房地产开发业务的公司财务报表附注特别规定》，对专营和兼营房地产业务的公司信息披露提出了特别要求。

2001年2月10日　中国证监会根据《网上证券委托暂行管理办法》，核准23家证券公司开展网上证券委托业务资格。

2001年2月13日　富国基金与蒙特利尔银行在京签署合作协议。

2001年2月13日　国务院任命史美伦为中国证监会副主席，主要负责市场监管工作。

2001年2月14日　中国证监会和财政部正式发布实施《境外会计师事务所执行金融类上市公司审计业务临时许可证管理办法》。

2001年2月20日　经国务院批准，中国证监会决定，允许境内居民以合法持有的外汇开立B股账户，交易B股股票。

2001年2月22日　中国证监会发布《公开发行证券的公司信息披露的内容与格式准则第1号——招股说明书》和《公开发行证券的公司信息披露的内容与格式准则第2号——股票上市公告书》两份咨询文件，为证券发行的核准制做好准备。

2001年2月23日　中国证监会正式对外发布《亏损上市公司暂停上市和终止上市实施办法》，连续亏损的上市公司将依照此办法有关规定被淘汰出局。

2001年2月28日　猴王集团进入破产程序，猴王A十亿债权可能“泡汤”。

三月

2001年3月3日　中国保监会批准放开中国平安保险公司、新华人寿保险公司和中宏人寿保险有限公司投资连结类保险在证券投资基金上的投资比例，最高比例可达100%。

2001年3月15日　中国证监会正式发布《公开发行证券的公司信息披露的内容与格式准则第1号——招股说明书》和《公开发行证券的公司信息披露的内容与格式准则第2号——股票上市公告书》。

2001年3月17日　正式实施证券发行核准制。

2001年3月20日　中国证监会发出通知，决定全面调查经纪业务，为佣金制度改革提供参考。

2001年3月23日　证监会公布对10家基金管理公司的调查结果，因博时基金管理公司异常行为突出，决定对其使用不正当交易手段买卖股票是否构成证券欺诈进行立案调查。

2001年3月28日　中国证监会公布了对在重大购买、出售资产过程中有违规行为的12家上市公司进行通报批评的决定。

2001年3月28日　中国证监会正式颁布实施《上市公司新股发行管理办法》，上市公司申请配股或增发新股，公司最近3年加权平均净资产收益率不得低于6%。对低于6%的公司，允许其申请增发，但需具备一定的约束条件。

2001年3月30日　中国证券登记结算有限责任公司在京正式成立，证券登记结算将进入集中统一时代。

四月

2001年4月3日　中国证监会同时发布实施了《上市公司检查办法》和《上市公司董事长谈话制度实施办法》。

2001年4月4日　中国证监会公布了《上市公司行业分类指引》。

2001年4月5日　中国证监会发布《拟发行上市公司改制重组指导意见》(征求意见稿)。

2001年4月13日　中国证监会发布《公开发行证券的公司信息披露编报规则第13号——季度报告内容与格式特别规定》，标志着我国证券市场开始逐步实施季度信息披露制度。

2001年4月19日　第一家按照核准制要求公开发行股票的公司——北京用友软件股份有限公司，将按36.68元的价格在上交所发行2500万A股。

2001年4月20日　深沪证交所发布《上市公司股票特别转让处理规则》，对股票的特别转让处理作出进一步的详细规定。

2001年4月23日　PT水仙股票自2001年4月23日起终止上市，这是我国证券市场成立以来第一家退市公司。

2001年4月26日　中国证监会决定对联合操纵亿安科技股票价格的广东四家投资顾问公司进行没收其违法所得4.49亿元，并处以等量的巨额罚款的处罚。同时，责令上述四家公司在收到本处罚决定之日起3个月内，卖出剩余股票77万股，并注销违规开立的个人股票账户，盈利予以没收。

五月

2001年5月8日　为进一步加强证券期货市场的稽查工作，上海、深圳、西安、济南、成都、广州、沈阳、天津和武汉证管办分别成立了稽查局，北京和重庆则成立了稽查处。

2001年5月11日　中国证监会发布《公开发行证券的公司信息披露规范问答第1号——非经常性损益》。

2001年5月12日　方正科技又遭举牌，北京裕兴等六家公司持股5.4103%，超过北大方正。

2001年5月17日　中国证监会发布《新股发行上网竞价方式指导意见》（公开征求意见稿）。

2001年5月23日　中国证监会公布《客户交易结算资金管理办法》，该办法于2002年1月1日起正式实施。

2001年5月31日　中国证监会发布了《关于在上市公司建立独立董事制度的指导意见》（征求意见稿）。

六月

2001年6月8日　深沪证交所《股票上市规则（2001年修订本）》自即日起实施。

2001年6月14日　中国证监会发布了《关于申请设立基金管理公司若干问题的通知》，同时公布了《关于规范证券投资基金运作中证券交易行为的通知》，规范基金管理公司设立申请。

2001年6月14日　国务院发布《减持国有股筹集社会保障资金管理暂行办法》。

2001年6月19日　经国务院批准，中国证监会将对符合条件的少数大型国有企业颁发境外期货业务许可证。

2001年6月19日　中国证监会发布《证券公司管理办法（征求意见稿）》。

2001年6月21日　融通、银华、宝盈三家基金管理公司正式开业营运。

2001年6月29日　中国证监会下发《关于上市公司、拟首次发行股票并上市的公司做好与新会计准则和制度相关信息披露工作的通知》。

2001年6月30日　中国证监会发布《公开发行证券的公司信息披露规范问答第2号——中高层管理人员激励基金的提取》和《公开发行证券的公司信息披露规范第3号——弥补累计亏损的来源、程序及信息披露》。

七月

2001年7月2日　在美国《商业周刊》每年一度的“亚洲之星”评选中，中国证监会主席周小川入选“决策者之星”。

2001年7月5日　北京市高级人民法院就海南凯立状告证监会一案作出终审判决：驳回中国证监会的上诉，维持由北京市第一中级人民法院作出的一审判决。

2001年7月5日　中国人民银行发布实施《商业银行中间业务暂行规定》，明确商业银行在经过央行审查批准后，可开办金融衍生业务、代理证券业务，以及投资基金托管、信息咨询、财务顾问等投资银行业务。

2001年7月11日　中国人民银行宣布，券商客户保证金该月起计入M2。

2001年7月17日　由中国证券业协会主持制定的《证券交易委托代理业务指引（1～4号）》正式公布。

2001年7月19日　社保基金参与中石化新股申购。中石化冻结资金约6400亿元，创单只股票发行冻结申购资金最高纪录。

2001年7月27日　中国人民银行严肃查处沈阳部分商业银行分支机构违规承兑贴现资金流入股市的行为和有关责任人。

八月

2001年8月8日　银广夏发布风险提示公告，其全资子公司天津广夏（集团）有限公司确实存在产品产量、出口数量、结汇金额及财务数据不实等严重问题。同时，中国证监会已对此事正式立案稽查。

2001年8月8日　中国证券市场有史以来最大的一家上市公司——中国石化挂牌上市。

2001年8月15日　中国证监会就《关于基金管理公司设立审核程序有关问题的通知（征求

意见稿)》上网征求意见。

2001年8月17日　首只开放式基金华安创新证券投资基金获中国证监会批复同意设立。

2001年8月21日　中国证监会发布《关于在上市公司建立独立董事制度的指导意见》，把独立董事制度纳入了规范化的轨道。

2001年8月31日　中国证监会发布了《关于制定证券投资基金规范运作指导意见的通知》，同时颁发了《证券投资基金规范运作指导意见第1号——基金管理公司章程制定指导意见》。

九月

2001年9月3日　中国证监会发布《公开发行证券的公司信息披露规范问答(第4号)》，要求金融类上市公司在境内外审计差异时，应该履行相应的信息披露义务，以便引导投资者对公司的业绩作出准确判断。

2001年9月4日　我国首只开放式基金华安创新证券投资基金亮相，华安基金管理公司发布招股说明书对此次发行的具体事宜进行了详尽的说明。

2001年9月5日　中国证监会发布《关于规范面向公众开展的证券投资咨询业务行为若干问题的通知(公开征求意见稿)》，对证券投资咨询业务提出了新的要求。

2001年9月6日　财政部拟对涉案的会计师事务所和注册会计师进行依法处罚：吊销签字注册会计师刘加荣、徐林文的注册会计师资格；吊销中天勤会计师事务所的执业资格，并会同证监会吊销其证券、期货相关业务许可证，同时，将追究中天勤会计师事务所负责人的责任。同时财政部、证监会又组成联合调查组，对原湖北立华会计师事务所的有关执业问题以及合并后事务所的执业情况进行调查。

2001年9月9日　中国上市公司治理大会在京举行。

2001年9月11日　中国证监会正式公布《中国上市公司治理准则》(征求意见稿)向社会广泛征求意见，其基本目标是保护股东权益。

2001年9月13日　中国证监会正式公布了《超额配售选择权试点意见》，自发布之日实施，首次公开发行股票公司试行超额配售选择权的，也参照试点意见执行。

2001年9月14日　财政部发布《金融企业会计制度》(征求意见稿)，拟征求意见后在今年年底正式实施，实施范围可能首先在上市金融企业，之后将在其他金融企业间有步骤地实施。

2001年9月17日　中国加入世贸组织的所有法律文件在日内瓦获得通过，中国长达15年的马拉松式入世谈判宣告完成。

2001年9月19日　中国证监会决定正式立案稽查湖北美尔雅股份有限公司，并对公司相关负责人予以公开批评。

2001年9月20日　中国证券登记结算公司上海分公司和深圳分公司的成立仪式相继在两地举行，标志着全国集中统一的证券登记结算体制的组织架构已基本形成。

2001年9月24日　为麦科特发行上市出具严重失实审计报告的深圳华鹏会计师事务所有6人被刑事拘留或取保候审。

2001年9月25日　最高人民法院向全国法院发布通知，暂不受理涉及证券民事赔偿案件。

十月

2001年10月8日　我国第一个就股权保全和执行方面的司法解释——《最高人民法院关于冻结、拍卖上市公司国有股和社会法人股若干问题的规定》已于近日公布，并从2001年9月30日起施行，从而对上市公司相关股权采取财产保全和执行措施进行了规范。

2001年10月8日　为规范证券公司分支机构的设立、变更与终止行为，提高监管效率，保护投资者的合法权益，中国证监会日前公布了《证券营业部审批规则(征求意见稿)》，并要求于本月15日前将修改意见反馈给中国证监会机构监管部。

2001年10月9日　中国证监会发布《关于做好证券公司内部控制评审工作的通知》，要求券商内控评审要严字当头。

2001年10月11日　中国主监会发出《关于执行〈客户交易结算资金管理办法〉若干意见的通知》，对《客户交易结算资金管理办法》未作具体规定的问题，如商业银行申报存管银行业务资格的具体程序，保证金专户具体的报备及管理等予以明确。

2001年10月12日　深圳已向证监会申请要求恢复深市新股发行。

2001年10月15日　经国务院批准，中国证监会提名，深圳证券交易所三届九次理事会通过，陈东征同志担任深交所理事长。

2001年10月17日　广东大正联合资产评估有限公司因涉嫌在惠州市麦科特公司造假上市一案中提供虚假报告，被广东省高级人民法院取消了在省内各级法院的年度委托评估资格。

2001年10月22日　深圳证券交易所发布公告，不继续给予PT中浩宽限期，这意味着继PT水仙、PT粤金曼之后，PT中浩也将面临退市。

2001年10月23日　中国证监会宣布，经报告国务院，决定在具体操作办法出台前，停止执行有关国有股减持的规定。

2001年10月26日　上海高清举牌方正科技，这是方正科技自上市以来面临的第四次举牌。

2001年10月27日　中国证监会对《公开发行证券公司信息披露的内容与格式准则第2号〈年度报告的内容与格式〉（2001年修订稿）》进行了修订，特向社会征求意见。

十一月

2001年11月5日　中国证券业协会公布《证券交易委托代理业务指引》，分风险提示书、授权委托书和网上委托协议书几个部分，2002年1月1日起执行。

2001年11月12日　深交所新版交易结算监察系统顺利上线运行，深市证券代码、证券账户（股东代码）、席位代码等三大基础代码也同时升位。

2001年11月13日　中国证监会与外经贸部日前联合制定了《关于上市公司涉及外商投资有关问题的若干意见》，对境内外商投资企业发行上市股票行为予以规范。

2001年11月14日　中国证监会为了积极稳妥地搞好国有股减持工作，公开向社会征集国有股减持的具体操作方案，并将从中选择若干方案，采取多种形式，并给出充分的时间征求社会各界意见，研究制定具体的操作办法，稳步推进减持工作。

2001年11月15日　中国证监会公布《关于进一步加强股份有限公司公开募集资金管理的通知》（征求稿），将加强对上市公司募集资金的投向管理，严禁将募集资金用于委托理财，禁止对公司具有实际控制权的个人、法人或其他组织及其关联人占用募集资金。

2001年11月16日　财政部决定调整证券（股票）交易印花税税率，对买卖、继承、赠与所书立的A股、B股股权转让书据，由立据双方当事人分别按0.2%的税率交纳证券交易印花税。

2001年11月16日　中国证监会日前就四川金路集团股份有限公司在1997年年报中虚增利润等违规行为作出行政处罚，还对为该公司当年年报出具审计意见的原四川德阳会计师事务所及签字会计师作出处罚。

2001年11月19日　深圳证券交易所、上海证券交易所及香港交易所联合宣布，继5月三方协议互换证券市场及上市公司信息后，同时在各自网站上推出专门网页发布以上信息。此举标志着深圳、上海及香港三地交易所的合作迈上新台阶。

2001年11月20日　渝钛白在深交所恢复挂牌交易，这是证监会推出退市机制以来首只复牌PT股。

2001年11月23日　中国证监会正式发布《公开发行证券的公司信息披露规范问答第5号——分别按国内外会计准则编制的财务报告差异及其披露》，对分别按国内、国外会计准则编制财务报告的公司就如何处理两份报告之间的差异、如何履行相关信息披露义务作出了明确规定。

2001年11月26日　中国证监会发布《公开发行证券的公司信息披露编报规则——财务报表及财务报表附注的一般规定》（征求意见稿），面向社会公开征求意见。

2001年11月27日　中国证监下发《关于证券公司增资扩股有关问题的通知》，对证券公司增资扩股的现行政策进行了重大调整。

2001年11月28日　长盛基金与荷兰银行集团在京正式签署中外合作基金管理公司合作备忘录。

中国证券业协会公布了《股份转让公司信息披露实施细节》，这表明股份代办转让业务规范又有了新的进展。

十二月

2001年12月4日　证监会发布《亏损上市公司暂停上市和终止上市实施办法（修订）》，在新的退市办法中，取消了PT制度，上市公司暂停上市后，股票即停止交易，证券交易所不提供转让服务。此外，现今实行的宽限期申请的有关程序也被取消。

2001年12月5日　为了加强对金融活动的监督管理，维护金融秩序，保护国家利益和社会公众利益，国务院公布了《金融机构撤销条例》。

2001年12月6日　国务院召开第49次常务会议，外资保险公司管理条例原则通过。

2001年12月10日　第一只退市的股票水仙电器正式开始柜台转让。

2001年12月12日　中国证监会发布《中外合营证券公司审批规则（征求意见稿）》。

2001年12月12日　中国证监会发布《证券交易所管理办法》，明确了交易所的职权和责任，对交易所在证券交易、会员及上市公司监管等方面职权做出具体规定。

2001年12月18日　中国证监会发布了新修订的《公开发行证券的公司信息披露的内容与格式准则第2号——年度报告的内容与格式》，再次强化了对上市公司信息披露的要求，加大了信息量。

2001年12月19日　华夏成长基金宣告成立。

2001年12月20日　证监会发布《境外机构参股、参与发起设立基金管理公司暂行规定（征求意见稿）》，上网征求意见。同时将起草的《关于基金管理公司设立审核程序有关问题的通知》和《关于基金管理公司重大变更事项有关问题的通知》（待报批稿）一并上网征求意见。

2001年12月25日　中国人民银行决定，从2002年1月1日起，将在我国各类银行全面推行贷款风险分类管理，同时发布了新的《贷款风险分类指导原则》。

2001年12月25日　财政部发布了《关联方之间出售资产等有关会计处理问题暂行规定》，对于上市公司与关联方之间交易的会计处理，如果没有确凿证据表明交易价格是公允的，对显失公允的交易价格部分，一律作为资本公积处理，不得确认为当期利润，也不得用于转增资本或弥补亏损。

2001年12月26日　中国证监会发布《公开发行证券的公司信息披露编报规则第14号——非标准无保留审计意见及其涉及事项的处理》，对上市公司财务报告被出具非标准无保留审计意见，及其涉及事项的信息披露作出具体规定。

2001年12月26日　审计署公布了会计师事务所2001年完成的审计业务质量检查结果，41

名注册会计师造假70多亿，16家事务所中有14家出具严重失实审计报告，注册会计师审计业务质量令人担忧。

2001年12月27日　中国证监会会计部发布的《公开发行证的公司信息披露规范问答第6号——支付会计师事务所报酬及其披露》，对支付注会费用提出了具体要求。

保险市场

保险市场综述

中国保险业的有序、创新发展

改革开放以来，中国的保险业以前所未有的速度发展，创造了令世人瞩目的成就。这块堪称世界上最大、最年轻、最具有发展潜力的市场吸引了上百家国外大保险公司“不远万里，来到中国”，抢摊设点。

持续的经济高增长、市场化方向的改革和巨大的人口规模是中国保险业快速增长的动力源泉。但是，这种快速增长也遇到了阻力，碰到了不少问题，主要表现为：消费者的风险、保险意识薄弱；保险公司的产品“单一”；投资的渠道狭窄，投资人才匮乏；保险公司的粗放经营方式以及政府政策对保险产业的支持乏力；等等。若这些弊端不克服，那么，中国保险业的进一步增长将受到极大的阻碍。为此，在跨入21世纪的时候，中国保险业需要正视和解决以下八方面的问题。

（一）尽快建立起与国际惯例接轨的保险制度

保险制度包括保险制度运作的基本原则，如最大诚信原则、可保利益原则、损害赔偿原则、近因原则等；险种设计、保险合同的制定、产品定价、展业、承保、理赔、投资、准备金的提取等方面的共同做法。从我国目前的情况来看，我国保险公司在运作中存在很多缺陷，有很多不符合国际惯例的作法。例如，我国许多保险公司的主要条款中甚至没有“不可争条款”这一被国际保险业证明为极其重要的条款；又如“近因原则”这一被国际保险业普遍运用的原则在中国也缺乏适用的法律依据及其实践等。

未来的国际竞争要求我们遵循同一个游戏规则。对此我们一定要有清醒的认识。只有及早地融入世界，熟悉国际游戏规则，才能在日益残酷的国际竞争中立于不败之地。

（二）完善保险制度运行的微观基础和市场环境

要借鉴国外成熟和发达的市场经济的经验，逐步完善我国保险业健康发展所需要的市场环境。根据我国的现状，今后应着重解决好保险企业组织形式、保险公司经营状况的基本评价指标、保险公司的评估机构、竞争原则、税收政策等几个方面的问题。特别是建立多元化保险公司方面，可以发展一些相互保险公司、保险合作社，国际经验表明，这些形式在防止道德风险和保险欺诈、为投保人提供较低成本的保险上具有比其他组织形式的公司不可替代的优势。

（三）高度重视保险投资问题

目前我国对保险投资的规定十分严格。《保险法》已有明确规定，从表面上来看，这样一种规定似乎可以保证资金的安全性，但问题是，在中国这样一个体制模式和发展模式都处于转型期、经济增长率和通货膨胀率相对都很高的国家中，这样一种规定有可能将保险公司置于巨大的负债风险之中。然而，如果只是简单地改变或放松保险投资的监管规定，在目前中国资本市场很不成熟、投机性很强，保险公司投资人才匮乏的情况上，又有可能使保险公司面临重大的资产风险。

要解决保险业投资的两难问题，满足保险业的强投资需求，必须将保险投资问题提到战略的高度来认识。具体来说，应当发展和完善资本市场，同时强化保险公司适应能力，实现保险投资的多元化。

第一，政府调整对资本市场的政策。从总体上看，要重点发展包括寿险基金在内的机构投资者；

第二，逐步扩大寿险公司进入资本市场的业务范围，放开投资业务和允许其直接经营证券业。对产险公司和寿险公司应区别对待，逐步有计划地放宽寿险公司的投资业务范围；

第三，逐步放宽投资政策，允许国内保险公司选择海外较为成熟的资本市场进行投资。这不仅有利于加强内资保险公司的竞争能力，而且可以进一步扩大其投资组合，降低风险程度；

第四，逐步向外国保险公司开放资本市场，促进交流与竞争和吸引外资。

（四）建立和健全保险中介体系

一个健全的保险市场对包括代理人、经纪人和公估人在内的市场中介体系的依赖特别强烈，这是由保险产品的特性所决定的。即使是在保险业较为发达的国家和地区，由于消费者的保险意识相对成熟，对保险产品的认知程度相对较高，保险公司的直接销售可以起到一定的作用，但代理人、经纪人的作用仍然十分突出，何况中国这样一个保险业刚刚起步，许多消费者对保险还没有什么认识的国家，保险中介体系的建立和健全更显得十分重要。

（五）强化而不是放松监管

目前国际上虽然出现了放松保险管制的趋势。但对于目前的中国来说，不应盲目地追随这一潮流，不能放松监管，而应当加强监管。其理由在于：第一，保险业广泛的社会性、技术要求的复杂性和“产品交易”的特殊性，使保险业的监管成为一种必然；第二，西方发达国家放松监管的前提条件在于，从总体来说，消费者的保险意识和产品的鉴别能力、保险公司的微观自律机制、保险行业组织的中观协调机制和政府的宏观管理能力都达到了相对成熟的阶段。而从中国的现状来看，这些条件基本上都不具备。因此，中国目前需要讨论的一个问题不是要不要放松监管，而是应当如何进行监管。所谓强化监管，并不是说监管部门要干预保险公司的正常经营活动，而是要为保险公司的公平竞争创造有利的条件。在这一方面，香港保险业监管的宗旨“最大的服务，最小的干预”，应当为我国内地保险监管者所借鉴。

（六）实现保险业的创新发展

对于中国的保险业来说，创新发展存在着客观必然性。我国的消费者对银行的认知程度大大高于保险公司，不用任何人“说服”和“动员”，老百姓就能非常“自觉”地到银行存款。在这样一个基本背景下，作为金融体系中重要一员的保险业如果不实行创新发展，特别是如果不能不断推出为消费者所喜爱的保险产品来，它就无法与银行等其它金融机构竞争。从可能性上来看，我国保险业真正发展的历史不长。除了中国人民保险公司以外，目前在中国市场上成立时间最长的公司不过10年左右。历史短，一方面反映出经验不足，但同时又有历史积淀少，包袱轻的特点，需要“革旧”的东西少，因而创新发展相对容易。

创新发展应当包括组织机构创新、险种的创新，展业方式的创新，承包方式的创新，管理方式的创新等方面。

（七）加强保险专业人才的教育和培养

现代市场经济的竞争说到底是人才的竞争，无论是进行产品的创新，实施各项改革，还是跟踪世界保险业的发展趋势，参与国际竞争，以求在世界的舞台上占有一席之地，都需要一批优秀的人才，要多渠道地加快各类保险专业人才的培养。一要加强各级学校的培养力量；二要加强各级公司对现有员工的培养；三要注意人才的引进；四要建立和完善保险业的各类资格考试制度，如精算师资格考试制度，承保、理赔专业人员考试制度，以及目前已有的代理人资格考试制度。

（八）谨慎而又积极地跟踪世界金融业务一体化的趋势

目前，我国各类金融机构的业务活动受到严格的分工范围的限制，保险企业的经营模式非常单一。应当说，这与当前我国整个金融体制不健全，金融市场不成熟，保险业欠发达的背景是相符合的。鉴于此，对于国际上出现的金融业务一体化的趋势，我们要谨慎地对待，不可盲目追随。但我们对此要给予密切的关注，认真研究和进行准备。待条件成熟时，我们要逐步放开各种行业限制，促进国内金融企业的一体化发展。

保险中介产业政策

（一）研究保险中介产业政策的意义

近年来，随着改革开放的不断深入和国民经济的持续增长，我国保险业出现了快速发展。国家保险产业政策在积极推进保险业的发展、克服市场失灵、保持规模经济效益、引入竞争性产业组织、合理配置保险资源、促进行业内外协调关系、完善保险业监管、保护和扶植民族保险业等诸方面愈来愈显示出积极的政策效应。

相对于保险产业政策，我国保险理论界对保险中介产业政策的理论研究还相当滞后。目前，全国共有各类保险中介服务网点23万多家，各类保险中介从业人员近百万人，1998年全国财产险保费收入499亿元，其中40%以上的业务来自保险中介机构和个人代理人；寿险公司保费收入683亿元，其中80%以上的业务来自个人营销员。面对如此广阔市场和快速发展的增幅，保险中介产业政策在协调同保险行业关系、合理配置保险中介资源，调整保险中介产业结构，促进产业竞争，优先扶植适应保险业发展的产业组织制度，确保保险中介业务在低成本、高效益的运作机制下发展，保护保险中介市场健康发展，规范保险中介市场行为等方面还远未发挥应有的作用。

保险中介产业政策同保险产业政策不论是从发展目标、规模效益、组织制度、竞争原则、保护政策、金融政策、价格政策，还是从法律法规、经营模式、经营目标、监管指标、监管内容、产业技术政策等都有着许多本质上的区别。因此，研究在市场经济条件下保险中介产业政策的发展理论和实践措施，对保险业保持可持续发展具有重大的开拓和创新意义。

（二）保险中介产业组织政策是研究的核心

研究产业政策的核心是研究产业组织及产业组织结构，而研究产业组织的目的就是研究市场运作。保险中介产业组织构架到底是适应“粗放型”发展模式，还是“集约型”的发展模式，如何才能促进这两个转变，是保险中介产业政策首先应解决的问题，也是保险人和监管人共同考虑的现实理论问题。依据《保险代理人管理规定（试行）》和《保险经纪人管理规定（试行）》的规定，有限责任公司是保险中介法人组织形式，意指股东以其出资额为限对公司承担责任，公司以其全部资产对公司的债务承担责任的一种公司形式。国外的中介机构包括保险中介机构多采用合伙人制，在我国保险中介组织制度中能否引入合伙人制度将是保险中介产业政策中一个需要深入研究的领域。

目前国内产寿险市场上的代理组织形式多为个人代理人，其归属为产险公司的代办站（所）或寿险公司的营销部（单位）。在目前这种代理组织模式下，一旦保险公司放松核保、核赔制度的管理，放松对个人代理人的培训，保险监管机关放松从业资格的认定和监管，其危害是显而易见的。这种保险中介组织模式到底能否适合保险业长期发展规划很值得商榷。

笔者认为：保险中介产业组织政策应向专业化、职业化、产业化方向发展，在产业政策取向上应向专业公司倾斜，走集约化、规模经济、规模效益的发展之路。保险中介资源应合理配置

保险中介资源的合理配置和结构调整是保险中介产业政策研究的问题。保险中介产业结构应根据市场需求、业务发展保持大体均衡。可目前实际情况是个人、兼业代理人快速超常发展，而专业代理人却因政策原因举步维艰，全国还没有批准一家专业代理公司，其结果是大量兼业代理人变成了彻头彻尾的专业代理人。优秀的个人代理人也无法向专业代理公司分流。保险中介资源的配置出现了结构上的失衡，自然产生了大量兼业代理人违规经营的行为，既扰乱了保险市场，又给保险中介产业带来灾难性的后果。

（三）保险中介产业政策的市场取向

保险中介产业的基本职能是供给职能，即最大限度地满足保险业的发展需求。因此，保险业能否保持可持续发展在很大程度上依赖于保险中介产业的发展。保险中介产业政策是政府为促进保险中介产业资源有效配置，实现产业结构总体均衡，为保险业发展增加供给所采取的宏观管理政策和措施。我国保险中介产业政策的内容应主要包括：

1. 保险中介产业结构政策：在宏观上应保护产业结构的合理比例，避免市场在合理分配资源方面出现的失灵，弥补市场机制、价格机制的缺陷，保护和扶植产业内优先发展的部门，尽可能达到规模效益，促进保险业实现既定的发展目标。在微观上应及时调整结构比例，增加供给，提高效益，排除垄断，增强竞争能力，为实施产业政策制定相应的管理政策和实施措施。

2. 保险中介产业组织政策是构建适应保险中介产业发展的各类组织形式，引入产业竞争机制，打破单一的产业组织形式，研究设立股份制公司和合伙制企业的法律环境和设立条件。市场经济是一种开放性的经济体系，在公平竞争和法律许可的限度内，产权主体以追求潜在收益为目标的制度创新活动不受人为的空间限制。这种以成本与收益比较为原则的组织制度创新将会是保险中介产业组织发展的目标，建立政企分开、产权明晰的企业将大大提高保险中介产业结构的效率，也是研究保险中介产业政策的核心问题。

要适时研究保险中介市场开放问题，引进外资保险中介机构。在对外开放中坚持的原则应是以市场换技术，以市场换人才，加速培养我国保险中介的经营人才和管理人才，在宏观上要把握

好保护民族保险中介产业的政策目标，使保险中介这一幼稚产业的发展得到政府必要的保护和扶植。

3. 地区产业结构政策的核心是合理配置保险中介产业的布局，使地区产业结构能适应该地区保险业的发展。比如：在经济发达、保险业基础好、当地中外资企业有需求的地区，适当引进保险经纪人制度，批设保险经纪公司以满足地区经济、保险发展的需要。保险公估人的业务地域范围也可考虑扩大，以适合保险公估业本身运作的规律。在保险中介合理配置方面应充分考虑到地区经济、政治、法律、市场技术、习俗等诸方面的因素，在政策上应予以适当倾斜，不搞一刀切。

4. 保险中介产业技术政策是尽可能利用现代科技手段、信息技术、电脑软件开发、经营咨询等高度知识密集型尖端技术，为保险中介产业技术政策服务。相比较国内银行金融服务业，保险业的服务手段单一化，保险中介展业、理赔手段更显不足。21 世纪是知识经济时代，单靠目前这种“人海战术”的展业方式，不能应付知识经济和世界经济一体化的到来。当今，国外保险中介产业有向风险评估、风险管理方向发展的趋势，这一走向对保险中介产业要求的技术含量会更高，单靠我们习以为常的展业手段、营销方式是根本无法应对 21 世纪里保险所面临的挑战的。因此，保险中介产业应向高技术产业的方向转移，以此带动整个保险中介产业结构的合理化和高级化的重大调整，进而促进保险中介产业在高起点、高技术含量的水平上向前发展。

5. 保险中介产业保障政策是为保证实现产业政策总目标所采取的各种经济的、法律的和必要的行政措施等一整套政策，其中主要有价格、税收、金融、劳动工资等政策。保险中介产业作为保险业中一个新兴产业应尽量争取相关政策的支持，创造一种较宽松的发展环境，使保险中介产业能够更加健康发展。

综上所述，保险中介产业政策是一门全新的产业政策，需要经济理论界和保险理论界开展深入的研究，为保险中介产业的实践创新完成所必不可少的理论创新。

创建健全、规范的现代保险市场环境

我国社会主义市场经济的发展和金融体制改革的推进，为我国保险市场的建设创造了良好的外部环境，也给保险企业的改革提出了新的要求，建立起符合我国生产力发展水平的保险市场和按市场规则运作的商业保险，则成了保险体制改革的关键。

市场是培育保险企业的活力之源，其本身所具有的平等性、竞争性、分化性的特征，对保险企业的业务经营既提供了多方面的硬约束，又成为了最公平的评判者，由此所带来的风险机制，逼迫企业以市场为导向寻求自我发展。这样的保险市场首先是有利于保险资源优化配置。在过去，国家对保险实行垄断经营，各项经营权皆由上级决定，保险商品价格与价值背离，保险需求与供给信号失真。而市场则是大量保险交易活动赖以进行的、费用最低的体制组织，只有在市场中，保险企业才能成为按市场信号运转的真正企业，才能拾遗补缺，填补空白，向深度和广度发展。其次是促进和发展保险生产力。我国保险业与国内保险需求、与亚洲其他发展中国家相比较都显得落后，只有在发展市场的同时，加速培育保险主体，并使之参与市场竞争，按价格规律和供求规律去发展和经营，才有可能较快缩短落后的差距，由此促进保险业的兴盛繁荣。其三，是有利于加快保险改革的进程。保险既脱胎于商品生产与交换，就具有国际通用性。扩大对外开放，准许外资保险企业的进入，就必须要求国内保险企业和保险市场按照行业和企业的通行做法参与国际竞争与国际合作。从现在的情况来看，一方面我国服务贸易领域的开放，还会有更多的外资保险公司进入；另一方面，我国的保险企业也要进入国际市场，这样的双重压力，更增加了保险市场建设的迫切性。

按市场经济的要求，我国保险市场建设应该发展成为：一、从市场主体看，是多样化、多元化的各种保险公司齐全、以商业保险公司为主体的市场；二、从市场交易方法看，是既有原保险也有再保险，既有损失险又有寿险，既有短期保险又有长期保险的多种形式的市场；三、从市场竞争状况看，是由市场决定经营主体的形成与消亡，决定其占据市场份额大小的市场；四、从市场秩序看，是有规则、有秩序地进行交换、竞争的市场；五、从市场主体之间的协调关系看，是市场引导企业，国家通过调节市场从而间接引导企业行为的市场；六、从市场的功效看，是实现了合理配置资源的市场。

上述是较完备的保险市场的目标模式。从现实国情出发，保险改革要围绕三大任务来进行：建立在国务院领导下，独立执行保险政策的宏观调控体系；建立政策性保险与商业性保险分离、社会保险与商业保险分离、产险与寿险分离的，以商业保险公司为主导地位的，多种成分保险机构并存的保险组织体系；建立统一开放，法制健全，有序竞争，严格监管，具有分保机制的保险市场体系。在三大体系中，调控体系是关键，组织体系是保证，市场体系是目的，构成了保险改革的系统工程。而在这个构造过程中，商业保险公司的建立处于突出重要地位。

保险的商业化经营和建立商业保险公司，是保险体制改革的中心环节。商业保险公司的业务领域、组织形式都要突出与市场的紧密关系，其最主要的内涵特征，是通过业务营运机制来体现的。这些特征可以概括成五点：一是采用股份制定位的公司产权制度；二是全面施行以盈利定位的商业险种；三是按照市场定位的业务运行机制；四是开展保险主业定位下的多方位经营；五是完善科学定位的规范化管理。当前，我国商业保险公司的建立，既包括国家保险公司的转轨，也包括新成立保险公司的规范，必须把握住：按《公司法》、《保险法》运行，与现代企业制度的建立相配套；明确利益与责任，划分产权归属；强化风险约束，提高保险服务质量；正当竞争，优化保险资源配置。也就是要坚持以市场为导向，以改革为动力，以经营为中心，以效益为目标，以管理为保证。

创建一个具有健全的市场机制、规范的市场竞争秩序的现代中国保险市场环境，对于建设商业保险市场是必不可少的条件。概括说，这种环境需在以下几个原则指导下进行培育和改善：

（一）国家宏观指导原则

在整个宏观的市场经济中，保险的发展不可能游离于国民经济实力增长，不可能脱离与各个市场发育的关联。在宏观上，要接受政府部门的调节与指导。保险市场必须是可调控的市场，活而有序的市场，这是商品生产和持续、稳定协调发展保险业的需要，也是克服完全由市场自发调节带来弊端的需要。

（二）规范竞争主体原则

保险市场起着交换、选择、优化、引导、评价、淘汰的综合作用。行业垄断容易导致效率低下和官商作风，与市场原则相悖，但也不能放任盲目竞争。近年来，不规范的商业主体加入市场办“保险”的事屡禁不止，如若放任自流，必将对形成中的商业保险公司带来损害和冲击。规范竞争，其一是要严格对主体实行政企分开，强化和塑造各主体的商业功能；其二是认真审批和监督保险企业设立和运行的资本金和偿付能力，杜绝各种保险投机和短期行为。

（三）稳定运行原则

保险企业的承保与赔付的交替过程就是保险经济的投入和产出的再循环，竞争的加剧、费率的下降逐步引起原保险利润逐减，甚至无利可图。因此，整个商业保险市场上的各家保险企业要在共同参与自律的范围内，适当增减条款内容，升降费率，另一方面要开放保险资金运用的尺度，让保险基金充足者多用、广用，参与资金市场，以维护自身的财政稳定。再就是要公平地保护新险种的“专利”。培育中的保险市场应避免因恶性竞争产生非正常波动，如果市场建设稳定性差，造成各商业保险公司的承保条件、资金运用、费率调节没有保证，保险企业的生存将严重受挫，保险客户利益就成为空谈。

（四）法规调节原则

市场法律体系的建立，一是要按《银行法》和《保险法》建立、完善各项具体法规；二是倡导与实施综合与协调的行业公会制度。不言而喻，保险市场管理调控由政府职能部门行使，但各商业保险公司间协商产生的行业公会在遵循制度、法规的前提下，侧重行业自律和自我约束，能发挥重要作用。

保险市场也应对内开放

随着改革开放的深入，我国保险市场作为社会主义大市场的一个子系统，其对外开放问题日益成为国内外关注的焦点。但我们在谈论对外开放的时候，常常忽视一个重要问题，就是保险市场的对内开放问题，这是一个不容回避并且是制约民族保险业发展的关键问题。

保险市场的对内开放包含了两方面的含义，一是国内民族保险公司可以突破区域限制，在全国范围内自由开展业务，国内的投保人可以自由地选择国内的保险公司，各家公司还可以根据自身情况，确定业务发展的重点地区，走特色经营的路子。二是业务区域限制的取消并不意味保险公司可以自由地开设分支机构，保险公司设立分支机构还必须严格按照监管部门制定的标准执行。对内开放改变了以往保险公司必须先有机构再有业务的旧模式，保险公司可以在不设机构的情况下，在注册地以外开展业务。

目前，在谈到对保险市场首先应解决对内开放的问题时，保险业普遍存在这样几个误区：

一是认为对内开放必然引起外资的长驱直入。按照关贸总协定的要求，对外资必须实行国民待遇，因此，对内开放以后，一旦我国入关无疑会带来外资的长驱直入问题。这种观点忽略了经济全球化是经济发展的必然趋势，在这一趋势面前，我国保险市场的规则与国际接轨也是历史的必然，与其等到外资纷纷涌入以后再放开市场，倒不如早放开市场，让民族保险公司充分施展，壮大实力，提高竞争能力。从亚洲各国开放的经验来看，如果本地保险业有了一定基础以后，是不必担心与外资竞争的，至少在产险方面，本地公司市场拓展能力远远超过外资公司。外资保险公司并不可怕，对外资的制约并不需要通过对内封闭市场来实现，我们有理由相信，只要本地保险公司得到充分发展，是有能力与外资竞争的。

二是认为对内开放会引起国内市场的混乱，不利于监管。保险市场对内开放与市场混乱并没有必然联系，市场主体增多并不意味着市场秩序就更乱。如果缺乏必要的监管和制度，即使市场上只有两三家公司，市场秩序也有失控的可能。中国保监会成立以后，我国保险市场监管体系得以健全，保监会通过加强对总公司的管理，强化保险企业的自我约束机制建设，促进了我国保险企业的内在素质的提高，特别是最近保监会从源头抓起，统一印制车险保单，就更加确保了对内开放不会引起市场的混乱，这已经为保险市场对内开放创造了完备的条件。

三是认为异地展业会降低保险服务质量。如何保证对客户的服务质量，这是一个应该由保险公司考虑的问题，监管部门可以为保险公司创造条件。保险公司如果采取适当措施，异地展业不仅不会降低保险服务质量，反而会进一步促进当地保险服务水平的提高。这方面台湾保险市场的一些作法值得我们借鉴，他们对不够条件成立分支公司的地区，根据业务需要，设立一些通讯处，由这些通讯处负责做好客户服务，保险公司可以尽可能少成立分公司，从而精简人员，提高效益。

我国保险业现阶段的主题是要通过整顿和规范来促进保险业的发展，目的是要发展，在经济学领域，发展与增长是两个不同的概念，发展包含了内在和外在各要素的协调进步。就我国现阶段保险市场而言，发展是有其明确含义的，是保险公司整体素质的提高、保险监管的完善和保险市场各要素的健全。但如果不改变目前保险市场封闭的状况，市场即使有了一定发展，也是低水平的、不稳定的，或者是表面的、局部的，民族保险业真正的发展必须要建立在对内开放的基础上。

(1) 对内开放是壮大市场主体，提高竞争能力，推动保险市场的平衡发展的根本途径。针对我国保险市场的发展状况，发展民族保险业不是盲目增加保险主体的问题，根本的途径就是要尽快建立一套适应市场经济的市场机制，打破封闭垄断的市场格局，让现有保险公司都加入竞争行列，实现保险市场的充分竞争，让国内保险业在公平竞争的市场机制上健康发展，促使民族保险业不是依靠政府行为，而是真正通过市场竞争壮大起来，这样才能形成强有力的竞争力。同时，通过对内开放，有效发挥市场对资源的配置作用，促进保险资本、经营技术、信息和管理经验不断从保险发达的东部地区向落后的西部地区辐射，加快缩小东西部保险公司的差距，实现保险市场的平衡发展。

(2) 对内开放是保险公司转变经营模式，完善运作机制的可观基础。因为保险市场对内开放以后，保险公司工作的主要矛盾将不再是机构问题，而是加强自身建设，提高市场竞争力的问题，这样，保险公司的工作重点必然转到完善内控、完善服务、提高竞争力等工作上来，这种转变与国家对保险业的期望是一致的，与我国保险业发展方向也是吻合的，重要的是这种转变不再是监管部门的行政命令，而是保险公司主动、自愿地转变，根本上解决了新公司穿新鞋走老路的问题。

(3) 对内开放是培养中介市场，引导保险公司安心“主业”的重要措施。中介机构的发展，可以使老保险公司从一些非重点市场撤离，降低成本，减轻包袱，也可以为新公司减少新设机构，减员增效。对内开放将为我国中介市场的发展，提供历史性机遇，通过中介市场的发展，从而为保险公司将经营保险风险作为自己的主业创造条件。

保险业内在素质的提高是发展的关键，而内在素质的提高必须建立在科学的现代保险体系基础上，必须敢于打破计划经济时代留下的一些不合理模式，不如此，我们防范和化解金融风险、提高保险企业的整体素质就无从谈起。我国保险市场的对内开放并不是一次剧烈的变革，而只是恢复保险市场正常秩序的一项重要举措。我们相信，在保监会的正确领导下，中国保险业一定会开创新局面，为经济建设和社会发展做出应有贡献。

我国保险市场竞争模式的选择

竞争是商品市场经济的基本标志和主要推动

力。建立适合市场法则的竞争机制，无疑是建设有中国特色的社会主义市场经济体系的重大任务。纵观我国保险市场竞争发展的历史与现状，可以肯定指出，如何合理地选择与确定其竞争模式，已成为我国保险市场健康发展亟需解决的首要课题。

按照经济学的定义，市场竞争模式主要是指市场竞争的目标、架构、基本原则、以及竞争主体的构成与行为规范。

联系我国保险市场竞争的实际，自 1980 年恢复国内保险业务以来，经过十多年的市场培育，我国保险市场多家竞争的局面已初步形成。但时至今日对我国保险市场的竞争模式尚未有一个明确的表述。即使是作为保险法规的“母法”的《中华人民共和国保险法》，也只是在第一章第七条原则提出“保险公司开展业务，应当遵循公平竞争的原则，不得从事不正当竞争”。这确实是一条很原则的“原则”。

竞争模式不确定，就不可避免地出现以下问题：一是对市场竞争的规划缺乏全局性。其典型特征就是出现“目标缺陷”，既没有长远目标，也没有阶段性目标。二是对竞争市场的培育陷入盲目性。一个缺乏整体目标的市场建设，不可能在建设过程中避免盲目性，这是不言而喻的。三是对不正当竞争的遏制陷入被动性。由于竞争模式不确定，从而导致对竞争行为的积极引导不足，这就势必对不正当竞争行为出现“头痛医头，脚痛医脚”，“按下葫芦浮起瓢”的被动局面。因此，尽快确定保险市场的竞争模式应是保险监管的当务之急。

目前，我国保险市场竞争模式可确定为：以国有保险公司为主导，各类保险公司并存的竞争主体，以专业化经营为特点而形成的不同竞争优势，以最低偿付能力为主要依据的竞争监管，以同业组织为媒介的竞争协调，形成各类保险公司既平等竞争，又充分合作的适度竞争模式。

（一）国有保险公司占主导地位的竞争主体群

没有一定数量的竞争主体，就不可能构成真正意义上的市场竞争，这是毫无疑义的。问题是需不需要保留国有独资保险公司？国有保险公司是否要占据主导地位？保留国有独资保险公司是必要的，也是可行的。保持国有保险公司的主导地位，需要得到国家政策性的扶持。但是这种扶持并不是行政干预，而是符合市场原则的支持，主要是：

第一，与其他保险公司的同等待遇。包括税负、费用率、资产构建规模、经营管理权限等方面的平等待遇，以便于国有保险公司在同等条件下与其他保险公司展开竞争。

第二，政策性业务的支持。如同股份制保险公司可以得到其股东企业的业务支持一样，国家作为国有独资保险公司的出资人和最终风险的承担者，也应该在适当的范围内给予一定的业务支持。如信用险等政策性强、与国家经济政策相关程度高的业务；国家直接投资的重大项目的保险；以国有商业银行总行作担保的引进项目的保险等，应指定由国有保险公司承保。

（二）推进专业化经营，形成不同的竞争优势

垄断竞争市场的特点是保险公司之间存在着激烈的竞争，没有一家保险公司能够主宰市场；但由于各保险公司在专业经营服务领域、技术手段等方面各有特点，从而使自己的某些产品（险种）具有优势，由此而产生了一定的垄断性。比如船舶险业务，由于其风险较大（包括道德风险），所以保险人一般只能通过提高费率等承保条件，以及缩小责任范围等办法来加以限制，这对大多数保户是不公平的。而在这方面专业能力强的保险公司，则可以通过发挥自己的业务优

势，形成一定的垄断性经营。事实上，在世界上的保险大国如美、日、英、德等，各大保险公司都有自己在某些险种的经营优势，这也是反垄断法所允许的。这样，通过市场“无形之手”大致区分各自的“势力范围”，既可减少恶性竞争，也可提高保险公司的专业参与竞争。

（三）实行以最低偿付能力为主要依据的竞争监管

保险经营的最大风险是偿付能力的风险，盲目提高手续费、恶性降低费率等不正当竞争行为，最终都要反映到偿付能力上来，实践证明，偿付能力监管是限制保险公司不正当竞争行为的最有效措施，是“治本”的利器。如美国现有3600多家财产保险公司（非寿险），1800多家寿险公司，竞争是非常激烈的。加上美国的保险业是完全市场化运作的，各保险公司可以自行决定险种费率，但却没有出现恶性削价竞争现象。究其原因，主要是美国的保险监管就是实行偿付能力监管。而英国则直接实行“偿付能力线”模式。目前，大部分发达国家和地区采取英国模式，如欧共体、日本、香港、台湾等，均已由条款、费率管理为主，过渡到以偿付能力线为核心的监管方式。

根据国际保险业的通行做法，我国保险监管尤其是对竞争行为的监管也应过渡到以偿付能力为依据，这样才有可能从根本上遏制不正当竞争行为的发生。

（四）充分发挥行业组织在同业竞争中的协调作用

保险行业协会的产生是市场经济条件下保险业竞争的必然结果，它的根本职能是要通过协商、协调达成并执行行业内部的竞争公约和自律协议来规范公平竞争行为。保险行业协会（同业公会）应充分发挥桥梁与纽带作用，引导各保险公司加强协商，促进行业之间的合作。

互联网 为保险业带来商机与挑战

知识经济、网络经济将成为21世纪经济发展的主流。互联网集声音、影像与文字于一身，加上其即时和互动的特性，使其成为未来最有力的媒体。此外它还具有提供商品及服务信息、展示、交易三合一功能，因而又可变为商品或服务的交易通道。这种特殊的媒体和通道功能，扮演着越来越重要的中介作用，正一步步冲击本质就是“中介”的服务业，虽然冲击还不是全面性，但已初现端倪。互联网已经造就出一个全球性的商业新市场，所有的行业都会看到：互联网将重塑传媒、商业和服务，保险业显然逃不出这张网。

我国保险业经过十几年的发展已经取得了巨大的成就，保险业已成为国家经济生活中的一个重要组成部分，也形成了一整套营销制度和手段。特别是近年来，保险代理人队伍迅速扩大，成为我国保险业的一支生力军，战斗在保险行销的第一线。但随着互联网络的逐步推广，将对目前这一主要行销手段带来严峻挑战，行销方式的改变将导致保险业展业全方位的变革。

1. 互联网络的应用将改变保险公司与保户之间的动态关系，把公司与保户直接联系起来，向他们提供更多关于对方的信息，为潜在的客户提供了与保险公司接触的更多的便利机会。技术的应用和公司与保户关系的变化，将对保险公司的经营管理、组织结构、人员素质、业务流程等带来全新的变革。

2. 互联网技术帮助创建的低成本自助式销售方式，将削减保险咨询、销售及索赔等运营成本。互联网可提供24小时的保险广告、咨询、销售及索赔等高效在线服务，网站的运作及维护可由网络服务公司负责，除了有专业设计的电脑软件 24 小时全自动处理来往信息、统计、存档之外，更有专业人员全天候监控系统运作，处理突发事件。

3. 互联网将带来保险行销的模式转换，传统的保险代理人将会逐渐消失或演变为新价值的增加者。互联网的使用并没有降低保险营销人员的存在价值，随着更多的面向保户和保险营销人员的在线保险咨询和交易工具的开发使用，销售人员和保户打交道的次数少了，但内容则更丰富。营销人员将扮演顾问角色，用来帮助保户制定保险计划，通过深入调查保户情况给公司提出一些决策性方案。网络营销大大减少了保险代理人为处理保单、检查保单情况以及圆满答复保户查询所花费的时间，使他们有了更多的时间来分析通过网络得到信息来建立客户关系，而且在任何需要的时候，保险代理人依然能够为保户提供帮助，保险推销将逐步转变为以顾客服务为主要内容的个性化营销。

4. 互联网将为保户提供最佳查询和交易的强大工具，公司间保险费率及服务质量的实时比较将变得可行，便捷、快速、廉价的自助式保险服务模式将导致激烈的竞争。尤其是随着保险市场的对外开放和全球经济的一体化，竞争将更为激烈，其激烈程度只有屈指可数的几家公司具有竞争力，国内保险公司的兼并重组势在必行。近年来，在美国、西欧等发达国家和地区的保险业对互联网的运用极其迅速，许多知名的保险公司纷纷抓住机遇，跨入了互联网之门。通过在互联网上设立站点或主页，利用互联网特性在网上介绍保险知识，解答保险疑问，推销保险乃至提供保险业务服务和索赔等，率先抢占网上市场。

互联网的蓬勃发展为我国保险业的发展带来了巨大的商机，但也伴随着严峻的挑战。如果能够抓住这个发展的机会将互联网技术摆在应有的位置，我国保险业将走上一条前途光明的未来之路；如果忽视它的作用，则可能给我国保险业的发展带来无法弥补的巨大损失。网上保险营销向现有的传统保险经营模式提出了人才、管理、技术、法律等诸方面的重大挑战。为迎接这一挑战，应主要做好以下几点：

（一）更新观念，提高认识

种种迹象表明，认识上的滞后以及对新生事物反映冷漠是制约我国保险企业进入互联网络的最大障碍。在当今信息时代，竞争日益呈现高速度、高强度、全方位的特点，掌握最新技术和管理方法的企业将处于竞争的有利位置，而认识落后的竞争者，将会被市场无情地淘汰。随着计算机和互联网在我国的普及，网上保险服务将成为崭新的、富有竞争意味的发展趋势，我国保险企业应充分认识到这种趋势的重要性和紧迫性，及时冲破传统思想和习惯势力的羁绊，将网上保险作为一个重要的营销战略加以重视和研究。

（二）以人为本，储备人才

企业的竞争最终将归结为人才的竞争，网上保险作为一种崭新的营销手段，对保险企业的工作人员素质提出了新的更高的要求。它不仅仅指互联网技术本身要求的高素质人才，相对于现阶段保险营销而言，网上保险营销模式的变化是革命性的，其企业组织结构、营销理念、管理模式、投保或索赔方式等等都将发生巨大变化。这就要求保险企业一方面要尽早引进、储备有关人才，另一方面对现有员工要加强在职培训，以适应变革的需要。

（三）兵贵神速，抢滩网络

以互联网为基础的电子商务是史无前例的商业运作模式，大家都基本处于同一起跑线上。在互联网领域，游戏规则已经改变，速度将决定一切。我们需要接受这样一种企业观念，即速度比金钱更重要。截至 1998 年底，在华尔街上市的网络类公司绝大部分亏损并未影响其股价的连年强劲攀升给我们一个启示：保险企业应将网上营销作为战略性投资而迅速作出决策，现在有多少人在网上买保险或保险公司网上营销是否当期盈利并不重要，重要的是公司的市场份额及增长速度。在互联网上谁先进入市场，谁就能获得竞争优势！

综上所述，我们可以得出以下结论：21世纪的社会是信息的社会，互联网将彻底改变人们的生活方式，重塑传媒、商业和服务。保险业作为金融服务业的一个重要组成部分，互联网带给它的是并存的机遇和挑战，迅速作出反应抓住机遇——是21世纪成功的关键。

我国保险市场的变化及面临的挑战

人们常把机遇和挑战联系在一起来论述，但对于中国保险业来说，机遇早已存在，并已经给中国保险市场带来了变化，而在变化的过程中，我们遇到了越来越强烈的挑战。

由于社会主义市场经济道路的确立和经济体制改革的不断深化，同时也伴随着世界经济和国际金融领域的全球化、一体化和自由化进程，中国保险业在过去的十几年中有了长足的发展，发生了巨大而深刻的变化。

这些变化体现为民族保险意识逐步增强，保险主体不断增加，保险管理和经营理念开始变化，保险市场监管力度加大。

伴随着巨大的变化，中国保险业也面临着严峻的挑战，这种挑战既来自外部又来自内部。在中国实行改革开放的进程中，在经济全球化浪潮的影响下，中国保险市场逐步走向国际化。建立新型保险管理模式，改善中国民族保险业经营环境，在中国形成一个健康有序的保险业竞争市场，建立中国保险业可持续发展战略，迎接新世纪的挑战，是中国民族保险业的当务之急。

（一）要勇敢面对国外保险公司入市的挑战

到1998年底，已有9家外资保险公司和3家中外合资保险公司在中国开业。1999年我国又批准4家外国保险公司以独资或者合资的方式进入中国保险市场。从而对中国民族保险业形成了巨大的压力。进入中国市场的外国保险公司大多有百年以上的发展历史，有着强大的资金实力，较高的保险技术和管理水平，丰富的市场营销经验。但是我们应该认识到，我们与外国保险公司的竞争毕竟是在中国保险市场上展开的，民族保险业占着天时、地利、人和的优势，可以把外来的压力作为动力，在竞争中学习国外的先进技术和管理方式。中国改革开放的目的就是摒弃旧的、落后的生产方式，促进新的生产力和生产关系的发展。在我们迈向21世纪的今天，经济领域已经成为没有硝烟的战场，我们应该树立坚定的信心，苦练内功，勇敢地面对国外保险公司入市的挑战，在激烈的竞争中走向成熟，创造辉煌。

（二）要战胜自我，超越自我

对于中国民族保险业来说，最大的挑战还是来自于内部，是要克服我们自身发展中存在的各种问题。中国保险监管机构成立较晚，机构体系不够健全，职能分散，力量不足；保险法制建设不够完善，《保险法》的有些规定未能与国际接轨，缺乏与之相配套的政策法规；一些保险公司采取粗放的经营和管理方式，缺乏风险意识和严格的内控机制，只重规模，不重质量和效益，导致资产质量低下，业务亏损。中国保险业的监管机构和保险公司都面临着同样的挑战：克服自身的弊病，战胜自我，超越自我。保险公司要确实转变经营机制，反对以降低费率为手段的价格竞争，讲管理、讲服务、讲效益，实现专业化和特色经营，创出民族保险业的品牌，挖掘中国保险市场的潜力，增强中国保险业的深度和密度，把蛋糕做大，使中国保险市场上的竞争走上健康、有序的轨道。

（三）改善中国发展保险业的竞争环境是客观现实所提出的挑战

中国保险市场的竞争存在着税赋过高、竞争条件不平等、发展规模不平衡等问题。在美国，财产保险的保费收入税仅为2.7%。外资保险公司在中国还有更多的税收优惠。如保险企业所得税：内资33%，外资15%，而且还免一减三；内外资保险企业在坏账处理、利息支出、业务招待费等多项费用的税基计算上都有较大的不同；外资保险企业将其利润再投资于本企业或投资其他保险还可获得40%的所得税退还。外资保险企业还免征城建税和固定资产投资方向调节税等。在资金运用、业务经营范围、竞争手段上，其待遇也大大优于国民待遇。而且，新兴保险公司的业务领域还受到严重限制。这种政策导向迫使保险公司层层设机构，从而加大业务成本，扩大潜在风险。以上种种因素使得中国民族保险业的竞争处境不利。因此，改善中国民族保险业的竞争环境应是目前有关部门需要考虑的重大问题。

保险市场资讯

首家韩国保险公司入驻上海 三星火灾中国设分店

韩国三星火灾海上保险公司上海分公司获准在上海开业，成为获准进入中国保险市场的第一家韩国保险公司。三星火灾公司总经理李水彰表示，该公司上海分公司成立后，将会向中国引进更多韩国保险公司的先进经验和技术，使中韩两国保险业的行业能够更加近距离地接触，在相互学习、取长补短以及互相竞争中共同发展壮大，这也是三星火灾海上保险公司在华设立分公司的最大心愿。

韩国三星火灾海上保险公司成立于1952年，是韩国三星集团的系列公司之一，也是韩国最大的财产保险公司。截至2001年3月31日，总资产达到70亿美元左右。自1993年起，三星火灾海上保险公司在韩国财产保险市场的份额一直保持第一，被认为是韩国最具实力、追求稳健经营的保险公司。

中韩保险业人士认为，中韩两国同为亚洲国家，拥有相似的历史文化背景以及相近的思维方式和生活习惯。韩国保险市场从1968年开始到1996年完全开放，从费率管制发展到现在的费率自由化，在这一过程中走过的不同发展阶段以及遇到和解决过的问题，同中国保险市场正在经历和将要经历的过程，以及正在面对和将要面对的问题有许多相似之处，借鉴和吸取韩国保险业发展过程中的经验和教训，将会对中国保险业未来的发展起到很大的帮助。

据介绍，韩国保险市场对外开放后，外国保险公司陆续进入韩国保险市场。但不管是财产保险行业还是人寿保险行业，外国保险公司在本行业保险市场上所占的比例都低于1%。对于消费者而言，开放市场导致相互竞争的市场格局带来价格下降、保险险种多样化、服务水平相对提高。同时，由于市场竞争激烈，被淘汰的保险公司开始出现无利润甚至亏损等情况。对于保险行业而言，虽然国内保险公司面临着市场占有率下滑的可能性，但是，通过竞争可以引进先进的技术和管理经验，从而增强保险公司的竞争力以及有利于改善现有的经营体制。

李水彰说，三星火灾海上保险公司能够长期占据和保持在韩国财产保险市场的领导地位，其中最重要的原因就是三星火灾奉行“客户满意经营制度”，把不断满足和超越客户的需求作为公司经营的理念。公司注重服务的人性化，不仅向客户提供物质补偿，还提供精神安慰，使客户真正体会到保险公司对他们的关心和服务的诚意。

广东确定整顿保险市场重点

保费收入连续17年居全国之首的广东今天召开整顿和规范保险市场秩序工作会议。广州保监办决定从今年5月份开始到10月底止，集中时间，集中力量，大力开展整顿工作，促进广东保险市场的健康发展。针对广东保险市场存在的主要问题，广州保监办确定今年广东保险整顿的6个工作重点，它们是：（1）清理高级管理人员任职资格情况。今后凡发现有未经任职资格审查而擅自任命高级管理人员的，一律取消其任命。(2) 整顿擅自设立保险营业机构行为。各保险机构须将营业许可证放在营业场所明显位置，无证经营者一律撤销、取缔。(3) 整顿机动车辆保险市场。重点解决保险机构向投保人违规退费，通过非法代理人展业，向非法代理支付手续费问题，并要求各家保险机构实现机动车辆保险用电脑出保险单。(4) 整顿和规范兼业代理。各兼业代理人必须持证经营。(5) 整顿团体寿险业务。重点解决在承保、理赔、退保等方面的不规范行为。(6) 整顿误导保险消费行为。各寿险公司在新产品销售过程中不得将产品与储蓄进行简单比较，不得预测不确定利益或故意夸大投资回报来误导消费者。如发现有哪家公司在哪个地区进行误导消费者的宣传，广州保监办将停止该保险公司在该地区销售寿险新产品。

华泰保险将引进战略投资者

我国首只理财型家庭财产综合保险日前由华泰保险公司推出。有关业内人士认为，这种按预定收益分红的产品本质上是一种保险基金。据介绍，这是继一些寿险公司先后推出投资连接、分红等与资本市场紧密联系的保险产品之后，财险公司推出的又一新产品。它不仅具有普通的保障功能，还能使客户资金保值增值。其3年期、5年期的年投资净回报率分别为3.11%和3.81%。华泰保险有关人士表示，他们5年来的资金运用回报率都在14%以上，向客户承诺的固定回报是稳定的。华泰保险公司董事长王梓木说，在存款、国债的低风险低收益和股票的高风险高收益间的“中间地带”，保险公司可创造出各种丰富的产品吸引投资者。他透露，作为国内第一家股份制保险公司，华泰可能在今年年底或明年进人上市辅导期，今年即将引进外资参股财产保险；同时，还在积极地进行设立合资寿险公司的工作。

网络企业与保险业牵手

网络电子商务公司在经历了这次全球性经济大调整后，开始变得务实，认识到电子商务必须与传统业务相结合，才能具有发展的基础和持久的生命力。9家网络企业将与太平洋财产保险股份有限公司北京分公司联手推出网络保险业务，这是对网络与传统经济相结合的全新经营模式的尝试与探索。

有关人士指出，经历了网络经济的一轮高潮后，传统企业与电子商务的结合已经成为网络发展的大趋势。传统企业可以通过网络进行传统业务的销售和服务，降低经营成本。同时，电子商务有了传统企业的支持，也就脱离了过去经营中的短期行为，从而为其持续稳定的发展打下了坚实的基础。据悉，北京东方网险电子商务有限公司、上海先策网络科技有限公司等9家网络企业将联袂利用自身的商务平台，为投保人和保险公司提供在线投保和沟通渠道，以方便投保人以最快捷的方式使自己的财产得到保险保障，同时使更多的保险消费者了解、认识网络保险，体验网络保险带来的方便快捷。

平安保险在国内首创货运险网上交易

中国平安保险股份有限公司负责人今天在此间宣布，经过一段试运行，从今天开始，正式启动平安货运险网上交易系统。据悉，这是我国第一个货运险网上交易多功能平台，标志着中国货运保险正式步入网络时代。

平安货运保险网是针对货运险网上销售和客户服务为主要服务内容的B2B网站，业务环节包括了客户网上投保、后台核保、出单、送单等过程。

据介绍，这一网站可以真正实现网上交易，交易流程高度简化和规范，交易时间由传统方式的数小时缩短为5分钟左右，值得一提的是，可实现自动核保的代理业务和预约保险业务整个过程，甚至可以在1分钟内完成，直接打印出生效保单，大大提高了效率。

网上还设计了客户和保险公司进行在线沟通的工具，客户可以与保险专家在线即时对话。这为广大潜在客户创造了一条与平安产险迅速建立联系、了解业务、开展交易的渠道。交易之外，客户还可实现网上保单的管理，对保费和投保资料进行查询。

业内人士指出，平安货运保险网站的开通，使客户可以实现快捷、透明及规范的网上投保，更有利于企业规避风险和防止暗箱操作。同时，网络的全天候服务使客户可以24小时投保及出险报案。

开放式基金与连结保险投资渠道及费用比较

（一）投资渠道有宽有窄

投资连结保险的主要投资对象是证券投资基金、国债、金融债、AAA级中央企业债等；开放式基金则主要投资股票、债券、银行存款及证监会批准的其他可投资品种。

从投资渠道来分析，开放式基金主要投资于股票，从表面上看其投资风险和投资收益空间会大于投资连结保险，但实际的投资收益会怎样尚难预料，这与投资管理人的水平、证券市场的走势密切相关。

以平安世纪理财投资连结保险投资账户为例，自其成立以来的基金净值指数、基金价格指数与上证综合指数的走势比较中可看出：自2000年10月27日至2001年4月13日，上证综合指数上涨了9.05%，基金指数则增长了18.72%。从这段时间来看，基金的涨幅超过了股票的涨幅，说明投资于基金的收益超过了投资于股票的收益。事实上，从2000年10月至2001年3月，平安世纪理财投资连结保险投资账户的单位净值增长为13.55%，新华创世之约投资连结保险投资账户的单位净值增长为9.87%，而同期封闭式证券投资基金的净值增长只有4.21%。

（二）管理费用有高有低

比较开放式基金和投资连结保险投资账户收取的各项费用，我们可以发现，两者各项费用的扣除方法有较大的不同：开放式基金的申购费、赎回费的上限分别为申购金额的5%和赎回金额的3%，投资运作的运营费用均从基金资产中扣除；而投资连结保险从投资账户资产中扣除的费用主要有投资管理费，相当部分费用如：投资账户信息披露费、会计师费、律师费等均已包含在投资单位买卖手续费中。

开放式基金和投资连结保险投资账户收取的各项费用如下所示：

开放式基金包括：申购费、赎回费、转换费、投资管理费、资产托管费，及其他费用如：证券交易费用、信息披露费、会计师费、律师费、注册登记费、自动扣款的银行手续费、基金持有人名册服务费、持有人大会费用、基金分红手续费等按国家规定可以列入的其他费用等。

投资连结保险投资账户包括：投资单位买卖手续费（包括投资账户信息披露费、会计师费、律师费等)、投资管理费等。

设立定向保险投资基金条件已成熟

中国证监会秘书长屠光绍表示加大保险资金与资本市场对接力度有关人士认为，设立定向保险投资基金条件已成熟。

中国证监会秘书长屠光绍日前在由中国人寿保险公司和中信证券联合举办的“保险资金与资本市场对接研讨会”上指出，近两年有关部门在保险资金进入资本市场方面已做了很多工作，取得了一定的成效，下一步证监会和保监会将进一步加大保险资金与资本市场的“对接”力度。

屠光绍表示，证监会对于保险资金进入资本市场举双手赞成。保险资金进入资本市场是个双赢的举措，“对接”将促进保险市场与资本市场的发展，使之形成良性循环。评价保险资金与资本市场的全面“对接”，不应仅看到保险资金会给资本市场带来长期、充足、稳定的资金来源，还应看到，这种“对接”将极大地促进机构投资者的培养，促进资本市场投资结构的完善；更重要的是，保险资金与资本市场的全面“对接”，将促进整个资本市场的深化、市场品种（包括衍生品种）的开发。因此，保险资金与资本市场全面“对接”的意义无论如何评价都不算高，它将极大地促进中国经济健康发展的进程。

屠光绍同时强调，保险资金进入资本市场，必须实行有效的监管。有效的监管对资本和保险两个市场的健康发展是有力的保证，对保险资金进入资本市场的更多方式都将起到更大的促进作用。

本次研讨会还就我国保险资金运用的困境和出路、保险资金与资本市场对接的方式进行了探讨，并提出了发行定向保险投资基金、进行资产委托管理、组建产业投资资金、深化债券投资组合、参与国有股减持等多种对接方式。国务院体改办、中国证监会、保监会、人民银行、财政部以及国内主要保险公司、证券公司、基金管理公司和专家、学者近80人参加了研讨会。

中国人寿保险公司总经理王宪章日前在“保险资金与资本市场对接研讨会”指出，面向保险公司发行定向保险投资基金，通过公开招标，委托经营水平高的基金管理公司管理，这一保险资金与资本市场对接方式在条件上已比较成熟。

王宪章还透露，从投资的具体渠道看，近期条件比较成熟的对接方式还有如下几种：尽快放开投资连结产品直接入市的限制；以战略投资者身份参与国有股、法人股减持；扩大可投资的企业债范围；面向保险公司发行定向的长期特种国债、金融债；试办基础设施投资基金，参与一些有效益的大型基础设施和重点项目的开发建设。他还强调，这些方式都需要进一步研究和可行性论证。

王宪章强调，保险资金以资本市场为取向是市场发展的必然选择。中国资本市场的发展需要保险资金的积极参与。保险资金尤其是寿险资金因为具备长期性、稳定性、规模性的特点，可以为资本市场提供大量长期的资本流入，推动资本市场规模增长与结构改善，必将成为中国资本市场规范、稳步发展的中坚力量。他表示，由于保险资金对安全性有较高的要求，需要较为充分的外部环境和条件，而这些条件的形成又受制于多方面的因素，因而在与资本市场对接中要循序渐进、先易后难，根据市场条件和法律完善的程度逐步放宽投资渠道。

据悉，有关方面正在积极探索定向保险投资基金的操作方案，一俟方案最终确定，即上报相关监管部门，相信保险投资基金的到来已为期不远。

整顿保险市场 圈圈点点十大重点

今年，中国保监会系统工作的主要精力将放在加强和改进监管上，保险改革也将围绕加强监管的制度建设和机制创新来进行。这是昨天本报接到全国整顿和规范保险市场秩序领导小组的题为《整顿和规范保险市场秩序，促进保险业快速健康发展》的传真件中提出的。

目前我国保险业务发展迅速，保费增长势头良好，1977年至2000年全国保费收入年均增长13.6%，保险公司总资产2000年比1977年增加1649亿元，达3374亿元。今年一季度，国内各保险公司共实现保费收入444.72亿元，同比增幅为34.15%。

全国整顿和规范保险市场秩序领导小组认为，整顿和规范市场秩序，不仅是防范和化解保险经营风险、维护投保人的利益、促进我国保险业健康快速发展的需要，对国家金融安全和社会稳定也具有十分重要的意义。我国目前保险市场秩序的混乱状况仍未根本改观，一些保险机构在经营中不计成本抢占市场；一些保险公司不讲服务，为一己之私利误导消费者。只有通过整顿，建立规范和公平竞争的良好市场秩序，才能加速保险业的健康发展。

今年，保监会确定整顿和规范保险市场秩序的十大工作重点都是保民关心的，即：整顿和规范保险经营机构，对过去擅自设立的保险公司分支机构和营业网点进行全面清理；全面清理各类各级保险机构高级管理人员任职资格；继续整顿机动车辆保险市场，重点查处“阴阳保单”、截留保费、账外经营等违法违规行为；整顿团体保险业务，针对团体人身保险长险短做、化公为私等做法进行彻底清理整顿；整顿误导保险消费行为，整顿和查处寿险新产品销售过程中的误导行为和故意夸大投资回报等行为；整顿和规范保险代理市场；检查外资保险机构驻华代表机构的活动情况；开展保险资金运用专项检查，重点检查资金运用管理体系是否完善，资金运用是否违规，公司资产是否真实等问题；检查保险公司内控制度落实情况；重点检查保险公司各项基础管理工作；清理整顿借助行政权力强制投保和行政干预保险经营问题，重点检查保险机构在办理机动车辆保险、学生平安保险等业务中，利用给好处、拉关系等不正当手段，强制指定投保，借助行政权力进行不正当竞争。

全国整顿和规范保险市场秩序领导小组还公布举报电话（（010）66071530）和举报电子信箱（jubao@circ.gov.cn）。

外资保险公司拼抢 中国营业执照

为拿营业执照“拉关系”，海外企业甚至想出赞助音乐会的招数。日前，著名的美国费城交响乐团在北京奏响华丽的乐章。但少有人知的是，这是正亟待杀入中国市场的美国信诺保险集团第三次将该乐团带到中国的舞台。信诺保险集团驻京首席代表匡榕榕自信地说：“乒乓球可以打开中美友好之门，我想音乐也能叩开中国市场的大门。”信诺保险集团是500强企业之一，7年前在中国设立代表处。“我们已做好了一切准备，希望拿到中国政府颁发的营业执照，赞助费城乐团中国之行会促进两国人民的友谊，这种友谊也是两国商界合作的必需。”像信诺一样，正在焦急等着抢到营业执照的，还有美国的纽约人寿、大都会人寿、英国的商联、法国的安盛等众多保险巨头。截至2001年元月，美国友邦、日本东京海上、瑞士丰泰等19家外资保险公司分别在上海、广州、深圳经营保险业务，另有来自美国、英国、日本、加拿大、瑞士、德国、法国等国家的百余家保险机构在中国设立了200多家代表处。按照有关规定，提出进入申请的外国保险公司至少应有30年以上的经营历史，管理的资产应该超过50亿美元，在中国开设代表处已有两年以上。这些对以上提到的保险公司简直就是“小儿科”。目前进入中国市场的保险公司几乎全是世界重量级的金融机构，这些巨头无论资金、技术还是服务、管理经验都比国内的保险公司强大得多，一旦加入WTO，其在中国扎根，影响不可估量。在保险业最早开放、竞争激烈的上海，去年外资保险公司所占的市场份额已占到14.5%。“在国家资金安全的前提下，外资保险公司的涌入，肯定会让国内百姓受益不少。”业内有关专家认为，“今后通过竞争，将很快使目前居高不下的保险价格降下来。当然，百姓早就抱怨已久的、曾经一家公司独霸时的理赔难也将成为历史。”业内人士认为，从我国保险市场的发展水平来看，当前我国的保险市场尚处在培育发展的阶段，其中突出的表现就是我国保险业的供给能力和创新能力严重不足。“但要迎接竞争，关键是进行经营机制改革，如设立独立董事、加强监督等。现今企业的经营机制如不改，就不可能有何创新，就无法说什么产品设计。单靠价格竞争、粗放式经营，今后面对强大的对手是无法生存的。”

中国进入老龄型社会 养老保险空账1990亿

劳动和社会保障部社会保险研究所所长何平近来在媒体中的曝光率之高可能连他自己都没有想到，一切都缘于他主持的一个课题报告——《中国养老保险基金测算与管理》。这个报告是由劳动和社会保障部法制司、社会保险研究所和博时基金管理公司共同发布的。报告中指出了我国养老保险面临的财务危机是：“基金收不抵支”、“养老保险基金陷入灾区的省市有逐渐蔓延和加重的趋势”、“2000年基金缺口预计为357亿元”。“有政府信誉做保证，老百姓的养老保险不存在什么风险，有关方面正在积极寻求对策，以缓解养老保险基金的支付压力。”6月8日，何平在北京的办公室里对记者如此说。这种寻求对策也许意味着养老保险要悄悄改革。

（一）养老基金露出大窟窿

90年代中期开始建立的我国社会保障制度至今已得到全面推广，何平一直参与制定了我国养老保险制度的设计，从事的是“超前性的制度研究”。按照何平的说法，“养老保险基金目前面临财务问题，正在积极解决”。

何平所说的问题一是我国养老保险基金收不抵支，陷入财务危机；二是个人账户空账运行，不到3年的时间，个人养老保险空账已达到1990亿元。

“这主要是人口老龄化和现收现付的制度造成的。”另一位养老保险方面的专家、中国人民大学人力资源开发与管理研究中心主任董克用教授针对这个问题说：“现收现付是80年代以前世界大多数国家实行养老保险的办法，特点是由现在在职的人去交款，然后支付给已经退休的人。假如说，现在缴养老金的人多，领退休金的人少，就不存在问题。但像西方，随着老龄化问题越来越严重，退休的人越来越多，就会发生支付危机。”

人口老龄化也是导致我国养老保险基金入不敷出的主要因素。1999年2月20日，我国正式进入老年型社会。而从1995年开始，中国的养老保险基金管理方式由现收现付转向部分积累制，即职工的养老保险不再只依靠国家来解决，要从参加工作开始就建立个人账户为自己积累养老金。但问题是那些已经退休的老人过去没有积累过养老金，1996年以前参加工作的人在1996年以前也没有养老金积累。而老年人越来越多，统筹基金就不够发。董克用教授说：“现在的做法实际上是将现在在职人员缴纳的应进入个人账户积累的养老金发放给已退休的老人了，这种制度运行的后果是——由于统筹基金和个人账户在一起，当统筹基金不够支付养老金时，就透支个人账户。养老基金个人账户在不到3年的时间内，空账已达到1990亿元。”

（二）缺口很大，但能堵上

“养老基金这种收的少、发的多的局面，导致社会统筹基金缺口很大。”从1997年开始，全国就有5个地区的养老保险基金收不抵支，1998年扩大到21个，1999年又达到25个，据说当时天津、吉林等四省市已把历年的积累吃光，随时可能出现发不出退休金的现象。中央财政在此时开始给予补贴，1996年6月底以前，一些省市拖欠养老金总额达到146亿元，最后由中央财政一次性支付偿还了历年拖欠老账。

按照何平的说法，养老保险基金的缺口也不像原来想象的那么大，但这个缺口国家不可能不管：“个人账户制度是以国家信誉为担保的，国家作为‘总后台’，将保证每个人的养老金的发放。”事实上，每年国家财政都拨了一部分钱补足各地养老金的不足。何平的一个建议是：“将每年的缺口资金纳入预算，相当于财政收入的5%。财政1年增长1400亿元的收入，问题不大。”

（三）辽宁试点先行一步

从长远来看，制度性的改革有利于从根本上消除缺口。因此，劳动和社会保障部将进行新的社会保障体系试点，改革试点地区被定在辽宁。“辽宁有很多的国有企业，假如新的社会保障体系在辽宁改革成功，那在全国也不存在什么问题。”何平说。

根据何平主持的《中国养老保险基金测算与管理》报告的设想，目前统筹资金与个人账户“混账”的情况将进行改革，个人账户将与社会统筹资金分离，防止透支现象发生，这可能是未来我国养老保险基金改革的一个方向。何平打了两个比方说明这样做的必要性：一是假如不做到“统账分离”，那就老是上一代吃下一代的退休金，现在的人退休越来越早，而且中国也出现老龄化现象，那下一代谁来养？所以，个人账户应该是一代人养自己这一代人；二是不把个人账户做实，即便跨省调动工作这一件小事也会变成麻烦事，因为假如从辽宁调往江苏，但制度设计成“空账”，钱并不从辽宁转到江苏，那江苏可能会不干。如果类似问题多了，那就会激发调入地区和调出地区的矛盾。

辽宁关于养老保险制度的改革从今年开始进行。何平说：“假如辽宁改革试点成功的话，一年后可能就会在全国推广。”具体的做法是：(1)统账分离，社会统筹基金与个人账户基金分离，企业缴费不纳入个人账户；(2)做实个人账户，统账结构适当调整，把个人缴费由目前工资的5%—6%，进一步提高到8%；(3)为1996年以前参加工作的职工制定出“过渡办法”，以便补偿他们过去工作年限的养老金积累。董克用教授说：“制度转型中最大的缺口不是已退休人员的养老金，而恰恰是那些在建立个人账户以前参加工作，而现在还没有退休的劳动者。如果一次性补齐缺口，资金量太大；如果用支付过渡性养老金的办法慢慢补，新旧制度的过渡起码要四五十年。”

（四）提前退休窟窿更大

无论是辽宁试点改革还是将来推广到全国的养老保险制度改革都难免涉及到一些实实在在的问题，例如职工退休年龄、行政事业单位职工参加养老保险问题等。

如何弥补养老金的缺口，何平提出的建议是：（1）把每年的补缺口资金列入财政预算；(2)尽快确定延长退休年龄。另外，还有专家建议多渠道筹集资金，如将国有资产变现、发行彩票、开辟新的税种等。

目前退休过早的情况影响到养老保险体系。现在法定退休年龄是男职工60岁退休，女干部55岁退休，女工人50岁退休，但有很多人提前退休。何平打了个比方，原来制定的养老保险体系是以20岁参加工作、60岁退休为基础的，假如因就业问题40岁就退休，就是少交了20年的退休金，多领20年退休金，这笔资金如何补上？"不能把就业问题推到养老问题上，两个问题要分开。退休表面上是解决了就业，增加了年轻人的就业，但实际上是腾不出就业位置的，因为很多退休人员实际上还在继续工作。鼓励提早退休实际上是把当代问题推到以后。"关于推迟退休年龄的好处，何平说，根据测算，我国退休年龄每推迟1年，养老统筹基金1年可增加40亿元，减支160亿元，基金缺口就能缩小200亿元。何平的建议是"控制提前退休，推迟退休时间"。

董克用教授说，目前社会养老保险体系还有两个人们关注的话题，一是依靠国家拨款的行政事业单位人员养老体制还没有转变；二是进城的农民工的养老保险问题。事实上，养老保险体系的改革难以回避这两类人。

目前由国家财政发放退休金的机关事业单位人员遇到的麻烦是，假如从行政事业单位调入企业，他的养老保险个人账户没有任何积累，是一个零的起点，难以与企业衔接。何平说，行政事业单位的养老待遇实际上比企业的好，因此还没有进行改革，主要是怕机关事业单位的养老待遇降低，与企业一样，会影响工作人员的积极性。

农民工则是另外一个不可忽视的问题，目前我国农民工有5000万人，国内专家估算我国由工业化水平决定的城市化比例应达到50%，目前实际城市化比例还只有30%。也就是说，迟早有2亿多农民将向城市转移，社会保障体系难以忽视这部分人。据说，上海曾为在沪务工的农民工建立个人养老账户，如果离开，可取消账户，把钱拿走，但这在全国毕竟是少数。

何平说，养老保险体系不光是中国的问题，世界各国也没有一个可称得上完全成功的例子，没有哪个国家至今不在探索中进行改革。西方60年代提前进入人口老龄化阶段，原有的养老保险制度的基础也就随之崩溃，财政日益不堪负重，至今仍在调整。

我国将提高基本养老保险统筹层次

国务院体改办宏观经济体制司司长宋晓梧在"社会保障制度与养老基金管理"国际研讨会上指出，我国将提高基本养老保险统筹层次。我国基本养老保险长期以县级统筹为主，管理层次过低，社会保障的共济性受到制约，分散风险的功能难以在较大范围内实现。宋晓梧强调，考虑到试点方案已经提出个人账户和社会统筹基金分开管理，下一步改革可以直接在全国范围内实现统筹基金的统筹，这将大大提高基本养老保险抵御风险的能力。

中国保险业存在六大问题

从中国保监会获悉，保监会主席马永伟在新闻通气会上指出，通过近三个月对保险市场的整顿规范工作，基本摸清了目前市场中存在的六个主要问题。

具体表现在：一是未经审查擅自任命的高级管理人员占相当比例。截至去年底，全国各保险机构中已任职的10000多名高级管理人员中，未经任职资格审查的占20%左右。二是违规设立营业性机构的问题较为突出。目前，全国共有各类营业性保险机构10000多家，违规设立的占总数的4%。三是车险市场违规经营问题非常严重。据统计，多数经营此项业务的保险公司都不同程度地存在违规退费现象，退费占保费的比例一般都在5~25%之间。四是人身险团体业务违规问题比较普遍。或是中长险短做，趸交即领；或是将团险退保金直接以现金形式支付给被保险人，团险个做；或是未经报备的协议承保较为普遍，少数公司还有虚增保费问题。五是保险代理市场秩序比较混乱。或是保险公司对营销员的管理和培训工作重视不够，向没有取得保险代理从业资格的人员发放《展业证书》；或是保险公司违法违规与未经保险监管部门审批的单位建立代理关系，潜伏很大隐患；或是保险代理业务管理制度很不完善，在代理协议，保费结算，代理专用章，保险单证管理方面存在诸多问题。六是误导消费和相互诋毁的问题比较严重。据了解，部分营销员在推销保险产品时存有夸大功能和不如实告知等现象，部分公司不是靠服务和产品提高竞争力，而是通过诋毁或损害对手形象去竞争。

中国保险经纪　任重道远

2000年6月，出于开发保险经纪市场这个“我国最后一块保险处女地”的战略考虑，中国保险监督管理委员会批准三家全国性保险经纪公司开业，这既是完善我国保险市场主体的重要一步，也是促使民族保险经纪业利用五年保护期迅速抢占市场、成长壮大的重大举措。

保险经纪人是保险业发展到一定阶段专业分工的产物，目前在国外，保险经纪公司已经成为招揽保险业务的主渠道，一般占到总量的60%以上。而在国内，则大多由代表保险人或保险公司的保险代理人展开业务并向保险人索取报酬。即使服务再好的保险公司或代理公司也只能就本公司的产品提出投保意见。投保人在投保过程尤其是索赔时常常会遇到种种不尽如人意的地方。

“2000年7月底东大开业，面对新的行业和市场，东大并没有急于去挖掘客户，而是加紧对保险经纪市场进行培育，因为，此时投保人对保险经纪人还不了解、不认识，而众多的保险公司人员对保险经纪也不熟悉，不懂得该如何来操作经纪人提供的业务，东大面对的不单单是如何让客户成为东大真正的客户，而是要让企业、让大众、让保险公司了解保险经纪、接受保险经纪。在东大的业务人员与企业和保险公司接触时，介绍最多的不是东大，而是保险经纪人！”东大保险经纪公司董事长张金宝如是说。

保险经纪的介入促进了保险公司服务意识的提高，将保险市场由卖方引向买方。保险市场在保险经纪的成长中走向成熟。“与以前相比，投保人更清楚地认识到，有了保险经纪人的参与，投保人省去了很多的麻烦，他不用再去花费很多的精力去了解众多的保险公司，也不用再去顾及许多关系网，更不用担心由于自己对保险的不了解而使投保的风险与自身真正的风险不相一致，因为保险经纪人可以用自己丰富的保险知识，为投保人作周全的考虑，甚至可以针对投保人特有的风险，度身定做适合投保人的保险条款。”张金宝慨叹，“功夫不负有心人，一年之后的今天，市场的接纳、企业的认可、保险公司的支持，这些都为东大今后的业务发展奠定了坚实的基础，也为今后新的保险经纪公司的成立进行了前期的市场培育。”

（一）技术精湛——终赢一批忠实客户

掐指算来，国内第一批保险经纪公司诞生至今已一年有余。

经过一年的艰苦创业和奋斗，植根上海的东大保险经纪公司的员工们为公司赢得了一批忠实的客户。在业务选择上，东大以能够体现保险经纪人特色和功能的业务为主，摒弃了个人寿险业务、车险业务等小型业务和标准型业务，将公司的业务主力和资源放在大型项目和工程上。

目前，东大已成功地为许多客户和工程项目安排了保险，并提供了保险经纪和顾问服务。为我国第三大核电站——江苏田湾核电站的海上货物运输提供保险经纪服务，并为核电站的货物运输提供货物的监卸、保单维护及电站人员的相关保险知识培训等；完成了上海莘闵轻轨交通线的建筑安装工程险，并及时处理了在建设过程中发生的第三者责任的理赔工作；为浙江台州电厂的财产保险在全球范围内10家保险公司安排了总计24.4亿元的再保险；同时还为立邦涂料公司在中国的所有分部及子公司提供了全面的财产险、利损险、现金险、机损险等保险经纪服务；为中华造船厂、爱德华造船厂、中远集装箱公司等多家造船厂和船务公司安排了包括万吨远洋集装箱运输船舶在内的各种船舶的建造和船身保险；在上海，东大为沪市包括国际饭店、和平饭店等在内的许多老牌饭店，进行全方位的保险设计，从饭店财产的安全、机器设备的损坏、公共场所的第三者责任到饭店的利润损失，体现了东大保险经纪人为客户的周全考虑与技术支持。在寿险方面，借上海市医保改革的时机，东大成功地为中美施贵宝制药公司、康宁（上海）有限公司、新加坡HRC中国私人有限公司、国有资产经营管理公司等大型跨国公司及中资公司的员工策划设计了商业医疗保险，并为每一公司特别制作了专门的员工福利手册，做到人手一册，使商业医疗保险深入人心。

张金宝说，为加大开拓市场的力度，东大正在全面建立公司的外地客户服务中心。到目前为止，东大已相继在北京、天津、大连、杭州等地选派常驻人员到该地为客户提供保险经纪服务，这些东大总部以外的常驻人员在业务经营上已迈开了坚实的步伐。

（二）开拓创新——愿与外资经纪合作

随着中国保险业加速发展，保险中介市场的地位日益凸现。迄今，我国开业和正在筹建的保险代理公司有13家、保险经纪人公司8家、保险公估人公司6家。

早在十几年前的复关谈判中，西方国家便提出了开放中国保险经纪市场的要求。而就在不久前我国与欧盟的谈判中，欧盟又一直坚持提出此条件。在最后达成的协议中，我国作出了入世五年后对外开放保险经纪市场的承诺。

为什么西方国家急于进入中国保险经纪市场？其中一个原因，就是保险经纪是国外保险销售的重要渠道。国外保险公司进入中国迫切需要保险经纪公司为其开拓市场，提供保源。据报道，法国工业客户保费的90%、英国总保费的60%，是通过保险经纪渠道交给保险公司的。另一个原因，就是中国保险经纪市场本身具有巨大的市场潜力。保险经纪的主要市场是团体市场。1999年我国团体客户总保费约800亿（其中产险500亿，团体寿险长险250亿，短险50亿），仅以经纪渠道保费占50%计算，我国保险经纪潜在保费便高达400亿，潜在保险经纪佣金估计将近44亿。此外，在发达国家，保险经纪还是保险公司寻求国际分保渠道，以达到平衡风险和提高承保能力目的的桥梁，而在我国再保险市场也是被普遍看好的一片沃土，是大有可为的。

然而，外资企业尤其是跨国公司背后都有一家知名的外资保险经纪公司。虽然有关规定一再明令外资保险经纪不可在国内展业，但外资保险经纪还是依靠其在全球的网络及与客户在全球的合作，将在国内的外资企业的项目揽在手中。外资企业虽对保险经纪非常认同，但却是中资保险经纪很难介入的领域。外资保险经纪在通过境外付款等方式规避中国法律监管的同时，也希望与中资同行保持良好的关系，以尽快光明正大地进入中国市场。张金宝透露，为了使中国保险经纪市场快速成长与发展，东大也将适时地考虑与外资保险经纪人进行战略合作。国际上，保险经纪公司发展已经有几百年的历史了，这些外国的保险经纪公司历史悠久，经验丰富，其管理水平经过几十年的优化，更具有科学性和高效性。中国保险经纪公司应在发展过程中，积极加强与国外经纪公司的交流合作，学习和引进其先进的技术和管理方法，使自身的发展在前进中少走弯路，能尽快地为客户提供国际一流的保险经纪服务。这是中资保险经纪公司在入世之前迅速提高技术力量和丰富市场经验的最佳捷径和最优选择，对中国保险经纪业的发展也有着积极的促进作用。

来自外部的竞争已经迫在眉睫。据了解，中欧世贸谈判的协议要点包括：允许外资保险中介业在中国开业，入世5年后，外资保险中介业可以不受中国合资公司的有关要求和限制，也就是说，外资可以取得保险中介公司的控制权。面对即将到来的国外同行的竞争，国内保险经纪公司如果不加快成熟、壮大，将无立足之地。

我国保险监管将转向以偿付能力为核心

随着保险公司自律能力增强和市场秩序好转，我国保险监管将由目前的市场行为监管和偿付能力监管并重，逐步向国际上通行的以偿付能力为核心监管过渡。

中国保监会副主席吴小平日前在此间召开的“中国的保险监管与精算实务国际学术研讨会”上作此表示。他说，我国保险市场发育不够成熟，保险法制还不健全，保险企业自我约束能力不强，因此，中国保险监管目前以市场行为监管和偿付能力监管并重。据了解，自1998年11月中国保监会成立以来，针对保险市场秩序混乱、保险公司经营管理粗放、内控制度严重滞后等问题，保监会把监管重点放在了对保险市场秩序的监管上：全面清理保险业务，停办了近千个未经审批或报备的地方性险种，并将险种开发权集中到了各家保险总公司；整顿保险市场秩序，财产险市场以整顿机动车辆险为主，人身险市场规范业务经营，防止误导被保险人，制止长险短做、变相洗钱、强制投保等违法违规行为，中介市场以整顿代理机构为主要内容，重新审核登记了近6万家兼业代理机构，打击地下中介活动；加大对违法违规行为查处力度，到目前为止，共查处了58家保险分支机构和2家专业代理公司、1家外资保险中介公司，取消了5家兼业代理机构的保险代理资格，撤销了4家严重违规的外资代表处，对13名保险高级管理人员予以行政处罚，并取消了其中10人的保险任职资格。

吴小平说，随着保险公司自律能力的增强和市场秩序的好转，我国保险监管将逐步向以偿付能力为核心监管方式过渡。他说，确保保险公司具有充足的偿付能力，保护被保险人合法权益，是《保险法》的核心内容，也是国际上的通行做法。保监会为此制定了《保险公司最低偿付能力额度及监管指标管理规定》。通过监测这套指标体系，对保险公司经营状况进行跟踪和分析，依据审慎监管原则，作出是否采取必要的监管措施；同时，也可指导和督促保险公司适时监测自身经营管理情况，及时调整经营策略，以保证公司的最低偿付能力水平。据悉，保监会已在今年让各保险公司试运行，以检验各项指标的科学性与合理性。在试运行基础上进一步完善风险评估和预警系统，建立起保险公司偿付能力监管的指标体系。

外资保险盯紧中国 格宁透露商业计划

随着中国“入世”最后日期的临近，各家外资保险公司都在加紧准备，希望能在中国占据一席之地。作为获准进入中国市场的8家外资保险公司之一，德国格宁保险集团在京透露了其在华发展的最新规划。

该公司首席执行官兼执行董事会主席赤玉根博士说，德国格宁在对广州、深圳等几个保险开放市场进行调研后，决定选择将上海作为格宁进入中国保险市场的首选之地。赤玉根博士解释说，选择上海的原因是欧洲的不少公司或其子公司都在上海营业，而格宁比较擅长工业险和企业险，这样对格宁来说上海的客户会比广州、深圳多一些。

格宁保险集团是全球第六大保险集团及第二大信用保险公司，并已于2001年9月25日正式获得中国保监会在非寿险领域的经营许可，不久即可获得正式执照。作为一家在国际市场上经营了近百年的保险集团，格宁很早就为正式进入中国市场作了充分的准备。1995年，格宁保险集团北京代表处正式成立。2000年8月，格宁在上海成立信用信息咨询（上海）有限公司，为中外公司在信用管理方面提供广泛的咨询服务。2001年3月，格宁再保险集团在上海设立代表处。

保险市场权威论坛

谈我国的保险与资本市场

现代社会再生产的基本特征是扩大再生产。我国现阶段经济的特征是实现可持续发展，而保持经济的可持续发展就需要不断有新的资本形成，因此，资本形成是经济增长和经济发展的核心问题之一。

（一）全社会资金的基本来源情况

据有关资料显示，居民收入占社会资金的比重1978年为45%，到90年代已上升到60%以上。从城乡居民储蓄余额和增加额的情况看，1978年全国城乡居民储蓄存款余额分别为210.6亿元和29亿元；到1997年变成了46279.8亿元和7758.84亿元；1998年全国城乡居民存款余额已达53407亿元，比1997年增加17.1%；近年企业资金占全社会资金比重约为11%；政府财政资金占社会资金的比重1979年为28%，1997年为16%（名义上为11%）；从国外资金占社会资金的比重看，“八五”期间（1991年至1996年）为5%左右，“九五”期间（1996年至2000年）为7%左右。

一般说来，在较为发达的市场经济国家中，政府资金在总资金中所占份额是不高的，而在发展中国家，政府资金在全社会总资金中则占有较重要的地位。我国在传统体制下，实行“统收统支”制度，政府资金占有绝对重要的地位。从上面的数字可以看到，改革开放以来，居民和企业资金的比重越来越大，政府资金比重越来越小，其中居民资金在四大类资金中所占比重超过60%。如何配置好这些资金显得非常重要，资金向投资转化机制是复杂和多样化的，从方式来看，可以划分为直接和间接转化机制；从转化过程的媒介主体来看，可以分为财政和金融转化机制，本文主要是从金融的角度来考虑保险资金向投资转化过程中资本市场的形成的问题。金融中的保险资本目前在我国尚未发育，它在资本市场中的作用对我们业界来说，还是一个新的题目。

（二）我国资本市场中的保险资本

1.保险资金在资本市场的作用有待挖掘。

在资金向投资转化的金融机制（由金融机构、金融产品和金融市场三个基本要素构成）中，资本市场发挥着至关重要的作用。1997年我国金融资产总额为210519.22亿元人民币，银行资产为169676.40亿元，占资产总额的83%；证券资产为26533.62亿元，占总额的12.5%；保险资产不足2000亿，所占比例不到1%，保险资产在金融资产的构成中比例严重偏低。另外，从银行、保险的业务收入来看，1998年中国的保费收入为1247.3亿，而1998年城乡居民储蓄存款为53407亿，资金结构失衡，在向市场经济过渡中，居民需要寻求保障，现在寻求保障的投资方式仍是存银行。

有学者分析，目前居民储蓄动机中60%是为养老、疾病、失业等作准备。如果这些存款因保障制度的建立健全而得到释放，那么就会有巨大的消费需求被释放出来，如果部分用来购买保险，居民可以得到保障，国家又可以得到巨额的长期资本（一般的资金为几年、十几年、几十年）用于国家经济建设，以保证经济长期稳定的发展。

2.保险资本的发展有利于改善资本市场的结构。

目前我国的保险资金运用仅限于银行存款、政府债券、金融债券，少量的同业拆借和中央企业债券。总的来说，保险投资结构单一，资金规模很小。金融业在资金市场中短期资金比重大，缺乏具有长期性、稳定性和规模性的寿险资本，从而使资本市场结构失衡，影响经济发展，反过来制约了保险业的发展。

80年代以来，随着国民收入分配格局的变化，资本市场中政府可用于生产性投资的资金逐步减少，而居民手中持有的资金则不断增多，居民手中的资金是缓解企业资本短缺的主要资金来源，而其又需要通过一定的金融投资渠道来转化。目前的条件下，我们应当注重保险向投资的转化和保险机构投资者的作用，调整金融资金结构，充分发挥保险在资本市场中的重要作用，解决居民保障，推动企业的改革和发展。

3.保险资本的发展有利于资本市场机构投资者的增加和投资工具的完善。

从发达市场经济国家保险业多年发展的情况看，保险机构投资者在货币资本市场中的地位十分重要。在机构投资者中发挥重要作用的并不是投资基金，而是那些拥有稳定的长期资金来源的寿险公司以及养老基金等非银行机构。例如日本寿险在货币与资本市场的资金实力已超过银行位居第一，并居世界寿险第一；美国寿险1997年总资产为2.5万亿，在货币资本市场的比重为13.8%，为其经济提供了重要的投资资本，大部分投资于金融工具，主要分为债券、股票、抵押贷款和房地产、保单抵押四大类，同时美国的保险公司和养老基金还是股票市场中最大的机构投资者，寿险公司自30年代以来就是企业债券最大的机构投资者。

我国保险业的投资受总体投资环境、货币资本市场以及其它因素的制约，现阶段保险资金在货币与资本市场的作用没有得到发挥。因此，我们要用一段时间来引导居民将自己可用的资金用于购买商业保险以寻求保障，以此扩大保险资产的积累，形成可稳定和长期使用的大规模保险资金，通过发展资本市场，将这笔长期资金投向国家经济建设，促进产业结构升级，实现经济软启动。反过来使保险业得以良性发展，而不是简单地从保险投资本身来思考保险的资金运用的问题。

4.保险资本是我国未来资本市场新增资金的主要来源之一。

这是我们应当重视的问题。我国的社会主义市场经济体系正处于健全和发展的过程，在市场化的进程中，随着社会保障体系的逐步建立，居民保障需求的释放，保险资产占金融资产的比重将逐步提高。启动建立保障体制为起点的一种市场经济，其中长期、稳定、具有规模性的保险资金会是我国未来资本市场新增资金的主要来源之一。

我国保险业面临的风险与风险管理

顺应改革开放的大潮，中国民族保险业呈现出快速成长的势头。但是，近年来国际社会金融危机迭起，金融市场风险因素快速增长、来源扩大；金融市场风险所包含的能量明显上升；金融市场风险由一般风险程度上升为危机程度的机率提高。作为我国金融业重要组成部分的保险业和作为非银行金融机构的保险企业，虽然没有受到金融风暴的直接冲击，可是，在金融市场发展中，金融机构已经开始派生出自身较为庞大的市场，从而与保险、证券等形成既相联系又在一定程度上相独立的基金等市场。当某一市场爆发的危机较为严重时，彼此的联系就会使另一些市场难以独善其身。因此，防范和化解经营风险，寻求健康、持续、稳定的发展道路，已成为中国保险业当前和今后相当长一段时间的重要课题。

（一）当前我国保险业面临的主要风险

1. 保险机制本身的风险。

随着商品经济和保险业的发展，现代商业保险已比早期保险的盲目性经营有了显著的进步。其最突出的表现是，保险经营是以概率论和大数法则为数理基础，通过对未来风险的准确预测，能够事先收取合理的保险费，事后进行合理的补偿和给付，并实现保险经营财务稳定性与合理负担保险费的统一。此外在经营中，随着保险承保标的的增多，保险经营风险将不断下降。可以说，这是现代保险的科学性所在。但是，我们也应该清醒地认识到，保险这一机制并不因为存在理论上的科学性而在实践上就无风险性。而且仅就理论而言，保险科学性的许多前提条件或假定在实践上不一定都能成立。

我们从一般概念看，保险企业就是经营风险，提供保险保障的企业。“经营风险”，实质上是指保险企业作为中间者，通过对特定风险的识别和分类，将特定风险在众多被保险人之间进行分散。“提供经济保障”，则是指保险企业向被保险人收取保险费，接受众多被保险人转移的风险，同时向被保险人提供数倍于保费的保险金额保障。因此，保险经营无疑具有很大的风险性。

我们再从保险经营对象看，其基本性质就是具有不确定性，因而保险赔款支出（或保险成本）也具有不确定性。在保险经营中，按以前的损失资料预测赔款支出，向被保险人收取固定的保险费，用于今后具有不确定的赔款，这种经营方法本身就潜伏着风险。至于大数法则，我们对其在实践中的作用也应有正确的认识。一家保险公司，尤其中小公司或区域性保险公司对某一特定风险所承保的数量在实践中也很难充分达到理论上的“大数”的数量要求。而且伴随着承保数量增加，一旦发生类似地震、洪水等巨灾所引起的责任累积情况，也会增加经营风险。也就是说，在灾害普遍发生的特定情况下，承保越多，面对的突发风险越多，提供的经济保障就越多，保险公司可能就会面临偿付危机。这时，“大数法则”就不再是分散风险的“铁则”。

保险机制所潜伏的种种风险是随时可能触发的。如果保险经营者不守保险原理，不顾法律法规和市场规则，超规范经营，就必然触发潜伏着的保险机制本身的风险，给保险企业造成难以挽回的损失。

2. 经营不规范风险。

经营不规范风险是保险经营者不按保险原理依法合规经营而产生的危害保险业良性发展的各种风险。这种风险源于保险业内部，是保险经营者可以避免和控制的。但是，由于长期受粗放型经营思想的影响，保险经营者往往都偏重业务发展的速度，轻视业务发展的效益；注重承保的规模，轻视承保的质量；注重对承保风险的承诺，轻视对承保风险的管理。由此引发了涉及面广、影响力大的经营不规范风险。

（1）市场竞争无序引发的风险。市场竞争无序突出表现在同行业间价格竞争的不合理性和利用外来力量竞争的不公平性。同业间价格竞争的不合理性集中表现为通过低费率、高返还、高手续费、高保障范围和办议性承保等违法违规的手段在市场上争揽业务的不正当行为。利用外来力量竞争的不公平性主要表现为有的保险公司在业务经营中渗透包括行政权力、私人关系在内的外来力量，并力图通过这种力量来促使客户投保，甚至还不惜通过向企业发放巨额贷款和帮企业担保、融资等手段，来达到其扩张市场份额的目的，有时还在理赔中掺杂人情、私利，以求续保和增保。市场的无序竞争，使有的市场主体淡忘了风险意识，无限制地承揽风险，而忘却了风险的管理，最终受损的也必然是保险业的整体利益以及保户的权益。

(2) 保险中介市场发育不良、保险中介人作风不正带来的风险。目前，我国产险中介队伍主要由经纪人和代理人组成，且代理人皆为兼职，没有专职。寿险中介则只有代理人也就是寿险营销员在有规模地开展业务。可见，数量不多，良莠不齐，发育不良，是目前我国保险中介人的整体状况。保险中介队伍的发育不良使广大保户的利益不能充分体现，并严重影响保险展业、理赔的机制有效运作和效率的提高。从已经进入保险中介市场服务的人员看，他们大多只受过短期培训，金融保险方面的专业知识明显不足，且个别人员流动性较大，往往只顾短期利益而没有长远的打算，服务水平和服务质量都不尽人意。有的在业务活动中过分夸大保险的好处，不如实履行告知义务，误导消费者；有的风险意识淡漠，保费收入第一，不顾承保质量，坑害保险公司；有的先签单后报告，造成既成事实，甚至用划小保额的方法，逃避监督，酿成风险；有的经纪人在客户那里抬高费率，到保险公司又千方百计压低费率，从中捞取"费差"两头渔利；有的保险中介人截留保费，挪作他用，甚至卷款而逃……几此种种，给中国的保险市场造成了严重的恶果。

(3) 资本经营机制不规范造成的资金结构风险。其突出表现在：①资产结构配置不合理，没有系统地根据产、寿险对资金运用的不同要求分别制订不同的资金运用策略；②资金使用过程中的机会成本浪费现象相当严重，这固然有国家政策、法规等方面的限制因素，比如说保险资金缺乏高收益的投资渠道，但也有保险公司自身的原因，比如说有的经营机构一时兴起，盲目投资，有时又缩手缩脚，错失盈利良机；③缺乏明确的资产负债管理目标，资金来源与运用的结构和期限不相协调，没有很好地实行"投资免疫策略"来规避风险；④对投资、贷款的市场调研，投资渠道的论证、评估、审批，缺乏科学性、深入性和全面性，存在着"长官意志"和盲目跟风等现象。从世界范围来看，资金运用不当所造成的风险是触目惊心的，国内外许多金融机构的倒闭都与资金运用不当有关。

3. 经营道德风险。

保险经营道德风险的形式多种多样，但其源头不外乎三个方面：一是来自于从业人员的道德风险；二是来自于被保险人的道德风险；三是从业人员与被保险人串通一气所产生的道德风险。无论经营道德风险形成的具体情节怎样不同，其基本目的和方式总是万变不离其宗：来自于从业人员的道德风险主要是诈骗、挪用、贪污保险金，他们往往在理赔活动中索贿、受贿，在业务经营活动中心存侥幸谋私利，名义上做保险，实际上搞集资、融资；来自于被保险人的道德风险目的相对简单，主要为故意隐瞒可预知或预知的风险，不履行告知义务，有违于保险的诚信原则，进行骗保活动，他们在没有发生保险事故或仅仅发生程度较轻的保险事故时，故意制造、谎报事故或虚报事故损失程度，进行骗赔活动；来自于从业人员与被保险人联手制造的道德风险防范最为困难，它主要包括承保、核保人员与被保险人相互勾结，进行欺诈性的保险业务，损害保险人的合法利益，有的勘查、理赔人员与被保险人相互勾结，制造假赔案或人为扩大损失程度，公然骗取保险赔款，甚至还有个别的保险公司负责人与被保险人沆瀣一气，侵吞国家资产。

4. 电子化风险。

加快电子化建设，是保险业防范风险，加快发展的重要手段。但同任何高新技术的采用一样，电子化建设在解决许多问题的同时，也会引发另一层面上的新问题。

保险业的电子化风险大体分为两类，一类为技术性风险。电脑网络技术是一门科技含量极高的学科，如发生问题，解决时往往就具有较高的难度。而随着电脑网络化进程的不断加快，运作的越来越复杂，其危害的波及面会越来越广，危害程度也会越来越深，甚至会令人始料不及。如"千年虫"问题就属于典型的技术性风险。保险业因其较高的电子化程度及业务与时间的密切相关性等特点很可能成为“千年虫”发作的“温床”。尽管最近在全国性的保险行业“千年虫”问题检查中，这一问题似乎已基本得到了有效的防范，但我们切不可对“千年虫”问题可能对保险业产生的各种直接或间接的危害掉以轻心。此外，对“黑客”袭击防范不力和网络失灵、中断乃至瘫痪等电子化建设中的技术性风险，也会造成重大的损失。二是电子化管理操作人员的道德风险与传统意义上的经营道德风险相比，其隐蔽性和危害性更大。从发展趋势看，保险业绝大部分重要部门和主要业务管理逐步都将完全实行电子化，如网上营销和核保核赔，公司内部行政管理、财务管理和信息分析决策的电脑网络技术应用等。如果在这些重要的环节发生高科技的违法犯罪，其破坏力可想而知，而且这类高科技的犯罪，往往难以防范和及时侦破。根据以往的案例，大致有这样几种与道德风险有关的电子化风险应该引起我们的注意：(1) 被授权的从业人员对财务、资金等方面的电子数据进行非监控修改、转移，从而造成财务混乱、资金损失；(2) 公司内部人员利用网络技术，非法窃取并向外界泄露公司机密，严重影响公司的竞争力；(3) 公司内部人员出于发泄私愤等原因破坏公司电脑网络，干扰保险公司正常的业务经营活动；(4) 外界的商业间谍以“黑客”方式进入保险公司电脑网络，大量盗取商业情报；(5) 其他怀有各种目的的“黑客”进入保险公司电脑网络，造成破坏和混乱。

5. 政策性风险。

政策性风险主要是指国家的法律、法令、政策、规定的制订和执行未能顾及保险业的行业利益或与保险业发展的现实情况有一定的差距所带来的风险。目前主要是利率调整对保险业尤其是长期业务将来的偿付能力造成了巨大的风险和隐患。利率风险不仅影响到寿险业的发展，更危及寿险业的生存，并会对整个社会的稳定造成相当大的危害。在银行存款利率七次下调之前和下调的间隔之间，因为保险公司大多参照当时较高的银行利率设计出保单的预定利率，由于缺乏针对银行利率变化的灵活变更条件，在整个缴费期和给付期内的保单利率一成不变，这就使寿险保单预定利率与银行存款利率之间倒挂的矛盾日益加深，“利差损”继续扩大，数额惊人，且很难在短期内弥补。有的公司只能靠不断增加新的保费收入来弥补给付的不足，导致业务经营恶性循环，令人担忧。根据我国《保险法》的有关规定，保险资金运用过去一直只限于在银行存款、买卖国债和金融债券，最近虽然增开了诸如购买信用级在 AA + 级以上的企业债券、进入同业拆借市场和进行国债回购等投资渠道，但总体而言，当前我国保险资金运用渠道仍然过于狭窄。且投资渠道收益率不高、市场容量不大或成熟度不高、流通变现能力较差，大量保险资金，尤其是全国各保险公司共约 600 亿元的寿险资会缺乏较高收益的投向，很难获得保值、增值，但又承担着未来的巨项赔（给）付重担，较长时期“利差”损失的风险已不可避免。而且，这一风险不仅仅危害保险公司，还有可能触发社会矛盾，影响社会的稳定。因为保险资金虽然只占全国金融业资金的 2%，但它的赔（给）付问题却牵涉到全国千千万万的个人和集体。如果保险业真的出现赔（给）付危机的话，那么所爆发的社会问题将是深层次的。目前，国家关于保险资金投资的政策制订主要是从安全性的角度出发，忽略盈利性，看似没有风险，其实是最大的风险所在。有经济学家预言：未来中国可能爆发的金融危机中头一个便是养老金的给付危机。

（二）保险业的风险管理

揭示保险业所面临的保险机制风险、经营不规范风险、道德风险、电子化风险和政策性风险等，目的是为了采取切实措施，加强风险管理，防范和化解保险经营风险。当前主要应该从建设保险企业的内部控制制度、营造保险市场规范有序的竞争环境、自觉执行国家相关经济政策，并争取相关政策向保险业合理倾斜三个方面，采取有效的对策。

1. 建立健全保险企业的内部控制制度。

保险企业要防范和化解经营风险，求得健康发展，必须要加强内控制度建设，完善内控机制，建立风险管理（事前防范）预警指标体系，巩固业务经营管理（事中控制）体系，完善监督稽核（事后控制）体系，重点解决权力制约失衡，权责约束脱节和财务处理不实等问题。

（1）建立风险管理（事前防范）预警指标体系。在完善企业经营机制的同时，建立有效的风险管理预警指标体系，在风险评估制度、财务分析和经营管理质量综合考核的各类指标中，抽出部分对保险偿付能力影响大、概括性强的指标，如保险保障指数、核保平均费率、综合手续费率、应收保费率、综合赔付率、资金运用收益率、高风险大保额业务再保比率、分保赔款摊回比率、各项准备金充足率等，组成风险管理预警指标体系加以分析监控，充分运用电子化管理信息量大、查询诀捷方便的特点，从不同的角度严密审视企业经营活动的过程，及时发现并“报警”不良征兆，以引起各级管理者的高度重视。调整工作策略，防止内部隐患，从而将风险化解在萌芽阶段。

(2) 巩固业务经营管理（事中控制）体系。业务经营管理包括业务、财务、资金、电脑及人事管理各个方面。各类保险业务经营活动必须严格执行业务、财务的授权授信管理制度，优化完善分级核保归口管理和集中理赔的处理程序，实行会计财务处理分级授权和财务收支审批制度，实行保险资金管理和运用的集中管理，加强电脑程序中的防错防弊功能控制和电脑使用的风险防范，使各个工作环节做到横向有岗位分工制约，纵向有分级审批监督，使业务经营活动始终处于安全有序状态。同时，经营管理水平的提高，经营风险的事中控制，与干部员工队伍的素质有着密切的关系，因此必须建设好一支政治坚强、业务过硬、作风优良、纪律严明的队伍，尤其是要加强对核保核赔师、会计师、精算师、评估师、电子化网络工程师的资格审查和培养。

(3) 完善监督稽核（事后控制）体系。鉴于许多经济案件都是从外部发现，因此要加强事后监督，及时掌握包括各类赔款、退费、手续费的到账情况；对员工实行每月随机比例稽核制度；定期检查基层单位的内部管理情况，对包括岗位责任制、内部制度的执行、完成业务质量指标的情况等，可以实行打分制进行评比；不断加大稽核工作的力度、建立以业务部门的自查自纠、业务管理部门的日常辅导与检查、稽核部门的稽核检查与评估考核为主的三级内控管理办法，做到把关口前移。

2. 营造保险市场规范有序的竞争环境。

（1）健全和完善保险法规体系。《保险法》颁布实施几年来，保险监督管理机构颁布了一系列与之配套的行政法规和管理办法，使得政府对保险业、保险代理人与经纪人的监管有了更为详细和明确的依据，但在很多方面仍存在着法律规定不完善、条文不够明确、可操作性不强的问题，在一定程度上影响了保险的健康发展。为此，应尽快制定《保险法》的实施细则和其它从属法则，如《保险公司经营细则》、《保险市场竞争条例》、《保险资金运用管理办法》、《保险公司偿付能力管理条例》、《外资保险公司管理法》、《保险会计法》、《保险公司破产法》、《经纪人管理法》等，建立健全保险法规体系，创造与保险市场相适应的法律环境。

(2) 严厉执法规范市场秩序。在加紧立法、努力创造有法可依环境的同时，必须做到执法严厉，对于高手续费、高返还、低费率、扩大保险责任、团体寿险业务长险短做、“高息揽储”，为企业资金化公为私提供便利、代理人截留保费、“吃单”、哄抬手续费、外国保险公司在华代表机构和未获准人的外国保险公司非法在境内经营保险和保险中介业务、保险公司业务员缺乏职业道德、欺骗保户、相互诋毁、损坏保险行业形象、搞虚假保费多提费用、财务两本账、“阴阳单”，私设小金库、违规担保等扰乱市场秩序的行为，决不姑息迁就，只有令行禁止，才能规范市场行为。

3. 自觉执行国家相关经济政策并争取相关政策向保险业合理倾斜。

(1) 利率政策，利率政策是国家调整经济的杠杆。前已述及，1996 年以来中国人民银行先后七次降低了银行存、贷款利率，而保险业由于对此项政策不断变化的预见能力、应变能力不足，再加上资金运用渠道限制过严的因素造成了大量的利差损。因此，我们应吸取教训顺应利率市场化所带大的变化，要充分运用企业自身风险管理预警指标体系，根据内部业务、财务、资金等经营情况，结合外部政策、法规可能变化的因素如利率政策走势，加强对远期风险预测研究增加效益的措施，力争在经营方式和险种设计上有所突破，使现实的和潜在的风险降低到最低程度。从险种设计上来看，要改革费率厘定机制，开发分红寿险、万能寿险等新险种，使保险经营者可以不再为明天的利率变化而困惑。

(2) 税收政策。税收政策是国民经济调控的重要手段和国家产业政策的重要内容，保险税收政策无疑是保险业发展所必需的良好外部环境的重要组成部分。我国现行保险税制改定于 1997 年初，当时将 55%所得税率降为 33%，5%的营业税调高到 8%。营业税的上调，以及随同营业税征收的城市维护建设费及教育附加费的增加，使保险公司纳税的总金额大幅增加。营业税是以保费收入为计费基数，保费收入中有很大一块要以赔款方式退还给被保险人，因此上调营业税，使保险公司承受了更多的压力，因此，营业税的计征应以退保和赔付后的净保费为依据，与此同时，我国现行保险税制给予外资保险公司以较多的优惠政策，也使内资保险公司在国内保险市场的竞争中更加处于劣势。为此，从防范风险、有利于民族保险业的健康发展角度考虑，国家应减轻内资保险企业税收负担，主要是降低营业税，并享受与外资保险公司的同等待遇，实行统一的保险税制，为内外资保险企业创造一个公平的竞争环境。

(3) 保险资金运用政策。

一是保险资金运用应该在安全性和流动性的前提下，力争取得最大限度的盈利，实现保险企业的良好效益。

二是争取对高速公路、大型桥梁、隧道、重大能源建设等资金需求量大、占用时间长、收益稳定、风险小的基础设施的投资。

三是通过设立“集合投资，专家管理，运作规范”的以保险资金为主体和核心的保险投资基金，进行科学投资策划和投资配合，最大限度地降低保险资金运用风险，保证保险资金的安全性、流动性和盈利性，最终建立起一种保险企业与投资者风险共担、利益共享的新型保险投资机制，争取实现低保险费率与高投资收益的良性循环。

4. 改进保险监管方式，为保险企业真正成为市场主体创造条件。

在市场经济条件下，企业发展的活力和动力在于进入市场，而一个企业真正进入市场的标志，是看其是否具备适应和满足市场需求的产品创造能力。目前，我国保险监管机构对保险企业实行的产品报审制度，显然是计划经济的管理模式，对保险业的发展造成了严重的制约。应该从市场经济的规律出发，尽快地过渡到对保险公司偿付能力的监管，让保险公司拥有设计、开发新品充分的自主权，使保险公司真正成为市场的主体。

5. 建立和完善国内共保体系，增强与外资公司的竞争能力和整体抗风险能力。

当前，各家保险公司围绕重大承保项目而展开的无序激烈竞争。无疑是民族保险业之间的相互残杀。面对中国保险市场对外开放步伐的加快，建立和完善国内保险公司的共保体系，以形成民族保险业的强大竞争力也显得十分紧迫，随着保险市场主体的增加，竞争程度的加剧，谁都不要想永远独霸天下，联合起来，利益共享，风险共担，共同发展，理应是内资保险企业追求的目标。

6. 引进竞争机制，发展我国的再保险事业。

再保险业的基本功能是分散保险业的风险，为保险企业提供风险保障。从目前我国的再保险体系看，长期以来独家经营的局面没有改变，并行政性的规定了法定分保的成数，这不利于再保险业的发展。能否在这方面作些探索：(1) 把国有独资再保险企业改造成各国内保险公司参股的股份制再保险公司；(2) 引进国外再保险公司，或建立中外合资再保险公司，增加再保险市场主体；(3) 国内保险公司自主选择国内外再保险公司进行分保业务，形成竞争局面，提升民族再保险业的服务水准，促进再保险业的发展，为保险企业风险的控制创造更好的市场环境。

保险资金入市及对市场的影响

(一) 保险资金运作的现状

自1980年以来，我国保险业以年均37.6%的速度增长，保险业务持续发展，市场规模迅速扩大。1996年，由于降息等因素的刺激，该年度成为保险的高涨年，1998年全国保费总收入达1274.3亿元，比1997年增长14%。截至1998年9月，全国保险公司总资产已达1990亿元。目前，全国共有25家保险公司。其中国有独资4家，股份制9家，中外合资3家，外资分公司9家。此外，还有5家保险公司正在积极筹建，17个国家和地区的113家保险机构在中国设立了202家代表处。

保险资金一般指保险公司的资本金、保证金、营运资金、各种准备金、公积金、公益金、未分配盈余、保险保障基金及国家规定的其他资金。成熟保险业的经营是依靠保险和投资两个轮子共同驱动和协调发展，通过保险融资、投资创利的方式来实现保险企业总体效益，近年来，我国保险融资取得了长足的发展，但保险资金的运用却不尽理想。

1. 保险资金运用渠道过窄。

1995年10月1日实施的《保险法》，明确保险公司的资金运用必须稳健、遵循安全性原则，保证资产的保值、增值，并明确规定："保险公司的资金运用，限于银行存款、买卖政府债券、金融债券和国务院规定的其他资金运用形式。"实际上，在1998年以前，我国保险资金的运用只能存在银行或购买国债。1998年10月12日，中国人民银行正式批准保险公司加入全国同行业拆借市场，从事债券买卖业务。这一举措，为保险资金运用无疑开辟了一条安全、高效的新渠道，但是这一市场目前虽有9000亿的存量，但交易不够活跃，限制了保险公司大规模进入。

2. 对保险资金运用重视不够。

一方面，保险资金的运用受到一定的限制，另一方面，保险公司"重规模、轻效益"的思想也导致了对保险资金的有效运用。据有关资料，1998年对某省保险机构检查情况显示，各家保险机构均没有参加全国同业拆借市场进行债券买卖，没有金融债券投资，有的寿险公司没有称为"金边债券"的国债投资。而从全国几大保险公司的情况看，我国保险资金的40%~60%是现金和银行存款。1996年，中保708亿元总资产中现金和银行存款为389.09亿元，占49.84%，太保83.9亿元的总资产中现金和银行存款为34.36亿元，占40.95%，平保76.18亿元总资产中现金和银行存款为为37.72亿元，占38.72%。

经过连续7次降息，一年期存款利率从1996年的10.78%降至同前的2.25%，下降了8个百分点；1996年，寿险公司的不少储蓄型险种，设定的利率在8%~9%，与现行银行存款出现了明显的利差倒挂，尽管国内各家保险公司为防范化解保险风险，于 1998 年 8 月以后纷纷推出“利差返还型保单”，但准备金不足仍是不少保险公司将面临的问题。从国债投资来看，取消了保值贴补、几次降息，使国债投资收益率也低于保单平均预定利率水平；而财产保险公司，竞争激烈，费率降低，加上营业税从 5%增至 8%，影响到公司的创利能力。因此，国内保险公司遇过投资使保险资金增值已成为迫切的要求。

（二）保险基金入市的可行性

保险资金运用，应坚持安全性、收益性、流动性、多样性的国际通行原则。从保险业发达国家与地区的情况看，各国保险业的承保利润率基本是负数，有的亏损率还高达两位数。之所以能够生存，就在于通过保险资金运作赚取更多的钱。以美国的寿险资产分布为例，公司债券、抵押放款和政府公债为主要运用方式，并有一定数量的股票投资和不动产投资（如下表）。

1975～1992 年六国承保盈亏率

及收益率（取平均值）

	美国	日本	德国	法国	英国	瑞士
盈亏率	－0.82	0.33	0.51	－11.62	－8.72	－8.48
收益率	14.44	8.48	8.72	13.01	13.29	11.55

注：盈亏率＝盈亏/保费　收益率＝投资收益/保费

美国寿险业资产分配表

年度	政府公债	公司债	股票	抵押放款	不动产	保单放款	其他
1983	11.7	35.4	9.9	23.1	3.4	8.3	8.2
1984	11.8	35.8	8.8	21.7	3.6	7.5	8.2
1985	15.0	36.0	9.4	20.8	3.5	6.6	8.7

应该说，中国的金融市场的发展与西方发达国家尚不可同日而语，然而，他山之石，可以攻玉，借鉴西方发达国家的经验，结合中国的实际情况，探讨中国保险基金的运用途径，是日前亟待解决的问题。

目前，关于保险资金进入股市的呼声日高。从保险公司资金运作的角度出发，拓宽投资渠道、将部分资金投资股市，可分享经济发展的成果，提高投资收益，对保险公司的发展有益；另一方面，从股市的投资者结构来看，目前中国股市机构投资者只占极小的比例，培育机构投资人，对促进股市早日成熟、减少投机风险无疑是有利的，而发展证券投资基金，吸收保险资金及其他集团资金入市，是扩大机构投资的重要途径。

那么，保险基金入市到底是否可行？按照上面提到的保险基金运用的原则，股市的收益性、流动性没有问题。关键在于安全性。股市是高风险的市场，这是人们所公认的。然而，任何投资，风险与收益总是并存的，不能盲目追求高收益，忽视高风险，也不能因为有风险，放弃某些大好的投资机会。在认清风险的情况下，理性投资股市，进行合理的投资组合，将在一定程度上减少风险，提高收益。中国股市只有不到 10 年的历史。还难以总结出其运行的长期规律。但是，从近几年的实践看，即使在 1997、1998 的调整年中，每年也都有一至两波较为像样的行情。比如，从时间上来看，每年都有这样一种“规律”，行情在春节后启动，起码可持续到 4、5 月份，这段时间大盘的涨幅不下 20%，其间领涨热点的涨幅远不止于此。以安全为第一要求的保险资金，每年只做一波行情，实现 10%的收益并不难，有节制地选择时机入市，精心操作，风险并不大。另外，寿险保单的责任期常常在 5 年、10 年、15 年，完全有时间调整投资策略，达到在保单责任期满时收到较好的收益。因此，在我国，保险资金进入股市是可以尝试的。

（三）保险资金入市对股市的影响

从西方国家的历史资料看，股票投资占保险

基金运用的比例在80年代一般在10%以下。对于我国而言，股市处于初级阶段，风险一般来说要比成熟的西方股市大，而保险资金运用到股市中还是一个新课题，出于资金安全性的考虑，因此应采取试点的作法，比例应该不高于发达国家，有专家建议，可考虑5%。目前，保险资产总额达1990亿，如果允许5%进行股票投资，按照总资产计算可流入股市的资金有99亿元。考虑我国保险业正处于发展期，保费收入每年递增，可保证投入股市的保险基金逐年增加，如果1999年保费增长仍按1998年的14%计算的话，2000年，可投入股市的这部分资金可达110亿元，到2005年，这个数字可达212亿元。从总量上看，可入市的保险资金远赶不上证券投资基金的发展。从目前而言，1999年行情火爆之时最高日成交金额8800亿元，因此，目前从保险基金对股市资金的绝对贡献而言，作用并不大。

然而，保险基金入市，不仅仅在于其对市场资金面的贡献。更多的在于政策的积极效应。首先，如果保险资金被允许进入股市，表明管理层对股市的发展给予积极支持，与发展证券投资基金等一样将对股市产生长远的积极影响。其次，虽然保险资金介入股市的比例不大，但保险资金实际上是对投保人的负责，有到期给付的责任，对保险资金运用的安全性要求更高，管理层对股市的风险控制和规范将进一步加强，对证券市场长期健康发展无疑是有意义的；再者，保险资金由专家操作，在操作思路上更加理性，倾向于长期投资，它的入市将使股市投资者结构得以改善，进一步平抑股市的震荡；另外，保险资金被允许入市，使其它种类的“团体”资金也有望进入证券市场，这种带动作用不是用带来的直接资金量所能衡量的。

（四）保险资金入市的方式探讨

1998年，占寿险六成以上市场的中国人寿保险公司（从中保人寿保险更名过来）保费收入530亿元，平安保险保费收入168.4亿元，太平洋保险公司实现保费收入124亿元，如果保费的5%用于股票投资，则几家公司可用于股市的资金分别为26.5亿，8.3亿、6.2亿元，1990亿保险资产分散到十几家保险公司，每一家的数额都不大，如果每家的这部分资金单独运作，一方面缺少专业人才，另一方面也是资源的浪费，同时也难以起到机构投资稳定市场的作用，因此，可行的方法是建立保险基金，由专业基金管理公司来负责运作。

我国已有《证券投资基金管理办法》，目前投资基金管理办法正在加紧制定。资金的运作有法可依，有规可循，这样有利于降低风险，符合保险投资安全性的要求；专家理财弥补了保险公司投资人才缺乏的不足。通过投资基金的方式运作保险资金，不仅可使保险业务与资金运用业务良好地结合，促进保险企业的良性循环，而且可发挥资金规模上的优势，取得规模效益，达到保险基金保值、增值的目的。应该说，我国保险业在这方面已有过尝试，目前二级市场上市的“天骥基金”就是由平保和几家金融机构联合发行的。总结这些基金的运作经验、教训，对今后保险基金的操作无疑会有很多启示。

（五）保险基金运作的有关问题

保险基金的构成有其特殊性，不同的险种保险责任期不同，赔付率也不同。因此，在保险基金的“组建”和运作上应考虑这些因素。

1. 可根据寿险和财产险的不同特点，成立分别由财产险和寿险保费构成的两类基金，制定不同的运作方案。

2. 主要从与保险责任期相匹配的原则出发，制定基金的期限和投资策略。对责任期较长的寿险基金，可设定较长的封闭期，注重长期投资。

3. 保险基金可采用先试点、小批量的方法，逐步实践。

4. 在投资基金管理办法的基础上，制定保险基金管理细则，以规范管理，防范风险。

论商业保险合同

商业保险合同既不同于民事合同，也不同于经济合同、商业合同，为了把这个问题搞清楚，需要从基础理论谈起，研究商业保险合同的特征，并作商业保险合同、民事合同、经济合同和商业合同的比较，使商业保险合同成为我国合同类型中的一种，促进保险事业的健康发展。

(一) 不同类型合同的法律规定与法理基础

在研究商业保险合同时，有必要将1999年3月15日全国人民代表大会第二次会议通过，同年10月1日实施的《中华人民共和国合同法》(以下简称《合同法》)有关条款规定学习一下，并和保险合同的有关规定作一些比较，以便进一步认识商业保险合同。现比较如下：

1. 有关合同的法律规定的比较。

(1)《合同法》第2条第1款规定："本法所称合同是平等主体的自然人、法人、其他组织之间设立、变更、终止民事权利义务关系的协议，"《保险法》中没有保险合同当事人是平等主体的规定。

(2)《合同法》第3条规定："合同当事人的法律地位平等，一方不得将自己的意志强加给另一方。"《保险法》中没有一方不得将自己的意志强加给另一方的规范，在保险合同的法律条款中，有将国家意志强加给投保人和保险人的因素。如第106条规定："商业保险的主要险种的基本保险条款和保险费率，由金融监督管理部门制订。保险公司拟订的其他险种的保险条款和保险费率，应当报金融监督管理部门备案。"

(3) 全国人民代表大会常务委员、法律工作委员会主任顾昂然在作《关于<中华人民共和国合同法>(草案)》的说明中指出："第一，合同法调整的是平等主体之间的民事关系。政府依法维护经济秩序的管理活动，属于行政管理关系。政府依法维护经济秩序的管理活动，属于行政管理关系，不是民事关系，适用有关行政管理的法律，不适用合同法；法人、其他组织内部的管理关系，适用有关公司、企业的法律，也不适用合同法。第二，合同法主要调整法人、其他组织之间的经济贸易合同关系，同时还包括自然人之间的买卖、租赁、借贷、赠与等合同关系。"从这段说明可以看出保险合同不是调整平等主体之间的民事关系，不是双方当事人之间的经济贸易以及物权关系，而是不平等主体之间的经济保障与被保障关系。

(4)《合同法》第8条规定："依法成立的合同，对当事人具有法律约束力。当事人应当按照约定履行自己的义务，不得擅自变更或者解除合同。依法成立的合同，受法律保护。"

而保险合同在《保险法》中没有这样的规范，并规定了投保自愿，退保自由。

2. 有关合同的法理解释的比较。

(1) 在民事合同的法理中，最基本的理论之一是：合同不是法律，但合同成立之后受法律保护。而在保险合同的法理中，保险合同是法律明文规定的，如财产保险合同，人身保险合同，因为它本身就是法律，当然不需要有合同成立之后受法律保护的规范。

(2) 在民事合同的法理中，最基本的理论之二是：合同最能体现意思自治，即私法自治，这是因为民事合同当事人的法律地位平等，订立合同各自代表自己的利益，而保险合同不可能意思自治，就不能归入私法这一类，这是因为合同当事人代表的利益不同，保险人是代表自己公司所有保户的利益，影响到社会生产和人们生活的稳定，而被保险人代表自己的利益，如果保险公司任意优待任何一个被保险人，就是对其他被保险人的不公平，苛刻点讲就是欺视。正因为如此，保险合同及其核心由国家机关制定。

(3) 在民事合同的法理中，最基本的理论之三是：物权的风险跟着所有权关系走。这就是说，只有当物权的占有、使用、收益、处分权，或四权之一转移到谁的控制之下，物权的风险就转移到谁身上。比如一个人在商店买了一只玻璃杯，付款后货还未到手，卖主在交货时不慎掉在地上打碎，这个风险由卖主承担，当卖主交给买主，买主掉在地上打碎，损失由买主承担。而保险合同的标的（物权）不转移，风险转移。保险公司承保的标的只是将约定的风险转移到自己头上，而物权的占有、使用、收益、处分的四种权利，一种都不能转移。可见民事合同与保险合同有质的区别。

3. 有关合同的几个概念的理解。

在民事合同的法理中，常常谈到合同当事人法律地位平等，权利义务对等，自愿订立合同，而《保险法》第10条第1款规定："投保人和保险人订立保险合同，应当遵循公平互利、协商一致、自愿订立的原则，不得损害社会公共利益。"在实际工作中，不少人将平等、公平、自愿连在一起理解，这就混淆了不同种类合同的界限。因此有必要作一些分析。

(1) 平等、对等、自愿之间不存在充分必要条件关系。有人说"平等、对等、自愿"是三位一体的关系，有其一必有其二，对此笔者不敢苟同。因为合同客体是不同的。民事合同当事人的客体是经贸关系或称物权关系，由于标的往往是物，当事人是为物所产生的利益订立合同的，所以他们之间的法律地位是平等的，权利义务对等，是自愿的。比如以一台电脑为标的进行买卖，无论买主或卖主的身份如何变换，是百姓还是总统，电脑的价格是不变的，是因为买卖电脑有了联系，电脑能使人的地位改变吗？而保险合同当事人的客体是以标的为客体的经济保障关系，合同当事人中一方是保险标的经济保障的提供者，另一方是经济保障的需求者，难道需求者希望提供者与自己的法律地位平等吗？如果权利义务对等，提供者用什么进行经济保障。

(2) 自愿不等于法律地位平等。有人说自愿就是平等，这种说法至少不全面，在民事合同中，二者之间是充分必要条件，而在其它合同中就不然。《合同法》第2条第2款规定："婚姻、收养、监护等有关身份关系的协议，适用其他法律规定。"这条规定表明，涉及人身关系的协议，虽然协议主体的人格权是平等的，但其身份权就不一定是平等的，公民的身份权是大都直接与一定的财产权益相联系。如果收养人、监护人没有一定的身份权，即行为能力、生活来源保障，他就没有资格充当收养人和监护人。相反，被收养人和被监护人都是无行为能力人，何谈自愿。再如有人加入各种党派组织都是自愿的，但不能说这个人和他所参加的组织是平等的；参军服役是每个青年的义务，是自愿的，但不能说应征入伍的青年与国家机器——军队是平等的。可见，自愿和平等不是充分必要条件关系，而是充分条件或者必要条件的关系，可以有前者不一定有后者，有后者不一定有前者。所以，订立保险合同是当事人自愿的，但法律地位不一定是平等的。

(3) 公平互利不等于权利义务对等。有人说公平互利就是权利义务对等，这是不周延的，在一定条件下可以是相等的，但在另一种条件下，就是不妥的。在民事合同中，当事人在遵循公平普遍原则的基础上，追求权利义务对等，力争等价交换（对等≠等价），即民事合同中民事主体之间的权利义务具有相对性。一方享有的权利，也应向对方履行相应的义务；一方应负的义务，同时亦应享有相应的权利。合同各方所取得的经济利益与其付出的代价相适应，在价值上是相当的。而在保险合同中，合同当事人的权利义务只讲公平互利，协商一致，或者说权利义务一致，不可讲权利义务对等，所谓公平就是人们公认的做法，或者是科学原则；互利是相互之间有利益，但这种利益不是对等的，如在财产保险合同中99%以上的被保险人是交纳保险费的义务者，他们得到的利益只是一种经济保障关系，而只有不到1%的被保险人发生了约定的保险事故，得到经济补偿的利益，从等价角度看，百倍千倍地超过了交纳保费的义务。可见保险合同中当事人权利义务是不对等的，更不是等价的。

（二）商业保险合同的特征

1. 金边合同的概念及其理解。

金边合同是指保险人与投保人共同认可合同行政法规性的条款的内容，并按它允许双方协商的事项约定保险权利义务关系的协议。这个概念中的共同认可表明保险合同不是保险公司单方制定的。"行政法规性条款的内容"是指商业保险的主要险种的基本条款和保险费率是由国家金融管理机关制订或批准的，是保险人和投保人无权变更的，只有认可权。"并按它允许双方协商的事项"是指《保险法》第18条的事项，这些事项是行政法规无法确立的，是有各自特征的合同当事人双方的权利义务事项，在这个基础上约定权利义务关系的协议。保险活动中共有四类合同，即财产保险合同、人身保险合同、海上保险合同、再保险合同。

对商业保险合同是金边合同可以从两个角度来认识。

(1) 从法律条文中直接理解。

一部《保险法》没有关于保险合同"依法成立，并具有法律约束力的规范"，那么保险合同是否不具有法律约束力呢？

我国《保险法》第106条规定："商业保险的主要险种的基本保险条款和保险费率，由金融监督管理部门制订。保险公司拟订的其他险种的保险条款和费率，应当报金融监督管理部门备案。"这条规定表明商业保险的主要险种的基本保险条款和保险费率是行政法规规定的内容，因为金融监督管理部门是国务院的专门部门。现在行使此职的是中国人民银行，它的文件就是行政性法规。《保险法》第4条又规定："从事保险活动必须遵守法律、行政法规，遵循自愿和诚实信用的原则。"这样看来，保险合同的条文本身就是法规，不需要法律再赋于它法律约束力。

(2) 可以间接地去理解。

商业保险合同在法律保障程度上是效力最高的，可谓之为"金边合同"。这是由于商业保险合同的具体内容都是由国家法律和政府行政法规规定的。法律中规定了合同违约处理原则、司法解释原则、违法行政制裁和刑事制裁相结合的原则等等，确保了保险合同是金边合同。它的法规保障程度超过了被西方人称为"金边债券"的国库券的信用度。国库券是拿政府的信用做保证，而保险合同的信用度是拿国家的信用做保证的。所以说，称为"金边合同"只是低度评价。但是，作为保险活动当事人双方"约定"的保险合同，同其他类合同相比，又是信用度最低的、没有法律效力的合同。

称保险合同是"金边合同"是从立法角度讲的，法律是不可变通的（除宪法规定的之外。这里是指保险活动当事人）也是不可违犯的。凡实行单一制国家体制的，每个国家只有几张商业保险合同，分别为财产保险合同、人身保险合同、海上保险合同、社会保险合同等。在我国就是《保险法》和《海商法》，共有两张保险合同，一张是将财产保险合同和人身保险合同一并制订在《保险法》中，另一张是海上保险合同，制订在《海商法》中。在实行联邦制体制的国家中，有若干张商业保险合同，这是因为在联邦制国家中，成员国可以有自己的宪法、法律、立法机关和政府。所以有若干个商业保险合同。

说保险合同是信用度最低、没有法律效力，这是从保险合同约定的双方来讲的，因法律没有赋予保险当事人约定保险合同的法律效力；并且，除法律、行政法规规定的以外，被保险人有权依法随时解除合同，并且由保险人退还保费。这是任何一种其他合同法律都不允许存在的行为，而保险合同可以，并且是法律允许的。由此就可以推出保险合同是——证据合同。

证据一般有两层含义，一是指认定案件情况

的事实，也称证据事实；二是指事实的表现形式，如证人、证言、物证等，也称证据来源或证明手段。诉讼证据与科学研究或日常生活中的证据不同之处在于，前者是纳人国家诉讼活动的范围，并受国家的诉讼法规范所调整和制约。我们所说的证据泛指两种含义，一是指诉讼证据，也就是说，当保险人违约时，被保险人可以将此作证据，到司法机关讨回公道；二是不发生诉讼活动时，是被保险人索赔或给付的证据。这就看出将保险合同认定为证据合同是恰当的。证据合同是推理推出来的名词，定义为：在保险活动中作为索赔、给付的合同，或在诉讼中充当证据使用的合同的总称。

“金边合同”与“证据合同”是主合同与从合同的关系。也就是说从合同是服从于主合同的，从合同的内容超越主合同的范围为无效合同，也是违法行为。投保人与保险人约定保险权利义务的合同，只能证明被保险人参加了保险，接受《保险法》的调整；被保险人拿到的保险单，就如同一个人参加一个什么党派组织，领到了一个会员证似的，自愿遵守该组织的章程。被保险人领取了保险单，就要自愿接受《保险法》的调整，从这个意义说，证据合同也可称为“金边合同”。这种合同的本质特征是程序简单，法律保障程度高。

归纳以上简述，金边合同有三个特点：一是合同条款内容是法规规范；二是不需要任何机关的公证或审批；三是被保险人依法可以随时退保。

2. 商业保险合同与民事合同特征的比较。

我国《保险法》第 9 条第 1 款规定：“保险合同是投保人与保险人约定保险权利义务关系的协议。”我国《民法通则》第 85 条规定：“合同是当事人之间设立、变更、终止民事关系的协议。依法成立的合同，受法律保护。”我们根据法律规定来比较商业保险合同与民事合同的共同点与不同点。

(1) 商业保险合同与民事合同的共同点：

①二者都是合同，都需要两方以上的当事人参与订立，是共同的法律行为。

②二者都是权利义务的合同，在合同订立时，双方当事人都有自愿订立与否的权利。

③根据法律规定，二者订立合同都要遵守“不得损害社会公共利益”的规范。

(2) 商业保险合同与民事合同的不同点：

①二者的法律效力不同。

商业保险合同是保险活动当事人约定的协议，它的效力大小是依据合同当事人行为确定的，并能随时变更和解除，因此商业保险合同在当事人之间是没有法律效力的。（按：一部《保险法》没有规定保险合同“依法成立”，或者“受法律保护”的规范）《保险法》第 14 条规定：“除本法另有规定或者保险合同另有约定外，保险合同成立后，投保人可以解除保险合同。”我国《海商法》第 226 条规定：“保险责任开始前，被保险人可以要求解除合同，但是应当向保险人支付手续费，保险人应当退还保险费。”根据法律规定，投保人可以随时退保，保险人还要退还其保费，足见其没有法律效力，这是民事合同所不允许的。换一个角度讲，保险合同的内容本身就属行政法规，不需要法律再赋予它法律约束力，而民事合同本身是当事人自己协商的权利义务，是没有法律效力的协议。只有它符合法律规定，达成协议后，法律才赋予它法律约束力。如果法律不赋予它法律约束力，就无法规范民事活动。总之，两种合同的法律效力是不同。

而民事合同是有法律效力的，这个效力是法律赋予的。在合同规范的法条中就明确指出：“依法成立的合同，受法律保护”，这条规定就使合同具有法律约束力，并且是合同当事人的“特别法”，优先适用合同条款规范的当事人行为。这主要表现在两个方面：一是合同一经依法订立，就在合同当事人之间产生了法律上的权利义务关系。当事人必须全面履行合同规定的义务，任何一方不得擅自变更或解除；二是合同一经依法订立，就受到国家法律的保护，当一方不履行合同时，另一方有权请求人民法院依法强制对方履行合同，并有权请求人民法院责令违约方承担违约责任，赔偿因其违约行为而造成的损失。

②二者当事人的法律地位不同。

我国《保险法》第10条第2款规定："除法律、行政法规规定必须保险的以外，保险公司和其他单位不得强制他人订立保险合同。"第15条又规定："除本法另有规定或者保险合同另有约定外，保险合同成立后，保险人不得解除保险合同。"这些规定表明保险合同当事人之间的法律地位不平等，保险公司在某种意义上说是国家的执法机关，所以不可能与投保人有平等的法律地位；另外，法律还规定投保人在保险合同成立后可以不问理由而解除保险合同。这足以说明法律保护和扶持弱小的一方，而限制和制约强大的一方。

而民事合同当事人的法律地位是平等的。我国《民法通则》第2条规定："中华人民共和国民法调整平等主体的公民之间、法人之间、公民和法人之间的财产关系和人身关系。"第3条又规定：当事人在民事活动中的地位平等。"根据法律规定，当事人订立合同的目的在于设立、变更、终止民事关系。而民事关系的实质，就在于它是"平等主体"之间建立的权利义务关系。因此，无论当事人的经济实力有何差别，无论当事人是否存在隶属关系，他们在订立旨在设立、变更、终止民事关系的合同时，都必须贯彻平等互利、协商一致和等价有偿的原则。

③二者的法律保障手段不同。

商业保险合同的法律保障手段是通过立法来保障的，在法律条文中明文规定了什么行为导致什么处置的条款。如我国《保险法》第30条规定："对于保险合同的条款，保险人与投保人、被保险人或者受益人有争议时，人民法院或者仲裁机关应当作有利于被保险人和受益人的解释。"对保险公司的信用度，也是由法律规定和保险监督管理机关负责。如我国《保险法》第72条规定："设立保险公司，其注册资本的最低限额为人民币2亿元。保险公司注册资本最低限额必须为实缴货币资本。金融监督管理部门根据保险公司业务范围、经营规模，可以调整其注册资本的最低限额。但是，不得低于第1款规定的限额。"第78条规定："保险公司成立后应当按照其注册资本总额的20%提取保证金，存入金融监督管理部门指定的银行，除保险公司清算时用于清偿债务外，不得动用。"第98条规定："经营财产保险业务的保险公司当年自留保险费，不得超过其实有资本金加公积金总和的四倍。"第99条规定："保险公司对每一危险单位，即对一次保险事故可能造成的最大损失范围所承担的责任，不得超过其实有资本会加公积金总和的10%；超过的部分，应当办理再保险。"等等。很多条规定都是法律规范，并由保险机关监督管理，所以说，商业保险合同是"金边合同"，不需要双方当事人提供任何保障手段，就能够保证履约。

而民事合同就不是这样，它的保障手段是靠民事合同当事人提供的。我国《民法通则》第89条规定："依照法律的规定或者按照当事人的约定，可以采用下列方式担保债务的履行：

A. 保证人向债权人保证债务人履行债务，债务人不履行债务的，按照约定由保证人履行或者承担连带责任；保证人履行债务后，有权向债务人追偿。

B. 债务人或者第三人可以提供一定的财产作为抵押物。债务人不履行债务的，债权人有权依照法律的规定以抵押物折价或者以变卖抵押物的价款优先得到偿还。

C. 当事人一方在法律规定的范围内可以向对方给付定金，债务人履行债务后，定金应当抵押价款或者收回。给付定金的一方不履行债务的，无权要求返还定金；接受定金的一方不履行债务的，应当双倍返还定金。

D. 按照合同约定，一方占有对方的财产，对方不按照合同给付应付款项超过约定期限的，占有人有权留置该财产，依照法律的规定以留置财产折价或者以变卖该财产的价款优先得到偿还。”第112条又规定：“当事人一方违反合同的赔偿责任，应当相当于另一方因此所受到的损失。

当事人可以在合同中约定，一方违反合同时，向另一方支付一定数额的违约金；也可以在合同中约定对于违反合同产生的损失赔偿额的计算方法。”根据这两条规定，民事合同的保障可概括为：保证、抵押、定金、留置、违约金五种方式。虽然法律规定了五种方式，只说明法律允许采取这些方式担保，但能落实到什么程度，信用度如何，全靠合同当事人自己掌握。政府管理机关不负责审查任何一方当事人签订合同的资格，因此，法律要赋予民事合同法律效力。而且，当事人请求诉讼保全时，由败诉方付诉讼费。

④二者订立的目的和权利义务不同。

商业保险合同（人身保险合同中的养老保险除外）对绝大多数投保人来讲是预防性的、保障性的，是不发生保险合同约定事故的。我国《保险法》第9条规定：“保险合同是投保人与保险人约定保险权利义务关系的协议。投保人是指与保险人订立保险合同，并按照保险合同负有支付保险费义务的人。保险人是指与投保人订立保险合同，并承担赔偿或者给付保险金责任的保险公司。”根据这条法律规定，商业保险合同是当事人“约定”的权利义务协议，投保人的义务就是交保险费，保险人的义务是承担赔偿或给付保险金责任。双方当事人的权利义务（人身保险合同中的养老险除外）绝大多数是一次性履行义务，行使权利。

而民事合同则不是如此。我国《民法通则》第85条规定：“合同是当事人之间设立、变更、终止民事关系的协议，依法成立的合同，受法律保护。”这条规定表明民事合同是实质性合同，不是预防性合同。它的权利义务是随着合同的履行而发生变化的，合同设立的内容都是实现合同标的的实质内容，表明权利义务是对等的。而商业保险合同的权利义务是不对等的。

总之，商业保险合同与民事合同差异很大，就是共同点中的三点，也很牵强。另外，还有合同内容的核心不同、订立程序不同、公证程序不同、违反合同的责任不同等等，不再赘述。

3. 商业保险合同与经济合同的比较。

在我国《保险法》未颁布实施之前，商业保险合同列入《经济合同法》范畴，这样人们自然就认为商业保险合同属经济合同法类。从《保险法》实施的那天起，商业保险合同就从经济合同中分离出来，宣布自己独立了。那么，它们之间有什么共同点和不同点呢？

（1）商业保险合同与经济合同的共同点：

①二者都是明确权利义务关系的合同。我国《保险法》第9条第1款规定：“保险合同是投保人与保险人约定保险权利义务关系的协议。”《经济合同法》第2条规定：“本法适用于平等民事主体的法人、其他经济组织、个体工商户、农村承包经营户相互之间为实现一定经济目的，明确相互权利义务关系而订立的合同。”从这两条法律规范中，可以看出两种合同都是明确权利义务关系的合同。

②二者都有不得损害社会公共利益的规定。依据是《保险法》第10条与《经济合同法》第4条的规定。

③二者合同的形式要素组成部分相同。我国《保险法》第12条规定：“投保人提出保险要求，经保险人同意承保，并就合同的条款达成协议，保险合同成立。保险人应当及时向投保人签发保险单或者其他保险凭证，并在保险单或其他保险凭证中载明当事人双方约定的内容。经投保人和保险人协商同意，也可以采取前款规定以外的其他书面协议形式订立保险合同。”第20条又规定：“在保险合同有效期内，投保人和保险人经协商同意，可以变更保险合同的有关内容。变更保险合同的，应当由保险人在原保险单或者其他保险凭证上批注或者附贴批单，或者由投保人和保险人订立变更的书面协议。”《经济合同法》第

3条规定："经济合同，除及时清结者外，应当采用书面形式。当事人协商同意的有关修改合同的文书、电报和图表，也是合同的组成部分。"从这两条法律规范看，两种合同都有采用书面形式的规定，保险单或者其他保险凭证都是书面形式的范畴，修改合同的文书、电报和图表在商业保险合同中也广泛使用，主要用于再保险活动。随着现代通讯工具的发展，传真机的功能，成为再保险合同使用的主要手段。可见，两种合同的形式要素组成部分相同。

（2）商业保险合同与经济合同的不同点：

①二者的法律效力不同。（见前面"商业保险合同与民事合同的不同点：①"，略）

②二者当事人的法律地位不同。（见前面"商业保险合同与民事合同的不同点：②"略）依据是《经济合同法》第2条）

③二者的法律保障手段不同。（见前面"商业保险合同与民事合同的不同点：③"略）依据是《经济合同法》第14条规定："当事人一方可向对方给付定金。经济合同履行后，定金应当收回，或者抵作价款。给付定金的一方不履行合同的，无权请求返还定金。接受定金的一方不履行合同的，应当双倍返还定金。"第15条规定："经济合同当事人一方要求保证的，可由保证人担保。被保证的当事人不履行合同的，按照担保约定由保证人履行或者承担连带责任。"第29条第1款规定："由于当事人一方的过错，造成经济合同不能履行或者不能完全履行，由有过错的一方承担违约责任；如属双方的过错，根据实际情况，由双方分别承担各自应负的违约责任。"第31条规定："当事人一方违反经济合同时，应向对方支付违约金，如果由于违约已给对方造成的损失超过违约金的，还应进行赔偿，补偿违约金不足的部分。对方要求继续履行合同的，应继续履行。"从这四条法律规范来看，经济合同的保障手段可概括为定金、担保、违约金、赔偿四种方式。它同民事合同相比，少了抵押和留置两种，而多了一种赔偿。

④二者订立的目的不同。

商业保险合同是投保人为了预防灾害，为提供保障而订立的；而经济合同是平等民事主体间为实现一定经济目的而订立的合同。二者相差甚远。

⑤二者订立遵循的原则不同。

我国《保险法》第10条规定："投保人和保险人订立保险合同，应当遵循公平互利、协商一致、自愿订立的原则，不得损害社会公共利益。除法律、行政法规规定必须保险外，保险公司和其他单位不得强制他人订立保险合同。"《经济合同法》第5条规定："订立经济合同，应当遵循平等互利、协议一致的原则。任何一方不得把自己的意志强加给对方。任何单位和个人不得非法干预。"从这两条规定的比较中可以看出，商业保险合同遵循的原则是"公平互利"，而经济合同遵循的原则是"平等互利"，二者有着质的区别。

⑥二者违反合同的责任不同。

我国《保险法》第16条规定："订立保险合同，保险人应当向投保人说明保险合同的条款内容，并可以就保险标的或者被保险人的有关情况提出询问，投保人应当如实告之。投保人故意隐瞒事实，不履行如实告知义务的，或者因过失未履行如实告知义务，足以影响保险人决定是否同意承保或者提高保险费率的，保险人有权解除保险合同。投保人故意不履行如实告知义务的，保险人对于保险合同解除前发生的保险事故，不承担赔偿或者给付保险金的责任，并不退还保险费。投保人因过失未履行如实告知义务，对保险事故的发生有严重影响的，保险人对于保险合同解除前发生的保险事故，不承担赔偿或者给付保险金的责任，但可以退还保险费。保险事故是指保险合同约定的保险责任范围内的事故。"第7条又规定："保险合同中规定有关于保险人责任免除条款的，保险人在订立保险合同时应当向投保人明确说明，未明确说明的，该条款不产生效力。"概括法律条文的形式有三种：解除保险合同、不承担赔偿或者不给付保险金责任并不退还保费、责任免除条款不产生效力；而违反经济合同的责任一般也有三种，即承担违约金、赔偿金，对造成重大事故或严重损失的直接责任者追究经济、行政责任直至刑事责任。这样就比较出二者违反合同承担的责任不同。另外还有合同的关键内容，订立程序等不同，这里不再赘述。

4. 商业保险合同与商业合同的比较。

商业保险合同与商业合同在产生和发展的过程中，始终搅在一起，至今很多国家还没有分别立法，即便是分别立了法，也没有从法理上把它们分开。要把保险法推上我国法律体系中的部门法的地位，就要建立相应的保险法学，就要将法律之间的异同点分清。因此，研究商业保险合同与商业合同的共同点与不同点是很有意义的。

需要说明一点，我国还没有完整的商法典，只能根据商法学的理论来研究，或根据法理从已有的经济法中分出来。比如购销合同就是典型的商法合同，它现在列入我国《经济合同法》中，这里要单列使用，特此说明。

(1) 商业保险合同与商业合同的共同点：

①二者都是两方以上的合同当事人的法律行为。

②二者都是权利义务的协议。

③二者的形式要素组成相同。

(2) 商业保险合同与商业合同的不同点：

商业保险合同与商业合同的不同点除民事合同、经济合同讲到的六点不同，即法律效力不同、当事人法律地位不同、法律保障手段不同、订立目的不同、遵循原则不同、违反合同的责任不同外，在我国暂无完整的或独立的商法典时，均可认为上属六个不同点，都是商业保险合同与商业合同的区别，这里不再重述，只重点围绕商法的本质特征——等价交换，介绍两点。

①二者的标的与目的不同。商业保险合同的标的为财产、人的寿命和身体，订立合同的目的一方是为了享有保障，另一方是为了盈利；而商业合同的标的是商品流通过程中的商品收购、销售、调运、储存等四个环节，所以它的标的就是商品，双方目的都是为了盈利。

②二者的关键内容不同。在商业保险合同中，主要险种费率，也就是主要险种保险单商品的价格，不都是由合同当事人双方协定的，多数情况下是由保险监督管理机关制订的，因此，在商业保险合同中没有“价码”这一项，只有“保险费以及支付办法”，说明不体现等价交换原则；而商业合同的核心是双方当事人商定商品的价格，遵循等价交换原则。因此说，两种合同的关键内容不同。通过本文对商业保险合同与民事、经济、商业合同的比较，它们之间的共同点几乎可以忽略。因为它们是所有各类合同的共性，这些共同点不尽在他们之间。不同点是明显的，商业保险合同与民事、经济、商业几乎难以找到共同点，全是不同点；相反，民事、经济商业三种合同之间有很多共同点，这充分说明商业保险合同的本质待征是金边合同。签订合同手续简便，不需要担保、抵押、违约金等手段保障，不需要公证，而合同主要条款内容就是行政法规。

保险市场经验借鉴

保险形象的塑造

在美丽富饶的鄂尔多斯高原，在一代天骄成吉思汗长眠的地方，有一支勇于开拓、乐于奉献的保险队伍，被人们亲切地誉为经济发展和人民致富的保护者——这就是中国人民保险公司伊克昭分公司。

1999年，上级公司对伊克昭分公司的班子进行了调整。新班子组建后，面对日趋激烈的保险市场竞争，班子全体成员齐心、互信、实干、高效，带领全体员工狠抓发展，强化管理，注重效益，优化服务，走出了一条不断巩固和发展的道路。

1998年底，伊克昭分公司在全区系统承保、收费困难的环境中，保费收入6480.6万元，完成全年计划任务的109.92%，同比增长了13.39%，保费利润率达14.03%，居自治区前列，为全区顺利完成全年任务做出了突出的贡献。1999年，全面完成上级公司下达的五项考核指标，人均利润6.56万元，保费利润率16.31%，再居自治区前列，被当地盟委、行署评为“支持地方经济突出单位”，成为全区人保系统和伊盟金融系统的佼佼者。

（一）准确定位促发展

公司新领导班子立足市场，仔细分析内部因素和外部环境，在全盟煤炭滞销、运力过剩、企业关、停、并、转严重的情况下，把发展视为各项工作中的重中之重，准确定位，实现了业务发展规模和质量的双丰收。

1. 大力拓展业务。

发展是硬道理，是主旋律，是头等大事。公司在制定年初安排时始终把发展放在首位，发展中坚持“固旧寻新”。首先对大宗业务严防死守。总经理室、业务科室、各支公司均明确专人负责，层层领导，层层抓落实。业务科对全盟系统大宗业务登记造册、排队，明确续保到期日、续保金额、主要负责人等，及时给总经理室提出拜访、交流的方案，确保全盟系统业务不流失。1981年，公司保费收入16.8万元，1999年，公司保费收入6761万元，平均每年以39.54%的速度增长。其次，积极寻求新的业务增长点。公司专门成立了公关领导小组，与当地盟委、行署建立了信息网，准确掌握了全盟的新建、扩建、改建、技改等项目，保证了承保前宣传准备的有效组织。1998年，为了完成上级公司的追加任务，公司领导不等、不靠、不推，努力寻求新保源，从企业承保情况登记簿中发现神东公司有未承保的火车皮，随即公关领导小组成员连夜前往北京，进行协商，最终达成协议，收取保费200余万元。第三，积极推广新险种，对上级公司下发的新条款，公司及时组织全盟业务人员学习，讨论条款中的疑点、难点，并根据实际确定具体的承保、理赔标准，在全盟进行大力推广。近两年来，公司把责任险、工程险、住房抵押贷款保险业务作为新的重要保源，在全盟范围内大力开发。1999年，仅此三项保费收入合计1000余万元，其中责任险同比增长70.49%，增幅排在各险种首位。

2. 狠抓业务质量。

发展不只是简单的数量扩张，还包括经营管理的加强、业务质量的提高、险种结构的优化等内容。首先为了增创效益，公司深入推进内控制度建设，加强了防灾防损工作。1999 年，投入人力 18 人次，历时 19 天，对全盟所有内控制度进行了归类清理，共清理制度 11 大类，共计 2094 项，其中修改 89 项，废止 56 项，新建 367 项。现行的业务、财务、人事用工、行政管理等制度能有效地规避风险，提高经营活动的含金量。如按照修订后的业务操作制度，1999 年，公司对全部业务坚持验险承保制度，深入开展了“抓优放劣”活动。在对历年出险赔付情况进行综合分析的基础上，着重发展风险较小。赔付率较低的险种业务；适当控制风险较大、出险率较高的业务；放弃保费少、风险高、历年出险频繁的“垃圾业务”。对一些只占规模的“泡沫”险种业务坚决摒弃，如对当地一些车况差、已经接近报废年限、严重超载的车辆一律不予承保。对一些私营小煤矿承保雇主责任险必须进行安全检查，对不符合安全生产要求的，不予承保。核赔中坚持双人查勘定损制度，特别是对于临近保险期满出险的事故。采取追踪调查，准确确定事故发生的时间，防止保险骗赔案的发生。在 1999 年全盟系统业务年终检查中，机动车辆险赔案出现场率达 95%以上，赔案附照片率达 100%。共查处保险骗赔案 5 起，挽回经济损失 30 余万元。其次公司在业务发展中，能正确看待改善险种结构和扩大业务规模的关系，澄清思想观念上的模糊认识，理解了业务结构与规模是相互统一、相辅相成的。认为改善险种结构，提高业务质量并不意味着不讲业务规模，相反，只有调整险种结构才能有效地防范、控制系统内、外的风险，从而促进业务规模的健康发展。1996 年到 1999 年，企财险的平均增长速度为 22.81%，责任险的平均增长速度为 91.97%，运工险的平均增长速度为 5.13%，企财险、责任险这两个高效益险种的增长速度远远高于运工险这个低效益险种的增长速度，说明公司业务结构日趋合理。

3. 严格管理过渡性资金。

新领导班子组成后，高度重视过渡性资金的管理工作，认为过渡性资金管理的好坏决定着公司业务能否健康发展。为此，公司充分发挥财务特有的调控职能，先后制定了《关于资金管理若干规定》、《财务管理规定》、《会计工作考核实施细则》等制度、办法，强化资金的集中管理力度，确定符合实际的资金管理模式。首先，合理安排资产结构，保证资产的流动性，公司严格控制固定资产规模，1999 年底，固定资产占总资产的 50%左右，货币资金占总资产的 60%左右，流动比率为 40.2%。高质量的资产不仅有助于提高偿付能力，也为资产金管理办法、增值创造了必要的条件。其次，实施对资金的集中管理，公司不断完善强化资金管理原则，严格按照财务收支两条线的规定设立收入和支出账户，各账户独立运用，严禁以收抵支。各支公司的保费收入全额上划，各项费用由盟公司统一拨付。资金的严格集中管理既保证了资金的安全，又保证了赔付和上缴分公司的资金需求，为有效地运用资金奠定了基础。第三，坚决执行财务制度，严格控制费用支出。公司一直严格执行财务法规、制度，对下属公司的制度执行情况进行定期检查。每年都要开展支公司经营责任审计、财务收支真实性审计等必审项目，从而保证了公司多年未出现违反财经法规、制度的事件，公司还不断加强成本费用管理，对费用开支的合理性、合法性、效益性进行检查分析，严格控制不必要的费用开支，从而杜绝了费用超支现象的出现。

（二）转换机制出效益

“效益为先”是公司从事一切经营活动的前提。没有效益，公司就谈不上发展壮大。为了提高经营效益，公司新领导班子把转换经营机制作为切入点，业务发展中逐步建立了经营责任机制、用人分配机制、考核奖励机制等，有效地调动了全体员工增创效益的积极性，保证了年终利润指标的实现。

1. 总经理室与各支公司、各科室签订经营目标责任状。

公司党委认为：作为保险业，不仅要有长远的发展目标，而且每个阶段都要有明确的奋斗目标，没有阶段性目标的实现，总量计划就会落空。因此，每年年初，总经理室都要与各支公司、各科室签订责任状，使其明确各自的责任、权利和义务。通过责任状的签订，各单位对自己全年的任务有了清楚的认识，完成任务的主动性和创造性得到充分发挥。公司要求各单位每月进行一次业务分析，将各项指标的执行情况向上汇报，对于执行计划指标出现的倾向性问题及时纠正，对于出现的缺口，寻求新的方法和途径予以弥补。由于加强了对各项指标执行情况的跟踪、监测与控制，并适时进行调控，完成年初制定的利润指标也就有了把握。

2. 按照建立现代企业制度的要求推进改革。

改革是公司不断发展壮大的动力，为了提高人均劳效，公司先后开展了人事、用工、分配制度改革。首先，全员公开实行竞聘制，基本形成了能者上、平者让、庸者下的人事制度。其次，通过大量的测算，用管理岗、业务岗、技术密集岗来划分系统员工的工作岗位，并按优秀、称职、基本称职、不称职四个标准对各岗位上的工作人员进行考核，从而把每一名职工的责任大小、工作态度、劳动强度、工作业绩通过按岗位计薪的办法真正与个人收入挂起钩来。第三，以"拉开差距，让勤劳的人、有贡献的人，拥有更多的物质和精神财富"作为公司的分配原则，具体把工资分为目标工资和效益工资两部分，用"目标工薪吃饱饭，效益工薪过小康"的分配结果激励更多人的努力增创效益。

3. 制定经营目标责任制考核办法。

在每年年初的全盟经理工作会议上，针对上一年度考核奖励中出现的问题，经过全盟各支公司经理的认真讨论，重新修订完善本年度的经营目标责任考核办法。2000 年度的考核办法重点突出了各支公司的贡献度，内容涉及业务和管理两方面，并把每一项都量化计分。通过计算分数，来衡量各支公司的经营成果。在考核办法的硬性约束下，各支公司能自觉地完成保费、利润、赔付率等指标，自觉地控制自己的费用支出。在 1998 年底，为了加快业务发展，公司决定给一支公司拔付一笔公关费用，用于展业，当该公司测算出这笔不核减利润的费用会影响当年的利润指标时，就未接受这笔费用。

保险业是服务性行业，随着我国加入世界贸易组织，会有更多的国、内外保险公司人市，必然导致更加激烈的市场竞争。只有通过改善和加强服务，提高险种的服务含量和附加值，增强产品的吸引力和市场竞争力，公司才能立足市场，占领市场。公司领导班子认为优质服务是制胜之本，而优质服务的关键是理赔服务。为此，公司推出系列周到、方便、快捷的服务，取得了显著成效。

一是统一行为规范和服务语言。公司连续几年来深入开展了"四讲一服务"活动，鼓励各单位争创"文明窗口"，特别是在营业厅，除配备了便民饮水装置和宣传资料外，还要求员工必须做到"三声"服务和"四个一样"。三声服务即：进门有迎声，问话有答声，出门有送声。四个一样即：忙时、闲时一样耐心，投保、索赔一样周到，大户、小户一样欢迎，生人、熟人一样热情。严禁工作人员怠慢、顶撞保户，对被举报的工作人员，公司将按比例扣发岗位工资。此举赢得了广大保户的欢迎，再塑了"人保"品牌的良好形象。

二是建立催送赔款专人负责制度。在已结案而保户未领赔款时，公司有专人负责催领或送付赔款，如公司下属一支公司地处陕、宁交界处，经济基础较差，保费收入中有 85% 以上来自车险业务，而车险保费中又有 60% 以上来自陕、宁地区车辆。能赢得如此多外地保户青睐的重要原因是：该公司全体员工工作热情，服务周到，与保户建立了鱼水关系。出险后，无论在何时，只要拨通报案电话，公司便派人迅速赶赴现场，组织施救、定损工作。清算结束后，公司有专人负责打电话与保户联系，催领或送付赔款。此外，公司还定期与外地保户举行联谊活动，加强联系，增进交流，从而形成了公司广泛而稳定的客户群。

三是改进对客户的服务工作，努力为保户提供周到、便捷的服务。针对赔案中要求相关材料多，保户索取难的情况，公司要求从业人员主动帮助保户，设身处地地为保户着想，做到保户没有想到的，我们能替他们做到和办到。保户有要求的，必须最大限度地满足。如交警的事故处理证明、医院的伤残证明、气象部门的气象证明等只要在我公司所属地域内的，业务人员有义务帮助保户索取。再如伊克昭盟煤炭资源丰富，成为当地经济四大支柱之一，运输市场较繁荣，对于一些事故较小的肇事车辆，若按传统理赔流程处理需时相对较长。为此，公司在学习兄弟公司经验的基础上，结合自身实践，推出了简易赔案一次性定损处理办法，即对于案情简单清楚、金额较小、单方事故、不需调价的肇事车辆，与当事人达成协议后，实行现场决赔，具体赔案相关材料由公司负责补齐。

四是建立赔案岗位时限责任制度。为了加快赔案的高效流转，避免由于各岗位责任不明确而带来赔案停滞时间太长的后果，公司建立了赔案岗位时限责任制度，即对定损、理算、支公司分管经理、盟公司业务科、盟公司分管经理、盟公司理赔小组各个岗位都规定了严格的赔案停留时限，超过时限的，不论哪一级，都按责任制度中的规定承担相应的处罚，此举极大地调动了各岗位人员的责任心。如一些支公司经理即使出差外地进行公关展业，每隔几日，也要打电话询问有无需自已审批的案件，若实在回不去时，便委托副经理或其他人进行审批。在1999年年终业务检查中，全盟结案率高达90%以上。

五是加强员工培训，提高全员素质。现代企业的竞争往往集中于人才的竞争。公司始终坚持“以人为本”的思想，在队伍建设中采取盘活存量、优化增量的办法，即对现有人员采取送出去学与请进来教相结合、常规培训与应急培训相结合的办法来提高人员素质，规定新公司人员必须经过岗前培训才能上岗。同时把参加职业培训视为对干部职工的工作肯定和奖励的一种措施。1998年以来，公司接受培训的职工达80%以上，内容涉及法律、业务、会计、信息技术等多个方面。另外，公司还出台了《干部职工参加各类学习的暂行规定》，支持鼓励干部职工在现有学历基础的上，参加自考、电大、夜大、函授等业余学历教育，对于提高一个学历档次或取得第二学历的干部职工，学费给予报销。同时还鼓励干部职工积极参加各类职称考试和外语考试，不断完善人才的管理制度。目前，公司全体员工具有大专以上学历的占52.4%，有84.1%的职工获得职称认定。

随着我国加入世界贸易组织的实现，随着西部大开发战略的实施，人保伊克昭分公司将进一步转变思想观念，灵活经营机制，改变增长方式，增强竞争意识，紧紧围绕全盟纺织、化工、煤炭、电力、建材、农畜产品加工、药材等支柱产业，拓展保险市场。全体员工满怀信心，积极参与西部大开发，争取在新千年再创新辉煌。

人保大连市分公司服务战略的推出与实践

历经20年的改革开放，原本陌生的保险在国人心目中不再陌生。一个巨大的保险市场正在成长之中。

中国加入WTO的信号，向业界提出了一个挑战性课题：中国保险业应该从何处着手，走出自己的战略性“棋局”？这几乎是所有保险业内高层人士都在思考的问题。

人保大连市分公司近年来一直投入很大精力在研究这一问题。他们派员对世界保险业的巨头进行考察；移樽就教到兄弟保险公司学习；收集国内外有关保险业的信息进行比较分析；请有关方面专家开办市场分析讲座……力图寻找一条符合中国国情、符合保险市场规律的路径。人保大连市分公司的业绩在全国比较突出，近3年来，保费收入一直在7亿元以上，在当地市场份额始终保持在78%以上。可以说他们在现有竞争中有一手好牌，但他们最看重的是服务这张王牌，甚至形成了“服务是推动中国保险业增长的加速器”的理念。

（一）服务理念的生成，源于观念上的革命

为了弄清保险业未来走向，他们研究了一系列问题：

研究16字立业之本，这十六字是：“以人为本，效益为先，笃守信誉，稳健经营”。人保大连市分公司的领导班子认为：16字方针中“以人为本”是最核心的内容，它的实质是提出了我们到底要以谁为圆心进行市场运作的问题。以人为本实质上就是以客户为本。因为，客户是保险公司绝对的市场资源。解决了“本”的问题，保险公司的行为方式才有可能有真正市场经济意义上的转变。

人保大连市分公司通过对近两年来的各种客户来信和电话进行分析，发现的规律性问题是，不管来信和电话是表扬还是批评，其主要内容都涉及服务。这一点让他们坚定了一种信念，那就是保险业内竞争刚刚拉开，传统的经营方式过于粗放，而服务恰恰可以在保险市场上实现精耕细做，它一定能成为提高“产量”的重要手段。

研究海尔：人保大连市分公司跨出行业组织人员对海尔进行研究，从中发现海尔成功经验最重要的一条就是：一切从用户利益着想。靠服务起家的海尔，之所以在家电业鹤立鸡群，是因为它独有的服务形象已经在百姓心目中扎了根。

研究WTO：在人保大连市分公司老总的办公桌上有不少关于中国“入世”后保险面临压力的文章。老总们称，读这些文章，明确将至的压力，保持清醒的头脑很重要。但我们这些在一线的公司不能只说挑战、说压力，关键在于自己能否快速提高对抗风险的能力，把自身的长项做大。而我们的长项就是中国公司面对中国人的天然亲合力，因此说提升服务品质是面对国际竞争的一种紧迫需要。

人保大连市分公司立足在这些基点之上，把自己定位在服务竞争、服务创业、服务增效的坐标上，全方位实施服务创新与改革。

（二）首推服务成功率、满意率、到位率

人保大连市分公司把客户以往所提意见进行了集中性总结，概括成：争取保户投保时主动积极，出险之前无声无息，出险之后推诿扯皮。他们在进行员工教育时，告诫所有人，如果不改变用户的这种印象，保险业就是在做砸饭碗的不保险的生意。于是针对这一情况，他们把给客户提供服务的全过程进行了分析，在国内首家推出：保险业服务三段论，即：首端服务的成功率，过程服务的满意率，末端服务的到位率。

人保大连市分公司副总经理张建武在介绍这三阶段关系时说，首端服务是后两项服务的基础条件，后两项服务是提高首端成功率的保障。大连是个爱好足球的城市，我们这三段论就好比一场足球比赛，首先要吸引广大球迷进场去看，这就是首端服务；然后就是球员要把球踢得好看，让人赏心悦目，这是过程服务；最后是要有好的临门一脚，要进球，这就是末端服务，三者缺一不可。一个球队踢得好，球场上座率就高，这是品牌效应，保险公司也同理可证。

(三)提倡超值服务，强化保险市场稳定性

为了把服务三段论落到实处，人保大连市分公司把为用户提供超值服务作为一项要求向全体员工提出。

大连靠海，防台防汛可以说是每年必不可少的事情，台风季节将至，人保大连市分公司都把临海地势低洼的保户列为重点户给予关注。沙河口区支公司甚至参与大连机车车辆厂防汛排水方案的制定。大连机车厂现已成为持续投保18年的老客户。

一次一家外资企业的近400多吨出口豆粕被大雨淋湿。除正常理赔外，人保大连市分公司与用户一起晒晾，以便把损失降到最低点，他们还帮助这家企业联系销路，把无法正常出口的豆粕销掉。这家保户的负责人握着保险公司工作人员的手说，就凭你们为我们做的这些事，我也得在这里投保。

为了让用户投保增“值”，让用户感受超值服务的存在，他们还不间断地进行服务延伸。为客户进行高质量的风险评估，对客户进行防灾防损培训，帮助客户研究制定经营发展战略，给客户建立起完整的档案。

在这些服务输出的实践中，人保大连市分公司总结出：保险保险，保字在先险字在后，在保字上我们放大视野，服务就有超值空间，只有这样，已经形成的保险市场才具有相当的稳定性。

(四)不可眼中有物，目中无人

人保是财险专营公司，这一名称，让人们习惯地想物。人保大连市分公司提出：我们是在为物质财富做保险，但我们一定要看到财富的拥有者是人。因此，在服务过程中绝不可眼中有物，目中无人，我们要努力去体会保户的酸甜苦辣和所思所想，尽现保险人性化的品位。

某中心小学仅有的一辆面包车投保后出了事故，开发区分公司除积极理赔外，率先想到的是理赔期间教师学生用车困难怎么办？接案后，他们立即想办法给学校提供交通工具。理赔之后，校长感动地称：“在你们这里，保了财险，还保了心安。”一位业务员到企业联系保险业务，正巧碰到该企业一位职工得了急病，需要住院治疗，这位业务员跑前跑后，联系医院托付医生。有人开玩笑说，看你这着急的样子，更像是做寿险的。这位业务员说，财产保险很重要，但与客户的情意价更高。有领导评价这一作法时说，留得人情在，财险步步高。这家企业的负责人说，有这样的好人品做保险业务，别说是做财产保险，就是把财产交给人保大连市分公司都放心。

在全方位服务战略推出过程中，人保大连市分公司的张建武指出，商标品牌是在商标局注册的，我们的服务品牌需要在客户心目中完成注册，并深深地打下烙印，要打造这样的服务品牌，才能顶得住中外同行的竞争压力。而要实现这一目标，需要一个艰辛的过程，我们面前还有很多课题需要破解。诸如服务的时效性、主动性、多样性、连带性、特殊性和创造性等都需要我们在吃透客户需求的基础上，逐一拿出办法，把观念转化成行动，把行动转化为资源，把资源转化为效益，服务品牌的镀金工程才有望早日成型。

人保大连开发区分公司全面为外商提供周到细致的服务，赢得了国外投资公司的好评，排名世界500强第二、三名的福特汽车公司在综合评价中外保险公司服务质量后，最终选择了人保大连开发区分公司作为其在2000年中国统保的代理人，截至目前已收保费140万元。

开拓寿险新领域

八月初秋，随着中国太平洋保险公司“万能

寿险”的隆重推出，北京保险市场2000年第二轮热潮温度再升。自4月份以来，平安、新华的投资连结保险、泰康的分红保险相继上市，重新燃起消费者对人寿保险的关注。启发人们对人寿保险保单功能的重新认识。眼前，人们谈及投保必谈及投资连结保险、分红保险这样的理财类保险。从消费者已认知的传统型寿险产品到新型理财类保险，人们正在建立这样的意识——新险种中，或者可以把一大部分保费交给保险公司，委托专业人士理财，如平安的“世纪理财”、新华的“创世之约”；或者是投保人也能像保险公司的股东那样分点儿保险公司的赢利，如泰康的“世纪长乐”。那么，太平洋保险公司的“万能寿险”又有什么特别的功能呢？它能为投保人带来哪些意想不到的收益呢？

（一）满足人们对保险保障与投资收益的双重期望

投资连结保险、分红保险、万能寿险等理财类保险产品在国外起源于二十世纪七、八十年代，相对于传统的寿险产品而言，是经济、金融、市场发展到一定阶段，受多种因素影响而产生的。事实证明，包括中国、加拿大、英国、美国、新加坡等在内的许多国家理财类产品的销售，均受到消费者的青睐，获得快速成长，其市场份额逐年增加，英国甚至达到50%，与传统寿险产品平分秋色。美国“林肯国民”的高级副总裁前不久说：“美国近十年的市场发展说明，产品的发展必须赶上市场的潮流。十年前，市场上80%的份额是终身寿险和两全寿险，而现在，最受欢迎的是万能寿险产品。”

万能寿险在运作和遵循的法规上都同于投资连结保险，也分保障和投资两部分功能，不同之处是它保证了最低收益率且把保费可变和保额可变引入到变额寿险商品中。

据了解，外资保险与中资保险相比较，虽然占据着技术、管理的实力，但在中国土地上销售保险，也一样是商业运作；也一样要遵循中国的法律法规；产品、费率也一样严格按照中国保监会的统一规定并接受监督。

如今，国际上最新技术和水平的保险产品已经来了。有一位接受市场调查的客户说“在自己的国家买洋产品，何乐不为!”

（二）保单的彻底革命——张先生享用一生的保险

万能寿险，英文称universallifeinSurance，意为全能的、变幻的寿险产品。万能寿险的严格定义为：“提供保费缴付的灵活性与身故给付的可调整性和非套装性的保险产品。”简要之，这种保险产品主要提供两方面的功能：投资和保障。投保人所交保费可分成两部分，一部分用于保险保障，另一部分用于投资账户。其中，保障额度和投资额度的设置主动权在客户，二者可根据客户不同时期的需求进行调节；投资账户的资金由保险公司的理财专业人士代为投资理财，投资利益上不封顶、下设最低保障利率。

中国太平洋保险公司推出的万能寿险产品与其它理财类险种相比，最主要的特色是客户所持保单设定了保证最低收益率、可变动的灵活性，同时客户收益获得的双重保障。保证最低收益率：该产品具有保证客户最低投资回报的功能；即期两年银行定期存款利率。保单变动的灵活性：可变保费，缴付灵活自由；可变保额；附加保障选择（十二种重大疾病和意外伤害保险）；同时客户可根据需要按比例提取个人账户余额资金。客户收益的双重保障：客户在保单满期给付或发生保险事故时，可获得保险保障金额和个人账户余额全数的二者之和。

比如：张先生25岁，缴纳5000元保费投保了“盛世长发”万能型保险，并在以后每年缴纳5000元，由于是单身，只有赡养父母的责任，所以选择了较低的保额10万元。27岁，张先生结婚了，因为家庭责任增加，还要准备住房贷款，因此将保额调高为15万元，同时将年缴保费增加为1万元。30岁时，张先生做了父亲，由于家庭责任感的进一步增强，使得其对自身保障需求更大，因而将保额调整为40万元。考虑收入、支出情况，未增加保费。又过了两年，张先生从保单中提取2万元现金以支付新购住房的首付款。同时要求维持原有保额。并暂停缴付保费以支付房款。

这样又过了两年，张先生收入增加，他恢复了年缴5000元的保费；至张太太重新参加工作，张先生增加年缴保费至1万元。这样，一家三口在一份保单的保障下，幸福地享受着生活。在张先生48岁时，他每年提取25000元现金给儿子交大学学费，同时停止缴付保险费。4年后儿子毕业，张先生重视养老保障计划，每年增加保费至1万5千元，至他60岁，并将保额降低至15万元，65岁合同期满，张先生可领取约44.41万元的满期保险金。

由此可以看出，这种万能寿险的好处，就是处处以投保人的想法和利益为轴心；要保障吗？就选择高保障；想投资收益吗？就扩充投资账户的权益；等钱用吗?，就把账户里的钱取出来；有钱吗？就多交点；没钱吗？就暂时少交点甚至暂时不交。充分体现资金的“收”与“支”在项目选择、数额分配、处理机会上的灵活型和自主性。这是保单的彻底革命，一张保单可以规划出各种类型“度身定做”的个性化保单。

虽然，北京人知道保险早已经不是什么新鲜事，虽然在买了保险的人当中，一个人拥有多张保单已经司空见惯，但是，至今还没有一个人——不管他多么认同保险的意义和功能，多么的富有经济能力，多么的以拥有多张保单作为自己责任心、自信心与经济实力的证明并以此为自豪——他都不会像张先生这样潇洒单保终生，一单了数愿。

也许你不关心张先生是谁，但你不会不想知道他买的是怎样一份“万能保单”，既有保障，又能增值，不仅可以中断保费以缓解经济压力，而且可以提取现金以调整开销，而保险期满时又可领取高额的给付金。其实张先生是一个虚构的例子，是中国太平洋保险公司的新产品“万能寿险”产品说明教材上的一个假设的例子。不过，这个新产品7月在北京上市，却将成全千千万万个真实的张先生这样甚至比张先生更加精明而成功的投保人！

（三）“万能寿险”并非适合每一个人

太平洋寿险友好提示，“万能寿险”并非适合所有的客户，其适合购买人群是：收入丰厚者；收入中上并可能有波动者；教育程度较高、对自己的风险和保障有一定分析能力、家庭责任感较强者。

中国太平洋保险公司作为全国惟一一家获准投资证券投资基金比例为总资产15%的保险公司，自1991年4月成立以来一贯秉承“一流的服务质量、一流的工作效率、一流的公司信誉”的公司宗旨，努力依法稳健经营，积极为客户提供完善的服务。

建立风险控制机制

中国平安保险公司在各项业务迅速发展的同时，极其重视保险风险的防范和控制，在建立健全内部控制机制、有效控制风险的道路上进行了卓有成效的探索，取得了可供借鉴的经验。

（一）牢固树立风险防范控制意识

该公司一直坚持“业务增长、成本控制、强化管理、规范经营”的经营方针，在广大干部员工中牢固树立防范风险和控制风险的意识，让防范控制风险的警钟长鸣。近两三年来，公司组织开展经常性的风险控制教育活动，不仅将公司内部的正反典型进行剖析，而且对外部典型案例如英国巴林银行破产、日产生命保险公司破产等案例进行深入剖析，从中吸取教训。

（二）建立多层次和交叉性的内部控制架构

在保险公司内部控制体系中，保险公司内部组织结构的控制和各项管理制度的完善居于十分重要的地位。平安保险在建立现代保险企业集团的发展过程中，借鉴国际保险业的先进经验，结合中国国情和公司自身的特殊情况，逐步探索出了颇具特色的内部控制架构。这一内部控制架构是由公司法人治理结构、专业委员会、督导制和稽核审计双轨制等多个层次所构成。

平安保险 1996 年已建立起由股东大会、董事会、监事会构成的完整的现代公司法人治理结构。“三会”严格按《公司法》行使职权，权利、义务和职责明晰，保证了公司长远发展战略等重大决策的科学性和行之有效。

平安保险在计划、投资、保险业务、电脑、精算、人事、培训、财务方面设立了八大专业委员会，对有关公司的重大事项进行监督、控制和科学决策。专业委员会由总公司有关领导及内部相关专业人士组成，负责对重大业务或投资项目进行审议；听取有关重大业务或投资项目的进展汇报，协助总公司领导制订公司相关专业的发展方针和政策等。专业委员会的人员组成和议事规则，保证了公司重大业务、投资项目决策的科学性，从而有效防范风险、控制风险，促进公司规范稳健发展。

平安保险借鉴台湾保险业的先进经验，结合本公司的实际，引进和建立了独具特色的督导制和营业区督导制。迄今，平安产险、寿险系统已在华南、华中、华东、华北、西北、西南等设六个区域督导中心，区域督导中心的总督导对公司法人负责；总督导督促、检查各机构业务开展和制度落实的情况；总督导对各机构领导班子成员有监督、帮助、提醒的责任，并可对班子调整向总公司提出建议；总督导定期召集所辖机构联席会；定期或不定期向总公司经理室汇报工作情况及所辖分支机构的有关情况。另外，二级机构下设若干营业区，并由营业区督导负责。平安保险的督导制体现了决策系统、执行系统和监督反馈系统互相制衡的原则，区域总督导既是总公司决策的执行者，又是监督反馈者，同时具有授权范围内的确定决策权。

1996 年，平安保险大胆改革旧的稽核体制，建立了颇具特色的稽核监察双轨制。总公司设立总稽核和稽核监察总部；在全国设立东北、华北、华南、华东等六大区域稽核监察分部，直接归属总公司稽核部；稽核系列直接对公司法人负责；与此同时，和分支机构内部设监察审计部门，主要负责日常财务审计工作；稽核部门对所辖区域内各分支机构的业务、管理、制度执行、干部等实行稽核。平安保险的这一稽核监察新体制，突出了垂直管理特征，大大加强了稽核部门的独立性和权威性，从而加强了总公司对分支机构的领导权威，在较大程度上提高了稽核监察的绩效，有助于控制机构风险。目前，使稽核工作涵盖公司经营管理各个领域的平安“大稽核”体系正在完善、形成之中。

平安保险将探索和建立科学的风险防范和控制机制当做一项系统工程，规范和创新并举，在健全和完善财务会计制度、精算制度、两核制度、人事管理制度、各级例会制度、稽核制度、机构统一管理制度和计划管理制度等诸多方面进行了精细勾画，积累了许多宝贵的经验。

平安保险加强内控制度建设的工作很早就开始了，最早可追溯到人事管理中的“亲属回避制”，即凡进平安保险的员工，其直系亲属不能在同一单位；来公司之后结婚的双职工，其中一方需在半年之内调出平安保险。现在，平安保险对干部管理实行了干部轮换制、离任审计制、定期考评制、干部和个人集体述职、干部责任制和一票否决等多项具体制度。

在财务会计制度方面，平安保险是国内第一家采用国际会计准则的保险公司。从1996年开始，平安保险实行财务负责人委派制，对产、寿险核算部、二级机构财务负责人基本上实行派出制或轮换制；制定了二级机构以下财务经理档案管理制，以奖惩记录作为聘用或辞退的依据。这一制度对于克服过去的财务部经理只对分公司负责、不敢对总公司负责的弊端，开始发生作用。

平安保险为加强风险防范和控制，借鉴国际经验，建立了独具特色的核保核赔制度。平安保险实行承保与核保严格分开的制度，业务员不能直接签保单，须经公司认可的核保人分析、审核、批准，然后由经理审批签字后方可出单。核赔也是由一线员工处理、出具赔付意见，由核赔人审核、复查赔案后，方可实施赔付。经过几年探索，平安保险现已制订出《产物保险核保核赔制度》；实行行政系列与业务系列分离，建立专业化的两核队伍；成立了两核工作委员会；总公司建立了比较完善的核保人、核赔人资格考试、聘用和管理制度；核赔实行“双人查勘、交叉复核、分级核损、终审归案”的原则。1996年，平安产险还专门成立了风险控制部。实践证明，“两核制度”有效地防范了风险，减少了损失，增强了公司的效益。

在精算制度方面，平安保险力求达到国际先进水平。平安保险是国内第一家聘请国际精算事务所(Tillinghast)出具精算报告的保险公司，较早就认识到了精算技术在新险种开发、控制经营风险、评估经营状况中的积极作用，成立了精算部门，聘请了精算专业人才。今年平安保险聘请了原香港精算学会会长担任总精算师，以提高平安产、寿险的整体精算水平。

论 文 摘 编

新形势下国有商业银行思想政治工作初探

中国农业银行深圳市分行龙岗支行 宗少俊

思想政治工作是我们党的优良传统，是经济工作与其他一切工作的生命线，是我们建设社会主义物质文明和精神文明的重要保证。当前，随着经济和金融体制改革的逐步深入，国有商业银行广大员工利益分配格局和思维、行为方式将面临重大调整，不可避免地会带来部分员工思想的波动。能否适应新形势的要求，充分发挥思想政治工作统一认识、凝聚人心、鼓舞士气、振奋精神、释疑解惑、化解矛盾的重要作用，直接关系到国有商业银行的稳定和发展。因此，必须把加强和改进思想政治工作当作重要职责和紧迫任务，探索行之有效的方式方法，力求在加强和改进思想政治工作方面有新的突破。

（一）抓好党建工作是做好思想政治工作的关键

努力建设一支政治强、业务精、纪律严、作风正的党员干部队伍，是做好思想政治工作的组织保证。抓党建，必须坚持以科学的理论武装人，以表率的作用感召人，以严格的纪律约束人。

1. 以科学的理论武装人。这是江泽民同志关于思想政治工作的一个基本思想，是保持党的领导干部政治坚定性和思想道德纯洁性的要求。在新的历史时期，必须高举邓小平理论伟大旗帜，以江泽民总书记“三个代表”重要思想为指导，深入贯彻党的十五大、十五届五中、六中全会精神，认真落实中央思想政治工作会议确定的任务，紧紧围绕中央总的工作部署，积极建立适应社会主义市场经济发展的思想道德体系，切实加强思想道德教育。要结合对江泽民总书记“七一”讲话的学习，进一步领会“三个代表”重要思想的深刻内涵，继续开展讲学习、讲政治、讲正气的“三讲”教育，以理想信念教育为核心，大力加强党的基本理论、基本路线、基本纲领教育。坚持理论学习和个人的思想实际相结合，提高党员干部队伍的思想素质，密切党群关系和干群关系，在科学理论的指导下，加强道德修养，增强党性观念，努力改造主观世界，树立正确的世界观、人生观和价值观，为做好思想政治工作打下坚实的基础。

2. 以表率的作用感召人。思想的先进性的具体表现，就是要求党员干部率先垂范，以模范的言行带领广大员工在业务经营中取得好的经营业绩。党员干部尤其是领导干部必须以开拓、创新、务实、高效的要求为己任，积极开展“团结、廉洁、开拓、高效”的班子创建活动，以此促进党员干部以身作则，自觉遵守中纪委关于党员领导干部廉洁从政的若干准则，带头讲学习、讲政治、讲正气，加强班子自身建设，遵纪守法，严以律己，以表率的作用感召员工。同时，还要坚持不懈地抓好文明优质服务，抓好“青年文明号”的创建活动，以现实中的先进榜样带动全体员工，把文明优质服务的意识融入员工的思想深处，化为员工的自觉行动。认真开展以“爱岗敬业，遵纪守法”为主要内容的职业道德教育，增强员工的职业道德意识，促进内部管理和业务发展。

3．以严格的纪律约束人。银行作为直接与钱打交道的高风险行业，反腐保廉、拒腐防变的工作显得尤其重要。加强党建工作必须坚持民主集中制原则，进一步落实“三会一课”制度、民主生活会制度和民主评议党员制度。实行党员领导干部廉政建设制度、个人收入申报制度以及信访工作制度，认真抓好党风廉政建设。要求党员干部自重、自省、自警、自励，坚持做到慎权、慎欲、慎微、慎独，过好“金钱关、美色关、享乐关、权位关、亲情关”。通过严格落实各项廉政自律制度，实施党风廉政建设责任制量化考核，强化制度约束机制，增强党员干部的拒腐防变能力，提高党员在广大员工中的威信，增强党组织的凝聚力和战斗力。

（二）弘扬以人为本的企业文化是思想政治工作落到实处的载体

思想政治工作，最终要化为凝聚力、向心力，激发员工的积极性、主动性和创造性。但如何使思想政治工作摆脱那种简单、抽象的说教，增强一种亲合力，为广大员工所喜闻乐见？这就必须借助于有效的企业文化载体，将抽象的思想具体化为一种人本管理实践尝试，体现在工作中，就是使员工变“被动”为“主动”，变“要我干”为“我要干”，在企业内部形成一种良好的工作氛围。

1．建立在人本管理基础之上的思想政治工作必须尊重“人”。以人为本的企业文化其实质是把“人”作为企业管理的核心和企业最重要的资源来对待。在此基础上开展思想政治工作首先就必须尊重“人”。这种尊重应体现在五个方面：尊重员工个体的个性和偏好，为员工个人的发展创造一种宽容的氛围；将企业集体价值观化为员工个体行为规范时应采取教育、培训、文化熏陶的方式进行，不搞命令主义；建立信息沟通渠道，及时向员工提供双向、对称、共享的信息；改善员工的福利状况，为员工提供一个相对稳定的生活环境，解决员工的后顾之忧，增强员工对企业的信赖程度；形成一个公平、公开、公正的人才选拔机制，让德才兼备者脱颖而出，让不适合岗位要求者退出，也是对“人”的尊重。

2．建立在人本管理基础之上的思想政治工作必须培育“人”。培育“人”的目的是提高员工个体的综合素质并让员工感受到培训是最大的福利。这种培育，可以采取对员工进行职业生涯设计的方式进行：为员工学历培训创造环境，为员工岗位培训创造条件，不断更新其知识，优化其知识结构，为其职业生涯奠定基础；从一开始就安排有挑战性的工作，使员工成功面对挑战，为以后成长积累经验；提供职位空缺信息，公布任职要求，以利于员工“双向选择，竞争上岗”；为员工进行职业咨询，帮助员工明确职业目标和期望，以正确应对工作环境的不断变化；进行岗位轮换，为员工提供岗位的选择机会，使员工在工作中找到最佳“定位点”。

3．建立在人本管理基础之上的思想政治工作必须激励“人”。对员工的有效激励有助于留住人才，激发人才的潜能，以利于企业和员工个体目标的实现。美国心理学家马斯洛在1943年曾首次提出“人”的需求层次论，把人的需求分为五个层次：生理的需求，安定或安全的需求，社交和爱情的需求，自尊与受人尊重的需求以及自我价值实现的需求。借鉴这一理论，具体到现实的人本管理实践，我们必须通过满足员工四个层次的需要来稳定人心，留住人才：满足员工提高收入、改善生活的最基本需要，使员工树立通过诚实劳动、优质服务来提高整体效益，相应提高个人收入的思想观念；满足员工向高层次发展的需要，通过学历培训和岗位成才等多种方式，积极培养业务骨干，使员工个人业务水平在市场开拓中得到充实和提高；满足员工要求更大的发展空间与机遇的需要，体现现代商业银行的经营理念，探索和完善等级行员制、客户经理制，打破“官本位”思想，使员工不走“千军万马过独木桥”的行政道路，而是立足于在各自专业成为业务能手、经营专家，并因此而获得等级提升机会；满足员工更高精神境界的需要——个人成就感和价值观的认同，实现“双赢”局面，即让组织满意，让员工个人满意。培养员工树立干事创业的思想，增强集体凝聚力，使员工通过工作上的努力取得成果并得到组织、同事和亲友的认同，以此满足其个人成就感。实现“用待遇留人，用感情留人，用事业留人”。

（三）实现精神文明和物质文明双丰收是做好思想政治工作的出发点和归宿

思想政治工作的实际效果主要通过精神文明建设和物质文明建设的最终成果体现，实现精神文明和物质文明双丰收是做好思想政治工作的出发点和归宿。开展行之有效的思想政治工作必须坚持以下五个基本原则：坚持与全行中心工作相结合的原则，为全行改革与发展服务；坚持有的放矢、实事求是的原则，增强思想政治工作的针对性；坚持与企业文化建设相结合的原则，增强员工的凝聚力和向心力；坚持解决思想问题与解决实际问题相结合的原则，增强思想政治工作的实效性；坚持齐抓共管、常抓不懈的原则，形成干事创业的合力。那么，衡量思想政治工作的效果可以用下述“三个转变”作为标准：

1．通过创新思维方式推动业务经营的不断发展，以强有力的思想政治工作促进员工思想观念的转变。一是开展思维创新，用科学的理论武装人，加强对各级领导者经营管理水平和科学决策能力培训，帮助他们拓宽工作思路，明确工作重点，讲究工作艺术，挖掘工作潜力，提高工作效率；二是在体制创新方面，以强化管理为核心，充分发挥“上下联动、资产负债联动、本外币联动、内外勤联动和横向联动”的整体效应，真正做到以市场为导向，以客户为中心，大力拓展客户市场，实现集约经营；三是在机制创新方面，营造充满生机与活力的内部环境；四是在业务创新方面，树立“产品+功能+服务”的营销意识，优化产品、功能组合，开创全员营销的工作局面。

2．通过思想政治工作促进服务水平的不断提高，实现传统业务向高技术含量金融业务的转变，走功能服务型的路子。科学技术是第一生产力，要想在激烈的市场竞争中求得发展，必须提高产品和服务的科技含量。一方面必须积极面向市场，根据客户的需求，及时挖掘新的“卖点”，开展集中营销活动；另一方面在抓好员工思想政治教育的同时，抓好业务知识、业务技能和职业道德培训，提高员工的整体素质，为客户提供高附加值的增值理财服务，拓宽服务的广度和深度，树立“精品银行”的形象。

3．通过思想政治工作促进业务持续、稳健、快速发展，实现由简单经营方式向规模经营方式的转变，实现规模经营效益。开展思想政治工作必须结合实际，加强对宏观经济、金融形势及业务经营情况的分析，使广大员工保持清醒的头脑，树立忧患意识，认识到竞争的激烈程度以及面临的困难，与此同时也应分析客观存在的发展机遇，使广大员工看到美好的发展前景，树立坚定的信念，勇敢面对挑战，争取在各个业务领域取得整体突破。为此，一是要号召广大员工做有心人，不断梳理现成产品、功能，并进行整合集约，甚至结合实际进行包装，形成新的市场“亮点”，开展组合创新工作，扩大市场占有率；二是号召广大员工做敏感者，经常研究国家、地方政策的变化，做到先知先觉，快人一步，让共享的政策成为“先入为主”的专利；三是号召广大员工做创意者，不断寻找新的“卖点”，带着创意去工作，使不断创新的产品、功能及服务能为市场所接受，成功开拓新的市场领域，实现规模经营效益。

总之，行之有效的思想政治工作，就是要形成“以科学的理论武装人，以正确的舆论引导人，以高尚的精神塑造人”的氛围，解决理想信念问题，达到“两手抓，两手都要硬”的目的，引导广大员工树立正确的世界观、人生观和价值观，凝聚广大员工的智慧和士气，为改革和发展提供不竭的精神动力和思想保证。

加入 WTO 农业银行面临的挑战与选择

中国农业银行十堰市车城支行　朱家华

中国在历经了 20 余年的改革开放之后，市场经济的成分虽然有了很大提高，但同国外经济的市场化程度相比仍有较大差距。随着我国经济体制的改革，银行业的发展在一定程度上决定着经济的发展。中国已加入 WTO，面临严峻的挑战，银行业除了求得自身发展外，还肩负着国家民族工业振兴并参与国际市场竞争的责任。农业银行是国有独资商业银行之一，由于它所处的特定历史地位，面临的挑战将更加严峻。从国际上看，农业银行与国外银行有很大差距；从国内看，与其他三家国有商业银行比也存在很多的劣势，其主要表现在资本不足、资产质量低、人力资源不足、管理手段落后、科技运用程度不高等方面。在国内外同行业竞争压力下，农业银行的生存与发展成为我们重大的思考与决策课题。

（一）农业银行现状

农业银行是 1979 年恢复经营的，已历经了 22 年的发展过程，这 22 年间虽然历经多次体制改革，但终究没有实质性改变，从管理到经营仍存在国家官办银行遗风，虽然有了明确的“自主经营，自我约束、自担风险，自负盈亏”的经营方针，但在实施过程中仍显得很无力。由于国家在各个不同时期赋予农业银行的职责不同，使农业银行肩负着不同使命，如在供销系统预购定金，棉花赊购贷款，乡镇企业贷款，“九五”扶贫攻坚农行扶贫项目贷款等都带有很强的国家政策性，在中国特定的银行体制下形成了诸多不利农业银行发展的现状。首先表现在信贷资产管理不善，形成了大量风险和损失。从农行历史来看，农业银行信贷资产风险损失形成有三种原因。其一是政企不分问题，在 20 世纪 70 年代末 80 年代初，农行干部任用呈地方性，地方领导对农业银行干部有一定的管理权，也带来了对经营业务的干预权。行政命令在信贷损失上负有很大责任。其二是职工队伍素质不高。在建行之初多是地方政府派遣的干部，到 80 年代中期主要是解决内部子女的就业问题，而进入 90 年代，人员已呈超负荷运行状态，这样使大批有较高专业知识的人被拒之门外。由于队伍素质不高，难免在工作中出现决策与操作上的失误。其三是主观意识问题。在过去不论怎么讲企业精神、主人翁意识，在很大一部分人中仍然认为银行是国家的，主观上防范风险意识差，这也是导致不良资产形成的重要因素。不良现状第二点是机构重叠，人员分布不合理。农业银行有 70 多万员工，而在一线的经营人员相对过少，管理层次多而执行决策的力量薄弱，最大的弊病是决策层与直接经营者形成了断层，信息不灵，导致了决策不能很好地在经营中实施。第三点是科技手段运用落后，利用率也较低。在科技运用上一方面反映了我们在设备上落后，另一方面在现有网络开发运用上也不够，现有的设备得不到很好的利用。第四点是用人机制死板。目前农业银行用人制度基本没有很有效的措施，这与我们国家劳动保障体制有关，如何解决农行目前的用人机制是迎接加入世贸挑战的关键问题，国际竞争最终还是人才的竞争，没有人才将导致竞争乏力，也不可能有大的发展。这些不利现状将使农业银行处在国际国内竞争的艰难境地。我们只有正视困难，才能去克服困难，现在就该迅速研究对策，迎接挑战。

（二）国际金融业发展趋势

随着全球化、网络化、知识化经济的到来，全球金融业正面临着前所未有的革命，传统的金融业经营方式，经营理念正面临着退出历史舞台的命运。

一是商业银行管理智能化，取代落后的管理手段。随着信息技术的日新月异的发展，商业银行在经营管理决策中广泛地采用电子计算机技术和信息处理技术，以电子化方式自动处理日常业务。由单机单项业务逐步发展到综合网络多元产品综合联网处理。二是商业银行产品的多元化、全能化的创新取代落后操作方式。在金融电子化和金融产品创新的推动下，传统商业银行正迅速向综合服务机构转变，业务范围扩展到社会生活的各个领域，如财务咨询、委托理财、外汇买卖、保管箱、信用卡、代理业务、代发工资、代收代付费用等，特别是通过电子网络，进一步提供诸如旅游、咨询、交通和娱乐等全方位的公告服务，并充当了电子商务的媒介角色。中间业务收入在总收入中比重越来越大（欧美国家最多达到50%～70%），与资产负债业务并列为银行三大支柱业务之一，而目前农行只占1%。三是商业银行逐渐发展电子银行网络和代客理财形式，实际上已经可以为任何单一客户提供包括银行业务、证券买卖、委托投资、代理保险、代理各种社会服务在内的综合金融服务。我国商业银行正在向这一目标全面发展。四是金融全球化，扩大了经营空间，由此带来机遇及挑战。金融全球化是经济全球化的必然，是资本在全球全方向的流动，体现了金融机构的跨国经营，金融市场的全球联动，全能产品全球化运用和货币全球一体化趋势。银行业经营管理的智能化，经营方式的网络化、信息化，经营活动的全球化，一方面给我国社会经济发展带来了管理经验、资本资源、产品资源和经营空间的扩大，同时也给我们带来严峻的挑战，特别是人力资源、科学技术的运用。

（三）现实选择

1. 调整经营理念，改革经营机制。

当代银行经营理念就是以客户为中心，以市场为导向，以实现客户价值最大化为宗旨。现在我们必须清醒认识到这一点。更新经营理念需要相应的机制做保障，否则将难以实现。如在市场导向上，市场需要的产品我们没有而创新还得报经人民银行和上级行批准，在体制上不改革对商业银行的监管将制约商业银行市场化进程，更为严重的是无法与外资银行去竞争。外资银行在决策上的集中快速、经营上的灵活性，都是我们没有的。因此需要一套有利于商业银行参与国际竞争需要的监管制度，也要建立商业银行的现代企业制度。改革经营机制应从此入手。一是优化决策。在决策上要按照现代企业制度和法人治理结构完善管理，也要配套金融监管体制政策，同时农业银行内部管理上要扩大省市两级分行经营管理半径，减少管理决策层次，以适应市场的需要，依客户需要对市场供求做出灵敏的反映。二是科学构架经营机构。随着科技的发展和信息网络在金融业的广泛运用，原来以行政区划设置经营机构已不适应现代商业银行的要求，人员多、机构多成了经营中的包袱，不安全、高成本、不便管理。因此，必须精减机构。以经济区域、业务量和效益优先原则来设立县以下经营机构，对经济不发达地区不能保本经营的网点，应该坚决撤销，逐步撤销合并发展前景不好的网点，集中人力资源和财力资源向高效区域网点配置。三是以市场为导向、以客户为中心，抓好内部职能转换，建立以客户为中心的客户部，实行客户经理制，实现服务方式全功能、营销产品的多元化，创造更高的服务质量。四是建立绩效工资分配制度。目前不论国际国内银行还是其他企业，工资分配仍然是调动员工积极性、创造性的重要途径，分配是否科学合理也是能否凝聚职工的重要手段，更是体现劳动者创造价值的一种表现形式。工资待遇在目前我国银行业仍然是激励员工的最主要手段之一，不按业绩分配工资将挫伤人才的积极性。按照业绩兑现工资，要确定各岗位各工种工作量化指标，按百分制确定工资系数，按实际完成任务程度考核兑现。在绩效工资考核上不留任何死角，实施公正、公平的分配原则。

2. 以人为本是参与国际金融竞争的必然。

入世之后，国际金融的渗透，使我们国有银行面临着巨大的人才竞争的压力。社会生产力发展的决定因素是人，只有优秀的人才才能推动社会更快的发展，因此抓好人本管理是农业银行参与国际竞争的重中之重。首先要抓好人才培养和引进。农业银行人员在管理层上看，县级行行长往往班子老化，知识结构不高。县级支行班子融操作与决策于一体，没有较高素质就无法适应工作的需要。要迅速解决县级支行班子存在的问题，对现任行长年龄老化或素质低的，一是进行调整，二是要加快在岗培训；同时地县级决策者的领导水平要提高，领导水平反映在政策业务水平和领导艺术，二者缺一不可。在员工管理使用上要采取灵活方法，可采取停薪保职，让一些人到社会上锻炼，也要从社会上聘用适量的掌握了高科技技术的专业人才，对在岗职工建立文化与业务学习制度，不断提高知识水平。二是建立健全激励机制，鼓励人才、保留人才。农业银行近几年在干部使用、劳动报酬上都存在一些消极因素，存在经济待遇上的大锅饭、政治待遇上的不合理性，激励机制也包括精神上的鼓励，对一些有技术、有贡献的人特别是科技人员，没有很好给予肯定，导致近年人才流失较多。对于高级科技人才和高级管理人员，在政治上应关心他们，在经济上应给予倾斜，要激励他们展才智、作贡献，给他们提供广阔的发展空间，使他们有用武之地。三是教育职工树立敬业精神。农业银行必须从上到下，树立主人翁意识，树立“我是农行人，农行是我家”的意念，在业务活动及各个领域中体现这一宗旨，在客户心目中展现农业银行的团结、自尊、拼搏进取的企业主人翁意识。

3. 加强内控制度建设及防范金融风险是国际竞争的需要。

我国的金融资产质量差，农业银行实际不良资产高占78%，即使剥离资产后，不良资产占比仍然很高，湖北省有48%的不良资产，少数地方还有60%左右的不良资产。资产状况将制约农业银行在国际上的竞争能力，为了迅速改变这一现状，除了国家宏观调控外，内部管理、风险防范是至关重要的。而内部控制上已经有很多的控制制度，现在的关键是抓制度的落实，抓制度落实的关键是抓人。这体现了人本管理的重要性，在人的管理上要从两个方面抓起。一是抓认识不到位。从目前一些案件发生情况看是认识不到位、疏于防范才导致执行政策的不力。二是抓主观错误和不良道德表现的纠正。从风险的危害性看，道德风险危害更大，由此必须在防范能力风险的同时，更要注重防范道德风险。这就需要对员工进行一系列教育，要在提高文化知识、业务技能的同时，提高政治水平和增强法律、法规意识，在内部管理上的风险防范将由强制性逐步转化为自觉性。

4. 实施以客户为中心，以市场为导向的经营策略是经济全球化的银行发展的必然。

金融全球化的进程，要求我国银行要以更快速度来调整思路，确立以市场为导向，以客户为中心的经营理念。这是市场经济运行的法则，谁违背了这一法则，谁就会被拒之于市场大门之外。因此说客户是银行生存发展的价值基石。没有客户利益，就没有银行利益，没有客户需要，就没有产品的市场，可以看出客户是何等重要。在突出客户的中心地位上，首先是全员思想观念要有所变革。其次是要建立服务客户的经营体系，为客户提供全程服务，提供更优质的组合服务，并建立客户经理制度，客户经理由过去的单一客户、单一产品向全方位、组合式发展。从对客户需要的金融产品到代客户理财的方式选择，都要求我们工作人员要有全面的知识来胜任工作。其三是确定市场开发目标。市场开发要贴近市场、贴近客户，以经营模式、以单项业务分散作业向多项业务综合发展转变。产品的创新是赢得客户的关键，只有不断研究客户对产品的需要，才能赢得市场。产品创新和市场开发还需要改善外部环境，在产品创新和市场开发上很多方面都受到政策和金融监管制约，在这方面也需与国际惯例接轨。

我国已加入 WTO，农业银行必须全方位转变服务宗旨，深化服务内涵，迅速提高业务经营水平，才能谋求更大的发展空间和获取新的效益来源，并永远立于不败之地。

探索扶贫信贷新路子 做好治穷脱贫活文章

中国农业银行花垣县支行 吴德锋 钟 群 石 峰

地处贫困山区的农行花垣县支行本着管好用活每笔扶贫贷款的宗旨，遵循贷款“三性”原则，严把贷款投放关，保证了扶贫贷款放得出、收得回、有效益，积极探索多种投入模式，走出了一条商业银行管理专项贷款的特色之路，带动和促进了各项业务的发展。2000年底，该行各项存款余额12335万元，较年初净增4079万元，完成州分行下达任务的239%，净增份额占三家国有商业银行的49．8%；各项贷款余额达40096万元，比年初净增4433万元，增长12．4%，其中，专项贷款余额23463万元，较年初净增4260万元；累计收回贷款1174万元，实收利息1462万元，其中，专项贷款累收596万元，实收利息385万元。常规信贷业务实现盈利207万元，比去年同期多增82万元，专项信贷业务比去年同期减亏117万元。该行被农总行授予2000年度“专项信贷工作先进单位”的荣誉称号。该行扶贫信贷管理的主要作法是：

（一）强化思想认识，狠抓政策落实

专项贷款是一项政策性很强的业务。为了认真贯彻落实扶贫政策，管好用活专项贷款，该行党委把它作为一项政治任务来抓，确保“两个效益”目标的实现。一是提高思想认识，克服“三怕”思想。由于身处贫困地区，自然条件差，经济基础薄弱，该行部分员工对扶贫贷款的认识上有偏差，存在“三怕”思想。即一怕扶贫贷款发放风险大，收回难；二怕进村入户贷款面宽量大，工作开展难；三怕扶贫贷款利率低，利息倒挂，经营效益体现难。对此，该行党委从讲政治的高度出发，认真组织员工学习党中央、国务院关于扶贫开发的文件精神，统一了员工思想认识，全行员工不惧贫困的差环境，做好经营活文章，加大了扶贫贷款投入，加强了扶贫贷款管理，确保了信贷扶贫效益。二是加强组织领导，狠抓项目落实。该行成立了专项贷款管理领导小组，制定了专项贷款管理办法，严格执行谁调查、谁发放、谁管理、谁收回的制度。同时，立足县情积极主动与当地扶贫开发领导小组研究协商，认真研究项目上报和实施方案。在项目实施上坚持社会效益和自身效益相结合的原则，充分利用本地资源，实行扶贫贷款向贫困村、贫困户和支柱产业倾斜，做到支持一个见效一个。近几年来，该行共支持130多个扶贫项目，成功率达90%。三是常专管理并举，做到“三个一样”。为强化专项贷款的管理，该行党委把专项贷款纳入全行经营目标考核，克服重常规业务、轻专项业务的思想，做到“三个一样”，即贷款管理一样，考核标准一样，检查尺度一样。通过扶贫贷款的注入与管理，提高了信贷扶贫效益，同时，带动和搞活了常规业务，全行共支持5个濒临倒闭的企业起死回生。

（二）强化扶贫创新，启动经营活力

2000年来，该行紧紧围绕地方政府“抓水致富、抓电起步、抓矿振兴、抓山致富”的经济发展战略，强化扶贫创新，以信贷扶贫拉动地方经济发展，以地方经济发展启动自身经营活力，大胆探索信贷扶贫投入模式，确保社会效益和自身效益的实现。

实施“双优”战略，发挥“龙头”效应。该行认真贯彻“双优”战略，以支持重点企业为龙头，拉动地方经济发展，确保银企双赢。全年累计投放重点企业贷款2500多万元。通过实施“双优”战略，为地方经济注入了活力，壮大了财源，产生了“龙头”效应，2000年该行支持的重点企业实现产值22000多万元，上交税收1200多万元，分别占全县工业总产值的26%、财税收入的21%，解决农民就业3500多人，实现实收利息841万元，占该行实收利息的57．5%。振兴化工股份有限公司是该行重点支持的企业和优良客户。为了促其增强发展后劲，经过调查、评估，贷款1500万元，支持其新上6000吨电解二氧化锰生产线，使该公司实现了“两条腿”走路，增强了抗风险能力，成为目前全州资产最大、经营最红火的民营企业。至2000年底，该公司实现产量15380吨，产值达14383万元，销售收入11413万元，利税856万元，年创外汇1406万元。偿还利息477万元，其中：偿还专项贷款利息95万元，分别占该行常规和专项贷款实收利息总额的32%和24．7%。

采取“公司+基地+农户”的模式，发挥“连动”效应。把支持农民种养业生产与现有的经济实体结合起来，通过“公司+基地+农户”的投放方式，带动千家万户发展种养业生产，带动农村经济发展。全年投放扶贫贷款1410万元，支持全县21个乡镇、150多个村、5620多户发展水果、药材、蔬菜、山羊、生猪、家禽、烤烟等15个项目，直接为农民增加收入3000多万元，人均增收160多元。县乡镇企业供销公司当年贷款43万元，开发“七彩山鸡”系列产品，建成了一个产、供、销一体化的加工厂。该公司生产的“苗峰”牌香腊板山鸡系列产品远销省内外，在湖南省第二届名优土特产品农博会上荣获“金奖”。通过加工、促销，带动了5个乡镇、1500多户农户饲养“七彩山鸡”，年饲养4．5万多只，实现销售收入60万元，户平增加收入1000多元。当年偿还贷款本息30万元，其中，偿还自营呆滞贷款本息10万元。由于“连动”效应，有力地带动了农村经济的发展。

采取“大户带小户”模式，发挥“能伤”效应。将贷款直接贷给懂技术、善管理、有责任心的能人发展种养业，使之辐射到周边的农户，带动广大农户扶贫开发。全年投放扶贫贷款350万元，支持有一技之长的能人带动农户发展种养业。雅桥乡保楼村农民宁学文，是个懂经营善管理的山羊饲养和营销专业户。2000年，该行发放养殖业贷款150万元给10个乡镇、50个村、200户贫困农户从事山羊饲养，宁学文负责产、供、销和防病、治病等一系列配套服务，并为农户提供贷款担保，解决了农户发展山羊生产的后顾之忧。当年农户销售山羊3242只，实现收入79万元，户平均增加收入3950元。宁学文本人全年营销山羊5多万只，实现销售收入700多万元，利润40万元，税金15万元，偿还贷款本息20万元。由于“能人”效应，有力地促进了当地养殖业发展，直接增加了农民收入。

（三）强化信贷管理，提升扶贫双赢

切实加强专项贷款管理，保证专项贷款专款专用，是实现专项贷款“放得出，收得回，有效益”目标的关键。

严格监控管理。为防止项目资金被挤占挪用该行加强对重点企业贷款使用的监控管理，做到贷款发放与自筹资金到位同步，资金使用与工程建设进度同步。要求企业每星期报一次资金使用计划，由专项股、计划信贷股逐笔审批。同时，对企业资金使用进行定期或不定期的跟踪检查。2000年，该行对贷款100腕元以上的企业，每月进行一次跟踪检查，发现问题，及时整改。花垣县佳民冲供水厂是该行专项贷款支持的重点企业，共发放扶贫贷款400万元。为了确保项目按期投产，在资金使用上，严格按工程进度用款，即每铺设一条管道，购买1吨水泥，都严格按项目资金使用计划执行，严防企业挤占挪用。到12月底，该厂共铺设水管7800m，实现月供水6万吨，目前，已有12家企事业单位和1个乡镇、

8个村、1200户农户受益。由于该行严把了扶贫资金使用关，确保了每一笔扶贫资金都用在刀刃上，使该厂提前两个月竣工投产，产生了效益。

严格量化考核。为确保专项贷款“放得出，收得回，有效益”目标的实现。该行采取多种手段强化专项贷款本金、利息的收回工作，将专项贷款的清收盘活和利息收回任务按月分解到所、到人，层层签订责任书12份，制定了信贷员收贷收息考核办法，将专项贷款管理纳入全行的经营目标考核，将盘活清收任务完成情况与信贷员目标津贴、下队补助等挂钩，实行任务量化、工效挂钩，确保专项贷款管理目标的实现。并对20家重点企业及11户民营企业派出了12名客户经理，实行包放、包收、包货款归行，促进专项信贷管理走上了规范化、制度化的轨道，提高了货款归行率、收息率和信贷资产质量。该行支持的民营企业货款归行率达95%，收息率达100%，无一笔逾期贷款。花垣县汇银公司是该行支持的民营企业，全年累计投放贷款80多万元，该公司兼并了倒闭的龙潭化工厂，使濒临倒闭的企业死而复生。2000年，该公司实现产值800多万元，利润180多万元，银行盘活常规呆滞贷款100万元，收回利息20多万元。

严格“三查”制度。为加强项目管理，该行加大了扶贫贷款“三查”力度。2000年4月，该行抽出8人，分两个组，对1998年到2000年3月底发放的扶贫贷款进行全面检查，共检查贷款户1．23万户，贷款笔数1．25万笔，金额1．15亿元。通过采取查看贷款借据、抵押担保合同、贷审会的通知、是否坚持贷款“三查”制度等方式，进行现场整改和纠正，共提出整改意见和措施19条。并对在发放扶贫贷款中违章违纪的人进行了处罚，解除了一名发放扶贫贷款违章违纪的员工的劳动合同，确保了扶贫资金的安全营运与效益。

以改革促发展 向管理要效益

——中国农业银行济南市银河支行发展方略

中国农业银行济南市银河支行

中国农业银行济南市银河支行是一家无行政区划、无分支机构的支行，现有正式员工46人。自1997年2月正式开业以来，银河支行始终坚持“以市场为导向、以客户为中心、以效益为目标”，把创建“精品”行作为发展目标，把“深化改革、依法经营、科学管理、务实求真”作为立行宗旨，充分发挥自身的灵活机制，各项业务得到迅速发展。2001年实现利润7636万元，较上年增加3566万元，人均实现利润166万元，较上年增加81万元。1999年被农总行评为“企事业存款十佳单位”；2000年被农行山东省分行授予“青年文明号”、“企业文化建设先进单位”、“文明服务窗口”等荣誉称号；2001年除再次被省分行授予上述三项荣誉称号外，还被总行授予“百优支行”（排名13位）、“百强支行”（排名16位）、“全国百名优秀支行行长”（排名10位）等称号，被省分行授予全省“信贷资产15优”、“创利能力15强”、“15名优秀支行行长”等称号。

（一）坚持商业银行经营理念，依法经营，防范风险

银河支行在业务发展中始终坚持商业银行经营理念，找准市场定位，强化内部管理，狠抓工作落实，加快业务发展，在激烈的市场竞争中不断发展壮大，同时也切实保证了业务经营的安全性和流动性，防范了金融风险。银河支行正确处理业务发展和风险防范的关系，把效益的增长点放在了负债业务上，把信贷投向放在了大客户和个人客户上；绝不以违规、违章来换取考核指标的完成，绝不以短期的利益来换取长期的风险，使业务发展始终建立在一种低风险的基础上。同时为提高员工整体素质，维护正常的经营管理秩序，规范业务经营行为，银河支行认真组织员工学习各类规章制度，提高员工综合素质。在员工全部持证上岗的基础上，注意加强对客户经理及一线临柜人员的业务技能的培训与提高，提高服务水平和服务质量，提高执行规章制度的自觉性与主动性，切实防止了各类违规违法现象的发生，保障业务经营活动的持续快速健康发展。2001年银河支行被山东省农行内部控制监督委员会评为内部控制一类行。

（二）强化资本运营，经营效益实现大幅度提高

1. 各项存款大幅度增长，在提高全行经营效益中发挥了重要作用。

到2001年末，各项人民币存款117547万元，较年初增加23327万元。其中：企事业单位存款90601万元，较年初增加21096万元；储蓄存款26946万元，较年初增加2231万元。在存款工作中银河支行增强效益观念，在超额完成时点存款计划的同时，更注重存款日均及旬均余额的增长。全年存款旬均余额120278万元，较年初增加26058万元，日均余额118007万元，较年初增加23787万元，成为超利润计划的一个主要因素，仅此一项，增加利润747万元左右。

2. 严把贷款投放关，加大不良贷款本息的清收力度，促进经营效益的提高。

到2001年末，各项贷款余额239371万元，较年初减少7139万元；不良贷款余额2147万元，比年初减少716万元；不良贷款占比0．896%，比年初下降0．264个百分点；全年实收利息16608万元，超计划1554万元，其超额部分主要是通过依法收息而增加的表外息。表内利息收回率100．24%，超计划1．04个百分点；综合利息收回率107．07%，超计划9．57个百分点。根据“抓大抓小，防范风险”的信贷工作思路，支行严把贷款投放关，在继续支持优良客户的同时，增加对个人住房贷款等低风险业务品种的投放，全年发放个人住房贷款186笔，金额3565万元。加大了清收盘活不良贷款的力度，某公司收回货币1764万元，其中本金639万元，利息1125万元，余款本金848万元和利息也做出了归还计划，最大限度地保障了支行信贷资金的安全。

3．“抓大、不放小”，放宽视野，广开渠道，中间业务等发展势头良好。

2001年末，实现中间业务收入101万元，超计划73万元，完成全年计划的361%。在中间业务的发展中，银河支行以消费信贷业务为龙头，带动中间业务的开展。在办理消费信贷业务时，一方面通过办理代理保险业务，增加中间业务收入；另一方面，通过为客户安装POS机，增加中间业务收入，真正做到了办理一笔消费信贷，增加一份综合收益，2001年由此带来的中间业务收入达22万元。以国债发行带动中间业务收入的增加，到年底支行共发行国债6850万元，兑付国债本息15000万元，实现中间业务收入65万元。

（三）深化落实各项改革措施，促进业务经营发展

1．推进和深化人事制度改革。

银河支行认真推行了中层干部的竞聘和员工的竞争上岗制度，员工可根据工作需要和个人所长申请到适合自己特长的工作岗位，真正做到了人尽其才，竞争意识得到进一步增强。支行注重培养和锻炼青年大学生，充分发挥青年人知识层次高、观念更新快、头脑灵活的优势，提升了银河支行经营管理和参与市场竞争的层次和地位，目前支行中层干部队伍中正规院校毕业大学生占比达36%。同时对参加工作满一年不满三年的正规院校毕业大学生，支行实行了经理助理制，由其担任部门经理助理，任期半年，在完成本职工作的前提下，协助经理做好日常部门管理工作，为部门和支行多出好点子、好想法，为银河当好家，作好主人。

2．进行工资分配制度改革，为业务经营注入活力。

银河支行从建立适应现代商业银行要求的不平均分配机制出发，对工资分配制度进行了改革和完善。在工资分配制度改革中，银河支行坚持以业务经营为中心，以利润最大化为目标，在保障员工基本需求及合法权益的前提下，依据员工的工作岗位、工作表现，特别是员工在市场营销中的创利大小，按照“固定工资保吃饭、岗位工资靠实干、绩效工资凭贡献”的分配原则，建立起了适应商业银行要求的绩效挂钩的不平均分配机制，科学合理地拉开了员工之间的收入差距。员工通过对银河支行的贡献，来实现自己的经济利益，银河支行也在员工实现自己经济利益的同时，得到迅速的发展。

（四）加强企业文化建设，营造现代企业经营氛围

企业文化作为一种现代的管理理论和管理方法，在现代企业经营中发挥着越来越重要的作用。2001年银河支行加强企业文化建设，把提高管理水平和形象地位作为企业文化建设的总体目标，把“一流的员工队伍，一流的管理水平，一流的服务质量，一流的经营业绩”作为企业文化建设的具体目标，把银河精神文化、制度文化、行为文化、物质文化等四个方面作为银河文化建设的具体内容。通过企业文化建设，促进了银河支行管理水平的提高，提升了银河支行的形象地位。

蓬勃发展的嘉兴市农业银行

中国农业银行浙江嘉兴市分行

中国农业银行嘉兴市分行自1984年组建以来，在浙江省分行和嘉兴市委、市政府的领导下，经过全体干部员工的共同努力，至今已发展成为国际国内业务结合，城乡业务联动，传统业务和新兴业务并举，服务手段先进，能为社会提供多功能、高效率、全方位金融服务的实力雄厚、信誉良好的国有商业银行市地级分行。

近年来，嘉兴农行和着时代的旋律，踏着改革的步伐，全行上下发扬“团结、敬业、进取、务实”的企业精神，牢固树立“以市场为导向，以客户为中心，以效益为目标”的经营理念，抓住机遇，励精图治，开拓创新，取得了令人瞩目的成就。到2000年底，全行总资产达134亿元，本外币各项存款达到100亿元，其中储蓄存款达63亿，储蓄存款总量位居嘉兴市四大国有商业银行首位；各项贷款达到66.6亿元。年国际结算量达到5亿多美元，在全市同行和全省农行中均位居前茅。全行外汇资金整体实力雄厚，汇路畅通，已形成了城乡联动、国内外结合的开放式经营格局。

网点遍布城乡　机构设置合理

农行嘉兴市分行下辖海宁、桐乡、平湖、嘉善、海盐、秀洲、秀城、开发区、中山9个支行；全辖对外营业网点达136个，遍布嘉兴城乡各地，营业网点数居四大国有商业银行之首。全市金穗卡受理网点251家，特约商户262家。

科技力量雄厚　网络畅通八方

为了适应银行业务“全球化”“网络化”的需求，农行嘉兴分行凭借着雄厚的技术力量，已建起了一条多功能、大容量、宽频率的信息高速公路。

早在1994年就开发设计并建成了以美国IBM公司生产的AS/400主机为中心的业务网络系统，所有营业机构的所有业务全部联网实现网上操作，首家实现了全部网点各种业务全省通存通兑，对公、储蓄、信用卡和中间业务四大系统全省联网；电子汇兑系统畅通全国；各支行均实现了实时汇兑，汇划资金全国2小时到账，全省汇划资金即时到账；省外信用卡业务通过全国自动授权网可以实现跨省取现和消费，极大地方便了客户。在业务网络建成的同时，嘉兴市分行又于1998年建成办公自动化网络，开发设计了包括WEB服务器、NORTES服务器、统计应用系统、事后监督系统等在内的一整套信息管理系统，大大提高了管理、决策效率。2000年，嘉兴农行对现有网络进行一次大规模改造升级，在原有网络基础上采用快速以太网、ATM、SDH等先进技术及CISCO7513、7206、6509等高端设备，农行在全省范围内建成的高带宽、大吞吐量、多协议的网络平台，以不断满足企业银行、网上银行、客户中心等新兴业务的需求。在不断改善提高自身网络性能的同时，嘉兴市分行对网络结构不断进行拓展，采用高速光纤与各大系统（包括浙江移动、联通、国税、地税、电信等）的数据网络中心互联，完善了代收代付等业务功能。

国际业务　稳步发展

嘉兴市农行自1992年开办国际业务以来，业务功能日益完善，各项业务发展迅速。国际业务从业人员普遍文化程度高、外语熟练，具有多年的业务经验和良好的业务素质，在“三资”企业和外贸企业中享有较高的声誉。嘉兴市下属五个县（市）农行均设立了外汇业务机构，业务覆盖面广。2000年全市农业银行共办理进出口国际结算51484万美元，其中，进口贸易结算17756万美元，出口及非贸易结算33727万美元，在全市同行和全省农行中均位于前列。行外汇资金整体实力雄厚，全市外汇自有资金和外汇存款达5986万美元，全年累计发放外汇贷款4436万美元，有力地支持了全市351家开户“三资”企业和外贸企业的发展。

目前嘉兴市分行已与29个国家和地区的248家银行建立了直接代理行关系，与农行的香港、新加坡、纽约、伦敦等分支机构和代表，业务往来密切。1994年起加入了环球银行金融电讯协会SWIFT网络，还配置了国际业务电脑化业务处理系统，可与境外1000多家银行进行业务往来，资金清算全球通汇。嘉兴市农行在全市率先开立了直接的境外外币结算账户，大大提高了国际结算效率，收付汇业务方便、快捷、安全。

信用卡业务日臻完善

银行卡是人类文明进步和社会现代化的重要标志。农行嘉兴市分行依托先进网络支持，依靠全国农行的91190家特约商户、41790家受理网点的配合，为全国5138万持卡人提供日臻完善的优良服务。2000年底，全市农行发卡量达27万张，卡存款达1．6亿，卡交易额达51．3亿元。近年来，嘉兴市分行还积极建设信用卡环境，全市商业服务窗口已安装POS机428台，联线率达100%，全市安装了ATM自动取款机45台，其中城区有19台，确保24小时正常运行，营造了良好的用卡环境。

中间业务迅速发展

近年来，嘉兴市农行在做好传统业务的基础上，不断拓展中间业务，寻找新的赢利增长点，银行卡业务、代收代付业务、代客理财、国内外结算等中间业务蓬勃发展。目前已开办了10多项代收代付项目，主要有：代收住宅电话费、移动话费、联通话费、寻呼费、水电费、行政事业性收费、保险费、税款、有线电视费、法院诉讼费和执行费，代收自由职业者大病医疗保险和养老险；代发工资、社会养老金；代售电话卡和互联网卡；代发放公积金贷款；代订报刊；代售福利彩票等。资金实力、资产质量、经营效益和综合竞争力明显提高。

员工队伍整体素质优良

嘉兴市分行坚持“以人为本”，注重人才的培养，建立人才库，实施人才战略，近年来培养了一大批金融专业人才和金融管理人才，为嘉兴农行的可持续发展战略提供了充足的人才资源。全市2000多名员工中，大专以上学历的占45%，中级职称以上的占22%。在对外吸收金融人才的同时，还注重现有人力资源的培训，除了定期组织各种层次、各种业务的培训班外，还通过技术讲座、问题研讨等方式加强技术人员的横向交流，提高技术水平。为了保持技术的先进性，嘉兴市分行还注重与国外交流，选派优秀的工程技术人员到境外培训，学习高尖端技术。为了适应现代高科技在金融业务中的应用，增强业务竞争能力，嘉兴市分行特别注重科技人才的使用和培养，建立了科技人员的项目开发激励制度，形成了比较先进的专业技术队伍结构。

支持地方经济力度加大

经济决定金融，金融反作用于经济。嘉兴作为东部沿海开放市，是农行发展的战略区域。农行嘉兴市分行一方面依托地方经济发展金融业务，另一方面又利用金融优势促进地方经济的发展，集中资金、科技和人才大力拓展城市业务，扩大了市场份额。近三年来，嘉兴市分行保持着强劲的贷款增势，每年贷款增量在7亿元以上，对嘉兴经济建设资金需求给予大力支持。与一大批大中型企业集团建立起战略发展关系，如：支持桐昆集团技术改造和扩大生产；支持钱江生化、天通公司的上市和资本运作；支持巨石集团、超同集团、金达集团、茉织华集团、景鑫集团等大型企业集团的技术改造和生产流动资金需求，为地方经济发展作出了重大的贡献。

同时大力支持各县（市）特色经济。农行嘉兴市分行通过信贷支持，使各县（市）区经济形成了明显的区域特色。如：嘉善的木业、平湖的服装业务、海盐的标准件、海宁的经编和皮革业、桐乡的化纤和羊毛衫等行业和专业市场，有力地促进了地方经济的增长。

支持城市基础设施建设力度不断加大。农行嘉兴市分行在市区的北京路、建国路和用里街等地段的旧城改造建设中投入信贷资金2．05亿元；在嘉兴市污水处理总管网和城市管网项目中将投入信贷资金4亿；土地储备中心增加授信1．5亿元；在嘉兴一中建设项目中给予信贷支持6900万元；另外，在自来水、医院、法院、电讯、通讯和宽带网等领域给予信贷支持，为加快城市基础建设，提高城市品位作出了贡献。

精神文明建设硕果累累

嘉兴市分行始终坚持“两手抓，两手都要硬”的方针，在业务拓展的同时积极开展争创“文明单位”、“青年文明号”、“巾帼文明示范岗”活动，几年来，全市农行先后有30多个单位和部门被省、市、县命名为各级文明单位，其中市分行、平湖支行、中山支行、秀洲支行等六家支行被授予市级文明单位称号，市分行营业部被授予总行级青年文明号，还有40家单位被授予各级“青年文明号”。

站在21世纪的新起点，展望未来，任重道远。嘉兴市农业银行将继续高举邓小平理论伟大旗帜，以江泽民总书记“三个代表”重要思想为指针，紧紧抓住即将到来的信息时代给嘉兴市分行带来的历史性机遇，积极应对中国加入WTO和日益激烈的同业竞争的挑战，不断创新、锐意进取、努力建设成为技术领先、管理先进、服务一流、信誉卓著的现代化区域性强行！

改革激活力　发展谱新篇

——扬中农行喜获全国农行两个文明建设先进单位

中国农业银行扬中市支行

近年来，扬中农行在上级行以及地方党委、政府的关心、支持下，大胆创新，锐意进取，坚持在改革中发展，在发展中壮大，两个文明建设取得了丰硕成果。到 2001 年末全行本外币存款达 18．69 亿元，本外币贷款总量达 10．64 亿元，不良资产仅占 10．6%；实现利润 2163 万元，超额完成市分行下达的利润目标；2000 年综合业绩考评在全省 64 个建制县级支行中名列第三，在镇江市农行系统中名列第一。存款总量和增量市场份额一直稳居扬中市各金融机构之首。全行业被镇江市委、市政府授予文明行业的光荣称号，成为扬中市各金融机构中唯一获此殊荣的单位；今年又被省委、省政府评为省级文明单位；支行党委被市分行党委评为党建工作支行；营业部被全国妇联授予“全国巾帼示范岗”的光荣称号，这在江苏省农行系统内是首家；在地方党委、政府组织的全市各部门的民主测评中连续多年名列前茅，多次被评为市文明单位和“三服务先进”单位；全行已连续 20 多年实现无案件、无事故、无重大差错的“三无”目标。

（一）改革创新，激发活力，推进发展

扬中农行通过深化分配、管理、经济等制度改革，以超人一拍、快人一步的前瞻性思维在激烈的竞争中谋求发展。一是推行工效挂钩，将员工的收入与经营业绩、工作质量挂钩，真正实现以绩定酬，按劳取酬。在全行室内员工中实施柜员等级制，拉开室内员工的收入分配差距。通过业务和技能的测试将员工分成高级工、中级工、初级工、见习工四个等级，室内员工的个人收入与各人的级别挂钩，这一制度的实施有力地推动了会计出纳人员整体素质的提高。在室外人员中推行客户经理制，按照个人报名，组织推荐，党委审查的程序聘任见习客户经理、助理客户经理、客户经理和高级客户经理，并根据业绩的大小拉开收入分配档次，全行共聘任 45 名客户经理，在社会各届引起强烈的反响，到年末，全行 45 名客户经理的日均存款达 19278 万元，营销低风险贷款达 2538 万元；二是全力推进人事制度改革。2000 年全面组织实施机关“三定”工作，将原有 11 个科（室）调整为 6 个科（室）和 2 个中心，并明确了各科（室）、各岗位的职能。积极推行机关中层干部竞聘上岗和机关员工的双向选择，实现机关干部和员工的能上能下和能进能出。为调动青年员工的工作热情，扬中农行在年轻的员工中选拔一批学历层次高、思想品德好的同志任中层干部助理加以重点培养，在适当的时候充实到中层领导岗位中去，这一举措得到省分行的充分肯定，并在全省加以推广。三是推行处（部）相对独立核算制度，将利润指标纳入全行的经营责任制考核之中，在全面测算各单位保本点的基础上，合理确定了各单位的年利润目标，从而在基层形成了以利润为目标的经营理念。实现了全行 18 个网点无亏损，全行盈利水平的稳步提高，全年利润额达 2163 万元。

(二)拓展市场，促进营销，提高份额

两年来，扬中农行始终坚持以市场为导向，以客户为中心，以效益为目标，实行“大市场、大资金、大营销”的经营策略，各项业务的市场份额不断攀升。一是强化系统公关。紧紧抓住政府机构财务管理实行收支两条线改革的机遇，主动向政府宣传农行的功能优势，在政府的大力支持下，经过多方协调，政府机构中的70%在农行开户结算。与此同时，对新成立的部门和单位进行了有力的公关，成功地争取到了代收罚没款账户、市城投公司、雷公岛开发等项目“落户”农行，吸引资金数亿元。二是大力拓展低风险信贷业务，提高信贷功能的回报率。两年来，扬中农行为广大企业单位办理100%保证金银行承兑汇票和保函业务累计达30800万元。积极稳妥地营销消费信贷业务，推出了住房、汽车、助学等多种消费贷款业务，于2001年2月成立了扬中金融市场首家金融超市，并与公证、保险等部门联手开办“一站式”服务，得到了客户的好评。三是大力拓展中间业务，提高中间业务的市场份额。1999年，扬中农行利用强有力的现代化网络和网点支撑，在激烈的竞争中脱颖而出，与扬中市电信局联手推出代收电话费业务，全市近7万门固定电话用户的电话费全部由农行代收，两年来，代收手机费、寻呼机费、代理保险、代收罚没款、代发养老金、代收诉讼费、代收水费、电费、燃气费等业务也接踵而至，成为扬中农行业务的重要组成部分。到2001年末，全行代收代付总额突破4亿元，全行实现中间业务收入110万元。

(三)调整结构，优化客户，提高质量

扬中农行始终绷紧资产质量这根弦，上下协调，合力攻坚，大力调整信贷结构，力促资产质量稳中有升。一是严把信贷准入关。两年来，全行的贷款增量90%以上都投向黄金客户，确保了资产的安全，全行优良客户贷款达4．5亿元，占总贷款的比重达40%以上；二是实施信贷退出战略，大力清降不良资产。两年来，扬中农行主动从效益差的乡镇企业、“小散差”的个体户、改制不规范的企业、工贸企业、加工企业中退出，有效地维护了资产安全。在清收不良资产的过程中，行党委班子成员一直活跃在清收的第一线，哪里有困难，哪里就有他们的身影。两年来，全行通过责任清收、依法清收、与人民银行联手打击逃废清收等办法取得明显效果。2000年末，全行淘汰、限制类客户的贷款总量下降了1438万元，信用占比下降了7．96个百分点。三是切实抓好信贷新规则的实施。实行信贷业务部门分离和贷审会制度，不断提升信贷决策和经营层次。从去年起上收基层网点的贷款审批权，同时对2000万元贷款以上的企业实行专管员制度，5000万元以上实行派驻驻厂信贷员制度，1亿元以上派驻驻厂机构，从而确保了信贷风险的弱化和新增贷款质量的提高。在今年上半年镇江市分行组织的竞赛中名列第一名。

(四)实践“三个代表”，固本强体，提升形象

金融的竞争是实力的竞争，更是人的素质的竞争。近年来，扬中农行十分注重干部队伍建设，认真贯彻“三个代表”的重要思想，努力培养“四有”员工队伍。多年来，全行没有发生一起违章违纪案件，受到了地方党政部门和人民群众的好评。一是强化党建，促进发展。自1998年农行党组织垂直领导后，扬中农行十分注重党的建设。首先是强化党的组织建设。在城区各支部配备一名专职支部书记，在乡镇网点配备支部委员，专门负责支部的党建工作。其次是强化党的作风建设。今年支行党委与各支部签订党风廉政责任状，各支部与每位党员签订“六个严禁”责任状。支行党委还按季下发廉政教育计划，加强对每位党员的党风廉政教育。第三是强化党的制度建设。在2000年开展的“三职教育、加强

三项管理”活动中，扬中农行积极整改，并完善了《政治业务学习制度和例会制度》、《党建工作制度》等五项整改制度，进一步加强了内部管理，提升了经营的层次，促进了业务发展。这一举措得到了镇江市分行的充分肯定，并将五项整改制度全文转发。制度的完善推进了全行党建工作的开展，各支部坚持“三会一课”制度和民主生活会制度，自觉开展批评与自我批评，党员的宗旨意识、纪律意识得到加强。第四是强化对党员的教育。在学习“三个代表”重要思想的过程中，扬中农行坚持把学教活动与“三职”教育、加强系统党建、改进行风、深化内部改革四个方面紧密结合，其经验在扬中市委“学教”总结大会上发言交流，并被省分行和《中国城乡金融报》转发推广。第五是突出抓好党建工作的检查。扬中农行坚持按季开展党建工作的检查，每年开展综合考评。两年来，全行有36名党员被评为优秀共产党员和优秀党务工作者，支行营业部还被省分行党委评为先进基层党组织。二是加强岗培，提高素质。各基层处（部）利用每周二晚上的时间进行业务学习和岗位练兵，努力提高自身业务技能。为此，支行专门开辟了“周末课堂”，并每年组织一次业务技术比赛利用每周六的休息时间组织全行员工学理论、学业务、学技术、并定期组织考试，保证了学习的效果。2000年全行上岗考试合格率达100%。支行每年组织一次全行性业务技术比赛，为一线员工提供展示才华的舞台。与此同时，支行还完善了整套优质文明服务规范制度，促进了服务水平的提高；三是接受监督，主动整改。扬中农行聘请行风监督员68名，每年召开一次行风监督员会议，发送征求意见书，主动向社会贤达征集对支行的意见和建议，发现问题及时整改。1999年，扬中农行还通过社会新闻媒体公开评选出优质服务示范网点2个和服务标兵20名；四是开展活动，营造氛围。扬中农行以创文明行业为由头，开展了丰富多彩的文体活动，陶冶了职工情操，展示了农行风采。2000年，扬中农行举办了“农行之声”文艺晚会，以答谢社会的厚爱。晚会的主要演员大都是来自农行一线的员工，同时邀请国家一级演员同台献艺，晚会得到了观众的好评，进一步提升了农行的对外形象。

深化改革 搞活机制 强化服务 快速发展

——农行鄞县支行改革发展纪实

鄞县地处宁波市区边缘，是全国经济百强县之一，2000年实现国内生产总值154亿元，财政收入14亿元，自营进出口总值8亿美元，城镇居民人均收入超万元，农村居民收入5531元，年经济增长率达13%。在鄞县这块经济快速发展的热土里，金融机构林立，网点数多达250多家，工、中、建、农村信用社等金融机构纷纷以各自的优势与农行抢占一席之地。

就在这样的环境中，农行鄞县支行在商业化改革进程中，积极探索，大胆实践，不断创新，唱响改革、发展、管理、效益的主旋律，业务经营快速发展。年年实现盈利，存款连续5年保持高增长。2000年，全行实现利润2899万元，成为宁波农行和鄞县金融同业中盈利第一大行，各项存款净增7.1亿元，存款增量名列系统内全省第一，全国第21位。至2001年12月末，各项存款余额达45.6亿元，比年初净增8.07亿元，存款增量位居全市农行第一，实现利润5023万元，同比增盈2124万元，综合效益进人全国农行百强支行行列。鄞县农行能有如此显著的成绩靠的是不断的改革创新，适时地调整结构和咬住服务不放松，以优质服务赢得市场。

（一）坚持走改革创新路子，活化经营机制

鄞县农行在机构、人事制度、分配制度三项改革中大胆创新，搞活了经营机制。

在机构改革上，按照“效益优先、城区优先、中心城镇优先”的指导思想，撤销低效网点，整合乡镇网点，重点配置城区、城郊网点，走集约化经营之路。1998年以来，该行将5个业务发展潜力小的乡镇分理处降级为二级分理处，撤销了6个达不到保本点的储蓄网点，对城区及城郊3个业务发展迅速的储蓄所升格为分理处，在宁波城市东扩和鄞县建设中心区的有利时机，及时踩点布网，新增网点6个，现又着手金融超市的开业准备工作，基本形成了以城区、城郊业务为主的精简高效的经营框架。同时，该行根据“以市场为导向，以客户为中心”的原则，大力改革不适应业务发展要求的支行本级机构，建立规范、便捷、高效的营销新体系。针对支行原设业务部门营销力度不足的实际，撤销了支行营业部，改设为统一对外营销、管理全行客户经理的公司业务部和集中全行结算业务的营业中心；改市场开发部为个人金融部；合并了工会、人监科，改设为人事监察部；针对不良贷款持续上升，清收难度大的实际，单独设立了资产保全部。新成立的机构从一开始就体现了强有力的生命力，公司业务部半年时间就组织存款2.6亿元，资产保全部配合基层分理处，2001年共清收盘活不良贷款11811万元。

在人事制度改革中，积极推行中层干部公开竞聘上岗，实施任前公示制，一般员工推行竞争上岗，实施差额聘用制，逐渐完善了用工形式。如2001年4月份，在支行党委的精心部署下，按照公开、公平、公正的原则，在全行进行了7名中层副职和公司业务部客户经理竞聘。特别是7名中层副职竞聘，得到了广大员工积极响应，经过初步资格筛选，符合条件的52名选手参加

了演讲、答辩，最终有7位同志脱颖而出走上了领导岗位。通过这次竞聘，既营造了能者上、员工工作有奔头的氛围，又为支行造就了一个业务能力强、学历层次高、有一定工作经验、群众基础良好的高素质管理队伍，为培养一支懂市场、善营销、客户资源丰富并有良好职业道德和敬业精神的营销队伍作了有益尝试。在选拔人才的同时，该行还对工作不努力的5名员工实施落聘下岗，从而全面搞活了用人机制，调动了员工积极性。

在分配制度改革中，实施绩效挂钩政策，对分理处进行存款、利润、费用、不良贷款清收等近十项经营目标考核，并加大利润考核比重，加大对未完成指标的扣罚力度和超额完成任务的奖励力度，对员工实施岗位系数等级分配制（即按照员工岗位设置不同奖金系数），并对贡献大的员工实行特别奖励，以此来适当拉开员工之间的收入差距，从而极大地调动了全行员工多作贡献的积极性。在2001年员工收入统计中，分理处之间职工收入差距高达15000元。

（二）坚持走结构调整路子，培育竞争优势

调整经营结构是鄞县农行的重头戏。

1. 调整城区、城郊业务。宁波素有服装名城之美誉，著名品牌企业雅戈尔、杉杉、太平鸟、爱尔妮等深深扎根鄞县中心区，加上鄞县近年来工业区、科教园区的兴建，使鄞县经济向城郊和中心区纵深发展。鄞县农行不失时机地调整城区、城郊业务，通过优化网点布局，美化网点环境，搞活城区、城郊用人机制，提供优质服务等措施，使城区、城郊网点达31个，占全行网点总数的60%，城郊、城区业务占比70%，城郊、城区业务和市场已成为该行发展的重要支柱。

2. 调整客户结构。从1999年起，由支行集中90%的信贷规模对黄金客户进行重点扶持，对具有市场竞争能力、市场前景好、收息有保障的优势企业重点扶持，并采取行长联系、客户经理上门、信贷部门重点监测的办法，取得了显著信贷效益。如2001年对县骨干企业雅戈尔集团公司累计投放贷款近15亿，无一笔逾期贷款，利息收回率达100%，目前该公司已成为该行实施银企双赢战略的最大黄金客户之一，该公司去年销售收入14亿元，实现盈利2．9亿元，到期信用利息偿付率达100%。

3. 调整信贷结构。鄞县农行始终坚持有所为有所不为，大力发展优良客户，坚决淘汰劣质客户，使信贷结构得到调整、优化。至2001年12月末，优良客户发展到105家，贷款金额93790万元，不良贷款占比19．6%，比年初下降2．2个百分点，其中常规不良贷款占比13．8%，比年初下降7个百分点，促进了全行经营效益进一步提高。在具体工作中，该行从实际出发，在“进、拓、退、清”上下功夫。“进”：就是严把信贷投向关，抓重点项目、优良客户投入。根据“区别对待、择优扶持”的信贷政策，该行抽出骨干力量，深入贷款企业，从生产经营、财务状况、信用程度等5方面进行普查，在所有贷款客户中筛选出105个优良客户作为贷款重点对象进行统一授信，加大贷款投入。如给予发展势头好的雅戈尔控股企业，中基对外贸易公司，新增设备贷款20000万元，宁波三星集团新增流动资金贷款10000万元，大大加快了这些优良客户上档次、上规模、上效益的步伐。同时还发展了一批成长型的中小企业。对经营效益好，有一定规模，有发展潜力的企业采用经常上门走访，上门服务等形式与其保持感情联络，及时了解企业形势，产品走向，并适时增加贷款支持。“拓”：就是积极拓展低风险信贷业务。该行坚持业务拓展和风险防范同时并举，大力拓展汽车消费贷款、住房按揭贷款、存单质押贷款等业务，至2001年12月末，消费贷款余额达17113万元，比年初净增13118万元，其中汽车消费贷款余额达8135万元，比年初增加5804万元，个人住房贷款余额7396万元，比年初增加6891万元，同时还签发了全额存单质押银行承兑汇票6000多万元，既有力支持了企业的生产发展，又为提高经营效益打下了扎实的基础。“退”：针对不良资

产占比高，贷款风险集中的实际，该行积极探索信贷退出新机制，制订实施信贷结构调整规划，年初在对所有贷款企业进行调查摸底、分列清册、分户落实、反复论证的基础上，共排查出退出企业273家，贷款金额49250万元，然后按比例考核到各分理处，要求各处逐季分解退出指标，并考核到人，季后奖惩兑现。至2001年12月末，共收回淘汰、限制、一般客户132户，金额7642万元，其中全额收回49户，金额3422万元，防止了新一轮不良贷款的产生，也一定程度上改善了信贷结构。“清”：狠抓不良贷款的清收、盘活工作。该行在对每一笔不良贷款调查摸底、制订一户一策清收方案的基础上，采用行领导抓重点、抓大户，客户经理抓具体任务落实的方式，对不良贷款该诉讼的诉讼，该拍卖的拍卖，处置方法做到活，清收速度做到快，收到显著成效。至2001年12月末，诉讼案件达75件，标的17091万元，全年清收不良贷款10870万元，其中集中管理不良资产3736万元，非集中管理资产7134万元，盘活不良资产941万元，保全资产205万元，一定程度上减少贷款损失，也为下步工作打下了扎实基础。

（三）坚持走优质服务路子，赢得客户、市场

鄞县农行把优质服务作为拓展市场、拓展客户、拓宽经营领域的重要途径来抓，收到显著效果。

在拓展市场上，实施存款“双大工程”，外抓大系统、大客户，内抓大行大所，通过为客户提供上门服务、对公免填单服务、代办公证、保险、代客理财等一条龙服务，在财政、城建、房地产、公交公司等大系统内发展优良客户100多个，年吸收低成本对公存款近4亿元，金融资源市场在国有四大商业银行中占比高达42%，牢牢控制了市场竞争的制高点。由于市场竞争有力，全行20个分理处平均存款超2亿元，亿元储蓄网点达10个，形成了一批存款稳定增长的基地。

为了稳定发展客户，该行积极推行差别化、多元化服务战略。如2001年初该行开户的三星集团企业总部搬迁中心区新厂区后，因该行在新厂区就近无网点，该行营业部主动提供每日上、下午上门收单、送单服务，并在业务上给予适当指导，受到该企业的好评，现三星集团公司和所属分公司基本账户已基本上到该行营业部开户，日平均存款余额达5000万元；又如该行存款大户县土管局经收处与开户行甬港分理处路程相差甚远，该行甬港分理处专门派员到经收处蹲点收款，并免费提供一切划款、汇款手续，赢得了土管局2．2亿元存款。

鄞县农行还大力拓展经营领域，发展中间业务，主动上门为财政、学校、法院、土管等事业单位进行收款，在所辖20个分理处50个柜台开设手机、寻呼、保险、水电费等代理服务品种，月均吸储超亿元。同时还利用结算和网络优势，与国泰、天一等证券开通银证转账业务，在国、地税实施“银税一体化”工程，争取到国库代理业务，2001年代理各项资金近10亿元，低成本资金稳步增长，经营实力进一步增强，综合效益稳坐鄞县金融业的头把交椅。

让文明建设之花永放光彩

——农行邕宁县支行创建文明单位纪实

中国农业银行邕宁县支行

多年来，农行邕宁县支行把创建文明单位作为各项工作的重点，并密切结合本行的特点，使两个文明同步前进，协调发展，取得了显著的成效。至2000年底，农行邕宁县支行各项存款余额为77040万元，比年初增加16008万元，完成任务152．5%，实现连续3年增长超亿元，存款总量、净增额、市场占有率三项均居当地各金融机构之首；各项贷款余额为30702万元；不良贷款占比由1999年底的46．4%降到2000年底的38．3%，下降8．1个百分点；各项财务收入3080万元，完成年度任务2929万元的105%；常规利润由1999年底亏损192万元变为盈利655万元，同比增盈847万元，实现了扭亏为盈的目标，并实现“三防一保”无事故。该行主要工作业绩如下：

（一）抓班子建设，促合力增强

支行党委平时注意加强自身建设，不断促进全行员工凝聚力的增强。一是在“三讲教育”、“三个代表”以及“职业道德”教育活动中带头学习，敢于剖析自己，为全辖员工起示范作用。二是经常深入基层调查研究，解决实际问题。自1998年以来先后为基层员工解决住房、饮水、办公设备等问题，办实事好事20多件，受到员工一致好评。三是坚持民主集中制。针对前几届班子存在办事不够民主，团结欠佳，上告信件接连不断，影响农行形象等情况，新班子首先修订了党委会、行长办公会等议事制度，使领导班子议事逐步走向程序化、制度化；其次按期召开民主生活会，开展批评与自我批评，互通情报，克服以往互相猜疑的现象；再次是办事公开，增加透明度，重大事项除班子讨论外，还交行务会、职代会讨论通过实施，如员工竞聘上岗、工资改革、药费包干、各项经营考核奖励方案等都是自上而下、自下而上反复讨论，征求意见，才正式下文执行。另外，实行领导班子成员按季负责制，让副职轮流主持全行的日常工作，培养副职的工作能力。由于该行注重加强领导班子建设，认真贯彻民主集中制，形成了班子成员间、员工之间团结协作、奋发向上的良好局面。

（二）抓队伍建设，促素质提高

为了提高员工的思想政治素质和业务素质，该行一是结合“三讲”、“三个代表”以及“职业道德”教育活动，采取正面教育与积极引导相结合的办法，提高防腐拒变能力；二是通过开展星级管理，全行员工形成学、赶、帮、超的良好局面，星级员工经过两年评定对比，2000年度员工上星率达91%，比1999年提高16个百分点；三是通过各种渠道对员工进行培训23期，450人次，大大提高了员工的理论知识和业务水平；四是强化技术练兵，开展电脑录入、点钞等业务竞赛，促进技术水平的提高，几年来在参加市县级金融系统比赛中分别获团体、个人第一、二、三名的好成绩。同时在该行办理的274万笔收付业务中，差错率仅为万分之0．04。

（三）抓制度建设，促管理规范

1998年以来，邕宁支行制订了《农行邕宁县支行员工岗位目标管理考核办法》等13项办法、制度。通过加强制度的建设，在管理上达到五个规范：员工日常管理规范、岗位操作程序规范、考核规范、约束和激励规范、管理程序规范。该行不但实现了连年安全无事故和无重大经济案件，而且业务的风险度大大降低。1998年以来，对贷款发放均严格按程序办理，没有发现一笔违章贷款现象。为了确保制度的贯彻执行，该行在每个所设立“员工岗位目标管理监测台”，监测台设提示和警示岗，实行公开监督，使一线问题和隐患及时得到发现和整改，杜绝了案件和事故的发生。2000年，经各级领导检查发现并纠正问题228个，确保了业务经营得到稳健发展，内控制度得到进一步落实。

（四）抓文明建设，促行风好转

一是通过开展“三讲”、“三观”教育，使员工树立了高尚的思想品德，好人好事蔚然成风，三年来各种解难捐资1500人次，金额6．8万元；员工在办理业务中见财心不贪、长款退客户的有1230人次，金额87000元；堵截冒领、骗取存款8笔，金额达2000多万元。二是办好职工食堂、招待所，既方便基层员工开会、办事食宿，又大大减少了费用开支。三是组织员工开展各种有益活动。对外，组织整体公关，通过各种联谊会、汽排球、游艺、为顾客书写对联、散发宣传单等方式，大大增进了与客户之间的感情，树立了农行的良好形象；对内，通过开展板报评比、演讲、演唱、象棋、麻将比赛等，营造了良好的文化氛围，成了“精神乐园”。四是扩大服务内涵，为企业提供服务，如登门收款、为客户宣传解释办贷手续，派驻厂信贷员帮企业经营出谋献策等，赢得了客户的好评。

（五）抓服务监督，促服务质量提高

在业务发展中，该行一方面聘请两名离退休老干部为社会监督员，对各网点进行巡视、检查监督，并及时反馈意见；另一方面组织8名员工组成4个组深入到全县乡村、学校、企业、党政部门等单位发问卷2000份，对该行的党风廉政建设、服务质量、工作态度、工作效率等进行社会调查，使存在问题得到及时解决，有力地推进了双文明建设，受到社会各界一致好评。1998年以来，该行先后被评为地（市）、县级创建文明单位，2000年支行党委被评为区农行、区分行营业部党委先进单位，县支行被评为全区农行先进集体。

筑牢基础　勇立潮头

——农行乐山市分行营业部加强资产质量管理工作略记

中国农业银行乐山市分行营业部

中国农业银行乐山市分行营业部自1994年成立以来，重点经营和拓展公司业务，在工作中坚持择优汰劣、稳步推进、质量第一的原则，投放近30亿元贷款支持地方优势行业和优良客户，取得显著成效。截止2001年末，贷款余额达16.4亿元，实现利息收入9979万元；不良贷款占比1.24%，创下信贷资产质量历史新高。

梅花香自苦寒来。营业部充分分析乐山市各银行金融机构的布局、经营特色，认真研究乐山甚至全省、全国经济的发展趋势，从提高竞争优势和创造收益的角度，制定了营业部的经营发展战略：定位公司业务，拓展优良客户，培育终身客户，加强风险监管，提高资产质量和经营效益，走资产兴部的路子，打造乐山分行的旗舰。历经几年的实践，证明了这一战略的正确性，信贷资产业务逐年上升，利润逐步提高：1999年利润2850万元，2000年实现利润2372万元，2001年实现利润2723万元；不良资产占比逐年下降：1999年占比2.07%、2000年1.68%、2001年1.24%。

（一）选好载体，筑牢基础

信贷客户质量的好坏，直接影响信贷资产质量的高度。近年来，该部根据国家产业行业政策，结合《中国农业银行产业、行业信贷指导目录》和乐山市国民经济发展实际，组织力量，对全市各行业、各企业进行调查、摸底，分类筛选排序，建立专门档案，实行动态管理，对生命力强、效益好、发展前景广阔的交通、电力、能源、农业产业化等优势行业和企业，积极介入，倾力支持。目前，该部贷款53户，贷款余额16.4亿元，其中优良客户贷款余额达14.7亿元，占贷款总额的89%。

乐山拥有“峨眉－乐山大佛世界自然文化双重遗产”，为加快旅游业的发展，省交通厅于1996年拟上连结成都与乐山的高速公路项目。当时成立的四川省成乐高速公路股份有限公司在建行开立账户，并已得到建行、工行等多家金融机构的承诺，同意贷款支持成乐高速公路建设。在激烈的竞争中，该部通过评估论证，认为该项目对信贷结构调整有巨大的促进作用，主动与农总行、省市分行联合营销，成功将该公司请到该部“作客”。目前该路投入运行状况良好，月收费达1050万元，月均存款2000万元。

乐山电力股份有限公司是中国第一家电力股份上市企业，总资产逾10亿元。近年，该公司进行农网改造，修建西坝－乐山－夹江110KV输变电工程。农行乐山市分行营业部通过认真细致的评估、论证，认为该项目对于辐射区内的地方经济发展有较大能源保证作用，经济效益和社会效益明显，于是大胆和与乐电公司有合作协议的市商业银行竞争，果断投入2407万元贷款支持乐电的输变电工程项目。2000年，该公司实现主营业务收入28469万元，完成年度计划的103.5%，实现主营业务利润8107.22万元，年度利润总额4860万元，年度税后净利润3713.09万元，企业按时还本付息，信贷资金处于良性循环轨道。

经过几年的运作，该部已初步形成公路交通、电力、林业、医药、电子、土地储备等行业的黄金客户群，这些黄金客户群体贷款占该部贷款总额的88%，使信贷资金处于低风险状态。

(二) 加强风险监管，淘汰变质客户

为稳步提高信贷资产质量，防范信用风险，该部定期量化监测客户经营状况，检讨内部信贷管理。根据对客户信用等级评定结果，该部对进入限制、淘汰客户序列的客户，坚决退出，并积极清收拖欠本息。近三年来，该部累计压缩限制客户8个，收回贷款760万元；淘汰客户7个，收回贷款430万元，达到了调整信贷结构，提高资产质量的目的。

对作为优良客户、一般客户的企业，该部重点监管企业的经营行为和效果，确保信贷资金的第一还款来源充足、正常。一是定期到企业考察生产、销售和内部管理。二是加强企业现金管理。该部着重从两方面考察和管理企业现金：(1) 定期现金流量分析，弥补权责发生制财务报表的不足。(2) 做好账户管理，对企业的资金归行和款项支付建立台账。三是统一授信管理，适时调整企业信用等级和授信规模，做到贷款投放额与还本付息能力相适应。

通过风险监管，进一步对客户进行了筛选，淘汰了一批，扶持了一批，发展了一批，使客户基础越来越壮大，优良客户比例不断上升：1999年占比82%，2000年占比85%，2001年占比达89%，信贷资产投放效益越来越好。

(三) 对症下药，清欠盘活

不良贷款形成原因是多方面的，该部很重视不良资产的清收盘活，是进一步提高信贷资产质量的基础。在化解信贷风险，清收盘活不良资产的过程中，因企施策，对症下药，取得良好效果。

1. 实施债务转让，盘活清收。四川省川南林业局1996年贷款600万元，1998年因国家政策（天然林禁伐）影响，还本付息发生困难，贷款逾期一年多。在寻求如何盘活该企业的贷款过程中，发现川南林业局拥有乐山吉象人造林制品有限公司15%的股权，而与该部有密切业务往来的乐山市林业综合开发公司有投资吉象木业的兴趣。在“债务转让”的盘活思路下，该部主动与各方磋商，最终达成股权转让协议，乐山市林业综合开发公司代川南林业局偿还600万元贷款本金及24万元欠款利息，沉淀近2年的贷款起死回生。

2. 介入企业管理，增效益助清收。乐山阔幅纺织公司是生产床单布料的纺织企业，部分产品出口韩国，年产值3000万元。1996年该部贷款400万元。1997年受亚洲金融危机及国内同业市场竞争的影响，效益直滑，当年亏损50万元，已不能按时还本付息。该部同企业深入成都、山东等地，对床单布料生产、销售情况做了深入细致的调查，果断建议企业购进先进的新型宽幅织布机，生产有广阔市场的宽幅布床单。企业更新机具和产品后，市场占有率显著提高，1998年一举扭亏，创利40万元，至今利润逐年增加，现不仅能按月支付利息，贷款余额逐年下降，企业经营也进入良性运转。

3. 代位追缴贷款清收，乐山花神日化保健品厂是该部的淘汰客户，近年因经营不善，濒临倒闭，该部在得知企业在成都尚有10万元的货款未收回的信息后，经企业方介绍，该部代其追收货款9．2万元。到2001年末，该企业拖欠的债款本息已全部清偿。

(四) 从严把关，规范信贷决策行为

1. 信贷资产质量管理水平直接影响信贷资金的安全，客户经理的素质决定了管理水平。中国农业银行乐山市分行营业部认识到这一点，于

是从员工的“两个素质”入手，重点培训客户经理，定期组织学习与信贷业务相关联的法律、财务、企业知识，增强客户经理的政治素质和业务素质，防范道德风险和能力风险。

2. 逐渐完善法人授权和转授权管理办法，规范决策行为。该部成立了贷款审查委员会，作为每笔贷款发放的集体决策机构，并建立健全了贷审会议事规则等一系列工作制度，严格授权管理权限，把信贷管理纳入规范化、程序化轨道。在信贷决策过程中，还引入非信贷、有评审能力的员工参与信贷管理，防范能力不足而引发的可能风险，提高决策质量。

中国农业银行乐山市分行营业部历经几年磨砺，资产质量大大提高，效益日现，成为农行系统的一名“排头兵”。2000 年度获农总行“资产质量排行榜”第 28 名，“人均创利排行榜”第 27 名。2001 年，该部被农总行评为“百优支行”。

强化信贷管理　提高资产质量

中国农业银行屏南县支行　叶建雄

屏南县地处山区，经济基础薄弱，金融业经营困难，屏南农行曾面临严峻的生存问题。1995年以来，屏南农行领导班子不等不靠，不悲不叹，在宁德分行党委的领导下，凭借着山区农行人特有的勤劳和智慧，负重奋进，艰苦拼搏，深入发动思想和效益两大攻坚。经过五年的艰辛创业，信贷不良资产占比从1995年的68．3%降至2000年的0．91%，支行从1997年开始连续三年清非工作名列全区第一；2000年信贷资产质量跃居全省县级支行第一，全国第十六；连续五年无一笔新增不良贷款。2000年表内利息收回率108%，表内应收未收利息余额为零，综合利息收回率119%，盈利138万元。屏南农行在五年间之所以取得了一年一个样、三年不一样、五年大变样的业绩，凭的是牢固树立信贷资产质量“天条”意识，强化信贷管理，积极开展贷款营销，努力清非收息，回顾几年来的信贷管理工作，屏南农行的主要做法是：

（一）建章立制，规范信贷决策，强化内部管理

1995年初，屏南农行各项贷款余额为2619万元，不良贷款余额为1788万元，占比高达68．3%。这除了屏南是个山区贫困县、经济基础差，业务拓展潜力小，同业竞争激烈等客观因素外，主观上也存在信贷“三性”意识谈薄，信贷管理长期不到位，许多规章制度流于形式。面对这样一个烂摊子，屏南农行领导班子高度重视，在调查研究的基础上，班子成员一致认为，要想彻底改变连年亏损的面貌，打一个经营翻身战，必须以强化信贷管理为突破口，向提高资产质量要效益，支行从信贷工作建章立制入手，制订了《屏南农行贷款操作实施细则》、《屏南农行贷款违章处罚规定》等，对信贷管理、调查、审查、审批、发放、贷后检查、信贷档案的建立以及违章处罚等作了系统的规定，明确了审贷分离制，实施贷款第一责任人制度和贷款责任终身制，上收了营业所贷款审批权，真正做到责任到岗到人，有章可循，违章必究。在对全县信贷资产存量进行认真的清查、清理的基础上，落实责任人，深入开展“查、纠、补、收、建”，健全了信贷、资产保全、监察、稽核四位一体的监督机制，突出稽核监督约束，对违章违纪行为决不心慈手软，五年来共处分10人次，罚金7490元。严惩以身触犯者，维护“天条”意识，使全行上下受到深刻的触动，思想观念发生了根本性的转变，有效地遏制了重放轻收，重贷轻管的粗放经营，使全行信贷管理逐步走上制度化、规范化的轨道。

制度的健全和操作的规范，建立了正常的工作秩序，又营造了良好的经营环境。为确保新贷的效益性和安全性，屏南农行具体抓好几个环节：（1）支行成立了审贷委员会，基层信贷人员作为贷款第一责任人必须把好贷款调查关；支行访贷管理科作为审查岗，把好审查关；审贷委员会作为审批岗，把好审批关。上下各司其职，坚持按规定程序发放贷款，严禁逆程序操作，坚持贷款审批权限，严禁越权发放，对贷款基本条件不具备，手续不齐全，经营效益不明显的，坚决

做到不上报、不审批、不发放。(2) 严格执行贷款担保制度。贷款发放前，严格审查担保人资格，抵押物变现能力，做到合理评估，依法登记，确保法律效力。担保贷款必须由借、贷、担保单位（人）三方共同签订，贷款额不允许超过抵押物评估值（扣除变现税费）的 70%。(3) 狠抓贷款“三期”管理，即做好贷款管理期、收贷期、处罚期的监测、考核。加强贷后检查力度，健全贷款档案。贷款发放 15 天内，管户信贷员必须对企业（借款户）资金使用情况及生产经营、销售、贷款回笼情况进行贷后检查，以后每月至少检查一次及时进行风险预报，采取针对性的措施降低风险。贷前贷后的所有检查情况，都必须形成书面材料存档，并按时上报审批行。(4) 认真落实总分行风险资产监管制度，及时做好不良贷款的认定与核销，加强债权管理和以资抵债管理。对正常转逾期、逾期转呆滞、呆滞转呆账的贷款按规定权限及时上报审批，并建立不良贷款台账进行监测。同时，根据财政部核销贷款的规定，及时组织材料，申报核销，几年来累计核销 120 万，还收回已核销贷款 22 万元。

（二）保全资产，盘活旧欠，提高资产质量

在堵截新增不良资产上，支行班子竭尽全力，在清收旧欠方面更是不遗余力。对清收难度大的贷款，支行班子没有放弃，没有畏惧，率领员工共同奋斗，使不良贷款占比降到 0.91%，并实现一个“两无”营业所。五年来，支行针对不良贷款对象分散、金额小、逾期时间长、成因复杂的特点，摸清家底，分类排队，运用宣传、教育、法律、行政、经济等手段，多管齐下，发扬“蚂蚁啃骨头”的精神，展开清非收息攻坚战，采取了以下五个方面的收贷措施：

1. 依法起诉，变现清收。对已关停倒闭且有资产的乡镇企业、个体赖债户，采取依法起诉、变现清收。五年累计起诉案件 56 笔，贷款 138 万元，针对执行难问题，支行主要领导亲自抓，通过理顺政府、法院等有关部门关系，几年来共变现收回贷款 52 笔，本金 97 万元，利息 63 万元。

2. 以资抵债，实物清收。几年来对经营不景气、倒闭且有资产的国营企业县茶厂、县茶叶公司、供销社土产公司、贸易公司等共 285 万元的贷款本金，通过起诉、协商，到目前已办理以资抵债 344 万元，其中本金 166 万元，利息 178 万元；通过法院裁定以房产收回本金 104 万元。

3. 新旧项目，挂钩清收。屏南县已关停倒闭的部分乡镇企业没有资产，贷款难以收回。为了保全资产，盘活旧欠，支行多次召开清非会议，研究对策。根据该县的实际情况，支行班子决定新旧项目挂钩清收，并与地方政府部门签订还款协议。一方面，积极支持乡镇投资少、见效快的项目；另一方面，要求地方政府统筹偿还原已关停倒闭企业旧欠贷款本息。几年来，支行根据屏南县水利资源丰富，地理条件优越，办电站投资少、收益稳定这一特点，支持地方电力资源的开发，使乡镇的经济得到了很大的发展，累计收回历年已核销的乡镇企业呆账贷款本息 43 笔，本金 276 万元，利息 124 万元，到去年底，有五个乡镇已全部还清旧欠乡企贷款本息。

4. 协商解决，重点清收。供销系统贷款是个老大难问题，制约着支行的发展。由于历史原因，供销社贷款量大且贷款担保手续不全，不良贷款占比大。为盘活这部分资产，支行采取了一系列有效措施。1996 年首先对供销社 1200 万元贷款全面补办有效贷款抵押、担保手续，有效保存了信贷资产，而后多次与政府协商降低供销社资产变现还贷款的税费，把正常变现税费从 48.5%降低到 1.3%，从而鼓励供销社通过资产变现偿还贷款。几年来，累计收回供销社呆滞贷款 331 万元，利息 122 万元。

5. 落实责任，专业清收。1995 年前贷款审批权未上收支行。许多小额个体户贷款由营业所主任或信贷员直接审批发放，长期以来这些贷款难以收回，但支行对贷款未能收回没有明确的处罚制度，仅 1990 年前发放未收回的个体贷款就达 220 万元。针对这一情况，1996 年支行对 1990 年前发放未收回的个体户贷款进行逐笔调查落

实，明确原贷款审批人作为收贷责任人，要求各责任人在三年内收回，其工资收入直接与清收情况挂钩，对原贷款审批人已退休的也要协助清收。经过几年的清欠工作，收回旧个体户贷款142万元，利息132万元。

（三）建立项目库，实现项目救行、项目兴行

发展是硬道理，更是屏南农行的当务之急，面对生存与发展基础的先天不足，支行党委果断提出“培育项目，强筋壮骨”的经营策略，从支行班子成员到营业所信贷人员分头寻找大项目、好项目，支行建立项目库，实行项目救行、兴行。首先，积极介入屏南县与福州市山海合作的一个最大项目——榕屏联营化工厂。该厂是福州一化与屏南电力公司本着“互利互惠，优势互补”的原则，充分利用屏南县丰富的水力资源，发挥福州一化集团的领先技术、先进管理和品牌优势并投资3000万元，开发生产氯碱业系列产品，在投资初期，支行主动介入项目一期工程，不断给予流动资金周转扶持，该厂逐年出效益，1998年创利润4万元，1999年二期工程上马，支行把该厂做为“双优”项目重点扶持，共贷款4750万元，到2000年底，该厂年销售收入1亿多元，年创利税3000万元，为屏南县增加收入2000万元，实现了银企“双赢”。其次，支行还根据屏南县雨量充沛，河流落差大的特点，积极支持地方电力资源的开发，在为地方经济建设做贡献的同时，也扩大了支行贷款规模。第三，积极扶持私营企业。近年来，个体经营者充分利用屏南县独特的地理气候和丰富的山区物产资源，大力发展食用菌生产、加工、销售业，以及竹木加工业，出口创汇。支行瞄准这支日渐突起的异军，在资金上积极予以扶持，两来年，共累放贷款3000多万元，支持20家私营企业。其中，如锦丰、大创、碧全等企业，年出口产值已达2亿以上，创利超1000万，成为县里的纳税大户，是屏南县的经济支柱产业，也成为支行优良的客户群体。去年支行又打开山门，取得了福宁高速公路4975万元的分账经营贷款，再次把信贷规模推上一个新台阶，达1．47亿元，是1995年的5倍多，这两大项目的发展，增强了屏南农行经营创利能力，使支行信贷经营的速度、质量与效益达到和谐统一。从1996年至2000年底，五年间支行累计发放贷款3亿多元，实现到期贷款收回率100%；1999年盈利106万元，脱掉了亏损帽，综合评比全区第一；2000年盈利138万元，被省分行评为信贷资产质量管理先进单位。

在过去的几年中，屏南农行在强化信贷管理，提高资产质量方面做了大量的工作，取得了良好的成效。在新的一年中，面对新的形势，屏南农行将进一步加强信贷管理，确保信贷资金安全有效益。一是要加强信贷投向管理，积极主动调整信贷结构，强化信贷市场退出机制，防范企业风险的转嫁；二是进一步落实和完善信贷新规则，规范信贷经营决策行为，强化信贷决策的体制制约和责任约束；三是完善报备制；四是坚持不懈做好堵新收旧，保持良好的信贷资产质量，促进支行信贷资产质量管理更上新台阶。

入世后商业银行主动适应的难点及化解办法

农业银行湖北省襄樊市樊西支行　周庆军

主动适应是我国入世的整体对策，也是商业银行的根本对策，本文拟就入世后商业银行主动适应的难点和化解办法提出一些粗浅的看法。

（一）商业银行在扩张战略上的适应难点

1. 商业银行在机构扩张上的适应难点

外资银行逐渐会在中国寻找到网点存本与获利的卖点，网点随经济扩张而扩张，收缩而收缩，完全由市场调节，而且内部资源有优化配置和自我淘汰的自由，运作机制具有很大的弹性，不管怎么管理，机构成本始终处于合理的状态。而商业银行机构改革力度虽然逐年加大，但机构及人员规模仍十分庞大，机构成本不会出现大幅削减，使商业银行的负担始终大于外资银行。

2. 商业银行在科技扩张上的适应难点

外资银行拥有先进的高科技术和人才，擅长把科技顺利地转化为生产力，届时将有大批的家庭、居民小区、商场的电脑成为外资银行的网络终端。而商业银行分支机构科技人才匮乏和流失，对总行同样的科技扩张信心不足。

（二）商业银行在资金运动上的适应难点

1. 商业银行对内地存款向外地外资银行流动的适应难点

入世后，即使短期内外资银行不会通过大规模增设网点来扩大居民储蓄存款规模，但我们的市场份额仍然会受到一些冲击，在省会城市、中心城市、发达城市外资银行优惠待遇的诱导下，县级城市、非中心城市、贫穷城市的存款特别是个人存款大有向其转移的可能。入世中期后，外资银行会在全国普遍增设代表处及适量网点，资金转移的范围会愈来愈广，数额会愈来愈大，转移速度会愈来愈快。

2. 商业银行对外资银行放款向内地流动的适应难点

与个人存款相反，外资银行的信贷资金将向县级城市、非中心城市、贫穷城市适量转移，其投放重点是个人消费信贷，其战略意图无疑是在中国境内寻找没有饱和的市场需求和利润增长。受体制制约和历史教训影响，商业银行不可能象外资银行那样作“资金对流”运作，只能实行“单向资金运动”，即资金源于本地域，投放于本地域，作简单运作。可想而知，商业银行将面临“本地市场”和“外围市场”两面夹击。

（三）商业银行在经营管理上的适应难点

我国金融业改革开放已经走过了20年的历程，截止1999年9月，中国境内成立外资银行分行158家，代表处248家，许多外资银行经历了中国计划经济向市场经济转变的全过程，比较熟悉中国国情，一是对中国商业银行管理体制比较了解，二是对中国居民的生活状态、积累模式、消费观念比较了解，他们比入世后的“新狼

工商银行上海外高桥保税区支行

行长：钦伟（左）

中国工商银行上海市外高桥保税区支行是中国工商银行上海市分行设立在全国第一个保税区——上海外高桥保税区的重要分支机构。自1998年重组成立以来，该行秉承中国工商银行卓著的服务信誉、雄厚的资金实力、方便快捷的结算网络优势，坚持“传统业务与新兴业务相结合，国内业务与国际业务相结合”的办行原则，根据保税区区域经济的特点，明确市场定位，努力提高服务质量，积极拓展各项业务，为保税区内中外企业提供现代化的金融服务。

凭借优质的服务、严格的管理和富有进取精神、学习氛围的内在文化环境，该行赢得了IBM、英特尔、郎讯、飞利浦、康柏、丸红、施乐、惠普等一大批以财富500强为核心的著名跨国公司集团客户。至2001年末，该行本外币存款总额达48.4亿元，本外币贷款总量超54.6亿元，国际结算量累计达47.5亿美元。

2001年5月，该行荣获全国“五一劳动奖状”先进集体和全国金融系统“五一劳动奖状”获得单位的光荣称号。目前，该行已拥有一支总人数为170人，35岁以下人员占比为66%的年轻向上、富有活力的员工队伍，外高桥保税区支行将立足保税区，坚持本外币一体化经营思路，大力拓展以世界500强为主体的跨国公司市场业务，努力实现经营机制的转换，逐步达到国际商业银行中等经营管理水平。

地址：上海浦东外高桥保税区马吉路28号（东华金融大厦）
邮编：200131
电话：021-58691560　58692203

中国工商银行西安高新技术开发区支行

党委书记、行长：杨瑞

中国工商银行西安高新技术开发区支行创建于1993年元月，是工行陕西省分行辖内率先按照商业银行经营管理模式运行、实行资产负债比例管理的改革试点行。支行现有员工200人，内部机构设置为“两部一室”。目前，该行已经发展为管理科学、运行规范、初具现代化银行模式的新型国有商业银行。

高新支行立足“质量、效益、管理和改革创新”，坚持以新的经营理念和新的管理模式创造性地开展工作，建行9年来，全行员工为促进高新技术商品化、产业化、国际化发展付出了不懈努力，支持了交大开元集团、东盛药业、华圣集团等一大批企业走上辉煌的发展之路；推出多种服务品种，促进了区域经济发展，产生了巨大的经济效益和社会效益。与此同时，高新支行也逐步壮大，资产总额由零扩张到近30亿元，各项综合指标在陕西省工行营业部系统名列前茅，已连续7年利润超千万元，累计实现利润逾2亿元，实现了建行9年来无经济案件、无重大差错事故、无违纪违规行为。在连续荣获区级、市级文明单位称号后，2000年该行成为西安市唯一一家被授予省级文明单位称号的金融单位，2001年被授予工总行“文明单位”称号。支行党委被授予营业部先进党委，全辖所有营业网点均被授予“优质文明服务窗口示范单位”。

随着高新支行发展由初创步入成熟，支行把“管理严谨，服务卓越，争一流金融企业，创工行高新品牌”确立为支行的质量方针，2000年初在行内推行ISO9002国际质量管理体系模式并于同年9年底取得认证，标志着高新支行管理步入一个崭新阶段。

工行西安高新支行领导班子

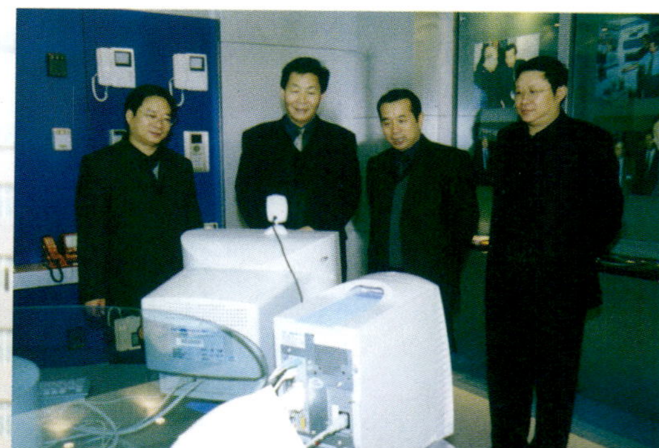

积极支持高新技术企业发展，扎实做好信贷服务工作

工行高新支行柜面服务

工行西安高新支行办公大楼

地址：陕西省西安市高新路1号
邮编：710075
电话：029-8312266
传真：029-8312232

中国人民银行阿拉善盟中心支行

党委书记，行长：张利群

中国人民银行阿拉善盟中心支行成立于1981年，现辖阿右旗、额济纳旗两个支行，共有在职干部212人。多年来，人行阿盟中心支行以发展经济、稳定币值、加强金融监管、促进地方经济金融事业发展为己任，结合辖区金融工作的具体实际，按照"三个代表"的要求，全面加强党的建设，认真履行中央银行基层行的职责，积极贯彻落实稳健的货币政策，强化金融监管，有效地防范和化解金融风险，切实改进和提高金融服务水平，在有力地支持地方经济发展的基础上使辖区金融业不断发展壮大。金融机构各项存款由1980年的0.8亿元增加到2000年的19亿元，增长23.75倍；各项贷款由1980年的0.2亿元增加到2000年的15亿元，增长75倍。金融机构也由1980年的83个增加到2000年的155个，金融从业人员达到了1246人，逐步实现了由过去单一的银行业向银行、保险、信用社多业并举的转变，建立起以中央银行为领导，工、农、中、建四家国有商业银行为主体，中国农业发展银行、邮政储蓄、保险公司多种金融机构并存的金融组织体系。

人行阿盟中心支行在认真履行中央银行职责的同时，积极进取，不断开拓，追求卓越，努力加强自身建设，完善各项内部管理制度，合理调配工作人员，狠抓思想政治教育工作，加强精神文明建设，促进金融文化建设，改进工作作风，提高办公效率，使各项工作有都长足发展。先后有6人（次）获得国家级表彰，86人（次）获得分行级表彰，有一个支行被评为总行"双文明"单位。各项工作都体现出阿盟人行系统各级领导班子和全体行员艰苦奋斗、锐意进取、积极探索、甘于奉献的敬业精神。

发放宣传资料

▲ 散发反假币宣传资料

讲解假币知识

地址：内蒙古巴彦浩特
邮编：750306
电话：0483-8333770

中国人民银行眉山市中心支行

中国人民银行眉山市中心支行地处川南、川西重要交通枢纽的眉山市，现辖彭山、青神、洪雅、仁寿4个县支行，共有在职员工237人，其中中支机关105人，县支行132人，具有大专以上文化学历的人员115人，占48.5%。近年来，眉山中支紧紧抓住“十五”计划和西部大开发战略实施的契机，以创建眉山金融安全区为载体，认真贯彻执行稳健的货币政策，努力加强金融监管，防范和化解金融风险，进一步改进金融服务，切实履行好中央银行职责，积极支持地方经济建设。取得了较好成效。截止2001年9月末，全市金融机构各项存款余额120.12亿元，各项贷款余额95.51亿元，信贷投入进一步增加，信贷结构进一步优化，不良贷款进一步降低，经营效益进一步提高，全市金融市场秩序进一步好转，社会信用状况进一步改善，社会资源配置进一步趋于合理，经济结构调整和经济、金融平稳运行得到了有力的保障。

地址：四川省眉山市东坡区金鑫街29号
邮编：620020
电话：0833-8101727
传真：0833-8101638

中国人民银行汕尾市中心支行

中国人民银行汕尾市中心支行成立于1988年，管辖海丰县、陆丰市和陆河县三个支行，目前共有内设科室19个，干部职工137人，其中大专以上学历60人，具有专业技术中级以上职称47人，现有领导职数共7人，其中正副行长5人，纪委书记、工会主任各1人。中支成立以来，在上级行和地方党政的正确领导和大力支持下，深化改革，团结进取，努力建设一支高素质的干部队伍，

按照《中国人民银行法》赋予的职责，肩负起汕尾地区金融监管和金融服务的重任，致力于金融业的健康发展和地方经济建设。1999年人民银行管理体制改革后，汕尾市中心支行充分利用新的管理体制优势，加强内部管理，合理调整部门结构，落实责任制，加大金融监管力度，严肃查处金融违法违规行为，防范和化解辖区金融风险，取得了显著成效。年轻的汕尾市中心支行，在上级行的领导下，正锐意进取，以必胜的信心迈入新世纪，迎接加入WTO的挑战。

地址：广东省汕尾市汕尾大道人行大楼
邮编：516600
电话：0660-3339532
传真：0660-3324620

中国人民银行

潮州市中心支行

中国人民银行潮州市中心支行是中国人民银行在潮州市的分支机构，受中国人民银行广州分行垂直领导，辖有中国人民银行饶平县支行和中国人民银行潮州市中心支行潮安营业部（行使县支行职能）。

该行依据《中国人民银行法》赋予的职责，认真执行货币政策，对潮州市金融业实施监督管理，防范和化解金融风险，维护正常金融秩序，发挥金融服务功能，促进地方经济持续快速健康发展。近几年来，在该行的管理、协调、监督下，潮州市金融体制改革深入开展，金融业不断发展壮大，金融机构体系逐步完善，各项存贷款业务迅速增长。至2001年底，全市金融业各项存款余额较十年前增长了8倍，其中储蓄存款增长了10倍，各项贷款余额增长6倍多。金融业的发展，有效地促进了地方经济的发展。

一是认真执行货币政策，支持地方经济持续稳健发展。该行切实处理好防化风险和支持经济建设的关系，既树立主动为企业提供金融服务的意识，指导、督促银行加大信贷投入，又严格遵循市场原则，建立正常的银企关系；既支持企业的“进”，也支持企业的“退”，帮助企业实现结构调整；既加快信贷投入，也防化金融风险，努力实现推进企业改革发展与促进金融自身改革发展的双赢目标；既支持商业银行加强内控，也鼓励商业银行调动基层行的积极性，加大信贷投入；既改善金融服务，也加强金融监督，寓监督于服务之中。

二是依法监管，树立监管权威，力促金融有序运行，确保一方金融平安。通过现场和非现场监管，规范商业银行经营行为，促其达到减亏增盈的目的，并着力抓好商业银行不良贷款的压缩工作，提高商业银行贷款质量；抓好农村信用社的监管和行业管理工作，化解农信社支付风险，促其由“求生存”向“求发展”转化。使农信社实现了减亏，风险社减少，不良贷款率下降，效果明显；抓好城信社和信托投资机构的停业整顿工作，切实化解金融风险，维护金融、经济和社会稳定。

三是加强内部管理，从严治行。通过完善各项规章制度，用制度约束人，使内部管理工作不断得到加强，年年实现安全年。

近年来，该行多次被上级行和地方党政授予“两个文明建设先进单位”、“先进集体”、“法制宣传教育先进单位”、“社会治安综合治理达标先进单位”等称号。

地址：广东省潮州市新洋路
邮编：521011
电话：0768-2211238
传真：0768-2211907

中国人民银行金塔县支行

金塔县位于甘肃省河西走廊中段的北部边缘地区，总面积1.88万平方公里，全辖10乡3镇，123个行政村，694个村民小组，总人口13.8万，是通往酒泉卫星发射基地的咽喉。改革开放以来，该县金融事业得到了长足的发展，以人民银行为核心，农发行、工行、农行、建行、农村信用社和财、寿险公司组成的金融体系已经形成。截止2001年11月，全辖金融机构存款余额达71814万元，贷款余额达87419万元，投向中小企业的贷款余额达7.7亿元，其中投向工业、乡镇企业的贷款余额达3.5亿元。从上述数据分析，金融业为地方经济的发展提供了坚强的经济后盾。

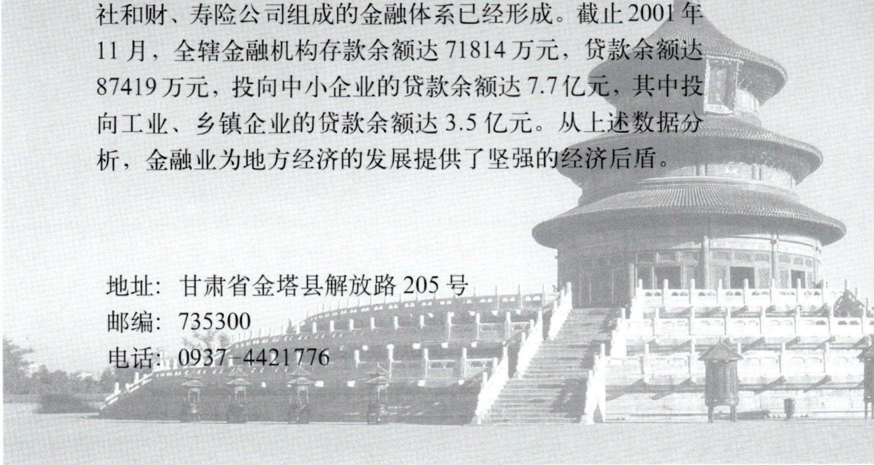

地址：甘肃省金塔县解放路205号
邮编：735300
电话：0937-4421776

农发行乌海市分行

自治区分行领导到乌海市分行检查指导工作

中国农业发展银行乌海市分行成立于1996年12月18日，主要承担粮棉油收购资金的管理工作，建行5年来，连续受到当地党、政部门及上级行的表彰，为当地的经济建设和发展做出了突出的贡献。

仔细丈量，认真核算，确保库存数量账实相符

乌海市分行办公大楼

地址：内蒙古乌海市鄂尔多斯东街19号
邮编：016000
电话：0473-2030228
传真：0473-2039429

中国工商银行内蒙古分行

中国工商银行内蒙古分行面对新形势、新情况和新的挑战，深入学习江泽民“七一”重要讲话，以“三个代表”的重要思想指导全行工作，坚持以质量和效益为中心，加快改革创新，不断改进和完善金融服务。积极推进提高信贷资产质量和提高优质规范服务这“两大战略”，进一步明确“资产质量第一”和“经营效益第一”的工作指导方针，各项工作取得了可喜成绩。截止2001年末，各项存款稳步增长，人民币各项存款余额458亿元，比年初增加42亿元。其中，人民币储蓄存款突破300亿元大关，市场占比为45%，居同业之首。外币各项存款8100多万美元，比年初增加1000多万美元。人民币各项贷款371亿元，全年新增加融资量达100亿元。外币各项贷款余额5700万美元，比年初增加85万美元，积极支持了自治区经济建设。贷款收息率较上年同期上升近10个百分点，高于全国工行平均水平。经营创新步伐加快，新业务发展迅速。国际结算量、结售汇均比上年增加，全年实现交易额153亿元。优质规范服务整体水平不断提高，服务质量达到自治区同行业领先水平。2000年获得全区金融系统唯一“窗口行业”创建文明行业先进单位荣誉称号；2001年成为金融系统唯一被列入全区同行业“窗口行业”规范化服务达标竞赛活动重点参赛行列的单位。内控管理继续强化，安全防范工作进一步加强。全行精神文明建设、思想政治工作取得了显著成效。

“雄关漫道真如铁，而今迈步从头越。”面对机遇和挑战，分行党委将进一步深化改革，加强管理，改进服务，加快发展，把工商银行内蒙古分行建设成真正的现代化商业银行，进一步加大对自治区经济发展的支持力度，为自治区经济持续、稳定、快速发展做出新的贡献。

党委书记、行长：贺福元

贺福元行长视察电子银行业务网点

组织全体成员认真学习“三个代表”重要思想

纪念建党八十周年知识竞赛

地址：内蒙古呼和浩特市锡林北路105号
邮编：010050
电话：0471-6940550
传真：0471-6940048

中国工商银行三明市分行

工商银行三明市分行自1984年成立以来，伴随着改革开放坚实奋进的步伐，在改革创新中不断发展壮大，现已成为三明市颇具实力和竞争力，深受公众信赖的一家大型国有商业银行。

工商银行三明市分行坚持以效益为中心、以人为本，积极推进管理体制改革和经营方式的转变；坚持“服务社会、讲求效益”的办行宗旨，开办了商业银行的各项基本业务，不断创新金融服务品种，提高科技服务水平，拓宽市场领域，实现了筹资、信贷、国际金融、房地产金融、中间业务等全方位的发展；积极培育富有自身特色的企业文化，树立良好的社会形象。2001年该分行绩效、效益两项考评均进入全国工行二级分行“三十强”，荣获福建省“思想工作优秀企业”称号、工总行“首届文明先进单位”称号。

新世纪，新跨越。工商银行三明市分行正把握机遇，迎接挑战，与时俱进，开拓创新，努力朝着具有国际先进管理水平的现代化大型国有商业银行的目标迈进。

地址：福建省三明市和仁新村1号
邮编：365000
电话：0598-8269143
传真：0598-8241299

中国工商银行山东省德州市分行

山东德州市工行党委成员
左起：赵忠江（副行长） 庄永生（副行长） 鞠自升（副行长）
孙建勇（行长） 刘国强（副行长） 赵小广（副行长）
姜 凯（纪委书记）

中国工商银行德州市分行地处鲁西北经济欠发达地区，经济环境较差，粗放经营时期遗留的问题较多，曾经是全省亏损大行。1995年以来，分行党委坚决实行集约化经营，大力强化内部管理，狠抓各项基础性工作，全行各项工作初步呈现上升势头。1998年孙建勇同志担任党委书记、行长后，带领党委一班人和全行员工，认真贯彻执行党和国家的各项金融方针、政策，坚决贯彻落实总、省行的各项部署，紧紧围绕提高经营效益这个中心，以对党、对人民、对金融事业高度负责的精神，严格按照现代商业银行经营运作的要求，紧密结合该行实际，为研究探讨经营发展思路，确立正确的经营理念，建立完善的经营管理体制，倾注了全部精力，取得了显著成绩。1998年德州市分行在1996、1997两年账面盈利的基础上，实现盈利7万元，1999年末辖内8个原来亏损的县支行全部实现扭亏为盈，全行盈利上升到546万元，2000年实现盈利2307万元，三年迈出三大步，并连续三年实现了全年安全无事故；截止2001年6月末，全行各项存款余额达662469万元，各项贷款达431416万元，存、贷款分别较1998年增长1．5倍和1．3倍，成为德州市金融系统中唯一实现盈利和存款突破60亿元的商业银行；信贷结构调整成效显著，资产质量稳步提高。1999年至2001年上半年全行新增不良贷款率为零；2001年上半年实现利润1551万元，同比增加542万元；全省综合绩效考核第五位；连续三年收息率保持在90%以上，居全省工行系统的前列。

该行1998年至2000年连续三年获得了德州市市级文明单位荣誉称号；1999年被德州市委授予思想政治工作先进单位，被山东省团委授予山东省希望工程贡献奖，在德州市组织的万人评行风活动中被评为全市各行业第三名，金融系统第一名；2000年该行党委被总行授予“先进基层党委”荣誉称号；党委书记、行长孙建勇同志被德州市委、市政府授予“德州人民好公仆”称号，并获得全国金融系统“五一”劳动奖章。

通讯地址：山东省德州市天衢路工行大厦
邮　　编：253016
电　　话：0534－2349200（总机）
传　　真：0534－2349064

中国工商银行张家口市宣化支行

中国工商银行张家口市宣化支行是在金融机构改革中于1997年成立的四行合一的基层支行，拥有在职员工312人，担负着全辖区2500家工商企业和37万个人客户的金融服务业务。几年来支行党总支紧紧围绕经营效益这一中心，把党建工作作为全行的核心工作来抓，坚持"两手抓、两手都要硬"的经营指导思想，发挥党建工作特有的政治优势，强化党的组织建设，做到党建工作与业务拓展相结合、与思想政治相结合、与优质文明服务相结合、与防范金融风险相结合。努力创建业务品种齐全、经营范围广泛、科技含量高、服务质量优的经营品牌，两个文明建设取得明显成效。在历年张家口市分行目标管理考核中名列前茅。该行1997年以来获得市级以上各类荣誉50余项，连续四年保持省级"金融工作先进单位"称号和市级"文明单位"荣誉；1996年被河北省金融工会首批命名为"模范职工之家"；2000年获得"河北省分行优质文明服务先进单位"荣誉，2001年分别被中国工商银行总行、河北省分行、张家口市分行三级党委命名为先进基层党总支。

党总支书记、行长：王爱华

领导班子成员正在集中学习江泽民总书记关于"三个代表"的重要论述

宽敞明亮的营业厅

地址：河北省张家口市宣化区米市街25号
邮编：075100
电话：0313-3012339
传真：0313-3012339

工行农安县支行

行长： 周德军

工行农安县支行党总支下设3个党支部，党员58人，占全行职工总数的29%。近几年来，支行党总支在上级行党委的正确领导下，坚持“围绕经营抓党建，抓好党建促经营”的方针，始终把党建工作与经营管理有机结合，以提高经营效益为根本出发点，面向市场抓经营，立足管理抓效益，在客观经济环境并不景气且金融竞争十分激烈的条件下，创造了1998年以来连续3年累计盈利1066万元的显赫成就。

同时，该行党总支在“两手”抓，“两手”都要硬的战略思想指导下，以其艰苦卓越的精神铸魂、育人。先后被吉林省分行营业部评为“优质文明服务优胜单位”、“双先达标竞赛先进单位”；被省分行树为“优质文明服务示范窗口”；被长春市委授予“社会治安综合治理先进单位”；被吉林省委、省政府授予“精神文明建设先进单位”，并在地方行风测评中取得金融系统第一名的好成绩。今年支行党总支又被省分行营业部、省分行、工总行评为“先进基层党组织”。

2001年，该行针对所面临的经营形势，又适时提出了“强化管理，合规经营，巩固成果，开拓创新，努力实现农安支行跨越式发展”的新思路，并确立了“以完善各项规章制度、依法合规经营为重点，以提高资产质量、增强资产收益能力为突破口，以强化管理、改革分配制度为手段，以创新优质服务为主线，以‘创先争优’活动为载体“。通过这些经营目标的确立和提出，使全行员工的经营理念总是处于不断更新、上进的状态之中，经营成果也随之上了一个新台阶。

几年来，农安支行党总支在上级党委的正确领导下，以经济效益为中心，紧紧围绕经营管理，狠抓基层党组织建设，取得了丰硕的成果，面对明天，他们更深知肩负的历史重任，跨入新世纪的农安工行人将在上级行党委的正确领导下，踏实工作，奋勇向前，为实现吉林省分行提出的跨越式发展战略做出全部贡献。

行长和行里的同志研究工作。

左起：

1. 宋友学（工会主席）
2. 朱效全（纪检员）
3. 王庆民（副行长）
4. 周德军（行长）
5. 于湘水（副行长）
6. 潘友舜（总会计）

地 址：吉林省农安县农安镇德彪街1号
邮 编：130200
电 话：0431-3223932
传 真：0431-3223207

中国人民银行洱源县支行

中国人民银行洱源县支行行长：张煦

中国人民银行洱源县支行成立于1950年4月。至2001年末，全行干部职工为25人，内设办公室、会计国库发行股、保卫股、监管股等三股一室，并设党组、党支部、团支部、工会委员会、女工小组等党群组织机构。辖内有工行、农行、建行等3家国有商业银行和财险公司、寿险公司、农村信用社、邮政储蓄等4家非银行金融机构，金融机构各项存款余额为71399万元，各项贷款余额为47961万元。1999年创建为A级金融安全区，全辖经济金融铁序良好，金融业安全、高效、稳健运行，有力地促进了地方民族经济的持续、快速、健康发展。县支行多年来一直受到县委、县政府的表彰。1992年建成“合格职工之家”和县级“文明单位”；1994年建成省级“先进职工之家”；1995年获州级“文明单位”称号，1996年建成省级“模范职工之家”；1998年被评为省级“文明单位”；2000年创建为中心支行级“双文明单位”；2001年全州第一家创建为成都分行级“双文明单位”并获成都分行级“青年文明号”称号，两个文明建设取得了丰硕的成果。

在“十五”期间，人行洱源县支行将进一步加强党的基层组织建设，不断推进社会主义精神文明建设和物质文明建设，为争创国家级“双文明单位”目标作出不懈的努力。

团结奋进的领导班子（左起）：支行副行长：杨永忠；支行工会主席、办公室主任：施发魁；支行行长：张煦；支行纪检组长：冯跃平；副行长：杨继元

朝气蓬勃的全行员职工

支行大楼

地址：云南省大理市洱源县玉湖镇兴源路104号
邮编：671200
电话：0872-5123214

人民银行准格尔旗支行

党组书记、行长：张来树

人民银行准格尔旗支行现有职工55人，中级专业技术职称人员12人，初级专业技术职称43人。支行下设综合办公室、金融机构监管股、合作金融机构监管股、综合业务股、货币金银股、保卫股6个股室。

人民银行准格尔旗支行经过几代领导班子的共同努力，多次被各级党委和上级行评为先进集体、思想政治工作先进单位、职工教育先进单位、民族团结先进单位、全民健身先进单位等。1985年支行跨入了盟级文明单位系列；1994年支行工会被盟旗两极总工会命名为“先进职工之家”和“模范职工之家”；1995年支行被伊盟盟委评为盟级“文明标兵单位”；1998年支行被内蒙古自治区党委、政府授予“文明单位”荣誉称号；2000年支行被天津分行评为“双文明单位”、“先进集体”。支行党支部5次被旗机关党委评为“先进党支部”；2000年和2001年支行责任目标在鄂尔多斯市人行系统综合评比中连续2年第一名；支行会计、国库、发行、保卫、档案工作走进了全区先进行列，并且会计工作在2000年被天津分行评为“二级达标单位”。2001年，支行被人民银行鄂尔多斯市中心支行评为“先进单位”。档案管理工作在2001年被内蒙古自治区档案局评为档案管理特级。全行先后有39人受到区盟两极表彰。

地址:中国人民银行准格尔旗支行
邮编:010300
电话:0477-4212410
传真:0477-4212410

2001年，全鄂尔多斯市人行系统抓重点工作督查会现场观摩在人民银行准格尔旗支行进行，党组书记、行长张来树向大会做报告。

中国工商银行十堰市分行

中国工商银行十堰市分行始终坚持以服务区域经济为己任，在改革中全面发展，在发展中开拓创新，取得了辉煌成就。全行员工1700人，下辖16个行处，金融服务功能齐全、设施先进，两个文明建设硕果累累。截止2001年10月底，各项存款余额68亿元，各项贷款余额49.75亿元。被十堰市委宣传部等五部委联合授予“思想政治工作先进企业”称号，并有一人荣获中央金融系统工委授予的“五一劳动奖章”。十堰工行连续三年在全省工行系统综合目标考核中名列前茅，被十堰市委、市政府授予“优质文明服务最佳先进单位”、“文明单位”等荣誉称号。

十堰市工行致力于现代商业银行建设，以改革创新为动力，坚持优质文明服务，深化经营机制改革，加强党的建设和思想政治工作，树立了良好社会形象。他们以满足客户日益增长的对金融新产品和金融服务的需求为出发点，不断开发新兴业务和服务领域，其服务已渗透到城镇居民生活的各个方面。目前，拥有自动柜员机34台，银行卡发卡量已突破20万张；外汇结算业务、个人住房信贷以及中间代理业务发展迅速；实现了储蓄存款通存通兑和会计结算全国实时汇划；开通了电话银行、网上银行、以及集会计结算、出纳、信贷、外汇业务等为一体的综合业务系统；所有营业网点全部实行微机操作，形成了准确、快捷、高效的服务手段。

团结奋进的分行领导班子

“全国十佳储蓄所”——张湾中心储蓄所

地址：湖北省十堰市公园路6号
邮编：442000
电话：0719-8666052
传真：0719-8665667

武汉万通汽车有限公司

武汉万通汽车有限公司位于武汉经济技术开发区内，由东风汽车公司、香港永升发展有限公司、韩国现代汽车公司及武汉市等四方共同投资组建。其注册资金达2800万美金，系东风公司控股子公司，是湖北省重点扶持的中外合资企业之一。从长远考虑，公司采用一次规划、分期建设方针进行滚动发展。1993年11月破土动工开始兴建，于1996年5月完成一期35400平方米的联合厂房和配套废水处理设备的建设，于1997年6月正式投入生产运营。现生产规模已达年单班生产3万辆，二期工程完成后其生产规模可达年生产12万辆。

WTQ5021XYCF 防弹运钞车

地址：湖北省武汉市经济技术开发区车城东道283号
邮编：430056
电话：027-84893810 84891847 84892702
传真：027-84891840

中国工商银行文昌市支行

工商银行文昌市支行大楼

中国工商银行文昌市支行是中国工商银行海南省分行的直属支行。该行资金实力雄厚，客户群体广泛，经营网络庞大，电子化服务手段在市内同行业中居领先地位，业务范围齐全，开办存款、贷款、结算、融资、代理、咨询等多元化金融业务。近几年，该行加强党建工作，紧紧围绕省行提出的五年兴行目标，采取各种有效措施，深化改革，强化内部管理，大抓各项存款，加强信贷工作，积极开拓中间业务，坚持两个文明一起抓，取得了物质文明、精神文明双丰收。对文昌市的经济发展做出了突出贡献。

该行拥有10个营业网点，业务处理全部实现电子化，与全国300个城市实行通存通兑，装有自动取款机5部，在文昌各酒店、宾馆、渡假村安装23个POS机，24小时为广大客户消费提供方便。

工商银行文昌市支行党总支成员。中为曾兴跃行长、左为吴毓奔副行长、右为王康德副行长。

该行技术力量雄厚，员工队伍素质较好，目前已有总行级技术能手3人，省行级技术能手15人；大专以上学历68人，占全行人数的53.9%；有中级以上职称的33人，占25%。他们都在各自的岗位上，为该行的发展做出积极的贡献，并涌现出一批先进单位和个人；文城分理处先后被中国人民银行、全国金融工会、工总行、省委、省政府、省人行、省团委等授予“全国金融先进单位”、“优质文明服务先进单位”、“文明单位”、“青年文明号”、“储蓄规范化服务示范所”、“文明建设先进单位”；陈川琚、吴毓奔被授予“全国金融系统劳动模范”、“海南省劳动模范”；陈荣英被全国妇联会授予“全国三八红旗手”；陈玉英被工行总行授予“全国储蓄系统劳动先进工作者”；黄闻义、冯裕贵分别被工行总行授予“房地产信贷先进工作者”和“中国工商银行教育系统优秀教育工作者”荣誉称号。

井然有序的办公场所

宽敞的营业大厅

地址：海南省文昌市和平北路2号
邮编：571300
电话：0898-63226466
传真：0898-63223011

中国工商银行佳木斯市分行营业部

中国工商银行佳木斯市分行营业部地处市区中心，是佳木斯市区规模最大的基层行处，地理位置优越，交通便利、通畅。营业部现有员工127人，70%以上人员具有大、中专学历。机构设置为四部一室，下辖该市两个最大规模储蓄网点。全部实现计算机联网，综合业务处理新系统一期工程已顺利运行，二期工程在2002年初也即将投产，能够办理佳木斯市分行开办的所有业务种类。营业部领导班子以“爱岗敬业，无私奉献，团结奋进，开拓创新”为指导思想，坚持以经济效益为中心，不断提高优质文明服务水平，以思想政治工作为保障，一手抓金融业务发展，一手抓员工队伍建设，走出了一条稳健经营、管理规范的发展之路。

该营业部曾8次荣获省行级荣誉称号，其中5次获省行的“先进单位”称号，两次荣获“党委先进基层党支部”称号，一次荣获省行党委“思想政治工作先进单位”称号。1997年荣获省委、省政府命名“省级文明标兵单位”称号。连续12年安全无事故。

地址：黑龙江省佳木斯市保卫路105号
右边：154002
电话：0454-8222877
传真：0454-8222877

工商银行哈尔滨市平房支行

左起：李春和（纪检员）、李明建（副行长）、周明（副行长）、张景滨（行长）、李从江（副行长）、郭军（副行长）

支行大楼内景

支行宣传业务现场

平房支行办公大楼

中国工商银行梅园庄支行

党支部班子成员

梅园庄支行位于安阳西郊城乡结合部，始建于1958年，现有员工101人，其中82%具有中专以上学历。支行下设三部一室，八个营业网点。截止2001年末，各项存款余额21.9亿元，贷款余额3.6亿元，全年创利润3865万元，人均创利38.2万元。近5年来已累计实现利润18012万元。近年来，该行坚持以人为本，强化内部管理，以提高经济效益为中心，以深化金融改革为主线，以优质文明服务为突破口，在支部一班人的带领下，全行上下团结一心，奋力拼搏，呈现出两个文明协调发展的喜人局面。从1993年至今，连年被安阳分行评为目标管理一等奖和河南省分行“先进单位”；1995年，被河南省分行树立为“优质文明服务典范”；1996年，被河南省委宣传部授予“职业道德建设先进单位”；被工总行确立为“优质文明服务先进单位”；同年，该行被中央金融工委授予“金融系统文明建设先进单位”称号，河南省分行在全省工行系统提出“远学济南行，近学梅园庄”的号召；今年“七一”前夕，该行党支部又被中国工商银行总行党委命名为“先进基层党支部”，其所辖梅一分理处1996年被团中央评为国家级“青年文明号”，1998年被中华全国总工会评为“模范职工小家”。

吸吮洹河母亲的乳汁，饱含甲骨文化的底蕴，梅园庄支行正以“创一流效益，建名牌银行”为目标，高奏改革、发展、质量、效益的战歌，昂首阔步迎接新世纪的挑战！

地址：河南省安阳市梅东路中段
邮编：455004
电话／传真：0372-3934307

沈阳第三五二三机械厂

法人代表：王茂国

沈阳第三五二三机械厂（中国人民解放军第三五二三工厂）为国家大二型企业，全军优秀企业。

工厂主要产品分为两大系列，即军品系列和防护装备产品系列。军品系列主要包括野战炊事车、饮水净化车、运水车、给养器材等饮食装备，该系列产品主要装备我国军队、武警，为军队、武警提供先进的后勤保障。防护装备产品系列主要包括：防弹钢盔、防护钢盔、防弹衣、防刺服，防弹运钞车等安防产品。该系列产品主要为军队、武警、公安、保安、金融护运服务，为公安干警、武警打击持械刑事犯罪、处理突发暴力事件，保安人员押钞护运提供安全可靠的人身防护。

工厂强化质量管理，两大系列产品全部通过ISO9002质量体系认证。

风华牌防弹运钞车是该厂利用军工技术精心研制的高科技产品，产品全部通过公安部实弹检测和破坏性检测，两次获得国家经贸委颁发的《国家级新产品证书》，并由国家机械局定为专用防弹运钞车定点企业。

工厂坚持在改革中奋进；在改革中求发展；在改革中不断营造企业新形象。全体员工愿以最优质的产品，最优秀的服务与国内外新老朋友真诚合作，共创和平美好新未来。

地址：辽宁省沈阳市铁西区北四西路五号
邮编：110026
电话：024-25820495　25826013
传真：024-25820495
http://www.china3523.com
E-mail:info@china3523.com

金杯-FH5030XYCF2型防弹运钞车

中国农业银行深圳市分行龙岗支行

中国农业银行深圳市分行龙岗支行成立于1993年，现有员工255人。成立9年来，该行树立“以市场为导向，以客户为中心，以效益为目标”的经营思想，从拓宽工作思路入手，创新经营举措，强化内部管理，在两个文明建设中取得了突出的成绩，近年来先后被中央金融工委、农业银行总行等上级组织授予“全国金融系统文明建设示范单位”、“全国金融系统模范职工之家”、“先进基层党组织”、“先进支行”、“会计工作‘三铁’单位”、“安全保卫工作先进单位”、“信贷管理先进单位”、“存款工作先进单位”等荣誉称号60多次。截至2001年末，该行各项存款余额为44.5亿元，各项贷款余额20.1亿元，全年实现利润1.18亿元，取得了骄人的业绩。

在今后的工作中，龙岗支行将继续开拓创新，争取更大的成绩。

中国农业银行龙岗支行领导班子成员在职代会主席台上

中国农业银行龙岗支行开展员工礼仪培训场面

中国农业银行龙岗支行领导班子成员向上级领导汇报“三个代表”重要思想学习教育活动情况

中国农业银行龙岗支行大楼

地址：深圳市龙岗区龙岗镇农行大厦
邮编：518116
电话：0755-4813728
传真：0755-4813760

中国农业银行鄞县支行

领导班子：行长顾惠明（中）、副行长竺立新（右二）
副行长顾国平（左二）、副行长许惠光（右一）
副行长陈亮（左一）

中国农业银行鄞县支行是农行宁波市分行辖属的一家县级金融机构，资金实力雄厚，服务功能健全，结算手段先进，管理制度严密。现有干部职工600余名，下设25个分理处，26个储蓄网点，机构网点遍布鄞县各乡镇。几年来，农行鄞县支行在县政府和上级行的领导支持下，秉承为国家、社会及客户创造价值的宗旨，坚持以市场为导向，以客户为中心，以效益为目标的经营理念，面对国内外经济金融新环境，审时度势，积极深化改革，不断开拓市场，强化管理，各项业务取得较快发展，并跻身全国农行百强县支行行列，各项存款连续五年保持高增长，2000年存款增额名列系统内全省第一位，全国第21位。至2001年12月末，各项人民币存款达到45.6亿元，比年初净增8.07亿元，各项人民币贷款达25亿元，比年初净增4亿元，存贷款余额在鄞县农、工、中、建四大国有商业银行中居第一位。

宽敞明亮的营业大厅

2002年1月10日开业的金融超市

重点支持的雅戈尔集团公司服装工业城

地址：浙江省宁波市江东彩虹北路2号
邮编：315040
电话：0574-87702636
传真：0574-87700274

农业银行扬中市支行

扬中农行办公营业大楼

中国农业银行扬中市支行位于美丽的“水上花园”城市——江苏省扬中市。近年来，该行在改革中创新，在发展中壮大，业务经营取得了突出业绩，到2001年末，全行存款总量达18.6亿元，贷款总量突破11亿元，存贷款总量均居扬中市各金融机构之首。全行现有员工296人，18个网点遍布全市各大集镇和市区繁华地段，为扬中市现代化建设和人民生活水平的提高提供良好的金融服务。2000年，该行在全省农行系统综合考评中名列第三位，2001年10月份，该行被农总行评为两个文明建设先进集体，同年，被江苏省委、省政府评为省文明单位，支行营业部被全国妇联授予“全国巾帼示范岗”光荣称号，这在江苏省农行系统中是唯一获此殊荣的单位，全行多次被镇江、扬中市委、市政府评为文明行业和三服务先进单位。

宽敞明亮的营业大厅

扬中农行金融超市

地址：江苏省扬中市扬子中路65号
邮编：212200
电话：0511-8323803

中国农业银行十堰市车城支行

十堰市车城农行组建于1994年10月，现辖15个经营网点，主要办理人民币存款、贷款、结算、票据承兑贴现、金穗卡及各项代收代付金融业务，拥有先进的电子化网络，品种多样的金融产品，是一家服务质量优、综合实力强、信誉度高的国有商业银行，有员工202人。

近年来，车城农行按照商业银行“增存、控贷、盘活、降比、增效”经营要求，面向市场，积极调整信贷结构，在支持东风汽车公司等龙头国有大中型企业生产经营的同时，大力开拓市场，全面优化服务，向各阶层客户广泛宣传、营销金融产品和提供投资理财等综合服务，有效巩固和拓展了经营阵地，业务得到稳步持续增长，成为十堰市实力最强的商业银行。至2001年12月末，各项存款余额达到86788万元，各项贷款余额达到59750万元，为支持地方经济发展作出了积极的贡献。1996年来，车城农行连续获得湖北省农行“先进基层党组织”、“经营效益先进单位”、“优质服务示范单位”、“全省综合实力评比获第四名”，1997-1999年度荣获“中国农业银行百个先进支行”和“十堰市综合治理先进单位”、“文明单位”等30多项荣誉称号。

中国农业银行1997－1999年度百名优秀支行行长、湖北省农行系统“优秀共产党员”、十堰市车城支行党委书记、行长朱家华同志

中国农业银行十堰市车城支行
党委书记、行长：朱家华（中）
党委委员、副行长：张成军（左一）
王涛（右二）
党委委员：张晓建（右一）
党委委员、纪委书记：赵风娥（左二）

地址：湖北省十堰市东岳路4号　邮编：442000
电话：0719-8665305　传真：0719-8679117

中国农业银行花垣县支行

团结、开拓、务实、进取的领导班子成员

花垣县地处湘、黔、渝三省（市）交界处，系国家特贫县之一。农行花垣县支行辖5个基层网点。即：1个营业部，2个营业所，1个分理处，1个储蓄所；共有员工75人，其中：大中专生占81%，具有初级以上职称的员工占70%；有7个基层党支部，中共党员63人（含退休人员）。

近年来，农行花垣县支行在上级行的正确领导下，以提高资产质量、提高经营效益为核心，深化改革，强化管理，防范风险，各项业务经营目标保持良好增长态势，到2000年末，各项存款达13817万元，比上年增长36.07%；各项贷款40096万元，比上年增长12.43%；常规业务实现盈利207万元，比上年增盈65.6%，连续实现三年盈利；专项业务比上年减亏19.8%。重点支持了湖南振兴化工股份有限公司、湖南金垣电力集团、花垣县湘西大山羊开发有限公司等20多家国有和民营企业，扶持了全县21个乡镇、156个行政村、5620多户农户发展种养业生产，有力地促进了地方经济发展和农民的脱贫致富。被农总行授予“2000年扶贫信贷管理先进单位”荣誉称号。

紧紧依托当地矿产资源优势，支持湖南振兴化工股份有限公司等企业进行矿产品深加工，年产电解金属锰3万多吨，年产硅锰合金9000吨，产采锰矿石20多万吨，年选硫化锌精矿10万多吨。图为湖南振兴化工股份有限公司电解车间。

采取“公司＋基地＋农户”模式，支持花垣县湘西大山羊开发有限责任公司发展养殖业，带动一大批农民脱贫致富

积极利用当地水能资源优势，支持湖南金垣电力集团建成水电站4座，水电装机9台24660千瓦，年均发电量1.2亿千瓦时

行长：吴德锋
地址：湖南省花垣县花垣镇建设中路
邮编：416400
电话：0743-7223299
传真：0743-7223218

农行湖北省襄樊市樊西支行

党委书记、行长：周庆军

农行湖北省襄樊市樊西支行是于1998年机构改革由3家支行整合而成的支行，地处襄樊市商贸中心樊城区，所辖网点26个。几年来，在上级行党委的正确领导、社会各界大力支持和全行干部职工的共同努力下，紧紧围绕经营主线，以客户为中心，以市场为导向，强化管理，开拓奋进，取得了显著成绩。

截止2001年9月底，全行各项存款达10.1亿元，比年初净增1.2亿元，银行卡发卡5.6万张，卡存款1.2亿元，各项贷款达3.1亿元，比年初净增9494万元，资产负债总规模达13.2亿元，清收盘活1492万元，不良贷款比上年下降12.5个百分点。几年来，多次被农行总行授予国家级"青年文明号"单位、"会计达标规范"单位，连续4年被市政府授予"文明单位"荣誉称号，共计获各种表彰和荣誉达20多项。

樊西支行在不断创新中实现大发展。在观念创新上，紧跟时代潮流，积极与国际惯例接轨，迎接入世挑战；在技术创新上，全面深入落实上级行科技成果，快速转化为生产力，产生科技效应；在产品创新上，除开办传统业务外，还开办了贴现、保函、个人理财、金融超市、信用卡、信用证等业务，还为企业提供全方位的客户维护，大力支持地方经济发展，为广大居民提供代收水、电、电视、电话、移动、保险、工资、养老金等费用，在地方经济中塑造了良好的银行形象。

支行党委书记、行长周庆军携全体员工在此衷心感谢社会各界多年来对樊西支行的大力支持与厚爱，并将一如既往地为企事业单位和居民竭诚提供优质的金融服务。

樊西支行在市中心人民广场开展营销宣传活动

金穗卡10周年纪念活动

银海分理处营业大厅

地址：湖北省襄樊市立业路118号
邮编：441003
电话：0710-3222801

中国农业银行榆树市支行

王宝臣　行长

中国农业银行榆树市支行党委成立于1998年11月6日，现有一个党总支，37个党支部。

榆树支行党委组建后，在省、市分行的正确领导下，既当指挥员，又当战斗员。以崭新的风貌，旺盛的热情，务实的作用，形象的表率作用，使全辖员工的组织性、纪律性有了明显提高，经营意识和竞争意识有了明显增强，工作主动性和自觉性有了明显进步，榆树支行的经营管理工作也取得了可喜的成绩。到2001年6月30日，各项业务经营指标全面超额完成了市分行下达的计划。各项存款达83080万元，较年初净增了5450万元，超计划6.3个百分点；收回不良贷款784万元，超计划0.64个百分点；表内收息率实现98.3%，超计划10.3个百分点；综合收息率实现77.6%，超计划10.6个百分点；其他宏观调控指标均控制在计划之内。1999年榆树支行被评为十优行，2000年支行党委被省行评为先进党委，各项经营指标在全地区考核评比中连续三年名列第一。

在成绩面前，榆树支行党委并没有停下脚步，而是带领全体员工，继续转换经营管理机制和风险制约机制，决心做好全行经营管理这篇大文章。在人员使用上求"能"，在业务经营上求"效"，在制度管理上求"严"，在方法措施上求"新"，在工作成果上求"实"，不断总结经验，拓宽经营视野，使经营工作再上一个新的台阶。

地址：吉林省榆树市向阳路126号
邮编：130400
电话：0431-3623784
传真：0431-3623784

领导班子成员(左起)：徐文彪、杨建国、王宝臣、尤凤敏、葛东。

中国农业银行济南市银河支行

银河支行注重企业文化建设，促进了管理水平的提高。图为该行组织员工进行学习，促进员工整体素质的提高。

中国农业银行济南市银河支行是一家无行政区划、无分支机构的支行，现有正式员工46人。自1997年2月正式开业以来，银河支行始终坚持“以市场为导向、以客户为中心、以效益为目标”，把创建精品行作为发展目标，把“深化改革、依法经营、科学管理、务实求真”作为立行宗旨，充分发挥自身的灵活机制，各项业务得到迅速发展。2001年实现利润7636万元，较上年增加3566万元，人均实现利润166万元，较上年增加81万元。1999年被农总行评为“企事业存款十佳单位”；2000年被农行山东省分行授予“青年文明号”、“企业文化建设先进单位”、“文明服务窗口”荣誉称号；2001年除再次被省分行授予上述三项荣誉称号外，被总行授予“百优支行”（排名13位）、“百强支行”（排名16位）、“全国百名优秀支行行长”（排名10位），被省分行授予全省“信贷资产15优”、“创利能力15强”、“15名优秀支行行长”等称号。

以改革促发展　向管理要效益

银河支行大力拓展个人消费信贷业务。图为该行工作人员向客户宣传个人消费信贷业务。

银河支行把支持基础设施建设作为信贷投放的重点。图为该行领导和客户经理深入企业了解情况。

银河支行的一大特色就是为客户提供上门服务。图为该行客户服务车到企业为客户提供服务。

地址：山东省济南市纬二路154号
邮编：250001
电话：0531-2020296
传真：0531-2020566

中国农业银行邕宁县支行

邕宁农行自1979年恢复成立以来，在各级党政部门、社会各届的支持下，不断深化内部改革，创新服务功能和服务手段，连年实现盈利，谱写了与时俱进的光辉历程。

一是各项存款大幅度增长。至2001年底，各项存款余额79585万元，是1979年底余额2574万元的30.92倍。

二是贷款正常运转。至2001年底，各项贷款余额31003万元，是1979年底余额3074万元的10.1倍；22年来累放各项贷款32.25亿元，有力地支持了地方经济的发展。累计收回贷款27.53亿元，为盘活资金存量，壮大资金实力打下坚实的基础。

三是财务状况明显好转，经营效果明显提高。22年来连续增盈。

四是员工队伍坚强，文化水平不断提高。

五是电子网络健全，服务功能不断增加。机关六部一室及基层24个网点全部实现电脑化，大大提高了工作效率。金穗借记卡、存折实现全国通、全区通，全国城乡联网、方便快捷。

班子议事

▲业务能手勇夺三届业务技术竞赛第一名合影

六是内部管理增强，员工行为规范。多年来没有大的案件发生。

七是重视文化教育，为各级输送大批人才。10年来，从农行调往各级领导岗位的有78人，其中调到区分行、区分行营业部的26名，任区分行行级领导一名，正副科长职务的22名。

八是加强精神文明建设，行风行貌根本好转。据统计，有86个（次）部室、营业所、分理处被评为县级先进集体，42个（次）部室、营业所、处被评为市级先进单位、市级“社会治安综合治理先进单位”。1991年县农行被评为“自治区先进企业称号”、1995年保卫科被评为“全国农行系统安全保卫先进集体”、2000年获得“区农行系统先进基层党组织”、“广西区农行先进集体”、“全国农行系统文明建设先进单位”等30多项荣誉。

▲加强精神文明建设，该行机关为患儿捐款

▶员工竞聘答题

地址：广西区邕宁县蒲庙镇红星路
邮编：530200
电话：0771-4720905
传真：0771-4712097

伊春市农行浩良河支行

支行行长张成近年来多次受到省、市行表彰奖励

年富力强、符合“四化”标准的领导班子成员共商发展大计

位于黑龙江省小兴安岭南麓的伊春市农行浩良河支行，是一支团结向上、奋力拼搏、锐意进取的光荣队伍。该行现有职工24人，平均年龄36岁。多年来，该行以方便、准确、快捷的方法提供存款、贷款、小额质押贷款等。金融产品服务和支付结算辅以先进的电子化技术，实现了储蓄存款全省通存通兑，电子汇兑24小时到帐，在本地区获得广大客户的极高赞誉，树立了良好的企业形象，各项业务经营取得了跨越式发展。截止2001年12月底，实现利润706万元，人均创利29.4万元，在全市荣登榜首;在全省13个地、市分行获取亚军，获得“全省十强支行”荣誉称号。

▲ 张成行长带领业务人员经常深入企业了解生产、经营状况 ▶

行长：张成
邮编：153103
电话：0458-3422354
传真：0458-3420195

农行运城分行河东支行

积极组织各种文娱活动

农行运城分行河东支行创建于1996年7月8日，主要经营人民币存、贷款，各种结算，代收代付和信用卡业务。现有干部职工35人，平均年龄34岁，是一个充满朝气、蓬勃向上的青年集体。自成立以来，该行始终坚持增强实力、稳健经营、规范管理、提高效益的指导思想，狠抓物质文明和精神文明建设，全体职工团结拼搏，开拓进取，在各项工作中硕果累累。几年来，该行盈利水平不断提高，连年创利均居山西省农行系统县级支行前列，多次被山西省农行评为创利先进单位，职业道德先进单位;1999年6月被中央金融工委、共青团中央授予全国级“青年文明号”荣誉称号；2000年被中国农业银行评为会计“三铁”单位；2001年被中国农业银行评为双文明建设先进单位。

建党80周年演出

迎挑战鼓干劲
开拓进取再创佳绩

现代化办公场所

地址：山西省运城市河东东街91号
邮编：044000
电话：0359-2255941
传真：0359-2011421

群”更懂得用科学的经营管理来满足中国国民的需求。如在管理职能上，体现综合职能特点；在经营机制上，奉行灵活多样原则；在服务上，体现更周到、更方便、更实惠原则；在价格策略上，会加大费用成本进行攻关，商业银行没有这样的资金实力；在市场销售上，外资银行注重营销策略，树立银行形象，打出自己品牌。而商业银行对外资银行经营管理不够了解，有待学习。

（四）商业银行在产品构架上适应难点

即对外资银行产品“供给决定论”（不管需求是否旺盛先生产）和“需求决定论”（根据需求生产）的不适应。由于外资银行十分注重研究客户，研究市场，研究对手，擅长金融创新，把“供给决定论”和“需求决定论”视作同等重要地位，所以产品众多，结构合理，使资产、负债、中间业务呈三足鼎立之势，产品层次也很明显，能够满足大众心理需求和业务需求。而商业银行个人金融产品单一，目前实际操作的只有储蓄、个人存单质押贷款、代发工资、代理保险等业务，从报表上看，虽然业务数额有所变化，但产品结构单一，甚至有些网点教育免税储蓄也未开办，个人消费贷款也没有进入实质性阶段，贷户寥寥无几，而对个人理财这样有发展潜力的中间业务，也只是一种设想，没有拿出专门规则。商业银行的个人金融业务产品结构单一的原因体现在“五个不够”上，即战略重视不够，产品开发不够，具体落实不够，监督管理不够，信息反馈不够。

（五）商业银行在人力资源上的适应难点

主要是人力资源配置的适应性弱。外资银行对其雇员实行市场化配置方式，通过外部市场招聘和内部市场置换，在数量与质量上相对称。而商业银行一是低素质人员难出。在现有的管理人员中，资历型干部占主流，他们大部分是计划经济时期的业务骨干，在管理方法上有意无意地沿袭着传统的思维定势，习惯于墨守陈规，在操作岗位上的员工大部分是商业银行恢复初期为照顾各种关系招聘而进，目前的人事制度改革仍未让这部分完全退出。二是高素质人才难进。受总行人员编制计划和管理权限制约，行与行、所与所、岗与岗之间流动不畅，形成专业终身制，岗位配置固定，难以流动。

（一）基本战略准备办法：化解外资银行意识形态上的心理压力

从外资银行入世过渡期“心理战”的角度出发，从现在开始，商业银行要积极行动起来，在中国全面开放金融业尤其是人民币市场和零售业务市场之前，做好充分的战略准备。一是要有清醒的认识。要清醒地认识到入世后商业银行“与狼共舞”的激烈竞争不可避免：要清醒地认识到商业银行与外资银行相比不具优势；要清醒地认识到加快商业银行各项改革，尤其是机构人事制度改革是大势所趋，势在必行，容不得我们有半点回旋的空间；要清醒地认识到在过渡期内会出现不可预测的新情况、新问题、新阵痛，需要我们全体员工去正确面对。二是制订战略规划。要充分关注时局，制订各级商业银行入世短、中、长期战略规划，并开展各种形式大讨论，增强员工紧迫感。三是成立领导小组。要成立入世后过渡期改革领导小组，确保商业银行各项改革顺利实施。

（二）打通职能通道办法：化解外资银行严谨管理体制的竞争

1. 改革科室调整模式，划分为零售业务部（个人金融业务部）和批发业务部（公司金融业务部）两大职能部门。对零售业务部，各级行已经初步完成总行战略规划，但从目前来看，仍不能细化。要设想在个人金融业务部下设置明细科室（柜台），如个人存款管理部、个人理财管理部、个人消费信贷部等，实行“窗口管理”，分理处要重新设置个人金融业务专柜。对批发业务部，目前国内各商业银行还没有动作，商业银行应先行一步，在机构改革上从上到下进行配置。这样做的好处是：利于为客户提供一揽子服务，保证顾客时间价值，在入世后巩固固定客户群。

2. 全面推动储蓄所向分理处升格。国外银行已有的做法是储蓄机构向综合性经营机构转变，逐步把储蓄所改造成“一业为主、多种经营”的综合性业务网点，甚至挂牌为“小百货金融商店”，以更好地满足客户各种需要。商业银行要设想对储蓄所职能进行改革，由于受央行管理体制制约，现实的作法是将储蓄所改造成分理处，在央行允许的范围内，巩固储蓄存款，覆盖人民币存单质押贷款、信用卡、个人消费信贷、咨询等业务，将来还要开办其他新业务。

3. 从机构扩张战略向科技扩张战略转变。据悉，汇丰银行现在65%的业务量已不依靠分支机构的柜台服务完成。入世后外资银行会通过无形电子网络拓展市场，商业银行必须要真正把“科学技术是第一生产力”落到实处，逐步实现网点优势向网络优势的转化。一是加快计算机网络建设步伐，力争在2－3年时间建成上下贯通、城乡一体的计算机网络体系。二是大力发展网上银行，通过网上商品交易与支付结算、网上信息传播、网上投资交易与资金结算，以及网上账户查询、账户支付、转账、金融信息咨询等，为客户在网上提供全天候、交互式金融服务。三是广泛推行自助式服务模式，即通过自动柜员机、电话银行、手机银行等银行电子自动引导系统使客户可以自行完成金融服务。

（三）修筑客户堡垒办法：化解外资银行“两面夹击”之势

如前所述，入世后商业银行不但面临本地外资银行的攻击，这种攻击的特点是面对面竞争，而且有可能面临外地外资银行的攻击，这种攻击的特点是“资金对流”。面对“恶狼”的“两面夹击”之势，要求商业银行必须在“狼未出笼前”充分保证自身资金来源，修筑坚不可摧的固定客户群体堡垒。

1. 负债客户群体的修筑。通过加强超优服务、贵宾服务、贴心服务、后台移向前台服务、一揽子服务等大服务理念，通过加快商业银行机构网点的外部形象建设，通过提高商业银行科技含金量，通过与外资进行情感竞争等手段，力争降低商业银行客户群体转移的可能程度，使商业银行无懈可击。

2. 资产客户群体的修筑。鉴于国内经济逐渐由“拐点”复苏以及个人消费市场空间占用极少，入世后外资银行会对公司信贷业务和个人信贷业务一并重视。商业银行要进一步构建银企关系，以企业发展为已任，发挥客户经理最大效率，为企业出谋划策，把企业反馈信息、企业生死存亡、企业效益与客户经理报酬全面挂钩考核。要与企业签定《服务协议书》，明确法律权利与义务，坚决抗拒外资银行对公司信贷业务的争夺。同时商业银行在个人消费信贷的被动服务不能一直拖到入世后解决，要清醒地认识到把公司信贷业务作为商业银行信贷业务的惟一选项不符合中外银行竞争的潮流。当前任务一是要下达个人信贷任务指标，层层分解到所到人。二是改革个人信贷考核机制，加强对分理处个人信贷考核，防止客户贷款愿望因管理断层造成流失。三是简化放款程序，把个人信贷审批由后台移向前台，提高办事效率。通过修筑自身客户群体的坚强工事，外资银行“两面夹击”之势不足惧矣。在此基础上，以其人之道还治其人之身，返用“资金对流”战略，挖掘外资银行存款，诱夺外资银行“叛逆贷户”，在安全性前提下挺进外资银行客户市场份额，打乱外资银行战略构想。

（四）调整经营套路办法：化解外资银行灵活经营机制的进攻

1. 建立以前台为中心的移动服务机制。要改革前后台服务操作体系，在服务体系中，顾客可见部分为前台服务操作体系，不可见部分为后台服务操作体系，顾客最喜欢买卖双方直接接触，为了提高办事效率，商业银行应转换工作思路，把后台服务操作体系逐步移向前台，增加顾客可见部分。

2. 建立等级评价机制。积极推行分理处、支行、分行的等级评价管理，以激发各级经营单位的积极性和创造性，以业务量大小、业务质量好坏、人均利润多少为主要依据，确定不同类别的等级标准，在经营授权、业务费用和工资福利待遇等方面享受不同的待遇，并实施动态管理，对经营水平低下的分支机构，通过降级注入压力，促其上等级。

3. 建立绩效挂钩的利益分配机制。对未实现效益目标的单位扣减一定比例的基数工资而相应奖励超任务的单位，充分体现"增资靠效益，收入凭贡献"，对机关管理人员、一线人员实行岗位工资制，对专业人员实行按业绩计酬分配办法，大胆拉开专业技术人员与普通员工收入档次，使经营管理人员、专业技术人员各系列之间和各层次之间的收入分配趋于公平，调动员工工作积极性。

（五）突破产品模式办法：化解外资银行产品构架优势

1. 管理行要勇挑产品开发重任。入世后，外资银行金融创新更加积极，总行、省分行、二级分行要对产品需求旺盛地区和萎缩地区分类指导，根据实际情况分别运用"产品供给论"和"产品需求论"，主动承担起开发产品的重任，从而使经营行轻装上阵，搞好产品服务。

2. 引进外资银行先进产品，吸收他山之石，一级对一级研究，使外资银行的产品渊源、产品质量、产品创新尽在掌握之中。要关注市场动态，对各项改革将要配置的金融措施做到心中有数，形成对产品信息超前意识。

3. 对产品进行结构性开发。在负债类产品上，要在传统储蓄存单质押贷款、代发工资、代理保险的基础上，着力开发金穗借记卡、银行一卡通、储蓄积分卡、个人支票等产品；在资产类产品上，要推广银行承兑汇票、贴现、再贴现、转贴现、大客户授信贷款、各种个人消费信贷产品，并不断创新贴近百姓生活的新颖品种，达到在花色品种上不断翻新之目的；在中间业务产品上，着力开发金穗借记卡功能、个人理财、保管箱、代收代付、租赁、咨询、投资等业务。

（六）激活生产力第一要素办法：化解外资银行不可再生资源运作

人才是入世后重要的不可再生资源，各级行要充分激活生产力第一要素；要充分发挥市场配置作用，根据业务发展需要，大胆面向国内外金融市场，公开招聘录用优秀和急需人才；通过竞争上岗、竞争聘任"双竞"机制运作，借助内部市场力量，形成自然退出机制，通过各种分流渠道果断退出一批市场适应力差的低素质人员；打破传统专业终身制、岗位配置固定的樊篱，通过内部人员资源交流服务中心，实现内部人员在行际间、岗位间和专业之间的合理流动，充分发挥人力资源潜力；在商业银行，各级领导要关心人才疾苦，解决住房、子女就学等问题，加强其政治地位，增加福利待遇等，以培养人才的"感恩"情怀，只有带着"感恩"的心态，员工心中才会有爱，才会对商业银行忠诚，对领导忠心，对同事忠恳，对客户忠实，使之忠心无二，在加入 WTO 后也不为外资银行所动。

开展思想政治工作
争当精神文明先锋

中国农业银行运城分行河东支行

运城分行河东支行现有干部职工35人，平均年龄34岁，是一个充满朝气、蓬勃向上的青年集体。自1996年7月成立以来，该行始终把思想政治工作放在与业务经营等同的位置，坚持以真理的号召鼓舞人，以榜样的力量凝聚人，以真诚的关心感染人，以高尚的情操塑造人，以创业的精神激励人，通过全方位、多层次的思想政治工作，最大限度地调动起全体员工的积极性和创造性，形成了以人为本、上下一致的合力，探索出了一条兴行增效的新路。富有成效的思想政治工作，浇灌出河东支行的满园春色。几年来，该行盈利水平不断提高，累计实现利润1062万元，1996~2000年人均创利均居全省农行系统县级支行前列。1999年6月被中央金融工委、共青团中央授予全国级"青年文明号"光荣称号，多次被山西省农行评为创利先进单位、职业道德建设先进单位，2000年被中国农业银行评为会计"三铁"单位，2001年被中国农业银行评为双文明建设先进单位。

（一）以真理的号召鼓舞人，深入扎实地开展政治思想教育

思想政治工作是一切经济工作的生命线，是完成各项工作任务的重要保证，而政治思想教育是思想政治工作的理论基础。思想政治工作要起到教育人、引导人、关心人、说服人的目的，真理的号召力量是至关重要的。

五年来，该行坚持政治学习制度，在学习形式上采取集中学习和分散学习相结合的方法，每次学习都要做到时间、内容、人员三落实。在学习中，力戒生硬的说教，采取灵活多样、生动活泼的形式，组织全体干部职工学习马列主义、毛泽东思想、邓小平理论。提高运用马克思主义原理解决工作中各种实际问题的能力，引导干部职工树立正确的世界观、人生观和价值观，取得了明显的成效。在教育方法上，注意用英雄人物的事迹激励人，以严明的纪律规范人，以先进的标准塑造人，以最具说服力的真理教育人。通过政治学习，增强了干部职工的责任心和使命感，提高了执行政策的自觉性。

在每一次政治学习活动中，该行都力争做到思想统一、加强领导、精心组织和认真总结。在学习江总书记"三个代表"活动中，他们首先做到统一思想，提高认识，为"三个代表"学习活动的开展奠定良好的思想基础。具体制定了学习计划，并在学习活动开展之前进行动员，组织员工认真学习，使员工们认识到全面、深入、扎实地开展"三个代表"学习活动是党中央的一项重大举措，也是赋予河东支行的一项重大政治任务。其次是加强领导，专门成立行领导牵头的学习领导组，保证学习活动顺利开展。再次是精心组织，分阶段、有条不紊地搞好"三个代表"学习活动。集中时间和精力按三个阶段（学习培训阶段、对照检查阶段、整改提高阶段）认真完成了每个阶段的工作任务，取得了显著成效。通过"三个代表"学习活动，使广大干部员工理论水平显著提高，增强了全行上下的凝聚力和战斗力，找出了工作中存在的问题并认真进行整改，从而有力地促进了各项业务工作的顺利进行。

（二）以榜样的力量凝聚人，是做好思想政治工作的前提

思想政治工作需要理论上的学习，更需要行动上的引导示范。河东支行年轻职工多，来源分散，思想政治工作从何入手尤为重要。在敢于向员工讲大道理的同时，他们更注重用榜样的力量无声地教育和影响员工。

河东支行率先从领导班子自身抓起，为了更好地约束自己，带动大家，行领导坚持时时处处起模范带头作用。首先给自己"约法三章"，制定并完善了《河东支行廉政准则》、《领导班子工作纪律》等，并公之于众，使自己的工作和言行时刻置于群众监督之下。

河东支行人员少，业务繁多，为集中精力工作，行长马水仙每天早出晚归，风尘仆仆，她女儿参加高考期间，也正是该行争取代收学费的关键时间，为了能多争取到几个学校的代收业务，她白天到学校找人，晚上上门到家里做工作，女儿的事她无暇顾及，全身心扑在工作上。副行长王跃进为了能争取到一超市客户，在该客户开业近一个月时间里，他和其它两名员工坚持天天晚上上门收款，每每半夜12点以后才能回到单位。该行每天现金收付量很大，到下班时常常整点不完，每次都是行领导全部上阵，亲自整点、打捆，总是忙到很晚才回家。员工们感动地说："人家领导都这样拼命干，将心比心，我们能不好好干吗？"

在生活上，行领导更是严格要求自己。单身领导每天中午在机关食堂就餐，不开小灶，与员工们同吃一锅饭，同交伙食费。班子成员上下班不设专车，私事用车自己加油，电话费按月核定，超支自付。

榜样的带动、领导的人格魅力在全行干部职工中引起强烈反响，也如春风化雨，点点滴滴滋润着每个员工的心田，使全体员工形成强大的群体意识和全新的精神面貌，敬业奉献、埋头苦干很快变成了员工共同的理念和自觉的追求。

（三）以真诚的关心感染人，是做好思想政治工作的基础

思想政治工作不光要讲道理，更主要的是要办实事。单纯说教，不办实事，就会失去员工的信任。基于此认识，支行领导对员工就像父母一样关爱，朋友一样沟通。他们经常同职工谈思想、谈工作，发现问题及时沟通，认真解决，力争缩短和员工之间的距离，铺架心与心理解的桥梁。出纳员吴晓东原在东北某信用社当主任，后因工作调动，成了一名普通的代办员，到该行后一度有些心灰意冷。了解这一情况后，该行领导主动找他谈心，讲人生，讲贡献，使其消除了顾虑，满腔热忱地投入到工作中，很快就成为独挡一面的业务骨干。员工郝新生在原来单位工作中吊儿郎当，是河东支行成立时被当成包袱硬推来的。刚来时该同志准备破罐子破摔，对此该行不嫌弃、不疏远，制定了具体帮扶计划，经常用先进人物的典型事迹教育他、鼓励他，通过耐心的人生观、世界观教育，郝新生提高了思想认识，主动寻找自己工作上的差距，工作积极负责，经常主动加班，现在已经负责机关办公室行政工作。

为了让员工全身心投入到工作中，河东支行还千方百计给员工排忧解难。微机管理员尚晓飞是从基层行调来的，其家属身体不好，又很长时间两地分居，他一度思想上产生顾虑，想调回原单位。对此，行领导三番五次找对口单位说情况、讲困难，求得支持理解。几经周折，终于解决了其家属调动问题，并介绍医生为其家属治病。这以后，尚晓飞工作更加努力，为该行电脑设备正常运行发挥了重要作用。由于河东支行门面小，开业之初，机关没有食堂，单身职工吃饭很成问题。他们对原场地进行改造，很快设立了食堂，聘请了炊事员，现在食堂饭菜质量大大提高，许多有家的员工也愿意在单位就餐。

行领导还与员工家属加强感情联络。每年都举办"家属联谊会"，介绍该行的经营状况和实际困难，取得家属的理解和支持。每逢节假日，又给员工家属发去慰问信，使他们非常感动，表

示绝不拖工作的后腿。在河东支行有这样一条不成文规定：员工家里有红白喜事，领导必须到场；员工生病住院，领导必须探访；员工过生日，大家买来蛋糕集体祝贺。

由于河东支行领导把员工的每一件小事都当大事来抓，并力求好事办实，实事办好，使广大员工看在眼里，记在心里，心暖了，气顺了，干劲也更足了，从而把该行的各项工作不断推向前进。

（四）以高尚的情操塑造人，是做好思想政治工作的关键

一个成功的企业首先要生产优质的人，然后再由优质的人生产优质的产品，思想政治工作归根结底是对人的塑造。为了切实塑造有高尚情操、有全心全意为人民服务思想、有良好职业道德的员工，河东支行提出了“服务农行、奉献社会”的口号，力求走出三尺柜台，把服务延伸到社会，在净化自身的同时，推进全社会精神文明建设。

1998年初，康杰中学一女学生找到该行申请贷款，因其年龄小，又找不到担保，不符合贷款条件。行长马水仙得知后，耐心询问其家庭情况，了解到该学生家在夏县贫困乡镇，家庭离异，面临高考，经济失去来源。她到学校证实后，立即伸出援助之手，从自己工资中拿出300元钱帮其购置了学习资料和饭票，帮助该学生渡过了难关。其后的一年中累计资助达3000余元。目前该生已高中毕业在上海搞营销工作，她在写给马行长的信中说：“我一定要做一个像您这样的人，全力帮助别人”。

与此同时，河东支行还经常开展丰富多彩的文体活动和银企联谊活动，活跃职工文化生活，激发他们奋力拼搏、奋发向上的精神，进一步增强他们的社会责任感，弘扬社会主义团结友爱的情操。河东市场许多个体户是下岗职工，个别人思想消沉，情绪低落。对此支行和市场管委会加强协作，和个体户及时沟通，使他们认清形势，对前景充满信心。去年下半年一些个体户布匹大量积压，得知这一消息后，河东支行多方联系，积极向芮城、绛县一些单位推荐，帮助个体户进行销售。

用高尚情操塑造的员工，用自己的优良作风和典型事例，擦亮了农行形象，扩大了农行影响，给农行的业务经营创造了良好氛围，使农行的客户群体不断扩大，门庭若市，业务兴隆。

（五）以创业的精神激励人，是做好思想政治工作的根本

激发和引导员工立足本职岗位发挥积极性和创造性，敬业奉献，建功立业是思想政治工作的根本归宿。支行领导深知，员工的心是企业的根，他们的思想政治工作始终紧紧围绕人这个生产力中最活跃因素，不断铸造、激发，使广大的员工在平凡的岗位上各竞风采，大显身手。

刚成立时，河东支行门面狭小，周围金融机构林立。最大的问题是队伍不精，员工们素质参差不齐，没有打硬仗的心理准备。以致于开业没几天，一名同志就因工作艰苦，形势严峻，打退堂鼓调回了原单位。对此，行领导立即对员工们进行了金融形势教育，组织他们学习企业商战中成功的著名案例，聘请专家对银行管理和经营理论做了深入浅出的系统讲解。通过广泛的学习讨论，把竞争观念和创业意识迅速楔入员工们的脑海中，并付诸实际。

2000年3月，几经周折，河东支行终于将地区幼师代收学费业务争到手。开学第一天，4名员工现场办公从上午7点到晚上8点，一天收款300多万元，忙得连吃饭也顾不上，学校领导过意不去，从自己家里煮了些鸡蛋送给同志们吃。同志们却说，只要工作需要，只要能发展业务，苦点累点不算啥。

员工们在敬业奉献的同时，始终以高度的主人翁责任感积极为支行的发展出力献策。微机管理员张小鹏，积极探索，主动配合相关部门，充分利用现代化资源，完成工资发放和住房贷款有关计算机程序，大大提高了该行的工作效率。信贷人员在河东市场调查时发现个体户想贷款，但

担保手续太繁琐，建议采用门面房租赁合同抵押，既帮助个体户解决了问题，也使该行的利息收入大幅度增加。

几年来，河东支行通过开展深入细致的思想政治工作，发挥了优势，凝聚了员工，使该行拥有一支业务精干、作风顽强、善打硬仗的队伍，使该行的业务经营从无到有、从小到大，终于拥有了属于自己的一片天地。今后农行河东支行将适应新形势，探索新办法，求得新发展，使思想政治之花越开越艳，争创精神文明和物质文明双丰收。

加强党建促进业务发展

——中国农业银行榆树市支行党建工作纪实

中国农业银行榆树市支行

中国农业银行榆树市支行党委成立于1998年11月6日，现有一个党总支，37个党支部，全辖共有党员303人。支行党委由5名成员组成，书记、副书记、纪检书记各一名，委员两名，平均年龄39岁，学历大专以上，职称全部为经济师。

自党委成立以来，榆树支行结合自身实际，确定了党建工作的指导思想：坚持以邓小平理论为指导，紧紧围绕党在社会主义初级阶段的基本路线和纲领，按照江泽民同志“三个代表”重要思想的具体要求，结合省市分行党建工作的安排部署，加大工作力度，切实抓好思想、组织、作风建设，提高全行党员干部的政治素质，保证党的路线、方针、政策的贯彻执行，为榆树支行的改革与发展提供有力的组织保障。按照这一指导思想，榆树支行明确了党建工作的目标：建设一个讲政治、讲学习、讲正气、懂经营、会管理、整体素质优良、成员优势互补、朝气蓬勃、团结务实的领导班子，造就一支思想觉悟高、业务素质好、艰苦奋斗、勇于奉献的干部职工队伍，把党建工作落到实处，坚持两手抓，两手都要硬，促进物质文明和精神文明协调发展，促进业务经营水平上档升位。

实际工作中，榆树支行党委为实现党建工作目标，围绕党建工作指导思想，始终坚持依法经营、照章办事，求真务实，优质高效，不断增强经营意识、竞争意识、服务意识和群体意识，切实转变思想、作风、机制，真正做到了处事公平，办事公正，清正廉洁，纪律严明，团结一致。通过加强党建工作，有力地推动了业务经营健康有序地开展。

（一）强化组织建设，明确工作职责，发挥党组织的战斗堡垒作用

抓好组织建设是开展党建工作的关键。为此，榆树支行在组织建设上重点抓了以下几方面的工作。

1. 建设团结坚强的领导班子，推动干部制度的改革。

领导班子建设是党建工作的重点，有了好的领导班子，才能带出好的干部职工队伍。这是榆树支行党委成员的共识。首先，他们坚持选好基层一把手。尤其重视选拔35岁左右，有工作能力的年轻干部。凡是群众满意率不超过50%的，有违规违纪行为的坚决不聘用，对不胜任工作、群众意见大的领导干部坚决予以解聘。由于支行党委的严格把关，现在的基层领导班子政治觉悟高、工作能力强，给业务经营带来了生机和活力。二是进一步深化了干部制度的改革，使干部能上能下制度、干部聘任制度、公开选拔制度真正落到了实处。三是明确了责任，切实把党建工作纳入了党委的议事日程。

2. 建立健全基层党的组织，提高基层班子的战斗力。

榆树支行基层机构多，基层党员多，因此抓好基层党组织建设，对于全面加强系统党建工作，提高队伍素质，提高经营管理水平都具有十分重要的意义和作用。

首先，进一步健全了基层党组织。同时，认

真落实好“三会一课”制度，特别是坚持半年召开一次民主生活会。

其次，进一步加强党员队伍建设，努力提高党员素质。

一是不断深入学习和宣传十五大精神，组织全体党员认真学习邓小平理论、江泽民同志“三个代表”的重要思想，教育党员干部树立正确的人生观、价值观，在系统内大力开展职业道德教育，开展学习英雄模范人物和先进典型人物的事迹活动，营造出了弘扬正气，勤奋向上的良好氛围，有力地推动了经营工作的顺利开展。

二是不断开展学习《党章》、重温入党誓词活动。并针对法轮功邪教分子的歪理邪说，及时组织人员进行严厉的批判，对党员干部进行唯物主义教育，用正确的世界观和人生观去抵制反动思想的腐蚀，并与之作不屈的斗争。

三是认真做好新党员的发展工作。他们把一线工作成绩突出，合乎标准的同志，列为重点的培训对象，并严格执行有关规定，履行发展程序，对重要岗位的人员在入党前进行政治审查，从而有力地保证了新党员的质量，保证了党组织永远焕发出生机和活力。

（二）切实抓好党风廉政建设，促进党风的根本好转

榆树支行党委深刻认识到加强党风廉政建设、反对腐败是关系到党和国家生死存亡，关系到现代化建设和改革开放的成败，关系到党和人民群众的根本利益的一件重要工作，是一场严肃的政治斗争。因此，他们在党建工作中，始终把党风廉政建设和反腐败工作作为党建工作的重中之重，常抓不懈。

一是加强了对党员领导干部的管理和监督力度，确立了“监督是责任，监督是爱护，监督是培养”的思想，进一步健全和完善了领导班子的制约和监督机制，广泛实行公开办事制度，层层签订了责任书，提高监督的实效性，使党员干部在新形势下能够以高度的责任感和使命感，为农行事业的发展掌好权、用好权。

二是加强对各级领导干部廉政情况的考核与监督。榆树支行在全辖范围内建立了各级领导干部的监察档案，建档范围确定为副主任级以上中层干部。由纪检监察部门负责抓好《监察档案》的监管工作，做好各级领导干部的廉政勤政考核，并及时整理群众的意见，同各种调查材料一并装入《监察档案》，作为考核干部提职的重要依据。

三是坚持从严执纪，加大对案件当事人、责任人的管理力度。对违反内部规定者，不论是否造成损失都严格处理，该下岗的下岗，该撤职的撤职，该开除的开除，触犯刑律的，坚决交给司法机关依法惩处，绝不姑息迁就。

（三）认真抓好党的宣传工作，充分调动和发挥员工的积极性和创造性

党的宣传工作和群众工作是党建工作的重要组成部分，只有认真做好党的宣传和群众工作，才能团结和激励广大员工，最大限度地调动和发挥他们的积极性、创造性。为此，榆树支行重点抓好以下几方面工作：一是配合“三讲”教育回头看，在对党员和群众进行形势、任务和党的路线、方针、政策教育时，采取多种形势抓好宣传，为“三讲”教育开展创造舆论氛围，推动“三讲”教育扎实开展。二是配合“三个代表”重要思想和学习教育活动，教育广大员工爱岗敬业，遵章守纪，提高为人民、为社会服务的自觉性。三是充分宣传系统内管理与经营的成功经验，反映分析存在的问题，把握正确舆论导向，鼓舞全行斗志。四是结合建国 50 周年、澳门回归、建党 80 周年，举办丰富多彩的文体活动，在职工中深入开展爱国主义、集体主义教育。五是培养和宣传各类典型经验，大力宣传爱岗敬业、无私奉献的精神，在全行上下形成学习先进、弘扬正气的新风尚。六是加大宣传力度，积极推进企业文化建设，塑造农业银行良好的社会形象。

（四）积极转换经营机制，创建适合基层行经营特点的新途径

为尽快走出经营低谷，摆脱经营困境，榆树支行党委积极地进行探索，不断开拓创新，转换经营机制，深化体制改革，终于走出了一条适合自己发展的新途径。

一是强化激励机制，实施全员工效挂钩，打破了平均主义分配法。切实体现了奖优罚劣、按劳取酬、多劳多得的分配原则，充分调动了员工的工作积极性，这种工作经验被省行营业部采纳，并在全地区进行推广。

二是强化用人机制，搞好“三定”工作。通过“三定”，支行中层干部指数减少18人，机关员工编制减少11人，干部异地交流19人，提拔、降职和解聘领导干部42人。“三定”后，员工的危机感和紧迫感得到了增强，班子凝聚力和战斗力得到了提高，榆树支行“三定”工作受到农总行的高度重视和好评，农总行人事教育部亲自来榆树支行进行总结座谈，用以指导全系统的“三定”工作。

三是强化参与机制，实行重点企业客户经理制，有效地防止了企业资金体外循环。通过管理，这几个企业的资金归行率达100%，当年表内收息率全部实现100%，清收历年积欠利息142万元，收回不良贷款1300万元。这种做法取得的成绩，先后在《长春城乡金融》和《中国城乡金融报》上刊登，并在长春地区进行经验交流。

总之，榆树支行党委组建后，在省、市分行的正确领导下，既当指挥员，又当战斗员，以崭新的风貌，旺盛的热情，务实的作风，形象的表率作用，使全辖员工的组织性、纪律性有了明显提高，经营意识和竞争意识有了明显增强，工作主动性和自觉性有了明显进步，榆树支行的经营管理工作也取得了可喜的成绩。到2001年6月30日，各项业务经营指标全面超额完成了市分行下达的计划。各项存款达83，080万元，较年初净增了5450万元，超计划6．3个百分点；收回不良贷款784万元，超计划0．64个百分点；表内收息率实现98．3%，超计划10．3个百分点；综合收息率实现77．6%，超计划10．6个百分点，其他宏观调控指标均控制在计划之内。1999年，榆树支行被评为十优行，2000年支行党委被省行评为先进党委，各项经营指标在全地区考核评比中连续三年名列第一。

在成绩面前，榆树支行党委并没有停下脚步，而是带领全体员工，继续转换经营管理机制和风险制约机制，决心做好全行经营管理这篇大文章。在人员使用上求“能”；在业务经营上求“效”；在制度管理上求“严”；在方法措施上求“新”；在工作成果上求“实”。不断总结经验，拓宽经营视野，使经营工作再上一个新的台阶。

正确认识和发挥贫困地区农业发展银行的重要作用

中国农业发展银行忻州市分行　蔡道明

中国农业发展银行忻州市分行市县两级机构是1996年底设立的，至今已走过五年的时间。在忻州这个经济较为落后的贫困地区和农业大区设立农业发展银行，对于保护忻州基础农业，优化产业结构，推进农业产业化（如在东部发展“订单农业”，西部发展“生态农业”），增加忻州农民收入，维护本地社会稳定，提高全市人民生活水平具有重大意义。但由于农发行业务的单一性、特殊性，其重要社会作用还设有被各级政府和人民群众所认知和理解。欲话说“手中有粮，心中不慌”，农业发展银行目前的主要职能就是行使国家赋予的职权，筹集信贷资金，用信贷的方式支持国有粮食购销企业收购和储备粮食、棉花和油料等重要战略物资，保证粮棉油正常流通和价格稳定，保证国家对粮食的宏观调控能力。下面以山西省忻州市的情况为例作些粗浅的分析。

（一）忻州农发行业务发展基本状况

忻州农发行是先有业务，后有机构，最初由农业银行代理，后来设立发展银行分支机构，实现业务基本自营。从机构分布上看，现有1个营业部，8个县（市）支行，1个信贷组，4个代理行，两级行共有干部职工212人，业务遍及全市14个县、市、区，自营机构占全市三分之二的县。从业务状况看，1996业务基本自营后，共接收各类政策性贷款12．2亿元，1997年业务迅速发展，各项贷款余额达到17．4亿元，1998年按照国务院调整工作重心的要求，把3．19亿元扶贫开发性贷款和3．45亿元粮食企业附营业务占用贷款划转回农业银行。截止2001年8月，所辖分支机构各项贷款余额达到13．05亿元，其中农副产品贷款12．69亿元。从各县业务发展状况看，全市业务发展极不平衡。以2000年度为例，东部六县（市、区）业务平稳，购销两旺，效益较好，贷款余额占到全市的82．5%，收购量占到全市的97．7%，销售量占到全市的97．9%。其中营业部（原忻州市支行）业务量最大，2000年度的贷款余额达到52220万元，当年贷款15503万元，收购量13047万公斤，库存值39517万元，销售量12499万公斤，分别占到全市的40．9%、38．4%、25．6%、45．7%、25．9%。西部八县1998年扶贫贷款剥离，业务调整后，银企双方业务肃条，信贷资产风险大，效益低，贷款余额、收购量、销售量分别占全市的17．5%、2．3%和2．1%。其中保德县代理行业务量较小，2000年度的贷款余额1124万元，当年放贷49万元，收购量25万公斤，库存值351万元，销售量22．6万公斤，分别占全市的0．9%、0．1%、0．4%、0．5%。从收购销售量上分析，1996年至2001年7月，忻州各县农发行发放贷款共支持全市粮食企业收购粮食18．5亿多公斤，销售粮食14亿多公斤，购销业务大部分集中在东部六县，忻府区、原平市的购销业务量在全省处于领先地位，而神池县近两年基本不发生购销业务。

（二）忻州农发行的政策性特点和积极作用

忻州市农发行作为全市唯一的政策性银行，最突出的特点是其政策性，主要体现在贷款投放的限制性，利率执行的约束性和财务目标的规定性等方面。它的根本目的是体现国家产业政策，扶持农业发展，以支农为本的政策性银行，1998年它的经营范围被限定在只能发放农副产品的收购（在忻州市主要是粮食收购）贷款，以及其它调销、简易建仓贷款的发放上。它是不以盈利为目的，要求做到保本经营，减少亏损，减轻国家的财政负担，实行政策性和效益性统一的经营方针。忻州农发行市县两级机构成立近五年来，通过开展业务活动，特别是1998年国务院深化粮改，出台三项政策后（即：敞开收购、顺价销售、封闭运行），在地方党政部门、人民银行的大力支持下取得了较好的成绩，发挥了重要作用。主要表现在：一是银行支持国有粮食购销企业收购，保证农民增收。近三年来银行把开户企业敞开收购，不限收、不拒收，银行保证资金供应，不给农民“打白条”做为一项政治任务来抓，据统计，每年给农民增加收入1．35亿元。二是银行监管粮食库存，制止逆价销售，帮助开户企业减亏。据粮食部门统计，由于实行顺价销售政策，2000年度该行支持粮食购销企业实现利润291万元，完成省定目标的145．5%。三是银行量化细化信贷管理，制止亏损挂账发生，减轻财政负担。由于农发行采取特殊的补偿机制，政策性亏损由国家财政负担。粮改三年来忻州市农发行采取了“户籍化管理”、“仓单管理”、“分类指导管理”等一系列信贷措施，推动收购资金封闭管理上台阶，上水平，不仅有力地制止了粮食企业的挤占挪用收购资金的行为，提高了信贷资金运用率，而且基本没有发生政策性的亏损挂账，减轻了国家财政补贴的负担。四是银行支持企业掌握了大量粮源，调节市场粮价的平衡，三年来全市没有因为粮食丰收而粮价暴跌，也没有因为粮食欠收而粮价暴涨。五是银行通过信贷业务支持企业在救灾和退耕还林等工作中保证粮食供应，维护社会稳定。近几年忻州市连续遭灾，特别是西部地区，当地粮食企业通过收购和调销业务掌握粮源，保证开仓放粮救灾，保证退耕补贴粮到位，极大地支持了生态农业的发展。

（三）影响全市农发行业务发展的重要因素

虽然全市农发行近年业务稳步发展，但东西发展不平衡，差异大，种种潜在因素制约农发行更大作用的发挥。主要表现在：

一是全市农业经济基础薄弱，经济总量小，粮食生产不稳定。特别是西部八县，粮食生产“靠天吃饭”，抗御自然灾害的能力小，近几年频繁发生灾害，粮食减产甚至绝收，致使西八县粮食企业业务小，“吃不饱”，自身效益差，相应地农发行信贷业务萎缩，其很多社会作用弱化，功能十分脆弱。

二是粮食企业自身改革不到位，不彻底，部分企业管理混乱，效益低，直接威胁银行的信贷资产。部分地方仍然存在着政企、主附营业务明分暗不分的情况，粮食主管部门把很多闲杂人员和费用负担转嫁给粮食购销企业承担，企业减员增效没有实质性的进展，西八县的部分粮食企业和职工经营积极性不高，当地国有粮食购销企业基本退出粮食流通的主渠道，已经不能正常发挥支农扶农、稳定人心、稳定粮价的作用。

三是粮食市场管理混乱，国有粮食购销企业失去竞争和经营能力。东部六县由于国有粮食购销企业以购销保护价玉米为主，业务量大，占据粮食市场的主导地位，而西部八县保护价粮收购量小，小杂粮购销市场风险大，业务萎缩，原有的库存粮食成本大，陈化严重。各种个体粮商贩活动损害粮农和消费者利益，部分地区国有粮食购销企业发挥不了控制粮食市场的能力，相反使农发行的信贷资产风险逐年加大，信贷资金出现死滞。

四是农业调产效果不明显。根据十五届五中全会精神，农业产业结构调整意义重大，合理的农业产业结构是实现高产、优质、高效农业，增加农民收入的根本途径。近几年忻州地区调产没有找到一条适合本地特点和规律的道路，调产效果不明显，农业产业化链条不长，粮食就地加工转化能力不强，农副产品对外销售不畅，信息不灵，价格低迷，加工销售各环节出现梗阻，影响农民生产积极性，也影响到农发行信贷资金的高效运转。大部分企业收购粮食之后，由于不能顺价销售或就地销售，粮食陈化问题严重，成本加大，农发行信贷资金的风险加大。

五是农村粮食商品率不高。从近几年全市粮食产量分析，一方面农业遭灾，全市粮食产量下降，部分地区农民只能自给自足，甚至自给不足，除必需的税征粮外基本不向国家销售；另一方面部分农民为防御灾害发生或因市场粮价低迷，正处于观望状态，或囤积自储，或持粮待售，部分山区由于交通不便，不能顺利销售粮食，就有人通过小商小贩采取以物易物的方式进行粮食交换，这些现象既影响到粮食企业的正常经营活动，又影响到农发行的各项业务的开展。

以上几种情况不仅使全市农发行系统信贷资产的风险加大，流通速度减缓，更重要的是影响到农业粮食生产的稳定和农民增产增收。

（四）充分发挥贫困地区农发行的重要作用

农发行目前的主要任务就是支持粮食购销企业落实保护价政策，常年、长时敞开收购农民余粮，按照“收一斤粮，贷一斤粮的款”的原则，保证不给农民“打白条”，加强收购资金的供应和管理；在部分粮食退出保护价和部分地区失去保护价政策之后，要按照“以销定贷、以效定贷”的信贷原则，积极发放收购贷款，支持粮食购销企业开展购销活动，同时要从严监管粮食企业库存，完善仓单管理，防范和控制信贷风险，防止企业挤占挪用收购资金，保证做到顺价销售，不能出现逆价亏损销售行为，防止亏损挂账现象的再度发生。近年来随着粮改政策的深入，忻州市农发行分支机构基本上保证了“敞开收购，顺价销售，封闭运行”的三大政策的落实，今后，还需要在以下方面发挥其重要作用：

一是在农业调产中发挥作用。农业是基础产业，又是传统产业，忻州是农业大区，又有80%以上是贫困地区。扶贫开发性政策性业务移交农业银行后，加强粮棉油收购资金的供应和管理就是其主要任务，农发行通过政府制定保价措施，或通过经济合同发展订单农业，大力支持国有粮食购销企业收购产量大、质量高、市场效益好的粮食品种，限制国有粮食购销企业收购质量差、市场效益差的粮食品种，用政策性信贷资金的投向和投量引导农民调产，使该区农业走出一条农业结构优、产品特、效益高的特色道路来。

二是在农民增收中发挥作用。忻州市农业连年遭灾，粮食减产、农民减收现象严重，农发行一方面加大加快粮食收购，提高粮食商品率，增加农民种粮收入，另一方面引导农民因地制宜搞好优良杂粮品种种植，促进农产品更新换代，加工增值，形成名、优、特品牌，就地加工销售，增加农产品附加值，发挥农业产业化优势。

三是在保障社会稳定中发挥作用。农发行从本质上说是国家宏观调控国民经济的一个政策工具，它通过支持中央和地方政府建设粮食储备体系，发放退耕还林补贴贷款，调节粮食产区和销区的粮食调销业务，保持地区之间粮食畅通，调节数量和品种余缺，满足城乡人民生活需要，维护社会稳定。

四是在贯彻落实积极的货币政策中发挥作用。忻州市农发行作为金融行业的成员，要自觉接受人民银行的领导和指导监督，在推选积极的货币政策方面要发挥自己的职能作用，按照粮食购销政策积极地发放贷款，支持粮食企业开展收购、储备和调销活动，同时在仓储基础设施建设方面支持发放建仓贷款，加强贷款管理，资金计划管理，加快资金流通速度，提高信贷资产质量，防范和化解金融风险，维护金融行业稳定健康快速发展，加紧研究加入 WTO 后忻州市农发行经营对策。

五是在加强金融服务方面发挥作用。农发行忻州分行经过几年的发展，各项规章制度、组织机构、软硬件设施基本建成，服务功能和措施正在加强，随着农发行员工全面培训和电子化建设步伐的加快，无论服务质量，还是服务水平都将提高到新的水平，目前忻州区各分支机构在为企业旺季收购用现服务，销售信息咨询，票据结算服务等方面都加强了管理。

总之，要正确认识农发行的社会作用和职能，各级政府部门要积极支持农业发展银行，农发行自身要加强社会宣传，扩大影响，自觉地发挥出党和国家赋予的重要作用和职能。

以政策为纲 以服务为本 挖掘政策性银行的职能潜力

中国农业发展银行山东省荣成市支行
滕建洲 曲厚礼 张启芹

农发行山东省荣成市支行现有干部职工20人。建行以来，特别是1998年以来，在上级行、地方党委和政府的正确领导下，围绕粮食收购资金封闭管理中心工作，组织干部职工严格执行国务院和上级行的有关政策规定，坚持以政策为纲，以服务为本，创造性开展工作，既执行了国家政策，又维护了农村经济繁荣、社会稳定和农民的切身利益，取得了两个文明建设双丰收。目前，辖内已形成以市粮食购销中心为龙头，以25处基层粮食购销站为支撑的管理体系。支行连续4年新增库贷比例、粮油调销货款回笼率、归行率、收贷率、收息率等项指标保持100%以上。2000年底信贷资金运用率达到99.9%，综合利息收回率达到118%，实现利润203万元，成为农发行系统县（市）级无企业欠息行和盈利行。5年来，支行党支部先后被荣成市委授予先进党支部称号，被山东省和威海市农发行党委授予"一优两先"先进基层党组织称号；支行连续4年被荣成市委市政府授予文明机关称号，连续两次被省分行授予先进单位称号，连续4年被威海市分行授予先进单位称号，2000年3月和2001年3月支行分别被省分行授予信贷管理先进单位和信贷管理AAA级行称号；支行会计出纳部继1998年被山东省妇联、农发行山东省分行联合授予"巾帼文明示范窗口"称号，今年3月又被全国"巾帼建功"活动领导小组授予全国"巾帼文明示范岗"称号。

（一）坚持严格执行政策与促进粮管体制改革相结合，创新立行理念

针对建行初期全市粮食收购资金存在的"政策性资金占用多、使用效益低，企业资产总额多、自有资金比率低，应收账款占用多、合理占用比率低，政策性资金体外循环多、归行比率低，挤占挪用政策性贷款多、库贷挂钩比率低"的"五多五低"问题，荣成支行首先从经营理念上正本清源，坚持了两手抓：一是抓内部职能定位。组织干部职工认真学习国务院粮改决定等文件精神，使每一位员工都自觉地树立"以政策为纲、以服务为本"的经营理念，在千方百计做好粮食收购资金封闭管理文章的基础上，把"根植荣成，服务荣成"作为经营宗旨，使全行统一了思想，统一了行为规范，业务工作和思想观念时刻紧贴粮食购销工作各道环节，确保了全市粮食市场稳定与繁荣。二是抓外部经营环境。荣成支行在争取市委、市政府对粮食收购资金封闭运行工作高度重视和大力支持的同时，积极参与辖内企业的粮食管理体制改革，采取定期与粮食主管部门召开联席会议，组织信贷员深入企业宣传和为企业办实事的方法，帮助粮食主管部门成立了粮食购销中心，使基层粮管所彻底实现了政企、主附营业务、储备和经营、新老财务挂账"四分开"，成为威海地区第一个粮改彻底到位的县级市。粮改到位后，在支持辖内粮食购销工作的3年间，累计支持企业收购粮食8450万公斤，油脂647万公斤；销售粮食8532万公斤，油脂572万公斤，不仅解决了个别粮管所亏损挂账、挪用

收购资金、经营无方、贷款逾期、拖欠利息等问题，而且通过帮助粮食企业实现主附营业务分营和主营业务定编分流，使全市从事粮食购销业务的人员由原来的760人减至352人，企业仅此即可节约支出年300多万元。

（二）坚持文明规范服务与优质高效服务相结合，创新经营业务

在规范化服务上，一是强化服务意识。开展以“争先创优”为主题的“四讲一服务”活动和争创“青年文明号”等创建活动，使全行干部职工的服务意识得到加强。二是规范服务行为。三是完善服务设施。四是监督服务过程。

在创新高效服务上，一是创新收购资金供应方式。率先在全省试行了收粮付款“两线运行”结算方式，采取按照核打码单发放后续贷款的方法，实现了农民户交户结、即交即结，使除代扣农业税以外任何款项的政策落到了实处，从收购资金投放源头堵住了企业高报低收、多报少收造成的收购资金流失。二是创新信贷监管服务手段。在全国率先开发应用“粮油收购结算与库存管理信息系统”，实行银企微机局域联网，实现了自粮油收购入库到销售出库全过程电脑网络化管理。三是创新使用“泰山转账卡”汇划供应收购资金。购销中心会计根据“粮油收购结算与库存管理信息系统”核打码单、传输数据，所掌握各购销站前日收购数量、价款，经过联库信贷员核对，按收购进度需要发放后续收购贷款，通过人民银行交换到农行信用卡部为各购销站开设的“泰山转账卡”账户上。各购销站会计人员当日即可持卡在当地农行办事处支取现金用于收购。“泰山转账卡”的应用，在取消县级人行发行库的情况下，不仅保证了基层购销站收购资金的及时足额供应，而且将荣成支行信贷资金运用率提高了1个百分点，日均节约资金200万元。四是创新运用政策。荣城支行在加强封闭资金监管的同时，把工作重点放在了支持、帮助、促进企业搞活经营上，融服务于监管之中，按照“购得进、销得出、有效益”的原则，支持企业快进快销，灵活经营。五是用足用活轮库对冲政策。通过促进企业加大销售力度，按入库新粮价格销售往年入库陈粮，推陈储新，优化库存粮食品质和结构，降低信贷风险。

通过坚持文明规范服务与创新高效服务的紧密结合，密切了“捆绑式”银企之间的关系，实现了银企双赢。2000年底，全市粮食企业扭亏300多万元，荣城支行各项贷款利息回收率达118%，实现利润203万元。

（三）坚持严格监督管理与强化作风建设相结合，创新责任机制

一是加强制度建设。按照增强针对性、时效性和操作性的要求，结合实际，先后制定了《党支部廉洁勤业守则》、《关于从严治行的若干规定》、《计划信贷岗位责任制》等三大类37项规章制度。二是强化自律意识。三是加强案防工作。通过每半年组织一次“三防”演练等一系列活动，构筑了安全营运的保障体系，5年间未发生任何责任事故，确保了全行业务工作的顺利开展。

（四）坚持抓班子与带队伍相结合，创新自身建设

一个单位的精神风貌如何，领导层是关键。因此，在自身建设上，荣成支行坚持做到了抓领导和领导抓。“抓领导”就是按照“忠诚、团结、踏实、高效”的原则，要求领导班子成员在各自的岗位上自觉坚持“不甩手、不特殊、不外行、不唱高调”，体贴关心职工的工作、学习和生活，为全行干部职工树立四个榜样：学习的榜样、团结的榜样、清正廉洁的榜样、两手抓的榜样。“领导抓”就是全方位提高员工队伍的综合素质，提高全行的集体“战斗力”。一是坚持每周三集中学习日与日常自学相结合的方法，全面提高干部职工的政治素质；二是开展全员计算机操作培训和岗位技术练兵；三是适时组织业务骨干参加

上级行组织的各种短期业务培训。

建行5年来，荣成市支行正是因为有了一个坚强团结的领导班子，有了一支凝心合力的职工队伍，大家心往一处想，劲往一处使，发扬勇争第一的团队精神，各项工作始终走在了系统前列，在支持地方经济发展上为农发行争得了荣誉。

跨入21世纪，面对加入WTO所带来的机遇与挑战，荣成市支行将一如既往地坚持收购资金封闭管理建行的宗旨，以人为本，在严格执行政策、扎扎实实落实上级行各项规定上下功夫，切实担负起国务院赋予农发行的神圣职责，促进收购资金封闭管理上档升级。

贯彻"三个代表"思想 加强党的组织建设

农业发展银行辽阳市分行 刘 宏

江泽民同志的"七一"讲话，精辟地阐述了按照"三个代表"的要求，以改革的精神全面推进党的建设，为我们在新的历史时期加强党的组织建设指明了方向。中国农业发展银行现阶段承担着国家粮、棉、油收购资金的供应与管理、支持我国农业和农村经济发展的重任，要把我们的事业办好，必须按照"三个代表"的要求加强党的组织建设，发挥我们党的领导核心作用。

1998年我行建立党的垂直领导体制以来，按照党中央和中央金融工委的要求，建立健全了党的组织，加强了党的领导班子和党员队伍建设，较好地发挥了党组织的战斗堡垒作用和共产党员的先锋模范作用，保证了全行以粮、棉、油收购资金封闭管理为中心的各项工作的完成。但在党的组织建设方面与中央要求还有一定差距：一是有的基层行领导班子的整体领导能力和政策水平需要进一步提高，有的党员不能发挥先锋模范作用，把自己混同于普通群众。部分党员干部的思想政治素质不高，缺乏带领群众艰苦奋斗、开拓进取的精神和能力。二是有的班子民主集中制原则没有得到有效贯彻，民主和集中的关系处理得不好。三是干部人事制度改革滞后于农发行自身改革的要求，优秀人才脱颖而出的机制还没有真正形成。四是党的基层组织工作方法、活动内容，与新形势新任务的要求有诸多不适应。有的基层党组织软弱涣散，不能发挥应有的作用。因此，加强新时期农业发展银行系统党的建设工作仍然是一项十分紧迫的任务，我们学习贯彻江总书记"七一"讲话精神，切实加强党的组织建设，必须在以下几个方面狠下功夫。

(一) 努力提高领导班子的领导能力和领导水平，加强市县两级行领导班子建设

党员干部是党的事业的骨干，是完成党的政治任务的重要保证。江泽民同志指出："中国的社会主义事业能不能巩固和发展下去，中国能不能在激烈的国际竞争中始终强盛不衰，关键看我们能不能不断培养造就一大批高素质的领导人才。"

我们要根据时代对党的要求，按照新时期干部应具备的政治业务素质和标准，把领导班子和领导干部的思想政治建设摆在首位。坚持讲学习、讲政治、讲正气。要把"三讲"教育的成功经验运用到领导班子和干部队伍建设的经常性工作中去，推动领导班子思想政治建设的经常化、制度化。把坚持学习、加强实践和严格管理监督结合起来。组织领导干部加强对党的基本理论和科学知识的学习，牢固确立正确的世界观、人生观，坚定走建设有中国特色社会主义道路的信念，始终保持清醒的头脑，经得起各种风浪的考验；自觉深入实践，提高驾驭全局、正确决策、组织协调、知人善任的能力；坚持运用批评、监督、法制、纪律以及严格的党内生活等方式，对领导干部实行严格要求、严格管理、严格监督，做到警钟长鸣、防微杜渐，提高市县两级领导干部拒腐防变的能力，使市县两级行领导班子真正成为坚强的领导核心。

面对市场经济的发展和形势的变化，迫切要

求我们市县两级行领导班子和领导干部改进领导作风和工作方法。要善于抓大事，议大事，摆脱琐碎事务的干扰，集中精力研究事关农发行发展全局性的重大问题，找出对策，抓好落实。要牢固树立领导就是服务的观点，努力提高为人民服务的本领。在坚持传统的行之有效的办法、手段的同时，努力在实践中探索适应封闭管理要求的新办法，按照农业政策性金融的客观规律做好工作。要努力把中央的路线方针政策、上级的精神同本单位本部门的实际结合起来，创造性地开展工作。

（二）坚持党的民主集中制，健全科学的领导体制和工作机制

加强党的组织建设，必须按照总书记的要求，“坚持民主集中制，建立健全科学的领导体制和工作机制，充分发扬党内民主，坚决维护党的集中统一，保持并不断增强党的活力。”

没有民主，就没有集中，没有广泛的民主，就不可能有正确的集中。为此，我们要按照民主集中制的基本要求和目标，发展党内民主，增强工作的透明度，增强党员的参与意识，最大限度地调动发挥党员的积极性、主动性和创造性。我们必须进一步增强民主集中制的观念，严格执行民主集中制的原则。进一步发扬党内民主，切实保障党员的民主权利，拓宽党内民主渠道，建立有效机制，不断推进决策的科学化、民主化、制度化。坚决维护党的集中统一，在思想上、政治上同党中央保持高度一致。要按照集体领导、民主集中、个别酝酿、会议决定的原则，进一步完善党委、支部的议事和决策机制，凡属重大问题，都必须由集体讨论决定，决不允许个人说了算。进一步完善集体领导下的个人分工负责制，提高工作效率。党委、支部要充分发挥总揽全局、协调各方的作用，进一步加强和完善党的领导体制，改进领导方式。

领导班子成员要加强团结，在工作中要互相信任、互相尊重、互相理解、互相支持、互相帮助，多沟通、多协调。要健全党内民主生活的各项制度并严格遵守、模范执行，把民主基础上的集中和集中指导下的民主真正落到实处。特别是领导班子中的“一把手”要模范地贯彻执行江总书记提出的“坚持原则、把握全局、团结同志、加强修养”的要求，用高超的领导艺术、科学的决策指导、高尚的道德情操、良好的品行修养、自身的人格力量去说服、团结、感化周围的同志，调动起班子中每个成员的积极性、主动性和创造性。只有这样，才能抓好班子，带好队伍，才能集中大家的智慧，凝聚共同的力量，充分发挥领导班子的整体功能。

（三）按照干部“四化”方针和德才兼备的标准，建设高素质的干部队伍

党能否始终坚持“三个代表”的要求，很大程度上取决于年轻干部能否按照党指引的方向不断前进、健康成长。当前，我行的干部队伍又处在一个整体性新老交替的重要时期。要努力培养出一批政治上坚定、具有抵御各种风险能力、善于驾驭复杂局面的优秀年轻干部，做到老、中、青三支队伍一起抓。

我们要按照“三个代表”要求选人用人，进一步解放思想，高标准、严要求，全面正确地贯彻执行干部队伍“四化”方针和德才兼备原则，真正把那些思想政治素质好、文化水平高、组织领导能力强、专业业务精，具有创新精神和创新能力、群众公认的优秀干部选拔进领导班子或任职。党委一定要以高度负责的精神，放宽选人用人视野，确立科学的用人导向，加快干部人事制度改革步伐。努力推进干部工作的科学化、民主化、制度化，坚持扩大干部工作中的民主，落实群众对干部选拔任用的知情权、参与权、选择权和监督权。坚持公开、平等、竞争、择优的原则，积极推行公开选拔、竞争上岗等措施，促进干部奋发工作、能上能下，创造有利于优秀人才脱颖而出的良好环境。要针对干部选拔工作中容易发生不正之风的部位和环节，完善制度，加强监督，严格防止买官卖官、跑官要官以及贿赂选官、搞亲亲疏疏、不按程序选人用人等问题的发

生。要进一步完善干部考核制度和方法，提高考察工作的质量。加强对干部选拔任用工作的监督，坚决防止和纠正用人上的不正之风。要继续推进干部交流，积极稳妥地推行干部任职年龄上限制，进一步加强老干部工作，充分发挥老同志在两个文明建设中的积极作用。

（四）大力加强党的基层组织建设，切实增强党组织的战斗堡垒作用

党的基层组织是党的全部工作和战斗力的基础，担负着直接联系群众、宣传群众、组织群众、团结群众，把党的路线方针政策落实到基层的重要责任。“三个代表”最终在基层落实，离不开基层党组织的战斗堡垒作用和党员的先锋模范作用。重视党的基层组织建设，是我们党的传统和优势。

要以基层党支部为重点，进一步加强党的基层组织建设，对党的力量薄弱的基层单位，党组织的建设必须进一步充实、改进和加强。要从解决存在问题入手，切实加强党的作风建设。大力弘扬解放思想、实事求是的优良作风，进一步转变观念，勇于探索，勇于创新，反对因循守旧、不思进取；大力弘扬对党的事业认真负责，全心全意为人民服务的优良作风，坚决反对敷衍塞责，应付差事；大力弘扬艰苦奋斗、清正廉洁的优良作风，反对贪图享乐、骄奢淫逸；大力弘扬求真务实、真抓实干的优良作风，重实际、说实话、务实事、求实效，反对哗众取宠，弄虚作假。

要增强党的基层组织的凝聚力和战斗力。有计划、有步骤地在基层行开展“三个代表”重要思想学习教育活动，切实提高基层干部的素质。要继续推进以党委、党支部为核心的市县两级行组织配套建设，进一步健全工作机制，完善并落实党建工作目标管理量化考核责任制。要进一步推进争创“双先一优”（先进党支部、先进党小组、优秀共产党员）活动，发挥先进典型的示范作用，促进和带动中间状态和后进薄弱单位的建设和发展。积极探索加强基层组织党建工作的有效形式，以扩大党的工作覆盖面为重点，认真履行党章规定的职责，努力成为贯彻党的路线方针政策，团结和带领群众完成本单位任务的坚强战斗堡垒，确保以收购资金封闭管理为中心的各项工作任务的完成。

购销市场化的粮改资金如何强化封闭管理

中国农业发展银行乌海市分行　王建中

内蒙粮食工作会议决定，乌海市实行粮食购销市场化改革。作为全区首批进行改革的试点城市，如何根据当地实际，强化粮油收购资金管理，尽快适应粮食流通体制的要求，成为当前亟待研究解决的重要课题。

（一）乌海市基本情况

乌海市是重工业城市，全市50万人口，其中农业人口5万人，占全市人口的10%，耕地面积10万亩，粮食播种面积5万亩，年均粮食产量1500万公斤，可收购粮近1000万公斤，属于粮食纯销区。目前全市仅有两个国有粮食购销企业，3个糖油加工厂（股份合作制，处停破产状态），200多户私营个体粮食批发零售企业；粮食总库存4696万公斤，其中国家专储2250万公斤，甲字粮500万公斤，市级地储500万公斤，商品周转粮1446万公斤；农发行各项贷款12693万元，其中专项储备贷款3570万元，收购贷款8189万元（其中新挂账4846万元，停息挂贷3245万元，收购贷款98万元），调销贷款617万元，简易建仓及其他贷款317万元。农发行乌海市分行内设三个部室，辖一个营业部。承担着全市粮油政策性金融业务。

（二）市场化改革面临的问题

1．粮改不彻底，政策不落实。某些部门或企业不能认真落实用足有关粮食风险基金使用政策，未能认真执行出库报告、库存监管等制度，销货款未能及时归行，粮食风险基金存款余额过大，而企业一直不能享受超储补贴也未作内部调整，主管部门对企业仍存在平调摊派等大锅饭现象。近几年粮食主管部门指令截留挪用企业补贴款近百万元，给企业加重了负担。

2．企业经营困难。一是补贴不能及时到位。截至9月末财政应补贴630万元，实际拨补286万元，欠补344万元，主要是国储粮欠拨。中央财政累计欠拨557万元，其中特储欠拨28万元，专储粮欠拨529万元，由于补贴款不能及时到位，造成乌海市第一粮库半年没有发放工资。二是补贴减少。市政府下文从今年开始减少了地储数量500万公斤，补贴款84万元，而这部分粮由于成本价过高不能及时销出，仍占用库存而得不到补贴。三是库存成本高，销售不畅。乌海市计划经济时期调入的商品粮库存成本单价1．5元/公斤，每公斤比市场价高出0．3元，无法实现顺价。粮食得不到销售，相关费用仍得支付，进一步加重了企业负担。四是1995年、1996年市政府用于救济救灾赊借粮款298万元，至今无法清收，企业资金周转困难。

3．粮食陈化严重。在全市4700万公斤的粮食库存中经鉴定的陈化粮达2221万公斤，目前因没有销售指标，价差补贴无法落实，不能实现销售。

4．企业负担重，潜亏大。一是两个购销企业应收账款达1351万元，虽经努力难以清收，初步统计半数以上已成呆账、坏账；二是计划经济时期形成的建筑格局占地大，利用率低，每年土地使用税等税费无法承担；三是乌海市第一粮库粮食库存仅3400万公斤，职工人数达180人，机构庞大，人员臃肿，仅每月工资支出就达10多万元，但近两年没有经营业务，正常费用无钱支付。

（三）农发行如何适应粮食市场改革

针对乌海市目前的状况，要顺利实现粮食市场化改革，首先必须坚定信念，适应市场。充分认识粮食购销市场化是粮食流通体制改革的必然趋势。其次要更新观念，要进一步树立市场观念、政策观念、效益观念、核算观念等。第三要正确处理和解决市场化改革面临的新情况、新问题。正确对待加入WTO对我国农业、农发行带来的影响和冲击，以全新的面目、饱满的热情对待粮改。笔者认为目前农发行要采取以下对策：

1．督促企业减负增效。一是积极报批处理陈化粮2221万公斤，在落实价差补贴来源的前提下，按政策规定的程序尽快组织销售。由有关部门组织核查签定手续、数量，确定价格。其价差损失由粮食风险基金全额补贴。二是帮助企业落实高价位商品周转粮库存1352万公斤的价差损失。这批周转粮前几年以保护价购进，库存均价远高于当前市场价，无法顺价销售。应允许企业以市场价尽快组织销售，价差亏损由财政弥补。三是积极与市政府协调，对市政府赊销粮食企业价值298万元的挂账，本着谁出政策谁拿钱的原则，先应由政府垫支给付企业，待清理收回后再还给政府以减轻企业负担。对主管部门截留企业补贴、平调企业资金的情况应由主管部门负责清偿退还企业。通过积极处理历史遗留问题，彻底减轻企业负担，使企业轻装上阵，走向市场。

2．支持企业减员增效，精减机构、压缩人员，实行改制经营。一是协调政府尽快明确粮食行政主管部门及管理机构和人员，做到粮改工作有人抓、有人管。二是鼓励企业将现有人员全部实行买断改制，主任实行聘任制。减员后重新采取全员聘用制，受聘者退回买断资金，作为人股金或风险金，实行周转粮经营股份制，储备粮经营责任承包制。重新聘用的合同制人数为目前四分之一为宜。旺季确实需要，雇用临时工解决。买断改制的资金由市财政拿出一部分，粮食风险基金预借一部分，应收账款清理收回解决一部分。还可通过将闲置资产变现或部分资产直接量化买断一部分人员。通过买断改制，建立新的适应市场化改革的企业用人机制，从根本上解决大锅饭平均主义问题及企业的人员负担，搞活粮食企业。

3．协助建立企业风险基金。随着粮食购销市场化改进，保护价粮食收购将不复存在。企业粮食购销调运将被视为非保护价粮油贷款管理，一般以“购得进销得出不亏损”为原则。本着这个原则，首要一条必须是企业有一定的自有资金作为风险抵押金，一旦某笔购销业务发生亏损，用企业风险基金弥补，以减少贷款风险。企业风险金应根据市场趋势、品种等确定，最低应保持在收购值的10%～15%以上，多者不限。其资金来源一是从分割到财务资金账户资金中挤一部分；二是企业应收账款、其他应收款的收回资金部分作为风险基金；三是经营利润中留一部分；四是建议市财政从粮食风险基金中预拨企业一部分，年末算账，多退少补。

4．支持粮食企业改善经营，走出困境。要认真落实各项封闭管理有关政策，严格按程序操作。企业经营状况改善是搞好封闭管理的根本出路，只有企业搞活、盈利，封闭管理才更好搞。为此一要确保资金供应及时足额。根据市场行情瞬息万变的实际，要准确把握坚持“购得进、销得出、有效益”原则，按照“以销定贷、以效定贷”政策，积极审慎。符合贷款条件的认准的项目要当机立断，全力以赴，灵活营运、调剂、调拨资金，及时放贷支持。二要搞好服务。把服务贯穿于购销调存全过程，以优良的服务态度，较高的服务质量支持企业。三要大胆拓展业务领域。当前除了支持主要粮食品种经营以外，在支持杂粮、油料、农副产品加工，甚至饲料品种成品粮购销等方面大做文章，在确保符合政策，银企双赢的前提下拓展业务、扩大经营。同时积极协助粮食企业向上级申报扩大省级市级储备。笔者认为就乌海地区而言，目前以1亿公斤地方储备为宜。

5. 协调政府及有关部门，为粮改创造宽松的环境。一是强化和规范粮食市场管理。建立有序的粮食批发交易市场，规范个体零售粮商行为，将粮食市场竞争的起跑线放在同一个水平上。二是在税收方面给予优惠政策。鉴于国有粮食企业历史包袱沉重，经营十分困难，库存面积大，利用率低等情况，市场化一定时期内应减免有关土地使用税、房产税和营业税等税种，同时对个体粮商的偷税行为进行严厉打击，坚决追缴。

6. 从严监管企业，化解信贷风险。首先要把好六关：在价格上通过全国粮油信息网及农发行灵活的信息渠道掌握变动情况，给企业当好参谋把好价格关；质量上，信贷员在收购期全程跟班，按新的质量要求从严把关；在贷款发放的环节上，坚持贷款使用报账制度，认真把好核打码单关，核对收购数量，严禁套取收购资金，确保收一斤粮，贷一斤粮的钱；在储存环节上，把好库存监管关，认真履行仓单管理协议，严格信贷员驻库制度和定期查库制度，监督企业按规定及时核销处理损失损耗，对商品周转粮及地方储备粮轮换的损失损耗必须由地方财政或企业自有资金负担弥补，不允许挂账，确保银企账账、账实相符；在销售环节上，要严格执行出库报告制度，把好出库关；在贷款回笼结算方面把好销货款回笼和收贷收息关，一方面对企业销货款归行及时分解收贷收息，另一方面加强对企业结算资金的管理，对非保护价粮食销售，原则上用钱货两清、汇票结算方式，坚决杜绝赊销拖欠，以及企业销货款不入账或坐支现金挤占挪用行为的发生。其次是要增强监管渗透，扩大监管范围。农发行对企业监管要更深更细更严。经常核查企业固定资产在建工程，递延资产，低值易耗等增加必须有正当的资金来源。业务周转金要及时（必须在年底）归垫应收账款，其他应收款原则上不允许增加余额，如有新增必须说明原因、搞清情况。聘任企业领导以及机构设置人员须征得农发行同意，因事设岗，打破关系网，杜绝大锅饭，适应市场化。督促粮食企业压缩开支，节约费用，降低成本，不承担任何部门单位给企业平调摊派的资产资金等。总之，通过农发行监管、渗透、协调服务，使企业走出困境，实现银企双赢。

用积极发展的办法扭亏增盈

交通银行吉林分行　王双祥

交通银行吉林分行是地处经济欠发达地区的困难行。信贷资产质量严重低下，非盈利资产过多。自1990年开始出现潜亏，亏损时间较长，金额较大，就连上级主管部门都认为难以扭亏。1998年以来，总、分行调整了吉林分行的领导班子，新班子认真贯彻落实总、分行关于增盈的一系列方针、政策、措施，团结全行干部员工，树立自强求变的精神，依靠积极发展和提高发展质量的办法扭亏增盈。经过两年的奋斗，亏损面貌发生了变化，开始步出困境。1999年实现税前利润1624万元，一举甩掉亏损的帽子。

（一）扭转亏损需要树立自强求变的奋斗精神

亏损企业最容易出现也最需要解决的问题是士气低落、悲观畏难。吉林分行由于长期亏损、问题多、困难大，一些干部职工对企业的前途感到无望，人心涣散，情绪低落。该企业的领导班子感到，要改变企业的困难面貌，首先必须改变人的精神面貌，要帮助和教育全体员工克服悲观情绪，树立自强求变的信心；克服消极情绪，焕发积极进取、有所作为的斗志。1998年初，他们在全企业范围内开展了一场“扭亏图存”的大讨论，分析亏损原因，总结经验教训，挖掘经营潜力，制定扭亏措施。引导职工以积极的思维站位和角度来看待和思考问题。通过“扭亏图存”的讨论，不仅使全体员工正视了困难，也看到了潜力，认识到了“扭亏图存”的根本出路是积极发展，从而树立了依靠自己的努力实现扭亏的信心。

领导班子在坚持用积极发展的思想鼓舞职工的同时又制定了积极的工作目标和措施来激励和调动职工的工作热情，把1998年确定为大打“翻身仗”的扭亏年，制定了靠发展解决问题，靠盘活解决问题，靠增收节支解决问题，靠调动职工积极性解决问题的四项措施。1999年又再接再厉，确定了以效益为中心的管理年的工作思路，制定了发展速度、发展质量、经济效益“三突破”的奋斗目标和八项保证措施：加强管理练内功；实行激励和活力机制；抓住新增长点力求实现；采取有效工作措施；立足根本抓服务；夯实基础求长远；制度建设求保证；思想保障抓队伍。经过两年奋斗，实现了在发展速度、发展质量和经济效益三个方面的突破，主要经营指标都实现了翻番的好成绩。

（二）把积极发展作为贯穿扭亏增盈工作始终的基本指导思想

亏损企业的亏损不论是何种原因造成的，都和发展有关，都是发展的速度慢、质量低，是发展过程中出现问题。要扭转亏损、解决问题，首先要在加快发展速度、提高发展质量上解决问题。只有发展了，才能具备化解历史遗留问题的能力和余地。为此，吉林分行把积极发展作为贯穿扭亏工作和全部经营工作始终的基本指导思想。

发展对于金融企业来说，不断扩大资产规模是重要的。在实际经营中，吉林分行把不断扩大资产规模作为加快发展、摆脱困境和实现工作目标的主要环节，始终抓住不放。首先主要靠调动全体员工的积极性。该企业提出了“以发展保生存促扭亏”的口号来提高员工的认识和紧迫感，通过组织劳动竞赛使企业上下都动员起来，人人都想发展，抓发展，从而使资产规模有了较快发展。还特别注意抓住发展的新增长点，通过不懈的努力，把发展机遇由可能变为现实。正因为他们抓住了发展这个主题，并把它贯穿于经营工作的始终，所以发展速度加快了：资产规模1999年末比1997年末增长50．3%。大大增强了经营实力，才有条件调整资产结构、收入结构和提高收入水平，加快了整个经营状况的改善和扭亏的步伐。

（三）扭亏的过程就是解决和提高发展质量的过程

对于企业来说，经营困难和亏损，实际上是长期经营过程中问题的积淀和暴露。企业要扭亏，既要解决发展量（速度）的问题，又要解决发展质的问题。他们把这归纳为“防范不出新风险，积极化解老问题”。

防范不出新风险，即不出现或少出现新的经营上的问题，最根本的是依法、守章、合规经营，完善和坚决执行各项规章制度。他们力图使各种经营行为都有章可循，仅1998年一年就新建各项规章制度49项869条，1999年又新制定了95项1211条。而且在两年来的实际经营中所有的经营决策都充分发挥集体决策作用。通过运用制度约束避免经营的随意性和盲目性，有效地防止了经营上新问题的发生。

经营服从提高发展质量，这是两年来他们遵循的一条经营原则。为了实现各项具体经营目标，还要实现提高发展质量的总体目标，他们大力调整客户结构，调整资金运营结构，使客户质量和信贷资产质量有了很大的提高。

针对遗留的经营问题多这一突出问题，他们提出要把90%的精力放在化解老问题上。他们把化解老问题的任务落实到人，措施落实到事，政策落实到户，实行解决重大经营问题责任制，促进化解老问题的工作。

由于他们着力解决经营上已形成的问题和有效防止新问题的产生，使经营管理得到很大改善，发展质量有很大提高，体现在经营成果上各项财务指标全面好转，使扭亏成为可能。

（四）扭亏的能动性因素是员工的积极性

以人为本，是企业工作的主题，也是扭亏的主题。尤其是对亏损企业来说，最重要的是把员工团结、动员起来，激发他们积极工作的热情，并引导到进行富有主动性、创造性、成效性的工作上来，“众人一条心，黄土变成金”。

1998年，吉林分行深入开展了以建立富有活力的现代企业用人机制为目的，以减员增效为主要内容的人事制度改革，实行聘任制。采取了“下聘一级、责权相应、公平竞争、双向选择、有位有为、择优上岗”的方法。为保护员工的合法权益，1999年他们在坚持实行聘任制，进行人员精简的同时，考虑为落聘职工创造再上岗的机会和条件，建立了《落聘员工管理暂行办法》，使聘任制更趋于规范和制度化。通过人事制度改革极大地激发了职工的积极性，给企业注入了生机与活力，促进了扭亏工作的开展。

培养、焕发员工的主人翁责任感和爱岗敬业精神，既是建设现代企业制度需着力解决的问题，也是社会主义企业的本质特征。吉林分行十分重视民主管理，重大事项都由员工参与决策，使员工切实感到他们是企业的主人，从而把个人的前途和企业的兴衰联系在一起，焕发出了强烈的爱岗敬业的精神，加快了扭亏速度。

扭亏需要有与扭亏工作相适应的职工队伍。这两年吉林分行十分重视提高员工的思想和业务素质，不间断地进行业务培训并连续配套地考核，今年在业务岗位又实行了“上岗证”制度，促进职工的业务水平的提高。还组织多种形式的集体活动，对员工进行思想教育和调动他们的积极性，促进职工队伍两个素质的提高，促进了整个工作的开展。1999 年，这个金融企业被省委、省政府命名为“精神文明建设先进单位”。

在队伍建设中，领导班子的自身建设是关键环节。亏损行要扭亏，必须有一个能胜任其责的领导班子。吉林分行很注意加强班子的自身建设，不断提高思想认识水平，能比较客观正确地观察、分析问题，有一个符合实际、正确的工作思路，扑下身子多干实事，用领导者的人格力量凝聚员工，用正气动员和鼓舞员工。

吉林分行的盈亏兴衰的实践证明了“发展是硬道理”。困难和亏损企业要走出困境和扭亏增盈，用积极发展的办法，不断提高发展质量，是最好的选择途径。

南开戈德中间业务平台 Gagent

——商业银行迎战 WTO 的明智选择

北京南开戈德自动识别技术有限公司金融事业部

天津南开戈德股份有限公司是由天津南开戈德集团控股的高科技上市公司，简称“南开戈德”。是中国防伪技术协会常务理事单位和全国防伪标准化技术委员会成员单位，也是我国防伪识别行业的龙头企业之一。

北京南开戈德自动识别技术有限公司是由天津南开戈德股份有限公司投资成立的全资子公司，注册资金 2000 万元，是南开戈德实现“建立并完善服务于产业发展的科研开发体系”发展战略的重要里程碑。

以培养人才为基础，以最新流行技术为先导，立足于传统金融应用系统的产品开发，紧跟新兴的金融业务及网络技术的发展是北京南开戈德自动识别技术有限公司的发展策略；以开发产品为核心，不断扩大产品的最终用户的服务项目和范围，提高服务水平；以技术、品牌为纽带，与国内外公司开展广泛深入的合作，努力实现技术、服务、产品的规模化和产业化。

向用户提供超一流服务

北京南开戈德自动识别技术有限公司金融事业部主要从事于金融软件的开发、维护、销售等工作，主要从事的项目有：

- 银行系统的中间业务平台
- 银行大前置系统
- SET 网上支付系统
- Call Center
- website 站点建设
- 金卡工程
- 网上银行
- XML 及 Java 技术咨询等业务

中间业务行业现状

中间业务是指商业银行中间业务，是指不构成商业银行表内资产、表内负债，形成银行非利息收入的业务，包括结算类、代理类、担保类、承诺类、交易类中间业务和其它中间业务。

20世纪70年代以来，全球商业银行中间业务发展十分迅猛，其在商业银行业务经营中所占的比重不断上升，其业务品种也已从刚起步时单一的代理收付业务，扩大到包括结算、担保、融资、管理、咨询、衍生金融工具等广泛的业务群体。在发达国家的商业银行，中间业务收入已成为其经营收入的重要来源，甚至超过了利息收入所占比重。中间业务的兴盛，已经对传统现代商业银行在金融市场中所发挥的功能和充当的角色产生了巨大的冲击。如何抓住机遇，拓展市场，大力发展中间业务已成为摆在国内商业银行面前的一个紧迫任务。

产品介绍——中间业务平台 Gagent

（一）总体结构

针对不同客户对中间业务处理规范化、平台化的共同需求，戈德公司秉承与客户共同成长的一贯理念，凭藉其多年来的金融领域行业经验和强大技术研发实力，经过广泛的市场调查和分析，设计并开发了新一代金融服务产品——戈德中间业务平台。

平台的总体设计目标为归纳并演绎已知及未来的各种中间业务的共同业务特征和技术要点，实现统一的处理方式和扩展手段，为银行开展中间业务提供稳定、灵活、高效、易于维护的基础运行环境和二次开发平台。

平台在整个银行信息网络中的外部视图见附图一。

平台的内部功能视图见附图二。

（二）技术特点

1．业务种类无关性

尽管各种中间业务的表现形式千差万别，但其业务本质都是银行以双重代理的身份，受客户和代理商户的委托，利用自己的网络、设备、场地、人力和其他资源为双方办理的资金代收、代付业务。与银行其他传统业务相比，中间业务的账务处理相对简单，只涉及存款账户的资金借贷、余额控制和一些批量处理工作，多种业务的差异主要体现在处理流程的多样性和数据交换与表现形式的不确定性，这种外部的差异在平台实现包容、合并和统一后已经与主机的账务处理隔离。

对主机来说，所有的中间业务都通过简单的几种交易接口统一实现，与具体的业务种类没有直接关系；对平台来说，各种业务需要的数据结构和处理方法在设计时已经进行了充分的归纳和抽象，原有业务的迁移和新业务的开发通过简单的参数配置和微量的编码都可以快速完成，不需要对系统进行任何结构性的调整；对于网点和其他接入端来说，不同业务的差异主要体现在输入输出界面和一些票据清单格式的不同，实现这部分功能的编码工作相对容易，如有必要平台还可以提供嵌入式模块或预处理。

综上所述，平台对不同种类业务的支持完全是以一种弹性的策略实现，不受具体某种业务的制约，理论上可以支持所有现在和将来的所有属于目前讨论范畴内的中间业务。

2．关键技术透明性

要实现对所有中间业务的广泛支持，达到开放化平台化的系统设计目标，必须运用以下关键技术：

（1）对网络技术的透明处理

在配置级支持各种标准的网络协议和通信模式，用户可以通过配置动态地调整通信业务进程的功能，不需要任何编码工作。

附图一

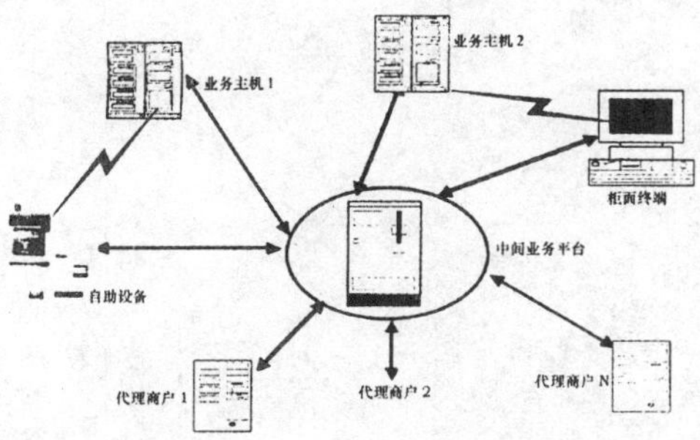

附图二

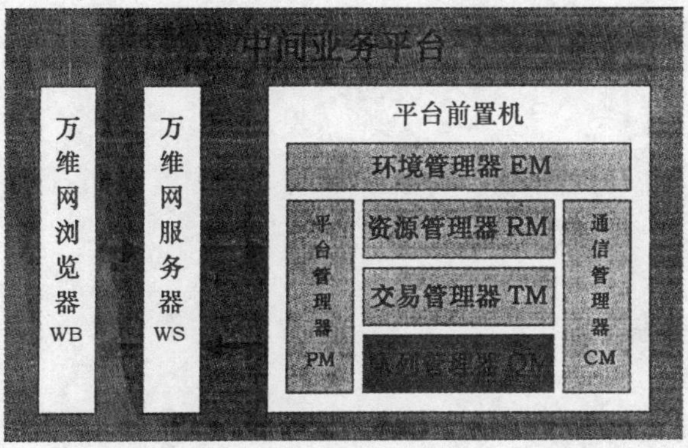

（2）对中间件技术的透明处理

平台内部集成了戈德公司自主开发的消息中间件产品 – Glink，通过调用一组简单 API，可以轻松地实现本地及远程不同进程间各种不同形式的数据交换。平台同时支持对其他厂商中间件产品的集成，集成工作在客户化时一次完成，不需要客户进行额外的开发。

（3）对安全技术的透明处理

在配置级和 API 级同时支持各种标准的加解密、校验、签名认证算法，包括 DES、3DES、RSA、MAC、MD5 等，加密方式上既支持纯软件加密又支持加密机方式，安全控制对象可以根据需要灵活选择，可以是报文及文件的全部或部分敏感数据。用户只需要在适当位置定义安全控制参数就能完成诸如密钥管理、加密、解密、签名、认证等操作。

（4）对数据库技术的透明处理

在 API 级实现对 DB2、ORACLE、INFORMIX、SYBASE 等主流数据库产品的支持，充分保护用户的现有技术投资，方便用户进行业务组件的二次开发。

（5）对数据格式转换技术的透明处理

在 API 级实现对不同系统间应用报文格式和数据文件格式的相互转换，格式转换以 XML 格式作为中间过渡格式，真正在系统内部实现了平台无关的数据表示，并为以后向以 XML 为标准的数据交换过渡打下坚实基础。目前支持的各种数据格式如下：

XML 格式：未来的数据内容组织和形式表现标准

ISO8583 格式：金融行业组织交易报文的国际标准格式

定长格式：代理商户广泛采用的数据格式

变长格式：银行业经常采用的交易格式之一

分隔符格式：脱机文件传送经常采用的数据格式

混合格式：通常是定长格式和变长格式的组合使用

派生格式：例如由 ISO8583 派生的比特图格式

（6）对流程控制技术的透明处理

这部分功能已经内置在平台交易管理器之内，用户只需要根据实际业务需要配置有关控制参数，就可以灵活控制业务的处理方式和处理过程。

（7）对交易一致性保障技术的透明处理

交易的一致性保障通过自动冲正和对帐两种机制实现，冲正的时机和条件在流程控制参数内定义，对帐作为平台的一种标准交易。这部分功能除配置外不需要其他人为干预。

（8）对 WEB 技术的透明处理

用户可以通过局域网或广域网内的任何一台具有连接权限的装有浏览器的计算机实现对平台的全部管理和监控功能。由于管理模块的核心采用了 JAVA 和 XML 技术，使得代码和数据可以在异种平台之间自由迁移，模块本身的维护变得非常简单。

3. 无限的扩展能力

当平台通过单一的硬件升级手段处理能力已经不能满足业务发展的要求时，可以通过分布式处理的方式实现处理能力扩展，采用分布式处理方式后原来运行在一台服务器上的中间业务平台迁移到一个通过 GLink 互连的服务器阵列上运行，业务数据集中存储在 DB Server 上，供阵列内各结点机共享。阵列内采用静态负载均衡算法或动态负载均衡算法，保证交易的海量吞吐和快速响应。

复旦金仕达的金融电子化之路

上海复旦金仕达计算机有限公司

上海复旦金仕达计算机有限公司成立于1995年2月，几乎是与中国金融电子化同步成长起来的。世纪之交，复旦金仕达已经发展成为国内最大的金融软件企业之一，并成为上海软件行业的领头羊。过去的两年中，复旦金仕达实现了与上海三家软件企业以及深圳轩冕科技公司的合并重组；引入了INTEL公司、ACER公司和上海实业集团的风险投资；通过了德国莱茵技术协会ISO9001认证。目前公司资产已逾亿元，有员工400余人，在证券和期货行业的市场占有率分别达到20%和60%。与这些相伴的是公司已建立起开放、规范和先进的经营管理体制，完成了公司的股份制改造，并计划在合适的条件下实现上市。

复旦金仕达依据国内国际金融行业的发展趋势及自身特点，进一步明确了公司未来几年的发展战略："专注于证券、银行和期货领域，专业从事软件开发、网络集成和技术服务三大核心业务"。同时，将证券、银行和期货三个行业统一为金融电子化这个核心领域，以促进行业之间的资源共享，为金融用户提供最优的解决方案和服务。

（一）证券产品

复旦金仕达目前是全国四大证券软件开发商之一。早在20世纪90年代，公司推出的《中天券商综合管理系统》就以明显的技术优势在全国证券业得到广泛认同和好评。

1999年，复旦金仕达与IBM公司建立起战略合作伙伴关系，同时推出在IBMAS/400小型机、RS/6000、DB2数据库和Websphere平台上开发的"金仕达证券公司总部管理系统"，此举揭开了国内证券公司从传统分散模式下营业部级电子化向集中模式下公司级电子化转变的帷幕。该方案摘取了"IBM2000年全球解决方案优秀奖"，成为全球9家获奖产品之一和东亚地区唯一的获奖产品，并先后与国通证券、光大证券、国泰君安证券、中国民族信托、蔚深证券、大通证券等国内著名券商签定总部管理系统合同，标志着复旦金仕达已经在证券公司集中电子化领域稳居领头羊的地位。

2000年9月，复旦金仕达与光大证券公司签定全面业务合作伙伴协议，开创了国内券商和软件厂商全面业务合作的先河。先进的电脑网络和应用软件不仅改变了证券公司的管理和运营模式，也直接影响了其竞争能力。通过先进的IT系统建立信息平台、构建证券公司的业务支撑系统、客户服务系统、管理决策系统从而使证券公司在稳健经营的过程中实施业务流程重组和真正的面向客户的客户关系管理，将可以极大地帮助证券公司牢牢地掌握竞争的主动权。因此，通过技术的创新来配合和帮助其他方面的创新，是证券公司一个必然的选择。

伴随着市场化、国际化和网络化进程，中国证券业电子化正经历着重大变革：

从分散走向集中的趋势。即从传统的以营业部为核心的分散模式转向以总部为核心的集中模式转变，从上至下地整体规划和建设各种IT系统的体系结构和应用。

从局域网走向广域网的趋势。利用 INTERNET 和业务通讯平台，构建公司级的广域网体系。

从单纯交易电子化走向深层次的服务、管理和决策电子化。

从以低端计算机技术为主转向高端计算机技术、通信技术的广泛应用。

基于上述理念和趋势，金仕达证券软件产品体系也将围绕“一个网络、三个中心”而展开，其中一个网络是“企业级业务通信平台”，三个中心分别是“业务中心、服务中心和决策中心”。“一个网络、三个中心”的基本使命就是：“为证券公司提供 IT 整体规划，在高端信息技术平台上构建一体化的证券电子商务平台”。

其中心思想是：“以客户为中心，以业务为线索，自上而下地建立业务支撑系统，客户服务系统和决策支持系统，利用无限的网络，把无限的服务延伸到无限的客户中。”

其基本特点是：“企业级平台和技术、集中分布相适应模式、模块化结构、可控制成本”

在这样一个产品架构下，复旦金仕达经过一年多的潜心研发，现已成功推出以下产品系列：

1．一个网络

业务通讯平台——业界最著名的通讯中间件，经受了历次大行情的考验。国内所有真正的通买通卖系统，如国通、申万、东方、久联、华泰等全部是由金仕达的业务通讯平台支撑。

2．业务中心

总部管理系统——包括三个部分：营业部业务数据采集子系统，平行清算、对账和实时风险监控子系统，稽核分析子系统。

集中交易系统——数据集中是券商 IT 整体规划中一个最重要的基石，而一个全公司的集中交易系统是实现数据集中的一条必由之路。

柜台交易系统——是整个“企业级公司系统”中的一个插件模块，依赖业务通信平台与其它系统进行交互和集成，通过“集中—分布相适应”模式适应各种可能的实施模式。

视频宽带证券交易系统——可完全利用现有的有线电视网络，利用普通电视机和数字机顶盒结合的方式接收数字信息，在不影响原有模拟电视业务的前提下，为用户提供实用的证券服务。

开放式基金销售管理系统

3．服务中心

网上服务中心——不局限于网上交易手段，它是一个平台性的系统，可以与大量的其他系统互联，包括金仕达总部系统，金仕达呼叫中心系统，且必须与券商的管理手段、业务支持系统、后台保障系统紧密结合在一起。

呼叫服务中心——为远端的、移动的客户提供了灵活的接入服务能力，它是金仕达证券行业解决方案的核心组件之一，可提供四大业务种类：自助服务、人工业务服务、数据管理、监控。

营业部远程大户室系统——可扩充远程大户交易业务，使得券商的管理、业务、服务水平得到一个很好的提高。系统具有投资小、工期短、规模灵活、资源利用率高、市场风险低等优点。

4．决策中心

决策分析系统

（二）银行产品

银行历来是中国金融体系的主体。今天，国内商业银行面临市场开放和网络技术的双重竞争压力，银行需要实现后台交易处理中心的整合、实现管理架构的集中化和智能化、实现银行的网络化营销，实现向电子商务的转型，最终实现在未来电子商务中的主导地位。

复旦金仕达在金融行业所表现出来的相互渗透、相互融合的混业经营大背景下，凭借多年大型软件项目经验和证券软件开发的行业经验、人才优势和技术积累形成的核心竞争能力成功地进入了银证合作等银行电子化领域，形成了以“银行客户服务平台、银证通系统、股票质押系统以及开放式基金管理系统”等系统为核心的银行应用软件产品系列。

银证通是指商业银行以活期存款账户作为证券买卖保证金账户和清算账户，以证券公司或银行提供的渠道作为股票交易委托系统，通过证券营业部的席位进入证券交易所买卖证券的业务。同时银证通也就是商业银行利用其营业网点，为证券经营机构和基金管理公司提供某些延伸服务，降低交易成本，扩大储蓄存款来源的一种重要方式。作为一种高附加值的金融服务产品，金仕达银证通系统在政策允许的范围内，弥补了分业经营的缺点，极大地实现了银证资源的整合。

股票质押贷款业务对银行和券商具有双赢优势：为商业银行提供新的金融产品，是其可靠的利润增长点，同时还将有助于商业银行的信贷结构调整；扩大了证券公司可用资金量，扩大了融资渠道，增强了资产流动性。金仕达股票质押系统是在银行企业网的基础上，利用 Internet/Intranet 技术建立全行统一控制、集中管理、业务分布发展的系统，对总行、分行进行集中管理，实现设备资源、信息资源、人力资源的统一集中管理和共享，完成各项业务操作和管理任务。它是基于金仕达银证通平台开发的，并为将来面向一般客户的股票质押款服务提供了扩展接口，并为开放式基金、BI（商业智能）留下充分的接口。

金仕达银行客户服务平台是在服务于银行的长远发展战略下，制定出一个长远的技术发展规划，将银行现有系统与未来整体技术架构及业务架构有机结合，充分体现了系统的灵活性、可扩展性及可升级的特点，满足各银行为拓展业务利用信息科技不断推出新的产品和服务的要求。

复旦金仕达一直致力于向银行客户提供满意的产品和服务，并得到了交通银行总行、光大银行总行、上海银行、农业银行上海分行等银行机构的热情支持和鼓励。目前，金仕达已经为交通银行就股票质押贷款业务提供全面技术支持。此外，与光大银行达成了“银证通”系统的全面合作协议。同时还与多家其他银行客户在不同的产品和软件项目上进行技术合作。

（三）期货产品

复旦金仕达是国内最早从事期货行业软件开发的专业计算机公司，伴随着中国期货业的发展和规范，经过几年的努力开拓，不断将计算机领域的新知识、新技术引入期货行业的管理，目前已形成了从经纪公司结算管理系统、行情接收及分析软件，到经纪公司结算交易管理系统、交易所管理信息系统的全系列期货行业软件体系，以其简单灵活的体系结构、良好的扩充性、可操作性及友善的用户界面赢得了广大客户的一致好评，在国内同类产品市场中一直稳占鳌头，并进入了香港等海外市场。

几年来，复旦金仕达凭着“不断创新、永葆第一”的精神，在期货软件行业不断推陈出新，相继开发了自助委托系统、internet 网上交易、交易厅远程异地交易系统等，不断推动国内期货行业信息技术创新的进程。公司所开发的期货行业软件，涵盖了期货经纪公司和会员单位从交易行情显示、分析，盘中风险监控和盘后及时结算，到公司客户管理、财务管理等日常事物的所有内容，满足了大大小小不同公司各方面的要求。

复旦金仕达还为原上海期货交易所和原上海商品交易所开发了交易、撮合、风险控制、OA 自动化管理、信息发布等全套系统，又于 1999 年 8 月承接了大连商品交易所的整套系统开发工作，并于 2000 年 5 月正式投入运行，2001 年期货交易所三网合并，金仕达参加了测试工作，至此，公司已形成了从交易所到经纪公司和客户代理，从交易管理到办公自动化，从行情显示到技术指标分析，从盘后的结算到实时动态的风险监控的全系列期货软件，从而为期货行业提供最完善的全方位服务。目前，金仕达期货软件拥有超过 70%的市场占有率，特别是 2000 年底，金仕达的电子化交易软件在中国南方区市场已经达到了 100%的市场占有率。其中《金仕达期货结算管理系统 V3 版》（单机版）在中国期货界得到了最广泛的应用，而于 2001 年 5 月 28 日正式推出的《金仕达期货交易管理系统》则堪称业界最先进的交易结算软件。金仕达又一次推动了中国期货行业电子化交易的发展。

复旦金仕达一贯秉承“顾客至上”的原则，以“专业经营，诚信服务”为理念，始终将服务作为工作重点。公司除在上海总部设立服务中心外，还在北京、深圳、广州、大连、武汉、重庆、成都等地设有分支机构和辐射周边城市的服务网点，为客户提供全面的人员培训和全天候的产品维修服务，以其迅捷、便利的本地化服务获得了客户的肯定。公司也期望在更加深刻理解客户需求的基础上，与证券、银行和期货客户达成长期合作的伙伴关系，将自身的成功建立在客户的成功基础上，与金融机构共同迎接市场开放和技术进步的竞争和挑战。

征稿启事

敬请您关注　欢迎您参与

《中国金融市场年鉴》是中国金融界一部大型资料性、历史性、综合性年刊，将全面反映我国银行、证券、保险及其它相关金融业的改革和发展历程，内容可靠，数据详实，是一部具有权威性、专业性、连续性和科学性的综合性史册。

《中国金融市场年鉴》2002年卷特设"金融监管""改革与发展""信息化建设"、"精神文明建设"、"农村信用合作"、"证券市场""期货市场"等专辑。

为丰富年鉴内容，加大信息含量，现特向广大读者征稿，欢迎相关部门、单位和个人踊跃投稿！

来稿务请注意以下事项

1．文稿要求观点新颖、说理透彻、文笔流畅、实用性强；文章所用的数据力求准确、资料翔实可靠、图片清晰、计量标准、正文简体，作者直投软盘或发E-mail均可，字数不限。

2．译文需附原文，并注明出处。

3．来稿要求注明作者姓名、工作单位、电话及联系地址、邮编。

4．来稿一经采用，即付稿酬并赠样书。

5．请勿一稿多投，如有版权纠纷，责任自负，作者若超过2个月没有收到任何形式的用稿通知，稿件可自行处理，恕不退稿。

联系方式：

北京89-136信箱（100089）

电话：010-88570128 88570129

传真：010-88570139

http：//www.cmjrw.net.cn

E-mail：cmjrw@sina.com　cmjrw@sohu.com

回顾历史 安防事业添砖瓦
展望未来 迎接入世新挑战

——记深圳市蛇口龙电保安设备厂

深圳市蛇口龙电保安设备厂 舒昌治

深圳市蛇口龙电保安设备厂是研制开发、生产、销售银行用保安设备的专业厂家，是中国安全防范产品行业协会的常务理事单位，也是国内最早从事安全防范产品生产的企业之一。

安防产品作为社会公共安全产品的重要组成部分，在保持社会的稳定和保卫人民生命财产安全方面起着举足轻重的作用。20世纪90年代末，随着世界科学技术的快速发展和国际经济体系结构的重组，全球经济一体化已成为不可阻挡的趋势。城市网络化、信息化加快，市场需求持续升温，使我国安防产品制造业也得到了长足的发展。开放的市场给龙电带来了前所未有的机遇，十年的创业史，把龙电由一个从制造防盗门开始的作坊式的小厂发展成全国安防行业中的知名企业。

回顾一下龙电十年来的发展历程是值得每一个龙电人骄傲和自豪的。

1991年10月，深圳市蛇口龙电保安设备厂成立。

1992年，成为中国安全防范产品行业协会的常务理事单位。

1992年，金库门等5项产品被公安部列人社会公共安全产品行业“八五”发展规划。

1994年，金库门产品被深圳市公安局及中国人民银行深圳分行共同确定为深圳市银行系统新老网点配置或更新换代产品。龙电的金库设备产品已成为填补国内空白、替代进口的理想产品。

1994年，受公安部委托，由龙电厂负责起草公共安全行业标准《金库门通用技术条件》和《金库门耐火等级及试验方法》。

1994年7月，汇集公安部、银行系统及本行业专家的金库设备系列标准研讨会在龙电厂举行。与会代表一致认为龙电金库门的安全性能、防盗、防火指标均已达到国际先进水平，是全国首家高水准金库系列设备专业生产厂。

1994年，在北京举行的“94国际安全技术产品博览会”上，龙电金库设备首次亮相，捧奖而归。

1994年6月，“金库设备”项目被深圳市政府列入《深圳市2000年前重大工业项目发展规划》。

1995年6月，“金库设备”项目被深圳市委列入《深圳市“九五”及2010年工业主导产业发展规划纲要》。

1995年12月，“金库设备系列——金库门、银行租借保管箱”项目获深圳市科技进步二等奖。

1996年6月，“金库设备系列——金库门、银行租借保管箱”项目获深圳市南山区科技进步二等奖。

1996年~1997年，金库门和银行租借保管箱两大系列产品中的金库门锁栓运动夹持机构、门体压紧防水装置、金库门重锁机构、锁组互保机构、一种金库墙板、龙电合金和保管箱分别获得国家专利。

1996年1月，“金库保险设备”项目被国家经贸委评定为1996年度国家级新产品。

1996年3月，由龙电厂负责起草的《金库门耐火等级及试验方法》公共安全行业标准由公安部发布，同年10月正式实施。

1996年7月，由龙电厂负责起草的《金库门通用技术条件》公共安全行业标准由公安部发布，同年10月正式实施。

1998年7月，通过深圳市企业计量保证能力二级企业的认证。

1999年7月，通过德国TüV认证公司ISO9000质量体系认证，质量管理保证水平有了极大的提高。

1999年，由龙电厂独立研制开发的具有高技术含量的核电特种门首次进入核电领域。为核电设备国产化开创一条新途径。

核电特种门包括半气密门、气密门、舱门、防台风门、防辐射门、特种钢大门、特级防火门、人员通道门等产品，具有气密、防火、电控、机-电-液传动、防辐射、抗地震、抗台风和抗飞弹冲击等多项特殊功能。现已进入全国所有的核电站，成为填补国内空白、替代进口的首选产品。

2000年4月，《金库门通用技术条件》标准项目获全国安全防范报警系统标准化技术委员会(TC100)科技进步二等奖。

2000年1月，指纹识别金库门获国家专利。

2000年8月，由全国安全防范报警系统标准化技术委员会和实体防护分技术委员会发文并正式下达2000年行业标准制修订计划及任务书，确定由龙电厂和公安部安全防范报警系统产品质量监督检验测试中心为负责起草单位，起草《银行用多储户保管箱（柜）通用技术条件》的行业标准。

2001年，龙电厂成为中国银行总行、中国建设银行总行和华夏银行总行指定的金库设备供应商。

龙电保安设备厂经过十年的艰苦创业和不断的技术创新已发展成为拥有金库设备、防盗安全门、核电特种门、保险柜及办公用品四大系列数十种产品，技术力量雄厚，具有产品独立研发能力，并拥有各种大型精密钣金加工设备、机加设备、电焊设备和喷涂生产线的中型企业。

龙电厂生产的金库设备系列产品包括金库门、银行租借保管箱、微型金库、组合式移动金库及银行营业大厅内门等。以上各项产品均通过公安部检测中心的检测。现简介如下：

金库门

金库门广泛用于银行金库、博物馆、档案馆等场所的重要物品的保管。根据其抵抗暴力破坏的能力和耐火极限分为M级、A级、B级和C级四种级别，如下表所示：

级别	M	A	B	C
防破坏极限（min）	15	30	60	120
耐火极限（h）	1.5	2	4	6

金库门的基本结构包括具有防钻、防火焰切割功能的龙电合金保护的门扇、门框等。门扇和门框的外表面均用丝纹不锈钢包覆，既美观、大方、压重、得体，又永不生锈。

根据防破坏级别的不同，各级金库门又配有不同的锁具，一般M级金库门至少配一套专用锁和一套机械密码锁，A级金库门配两套机械密码锁，B级和C级金库门则至少配两套机械密码锁和一套定门锁。

针对金库门的特殊使用功能，龙电厂还开发了由三套机械密码锁组成的锁组互保机构，只要将其中任意两套机械密码锁打开，即可将金库门开启。这一功能在某些场合可用来代替门中门、应急门。

为进一步提高金库门的安全可靠性，龙电厂还自行研制开发了用活体指纹验证身份的智能金库门。这种门除了配备上述机械密码锁以外，还配备指纹识别仪和计算机。在门关闭时，该门的报警系统即自动处于警戒状态。正常开启时，可自动解除报警。当非法开门、撬门、火焰切割门体时，系统均会将报警信号传到预先设置的电话上。系统还可自动保存每次的开启记录以便查询。

根据客户的不同需要，金库门可配置定时锁、防水装置、脚踏板自动升降系统，库内可配置紧急呼救器、应急门、空调保卫器等装置。

所有运动部件坚固可靠却又运行轻巧自如。门扇和手动暗掣分别在不大于 80N 和 30N 的外力作用下即可灵活启闭。

保管箱

保管箱主要用于银行、宾馆、酒店等场所客户贵重物品的保管。

龙电厂的保管箱按门板材料分类有全不锈钢门板和锌合金门板两款，表面均进行丝纹处理。

锁具有国产机械双头锁和进口机械双头锁，具有两人同开，一人单锁的特点。

1996 年，龙电厂在提高保管箱的安全可靠性和银行的管理功能方面，在全行业率先推出国内具领先水平的指纹电脑保管箱。

该产品利用指纹识别技术将人的活体指纹以三维立体的方式全息摄入，连同手指的生物活性特征一起处理，生成一个手指的映象，与登记时生成的手指映象相比较。它不仅检测指纹的唯一性，而且检测血管的造影、血液的色态等。该产品的电控系统能对输入的客户信息进行读、写、存储和比对，发出继续操作或拒认信息。在多人合租一箱时电控系统又能根据客户租箱时的设定由多人中的某一人或某几人或全体验证指纹后才能开箱。电控系统还有自动记录功能，自客户租箱之日起，即自动记录客户的租金、押金、租箱时间、退箱时间、入库登记时间等。能对相关数据自动进行统计，并根据不同的管理权限打印报表、设置时间限制等。具有准确、安全、快速的特点。该项产品的开发，完全克服了传统锁具钥匙易丢失、可复制的缺陷，把保管箱租用这一传统行业提高到一个空前的层次。

微型金库

微型金库用于各银行营业网点、珠宝业等场所。根据其抗暴力破坏的能力分为 M 级、A 级和 B 级三个级别，如下表所示：

级别	M	A	B
防破坏极限（min）	15	30	60

微型金库的基本结构包括带有防钻、防火焰切割功能的龙电合金保护的门扇和箱体。门扇外表面与金库门一样也用丝纹不锈钢板包覆。锁具的配置分别与同级别的金库门相对应。

组合式移动金库库体

组合式移动金库库体由一些标准板块组合而成一个钢结构件，可广泛用于小型金库的建造。

根据其抵抗暴力破坏的能力，分为 M 级、A 级、B 级和 C 级四个级别，如下表所示：

级别	M	A	B	C
防破坏极限（min）	15	30	60	90

其基本结构即为带有防钻、防火焰切割功能的龙电合金和防火水泥组成的标准钢结构板块。各板块之间以榫槽相连，拼成一个钢结构整体。可抵抗各种机械、电动及火焰切割工具的破坏。

银行营业大厅内门

银行营业大厅内门是各银行必备的装备。它由两扇具有互锁功能的门扇组成一个封闭的通道，当两扇门均处于关闭状态时，方可开启其中任意一扇门，而当任意一扇门处于开启状态时，另一扇门从两侧均无法开启。这样，可有效地阻止尾随银行工作人员进行抢劫作案情况的发生。

龙电保安设备厂自成立以来的十年间，仅金库设备一项的销售总额已达数亿元人民币。由于其金库设备产品良好的内在质量和完善的售后服务体系受到广大客户的信赖，产品销售量也与日俱增。北至黑龙江省的齐齐哈尔，西至青海，南至海南，东至上海，神州大地，天南海北到处都有龙电人的足迹，到处都有人民财产的忠诚卫士——龙电产品。

近十年来，随着安防事业的发展，龙电的金库设备系列产品也在激烈的市场竞争中得到长足的发展，产品功能更加完善，品种更加齐全，市场的反应速度也更快。

龙电人决心坚决贯彻执行国家质量技术监督局和公安部联合发布的第12号令的精神，不断提高产品质量。同时，把目光瞄向国际市场，走技术创新之路，努力开发技术含量高、起点高、市场潜力大、替代进口的新产品，在世界安防行业为我国争得一席之地，为振兴民族工业贡献智慧！

成长中的江苏银行卡网络

江苏省银行卡网络有限公司

江苏银行卡网络工程，是国家金卡工程确定的十二个全国试点地区之一，它通过在全省建立银行卡信息交换中心，联接省内各发卡金融机构银行卡业务处理系统和大中小型商户，实现了银行间信息、机具和商户的共享以及银行卡的跨行、异地通用。从1995年启动至今，经过几年来的探索与建设，目前覆盖全省13个地区的主干网已全面建成，工、农、中、建、交、邮储、中信、浦发、招商、华厦、广发、深发、光大、民生、福建兴业以及部分城市商业银行100家发卡金融机构加入网络，3700台ATM机开通了异地、跨行取款、查询业务，全省金融机构和ATM入网率达到98%以上。同时，在南京、镇江、苏州、无锡等地区，POS业务联合工作也在不断深入开展，在南京、镇江两地通过建立专业化服务机构实现了POS联合，众多商户实现了银行卡“一柜一机、一机多卡”的目标，金鹰国际购物中心、苏宁电器、五星电器、家乐福、欧倍德以及镇江商业城等一大批商户加入网络，另有南京新百、中央商场、东方商城、金陵百货、苏果超市等7家商场和超市通过MIS+POS系统入网，2001年，网络ATM交易总笔数1214万笔，交易总金额17.3亿，POS交易金额7.8亿元。

几年来，江苏银行卡网络在实现ATM和POS的业务联合模式上经历了反复探索与努力，坚持充分利用已有资源、避免重复投资的网络发展宗旨，在ATM和POS联合上成功地探索出一条适合江苏地区特点的发展之路。商业银行系统内已联网的，充分利用各发卡行系统资源，以省行统一集中入网的方式延伸银行卡网络，实现银行卡异地跨行通用，行内系统未联网或独立法人的发卡机构，以市行通过DDN专线与中心直接连接。省行系统集中入网的模式既节约了各行在实现联网联合工作上的人力、物力投入，又便于各行网络统一维护与管理，同时也顺应了各行数据集中的形势，延伸速度快，系统稳定性高，差错处理解决及时。

POS联合牵涉面广，情况比较复杂，既要在技术上实现一机可以受理多卡，更重要的是业务上实现联合，保证联合后市场进入规范发展的运作渠道，商户和持卡人拥有更便利的受理环境，各发卡银行建立公平、有序、良性的竞争秩序，各行银行卡业务不断发展。经过努力，在南京、镇江地区成功地实现了建立专业化的商户服务机构，实现POS联合，同时平衡各发卡行利益，推动业务整体发展的业务联合模式。其中镇江地区还实现了POS机异地直连网络中心的联网模式。该模式的实现方式是：在江苏南京以外城市的特约商户直连网络中心，由中心统一转发POS交易，所在地专业化服务机构通过网络中心的远程终端负责对POS交易实时监控、办理资金清算和交易查询等。具有MIS系统的商户，以MIS+POS系统通过X.25直接连接到南京的省中心，中小型商户则通过POS机经本地市话网拨号到南京的省中心，转至发卡银行，完成整个交易的信息流程。在资金清算上由江苏中心在夜间统一发起清算，商户资金由当地节点站直接打印资金结算凭证，于次交易日通过人民银行同城清算系统直接进到商户开户行。入网银行如有省级行，由省中心通过其省级机构清算；没有对应省行的发卡银行，通过人民银行系统清算，也可在南京选择一家银行为其代理清算。这种联网模式环节少，成功率高，同时充分利用了江苏银行卡网络现有资源，避免了各地区的重复建设（网络结构见图示）。

在POS的业务联合上则由当地人民银行组织各发卡银行研究、制定本地区的《POS联合实施意见》，包括费率标准的统一，明确POS联合具体承担部门，利益的分配、机具问题以及市场联合方案等，以作为本地实现POS联合的各项工作指导。目前南京、镇江两地均通过此方式建立专业化队伍，基本完成了本地区POS联合工作。建立专业化队伍就是由江苏银行卡网络服务中心受各发卡银行委托，按照本地区各发卡银行统一的POS联合实施意见，代表各行统一移交市场，统一维护商户，统一发展商户。南京地区自去年6月份开始启动，目前除部分宾馆业外，其他行业基本实现POS联合，联网商户覆盖各大商场、餐饮、娱乐、建材、珠宝、美容等各行各业，从过去一百多家增至目前近五百家，联合POS机1600台，交易量从2000年年初日均140多万增至近500万，最高日交易额突破800万；镇江地区自去年8月底开始启动，目前已全面完成本地区POS联合，各发卡行POS重复摆放全部清算整顿完毕，交易量也在不断增长。通过建立专业化队伍实现POS联合，为广大特约商户提供集约化、规范化的服务，不仅实现了各地区不同发卡银行间的业务联合经营，避免了机具重复摆放，规范了市场秩序与市场行为，同时有效地降低了各发卡行经营成本，为广大商户和持卡人提供更加规范、周到的银行卡受理服务，并通过合理有效地配置资源，进一步扩大特约商户行业与范围，有力地改善了该地区用卡和受理环境，带动各发卡行银行卡交易额和银行卡整体业务发展取得显著增长。据统计，2001年度南京地区各发卡行年度考核指标全面超额完成。

实现ATM、POS联合是江苏银行卡网络建设的首要任务，下一步网络还将为各地进一步深入开展POS联合提供有力的技术支撑与联网服务，目前江苏中心正按照人民银行总行的统一布署，与各入网银行积极开展系统标准化改造，随着标准化改造的全面完成，银行卡联网联合基础将更加完善，在此基础上随着各发卡银行银行卡功能的不断创新，应用领域的不断扩大，今年，江苏银行卡网络还将逐步实现卡间转账，建立统一的缴费平台和其他增值服务平台，扩大网络服务范围与功能，将网络向与老百姓密切相关的各行各业拓展、延伸，坚持“服务发卡行、服务商户、服务持卡人”的三个服务经营宗旨，在中国银联的统一领导下，充分发挥江苏地区银行卡信息交换与处理中心的功能，与江苏地区各发卡银行同呼吸、共命运，共同壮大、共同发展，迎接江苏地区银行卡业务辉煌发展之日的到来。

图示：

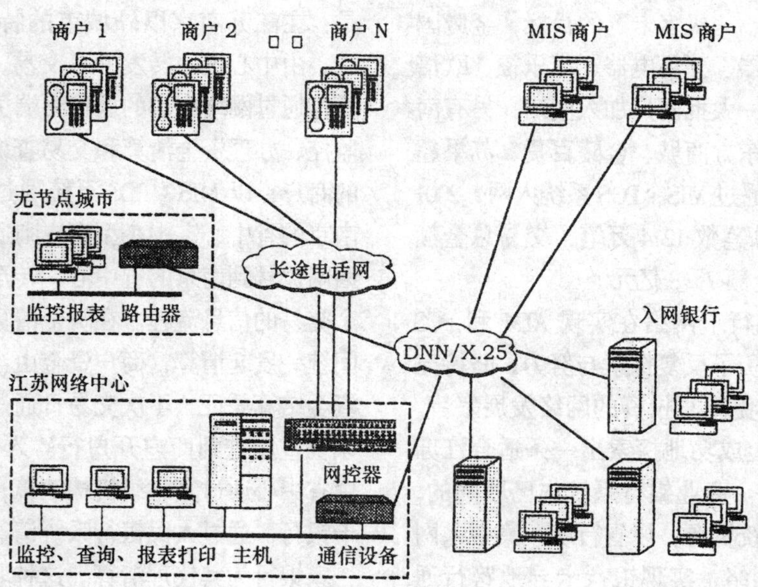

蓬勃发展的大连市银行卡业务

大连市信用卡网络有限公司

大连市于1994年6月初被确定为全国金卡工程首批12个试点城市之一。几年来，在市政府和市人民银行的领导下，网络中心与各入网成员单位本着服务大众、服务社会的宗旨，依托先进的高科技手段，成功实现银行卡通用和网络机具资源共享，从根本上改善了大连的用卡环境，推动了城市信息经济的发展。

（一）银行卡网络中心情况简介

1994年9月，由人民银行大连市中心支行牵头，大连市各发卡银行出资成立了大连市信用卡网络有限公司，是大连市金卡工程的具体实施单位。

目前主要成员单位：中国人民银行大连市中心支行、中国工商银行大连市分行、中国农业银行大连市分行、中国银行辽宁省分行、中国建设银行大连市分行、交通银行大连分行、广东发展银行大连分行、招商银行大连支行、中信实业银行大连分行、华夏银行大连支行、中国民生银行大连分行、中国光大银行大连分行、深圳发展银行大连分行、大连市商业银行、大连市邮政局和大连市财政局。

主要业务范围包括：建立、管理和维护大连市银行卡ATM/POS网络系统，为各成员银行提供跨行ATM、POS清算、授权、信息转接等服务，实现各种银行卡通用；根据人民银行的相关规章制度，协助健全和完善银行卡业务管理体制和经营机制；办理成员银行委托的其它增值服务等。

（二）银行卡业务联合发展

1996年底银行卡ATM/POS网络系统投产运行，结束了长期以来各发卡行银行卡业务自成体系的封闭局面，揭开了大连市银行卡业务发展史新的篇章。受各方面因素影响，投产之初情况并不是十分理想。作为基本理财工具的银行卡在当时还被认为是高收入者身份的象征。

尽管如此，网络中心对银行卡市场的发展前景和趋势仍充满信心。在网络中心的协调推动下，几年来，大家统一认识，确定了联合发展的目标，克服各种困难，逐步统一业务标准和业务规范，不断完善ATM/POS网络系统功能，扩大联网规模和范围，增加机具投入量，提高机具完好率，为广大持卡人提供优质规范、安全快捷的银行卡服务。中心和各成员单位还投入了大量资金，利用各种媒体采取各种喜闻乐见的方式，不间断地宣传普及银行卡知识，提高用卡意识，使银行卡真正走入了寻常百姓家。

经过几年不懈的努力，大连的银行卡业务联合取得了突破性进展。至2001年11月底，共有工行、农行、中行、建行、交行、广发行、招商行、中信、华夏、民生、光大、深发展、大连市商业银行、邮政局等14家成员单位加入银行卡网络系统。全市共发行各种银行卡429万张，入网ATM465台，ATM日均跨行清算交易13096笔、清算额492万元；直联商户1029家，直联POS2273台，POS日均清算交易3215笔、清算额164万元（各种数据见附表1、2、3）。几年来，各成员单位还利用自身优势，拓展银行卡服务功能，相继推出了IP电话、手机银行、网上银行、自动缴费、代收代付、持卡保险、持卡订房等众多富有特色的个性化服务，深受持卡人欢迎。

（三）银行卡增值服务

进入新世纪，依托于日臻完善的银行卡网络系统，中心与各成员单位大力拓展服务领域，开发了电子商务、手机银行、商户MIS系统、公用事业缴费等一系列银行卡增值服务项目。

1．运行电子商务支付网关和RA

为了实现大连市政府构建现代化物流体系，把大连建设成为我国东北和环渤海地区的信息服务中心、电子商务中心和现代化物流中心的目标，经人总行批准，由大连市政府出资近700万元，利用现有的大连市银行卡跨行信息交换网络，在网络中心建设大连市电子商务支付网关和金融认证中心大连地区登记注册中心（RA）。

大连市电子商务支付网关以现有的大连市银行卡网络交换系统直联POS网络为基础，以统一的电子商务支付网关建设为核心，以电子商务站点系统建设为市场推动器，构成一个完整的电子商务交易处理和卡基网络平台，最终建成集网上认证、网上交易、网上支付三位一体的完整的大连市电子商务应用系统。

大连市支付网关系统是一个公共的、面向社会的、安全的网上交易支付平台，该网络以国内外广泛采用的安全协议为基础，以国家金融CA认证和现有互联网安全技术相结合的方法，实现网络安全控制。

大连市统一的电子商务支付网关具有以下特点：

（1）保证网上数据具有完整性、保密性和不可否认性。（2）国内首家采用CFCA证书进行身份认证。（3）大连市14家发卡银行发行的银行卡均可在网上实现支付。（4）采用国内外通用的安全协议和卡基支付方式，能够迅速、高效地完成网上支付的信息转接、交易处理。（5）24小时不间断运行，自动实现日期切换和对帐。（6）采用的软、硬件系统具有模块化扩展能力，充分保证了系统的开放性、可扩展性。（7）人机接口界面友好、直观、属中文环境，便于操作。

网关和RA已于今年3月20日正式投产运行，首期开通BTOC。支付网关的开通将网上商户同银行卡网络连接起来，实现了银行卡网上电子支付，也为持卡人提供了新的消费选择。已有10家银行开通这项业务，4家银行正在测试中。入网的签约商户有12家，清算笔数96笔，金额1．2万元。

网络公司正在进行有关电子商务BTOB模式和证书研究，下一步将积极同市政府合作，尽早完成支付网关BTOB工程及RA业务推广工作。

2．手机银行即将开通

手机银行，为持卡人，特别是手机用户提供了一种新型的金融服务。该项目由中信实业银行大连分行同中国联通大连分公司共同合作，与网络中心现有银行卡网络联网。手机用户只要在联通大连分公司所属的营业网点更换STK卡，申请短信息服务，即可在手机上进行银行转账、账户金额查询、证券买卖、外汇买卖和公共事业缴费等金融服务。该项目测试已基本完成，即将开通。

3．商场MIS系统直联网络中心

今年，网络中心配合成员单位，实现了商户MIS系统直联中心。2001年4月，工商银行在百盛商场开发的MIS系统开通；9月中信实业银行为大连历史上最大的超大型购物商场——新玛特购物休闲广场开发的MIS系统投入运行。该系统是利用商场自身的收银机完成刷卡交易，银行不必再投放POS。不但节省了银行的投资，交易速度也有很大的提高，由过去每笔8~13秒提高到3~5秒，受到持卡人、商户、成员银行普遍欢迎。近期将在大连的大、中型商场推广普及MIS系统。

4．公用事业收费自动交费系统

2000年底，为解决市民交费难的问题，网络中心提出《关于改进大连市联合收费的建议》，建议利用现有的银行卡网络，通过居民手中的银行卡来实现电子化缴费。该建议得到了大连市市政府、市信息产业局的高度重视和充分肯定，并下文批准网络中心联合公共事业局联合收费处建立大连市公共事业收费自动缴费系统，目前合作意向已达成，双方正就具体合作方式进行磋商。

5．网上缴税系统

2001年年初，大连市开发区税务局及大连市地税局与网络中心联系，希望能与中心联网，利用已建成的支付网关完成纳税人网上交税。中心已制定出具体实施方案，目前正与相关单位就具体实施方案进行论证。

为了适应21世纪信息经济、网络经济的发展需要，银行卡网络中心将与各成员银行携手，共筑大连市银行卡事业新的辉煌，推动城市信息化建设，为把大连建成新型的国际化城市做出新的贡献。

附表1：各年度ATM网络情况统计表

项目＼年度	入网行数	ATM数量	清算总笔数	年末日均清算笔数	清算总金额
1997年	5	78	2．04万	210	4．07万
1998年	7	175	15．01万	1022	6183．3万
1999年	7	238	48．38万	2147	1．88亿
2000年	13	376	171．57万	7369	6．13亿
2001年1～5月	14	415	120．55万	9654	4．55亿

附表2：各年度直联POS网络情况统计表

项目＼年度	入网行数	商户数量	直联POS数量	清算总笔数	清算总金额
1998年	7	122	387	3．74万	2726．2万
1999年	7	282	778	24．31万	1．34亿
2000年	13	738	1552	60．73万	2．60亿
2001年1～5月	14	851	1784	45．69万	1．84亿

附表3：

全市发卡量：1996年20万张；1997年89万张；1998年102万张；1999年140万张；2000年：271万张；2001年1～9月：429万张

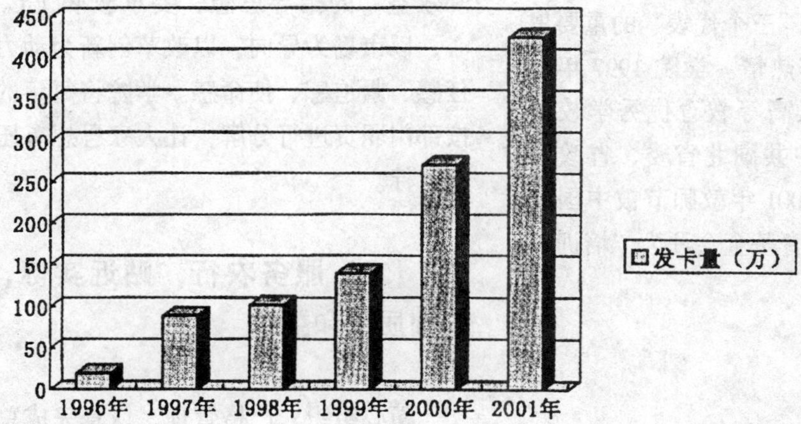

立足服务农行打造人才精品

——农行武汉培训学院育人目标明、措施强、成效显

中国农业银行农行武汉培训学院

农行武汉培训学院在农总行党委的正确领导下，近几年来以服务农行为己任，以培训工作为中心，主动转变职能，加强师资建设，强化内部管理，改善教学条件，提高服务质量，各项工作取得了较大的成绩。一是牢固树立了为农行商业化经营服务的思想，全院上下思想统一，信心增强，步调一致。二是培训班次、人数稳步增加。仅1999~2001年就举办各级各类培训班229个，培训人数达20042人次。三是培训质量和效益明显提高。学院根据培训对象的需求，确定教学内容，创新教学方式，精心编写教材，引进案例教学，采用多媒体技术授课。四是教师积极向培训转轨，培训教学的效果得到学员的普遍认可。五是初步建立了适应培训需要的内部管理体制和运行机制，学院开始走上教学组织专业化，行政管理规范化，后勤服务市场化的轨道。六是精神文明建设喜获丰收。通过认真开展“三讲”教育、“三讲”教育“回头看”、职业道德教育活动以及认真学习贯彻江泽民同志“三个代表”的重要思想，激发了教职工的工作热情。学院1997年被国家教委评为“全国成人高等教育优秀学校”，1998年、2000年两次被中共湖北省委、省政府评为“省级文明单位”，2001年教师节被中国农业银行总行、中国金融教育基金会评为“培训先进集体”。

（一）统一思想，转变观念，增强了做好培训工作的责任感、紧迫感、使命感

面对1998年全行教育工作会议以来学院的外部环境、办学方向、工作重点发生重大变化的新形势，学院党委审时度势，及时加大了对教职工的教育引导：从农行改革与发展的要求上大力宣讲学院改革的必要性，把教职工的思想认识统一到总行文件精神上来；从学院发展的前景上大力宣讲学院改革的重要性，把教职工的思想认识统一到迎接未来竞争，努力创建高质量的培训基地上来；从对激烈的外部形势分析着手大力宣讲适应竞争、争取主动的紧迫性，把教职工的思想统一到适应未来环境、谋求自我发展的客观要求上来。大量的教育工作为改革奠定了坚实的思想基础，营造了良好的舆论氛围。据此，院党委提出了“突出特色，争创名牌，全面提高培训质量和效益”的指导思想，要求教职工以培训为中心，以市场为导向，以改革创新为动力，增强责任感、紧迫感、使命感。学院将每年的工作任务按部门职责进行分解，让大家思想有压力，工作有目标。

（二）服务农行，贴近实际，提高了培训质量和效益

精心组织，严格管理，认真完成总行下达的各类培训任务。学院转轨后的中心工作就是培

训。培训要为农行改革发展服务，为农行业务经营服务，为提高员工素质服务，这是武汉培训学院全体教职工的共识。近几年该院不仅成功地举办了8期全国县级支行行长班，3期全国二级分行行长班，8期“115工程”后备干部培训班，还承办了农总行办公室、人事部、监察部、稽核部、财会部、信用卡部、个人业务部、公司业务部、基金托管部、市场开发部、资产风险监管部、房地产业务部、国际业务部等二十几个部门百余期培训班。在举办培训班时，学院首先周密安排、精心准备；其次严格学员管理；三是注意改进教学方式，把专题教学与案例教学结合起来。

主动开拓培训市场，积极为邻近省市农行培训人才。近两年来，在确保完成总行培训任务的同时，学院还主动为湖北、江西、重庆、贵州、广西等邻近省市自治区农行培训人才。

发挥现代教学手段优势，开展多媒体教学。为改进教学手段，学院购置了先进的投影仪和手提电脑，使每个培训教室都能进行多媒体教学。学院的所有教师都能使用笔记本电脑教学，课堂上图文并茂，事形兼之，讲课方式生动活泼，深受学员欢迎。为提高培训效益，缩短培训成果推广的时间，学院利用自身电教室技术力量，采取多媒体制作手段，将聘请到学院讲课的全国知名的专家、学者的讲课录像，精心编制成光盘，在全国各级行大量发行，满足了各地行长及员工培训的需要。

（三）注重实践，科教结合，培养了一支适应培训需要的教师队伍

合格的培训质量需要合格的教师作支撑。针对转制后的新形势、新要求，学院制订了《关于加强师资队伍建设的意见》，明确了师资队伍建设的目标、教师的素质和能力要求，教师培养、管理和考核办法；提出为加快教师转轨步伐，尽快培养出数名全行的名师，必须坚持“一个倾斜、三个结合、五项并举”。“一个倾斜”是院内效益分配向教师倾斜；“三个结合”是校内与校外实践相结合，行内与行外调研相结合，国内与国外培养相结合；“五项并举”是教学、科研、调研、咨询、开发五方面齐头并进。要通过这些举措实现“营造学科品牌、争创知名教师”的目标。

银行管理教研部教师主动走出去。一是到农总行锻炼，增强了教师对全行业务的宏观把握；二是参加农总行培训部举办的案例收集工作，增强了教师在教学中的针对性；三是下行进行专题调研，为即将举办的大中城市支行行长培训做好准备；四是参加农总行相关部室培训班的听课，只要是总行在院内办班，相关专业的教师都全程听课。

计算机教研部根据短期培训市场变化的需要，要求教师做到两个转变、两个结合，即语言教学从以Foxbase语言为主向以C语言为主转变；平台教学从以Windows平台为主向以Unix平台为主转变；计算机技术教学与农业银行的电子化建设实际相结合，软件开发等科研工作与学科课程建设相结合。随着电子技术的不断普及，科技培训逐渐增多。学院根据农行新一代软件推广后农业银行电子化网络建设发展的实际，认真调研分析了总行、分行、二级分行、支行各个层次不同岗位人员的科技培训需求，调整完善了学科课程体系架构，以适应技术不断发展进步对科技培训工作不断创新的需求。在学科课程建设方面，学院围绕现有的四个平台，突出重点抓了“Cisco路由器”，“UNIX系统平台”和综合业务信息系统（即新一代软件）三个培训课程项目建设，在计算机专修培训和湖北分行会计、信贷新一代软件的推广方面发挥了重要作用。

以科研促教学。学院一是围绕农总行研究室确定的重点课题进行攻关。在农总行研究所组织的“99年重点科研攻关课题”活动中，该院承担的重点科研攻关课题“国有商业银行的发展模式研究”荣获总行“重点课题攻关奖”（一等

奖)。参与农总行投标的“商业银行客户经理制研究”被评为二等奖(一等奖空缺)。2001年该院在中国农村金融学会组织的全行科研课题攻关招标投标活动中,又一举夺得两大科研课题攻关重任,即“农业银行集团客户的服务与管理研究”和“农业银行组织体系改革研究”。二是组织教师积极参与农总行有关部室组织的培训教材、案例的编写。2001年参与编写了《代理保险业务》、《公司业务》、《导读》、《稽核人员持证上岗考试大纲和习题集》、《内部管理》、《商业银行营销实务》等教材;围绕短训教学需要而设立的《商业银行保险代理业务》、《商业银行公司业务》等10项课题任务基本完成;法律中心提倡、鼓励科研,把科研作为考核指标,促进专业教师现有知识的更新和深化;组织集体攻关,完成科研课题,主编并完成了《银行业务经营法律指导》培训教材一部。经统计,今年学院有5篇论文获得湖北省委宣传部颁发的二、三等奖,有一篇论文获金融会计学会二等奖;《学报》的学术影响和二次文献率继续保持在同类期刊中的前列。三是采取举办大型研讨会、出版《学报》专题增刊、在培训课堂上进行讲授等方式迅速将课题组的研究成果进行发布和运用。

积极开展法律咨询服务。学院法律咨询服务中心将教学与咨询紧密地结合在一起,用教学夯实咨询的理论根基,以咨询丰富教学的内容。由于教学与实践的有机结合,该中心夏和平教师在完成培训任务的同时,还被总行推荐到人民银行、中央金融纪工委、福建兴业银行主办的培训班授课,很受欢迎。

(四)改善条件,规范服务,发挥了学院的整体功能与合力

近两年武汉培训学院的办学条件也得到了很大改善。学院现有PⅢ系列微机200多台,网络实验室3个,能承担农行各种办公软件、管理软件和部分业务软件的推广培训任务。培训专用教室6个,容量从60人到300人,每个教室都配有多媒体教学设施。电教室有专业摄像机、非线性编辑机、刻录机,能满足各种电教片的拍摄、制作的需要。招待所住房和学员餐厅容量配套,都已达到500人左右,保证了食宿“一条龙”。建有小型电子阅览室,教师、学员可通过阅览室的终端连通因特网,查找电子文献。学院办公网络已全面开通并发挥了积极作用。办公网络能为学院领导和教师提供及时更新的学院新闻、国家经济、金融动态以及教学参考文选目录。

在培训服务上,学院坚持做到学员到站有人接,学员在校有人管,学员离校有人送。培训班举办期间,实行首问负责制,即学员有问题、有困难找到学院任何一名教职工,该教职工就要负责为学员解决这些困难,或尽快向有关部门反映予以解决,不能推诿,不能拖延。学院还在培训班结束前,经常召开学员代表座谈会,听取他们对教学、管理及服务方面的意见,不断改进工作。

(五)面向未来,立足发展,制定了新世纪的新目标

当前,各商业银行之间的竞争日趋激烈,人才竞争已成为竞争的焦点。学院党委认为,培训学院应该是农业银行高中级管理人员和业务骨干的培训基地,要为农业银行的改革和发展提供智力支持和人才保障。为此,学院认真制定了“十五”期间的发展目标:以邓小平理论为指导,坚持为农业银行改革、发展和经营管理服务的办学方向,以培训为中心,以市场为导向,以改革创新为动力,以师资队伍建设为重点,以提高培训质量和效益为目的,初步建立起适应市场经济和农业银行发展需要的培训管理体制和内部运行机制,经过5年的努力,把学院建成全国一流的教育培训、科研咨询、业务技术推广一体化的现代商业银行人才培训基地。这个基地具有五大职能:

干部培训。对全行中高层管理人员、高级技术人员和主要业务骨干进行岗位培训和适应性培训；对大学、研究生毕业的中高层次人才进行继续教育，包括更高层次的非脱产学历教育，如MBA等。

教师进修。为各省市分行培训学校的教师提供进修服务，进行商业银行经营管理、法律法规、计算机应用、金融工程、金融创新等方面的知识性培训和教学方式、教学方法、教学手段等方面的技能性培训。

科研咨询。每年完成总行下达的一定数量的课题研究任务，为农行的改革、发展提供决策参考；定期举办高层次学术研讨会和学术报告会；为基层的业务发展、法律事务等提供咨询服务。

远程教育。利用农行企业内部网开办网上学校，开展网上教学、咨询、研讨活动，扩大培训市场的涵盖面。

新业务新技术推广。承担农行新业务、新产品、新技术的推广工作；建设小型机实验网络，开展业务软件的模拟仿真教学。

认真履行管理与服务职能 推动农信事业健康发展

山东省潍坊市农村信用联社　王新声　黄爱东　孔祥波

潍坊市农村信用联社 2000 年 4 月开业，注册资本 1000 万元，辖 12 个县级联社，900 处营业网点，从业人员 6600 人，业务规模和机构网点均居全市各金融机构首位。1 年多来，在济南分行、省办和市中心支行的领导和帮助支持下，潍坊农信联社正确处理好与辖属各联社的关系，认真履行管理与服务职能，把管理寓于服务中，在服务中加强管理，管理先服务，服务促管理，实现了业务工作的健康发展和经济效益的稳步提高。到今年 5 月末，全市农村信用社各项存款余额 170．2 亿元，比去年 4 月末联社成立时增加 20．2 亿元，增长率为 13．5%；各项贷款 129．3 亿元，比去年 4 月末增加 26．5 亿元，其中新增农业贷款 23 亿元，占 86．8%；不良贷款下降 4．87 个百分点；经营状况明显好转，增盈减亏大见成效，2000 年比 1999 年减亏 12587 万元，减亏幅度为 65%，高出全省平均减亏幅度 4．45 个百分点。今年 5 个月，各项收入同比增加 3000 万元，各项支出同比减少 2500 万元，盈亏相抵同比减亏 5500 万元。

（一）把管理寓于服务之中，围绕促进农村信用社发展的各个方面和环节，对辖属联社提供全方位的服务

1. 实施“信誉工程”，内强素质，外树形象，在增强信誉方面实现了新的突破

市联社成立之前，由于基金会的负面影响和周边地区信用社存款挤兑事件的波及，潍坊市有的信用社也发生过较严重的挤兑事件，有一些信用社也先后不同程度地出现过挤兑苗头，再加上其他一些因素的影响，致使信誉减弱，业务竞争力下降。针对这个问题，市联社筹建期间，就着手实施以“信誉工程”为主要内容的 CIS 工程启动计划，制订下发了《关于全市农信系统实施“信誉工程”的意见》，有计划地组织开展了形象宣传活动。各县市区联社按照市联社的统一部署，一是通过组织召开社员代表大会、安排股金分红、向社员代表大会报告工作，宣传信用社的发展成绩和支农中发挥的重大作用；二是针对农村春节期间送“压岁钱”的风俗，为储户配送和兑换新币并赠送年画；三是发放贷款证、开展送戏下乡、送科技下乡活动；四是利用市联社挂牌成立的时机，在报纸、电台刊播连续报道，强化社会形象宣传；五是市联社创办了《潍坊农信报》，及时互通信息、上下交流、推介典型、鼓励先进。通过实施“信誉工程”和全体员工的辛勤工作，信用社的社会形象迅速提升，业务发展步伐明显加快。自去年以来，市联社用于宣传推介、媒体广告、企业形象创意等服务性支出已达 80 多万元。推动了 CIS 战略向纵深发展，今年，拟成立研究发展部门，主要从以下几个方面开展工作：一是结合信用社行业特点，围绕服务的个性化和差异化，搞好业务创新，尤其是搞好以贷款营销为重点的主体业务服务方式的创新，不断推出新的业务品种，并从管理层到操作层的各个运作环节，形成有全方位辐射能力的网络化服务体系。二是借鉴国内外同业的先进管理模式，联

系社会对金融行业的特殊要求，研究建立一套适合信用社实际的经营机制。三是形成体现信用社特点的先进、科学的企业理念和规范统一的企业形象识别系统。四是继续与市内外、省内外同业建立战略合作关系，扩大对外交流。通过以上措施，推动农村信用社按现代化金融企业的要求向前迈进。

2. 努力拓展货币市场业务，在为县级联社增强资金安全性、效益性和流动性，实现资产多元化和收益多渠道方面，实现了新的突破

潍坊农信联社充分发挥系统优势，加大辖内季节性闲置资金的调节力度，出台了《资金融通管理办法》。同时，市联社充分发挥职能作用，不断加大业务创新力度，努力拓展货币市场业务，为季节性闲置资金寻找出路，成为农村信用社新的效益增长点。目前市联社的货币市场业务触角已辐射至 17 个省 60 个地市、县级的 70 多家银行同业机构。开办了国债、金融债券的买卖和回购，银行承兑汇票的贴现、转贴现以及资金同业拆借等业务。自市联社成立至今年 5 月末，货币市场各项业务累计成交 198 亿元，交易量排名由 2000 年初的全国各金融机构成员间 130 位，上升到目前的 43 位，在全国农信系统排名第 3 位，为全市农信系统增加收入 2600 万元。货币市场业务的拓展，不仅实现了各联社之间资金余缺的适时调节和有效运用，而且实现了资产的多元化，提高了安全性、流动性和效益性。

3. 统一实施电子化建设工程，大力拓展中间业务和新业务，在由传统滞后的服务手段向先进的科技手段转化中，实现了历史性突破

长期以来，农村信用社计算机网络建设滞后，服务手段陈旧，业务竞争能力差。市联社成立后，根据省办的部署，统一组织了考察论证和与供应商的谈判，统一购进设备，合理配置，统一组织安装调试，保证了质量和进度，并减少了 1000 余万元的费用支出。从去年 11 月份开始，仅用两个月的时间，就完成了市联社计算机中心机房的设备安装和调试。随后，组织人员进行全市营业网点的联网工作，目前已实现全部营业网点的通存通兑。市联社本着边建设、边开发、边利用的原则，积极研究开发综合业务系统。

4. 统一组织，统一政策，狠抓不良贷款的清收工作，实现了多渠道多方式盘活不良资产的突破

今年，市联社对下分配了全市不良资产绝对额下降 3．8 亿元，不良资产占比下降 7 个百分点的计划。在清收盘活不良资产中，为了避免辖属联社“各自为战”，浪费人力物力，清收效果不理想的现象，市联社牵头加强与潍坊市中级人民法院的联系和协调，利用法院系统执行会战的有利时机，对“钉子户”、“赖债户”展开强大清收攻势。同时，市联社要求各联社全部成立了资产管理部门，专门管理不良资产，并制定了严格的奖惩办法。通过加大清收盘活力度，信贷资产质量明显提高，到 5 月末，全市不良资产占比较年初下降 4．87 个百分点。

（二）在服务中加强管理，加大系统管理力度，提高信用社的经营层次和业务运行质量

1. 更新观念，明确市场定位，树立科学的经营理念，在经营思想上实现了大的突破

在市联社成立前，尽管农村信用社为“三农”服务的宗旨已经明确，但却不同程度地存在着态度不坚决、认识不统一、措施不得力的问题，致使农业贷款尤其是农户贷款增长缓慢。市联社成立后，针对这一状况，既从政治角度，又从经济角度分析市场定位问题，一方面，及时推广通过支农提高经营效益的经验，另一方面，认真回顾总结前些年偏离支农方向，造成信贷资产质量低，经营效益差的教训，从中认识到，支农把农村信用社同广大农民紧紧地联系在一起，形成鱼水关系，相互支持，共同发展。只有服务“三农”，才是惟一的出路。这里面，既有“政治账”又有“经济账”。引导员工坚定地扛起“支

农”这面大旗，进一步统一了思想，更新了观念，增强了市场竞争意识，在全社上下起到了举旗定向的作用。在此基础上，又紧锣密鼓、迅速部署了以广泛调查农户贷款需求和规律、推行贷款证便民卡、贷款上柜台为内容的“一查双推”工作。去年以来全市有16．7万户申领使用农户贷款证，累计发放农户贷款19．1亿元，贷款满足率达56．2%。全市在综合服务网点共设立信贷专柜860处，直接为农户办理贷款咨询、预约考察、发放贷款等信贷业务，得到了各级党政的充分肯定，受到了广大农民的普遍赞誉。去年末，市联社对农户贷款进行了专项审计，贷款到期收回率达97%以上。真正实现了在支持农业发展的同时，也实现了自身经营的成果这样一种双赢局面。

2. 以实行客户经理制和营销员制为突破口，全面推行用工、分配、干部制度改革，在由传统的管理体制向市场经济条件下的体现竞争、激励、优胜劣汰为特征的现代管理体制的历史转变中实现了新的突破

去年市联社成立后，便着手考虑推行内部机制改革的问题。由于改革直接涉及员工的切身利益，与传统的思想观念和行为会形成激烈的冲撞，如果急于求成，很有可能就会影响队伍的稳定和业务的发展，因此，必须分步实施，稳步推进。从去年六、七月份开始，市联社通过“临朐会议”和“昌邑会议”在全系统开展的“改革与发展”大讨论，通过在寿光稻田、安丘景芝实行客户经理制和营销员制试点，以及支持并与临朐和昌乐联社研究部分或全面改革方案，并进行实施；通过组织市联社中层以上干部和各县市区联社主任分赴信用社发展较快的浙江、广东等地学习考察；通过认真贯彻全省农信工作会议，实现了第一步计划的设想。尤其是市联社实行的改革试点一举取得成功，使更新观念，推行改革形成了大家的共识，一致认为：不改革就没有出路，早改革、早发展、早主动，允许改革出现一些失误，但不允许不改革。从而为各项改革的推行奠定了扎实的思想基础。在内外条件基本成熟后，经过反复的座谈讨论和多方面征求意见，形成了比较成熟的改革方案。在今年3月底召开的全市农村信用社工作会议上进行了全面部署，实现了第二步计划，开始了以客户经理制和营销员制为主要内容的劳动用工、工资分配和干部制度的全面改革。

（1）以实施客户经理制和营销员制为重点，以改革分配机制为核心，不断创新金融产品，大力营销农户贷款。为配合贷款营销工作，市联社积极改进贷款方式，方便农户贷款。今年，由市联社主要领导带队，对客户经理工作进行了调研，在此基础上建立健全农贷服务体系，逐步构建起以县乡村营业网点为核心、代办站农户联保小组为依托、支农联络员为纽带的“三位一体”服务网络，依靠社会的力量完成对社会的服务。同时，出台了“联户联保”贷款方式，极大地方便了农户。市联社还积极推行信用等级评定。到今年5月末，全市共有2400个村建立了村级信用户评定组织，有16．31万个农户被评为A级以上信用户，对信用户累计发放贷款6．7亿元。

（2）全面推行劳动用工、工资分配和干部制度改革，建立起了市场经济条件下的用人和利益分配机制。劳动用工、工资分配和干部制度改革的主要内容和要求是：改革劳动用工制度，实行全员聘任制，打破“铁饭碗”；改革工资分配制度，实行差别工资，体现多劳多得，取消“大锅饭”；改革干部任用制度，废除干部领导职务终身制。实现真正意义上的员工能进能出，干部能上能下，收入能高能低，一切由贡献和业绩决定的企业机制。首先实施了全员劳动合同制，在全市信用社营造了一种上岗首先爱岗、爱岗才能在岗、在岗要凭业绩的进取氛围，其次，加大了工资分配制度的改革力度。今年初，在为确定经营指标和完善政策而召开的经验会上，落实盈余社五个，盈余额4946万元，亏损社七个，亏损额4380万元，盈亏相抵盈余566万元，可望今年一举实现扭亏为盈。另外，还改革干部任用制度。

从今年开始，市联社打破干部任用上的终身制，对信用分社负责人、信用社正副主任及各联社中层干部的选拔任用实行竞聘制。

3. 以讲核算、讲节支、讲效益为重点，狠抓财务管理，增强成本意识，在加大增收节支力度上有了新的突破

一是加大了利息收回力度。一方面，通过贷款营销，加大农业贷款投放，增加利息收入。去年，农业贷款增加利息收入 4569 万元。另一方面，制定收贷收息工作的具体措施、办法，广泛组织开展了“收贷收息竞赛”活动，市联社班子成员分片包干，指导工作开展。去年，全市信用社百元贷款收息率高于全省平均水平。二是从严控制了费用支出。对各联社的费用，按照“总量控制、以收定支、效益优先、按季核定”的原则分配，要求全辖人均费用总额控制在上级核定的额度以内。基本费用，根据定员定编人数，按人均确定，费用总额减去基本费用和上交管理费的剩余部分，按存款占 30%、年度总收入占 50% 和经营效益占 20% 的比例确定。费用开支向电子化建设、安全设施建设等方面倾斜，千方百计减少公务性开支。坚持勤俭办社的方针，严格控制了新建或购置营业用房、宿舍楼、培训中心，禁止信用社购买轿车等，严格实行了集中采购制度，对大额购置支出，凡能实行竞标、竞价的，都坚持公开、透明原则，一律实行竞标、竞价。三是大力压缩不生息资产的占用。对库存现金严格实行了限额管理，固定资产继续保持了零增长，对递延资产列支严格控制，应收款项及时清理归位。固定资产超过资本金 50% 的，规定在两年内压回到规定比例之内，比例过高的信用社，要求制定处理计划，尽快将闲置部分转让变卖，暂时无法转让变卖的，按要求采取出租托管等方式增加收益。对没有解款任务的信用社，现有车辆要全部进行处理，去年以来，全市共处理各类车辆 430 辆。通过增收节支，促进了经营状况的好转。

4. 从严治社，建立完善风险防范和控制体系，内控制度建设得到进一步加强

抓好内控制度建设，是加强对下管理的关键。市联社成立后，按照济南分行和省办的要求，及时组织开展了以“清资金、清财产、清责任贷款”和“整顿制度、整顿纪律、整顿财务”为主要内容的“三清三整”工作。针对查出的问题和发现的漏洞，重点加强了信贷、财务、稽核、计算机管理等方面的制度建设。市联社成立以来，共制定各项规章制度 43 个，进一步规范了业务经营行为，使各项管理工作进入了制度化、规范化、科学化的轨道。同时，为加大对违规问题的处理力度，充分体现从严治社，市联社在反复研究的基础上，制定了《关于违规违纪问题的处罚规定》，共 12 章节 53 条，并狠抓落实，进一步杜绝了违章操作等行为的发生。在制定完善各项规章制度的基础上，市联社加大管理力度，强化管理措施。一是狠抓了会计出纳核算质量的提高，重点对重要空白凭证、印章、密押的管理，强化了责任，对责任人员进行定期考察或不定期检查，对不适宜岗位及时进行了调整。同时，广泛开展了业务技术练兵活动，保证了会计出纳业务质量。二是强化了审计稽核工作。重点加强了对问题多的岗位和薄弱环节的审计，特别是搞好新增大额贷款、大额费用支出、固定资产购建以及单位负责人、重要岗位工作人员离任等专项审计工作。查出了隐患，堵塞了漏洞。三是建立完善了风险防范和控制体系。四是加强了纪律制约。五是加强了纪检监察和安全保卫工作。去年进行了营业网点安全防卫设施达标情况大检查，推动了安防设施建设，提高了营业网点安防达标率和物防、技防能力，有效地防止了诈骗、抢劫、盗窃、涉枪案件的发生。

5. 加强班子队伍建设，全面提高员工素质

抓好班子队伍建设，是对下管理的重要内容，也是实施有效管理的主要途径。一年来，市联社把加强班子队伍建设作为工作重点来抓，先后对 10 个联社的领导班子进行了调整与充实，进一步优化了班子的年龄结构、知识结构，使班

子的领导能力和管理水平有了明显提高，在深化内部机制改革中，重点打破旧的用人模式，在全市范围内开展了以竞聘上岗为主要内容的用人机制改革，联社中层、信用社主任及各部门岗位都实行了公平、公开、公正的竞聘，选拔了一大批优秀青年干部。市联社通过加强对各联社的管理与服务，对内统一了步调，对外协调了方方面面的关系，为全市农村信用社的健康发展创造了良好的环境。可以说，目前潍坊市农村信用社整个经营状况已经开始走出低谷、摆脱困境，充满生机和活力的经营机制正在形成，干部职工队伍的素质不断提高，精神面貌发生明显变化，潍坊农信联社正朝着预期的目标——建设现代化金融企业的方向迈进。在今后工作中，将顺应方兴未艾的改革大势，遵循“稳健运行，加快发展，提高效益”的原则，坚持“信誉、服务、灵活、创新”的经营宗旨，按照现代金融企业的要求，进一步解放思想，团结一致，改革创新，从严治社，真抓实干，努力实现经营状况的根本好转，在支持农村经济发展中做出新的贡献。

股份合作制方案纲目讨论

——中国农村信合体系重组与再造

绍兴市农村信用联社 祝晓平

(一) 引言

笔者非常赞同这样一种逻辑结论：中国当前及未来面临的最大问题仍然是农民问题，农民的根本出路仍然是农村经济发展问题，现代农村经济发展问题的关键环节是金融问题。现有农村信用合作社是农村金融体系中的主力军或支持“三农”的主力军。由此可得出以下推论：(1) 如果说现有农村信用社是“官办”(产权上或所有者结构上不是) 的“小银行”，那么，研究未来中国银行业重组与再造问题，就不可忽视现有农村信合体系的重组与再造。(2) 不重视研究解决农村金融“主力军”目前存在的困难、问题和出路，就说不上是对中国农民、农村和农业问题的重视。(3) 不重视中国农村信合体系的重组与再造问题，就是没有抓住现代农村经济发展问题的关键环节。

(二) 中国农村信用合作社体制改革与现状，主要可归结为三个问题

1. 组织体制。有以下四种不同的组织模式供考虑。

(1) 传统多级法人模式，即现行大多数的乡镇信用社一级作为一级法人。在县 (市) 一级成立县 (市) 联社。有的地方如浙江绍兴、嘉兴等还成立有地市级联社，也可归于此类。

(2) “一级法人”模式，即“江苏模式”。以县 (市) 一级作为一级法人统一核算，取消乡、镇一级法人资格，成立省联社统一管理。

(3) 联合重组模式，与农行等控股或重组，目前还只是一种考虑。

(4) 其他模式，如实行股份制改革及以县 (市) 或地市为单位组建农村合作银行，此建议方案也不少。

2. 行业管理体制。也有四种模式意见：

(1) 纵向紧密型的“总社”模式，与“供销合作社”模式一样。

(2) 纵向松散型“协会”模式，也有雏型，如浙江等省，已成立省一级的信用合作协会，至总行成立“总协”(筹备中)。

(3) 省联社模式。如“江苏模式”。属半条半块，半紧半松，实际运作结果很可能形成以条为主偏松型。

(4) 地市联社模式。如浙江绍兴市、嘉兴市模式。也属半条半块，半紧半松，实际运作结果很可能形成以块为主偏紧型。

这些年来，中国农村信合体系的改革，基本上是围绕上述组织模式或行业管理体制进行，而基本没有触及以下要说的第三个问题。笔者以为，这是没有抓住改革的关键问题。

3. 现行产权制度模式。现行制度安排与实际，是个谁也说不清的“怪胎”。

(1) 制度设计、安排上是“合作制”。但近50年来，与其说“合作制”在中国从未成功过，不如说中国从未实行过真正意义上的“合作制”，政策、环境都不曾具备。这种“合作制”，理论上属集体 (社员) 所有制，即公有制的一种。

(2) 制度上实行的是以自然人 (社员、职

工）为主，兼顾其他法人（团体社员）。从其终极财产所有权（股权）看，似乎是以“私有制”为主更确切，但“私有制”，现行金融政策不允许。因有“团体社员”加入，归入“混合所有制”为主更确切，但“私有制”也未偿不可。而且确实“混合”不清，须重新明确或界定产权。

(3) 制度实际执行或运营的结果是扭曲、变异成“官办小银行”。即实际上是剥夺了产权所有者的责、权、利，由行政控制成为中央政府的支农政策工具、地方政府政绩工程的融资工具、行业管理部门（农行、人行）从自身出发规避、化解风险的工具。譬如，这些年来，改来改去，从来就是“上面”说了算，而从未由“社员代表大会”讨论所决定，最后的改革成本却还是由“被改革者”承担，责任也一样。所以，广大信合员工切身体会到，信用社最大的风险其实还是体制性风险，每一次改革，都付出了或多或少的改革成本，且不堪重负。

（三）可以把上述三个问题，划分成三个层面、两个方面

行业管理体制——宏观层——外因

组织体制——中观层——外因

产权制度——微观层——内因

三个层面，从哲学上讲，前两个是外因，是条件；后者是内因，是主导。不管行业管理体制、组织体制怎么改，如内因不会起主导作用，就搞不好。反之，如能激活内因的主导作用，并相应创造一个良好的组织体制、行业管理体制，则如鱼得水。一缸金鱼，有适当的水和游动空间，能获取必要的饲料和氧气，鱼能生存、长大。反之，则必死。鱼缸不能太小，要有适当空间；但也不能太大、太深，否则小鱼争食不过大鱼，甚至有被大鱼所吞食的可能。如鱼本身就有病，则水再好，饲料、氧气再充足，也将无济于事。抢救的最佳方式，应是先治病，同时为其创造必要环境条件。中国农村信用合作社，目前的状况是：鱼缸已够大，但水质混浊，氧气和饲料都不足，实已患病。所以，要赶快抢救，消除病患，并改善其生存的必要条件，促使其重新恢复活力。

金鱼缸理论揭示：中国农村信用合作体系重组与再造，目前最关键的问题，是先要解决其内部产权问题，同时营造必要的外部条件。

（四）在市场经济条件下，银行是企业，信用社也一样，这已是共识

市场经济经过长期孕育、发展，逐步形成了三种基本的企业制度，即业主制、合伙制、公司制。前两种属于自然人企业，后者属于法人企业。

自然人企业——私人银行，目前政策、环境还不允许。则现实选择成熟型的企业制度，只有公司制——法人企业一条路。

公司制的典型，是股份制企业。它产权很清晰，其单一性逐利目标也很明确，自主权很大。这与中国农村合作金融政策有许多不一致的地方，且大面积改造成本很高（抽掉肥肉，剩下骨头）。

1. 鉴于金融企业的特殊性如高风险，国家要保留适当的控制权。如股份制企业有破产约束。中国农村信用合作社有许多事实上也破产或濒临破产，但不能破，否则将是一个阶级（农民）的破产。

2. 鉴于中国农业是个弱质产业，低收益，农户是弱小群体，农村是个弱势地域——规模经济效应差，国家有意扶助，但股份制企业不一定垂青，至少不是最佳的资金流向注入领域。

股份制企业普遍有控股倾向和行为，从偏重单一目标盈利性考虑（当然也要结合安全性、流动性），资金更愿意往最佳点投，而国家要求的是“面”，是带有扶持性的优惠投入。

3. 改造有难度，负盈不负亏。盈利社可以改，最多按净资产退股或折股，但若资不抵债，亏损额由谁承担？

所以，只要上述三个问题解决了，股份制改革也未必不是最佳选择。但反过来说，第一个适当控制权问题国家不可能放弃，而股份制企业却

是可以接受的。第二个扶助性问题，如像普通股份制企业一样，或普通商业银行一样的政策，是难以解决的。但国家完全可以通过经济杠杆（利率、税收、财政贴补等）加以引导，吸引其根植农村。如鼓励一般企业出口创汇，与当初创办“三资”企业一样。第三个问题则可作新老划断，填平补齐（直接与间接的）处理。至于破产与控股问题，国家一时恐难以让步，这可能与股份制不符。但股份制的内在机制是可以的，却也并非完美无缺，我们为什么不可以在导入其大部分机制的同时，适当再加以制约呢？答案一定是可以的。如果要同普通股份制商业银行加以区别的话，我们不妨称其为“股份合作制”，也可算是一大中国特色。这是本文在研究企业制度方面的制度偏向选择。具体实行，可用以下“10个目标”作为方向。

1．产权股份化。放开入股，鼓励信用社员工、干部入股，更要鼓励社会团体、法人入股，农民小额入股可改由村委会通过产生“股权代表”参加。但须规定一定的股东人数，如30或50名以上，设定单户服务的最高限，如10%左右，要防止少数人控股，但不排斥股份投票。对“三农”的投入，要靠政策、杠杆引导和保护，而不能靠行政指令。

2．政策合作化。中国农村信用合作社在相当一段时期内，还只能靠传统存、贷、汇业务，资金来源单一（储蓄占比高），资金流随着城市化进程趋向城市汇集。为鼓励回流到农村，在利率管制的状况下，可规定允许小额活期储蓄存款适当提高一定的百分点，并免缴利息所得税。对“三农”（明确对象、范围）贷款利息收入则免除所有税收，甚至予以利率贴补。总之，可按照国外合作制的一些惯例，通过经济杠杆予以调节。

3．经营商业化。其他如非“三农”贷款，则一切可由信用社按商业原则自主营运，国家原则上视同商业银行管理。

4．功能产业化。即农村信用社应面向农村，主要围绕农业发展问题，其机构网点应大部分在农村。由于农村的分散性，带来网点过多、过小、无规模效应等问题，总体税收应参照农业这一基础产业确定。

5．目标单一化。在国家考虑了政策合作化、功能产业化因素以后，信用社的经营目标可按照商业银行运作，追求利润也可，追求规模效益也罢，把目标交给企业。

6．管理行业化。中国的农村信用合作社毕竟还太小、太弱而又为数众多，其结算、通讯、电子化信息技术建设、基本制度统一规范、员工培训等，特别是金融企业的特殊性，还是需要行业管理部门的。省级直管幅度过大，县（市）一级力量又过于单薄，还是以地市级为宜，省级以上设协会。而且，既然是商业化经营、行业化管理，经营存、贷具体业务信用社（联社）一级的地方党政的领导权应予取消，改为指导、引导和监督、审计（财税、审计），避免长期存在的过多、过分且多头的行政干预。事实证明，县（市）级及以下的金融机构整体风险问题，地方党政是无力解决的，交给这一级承担责任事实上也是空的，用权却过于具体。如果按照目前模式，地市级联社不经营具体存、贷款业务，则党政关系可下直上横，即地市级联社党委隶属于市委，以下则交地市级联社。

7．监管法制化。央行的监管是必不可少的，但现行重点监管带有“岐视”成份，且多从自身保金融安全出发，也不乏监管过多过死之处，应予改进。事实上，信用社自身的约束机制健全以后，央行的监管理论上就可比现在弱化——依法监管。

8．地位法人化。真正建立并享受“四自”权力与责任（自主经营、自负盈亏、自我发展、自我制约），形成法人治理结构。

9．破产重组法律化。中国的农村信用合作社目前不能破产，但不能没有破产机制的约束，否则很可能因“内部人控制”失控造成道德风险。何况在市场经济下，破产在客观上也在所难免。怎么办？可制定法律予以明确，如亏损一年，股东按比例补足；亏损两年又未能明显改善经营状况的，股东除补足亏损外，行业主管部门必须责令理（董）事会召开股东代表大会调整经营班子；亏损接近资本金（包括附属资本），如

90%，则必须由监管部门依照法律规定宣布该社破产，任由有能力收购、兼并者实施重组或予以清算。

10. 性质：股份合作化。可冠名为农村合作银行，既提升其社会信誉，亦示为银行类机构，更有别于纯股份制商业银行。

（五）当然，这一改组过程及冠名，也不可能一蹴而就，具体应分类、分批实行，并处理好其他相关问题

1. 分类分批。

以县（市）联社为单位，实行一级法人统一核算作为过渡。要先按照资本充足率4%左右的要求，吸收社会各界向现有合作金融组织投资入股，前提是有一定盈余，发展前景看好，真正自愿投资，而不是象征性入股。逐步形成“四自”机制。但从目前大多数信用社仍然亏损，甚至有不少严重资不抵债的现状看，显然还缺乏足够的吸引力，故先有必要实行一级法人统一核算，盈亏轧抵先夯实基础，尽快实现整体扭亏，改变负资产状况。当然，这期间，国家应出台必要优惠政策配合、扶持信用社彻底走出低谷。政策、方向明确以后，少数经济发达县（市）条件已成熟的，可先走一步改造成为农村合作银行。

2. 独立核算单位的确定。

东南沿海省、市，经济发达县（市），可在县（市）级设立独立核算的农村合作银行分行，按经济区划在某乡、镇设立支行，在地、市级成立农村合作银行总行，作为该地、市的行业管理与服务部门。存款规模在30亿以下、10亿以上的大部分县市，可在县、市一级组建独立核算的农村合作银行支行，乡、镇设办事处，地、市级同上。至于一些经济落后省、市，无法在短期内（3年左右）整体扭亏的县（市）联社，或县（市）联社存款规模远不足10亿元的，可暂维持现有格局或先实行一级法人核算，但暂不更名、不实行股份化改造。先行改组成农村合作银行的，在支行级以上，必须建立健全严格的法人治理结构，真正实行“三会制”并充分发挥，作用其即上一级董事会对下一级班子有提名权，下一级董事会有推荐建议权，但最终必须由股东代表大会实行差额选举产生。其他部门不应再干预。

3. 关于以县（市）联社为单位，清产核资、增资扩股与负资产填平补齐问题。

资产中，呆账贷款本息应作零资产处理。呆滞贷款及抵债资产应区分情况，逐笔打折计。

负债业务中，已计提的存款备付息超过一定比例明显偏高部分，可视同所有者权益处理。

现有所有者权益中，社员（包括团体）入股本金负盈不负亏是既成事实，可以清退，亦可予保留或动员其增资，原则是在自愿前提下，要尽量避免先清退再吸收的重复劳动，避免引起一些社员的误解。

通过以上原则清理，如有净资产的可暂挂账（根据原合作制政策，社员已分红或取得保息的，无权再享有或参与净资产分割）。先按零资产大规模（指单个股东）增资扩股，然后再将挂账净资产分摊给新老股东（可以有所区别）以资鼓励。若是负资产，且数额较大者，则暂缓改造。负资产数额不大的（如5000万元内），国家出政策予以填平补齐：（1）财政欠债（如保值储蓄贴补）偿补部分；（2）财政承担缺额资金占用成本（利息），或发行特种金融债券；（3）今后减免税分年补偿（先地方后中央）。后两项列支或承担来源，还是今后税收。只要合作银行办好了，业务发展收入增加了，税源也会逐步增长。

应该说，这样国家承受的压力，可大大缓减，或说基本上是可以承受的。必要的改革成本（只要承受得起），是必须由国家来承担的，但到此为止。以后国家只承担政策引导和经济利益诱导成本，以及必要的“功能产业化”补助等。

股份合作化的农村合作银行，经过数年时间的哺育，或许可以成为中国今后民营银行的雏形。

实施"控大放小"策略 实现"银企双赢"目标

——山西省忻州市农村信用社推广农户小额信用贷款的几点做法

山西省忻州市农村信用联社 王尚仁

忻州市地处自然环境较差、经济发展滞后的晋西北黄土高原。全市经济产业结构主要以农业、煤炭和部分化工行业为主。但是，近几年，由于受市场环境，特别是受信息闭塞、交通落后以及环保政策的影响，许多不符合政策要求的"五小"企业和一些粗放经营，不具规模生产，竞争力较差的企业被迫关停或处于停产、半停产状态，而商业、粮贸、供销等行业也在市场经济环境下竞争乏力，举步维艰。因此，单一的农业已成为本市的主导产业。在此情况下，忻州市联社根据人总行《农村信用社农户小额信用贷款管理暂行办法》的规定，结合本市实际，2001 年全辖农户小额信用贷款余额 37537 万元，当年净增 28710 万元，占到全辖贷款净增额的 122%。全市信用社已向农户发放农户贷款证 244498 本，占到总户数的 39．4%，累计发放小额农贷 5．55 亿元。信贷业务的发展，促进了经营效益的提高。去年，在全市经济基础薄弱（14 个县中有 11 个贫困县）且连续三年遭受特大旱灾的情况下，全辖亏损较 2000 年减亏 42%。2000 年底，全市农民人均收入 1100 元，较 1996 年底人均增收 400 元。

（一）统一认识，提高主动性

由于多年来农村信用社经营向城市进军，经营策略偏向于做"大蛋糕"，而小额农户信用贷款是一项全新的工作，无论是发放还是清收，其工作量都比较大，致使部分领导、员工，特别是信贷人员嫌麻烦、怕辛苦、更怕担责任。针对这一问题，市联社采取了三项措施：

一是宣传教育，统一认识。人总行《农村信用社农户小额信用贷款管理暂行办法》出台后，联社及时转发到基层联社及其信用社，并明确要求组织辖内全体员工认真学习，深刻领会文件的精神实质，提高县（市、区）联社及其信用社员工的思想认识。同时还要求各联社做好宣传发动工作，让社会各界了解、支持小额农贷，提高乡镇、乡村干部和农民对小额农贷的思想认识。通过一系列宣传教育，最终使广大农民认识到农村信用社推广小额农贷是解决农民贷款难问题的主要举措，是支持广大农民脱贫致富奔小康的有效方式。

二是召开会议，统一认识。首先市联社召开社务会，传达学习《农村信用社农户小额信用贷款管理暂行办法》，统一领导层的思想认识问题；其次，召开各县（市、区）联社理事长、主任会议，会上采取边学习、边讨论、边研究、边决策的方式，进行了充分的讨论。通过召开会议，使市、县两级联社主要领导统一了思想，提高了认识，大家一致认为小额农贷的发放不仅有利于支持并服务于"三农"，有利于农村信用社业务的发展，有利于分散信用社的经营风险，而且还有利于促进全市农村经济的发展，是贫困地区农村信用社走出经营困境的有效途径。

三是对比分析，统一认识。为了进一步让广

大干部员工提高认识，联社在多次会议上用发放大额、大户贷款给信用社造成大量沉淀贷款的教训和发放农户小额贷款经营灵活、风险小、效益好的经验进行正反两方面的对比分析，并用典型事例的剖析的方式进行对比教育，从而形成了推广农户小额信用贷款是农村信用社走出经营困境的共识。

通过采取上述办法，基本解决了部分信贷员嫌麻烦、怕辛苦、怕承担责任的抵触情绪，统一了辖内干部员工发放农户小额信用贷款的认识，提高了工作的主动性。

（二）以点带面，避免盲目性

为了把小额农户信用贷款的工作做深、做细、做好，避免工作的盲目性，联社主要采取了“五统一”办法：

一是统一确定试点，实施典型引路。2000年2月份，联社在广泛宣传发动的基础上，在14个县（市）的241个信用社中确定了16个农户小额信用贷款试点。在16个试点社取得成功的基础上，市联社及时组织辖区信用社主任到试点社进行了参观取经，试点社详细介绍了自己的做法和成功的经验，剖析了存在的问题。市联社还通过自办的《信合简讯》和《忻州信合》等内部刊物，把试点中做的好的信用社的经验、做法及时进行了刊登、交流，在全市推广。如忻府区庄磨信用社、静乐县联社和神池县联社，在小额农户信用贷款的发放中各有千秋，各有特色，并取得了较好的效益。为此，市联社对他们的主要做法及时加以刊登推广。各县（市、区）联社根据各自的实际相继出台了《方案》。

二是统一思想认识，明确支农方向。层层组织员工认真学习农户小额信用贷款的有关文件精神，把对农户小额信用贷款的发放作为信用社支持服务“三农”，坚持合作制原则的重要体现。

三是统一安排部署，认真检查落实。市联社从一开始就将农户小额信用贷款作为信用社摆脱经营困境的一项重要举措，列入市联社工作的重要议事日程，进行统一安排部署，并且组织下乡队伍6次深入基层社进行实地检查、督促、指导，帮助解决了工作中存在的问题。

四是统一摸底分类，注重区别对待。市联社统一安排确定一个月时间，各社以片分组深入到村到户进行调查摸底，内容为户名、家庭经济状况、收入来源、人均收入、有无贷款、信用程度等，由信用社、村委会以及包片信贷员组成评定小组，逐户进行评定，分为优秀、良好、较好、一般四个等级。按农业区和经济状况，区别限定贷款额度。

五是统一核定发证，简化贷款环节。各信用社在摸清底子、划定类别的基础上，统一核定发放农户小额信用贷款证，并实行一次核定、随用随贷、余额控制、周转使用、利率优惠的原则。

小额农贷的大力推广，不仅受到了广大农民的好评和热烈欢迎，而且也得到了当地党政部门的好评。2000年，在市政府召开的支农联席会议上，市政府副市长傅万明称赞“农村信用社支农工作做得最好”，并号召全市涉农部门向信用社学习。

（三）严格考核，增强务实性

第一，专项考核。为了防止推广农户小额信用贷款走过场，市联社对此项工作进行了专项考核，从2000年到2001年，都将发放农户小额信用贷款工作作为一项重要考核目标，并列入了《以收定‘资’、目标经营责任制》实施办法中，在百分考核中，占到15分，并与员工效益工资密切挂钩，同时，还以此作为评选先进联社的主要为容之一。

第二，落实兑现。推广农户小额信用贷款的工作，以季通报，按季考核，年底一次落实兑现。具体兑现办法是按以收定“资”、效益挂钩办法中的分值进行工资兑现，从而为信用社积极推广农户小额信用贷款增加了动力。

第三，稽核检查。为把推广农户小额信用贷款的工作扎扎实实落在实处，杜绝弄虚作假，市联社每年在年终组织稽核审计部门对农户小额信用贷款工作进行真实性稽核检查，防止了反映不实、数据不实问题的出现。

通过两年来推广农户小额信用贷款的工作实践，联社深深体会到这一做法在贫困地区是可行并符合客观实际的，是贫困地区信用社走出困境的良方妙药，是拓展信贷业务，解决农民贷款难问题的有效途径，也是落实江总书记“三个代表”的实际行动。今后，忻州市农村信用社要继续完善探索，总结经验教训，力争通过推广农户小额信用贷款提高全市农村信用社的经营效益，促进当地农村经济的稳健发展。

加入WTO 农村信用社的挑战与对策

惠州市惠城区农村信用合作联社　朱　振　许东文

我国即将加入世界贸易组织，这将对国内金融业的发展产生深远的影响。入世三年后外资银行允许经营人民币业务，五年之后取消对外资银行在国内经营机构的设置以及业务范围方面的限制。这些，都将使国内金融业的竞争更加激烈，挑战更加巨大。而作为农村金融主力军的农村信用社所面临着竞争上的压力和挑战也必将是前所未有的。

（一）农信社面临的挑战

首先是缺乏完善的法人治理机构。建立和完善企业法人治理结构是现代企业制度的核心，它有两个特点：一是产权关系明晰；二是所有者和经营者互相制衡共同治理。由于农村信用社至今产权不明晰，也就缺乏完善法人治理结构的基础，一定程度上造成了责任、利益模糊不清。同时，目前大部分农村信用社的“三会”制度形同虚设，职能作用不到位。农村信用社的经营管理经过行社脱钩后几年来的体制改革，在各方面虽然有了一定的提高，但是基本上还是沿用以前“农行”的管理模式，缺少活力，管理运作上与WTO难以接轨。

第二是同业竞争力弱。加入WTO后，国内金融业逐步对外开放，金融市场将实现国际化、一体化，同业之间的竞争日益加剧，这对本已在同业竞争中处于劣势的农村信用社来说无疑是雪上加霜。由于电子化建设步伐缓慢，又缺少资金的投入，农村信用社的金融服务与其他金融机构相比手段比较单一，金融产品种类极少，服务素质不高，大部分农村信用社目前尚未实现银行卡、通存通兑等金融业务。这同现代社会与日俱增的金融需求极不相称，“软、硬”件上的落后，使农村信用社在竞争中处于十分不利的位置。

第三是风险承担能力差。加入WTO后，我国的经济、金融发展等各领域均与国际社会密切联系、互相联动，具有较大的不可预测性及风险。农村信用社是一个自主经营、自负盈亏、自我平衡、自我约束的独立核算单位、企业法人。由于自身规模较小、实力有限，抵御由于某些不稳定因素影响所带来的风险的能力也相当弱。

第四是“脱钩”以前形成的大量不良资产，是农村信用社经营上的一个沉重历史包袱，具有较大的潜在风险。国家对农村信用社不良资产的处置（剥离、核销）在政策上缺乏大力的支持，使农村信用社的不良资产盘活处置工作效果欠佳，不良资产一时难以消化，成为发展前进中的阻碍，加大了经营上的风险。

第五是农村信用社员工素质偏低。现代企业的竞争关键在于人才的竞争。以往，农村信用社的用人机制比较僵化，招收员工的条件要求不高，大部分岗位都用于安排农行或信用社内部职工的子女及亲属，任人唯亲导致干部职工的综合素质普遍不高、金融专业水平低。在干部的任用上，也缺乏竞争激励机制，整个用人制度缺乏活力，而真正精通金融管理特别是熟悉国际金融的人才较少，从而难以适应加入WTO后的激烈竞争。

（二）入世后的对策

第一，要有正确的市场定位。农村信用社是服务于“三农”的合作金融组织，长期以来扎根于农村，与当地农民群众建立了良好的关系，具有一定的人缘、地缘优势，目前商业银行已逐步退出农村这块市场，估计外资银行短时间内也不会在农村设置机构网点。因此，我们在农村有很大的发展优势和空间。大量的事实证明，农村是农村信用社赖以生存与发展的物质基础和经济依托。所以其市场定位一定要明确在农村，职能定位要明确于服务“农村、农业、农民”，始终坚持“以农为本，为农服务”的办社宗旨。

第二，要以科技进步为动力，加快电子化建设，改善和建设自己的电子结算网络，提高自身的竞争能力。当今世界的科学技术发展一日千里，国内外商业银行的业务办理和日常管理工作都是借助于先进的科学技术，电子化、网络化程度已达到相当高的水平，这是农村信用社目前的条件无法比拟的。因此，农村信用社必须提高认识，加大对电子化建设的投人，迎头赶上，缩小差距，以此提高农信社的业务处理效率及同业竞争能力。

第三，要深化劳动用工制度改革，建立良好的用人机制。农村信用社必须真正撕破旧机制的束缚，打破“铁饭碗”的传统观念，逐步形成能进能出、能上能下的人才竞争机制。员工的来源重点要放在高等院校毕业生，大量储备人才资源，为今后的竞争打下坚实的基础。另一方面，要通过考试、考核的方式，对一些综合素质特别低的职工进行淘汰更新，逐步提高全员素质。

第四，要坚持创新促进发展的指导思想。创新是一个企业向前发展的源泉和动力，只有不断地创新，才能摒弃旧的、落后的东西，才能走在时代的最前沿。创新的内容丰富，对于农村信用社来说，最重要的是金融产品创新和制度创新。目前大部分农村信用社的业务比较单一，还停留在以前一些传统的业务上，明显滞后于其他商业银行，远远满足不了人们对金融服务越来越高的要求，得不到客户的认可和信赖，特别是一些处于城乡结合部的农村信用社就是因为服务功能比不上商业银行，而失去许多宝贵的客户资源。

第五，要调整优化机构网点的分布结构。加入 WTO 后，金融业的竞争重点集中在城市，基于此点，农村信用社阵地应重点放在农村，对于目前在城区的一些网点，要逐步转移到农村（乡镇）来，尽量避开与国内外各家商业银行机构的正面竞争。本着求精不求多的原则，对部分网点进行撤、并，减少费用开支，优化网点结构。

第六，要加强农村信用社（联社）之间的联合与交流。通过联合来增强实力，提高对突发事件的反应处理能力。可以通过协会（省信合管理办公室、市联社或市办）定期、不定期召开交流会、研讨会等活动来加强彼此之间的交流与合作，及时准确获取各种经济金融信息，提高对外界动态的反应速度和同行业的竞争能力，增强抵御各种风险的能力。另外还可以通过建立农村信用社行业管理系统（成立农村合作银行）来解决此问题。

第七，要坚持“三会”制度，使其真正落到实处，充分发挥它在经营管理工作中的重要作用。要强化“三会”管理意识，确立和巩固“三会”制度在决策、执行、监督工作中的地位及作用，提高社员参与管理工作的热情及责任感，扫除一切障碍，真正形成民主管理的氛围，促进和完善民主化、规范化、制度化、科学化管理，坚定不移地走“合作制”道路。

农信社经营管理中的难点及对策

广东省茂名市农村信用联社　邓郁武

农村信用社是最好的联系农民的金融纽带，是新形势下农村金融的主力军。当前，各地都在切实加强农信社的经营管理，提高其经营效益，以充分发挥其金融纽带和主力军作用。如何加强农信社的经营管理呢？本文试就其难点及对策作一些粗浅的探讨。

（一）农信社经营管理中的难点

1. 经营风险多、防范能力弱。当前农信社的经营存在较多风险：(1) 信用风险，即借款者违约的风险，也就是农村信用社的债务人不能如期、足额偿还贷款形成的风险。(2) 资产风险，主要表现为不良贷款资产增加，贷款到期收回率低，有些贷款从账面上看收回，但实际上以贷新还旧的方式更换借据，形成了正常资产中大量存在的贷款沉淀、呆账、坏账。(3) 结构风险，指资产与负债结构不合理而形成风险。(4) 政策风险，农村信用社作为金融支持农业发展的前沿、义不容辞地服从国家政策，让利于民。如农业生产费用贷款、老少边穷贷款，扶贫贷款，水利设施贷款等，这些贷款不但利率低，而且难以收回。(5) 自然风险，一是农业生产周期长，见效慢，这就决定了投入农业生产的资金为其带来的利润相对减少，二是自然灾害造成贷款无法收回而形成资产损失。由于农信社体制的不健全，管理难到位，加上国家扶持不够，对上述经营风险的防范，农信社显得力不从心。

2. 基础设施落后，缺乏竞争力。目前，商业银行的电子化程度已相当高，不仅实现了县、地市、省辖联网，有的还实现了全国的通存通兑，网络银行，电子货币已不再是什么稀奇的事。而农信社沿袭了几十年的手工储蓄记账作业虽已在逐步被电脑所替代，但目前普遍运用的仍只是单机操作，未能实行通存通兑，还有不少网点仍然停留在手工操作上，办理业务效率明显偏低。另外，同国有商业银行相比，农村信用社的服务手段极为单一，结算渠道不畅，办理异地结算要通过其他银行转汇，不能签发银行承兑汇票业务，一些商业银行能办理的业务，农村信用社不能办理，造成农村资金倒流进城，低成本资金流失，客户存款搬家，农村信用社长期扶植的黄金客户流失，使农村信用社在激烈的市场竞争中处于劣势。

3. 历史包袱重，消化难度大。行社脱钩前，农行一直将农信社当成自己的“调节器”、“蓄水池”、“输运站”，当信贷规模紧张时，通过农信社发放贷款，绕开人民银行的监督，当经费紧缺时，伸手要农信社上缴，对一些原属农行发放的低质量贷款户，采取指令农信社发放贷款，使农信社背上了沉重的负担。另一方面，由于过去农信社经营方向出现偏差，受追求高额利润因素的影响，农信社曾一度出现支农贷款“农转非”的现象，大额贷款、乡镇企业贷款多，忽视农户贷款，形成了大量的死滞款。加上前几年以贷收息、高息揽存等违规现象严重，造成经营效益低下。当前在没有国家优惠政策的前提下，单靠农信社自身力量在短期内消化这些包袱，实现轻装上阵，难度很大。

4. 外部环境恶劣，业务拓展难。一是农信社社会信誉下降，存款业务举步维艰，近年来，由于政策导向，舆论导向等方面存在着一定的倾向性，片面宣传中小金融机构的负面消息，加上一些商业银行恶意中伤，诋毁农信社，使农信社的社会信誉受到严重的损害，单位不敢到农信社开户，群众不敢到农信社存款，农信社的存款业务难以拓展。二是社会信用环境的恶化，债务人逃废债思想严重，加上司法机关对金融权益的保障不足，致使农信社"恐贷"、"惜贷"，这种思想的作祟，会造成农信社信贷业务的停滞不前，甚至萎缩，这不利于农信社的发展。

5. 人员素质低，经营管理难上新水平。农信社的从业人员中，旧体制下形成的职工文化水平普遍偏低和老弱病残人员多，一时无法彻底改变。加上受地缘和区域关系的影响，职工的经营意识、业务能力、政策水平、服务质量皆难以与市场经济和现代金融发展的客观要求相适应。

6. 外部因素干预多，自主经营难以充分体现。主要是地方政府部门的行政干预，强迫农信社发放贷款支持一些无效益的"政绩"项目。农信社出于种种因素的考虑，只好被动接受，同时，农信社应付政府各职能部门的检查也很多，不少地方职能部门把农信社看成可征收费用和可供吃喝的"肥羊"，干预了农信社的正常经营管理，阻碍了农信社的健康发展。

7. 规章制度不健全，制度执行不严格。农村信用社线长、面广，在经营过程中不断出现一些新情况新问题。由于规章制度不健全而致使管理者和业务人员感到无所适从，造成管理工作落实不到实处。

（二）对策建议

1. 深化农信社体制改革，增强抗风险能力。农信社抗风险能力弱，其主要原因是农信社组织体系松散，各自为政，缺乏合力，要提高农信社的抗风险能力，就必须深化农信社体制改革，建议尽快建立自下而上的全国性农村合作金融组织体系，组织全国信用社在更高层次和更大范围的合作，同时建立全国、全省性的管理中心、结算中心、融资中心，增强整体服务功能，强化管理与服务，提高经营管理水平，提高防范和化解农信社经营风险的能力。

2. 实施素质教育和人才工程，全面提高农信社的经营管理水平。造就高素质人才是农信社提高经营管理水平的保证，只有员工队伍素质提高了，才能从根本上提高农信社的经营管理水平。因此，应采取标本兼治、内控外引的措施，切实改变农信社队伍素质低下的现象。一是花大力气抓好岗位培训与岗位继续教育，推行干部岗位轮换、交流和挂职锻炼制度，营造良好的人才竞争机制，把实际技能提高与理论水平提高结合起来，千方百计追加新知识、新技术。二是建立信用社人才储备库。举办各种金融培训班，有计划地分期分批选送德才兼备的干部进行深造，培植复合型人才。三是建立人才引进机制，从高等院校招聘一批经济、金融、计算机、法律等专业的大学本科以上学历的毕业生，充实资金分析、财务分析、信贷管理等经营管理综合分析部门和金融科技、法律咨询部门，优化农信社的队伍知识结构，提高农信社经营管理水平。

3. 转变经营机制，激活农信社经营管理。积极转变传统的经营理念，把追求效率和效益作为经营的首要目标，进行经营体制的调整和改革，建立以市场需求为导向的市场化经营结构。一要改革现有绩效考核体系，改变现有单纯质量指标考核办法。实行定量指标和定性指标相结合的绩效综合考核办法，突出考核基层农信社债务清偿能力、盈利能力、业务拓展能力和经营的稳健性等指标，同时有针对性地增强内控机制，使基层农信社可根据外部经营环境的变化和自身实现经营活动市场。二是改革工资分配机制，革除过去以工龄、行政级别等资历定工资高低的做法，以剔除劳保、福利费后的个人所得部分为基数，以岗位定目标责任、以目标责任定岗位基本分，以工作实绩计分，以实际得分进行分配，分别在岗位和工作业绩两方面拉开分配差距，联社主任（副主任）可用年薪办法，实行高奖励固定收入的分配办法，激活农信社的经营管理。

4. 重建社会信誉，净化经营环境。一是加大宣传力度，宣传农信社的历史、地位、作用，增强社会各界对农信社的认识和了解，进一步提高农信社信誉。二是规范金融经营市场，杜绝外来力量干预，营造公平竞争的经营环境。三是整治社会信用环境，严惩逃废债行为。

5. 落实优惠政策，扶持农信社尽快走出困境。一是调整利率和税收政策，根据农信社是社员入股、为农服务、投资效益相对低和不以盈利为唯一目的的实际，降低税收水平，减免其营业税和所得税，同时赋予农信社相对灵活的利率政策，提高其业务的吸引力，并对扶贫贷款和农民的种养贷款实行一定的财政贴息政策，增加农信社自身积累和经济效益水平。二是落实化解农信社包袱政策，对因历史原因、政策因素造成的亏损和不良资产、采取中央政府与地方政府联合出资核消或实行资产剥离，从政策上消化沉积的包袱。三是商业银行受的各种贴息政策，如助学贷款贴息政策，只要农信社承担了相应业务和义务，就应让农信社同步享受。四是调整金融布局，收缩商业银行的农村基层机构，把农信社的阵地真正还给农信社。五是邮政储蓄划转农信社。目前，邮政储蓄主要来源于农村，削弱了农信社的支农资金，建议将这部分资金归农信社，增加农信社资金市场份额。

6. 开设农业保险，降低分散农信社信贷风险。农业生产周期长，常因自然灾害而遭受损失，建议建立农业保险体系，使农业贷款得到合理的补偿。

支农用真心服务动真情 全面推进农村经济发展

辽宁省瓦房店市农村信用合作社联合社

瓦房店市地处大连市北部，属县级市，现有人口约100万，其中农业人口占70%左右，一直被称为是一个六山一水三分田的农业市。

瓦房店市农村信用联社共下辖29个信用社，一个营业部，72个机构网点，现有员工650人，承担着为全市25个农村乡（镇）、5个办事处的25万客户提供存款、贷款、结算业务和服务的任务。截止2001年6月末，各项存款余额为21.79亿元，位居瓦房店各金融机构之首，占瓦房店市各金融机构各项存款余额的26%；各项贷款余额为14亿余元，占瓦房店市金融机构贷款余额的27%，位居瓦房店各金融机构的第二位。其中农业贷款余额为7.44亿元，占各项贷款余额的52%，位居瓦房店各金融机构之首。

多年来，瓦房店信用联社一直把支农放在经营工作的首位，取得了一定的成效。特别是大连市农村信用联社成立后，瓦房店市农村信用社根据市联社以支农为主的经营指导思想，进一步端正为“三农”服务的方向，结合地区特点，确定支农工作重点。先后出台了十多项支农工作的措施、办法和方案，用真心、动真情，千方百计地支持地方农业的发展。一年多来，累计发放各项贷款余额13亿元。其中农业贷款累计发放8.3亿元，占63.85%，农业贷款余额由1999年的占比45%增长到目前的52%，增加了7个百分点。全市95%以上农户、农村经济组织贷款来源于农村信用社。支农工作的实践使他们认识到，信用社的大力支持促进了农村经济的发展，同时也给信用社自身提供了更大的生存和发展空间。

（一）落实信贷支农的基本措施

瓦房店市农村信用社通过多年的支农工作实践，确立了“一个中心、两个到位、三个确保”的方针。一个中心是：信贷工作以支持“三农”为中心；两个到位是：支农工作要服务到位，措施到位；三个确保是：信贷投放要确保资金、确保不误农时，确保送贷到户。这个方针使全辖上下在思想观念上明确了工作思路和服务对象，坚持以“三农为本、支农优先”为服务方向，做到了安排、落实、执行三到位。其主要保证措施如下：

1. 农业贷款做到三个保证。一是必须保证资金需求，不留缺口；二是必须保证贷款及时发放，不误农时，随用随贷；三是必须保证送贷到村、到屯，服务到户。

2. 调整贷款管理模式。一是对贷款农户核发《贷款证》，实行限额授信管理；二是农业贷款要实行全年发放，不受规模、时间限制，打破了过去春放、秋收、冬不贷的旧管理模式。

3. 确定支农贷款比重，保证支农目标实现。确定各信用社每年投放的农业贷款必须占各项贷款累放总额的70%以上，达不到规定比重，不得发放非农业项目贷款。在投放额度上确保70%以上的资金用于“三农”，同时年末必须确保大连市联社支农贷款比重目标实现。

4. 简化贷款程序，提高办贷效率。联社统一规定并向全辖农民承诺，5000元以内的纯农业贷款可采取信用贷款方式，原则上不得强制农民提供抵押；2万元以内的农业贷款可采取信用担保、农户联保方式；办贷时间最长不得超过2天；高科技农业项目，符合产业结构调整，并可带动地方农业发展的大额贷款项目，可因事、因地制宜，采取信用贷款或协议抵押、担保等方式办理。

5. 培育科技示范户，带动农业产业发展。为全面推动农业高科技项目的发展，加快产业结构调整步伐，瓦房店市农信社把农业高科技、大规模项目作为扶持的重点对象，以带动地方经济发展，促进区域性农业结构的调整。全辖农村信用社每年必须支持两个以上大规模、高科技农业项目示范户，扶持贫困户10户以上，要做到资金、项目、技术三到位，力求在区域和项目上形成一个“一户带一屯、一屯带一村、一村带一乡、一乡带一方”的农业项目发展格局。

6. 推行“信誉文明”创建活动。为开创支农工作新局面，做好基础性工作，全面树立和增强农民的信用观念和还贷意识，农村信用社在所辖区域开展推广创新农业和按期偿贷情况评比活动，联社每年在全辖授信三个信用乡，信用社每年授信5个信用村、100个信用户，以推动和促进全辖农民积极发展农业，积极偿还贷款。

（二）确定信贷支农的工作重点

瓦房店是一个以发展农业为主的地区。俗话说：“无农不稳、无工不富、无商不活”，农村、农业、农民的落后，将严重制约着地方经济的发展与稳定。如何支持、服务“三农”是农村信用社经营的重要课题。市农信社确立了用真心、动真情，想农民之所想、急农民之所急，切实为三农服务的经营思想，把支持“三农”、服务“三农”作为农村信用社的经营宗旨和服务方向。由于方向对头、措施得当，信用社已在广大农村、农民中树立了良好的形象。地方党政、社会各界也给予了高度的赞扬，从而真实地体现出农村信用社的地位、性质和作用。

1. 因地制宜支持农业主体产业，带动农村经济发展。瓦房店市有8万余公顷耕地，解决全市20余万农户种地问题，是关系到地区经济繁荣、农民生存与社会稳定的关键，支持农民种地是农村信用社义不容辞的职责。针对这一实际，信用社把农民粮食生产当做头等大事来抓，在全辖积极推行农户小额信用贷款，并实行办贷到村、送贷到户，做到现场审核、现场办贷。此举既提高了工作效率，简化了手续，又及时地解决了农民种粮所需资金问题，受到了农民的普遍欢迎。

由于支农措施到位，服务到位，信用社在总结经验的基础上，不断探索支农工作的新途径。今年年初，阎店信用社针对阎店乡去年遭灾，农民收入大减这一情况，在深入调查基础上，全面掌握农户资金需求及信用等情况，通过发放信用贷款和联户担保方式，增加小额农业贷款的投放量。上半年，该信用社就为阎店乡16个行政村的2600户农民，提供了1688万元贷款，贷款支持的该地区地瓜生产、渔业网绳等产业，已形成了规模生产，产品闻名全国。

为了继续巩固支农成果，在本地形成农、信经营的双盈，这个信用社还根据上级联社支农工作的安排部署，对阎店乡16个行政村和贷款农户，开展授信信用村、信用屯和信用户活动，以营造一个良好的农村信誉氛围和服务环境。

2. 支持龙头企业，带动相关产业发展。以农业为基础，调整产业结构，开拓新的农村市场领域，大力发展相关创收产业，已成为瓦房店市农村大多数农民和政府部门的共识，为了加大加快企业、公司带农户、新兴产业的生产经营步伐和力度，大力发展农村农民畜禽养殖创收项目商品和产、供、销服务体系，带动和影响农民发展商品生产，走特色农业和规模产业经营之路，攀登科技兴农、科技富农高峰，市农信社积极支持了部分地方龙头产业。截止上半年，共发放龙头农业企业贷款7000余万元，共支持养殖户10000余户，大大地推动了农村经济、第三产业的快速发展。

3. 支持生态、高科技农业，促进产业结构调整。随着市场经济的不断完善和健康发展，特别是加入WTO，给农业发展带来了一系列课题。加快农业产业结构调整，发展生态农业，扩大农产品市场份额，提高产品质量已成为壮大和繁荣农村经济的唯一出路。为此，信贷投向必须向高科技、大规模农业产业转化，因而农村信用社支农工作的重点就是加大和加快支持农业产业化结构调整的力度和步伐，大力推进和开发利用科技含量高、市场基础牢、效益好的农业项目。

瓦房店市农信社根据大连市联社“加大支农工作力度，推广开发和利用以色列蔬菜新品种，积极支持农民温室大棚生产，增加农民收入，达到支持一项产业，富一方经济”的文件精神，自2000年下半年起，在全市农村掀起了农民温室大棚生产新高潮，对农业产业结构的调整起到了积极的推动作用。信用社结合地方实际，积极推广以色列长青蔬菜，经过一年来的努力工作，到今年上半年，全市农村已新建各类标准温室大棚5000余个，信用社发放农民温室大棚生产贷款5000余万元，新增蔬菜保护地面积达5000余亩，发展品种已由单一的蔬菜类发展增加到棚果、棚桃等20多个系列、50多个高科技名特优品种，不仅把农业产业结构调整推向新台阶，而且大大地改善了农业生态环境，大棚的建设已逐步向高标准、规模化、效益型发展，形成了喜人的产业优势。

瓦房店市农村信用社支持的高科技农业项目发展和产业结构的调整，已全部成为地方农民收入的支柱产业，李店的果菜批发市场、炮台的生态农业、李官的葡萄和油桃生产基地……这些都已成为农村农民收入新的经济增长点。同时大大地增加了信用社的利息收入，截止目前，全辖大棚贷款利息收回率达98%以上。

4. 支持沿海养殖业，发展沿海经济。瓦房店市拥有460余公里海岸线，有着广阔的滩涂资源，俗话说：“靠山吃山、靠海吃海”，开发和利用海洋、滩涂资源，是沿海10余个乡镇农民发展水产业生产，增加经济收入的重要途径。信用社结合该市区实际，在市联社成立后，按照因地制宜、科学施策的经营与服务方针，加大了对沿海经济发展的支持力度，根据沿海地区实际情况和总体规划，积极扶持黄金海岸开发、发展远洋捕捞、水产养殖、育苗、收购、加工、储藏等沿海经济发展，走“念好海字经、带动百业兴”的强岛富民之路。目前已发放贷款8千余万元，有力地支持了沿海地区的各业发展，并成为经济收入的支柱产业。

5. 支持农业配套企业，全面发展农村经济。农业项目要增产增收，除要调整产业结构外，购置先进的生产工具和配套生产设施也尤为必要。为此，加大农业配套设施建设贷款投入，是防御

风险，确保农业丰产丰收关键，也是增加农民创收的有力保障。一年来，信用社已发放农用设施加工、制造和购置等贷款4千余万元，为农民、农业正常生产、创收提供了有力保障。

（三）实现“农”、“信”双赢，提高两个效益

通过两年来支农工作的实践，瓦房店市支农工作一步一个台阶，创造了良好的社会效益和可喜的自身效益。

1. 社会效益：一是大大的推动了农村经济的全面发展；二是加快了农业产业结构调整步伐；三是大大的增加了农民收入，全市人均收入由1999年末的2100元增加到目前的3000余元；四是解决了城乡再就业和农村剩余劳动力10000余人；五是积极的推动了第三产业发展。

2. 自身效益：一是为农村信用社壮大与发展拓宽了经营和服务领域；二是大大的降低了信贷资金风险，2000年发放农业贷款回收率为98%；三是增加了农村信用社的利息收入，2000

年全辖农村信用社贷款利息收入中，农业贷款利息占贷款利息收入的 50%，当年新发放的农业贷款收息率达到了 100%；四是“三农”的发展大大的增强了农村信用社的资金实力，仅 2000 年全辖各项存款净增 1. 8 亿元，今年到目前又净增加 1 亿元，这些资金 90% 以上来源于广大的农村、农民，信贷资金增幅、资金实力连年位居瓦房店市金融机构之首。

上述支农实践和效果充分反映了农村信用社与“三农”的关系，支持“三农”的发展，就是发展信用社、壮大信用社，二者不可分割。只有这样才能实现“农”、“信”双收双赢。

总之，瓦房店农村信用社在上级行和大连市信用联社的正确领导下，采取有效的支农措施，取得了可喜的成果，但信用社要不断研究实施更新、更好、更可行的支农办法与措施，进一步用真心、动真情，支持农村经济的发展，树立农村信用社的良好形象，积极发挥农村信用社在农村金融中的主力军作用，坚定为“三农”服务的方向，全面推进农村经济快速、稳定、健康发展。

高奏支农主旋律扎根沃土共兴荣

——记山东省东营市东营区农村信用联社

东营市东营区农村信用联社

称号，所属11个基层信用社均被驻地乡镇党委、政府评为“支农先进单位”，2001年度东营区联社被评为“全国支农先进单位”，史口信用社主任王金光同志2000年度被人民银行济南分行授予“全省支农先进个人”称号。

（一）优化信贷服务，营造良好的信贷环境

根据农业发展形势的需要，区联社进一步创新服务手段，优化信贷服务，通过实行市场经理制等改革措施，为客户提供“农贷套餐”：推行农户联保、创建“信用村、户”、实行农户贷款证制度等措施，进一步改进工作作风，为“龙头兴、基地活”提供了良好的信贷环境。

1. 推行“市场经理制”，全力为客户提供满意服务。随着金融业竞争的加剧，员工的忧患意识、危机感有了明显增强，但是激励机制和收入分配机制存在的问题使员工的积极性不高，从而出现了贷款增长缓、惧贷、惜贷等思想，客观上使农村经济的发展受到制约。针对存在的问题，联社对形势进行了认真分析，在讨论的基础上，联社确立以“市场经理制”推行统揽全局的思想，以完善收入分配机制为主要促进手段，并率先在现河信用社进行了试点，并在试点成功的基础上，制定了《东营区农村信用社市场经理制办法》、《东营区农村信用社市场经理制实施细则》等，在全区范围内予以推广、实施。其内容主要就是以市场为主体，以全员市场化为手段，以业绩作为收入分配的基础，打破岗位界限，全员齐上阵。“一招活满盘皆活”，“市场经理制”的实施，调动了广大员工营销贷款的积极性，信贷人员出现了明显的变化：坐门等客的少了，主动上门服务的多了，原来仅仅办理存、贷业务的信贷员，变成提供全方位服务的市场经理和市场营销员，成为一个个“流动的小银行”；内勤人员由原来的131名减少到现在92名，市场经理和营销人员由原来的68人增加到现在的107人。2001年1－11月累放贷款12亿元，较去年同期多放5亿多元，从而有力地支持了农业的发展。

2. 提供“农贷套餐”服务，全方位支持农业发展。为保证农业资金需求，促进农业发展，区联社不是仅仅为农民提供资金支持，而且从信息、技术、市场分析等方面提供全方位的服务。一是制定了《农业“龙头”企业贷款管理办法》、《两高一优农业贷款管理办法》，对“农业龙头企业”、“两高一优”农业实行贷款优先、利率优惠的政策，同等条件下，对“龙头”企业的贷款需求优先满足。二是充分发挥信用社员工面广、掌握信息多的优势，多方为“龙头”企业提供信息，帮助其进行市场分析，畅通销售渠道，提高经济效益。三是开展了“送电影、送科技下乡”活动，送电影下乡180余场，送科技致富信息100多条。“农贷套餐”的提供、农贷力量的增强，既有效地解决了农民资金匮乏、信息闭塞、科技知识不足、致富无技的难题，又丰富了农民的业余文化生活，促进了“龙头”和基地的繁荣昌盛。

3. 推行“农户联保”制度，解决农民贷款担保难的问题。针对农民贷款担保难的问题，区

信用社推出了“农户联保”制度：在村委审查、信用社审批的基础上，根据平等、自愿的原则，每5-10户自愿组合，签定联保协议，组成1个联保小组，联保小组成员贷款时，签定联保贷款合同，由联保小组成员相互进行担保，相互监督、共同发展，有效地解决了农民贷款担保难的问题。

4.创建“信用村、户”，营造良好信用环境。首先由信用社、村委会达成共识的基础上，分别签订“信用村”贷款管理协议，明确各自在创建“信用村”过程中的职责；其次是评估农户资信，划分信用等级。等级实行两年评定一次制度。同时，以行政村为单位，凡是行社分门办公以来“四无”（无逾期、无呆滞、无呆账、无拖欠利息）的村授予“信用社”荣誉称号，信用村的村民实东营市东营区农村信用社地处黄河三角洲中心城区、胜利油田大本营。近年来，东营区农信联社根据城区加油区的实际状况，注重发挥独特的区位优势，紧紧围绕如火如荼的黄河三角洲农业综合开发和农村产业结构调整、农民增收的总体要求，牢牢把握为“三农”服务的市场定位，积极优化信贷投向，突出支持重点，不断加大支农力度，落实便民措施，改进支农服务，做好信贷支农这篇大文章，通过不断创新金融服务手段，最大限度地满足客户需求，成功地走出了一条“以信贷舞起产业龙头，靠特色促进经济发展”的农民增收、农村信用社增效的发展之路。连续7年实现盈余，盈余额达到2103万元，2000年被济南分行评为全省扭亏增盈工作先进单位。2001年各项业务更上一层楼：截止到11月底，全区农村信用社各项存款余额达103751万元；贷款余额达到96526万元，其中农业贷款余额76542万元，农业贷款占比达到79.3%；经营状况逐年好转，不良贷款占比较年初下降7.58个百分点，占比仅为9.92%，1-11月份盈余658万元。

通过区联社的信贷支持，东营区范围内建成全国最大的波尔山羊繁育基地、全国最大的冬枣种植基地、全国最大的“中华毛蟹”繁育示范基地，成为黄河三角洲农业开发的亮点和农民增收的重要途径，农业人均纯收入由1995年的1300多元增加到2000年的3000多元；区联社在支持“三农”实践中探索实行的“农户联保贷款”、“农户贷款证”、评定“信用村、户”等经验做法，得到当地党委、政府和上级业务部门的肯定和推广；区联社多次获得市、区政府“支农先进单位”行贷款优先、利率优惠，5000元以下的小额农贷只要凭身份证即可直接到信用社办理，无需提供担保；同时贷款利率上实行优惠，在原有贷款利率基础上下降1个百分点。经过民主评议、严格审查，史口镇万家村于2000年11月7日率先被评定为全市第一个“信用村”。现在，信用村已经发展到4个、信用户也达到386户。“信用村、户”制度的实施，有效地增强了农民的信用观念，提高了农民的信用意识，在农村逐步形成了重信誉、讲信用的良好氛围，按时还贷付息成为衡量农户文明程度的一个重要标志，农村信用社的不良贷款占比由1994年的25%下降到目前的占比9.92%。

5.实行农户贷款证制度，为农民发放致富“信用卡”。结合《小额农户贷款管理办法》、《农户联保贷款管理办法》，1999年底，组织开展了一次全方位的信贷需求调查活动，对辖区内80%以上农户的资金需求进行了调查，摸清了资金需求的底子，并建立农户贷款需求档案；同时，对需求贷款的农户进行额度核定。2000年1月份，在全辖300多个自然村推行了《贷款证》制度，实行“一次核定、余额控制、随用随贷、周转使用”。只要在核定的最高限额之内，农民带着自己的身份证、《贷款证》，到信用社营业室办理贷款，就象提取自己的存款一样方便。由于简化了贷款手续，方便了农户，受到了农民的热烈欢迎和政府的高度评价，被农民亲切称为“致富路上的绿色通行证”，市委、市政府于2000年8月份在东营区史口镇召开了“农民增收暨贷款证推广现场会”，市委副书记李永健在会议上动情地说：“农村信用社才是农民的亲‘儿子’啊！”。

（二）狠抓重点，突出特色，努力提高农业科技含量

东营区是中心城区加油区，独特的地理位置使农业具有其自己的特色：农业以满足油田“菜篮子”、“米袋子”为主；而该区土地盐碱化程度较高，农业必须以提高科技含量为主。因此，为顺应现代化大农业发展的基本规律，区联社适时调整信贷工作思路，倾斜信贷政策，重点支持了冬枣保鲜、蔬菜深加工、科技创汇农业的发展，通过促“龙头”、带“龙身”，形成了产供销一条龙发展的格局。

1. 支持建设“保鲜库”，解决农产品储存难、效益低的问题。广东客商杨青山到东营考察时，看中了东营盐碱化程度高、适合种植冬枣的资源优势，对农产品加工表现出了浓厚的兴趣，组建了“金瀚科技发展有限责任公司”。但是，资金不足、地理不熟成为金瀚公司发展的掣肘，于是杨青山找到了农村信用社，要求申请借款800万元。企业的法定代表人是外地客商、农民种植冬枣的热情不高、农村信用社的资金头寸紧张，这些都昭示着贷款存在一定的风险。贷还是不贷、贷多还是贷少？区联社陷入了两难的境地。经过严格考察、评估，农村信用社借入人民银行再贷款1000万元，投放800万元信贷资金，支持其建成年保鲜冬枣4000吨的“气调式冬枣储藏库”。为确保货源，联社的领导又与金潮有关人员南下广饶、北上河口，与6个乡镇签下为期10年、10万亩的冬枣种植协议，每年可增加农民收入1.5亿元；同时，为东营的冬枣注册商标“灯笼红”，赋予深意的基础上，对冬枣进行精包装、深加工，现成为出口创汇的抢手货。

2. 支持科技示范基地，提高农业的科技含量。“正农高科技示范园”位于油郭乡东部，占地面积3000多亩，是东营市委、市政府确定的“第一个科技示范基地”，优良的环境、优惠的政策都为科技示范园的发展奠定了良好基础。但是，先期投入不足严重影响了科技示范园的正常运营，示范园面临下马的危险。农村信用社知道示范园的处境后，主动到企业了解经营情况、资金状况、企业的长远规划、发展前景等，同时提出了“以发展高效生态农业为主、传统农业为辅、循序渐进、逐步扩张”的建议。经过严格的考察、论证，适时给予发放贷款400万元，帮助其建起猪舍200间，猪存栏量可达5000头，建蔬菜大棚50个、温室大棚2个，购买“波尔山羊”种羊4只，种植牧草500余亩。

经过3年多的发展，“正农高科技示范园”已经真正成为全市农业的样板园，“波尔山羊繁育基地”还是全国最大的波尔山羊繁育基地，东营乃至周边地区养殖的波尔山羊均出自该示范园，引种的以色列西红柿开创了全省的先河。科技示范基地的成功，带动起农民学科学、学技术的积极性，相继建立起科技示范村27个、科技示范带头人360余名，农业的科技含量明显提高。

3. 支持蔬菜深加工发展，提高农产品的附加值。1997、1998年前后，西范乡大量种植关葱、大蒜等蔬菜，但由于信息不灵，把握市场不准，种植的洋葱、大蒜几分钱一斤都无人要，一度出现了农产品销售难的问题。信用社得到“蔬菜脱水加工不仅可以长时间保鲜，而且可以提高农产品的附加值，还可以出口赚取外汇”的信息后，组织力量进行可行性分析，而后提供500万元信贷资金支持建起“东营市天盛蔬菜制品有限责任公司”，进行大蒜、辣根等的脱水加工。每年加工大蒜1400多吨，每亩纯收入可达2100元，仅此一项农民可增加收入290多万元；每年加工辣根1500多吨，每亩纯收入达1800元，每年可增加收入240多万元。产品出口日本、韩国、新加坡等地，创造自身效益的同时，还可带动200多人就业，取得了经济效益和社会效益的双丰收。

（三）信贷搭台，基地唱戏，演奏富民壮丽曲

抓住特色，把握“龙头”、培育企业的同时，区联社积极支持基地的建设，实施了“三个一”

工程：即史口镇种植冬枣1万亩、龙居乡种植桑园1万亩、胜利镇养殖毛蟹1万亩，形成了“种养加一体化、产供销一条龙”的产业化格局，演奏出一曲富民、强民的壮丽篇章。

1. 支持冬枣基地建设，调整农产品种植结构。确定金瀚公司建设保鲜库后，信用社员工又苦口婆心的说服教育当地农民，向他们承诺：凡是列入冬枣基地的农户，如果资金短缺需要支持，农村信用社优先考虑，利率可以适当优惠，终于给农民吃下了“定心丸”。金瀚公司趁热打铁，与东营区的史口镇、广饶县的丁庄镇等6个乡镇签定了10年的种植冬枣协议，建成了全国最大的“冬枣种植基地”。冬枣种植基地的建立，既打消了农民顾虑，提高了农民种植冬枣的积极性，又使金瀚公司有了充足的货源，形成了产业化发展的态势。仅此一项，6个乡镇的农民每年可增收2亿多元。

2. 着力支持万亩桑园的建设，提高经济作物比重，增加农民收入。龙居乡素有植桑养蚕的历史，但一直只是粮食产业的附属物。如何将桑蚕形成产业化，做成龙居乡的支柱产业，信用社做了大量的工作。首先以点带面，为常家村常树文提供贷款5万元，帮其购买桑苗、建起大棚，当年种植桑园12亩，养蚕4茬，每次养蚕32.5张，当年纯收入即达到2万多元；龙居乡政府还将常树文评为“植桑养蚕模范带头人”，奖励了1台大彩电。其次因势利导，投入信贷资金480万元，支持全乡农民购买桑苗650万棵，种植桑园5千亩，2000年建成了“万亩桑园”；建养蚕大棚650个，农民每年可增收600多万元。

3. 变废为宝，支持万亩“中华毛蟹”基地建设，增加农民收入。为在盐碱地上趟出一条变废为宝、增加农民收入的路子，1997年春天，信用社投放35万元贷款扶持陈宪贵等几户村民开挖了500亩池塘试养毛蟹，结果大获成功，当年就取得了亩产毛蟹800多斤，总收入80多万元的效益。在信用社的支持下，辛镇村掀起了挖池养蟹的热潮，现在养殖面积已经达到1万多亩，被山东省海洋水产部门认定为“中华毛蟹”繁育基地，毛蟹远销江浙沪等地。昔日的盐碱地变成了“聚宝盆”。鲜美的毛蟹让城里人大饱口福，也鼓起了村民的腰包。仅此一项，辛镇村人均年收入3000多元。辛镇村改造盐碱地、开荒养蟹的成功经验，在东营市农村产业结构调整中得到推广，成为全市重点发展的两大农业主导产业。

宽松的信贷环境，信贷切入点的转变和大量的信贷投入，促进了农业产业化进程，东营区基本上形成了东养殖、南蔬菜、西桑蚕、北果园的农业生产格局，有力地促进了当地经济的发展。近几年来全区累计投入农业贷款28亿元，占全部信贷投入的71.3%，其中农业龙头企业贷款9.2亿元，占全部农业贷款的比例为32.8%，2000年以来龙头企业和基地贷款所占比例达到45%。同时，农村信用社得到了丰厚的回报，自身的经济效益逐步提高，社会影响日益扩大，农村金融主力军的作用得到了充分发挥。

服务架起连心桥 支农走上"双增"路

——记全国农村信用社支农先进单位内邱县信用联社

河北省内邱县农村信用联社 陈应厦

2001年，内邱县农村信用联社坚持以"三个代表"重要思想为指导，认真地按照党中央"巩固农业基础、调整农业结构和增加农民收入"的要求，积极落实市筹建办部署的"一、十、双增"活动的指导意见，进一步转变观念，端正经营方向，改进金融服务，加大支农力度，靠服务与农民架起了连心桥，凭支农促进了当地农村经济的发展，使多年亏损的信用社实现了连年减亏目标，走上了"双增"路，较好地完成了市筹建办下达的各项经营指标任务。截止2001年底，全辖各项存款余额达38504万元，比年初纯增3044万元；各项贷款余额为25911万元，比年初纯增3295万元，其中农业贷款纯增2206万元，存贷比例为67%，收回贷款利息919万元，比去年多收息200万元，股本金增长227万元，营业费用比同期下降47万元，比去年同期减亏401万元，非正常贷款下降772万元，累计发放小额支农贷款1688万元，使全县9个乡镇119个村3878户农民走上了致富路。

(一) 结合"三个代表"学教活动，转变工作作风

2001年初，联社根据县委、县政府的安排部署，在全辖认真开展了"三个代表"重要思想学习教育活动，并针对辖区农村信用社实际情况，将学教活动与提高领导班子战斗力、加强职工职业道德教育和做好支农工作结合起来，收到了良好的效果。通过开展"学教"活动，广大干部职工转变了思想观念和工作作风，进一步端正了经营方向，改进了金融服务，提高了理论水平，增强了责任感和使命感。

(二) 做到"四个到位"，突出"三个重点"，把支农工作落到实处

在支农工作中，联社首先做到了四个到位：

一是精心组织到位。联社成立了由理事长、主任、副主任等为成员的综合领导小组，由分管业务的副主任担任"一、十、双增"实施方案的责任人。基层信用社也建立了由主任、副主任、农金员组成的农民信用户和贷款限额评定小组，把好关，立好项，明确职责，责任到人，一级抓一级，层层抓落实，为开展"一、十、双增"支农工程打下了良好的基础。

二是大力宣传到位。利用电视台、刷写墙体标语、路牌广告栏、挂宣传横标等方式进行宣传，让人民群众了解"一、十、双增"工程的目的和意义，通过开展宣传，让社会各界进一步了解农村信用社，使"农村信用社是农民自己的银行"更深入人心，进一步树立信用社在社会上的形象，同时信贷员对自己的承包户都建起了台账和农民的基本情况档案（以案备查）。

三是资金投放到位，改进金融服务方式。县

联社领导与基层信贷员一起深入到村，了解农民群众生产经营情况和资金需求情况，贴近农民，服务农民，了解农民存在的实际问题，拉近与广大农民之间的距离，靠服务与农民驾起连心桥。在贷款方式上，信用社克服了范围广、笔数多、额度小的实际困难，改变坐等服务方式，深入到村，服务到户，集中发放，使1319户农民群众不出村就能拿到自己生产上需要的资金，累计金额达300多万元。支农资金的及时到位，使广大农民体会到信用社是实实在在地为农民办事实，从而赢得了民心。

四是奖惩激励到位。对在支农工作中成绩突出的信用社、农金员给予一定的奖励，对完不成目标任务的给予通报批评，明年继续努力承包，直到所包农户增收为止。

其次，联社突出了“三个重点”：

一是重点支持名牌产品，带动山区果农经济发展。地处内邱西部山区海拔1200米的侯家庄信用社，结合本乡实际，加大对林果业的投入，以岗底村“富岗”牌优质无公害苹果为龙头，积极支持富岗集团，即“公司+农户”的管理模式。几年来，该社已对山区果农累计发放贷款513万元，使山区811户农民靠种植果树走上致富路。今年该社又发放贷款80万元，解决了300多户果农及时给果树施肥、浇水、套袋等资金的需要。该村现已走上小康之路，而信用社贷款收回率已达100%，信用社的经营效益连年上升，实现扭亏为盈，去年该社成为全辖农村信用社的排头兵，并被评为市级先进信用社。截至目前，该社已盈余1.6万元。

二是因地制宜，重点支持丘岭区农民搞石材开发。信用社在做好支农工作的同时，还不断拓宽支农领域，根据不同情况，因地制宜，积极支持农民脱贫致富。獐么乡位于山区丘岭结合部，全乡仅有耕地面积3441亩，人均不到0.5亩，农民只能满足生活自理，根本谈不上发家致富。该乡农村信用社根据当地实际情况，开展调查研究，认为该乡农民可利用当地石材资源，搞开发加工，此项目投资少，见效快，是一条致富路。今年以来，该乡农村信用社积极支持农民搞起了石材开发，累计发放贷款70多万元，及时为8个村113户农民提供了小额贷款，每户1000~5000元，支持他们在当地搞石材开发，并引导他们实行了“分散经营，集中管理，统一销售”的方式，目前，已生产石材30多万平方米，年收益可达800~1000万元。产品已销往台湾、新加坡、香港、马来西亚等国家，年创汇收入可达90多万元。多年来农民想致富的梦想实现了，农民逢人就讲：“信用社真是咱农民的贴心人啊！要不是信用社的支持，我们也没有今天。”

三是重点支持平原地区的农业和多种经营生产发展。平原地区具有耕地和水利充足的优势，农民能够达到温饱，比西部农民好得多，但由于消费高、孩子上学、修房盖屋、购买大型农机具，还有些资金不足的现象存在。根据这一情况，县委、县政府提出：“人口小县，经济强县”的战略目标。各乡镇要立足实际，以农业产业化、特色农业、科技农业为重点，发展经济增长点。信用社及时与各乡镇取得联系，联手为农村经济的发展共同努力。一年来，信用社通过在全辖开展“联系一个村，承包十个农户，实现农民增收和信用社增效”活动，使大孟镇养猪业，官庄乡的大棚菜、小磨香油加工、饲料加工、花卉栽培，金店镇的小尾寒羊养殖基地，城关镇的商业批发、销售经营网点；五郭乡的药材种植基地，南赛、柳林乡的片麻岩开发，獐么乡的石材开发，侯家庄乡的山区林果业等已初具规模，形成了地方经济的支柱产业，特色经济出现了多业并兴、欣欣向荣的景象。截至目前，全辖已累计发放支农贷款1.28亿元，占全部贷款的71%，这一笔笔小额贷款饱含着农村信用社与农民的深情厚谊，也代表着全辖广大员工的一颗颗赤诚的心。通过开展“一、十、双增”活动使农村信用社更进一步贴近了农民，赢得了民心，受到广大农民群众的欢迎，得到了县委、县政府的好评和省、市及大区分行领导的认可。同时也使县联社的整体业务经营迈出了低谷，走上了减亏、扭亏的道路，实现了农民增收、信用社增效。内邱县联社的做法先后被《邢台日报》、《牛城晚报》、《金融日报》、省信合办、天津分行报道和转发。今年9月份又被中国人民银行总行授予“全国农村信用社支农先进县联社”称号。实践证明，农村信用社要想搞好经营，就必须扎根农村，拓宽服务领域，靠服务赢得民心，靠支农树立形象，靠支农增加效益。农村信用社只要把握准“三农”方向，不断深化农村金融体制改革，就一定能赢得与时俱进的发展机遇。

在新的一年里，内邱县联社将紧紧团结在以江泽民总书记为核心的党中央周围，再接再厉，团结奋进，开拓进取，立足农村，服务农民，为促进农民增收和农村经济的发展做出新的更大的贡献，为振兴农村信用社事业而努力奋斗。

唱响支农主旋律
踏上社农“双赢”路

河南省固始县农村信用联社

固始县位于河南省东南部，南依大别山，北临淮河，曾有“老、边、穷”之称，是全省最大的农业县。固始县农村信用联社下辖37个信用社、1个营业部、24个分社、16个储蓄所，有正式职工569人，主要担负着对全县33个乡镇598个行政村近40万个农户的信贷服务工作。多年来，固始联社始终坚持“以农为本、为农服务”的宗旨，立足农村、面向农业、服务农民，以规范服务为基点，唱响支农主旋律，不断提高支农服务水平，充分发挥了农村金融主力军作用，走出了一条贫困地区农民增收、信用社增效的“双赢”之路。

2000年以来，固始县农村信用联社累计发放支农贷款13.3亿元，占辖区金融机构发放农贷总额的82.8%，使全县农业和农村经济呈现出快速发展的良好态势。2001年，全县国民生产总值达44.07亿元，比上年增长7.3%，农民人均纯收入1828元，比上年增长5.6%，地方财政收入12977万元，比上年增长7.04%。农民增收和农村经济的蓬勃发展，促进了全县农村信用合作事业的繁荣。截至2001年底，全县农村信用社各项存款加股金余额10.6亿元，当年净增2.5亿元，余额和净增额均居全市各县、区联社之首；各项贷款余额7.3亿元，其中支农贷款余额6.1亿元，占84%；当年实现收入6428万元，盈利318万元，全县37个信用社全面盈余。各项业务指标均创历史同期最高记录。实现了自身效益和社会效益的共同提高。由于支农成绩突出，固始县联社连续6年被上级行和县委、县政府评为先进单位、4次通令嘉奖、4次支农通报表彰，1997年、2001年两次被人总行评为全国农村信用社系统支农先进单位。并于2001年7月份，在固始县联社召开了由信阳市人行组织的全市农村信用社信贷管理现场会。联社的主要做法是：

（一）坚定支农方向，深化服务内涵

固始县是一个典型的农业大县，农业人口占91%，农业是主导产业，每年的农业收入占全县财政收入的50%以上，尤其是近年来，在国家关于发展农业、增加农民收入的政策指引下，全县农业出现了持续升温的良好态势，农村产业结构调整进入了新阶段，作为农村金融的主力军，如何真正做好支农这篇大文章，联社一班人经过分析认为：一方面要进一步坚定支农方向，牢固树立大农业观念，努力为农业增产、农民增收提供热情、优质、高效的金融服务，切实解决农民“贷款难”和农业信贷资金运作中的新问题，促进农村经济健康发展。一方面，要采取有效措施，加强规范管理，保障农贷资金安全、高效运行，从而促进社农“双赢”。围绕这一理念，固始联社从大处着眼、小处着手，深化服务内涵，落实六项措施。一是深入调查，掌握实情。深入到乡镇、村街、农户及有关涉农部门，调查资金需求，积极筹措资金，确定支持重点，做到了早调查、早计划、早安排、早落实。同时，实行了社主任和信贷员包村入户制度，定期走访，帮助农户选好项目，搞好经营，用好贷款；实行了联社主任包片、科室包社制度，监督、指导信用社

支持“三农”措施的落实。二是控制非农贷款投入，扩大农业贷款规模，确保农业贷款增加与农村经济发展相适应，每年全县信用社新增农业贷款均占新增各项贷款的80%以上。2001年累放支农贷款达76525万元，同比增加41370万元。三是突出“农民贷款优先、农业贷款优先”的原则，不怕农民贷款额小面广、工作量大，真正体现为千家万户服务、为广大社员服务的办社宗旨，千方百计把支农优惠政策送进千家万户。2000年以来，共为129365个农户提供小额贷款，占全县农户总数的32%，贷款累放金额9450万元，小额信用贷款余额达4936万元。四是建立贷款“三公开一监督”制度，自觉接受内部监督和外部监督。五是加大执法监察力度，杜绝违章违纪贷款的发生。多年来，全辖无一例经济案件和违章违纪贷款现象。六是落实“一联三送”，服务千家万户。联社充分发挥信用社网点遍及城乡、信息灵通等优势，在做好辖区存贷款、现金和结算等金融服务的同时，组织广大信贷人员走出社门，深入农户及田间地头，为广大农民提供科技咨询、致富信息、经营管理等方面的综合性服务，在全县引起了强烈反响，受到了广大农民群众的热烈欢迎。“一联三送”活动开展以来，联社共发放《联系百户手册》768本，全县326名信贷人员先后深入到598个行政村，联系农户达33980户，散发科技信息传单4期共6万份，提供农业科技及致富信息1320余条，现场发放小额农贷1380万元，直接受益群众超过63800人。

（二）推行“一证一卡”，方便千万农户

为切实解决农民“贷款难”问题，联社在全县开展了以发放小额贷款证和农户联保卡为主要方式的农业贷款营销活动。

1．实施“百千万工程”，灵活发放小额信用贷款。针对农民资金需求，结合实际，将小额信用贷款证发放与“百千万工程”结合起来，即原则上对所辖每个行政村发放小额贷款证100个，每户贷款3000元，每村贷款30万元，以满足广大农户从事农业生产和农村产业结构调整的资金需求。对金额不超过3000元的农户小额信用贷款，利用信用贷款证发放，采取“一次核定，随用随贷，余额控制，周转使用”的管理办法，并对办证农户做到要素齐全、条件完备。对农户小额贷款证的发放以村为单位建立档案，并设立贷款专柜，办证户持小额贷款证、户口簿或身份证、私章到信用社信贷专柜可直接办理，信贷员也可到农户家中发放小额信用贷款，既简化了贷款手续，又方便了群众，尤其是今年抗旱期间，解了农民燃眉之急。农民把小额信用贷款证形象地称为“贷款通行证”。

2．发放农户联保登记卡，营销大额农用贷款。如果说小额信用证是农民贷款的通行证，那么联保登记卡则是农民的“致富卡”。农村产业结构的调整，使广大农民对资金的需求量增大。为此，联社结合实际，开办了多户联保贷款业务。信用社成立借贷联合担保评定小组，由信用社主任或副主任担任评定小组组长，并会同村、组社员代表，以村民小组为单位确定联保小组，详实调查联保成员的家庭状况、劳动力人数、主要从事产业、家庭年收入、自有资金、目前欠银行（信用社）贷款金额，并确定信用等级，如实填写联保登记卡，以村为单位建立联保档案。一个村民组的联合担保小组一般由5～10户联保，1～3万元的，有3～5户联保。联保登记卡的推行，解决了部分农民想贷款无抵押的难题。

通过推行“一证一卡”，切实解决了农民“贷款难”问题，找到了一条符合农村信用社实际、实施农业贷款营销的新路子，有效地调动了农民还款积极性，分散了农贷风险，提高了贷款质量和效益，进一步巩固了农村阵地，方便了群众，深受广大农民朋友欢迎，得到了地方党政的充分肯定。

（三）立足区域优势，突出“六个重点”

多年来，固始县农村信用联社始终坚持为农

业、农民和农村经济发展服务的宗旨，立足区域优势，优化信贷投向，突出支持重点，使全县农村信用社贷款投向从单一支持农民从事粮油生产、生活等资金需求，向目前农村产业结构的战略性调整转变，从刀耕斧凿的粗放农业向科技农业、立体农业、订单农业及私营经济、公司加农户、农民消费等多方面转变，以支持和服务科技农业、畜禽养殖、水产养殖、柳编、林果药茶、烟叶及蔬菜种植等支柱产业为切入点，使全县农业生产走上了市场决定结构、结构决定功能、功能决定效益的良性发展轨道，从而把服务“三农”推向了新的台阶。2000 年以来，累计投入“三农”贷款 13．3 亿元，占累放各项贷款总额的 85%。在信贷支农中，结合区域实际，突出“六个重点”：

1．重点支持农业生产，大力发展粮油主导产业。2000 年以来，全县农村信用社累计投入农业生产贷款 51870 万元，投放占比为 39%，重点支持基础农业发展。一是用于中、低产田改造及兴修渠道、建提灌站等农业基础设施建设，以提高农业的应变能力和抗灾害能力，确保全县基础农业旱涝保收。由于抗旱成绩突出，联社受到了新闻媒体的关注和县委、县政府通报表彰。二是重点支持农民购买化肥、种子、农膜、农药、农机具等，确保农业生产所需基础物资及时到位，不误农时。三是发放贷款 3500 万元，重点支持“两高一优”农业发展，确保优良品种的繁育、推广和粮油质量的大幅度提高。

2．重点支持林、果、药、茶，大力发展地方特色产业。针对山区人均耕地少、山场面积大的实际，2000 年以来，全县累放贷款 9820 万元，支持南部山区规模种植茶叶、板栗和中药材。在扩大生产规模的同时，积极支持发展深加工，提高附加值，有力带动了当地经济发展。

3．重点支持实施“绿色致富工程”，大力发展蔬菜种植业。近年来，县委、县政府在农村产业结构战略性调整中提出，要扩大蔬菜种植面积，实施“绿色致富工程”，农村信用社结合实际，加大投入，仅 2000 年以来，累放蔬菜种植贷款 6380 万元，大力支持辖区沿河湾畈地区及蔬菜开发乡镇扩大蔬菜种植规模。蔬菜种植业的发展，大大丰富了城乡居民的“菜篮子”，打响了固始蔬菜的“名牌子”，装满了菜农的“钱袋子”。

4．重点支持畜禽和水产养殖业，大力发展支柱产业。联社紧紧围绕县委、县政府提出的大力开发固始鸡的战略决策，贷款重点向固始鸡养殖专业村和专业户倾斜，带动周边乡邻，走种草养殖、生态放养之路。扩大养殖覆盖面，达到了“家家都养鸡、户户都受益”的效果。通过信贷扶持，全县户养百只鹅、百只鸭、百只兔、百头猪、千只鸡已形成规模。在支持鱼类及特种水产养殖方面，去年以来，累计投入贷款 2837 万元，广大农户依靠畜禽及水产养殖业走上了致富之路。

5．重点支持柳条种植、加工，大力发展柳编业。2000 年来，联社累计发放贷款 13780 万元，大力支持三河、往流、桥沟、徐集、丰港等乡镇千家万户充分利用沿淮滩涂面积大优势，扩大柳条种植基地，发展柳条种植和柳编业，形成了“家家种柳条，户户搞柳编，不怕粮价低，不怕大水淹”的柳条种植、加工新格局。产业结构的调整，使广大柳条种植户尝到了甜头。他们一改过去“低洼易涝种杞柳”，为现在的“好田好地也插柳”的种植观念。在信用社的支持下，全县柳编业实现了由农户分散生产到规模经营，由生产简单日常生活用品到出口创汇工艺编织业的发展，并通过支持兴办龙头企业，把农户与国内外市场联接起来，形成了以“能人经济”为特征的“公司＋基地＋农户”的产业化和集约化经营的良好态势，使全县的柳编产品从柳条种植到生产、销售的各个环节有机地形成了一个完整的产业化体系，成为全国四大柳制品基地之一。柳编业的发展带动了当地柳条加工、染色、运输等相关产业的发展。到目前，从事柳条加工、经营、包装、染色等个体工商户 4260 多家，依靠柳编业全县有 3 万农户摆脱贫困，10 万余人走上了小康之路。

6．重点支持农业“龙头”企业发展，促进县域经济快上新台阶。2000 年以来，全县农村信用社继续坚持“区别对待，择优扶持”的原则，累放贷款13540万元，大力支持个体私营企业的发展，使他们由小到大、由弱到强，有的已发展为科技含量高、生产规模大、市场竞争力强的地方龙头企业。通过支持私营企业的发展，拓展了市场，丰富了市场，活跃了市场，农民依托市场、填补市场，靠市场发展，靠市场增收。据统计，全县通过信用社贷款支持发展起来的年产值50万元以上的私营企业达380家，年产值100万元以上的有57家。在信用社的大力支持下，全县个体私营经济已成为全县经济增长中最具活力的因素，成为促进县域经济快速发展的一支不可忽视的力量。

打造支农主力军 策并举促“双赢”

河南省睢县农村信用联社 王训领

在全国数万个农信社中，2001年度被中国人民银行授予“全国支农先进单位”的有100个，河南省睢县农村信用联社就位列其中。睢县是一个典型的“农业大县”，底子薄，基础差，农业基础设施建设比较薄弱，农民致富受到资金、信息、技术的困扰和遏制。睢县农村信用联社主任王耀林带领广大信合干部职工，充分利用自身优势和职能，扑下身子，脚踏实地服务于“三农”。三年来，联社已采取多种方式发放支农贷款3．6亿元，使全县3．7万户农民脱贫致富，2．4万户农民走上了小康之路。截至2002年2月末，各项存款余额5．8亿元，各项贷款余额4亿多元，有力地支持了睢县农村经济的发展。他们突出的工作业绩多次受到上级领导的重视和肯定，1999年度被县委、县政府授予“目标管理先进单位”称号，被商丘市授予“驻千村、联万户，解民难、暖民心”先进工作队称号。2000年度被市农金改办评为“盘活资金第一名”、“信贷支农第二名”、“综合考评第三名”，被市中心支行命名为“青年文明号”，被县委授予“五好”党支部等称号。2001年度被县委、县政府授予“目标管理先进单位”、“三下乡”活动先进单位、“纪检监察先进单位”等称号，被市农金改办评为“综合考评第一名”，被省委、省政府命名为“省级文明单位”，被中国人民银行授予“全国农村信用社支农先进单位”称号。2001年10月睢县联社办公室主任王训领的通讯《多法并举抓扭亏，开源节流出效益》荣获第七届“中华大地之光”征文二等奖，联社主任王耀林被授予中华大地之光优秀主人公称号，在北京人民大会堂出席了颁奖大会，受到了党和国家领导人的亲切接见，并与党和国家领导人合影留念。

三年来，睢县农村信用联社主任王耀林审时度势，不断深化改革，牢固树立“靠支农求发展、靠支农求效益、靠支农树形象”的农本思想，努力为农民提供优质服务，切实拉近信用社与农民群众的感情，密切了社群关系，在为农村经济服务中持续发展壮大，成了支持农村发展的金融主力军，打造出了促进睢县经济高速发展的金融“航母”。

（一）农民在期盼，信用社怎么办

无论什么时候，广大农民的利益和信用社的前途命运息息相关。睢县农村信用联社在全县农信系统开展了“农民在期盼，信用社怎么办”的大讨论，了解到新时期的农民对新的文化、信息、致富路有了更高的要求。为了加大农村信用社的宣传力度，丰富城乡居民文化生活，县联社还举办“信合杯”唢呐大奖赛，并成立睢县农村信用社“心连心”艺术团。三年来，该艺术团在全县城乡巡回演出300多场。既宣传了江总书记“三个代表”的重要思想、党的政策、金融法规，又加深了信用社与农民群众的密切联系。广大群众一致把农村信用社当做最真诚的伙伴，主动到信用社开立基本账户，扩大了信用社资金来源渠道。

信用联社在群众中声誉提高了。

王耀林主任眼界开阔，他深知信用社的发展

壮大是离不开农民群众的支持的，他说，小额农户信用贷款工作是实践“三个代表”的有效载体，农信人不仅心里要时刻装着农民，还要想着农民，做他们的贴心人，不仅要为农民发家致富出票子，还要为农民出点子、找路子，鼓起农民的钱袋子。信用社把支农重点放在帮助农民搞畜牧、水果、蔬菜、水产等项目上，大力发展了农村经济，使农民提前走上小康路。

帮助农民致富，联社既雪中送炭，又锦上添花，他们带资金下乡，送款入户。对于诚实善良，想发家致富但缺少资金的有志青年农民，当场给办理贷款；对于想扩大规模，资金周转有困难的农户，由联社陆续注入资金。三年以来，累计发放支农贷款230万元，在县北关建立了600多亩的“金太阳”高效农业示范区。并以示范区为基础，在县周围形成了以三里庄、东园、西园为主的绿色农业经济带。仅温室塑料大棚种菜一项，农民人均收入比两年前提高了1200多元。

在支持农业种植发展的同时，他们还大力支持农民发展养殖业和畜产品加工业。县联社根据各乡镇的实际情况，支持白楼乡王庄村、范洼乡尚庄村发展黄牛养殖业，及时提供贷款帮助两个村委引进优良品种南阳小黄牛680头。农民在联社的扶持下，养殖业蓬勃发展，取得可喜的成效。

信用社还根据近年来农作物增产不增收的现象，先后投放贷款900万元支持了十多个乡镇的农民办企业，形成了一条生产、加工、销售一体化的农工商贸体系。

信用社始终坚持为农村、农业、农民服务的宗旨，不失时机地支持农民生产生活，并紧紧围绕地方政府倡导的“富民工程”、“星火计划”，重点支持农民科技投入、农业高效开发、种植业结构调整等项目和计划，累计投放资金1．2亿元。

三年来，信用社还累计发放农业基础设施建设和农业开发贷款15565万元。支持农民开挖水渠5．6千米，打机井180眼，填坑造田320亩，搞节水灌溉埋设地下胶管3万余米，旱地改水浇田3560亩，帮助农民购买机具3256部（台），购买种子185万公斤，化肥2万余吨，67个村委进行电网改造，使全县所有乡镇村村通了电，为全县农民群众发展经济和脱贫致富打下了良好基础，为农村基础设施建设做出了突出的贡献。

睢县农村面貌的巨变，农民生活水平的提高，是和信用社的大力支持分不开的，农村信用社已成为联系千家万户的金融纽带、致富桥梁。

（二）深入改革，狠抓管理

为进一步贯彻落实市农金改办下达的14个文件精神，主任王耀林紧紧围绕“减员增效，强化管理，优化组合，防范风险，减亏增盈”这个中心开展工作。本着“总量控制，优化布局，便于管理，有利核算”的原则，根据集镇经济发展趋势，按照大中心社发展战略，权衡机构合理布局，对各项存款总额不足600万元，各项贷款额不足450万元的信用社进行了降格合并，对部分分社进行了撤并，对全县信用社员工进行了定编、定岗、定员。按照各社编制数额，各基层社人员实行了竞聘上岗，对落聘职工一律转为客户经理。整个竞聘过程公开、公平、公正、择优，彻底打破了传统的干部任职做法，杜绝了提拔干部过程中的不正之风，充分体现了能者上、平者让、庸者下的原则。通过这次竞聘上岗，一年来，各科室工作兢兢业业，卓有成效，为睢县农村信用联社的发展打下了坚实的基础，整个信合系统形成了爱岗敬业、干事创业的良好氛围。为了杜绝全县信用社财务上的跑、冒、滴、漏现象，真正做到增收节支、勤俭办社、厉行节约、降低成本，联社成立了费用审批组织，完善了费用审批等各项制度，杜绝了财务管理上的违章现象，严格车辆管理，清退贷办员，降低了费用成本，经营效益明显提高。

在加强防范风险上，健全了各种内控制度，形成了“一人转不出票据，取不出钱，放不出贷款，做不成假”的有效运作机制。在安全防范制度落实上，联社每月2～3次对各基层社和营业网点进行突击检查，发现问题及时纠正，消除安全事故隐患，确保了全县信用社安全运营无事故。

（三）深入挖潜，多方支农

睢县是国家级贫困县，多年来，由于种种原因，农村信用社大量的信贷资金带病运作，严重困扰了农村信用社的改革、经营和发展。为了筹措更多的资金支农，攻克不良贷款这个顽症，县委、县政府在联社建议下曾先后两次召开县、乡两级盘活攻坚大会，制定了开展盘活不良贷款的实施方案。在狠抓盘活贷款时，多法并举，措施到位，奖罚分明，广泛深入地做好宣传工作，组织500多人走上街头散发传单，增强了贷户还款积极性，农民和乡村干部“守信为荣，失信可耻”的意识普遍增强，逃废信用社债务明显减少，极大地促进了农村两个文明建设。他们还大力开展了依法收贷工作。对有偿还能力却不还的钉子户、难缠户、赖债户，由联社在新闻媒体上发布催贷公告，公开进行曝光，还对个别户进行依法收贷，移交司法机关处理，以法律手段，扳倒一批钉子户，教育了观望户，带动了一般户。在县里起诉不了的，到商丘市起诉，取得了“起诉一户，震动一方，执行一个，带动一片”的显著效果。使多年难以收回的贷款得到盘活。

实行“末位淘汰”制。一年来，3名后进社主任黄牌警告，3名社主任被解聘，2名会计被撤换。在全县信用社干部职工中引起强烈震动，从而激发了全员收贷收息的积极性。90天收回逾期贷款3720多万元，利息911万元，收回“双呆”贷款2100多万元，利息281万元，有力地促进了收贷收息工作的开展。所有这些资金全部用于再贷，进一步支持了“三农”。

（四）察民情、体民意、暖民心

农民的衣食饱暖，关系着农村的社会稳定。随着农村金融体制改革的不断深入，促进农民增收的重任责无旁贷地落到每一个农信人的肩上。面对挑战，睢县联社以“三个代表”学教活动为契机，边学边做，边学边改。通过学教活动，广大信合干部职工增强了为民意识、服务意识和奉献意识，在实际工作中充分发扬求真务实的工作作风，深入农村，走进千家万户，蹲在地头与农民交心交友。群众的生产、利益、思想、情绪，都一一地记在了每个信用社干部职工的心里。2001年春天，睢州大地干旱少雨，农民急于春灌春耕春播，正赶青黄不接之时，手里没钱购买抗旱机械和化肥，心急如焚。联社及时向人行申请再贷款2880万元。有力地支持了农民抗旱浇麦，春耕春播，为当年的粮食丰收打下了坚实的基础。一位乡镇书记感慨地说：“支农再贷款不是春雨，胜似春雨啊！”他们想群众所想，急群众所急，组织干部职工冒着高温酷暑把10万册《农民致富手册》无偿送到农民手中，深深感动了农民兄弟，大家纷纷称赞说：“农村信用社真是咱农民的知心人啊！”

主任王耀林同志多次在“三个代表”动员会上说，信用社办社初衷就是为了助农帮农。他教育广大信用社干部职工以民为本，察民情、体民意、解民忧，脚踏实地地为群众办实事、办好事、办成事，树立全心全意为人民服务的思想。睢县联社“三级联创”驻村工作队了解到孙寨乡司洼小学有13名特困生失学的情况后，王耀林主任倡议联社机关副股级以上干部开展“一帮一”活动，号召大家“少吸一盒烟，少喝一瓶酒，少用一盒化妆品”，向贫困生伸出友善之手。睢县联社“三个代表”驻村工作队向白楼乡君赵、郭皮两村委无偿投资8600元，为农民打井两眼，修理、挖淘机井多眼，使群众直接受益，受到当地政府和群众的称赞和好评。另外，睢县联社还发放助学贷款130万元，帮助学校修建教室三间，购买桌椅90套，帮助3600名失学儿童重返校园，使72名的贫困生跨进高等学府，并支持有志青年学习电脑、农业科技知识和技能，为睢县的教育事业做出了不可磨灭的贡献。

（五）身体力行，实现“双赢”

打铁还须自身硬，联社主任王耀林率先垂范、廉洁自律，并制定了一系列廉政建设制度，筑起了一道坚固的反腐防线。由于他始终把着干部职工的脉搏，思想上因势利导晓之以理，生活上问寒问暖动之以情，极大地调动了全县信用社干部职工的积极性，使大家心往一处想，劲往一处使，使不良贷款在一年的时间里下降 21 个百分点，一跃进入全市第一名。

在 2001 年盘活攻坚活动中，联社累计盘活不良贷款 1672 万元，占市人行信合办分配盘活攻坚计划 1200 万元的 139%。其中，累计盘活“双呆”贷款 1103 万元，占市人行信合办计划 800 万元的 138%。累计收回贷款利息 961 万元，占市人行信合办计划 550 万元的 175%，在全市名列前茅，遥遥领先。

走进睢县联社，一张张奖状，一面面锦旗，一份份荣誉证书，一个个奖杯，琳琅满目，无不显示出信合人的风采。在诸多荣誉面前，主任王耀林并没陶醉在胜利的喜悦之中，他深感任重而道远，肩上的担子更重了，因为前面还有更高的山要攀登，还有更多的挑战在等待着他！

浅析农信社之发案率

湖南省隆回县信用联社　田志立　许吉德　陈　洁

近年来，随着金融体制改革的不断深入，农信社管理中的问题日益突出，导致各类案件增多，笔者就农信社高频率发案的原因、特点及对策，谈点肤浅的看法。

（一）案件多发原因

素质原因。由于特定的历史原因，目前，农信社职员绝大部分是原农行和农信社退休职工的顶职人员，近十年内几乎没有从系统外招收工作人员，职工素质普遍不高，此为其一。其二，对人的管理缺乏预见性，对职工单个思想动态缺乏洞察力和分析力。对进人把关不严，不少人员入社前就有劣迹，加之入社后思想政治、职业道德、法制政策教育不够，管理不严，使这些素质差的职员未能得到有效的转化和提高。其三，少数农信社职工由于受社会环境的影响，逐渐放松了思想改造，走上了犯罪道路。其四，信用业务代办站违规经营和站干部贪污挪用、侵占集体资财等经济案件是农村信用社经营中的主要风险源。目前代办站的网点、人员过于庞大，人员的素质偏低，问题太多，管理难度大，措施难以到位，隐藏的风险防不胜防。

内控原因。农村信用社与农行脱钩后，从形式上看，隶属的分支机构转变为“小法人”形式的独立性机构，但在管理上却并没有完成被动式管理向自主化管理的转化，农信社内部管理松懈，内控制度落实不到位，监督机制失控，为作案犯罪孕育了温床，从而造成了行为主体的无序化。主要表现为：一是追求单纯的业务自主化管理而对必要的业务监督存在排斥心理。二是在业务管理体系尚未健全的情况下，忽视了行为管理。农信社与农行脱钩后，业务规模高速扩张，但与此同时，也带来了大规模负债下的高成本化和高扩张资产的低质化。在这种情况下，由于农信社忽视了对员工的行为管理，使这一高成本化和低质化的背后隐蔽着大量的不规范行为，留下了严重的案发隐患。

体制原因。农信社与农业银行脱钩后，在摆脱旧体制束缚的同时，新的体制并未真正到位，运行过程长期处于一种体制真空状态。这种状态直接造成两种不良后果：一是真空运行导致农村信用社业务总量的“纯自然”扩张。这种“纯自然”扩张无形中为以职务犯罪为特点的犯罪主体提供了违法乱纪的环境，加之缺乏行之有效的内控监管机制，更使犯罪主体有恃无恐。二是真空运行使农信社职员行为自由度充分放大。与脱钩前比较，在“纯自然”扩张的大环境下，职员职权相应扩大，封闭式的员工管理和几乎虚设的制约方式又使职员的工作权力得以滥用。三是社会对金融业务、法规知识知之不多，外部监督难以到位。农信社服务于纯洁质朴的农民，绝大部分农民思想滞后，文化水平低，对金融业务、法规知之不多。这些特点的存在，为犯罪提供了外部条件，从而使犯罪主体的犯罪概率也随之变大。

（二）案件特点剖析

首先，案发主体表现为“三化”特点。一是年龄低龄化。据统计，1997～2001年5月，某县农信社系统35名涉案人员中，35岁以下的有22人，占涉案人数的62．8%，呈现出明显的低龄化特征。二是职务化。所谓职务化，就是案犯在案发前一般在农信社担任一定的职务或是居要害岗位。某县农信社系统正式职工涉案人员中，有职务的占75%。三是文化低素质化。如上述35名涉案人员中，仅初中及初中文化以下人员就有19人，初中毕业经成人培训达到中专文化的2人，二者合计占比达到60%。

其次，案发过程表现为“三性”特点。一是业务性。即案犯作案是以业务过程为载体的。如以采取收储收贷不入账或自批自贷等业务形式达到挪用目的。二是累积性。即案件发生有一个日积月累的过程。三是排他性。这是由目前农信社存、贷相对独立的业务方式造成的，也是因为有章不循给单独作案提供了条件，如存单管理的漏洞就为收储不入账提供了方便。

再次，案件暴露方式表现为被动暴露和主动发现两种。如上面所讲的35例案件，有23例是在例行检查中发现的，占案发数的65．7%，另有7例是在工作移交过程中发现的，占案发数20%。

（三）案件防范对策

1.坚持以人为本，实施素质教育工程，全面提高农信社员工素质。首先，实行开放型的员工管理模式，彻底废除终身制，社员在平等的基础上竞争上岗。这既有利于优胜劣汰，提高员工素质，又有利于调动全体社员积极性，提高工作效率。其次，在职工培训上要突出三个重点：一是突出以“爱岗敬业”为主题的道德教育。金融作为经营货币的特殊行业，没有一道思想道德防线是不行的，因此，必须有针对性地开展传统教育、职业道德教育和思想品德教育，培育员工正确的世界观、人生观和价值观。二是突出法律法规教育。用法律法规约束、规范员工行为，校正员工的人生坐标。三是突出对职工的文化素质教育。采取学历教育与脱产学习、在岗培训相结合的办法，建立培训基地，广泛开展自然、人文、政治、历史等文化素质培训，极大地提高员工的文化修养，为道德素质教育打下良好的基础。

2.强化内控自律机制。强化内控自律机制是预防案件多发的根本措施。首先，要严格按照合作制原则设立农信社行业管理体系和内部机构体系。在行业管理方面，要尽快建立地区性联社及省级信用合作银行，实行县联社一级核算，促进县联社把工作重点放在监督管理和结算服务上；在内部机构设置方面，要体现管理与监督分权原则，实行理事会、监事会和纪检监察“三位一体”机构模式。其次，要重视纪检监察机构的地位和作用，并实行纪检监察3.部门垂直领导和管理。

加大经营安全监督力度，强化党对信合事业的领导。在落实金融系统党组织垂直领导改革措施的同时，应加大纪检监察部门在党风廉政建设和经营安全监督上的力度。一方面要加强对理事会和监事会的党风廉政建设，确保信合领导机构和领导干部决策民主、廉洁自律；另一方面，要加强农信社内部管理，实行重大事项报告制度和责任事故追究制度，强化内部检查和离岗审计，以便能动地掌握各级领导和职工的廉政状况。同时，结合基层农信社案件多发的实际，在基层信用社分片设立专职监督员。监督员对县联社纪检监察部门负责，对基层农信社有相对独立的检查监督权。这样，既可实现具有农信社特色的纪检监察机构的垂直领导和管理，形成全方位、立体式的经营安全监督和案件防范网络，又可克服县联社因基层社点多、面广、线长而使监督鞭长莫及、望洋兴叹的弱点，提高监督效能。

4. 农信社在管理上要实行长治久安，突出安全性管理。要根据农信社的体制特点建立起以安全管理为核心的科学管理体系和运行模式。在战术上，首先要强化对员工行为的管理，把落脚点放在安全管理上：一方面要进一步建立和完善业务操作规程，并加大业务操作规程执行情况的检查密度，使案件终止于萌芽状态；另一方面要重点突出在岗审计、强制休假和岗位轮换三项制度的执行，把员工业务操作行为置于严密而又自然的监督环境中，使发案概率降至最低。其次，根据目前农信社业务范围的特点，在案件防范上要突出三项内容，即："防"、"查"、"惩"，"防"就是用规章制度约束规范员工行为，采取人盯人的办法防止案件的发生；"查"就是加大对案件的查处力度，将案件消灭在"襁褓"之中；"惩"就是对违规者严厉惩处，要使犯罪行为付出高昂的代价。

以农为本与农共兴

——安溪信用联社全力支持农村经济发展

安溪县农村信用合作社联合社 陈文清

《泉州晚报》相继进行了跟踪报道，福建电视台、泉州电视台的记者也进行过专题采访。安溪联社及其辖属信用社也多次被市、县行业管理部门评为“支农先进单位”和“扶贫先进单位”。今年，被人总行合作司授予全国“支农先进单位”荣誉称号，成为福建省唯一一家获此殊荣的农村信用联社。在促进该县农村经济全面发展的同时，全县的信用合作事业也得到了长足发展，呈现存贷两旺的良好态势，资产质量和经营效益逐年好转。至今年八月末，全县各项存款余额达6．2亿元，各项贷款余额4．76亿元，分别比1998年末增长93．8%和76．3%，不良贷款占比比1998年末下降了5．7个百分点。今年上半年实现盈利170万元。安溪县信用联社在以农为本、为农服务的道路上愈走愈宽广。

（一）转变经营观念，明确支农重点

行社脱钩后，农村信用社逐步恢复了合作制性质，这就要求农信社把服务对象转向入股社员和广大农户。面对这一新形势，如何找准位置、转变经营思想、提高服务质量、扩大支农领域等问题被联社班子提上议事日程。为提高员工“农兴社兴、支农出效益”的思想认识，联社在党委会、班子例会、社务会、主任会上都把支农工作作为一项重要议题，找难点、提建议，多次召开分析会议，就信用社对农业和非农企业投入产出的社会效益及自身效益作比较，总结信用社长期以来偏离“三农”、偏离合作制的经验教训，特别是在今年开展的“三个代表”学教活动中，联社党委多次就“如何增加农民收入，减轻农民负担”、“如何加强对农业的信贷服务”、“如何提高为人民服安溪县农村信用联社牢固树立以农为本、为农服务的办社宗旨，始终牢记自己肩负的支农、兴农、富农的历史使命，不仅为当地农业增产、农民增收、农村经济发展做出了积极的贡献，而且把信用合作事业带入了一片新天地。

安溪县是名茶“铁观音”的故乡，是福建乌龙茶的主产区，素有茶海明珠的美誉。是一个农业人口占93%的以农以茶为主的典型的农业大县，在1996年被定为省级贫困县。为实现由农业穷县向农业强县迈进的历史性跨越，安溪县信用联社紧紧围绕县委、县政府的“以加快农业产业结构和农村经济结构调整为主线，以发展农业现代化为目标，全面推进小康建设，突出抓好农业增效和农民增收两个重点，继续做大做足茶叶、竹藤工艺两篇文章，调整优化产业结构和区域经济发展战略”的农业工作指导思想，全面奏响支农主旋律。截止今年八月末，支农贷款总余额3．29亿元，占各项贷款总额的69．2%，比1998年末上升32．2个百分点，占全县各金融机构支农贷款总额的90%以上。其中受益农户35622户，占全县农户总数的16．9%，比1998年末增加8．7个百分点，农户贷款余额22157万元，比1998年增加14758万元，1999年来累放数达34692万元。安溪联社倾力支农，成为支持全县农业和农村经济发展的主力军，受到了当地政府部门和农民朋友的好评和赞誉。尤其是1999年以来大力推行小额农户贷款和联保贷款，在广大农民群众中引起强烈反响，累计投放

3016万元，支持5250户农发展农业生产，被县委、县政府誉为“为民办实事、办好事”的一大举措。《福建经济报》、《福建内参》、大额超比例的企业贷款和其他贷款，仅今年1-8月份共压缩380万元用以增加农业贷款。

4．建立完善激励机制和监督保障体系。近年来，在基层社主任提拔、信用社综合指标考评、信贷员职责考核等工作中，都把支农业绩作为一项重要指标纳入考核。

（二）改进支农服务，落实信贷支农措施

1．简化手续，推行农户小额贷款

为确保资金及时足额到位，在农耕关键时节，联社领导班子及时成立“三包”工作组，包片、包社、包点，检查督促信贷资金的落实情况。为了解决农户贷款难问题，联社于1999年下半年开始在全县范围内逐步推广运行小额农户贷款方式。采取“一次核定、随用随贷、余额控制、周转使用”的贷款管理办法。对小额农户贷款放宽条件，单户贷款最高额规定在3万元以内。期限一般按农业生产项目周期确定。在简化贷款手续上，具体由农民申请、村委村干部推荐、村公议小组公议确定金额及期限，并张榜公布，信用社信贷员经调查核实后，发给《贷款证》，农户凭证可随时办理贷款。贷款到期后，由村委、村干部负责通知协助收回。信用社在整个贷款过程中，监督、指导每笔贷款的使用情况，并做好贷后跟踪工作，确保每一笔农业贷款真正用于支持农业生产。当年的小额农贷收回率及收息率达到99%。今年上半年，联社突破“小额农贷”原有的手续框架，只要符合农户贷款条件，可直接向申请人发放《贷款证》，并且根据实际需求，把《贷款证》贷款额度放宽到5万元。此举在农民朋友中引起强烈反响，被当地政府誉为“为民办实事、办好事”的一大举措。至今年八月份，联社核发《贷款证》5250本，其中已贷款2089户，累放贷款额3016万元，逐步缓解了农民贷款难问题。

2．实行现场办公，送贷上门服务

“农忙时节，贷款还是难”，这里的贷款难不是信用社的门难进，而是农民脱不开身。农民的呼唤让信用社化被动信贷服务为主动服务。在农耕夏种秋收的农忙时节，联社的支农“大蓬车”驶进农庄，流动的办公桌摆到了田间地头，农民久盼的“背包银行”又回到农家。特别是今春，在务的质量”等问题展开大讨论，使大家深刻认识到做好支农工作的重要性，最后达成共识：“作为农民自己的银行，农村信用社就要在推进农业产业化、发展农村经济中唱‘大戏’、演‘主角’，充分发挥支农主力军作用。这是促进农村经济发展的需要，也是体现农村信用社自身存在价值和推动自身发展的需要。”彻底改变了过去认为农业贷款面宽、工作量大、不愿支农的状况，实现了经营观念的根本转变。

思想认识统一后，全社员工明确了工作方向，焕发了空前高涨的支农热情。县联社总结了过去支农工作的经验，结合该县实际情况和市场经济条件下的要求，明确了各项支农原则。

1．信贷投放遵循“额小、流动、分散”的经营模式，加大支农倾斜政策的力度。保证新增贷款100%用于支持“三农”，特别是解决农户生产生活资金需要，真正体现和突出农村信用社姓“农”为农的性质、特点和任务。

2．注重保证偏远山区的支农资金需求。安溪县半数以上的村落地处偏僻山区，因路途遥远，经济落后，以往业务较少触及到这些地方，造成农民贷款难。为了扭转这种局面，联社每年切出一块信贷资金，由领导挂片，信贷员挂点，在贷款投向上注重满足贫困偏远山区的贷款需求。

3．统筹安排，灵活调度，保证支农资金供应及时。支农离不开资金。一方面，联社发挥点多面广的优势，加速完善各项硬件设施的建设步伐，实现了县、市辖电脑联网、通存通兑，积极加入电子联行和泉州市大同城清算网络，打通结算渠道，大力拓展中间业务。同时，抓员工素质培训、道德教育，抓人事用工制度改革，抓内控机制建设，抓激励机制建设，抓内部经营管理，

制定文明优质服务规范，开展“创满意窗口，树行业新风”竞赛活动。内强素质、外塑形象，靠文明优质服务赢得广大客户的支持和认可，也使信用社的社会知名度、社会地位明显提升。另一方面，积极寻求政策扶持，解决支农资金短缺问题。2000年，根据农业生产实际需求，联社向人行申请支农再贷款2000万元，今年，又再增加1000万元，保证支农资金充裕。并逐步压缩已发放的“三个代表”重要思想的指引下，安溪处处流动着一支支“信合大蓬车队”，将农民急需的贷款送到家中。同时实行贷款公示制，将贷款计划、利率、金额、用途、期限、农户贷款情况等上墙公布，接受广大农民的监督，增强农户的信用观念。并印制分发《农户贷款指南》、农户小额贷款和联保贷款业务宣传单等农民喜欢的资料，举行农村金融知识现场咨询活动，悉心解答农民朋友的疑问。

（三）充当支农主力军，倾力支持农村经济发展

1. 增加粮食生产贷款投入，支持农业丰收。粮食是安溪县的主要种植项目，为了不误农时，及时帮助农民解决购买种子、化肥等物资的资金困难，联社始终把支持春耕生产当作重头戏来唱，每年都安排3000万元以上专项贷款支持全县春耕夏种农业生产。一年之计在于春，为满足农民春耕生产的热望，每年年初，联社都及时召开基层社主任、信贷员支农专题会议，划片包村，深入到农户、田头，详细了解农民春耕备耕情况和资金需求情况，早调查、早筹措、早安排、早到位。至今年八月末，共为全县8564户农户发放春耕夏种贷款6938万元。

2. 注重资源特色，力促农村经济发展。安溪现拥有茶园23万亩，年产茶量14398吨，年生产值28796万元，占全县农业总产值的17.2%，茶叶生产已成为安溪最主要的支柱产业。安溪信用联社广大干部职工，贴近农民，了解民意，尽心尽力为茶农的产前、产中、产后服务。不仅为广大茶农提供有力的资金保证，还注意为茶农提供经济信息。基层社的干部职工也经常深入乡村，与茶农切磋，帮助茶农分析市场需求和价格变化，引导茶农种植具有较高市场优势的茶叶品种，改造老劣低产的茶树、茶园，引进良种，建立母本园，开展试验，调整优化结构。同时，划出近3000万元资金协助政府部门建立祥华、感德、长坑、虎邱的铁观音基地，金谷的黄金桂、西坪的本山基地和大坪的绿色食品基地。近3年来，全县共累计投放17600万元，拓展新茶园6万余亩，改造老茶园7万亩；累投8831万元购置、更新制茶器械；累投13875万元，为茶农购置低毒农药及高效生态肥料，保证茶叶品质，扩大乌龙茶内销和外销市场份额。同时，累计投放4800万元资金支持195家茶叶加工企业发展生产，帮助企业树品牌、创名牌，打开产品滞销局面。

3. 以市场为导向，积极扶持农业规模化产业结构调整和向培育优质高效农业发展。近几年，联社在积极支持传统粮食生产的同时，因地制宜，充分发挥各乡镇区域优势，走优势经营之路，大力扶持高效农业发展，使一批起点高、效益好的特色经济开发项目脱颖而出，每年均投入1500多万元，重点支持食用菌、水果、农副产品等项目的生产。安溪农村信用社抓住近年县委、县政府实施“一乡一业、一村一品”的“科技兴农”战略，抽调科技人员下乡推广农业适用技术之机，着力扶持了蓝田和龙涓的食用菌、福田的芦柑、后安的柿饼、湖头的米粉等产业，取得了明显成效。

4. 关注竹藤加工业生产，带动农村经济向前发展。近几年来，竹藤加工业已成为安溪农村经济发展和农副产品加工业发展较有后劲的新的经济增长点，逐渐成为经济发展的又一大支柱。它能够很好的解决农村富余劳力的出路，带动整个农村经济向前发展。联社在满足观念农业发展的基础上，围绕县委、县政府实施的竹藤加工“百亿工程”发展战略，把竹藤加工业生产作为信贷扶持的又一重点。今年共累计发放流动资金贷款2000余万元，着力支持尚卿乡、县城的同美和吾都开发区等竹藤加工集聚地的企业拓展业

务、扩大生产。目前，全县由农信社提供信贷资金支持的竹藤加工企业达70余家，年创产值60300万元，创外汇9000万元，创税利9045万元，解决农村富余劳动力14560人，有力地促进竹藤加工业的迅猛发展，效益显著。

支农兴业，支农富路。如今，在信用联社的支持下，安溪农村经济得到前所未有的发展，步入全省经济增长十佳县行列。农民人均收入达到3500元，70%的农户走上脱贫致富之路。回到农民中间的安溪农村信用社正在用自己的双手，托起农村经济腾飞的翅膀，滑向经济快车道，去迎接另一轮创业的辉煌。

奏好支农曲唱响致富歌

——合水县信用联社积极实践“三个代表”，扶持农民发展经济合水县农村信用联社

合水农村信用联社共有114名职工，下设15个基层信用社，4个分社，46个代办站。自开展“学教”活动以来，他们组织全体职工，认真学习理论、提高认识，一改过去“门难进、脸难看、手续繁、贷款难”的官办作风，深入全县15个乡镇，96个行政村，上门入户，调查摸底，掌握农户经营项目、耕地面积和信用度情况。在此基础上，建立农户经营档案4169份，有针对性地安排资金，扶持贫困农民种植粮食，解决温饱。今年以来，联社已累计投放农业生产贷款9694万元，支持贫困农户购买化肥917吨，地膜1380吨，籽种61吨，农药4630公斤，购置小型农机具185台（件），支持种植地膜玉米6万亩。由于信用联社的大力支持，合水县今年粮食总产量达到59180．3吨，人均产粮723斤，前三季度农民人均纯收入达820余元，扶持的贫困户有175户解决了温饱，达到83．6%。

近年来合水信用联社把调整产业结构，发展高效示范农业作为扶持的重点，根据各乡镇产业的布局和群众基础，因地制宜，按照科技化、规范化和特色化的帮扶思路，优先扶持农民发展林果、瓜菜、烤烟和规模养殖等高效产业。9月份以来，合水信用联社共投放贷款385万元，支持4266户农民栽植烤烟11500亩，栽黄花430亩，育树苗140亩，种油料383亩；引导219户农民发展优质苹果、杏、桃、李子等经济园林572亩，预计每年可为农民新增收入1698万元。柳沟乡瑶子头行政村的李长明是典型的花钱靠救济、吃粮靠返销的贫困户，信用社为其投放贷款7000元，建起一座日光温室种菜，当年收入7000多元，还清了旧贷，从此走上致富之路。何家畔乡信用联社投放贷款42万元，支持110户农民发展苹果套袋1200亩，今年为农民增收8．22万元。太白信用联社还投放贷款21．2万元，扶持36户群众发展香菇栽植18．2万棒，年内可为农民增加收入22．7万元。据统计，在“学教”活动期间，联社共为建日光温室、黄花菜栽植发放贷款418万元，支持166户群众建成日光温室244座，182亩，新栽黄花2．86万亩，使全县黄花面积达到4万多亩。

在“学教”活动期间，信用联社紧紧围绕“干部受教育，农民得实惠”这个主题，努力转变作风，强化服务意识，开展了广泛深入的上门服务活动。广大干部职工转变坐等客户上门的旧观念，上门动员存款，进村发放贷款，入户收取旧贷，积极主动上门服务于农户。联社主任杨拴民身体力行，率先垂范，亲自带领3名职工深入太白乡莲花寺、牛车坡等山后村社，动员农户贷款养羊，发展畜牧业，走规模养殖奔小康的路子。共投放贷款11．5万元，发展规模养羊户22户，养羊1260只，预计年内可为农户增加收入8．6万元，太白乡牛车坡村的张进录，全家五口人，家里没有经济来源，生活贫困，杨主任上门做工作并投放贷款6000元，扶持发展羊只86只，今年羊绒收入近9000元。据统计，在“学教”活动期间，联社职工深入农家院落、田间地头、集贸市场放贷200多次，资金达550万元，扶持农民购买小水泵153个，水管4300米，新增灌溉面积410亩，支持机修梯田1400亩，整修公路143公里，并为全县的小城镇建设投放贷

款85万元，支持建成学校、卫生院、广播站23个，改造危房126间，使合水县一些乡镇的基础设施得到一定改善。信用联社还采取以收促贷的方式，开展了“百日清非攻坚”活动，共出动收贷人员6000人次，目前已收回不良贷款209万元。

合水县农村信用联社积极实践“三个代表”思想，始终坚持走“以农为本，为农服务”的经营路子。为地方财政增长、农民增收做出了突出贡献。西部大开发的号角已经吹响，信用联社全体干部职工借“学教”东风，将以饱满的热情、扎实的工作，为合水经济的腾飞谱写新的乐章。

务力增收节支提升经营实效

江苏省东台市农村信用合作社联合社 曹生华

东台市农村信用合作社联合社在地方党政和人民银行的领导下，业务经营紧紧围绕“效益、管理、发展”三大主题，以信贷结构调整为主线，以强化财务管理为重点，不断加大增收节支力度，业务经营呈现良好的发展态势。目前，存款总量达27.13亿元，存款总量在盐城市同级金融机构继续保持领先地位；各项贷款余额为16.35亿元，其中个体农户贷款余额达11.21亿元，比年初净增2.46亿元；2001年前9个月实现财务收入9058万元，同比增加2187万元，其中实际认账利润达577万元，同比减亏1700万元，预测年末实现认账利润1200万元，同比减亏近2000万元，业务经营从连续多年的亏损中走出了低谷，步入了良性运行、协调发展的轨道。

（一）丰富支农服务内涵，培植贷款生息基地

该社通过认真学习“三个代表”的重要思想和朱镕基总理关于农信社工作的重要指示，在总结近年来农信社业务经营经验教训的基础上，把支农工作作为农村信用社业务经营的主线，进一步坚定了“支农优结构，支农出效益，支农促发展”的经营理念，将扩大农贷投放面、扩张农贷投放总量、拓宽农贷投放领域作为资金营运和增加效益的重点。

根据这一经营策略，该社全面实施了“五项工程”，一是“信用绿卡”工程。全面推广了“一次性调查、一次性核定、余额控制、分期发放”的农户贷款证制度，农户凭贷款证、身份证和私章即可直接到柜面借贷，极大地方便了农户借贷，激发了农户借贷热情，目前发证户已达20.6万户，发证面已占总农户的70%。二是担保方式“创新”工程。立足农户贷款“担保难”的实际，相继采取了灵活多样的担保方式，主动“迎合”农户信贷需求。对于信誉较好、偿债能力强的农户实行信用放款；对于一般农户，以3~5户农户为一个联保小组，实行多户联保；对于个体工商户、经营户、农村经纪人，采取“结对子互保”、“村组户共保”、“村组干部联保”等方式。目前信用放款总额已达农户贷款30%以上，建立联保小组2.1万个，参保农户达6.9万户，发放联保贷款达42000万元；三是信贷服务“四登门”工程。在农贷投放中变被动服务为主动服务，在辖内全部实施了农贷专柜和节假日农贷经办人员值班制度，走出柜台全面开展登门了解资金需求、登门办理信贷手续、登门送款、登门收款的“四登门”服务，同时还开展了电话服务和到村到组的现场放贷，行社脱钩六年来现场服务已达4000多人次，发放贷款总额达12000万元。四是农贷领域“渗透”工程。在农贷投放上，由单一支持向多元支持转变，把贷款投放的范围拓展到农副产品加工、养殖、住房、运输、教育、中心村建设等方面，向种养大户、个体工商户、农村经纪人、购销大户倾斜，在贷款品种上，制订实施了《兴农工程十项消费信贷业务》，新开设了助学、旅游、婚嫁、装璜、建房、大额耐用消费品、公务员等个人消费信贷业务。目前，消费贷款余额达3.5亿元。五是信贷人员“四包激励”工程。为了切实克服信贷人员的恐贷、惜贷心理，对信贷人员实施四包责任制：包农户贷款投放、包到期贷款收回、包农贷利息收回、包信贷服务到位。年初一次性核定所有外

勤分工包片人员的农贷利息收入目标，并将贷款利息收回与工资奖金挂钩，极大调动了信贷人员放贷热情。

近年来，该社农户贷款收回率一直保持在99%以上，农户贷款占各项贷款的比重达68.6%，农户贷款利息收入占各项贷款利息收入的71.5%，占营业总收入的77%，各项贷款收益率达6.2%。

（二）加大资金营运力度，拓展财务收入空间

合理的信贷资金结构是效益的源泉，该社从资金多元运用、优化负债结构、提高存量资产质量等三个方面花功着力：

1. 全国银行间同业拆借市场的优势，大力开展资金拆借和债券交易，努力增加资金收益。通过在银行间市场购买国债、金融债券拆出拆入资金，保证了资金的效益性。

2. 不断加强吸存揽储工作。一方面抓好全员筹资责任制的落实，发挥内部职工和信用员的积极性，营造全员抓筹资的浓烈氛围；另一方面抓住旺季以及商业银行收缩农村网点等契机，加大对财政、国土、水利等部门的公关力度，并针对性地开办代收代付业务，有效地促进了存款总量的扩张和结构的优化。

3. 加强信贷资金管理，向资产质量要效益。首先加强了正常贷款收息工作。对信贷企业实施主任外勤包干制，收息率与分工挂企信贷人员工资奖金挂钩考核。其次，进一步加大不良贷款清收力度。积极采取法律、经济、行政等手段，灵活清收；对个体农户不良贷款，在全面进行责任界定的基础上，一一落实了清收责任人和清收期限，对到期收不回者现场置换借据。第三，强化抵债资产管理，联社成立了资产经营管理中心，实行抵债资产集中统一管理，通过强化宣传，加大对外招商、招租力度，进一步强化了贷款责任制和损失赔偿制，加大违章违纪贷款的查处力度，严把新增贷款质量关。

（三）加强财务核算管理，严格控制费用支出

联社成立了财务管理委员会，按照“统一领导、分级管理、各负其责”的原则运行，实行授权管理，明确分级审批权限和授信额度，推行财务费用拨付制，实行费用的分类管理和区别管理，财务费用由联社测算核定，基层单位按计划执行。一是实行授权管理、分级审批。基层办公费用由信用社主任审批，机关费用500元以下由办公室主任审批，500~5000元由分管主任加批，5000元以上由财务领导小组研究通过后出账。二是实行扎口集中管理。做到“四个集中”，即：备用金、应收款集中联社垫支；各项税、费、基金、营业外支出等集中联社支出；来人接待由办公室集中办理；机关人员下基层实行10元就餐制，集中食堂就餐。三是加强车辆管理。精简行政用车，并抽调三辆汽车专门跑同城票据交换，改变了原来由基层社独自跑交换的状况，解决了费用大又不安全的矛盾。四是实行招投标和决算审计制度。仅2001年工程装璜、装修，审计后共核减费用15万元。五是实行费用包干。根据存贷款规模、人员数量、路途远近等综合因素分别核定各社全年公杂费、宣传费、招待费、水电费、邮电费、会议费、钞币运送费、差旅费等八项公用费用，费用管理实行包干使用，超支自负，节约归己，联社按月拨付备用金、按月报账，按季公布使用情况，按季组织分析检查。六是合理布局网点。对原三家城市信用社进行改革，合并网点，精简人员，全市共撤并分社四个、联站八个，减少费用支出70多万元，同时，根据该市农村村组合并的新形势和网点职能的发挥情况，对网点重新合理布局，提高了网点效能，降低了营运成本。七是开展民主理财。将民主理财活动作为社务公开的一项重要内容，成立领导小组，按月活动，送审时加盖民主理财专用章，接受群众监督，减少和杜绝了不合理费用的支出，增加了透明度，联社审稽科按月对送审的民主理财登记簿进行审计，强化再监督，通过强化财务费用管理，综合费用率下降到12.5%。

积极参与债券市场优化资产结构

——对当前农村信用社进行债券投资的必要性及投资策略浅析

江苏省武进市农村信用合作社联合社姜益民

作为服务农村经济发展的一支重要金融力量，农村信用社在支持“三农”、服务“三农”中扮演着重要的角色。但由于农村信用社筹资成本高、投资渠道狭窄，给农村信用社的资金效益、市场竞争力以及抵御风险的能力都带来了不利的影响。安全性、流动性和盈利性是现代商业银行资金运作必须遵循的三项基本原则。面对日益加剧的金融业竞争和加入 WTO 所带来的挑战，武进农村信用联社的领导清醒地认识到，超前的经营意识是农村信用社在竞争中取胜的关键，只有不断地拓展农村信用社的业务范围，才能在激烈的竞争中站稳脚跟，发展壮大，更好地为地方经济建设和“三农”服务。作为首批加入全国银行间债券市场的农村信用联社，投资债券、积极参与债券市场是武进联社调整资产结构、化解金融风险、提高盈利能力的最好渠道。

（一）从风险管理的角度看农村信用社债券投资的价值

风险管理是当前农村信用社资产负债管理的一项基本内容，债券投资对于信用社风险管理有着多方面的作用：

1. 作为资产多元化的重要途径，可以分散信用社的信用风险。债券市场为农村信用社合理摆布和优化资产负债结构提供了可能。农村信用社通过参与银行间债券交易和国债、金融债的承销分销，可不断优化自身的债券资产，并通过合理的运作，调整资产结构，保证资产的多元化，降低信用社的经营风险。在发达国家的商业银行，银行对证券的投资占资产的 30% - 50%，银行资产证券化已成为一种趋势。相比之下，银行贷款

虽然具有高收益的特点，但安全性和流动性都较差，在经济发展趋缓时，银行的呆坏账资产偏高，原因之一就是资产结构单一。债券投资具有收益较高、安全性流动性好的优点，可成为银行调整资产结构，寻求新的投资方式的首要选择。

2. 作为流动性强的资产品种，可以防范信用社的流动性风险。实施资产负债比例管理后，农村信用社在保持正常存、贷比的情况下，为确保支付，强化资产流动性管理就显得格外重要。为此，农村信用社对债券市场上流动性较强的债券资产的依赖就有了其客观必然性。要克服存、贷款结构上的单一性，在保持足额备付的前提下达到资产的最大收益，农村信用社进入债券市场后，通过债券市场购入并持有一定数量的可流动债券资产来保证其稳健经营是其必然选择。所以，农村信用社必然应珍惜债券市场的发展机遇来加强和改善其流动性管理。

3. 作为控制利率风险的有效工具，可以调节信用社的利率风险。利率风险是指由于利率的波动而给银行净利息收入和资本净值造成的不确定性。目前农村信用社在利率风险上主要存在两方面的问题：一是缺乏利率稳定的资产。目前央行规定，中长期贷款利率实行一年一定，近期发行的长期限国债、金融债、企业债券也多是利率

按年浮动的浮息债券，这虽然有助于使筹资方与投资方的利息成本或收益水平在利率波动时不会过分偏离市场水平，但浮动利率本身并不能降低利率风险。因为利率风险源于资产与负债两方面的不匹配，无论是浮动利率抑或是固定利率，只有双方匹配，才对利率风险有免疫力。以目前农村信用社来说，浮动利率的中长期资产对应的资金来源中长期存款均实行固定利率，在利率下调时，中长期存款仍将保持以前的高利率直至到期兑付为止，而对应的资产则将在一年以内利率下降。显然这部分资产负债存在很大的利率风险敞口。二是缺乏主动性的资产，目前农村信用社的资产过于集中于贷款，负债过于集中于存款，而银行在贷款、存款业务中易居于被动地位，如在利率发生波动时，银行可能面临由于客户提前归还贷款或提前支取存款而带来的选择权风险。被动还有一层含义就是银行在发现利率敏感缺口后，通过调整存贷款结构来缩小缺口的过程经常是缓慢而困难的，因为存、贷款的结构要受客户偏好和需求的影响，往往不是银行能左右的。而持有适当品种的债券，在债券市场上适时进行债券交易是解决上述两个问题的有效措施之一。

（二）从盘活存量资产，降低超额备付率，提高资金使用效益，实现资本的不断增值看参与债券市场的必要性

农村信用社自组建以后就成为自主经营、自负盈亏、自我约束、自求发展的经济主体，必须注重实现资产收益最大化。银行间债券市场的发展，为其成员在各子市场间有机的运作提供了现实条件。农村信用社应充分利用当前参与债券市场的有利条件，积极拓展业务种类，研究投机套利的方式方法，让资金满负荷高效运转。一方面可盘活存量资产，加速资金周转，另一方面可降低备付率水平，增加获利途径，扩大农村信用社的资产收益。

过去，货币管理当局为了解决农村信用联社富余资金的出路，提高其资金使用的效率，常常给予政策倾斜。今天，债券市场的发展，特别是银行的商业化改革，资金和资源的配置则常常通过市场来解决。部分农村信用社已经开始抓住了这一市场机遇，在货币管理当局的指导和监督下，在公平、公正、公开原则下，将农村信用社的富余资金使用统一纳入了全国银行间债券市场，为农村信用社的资金运作建立了规范、高效、安全的渠道，丰富和发展了债券市场的交易模式，在推动和促进债券市场发展的同时，自身也获取了极大的效益。

（三）当前市场条件下农信社参与债券市场的投资策略浅析

正确的债券投资是参与债券市场有效营运资金的基础。截止 2001 年 10 月 31 日，武进市农村信用联社已拥有债券资产 10.95 亿元，其中国债 5.74 亿元，金融债 4.75 亿元，企业债 0.46 亿元。债券作为农村信用社一项重要的资产，其投资策略的选择首先必须符合农村信用社资产负债管理的要求。一般地讲，农村信用社进行债券投资主要有三个层次的目的：满足流动性需求、获取收益和分散风险。在一定时期、一定市场情况下，农村信用社债券投资策略根据资产负债管理政策的变化可能会侧重于上述三个目标之一或在三者间进行权衡。(1) 提供短期流动性需要的债券，其流动性略逊于在央行存款，与在央行存款具有很强的替代性，所以其收益率的底限为在央行存款利率。(2) 对以获取收益为主兼顾流动性的债券，要在权衡其盈利能力与变现能力的基础上决定其取舍。(3) 对以获取收益为主要目的的债券，其最低收益不仅要高于资金成本，而且还要与其他生息资产进行比较，即本着收益最大化的原则在不同资产上摆布资金。在比较收益率高低的同时，还要权衡风险与收益的关系。

其次，应注重持有不同债券的最佳组合，应做到：(1) 品种的多样化，避免债券投资的单一

化；（2）期限多样化；（3）利率多层次化。

综上所述，在金融改革不断深入的大背景下，农村信用社参与债券市场有其客观的必要性，其债券投资策略不能仅从收益性、流动性或安全性等某一方面片面地考量，而应站在农村信用社全面的资产负债管理的角度去科学决策、适时调整。目前农村信用社参与债券市场业务也还存在着一些实际问题，如相关政策有地区差异、资金清算速度较慢、资金实力与其它金融机构差距悬殊等，但随着农村信用社统一法人、成立全国及各省级联社、以及农信社自身科技水平提高等一系列改革完善，农村信用社的人力资源能力、资金实力等将不断增强，在债券市场里的发展空间将更加公平、更加广阔、更加美好。

试论农村信用社的激励与约束机制

江苏省兴化市农村信用联社　章政远

激励机制与约束机制是企业经营机制的两块基石，是促使企业既充满活力又规范、稳健发展的重要保障。作为一个中小金融企业，农村信用社要在激烈的市场竞争中立足，要更好地实现“自主经营、自负盈亏、自我发展、自我约束”的经营管理目标，就必须努力发挥好这两个机制的“启动器”和“加压器”作用，使内部动力机制与自我约束机制更加协调统一，促进农村信用社经营机制的有效转换和各项改革的顺利推进。结合当前农村信用社改革，笔者就此谈几点浅见：

（一）农村信用社激励与约束机制的内涵及相互关系

农村信用社的激励机制就是通过目标、物质、精神、民主等方法来激发农村信用社职工工作积极性和创造性的一种内部动力机制。农村信用社约束机制则是通过牵制、监督、检查、考核、惩戒等方法迫使农村信用社职工积极、守规工作的一种自我约束机制，是对法律约束的有效补充。这两个机制，是一个问题的两个方面，既对立又统一。两者的根本出发点和落脚点都是为了调动职工的积极性，促进信用社经营效益的提高，但两者又存在不同：一是所起的作用和承担的任务不同。激励机制所起的是“启动器”作用，其任务是把诱发职工行为的“动力源”启动起来，而约束机制所起的则是“加压器”作用，其任务是给职工的行为加大压力。二是两者达到目的的方法不同。激励机制立足于“激”，通过多种激励方法，激发员工的“趋利”意识，使之自愿地按照工作规范去做；约束机制则立足于“控”，辅之以查、考、惩，通过严格的监督、考核、惩罚，

迫使员工按照规定要求去积极工作。不放不活，太活则乱，不收不紧，过紧则僵。激励与约束两个机制必须协调、灵活地运用，才能更好地发挥出应有的效能。

（二）农村信用社完善激励与约束机制的重要性

一是农村信用社自身生存与发展的需要。在市场经济条件下，农村信用社和其他企业一样，都是市场竞争主体，必须接受“优胜劣汰、适者生存”的市场法则检验。这种持续的竞争随着时间的推移只会越来越激烈、残酷，竞争的范围也不再仅仅局限于资金实力、资产质量、硬件设施上，竞争的触角已延伸至金融手段、市场领域、员工素质、业务门类、管理水平诸多方面。而这些领域内的竞争，农村信用社均已落后一大步。21世纪金融业的竞争是科技的竞争、机制的竞争，归根结底是人才的竞争。在人才储备上已经落伍的农村信用社，必须从生存与发展的高度来看待对人才的激励与约束。农村信用社要发挥自身灵活经营、民主管理的优势，通过行之有效的激励举措用好人、留住人。当前，农村信用社行业自律组织尚未建立起来，客观上更加要求农村信用社通过加强内控机制建设来修正自身经营管理中有悖于市场经济运行的惯有管理方式，切实

转换经营机制，顺应市场竞争的要求，为自身快速健康发展奠定基础。

二是农村信用社彻底克服旧机制弊端的需要。农村信用社长期依照原国有商业银行的一套管理模式运行，致使工效脱钩，奖惩不明，员工干多干少一个样，干好干坏一个样，“大锅饭”、“铁工资”的弊端不断凸现；一些员工在工作安稳、岗位单一、机制僵化的环境中安于现状，不思进取；部分农村信用社管理松弛，不良贷款居高不下，经营形势日渐严峻；极少数的农村信用社由于内控机制乏力，滋生了案件。行社分脱后，在人行的监管和联社的管理下，一些问题得到了有效遏制，但激励机制不活、约束机制不严的弊端依然一定程度地存在。因此，农村信用社要彻底克服旧机制长期形成的“顽疾”，必须痛下决心，建立、完善好内部激励与约束机制，把准不同时期、不同层次员工的思想脉搏，采取对路的激励与约束举措，使之积极、高效、规范地工作。

三是农村信用社重塑信合品牌形象的需要。有效的激励，可以激发员工积极进取、勇争一流的精神面貌；有效的制约，可以促使员工形成遵章守纪、廉洁自律、文明从业的良好形象。由于历史的、客观的诸多因素，农村信用社的信合品牌知名度不高，甚至有的还存有感性认识上的偏差。因此，农村信用社必须要通过激励、约束机制作用力的渗透和发挥，早日塑造一个民主、灵活、文明、守规的行业形象，促进业务的发展。

（三）农村信用社如何建立、完善激励机制

1. 目标激励法。当前，农村信用社要从长远发展着眼，从应对中国加入 WTO 面临的挑战入手，尽快科学规划好“十五”时期的发展目标；每年年初，在留有一定弹性空间的前提下，联社合理、适度地下达各基层信用社年度各项经营目标任务，并把工作目标告诉每一位员工，引导员工为实现目标共同努力，把目标管理的压力转变成广大职工的工作动力。同时，阶段性地组织收贷、收息、收储或其他分项竞赛，使广大职工干有目标、做有动力。

2. 表率激励法。联社要根据行业管理的有关规定，结合本辖区的实际情况，制订出一个统一的领导干部行为规范，明确对联社机关中层以上干部和基层信用社管理人员的日常工作、生活等行为要求，加强党风廉政建设，进行经常性地监督、评议，使干部真正成为本单位和周围人中的表率。通过干部身先士卒、廉洁奉公的模范行为，激励职工为集体多作贡献，达到树正压邪的目的。

3. 物质激励法。一是实施劳动工资制度改革，将工资收入真正与员工综合能力、岗位责任、业务总量、工作质量、贡献大小以及信用社整体经营挂起钩来，彻底打破分配上的平均主义，拉开职工之间的收入差距，拉开社与社员工之间的分配差距，真正体现工效挂钩的分配原则。二是建立等级信贷员、等级会计员制度，对工作表现突出，受到表彰奖励的先进个人给予物质重奖。组织先进工作者外出旅游，在政治荣誉和其它物质分配上给予适当倾斜。三是在社会保险、住房、食堂、交通、水暖、服装、健身、娱乐等福利方面给予员工更多的关心。对经济困难的职工家庭，给予一定的经济补贴。对夫妻分居等实际困难的家庭，尽可能地给予关心照顾。四是发动员工入股，把职工个人利益与集体利益捆绑起来，调动员工对集体的关心。

4. 精神激励法。一是大力灌输、弘扬合作金融企业精神，激发职工的职业荣誉感、责任感和进取心，让每一个员工以“我是一名信合员工”为荣。二是扎实开展“饭碗意识”教育，使广大员工认识到“今天工作不努力，明天努力找工作”的道理。三是大力宣传先进集体和个人的典型事迹，以此推动广大员工学先进、赶先进。四是积极组织体育竞赛、文化娱乐、社庆纪念等企业文化活动，让广大员工感受集体的温暖，增强凝聚力，使之安心工作、乐于奉献。

5. 民主激励法。农村信用社要坚持发扬民主管理的好传统，通过社员代表大会倾心听取信用社广大社员的意见和要求，通过工会、共青团

组织反映广大职工的心愿。坚持民主集中制原则，讨论决定事项最大可能地听取职工的意见。特别是评选先进、工资晋级、发展党员、职务晋升等重大事项的决定，要尽可能地采取公示的办法，听取群众的反映。单位领导要力求做到“三知”（知人、知心、知家）和“五必访”（当职工遇到奖惩、升级、生病、家庭不和、红白喜事）。通过主任访谈日、公开信箱、电话等形式，广泛听取群众的意见和呼声，给员工参与经营管理的渠道，真正体现职工的主人翁地位。通过这些做法，干部与职工打成一片，融洽相处，增进相互感情交流，能够有效地激励职工同心同德，为信用社发展共同努力。

6. 机制激励法。一是大胆进行人事制度改革，实行全员劳动合同制、干部竞聘制、岗位竞争制，使全体员工既有压力，又有动力；用人不能讲资历、凭关系、走后门，要唯真才实学是举。干部能上能下，职工能进能出，岗位合理流动，使有用人才在竞争中脱颖而出，使青年人才的特长、能力得到充分发挥而不虚耗，平者、庸者、劣者在竞争中被淘汰。条件成熟时，可以试行信用社主任竞争上岗制、年薪制，让经营人才一展身手。二是配合劳动人事制度改革，进行机构精简，将竞争机制引进“三定”（定岗、定员、定编），实行单位与人员双向选择的流动机制。三是对人才要大胆使用，对他们的工作要给予最大的信任和支持，不能因某次工作失误或某一不足而求全责备，要让他们在实践中经受锻炼，潜力得到最大限度的挖掘。四是要制定并实施有效的岗位培训计划，创造机会让骨干人员和后备干部外出进修，加强一般人员岗位业务知识的更新，鼓励其参加业余自学、函授学习；对落聘、待岗、下岗人员要组织岗位技能培训，加强业务、文化知识的继续学习，尽量使他们能够适应工作，早日重新上岗。

（四）农村信用社如何建立、完善内部约束机制

1. 决策管理机制。一是完善社员代表大会、理事会、监事会和内部管理部门，形成各自独立、责权分明，既相互协调又相互制衡的关系。二是明确联社各职能科室的职责、权限，防止分工不清、相互扯皮。合并法人后，联社主任对各基层信用社的授权、授信要明确，防止一些信用社越权或超权办事。三是联社要建立主任办公会、贷款审查委员会、财务审批委员会等经营决策组织，事前做好咨询、调研工作，确保业务决策的科学性、民主性和合规性。

2. 自我约束机制。一是在对现有的各项内控制度进行统一清理和调整的基础上，进一步健全贷款管理、岗位监督、费用管理、计算机管理、“三防一保”等各项内部控制制度，使制度和业务规程覆盖到每个岗位、每个人员、每个环节。信贷内控机制上，要突出建立健全审贷分离的贷款决策机制、贷款规模“双线”管理制度、贷款风险预测机制、信贷责任追究制度等一系列信贷风险防范机制。二是加强相关部门、相关岗位之间的相互监督、相互牵制。各职能部门之间、信用社和联社之间、岗位与岗位之间要设立一套分工协作、相互牵制、相互监督的约束机制。三是进一步完善内部组织管理机制，实行干部交流制、离任审计制、岗位轮换制、定期稽查制，形成岗位设置科学、监督牵制有力、防范案件奏效的自我约束机制。

3. 稽核监督机制。稽核监督是在自我约束、相互牵制的基础上进行的再监督、再控制。因此，联社稽核部门位置要适当“超脱”，授予相应“特权”，直接对联社主任负责。基层信用社的民主稽核员、信贷组长、主办会计要由联社统一委派，对联社归口部门负责，基层社主任无权随意更换。稽核部门要选配一批政治可靠、纪律严明、业务精通、作风过硬的业务骨干，建立集信贷检查员、会计辅导员、稽核监察员“三位一体”的监审队伍，实行定期交流、轮换制，分区负责。对稽核、审计人员，联社要加强管理、培训、教育，提高稽核水平，增强他们的责任心，制定相应的工作责任制和奖惩措施，杜绝发现问题避重就轻或隐瞒不报的现象。突出对信用社主任的离任审计、信用社资产质量的稽核、会计反

映真实性稽核等重点，对贷款操作、财务费用、业务处理合规性进行全面的监控，充分发挥稽核、审计工作查纠结合、查处结合、惩前毖后的作用，不断增强审计工作的严肃性和权威性。稽核方式要从以补救为主向预防为主转变，从以突击检查为主向常规检查转变，从以现场检查为主向非现场检查为主转变，充分体现内部控制日常性、预防性的特点。同时，要通过多种形式和途径加强对全员的"制度意识"教育，加大稽核、督查、处罚和日常工作的检查、考核、奖惩力度，从而不断增强内部各项内控制度的严肃性和约束力。

改革正未有穷期

——响水县信用联社的改革发展之路

江苏省响水县农村信用合作社联合社张飞

江苏省响水县农村信用合作社联合社下辖18个农村信用社（部），2个信用分社，员工227人。1996年初与农业银行脱离行政隶属关系以来，联社坚持不等不靠，立足改革求发展，实施了一系列配套改革，促进了农村信用社各项工作的稳步攀升。截至2001年11月末，全县农村信用社各项存款42645．8万元，比1996年初增加26648．8万元，增1．66倍，市场份额达到30．9%，由第三位上升到第一位；各项贷款31985．7万元，比1996年初增21645．7万元，增2．09倍；不良贷款3469万元，占贷款总额的10．8%，比1996年初下降12个百分点；按权责发生制原则计算，实现年年盈余。先后两次在全省农村信用社工作会议上做经验介绍，《财经》、《中国金融》、《金融时报》、《中国农村信用合作》、《新华日报》、《盐阜大众报》、《响水报》多次刊登响水县联社改革的经验和理论研讨文章，全国近百家市县联社组团或函索材料借鉴实施，联社连续3年被评为市级文明单位。

（一）转换核算机制，逐步完善法人治理结构

根据江苏省农村信用社改革试点会议精神，县联社于1998年9月份全省首家召开了第三届农村信用社社员代表大会，选举产生了新一届理事会、监事会，出台了一级法人统一核算方案，构建了统一核算由理论到实践的基本框架。为了按照社章要求，完善法人治理结构，保障一级核算模式的稳健运行，一是清产核资，理顺关系。为了核实家底，科学营运，县联社组织计财、审计等部门对全县农村信用社进行清产核资，逐社抄列清单，建立台账，明确保管和使用责任，然后由联社统一建账，资产全部归联社所有，负债及民事责任全部由联社承担，并将产权证、土地使用证收归联社统一保管，避免丢失。由于清产核资工作做得好，1999年1月1日，全县农村信用社顺利并入统一核算运行轨道。二是修改完善各项规章制度。按照一级法人的运行模式，联社组织各有关部门对授权管理、信贷管理、财务管理、基建管理、员工管理、信用员管理等规章制度进行修改和完善。这些办法的出台，保障了联社各项工作的稳健运行。为了满足兄弟市县联社学习借鉴的需要，联社将修改完善后的各项规章制度与第三届社员代表大会的有关资料合并编印了《中国人民银行江苏省分行联社一级法人、统一核算改革试点材料汇编》，应索寄往全国各地。三是健全“三会”制度。为了防止“三会”活动流于形式，按照社章的规定，联社将三会活动组织责任细化到联社主任、副主任和有关部门。坚持每半年分别召开一次理、监事会，每年召开一次社员代表大会，理、监事会分别向社员代表大会报告工作，让社员代表审议，并组织代表讨论和填写议案，充分发挥民主管理和民主监督的作用。2000年在县委县政府的全县党政机关、企事业单位民意测评中，农村信用社满意率达94．2%，并被评为“十佳单位”。四是建立工会组织，并定期组织活动，反馈职工意见，协助联社党组做好各项工作。由于联社统一法人以后，各种组织健全，理事会、监事会、工会并驾齐驱，

促进了信用社的稳步发展。运行一年，收到了“三增一降一提高”的理想效果，各项存款、各项贷款、经营效益分别比上年增 4003 万元、3733 万元和 42．7 万元，不良资产由 12．6%下降到 11．4%，信用联社被市、县政府表彰为先进单位和市、县级文明单位。实践证明，联社统一核算，有利于发展和解放生产力，符合农村信用社改革方向；有利于人民银行强化对农村信用社的监管，有效防范和化解金融风险；有利于联社灵活调度和使用资金，支持地方经济发展；有利于减少核算环节，节约人力、物力和财力，提高经营效益。经中国人民银行总行批准，2000 年江苏已在全省实行联社一级法人、统一核算。

1999 年末，为了优化资源配置，走集约化经营之路，实现服务最佳化和效益最大化，联社利用营业办公楼搬迁的契机，收拢五指，形成拳头，一次性撤销联办站、储蓄所 5 个，集中资金对保留网点进行装修改造，以优良的网点设施、一流的服务环境参与市场竞争，使人财物的有限资源得到优化配置，缓解了人手不足的矛盾，强化了内部管理，减少了风险隐患，节约了成本费用，提高了农村信用社的社会信誉，促进了业务经营。联社营业部 2000 年初由 4 个网点合并组成，年末各项存款比年初增加 1569．2 万元，同比多增 1208．7 万元；各项贷款比年初增加 1453．49 万元，同比多增 275．55 万元。

（二）改革人事劳资制度，为企业注入生机与活力

2000 年初，联社根据人总行有关人事劳资改革精神，为了革除“铁交椅、铁工资、铁饭碗”的积弊，建立职务能升能降、岗位能上能下、县城能进能出、收入能高能低的运行机制，在广泛调查研究，反复征求理、监事会成员，社员代表，干部、职工代表意见的基础上，大胆实践，对人事劳资制度进行了改革。一是改中层干部任命制为竞聘制。对联社机关股长与信用社主任共 25 个岗位，在全辖实行公开竞聘。通过激烈的角逐，结果有 4 名中层干部落聘，同时有 4 名年轻有为的员工走上领导岗位。二是改员工调配上岗为双向选择竞争上岗。在定员定编的基础上，按照先机关、后基层，先县城、后农村的原则，并根据员工年度岗位责任制考核，列农村信用社员工前三名者，允许参加县城竞争。由员工填写自愿表，股

长、信用社主任自主选聘。三是改以档案发放工资为按岗位责任和贡献大小分配报酬。首先是按岗位责任确定基本分，在岗位上拉开差距。其次是严格考核，按实绩分配。改革调动了全员的工作积极性、主动性和创造性。2000 年，在遭受百年未遇特大洪涝灾害的情况下，全县农村信用社各项存款仍比年初增 4818．1 万元，比上年多增 815 万元；各项贷款比年初增 6211 万元，比上年多增 2478 万元；不良贷款比年初下降 1．02 个百分点；按权责发生制原则计算，实现利润 98 万元，比上年多盈余 0．26 万元。

（三）调整支农服务方式，推行《农户小额贷款证》

2000 年 8 月 30 日特大洪涝灾害以后，全县经济损失 10 多亿元，棉株枯黄，玉米倒伏，水产漫塘，水稻减产。县委提出“大灾不可怕，心齐能胜天，自救打硬仗，建设新家园”的号召，在党和政府的组织领导下，受灾群众纷纷投入生产自救，渴望得到贷款支持，农村信用社门庭若市，求贷农民络绎不绝。面对农民收入落空，偿贷能力下降的严峻现实，县联社在组织机关人员、信用社主任、信用员进行灾情调查的基础上，决定在全县推广《农户小额贷款证》，并及时与浙江联系，赶制申请书、联户担保合同书和小额贷款证。联社同时召开全县信用社主任会议，进行部署落实，全县上下全面发动，广泛宣传，内外配合，坚持群众自愿，三户联保，村组参与，信用社在 5000 元以内核发，贷款时随到随办的原则和程序，信用社同志加班加点，逐户审查村组意见和联保合同条款，逐户审核定贷，经过全员的共同努力，全县共核发《农户小额贷款证》近 4 万本，发放农户小额贷款 5911 万元。

《农户小额贷款证》的推广使用，不但帮助农民解决了灾后生产自救资金不足的困难，而且在很大程度上解决了农户贷款难和信用社放款难的问题。农民称《农户小额贷款证》是信用社架起的便民桥，县长称赞信用社是为“三农”服务的功臣。2001年，县联社在总结《农户小额贷款证》核发使用经验的基础上，推出了不受区域、对象、数额限制的贷款证，借款人凭证可在全县农村信用社任何一个网点机构申请贷款，解决了个体工商户、农村经济户等各个层面的贷款难问题，闯出了活化经营、增加效益的新路子。

（四）深化内部管理机制改革，建立新型的管与被管关系

2001年初，县联社在认真总结近年来各项配套改革经验的基础上，结合农村金融体制改革的新形势，深化内部管理机制的改革。

1. 竞争上岗，改城乡分隔型为互动型。联社在总结上年员工城乡分开、双向选择经验教训的基础上，打破城乡界限，自由选择。全县共有20人变动岗位，有1名信用社主任解聘，有7名农村员工进县城，有2名机关员工下乡上岗，有2名上年下岗员工上岗，有10名员工下岗。

2. 简政放权，改他控型为自控型。一是扩大贷款审批权。联社正副主任、部门负责人、各信用社主任都享有一定额度以内的个体贷款审批权，超过规定权限的上报审批。二是扩大财务费用自主权。各信用社财务费用由各社在包干范围内自主使用，不再送联社计财股审核。包干费用以外的费用，事先向联社办公室报告，经联社办公室审查认定，报领导审批后实施。联社机关费用，按季度向审计股送审，并在一定范围内公开。三是联社正副主任、部门负责人不再分工挂片，主要做好职责范围内的管理、监督、服务工作。

3. 裁减冗员，改服务区划型为效益型。按照精减人员、提高素质、优化服务、增加收入的原则和年轻化、知识化、专业化（不兼职）的要求，根据地方经济发展需要和业务规模，裁减信用代办员。提高存贷款手续费和养老金上缴额，调动信用代办员工作积极性。

4. 按劳分配，改任务型为激励型。为了解决资金过剩与农户贷款难并存的现实问题，克服恐贷惜贷心理，激发广大员工组织资金、发放贷款的积极性，提高经营效益，在工资总额中切出一块，实施存款、贷款激励措施。分别按存款日平均余额和责任贷款收息额计付手续费。

5. 实施监督，改单向型为双向型。一是实行贷款双向监督。机关部门办事员发放责任贷款须经部门负责人审批，信用社员工发放责任贷款须经信用社主任审批；同时联社主任、部门负责人发放3万元以上个体贷款须经信贷股信贷员调查认可，信用社主任发放3万元以上个体贷款须经所在单位信贷员调查认可，信贷员不予认可的，报联社正副主任或信贷股长审批。二是实施区域管理。联社机关发放贷款一律在营业部办理，各社员工发放贷款一律在本社办理，并实行贷款备案制度，3万元以上贷款一律于月末抄报联社信贷股登录，信贷股据此向全县发布月度3万元以上贷款发放信息，供贷款责任人咨询和参考。三是实行按月考核贷款收回率，贷款一律考核当月到期收回率，年末根据各月收回率计算年度平均收回率，促进贷款按月收回。

6. 转换职能，改机关管理型为服务型。一是将多年沿袭的机关职能部门与基层利益一致的做法改为机关职能部门与基层相互制约，即将专业股职能项目得分主要放在对基层检查的扣分上，促使职能部门查深量细找问题，农村信用社真抓实干堵问题。二是将机关高高在上的管理方式改为为基层做好服务工作，每季度利用有关会议组织农村信用社人员对机关部门服务满意度进行测评，年末按四个季度服务满意率计分，促使机关职能部门提高办事效率，让客户满意、基层满意、社会满意。建立这一机制，冲破了管理上的下行模式，扭转了“福”在机关的思维定势，建立了新型的管与被管的关系，改变了一切向下要的懒惰作风，提高了机关工作的效率与质量。

改革内部管理机制，进一步培养了员工的敬业精神，各项工作呈现欣欣向荣的可喜局面。截

至2001年11月末，全县农村信用社各项存款比年初增长6095．8万元。各项贷款比年初增加投放5874．6万元，均创历史最好水平。信用社的知名度、美誉度进一步提高，2001年又被评为市级文明单位。

改革正未有穷期。响水县信用联社在改革的道路上迈出了可喜的一步，收获了丰硕的成果，但与发达地区相比差距甚远，响水县联社不甘落后，矢志不渝，继续深化改革，探索农村信用社发展的新途径，为繁荣农村经济，振兴信用合作事业开拓、进取、攀登。

建立做市商制度
推进债券发行市场发展

鄞县农村信用合作联社　任　明

近日，经人总行批准的双边报价商陆续开始进行现券的双边报价，此举有力地促进了现券交易的活跃，提高了债券的流动性，推动了银行间债券二级市场的进一步完善。笔者认为做市商制度的建立不仅有利于现券二级市场发展，而且也将对债券发行市场产生积极和深远的影响。

做市商制度的建立有利于促进债券发行的市场化。1998 年 9 月，国家开发银行首次在银行间债券市场成功地进行了市场化发债，随后中国进出口银行、财政部相继实现了市场化发债。从这几年债券发行情况来看，市场化发债取得了一定的成功，然而由于受到长期的计划发债的影响，现阶段债券发行的市场化程度仍不高，主要表现在债券发行透明度不高、债券承购机构范围狭窄、分销机构认购不踊跃等方面。作为做市商，对于债券发行市场的关注将会更为强烈，通过与发行体的双向沟通，促使发行体能及早制订发债计划，增强发债行为的透明度。同时，做市商通过及早了解发债计划，能为承购分销提供充足的时间，能使最广泛的机构了解债券发行信息，从而促进债券发行范围的最大化。

做市商制度的建立有利于债券一、二级市场的协调发展。做市商通过对某一债券的连续报价，从而促进该券在二级市场的交易，也为该券或同品种券种提供了一个可参照的收益率水平。在做市商承销债券时，就会根据现券市场的同品种债券收益率水平做出相应的投标行为，使最终的中标利率等同或接近于二级市场同品种债券的平均收益率。做市商也会根据债券一级市场的发行收益率，相应调整报价债券的到期收益率，使一、二级市场的债券收益率保持平衡。另外，做市商制度的建立，有利于发行体根据二级市场现券的成交情况和对应收益率水平，制订合理的债券品种，提供适合的收益率区间。通过发行体的发债行为来平衡现券市场的供需矛盾，从而为一、二级市场的协调发展提供保证。

做市商制度的建立有利于维护承购机构的利益。单纯的双边报价行为由于受到报价商资金实力和券种储备等情况的制约，可能提供不了足够的现券成交支持。而做市商作为债券的一级承销商，具备从发行体直接承购足够债券的资格，同时作为人行公开市场成员，能从人行得到相应的资金和融券等支持，从而保证做市商进行持续、真实的双向报价，提供对应的现券供给或需求并保证即时成交，提高市场的流动性，做市商通过双向报价，也能博取合理的价差收益。非做市商的债券投资者通过做市商的双向报价，不仅能合理判断债券的投资价值，在发行市场上作出理性的投标行为，同时在需要的时候，能以合理的价格出售或购入债券，保证债券投资者的投资利益，提高他们认购债券的积极性。

做市商制度的建立有利于降低债券发行成本。对于债券投资者来说，良好的债券流动性能降低其对资产收益率的预期，能促使债券发行利率保持一个较低的水平。对于中长期债券，由于投资者分割投资，相对持有期限较短，各自要求的债券收益率较低，中长期债券与短期债券的利差会进一步缩小，这样就能有效降低中长期债券的发行成本，提高发行体在银行间债券市场发债的热情。

扎根沃野　再铸辉煌

——双峰农村信用社五十年改革发展纪实

湖南省双峰县农村信用联社　曹胜初

双峰县地处湘中腹地，东依九峰山之险，西扼邵东界岭之隘，北凭湘乡涌口之固，南临衡岳之地。这里钟灵毓秀，名胜甚多。一个文明昌盛、欣欣向荣的农业大县正在昂首崛起。根植于广阔农村的双峰县农村信用社为当地经济的腾飞作出了不可磨灭的贡献。

50年的风霜雨雪，50年的苦难艰辛，50年的顽强拼搏，双峰信合人依托改革，不断开拓，努力寻求生存与发展的契机，闯出了一番新天地，各项业务步入了快速发展时期。截至2001年12月底，各项存款余额已达12．4亿元，各项贷款余额达8．6443亿元。目前全县拥有农村信用社（部）21个，信用分社35个，信用站806个，形成了遍及城乡的县、乡（镇）、村三级服务网络，是双峰县内网点遍布最广、群众基础最牢、从业人员最多、资金实力最强的金融机构。

大石山农村信用社——双峰信用合作事业的源头

1952年春，各地农业互助组雨后春笋般迅速发展起来。双峰根据人民银行关于“积极组织，加强领导，稳步前进”发展信用合作的方针，以一区的忠洲和十三区的青树两个乡为试点，决定由农民出资入股兴办信用社，在忠洲乡首建茶畲信用互助组，不久在全县相继建立信用互助组114个。在此基础上，同年9月试办全县第一个信用社——大石山信用社，接着又建立了南岸、单家两个信用社。到1956年全县信用社（组）发展到342个，入社农户占农户总数的55．5%，其组织机构也日趋完善。5年后全县信用社（组）共累计发放贷款593．1万元，其中农业生产贷款422．45万元，生活贷款170．65万元。为解决当时农民生产、生活困难，打击高利贷盘剥，支持农村农业生产，促进合作化运动的发展做出了重要贡献，农村信用社真正成了农民群众的好帮手、好朋友。

1958年，根据“两放、三统、一包”有关精神，双峰县人民银行营业所和信用社合并为17个公社信用部，并按生产大队设162个信用分部，按生产队设立业务站。信用社的领导和管理权下放给人民公社、生产大队、贫下中农。1963年以后，信用社的领导与管理权集中于银行，至此信用社走上了“官办”道路。

理顺隶属关系——双峰信用合作事业不断壮大的发展机遇

党的十一届三中全会为双峰农村信用社的生存发展带来了新的希望。双峰县农村信用社紧紧抓住改革这一契机，迅速恢复组织上的群众性、管理上的民主性、业务经营上的灵活性，建立健全了社员代表大会制度、理事会制度、监事会制度，充分发扬民主，还权于民。1985年6月3日，双峰县农村信用合作社联合社成立，农村信用社由原来的分、小、散、乱的经营状况逐渐统一起来，从分散经营、粗放经营逐步走向规范、统一经营。1996年12月10日，《国务院关于农村金融体制改革的决定》为农村信用社的发展再次指明了航标。这一天，双峰县信用合作社在翠园宾馆召开了新闻发布会，双峰县委、县政府根据上级有关精神，宣布双峰县农村信用社与农业银行脱离行政隶属关系，成立独立法人。从此双峰信用合作事业蒸蒸日上，呈现一派生机。

党委成立——双峰信用合作事业大飞跃

2001年6月30日，中共双峰县信用联社第一次代表大会选举产生了双峰县农村信用社第一届党委会，在全县信用社系统健全完善了党的组织，增强了党组织的凝聚力，在共产党员的模范带头作用下，广大员工锐意进取，工作积极性和主动性得到了充分发挥。同年10月30日，该县又召开了首届职工代表大会，建立健全了职代会制度，正式成立了自己的工会组织，从而推进了民主管理，为广大员工创造了一个充分发挥个人潜力的环境和条件。从此，双峰县农村信用社在上级主管部门和当地党政的正确领导下，稳健经营，依章依法，促进了双峰县城乡经济发展，各项业务出现了五个“超历史”。

一是各项存款增长超历史。到2001年末，全县信用社各项存款余额达12．4亿元，占全县金融系统存款总额的半壁江山。

二是信贷支农力度超历史。双峰县农村信用社认真贯彻执行党和国家的信贷政策，加大信贷支农力度，至2001年末各项贷款余额8．6亿元，比年初增加6617万元，全年累放贷款4．35亿元，及时有力地支持了双峰经济的发展。

三是信贷资产质量提高超历史。双峰县信用社自1997年以来，全面推行“包放、包管、包收、包赔”的贷款包收责任人制度，坚决堵住了人情关系户贷款和风险贷款源头。今年5月，该县联社成立了不良资产保全部，推行了新老划断，分账管理，集中处置不良资产的管理办法，使贷款整体不良率不断下降，贷款投向得到及时调整，小额农户贷款和短期贷款比重不断扩大，农民贷款难问题得到较好的解决，资产质量明显提高。

四是优化网点，规范管理超历史。1998年初开始，双峰县信用联社按照集约化经营的原则，对所属营业网点进行了重新布局和调整，撤并设置不合理的机构网点，使原来的53个信用社、12个分社、1个营业部合并为现在的20个信用社、35个分社、1个营业部，从而优化了网点布局，改变了过去点多面广造成的管理难度大、部门协调难、工作效率低、竞争能力弱的弊端。同时，双峰县信用联社通过对原有的一整套规章制度进行认真清理、补充、修正和完善，使信用合作工作的各个领域、各个环节都有规可循、有章可依，周全、严谨、科学的规章制度为各项工作的有效开展奠定了基础，使该县信用社的经营管理纳入了规范化的轨道。员工的主人翁责任感、凝聚力和向心力明显增强，执行规章制度的自觉性进一步提高。

五是电子化水平超历史。双峰县信用社不惜重金，积极推进电子化建设，目前全县20个基层信用社全部开通了电脑储蓄业务，6个信用社开通电脑对公业务和全国电子汇兑业务，以不断满足客户日益多样化的需求。

双峰县农村信用社充满生机和活力的奥秘

党的农村经济政策和农村金融体制改革的方针是农村信用社生存、发展壮大的关键。经济决定金融，金融拉动经济增长。改革开放20年来，双峰城乡经济的飞速发展为信用社的不断发展壮大奠定了坚实的基础，同时信用社的不断发展壮大推动了双峰经济的不断发展。

扎根农村，贴近农民，围绕农字做文章，是农村信用社通向成功的重要途径。50年来双峰县农村信用社依托地方经济，服务地方经济，一切以方便群众为宗旨，深受农民的欢迎，被农民称之为“自己的银行”。全县1200多名信用社站干部职工常年奔走于农村的千家万户，开展巡回服务、跟踪服务、上门服务，送信息、送技术、送资金，帮助农民群众排忧解难，把温暖送到千家万户。集中资金重点支持规模大、起高点、效益好、对地方经济起重要作用的骨干企业，促进了双峰城乡经济的进一步繁荣。50年间，全县农村信用社累放各项贷款54．7亿元，在全县农村中，80%以上的农户和90%以上的乡镇企业的生产经营活动是信用社提供资金支持的。这是农村信用社之所以不断走向辉煌的群众基础。今天的双峰县农村信用社已成为支持全县城乡经济发展的重要金融力量。

健全完善规章制度，强化内部经营管理，是农村信用社不断发展壮大的保障。近年来，双峰县农村信用社在巩固过去会计等级管理的基础上，加大对会计等级管理的考核力度，针对以往考核验收中发现的问题，重新对考核办法进行了完善，加强了对日常操作行为的规范考核，着力抓好内控基本制度和重要空白凭证管理的执行落实，在检查验收时加大了处罚力度，使会计业务操作基本规范，会计核算质量有了较大提高。目前，全县会计核算质量、规范化操作程序在全市信用社系统名列前茅。

坚持稳健经营，树立良好信誉，是农村信用社不断发展壮大的最好经验。双峰县农村信用社认真贯彻执行党和国家的路线、方针、政策，始终坚持合法、合规经营，自觉接受人民银行的监督和管理，从不无理压单、压票、压汇、拖欠客户资金，坚决维护客户利益，随时保证存款支付，以优质的服务、良好的信誉赢得了广大客户的信赖和支持。

团结务实的领导集体，为农村信用社的不断发展壮大奠定了坚实的基础。双峰一班人以改革为动力，以市场为导向，以争创一流业绩为目标，以振兴双峰经济为已任，以科学管理求奋进，以优质服务促发展为工作指导思想，大胆开拓，求实创新，使该县联社形成了一个领导层抓管理层，管理层抓操作层，一层抓一层，层层有人抓的管理体系。

团结向上、勇于拼搏的班子带出了思想作风、业务技术过硬的信合人队伍。全系统1200名社站干部克服重重困难、勇挑重担、迎难而上、爱岗敬业，为当地经济的发展起到了举足轻重的作用。随着党中央、国务院及地方各级党政对农村信用社工作的重视、支持和关心，国有商业银行在农村营业网点的调整和收缩，双峰县农村信用社将成为资金实力更为雄厚、经营管理水平赶超一流的金融企业。这棵金融大树，将会在市场经济的大观园里，更加枝繁叶茂。

努力实践"三个代表"加快发展农村信合事业

湖北省浠水县农村信用联社　周发斌

农村信用社已经成立五十年了，回首五十年，农村信用社在艰难和曲折中取得了长足的发展，为农村经济发展做出了重大贡献。展望新世纪，农村信用社面临着新的发展机遇和挑战，任重而道远。党中央、国务院非常重视农村信用社的改革发展，"十五"规划把农村信用社的改革发展列为一项重要工作。朱镕基总理多次就农村信用社的改革发展问题发表重要讲话，并作了重要指示。广大农村信合工作者一定要抓住发展机遇，在工作中努力实践"三个代表"的重要思想，切实解决农村信用社发展中的问题，推动农村信用合作事业的快速发展。

（一）积极推进经营机制的转换，为农村信用社的发展注入生机与活力

几十年来，浠水县农村信用社尽管取得长足的发展，但发展水平较低，发展速度较慢。主要是因为经营机制不活，管理手段落后，严重制约着生产力的发展。突出表现在机构臃肿，人浮于事，拿铁饭碗，坐铁交椅，整个经营管理机制缺乏生机与活力。针对这种状况，县联社大力推进内部改革，革除与先进生产力发展要求不相适应的内部体制和机制障碍，解放和发展自身生产力。一是改革用人制度。全县通过末位淘汰、优化人员组合的办法，淘汰分流富余人员100多人其中，县联社机关分流人员12人。二是改革干部制度。采用公开竞聘、择优录用的原则，对联社中层干部和信用社主任进行了公开竞聘，并由原来33人减少为21人。三是工资制度改革。打破了铁饭碗，不拿固定工资，除保证基本生活保障外，按业绩计酬，拉开个人收入分配档次。四是机构设置的改革。今年以来，联社对全县信用社、信用分社和信用站等营业网点本着高效、安全的原则进行了大量的精简，独立核算信用社精简12个，整个营业机构精简五分之一，信用代办站撤并96%。实现了机构由点多面广向精干高效、业务由半自营向全自营的大转换。通过"四项改革"，打破了束缚生产力发展的旧的经营管理机制，建立了适应生产力发展要求的新的经营管理机制。由于经营机制的转换，业务得到稳步发展，不良资产"降比"和扭亏增效工作效果明显，农村信用社充满生机与活力。2001年末，各项存款余额63288万元，比年初增加6708万元；各项贷款余额35160万元，比年初下降64万元；不良贷款比年初下降1915万元，占比下降6.2个百分点；经营效益比去年减亏增效2071万元，整个业务经营呈良性态势发展。

（二）努力实施科技兴社的战略，为农村信用社的发展插上腾飞的翅膀

浠水县农村信用社在全县金融业中发展水平相对较低的一个重要原因就是对科学技术的投入少，科学技术含量不高。今年以来，县联社为尽快改变这种落后状况，加大了对科技投入的力度，一次性投资100多万元，购进40台计算机，用于装备信用社营业网点，全县信用社营业网点计算机普及率由过去的不足30%上升到现在的55%。县联社还购置了30多万元的计算机设备开通了全国电子汇兑网络，极大的改善了农村信用社结算功能不全，结算渠道不畅的现状。为了

实施科技兴社的战略，县联社在加大科技投入的同时，加大了对科技人才培养的力度，建立了计算机培训基地，对全县信用社员工进行全员轮流培训。此外，还采用送出去招进来的办法，培养和吸收高科技人才，改善信用社人才知识结构，以适应科技发展的需要。

（三）积极建设合作金融企业文化，为农村信用社的发展提供智力支持和精神力量

作为农村信用社，要得到持续快速发展，必须要有精神力量的支撑。因此加强社会主义精神文明建设和农村合作金融企业文化建设，提高领导班子和干部职工的政治和业务素质十分重要。为此，县联社在抓好物质文明建设的同时，广泛开展了精神文明创建活动。一是开展了个人岗位劳动竞赛和单位对手赛活动；二是开展了“创建文明科室，争当文明职工”的活动；三是开展了先进典型事迹巡回报告活动；四是开展安全文明小区创建活动。由于广大干部职工的积极参与，全县信用社文明创建活动开展得有声有色，陶冶了干部职工的情操，激发了干部的聪明才智和创造性，具有“信合精神”、“信合形象”、“信合品牌”特色的合作金融企业文化得到广泛弘扬和升华，广大干部职工爱岗敬业的精神，遵纪守法的职业道德和科学文化素质普遍得到提高，为农村信用社的发展提供了极大的智力支持和精神力量的源泉。

（四）坚持“三农”服务的宗旨，为农村信用社的发展把握正确的方向

我们党要始终代表中国最广大人民的根本利益，“必须坚持把人民的根本利益作为出发点和归宿”。农村信用社要实践这一思想，必须坚持为农村服务，为农业服务，为农民服务，扎根农村，面向农业，贴近农民，与“农”同呼吸共命运，切实把握好农村信用社的发展方向。近年来，县联社坚持“以农为本，为农服务”的宗旨，着重解决农村信用社经营服务方向问题，认真整顿经营思想和经营作风，不断改进支农服务方式，提高支农服务质量，把支农服务工作提升为支农系统工程来构筑，建立了支农服务的新机制，取得了较大的成效。截止12月末，全县信用社累放“三农”贷款5260万元，占当年新增贷款76%，比去年同期增长20个百分点，农户贷款面达到70%，“三农”贷款总量不断增加。其中，发放农户生产费贷款3360万元，发放支持“一抗三保”的抗旱贷款600万元，发放扶贫济困贷款500万元，发放农业产业结构调整贷款800万元。通过提供信贷服务，使农村经济得到了发展，农村社会保持了稳定、农民得到了实惠，真正发挥了农村信用社联系农民的金融纽带作用和农村金融主力军作用。与此同时，农村信用社自身也获得了发展，存款稳步增长，贷款结构优化，社会信誉回升，经营效益好转。

（五）加强领导班子建设，增强党组织的凝聚力、战斗力，为农村信用社的发展提供有力的组织保证

针对农村信用社领导班子建设的现状，县联社按照“三个代表”的要求并对照江总书记“七一”讲话精神，着重加强了县联社和基层信用社两级领导班子的组织建设、作风建设和思想建设，主要解决领导班子“软、懒、散”的问题，一是健全组织建设和民主生活会制度；二是开展对照检查，加强党性锻炼，坚定理想信念，树立全心全意为人民服务的宗旨；三是改进机关作风，克服“门难进，脸难看，事难办”的现象。坚持开展民主评议干部，实行社务公开等活动。通过上述各项工作的开展，切实加强了领导班子的建设，使县联社、基层信用社党组织凝聚力、战斗力得到了加强，为农村信用社的发展提供了强有力的组织保证。

强化金融服务
促进民营经济发展

湖北咸丰县农村信用联社　徐亚　顾　杰　郭　瑛

随着我国市场经济的确立并加入 WTO，民营经济的发展对地方国民经济的增长，转移农村剩余劳动力，增加农民收入，推进农业产业化进程，已发挥了不可替代的作用。作为农村金融主力军的农村信用社，强化金融服务，积极配合地方政府培植和发展民营经济，充分发挥自身职能作用，促进民营经济的发展，有义不容辞的责任。咸丰县农村信用社自 1996 年与农业银行脱钩以来，一直发挥着支持农业生产和农村经济发展的作用。脱钩五年多来，农村信用社累计支持个体私营经济 8635 户，累计发放贷款 21863 万元，现有个体私营和民营经济贷款余额 4113 万元，仅 2001 年发放个体私营和民营经济贷款 1328 万元 2347 户，有力地支持了地方经济建设。

（一）提高认识，确立为民营经济发展提供金融服务的新观念

党的十五大报告中明确提出“非公有制经济是我国社会主义市场经济的重要组成部分”、“对国民经济的发展具有重要作用”，这充分说明了民营经济在国民经济中占有重要的地位。农村信用社服务于“三农”，服务于地方经济建设，民营企业理应成为信用社支持和服务的对象。农村信用社通过提高认识，把支持民营经济提高到改善信贷资产质量和提高经济效益的高度，有效地配置信贷资金，切实保障信贷资金的安全性、流动性和效益性。农村信用社大力开展舆论宣传，宣传农村信用社信贷政策，丰富支持民营经济的内涵。让农村信用社成为民营企业的合作伙伴，进一步加深农村信用社与民营经济业主的感情。

（二）强化金融服务，促进农村信用社对民

经济的渗透力和支持力

1. 增强服务意识，推进民营经济的发展

一是搞好调查研究，坚持分类指导，选准扶持对象和支持重点。在贷款投向上，坚持“集中资金、优化结构、突出重点，适当放权”的原则，全力支持民营经济的发展，做到支持一项，见效一项，带动一片，致富一方。农村信用社对民营企业进行深入地调查研究，摸清民营企业的规模分布、发展前景等情况，制定出科学性的、操作性强的民营企业分类标准，建立民营企业档案，并根据这个档案制定相应工作策略。

二是强化农村信用社的服务功能，为民营经济提供多功能的结算及柜面服务，根据民营经济发展的不同需要，采取不同形式的金融服务手段，全方位支持民营经济的发展。

三是理顺同各级政府的关系。围绕地方政府对民营经济发展的要求，搞好配合，抓好协作，对民营经济业主发放贷款进行评估、论证，符合贷款条件的，应及时予以发放，坚持服从而不盲从，不符合贷款条件的，也要向党政领导讲清楚，说明理由，取得谅解。

2. 改进信贷管理，大力支持民营经济

一是充分发挥信用社的信贷优势，联社每年在优先保证农村、农业、农民资金需求基础上，切出一块信贷规模，用于个体私营和民营经济生

建设银行大连开发区分行

中国建设银行大连经济技术开发区分行成立于1984年10月，位于东北地区改革开放的前沿窗口，是大连市分行下属的唯一一家二级分行。中国建设银行大连经济技术开发区分行现有员工180人，主营存、贷款，结算，本外币储蓄，国际结算，外汇信贷，住房金融及工程预、决算审查等业务。该分行成立以来，服务于地方基础设施建设，重点支持了大连西太平洋石油化工有限公司、辉瑞制药、大连大学等项目，为地方经济的发展做出了贡献。1999年以来，该分行积极稳妥地推进各项改革，追求金融创新，立足于在困境和改革中培植核心实力，在调节和突破中取得持续发展，资金实力不断壮大，不良资产逐年下降，盈利水平节节提高，风险防范缜密规范，正向现代化商业银行的目标迈进。中国建设银行大连经济技术开发区分行曾先后荣获大连经济技术开发区“十佳先进创业集体”、建设银行总行“安全保卫工作先进单位”等荣誉称号，分行党总支书记、行长刘广义同志2000年被中国建设银行总行评为“思想政治工作先进个人”，2001年被中央金融工委授予全国金融系统“五一劳动奖章”。

党总支书记、行长：刘广义

中国建设银行大连经济技术开发区分行领导班子在研究工作

宽敞明亮的营业大厅

地址：大连经济技术开发区金马路143号
邮编：116600
电话：0411-7617117
传真：0411-7613236

底图为中国建设银行大连经济技术开发区分行重点支持项目——大连西太平洋石油化工有限公司

中国建设银行 太原市河西支行

中国建设银行太原市河西支行组建于1998年11月。下属6个县级支行和4个分理处，31个储蓄所（柜），分布在太原市万柏林、尖草坪、晋源和古交等三区一市，现有员工600余名，是一家综合性、多功能的国有商业银行。

组建3年以来，在办理传统银行业务的基础上，该行积极开拓市场，先后推出了个人住房、汽车消费、助学等居民消费贷款，开办了工程审价咨询、代理资金清算、代办保险、代收、代付等多种中间业务。积极支持了中铁三局集团、中铁十二局集团、中铁十七局集团、太原一电厂（太一发电有限公司）、太原市煤炭气化公司（神州煤电有限公司）、西山焦煤集团等一大批国家重点企业和项目。在推动企业不断发展壮大的同时，也使河西支行成长为一个拥有40亿元存款、33亿元贷款、年创利上亿元的现代化商业银行。

3年来，该行以“卓越的银行源于卓越的服务，卓越的服务源于卓越的员工”为管理理念，树立了“市场就在岗位上，效益就在工作中”的经营观念，使该行两个文明建设硕果盈枝。行长梁保成同志获得2000年度全国金融“五一”劳动奖章，所属基层行（处）分别被太原市政府评为市级文明标兵单位和文明单位。

河西支行全体员工将再接再厉，愿与各界人士携手并进，愿与各行各业共谋发展。

行长：梁保成

同保险公司签订兼业代理保险协议

省市行各级领导同河西行工作标兵合影

由建设银行太原市河西支行支持的太一发电有限责任公司第六期工程2×30万千瓦发电机组正在建设中

地址：山西省太原市迎泽西大街20号
邮编：030024
电话：0351-6197112　6197109
传真：0351-6197132

中国建设银行福安市支行

中国建设银行福安市支行成立于1979年1月，经过了二十多年的发展，现已成为机构较为完善，信用功能较为齐全的综合性商业银行。特别是近两年来，福安建行大胆改革，不断创新，积极探索发展私营企业客户的新路子，努力做到业务开拓与风险防范协调统一，各类业务取得了快速稳健的发展。存款份额稳步上升，不良资产率大幅度下降，经营效益明显提高。

就扶持民营企业发展问题支行领导接受记者采访

民营企业贷款签字仪式

▼ 民营企业客户群体的发展使业务量快速增长

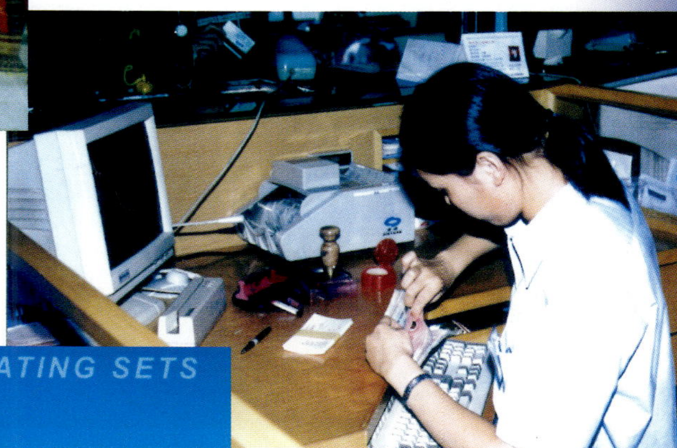

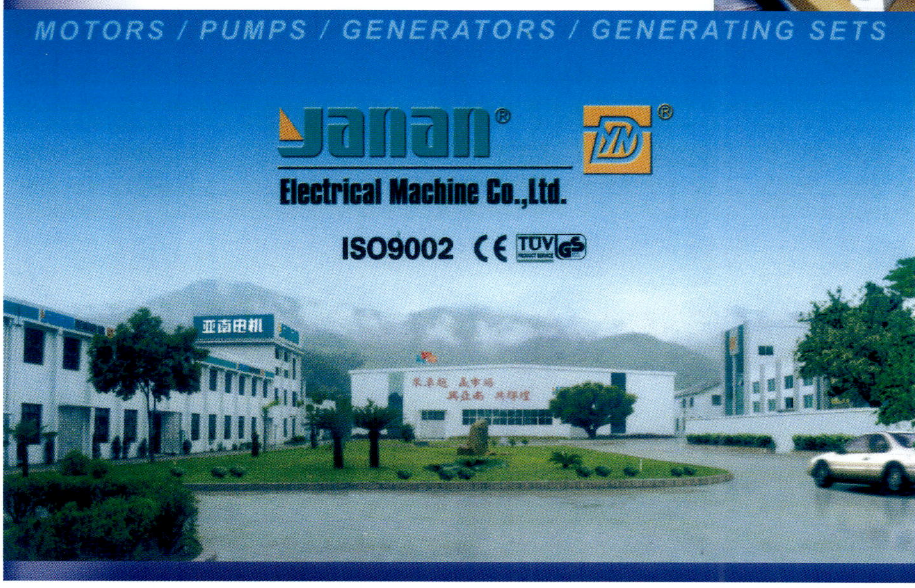

◄ 建行扶持建设的闽东亚南电机有限公司厂房

地　址：福建省福安市中兴东路25号
邮　编：355000
电　话：0593-6332668
传　真：0593-6335995

中国建设银行潮州市分行

建行潮州市分行是四大商业银行——中国建设银行辖下的二级分行，辖属经营机构、窗口网点遍布两县两区城乡，其先进的现代商业银行科技综合网络、数据中心及全天候、全方位、多功能、多层面的网点服务体系，充分体现“中国建设银行，建设现代生活”及“支持企业发展，服务大众生活”的理念。

建设银行的储蓄存款业务，对外提供活期一本通、定期一本通、活期储蓄通存通兑、异所换折、异所销户、异所更改账户密码等多品种、多功能综合性银行柜面服务；率先在各商业银行推出了建行“速汇通”品牌个人电子汇款；建行“龙卡”信用卡、储蓄卡系统及联网的自动柜员机能更充分满足客户的服务需求；建设银行的电话银行“95533”客户服务热线，能提供24小时不间断服务；建行的网上银行中心，成为银行传统服务柜台的延伸与突破，让客户足不出门也可办理银行业务。

建行的资金结算网络使用全国性“资金清算系统”和“集中式代收代发系统”，先进的电子化、网络化为客户提供现代电子理财综合化、个性化、特色化的系统网络。

建行的贷款业务，在大力支持地方重点经济建设项目的同时，个人住房贷款业务是建行又一特色的品牌，较好地服务了市区旧城改造和新市区各商住小区的建设。

建行的外汇国际业务，在办理外汇存款、贷款同时，采用先进的“全球银行间结算系统”积极为客户办理外汇票据承兑、贴现和国际结算；买卖或代理买卖非股票外币有价证券，外汇担保，外汇兑换；结汇、售汇，代客外汇买卖以及资信调查，咨询、见证业务等。

建行的中介中间业务品种多，功能全，充分体现现代商业银行发展水平。

建行的服务窗口形象建设和优质服务工作在当地有口皆碑。遵循建设银行“不断创新、追求卓越”的企业精神，市分行的营业网点严格按总行的VI标准进行外观形象标识和营业设施建设，统一门面招牌、统一服务设施、统一服务功能、统一企业形象设计、统一服饰及胸章，给广大客户创造优美的服务环境，留下美好的服务氛围，广泛倡导和实施建行员工服务理念和优质服务，争创“青年文明号”、“文明单位”活动，使全体员工文明服务态度，优质服务水平提高到较高层次，为您提供满意的服务，让您共享“中国建设银行，建设现代生活”的辉煌成就。

地址：广东省潮州市新洋路3号
邮编：521000
电话：0768-2131068
传真：0768-2131015

夜色下的办公大楼

行长　于行成

烟台市商业银行是经中国人民银行总行批准于1997年11月成立的股份制银行，辖属70个分支机构，全行实行"一级法人、统一核算、分级负责"的管理体制。

烟台市商业银行成立4年来，在市委、市政府及各级人民银行的正确领导下，在社会各界的大力支持下，经过全行广大员工奋发努力，实现了跨跃式的繁荣发展。截止2001年7月末，全行各项存款余额达到74.3亿元，比建行初期增加35.3亿元，增长90.2%，平均每年递增18.7%；各项贷款余额达到56.9亿元，增加29.6亿元，增长108.4%，平均每年递增21.5%；资产总额达到101.6亿元，增加56.4亿元，增长124.6%，平均每年递增24.1%。特别是利润连年大幅度增长。烟台市商业银行已连续4年被市委、市政府授予"市级文明单位"称号，连续两年被评为"省级文明单位"，连续4个年度被评为全国银行间债券市场优秀结算成员单位，并荣获全国债券市场业务突出进步大奖，被吸收为中国国债协会理事会员单位。

烟台市商业银行坚持以一流的科技、一流的服务、一流的管理、一流的信誉、一流的效率，竭诚为各行各业和广大市民提供全方位的金融服务。

烟台市商业银行愿与社会各界及广大客户携手并进，共创辉煌。

宽敞明亮的营业大厅

团结奋进的领导班子

联系人：宋延科
地　址：山东省烟台市芝罘区北马路62号
邮　编：264000
电　话：0535-6691333　传真：0535-6691305
网　址：www.202.110.205.1/ytqy/syyh/syyh.htm
E-mail: ccbzb@public.ytptt.sd.cn

温州市商业银行

党委书记兼董事长：夏瑞洲

行长：邢增福

温州市商业银行于1998年12月17日挂牌开业，是温州市首家具有独立法人资格的股份制商业银行。建行三年来，在广大新老客户和有关部门的大力支持下，温州市商业银行各项业务快速发展，服务水平明显提高，结算渠道趋于通畅，资金实力日益壮大。经过三年努力，该行硬软件不断完善，社会公众形象日益提高，1999年投入巨资建成了国内领先的计算机综合业务网络系统，实现储蓄、对公业务全市通存通兑，2001年自行设计开发了功能齐全的银行卡——金鹿卡。截止2001年11月底，各项存款余额达51.54亿元，比建行初增加15.36亿元；贷款余额达36.63亿元，比建行初增加12.38亿元；资产总额达64.12亿元，比建行初增加21.33亿元；累计实现利税9399万元。目前各项业务发展势头强劲，服务、效益、质量均在向更高的台阶迈进。

温州市商业银行总部营业办公大楼

地址：浙江省温州市车站大道商业银行大楼
邮编：325027
电话：0577-88990089
传真：0577-88990169
E-mail：WZC206@netease.com

嘉兴市商业银行股份有限公司

JIAXING CITY COMMERCIAL BANK CORPORATION LIMITED

董事长盛明强参加北京国际金融信用和商业联合会议

嘉兴市商业银行成立于1997年12月，是由地方财政及民丰造纸集团、桐昆集团、国鸿汽运公司、秦山核电公司等65家企业投资入股的地方性股份制商业银行，注册资本金1.08亿元。是国债一级承销商和全国银行业同业拆借网络成员。下属嘉北、南湖、塘汇、东栅、秀水、嘉工（中山）6个支行及25个营业网点。至2000年末，全行资产总额达17.52亿元，各项存款14.07亿元，各类贷款10.38亿元，所有者权益1.24亿元。建行以来，全行注重改革，加快发展，稳健经营，三年共计实现利润2000余万元，不良资产率从建行初期的22%，下降到2000年末的16%。全行电子化建设取得重大进展，开发完成综合业务系统，全行储蓄、对公实现通存通兑，并建立了各种中间业务平台。2001年上半年，全行在健全法人治理结构，加强内控制度建设的基础上加快业务发展，并努力调整信贷结构，开展多元经营，各项存款比年初增长5.82%；贷款综合收息率达到83.02%，不良贷款率下降至14.46%，实现利润515万元，达到存、贷双增，不良贷款率和绝对额双降，效益较大幅度提高，资产负债管理各项主要指标均达到监管要求的好成绩。

2001年全行工作会议：盛明强董事长讲话，左为副行长常建梁，右为副行长李国庆。

以党的诞生地命名的信用卡———“南湖卡”

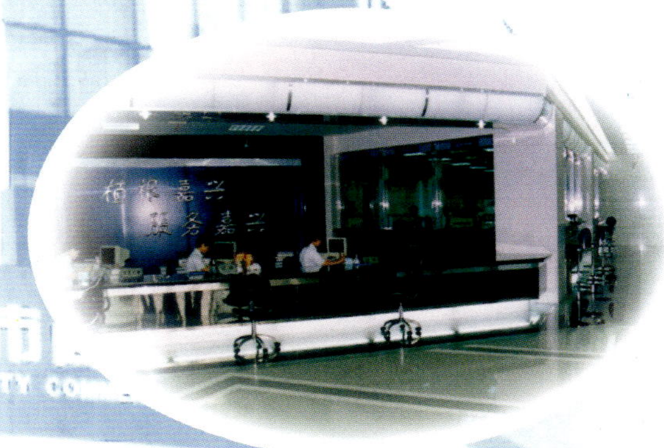

现代化的营业大厅

立足市场定位：成为中小企业担保中心的主办银行

通讯地址：浙江省嘉兴市建国路467号
邮　　编：314000
传　　真：0573－2099880
电　　话：0573－2099660

丹东市商业银行

丹东是我国最大的边境城市，鸭绿江像一条纽带，传递着中朝人民之间的友谊。丹东市商业银行就在这里诞生，在这里成长，在这里发展壮大。截止到2001年，丹东市商业银行各项存款已经突破25亿元，是组建时的5倍，列丹东地区同业的第三位；各项贷款超过15 亿元，是组建时的4倍，列丹东地区同业的第三位，占丹东地区贷款投放总量10%以上；各项资产总额达到28亿元。拥有17个分支机构，72个营业网点，1000名员工。

回首5年来的发展历程，丹东市商业银行通过准确的市场分析、科学的市场定位、积极的改革政策，内部管理体制逐步走向了规范，外部的社会形象逐步树立起来。丹东市商业银行，把自己定格为“市民银行”，实行了人事分配制度的改革，实行了“减亏奖励、超收分成”和“费用大包干”政策，新上了AS/400小型机业务系统，推出了自助银行、POS消费系统；开通了城市自助缴费系统、电话银行；加入了全国银行同业拆借市场和全国银行债券市场；开展了代发工资、代办保险、代缴电话费、代缴水电煤气等多项公益性收费业务；开展了助学贷款、住房按揭贷款、耐用品消费贷款、结婚贷款、保险单质押贷款、个体摊位贷款等多项消费信贷业务。

丹东市商业银行时时想着百姓，处处为了市民，同时也得到了广大市民的真情回报，已经逐步发展成为一家标准化、现代化的商业银行。我国已加入WTO，该行深谋远虑，积极策划未来的发展蓝图，制定自己的《CI战略》和《五年发展规划》。丹东市商业银行的事业必将愈来愈辉煌。

地址：辽宁省丹东市锦山大街62号
邮编：118000
电话/传真：0415-2149372

中国农业银行武汉培训学院

学院党委书记、院长：陈彦生

中国农业银行武汉培训学院坐落在武汉市秀丽的东湖之滨，是中国农业银行总行的直属院校。

近年来，该院坚持为农业银行改革、发展和经营管理服务的办学方向，承担了农业银行高中级决策层、管理层及高中级专业技术人员的培训任务。培训内容涵盖农行各个业务领域。

通过十几年的建设，该院已有能满足各种培训需要的教学大楼、图书馆、学术报告厅和培训大厦。建有能容纳50-350人各种规格的培训教室，装备了多媒体教学设备；拥有多个计算机网络实验室，能承担办公软件、管理软件和金融业务软件的推广培训；按三星级标准装修的培训大厦，可容纳500名学员同时食宿。

该院十分注重培训班的组织管理，建立和形成了一套高效运行的培训管理体制和运行机制。部门职能分工明确，教学活动井然有序，行政管理科学规范，后勤服务热情周到，培训班的质量逐年上升。

学院拥有一支在金融、计算机、法律方面学术造诣深、研究能力强、教学效果好的专兼职师资队伍。他们在专心致力于培训教学的同时，开展科研攻关，多项成果在农业银行总行和金融系统获奖。

面向新的世纪，农行武汉培训学院将团结一心，励精图治，经过5年的努力，把学院建设成为全国一流的教育培训、科研咨询、业务技术推广一体化的现代商业银行人才培训基地。

举办县级支行行长培训班

夜色中的培训大厦

按三星标准建造的培训学员住房

地址：湖北省武汉市武昌中北路134号
邮编：430077
电话：027-86772681
传真：027-86795502

万州商业银行

重庆万州商业银行是经中国人民银行批准，目前在万州区设立的唯一一家具有独立法人资格的地方性股份制商业银行。现有职工400余人，辖9个支行和一个营业部，39个营业网点遍布城区龙宝、天城、五桥3个管委会。2000年末，全行资产总额达14.6亿元，实现利税796万元。

万州商业银行成立三年来，按现代企业制度管理运行，充分发挥其机制灵活的特点，以一流的服务，着力塑造万州商业银行是“万州人自己的银行”的亲和形象，为万州金融的繁荣和发展带来了新的生机，为万州经济社会发展和移民迁建注入了新的活力。

在新的世纪里，万州商业银行将始终以支持地方经济发展为己任，以政府之忧为己忧，以企业之难为己难，抢抓机遇，狠抓发展，让万州商业银行这一金融体制改革之花在万州大地上开得更加鲜艳、灿烂。

法人代表（董事长）：刘建远

行长：吴先贵

地址：重庆市万州区太白岩5号
邮编：404000
电话：023-58148161
传真：023-58149824

深圳商业银行

深圳市商业银行作为中国第一家城市商业银行，成立于1995年6月22日，并于1998年6月更名为深圳市商业银行。

深圳市商业银行是严格按照《公司法》和《商业银行法》组建的具有独立法人资格的金融企业，成立时注册资本11亿元，主要股东是深圳市财政局、深圳市投资管理公司以及其他法人股东1999年7月，深圳市人民政府决定分两期为深圳市商业银行增加资本金10亿元，以进一步提高深圳市商业银行资本充足率，现有注册资本16亿元。

作为一家新型商业银行，成立五年来，深圳市商业银行勇于开拓，不断创新，积极探索现代商业银行发展的新路子，初步建立起现代商业银行管理体制和组织架构，为全国其他兄弟城市商业银行组建和发展提供了有益的经验。2000年4月，在北京召开的中国银行同业公会第一次会议上，深圳市商业银行当选为理事行，进一步确立了在银行同业中的地位。

经过不断探索，深圳市商业银行逐步确立了自己的市场定位，即“中小企业和高科技企业的合作伙伴，广大市民和政府的理财帮手”。在为深圳经济发展作出贡献的同时，深圳市商业银行的各项业务实现了快速增长，截止2000年末，全行各项存款达189.5亿元，本外币各项贷款余额125.4亿元。目前营业网点已达到45家，遍布深圳全市，市场竞争力和市场份额进一步提高。“深圳市商业银行，深圳人自己的银行”已为广大市民以及社会各界所熟悉和认同。

1997年，深圳市商业银行在总结香港及深圳银行同业先进管理经验的基础上，根据ISO9000质量管理的原则，结合本行实际，在全行范围开展了“管理达标升级”活动。通过达标升级，全行对外形象、员工精神面貌、经营管理水平以及服务质量均有明显提高。与此同时，不断加强内控建设，完善内控体系和内部授信授权制度，切实防范经营风险，逐步确立了“依法合规，稳健经营，服务社会，追求可持续发展”的经营理念。

深圳市商业银行始终把人才开发战略放在突出位置，积极探索“员工自我激励，自主管理，以人为本”的全员目标管理责任制，初步建立起与市场竞争相适应的充满活力的新型的人才开发机制，吸引了一大批海内外优秀人才的加盟。全行现有员工1400名，其中75%具有大专以上学历，平均年龄28岁。这样一支朝气蓬勃的员工队伍，为实现可持续发展目标奠定了坚实的基础。

深圳市商业银行始终坚持科技兴行的战略。继1998年推出先进的AS/400综合业务管理系统之后，相继推出了卡业务系统、办公自动化系统（OA）、经营计划考核管理系统（GPT）、信贷管理系统、国际业务管理系统、个人理财及各类代收付系统、财务会计分析系统等一大批科技创新项目。这些项目的投入，不仅大大提高了服务的科技含量，而且为全行经营管理提供了统一、集成的、先进的技术平台，标志着内部管理开始迈入信息化管理阶段。

万事顺卡是一种集IC卡、磁条卡为一体的技术含量较高的复合卡。1999年7月，万事达国际信用卡组织授予我行“99年度最佳借记／储蓄卡市场推广进步奖”，成为我国中小银行中唯一获奖者。2000年4月，万事顺卡与“广银联”并网成功，同时也被确定为全国十八个城市银行卡联网的试点卡，万事顺卡不仅在深圳、广东，而且将在全国十八个城市实现“一卡通行”。2000年4月，深圳市商业银行网站正式推出，网上银行业务也将很快向广大客户提供更便利、更安全的服务。2001年12月我行获证券公司法人存管银行业务资格。

在千禧之年，面对中国加入WTO所带来的新机遇和新挑战，中国金融同业厉兵秣马，未雨绸缪。深圳市商业银行将一如既往地坚持以客户为中心，与广大客户、金融同业携手并进，共创美好明天。

地址:广东省深圳市深南中路1099号
邮编:518031
电话:0755-5878162　5878186　5878270

中国农业发展银行荣成市支行

中国农业发展银行荣成市支行成立于1996年10月，主要职能是以国家信用为基础，筹集农业政策性信贷资金，承担国家规定的农业政策性信贷业务，代理财政性支农资金的拨付，为农业和农村经济发展服务。

建行以来荣成市支行在上级行党委、地方党委政府的正确领导下，围绕收购资金封闭管理中心工作，坚持以政策为纲，以服务为本，创造性开展工作。率先在全省乃至全国探索实践了收粮付款“两线运行”结算收购资金、“粮油收购结算与库存管理信息系统”计算机网络化监管、“泰山转账卡”划拨收购资金等先进监管服务方式，既刚性地执行了国家政策，收购资金贷款按照封闭管理要求步入良性循环轨道，又支持了粮食企业发展，维护了社会稳定和农民的切身利益。目前，辖内已形成以市粮食购销中心为龙头，以25处基层粮食购销站为支撑的管理体系，连续四年新增库贷比例、粮油调销货款回笼率、归行率、收贷率、收息率等项指标保持在100%以上。2000年底信贷资金运用率达到99.9%，综合利息收回率达到118%，实现利润203万元，成为农发行系统县（市）级无企业欠息行和盈利行。

五年来，支行党支部、团支部、支行机关、会计出纳部、计划信贷部先后被荣成市委市政府、团市委、山东省妇联、山东省分行、全国“巾帼建功”活动领导小组、威海市分行等授予先进党支部、“一优两先”先进基层党组织、先进团支部、青年文明号、文明机关、先进单位、信贷管理先进单位、信贷管理AAA级行、省级“巾帼文明示范窗口”、全国“巾帼文明示范岗”、计划信贷管理杯、财务会计管理杯等荣誉，且先后有30人次被授予省、市、县级先进工作者、优秀共产党员、“十岗百佳”先进个人等荣誉称号。

行长、党支部书记腾建洲

副行长　曲厚礼

2000年11月13日，中国农业发展银行总行何林祥行长在荣成市支行检查指导工作。

副行长　张启芹

地　址：山东省荣成市成山大道52号
邮　编：264300
电话/传真：0631 － 7550064

中国农业发展银行忻州市分行

党委书记、行长：蔡道明

中国农业发展银行忻州市分行于1996年12月6日正式成立。分行机关内设：办公室、计划信贷科、财务会计科、人事教育科、信息电脑科、稽核科和监察室，另设保卫科和行政科与办公室合署办公。下设一个营业部，8个县（市）支行，5个代理行，两级行共有员工212人。全行以实现粮棉油收购资金封闭管理，保证收购资金及时、足额供应，保护农民生产积极性和引导农业调整产业结构为已任。截止2001年11月底，各项收购、储备、调销、建仓等贷款余额达到12.6亿元，东部六县以支持粮食企业购销玉米业务为主，大力拓展各项政策性业务；西部八县以支持小杂粮购销和退耕还林（草）补贴粮及救灾粮供应为主，加强“生态农业”建设。近三年来，该分行七项监测和考核指标均达到上级行要求，其中原平市支行、定襄县支行分别在1999年度和2000年度业务经营指标考核中获得全省第一名的好成绩；9个自营行全部获得县级以上文明单位称号；原平市支行获得1999年度中央金融工委授予的“全国金融系统文明建设先进单位”称号和2001年度中国金融工会授予的“全国金融五一劳动奖状”. 目前全行正以积极的姿态迎接加入世贸组织后改革与发展的新挑战。

农发行忻州市分行领导班子：图为蔡道明行长（中），武文栋副行长左），常跃平副行长（右）。

农发行总行行长何林祥（左）、省分行行长石晶莹（中）、副行长刘立轩（右）在原平市调研。

办公大楼

地址：山西省忻州市长征西街18号
邮编：034000
电话／传真：0350-3042243
E-mail:WF11@263.net

交通银行吉林分行

Bank of communications Jilin Branch

党委书记、行长：王双祥

交通银行吉林分行座落在美丽的松花江畔，作为吉林地区第一家股份制商业银行，交通银行吉林分行在探索建立现代企业道路上先行一步，取得了有益的经验。自1989年重新组建以来，全行员工秉承“三个一流”的办行宗旨，励精图治，开拓进取，经过十余年的辛勤耕耘，终于在激烈的市场竞争中独撑一片蓝天，资金实力不断壮大。截止2000年末，资产总额达30．3亿元，各项存款余额23．8亿元，各项贷款余额16．5亿元，现有营业网点32个，遍布吉林市区的各主要商业区和繁华地带，成为一家业务功能品种齐全的现代化商业银行。在努力发展业务的同时，吉林交行以服务江城为己任，积极支持地方经济发展建设，为吉林市的城市建设和国企改革提供了有力的资金保障。他们还实施了各种规范特色服务，不断开发和完善新的业务品种，在推进CI工程战略建设的同时加快电子化建设步伐。向社会发出了“存入您的笔笔真情、献出我的片片爱心”的呼唤，以优质、文明、高效的服务享誉江城。涌现出了两个省级“青年文明号”，13个市级“青年文明号”，1998－2000年连续三年吉林交行被评为省级精神文明先进单位，取得了经济、社会效益的双丰收。

地址：吉林省吉林市江湾路10号
邮编：132001
电话：0432－2442502
传真：0432－2456915

潍坊市农村信用联社

潍坊农村信用社已经走过了50年的光辉历程。随着金融改革的深化，各项业务有了突飞猛进的发展。尤其是2000年4月份，潍坊市农村信用联社成立以来，始终坚持“以农为本，为农服务”的宗旨，在支持农业和农村经济发展的同时，自身不断发展壮大，成为最好的联系农民的金融纽带和农村金融的主力军。截止2001年6月末，全市农村信用社共有营业网点900处、正式员工6600人，各项存款余额达171亿元，各项货款余额达133亿元。是全市营业网点和从业人员最多、服务范围最广的金融机构，存、贷款业务规模居全市金融机构首位。

为适应农村市场需要，潍坊市农村信用社加快了电子化建设步伐，市联社成立了计算机网络中心，建成了全国农信系统最大的地市级计算机网络，全市信用社电脑网点覆盖面达100%，面向社会开展全方位的金融服务。市联社还加大资金融通力度，货币市场业务触角已辐射至17个省60个地市、县级的70多家银行同业机构。货币业务交易量在全国金融机构成员中排名第43位，在全国农信系统排名第3位。

信用社领导在一起研究工作。图为理事长、党委书记王新声（中）、主任黄爱东（右三）、监事长王军（左三）、副主任孙述朋（左二）、艾建华（右二）、苑高志（右一）、王季刚（左一）。

存款超150亿元新闻发布会

计算机网络中心

地址：山东省潍坊市四平路29号
邮编：261041
电话：0536－8260063
传真：0536－8260383

东台市农村信用

主任：曹生华

东台市农村信用合作社联合社下辖31个农村信用社、1个营业部、14个信用联办站，正式从业人员453名，聘用信用代办员556名，营业网点遍布全市各镇。近年来，该社牢牢坚持合作制原则，牢固确立为农业、为农民、为农村经济发展服务的宗旨，本着"民主办社、灵活经营、高效廉洁、文明服务"的企业精神，锐意改革，开拓进取，为发展和繁荣东台农村经济作出了积极的贡献，用辛勤的汗水培育出信合事业的累累硕果：

——坚持存款立社，资金实力不断壮大。各项存款达28亿元，其中储蓄存款23亿元，存款总量在盐城市同级金融机构中名列前茅。

——坚持质量兴社，支农力度不断加大。各项贷款余额16亿元，其中农业贷款余额11亿元，占比68%，占东台市金融机构贷款市场的"半壁江山"，农户贷款受惠面达80%。

——坚持依法治社，内部管理不断增强。根据统一法人后新的管理要求，修改完善了30多个内部管理制度办法，并加大执制检查和违章违纪查处力度。两个信用社被人民银行总行命名为会计工作一级单位，16个社为二级单位；50%的信用社被人民银行盐城市中心支行验收为信贷管理"一化四无"单位；全辖"三项整治"合格率达100%，先后被人民银行江苏省分行和省公安厅表彰为全省"三项整治"先进单位，被人民银行南京分行表彰为"专项整治"先进单位。

地址：江苏省东台市新东东路33号
邮编：224200
电话：0515-5232736
传真：0515-5232736
E-mail:dtnszhj@sina.com

合作社联合社

——坚持文明办社，企业形象不断提升。结合行业特点开展“四讲一服务”、争创“青年文明号”和争当“青年岗位能手”活动。辖内头灶信用社被人民银行总行表彰为“全国农村信用社系统支农先进集体”，被人行南京分行评为“青年文明号”单位。目前，80%的信用社被市镇两级人民政府评为双文明单位，联社连续五年获东台市委、市政府“支持地方经济发展优质服务奖”。

武进市农村信用联社现有职工1200多人，截止2001年11月底，各项存款余额72.75亿元，贷款余额51.65亿元；两项均居全市同业第一，分别占全市同业总额的32.4%和36.2%。存款余额在江苏省县（市）级联社中排名第二。

该联社从2001年初开始，取消了基层信用社的法人资格，联社与基层信用社合并为一个法人，实行“统一法人、授权经营、单独考核、分级核算”的经营管理模式，在保持原有经营机制灵活的基础上，形成整体实力，支持地方经济能力和抗风险能力大为增强，继续保持稳健经营的良好态势。

武进市农村信用联社全辖实行通存通兑，网点遍布武进城乡，新的“综合业务系统”即将投入运行，以科技为依托的服务领域不断扩大，为发展中间业务提供了广阔空间，构成传统业务与创新业务并驾齐驱的良好格局，沿着可持续发展道路阔步前进。

在支持三农方面，武进联社贷款50万元支持的项目：现代畜牧有限公司

鄞县农村信

联社领导班子

鄞县信用联社是一家以社区内“三农”和中小企业为服务对象，以“城乡居民的理财帮手，中小企业的天然盟友，区域经济的强大后盾”为经营理念的金融机构。联社追求的目标是：建立管理科学、经营规范、效益优异、员工素质较高的具有较强生命力的社区型现代金融企业。

多年来，鄞县信用联社在改革创新方面作了大量成功而有益的探索。1987年12月，鄞县信用联社与农业银行全面脱钩，成为独立核算、自负盈亏的金融法人机构，是全国最早实施脱钩改革的六家信用联社之一；1998年10月，鄞县信用联社再次在管理体制改革上获得大的突破，成为沪、浙、闽地区首家实施一级法人核算管理的信用联社；2001年8月，中国人民银行戴相龙行长视察该社，根据国家“十五”规划发展纲要精神及戴相龙行长的指示，在鄞县信用联社基础上组建农村合作银行的工作进入了实质性操作阶段。另外，联社在内部人事制度、分配制度、内部机构设置等方面都走在了全国农村信用社系统的前列。

十余年来，鄞县信用联社经营观念不断更新、经营行为不断规范，各项业务平稳运行、健康发展，取得了令人瞩目的成就。1999年上半年，联社在浙江省农村信用社系统内首家被人民银行总行确定为全国银行间同业拆借中心成员;2000年初，联社被国家财政部确认为年度国债承购包销团成员，是浙江省唯一一家能够参与国债发行一级市场的信用联社; 2001年初，联社又分别被国家开发银行、中国进出口银行核准为年度政策性金融债承销商，成为全国农村信用社系统第四家具备全部银行间债券承销资格的信用联社，使联社成为沪、浙、闽地区农村信用社和中小金融机构投资国债、金融债的一个“窗口”。2000年上半年，联社经人民银行总行批准开办自营外汇业务，成为全国农村信用社系统第四家、浙江省第一家拥有自营外汇业务经营权的信用联社。至2002年2月份，鄞县信用联社各项存款余额达到76亿元，各项贷款余额达到52亿元，联社200余个营业网点遍布城乡镇村，服务网络功能齐全，在全辖范围内实现了大机联网，开通了通存通兑业务。受人民银行总行肯定和支持的宁波市综合业务系统首先在该社上点运行，为中间业务的拓展提供了强有力的技术保证，目前已为社区内50余万客户，2000余家企事业单位开展各类代理业务。

新的一年，鄞信人将以崭新的姿态锐意进取、开拓奋进，以促进地方经济的持续、快速、健康发展为己任，积极探索改革与发展之路，为营造具有较强生命力的管理科学、经营规范、效益优异、员工素质较高的社区型现代金融企业奠定了坚实的基础!

联社出席财政部国债承销签字仪式

用合作联社

锐意进取

开拓奋进

联社营业大厅

联社支持的宁波最大种粮大户——姜山镇
卢方兴（右）共包土地520亩

办公大楼外景

地址：浙江省宁波市百丈东路787号
邮编：315040
电话：0574-87330558（总机）
传真：0574-87330268　87336832
Http://www.yucc.com.cn
E-mail:yucc@mail.nbptt.zj.cn

新疆昌吉市

昌吉市联社理事长：李志刚

昌吉市联社有14个独立核算的信用社、34个信用分社，机构网点遍布昌吉市城乡各地，担负着支持昌吉市农牧业生产发展的重任。有员工285人，大专以上学历42人。截止2001年底各项存款207623万元，各项贷款113629万元，2001年盈利774万元。多年来，该联社外树形象、内抓管理，在社会各界的支持下各项业务得到快速发展，为繁荣昌吉市的经济做出了一定的贡献。

昌吉市联社愿意伸出友谊之手和您交朋友，共创我们辉煌的未来，我们的朋友遍天下！

昌吉市联社高层领导成员
左赵延泳（副理事长）
中李志刚（理事长）
右李宗福（理事长助理）

昌吉市联社在社会各界的支持下先后创建了州级文明单位、卫生先进单位、计划生育等先进单位

昌吉市联社支持的润通建筑有限公司的办公大楼

昌吉市联社办公大楼

农村信用联社

昌吉市联社支持的沃尔曼林木科技有限责任公司的主体温棚

昌吉市联社支持的华兴农林木有限责任公司的奶牛

昌吉市联社全体领导班子

昌吉市联社支持的佳弘实业有限责任公司

昌吉市联社支持的三雄油脂有限责任公司全景

地址：新疆维吾尔族自治区昌吉市宁边西路 88 号
邮编：831100
电话：0994-2241013
传真：0994-2241003

团结拼搏、积极开拓的领导班子

茂名市农村信用合作社联合社

茂名市农村信用合作社联合社成立于2000年1月6日，内设办公室、人事教育、财务会议、监察稽核、计划信贷、资产保全、科技、保卫等8个职能科室，辖下有5个县（市、区）联社和120个基层农信社。是辖内农村信用社的行业管理中心和经营服务中心。

该社坚持“面向基层、服务基层”的办社宗旨，在管理上实行“三会”制度（即社员大会、理事会和监事会），严格规范运作，充分发挥管理、指导、协调、监督和服务的职能作用，为辖下县（市、区）联社和基层农信社服务，依法维护县（市、区）联社和基层农信社权益，使辖内农信社不断在发展中壮大。目前，其辖下农信社各项存款余额超73亿元，各项贷款余额达64亿元，共有干部职工4655人，已发展成为一个机构网点遍布城乡，基础设施日趋完善，操作管理日渐规范，服务日益多元化的农村金融服务体系。

丰富多采的职工文化生活

地址：广东省茂名市双山四路12号
邮编：525000
电话：0668-2819998
传真：0668-2817639

惠州市惠城区农村信用合作联社

联社主任：朱振

惠城区农村信用联社是经中国人民银行批准成立的合作金融机构，是最好的联系农民的金融纽带和新形势下农村金融的主力军。成立50多年来，惠城区农村信用联社以发展农村经济为己任，坚持“农村、农业、农民”的服务方向，锐意改革，务实创新，在大力支持当地经济建设的同时实现自身的发展，逐步办成“实力雄厚、以农为本、信誉卓越、品质优良”的农村合作金融机构。

惠城区农村信用联社现有32个营业网点，遍布全区各乡镇，有在职职工308人。具有先进的软硬件设备设施；庞大的业务结算网络，畅通无阻的结算渠道；业务素质高、经验丰富的专业管理队伍。一直以来，惠城区农村信用联社竭诚为社会各界提供优质全方位的现代化金融支持和服务，赢得惠州市广大群众的信赖和赞誉，取得引人瞩目的成就。

跨进二十一世纪，农村信用社肩负着促进农业产业结构调整、农村经济发展、农民增加收入的历史性使命，任重道远。惠城区农村信用联社愿与社会各界人士，特别是农民兄弟加强合作与交流，携手共创美好未来。

支持市菜蓝子工程

地址：广东省惠州市麦地路55号　　邮编：516001
电话：0752-2112468　2105827　　传真：0752-2115234

江苏省兴化市农村信用合作社联合社

中央电视台记者采访该社理事长、主任章政远

人总行合作司张功平司长在兴化联社调研

统一法人后首届社员代表大会

江苏省兴化市农村信用合作社联合社下辖基层信用社50个、信用分社34个、储蓄所18个，机构网点遍布城乡。截止2001年11月末，全辖已拥有总资产27亿元；各项存款余额23亿元，位居泰州市各县级金融机构之首；各项贷款余额13亿元，提供了全市70%的乡镇企业贷款、80%的私营企业贷款和90%的农业贷款；农户贷款总量占贷款总量的68%，覆盖面已达25%，10万户农民脱贫致富资金需求得以解决；《农户贷款证》、《客户一证通》等贷款工具不断创新推出，"强农富民信贷工程"深入实施，信贷支农工作取得丰硕成果，经营效益在全市金融机构中连年名列第一。在强化管理、搞活经营的同时，努力推进精神文明建设，率先成为泰州市农村信用社系统县级"文明行业"，一大批"文明单位"、"文明示范窗口"和"青年文明号"相继涌现。2000年3月，被江苏省人民政府表彰为"合作金融先进单位"。2001年9月，被人总行表彰为"全国农村信用社支农先进单位"。

迈进新的世纪，兴化市农村信用社瞄准更高发展坐标，深入开展"三项整顿"教育活动，强抓干部队伍建设和职工素质提高，扎实推进内控制度建设，积极创新"客户经理制"、"等级信贷员"、"星级柜员"等服务方式和激励手段，大力开辟信贷服务业务品种，努力开拓农村信贷市场，不断提高金融服务水平，为农村经济发展再立新功!

联系人：祁斌昌
地址：江苏省兴化市美食街B号楼
邮编：225700
电话／传真：0523-3231151

东营市东营区农村信用社

团结务实的领导班子

宽敞明亮的经营场所

东营市东营区农村信用社系人民银行批准设立的合法金融机构，现拥有职工310名，所辖营业网点30个。截止2001年9月底，存款已突破10亿元，贷款9.6亿元，其中农业贷款7.5亿元，占贷款总额的76%。

多年来，东营区农村信用社始终牢记为农民、农业、农村经济服务的宗旨，扎根农村、竭诚为民，主要承办存款、贷款、票据贴现、国内结算，并相继开办了全市通存通兑、“银券一户通”、自助银行、代收、代付、电话银行、银行承兑等新业务。同时，为了解决农民贷款难的问题，东营区农村信用社在全市首家推出了“一次核定、余额控制、随用随贷、周转使用”的贷款业务，极大地方便了广大农户，“贷款证”也被农民朋友誉为“致富路上的绿色通行证”。2000年，东营区农村信用社被中国人民银行总行评为“全国级支农先进单位”。

东营区农村信用社靠改革求开拓、靠人才求发展、靠科技求飞跃、靠管理求效益、靠服务求信誉，充分发挥“农村金融主力军”和“联系农民最好的金融纽带”的良好作用，成为推动东营区农村经济发展的中坚力量。

勤奋学习的员工在接受领导的业务指导

豪华气派的办公大楼

地址：山东省东营市东营区西四路409号
邮编：257000
电话：0546-8226049
传真：0546-8224884

河北省内邱县信用联社

2001年，内邱县农信联社坚持以“三个代表”重要思想为指导，认真地按照党中央“巩固农业基础、调整农业结构和增加农民收入”的要求，进一步转变观念，端正经营方向，改进金融服务，加大支农力度，凭支农促进了当地农村经济的发展，使多年亏损的信用社实现了连年减亏目标，走上了“双增”路，较好地完成了市筹建办下达的各项经营指标任务。截止2001年底，全辖各项存款余额达38504万元，比年初纯增3044万元；各项贷款余额为25911万元，比年初纯增3295万元，其中农业贷款纯增2206万元。在农村信用社的大力支持下，全县9个乡镇119个村3878户农民走上了致富路。今年9月，该社被中国人民银行总行授予“全国农村信用社支农先进县联社”。

联社领导班子成员（左起）：联社主任：陈树亭，联社理事长：朱保群，总稽核：刘书文联社副主任：程春喜，办公室主任：陈应厦。

农民圈养七彩山鸡

山区吊柿

“富岗”牌苹果

南赛乡片麻岩开发，农民承包的荒山，并在信用社支持下种植了苹果、板栗、枣树、桃树等作物。

地址：河北省内邱县胜利路29号
邮编：054200
电话：0319-6862133
传真：0319-6861503

四川省岳池县信用联社

岳池信用联社领导班子在研究信用社经营管理工作。左起：副主任滕明福、黄建，理事长李成根，副主任常蜀建。

四川省岳池县信用联社，辖66个法人机构，93个营业网点，在职职工407名。全辖社在“三个代表”重要思想指导下，以“团结敬业、守法奉献”的企业精神引导人，以“消除贫困、共同富裕”的经营使命激励人，以“互惠合作、双胜共赢”的管理理念熏陶人，与时俱进地创新经营管理，推行了自强工程、金桥计划、星级管理、头升尾降用工改革；建起了以“家家乐”为代表的贷款超市；开办了以代理乡镇金库为中心的中间业务；实现了社社微机化办公，走出了一条全方位、宽口径、深层次服务“三农”的新路子，信合事业获得空前发展。截止2001年11月末，各项存、贷款余额达11.8亿元和6.8亿元，分别较行社脱钩前增长了3倍和2.1倍，所有者权益和实收资本较脱钩前增长115%和79%，是县域同行业务发展最快、盈利水平最高、变化最大的金融机构。

宽敞明亮的营业大厅

理事长李成根正在制定新世纪第一个“五年发展计划”

“四川省支农先进单位”岳池县乔家信用社主任程平对养鸽专业户进行贷后检查

地址：四川省岳池县九龙镇大西街东段1号
邮编：638300
电话：0826-5223549

绍兴市农村信用合作联社

绍兴市农村信用合作联社是全国第一家严格按合作制原则规范组建的地市级信用联社，辖属绍兴县、上虞市、嵊州市、新昌县、诸暨市、越城6家县级联社，员工4000余人。

绍兴市联社以求真务实的工作作风，积极进取，大胆创新，立足"三农"，面向经济，以制度建设为基础，以解决"农民贷款难"问题为落脚点，切实履行对全市农村信用社的行业管理和服务职能：

——在全市金融系统首创农户小额贷款品牌——"农家乐"，以"自报公议"、"农户联保"、"支农信用卡"等方式，方便农户贷款，支持农户生产经营，努力打响"农家乐"贷款品牌。

——积极在乡村、农户中推行"信用村"、"信用户"等级评定，努力提高他们的信用意识，积极营造农村良好的信用环境，并为扩大"农家乐"贷款创造便利条件。

绍兴市信用联社班子成员在参加会议

绍兴市信用联社的中心机房

——加强科技建设，提高服务水平。投资1300万元的"综合业务信息系统"即将投入运行，届时全市农村信用社各项业务实现计算机大联网，大大方便城乡客户。

——加大信贷投入，支持效益农业。2000年，全市信用社累计发放农业贷款46．5亿元，增幅达34%，资金全部投向农业龙头企业、效益农业和规模优高农业。

在广大信合员工的共同努力下，绍兴市农村信用合作金融事业正朝着良好态势发展。至2000年末，各项存款余额达179亿元，占全市金融机构存款总量的27%，贷款余额为136亿元，占全市的29．6%，存贷款规模均居全市金融系统首位，充分显示了在当地金融界的龙头地位。

绍兴市信用联社组织召开的全市"解决农民贷款难"研讨会

信用社贷款扶持的珍珠养殖场

地址：浙江省绍兴市人民中路341号　　邮编：312000
电话：0575-5147495　　传真：0575-5119832

四川省阿坝县农村信用联社

联社领导班子：
中：联社主任：罗云林
右：联社副主任：吴刚
左：联社监事长：扎戈

阿坝县地处川西北高原的雪山腹地，这里气候恶劣，交通、经济落后。自1958年建立农村信用社以来，主要以筹集农村闲散资金，重点为当地农业、农牧民和农村生产、经济发展提供金融服务的阿坝县农村信用合作事业已走过了43年的历程。四十余年来，农村信用社成为阿坝县金融体系的重要组成部分，在民族地区社会主义建设的各个历史时期，不仅对该县农牧业生产和农村经济发展、农牧民收入水平的提高发挥了不可替代的作用，同时自身的各项业务也得到了快速的发展。至2001年末，全辖农村信用社已有营业机构15个，从业人员31人，各项存款4149万元、各项贷款1336万元、固定资产551万元、所有者权益395万元。四十多年来，阿坝县农村信用社从无到有，从弱到强，已发展成为联系农牧民群众的重要金融纽带和支持农牧业生产、农村经济发展的主力军。

全体职工合影

联社综合楼

地址：四川省阿坝县德雀街
邮编：624600
电话：0837-2486505
传真：0837-2482774

产经营的流动资金需要。实行区别对待，扶优限劣、到期归还的信贷原则。

二是强化信贷资金的调控力度，做到适时安排，适时投放，努力提高资金的使用效益。对自身效益好、长期讲信用的“坐地”个体、民营大户的贷款，实行年度最高限额，年初一次审定，年中由各社在限额内自行掌握发放，常贷常收，减少风险，加速资金周转。

3. 积极推行存贷结合和联户担保贷款机制，解决民营经济融资的需要。

一是对需要农村信用社支持的民营经济户，在信用社申请开立存款账户的同时，信用社承诺，只要民营经济业主在信用社的账户上有一定的存款数额，都会得到信用社的信贷支持。

二是实行联户担保贷款机制。为了检验贷款户的信用度，提高他们按期还贷意识，加强存贷户之间的相互制约，确保信用社资金安全，由民营经济业主自愿结合为联户担保组，达到相互制约的目的，促进民营经济户的发展和农村信用社的稳健经营、自我发展。

三、支持与发展并进，效益与稳健并存农村信用社是合作金融组织，它的资金来源是由农民自愿入股的股金和储户的存款组成的，资金的来源制约着资金的投量，存款的规模和结构制约着贷款的规模和结构。因此，农村信用社与各企业、党政部门的相互协作、相互配合、相互支持尤为重要，民营经济业主平时将闲散的，暂时不用的资金通过信用社存储起来，建立关系，共同为信用社的发展献力。反之信用社也为民营经济业主提供金融服务，组织更多的资金不断增加信贷投入。部分民营经济业主对农村信用社贷款程序多、审批慢、条件高一直颇有微词，其实农村信用社也有一本难念的经。对民营经济放贷，对其财务状况难了解，贷款额度上难掌握，在保证还贷款上也难掌握，直接影响了相互了解。农村信用社要从自身查找原因，多深入民营经济业主中了解现实状况，为他们所急，为他们所想，帮助他们排忧解难，实现民营经济和农村信用社的“双赢”。同时，民营经济户也要主动将流动资金，存入信用社，不断地壮大农村信用社的筹资能力。

随着企业改革的深入，民营企业大量增加，原有企业在农村信用社借有贷款，在改制以后，信用社需要得到民营企业的支持。首先是做好改制企业贷款的落实；其次是改制后的民营企业要加强管理，提高效益，确保存量贷款的盘活和社会效益的同步提高。同时，农村信用社力所能及地对改制企业，为资本重组提供服务，拓宽直接融资渠道，对确有发展潜力、效益好的民营企业重点支持，加大间接融资的力度，促使他们扩大再生产，扩充资本，提高效益。

更新观念服务“三农”

湖北省云梦县农村信用社联合社　杨德义

农村信用社是由农民社员入股建立，由社员民主管理，主要为入股社员服务的合作金融组织。50年来，农村信用社的生存和发展虽然经历了曲折的历程，但是，农民、农业和农村经济一直是农村信用社服务的对象。党中央、国务院多次强调农村信用社的合作金融性质，确立了农村信用社为“三农”服务的宗旨，给农村信用社的经营市场进行了定位。云梦县农村信用社根据这一要求，不断探索新途径，扎实做好服务“三农”工作，有效地促进了农村经济的发展。

（一）牢记服务宗旨，更新支农思路

云梦县农村信用社广大干部职工认真学习了朱镕基总理关于“农村信用社是最好的联系农民的金融纽带，是农村金融服务的主力军”的重要讲话和“十五”计划纲要精神，增强以农为本，强农立社的观念，始终把支农和服务摆在各项工作的重要位置，增强做好支农工作的责任感和紧迫感。根据县委、县政府的农业农村工作指导思想，不断更新观念，调整信贷投放思路，将信贷资金支持的重点由传统农业向现代农业转变，由单纯的服务型向综合的效益型转轨，按照产业结构调整的需求，大力支持农民发展科技型、经济型、效益型农业，得到了各级党政领导的肯定。

1. 支农策略由被动型向主动型转变。过去的支农贷款是农民找上门，农村信用社想贷就贷，工作处于被动局面。如今，农村信用社是以农村经济发展战略为向导，农民欲谋社先思，调整工作策略，增强主动性。围绕当地农村经济发展规划，科学制定支持农业生产工作规划，并认真组织实施。凡是符合国家产业政策，有利于支持农民脱贫致富奔小康，项目可行，效益明确，都给予主动支持。

2. 支农对象由“垒大户”向广大农户和入股社员转变。过去的贷款投向主要以经商、建筑大户为主，投放关系、人情贷款。如今，农村信用社牢固树立为农服务、支农优先的指导思想，充分发挥对农户生产经营的金融主渠道作用。按照市场定位，坚定不移地把服务重点转向广大农民和入股社员，彻底纠正“垒大户”行为和非农倾向，实行农户贷款优先，社员贷款优先，农业生产费用贷款优先。农户贷款面达到了70%。

3. 支农方式由单一型向多元型转变。过去农村信用社只提供单纯的信贷服务，如今，农村信用社将自身的信息、结算、服务等优势转变为支农力量，积极推进支农方式的多元化。充分发挥农村信用社的优势，将结算、服务和信息等融于支农工作之中，为农民和社员提供更多、更好、更实惠、更便利的服务，有效地促进了农村经济的发展。

（二）深入调查研究，落实支农举措

为了做到不误农时，及时、足额地把支农资金投入到农业生产中，促进农业增产，农民增收，农村稳定，云梦县农村信用社在支农工作中采取了三大举措：

1. 调查摸底到位。新年刚过，云梦县农村信用社就集中人员、时间和精力，大力弘扬“挎包银行”的优良传统，抽调80多人组成12个专班，深入全县12个乡镇部分村、组、800多个农户家中走访调查，详细了解了农民春耕备耕资金的需求情况，做到了心中有数，为支农工作提出决策和依据。调查表明，今年春耕备耕工作有如下四个特点：一是农业结构大调整；二是科技含量大提高；三是效益农业大发展；四是租赁面积大增加。调查结果显示，今年全县农民资金总缺口为7000多万元，预计农民尚可自筹资金3200万元，余下的3800万元需要农村信用社的大力扶持。通过大力组织资金和申请人民银行支农再贷款，为农民春耕备耕准备了生产所需资金。

2. 两证发放到位。为了确保支农资金足额、快捷及时发放到农民手中，首先，云梦县农村信用社把沙河农村信用社作为信用等级评定和贷款证推行的试点，通过调查摸底，掌握了解农民的经济情况和信誉情况，并根据掌握的情况，分别给农户评定为一、二、三级的信用等级，逐户颁发信用证和贷款证，建立了农户档案，核定了农户贷款额度，并按“一次核定、随用随贷、余额控制、周转使用”的方法进行投放。通过试点，对全县113487个农户进行了信用等级评定、发证和建立档案工作。信用等级的评定，激发了农户的荣誉感和信用意识，整顿了信用秩序。贷款证的使用，极大地方便了农户，减少了贷款环节，被农民称为农业信用卡，为支农资金的投放做好了前期准备工作。

3. 监督政策到位。为了把有限的支农资金扎实用在农业上，云梦县农村信用社制定了农业贷款管理制度，严明了信贷纪律，实行信贷工作社会监督制。一是将资金安排计划以文件形式发至县直设农部门和各乡镇。二是通过电视媒体公示农户贷款发放的政策、原则、条件、利率、程序。三是要求全县各农村信用社到村组集中发放贷款，提高贷款投放的透明度，接受贷款发放的社会监督。

（三）加大投入力度，实现社农双赢

为进一步做好支农服务工作，在做到早调查、早计划、早安排、早落实和减化贷款手续的同时，加大支农资金的投入，今年共投放支农贷款6150万元，比去年同期增加4507万元，增长3．7倍，充分发挥了农村信用社支农主力军作用。

1. 大力支持传统农业的发展。依据信用等级的评定，农民凭信用证和贷款证直接到当地农村信用社办理小额生产贷款。在春耕备耕期间，共办理生产费用贷款3843万元，基本上满足了春耕备耕的资金需求。

2. 大力支持农业产业结构调整。根据县委、县政府提出的“区域化布局、规模化生产、一体化经营、市场化发展”的工作思路，重点支持了316国道云梦沿线的名优瓜果长廊、汉宜公路云梦沿线的优质莲藕长廊，云应公路云梦沿线的无公害蔬菜长廊，拉动了全县农业产业结构的调整。投放农业结构调整贷款1211万元，将信贷资金不断向科技含量高、收益大的项目渗透，促进了农业增效。

3. 大力支持庭院经济发展。庭院经济是农民脱贫致富奔小康的重要补充形势，实行联产承包责任制以来，庭院经济已为广大农村开辟了广阔的致富前景。今年共向养殖业注入资金581万元，促进了农民增收。吴铺镇杨店村群富良种猪场辐射到周边村200多农户，今年吴铺农村信用社共投放贷款12万元，支持了该基地，创总值150万元，获纯利20万元。城关镇黄湖村村民陈建安，是云梦县有名的乌鸡养殖状元，其养鸡场则是全省最大的乌鸡养殖基地。为了解决该基地资金周转困难，城关农村信用社及时投放贷款20万元，帮助其购回了加工饲料，不到两个月，就还清了全部贷款本息。

4. 大力支持农产品加工业。农产品加工业是提高农产品经济效益的重要手段，是农民创收的又一主渠道。今年以来注入资金515万元，帮助农民发展农产品加工业。个体户胡启明在云梦

城东经济开发区城关和平村征地 12 亩，成立了一个台商独资企业，主要经营蔬菜、副食品、方便食品、调味品、面条加工、销售及产品的汽车货运。在资金困难之时，城关农村信用社鼎力相助，贷款 30 万元，启动生产。现该企业增加就业员工 120 人，上交税费 10 万余元，获利 42 万元。

在今后的工作中，云梦县农村信用社将狠抓信用户、信用村、信用乡镇的“信用工程”创建活动，整顿信用秩序，优化信用环境，进一步加大对“三农”贷款的投入，促进农业增效、农民增收和农村稳定，为云梦县农业上规模、上档次、上效益而努力奋斗！

创新是信用社发展的动力

岳池县信用合作社联合社　李成根

创新，是企业的灵魂和本质，也是农村信用社（下称信用社）繁荣进步的动力。古往今来，凡是成功的企业无不是与时俱进的创新企业，凡是失败的企业都能从它固守陈规拒绝创新中找到答案。没有创新，便没有进步，没有不断的创新，便没有更大的进步。创新，已成为企业追求“百年老店”的核心战略。1996 年与农业银行脱钩以来，岳池联社高举改革发展大旗，以“三个代表”重要思想为指导，在经营管理创新上做了大量有益探索，处理好观念、战略、机制、经营、文化、管理创新间的辩证关系，有力地开拓出了信合事业不断发展的新局面。一是信贷实力快速增长，各项存款增加 84362 万元，余额达到 118068 万元，是脱钩时的 3．18 倍；二是贷款业务有效扩张，各项贷款余额 68084 万元，比脱钩时增加 2．09 倍，不良占比由 51．3%降到 38．4%；三是新业务异军突起，超常规发展，成为经营开拓的新亮点；四是经济效益显著提高，五年共实现收入 51300 万元，年均创利 400 余万元，所有者权益增长 80．2%；五是社会形象增辉添彩，联社被省委、省政府授予“文明单位”称号，被省档案局授予“一级最佳”档案管理称号，被省爱卫会授予“先进卫生单位”称号，被省主管部门授予经营管理“先进集体”称号。创新在开拓信用合作新局面中发挥了重要作用。

（一）观念创新

观念创新是先导。信用社的一切创新均源于观念创新，有什么样的观念，便有什么样的行动决定着出路。在存款上，突破了“存款立社”的偏见，变“存款立社”为“存款强社”，没有最大存款增量，便没有最大的资金实力，没有最优存款结构，便没有最佳的经济效益；在贷款上，确立了贷款是“吃饭”业务，贷户优先比存户优先更重要，赢得贷户就赢得企业生命，丧失贷户就丧失了企业发展；在竞争上，摒弃了竞争就是置对方于死地的狭隘意识，崇尚在竞争中合作，在合作中竞争，双胜共赢，共同发展的游戏规则；在管理上，革新了为管理而管理的陈旧观念，推崇为发展而管理，为进步而护航，为增效而控制；在制度建设上，强化了制度是更大生产力思想，搞活经营管理，首先要搞活经营机制，用制度激活职工的积极性、主动性和创造性；在队伍建设上，树立起了以人为本思想，建设学习型企业，既制造信用又制造人。这些观念的不断创新，促进了信用社思想解放的加深，有力地推动了经营管理的不断开拓，为信用社的快速发展和全面进步奠定了坚实基础。

（二）战略创新

战略创新是根本。战略决定着战术，好的战略既能为企业发展奠定胜算基石，又能使职工产生共同努力，朝着美好的未来，脚踏实地的搞好本职工作，将企业发展推向理想境界。联社从信用社的实际出发，总结反省过去经营战略的得失，制定了“既依存土地，又冲破土地”的发展战略。“依存土地”，就是要把根扎在农村、农业、农民中，高扬本土文化，靠支农求发展、化风险、塑形象，培育核心“吃饭”业务，打造出核心竞争力。“冲破土地”，就是放眼经济全球化，紧跟经济金融改革步伐，从“三个消亡”中获得知识与力量，积极参与市场竞争，创新和发展金融新业务，开辟增加收益的新途径，全面提高经济效益。经营战略思想的创新确立，极大地开阔了职工视野，理清了发展思路，将工作重点与基点，现实与未来，有机地结合起来，促进了农村信贷市场的拓展，小额信贷成为“精品贷款”，中间代理业务从无到有，由小到大，乡镇金库设在信用社，显示出了创新战略带来事业的发展前景。

（三）制度创新

制度创新是关键。大量的实践证明，人在不同制度环境下，其工作热情和效果是不同的。开创信合工作新局面，须以相适应的制度为保障。联社紧扣时代发展，对不适应市场经济的制度，进行了创造性的破坏与建设。首先是用工制度。建起了“头升尾降，动态管理”的用工机制，在全面实行改固定工为合同工的同时，将职工业绩定性、定量考核后，划分为优秀工、合格工、试用工、待岗工管理。各用工不搞终身制，每年一次考评升降，按5－10%比例对4种用工逐级进行“头升尾降”，即待岗工头数升为试用工，试用工头数升为合格工，合格工头数升为优秀工，反之，优秀工的尾数降为合格工，合格工的尾数降为试用工，试用工的尾数降为待岗工。各用工升降均与职工福利挂钩。使职工保有始终不断的竞争活力，迸发出创造性的工作热情，为事业发展多做奉献的力量。其次是报酬分配制度。全面推行“等级管理”，将凭工龄为主分配劳动报酬扫进了历史“垃圾箱”，按等级和绩效分配劳动报酬，即把信用社等级定为4个级次，按人均存款额、贷款额、创利额和不良贷款占比考核确定；级次不同，工资的系数不同，效益不同，劳动分红比例不同，信用社等级愈高，职工收入愈高，反之等级愈低，职工收入愈低。职工利益与集体利益捆在一起，有力地增强了职工集体绩效责任感和争创一流的使命感。三是职工评价制度。从内容和形势上，改革了职工由组织评定定终身的作法，在全辖推行了360度纵横考核评价职工的新办法。即把职工置于全社会、全方位的考核，采取联社定量考核与社会（上级主管部门、当地党政、人民银行、村社干部、存贷客户）定性考核相结合，改变了组织评价职工重定性轻定量的模式，也使职工改变了工作只对组织负责，不对客户负责的思维定势，焕发出了从上级要我开拓创新经营管理向我要创造性地搞好经营管理转变的自觉性，促进了业务经营与内部管理向广度和深度进军。

（四）经营创新

经营创新是重点。开放的市场经济需要开放的业务经营，在市场经济条件下，“老门神”经营已不适应农村经济的新变化，金融市场的新竞争。开创信合事业新天地，创新业务经营最重要。正是基于这种责任感和使命感，联社在全辖推出了改变落后面貌的“自强工程”，在农村与城市、农户与市场间架起“信贷金桥”：中间业务实行以代理金库业务为重点，“筑巢”引来地、国税代理业务和移动公司“绿色田野”计划，增加低成本资金上亿元；存款业务以“存贷结合”为重点，发放“联系卡”，推行“一证通”，架设劳务资金汇兑“走廊”，促进存款市场份额扩大到35%以上；贷款业务实行以“家家乐”小额信贷为重点，推出“户户安”、“共同发”等10余个贷款品种，建起便民“贷款超市”，拓宽了金融纽带，80%的农户得到贷款支持，小额信贷成为信合“品牌”，实践“三个代表”的生动体现。

（五）文化创新

文化创新是灵魂。文化是明天的经济，21世纪的金融经济，知识经济，绿色经济，都必须以文化为支撑。对企业来讲，谁拥有了先进文化，谁就可能在竞争中独领风骚，谁不重视文化建设，谁就可能在竞争中败北。要使企业独具魅力，就必须强化文化建设，以正确的理论武装人，先进的文化鼓舞人，高尚的价值观念熏陶人。联社从信用社合作特征出发，按照企业的本质要求，将传统文明与现代文明结合在一起，建立起了岳池信合独具特色的企业文化，即“团结敬业，守法奉献”的企业精神，“消除贫困，共同富裕”的经营使命，“互惠合作，双胜共赢”的管理理念。把经营管理全过程作为建设企业文化的全过程，将企业建设学习组织的全过程，作为实践企业文化的全过程，不懈地在职工头脑上投资，使企业文化深入人心，潜移默化地影响经营管理，陶冶职工的高尚情操，全辖队伍建设一年更比一年强，业务发展一年更比一年快，经营管理一年更比一年好，不但涌现出了一批实践“三个代表”当好支农主力军的先进集体，而且还涌现出了坚持把人民利益高于一切，用生命和鲜血捍卫信贷原则的全国“五一劳动奖章”获得者，展示了企业文化在经营管理中的无穷魅力。

（六）管理创新

管理创新是保障。业务愈发展，愈要加强管理，经营愈开拓，愈要深化管理。管理不仅能为经营健康发展保驾护航，更重要的是能为企业带来丰厚效益，创新管理就是创造效益。联社大胆改革旧的管理模式，建立和推行了新的管理办法：一为专业化管理，按照市场经济本质——专业化，将全辖经营和管理相对分离，组建了专司管理的联社稽核大队、会辅大队和保安大队，在联社理事会领导下，独立对信用社业务经营和各项制度执行进行管理与监督，促进金融法规和政策制度的有效落实；二为“星级管理”，把可持续发展和全面进步思想作为管理指导，对信用社经营管理指标分为10个考核项目，每个项目一颗星，达标者授星，不达标者不授星，一年一评，“星级牌”挂于门市，接受社会评说，促进信用社经营管理全面发展；三为信贷公开管理，把自我管理与他人管理结合起来，将贷款管理由内部推向社会，按季向社会公开信贷政策、贷款种类、条件和程序，向社会公开投放对象、额度和贷款逾期、延期情况，向社会公开贷款最大20户和享受优惠利率20户名单，长期公开全辖管理者电话号码，建立信贷投诉箱，接受群众咨询，使广大农民既成为贷款主体，又成为了管理主人，将信用社的民主管理落到了实处。管理上的推陈出新，推动了业务经营的开拓创新，促进了信用合作事业的高效发展，出现了人气上升，存贷两旺，效益提高的大好局面。

小额信贷大有作为

——安徽省池州市贵池区农村信用联社全面实施小额信贷工程

池州市贵池区农信联社　何建明　戴正球

池州市贵池区位于佛教圣地九华山北麓，长江南岸，历史上以盛产鲥鱼而得名，1996 年被定为国家级生态经济示范区。近年来，贵池区农村信用联社牢固树立“以农为本，兴农强社”的办社思想，信贷服务更加贴近农业、贴近农民，大力推行小额信贷业务。两年来，全区累计发放小额贷款 16478 万元，占全区累放的 49.7%。有 74300 个农户（含个体工商户、经济户）得到信用社扶持，小额贷款覆盖面达 61.9%，很大程度上解决了农民“贷款难”问题，在农户中培育了一批“黄金客户”，实现经济效益与社会效益的统一，闯出了一条具有本地特色的信合支农之路，得到了全区农民的欢迎和党政部门的充分肯定。

（一）统一认识，坚定信念

贵池是以农业为主的县级区，总人口 60.6 万，其中农业人口占 82.8%，农民人均收入 2220 元，经济基础较为薄弱。特别是近几年受洪涝灾害的严重影响，地方经济不景气，乡镇企业大部分处于关停倒闭状态，信用社形成大量不良资产。

在这样的条件和经营环境中，农村信用社如何发挥信贷支农作用？如何寻求培植新的经济增长点？是决定新时期农业增产、农民增收、信用社增效的关键。区联社认真学习了党和国家关于农业、农村经济结构战略性调整等一系列方针政策，尤其是认真领会朱镕基总理在考察江苏农村信用社时的重要讲话精神，客观分析了信用社的合作性质、宗旨及服务方向；剖析了高风险成因是风险过于集中。同时，还围绕目前经营现状和信用社市场定位，就如何支农增效展开了一次大讨论，通过学习和讨论，使大家充分认识到小额信贷是当前信用社信贷支农的切入点，是信用社新的利润增长点，是固农之基，兴社之本，并且及时有效地提出了大力推行小额信用贷款证的做法。这种小额信贷具有风险小、范围广、作用大、社会效果好的特点。另外，区联社还积极推行农户联保贷款方式，解决了农民因无法设置抵押而不能贷款的问题，充分体现了农村信用社的合作性质，把有限的信贷资金分散到尽可能多的农户身上，避免了过去大额信贷风险。

职工的思想认识得到了统一，坚定了信念，改变了过去贪大求洋、重商轻农的不良倾向，调动了各方面的积极性，为做好小额信贷工作，促进信用社业务发展，加快农业产业化进程奠定了良好的基础。

（二）强化措施，优化服务

为积极引导贷款增量向三个方面转移，即大额向小额转移，企业向农业转移，集中向分散转移，联社根据人总行《关于农村信用社改进加强信贷管理和服务支持农村经济全面发展意见》以及人总行《关于农村信用社农户小额信用贷款管理暂行办法》的精神，结合贵池实际，明确了贷款投向。具体做到“四个优先”、“三个把握”、“二个确保”、“一个优惠”。“四个优先”即粮油棉农作物贷款优先；畜禽水产等养殖业及特色农业贷款优先；科技兴农及推广使用贷款优先；农产品加工增值及种养业、产供销“一条龙”的贷款优先。“三个把握”即把握乡镇企业贷款发放；把握住房开发及房产抵押贷款的发放；把握大额贷款的发放，严格按照操作程序和手续办理。“二个确保”即确保信誉好的小额信用贷款证的发放；确保存单质押贷款的发放。“一个优惠”即对信用社入股社员利率实行优惠。

坚持信贷授信制度，从严控制大额贷款的投放。规定信贷员的贷款权限为2000元，以及凭证贷款的发放，信用社主任的贷款权限为10000元，信用社贷款审批小组权限为3万元，超过3万元的贷款一律上报联社，由联社资产管理委员会从严掌握审批。对5000元以下不属违章违纪的贷款作为岗位贷款，不影响信贷员的调离、荣升，不追究信贷员责任；对5000元以上的贷款一律作为责任贷款，逐笔量化经济责任，实行责任清收。

与此同时，区联社注重经营创新，服务贴近农民。变过去坐等顾客上门为现在的主动走出社门。每年2月份，即在春耕生产来临之前，全区信贷人员都要深入村组农户调查摸底，测算资金需求，做到早计划、早安排、早发放。及时方便地提供贷款服务，并针对农民需求的多样化，以便利农民贷款为中心，不断改进服务方式，提高服务质量，改变过去农民上门求贷的作法，简化贷款手续，坚持送贷上门。

2000年元月份，地区人行在贵池区梅村乡进行农户小额信用贷款试点。在总结经验的基础上，于2月份向全区信用社推行农户小额信用贷款管理。为不误农时，采取边调查、边发证、边贷款的做法，同时把这项工作纳入了正常考核之中，小额农贷达不到规定额度的按比例扣分。今年元月份联社出台了《贵池区农村信用社农户小额信用贷款实施细则》，进一步规范了小额信用贷款的管理，有力地推动了小额信贷业务的发展。

（三）加大投入，注重实效

今年1－11月份累计发放各项贷款2.81亿元，其中农业贷款1.97亿元，占累放的70.1%，对促进地方经济的发展起到了一定的作用，加快了贵池区农业产业化进程。但其效果还是小额贷款所发挥的作用尤为明显。主要表现：

一是支持农民粮油棉生产。全区共发放粮油棉贷款4900万元帮助农户购买生产资料，并及时向圩区发放水费贷款800万元，使全区10万亩农田受益，受益面达24%。

二是引导农民调整产业结构，走特色农业之路。如今农民改变了传统的种养方式，把握市场需求，缺什么种什么。信用社为他们提供信息，并发放贷款支持。殷汇镇杨湾村民有丰富的利用大棚种植蔬菜的经验，信用社每年都要提供20－30万元的信贷资金，帮助他们种植反季节的蔬菜，就此一项每年人均增加收入1100元。晏塘、驻驾等乡农民利用自家房前屋后，荒山野地发展庭院经济，栽种葡萄、瓜果，信用社贷款帮助购买苗种，收益较高。又如涓桥镇谷潭圩高科技示范区，是国家财政部投资项目，已拨款350万元，基础设施已初步完成，主要是发展大棚种植和水产精养。由于农民承包经营，去年该镇信用社向22户承包户发放养殖贷款40万元，并取得了较好的经济效益。此外，如梅村的茶叶、棠溪的焦枣、清溪的鳜鱼、唐田的银鲫、涓桥的青虾等都作为贵池的“名优特”产品，颇负盛名，也都离不开信用社的大力扶持。

三是支持专业大户，提高农产品附加值。随着外出打工人员的增加，农村劳动力相对缺乏，就形成了种植专业户。如茅坦乡跃进圩、双丰圩、高丰圩近5000亩田地，已全部承包给这些专业户耕种，信用社投放了40万元贷款给予支持。同时为发挥当地粮食多的优势，贷款支持了三个小型精米加工厂，出售优质大米，深受城乡居民欢迎，既解决了农民卖粮难问题，又增加了专业户的经济收入，一举两得，效益同增。

四是大力支持个体经济户、个体工商户，活

跃贵池经济。据统计，今年1－11月份支持个体经济户686户，贷款额1987万元，支持个体工商户1688户，贷款金额2765万元。

五是为贫困户、贫困村提供信贷服务，帮助他们尽快脱贫致富。全区共发放扶贫贷款360万元，有600户贫困农民受益脱贫致富。

（四）小额信贷，意义深远

自去年实施小额信贷以来，特别是农户贷款证的推开，不仅仅只是解决农民“贷款难”的问题，它的意义非常深远。不仅促进了农村经济的发展，农民增收，同时也给信用社带来了丰厚的回报。

一是农村信用社的规模效益得到了提高。去年存款净增加5620万元，其中农储增加4024万元。今年1－11月份存款增加10492万元，其中农储增加9797万元，均超过历史记录，不足两年农民人均储蓄额增加350元。2000年全辖减亏210万元，今年预计减亏额达500万元以上，力争扭亏增盈。

二是有效防范和化解风险，确保资金安全营运。小额农业贷款一般是根据农业生产的季节性来确定的，限期一般在3－9个月，到期时贷户手中有农副产品出售，而且本息金额相对较小，农民能够承受，因而到期后都能及时归还本息。过去是贷款难，还款也难。信用社贷款手续繁琐，老百姓不愿还贷，形成了不必要的沉淀。现在贷款容易，手续简化，老百姓的还款意愿增强，信用关系得到了改善。按凭证发放的条件，农民必须还清老贷，才能领取贷款证，促使他们积极归还

贷款。区联社还注重把好放款前后调查、审查、检查关，分片划村到户，责任到人，实行包放、包收、包效益，从而使贷款风险率降到最低限度。

三是方便了贷户，密切了社群关系。由于信贷人员对服务对象进行划片到村管理，并常年往返于社群之间，对服务范围内所有农户各个方面情况比较了解，当农民提出贷款申请时，都能及时确定贷与不贷、贷多贷少、贷款期限，还款来源等也了如指掌。凡是符合贷款条件的，做到随到随贷，极大地方便了农民。贷户普遍反映：信用社掌握情况明，办事效率高，社群关系好。真正体现了信用社是农民自己的金融机构。

总之，通过小额贷款的发放，很大程度上解决了农民“贷款难”的问题，取得较好的经济效益和社会效益。区联社坚信，小额信贷，意义深远，大有作为。

蓬勃发展的青阳县农村信用联社

安徽省青阳县农村信用联社

安徽省青阳县农村信用合作社自20世纪50年代初建立以来，历经沧桑，走过了一条艰难而又辉煌的创业之路，特别是1996年与农业银行脱钩后，农村信用社步入了改革和发展新时期，全县农村信用社围绕自主经营，自负盈亏，自担风险，自我发展的合作金融企业的改革目标，通过规范合作制，完善经营责任制，拓宽业务领域，提高服务质量，使经营机制日益完善，各项业务长足发展。已成为青阳县金融业的重要组成部分和本县农村金融领域中从业人员最多，服务网点最为广泛，资金实力最为强大，为社员群众提供金融服务最为方便的金融机构。为青阳县农村经济的发展和农民群众致富奔小康发挥了越来越重要的作用。

（一）资金实力由弱到强，服务功能日益完善

为筹集更多的资金支持青阳县农村经济的发展，全县信用社始终把组织存款摆在各项业务工作的首位。坚持“存款立社”的指导思想，紧紧围绕“总量增加，结构优化”的方针，不断改善服务，实现了各项存款的持续、稳定、快速发展，到2001年底，全县信用社各项存款达到36266万元，比1996年与农行脱钩时净增17325万元。年存款增长率15%，占全县金融机构总存款的28%，其中，储蓄存款达到34331万元，比1996年与农行脱钩时净增18764万元。

（二）资产规模由小到大

1996年以来，县农村信用社坚持以农为本和为“三农”服务的经营指导思想，承担着全县80%以上的种植、养殖业贷款和对农户生产、生活的金融服务。围绕“效益兴农”做文章，到2001年底，各项贷款达到19700万元，贷占存比例为54．3%，比1996年与农行脱钩时净增8226万元，其中：农业贷款余额8459万元，净增加6527万元，农业贷款占贷款总额的43%。

（三）深化改革转轨定向，民主管理坚实有力

1996年以来，县农村信用社认真贯彻国务院关于农村金融体制改革的决定和全国农村信用社管理体制改革工作会议精神，深化农村信用社管理体制改革，按照把农村信用社真正办成合作金融组织的要求，规范农村信用社和县联社。在规范过程中，严格按照“社员入股、社员民主管理、主要为社员服务”的改革方向，在地方党委、政府的大力支持下，达到了预期目的，规范取得圆满成功。有18个信用社和县联社按照合作制原则进行了规范；县联社募集股金120万元，资本金总额1183万元，其中县联社资本总额330万元；信用社募集股金202万元，全县有5．7万农户参股，占全县总农户的80%，全县选举出理事105名，其中，社员理事63名，占总数的60%。

（四）抓增收促效益，经营成果有根本好转

前几年，由于多方面因素的影响，全县信用社经营效益低下，经营风险加大。联社针对薄弱环节，以扭亏增盈为突破口，狠抓效益的提高，落实责、权、利相结合的经营责任制，确保扭亏增盈措施的落实。

（五）防范化解风险，狠抓旧欠清收

几年来，联社及各信用社在防范和化解经营风险方面，一是抓好高风险社和严重亏损信用社的综合治理，对高风险和严重亏损社实行目标管理，按月监控，将防范和化解风险作为中心工作。二是规范贷款行为，加强行为制约，切实落实贷款的基本制度，做到合规合法办贷，最大限度地减少贷款风险。三是落实风险防范机制，坚持做到谁放谁收，落实岗位清收责任制，加大对违章违纪贷款清收和处理力度。通过各项措施的落实，全县农村信用社不良贷款居高不下的局面得到遏制，目前，全县农村信用社逾期贷款 835 万元，占用率为 4%，两呆贷款 7813 万元，占用率为 39%。

（六）优化增量重点突出，信贷支农成绩显著

几年来，县农村信用社通过规范，坚持合作制方向，改进支农服务措施，按照上级行的要求加大支持“三农”的力度，每年都将信贷支农纳入重要议事日程，选准信贷支农切入点。首先是落实小额生产、生活贷款。年初就及早组织深入农户开展农贷调查，逐户开展核贷工作，推行小额农贷，并将农贷计划落实到位，满足农户开展春耕生产等资金需要，做到早计划、早安排、早落实。每年对农户的调查都不少于 90%，对农户的支持占总农户的 70%。二是做好对农业产业化的信贷服务，结合地方政府的产业政策，以市场为导向，在支农的深度、广度和高度上下功夫，如支持童埠的渔业养殖、丁桥镇的经果林大户、木镇的大棚蔬菜、杨田镇的养鸡大户、酉华乡的盆景大户等，通过支持农业的产业化发展来带动当地经济的发展。三是支持个私经济的发展，寻求农村经济发展新的增长点，全县信用社根据农村经济发展的需求，积极支持农村个私经济的发展。

总之，在支持“三农”发展上，全县信用社是认识上统一、措施上得力、效果上明显，树立了农村信用社新形象，得到了地方党委、政府和社员群众的首肯，全县 90% 的农业生产贷款，70% 的农村经济发展贷款由信用社提供，1996 年以来，全县信用社累计投放农业贷款 245600 万元。

（七）加强管理，狠抓制度的落实

近几年，县农村信用社经营面临着极大的困难，在困难面前，全县信用社不等不靠、统一思想、抓住时机、发挥优势、完善内部经营机制、狠抓制度的落实。一是深化劳动用工和分配制度的改革，首先从联社自身改起，在联社实行了岗位竞聘制，落实岗位责任和岗位考核办法。在信用社劳动用工改革上，按照“三定”、“双考”、“一签订”的原则，制定和落实了信用社劳动用工改革实施方法，同时，进行了分配制度的改革，制定了《青阳县信用社效益工资实施办法》。通过改革，使全体职工具有强烈的危机感，打破了分配上的“大锅饭”，拉开了职工收入上的差距，调动了职工的积极性。二是加强职工教育，提高职工素质，县农村信用社结合“三项教育”、“三个代表”的学习、“三铁”活动的开展，引导职工树立正确的人生观和世界观，从而提高其政治素质。在职工业务素质提高上，信用社既从日常的业务工作抓起，又采取了要求职工开展自学、培训、上学等措施，通过努力，全县职工中专以上学历的占 70%。三是落实各项内控制度，防范经济案件的发生，信用社按照上级行的要求，狠抓内控制度的落实，制定了《信贷操作规

范》、《会计操作规范》、《重要空白凭证管理规范》、《责任追究制度》、《稽核处罚制度》等一系列内控制度，并将这些制度落在实处。通过内控制度的落实，确保了 1996 年与农行脱钩以来未发生一起经济案件。四是狠抓廉政建设，强化反腐倡廉工作。推行“信贷公开、财务公开、办事公开”，把信用社经营发展置身于群众监督之下。同时，加强信用社领导班子建设，提高信用社领导班子成员党性修养和组织纪律观念，确保信用社社风正、礼貌佳、有正气、有士气。五是加强安全保卫制度的落实，针对当今社会治安恶化的实际，将安全防范措施分解落实到人到岗，加强安全保卫硬件建设，各信用社都配备防范器材。对各信用社的安保情况进行不定期检查，确保了县信用社近几年未发生一起刑事案件。

钟山信合与您携手共创辉煌

六盘水市钟山区信用联社

六盘水市钟山区信用联社，成立于1993年6月1日，地处钟山开发区中心地段，交通便利。主要办理存款、贷款、同城资金清算、国内结算、票据贴现业务，办理经中国人民银行批准的其它业务。辖区内共设1个营业部、10个信用社、4个分社，网点遍布钟山区各乡、镇、办。

在新一届领导班子的带领下，钟山联社继续深化农村金融体制改革，探索防范和化解金融风险的有效途径，严格控制货币与信贷投入，优化资产结构和负债结构，努力改进金融服务，完善各项规章制度，致力于提高信用社经营管理水平和效益，强化内控机制建设，加强人事、财务、稽核、安全保卫等各项管理工作，有力地促进了全辖各项业务的稳步发展。截止2001年5月底，与换届前的数字相比，全辖存款余额突破2.8亿元大关，贷款余额为2.7亿元，各项业务得以迅猛发展，全辖业务量成倍增长，为支持地方经济的发展起到了积极的作用。

紧紧围绕在领导班子周围，团结协作，搞好信用社工作

企业要发展，必须有一个正确的方向。1998年领导班子重组以来，给联社带来了新的经营理念，为联社的发展指明了方向、注入了新的活力。领导班子意识到改革是企业发展的必由之路，只有通过大胆改革，转变经营思路，充分调动职工的积极性，企业才有出路，才会发展。一个企业要不断吸收新的东西，先进的东西，才能在激烈的市场竞争中立于不败之地。只有不断改善信用社自身的软、硬件条件，才能提高市场竞争能力。只有不断完善内控机制，规范操作，实现用制度管理职工，用制度管理企业，企业才会向良性方向发展。

为此，钟山区信用联社在领导班子的带领下，首先进行了分配制度的改革，在全辖实行“工效挂钩”，极大地调动了职工的工作积极性，使职工的工作创造力得到极大的发挥，从而超额完成了上级行下达的各项任务。其次，引进使用了农村信用社门柜业务系统，实现了城区营业网点100%的上机率，明年还准备在全辖信用社上网络版。目前，钟山区信用联社是六盘水市四家农村信用联社上机网点最多的一家。在这个基础上，联社着力于内控制度的建设，先后建立了20多种内控制度，使各项工作的开展有据可依。短短两年，联社业务量成倍增长，存款翻了几番，提高了钟山区信用社抗风险能力和市场竞争力。

团结，作为一个企业来说非常重要，全辖广大职工深深意识到只有团结在领导班子的周围，致力于本职工作，积极拓展业务，信用社才能兴旺发达起来。

有了正确的领导和全辖职工团结一致的努力，钟山联社的各项工作上了一个新的台阶。

搞好各项工作，夯实发展基础

（一）大力组织存款，壮大信用社的资金实力

存款是立社之本，为提高吸储揽存的积极性，消除钟山区信用联社过去存款中的虚增水份，联社建立了科学的考核手段和方法，主要采用日积数法，以网点为单位对存款进行考核，这样，存款任务进一步细化和量化，提高了存款的含金量，增加了经济效益。对业务开展迟缓、存款组织困难的营业网点进行撤并，为资金的组织比赛，会计、出纳岗位培训，信贷人员培训，微机培训等多种形式的岗位比武和培训。

（二）加强信贷管理，优化信贷结构，加强收贷收息力度，提高信贷资金使用效益，有效地支持了地方经济的发展

联社主任曾在多次信贷工作会议上三令五申地强调要坚持以“存款立社、贷款兴社”为宗旨。对每一笔贷款的发放，都严格按《贷款通则》、《担保法》、《合同法》等法规和有关政策进行操作，严格地进行调查，认真细致地进行分析，严把放贷关。坚持贷款集体审批制度，采用无记名投票的方式，增加了贷款审批的透明度。对信用社上报审批的贷款，按金额大小，分别由联社信贷科、分管领导、审贷小组、理事会审批，加强了对所辖信用社大额贷款的管理，消除了贷款风险隐患，减少和防止贷款风险的发生。

（三）加强财务管理，严格各项费用开支，努力增收节支，加强经济核算，提高经营效益

联社在业务发展的前提下，合理开支费用，强化财务管理，努力增收节支，提倡以社为家，勤俭办社，杜绝浪费。并对各社财务核算进行真实性检查，杜绝乱开支现象。既实现效益，又避免浪费。

（四）抓好人事教育工作

联社坚持“以人为本”的发展战略，以改革内部经营机制为突破口，先后在全区信用社开展了定员定编，“双考”合格上岗、工效挂钩、工资等级管理、联社机关中层干部“一年一聘制”、全员劳动合同制为主要内容的劳动用工制度和分配制度改革，员工思想观念发生了根本性的变化，主人翁意识、工作责任心、就业危机感大大增强，从而推动全区信用社各项业务的发展。

在全辖职工中掀起了学业务、练技术，争当岗位能手的高潮。职工利用业余时间练点钞、打算盘、看业务书籍，努力提高自身的业务技能，提高临柜办理业务的速度。在此基础上，联社先后开展了珠算、点钞业务技术比赛。

（五）科技工作、“三防一保”工作求真务实

近两年来，联社投入大量资金用于科技工作、安全保卫工作方面的设施建设。先后配置了业务用微机和办公用微机20台，安装了闭路监控设施11套，增加专用运钞车两部，订置了业务用章专用保险柜、报警器，改装了缓冲门，这一系列措施，体现了联社加强“三防一保”工作、科技工作的坚定决心，只有科技工作跟上了，安全保卫工作扎实了，信用社的发展才有坚实的保障。

（六）注意形象工程建设

2000年初，联社制定了《钟山区信用联社服务工作规则》，对员工的服务形象作出严格要求。联社还利用各种宣传媒体，广泛开展宣传工作，不断提高信用社的知名度，使广大客户了解农村信用社是经中国人民银行批准的合法金融机构，放心地把资金存入信用社。

（七）坚持不懈地开展职工职业道德教育和思想教育

在联社的统一部署下，开展了以“团结一致，爱岗敬业”为主要内容的职工道德教育。成立了由联社领导任组长的职业道德教育领导小

组，经过深入动员，联社职工认真组织学习和讨论，并进行自我剖析和互相剖析，查找工作的不足，切实整改。通过学习，全社员工增强了爱岗敬业和遵纪守法的责任心，职工的团队意识、向心力和凝聚力明显增强。

目前，钟山区信用社呈良好态势发展，截止2001年5月末，各项存款余额2.8亿元，其中低成本存款占存款总额的87.5%。5月底存款任务完成全年计划的77.7%，各项贷款2.7亿元。

梅花香自苦寒来

钟山联社通过两年的努力拼搏，奋力开拓，取得了长足的发展，走过了艰难时期，他们用汗水换来了今天的收获，正是梅花香自苦寒来。在西部大开发的今天，钟山联社一定能抓住机遇，深深根植“努力开拓，团结一致，奋力拼搏，力创佳绩”的创业精神，为信合事业添砖加瓦。

扩展了渠道。对员工的服务质量作出严格要求，强化了临柜人员的服务意识，使资金组织有了良好的人员素质作保证，促进优质、文明、高效服务的全面开展。通过以上工作的开展，钟山联社的资金组织工作达到建社以来的最高水平。

管理与服务并重 促进信合事业健康发展

哈尔滨市农村信用合作社联合社李德忱

哈尔滨市农村信用合作社联合社于2000年4月29日正式成立，所辖机构509个，其中：县(市)联社13个、营业部13个、信用社269个、信用分社24个、储蓄所190个，另有2818个信用站，从业人员4583人。一年多来，市联社在人行哈尔滨中心支行和黑龙江省信用合作协会的领导下，以宣传贯彻朱镕基总理有关农村信用社工作的指示精神为契机，以支农为中心，以加强内控、盘活不良资产、防范和化解金融风险为重点，努力减亏增盈，各项工作都取得较好成绩。

（一）强化行业管理，规范经营行为，提高依法合规经营水平

1.加强了班子和队伍建设，整体功能和战斗力明显增强

市联社成立后，首先对各县（市）联社班子状况进行了认真研究，针对部分班子成员年龄大、学历偏低、缺乏管理能力、缺乏战斗力等问题，去年7月，市联社按规定的组织程序对辖内13个联社中的11个联社班子成员进行了调整、充实和交流。新班子上任后，市联社专门召开了联社领导班子建设工作会议，对各级班子成员“约法三章”，要求做到“三干一吃亏”，努力坚持“四自”，自觉消除“四心”，认真过好“五关”，务求落实“八个严禁”。实践证明，调整后领导班子的凝聚力和战斗力明显增强，部分多年工作落后的联社迅速改变了面貌。

在加强职工队伍建设方面重点开展了三项工作：一是组织全辖干部职工认真学习贯彻江泽民总书记“三个代表”的重要思想和朱镕基总理对农村信用社工作的重要指示，进一步端正了经营方向，坚持为“三农”服务的宗旨。二是贯彻《中共中央金融工委关于在金融系统职工中深入开展职业道德教育的意见》，开展了以爱岗敬业、遵纪守法为主要内容的职业道德教育，制定了规划、方案和职业道德行为标准以及《职工守则》。三是积极开展培训，提高员工素质。

2.整章建制，加强内控，信用社管理水平明显提高

市联社成立后，把从严内部管理作为防范化解金融风险，促进业务稳定发展的重要手段，下大力量狠抓各项措施的落实，并取得明显成效。在建立和完善18个机关内部管理制度基础上，又补充、完善和建立了农村信用社行业管理各项规章制度33个，这些制度基本上涵盖了农村信用社业务的各个岗位和环节。至此，全市农村信用社制度体系已初步建立起来。为促进各项规章制度真正落到实处，市联社加大了监督检查力度。一年多来，审计和各专业部门开展稽核和专项检查24次，共检查3180社次，堵塞了漏洞，减少或避免了资金损失。

今年6月至9月，市联社根据年初总体工作部署，贯彻落实人总行关于在全国农村信用社开展治理整顿农村金融市场秩序活动，切实加强内部管理，防范和打击金融违法犯罪活动等重要指示，组织全市农村信用社开展了以规范和加强经

营管理，查处违章违纪违法行为，吸取教训，堵塞漏洞，防范和化解金融风险为主要内容的治理整顿活动。经过全辖农村信用社广大干部职工的共同努力，治理整顿取得显著实效。一是查清了问题，化解了风险。二是严肃执纪。全辖共处理违规违纪人员 203 人。三是促进了各项业务发展。由于治理整顿工作得民心、合民意，广大干部职工干劲倍增。主要业务经营指标完成情况均好于往年同期水平。

3. 积极组织资金，加大投放力度，信贷支农工作取得显著成效

在组织资金方面重点开展了五项工作：一是实行储蓄所承包，打破大锅饭，按劳取酬，多劳多得，调动了储蓄所人员的工作积极性，今年储蓄所存款较去年增加 1.5 亿元。二是开展“百万站、千万所、亿元社”存款竞赛活动，促进服务质量和服务效率的提高。三是加强了信用站存款工作。因乡镇行政区划调整而撤并乡镇的农村信用站得到加强，存款增加 5000 多万元。四是开展涉农资金归口农村信用社管理。经积极协调，各县（市）的农、林、水、畜、机等农业部门绝大部分都已到农村信用社开户，现存款额已达 2000 多万元。五是提高了电子化覆盖率，既增加了同业竞争能力，又为客户提供了高效便捷的服务。到 11 月末，哈尔滨市农村信用社各项存款余额 55.2 亿元，比年初增加 3.2 亿元，增长 5.8%，同比多增 2.2 亿元。

存款的增加，壮大了信贷支农的资金实力，农业贷款逐年递增，并表现出以下特点：一是农贷投放总量增加。2001 年纯放农业贷款 80680 万元，同比增加 21166 万元，增长 35.56%，辖内 13 个联社投放农业贷款均比上年增加。二是农户贷款面扩大，已达 60%，同比增加 17 个百分点，有效地缓解了农户生产资金供求矛盾。三是贷款支持重点突出。先种植业、后养殖业，积极引导农户调整种植结构，支持适销对路、有购销合同，有龙头带动的“订单农业”，支持夏菜基地建设和“菜篮子”工程。五是扶贫效果显著。全市农村信用社支农工作得到各级党政的充分肯定和广大农民的普遍称赞。

为更好地为“三农”服务，全市农村信用社千方百计压缩企业及其它贷款，努力保证农业生产的合理资金需要。对农户存折质押贷款随到随办；对一般农户贷款实行“三、五户”联保；对额度较大的贷款实行财产抵押。在此基础上，从今年 10 月份开始，市联社按农民需要改革信贷管理办法，在辖内农村信用社实行《农户贷款信用证》制度。对遵守社会公德、有合法可靠的经济来源、主动自愿向信用社入股的社员，具备清偿贷款本息的能力、连续三年按贷款约期主动还清贷款本息的诚实守信农户发放信用证，发放信用贷款。为严格信用户的评定，确保质量，信用社以村为单位，成立信用户评定小组，负责信用户的评定工作。信用户评定小组根据“发证条件”评定、核发《农户贷款信用证》，发证前在村屯公布。得到信用证的农户凭《农户贷款信用证》和居民身份证可以直接到信用社办理限额内贷款。“信用证”贷款实行“年度内一次核定，总额控制，随用随贷，到期归还，周转使用”。对诚实守信的农户既简化了繁琐手续，又改变了“春放秋收冬不贷”的老规矩，解决农民急需。对提高农民信用观念，增强还贷意识，促进其主动按期归还贷款，解决农村信用社人力不足，旺季集中收贷工作压力大的问题，以及提高信贷资金使用效益具有积极作用。

4. 狠抓资产保全工作，加大清收力度，防止和减少了信贷资产流失

鉴于全市农村信用社不良资产额度大、风险状况较严重的实际，为了保全信贷资产，市联社和各县联社都成立了资产保全机构，配齐配强干部，举办多期资产保全业务和法律知识培训班。建立和完善资产保全方面各项规章制度。市联社成立了法律事务室，聘请了法律顾问，协助辖内联社清收了抵贷资产，为清收不良贷款和保全信贷资产创造了条件。

去年 11 月份，市联社组织全市农村信用社

对2000年8月末以前的单户余额在万元以上的账内、账外贷款、投资、抵贷资产等深入开展清查、清收、补办合法有效手续、落实贷款责任人的“两清、一补、一落实”工作。要求责任人贷款不收清，处罚不停止，责任不解除。“两清、一补、一落实”工作的开展为今年不良贷款清收工作奠定了良好基础。加之清收及考核力度加大，不良贷款清收效果比较明显。到11月末，全市农村信用社不良贷款余额比年初下降了14840万元，同比多收3367万元，完成全年清收任务87%。不良贷款降幅较上年多降8.44个百分点。分解落实统贷7313万元，占统贷总额28%。

5.严格财务管理，狠抓增收节支，减亏增盈取得明显实效

全市农村信用社减亏增盈工作重点抓了“工效挂钩办法”的落实。将收息任务和责任落实到人头。狠抓薄弱社和欠息大户。县联社班子每位成员都选择片内3个欠息大户作为联系点。绝大部分信用社将欠息情况分析到贷户。确定还款来源和还款时限，跟踪催收，认真执行加罚息制度，做到应收尽收，常年清收。在费用管理方面各联社和信用社按规定的审批权限从严掌握开支，全辖农村信用社实行了车辆定点修理，统一结算，年节约费用70多万元。各县（市）联社和信用社都建立小食堂，招待客人一律在食堂就餐，年节约招待费200万元。同时，严格控制固定资产增长，清理非生息资金。到11月末，全市农村信用社各项收入同比增加3448万元，增长35.89%。辖内13家县（市）联社共实现同比减亏3871万元，减幅22.58%。

（二）加强协调，积极履行对基层联社的服务职能

1.组织开展形象宣传，扩大了农村信用社的社会影响

去年4月，朱镕基总理在江苏考察农村信用社工作的重要讲话发表后，市联社组织全辖各联社通过报纸、电视、广播、宣传车、宣传单等形式，广泛开展了以“农村信用社是最好的联系农民的金融纽带，是新形势下农村金融的主力军”为主题的宣传活动，扩大了信用社的社会影响，进一步坚定了支农方向，加大了支农力度。今年5月，在市联社成立一周年之际，省委常委、市委书记、市长王宗璋同志欣然为哈尔滨市农村信用社撰写“一心一意为农业服务、千方百计帮农民增收”的题词，全市农村信用社开展了大张旗鼓的宣传，使更多的人进一步认识、了解了信用社，也感受到了市委、市政府领导对农村工作的亲切关怀。通过宣传，加深了信用社与农民之间的亲情和友情，信用社在农民心中的地位进一步提高，从农民言行中表现出的热情、关心与支持，也让信用社全体干部职工看到了发展的希望。

2.协调与当地党政的关系，为农村信用社的发展营造宽松的外部环境

一是协调地方党政把优秀人才选拔到联社领导岗位上来。二是协调地方党政动员有涉农资金的单位到信用社建户，将资金存到农村信用社。三是协调地方党政，帮助农村信用社分解落实乡村统放贷款。在政策部门的大力支持下，将乡村集体的贷款分解落实到户，补齐补全了化解信贷风险的保证和抵押手续，制定了逐年还款计划。四是加强资金调度，适时调剂联社间资金余缺。积极组织联社开展代收代付等中间业务，中间业务收入的比重逐年增大。五是协调地方党政及公检法部门，支持农村信用社依法维护金融债权。公检法部门加大了打击逃废信用社债务的行为，法院在受理企业破产清偿债务时，把农村信用社作为第一受偿人，避免或减少了损失。

3.改进服务手段，创造优良服务环境

市联社成立以来，积极组织辖内联社克服资金紧张的困难，加大电子化建设力度，借解决计算机2000年问题的契机，全面清理更新了营业用硬件设备，软件全面统一到总行推广的UNIX

操作系统 INFORMIX 数据库和总行与中创公司联合开发的应用软件上来。辖内的门柜电子化业务的覆盖率也有了突飞猛进的发展，储蓄门柜业务已由成立之初的 68.66%发展到 90.83%；对公会计电子化从无到有增设了 88 个网点，覆盖率达到 31.77%，有 32 个农村信用社（营业部）能够办理电子汇兑业务。市联社正积极筹建辖内业务综合网络，将实现居民储蓄通存通兑，资金汇划即时清算，为客户营造方便、快捷、优良的服务环境。

我国已正式成为世界贸易组织成员。支农永远是农村信用社的主题。市联社将顺应农村合作金融体制改革的历史潮流，带领全市农村信用社进一步解决思想、转变观念、与时俱进、开拓创新，增强做好支农工作的自觉性，找准支农和自身利益的结合点，逐步提高新业务的市场占有率，努力实现经营状况的根本好转，为支持农村经济的发展做出新贡献。

转变作风 实现双赢

——海南省东方市农村信用社支农工作经验谈

东方市农村信用联社 李海洋

东方市地处海南省西部，以农业为支柱产业，当地气候干旱，日夜温差大，长期以来农业经济发展缓慢。1998 年以前，东方市农村信用社沿用农业银行旧的管理体制，采用传统的贷款方式，支农的力度及效果不佳。近几年来，随着国家和人民银行加大对农业的扶持力度，东方市农村信用社也逐渐改变工作方式，深入基层，广泛听取当地干部、农民和信用社职工的意见和建议，经过认真、客观、科学的论证，决定将香蕉、反季节瓜菜等有市场、有效益、产业成熟、风险低、易收回的项目确定为支农贷款项目主体。1999 年以来，采用农户与农户联保、现场办公、《农户小额信用贷款证》等方式，累计发放支农贷款 3217 万元，比前 3 年增加 2330 万元，增长 362．7%，占社增农业贷款的 78%；2000 年上半年，该市农信社共放支农贷款 1320 万元，对地方经济发展产生了较大的影响，其中农民人均收入 2000 元，比年初增加 18%；地方财政收入 11193 万元，比年初增加了 3200 万元。同时，农信社在支农中进一步提高了在农民心目中的形象、地位，各项存款余额比年初上升了 4400 万，增幅达 55%。

（一）切实改变工作作风，将支农服务落到实处

1. 坚持原则，严把支农贷款质量关。为了使支农信贷款资金全部投入农业，减少信贷资产风险，东方市农村信用联社（以下简称“联社”）采取了一些切实可行的办法管好支农贷款，1999 年初，下发了《东方市农村信用社贷款发放管理暂行规定》，对贷款审批、发放、回收进行严格管理。联社成立贷款审批委员会和审贷小组，严把“三关”。一是“实关”，即贷款前的调查、评估、论证，坚持做到真实、可靠，要求贷户必须是在信用社开户存款的，项目必须是农业，而且效益要好，还款要有保证；二是“严关”，即贷款审查严格要求，杜绝人情贷款；三是“收关”，即贷款发放，要做到目标清楚、责任到人，坚持“谁放、谁收、谁负责”，同时为方便检查监督，贷户必须做到“三个一致”，即存款户名、身份证名和申请贷款户名一致，通过“三关”切实把支农贷款投准、管好、用活，这是做好支农信贷工作的关键。

学习农科技术，建立档案，做好农贷发放前的基础工作。我们邀请了具有丰富香蕉种植管理经验的蕉农进行授课，所有中层干部、信用社高级管理人员都集中学习，全面了解掌握香蕉种植的有关技术与经验，从选地、选苗、选肥、下种、打药、管理到收获等全过程进行深入学习，对香蕉种植进行全面、深入的了解和掌握，并建立全市香蕉种植户档案，内容包括香蕉种植基地位置与面积，蕉农的劳力、种植的经验、技术、个人的信誉度、资金投入等，根据不同蕉农的实际情况分别给予大力的支持。从 2000 年 4 月至 8 月，对符合条件的农户、专业户共投放 1400 万元信贷资金，积极参与支持香蕉种植，实现了社会效益和经济效益双丰收。

3. 送贷上门，树立支农崭新形象。针对当前金融机构中普遍存在的“门难进、脸难看、款

难贷”的现象，联社提出切实改变工作作风，提高支农服务水平的要求，规定信贷人员在贷款过程中要杜绝“吃、喝、卡、要、拿”等现象。联社班子真正放下架子，经常深入田间地头，住在农村、走访农户，调查资金需求情况，现场办公。三年来，每当挂果的香蕉急需投入资金进行防霜冻及后追肥时，农户纷纷要求贷款，联社都积极做出反应，及时召开蕉农座谈会，听取大家的意见、愿望和要求，采取现场办公办理贷款等方式，给予力所能及的贷款支持，帮助蕉农解决燃眉之急。1999年入冬，由于受寒流与连续几天大暴雨影响，东方市大部分作物受损，受灾面积大，涉及农民多，资金损失惨重。农民急需资金帮助挽回损失，在这种情况下，联社当机立断，第一把手牵头，冒风雨带领中层干部深入农场、乡镇、工地，到大田、抱板社查看灾情，并于1999年10月28日在大田、抱板开展贷款现场办公，对有望恢复生产的农户当天申请的贷款，信用社当天就给予发放，做到一条龙办贷，不误农时。1999年10月28至29日两天，东方市农信社共现场发放贷款230万元，惠及400多户农民，挽救了3000多亩农作物，为东方农民群众及时挽回损失、继续实现丰产丰收打下良好基础，农信社发放的贷款当年也收回了93%，树立起“高效、便捷、爱农、支农、亲农”的新形象。

（二）根据地区实际，一社一策，着力解决农民贷款难问题

1. 坚持小额信用贷款服务方向。东方市农村信用社根据支农再贷款管理要求和农户的实际需要，始终坚持小额信贷支农方向，尽量用有限的信贷资金帮助更多的农民。1999年发放的957万元支农贷款遍布全市11个农村信用社，支持农民3107户，平均每户获得贷款3000余元。全市4万多亩热带高效农业项目中平均每亩就有信用社200元的贷款支持。这种额小面广的做法既能分散信用社的贷款风险，提高资金的运用率和回收率，又能及时准确地投入到真正的农业生产中去，解决农民发展生产急需的资金，真正体现了“农村信用社是联系农民最好的金融纽带”。

2. 推行《小额信用贷款证》。2000年初，联社为解决农民贷款的问题，结合地区实际，在板桥信用社推行《农户小额信用贷款证》证点工作，设立由群众代表、乡镇干部、信用社主任、信贷员、一般工作人员组成的评定小组对辖区内要求贷款的农户进行信用等级评定，分优秀、较好、一般3个信用等级，不同等级确定不同的贷款限额，最高者5000元，其次3000元，最低也有2000元。采取“一次核定、随用随贷、余额控制、周转使用”的管理办法，农户凭贷款证向信用社申办贷款，在规定的事项、限额、范围内，不需抵押、报审、报批，随到随办，急农民之所急，想农户之所想，真正有效地解决农户贷款难的问题。2000年，为了解决南部地区种植反季节瓜菜资金需求问题，并针对该地区群众经济基础好，信用社观念强的特点，板桥、感城信用社主要采取小额信用贷款证发放，分别投入了271万元和140万元，效果很好，深受群众欢迎。

3. 积极探索，采用联保方式扶持香蕉大规模种植。1999年东方市共种植香蕉3万亩，大部分集中在大田、抱板等地区。该地区蕉农对资金需求量较大，而大田、抱板两个信用社1999年存款余额分别仅为383万元和336万元；贷款余额分别为265万元和402万元。为了解决大田、抱板信用社贷款资金严重不足的问题，联社筹措了557万元（其中支农再贷款310万元）拆借给上述两社放贷，并根据该地区蕉农集中、家庭资产状况较均衡、个体生产规模较大的特点，主要采用签订联保协议、农户与农户相互担保的方式进行贷款，其中大田信用社投入239万元，种植香蕉1万亩；抱板信用社投入318万元，种植香蕉9000亩。2000年5月，香蕉上市后，大田、抱板地区香蕉收入7000万元，人均增加收入7000元。至2000年6月14日，大田信用社存款余额1530万元，比年初增加1147万元，增长1189万元，增长354%，支农工作取得了立竿见影的效果。

4. 依靠政府，帮助农户脱贫致富，拓展信

用社业务空间。1999年初以来，东方市信用社共吸收乡镇金库1100多万元，试点代发工资户400多户，其中一些在信用社开户的乡镇干部愿意为农民提供小额贷款担保，信用社及时和这些干部签订了协议，协议明确若农民还不了贷款，信用社将从该干部工资中每月扣还贷款，通过这种担保方式，信用社发放农民贷款210户，共325万元，现已到期收回了87%，有13%正逐步清收，社会上的正面影响极佳。

由于注重了工作方法，简化了贷款手续，为农户大开方便之门，因此，许多农民在生产中不再向民间借高利贷，有效遏制了社会上的高利贷行为，同时为农村经济的发展铺垫基石，深受广大群众的欢迎，政府评价很高。

（三）支农蕴育鱼水情，农户旺、信合兴

由于信用社支农前期准备工作充分，能及时把急需的贷款送到贷户的手中，与贷户建立了深厚的鱼水之情，不少贷户在收获后，第一件事就是还贷。信用社为了减少农户还贷、存款的麻烦，主动上门服务，不管多晚，只要农户一个电话，都派人上门收款。由于信用社真正关心农户、支持农户，不少贷户在还清贷款后，出售香蕉的钱全部存入农信社。2000年5月，联社又在大田、抱板两地召开蕉农座谈会，了解香蕉收获情况。这次座谈会与以往座谈会截然不同，以前是信用社买水果招待蕉农，这次座谈会是蕉农自己买了水果、饮料来参加会议。会上，蕉农对农信社的感激之情溢于言表。蕉农们纷纷说："信用社在我们最急需用钱保证生产的时候把支农贷款送到我们的手中，信用社就像我们的奶娘，像我们的父母兄弟。吃奶不忘奶娘恩，我们要把卖香蕉赚的钱全部存到信用社去。"

东方市农村信用社的支农贷款工作扎实深入，想农民所想，真正为"三农"服务，有力地支持了地方农村经济的发展，2000年仅香蕉一项，东方市的产值达到12000万元，地方财政增加收入800万元，农民人均收入1500元。据不完全统计，仅大田、抱板等地，蕉农发家致富纷纷购买了电视机、摩托车和汽车，一些农民甚至还盖起了小洋楼，在抱板这种被誉为"香蕉楼"的小洋楼就有十几幢。经济的发展不仅密切了信用社与当地农民的联系，同时也促进了农村信用社的发展壮大，全市农村信用社1999年至2000年两年减亏334万元，减亏幅度达33%，由于支农工作做得好，广大农民群众已经认识到了农村信用社才是最贴近农民的金融机构。农信社存款大幅上升，牢固地占住农村这一阵地，仅1999年至2000年全市农信社各项存款就增加了1975万元，增长25%，其中大田、抱板信用社今年新增存款更是大幅增长，是建社以来存款余额的两倍，资金实力大为增强，不但归还了长期的拆借款，还有能力支持当地农民扩大再生产和周边信用社的资金需求。

坚持合作制投身大开发

——谈西部地区农信社支持西部大开发的立足点和着眼点

云南省红河州泸西县农村信用联社　杨彦祥

国家西部大开发，是在国内外政治经济形势发生巨大变化的情况下，于 1999 年 11 月 17 日在中央经济工作会议上正式提出的重大战略决策。实施西部大开发是一项长期的、巨大的系统工程。西部大开发离不开包括财政、金融、科技、教育等诸多体系的全方位、多层次的长期支持。农业、农村经济是西部大开发的重点，也是大开发的难点，农村信用社作为农村金融的基础，是农村经济繁荣、农业生产发展、农民脱贫致富的依托。西部大开发离不开西部地区农村信用社的参与和支持。那么，西部地区农村信用社支持西部大开发的立足点和着眼点在哪里？本文将作如下探讨。

（一）西部地区的现状与发展潜力

中国西部地区是相对于东部和中部地区而言的，它包括陕西、甘肃、宁夏、西藏、青海、新疆、四川、云南、贵州、重庆等十个省区市。土地面积约 540 万平方公里，占全国陆地总面积的 56%，人口 2.85 亿，占全国总人口的 23%。由于自然与人为、历史与现实的原因，贫困与落后一直是困扰西部的主要问题。目前，农村生态环境遭到严重破坏，森林覆盖率严重下降，全国水土流失面积约 360 万平方公里，仅西部地区就占 80%；全国每年新增荒漠化面积约 2400 平方公里，大部分也在西部地区。西部部分省区的森林覆盖率大大低于全国平均水平，青海仅为 0.33%，新疆为 0.77%，宁夏为 15.4%。西部较长时期资源开发与利用，仅仅满足于工业经济时期自然资源开发的需要，局限于“技术、市场、管理”的资源范畴，对外延资源“信息、教育、知识”的开发利用还未形成体系。

东西部地区差异较大，西部在经济增长速度、经济投入总量、农村人均收入、引进外资、教育投入、基础设施建设、生态环境保护和社会经济发展等方面，都远远落后于东部。但是，西部地区地域辽阔、资源丰富、历史悠久、历史文化源远流长，开发的潜力非常巨大。在全国已发现的 160 多种矿产资源中，西部地区均有发现，在现已探明一定储量的 130 多种矿产资源中，西部就有 30 多种储量居全国首位，能源资源西部已探明的储量占全国的 13% 左右。此外西部地区还有得天独厚的水力资源、自然景观、人文地理和极具特色的旅游资源，西部丰富多彩的生物资源在全国也是独一无二的。

应该说，西部地区与东部地区相比，客观地存在着差距，但还必须看到西部的能源、原材料、劳动力等资源均有较强的优势，再加上西部地区潜在的市场前景，必然形成西部大开发的潜在动力。西部大开发的关键在于怎样选择符合本地特点的经济发展战略。

（二）坚持合作制是西部地区农村经济发展和农村信用社自身发展的客观需要

我国是一个发展中的农业大国。农业、农村和农民问题始终是党和政府发展经济、促进社会进步面临的首要问题。在整个农村经济的建设过程中，农村信用社的发展和对地方经济建设的支持问题，不仅仅是一个金融问题，更是一个事关农业发展、农民增收和农村稳定的大问题。朱镕基总理今年4月在江苏考察时的讲话既充分肯定了农村信用社在支持“三农”发展中的重要作用，又明确指出了农村合作金融在农村金融中的主力军地位，同时更明确了农村信用社与农业、农民和农村经济的相互依存关系。

西部大开发的实施是一个庞大的系统工程，但是实现可持续发展是首要的战略问题，是整个西部大开发的出发点和落脚点。坚持退耕还林(草)、封山育林、植树造林，实施山川秀美工程，严禁在大江大河的源头上游地区乱砍乱伐，实行“一退二还”以工代赈，对资源的开采进行统筹安排、合理开发、防止一哄而上，对城市污染进行综合治理，是西部大开发的基本内容和实现可持续发展的必由之路。

由此可见，实施西部大开发，其根本点和出发点更多的还是农业、农民和农村经济。在西部地区农村经济受交通、信息、资金、自然条件的影响，传统农业比重大，投入多产出少，市场体系不够完善，农民商品意识淡薄；农业产业结构不合理，产业化科学化程度低，农民市场观念缺乏，体制创新意识不强，农村市场容量较小，经济收益不大。在造成了西部农村经济低速、缓慢、附加值较小的低水平状态的同时，西部地区农村信用社受其影响，形成了筹资困难、投资环境差、管理难度大、收益渠道单一、负债结构不合理、机构分散、体制不顺、整体功能的作用难于发挥等现状，致使资金的有效利用难以实现。

再加之，农村信用社由于历史原因的影响，服务手段落后，员工观念与素质还有相当大的局限，并受行政区划的影响，机构重叠，人员臃肿，工作不力，历年亏损有增无减，不良贷款居高不下。业务拓展方面除传统的农业种养贷款基本能做到有效投放外，对其他投资项目的市场、管理、产品信息、技术都缺乏综合的分析与了解，给提供服务造成了两大难点：一是因为无法正确评估和科学论证，盲目投资造成两败俱伤而形成风险；二是因为不能科学预测，不敢投资造成错失良机而望洋兴叹的被动局面，严重影响农村信用社的集约化和规模化经营的进程。

根据西部地区农村经济的特点和西部地区农村信用社的实际，西部农村经济的发展和西部农村信用社的发展，在西部大开发中有着相同的机遇，也有着共同的挑战。相互依存、共同发展已经形成西部大开发的客观需要。因此，西部地区农村信用社在支持西部大开发工作中的立足点及必须遵循的原则仍然是合作制。

（三）寻找结合支点、完善服务体系、突出支持重点

改革开放以来，我国的经济、社会发展取得了令世人瞩目的成就。同时，东西部差距也被无情地拉大。但西部地区和东部地区有密不可分的联系，西部地区贫困和落后得不到改变，其后果是制约东部地区的持续发展和国家经济一体化与现代化的进程，影响我国经济发展的整体水平，因此，西部大开发不是一个单纯的经济命题，同时也是一个政治命题。

农村经济在西部地区占有举足轻重的份量。农村信用社在支持西部大开发中，除遵循合作制原则外，还必须结合自身和本地区的实际，积极寻找能够结合的支点，努力完善各种服务体系，力求突出必须支持的重点。

1. 紧跟实现可持续发展的战略目标，把握退耕还林（草）、封山育林、植树造林，培育新兴优势产业，培育耗能少、污染小、产业链长、经济效益生态效益社会效益兼顾的产业，大力培养环保产业，改善生态环境、维护自然资源、基础设施建设的附加效应等脉搏，最大限度地实现本地建设与自身发展的最佳结合点。使西部地区的农村经济借助农村信用社的支持而迅猛发展，同时也让西部地区的农村信用社在西部大开发中

发展壮大。

2. 调动一切积极因素，利用各种服务手段，发挥整体功能的作用，让西部大开发的目标尽早实现。西部大开发是在东部开发并取得成绩的基础上提出来的，它不仅是西部地区发展的需要，也是东部地区持续发展的需要，更是国家全面发展和实现伟大复兴的需要。各方面的密切配合及长期支持是大开发目标早日实现的希望所在。

从“后发优势”理论的角度看，东部沿海城市的改革开放，已经探讨了成功的经验与失败的教训，包括制度创新和技术创新，招商引资及心理准备等，都为西部地区的奋起直追提供了机遇，但要使之成为现实，不仅取决于众多的条件支持，而且取决于各种条件在不同时空范围内的有效组合。按照西部地区的实际，农村信用社要发挥积极的支持作用，必须营造一个宽松的经营环境和一个良好的政策氛围。

(1) 人民银行对农村信用社的再贷款，存款准备金利率，业务经营范围，给予长期的优惠扶持；在市场竞争方面给予必要保护；对历史形成的两呆贷款注入无息贷款给予5至10年的扶持；对用于农业基础设施建设，农村社会公益事业性贷款给予时间相对长期（三至五年期）的再贷款扶持；允许农村信用社向社会公开发行股票或债券用以充实资本金。

(2) 中央财政在3至5年内逐年分期对农村信用社因政策因素形成的历年亏损进行弥补。使农村信用社走出困境，轻装上阵。

(3) 地方政府注入一定数量的资金，帮助消化农村信用社因政府行为和支持农业基础设施建设及农村公益事业建设而形成的风险。

(4) 税务部门对农村信用社，特别是西部地区农村信用社给予各种税收的减免照顾，以帮助农村信用社休养生息。

(5) 改革现行的管理体制。打破以行政区划设置机构的约束，改按经济区域设置机构；取消基层农村信用社的法人资格，以县联社为统一的法人机构和核算单位，这有利于充分发挥整体功能的作用和充分调动职工的积极性。

(6) 全面提高农村信用社职工队伍的整体素质，提高经营管理及服务水平，培养农村信用社的创新意识和竞争能力。

(7) 切实加强人民银行对农村信用社的金融监管，严格依法经营，建立农村信用社领导干部的跟踪监控台账，通过服务和监管的同时启动，使农村信用社历史形成的各种复杂情况及随意性、松散性、自由性，在较短的时间内得以规范和改变。

(8) 尽快理顺和落实行业管理的独立体系，开辟独立的结算渠道，以便实现管理的系统化和科学化，增强市场竞争的能力。

3. 保基础、揽全局、优结构、选择支持重点，

这次西部大开发与“一五”、“二五”期间及“三线”建设期间的两次开发有着根本的区别。它是新时期、新形势下的新开拓、新战略，不是传统的思维模式，不可能沿用传统的发展模式。最明显的特点是恢复性和保护性开发；是以生态恢复和保护为基础，以市场开发为导向的。包括：知识、信息、教育、技术、资源、市场等综合性的开发。西部农村信用社应以“农业、农民、农村经济”为基础，加大对“三农”支持的力度，切实增加“三农”贷款，确保农业发展和农村的社会稳定。这是农村信用社的性质、章程以及西部地区农业比重较大的实际需要，更是西部农业基础与生态建设的需要。

西部大开发是一个较大范围的概念。在支持基础确保稳定，做好支农这篇大文章的同时，还要统揽全局，农村信用社在确定自身的发展战略目标时，必须同党中央、国务院的重大决策保持统一，与西部开发总体内容相一致。同时，还应该通过优化信贷结构来帮助农民走市场化、规范化、集约化的新型农业之路，使西部农业由资源效益型向市场效益型转变，从而实现规模化、产业化经营同提高集约化经营效益有机结合的产业调整目标。

如果说，保基础、揽全局、调结构，是西部地区农村信用社在支持西部大开发中的基本内容，那么支持重点的选择也应该是必要的，根据西部大开发的总体构思和农村信用社的客观实际，西部地区农村信用社在西部大开发中的支持重点应该是：农业基础建设、农民发展多种经营和商品经济、生态工程建设科技农业、农业链条企业、助学及农村市场导向工程。

实施西部大开发，由于覆盖面广、工程庞大、地区经济发展的差异较大，无论主客观条件都不可能做到全面推进，在区域、产业、序时诸方面都必须选好切入点，找准突破口。因此，西部地区农村信用社在支持西部大开发中，必须以坚持合作制为立足点，以支持“三农”，优化信贷结构，引导农村资金的合理配置为着眼点。坚持额小、面宽、灵活与科学、优化与集中相结合的信贷原则，使其能在西部大开发挥积极的作用。

山区社小唱大戏黄土地上支农情

——记临潭县农村信用合作联社

甘肃省临潭县农村信用合作联社　温景红

临潭县古称“洮州”，位于甘肃省西南部，是汉、回、藏等多民族杂居地区，总人口14.68万人，其中，农业人口13.83万人，是以单一的农业生产为主的农业县。平均海拔2825米，平均气温3.2度，气候属高寒干旱区。境内山大沟深，土地贫瘠，资源匮乏，自然条件严酷，旱、涝、洪、雹、虫、霜、冻等自然灾害频繁，科学技术落后，经济不发达，交通不便，信息闭塞，耕作技术陈旧，经济结构单一，是国家和省列贫困县。全县现有10个信用社和1个营业部，5个信用分社，有正式职工52名，担负着19个乡镇、141个行政村、723个合作社、14.68万人的农村信贷业务。

经济决定金融，严酷的自然环境及经济条件从根本上制约着当地农民和信用社的发展，但是，临潭县联社面对现实，正视困难，解放思想，正确引导职工重新认识县情、乡情、社情，树立发展意识，增强改革意识、经营意识和创新意识；树立抓经营求生存，抓管理促发展，始终坚持“以农为本、为农服务”的经营宗旨，积极调整信贷结构，创新支农手段，优化支农服务。围绕农业增产、农民增收、农村信用社增效这个中心，全方位做好支农工作，加大信贷支农力度，逐步探索出了一条“以社促农、支农兴社、农社齐发展”的富民强社新思路。充分发挥了支农主力军和金融纽带作用，为农民增收、农村经济发展做出了积极贡献，支农工作受到了地方党政的高度赞扬和肯定。临潭县联社资金实力不断壮大，各项业务也有了长足发展，县联社连续三年被州农金体改办评为全州农村信用先进单位。截止今年六月底，存款规模位居全州七县一市农村信用社第三位，余额达到3410万元，人均存款达到65.6万元。贷款规模居全辖第一，各项贷款余额达到了3702.4万元，人均占有贷款规模71.2万元，以实实在在的行动开创了信贷支农新天地。在支持“三农”服务方面临潭县联社的主要做法是：

（一）立足“三农”根本，扶持群众脱贫

临潭县长期受地理环境及传统观念的束缚，群众思想守旧，年复一年重复着简单低效的农业劳作，大多数群众满足于“一亩耕地一头牛、老婆孩子热炕头”的吃饱即安现状，农民收入来源狭窄，农村经济发展缓慢。县联社利用农村信用社点多面广、机构分散、人地熟悉、了解农民实情这一自身优势，始终坚持以立足“三农”为根本，以转变观念为契机，选好着力点，找准结合点，在“农”字上做文章，求效益，做贡献，图发展。充分发挥为“三农”服务的主渠道作用，积极引导、支持农民尽快走上脱贫致富道路，实现社会效益与自身效益的同步增长。县联社从思想上重视支农工作，认为农村信用社的市场在农村，阵地在农村，根在农村，前途也在农村。他们不仅把支农视为业务问题，也将其视为政治问题，对促进农民致富、农村稳定和农业发展都有着重要的意义。因此，在支农过程中，县联社结合当地资源优势，大力筹集资金，本着“取之于农、用之于农”的原则，紧紧围绕当地政府农业

发展规划，及时调整信贷投向，支持农民发展特色农业，大力扶持种植业结构调整。在信贷政策上，坚持为入股社员和农民服务的宗旨，实行“三优先”，即确保社员贷款优先、农业贷款优先、农户小额贷款优先的原则，每年在备耕、春耕生产农村信用社有限的信贷资金发挥了无限的支农带动作用。

（二）因地制宜，找准支农切入点

临潭县是个农业县，农业种植结构单一，是制约农业发展的突出症结。随着农业生产结构调整的不断推进，“特色”农业已初现生机，全县农村经济向多元化、科技含量高的方向发展。对此，县联社审时度势，加强调查研究，确定全县农村信用社的支农框架，突出特色，划分布局，重点支持，即把全县 11 个营业单位按地理位置分为东、西、南、北、中五路，并按当地资源气候、地理优势划分区域，因地制宜，区别对待。

1. 在今年春播期间，陈旗、石门、羊永三个信用社积极配合乡政府大力进行种植业结构调整，三社主任亲自带领群众三百多人分别到岷县实地进行考察药材种植技术，发放贷款 100 万元，种植当归、党参等各类药材 2300 亩。目前药材长势很好，预计年底户均收入在 2000 元以上。

2. 重点支持店子社所辖的南路四乡群众大面积搞当归覆膜种植，形成当归生产基地，辅之以洋芋、油料、蚕豆等经济作物，共投入支农资金 200 多万元，扶持三乡群众仅当归一项，年户均收入在千元以上，极大的提高了农民种植当归的积极性，在本县和周边地区起到了良好的示范带头作用，成为临潭县的一大支柱产业。

3. 在支持陈旗、石门、羊沙、冶力关四社所辖的东、北路六乡农业生产的同时，重点支持种植百合、黄芪等中药材以及蚕豆、豌豆和其他经济作物，增加群众收入，扩大收入渠道。

4. 积极支持新城、羊永、城关、古战四社所辖的中、西路群众扩大青稞、油料、豌豆种植面积，以此来增加群众收入，并以县委、县政府规划的全县十五万亩粮食作物整乡科技承包为基础，县联社本着“带资金下乡、送资金上门、为种植户雪中送炭”的服务原则，以项目带基地，以基地带农户等多种经营模式，实施“科技兴农”战略，大力发展中、西路群众的青稞种植面积，通过引导农民走“特色”农业的发展道路，以“特”求发展，向“特”要效益，从而使临潭县的产业结构调整已步入良性循环。

目前，各种药材和经济作物长势良好，形势喜人。县委领导在检查此笔支农资金的发放使用情况后，对县联社的支农工作给予了高度评价和肯定，认为该县农村信用社在种植业结构调整和支农工作上给予了县委、县政府大力支持，产生了很大的社会效益，发挥了“农民自己的银行”和为农民、农业和农村经济服务的“主力军”作用。

（三）结合本地实际，支持“三农”发展养殖业

县联社大力支持农业生产，不断拓宽支农领域，为振兴繁荣临潭经济助了一臂之力。在积极配合县委、县政府进行产业结构调整的同时，把支持养殖业当做农村信用社帮助农民脱贫致富的一项战略工程来抓。农村信用社先后投入近 1000 万元的养殖育肥款，从开始时以农民一家一户散养为主体发展到强力培植大户、大村和大乡，从而走上了牧场加市场加农户的育肥养殖发展战略，品种也从单纯的育肥牛发展到育肥羊、育肥猪等。先后支持了以城关地区为主，卓洛乡、术布乡、新城乡、店子乡等地为辅的一大批育肥养殖专业户。在贷款投放上，县联社组织人员认真进行贷前调查，牢牢把握资金投向，积极扶持育肥养殖专业户。通过县联社的信贷支持，极大的提高了农牧民群众的育肥养殖积极性。目前，临潭县的养殖业从起步时的一头二头，逐步发展到十头二十头，从开始时的庭院养殖，发展到庭院加牧场养殖，并从开始时的养殖耕畜、牧畜逐步发展向肉、耕、牧兼用型转化，极大的提高了养殖户的经营效益，带动了全县农副产品收

购部门和个体运输户的快速发展。如临潭县清真肉联厂、县食品公司、顺达公司等，每个企业年均收购冻肉100多吨左右。县联社按季节都不同程度的投入短期流动资金扶持，切实帮助企业和农牧民疏通了供销渠道，从而带动了养殖户、企业、个体运输户的三方共同获利，共同发展，使临潭县的关键时节，坚持早调查、早计划、早安排、早投放，确保支农贷款及时足额到位。改变了以前的放款模式，变春放秋收为常放常收，随时满足农户贷款需求，做到了县政府放心，乡政府满意，农民群众高兴。今年累计发放支农贷款2530万元，占累放的96.20%，解决了群众的资金困难，发挥了农村信用社的支农“主力军”作用。

（四）发挥资源优势，支持“三农”培育新的经济增长点

临潭县自古以来受气候、地理条件的限制，人多地少、广种薄收，有些乡人均耕地面积不足半亩。随着市场经济的进一步开放和发展，通过地方政府的正确引导，农民群众的思想观念得到了进一步解放，大多数群众已有了“走出去，挣回来”的新观念，已不满足于过去的吃饱即安状况。临潭县联社利用全国电子联行特约汇兑开通这一优势，积极支持地方政府组织的劳务输出，仅劳务输出人员路费一项，累计发放贷款近100万元，劳务输出人员累计达1.1万人，农民年均外出劳务收入约1500万元以上。既加快了农民群众脱贫致富的步伐，又带动了全县农村经济的快速发展，同时也培育了新的经济增长点。

由于县联社把支农工作作为农村信用社生存与发展的基础来抓，支农领域不断拓宽。通过支持效益农业，发展养殖业，大力支持劳务输出等支农措施，促进了农业增效、农民增收和农村经济的繁荣，也给农村信用社自身带来了良好的发展环境和生存空间，使农村信用社的阵地进一步巩固，社会知名度进一步提高，业务有了长足发展，目前正朝社社盈余的方向迈进。

总之，在支农工作中，临潭县农村信用社立足本职，竭尽全力，努力探索适应该县信贷支农工作新思路。以支持“三农”为宗旨，“围绕县情、立足三农、重点扶持、兼顾个私”的信贷扶持思路是正确的。在支持“三农”工作方面取得了点滴成绩，但这与形势的发展和上级的要求，与地方党政和广大农牧民群众的要求，与自身生存和发展的要求还相差很远。今后，临潭县联社要以江泽民同志“三个代表”思想为指导，结合朱镕基总理讲话精神，脚踏实地，埋头苦干，扎根农村，服务农民，在深化改革中加强管理，在改善服务中防范风险，以创造临潭县农村信用社更广阔的发展前景，在支持农业、农民和农村经济发展中能做出更大的贡献，走出一条农兴社旺之路。

齐奏支农曲大办农家事

安西县信用联社积极实践“三个代表”着力强化“三农”服务

安西县农村信用联社张新荣张海

甘肃省安西县农村信用社是介于国家政策银行、商业性银行之间的一个合作金融机构，承担着全县13个乡镇，51个村，336个村民小组，1.46万农户，6.8万农业人口及乡村集体经济组织的金融业务。自农村金融体制改革以来，担负起了支持、服务于农村经济的重任，较好的发挥了农村信用社在农村经济发展中的主渠道作用。今年元月，根据中央金融工委和县委“学教”活动的安排部署，该社按照“分步实施、逐项落实、阶段安排总结、验收合格转段”的要求，结合农村金融工作，从“坚定一个突出、做到二个保证、抓好三个转变、四个结合、落实五个到位”等多方面努力去实践。通过认真、扎实、有效地开展工作，全辖信用社整体工作稳健推进，各项业务快速发展，广大干部职工思想发生了质的变化，“比、学、赶、帮”和“想农、为农、务农”已成为全员主动做好新时期信合工作的衡量标准和行动指南，多干工作、干好工作和追求敬业爱岗、多做贡献已成为全员的共识。最近，联社分别被县、地两级政府评为“学教”先进集体，并在全区推广。回顾“学教”活动，其主要体会和做法是：

（一）“坚定一个突出、做到二个保证、抓好三个转变”，致力于服务“三农”，是确保“学教”活动有效开展的根本保证

农村经济的发展需要有强大的信贷做支持，良好的服务做后盾，而农村信用社的发展又依托于农村经济的发展。这种相辅相成、兴衰与共的现实说明：农村信用社所处的地位和所肩负的历史使命是不可替代的，也是义不容辞的。基于这种现实的定位，该社以“一突出、二保证、三转变”为载体，把转变工作作风、改进服务方式、致力于服务“三农”作为实践“三个代表”重要思想的具体行动，想农业所想，帮农民所需，受到了农民群众和社会各界的广泛称赞。

1. 突出为农业、农民、农村经济发展的金融定位。农业发展我发展，我与农业共兴衰，这是安西县全体信合干部职工一心为农立下的誓言，也是支农兴社、兴农强社的辩证统一。基于这种认识，安西县信用联社始终把致力服务于“三农”作为办社的根本宗旨和方向，一切工作围绕有利于增加农民收入、有利于改善农业生产条件、有利于促进农村经济发展这个中心来衡量和开展。由于信用社正确的工作定位和真心为民解忧助富的工作作风，逐渐呈现出了农民欢迎、信用社业务发展的农与信双赢的好局面。

2. 不误农时、农事，保证支农资金到位，保证支农服务到位。农户的难点，就是信用社工作的重点，为了保证农民群众在农业生产过程中的资金需求，联社领导在深入调查研究分析的基础上，千方百计协调资金，基本上满足了全县“三农”资金需求。为保证不误农时，适时、足额将资金发放到农户手中，联社及时安排部署，积极组织全县近40名信贷人员带上账款，深入村组农户、田间地头边调查边发放，上门服务。同时，柜台人员坚持节假日不休息，中午不关

门，营业时间随着客户转，最大限度为农民提供方便、快捷服务。

3. 以方便农户为前提，转变信贷管理方式，转变或改进服务方式，转变或更新思想观念。在“学教”活动中，联社采取入户座谈，下发意见征询书的方式，把真心为群众办实事和解决农户借贷手续繁杂问题做为突出强化的两大主题，以“三个代表”重要思想论述为指导努力去实践。一是实施“小额信贷和联户联保”贷款管理办法，让经济条件差又不完全具备贷款条件的而又有所为的农户，适时取得贷款，达到扶贫扶优的目的；二是实施“一本通”贷款证信贷服务，凡辖内农户经信用评定，发给贷款证，3000－5000元内生产费用贷款不需抵押、担保可随用随办；三是放宽大额农业贷款审批权限，缩短审批时间，从申请之日起到办理，实施最长时限承诺；四是在做好信贷支农服务工作的基础上，深化服务内涵，为农户提供致富信息、传播种养技术，共绘家园蓝图。

（二）抓好“四个”结合，是深化和实践“学教”活动的重要途径

针对“学教”活动中，工作上暴露出的问题和差距，着力从以下方面进行了完善：

1. 把“学教”活动与整章建制强化内部管理相结合，推动各项工作发展。一是对各项管理制度重新进行了修定。同时对服务搞的不好，业务发展缓慢的信用站、分社进行撤并。二是根据不同时期的发展要求，制定具有针对性的考评细则和方案，从德、能、勤、绩、廉五个方面对全辖干部职工严格进行考评，并对考评不称职的进行撤换和调整，对基本合格的职工提出了批评和限期改正的时限。三是在考评的基础上，根据业务技能、学识水平、思想品德实行了“三定”和“双聘”用工制度的改革，在职工中树立竞争和淘汰意识。通过强化内部的改革和管理，一个念真经、重实效、抓实干、鼓实劲、出实力的良好工作氛围在全辖上下形成，“学教”活动真正落实到了工作中，体现在了行动上。

2. 把“学教”活动与提高职工队伍素质相结合，促进各项工作发展。一是抓好长期性的职工政治理论教育，用“三个代表”重要思想武装职工头脑，从政策法规上规范职工行为。尤其是“学教”活动以来，联社在全辖干部职工中组织开展了“五好职工、三无”创建活动，帮助职工树立“一为重、两不争、三自、四比、五精神”的崇高思想境界，使每个职工为发展而着想，为发展而努力。二是举办短期培训班和以会代训的形式，强化职工两个素质的提高。三是抓好学历教学，提高职工文化水平。为了引导和鼓励职工自学成才，联社在出台《自学成才奖励办法》的同时，通过采取走联办，选送脱产学习的路子，极大调动了职工自学积极性。

3. 把“学教”活动与窗口服务相结合，提高服务水平。该社紧紧抓住“服务到家、到家服务和一切为了客户、为了客户一切”这一主题，在优质服务上下大功夫、下真功夫。在实施优质服务规范标准和开展“三优”网点达标竞赛活动的基础上，把文明优质的具体内容细化量化到每个岗位，把“快速、准确、安全、方便”，“主动、热情、周到、耐心”，“洁净、明亮、齐全、舒适”做为衡量服务质量、服务态度、服务环境的标准，抓落实，抓考核。在尽可能解决好硬件设施的同时，结合“学教”活动组织开展了“比服务、比作风、比敬业和微笑在岗位、满意在客户”的评比竞赛活动。并围绕改进和加强支农服务，重新制定了职工职业道德、服务公约、柜台纪律、文明用语、承诺服务等6个制度标准，并规范了意见簿、投诉箱、监督台。通过观注一个焦点、瞄准一个亮点、抓住一个重点、解决一个难点，极大的促进了广大员工爱社、爱岗的敬业精神，强化了窗口形象。

4. 把“学教”活动与思想政治工作相结合，净化职工思想。近年来由于诸多因素的影响和不良风气的干扰，职工中不同程度地出现了“一切向钱看”的拜金主义思潮，导致人生观、价值观错位，严重影响了职工思想政治工作的深入开展和职工队伍的建设。通过开展“学教”活动学什么、“学教”活动抓什么的大讨论，大家一致认

识到："三个代表"重要思想论述是大家的行动指南，航行的坐标，"学教"活动的根本是要员工有全心全意为人民服务的思想、本领和无私奉献、勇于创新的精神。在提高思想认识的基础上，联社先后3次利用主任会、学习班等形式，组织"学教"报告会、座谈会，并开办信合动态将本系统内工作的一些好做法、好措施和突出的事迹以简报的方式在全辖宣传、推广、交流，把"学教"活动同本单位实际工作紧紧联系在一起，强化了"学教"活动的实际意义和作用。

（三）加强组织领导，落实"五个"到位，是搞好"学教"活动的前提

加强组织领导，强化学习是"学教"活动的前提，也是保证"学教"活动有效开展的关键环节。没有明确的思想认识、有序的组织领导和较强的时间观念，无论如何也抓不好学习，更谈不上学习的效果与素质的提高，对此，"学教"活动一开始，该社先从关键环节抓起，做到"五个"到位。一是组织领导到位。及时成立以联社主任任组长，监事会主任任副组长，联社副主任和办公室主任为成员的"学教"活动领导小组。形成了有组织、有领导、有责任、有担子，逐级负责，分工协作的"学教"体系。二是思想认识到位。针对个别人认为"三学"是党政部门的事与业务单位无关，或"三学"是领导的事，职工不需要学的模糊思想认识，联社按照先学一步的原则，利用3天时间，结合"学教"安排意见，采取集中学习，座谈讨论等形式，对股级以上干部集中进行了以会代训，首先从管理层上提高了他们的思想认识，明确"学教"活动的重大意义及具体方法步骤和目标任务。三是安排部署到位。在县委《关于三个代表重要思想学习教育安排意见》下发后，联社及时召开总支会、主任办公会、理监事会和动员大会，认真进行学习、传达、讨论和安排部署，在广泛思想发动的基础上，制定下发实施方案，明确阶段"学教"内容、工作任务和具体措施，坚持做到一段一总结、一段一安排，每个阶段检查对照，保证了"学教"内容逐项到位和有序开展。四是学习时间到位。在原有学习制度的基础上进一步强化了学习的节奏和强度，在抓好集中学与自学的同时，激发和增强全员投入"学教"实践活动的自觉性和责任感。并做到纵到边、横到底，将"学教"渗透于每项工作。五是监督检查到位。为了保证"学教"活动深入扎实开展，联社领导小组下设办公室，由监察室、审核职能股室配合，专司各阶段各环节督促检查指导，保证了"学教"活动的质量。

（四）"学教"活动取得的效应

一是支农力度加大，效果显著。"学教"活动以来，全县信用社以市场需求和农村资源结构配置信贷资金，以科技兴农为主，重点支持了两高一优农业和产业结构的调整，使农村各业得到协调发展，促使农村走优势经济之路。

二是支农资金筹集能力增强，实力不断壮大，农村金融主渠道作用进一步发挥。截止今年九月底，全辖各项存款达到1.86亿元，比上年同期增加4036万元，增长28.3%，占全县金融机构的21%，市场份额进一步提高。

三是工作作风转变，支农服务到位，由农户求贷到社变为信贷员送贷上门，由单一的提供信贷资金服务延伸到为农户送技术、送信息，帮助预测把握市场。

四是精神文明和党建工作进一步加强，职工队伍素质进一步提高。全辖各级干部以培养"四有"职工队伍，加强职业道德教育，强化文明优质服务，塑造良好企业形象为重点，以争创岗位能手和文明单位、文明股室、文明职工为目标，以突出党的组织建设和党员管理为动力，以各种行之有效的创建活动为载体，凝聚、教育、激励广大职工党员，用政策解人心，温暖热人心，感情动人心，解困宽人心，真诚换真心，有力推动和促进了各项工作的发展。

五是法人经营管理意识不断提高。通过"学教"活动的充电效应，基层信用社主任经营意识增强，管理水平提高，创新开拓力度加大，求真

务实的工作作风进一步扎实。各基层信用社主任通过“学教”活动，千方百计营运资金，在全力服务“三农”的同时，注重资金使用效益。各项工作有目标、有任务、有职责、严评比、重考核，职工有压力，工作有动力。

六是职工主人翁意识增强。过去职工比环境舒适的多，比创业的少；比收入的多，比贡献的少。“学教”活动以来，许多职工由原来的“要我干”，变成“我要干”，呈现出了个个为信用社着想，人人为信用社发展操心出力的良好工作氛围。

在戈壁滩上创造业绩

——新疆石河子市农村信用联社工作纪实

新疆石河子市农村信用联社　赵金荣

近年来，新疆石河子市农村信用联社按照人总行关于综合治理资不抵债农村信用社和全面整改农村信用社的试点要求，一手抓改革，一手抓发展，使全市农村信合工作出现了健康发展的良好势头。2000年，全市累计发放农业贷款1．1亿元，比上年多投放7000万元，入股户面达到95%，入股社员贷款面达到86%。全市农村信用社存款余额16042万元，各项财务收入1169万元，10家信用社有7家盈利，盈利额为36万元，3家亏损，亏损额为26万元，净盈余额10万元，分别完成减亏额和减亏面任务的118%和100%。为此，石河子市农村信用联社全体员工付出了艰辛的劳动：

（一）突破传统的劳动用工制度，实行全员劳动合同制

一是实行“三定”管理制度。通过对信用社存款、贷款规模、经营收入、辖区人口、营业网点5个量化指标的分级测算，确定出信用社人员编制，实行全市统一定编、定岗、定员。二是实行信用社主任民主选举和竞争上岗制度。按照信用社管理规定和人民银行任职资格审查的要求，在全市范围内通过民主推荐、竞争等形式，由社员代表大会选举信用社主任，真正把思想品德好、年富力强、善于管理、业绩突出的员工选拔到领导岗位上。全市共选拔信用社主任5人，异地交流3人。三是实行优化劳动组合。打破固定工和合同工的用工界限，按照定编、定岗、定员的要求进行双向选择，根据各人所长，聘用到合适的岗位上，所有被聘员工与信用社签订《劳动合同》，使过去“得过且过”无所作为的员工下岗待业。通过改革，大大增强了全市信用社员工的危机感和竞争意识，有效地调动了职工的积极性。

（二）突破“平均主义”分配机制，全面实行目标经营责任制

联社从打破平均主义分配制度入手，全面实行目标经营管理，坚持按劳分配原则，推行工效挂钩经营责任制，充分调动职工的积极性。一是联社根据年终信用社的实际情况，逐社核定目标任务内容，包括利润指标、存款比例、资产质量、利息收回率、存款净增额、综合费用等。并与信用社签订《经营目标责任制合同》，按年考核，与信用社职工收入挂钩。二是合理确定职工收入总额。各信用社职工收入总额参照前两年人均收入水平，按各项目标任务平均增长（或减少）比例予以核定，凡全面完成目标任务的信用社全额兑现，反之同比例扣减，直至减到最低生活保障费为止，原执行的工资标准作为档案工资予以保留。三是各信用社与每个员工签订《职工岗位责任制合同》，将信用社总体经营目标任务分解落实到每个岗位，按每个岗位职工完成目标任务的程度计发个人收入。经营目标责任制的推行，打破了“大锅饭”，过去那种“你在干，我在看，每月工资照兑现”的现象没有了，形成了“横比竖比比业绩，你追我赶作贡献”的可喜局面。

（三）强化贷款管理，提高信贷资产质量

在整改过程中，通过对信贷工作实行分层次管理办法，完善制度、落实责任、强化监督，有效地提高了信贷资产质量。一是实行了目标管理。把信贷资产质量作为每个信用社经营目标的重要内容纳入总体考核之中，年初提出量化指标，年中进行检查，年末一次考核兑现。二是实行分级管理。根据各信用社经营管理水平和经营状况，合理确定各类信用社贷款审批权限，凡是超过审批权限的贷款额度，必须报联社进行咨询。建立健全了审贷分离制度和“三查”制度，积极推行社团贷款，既严格控制了大额贷款风险，又充分发挥了联社服务的功能，集中资金支持了重点企业发展和重点项目建设。三是实行分类管理。对小额农户贷款，实行年初一次性调查核定限额，年中分次发放，减少了审批环节，方便了农民群众，并推行“包片、包放、包收、包效益”的“四包”责任制，对镇企业贷款、个体工商户贷款实行比例控制、一企一档、审贷分离、责任到岗的管理办法。四是实行分段管理，对于新增贷款必须做到利息收回率达到100%，风险贷款比例不能超过“8、5、2”的标准。五是实行责任管理。明确界定贷款管理各岗位的职责，完善贷款管理的相互制约机制，有效地防范人情贷款、关系贷款、违规放款；落实信贷人员的工作目标任务，责任到人，按月考核，奖罚优劣。由于管理办法得当、工作措施具体、目标责任明确，联社支持基层信用社坚决依法起诉，2000年，全联社共向法院起诉101笔，累计收回不良贷款407万元。

（四）认真落实帮扶措施，发扬互助合作精神

一是联社领导采取多种措施进行帮扶。市联社领导及科室干部实行分社包干，协助信用社认真落实整改措施；对资不抵债、亏损较大的信用社降低调剂资金利率，同时免交或少交管理费。二是组织信用社之间进行对口帮扶，7个经营较好的信用社对3个资不抵债信用社进行帮扶，提供无偿资金进行援助，并积极帮助3个资不抵债信用社改进经营管理、完善规章制度、提高管理水平。三是实施了人民银行分片监管制度，通过服务和监管进行帮扶。人民银行石河子市中心支行寓监管于服务之中，有力地促进了农村信用联社整改工作的顺利进行。

（五）安全保卫齐动手，警钟长鸣无事故

首先，联社一把手、分管领导、保卫部门一级抓一级，层层抓落实，做到安全保卫工作在各级主任中有计划、有目标。其次是人防、物防相结合，联社舍得花钱投入，配备各式先进装备，利用各种会议经常性地讲安全，并组织职工学习规章制度，不断提高员工的安全防范意识和防范技能。第三是加强经警与驾驶员的安全教育，提高业务素质，并及时了解警卫、驾驶员的思想动态、家庭情况，消除内部隐患。第四是加强警卫军事训练和枪支管理，做到枪弹分离，枪支双人双管，严格枪支交接、领用登记制度，做到了非值勤不带枪，无转借现象。由于制度执行严密，各项措施到位，检查及时，几年来，没有发生一起安全事故。

功夫不负有心人。石河子市农村信用联社的全体员工的努力使联社经营规模和经济效益逐年稳步上升，到目前为止，全联社共吸收股金233万元，入股社员4600多户，占总扩股面的95%以上。联社员工大中专以上学历60人，占职工总数的80%以上，全辖干部职工平均年龄为29岁，形成了一支业务精、纪律严、作风正、廉洁高效的年轻金融队伍，为该农村信用社的进一步发展，奠定了坚实的基础。

支农是农信用社永恒的主题

新疆哈巴河县农村信用社

哈巴河县地处祖国西北边陲阿勒泰地区的最北部，西部和北部都与哈萨克斯坦接壤，行政面积8500平方公里，人口7．8万人，其中农业人口为6．2万人，由汉、回、哈、维、蒙、达吾尔等多民族组成，境内有两条河流交汇流入哈萨克斯坦。水美草丰，土质肥沃，主要的农作物有小麦、玉米；经济作物有花芸豆、黄豆、西瓜和油葵；矿业主要以盛产黄金而闻名；牧业主要盛产阿勒泰大尾羊，当地农牧民对阿勒泰大尾羊赞为“吃的是中草药，喝的是矿泉水，走的是黄金路，拉的是六神丸”。近两年来，哈巴河县联社确定了为农业、农民、农村经济发展服务的正确思路，把为“三农”服务作为联社信贷服务的主攻方向。到2001年6月末，县农村信用社累计发放农业贷款1．1亿元，占贷款投放总额的84%，农业贷款以每年15%的速度递增，全县75%的农牧户得到了信用社的支持，较好地发挥了农村金融主力军的作用。

（一）实施小额信用贷款，解决好农牧民贷款难的问题

近两年来，联社在经营管理中及时调整了工作思路，确立了以信贷为手段，以为“三农”服务为重点，从支农中获取效益的经营目标。根据哈巴河县农业人口多，农户分散，信贷发生频繁的特点，联社因地制宜，相继制定了《哈巴河县农村信用社信贷管理办法》、《哈巴河县农村信用社小额农贷实施办法》，以解决农牧民贷款难的问题。以一家一户的小额农贷为信贷支农的切入点，扩大信贷覆盖面，向农牧民发放春耕及牧业生产贷款，采取年初一次核定、分次发放的办法，及时把农牧民所需生产资金送到了他们手中。针对信用社人员少而农牧民居住分散的特点，采取农户随需随贷、余额控制、“一散一合”的发放方式，即根据信贷员的放贷权限及人员少的特点，放贷时信贷员包村上门放贷服务，春耕结束后，信贷员合力交叉检查放贷情况。这样一方面保证了贷款发放的合规性，另一方面也减轻了农牧民负担。从2001年初到现在共累放小额信用贷款896万元，发放面达54%，较好地解决了农牧民贷款难的问题。该县加依勒玛乡是全地区盛产西瓜和黄豆的大乡，每年累放信用贷款180万元左右。采取余额控制、随需随贷的方法，今年县信用社先后投放896万元的小额信用贷款，有力地支持了西瓜基地和黄豆基地建设，在通往世界著名旅游景点哈纳斯湖沿线的十几里旅途中，你随处可尝到哈巴河甘甜的西瓜并闻到黄豆叶散发的清香。小额农贷使哈巴河县农民走上了致富的道路，也使信用社建立了稳定的农民客户群，农业贷款的结构和形态都得到了很大改善，贷款质量和效益都有所提高。目前收回的80万元贷款，收益就有2．7万元，若小额农贷全部收回，收益将达到27．8万元，创历史最好水平。

(二)推行农户联保贷款,解决农民贷款难问题

县信用社自从推行小额农贷以来,虽然在一定程度上解决了农户贷款难的问题,但与种养大户和贫困户对贷款的需求仍存在着一定的差距,难以有效支持农村产业化和适度规模经营以及扶持贫困户发展生产,因此,信用社制定了《种养大户联保贷款操作办法》和《贫困户联保贷款的操作办法》。《种植业大户联保贷款操作办法》是选择经济实力较强的4户或5户,对其资产进行评估后可互相作为担保,对于5000元以上20万元以下的贷款也按一次核定、分次发放、余额控制、随到随办、周转使用的办法。这样既方便了联保户,又简化了贷款手续。今年仅大户联保就投入贷款198万元,主要是用于发展养殖业、退耕还林,期限虽较长但效果比较好。贫困户联保贷款的做法是,根据每村贫富不均的户数,采取富帮穷、先进带后进、党员领头帮贫困户的办法,即5个富户帮一个穷户,4个党员帮一个贫困户,组成一个联保小组。对于5000元以下的小额农贷实行联保后也采取一次核定、分次发放、随到随办、不用即还的办法。这样有利于借款户提高资金使用效率,既减轻了农民利息负担,也解决了农户贷款难和担保难的问题。截至6月底,该县共组成大户联保小组17组,参加联保农户58户,小户联保小组398组,参加联保农户2326户,联保小组贷款余额达794万元,占今年县信用社新增贷款的42%,尤其是贫困乡库勒拜乡,去年在搞联保成功的基础上,今年又新增联保小组67个组,参保户402户,核定贷款余额102万元,累放87万元,占该乡信用社贷款的24%。联保贷款增强了农牧民的还贷意识,对信用社的收贷收息起到了积极作用。去年库勒拜乡有4个小组因受灾个别贷款户还贷有困难,这4个小组的其他成员自发的筹款到信用社给受灾户归还了贷款,今年又得到了新的农贷。今年4月份,该乡十三队的一名联保小组成员贷款后准备举家迁移,联保小组的组长立即告知信用社和信贷员一起追到了贷款户家,并采取了保全措施。

(三)服务“三农”,拓展支农新领域

近两年来,县信用社在立足服务传统农业的同时,不断探索信贷支农新领域,以信贷促进经济的发展。去年末、今年初,县信用社积极响应县委、县政府提出的“重牧强农、以农促牧”的发展方略,累计投放扶优扶强贷款768万元,帮助1263户农牧民建造了暖棚,并帮助农民购买了育肥的牛羊,今年发放476万元,支持了县牲畜改良工程,其中投资243万元帮助农牧民引进了西蒙塔尔黄牛180头、安格塔斯肉牛100头和绒山羊2800只,为发展肉牛基地和绒山羊基地奠定了一定基础。萨尔塔姆乡阿合托白村就是典型的示范村,该村村民米成海以前是牛贩子,在外贩牛的过程中,发现用农作物秸秆、酒精等育肥牛成本低、见效快。在外地学习了一个月后回家,处理了家里的40多只羊,自己筹资1.2万元建造了育肥棚圈,买了6头牛,搞起了育肥试验。一个月后出售了育肥牛,获利1500元,这使他看到了致富的希望,但苦于缺少资金,于是他找到信用社申请了4万元贷款,购买了40头牛育肥,两个月后,获纯利1.6万元。消息一经传开,乡里、县里领导都来观摩,老百姓一致认为育肥是当今农牧致富的好出路,在米成海的带动下,全乡及全县农民养殖积极性空前高涨,信用社也及时调整了信贷投向,采取“以点带面”、“一村带乡”的办法,大力推广农区养畜这一优势产业,累计投放647万元贷款,支持了152户养殖大户,这些大户在村里、乡里起了带头作用,为信用社做了宣传,也有效地促进了地方经济的发展。

（四）创建“信用村”，落实各项支农措施

今年初，县联社在实行小额信贷、联保贷款过程中，及时宣传了信用社的支农政策，并请求政府部门配合信用社的工作，要求各乡村争创“信用村”，并对争创了“信用村”的村队进行奖励。改善了农村信用社的经营环境，也方便了农牧民，部分村的陈年老贷也得到了归还。齐巴尔乡的喀斯卡英村就是县联社今年定的“信用村”，村委会通过联保的方式把21户贫困户分别分到富的联保小组，然后把旧贷也与联保小组持起钩来，该村年底有可能成为无逾期和无欠息村。信用社规定当年归还的旧贷第二年就追加到该村的生产贷款中，从而使该村第二年又增加了信贷投入。在创建“信用村”的同时，信用社还和该村的村民预约了存款，通过信贷支农增加了农民收入，培植了储源，壮大了农村信用社资金实力，使信用社走上了一条良性发展道路。

坚持为农服务方向积极支持民族地区农村经济发展

阿坝县农村信用合作联社　罗云林

阿坝县地处川西北高原的雪山腹地，这里气候恶劣，交通、经济落后。阿坝县农村信用社成立于1958年，至今已走过了43年的历程。40多年来，农村信用社已成为该县金融体系的重要组成部分，在民族地区社会主义建设的各个历史时期，不仅对该县农牧业生产和农村经济发展、农牧民收入水平的提高发挥了不可替代的作用，同时自身的各项业务也得到了快速的发展。至2001年末，全辖农村信用社已有营业机构15个，从业人员31人，各项存款4149万元、各项贷款余额1336万元、固定资产551万元、所有者权益395万元。40多年来，阿坝县农村信用社从无到有，从弱到强，已发展成为联系农牧民群众的重要金融纽带和支持农牧业生产及农村经济发展的主力军。

（一）转变观念，努力开创资金组织新局面

至2001年末，全辖信用社各项存款余额达4149万元，较1996年10月行社“脱钩”时净增2674万元，增长1.81倍。取得这样的成绩，县联社主要抓住了以下几方面的工作：

1．更新观念，牢固树立存款兴社思想。

由于阿坝县商品经济较为活跃，资金流动性较大，社会闲散资金相对匮乏，加之国有商业银行的基础设施、网点布局、服务手段等方面的条件明显优于农村信用社，从而使合作金融系统在资金组织上处于不利局面。

面对严峻的挑战，为努力开创农村信用社存款工作新局面，信用社首先加强了对全体职工在以商业化经营为目标的市场经济条件下，大力组织资金重要性的认识教育。使全体职工在思想上牢固树立了“存款兴社”的意识，并切实转变了传统的存款组织观念。思想观念和工作作风的转变，有效的增强了广大职工狠抓存款工作的紧迫感和主人翁责任感，同时为开创县农村信用社存款工作新局面提供了可靠的思想保证。

2．坚持深入实际的工作作风，广泛开展宣传动员工作。

为了使更多的农牧民群众掌握了解国家对存款工作的政策、原则，培育更多农牧民群众积极参储意识和有效扩大信用社存款来源，广大职工克服困难，坚持利用地处基层、贴近农牧民、人员熟、语言通的惟一优势，走村串户，深入企事业单位、村寨和寺院，上门耐心宣传动员。同时各信用社还针对本地寺院较多，僧侣在群众中具有较高威信的特点，有针对性地做好寺院主持、财务总管的宣传动员工作，以依靠其影响协助信用社扩大宣传动员面和动员组织存款。通过广大职工持之以恒、艰苦细致的宣传动员，农村信用社的各项工作受到了广大农牧民群众和社会各界的理解与赞赏，并由此为开创信用社资金组织工作新局面奠定了良好的群众基础。

3．取信于民，坚持开展优良服务活动。

信用社作为服务性机构，要想在激烈的行业竞争中赢得更多客户的信赖与支持，必须以实际行动牢固建立起良好的企业形象和声誉。在实际工作中，为了避开因信用社基础设施差、服务手段落后而缺乏吸引力的劣势，基层信用社坚持做

到了天天开门营业和按客户需要不分上下班，业务随到随办。城镇营业机构则坚持以优化工作环境，早开门、晚关门、中午和节假日不关门以及热情、礼貌、耐心为客户服务等方式稳定老客户、吸引新客户。较好地开创了农村信用社资金组织工作的新局面，从而为存款的稳定增长打下坚实基础。

（二）加强信贷管理，积极支持本地农村经济发展

合作金融的发展壮大离不开农村经济的兴旺发达，而农村经济要实现稳定增长，又离不开信用社积极的信贷支持。为充分发挥职能，积极支持广大农牧民群众脱贫致富，努力为农村信用社自身业务的稳定发展创造良好外部环境，全辖信用社坚持以农为本、大力为农村经济发展服务的宗旨，积极结合本县农牧民群众商品经营意识较强，社会资金需求矛盾突出的特点，积极开展信贷业务，努力支持本地区农村经济发展。不仅较好地解决了广大农牧民发展生产、经济的各类资金需求困难，使相当部分农牧民走上了勤劳致富的道路，同时也充分体现和证实了全县信用社在支持农村经济发展中所发挥出的不可替代的重要作用。

为了达到积极支持农村经济发展，用好用活信贷资金，有效防范风险并较好实现信贷资金“安全、周转、效益”目标，联社每年初首先结合当地农牧民发展经济、增加收入的具体项目，资金需求及信用社资金实力状况，及时将全辖年度贷款投向、运用规模、收回计划等内容作出安排布置，以不误农户经营需要和基层社的及时投放；二是结合民族地区特点，积极探索并采用了以民族装饰用品（珊瑚）、贵重金属、房产等物品对贷款的抵质押担保方法，由此不仅较好地解决了广大农牧民贷款的担保难问题，同时对降低贷款风险起到了积极作用；三是根据各社主任的经营管理水平及其历年贷款经营质量状况，分别核定了各基层社贷款自主审批权限，同时，县联社还成立了贷款审批小组，负责对各社上报贷款评估论证和决策审批；四是全面落实贷款的经营责任制，明确了各社主任是其信用社贷款经营的决策人和责任人，信用社所有贷款必须经主任审批后发放，否则为违章贷款，并由社主任和放款人同时承担经济责任；五是对已形成的不良贷款，坚持实行了与责任人工资挂钩清收和将不良贷款绝对额下降纳入信用社年度经营目标考核；六是管理监督部门加强了对各社贷款的基本手续、合同借据、抵质押等方面内容的真实性、合规合法性的检查稽核，以使违章违制贷款现象得到有效遏制。

通过采取上述主要措施指导和管理信贷工作，农村信用社的职能得到较好发挥，信贷资金得到有效运用。既有力地支持了本地农村生产经济发展，较好解决了群众需求困难，使信用社的贷款管理水平和职工经营贷款的责任心得到增强，也对全辖连续多年实现贷款的较高收回和较好的经营收益起到积极的促进作用。据统计，1982 年 ~ 2001 年信用社累计发放各项贷款 1.5118 亿元，累计收回各项贷款 1.4758 亿元，贷款收回率达 97.17%。

（三）加强内控制度建设，促进事业健康发展

行社“脱钩”后，县联社第一次独立承担起了对基层农村信用社的领导与管理职责。能否使县联社的管理、指导、协调和服务职能得到有效发挥，不仅直接影响到辖内信用社各项业务经营活动的正常开展，同时将关系到农村信用社在“脱钩”后能否实现平稳过渡和健康发展。为此，县联社首先根据肩负的职责和现有管理人员紧缺的实际，按照精简效能、分工协助的原则，完善了各职能部门和组织机构；二是在坚持贯彻执行上级管理部门制定的一系列管理制度、办法的基础上，制定和强化了各部门各项管理制度和岗位职责；三是联社负责人坚持了对人事、年度资金运用、财务计划等重大问题的集体研究制度和对年度各项业务工作的早计划、早安排布置以及年度安全保卫工作责任的层层落实制度；四是坚持

实行财务费用的报批制度；五是联社管理部门克服人少事多的具体困难，坚持定期或不定期深入基层信用社开展信贷、财务、账务和安全保卫等项工作基本制度执行情况的检查活动，以及时发现和纠正工作中存在的不足和及时协助基层解决其具体问题、困难；六是积极实施“三定双改”工作方案，2001 年 7 月在全县系统内实行了“定编、定员、定岗”和劳动用工制度、工资分配制度改革，较好地体现了多劳多得、按劳分配原则，在劳动用工上搬掉了“铁交椅”，建立起了员工能进能出，能上能下的管理体制。

通过内部管理措施制度的建立和落实，较好地促进了县信用社各项工作的健康、稳定发展，实现了自“脱钩”以来全辖无各类经济及责任性刑事案件发生。县联社安全保卫工作在 1999 年和 2000 年两次被省级管理部门授予“先进集体”荣誉称号。

（四）积极开展精神文明建设活动，努力塑造合作金融企业形象

信誉与形象是企业实力和员工素质在经济、技术、社会三方面的综合反映。为了努力在社会公众中树立起合作金融企业的良好信誉和形象，不断增强员工集体主义荣誉感和热情为民服务思想，联社首先在全辖积极开展了创造精神文明单位活动。通过“创建”活动，培育广大员工树立遵纪守法、精诚团结、乐于奉献、勇于开拓的爱岗敬业思想；二是积极采取各种方式，广泛向社会公众宣传农村信用社的办社宗旨、业务范围、服务方向等，以进一步加深公众对农村信用社性质作用的了解和认识；三是注重加强外在形象建设，联社先后投资 500 余万元，使县联社、阿坝镇、哇尔玛、贾洛、安羌、麦坤等信用社营业场所、办公设备、职工生活环境得到有效改善，同时全辖还加快了电子化建设步伐，目前已开通省辖电子联行汇兑业务，此外联社营业部、阿坝镇、哇尔玛三机构计算机处理门柜业务也已开通。

通过开展一系列切实有效的工作，联社职工的精神面貌焕然一新，农村信用社在社会公众中的知名度有了较大程度的提高。至 2001 年末，全辖已建成州级文明单位一个、县级最佳文明单位一个、县级文明单位 4 个。

（五）存在的困难及建议

虽然阿坝县合作金融事业经过 40 余年的发展，各项业务有了长足的进步，在支持农牧民增收和农村经济发展方面发挥了重要作用，但受客观因素制约，农村信用社在经营管理、业务发展和职能发挥等方面存在着较多的问题和困难。主要表现在以下几方面：

1．信贷资金来源渠道单一，农村信用社整体实力较弱，严重制约了信用社职能作用的有效发挥。

受历史管理体制因素影响，长期以来信用社信贷资金基本以依靠组织吸收农村社会闲散资金为主要来源。但由于民族地区农村农牧民群众经济收入水平低下，可供参储的闲散资金相对匮乏，加之农村生产责任制度变更后，集体经济增长受到限制，且其原有积累流失严重，严重制约了农村信用社信贷资金的有效增长，并使农村信用社无力更好地满足当地农牧民群众的信贷资金需求和自身无法实现较好经营效益。

作为地方性金融机构，农村信用社与地方经济是一荣俱荣、一损俱损的鱼水关系，一旦信用社发生问题，不仅地方政府要承担相应的风险，而且还会直接影响到农村经济发展和社会稳定。由此，希望各级政府从各个方面加大对信用社的支持力度，并切实担负起指导职责，在平时工作中多向信用社提出意见、要求、建议，并明确要求各乡镇、各部门、各单位要把农村信用社的改革与发展当作地方政府份内的事情办好，从而形成全方位关心、支持合作金融事业的良好局面，使其经营环境得到有效的改善。

2．经营包袱沉重，发展后劲脆弱。

长期以来，农村信用社在经营环境条件较差的情况下，为积极支持农牧民群众发展商品经济、脱贫致富作出了突出贡献，其业务性质已经

带有较强的政策性。但因体制等原因，农村信用社不仅得不到国家优惠政策的扶持，而且要在经营风险及经营成本较高的情况下，完全依靠自身的能力消化因支农出现的政策性亏损并在经营效益低下的同时承受各方面的国家税赋。从而在无形中加大了农村信用社的经营困难，使其资本积累无法得到有效增长。

由于农村信用社是既具有企业性质，又具有为“三农”服务职能的特殊部门，同样要讲求一定的经营效益，才能更好地为地方经济服务。为此，恳请地方各级领导，积极发挥政府的职能作用，呼吁国家及有关部门，充分考虑民族地区农村金融部门承担的职责和客观存在的具体困难，给予民族地区农村信用社适当优惠的金融税收政策或专项补贴，以支持其有效减轻历史遗留“包袱”，较好增强风险防范及自我发展能力。

(六)“十五”时期农村信用社的历史任务

目前，我国农业已进入新的发展阶段，中央决定，“十五”期间，要始终把农业放在国民经济的首位，保证农业在提高整体水平和效益的基础上持续、稳定发展，促使农民收入较快增长。在这种新形势下，作为为农民提供金融服务的农村信用社，应该从支持“三农”是党和国家赋予的光荣使命的高度，来认识支持“三农”的重要意义，要因地制宜地加快农村信用社管理体制改革，充分发挥农村信用社在农村金融服务中的主力军作用，在努力完成党和国家交给的光荣使命的同时，不断发展壮大自己。

围绕新时期党的农村经济工作中的各项任务，信用社要切实做好以下几项工作：

1. 认真学习江总书记“三个代表”重要思想，把“三个代表”的重要思想贯彻落实到为“三农”提供优质的金融服务工作中去。同时要认真对照“三个代表”的要求，加强全员思想、作风、纪律的整顿，并把农村信用社的工作是否符合农民的根本利益，是否让农民满意，作为检验农村信用社经营方向和工作业绩的根本标准。从而切实提高全体员工做好支农工作的责任感、自觉性和服务水平。

2. 千方百计大力组织资金，切实改进金融服务，加大信贷支农力度。农村信用社在用好用活现有信贷资金的同时，要千方百计努力开展资金组织的宣传动员工作和优质优良服务活动，积极争取社会各方面的关心支持，以不断增强整体信贷支农的资金实力。同时，要切实转变工作作风和经营作风，积极深入实际、深入农户调查了解群众需求，帮助农牧民解决生产、生活中的资金困难，积极支持农牧业产业结构调整和农牧民增加收入。要坚持实行贷款发放计划、程序、额度、用途、利率公开制度，增强贷款透明度，接受农牧民群众和社会的监督。

3. 加强内部管理和职工队伍素质建设

资产经营质量和员工素质是决定农村信用社可持续发展的重要因素。因此，在今后的工作中，首先要加强信贷管理，坚持做到既积极支持又注重资产经营风险防范，要通过严格规范贷款管理程序，认真执行审贷分离制度、贷款损失责任追究制度和不良贷款清收责任制来切实加强贷款管理和促进信贷资金的“安全、周转、效益”目标顺利实现。同时要不断改善员工文化素质结构，通过业务培训、参加函授教育等多种方式，不断提高现有职工的知识层次和业务水平，建立起一支有文化、讲政治、会管理的合作金融职工队伍。

4. 积极拓展业务，努力增收节支，不断增强农村信用社自我发展能力。为了不断提高经营效益和实现扭亏增盈的目标，在今后的业务经营工作中，一是要继续巩固和发展传统资产经营业务，以形成规模经营效益；二是努力开拓业务经营范围，创造条件积极开展代收、代付、代保险等业务项目，增加中间业务收入；三是积极依靠行政、经济、法律等手段努力盘活贷款存量，提高资金使用效益；四是加强成本核算和财务管理，坚持勤俭办社方针，从严控制营业费用开支范围及标准，努力增收节支、增加盈利、增加积累。

回顾阿坝县信用社 40 多年的发展历程，曾经历了由人民银行代管、农业银行托管又回到人民银行代管的不寻常的历史，在其发展的历史上，曾一度远离"三农"而走上了"官办"的道路。1996年行社"脱钩"后，通过一系列的改革整顿和规范管理，阿坝县农村信用社又回到了农民、农业和农村经济的发展之中，并在改善支农服务、缓解农牧民贷款难和支持农牧民增加收入、脱贫致富方面发挥了其他金融机构所不能替代的作用，农村信用社已成为我国金融体系的重要组成部分和我国农村金融的基础。阿坝县农村信用社40余年的发展历史证明：农村信用社只有立足"三农"，扎根农村，主动为农民、农业和农村经济发展服务，才能不断地发展壮大。由此，阿坝县信用社将进一步端正经营思想，坚持为"三农"服务的方向，努力发挥好农村信用社在农村金融服务中的主力军和联系农民的金融纽带作用，按照党中央和国务院的要求及农牧民的需要，积极为民族地区农业和农村经济发展、增加农牧民收入提供更好的金融支持和服务。

走支农道路谱信合新篇

——记尼勒克县农村信用合作社联合社

尼勒克县农村信用合作社联合社　童洪顺

尼勒克县位于祖国西北边陲伊犁河谷的一个腹地，这里山高水深，沟壑纵横，经济发展极为落后，被定为国家级贫困县。尼勒克县农村信用社便扎根于这片贫瘠的土地上，在上级管理部门和中国人民银行监管领导下，坚持合作制改革和为农服务的宗旨，在加强和完善支农工作，调整基层信用社机构网点布局上找出路、求发展，以支持“三农”为己任，把支农服务与改善经营管理相结合，实现了地方农业经济和农村信用社自身效益的双丰收，成为喀什河畔绽放的一支信合奇葩。连续五年获得地区级信合系统综合业务评比第一名；连续五年成为盈利大户，仅用三年时间便将经营45年来的185万元历年亏损化解，在2001年获得“全国100家农村信用社系统支农先进单位”的光荣称号。截止2001年12月末，联社各项存款6303万元，股金582万元，不良贷款率8%，远远低于国际标准的8、5、2指标，人均年收入20000元，盈余额更是一年翻过一番，从5年前亏损50万元到今年取得盈利229万元。

宝剑锋自磨砺出，梅花香自苦寒来。成绩的取得，不仅仅是得益于遇到了前所未有的发展机遇，更是得益于人民银行的监督管理和大力扶持；得益于联社领导班子团结协作、思想统一、目标明确、改革发展思路正确；得益于全体信合员工苦干加巧干，走全心全意为三农服务的道路。其主要作法是：

（一）调整基层信用社机构，完善法人社建设

尼勒克县农村信用社在行业脱钩之初，基层信用社管理呈现一片散沙状态，高风险社和资不抵债社比比皆是，经营业务处于极度困境之中。新的联社领导班子首先是大刀阔斧地调整基层信用社机构，将13个基层信用社撤去高风险社和资不低债社一个，降格10个基层信用社，分别归属于两个独立核算的法人社中。在经营管理不断完善的同时，于2001年初将两个独立核算法人社的管辖权力也都上升到联社统一管理，统一核算，逐渐形成了一级法人社的管理模式，从而使联社管理部门职能作用更有益于发挥，高效率、高质量地保证各项业务的正常运行。

（二）改革劳动用工制度，建立竞争激励机制

要想从根本上改变尼勒克县信用社“亏社不亏人”、排老字辈的传统被动工作局面。首要的是打破铁饭碗，搬去铁交椅，真正做到能者上、庸者下，对各机构负责人实行一年一聘，本年各项任务完成的好坏，作为下年度负责人聘用的主要依据；在工资分配上也真正实行多劳多得的分配原则，不再沿用传统的档案工资，而是以效益工资为主，岗位工资为辅，年终综合奖为激励的劳动分配办法，实行上不封顶，下保底，年终根

据各机构完成和超额完成的任务情况再进行嘉奖，年终奖金实行上不封顶，下不保底。这样大大激发了广大员工的争取超额完成任务的积极性，增强了员工和主任们“前有标兵，后有追兵”的工作热情和思想意识，逐步建立了一套科学有效地竞争激励机制。

（三）坚持为“三农”服务的方向

尼勒克县是典型的农牧业小县、穷县，财政收入刚过千万元，乡镇企业和县办企业占用了各金融机构大量的信贷资金，尼勒克县农村信用社认识到，在农业投入日益加大的今天，农民更需要贷款，农民的信誉程度也在不断提高，农业产业结构调整后效益也逐步提高。面对这一变化，农村信用社要改变经营亏损，发展缓慢的局面，就必须在“农”字上做文章，走全心全意服务“三农”的道路。几年来，该社在信贷投放中坚持“种养为主，满足需求，兼顾安全，提高效益”的原则，围绕农村产业结构的调整，因地制宜，扎扎实实地做好支农工作。在18149户农户中，贷款面达31%。从1999年起至今累计发放农业贷款16527万元，占当地农业总投入的42%。

尼勒克县农村信用社在支农服务中做到：一是保证货款投向农业，在春耕生产期间，把农业生产经营的需要作为贷款的首要条件，把有限的资金投入到支农服务中去。二是面向广大农户，满足不同额度的需求。三是公开贷款条件、程序和监督举报电话，杜绝经办人员的吃拿卡要行为。四是简化手续，提高效率，对农户贷款从申请到放贷都严格按规定办理。

（四）创造支农服务的良好环境

1. 推行信贷员等级制度。在信贷员等级考核中把支农贷款占比作为一项重要指标进行考评，根据信贷员的等级来确定贷款权限，并与信贷人员的工资收入挂钩，以充分调动信贷员支农的积极性。

2. 实施信用社贷款证制度。开展农户资信评估，统一印发贷款证，制定相应的管理办法，建立农户贷款发放收回及财产状况档案，既避免了在各信用分社的重复贷款，又简便了手续。

3. 做好农户小额信用贷款、联保贷款的试点推广工作。

4. 建立完善贷款发放审批程序。针对农户贷款的特点，县联社制定了简便、快捷的贷款发放程序。在春季贷款发放比较集中的季节，联社领导分片上门办公，服务到田间地头，逐笔审查，把贷款时间由原来的10－15天缩短为1－2天。

5. 加强信贷人员管理，适度下放贷款权限。县联社每年都进行信贷人员的培训学习，指导督促信贷人员树立支农意识，培养良好的职业道德。在此基础上，县联社适度下放了贷款权限，减少审批环节，调动信贷员支农积极性，开辟了农民贷款直通车。

（五）注重安全实效

搞好支农服务，一方面要保证农村信用社的信贷资金安全，另一方面要提高农户的贷款使用效益，求得社农双方的共同发展。

1. 支持地方农业经济结构调整，促进特色、优势产业发展。尼勒克镇沙里曼村是远近闻名的洋羊粉条村，由于资金限制，规模一直无法扩大。县联社上门服务，1997年向30多个专业户发放贷款35万元，并逐年增加，贷款回收率年年都在90%以上。如今沙里曼村的洋羊种植、粉条加工已形成一定的规模，产品远销省外，成为地方政府重点扶持的特色产业项目。

2. 在农户与市场之间牵线架桥。广泛搜集各种信息，掌握市场变化，帮助贷款户以市场为导向，优化种植结构，帮助销售农产品，经县联社帮助，贷款户的胡麻、大麦等销到了宁夏等地。

3. 落实贷款三查制度，做好跟踪服务。根据农户的偿还能力合理确定贷款额度，按时开展贷后检查，做好后续服务，2000年，加哈乌拉斯台乡的一些贷款户种植的油料作物发生了虫害，信贷员和农户一起到田间查看，研究防治办法，对缺乏防治资金的农户，追加了一部分贷款，挽回农民的损失，也保证了农民按时还贷。

4. 扶持种养结合。针对尼勒克县亦农亦牧的实际，积极支持农户发展牲畜养殖、育肥，每年秋天，都有针对性地发放养殖贷款，既为农村信用社闲置资金找到了出路，又为农户增加了一条致富途径。

路漫漫其修远兮，吾将上下而求索。取得的成绩固然喜人，但尼勒克县信用社前方的路依然艰巨而漫长，做为一个软、硬件都相对落后的信用社，要想从竞争激烈的金融行业中保持领先地位，必然要付出艰辛的努力。新年的钟声已经敲响，尼勒克县农村信用社像一辆加足马力的越野车，奔驰在宽阔的信合道路上，向着一个个新的目标不断前进、前进。

中国期货市场发展前景广阔

大连商品交易所　郭晓利

建立期货市场，开展期货交易，对于社会主义新中国来说是个新生事物，是舶来品。我们从开始建设期货市场到现在走过了10年颇为坎坷的道路，期货市场在中国究竟有没有发展前途是社会各界普遍关注的问题。在此，笔者通过研究资本主义国家市场经济发展与期货市场以及中国的改革开放和社会主义市场经济发展与期货市场间的关系，分析中国期货市场现状，阐述中国期货市场广阔的发展前景。

（一）市场经济发展需要期货市场

资本主义国家特别是西方发达国家经济发展和期货市场产生、发展的历史过程告诉我们，市场经济发展到一定阶段，规模扩大到一定程度，市场风险相应集聚，就产生需要期货市场这样一个分散风险、转移风险机制的客观需求；期货市场风险管理机制只是在上市品种相关产业领域发挥作用；经济越发展，规模越大，风险越集聚，需要风险管理的领域就越广泛，就需要更多的商品在期货市场上市交易，发挥风险管理作用；同样，市场经济的发展促进和推动了期货市场的创新和发展。

期货市场是市场经济发展到一定阶段的产物。市场是一种物品的买主和卖主互相作用，以决定其价格和数量的过程。在市场机制中，企业和消费者都一起在市场上确定价格和产量，解决生产什么、如何生产和为谁生产的问题，所有这些经济活动都是在没有任何人的强制或统一指挥下进行的。市场经济中商品的价格不是像计划经济那样由政府决定，而是由市场决定，并受供求关系等因素影响而上下自由波动，因此，对于市场经济的参与者来说充满着风险。风险是市场经济所固有的，不能被消灭，只能转移或分散。当市场经济发展到一定阶段时，就产生了对风险进行管理和防范的内在要求。在这种风险管理需求的推动下，期货市场作为一种分散风险、转移风险的交易机制便应运而生，1848年美国芝加哥期货交易所正是在这样的条件下由82个商人自发组建的。

市场经济的整体风险是由不同行业的风险所构成的，期货市场的作用则是为不同行业提供相应的风险管理工具。随着市场经济的发展，需要进行风险管理的行业越多，就越需要品种丰富、功能齐全的期货市场来分散和转移风险，以适应经济发展的需要。期货市场150多年的发展充分说明了这个原理，目前在全世界仅商品期货就有93类商品的267个上市品种，其中农产品期货和期权38类130个品种，能源期货和期权15类46个品种，金属期货和期权14类26个品种，贵金属期货和期权10类18个品种，软饮料期货和期权7类24个品种，其他如橡胶、木材等期货和期权9类23个品种。由此可见，经济的发展促进了期货市场的繁荣，期货市场发挥经济功能的行业和领域也越来越广泛，对经济发展的作用与日俱增，与经济整体的融合性、依赖性不断提高。以美国为例，美国芝加哥期货交易所的玉米和大豆、纽约商业交易所的原油等期货市场，在全球经济活动中扮演着非常重要的角色，如国际贸易合同中商品的价格一般均采用基差价格，即以这些商品的期货价格为定价基准，在此基础上增加一个升贴水，并且每笔大宗交易都要通过期货市场进行相应的套期保值交易，以规避价格风险。贸易商的这种做法不仅是获得银行贷款的基本条件之一，而且已经成为通行的国际惯例。可以说，没有期货市场，这些商品的国际贸易将很难进行。因此，市场经济的发展需要期货市场发挥风险管理作用，也正是这种内在的需求推动了期货市场的产生和不断创新发展。

（二）中国的改革开放和经济发展需要发展期货市场

我国曾长期实行计划经济体制，由国家按计划统一安排生产和调配各种生产、生活资料，各种商品价格由政府决定，不需要发现价格机制，没有价格波动，企业按国家计划的数量和价格生产、销售和购买，也没有规避风险的需求，因此搞计划经济就不需要期货市场。党的十一届三中全会以后，我国实行改革开放的经济政策，开始从计划经济体制向社会主义市场经济体制过渡，政府逐步在一些领域放开商品的价格，即相应地从由政府定价逐步推向由市场定价，就需要新的决定价格、发现价格的机制，要实现政企分开，将企业推向市场，企业便在市场中承担无限的风险，就需要一个规避风险的机制。面对过渡过程中所出现的商品价格市场定价问题和市场定价后价格波动给企业所带来的市场风险，1988 年李鹏总理在《政府工作报告》中提出“探索期货交易”。为了适应改革开放与市场经济发展的客观要求，于 1990 年开始了期货市场的试点。

随着我国改革开放的不断深入和社会主义市场经济的进一步发展，我国期货市场的外部环境正在发生深刻变化。我国加入 WTO 以后，国内市场的开放将由目前有限范围和有限领域内的开放，转变为全方位的开放，如由各类商品逐步到金融、保险、证券等资本市场领域；由以试点为特征的政策主导下开放，转变为法律框架下可预见的开放；由单方面为主的自我开放，转变为与世贸组织成员之间的相互开放。在这种情况下，国内市场与国外市场互动性进一步增强，逐步实现与世界经济的相互融通和解轨，尤其是我国农业将面临严重冲击，农产品将进一步走向市场，农产品价格的形成更加复杂多变，各类粮食企业将面临巨大的价格风险和激烈的市场竞争。因此，我们将在更多的领域面临前所未有的市场风险的挑战，农产品、大宗生产资料、石油、金属以及金融、证券等行业，迫切需要发展期货市场，上市更多的关系国计民生的大宗期货品种，提供丰富的避险工具，使期货市场在更多更广泛的领域发挥风险管理作用。

中国的改革开放和经济发展需要期货市场的发展，为此，中国证监会周小川主席去年在中国期货业协会成立大会上对期货市场的发展提出了新的定位和要求：要从国民经济发展的需要和证券市场整体建设的战略来认识期货市场。要为国家农产品政策的调整提供依据和为粮食流通体制改革创造条件，要有效发现现货价格，保证多层次市场功能的发挥，都需要发展品种丰富、功能完备的期货市场。

（三）中国期货市场发展前景展望

1．中国期货市场已经具备稳步发展的条件

我国期货市场经过 10 年试点，特别是 7 年多的规范整顿，期货市场的管理框架和内在运行质量都发生了根本性的变化。如明确了中国证监会负责中国期货市场的试点工作，确立了中国证监会对期货交易所的垂直领导体制，理顺和强化了期货监管体制，提高了监管效率；减少了期货交易所的数量，由最初的 40 多家减少到目前的 3 家，即上海、大连和郑州；减少了期货经纪公司的数量，由最初的 300 多家减少到目前的 170 多家，提高了期货经纪公司实力和抗风险能力，注册资本由 1000 万元增加到 3000 万元；上市品种从 40 多个减少到目前的 12 个，实际上市交易的只有 6 个；初步建立健全了全国期货行业统一的法规体系，1999 年 9 月国务院颁布实施了《期货交易管理暂行条例》，同时中国证监会颁布实施了与《条例》相配套的《四个管理办法》，确立了期货市场的法律地位，2000年5月三家期货交易所实施了由中国证监会组织制定的新的《章程》、《交易规则》和《交易细则》等9个《实施细则》，逐步规范和完善了期货市场监管手段，将期货市场纳入了法制化管理轨道；此外，经中国证监会批准，中国交通银行、中国工商银行、中国建设银行先后成为3家期货交易所结算银行。

目前，大连大豆和上海铜期货市场已经比较成熟，市场运作规范，拥有了相当的市场规模和流动性，市场参与者结构趋于合理，较好地发挥了发现价格和套期保值规避风险的经济功能。如大连商品交易所大豆期货，2000年期货成交额7817亿元，占据了全国期货市场的半壁江山；2001年大豆期货成交额比去年同期翻了一番多，成为全国期货行业的支柱品种。大连大豆期货的交易规模已经成为世界第二大大豆期货市场，占芝加哥期货交易所大豆期货的20%，与中国和美国大豆现货市场规模比例基本相当，并稳居亚洲同品种第一位，是东京谷物商品交易所大豆期货交易规模的5倍，就单个期货品种的运作而言是比较成功的。

大连大豆价格是国内大豆产业中最具权威性的指导价格，在国际市场上则被认为是全球大豆销区的价格基准，成为左右国际大豆市场价格的强有力因素之一，在全球大豆价格的形成过程中，发挥着越来越重要的作用。国内大豆生产企业和著名大型粮油贸易、加工企业不是直接成为交易所的会员就是积极参与大豆期货交易，大连大豆期货市场以几十亿元的期货保证金带动了全国大豆500多亿元的大豆现货市场规模，指导了大豆的生产，促进了大豆流通的市场化，在一定程度上减轻了国家财政负担，促进了产品质量的提高和产品结构的优化，相应分散了企业经营风。国内大豆相关企业参与国际竞争创造了条件，为发展大宗农产品期货市场和服务相关现货行业持续稳定发展等积累了宝贵的经验。

正如中国证监会周小川主席2001年1月在全国证监期货监管工作会议上所指出的，期货市场开始步人法制化、规范化的运行轨道，基本实现了规范稳定的要求，市场功能得到初步发挥，为下一步规范发展的新阶段奠定了基础。

2．中国期货市场发展前景广阔

朱镕基总理在九届人大第四次会议上所作的《关于国民经济和社会发展第十个五年计划纲要（草案）的报告》中，明确提出要“稳步发展期货市场”。中国期货市场正在按照总理报告的要求在规范的基础上稳步发展，随着我国改革开放的不断深入和市场经济的进一步发展，期货市场将不断以崭新的面貌展现在世人的面前，并在我国社会主义市场经济发展中发挥更加重要的作用。

法律框架不断完善。中国证监会正在对《期货交易所管理办法》、《期货经纪公司管理办法》等进行修改，为期货市场发展创造更为宽松的环境，条件成熟时国家将修改《期货交易管理暂行条例》，乃至制定《期货交易法》，最终确立期货市场在中国的法律地位，完善期货市场法律框架。

上市品种不断丰富，期市功能充分发挥。建立在现货市场上的期货市场必须遵循现货市场的运行规律，我国是农产品生产、消费和贸易大国，小麦产量世界第一、玉米第二、大豆第四，此外，我国大宗基础性产品如能源、矿产资源等也都在世界占有重要地位。因此，玉米、大米、棉花、石油等关系国计民生的数十种大宗商品都将陆续在期货市场上市交易，在更广泛的领域发挥风险管理作用；大豆、铜等比较成熟并具有相当市场流动性的期货品种将推出期权交易；随着我国资本市场的发展和风险管理的需要，将逐渐推出股票指数期货、利率期货及人民币外汇期货等。

市场主体不断成熟。期货经纪公司将分为综合类和经纪类，拓宽综合类期货公司的经营范围，将逐步允许其从事如自营、发起设立期货基金、代理开展境外期货等业务；国家将鼓励国有企业参与期货交易，进行套期保值；现货相关企业和各种投资机构将更加踊跃进入期货市场，市场参与者结构将更趋合理。

期货交易所实现体制创新。期货交易所作为

期货市场的龙头，一定程度上担负着行业发展创新的职责，根据国际期货市场交易所电子化、网络化和公司化发展趋势，我国期货交易所有可能实现公司制改造并上市。

中国期货市场将成为亚洲期货交易中心。随着我国期货市场外部环境的改善和内在运行质量的提高，在新世纪第一个十年内，中国期货市场将有望成为亚洲商品期货交易中心，并将不断提升其在国际期货市场的地位。

（作者系大连商品交易所副总经理，经济学博士）

发挥期货市场功能
促进国民经济发展

郑州商品交易所

1990年10月，国务院批准建立了郑州粮食批发市场，即现在的郑州商品交易所。郑州商品交易所在粮食批发业务中首次引入期货机制，由此迈出了我国期货市场试点的第一步。10年试点，我国期货市场建设工作取得了很大成效，初步建立了以《期货交易管理暂行条例》及四个配套实施办法为基础的法规体系，市场功能得到初步发挥，市场发展开始步入一个法制化、规范化的良性运行轨道。在肯定成绩的同时，我们还应清醒地看到，当前期货市场还存在很多亟待解决的问题，如市场整体规模偏小、交易品种不足、市场流动性较差等。这些问题的存在，导致业内外人士对期货市场的现实生存和下一步发展产生疑虑。客观分析我国期货市场生存和发展的有利的内外部环境，坚定信心，显得尤其必要。

(一)改革开放深化和国民经济发展对发展期货市场的要求越来越强烈。

20年改革，我国社会主义市场经济体系基本确立。国民经济高速发展，市场化改革进程逐步加快。在社会主义市场经济条件下，要充分发挥在国家宏观调控下市场配置资源的基础性作用，供求关系决定下的均衡价格是市场引导资源合理流动的重要手段。从改革开放前，社会商品零售总额中市场调节不足5%，到现在提高到90%以上，市场确定价格的机制已经确立。在传统的现货贸易机制中，交易活动具有分散、不连续的特点，导致由此产生的价格也具有滞后性、区域性、不连续性等难以克服的缺陷。根据这一价格调配资源，往往导致生产大起大落，产生各种各样的价格“大战”，最终造成社会资源的极大浪费。这在经济学理论上称为“蛛网效应”。期货市场具有参与者范围广、交易合约时间跨度大、连续集中竞价交易等特点，所产生的价格则具有前瞻性、权威性、连续性。从国外成功运行的期货市场看，以美国的CBOT、英国的LME为例，其产生的期货价格已成为世界范围内指导生产、贸易活动中的重要参照。因此可以说，发挥期货市场功能，能够为促进国民经济稳定、健康发展服务。

对外开放不断深化，尤其是加入WTO在即，意味着我国将完全融入世界经济一体化的浪潮。中国加入WTO，是真正意义上的全面对外开放。届时，政府保护范围将缩小、政策性扶持手段将受到限制甚或取消。我国经济生活中的各个领域、各个层面都将不得不面对来自世界范围内的激烈竞争。有关专家提醒，加入WTO给我国经济发展带来的较大负面影响是，在一个较长时期内，我国将处于一个“净风险”输入国的不利地位。从经济学角度来看，一个小的较封闭的经济生态系统一旦被大的较开放的经济生态系统所取代，原有简单的经济生态链条也将会被代之以复杂的具有更高广度和深度的经济生态链。产品多元化必然导致消费市场高度细分。可变经济参数越多，企业面临更多的不确定性，经营风险越大，企业对风险管理工具的需求越强烈。期货市场正是提供风险管理工具的场所。利用好期货市场，企业不仅可以根据期货预期价格安排生产经营活动，还可以通过开展套期保值业务，有效规避现货经营中的价格风险。

随着我国国民生产总值 GDP 稳步增长，居民收入的不断提高，居民对增加投资渠道、实现个增强法制观念，提高全体工作人员的执法水平。持续推动观念创新、制度创新、技术创新。牢固树立“市场的问题由市场来解决”的市场监管理念。不断提高交易效率和信息服务水平，努力为市场参与者提供一流、高效、优质的服务。成立各类专题小组，积极开展对新的品种、交易机制的前瞻性调研工作。

市场参与者素质明显改善。从期货经纪公司到市场投资者，整体素质都有显著提高。期货经纪公司抗风险能力有所增大，开始出现资产上亿的大型期货经纪公司；内控制度显著改进，以中国证监会发布的《关于加强期货经纪公司内部控制的指导原则》为指导，期货经纪公司都相应制定、完善了各自的内部管理控制制度。期货经纪公司依法规范运作及投资者依法参与期货交易的意识都在日益增强，不规范竞争、恶意违规炒作的行为大大减少。

（二）期货市场法规体系基本建立，基础性工作明显加强，规范化程度有了较大提高。

期货市场法规体系基本建立。朱镕基总理提出了证券期货市场要贯彻“法制、监管、自律、规范”八字方针。1999 年 6 月，国务院颁布了《期货交易管理暂行条例》。随后，中国证监会又出台了《期货交易所管理办法》、《期货经纪公司管理办法》、《期货经纪公司高级从业人员任职资格管理办法》和《期货从业人员资格管理办法》。1999 年底，全国人大常委会通过了《刑法修正案》，将惩治有关期货犯罪的条款正式列入《刑法》。2000 年 5 月，为贯彻落实《期货交易管理暂行条例》和《期货经纪公司管理办法》，中国证监会又发布了《关于加强期货经纪公司内部控制的指导原则》。至此，我国期货市场法规体系基本建立。根据上述法规和办法，三家期货交易所重新修订了章程、交易规则和实施细则，制订了《风险控制管理办法》、《违规处理管理办法》。期货经纪公司制定了内部控制制度。法规体系的建立和完善促使期货市场整体状况明显改观，过度投机得以遏制，交易风险大大减轻。期货市场开始步入了法制化、规范化的运行轨道，为下一步进入规范发展的新阶段奠定了基础。

期货市场的基础性工作明显加强。以郑州商品交易所为例，明确以“依法治市，坚持‘三公’原则，发挥期货市场功能，促进国民经济发展”为交易所工作的总体思路。在各项工作中，牢牢把握活跃期货交易为国民经济发展服务的大方向，严格按照《条例》、《四个管理办法》、《交易规则》和有关细则加强市场监管。完善监督约束机制，避免人为干预市场。坚持“三公”原则，对所有会员、客户一视同仁，切实保护广大投资者利益。

（三）新的世纪，期货市场在完善的社会主义市场经济体系中的地位基本确立，促进国民经济平稳发展的作用显著发挥。

基于上述分析，展望我国期货业的未来，我们完全有理由认为，在新的世纪，期货市场作为完善的社会主义市场经济体系中最高级的市场组织形式，功能充分发挥，在促进国民经济平稳发展方面起着不可替代的作用。

期货市场规模进一步扩大。期货市场上市交易品种十分齐全。上市品种不仅包括农产品、工业品，还将会有各种林业类、能源类、贵金属类及金融衍生品等等。市场参与者不仅限于国内各行各业的套期保值者、投资者，还将有世界范围内的交易者前来参与。期货交易量跃居前列，开始出现世界一流的交易市场。

期货市场功能显著发挥。政府职能部门将把期货预期价格作为进行宏观经济形势分析的重要依据，进而对国民经济各个领域实施宏观调控政策。期货市场成为我国吸引外资的一条重要渠道。各经济主体或利用期货价格制订经营计划，或进入期货市场开展套期保值业务，规避现货经营中的风险。各类投资者利用期货市场构建投资组合工具，实现多元化投资策略。

人资产保值增值的需求更加强烈。期货市场作为资本市场体系的重要组成部分，是投资者构建个人投资工具组合的重要选择之一。以美国为例，期货市场参与者包括医生、律师、教师、家庭主妇等各行各业的人士。我国证券市场几乎与期货市场同步出现并高速发展，从证券市场高速发展过程可以看出，我国居民对新的投资渠道的需求十分强烈。

加入 WTO 期货公司的战略调整

上海外高桥期货经纪有限公司　姚　革

随着中国加入 WTO 及全球经济一体化趋势的逐渐加快，中国经济已被纳入世界经济发展的轨道。这对我国经济对外开放程度、介入全球市场的程度以及国内经济的市场化程度都将有极大的提高，也将促进国内经济体制改革的深化和市场化进程的加速，在这种大环境作用下，国内的商品价格、利率、汇率的波动速度更快，频率更高，幅度也会更大，金融资产价格也会发生大幅度的振荡，这对国内期货市场的发展和期货品种的开发提出了内在的客观需要，作为国内期货市场的主体之一的期货经纪公司，将面临中国期货市场前所未有的机遇和挑战。

（一）国内期货经纪业目前的现状分析

中国期货经纪业经历了 1992～1993 年的奠基，1994～1995 年的大发展之后，从 1995 年末～1996 年初，逐渐进入一个规范调整的转折时期。今年 3 月全国人大第九届四次会议审议通过的"十五"计划纲要中提出了"稳步发展期货市场"的要求，肯定了期货市场对于国民经济发展的重要的作用，表明了期货经济业将步入一个稳步发展的新时期。而 5～6 年的自由竞争，也必将会导致市场重新整合，向更高的层次迈进，这就决定了期货经纪公司不可避免地将经历一次大分化、大调整、大组合以适应新的形势发展需要，目前，期货公司主要表现为以下几个特征：

1. 机构分布由沿海向交易活跃地区集中

1992～1993 年，广东、海南、山东等地曾是我国期货公司最集中的地区，但是由于外盘交易的禁止，国内期货市场的兴起，期货经营机构及其资金迅速向交易所所在地区聚集，地区差异性越来越突出。随着国家对期市的整顿、规范，交易所由原来的 15 家改为现在的 3 家，清理整顿了一批不符合条件的期货公司，取消了兼营机构从事期货代理资格，全国期货公司到目前为止仅剩 180 家左右，主要分布在北京、上海、东北地区、浙江地区、河南地区和广东地区，并有向内地交易活跃地区延伸的趋势。

2. 期货公司运作由不规范向规范发展

由于在期货迅速发展的时期，没有相应的法律、法规的约束，期货公司运作不是很规范，1999 年 9 月 1 日，《期货交易管理条例》和《四个办法》的正式出台，使期货公司的法制环境逐步完善，经过一年多的时间，成效明显，规范运作已成为期货公司日常经营管理的自觉行为，正常经营的期货公司都有健全的法人治理结构和企业内控制度，经过多年来期货市场的风雨洗礼和近几年的规范整顿，现阶段的期货公司绝大多数能做到规范运作、机构设置合理、管理规章制度健全、风险事故大大降低。

3. 期货公司竞争方式由低级向高级演变，科技含量迅速提高

随着期货市场发展的理性和规范，期货公司也提高了自身的服务水平，以前的恶性竞争已经越来越少，期货投资者需要专业的高水准的服务，这已成为期货公司的核心竞争力。目前，期货公司已在信息咨询上加大投资力度，培养一支期货市场的专业研究分析队伍，对国际、国内期

货交易品种进行研究分析，为客户提供研究分析报告，在每个期货交易品种上设立品牌咨询员，确立公司在业内品牌咨询的地位。此外，由于互联网技术的高速发展，期货公司都相应建立了远程交易系统，网上交易和期货网站使期货公司的科技含量迅速提高。

4. 期货公司资产规模逐渐提升，种类由纯代理的期货公司向综合性期货公司发展

期货公司的注册资本到1999年底，已经从1000万元提高到3000万元，资产质量普遍提高，在这次增资过程中期货公司经历了一次大规模兼并和资产重组，一些国有大型企业和上市公司相继入驻期货行业，准备在期货市场上大干一番。由于近期股指期货的出台呼声越来越高，期货公司为了能跻身金融期货代理行列，都纷纷准备提高注册资本，将其发展战略定位在综合性期货公司，争取在金融期货中获得发展空间。

（二）加入WTO后，期货公司的发展机遇和战略

1. 发展机遇

（1）加入WTO以及经济的全方位开放，国际国内加快融合，市场化程度迅速提高，市场风险的不确定性加大，这将大幅度增加价格的易变性，各类企业的套期保值需求越来越强烈，期货公司的客户类型将大大扩展，国内期货会出现一个繁荣期，并最终使期货市场走向成熟。

（2）由于国内资本市场的对外开放，国际游资、私人投资资金将迅速涌入，作为国际上通行的一种重要的规避风险的期货市场，随着品种不断完善和中国金融体系不断健全，期货投资金必将出现大幅增长。

（3）随着商品期货新品种的迅速增加和金融期货品种的推出，一方面生产和经营与期货品种相关的行业和企业集中地区会形成期货投资热，这从现在的大豆期货品种可以得出结论；另一方面，金融期货的推出，会在国内沿海及发达城市形成金融期货投资热。

2. 挑战

（1）期货公司监管制度面临挑战现行对期货公司监管制度是不允许做自营、全权委托业务的，只能做代理。若不进行变革期货公司很难适应新的挑战，而且目前国内期货公司的注册资金普遍偏低，无法承受由于市场扩容所带来的风险，也就是说抵御风险能力较低。

（2）国外实力雄厚、规模巨大、经验丰富和运作优良的专业期货公司，各类投资基金，对冲基金和投资银行会给国内的期货经纪业带来巨大冲击，另外，国内的证券公司如能代理股指期货交易，对期货公司也是强大的竞争对手。

（3）期货公司内在素质面临挑战我国期货市场起步较晚，市场相对比较封闭，期货公司人才的培养存在相当的局限性，随着国内期货品种与国际期货品种的相关性增强及金融衍生品的诞生，期货公司在经营体制和运行机制方面亟待转换，而研究和管理的人才相当稀缺，期货公司应当培养和储备这方面的人才，以提升公司的内在素质，增强竞争能力。

由此期货公司应认清形势、分析自身实力、制订适合实际的发展战略。

（三）上海外高桥期货经纪有限公司发展战略

上海外高桥成立于1999年，经过两年的发展，代理交易量已从第一年的全国134名上升到2001年上半年的全国第11名，实现了市场占有率大幅提高，同时公司在期货行业整体亏损的背景下成为为数不多的赢利企业之一。

为适应市场发展和竞争，上海外高桥期货经纪有限公司准备用股份有限公司的方式吸引新的投资企业入股，特别是综合性券商的参与，并在原规模上增资扩股，使公司在规模上能跻入行业龙头地位，由此对于公司代理业务量的扩增，潜在市场资源的开拓起到了积极的推动作用，同时在网上交易、投资咨询、资产管理等业务上加大开发力度，力争使公司发展成为综合类的期货经纪公司，以崭新的姿态迎接加入WTO和期货春天的到来。

中国期货业——抓机遇求生存促发展

江苏宜兴华证期货经纪公司　蒋　艳

我国期货行业在经历了试点探索、清理整顿后，朱镕基总理在第十个五年计划纲要中明确提出“要重点培养和发展期货市场，建立和完善全国统一、公平竞争、规范有序的市场体系”，“积极发展大宗商品批发市场，稳步发展期货市场”。这又一次充分说明期货行业作为一个新兴的金融服务业在市场经济中存在的必要性，进一步确立了其所处的地位和未来的发展方向，标志着中国期货业步入了规范发展时期。面对新形势，如何抓住机遇，加快期货业的健康发展，笔者认为应从以下几方面做起：

（一）认清形势、抓机遇

随着期货业监管体制的正式确立，法律法规的陆续出台为期货经纪公司的规范运作、公平竞争创造了一个较好的宏观环境，但是，从目前状况来看，整个期货市场还存在以下几方面的问题：

第一，期货经纪公司规模小，经营业绩差。清理整顿后，除少数几家经纪公司外，大多数注册资本金不超过3000万，70%以上的经纪公司主营业务亏损，这种背着经营亏损包袱，规模又偏小的公司很难满足未来市场发展的需要，更不要说与国际接轨，参与国际竞争了。

第二，期货交易品种单一，缺乏大众化投资品种。这几年来，期货的路越走越窄，品种越来越少。150多家公司，30多亿保证金集中在12个品种上，而这12个品种中一年能有一二轮行情的品种也就只有两三个。僧多粥少的局面如果长期得不到改观，势必损伤场内投资者的投资积极性，更难以吸引场外投资者进场。试想一个缺乏市场内容的市场怎么能稳步发展呢？

第三，投资者对期货投资的认识不足。我国的股票总市值4万多亿，而期货市场仅30多亿，占万分之八，可见与证券市场相比，可谓了解期货市场、熟悉期货市场的投资者实在少得可怜。另外，从宜兴市的期货开户数看，也只占到总户数的万分之四，即便是全国金融中心的大都市上海，至少也有80%的人不懂期货。这足以说明期货要成为大众的投资行为还为期尚早。

第四，佣金仗越打越激烈。一方面由于交易所的手续费公开化，造成客户为经纪公司定价的现象，公司往往处于十分被动的局面，另一方面，许多经纪公司仍以降低手续费为主要手段，争抢客户。据了解，目前上海地区铜的佣金为万分之三左右，大豆为5元至6元，大连一带也如此，因此会出现公司大面积亏损现象，不少公司难以为继。

我们在看到问题的同时要清醒地认识到未来的竞争不仅仅是资本实力的竞争，更是管理水平和服务质量的竞争。要抓住机遇，砺兵秣马，求生存，求发展。因此，笔者认为期货经纪公司抓机遇，就应该从以下几方面入手：一是未雨绸缪，建立完善的法人治理制度，建立健全风险控制制度、财务管理制度，培养优秀的人力资源，增强研究能力，以强劲的综合实力，选择适应自身的发展方向，而不是盲目扩张。二是不失时机，参与期货品种的设计、研究和推介，做好充分的准备工作，培育良好的市场环境。三是强化宣传、培训力度，普及期货投资基本知识，加强期货市场基础建设，努力培训造就一支社会性较广的投资者队伍。四是借助监管部门和行业协会的力量，以制定行业公约的形式制约经纪公司的恶性竞争行为，使经纪公司的竞争体现在更高的层次上。

（二）防范风险、求生存

风险防范是期货行业永恒的课题，是期货经纪公司得以发展的基础。对于风险的理解，笔者认为可分两方面：第一是长效性风险。这类风险主要存在于经纪公司与投资者之间签署的各类合约文本中。根据规定，投资者与经纪公司之间属期货代理关系，须签署一系列文件（包括风险声明书、期货交易代协议、客户授权书等）。经纪公司在这一系列过程应严格遵守条例的有关规定，尤其是对客户的主体资格审验及资金来源的合法性的确认，这一风险之所以称之为长效性风险，是由于一旦出现漏洞，将使经纪公司在一个较长的时间内，通常是合约期内，处于十分被动的局面。第二是即时性风险。这类风险一旦发生，在当时即可明确责任和损失度，又可称为信誉风险，是由于投资者不履行契约或是市场参与者的不自律造成的，其后果不容忽视。市场主体行为的不规范会导致投机过度，基差过大，逼仓现象严重，交割率不稳定，套期保值操作难，从而阻碍了期货市场的健康发展，所以笔者认为，在努力开拓期货业务时，一方面要注意文本合约的合规、合法性，把好开户关和出入金关，另一方面要注意市场参与者的结构，做到投机与套保比例协调，同时还应对场内投资者进行法规和业务的培训，使之理性操作，迈向成熟。《期货交易管理暂行条例》出台后，对一些交易中的纠纷处理都作出了明确规定，强行平仓从权利变为义务，对于期货公司的执法来说增加了一定的难度，“法制”不等于“法治”，法治体现为一种行为，一些经纪公司或徇私情，或为活跃市场、扩大成交量而纵容客户透支交易，恶意炒作，贪图眼前小利，都是不计后果的行为，经纪公司在法制下实现法治，还需要靠自律管理来完成。因此，对于一些条件允许的经纪公司应该成立专门的法规部，加强业务营运过程的风险监控和风险处理。

（三）拓展市场、促发展

期货经纪公司在规范中谋求高层次发展的根本就是客户，大力拓展市场，广泛争取客户，扩大市场占有率是经纪公司增强实力的主要途径，如何适应瞬息万变的外部环境，以取得持续性的竞争优势，其重点应放在制定竞争策略上。首先，期货经纪公司作为金融及其衍生行业，其赖以生存的命脉就是对客户提供一流的、高效的服务，而服务的核心内容归根到底是信息咨询服务，现在许多经纪公司纷纷采用先进的技术设备提高效率，电子化交易已不再是新鲜的话题，在电子硬件设备趋于雷同的情况下，竞争的优势来自于提供高质量的信息服务，这一优势的基础是专业人才。期货经纪公司应加强对员工素质培养的投入，采取人才储备战略，成立专门的市场研究发展部是期货市场发展的必然趋势。其次，合理布点逐步扩大市场占有率。市场开发网络化是取胜的关键，以点带面，以客户带动周围市场，经纪公司需投入的只是一个远程“大户室”和一套远程终端的服务系统，我们相信，随着技术的不断改进，距离已不再是市场开发的障碍。再次，经纪公司进行市场开发应对客户投其所好，了解投资者的需求是市场开发成功的关键，比如对生产企业，经纪公司应深入了解企业原材料的年需求量、供应量，为他们设计套期保值的可行性方案，一个周密的方案往往可以帮助企业合理地调配生产。另外，也可以鼓励其从事套利交易，如买现货，抛远期期货；抛现货，买远期期货及保值性套利，迁仓套利等，在这一过程中应充分考虑资金成本的测算和税金的测算。尽量用降低成本、盘活资金、回避风险来吸引客户。对于投机客户则要以保持其保证金的稳定性为前提，尽量扩大盈利面稳定市场，经纪公司在管理上根据行情变化增强灵活性。另外，拓展市场必须把加强对客户的培训工作，贯彻落实《条例》作为重要内容，一以贯之。现在许多经纪公司也确实经常搞一些培训工作和研讨会，但是，这类培训和研讨会均属较高层次的培训，培训的对象均是已有了一定基础的客户，甚至是资深的客户，这些公司忽略了市场的潜力实际存在于那些从未涉足过期货交易的企业和个人中，因此，基础的培训和宣传是不可忽视并应大力加强的。

回首风雨路征程万里歌

——记滨海期货经纪有限公司

滨海期货经纪有限公司刘兴文

在新世纪的第一个春天，“稳步发展期货市场”被明确写入了第十个五年计划纲要，这标志着在未来五年中，中国期货市场的发展已被纳入国民经济建设的大目标中来。

地处边陲的云南，早在20世纪90年代初就有人高瞻远瞩，创时代之先河，提前开辟了这片金融领域的处女地，这就是成立于1993年的滨海期货经纪有限公司。当时，对于期货，大多数中国人尚感陌生，期货经纪公司在我国只存在于几个寥寥可数的大城市，与西方发达国家相比，实在是少之又少。只有那些具备了远见卓识和雄厚实力的企业，才能具备这样的雄心魄力在中国开创这一新的领域。滨海期货经纪有限公司傲然走在了云南期货领域的前列。

滨海期货经纪有限公司是经中国证券监督管理委员会批准、国家工商行政管理注册登记的云南省首家期货经纪公司，公司成立于1993年11月，注册资本3216万元，经营范围：国内商品期货经纪业务、信息咨询服务业务、期货从业人员培训业务。公司坚持“公平、公开、公正”的“三公”原则，坚持“客户第一”的服务宗旨，坚持“信誉至上”的服务方针，只做代理，不做自营，严格按中国证监会的要求进行规范化操作，并以管理规范、准确无误、迅速及时、安全可靠赢得了客户的信赖。

滨海期货经纪有限公司位于昆明市中心繁华地带，这里云集了各类金融企业数十家，其标志性建筑文贸大厦就屹立其间。1000多平方米的交易大厅里各种信息通讯系统及报价系统、网络信息系统终日运作不息。公司在纵向上在国内期货交易比较活跃的地区（如北京、上海等地）组建了分公司；在横向上以期货代理业务主营方向为核心，逐步开拓其它相关业务，并积极研究、关注其它相关投资领域。公司实行总裁领导下的分工责任管理，设7个职能部门，主要负责进行市场调查、制定发展规划、落实规章制度、维护公司形象，并按公司内控制度逐步完善内控机制和内控文本制度。对各业务部门和分公司进行检查和督导。

交易部。负责经纪人的组织与管理，引导客户盯市、下单、进行交易，并精确定位分析国内、国际形势及商品供需状况，及时反馈到客户手中，创造出良好的交易业绩。

市场部。负责普及期货知识，宣传公司业务，发展客户，培育市场，开展国际和国内合作，推动海内外期货市场的发展。

培训部。举办各种形式的学习班、推介会，从中发掘出优秀的期货人才，并定期进行客户辅导，使客户和经纪人的期货理论和实践经验不断得到提高。

结算部。负责客户的资金账户管理、头寸管理、保证金管理，每日对交易进行清算和核对，严格控制交易风险。

信息技术部。负责收集、整理、分析、预测并发布市场信息，编印快讯、市场报告和形势展望。

财务部。负责公司的资金预算、平衡、调拨、投资和外埠资金管理等。采用现代会计方法进行公司的财务结算，以健全和完善公司的财务制度。

行政部。协调公司各部门运作，负责后勤保障、人事安排、文秘等，使全公司人、财、物得到合理配置。

八年来，滨海期货经纪有限公司在规范中求发展，在发展中出规范，伴随着中国期货业历经曲折坎坷，备受风雨洗礼，仍然顽强地生存下来，并一步步走向成熟，终究结出了丰硕的果实。回首风雨路，滨海期货能够长久保持如此旺盛的生命力的根源在于本着“以人为本”、“人才是企业的生命”的宗旨，长期而系统地招贤纳士，培养期货业的生力军。开业初始，公司就会同云南省证券监督办公室、云南省工商行政管理局连续举办了“云南省期货经纪人培训班”，为云南期货培养了大批合格人才。另外为提高员工适应现代信息社会的能力，公司专门聘请外籍教师对全体员工进行了为期半年的英语培训，普遍提高了职员的综合能力。

公司一直以“诚信”作为企业立业之基石，本着“客户至上”、以服务为中心的指导思想，建立健全机构设置，各部门间分四个层次协同工作。中心层为交易部、结算部，这两个部作为公司业务的主战场，首先保障客户指令准确无误，迅速及时地执行，同时保障交易、交割、清算为主的各项业务高效完成；信息层由信息部为中心层提供及时可靠的“信息炮弹”，并保证软、硬设备的正常运行；行政层由行政部、财务部组成，为客户及其交易提供优良的后勤服务；分支层指派出机构，充当公司驻外大使，坚守前哨阵地，为中心层的工作排忧解难；总裁及总裁办公室则运筹帷幄，统一组织指挥各部门齐心协力高效运转。

当前经济的快速增长将促进包括期货市场在内的各类市场的发展，我国已加入 WTO，国内市场与国际市场接轨势在必行。国际经济的相互融合，将从外部形成强大的推动力。同时，西部大开发战略的稳步推进，也给云南期货市场带来了巨大的发展机遇。滨海期货经纪有限公司把握时机，建立健全自我约束机制，增强抗风险能力，乘风破浪，健康规范地向前发展。滨海人清楚地知道，技术进步是基础，制度完善是动力，市场服务是保障。只有遵循新经济形态下这种全方位的发展战略，才能使期货经纪公司从原有重交易规模的粗放型发展，转为重功能发挥的集约型发展；从片面追求经济效益转为经济效益和社会效益协调发展；从区域型市场走向有国际竞争力的现代市场；从依靠物质资本到建立知识经济基础上以科技文化推动的发展战略。

滨海期货经纪有限公司这一朝阳企业必将迎来新的发展机遇，市场前景不可限量。认真汲取期货市场八年来成长的经验和教训，滨海期货更加增强了责任感和紧迫感，只争朝夕，开拓进取，力争再创云南期货行业新的辉煌！

为安徽期货市场插上腾飞的翅膀

安徽华物期货经纪有限责任公司

安徽华物期货经纪有限责任公司成立于1996年8月，是安徽省第一家也是唯一一家经中国证监会审批注册成立的本地性期货经纪公司。公司由安徽省物资集团股份有限公司、安徽省金属材料总公司、安徽省化工轻工总公司共同出资设立，注册资本3000万元。现有职工28人，绝大多数具有中国证监会颁发的从业人员资格证书。公司总部营业面积1200平方米，是国内现有三家期货交易所的全会员单位。

公司的成立得到了省政府领导的高度重视和社会各界的广泛关注，时任安徽省省委常委、常务副省长汪洋同志和省证券委副主席宋明同志亲自为华物公司揭牌。汪洋同志还亲笔题词："来之不易，精心操作，循序渐进，按法经营，逐步壮大，繁荣经济。"正如宋明同志所说："安徽华物期货公司的成立顺应了我省市场经济建设的需要，标志着我省期货、证券事业的发展跨上了新的台阶，为我省缩小与兄弟省份在期货业方面的差距提供了机会。"从这一天起，安徽有了自己的期货公司，有了培育、推动和发展安徽期货市场的历史主体。正因为如此，华物期货公司便具有了一份不同于一般性期货公司的历史责任。

（一）奋力开拓，以历史的使命感培育和启动安徽的期货市场

公司成立之时，恰逢我国期货市场由于过度投机和盲目发展，市场中存在的一些问题逐步暴露的时期，风波不断、事故频发，期货市场的真正功能和作用不能得到有效的发挥，负面影响巨大，国家不得已对期货市场采取了清理整顿的措施，以规范市场中的主体行为。清理整顿的成效是十分显著的，市场环境大大净化，市场主体的经营运作也日益规范。但与此同时，清理整顿所带来的负面影响也同样令人关注，市场的规模年年萎缩，绝大多数期货公司陷于经营亏损。由于活跃品种的减少，企业也难于利用期货市场进行套期保值，期货市场发现价格和套期保值的功能发挥也被大大抑制。

面对公司成立后严峻的市场环境，华物期货公司始终不忘自己肩上所担负的历史使命，在注重规范运作的同时，致力于培育和发展安徽的期货市场。在发展的过程当中，公司凝聚了一批对期货市场有着深刻理解的高素质的人才，坚持不懈地宣传期货市场对企业、对市场经济发展的作用。由于公司在市场宣传和开发上的显著成绩，华物公司自1997年连续几年被省总工会授予全省"百家优质服务企业"称号，公司的投资发展部还于1997年被共青团中央和国内贸易部授予"青年文明号"的光荣称号，这是我国期货行业第一个获此殊荣的集体，《期货日报》为此作了专题报道。梅花香自苦寒来。正是由于公司全体员工的奋力拼搏和艰苦努力，公司赢得了企业和社会广大投资者的信任，也使公司成为安徽期货业的一面旗帜。在全国期货行业处于萧条和低谷时期，公司的业务却一直保持了较好的发展势头和较高的市场占有率，累计代理交易额近500亿元，连续5年居全省之冠，2000年更占到全省

期货交易额的50%。对安徽期货市场的培育和启动工作起到了众所公认的重要作用。

（二）支持教育，以社会的责任感探索创新教育与产业相结合的机制

一个市场的成熟与发展离不开一大批高素质的人才。面对经济市场化向纵深发展和加入WTO的日益临近，能否拥有一大批具有创新意识、能把先进的金融理论知识与中国的金融服务市场和实际运作有机结合起来的人才及后续储备，将是中国金融企业能否真正有能力迎接人世后的挑战和在竞争中获得生存能力的关键。正是基于这一点考虑和对于人才匮乏的忧患意识，华物公司从成立伊始，就把人才的培养放在一个显著的位置上来抓。公司员工的选拔始终坚持高标准，同时公司大力提倡职工继续在职深造。公司还积极与理论界和高校联系，请专家教授来公司为全体员工适时充电，使员工掌握扎实的理论功底和理论研究的最新动向。华物公司在经营实践中深刻地体会到，人才的培养不仅仅是一个企业的事，更是全社会一项长期的根本性的工作，十年树木百年树人，要想从根本上缩小我们与西方发达国家在人才和观念上的差距必须大力发展教育事业，尤其要使高等教育通过改革走学、研、产相结合的道路，从而培养出一大批社会急需的人才。因此，在1998年，虽然由于整个期货市场的萎缩和低迷，华物公司仅处于保本经营的困难情况，他们还是倾其所有、尽其所能，全力支持安徽大学经济学院筹建国家“211”工程重点文科实验室——安徽大学华物期货金融证券实验室，并使之在系统和资讯方面处于国内领先的水平。该实验室的建立，使安徽高校有了将经济和金融理论与我国的金融市场相结合的研究基地，也使高校的学生们有了更具体和直观地理解消化书本知识的课堂，为今后走上工作岗位大大缩短适应期创造了条件。实验室的建立也表明了华物期货公司对所承担的培育推动和发展安徽期货市场历史责任的坚定信念。安徽大学华物期货金融证券实验室的建立和运行，在行业和社会理论界引起了较大的反响，并引起新生的报考热潮。实验室的运行也为安徽理论界更多的关注安徽期货市场的发展提供了一个桥梁，2000年5月份，华物公司与实验室一起共同举办了一次企业套期保值与发展安徽期货市场的研讨会，共同研讨期货市场的功能及其发展，在期货市场的低迷时期为期货界带来一丝春的气息。同年，华物公司与实验室合作，承担了为安徽“十五”计划中如何利用期货市场为作为农业大省的安徽经济发展服务的建议论证工作，使高校的理论研究和企业的实际经验实现优势互补，为安徽的期货市场的进一步发展谋篇布局。

（三）规范运作，推动安徽期货市场的规范发展并发挥其应有的作用

华物期货公司自成立以来一直把规范运作、严抓管理、树立期货市场和期货经纪公司的良好形象放在首位。该公司投入大量的精力抓规范运作，公司以中国证监会《关于加强期货经纪公司内部控制指导原则》、《期货交易管理暂行办法》为蓝本，结合自身实际，在对以往的有关制度进行进一步修改的基础上，制定了包括风险控制、开户管理等在内的30多项内控管理制度和运作制度，并随着业务的发展而不断完善，形成了一整套职责分明、高效协调的运作机制。

华物公司制定了严格、完善的制度后，把大量精力放在了制度的落实上，依照制度成立了以公司领导为组长、各部门负责人为成员的风险控制小组，责任到人，分级管理，达到了“防范风险、把各项风险消灭于未然之中”的工作目标。在计算机软硬件和交易系统的管理上，该公司按照制度配备高素质的系统维护和管理人员，从未发生交易和结算系统故障。公司在内控制度的建设上，由于有得力的制度和行之有效的措施，至今没有发生严重的交易风险事故和违规行为。在

2000年11月份进行的全国期货行业互查评比中华物公司一次性通过检查和验收，并受到省证管办的表扬。负责对安徽地区期货公司检查的青岛证管办的同志对该公司的内部管理制度给予了充分的肯定。

“奉献、高效、严实、诚信”是华物公司的宗旨，以人为本、广聚贤才、为每一位员工提供一个广阔的施展才能的舞台是华物公司的哲学，规范运作、不断创新是华物公司的经营理念，发展安徽的期货市场、为安徽的经济发展服务是华物公司的历史责任。华物公司有信心和能力在中国期货市场规范发展的春天书写新的篇章。

以品牌筑造辉煌

——浙江南华期货力推“品牌服务”

浙江南华期货经纪有限责任公司　罗旭峰

随着国家金融改革进程的加快，期货市场经过三年的规范、整顿后，已显露出复苏的迹象。

进入2001年后，南华期货公司的上海营业部、兰州营业部、椒江营业部相继正式开业，公司规模迅速扩大。由于一系列的措施落实在了市场变化的前面，使公司在整个期货市场回暖之际，市场适应能力与竞争实力跨上了一个新的台阶。从今年3月份起，公司的客户保证金逐月递增，比去年同期增长了40%以上，上半年南华期货的期货代理总额也超出了去年全年的水平。呈现出了良好的业务发展势头，在浙江市场也走在了业内同行的前列。

在紧抓内部管理，认真研究市场变化与客户需求，迅速提高各营业部经营业绩的基础上，南华期货公司根据中国证监会的要求，重新编制了《浙江南华期货经纪有限责任公司管理制度汇编》，安排了紧张有效的员工业务知识培训，目的是培养造就一批精通业务的人才。新近又提出了“品牌服务”的口号，要求公司各部门和驻外营业部、办事处围绕“品牌服务”的要求，努力拓展工作思路，提高工作效率，提升服务水准，形成南华品牌的业务特色和核心竞争能力。近期，以南华期货公司为主体，成立了国内首家期货研究所——南华期货研究所，用以构筑期货行业核心竞争力的战略组成部分，确保南华期货的信息研发优势，培养造就市场环境下具有南华特点的期货市场研究体系和研究队伍。

南华期货经纪有限责任公司在巩固上半年已经取得的较好业绩与业务发展势头的同时，还将努力围绕公司的发展战略，不断适应新的市场变化，积极寻找新的市场机会，争取公司业务的更大发展。

新世纪我国金融租赁业发展思路

中国租赁有限公司　石德惠

进入新世纪，世界经济开始走向信息化、知识化。我国的金融租赁业在这个潮流的影响下开始走向新纪元。

（一）金融租赁在国民经济发展中的重要作用

从2000年世界租赁年报中可以看出，发达国家租赁占国民经济生产总值的渗透率非常高，特别是美国已达30%。为什么租赁在发达国家那么兴旺？这与一个国家的工业化进程有关，资本主义国家发展到一定阶段必然进入经济萧条期，传统的经济模式在这个时候就需要改变，需要创新，否则经济将停滞不前，甚至陷入经济危机。1952年，在美国又一次经济危机到来的时候，一家租赁公司率先想到利用租赁来解决规避风险又能促销的办法，实现以融物的方式达到融资的目的，与此同时，政府为了利用这种租赁方式促进经济发展，出台了一系列的配套政策税收优惠，使得美国的租赁业飞速发展。1999年，其租赁额占世界租赁市场的48%。美国的经济也因此得以持续发展。

在中美关于加入世贸组织的谈判中，最艰苦的谈判就是在中国销售美国汽车时允许提供金融服务。可见租赁在当今的世界贸易谈判中所占的重要地位。

中国的经济发展速度目前稳定在8%左右，这在全世界应该是名列前茅的。但仔细分析，近几年我们的发展速度主要还是靠政府发债投资。真正的民间投资和消费需求并没完全调动起来，尽管利率不断下降，但是银行存款仍不断增加，人们珍惜手中的资金不愿意投资和消费，不愿意投资主要是因为信用环境不好，不愿意消费主要是因为就业不稳定。政府现在着急的是如何调动人们的投资欲望和消费需求。

尽管中国还不能说已经是工业化国家，但物资过剩，产品进入微利时代已经是不争的事实。如何解决中小企业（尤其是民营企业）的融资问题已经迫切地摆在决策人的议事日程上。中国完全可以借鉴国外经验利用金融租赁解决中小企业的融资问题。

金融租赁早在上世纪80年代初就引入中国，可以说比证券业和保险业都开放的早，几乎和信托业同步。但是经过一轮发展周期，中国的租赁业不仅没发展起来，反而回到了原始的起点。1999年中国租赁额占设备投资总额的1.36%，占GDP的1.43‰，其影响力和杠杆作用远远没有得到发挥。这是因为我国还没有在政策上考虑用租赁的方式解决这个难题。

随着改革的深化，中小国企退出市场，大量机器设备闲置，下岗人员难以安排。用金融租赁的方式介入国企改革，可以改变承租人的短期经营行为，盘活资产，增加就业机会。

国家希望借助西部开发拉动固定资产投资，可是因为信用问题，开发西部的动力还没有足够的动因。仅靠政府的有限投入，带动力不足。利用金融租赁来放大投资规模，控制投资资产，可以促进西部开发。

近两年，国家逐步认识到租赁的重要作用，在政策法律、法规上出台了一系列政策，租赁的税收问题也进入议事日程，信用环境正在健全，经济环境开始整顿，体制改革也不断深入，租赁业正进入第二个春天，许多投资机构开始注意租赁，并积极参与租赁事务。但这和经济发展的需求还相差甚远。业内人士认为我国加入 WTO 以后，国外的租赁业在中国如趟平地，中国的租赁市场对于他们来说是跑马占地的事情。事实上我国近两年的租赁额几乎被外资参与的租赁公司所占有，而且主要是新经济中 IT 领域的租赁。可想而知，加入 WTO 后，我国的许多经济领域都可以被国外企业以优良的设备和强大的资金为后盾所占据。如果能借助国外的资金扶植国内的产业，外资进入中国的租赁业不是什么坏事。

据了解，入世后中国决定租赁业全面对外开放，《金融租赁公司管理办法》已经充分体现了这个精神。面对挑战，发展中国的租赁产业、培育租赁市场是当务之急。好在我们有地缘优势和人文优势，外国的租赁行业在中国的发展离不开这个重要因素，所以我们还有时间发展自己的租赁产业。目前国内租赁公司也开始涉及电信、飞机、医疗器械和公用设施等领域，中国的租赁开始出现生机。我们的租赁行业尽管还是落后的，但是我们的理念在世界上还是领先的，关键是将这些理念尽快地转化为生产力。

（二）金融租赁的历史定位

过去我们把金融租赁简单地看成融资工具，仅强调其融资的小功能，而忽略了租赁服务的大功能。因此不管在制定政策上、行业管理上、经营方式上、运转模式上都存在着偏差。主要原因就是对租赁的定位不准确，从而导致政策的不合理性和经营的不规范。

按照国际惯例，租赁贸易应该定位在服务贸易。这种服务不仅是给承担人提供融资、融物的便利，还给厂商提供销售时的金融服务，给企业提供资产管理服务，帮助企业盘活闲置资产等多项服务。除融资租赁外，其他方式的租赁更体现服务的特征，不能只把它看成是融资工具。

既然属于服务贸易，对租赁的开放就是在服务领域对外开放。至少在租赁的范畴内，相关的服务都应该对外开放。一般服务业的收入属于非贸易收入，国外企业凭借为国内企业服务，就可以得到外汇收入，因此外汇管制国家，服务业的对外开放是非常谨慎的事情。

服务贸易尽管强调服务，但还是一种贸易方式，是贸易和服务的创新，属于新经济模式。比如租赁中的经营性租赁或短期租赁服务，他们的收入应列为贸易收入。

金融租赁（FinancialLeasing）是外来语，在字典中 Financial 被译成金融、财务或融资。世界租赁发展到今天，我们发现过去对这个词的理解是不全面的。受日本的影响，当时都以为这是一种作用外资的方式，它的惟一功能就是“融资”，以至于现在企业找到租赁公司惟一的目的就是借钱买设备。经过亚洲金融风暴的洗礼，人们才知道，“金融租赁”不仅具备融资功能，而且还具备促销功能，带动社会投资、融资及消费的功能，合理配置社会资源的功能，资金运作的中介功能以及资产管理功能等多项功能。现代租赁已经发展为全新的综合性、多功能、知识密集型产业。业内人士认为把它翻译成“财务租赁”更合理一些。因为它的主要运作方式是一项业务如何进行财务安排和资产管理，其中也包括融资。这种业务加入知识的成份后，其收益和抗风险能力都大大提高。这可以解释为什么亚洲租赁业下滑而欧美的租赁业却强劲攀升。

现代租赁业的发源地美国已经进入租赁发展的成熟阶段，日本还基本上停留在简单融资租赁的第二阶段，中国金融租赁业在困境中求发展的逼迫下，开始步入创新租赁的第三阶段。总结中国租赁发展缓慢几乎回到起点的原因，主要是受7个瓶颈的制约（体制瓶颈、人才瓶颈、信用瓶颈、政策瓶颈、观念瓶颈、环境瓶颈和历史包袱）的影响。因此被业内人士称为“早产儿”，属幼稚产业（从另一个角度叫朝阳产业）。

1999年，人民银行召集业内人士，组织了一个庞大的租赁研讨会，研究和探讨中国租赁业陷入低谷的原因，并聘请了美国、韩国和日本的租赁专家。在那次会上中国的租赁业开始认识到

租赁业的发展需要四大支柱、五大驱动因素和六个发展阶段。中国租赁业出现的问题属

1. 给财务公司一定的利率浮动空间

财务公司的服务对象、主要资金来源，都集中在集团成员单位，对社会影响很小，因此能否让财务公司在利率上有更大的自主权，即对一些信誉好的大客户、重点客户的存款利率高一些、贷款利率低一些，以此来稳定客户，聚集内部资金支持集团的建设，实现集团的战略目标。

2. 适当给予一定的再贴现、再贷款额度

多数财务公司目前都在集团内发展票据业务，但过多的商业票据贴现会导致资金紧张，因此希望人民银行能给予一定的再贴现规模，以支持集团内的票据市场的建立与发展；同时在财务公司资金紧张时给予一定的再贷款支持，或允许财务公司向其他金融机构贷款。

3. 适当延长同业拆入时间

目前，财务公司拆入资金最长期限为7天，期限太短，实际操作比较困难，因此希望适当延长同业拆入时间，以期解决临时性资金短缺。

4. 完善相关配套措施

如《办法》允许财务公司发行金融债券筹措中长期资金，却没有相应的债券发行与管理办法出台。因此希望有关方面尽快完善相关配套措施，以利于财务公司开展业务。

5. 允许为外部股东单位提供金融服务

《办法》规定可向成员单位以外募集不高于40%的股份，这有利于吸引集团外有实力的企业入股财务公司，调整和改善财务公司的股权结构。而财务公司服务对象是集团成员单位，不能对集团外企业提供金融服务，这又影响了集团外企业投资，因此财务公司希望能为外部股东提供金融服务。

总之，在新的形势下，只要我们顺应时代前进的方向，开拓进取，不断地超越自我，结合集团特点，找到适合自己的发展道路，财务公司一定能在激烈的市场竞争中得到更大的发展，一定能为集团作出更大的贡献，实现“大公司、大集团”的战略目标。

打造"浙租模式" 促进地方经济发展

浙江省租赁有限公司　程东跃

现代租赁是金融市场发展中产生的一种成熟的"金融产品"，它依据项目背景、项目条件、交易各方需求等不同状况而设计、产生了各种业务模式，涵盖了融资、租赁、经营和资本运作的理念与内容。它具有一般产品所具备的从构想、设计、生产到营销的几个阶段特征，围绕的核心是市场的需求和通过市场传递的竞争压力。

2000年，是中国金融租赁业发展史上具有特殊意义的一年，人总行颁布了《金融租赁公司管理办法》，这为我国金融租赁业及代理工作的发展带来了广阔的市场机遇。

浙江省租赁有限公司成立于1984年，是浙江省惟一一家经中国人民银行总行批准的主营融资性租赁业务的非银行金融机构。在历届省政府领导的直接关心和有关部门的支持下，为培育和发展地方经济作出了很大贡献。2000年，公司在《金融租赁公司管理办法》指导下，按照现代营销理念，创造需求，开发市场，相应地不断实现"产品"的升级换代。在充分理解金融租赁的内涵、特征的同时，积极探索金融租赁在融资、投资、经营及资本运作等方面的最佳"切入点"、"结合点"和"增长点"，真正发挥金融租赁特有的功能和作用。公司的租赁代理业务在创新中快速发展，并深受地方政府和企业的欢迎，被誉为"浙租模式"。

2000年是浙租公司业务规模翻番，经济效益大幅度增长的一年。公司各代理处在公司积极推崇现代租赁的工作方针指导下，业务均呈现出崭新的面貌。据统计，全年代理合同金额88744万元，比上年增长182%。34个代理处中，富阳、诸暨、萧山、绍兴、黄岩、湖州和上虞等7家代理处，租赁合同金额均超过5000万元。通过代理处的开发和推荐，公司以金融租赁方式扶持了一大批如新合成股份、富通集团、椒江节日灯、上峰包装、三花集团、盾安集团、浙江星星、步森集团、亚东制药、华伦集团等以高技术、高效益为特征的"五个一批"、"小巨人"、"工业规模企业"及利税超千万元的地方骨干企业和支柱产业，有力地支持了地方经济的腾飞。据不完全统计，公司迄今为止累计租赁投放额80多亿元。同时，2000年代理项目中涉足领域也从原来单一的生产性企业开始向多专业、多领域方向发展。典型的如：属环保领域的上虞污水处理工程项目，金额为5000万元，此项目得到当地市政府的高度重视，被称为"泽惠后人"的民心工程、造福工程和德政工程。还有属西部开发概念的金洲集团6万吨涂敷钢管技改项目，租赁金额3000万元，产品用于新疆至上海天然气输送的国家大型重点项目。

浙租公司业务上的迅猛发展，既得益于贴近产业政策、依靠政府部门的支持，同时，也得力于公司各代理处的步调一致、通力合作。公司的34家代理处，均是经人民银行批准设立的租赁业务代理机构，是浙租公司依托地方财政扎根在各地县的营销网络。代理处是"浙租模式"重要的有机组成部分和不可缺少的战略性资源，是"浙租模式"的精髓之一，是网络优势的体现。它一头连着企业，服务于地方经济发展；一头连着地方财政，贯彻地方政府的经济政策，贴近产业政策操作；一头连着浙租公司，以金融租赁的机制，开发项目，扶持项目，它是浙租公司经营体系的延伸。代理处在以浙租公司为龙头的全省金融租赁业发展中具有重要的经济地位。十几年的发展历史表明，代理处业已成为金融租赁将地方政府、企业、财税部门、浙租公司连结在一起的纽带和中介桥梁，它具有营销中介、政策导向、融资中介、服务、资产保全、信息等六大功能。结合公司新时期的使命和战略框架，代理处的工作定位是：充分发挥金融中介、税收杠杆等作用，运用现代租赁机制，服务于地方经济和社会事业发展。

过去的17年，浙租公司在各代理处的大力支持下，依靠坚持“面向中小企业的技术改造和技术进步”的企业宗旨，取得了长足的发展。今天，在新的历史时期，时代赋予了浙租公司新的历史使命，即：“服务于地方经济发展和社会进步，促进产业结构调整，推动企业技术改造和技术进步，培育新的经济增长点和优势骨干企业，积极参与诸如环保、医疗卫生、教育产业、交通运输等社会公用事业发展。”回顾浙租公司的发展，除外部得益于浙江良好的经济环境、中小企业为主体的市场特色以及所提供的市场机遇和各界的关心和支持，从内在因素上，主要得益于四个方面：（1）准确的市场定位：以融资租赁为主业，面向中小企业技术改造和技术进步，服务地方经济；（2）培养了一大批精通租赁业务、法律、财务、金融、贸易等方面知识的人才；（3）构建了以34个代理处为主体的省内网络；（4）逐步形成了“创新”为主导的超前理念和“竞争向上”的企业文化氛围。这正是“浙租模式”的精髓所在。

应该讲，金融租赁与一个地区当地的市场发育水平和市场意识息息相关，与当地经济总体发展趋势息息相关，与当地整个社会事业的进步息息相关。在经济全球化的新经济时代，哪里有活跃繁荣的地方经济，哪里就有金融租赁！哪里有快速腾飞的中小企业，哪里就有金融租赁！哪里有产业的升级和产品的更新换代，哪里就有金融租赁！哪里有社会事业的全面进步，哪里就有金融租赁！

发达国家的租赁发展历程和浙江省十余年的实践表明，金融租赁在调整产业结构、加速技术改造、涵养税源、刺激消费及投资、扶持中小企业等方面具有强劲的经济功能。日本、韩国、巴西以及欧美等国政府通过出台相应的租赁法案，扶持金融租赁业，极大地刺激了本国经济的发展。目前，金融租赁在发达国家已进入成熟阶段，市场渗透率占到10－30%，2000年全球租赁总额约6000亿美元。其中，美国为3168亿美元。

随着入世的日益临近和国内、国际市场的日益接轨，发展金融租赁，已引起我国政府的高度重视。2000年6月30日，中国人民银行总行行长戴相龙正式签发《金融租赁公司管理办法》，《人民日报》、中央电视台、《金融时报》、《中国经营报》、《中国证券报》都相继作了报道。去年四季度，财政部派员专程考察浙租公司，了解对金融租赁业的扶持政策，并搜集国外的一些租赁促进措施和法案，以推动我国金融租赁业的发展。据悉，北京、上海均已把发展金融租赁业列入“十五”规划中。这样的政策环境，是前所未有的，它无疑为金融租赁业的健康、加速发展提供了难能可贵的政策保障和历史性的大机遇。我们有理由相信，在浙江经济舞台上，金融租赁业这一朝阳产业，金融租赁这一丰厚市场，正孕育着一个更加灿烂辉煌的明天。对于从事金融租赁产业的每一位同志而言，这是一次事业的挑战。因为它对我们个人的素质提出了很高的要求，正如有些人所说，做一个合格的“租赁专家”，同时必须是一个“金融家”、“法律专家”、“贸易专家”、“会计师”和“精算师”。同样这也是一次人生的机遇，我们必须把握并抢占先机，吃好这“头口水”，在这得天独厚的天时地利人和下，“答好”开放式的大市场和我们所处的产业给我们每一位租赁工作者开出的“考卷”。

尊重市场规律
加速发展我国的金融租赁

新世纪金融租赁有限责任公司　赵戈飞

金融租赁是朝阳行业，在当代世界市场经济中具有举足轻重的地位。有些发达国家的租赁营业额已占 GDP 的 20%。我国的金融租赁发展严重滞后，尚未形成初级规模的租赁市场。中国就要加入 WTO。为了迎接挑战和参与国际市场的竞争，我国的金融租赁在今后五年内必须有个大发展。近两年来，随着与租赁相关的法律、监管和会计准则等法规出台，我国租赁的宏观环境有了很大改善，但要快速发展我国的租赁业，还须作多方面的努力，当前首先应该解决两个基础性的问题，一是落实政府的优惠政策，二是抓紧租赁市场主体的建设。

落实优惠政策

金融租赁只有在政府优惠政策的支持下，才能发展壮大，这是世界金融租赁发展史上的一条普遍规律。

金融租赁是市场经济发展较高阶段的产物，是对银行信贷和商品贸易的创新，在融资（资金流）和融物（物流）创造性的结合中滋生出许多新的社会经济功能；金融租赁贯穿于社会经济的生产、流通和消费三大领域，能够适应市场经济的发展而不断变化和创新，具有极强的市场优势，在世界经济的发展中起着越来越大的作用。事物都有两重性。金融租赁也有其本身的弱点：租赁公司的资金成本高于银行信贷资金的成本，承租方通过租赁的融资费用高于向银行借款的利息。如果不降低成本，租赁公司无法跟银行竞争，承租方也不愿加入到租赁的行业中来。从这一层面看，金融租赁与银行信贷相比处于明显的劣势，从中还可以得出金融租赁没有发展前途的结论。然而决定事物本质的不是事物内部矛盾的非主要方面，而是矛盾的主要方面和矛盾非主要方面的对立统一。金融租赁的劣势相对于优势来说处于次要地位，但只有在克服劣势的前提下才能把整体优势充分发挥出来。租赁公司和承租方无法完成金融租赁扬长避短的任务，这个任务只能由政府来承担。发达国家的政府无一例外地以多种优惠政策支持本国的金融租赁业，包括税收、信贷、保险和财政等多种措施。对金融租赁实施优惠政策，在开始阶段，政府要付出一定的代价，但从长远和全局的观点看问题，政府支持金融租赁业的发展，扩大了投资，壮大了企业，发展了生产，加速了流通，刺激了消费，促进了整个国民经济的发展，培植了更多的财源和税源。这是一种欲取先予、放水养鱼的高明策略。正因为如此，所有发达国家都愿意付出一定代价支持金融租赁业的发展，而所有国家的金融租赁业也只有在政府优惠政策的支持下才能发展壮大。

缺少优惠政策的支持是我国金融租赁业发展滞后的一个重要原因。我国的金融租赁得不到任何税收优惠，而税赋负担却处于世界最高水平。我国租赁公司的营运资金，主要来源是银行贷款。为了减少风险和考虑承租方的承受能力，租赁收益和银行贷款利率的差距不能太大。租赁收益支付银行贷款利息后有少量盈余，但在交纳营业税及附加和支付资金其他费用后，就成了负数。现行制度给租赁业设置的法定利润是负值。

在市场经济条件下，一个亏损行业是没有生命力的。为改变这种被动状态，建议首先减轻租赁公司的营业税负担：第一步，按照中外合资租赁公司的纳税标准，统一国内三种类型租赁公司的纳税基数，把相应的借入资金的利息支出从纳税基数中扣除，初步扭转行业亏损的被动局面；第二步，参照绝大多数发达国家免征租赁公司流转税的政策，免征我国租赁公司的营业税，使其流转税的负担与外国租赁公司处于相同的水平；然后，比照发达国家的通行做法，对我国租赁业实施投资抵免税政策。

多数发达国家都对金融租赁实施积极的财政政策，包括财政补贴。我国若暂不考虑对租赁进行财政补贴，还可以采取别的方式支持租赁业，如政府采购与租赁合作，财政的基础设施投资和租赁相结合，国有资产管理公司与租赁公司合作等，财政还可以把对中小企业的贴息、担保向租赁业延伸，变部分贴息为租金补贴，变对企业的信贷担保为租金担保。

不少发达国家对租赁公司提供政策性低息贷款。日本的政策性银行对租赁公司的低息贷款占租赁设备购置成本的40%～60%，给租赁公司提供长期稳定的低成本资金来源。我国可考虑把由开发银行提供贷款的重点项目和企业中适宜搞租赁的项目，转给租赁公司经办，再由开发银行向租赁公司提供相应数额的优惠贷款，在不增加开发银行贷款总量的前提下，既支持了重点项目和企业，也有力地支持了租赁业的发展。

抓紧租赁市场主体的建设

我国租赁公司的现状可用少、小、弱、差四个字来概括，凭现有这支租赁公司队伍，根本无力与国际上强大的租赁公司相抗衡。当代国际租赁市场中三类租赁公司起骨干主导作用：一是银行所属或与银行密切相关的金融资本（金融机构）型租赁公司；二是制造商、经销商所属的产业资本（销售促进）型租赁公司；三是银行、制造经销商和外国资本相结合的混合型租赁公司。以上三类公司在国际租赁市场上占据绝对优势的地位。这三类租赁公司在我国尚未产生。我国的商业银行不准经办租赁业务。而实质上租赁应定位在货币市场，属于商业银行的经营范围。美国是世界上金融分业管理时间最长的国家，一开始就把金融租赁定格在货币市场。20世纪60年代初，美国政府就允许一些全国性的大银行开办租赁业务。不准商业银行经办租赁业务，既阻碍了租赁业的发展，也不利于银行业的发展。按照当前的世界潮流，银行混业经营势在必行。加入WTO后，我国的金融业逐步开放，进来的是国际上混业经营强大的金融特混舰队。我国银行业必须在尽可能短的时间内完成向混业经营的过渡。在此背景下，商业银行进入租赁业显得尤为必要。商业银行经营租赁业务，首先有助于规范我国金融的分业管理，放手让商业银行经营货币市场的业务，扩大经营范围，提高效益壮大实力，为向混业过渡作好准备；同时也大大促进了我国租赁公司队伍的发展壮大。

我国至今尚无制造商和经销商联盟的租赁公司，而外国制造商早已进入了我国的租赁市场，赚取了巨额利润，有的已经取得了行业的垄断地位。我国巨大的飞机租赁市场早已被通用电气公司所垄断。据业内权威人士估计，通用电气公司在中国飞机租赁的利润率高达20%～30%。而我们自己的租赁公司只能望洋兴叹。5年以后，如果我们仍然没有自己强大的制造、经销商联盟的租赁公司，那么被外国公司垄断的将不只是一个飞机租赁，大多数制造业的销售垄断权都将落入外国公司之手。为了避免这种情况发生，我们必须大力发展销售促进型的租赁公司。

今后5年，我国的金融租赁究竟如何搞，政府应当组织有关部门进行科学、周密的调研和规划。在规划金融租赁市场的时候，既要总结我们自己20年的经验教训，也要理解和尊重世界金融租赁发展过程中一些带规律性的东西，防止过度强调中国特色而忽视世界金融租赁市场的普遍规律。任何事物都有一个度。过度强调中国特色而忽视世界市场经济的普遍规律，与过度强调别国经验而忽视中国特殊国情一样，最终都会给中国经济造成巨大损失。计划经济曾被当作中国的本质特征而调控经济将近半个世纪，最终还是回到市场经济的康庄大道上来。我国的金融租赁业在歧途上已徘徊了20年，应该到了回归正确道路的时候了。

吐鲁番位于新疆天山山脉以东，土地面积6.9万平方公里，是一个以维吾尔族居多的少数民族地区。吐鲁番交通四通八达，自古就是中亚交通中心之一，并有着千年的交河、高昌故城；蕴藏着丰富的矿产资源；独特的气候造就的优质葡萄、哈密瓜享誉世界。人民银行吐鲁番地区中心支行214名干部职工就是在这火焰山下，始终以江泽民总书记"三个代表"重要思想为指导，依照分行党建工作纲要，全面加强党的思想建设、组织建设和作风建设，充分发挥基层党组织的战斗堡垒作用，认真履行中央银行职能，有效地维护辖区金融平安。

随着金融体制的改革，人民银行党的领导体制由属地管理改为垂直领导，人行吐鲁番地区中心支行党委及时调整工作思路，逐步转变观念，积极探索和寻求党建工作新思路、新方法。为了健全党委机构，设立了党委组织部、党委宣传部、党委办公室、纪委办公室、机关党委办公室等5个职能部门和11个业务科室、2个县支行，并成立了5个基层党支部，14个党小组，其中共产党员占全行职工51.86%。针对吐鲁番春季常受狂风、沙尘暴袭击，夏季高温酷暑，自然环境恶劣，又是少数民族边远地区等艰苦条件，行党委始终坚持以政治思想工作为先导，团结稳定为大局，充分发扬共产党员吃苦在前，享受在后的优良传统，带领全行干部职工注重"两手抓，两手都要硬"的工作方针，认真贯彻执行稳健的货币政策，更新监管理念，切实防范和化解金融风险，促进了金融业的健康发展。

经过多年的工作实践，人行吐鲁番地区中心支行在抓党建工作方面走出了自己的独特之路，一是抓班子，强核心。二是建制度，强责任。三是抓思想，树风尚。四是抓支部，强作用。五是建队伍，强素质。六是两手抓，两个文明结硕果。近年来，多次被地方党委和上级分行评为优秀基层党组织、综合治理先进单位、纠正行业不正之风先进单位；"三防一保"工作被评为全疆先进单位；中心支行行长、党委书记被评为分行优秀共产党员；全行党员90%以上都是各个业务岗位上的骨干力量和工作模范，共有47人次被评为优秀共产党员和优秀党务工作者。

（一）抓班子，强核心

建一个讲政治、讲学习、讲正气，精诚团结，廉洁勤政，开拓进取的领导班子是做好党建工作的首要条件。

1. 在继续巩固"三讲"教育成果的基础上，完善学习制度。中心支行建立了以党委成员为主、由各部门负责人组成的党委中心组，规定了学习时间。同时分别建立了考勤册、记录本、学习笔记等6项制度。党委班子每年还根据金融工作重点和国内政治形势，有针对性、有计划性地组织中心组学习，通过系统的理论学习，撰写体会文章，坚持每月一次研讨，每半年一次小结，解决了思想认识上统一的问题，进而提高了领导干部的理论水平和政策水平，为更新观念、转变工作作风提供了坚实的基础。中心支行党委在坚持自学的基础上，注重理论联系实际，经常深入基层开展调查研究，为实践提供指导。近年来，中心支行党委领导班子成员撰写的多篇文章分别在地方党报、党刊上发表，有的还被地方纪检监察学会评为优秀作品。

2. 转变工作作风，努力做"三个代表"重要思想的实践者。中心支行党委不断更新管理理念，转变工作作风，深入基层现场办公，从而不断提高决策的实效性、准确性。采取多种方式组织各国家有商业银行、政策性银行行长座谈会，共同分析研究如何降低不良贷款，减亏增效，提高资产质量，支持地方经济发展的对策；深入基层支行对双文明创建，党建暨思想政治工作，反腐抓源等工作进行调查研究，并现场提出指导意见；深入基层农村信用联社召开季度主任例会，直接了解本地区农业生产资金等情况，掌握基层工作中的实际困难和问题，并进行现场指导。这些都充分体现了中心支行党委班子务实事、求实效的工作作风，从而脚踏实地把党的金融方针政策落到实处。

3. 自觉执行领导干部廉洁自律的有关规定。近年来，中支党委领导在党风廉政建设上态度坚决，措施得力，建立健全了《党员领导干部从政行为规范八不准》等廉政制度，曾多次拒收各种礼金、礼品，金额超过数十万元。党委领导不仅管好自己而且注意带好队伍，党委每年与主管各部门分别签订《经济案件防范目标责任书》和《纠风目标责任书》，年终进行检查、考核责任书的完成情况，并与干部考核、双先评比相结合。在廉洁自律的同时，党委班子还注重关心职工的生活疾苦，由于吐鲁番自然环境恶劣，条件艰苦，中心支行始终本着"实事实办，实办实事"的工作态度，采取多种有效措施，不断地为职工解决住房生活困难，并美化了干部的办公和生活环境。

4. 党委领导班子坚持民主集中制原则。分别建立了党委会议制度、民主生活会议制度、大额开支集体研究审批等多项制度，并严格执行。班子成员之间大事讲原则，小事讲风格，注重平时思想沟通和团结配合，增强了党委班子的凝聚力。凡涉及群众切身利益的热点问题，如住房、用车、调资等都能充分走群众路线，集思广益。党委班子正是靠自身的高尚风范、扎实的作风和深入细致的工作方法赢得了广大职工的敬重和信赖。通过几年的民主评议、考核，党委领导班子被职工一致认为是一个团结进取，廉洁勤政，战斗力强，信得过的领导班子。

（二）建制度、强责任

强有力的组织领导、周密的规划部署和严格的责任目标，是建立起一个有序高效的领导工作机制，确保党建工作良性运行的关键。

中心支行党委站在讲政治的高度，把党建工作列入了党委的重要工作议事日程进行研究部署。在认真执行落实上级行各项制度规定的基础上，还根据本行实际制定了一系列内部管理控制制度。特别是要害部门、对外窗口都制订了严格的管理制度和服务规范标准。例如《领导干部纪检监察诫勉谈话制度》、《财务管理办法》、《接待费管理办法》等46个涉及全行各个部门的《内部管理制度汇编》。并设立了5个管理督导组进行督导执行。

为加强党建工作管理，成立了党建工作量化考核领导小组，由一把手担任组长负总责，并结合自身行业特点，制定了《党建基础工作量化考核责任制》。建立健全了"纵向到底、横向到边"的组织管理体系。在纵向上，中心支行党委建立、健全了党委组织部、党委群宣部、党委办公室、纪委办公室、机关党委办公室5个党委工作部门，在机构设置方案中，明确了党委工作部门的职责。并由一名党委委员专门负责党建工作，形成了党委书记全面抓，分管党建工作的党委委员具体抓，党委职能部门协同抓的工作格局。同时，在规范党支部工作上狠下功夫，成立了5个党支部和14个党小组。从党员队伍中民主选举出5名支部书记和27名支委，强化了基层党组织的领导力量；在横向上，实行"一岗两责"和以党带群、以党带团的管理体制，使党建工作的触角伸向全行的各个角落，形成了"纵横交错，相互贯通"的党建工作网络。完善了以"四纳入，五同步"为主要内容的制度体系。本着简明适用、便于操作的原则，制定了《党支部工作考核办法》、《党员量化考核办法》、《民主评议党员制度》、《党支部会议制度》等各项制度，装订成册，严格执行，定期检查，兑现奖惩。根据形势发展，每年制定《党建工作目标责任制》以及责任书，明确年度"一岗两责"工作制度；严格党组织"三会一课"以及党建"双评"工作等制度的贯彻落实，坚持把党建工作纳入全行工作的总体规划、纳入全年岗位目标责任制管理、纳入各项工作考核目标之中，从而做到党建工作与金融业务同计划、同检查、同考核、同总结、同表彰。

（三）抓思想、树风尚

思想政治工作是一切工作的生命线。针对社

会经济体制转型期的特点，行党委在实践本行行业理念、塑造形象工程中，注重抓好职工的思想政治教育。围绕“改革开放与思想政治工作”、“市场经济与精神文明”、“党员标准与人行形象”这几个主题，把对党员干部的思想道德教育摆在首要位置，通过各种形式的学习教育活动，着力培养职工美好的道德情操，塑造职工高尚的灵魂。始终坚持每周五半天全行学习制度，严格考核，做好笔记并定期检查。同时利用征文活动，征集合理化建议。通过这些活动的开展，既增强了干部职工的参政议政主人翁意识，又有利于行党委民主决策。另外，行党委在保证业务正常运行的前提下，充分利用业余时间，对职工进行了以理想信念、爱岗敬业、党风党纪为主要内容的职业道德教育活动。从职业理想、职业道德、职业纪律等多个方面进行自我剖析，谈体会，找差距，制定整改措施，纠正不足，树立了正确的理想信念，全行干部职工共撰写职业道德教育读书笔记276万字，思想认识得到提高，全行上下爱岗敬业，无私奉献，主人翁意识明显增强，党员和职工的精神面貌焕然一新。他们不仅在本职岗位上甘于奉献，而且在人民群众遇到困难和危险时，积极冲锋在前，奉献自我。例如，在吐鲁番地区遭受特大风暴袭击的紧张时刻，中心支行党委领导亲自率领一些党员干部冒着车被刮翻、人被卷走的危险，从风区救出受困群众达200多人。自1999年以来，帮助灾区群众恢复生产、南疆改水工程、下岗职工再就业等捐款近30万元，为维吾尔族孤寡老人以及7名辍学儿童捐助生活用品和学费……每一件感人事迹，都折射出中心支行共产党员的高尚品质。

（四）抓支部、强作用

切实加强党支部的各项基础工作，进一步强化党支部的战斗堡垒作用。

首先，严格坚持“三会一课”制度，进行“一学、二看、三写、四讲、五唱、六答”活动。一是学，抓好党员的政治理论学习。组织全体党员认真学习江泽民总书记“七一”讲话及“三个代表”重要思想，学习国务院颁布的有关金融方针政策以及金融体制改革新举措。并在建党80周年之际，开展了重温党章和党的誓词活动，以加深对党性知识的理解和再认识；二是看，组织观看了批驳“法轮功”邪教歪理学说电视片、胡长青警示教育电教片，建党80周年优秀共产党员饶才富等10名同志的模范事迹展播等等，结合学习内容规定思考题，使每位党员结合自身找差距，逐步提高政治觉悟。三是写，组织党员干部围绕如何实践“三个代表”，落实党建暨思想政治工作“一岗双责”，建党80周年“党旗下的辉煌”等课题开展调研征文活动。四是讲，组织基层党支部开展了庆祝建党80周年“党在我心中”演讲比赛活动，讴歌党的光辉历程和辉煌业绩，表达了在邓小平理论的旗帜下，团结在党的第三代领导集体周围，为实现具有中国特色社会主义而努力奋斗的信心和决心。五是唱，组织开展“党的光辉照千秋”金融系统“百人大合唱”歌咏晚会。六是答，组织党员以及入党积极分子参加了建党80周年党的知识竞赛以及学习“七一”讲话测试答题活动。同时，还开展了“五个一”活动，即：党员与群众结对子互帮活动；党员下基层与农民同吃、同住“三同”活动；访贫问苦送温暖活动；每年做一件好事活动；每年为行里提一项合理化建议活动。在形式多样的支部活动中，每个党员党性观念不断增强，把每个党员塑成一面旗帜。

其次，以“创先争优”活动为载体，抓好党支部的考核工作。中心支行成立了由党委书记任组长，党委各工作部门组成的“创先争优”活动领导小组，制定了《“创先争优”活动实施规划》，确定了评选“先进党支部”和“优秀党员”的条件以及奖励办法。并重新修订了《党支部工作考核办法》，定期进行检查考核，以促使基层党支部工作逐步走上正规化轨道。在这种良好的氛围下，全行广大党员的党性观念明显增强，党员中不断涌现了许多忘我工作、勇挑重担的好人好事。

三是稳步做好党员的发展工作。按照“坚持标准，保证质量，改善结构，慎重发展”的16

字方针，积极培养新党员，特别是重视了对优秀团员和监管第一线业务骨干的培养，壮大党组织力量。结合江总书记“七一”讲话精神，采用举办“入党积极分子，党支部书记”培训班等形式，有针对性进行教育和帮助，使入党积极分子和预备党员增强了党的理想、信念，端正了入党动机，确保了新党员的质量，壮大了党员队伍，规范了发展工作。

（五）建队伍、强素质

建设“政治过硬、业务优良、作风清正、纪律严明”的高素质队伍，是被中心支行党委作为党建工作的支持系统来抓的一项重点工作。用精神凝聚人，中心支行党委总结多年党建工作的实践经验，提出了“团结协作、勤政廉洁、优质服务、求实争先”的吐鲁番人行精神，用以鼓舞、激励全行员工努力奋斗。根据人才“梯次”结构断层的实际，从现代化金融监管需要的战略出发，中心支行党委通过“四种渠道，一个保证”大力鼓励和支持干部学习科技知识，使员工素质得到明显提高。这四种渠道分别是：1. 依靠自身力量开展培训工作。中心支行经常结合形势，组织举办有关“WTO”知识讲座、微机培训、金融监管知识等各类业务的培训活动；2. 送出去接受学历再教育。自1995年以来，中心支行输送到各类高等院校学习深造的人员近50人次。派出参加各种短期业务培训的有70多人次；3. 邀请金融专家做学术报告和组织金融研讨会；4. 利用工余时间自学。为了确保“学习与正常工作两不误”，有50%以上的员工利用工余时间，自费参加电大、职大、函授等学习。“一个保证”，即始终保证职工进行教育培训资金的正常投入。自1999年以来，用于购置办公自动化设备及各种学习资料的费用达数十万元，从而确保了教育培训工作的顺利进行。通过近年来多种形式的培训和教育，干部职工的综合素质明显提高，工作在金融监管一线岗位上的干部中，大专以上学历43人，占77%。这对提高监管和服务工作水平起到了积极的推动作用。

（六）两手抓，两个文明结硕果

中心支行党委以江泽民总书记“三个代表”重要思想为指导，始终坚持“两手抓，两手都要硬”的工作方针，促使两个文明建设取得了丰硕成果。

1. 为进一步抓好“双文明”建设工作，结合本行实际，制定了《“双文明”创建活动量化考核标准》。此《标准》共分5大项，21小项，77条，对全行各科室、各岗位以及每名干部职工的责任目标、考核办法、评分标准等进行量化、细化、硬化，使“双文明”创建工作与干部业绩、年度考核、专业考核挂钩，并将完善建立的46个制度装订成册，分发到每名职工手中以便熟悉掌握、对照执行。结合双文明考核内容，成立了5个督导组，即：党风行纪督导组，综合治理督导组，理论宣传督导组，金融业务监管督导组，行风行貌督导组。5个督导组按季对领导班子、职工队伍、金融监管以及金融服务等全行的各项工作进行督导检查，并及时反馈给行党委及相关部门，以便及时进行整改纠正，彻底消除一切隐患。党委还十分注重内强素质，外树形象。建立了职工阅览室，荣誉室，健身房，多功能电视、电话会议厅以及职工文明学校，职工之家，党员之家等，并以形式多样的活动为载体，充实双文明建设活动，从而充分展现了人行员工良好的精神风貌。

2. 认真落实金融监管责任制，依法监管，改善金融服务，构筑金融安全区，为地方经济发展以及西部开发提供有力的金融支持。

（1）全面落实“创建金融安全区”规划，做到监管对象、人员、职责、措施四落实，把好“四道关”，即：市场准入退出关，人员监管关，合规经营关，内控监管关。建立了中心支行、县支行监督人员、科（股）长、分管行长、行长“四级”责任制。通过“真实性”检查，对风险隐患机构制定了预防办法，建立了风险档案，实行了跟踪监管制度，消灭了资不抵债金融机构。

（2）突出金融监管工作重点，进一步督促商业银行切实降低不良贷款。围绕如何提高资产质量、降低不良贷款、减亏增盈等内容，与商业银行行长进行座谈，共同分析研究对策，并抽调监管人员组成工作组“进行入社”，开展了整章建制以及清收贷款等工作，收到了一定的成效。

(3) 坚决维护金融债权，严厉打击逃废银行债务行为。建立了“地区金融债权管理行长联席会议制度”、“改制企业金融债权落实情况通报制度”等多项制度，依法监管，果断采取制裁措施，1999年以来，直接协助金融机构对13家逃废金融债务企业进行制裁，共落实银行债权4000余万元。

(4) 进一步加大监管力度。建立健全了金融监管委员会、行政复议委员会等机关监督组织，对辖区金融违规、违法行为，严格按照《人行法》等法规进行审议，下达处罚通知书，并对监管执法人员颁发了执法证，近两年来，中心支行共查处违规金融机构29家，发现各类问题150条，提出整改措施建议92条，破获假币案4起。从而真正维护了金融法律、法规的严肃性。

(5) 积极配合当地公安、司法部门开展“严打”斗争，严厉打击侵害银行安全的各类金融犯罪活动，全辖层层签定了“三防一保”、“社会治安治理”责任书，保证了各部门协调一致，齐抓共管。

坚持行领导带班，科长以下干部值班，经济民警坐岗，护行队待命的“四级”值班制度。

(6) 充分发挥纪检监察部门在防范和打击金融违法犯罪活动中的作用，从源头上消除各类金融犯罪的隐患。从制度入手，责任到人，建立健全了《吐鲁番地区金融系统反腐败抓源头工作实施方案》、《关于加强领导干部重大事项报告、公务往来、公款接待、通讯工具管理的具体规定》等各项制度，通过在全辖人行系统实行《案源排查制》，对干部的思想动态监督管理由8小时内拓展到8小时以外，使案件防范关口前移，并注重全行各部门尤其是党、群、工、团部门的联动作用，发挥各自优势，共同促进党风廉政建设工作的稳步进行。

由于措施得力，监督有方，全行干部遵纪守法，令行禁止，在执行监管活动中不吃请，不收礼，依法监管，秉公办事，几年来，没有发生一起违章违纪案件。

“荣誉面前不骄傲，成绩面前找差距”

人行吐鲁番地区中心支行将继续以江总书记“三个代表”重要思想为指导，牢固树立发展意识、稳定意识、服务意识，以更加饱满的热情，开拓进取，不断提高工作水平，为支持和促进西部大开发战略再立新功。

建立期货市场，开展期货交易，对于社会主义新中国来说是个新生事物，是舶来品。我们从开始建设期货市场到现在走过了10年颇为坎坷的道路，期货市场在中国究竟有没有发展前途是社会各界普遍关注的问题。在此，笔者通过研究资本主义国家市场经济发展与期货市场以及中国的改革开放和社会主义市场经济发展与期货市场间的关系，分析中国期货市场现状，阐述中国期货市场广阔的发展前景。

（一）市场经济发展需要期货市场

资本主义国家特别是西方发达国家经济发展和期货市场产生、发展的历史过程告诉我们，市场经济发展到一定阶段，规模扩大到一定程度，市场风险相应集聚，就产生需要期货市场这样一个分散风险、转移风险机制的客观需求；期货市场风险管理机制只是在上市品种相关产业领域发挥作用；经济越发展，规模越大，风险越集聚，需要风险管理的领域就越广泛，就需要更多的商品在期货市场上市交易，发挥风险管理作用；同样，市场经济的发展促进和推动了期货市场的创新和发展。

期货市场是市场经济发展到一定阶段的产物。市场是一种物品的买主和卖主互相作用，以决定其价格和数量的过程。在市场机制中，企业和消费者都一起在市场上确定价格和产量，解决生产什么、如何生产和为谁生产的问题，所有这些经济活动都是在没有任何人的强制或统一指挥下进行的。市场经济中商品的价格不是像计划经济那样由政府决定，而是由市场决定，并受供求关系等因素影响而上下自由波动，因此，对于市场经济的参与者来说充满着风险。风险是市场经济所固有的，不能被消灭，只能转移或分散。当市场经济发展到一定阶段时，就产生了对风险进行管理和防范的内在要求。在这种风险管理需求的推动下，期货市场作为一种分散风险、转移风险的交易机制便应运而生，1848 年美国芝加哥期货交易所正是在这样的条件下由 82 个商人自发组建的。

市场经济的整体风险是由不同行业的风险所构成的，期货市场的作用则是为不同行业提供相应的风险管理工具。随着市场经济的发展，需要进行风险管理的行业越多，就越需要品种丰富、功能齐全的期货市场来分散和转移风险，以适应经济发展的需要。期货市场 150 多年的发展充分说明了这个原理，目前在全世界仅商品期货就有 93 类商品的 267 个上市品种，其中农产品期货和期权 38 类 130 个品种，能源期货和期权 15 类 46 个品种，金属期货和期权 14 类 26 个品种，贵金属期货和期权 10 类 18 个品种，软饮料期货和期权 7 类 24 个品种，其他如橡胶、木材等期货和期权 9 类 23 个品种。由此可见，经济的发展促进了期货市场的繁荣，期货市场发挥经济功能的行业和领域也越来越广泛，对经济发展的作用与日俱增，与经济整体的融合性、依赖性不断提高。以美国为例，美国芝加哥期货交易所的玉米和大豆、纽约商业交易所的原油等期货市场，在全球经济活动中扮演着非常重要的角色，如国际贸易合同中商品的价格一般均采用基差价格，即以这些商品的期货价格为定价基准，在此基础上增加一个升贴水，并且每笔大宗交易都要通过期货市场进行相应的套期保值交易，以规避价格风险。贸易商的这种做法不仅是获得银行贷款的基本条件之一，而且已经成为通行的国际惯例。可以说，没有期货市场，这些商品的国际贸易将很难进行。因此，市场经济的发展需要期货市场发挥风险管理作用，也正是这种内在的需求推动了期货市场的产生和不断创新发展。

（二）中国的改革开放和经济发展需要发展期货市场

我国曾长期实行计划经济体制，由国家按计划统一安排生产和调配各种生产、生活资料，各种商品价格由政府决定，不需要发现价格机制，没有价格波动，企业按国家计划的数量和价格生产、销售和购买，也没有规避风险的需求，因此搞计划经济就不需要期货市场。党的十一届三中全会以后，我国实行改革开放的经济政策，开始从计划经济体制向社会主义市场经济体制过渡，政府逐步在一些领域放开商品的价格，即相应地从由政府定价逐步推向由市场定价，就需要新的决定价格、发现价格的机制，要实现政企分开，将企业推向市场，企业便在市场中承担无限的风险，就需要一个规避风险的机制。面对过渡过程中所出现的商品价格市场定价问题和市场定价后价格波动给企业所带来的市场风险，1988 年李鹏总理在《政府工作报告》中提出“探索期货交易”。为了适应改革开放与市场经济发展的客观要求，于 1990 年开始了期货市场的试点。

随着我国改革开放的不断深入和社会主义市场经济的进一步发展，我国期货市场的外部环境正在发生深刻变化。我国加入 WTO 以后，国内市场的开放将由目前有限范围和有限领域内的开放，转变为全方位的开放，如由各类商品逐步到金融、保险、证券等资本市场领域；由以试点为特征的政策主导下开放，转变为法律框架下可预见的开放；由单方面为主的自我开放，转变为与世贸组织成员之间的相互开放。在这种情况下，国内市场与国外市场互动性进一步增强，逐步实现与世界经济的相互融通和解轨，尤其是我国农业将面临严重冲击，农产品将进一步走向市场，农产品价格的形成更加复杂多变，各类粮食企业将面临巨大的价格风险和激烈的市场竞争。因此，我们将在更多的领域面临前所未有的市场风

险的挑战，农产品、大宗生产资料、石油、金属以及金融、证券等行业，迫切需要发展期货市场，上市更多的关系国计民生的大宗期货品

种，提供丰富的避险工具，使期货市场在更多更广泛的领域发挥风险管理作用。

中国的改革开放和经济发展需要期货市场的发展，为此，中国证监会周小川主席去年在中国期货业协会成立大会上对期货市场的发展提出了新的定位和要求：要从国民经济发展的需要和证券市场整体建设的战略来认识期货市场。要为国家农产品政策的调整提供依据和为粮食流通体制改革创造条件，要有效发现现货价格，保证多层次市场功能的发挥，都需要发展品种丰富、功能完备的期货市场。

（三）中国期货市场发展前景展望

1. 中国期货市场已经具备稳步发展的条件

我国期货市场经过10年试点，特别是7年多的规范整顿，期货市场的管理框架和内在运行质量都发生了根本性的变化。如明确了中国证监会负责中国期货市场的试点工作，确立了中国证监会对期货交易所的垂直领导体制，理顺和强化了期货监管体制，提高了监管效率；减少了期货交易所的数量，由最初的40多家减少到目前的3家，即上海、大连和郑州；减少了期货经纪公司的数量，由最初的300多家减少到目前的170多家，提高了期货经纪公司实力和抗风险能力，注册资本由1000万元增加到3000万元；上市品种从40多个减少到目前的12个，实际上市交易的只有6个；初步建立健全了全国期货行业统一的法规体系，1999年9月国务院颁布实施了《期货交易管理暂行条例》，同时中国证监会颁布实施了与《条例》相配套的《四个管理办法》，确立了期货市场的法律地位，2000年5月三家期货交易所实施了由中国证监会组织制定的新的《章程》、《交易规则》和《交易细则》等9个《实施细则》，逐步规范和完善了期货市场监管手段，将期货市场纳入了法制化管理轨道；此外，经中国证监会批准，中国交通银行、中国工商银行、中国建设银行先后成为3家期货交易所结算银行。

目前，大连大豆和上海铜期货市场已经比较成熟，市场运作规范，拥有了相当的市场规模和流动性，市场参与者结构趋于合理，较好地发挥了发现价格和套期保值规避风险的经济功能。如大连商品交易所大豆期货，2000年期货成交额7817亿元，占据了全国期货市场的半壁江山；2001年大豆期货成交额比去年同期翻了一番多，成为全国期货行业的支柱品种。大连大豆期货的交易规模已经成为世界第二大大豆期货市场，占芝加哥期货交易所大豆期货的20%，与中国和美国大豆现货市场规模比例基本相当，并稳居亚洲同品种第一位，是东京谷物商品交易所大豆期货交易规模的5倍，就单个期货品种的运作而言是比较成功的。

大连大豆价格是国内大豆产业中最具权威性的指导价格，在国际市场上则被认为是全球大豆销区的价格基准，成为左右国际大豆市场价格的强有力因素之一，在全球大豆价格的形成过程中，发挥着越来越重要的作用。国内大豆生产企业和著名大型粮油贸易、加工企业不是直接成为交易所的会员就是积极参与大豆期货交易，大连大豆期货市场以几十亿元的期货保证金带动了全国大豆500多亿元的大豆现货市场规模，指导了大豆的生产，促进了大豆流通的市场化，在一定程度上减轻了国家财政负担，促进了产品质量的提高和产品结构的优化，相应分散了企业经营风。国内大豆相关企业参与国际竞争创造了条件，为发展大宗农产品期货市场和服务相关现货行业持续稳定发展等积累了宝贵的经验。

正如中国证监会周小川主席2001年1月在全国证监期货监管工作会议上所指出的，期货市场开始步入法制化、规范化的运行轨道，基本实现了规范稳定的要求，市场功能得到初步发挥，为下一步规范发展的新阶段奠定了基础。

2. 中国期货市场发展前景广阔

朱镕基总理在九届人大第四次会议上所作的《关于国民经济和社会发展第十个五年计划纲要（草案）的报告》中，明确提出要“稳步发展期货市场”。中国期货市场正在按照总理报告的要求在规范的基础上稳步发展，随着我国改革开放的不断深入和市场经济的进一步发展，期货市场将不断以崭新的面貌展现在世人的面前，并在我国社会主义市场经济发展中发挥更加重要的作用。

法律框架不断完善。中国证监会正在对《期货交易所管理办法》、《期货经纪公司管理办法》等进行修改，为期货市场发展创造更为宽松的环境，条件成熟时国家将修改《期货交易管理暂行条例》，乃至制定《期货交易法》，最终确立期货市场在中国的法律地位，完善期货市场法律框架。

上市品种不断丰富，期市功能充分发挥。建立在现货市场上的期货市场必须遵循现货市场的运行规律，我国是农产品生产、消费和贸易大国，小麦产量世界第一、玉米第二、大豆第四，此外，我国大宗基础性产品如能源、矿产资源等也都在世界占有重要地位。因此，玉米、大米、棉花、石油等关系国计民生的数十种大宗商品都将陆续在期货市场上市交易，在更广泛的领域发挥风险管理作用；大豆、铜等比较成熟并具有相当市场流动性的期货品种将推出期权交易；随着我国资本市场的发展和风险管理的需要，将逐渐推出股票指数期货、利率期货及人民币外汇期货等。

市场主体不断成熟。期货经纪公司将分为综合类和经纪类，拓宽综合类期货公司的经营范围，将逐步允许其从事如自营、发起设立期货基金、代理开展境外期货等业务；国家将鼓励国有企业参与期货交易，进行套期保值；现货相关企业和各种投资机构将更加踊跃进入期货市场，市场参与者结构将更趋合理。

期货交易所实现体制创新。期货交易所作为期货市场的龙头，一定程度上担负着行业发展创新的职责，根据国际期货市场交易所电子化、网络化和公司化发展趋势，我国期货交易所有可能实现公司制改造并上市。

中国期货市场将成为亚洲期货交易中心。随着我国期货市场外部环境的改善和内在运行质量的提高，在新世纪第一个十年内，中国期货市场将有望成为亚洲商品期货交易中心，并将不断提升其在国际期货市场的地位。

（作者系大连商品交易所副总经理，经济学博士）

抓住机遇
积极探索我国金融租赁业发展新路

深圳金融租赁有限公司　荣龙章

金融租赁，又称融资租赁，是二战后起源于美国的一种新型金融工具。20 世纪 50 年代以来，由于现代科学技术的高速发展大大缩短了资本设备的更新周期，融资租赁以其在加速折旧、促进企业技术改造、提高企业产品竞争力等方面所具有的独特优势，一经出现便得到了迅速发展。目前，这一筹资方式已被世界各国广泛采用，在国际资本市场中扮演着极其重要的角色。在一些西方发达国家，融资租赁已成为仅次于银行贷款的第二大筹资工具，飞机、医疗设备、汽车、工程机械、信息通讯、办公自动化等通用设备已有 60% 以上是通过各种类型的租赁公司采取融资租赁方式进行销售的，融资租赁业已成为金融服务和流通领域里的重要行业。

我国是在改革开放之初引进这种新的筹资方式的，其对推动国民经济的发展产生了积极的影响，曾一度成为我国引进外资的重要窗口。据不完全统计，我国融资租赁业在 20 年间累计引进外资约 75 亿美元，累计租赁业务额达 2000 亿元。我国的民航、城市出租汽车行业、移动通讯业基本都是采用融资租赁方式引进国外飞机、汽车和设备后迅速发展起来的。云南烟草业的腾飞、江浙乡镇企业的异军突起、众多企业的产品结构调整、军品转民品都有融资租赁公司给予的宝贵支持，有的企业正是在租赁公司的支持下扭亏为盈并逐步发展成上市公司的。

我国融资租赁业在发展过程中也面临很多的问题和困难。我国融资租赁业起步于计划经济体制时期，是伴随着改革开放和经济体制转换的历程逐步发展起来的。由于经济政策、管理体制、信用机制、汇价的剧烈变化以及租赁公司自身的种种原因（如：租赁公司注册资金太少，高负债经营，抗风险能力太差；一些金融租赁公司由于经营不规范，租赁主业不突出，金融业实行分业经营后，缺乏资金来源，资金周转发生严重困难等等），最终导致一些成立较早的租赁公司大量租金被拖欠，资产状况恶化，人民银行已经先后关闭了三家经营管理不善的金融租赁公司。

以租赁业务的渗透率来衡量，工业发达国家的设备租赁交易额的设备渗透率达 20% ~ 35%。而我国近几年来设备租赁交易额仅占全部设备交易额的 1%左右，比较而言，我国租赁业务的发展规模还很小，还没有真正地开展起来，与我国经济规模极不相称。

上述问题在我国金融服务领域普遍存在，并不是租赁业独有或主要由自身原因造成的，很大程度上是客观发展过程中，难以避免的历史遗留问题。有数据表明，合资租赁公司在近半数公司几年来停止新业务的情况下，坏账金额累计约 3 亿美元，坏账比例仅占全部累计业务量的 5%左右，而且集中在 10 多个成立较早的公司身上。1992 年以后成立的公司，经营业绩普遍良好，发展势头强劲。在金融租赁公司中，也有几家金融租赁公司不仅主业突出，而且以稳健的经营、准确的市场定位，探索出了具有中国特色的融资租赁发展道路。

我国近期将加入 WTO，我国金融服务领域将加快对外开放的步伐，更多的外国投资者、跨国公司将介入我国融资租赁业。外资的进一步进入，在为我国租赁业注入新的活力的同时，使内资租赁业将面临严峻的挑战。如何抓住机遇，尽快壮大自身实力，成为摆在我们面前的首要问题。我们认为，目前我国租赁业的发展正赶上前所未有的有利时机，目前在国内发展金融租赁业务具有如下有利条件：

1. 市场潜力巨大。在经济全球化的进程中，我国作为最大的发展中国家，充分发挥国内市场潜力是一个永恒的课题。目前我国经济正处于结构调整时期，面临着拉动内需、增加投资、促进消费的压力。金融租赁作为一种新型金融工具，兼有融资和促销的双重职能，在促进企业技术改造、降低企业负债率、盘活企业资产存量、促进消费、提高企业产品竞争力方面有其独特的优势。金融租赁作为重要的固定资产投资方式在发达国家已经成为设备投资中仅次于银行信贷的第二大融资方式，且与银行贷款相比具有明显的优势。而我国目前租赁业渗透率较低，存在较大市场空间。第一，我国经济已全面启动，各企业为产品升级换代，占领市场制高点，必将大规模增加投资，融资租赁业在促进企业投资方面大有可为；第二，我国"入世"在即，国内企业将面临国外产品的激烈竞争，采用租赁方式进行投资和促销产品将是企业最佳选择之一；最后，我国西部大开发战略也为融资租赁业务提供了大显身手的广阔舞台。

2. 法律环境逐步完善。随着《金融租赁公司管理办法》、《合同法》、《会计法》等一系列法律法规的颁布与实施，金融租赁业面临的法律环境大大改善，租赁公司经营有法可依，合法权益将得到保障。

3. 国家政策开始扶持。近年来，中国人民银行、财政部等陆续出台有关政策，在资金、税收、折旧等方面对金融租赁业务进行扶持，为金融租赁公司的发展大开绿灯，以尽快壮大我国金融租赁业的实力，迎接加入 WTO 的挑战。

4. 各租赁公司正逐步走向成熟。目前，我国已有 40 家合资租赁公司，12 家金融租赁公司，还有近 200 家非银行金融机构兼营融资租赁业务，初步形成了一个遍布全国、沟通海内外的业务网络。各租赁公司在经历了项目的成功和失败的经验教训之后，也锻炼出一批从事融资租赁的专业人才和理论工作者。

5. 资金来源、运用多元化。《金融租赁公司管理办法》规定租赁公司可以通过发行金融债券、吸收租赁保证金和委托租赁资金、向银行借款、同业拆借等多种形式筹集资金，从而解决了困扰金融租赁公司多年的长期资金匮乏问题，为其健康发展奠定了坚实的基础。允许金融租赁公司从事有价证券及金融机构股权投资，参与同业拆借，为租赁公司的资金运用提供了广阔的空间。

6. 管理逐步走向规范化。首先，金融监管部门从提高行业准入标准着手，采取规范金融租赁公司设立管理，明确界定金融租赁业的业务范围，对租赁公司施行资产负债比例管理等措施，大大强化了对金融租赁业及金融租赁公司的监管，以保证金融租赁业的健康发展；第二，各金融租赁公司吸取过去经营中的经验教训，建立、健全内控制度，自觉规范经营行为，管理工作走向规范化、制度化；最后，金融租赁行业协会作为行业自律组织，将在维护本行业的整体形象，促进金融租赁业发展方面发挥积极作用。

深圳金融租赁有限公司是经中国人民银行总行批准，由三九企业集团联合国内十家金融机构、企业共同出资，对原深圳租赁有限公司进行债务及股权重组后设立的非银行金融机构。1999 年底开业伊始，公司上下通过对国内外租赁行业发展的历史经验教训、当前国内租赁业的发展环境以及公司的实际情况等进行详尽的研究分析之后，初步明确了公司业务开拓初期租赁业务发展的重点方向，即重点发展以下几方面业务：（1）目前处于高成长期的邮电、通讯、计算机及网络行业的设备租赁业务；（2）现金流量较好的医院的医疗设备、器械的租赁业务；（3）风险较小的银行、证券公司等金融保险机构所需固定资产的租赁业务；（4）与银行和大企业集团、上市公司联合开展大型设备特别是交通运输设备包括轮船、飞机、地铁设备等租赁业务；（5）风险较易控制的三九集团内部企业的设备租赁业务；（6）国家重点建设项目和国家实施产业政策倾斜行业配套设备的租赁业务。

在实际运作过程中，公司把证券公司的资产租赁业务作为突破口，为公司融资租赁业务的迅速起步奠定了良好的基础。经过努力，公司各业务部门从最基础的工作做起，全年累计实现各种业务量总额近8亿元，并与多家金融机构、航空公司等单位达成了十多亿元的租赁意向。

新一代国产客机的诞生，展示出国内飞机租赁市场的无限商机。飞机租赁业务在国际上开展得非常普遍，国内外各航空公司都在利用这种方式引进各式各样的飞机，而我国却没有一家租赁公司开展这项业务。2000年，深圳金融租赁有限公司紧紧抓住国产“新舟60”支线客机面世的机遇，在缺少专业人才，缺乏经验，甚至缺少开展这项大型业务所需资金的情况下，经过认真分析和反复论证，经过公司员工的不懈努力，在短短半年多的时间里就取得了重大进展。在2000年11月举行的第三届珠海国际航空航天博览会上，公司一举与西飞集团签订了60架“新舟60”支线客机的订购合同，合同总金额达40亿元人民币，与建设银行和国家开发银行签订了开展飞机租赁业务的融资意向，与四川航空公司、武汉航空公司签订了10架“新舟60”的租赁意向，抢占并垄断了国产“新舟60”飞机的租赁市场，成为我国第一家开展飞机租赁业务的公司。这不仅为公司力争成为国内最大的专业飞机租赁公司奠定了很好的基础，而且大大提升了公司的市场形象和知名度。

开业第一年，公司新业务就实现了盈利，资产规模大幅增长。公司全年实现营业收入4014万元，实现净利润871万元；总资产由上年底的8.42亿元，增长到23.23亿元，增长了175.89%。

作为国内第一家重组的金融租赁公司，重组成功以及租赁主业的良好开局仅仅是一个新的起点。在今后的发展过程中，公司将在中国人民银行的正确领导和其他金融机构的大力支持下，紧紧依靠三九企业集团等股东单位的雄厚实力和品牌效应，牢牢把握“稳健经营”的原则，两年打基础，五年上台阶，强力推进融资租赁业务，积极开展资本运营；完善公司内部法人治理结构，强化管理，依法治司，形成合理的创新发展机制；协调资产负债结构，不断拓展新的业务渠道，提高服务水平，寻求新的效益增长点；提高员工综合素质、金融服务能力，实现良好的经济效益，树立公司的良好形象，奠定深租公司在新世纪可持续发展的基础。到2005年，力争把公司建设成为管理科学、服务一流、国内最大、国际知名的现代化金融租赁公司，为探索具有中国特色的融资租赁发展的新路子做出应有的贡献。

经济全球化背景下
中国财务公司面临的机遇和挑战

中国财务公司协会副理事长
上海汽车集团财务公司总经理　朱根林

（一）中国财务公司的特性及作用

在中国金融机构的序列中，企业集团财务公司是一种与众不同而颇具特点的非银行金融机构。企业集团财务公司是我国经济体制改革和金融体制改革的产物，也是国务院实施“大公司、大集团”战略的主要配套政策之一。总结其10多年来的发展历程，研究现有70来家财务公司的实际状况，中国的财务公司显然存在着下列不同于其他金融机构的鲜明特性：

1．服务对象的限定性

《企业集团财务公司管理办法》开宗明义指出财务公司的服务对象限定在企业集团内部成员单位，即：“集团母公司，母公司控股51%以上的子公司，母公司、子公司单独或共同持股20%以上的公司，以及持股不足20%但处于最大股东地位的公司。”因为限定性，财务公司的资产规模一般都比较小，即使像中国石油、中国石化、中国电力等特大型企业集团，其财务公司的总资产也不超过五六百亿元，其它财务公司大多不到一百亿元。财务公司规模小，实力弱，经营回旋余地便小。又因为限定性，财务公司的发展在很大程度上取决于企业集团的行业特性和发展状况，以及集团对财务公司的重视和支持程度，财务公司的资金来源和运用主要在集团内部，财务公司所面临的经营风险更多地来自于集团的系统风险。

2．银企关系的密切性

财务公司和集团企业同属一个集团系统，都怀有促进企业集团发展的共同目标，彼此之间有着千丝万缕的联系。财务公司的前身大多是集团的结算中心，财务公司有一定数量的人员来自集团或所属企业，他们原来在企业就从事财会工作，对集团的行业态势、发展战略，以及集团企业的经营情况、管理水平、市场前景、财务状况等，均十分了解，与企业有着相当融洽的人际关系和良好的合作关系。财务公司也向集团及企业输送人才，这些人非常熟悉财务公司的功能和作用，愿意并知道如何向财务公司提出金融需求。不言而喻，与其他金融机构相比，财务公司开展业务有其独特的优势。

3．经营目标的特殊性

由于财务公司的股东多为集团及其成员单位，大股东通常就是财务公司的行政主管单位，集团成立财务公司的初衷不仅仅是为了追求个别企业的利润，而且还在于希望通过财务公司提供金融服务来支持整个集团全面、快速发展，更好地实现集团的战略目标。所以，当集团整体利益与财务公司个体利益发生矛盾时，集团往往会通过行政手段来影响财务公司经营，包括要求其对困难企业“雪中送炭”等。并且，从税收和集团整体利益角度来考虑，财务公司也自愿充分让利于集团企业。因此，一般而言财务公司经营的第一目标是追求企业集团整体利益最大化。

4．经营范围的局限性

虽然在新的《企业集团财务公司管理办法》出台后，相对于我国仍处于严格的分业经营、分业管理状态的其他金融机构而言，财务公司的业务范围似乎较为宽泛，既可以办理存、贷款和内部转账结算业务，又可以开展财务顾问、咨询代理业务，还可以从事证券投资、股权投资和融资租赁业务等等，但是在经营范围上仍然有很多限制。例如，为集团成员单位办理内部转账结算，没有银行同城结算系统的交换号，业务只能挂靠在其他商业银行；只能吸收成员单位3个月以上的定期存款；不允许向金融机构借款；同业拆入资金限定在7天以内；允许发行金融债券却没有配套的管理办法等，这样势必对财务公司开展业务造成障碍。

关于财务公司的作用，不妨以笔者供职的上海汽车集团财务有限责任公司为例，予以简述。

作为上海市支柱产业之一——上海汽车工业（集团）总公司内惟一的一家金融机构，上汽财务公司自1994年5月成立之日起，就担负着以金融服务促进上汽集团发展，支持上汽集团跻身世界500强的特殊使命。公司始终以“依托集团，服务集团，规范运作，稳健经营”为经营方针，努力探索符合我国国情的产业资本与金融资本相结合的路子，为上汽集团的发展目标和战略实施发挥了四个重要作用，即：运用结算业务功能，提高资金使用效率，降低企业财务成本；运用信贷业务功能，合理调剂资金余缺，促进集团经济发展；运用外汇业务功能，支持出口创汇，推动外向型经济发展；运用投资银行功能，提供个性化服务，支持企业创新发展。

与此同时，上汽财务公司自身也得以不断发展壮大。公司成立7年来，累计发放各类信贷资金超过1000亿，累计实现利润10亿元；目前公司注册资本为10亿元，资产规模已达160多亿元，每天办理结算数千笔，日平均结算金额为10多亿元；各项经济业务指标名列全国同行之前茅。

（二）经济全球化给财务公司带来的冲击及挑战

加入WTO，纳入全球化经济，将对我国的经济发展产生深远的影响。而金融的对外开放，必将深刻改变中国金融市场的竞争方式。毋庸质疑，在相当长的一段时间内，我国包括财务公司在内的金融机构，乃至整个金融体系，将会受到极大的冲击。

1. 生存发展的环境受到冲击

财务公司作为集团内的金融机构，长期以来一直受到集团的保护和扶持，相对处于一种与社会其它金融机构所谓“与世无争”的境地。因为集团总公司采取行政干预措施，让集团所属企业金融业务尽可能交由财务公司来做，所以财务公司与中资商业银行之间基本上不存在很大的竞争。由于外资银行从事人民币业务非常有限，因此财务公司与外资银行之间几乎也不存在竞争。

但是，金融自由化，无疑对各类金融机构尤其是财务公司的发展乃至生存将带来严重影响。其实，对于财务公司来讲，可以用来准备应战的时间只有两年，而不是中美“双边协议”的五年，因为财务公司原本就不能经营除消费信贷以外的个人业务。就上汽财务公司而言，由于“双边协议”还明确中国的汽车行业也列入对外开放行列，并专门承诺首先将汽车消费信贷业务向外资金融机构开放，可见上汽财务公司将面临来自金融行业开放和汽车行业开放的双重冲击，影响尤为巨大。

近年来，为全面提高上海汽车工业竞争能力，上汽集团采取了全面合资的战略，从整车厂到汽车零部件企业，集团内几乎所有大中型骨干企业都与国外著名的跨国公司合资。而这些跨国公司往往与其本国的大银行存有天然联系或战略伙伴关系，入世后，合资企业的外方势必要影响合资企业，将一些业务转给这些大银行及其境内分支机构来做。而早已进入综合经营阶段的外资金融机构一般都能够向客户提供银行、保险、证券、金融衍生等一揽子金融服务。而当他们可以放手从事人民币业务后，他们凭借自身的资金实力、业务能力、技术手段和服务质量优势等，必然要分流财务公司的一部分、甚至是大部分客户，对财务公司生存产生极大威胁。

2. 基础功能的发挥受到冲击

由于通信、电子和网络技术的突飞猛进，促

使经济全球化进程大大加快。反过来，经济全球化对金融电子化程度又不断提出更高的需求，要求金融机构投入大量的资金进行金融电子化建设，而这对财务公司等中小金融机构来说，因单位投资成本较高而困难较大。

随着以信息技术与网络技术为先导的银行再造发展模式兴起和完善，商业银行的“远程汇划”、“实时汇兑”等功能将直接介入到财务公司的结算业务中，并大有取而代之之势。而财务公司没有同城交换号，结算业务挂靠在其他商业银行进行，客户通过财务公司办理转账结算就多了一个环节，反而造成资金流转不便。因此，一旦企业意识到这点，财务公司内部转账结算功能便会逐步萎缩。结算业务是财务公司立足之本，没有结算业务就没有因结算而派生的存款；没有资金来源，财务公司也就成为无本之木，其它一切业务将无从谈起。

3. 骨干人才的稳定受到冲击

入世后，外资金融机构长驱直入，2～5年内全面进入中国，必然会对金融管理和专业人才产生急切的、大量的需求。外资金融机构如果通过自我培养的方式，势必成本高，时间上恐怕也来不及。因此，他们一般采取人才本地化战略，以高薪聘用、出国培训等优厚待遇，以及较能成就个人事业的条件来吸引中资机构的优秀业务骨干“跳槽”。早在20世纪80年代，当我国改革开放刚刚起步，外资金融机构被允许来华设立分支机构之后，国内许多金融人才纷纷易帜外资金融机构的情形，令人至今仍记忆犹新。而这一次，金融开放的程度更广更深，带来的影响更强更烈。无须赘言，人才的导入将使外资金融机构如虎添翼，人才的流失则将极大地弱化中资金融机构的相对竞争地位。

（三）财务公司应对经济全球化的思路及措施

经济全球化既给财务公司带来挑战，也为其发展提供机遇。达尔文曾说：“能够成功生存下来的并非是最强壮或最聪明的，而是最能对环境的改变做出反应的物种。”我们应该以 open 的姿态来应对挑战，在“与狼共舞”中求得生存和发展，我们的应对思路可概括为十六个字：加强合作，全面创新，再造优势，以精取胜。

1. 以资本关系为纽带，构筑财务公司业务链

现在有一种说法，我国中小商业银行要取得规模效应、能够与国外著名跨国金融机构相抗衡，至少须有两三百亿元的资本金实力，以及两三千亿元的资产规模。暂且不究此观点正确与否，只说目前要将资本骤然增至数百亿元，这对企业集团财务公司来说恐怕不太现实。财务公司要应对来自国内外金融机构的挑战，确实需要较大幅度地增加资本金，以满足国际通行标准《巴塞尔协议》关于资本充足率的要求，但这只是手段，而不是目的。醉翁之意不在酒，增资的真正目的是要通过资本纽带关系，“四两拨千斤”，构筑财务公司发展的稳定的业务链。

有鉴于此，上汽财务公司根据集团的实际情况，正在着力争取吸收集团成员单位中具有举足轻重地位的大型合资企业的股权投资，从而在实实在在地增加了资本金的同时，使得这些企业成为财务公司的股东，进而将财务公司的命运与投资企业的命运更加紧密地联系在一起，结成战略联盟——企业关心财务公司的经营发展和股东回报，愿意把更多的金融业务交由财务公司来做；而财务公司的服务更具针对性，质量更优，目的更明确，能为企业带来更高的综合效益。由此形成良性循环，实现留住重点企业客户、稳定业务资源的目的。

2. 化强大的竞争对手为有利的合作伙伴

市场竞争并不排斥金融机构之间联合或合作。金融机构不论大小都有各自的优势和独到之处。如果说其他大中型金融机构有技术手段、管理品牌和金融网络等优势，那么，财务公司则可谓有行业信息、客户关系和业务资源等优势，因此财务公司与其他金融机构之间既有竞争又需合作与互补。

仍以上汽财务公司为例，上汽财务将根据集团发展战略，利用集团资源优势，与国内外金融机构包括商业银行、投资银行、信托公司、保险

公司及证券公司开展全方位的合作，在此基础上来不遗余力地发展自己的特色和专长。例如，上汽财务公司正在与国外著名的汽车金融服务公司洽谈合资，筹建专营汽车消费信贷业务的汽车金融服务公司。众所周知，中国汽车市场发展潜力巨大，国外著名汽车生产厂商及其金融机构都十分看好并急切希望进入中国的汽车金融服务市场。与其将来成为我们强大的竞争对手，还不如现在就与他们开展合作。通过双方的互补与合作，可在规避金融风险的同时，以较高的起点把汽车消费信贷业务做得更大更好，为促进上汽集团产品销售作出更大的贡献；同时，也更有利于在合作中借鉴著名外资金融机构市场化的经营理念、运作机制和管理经验，不断提升财务公司的自身素质及核心竞争能力。

3. 以市场为导向，以客户为中心，大力发展“贴身服务”

市场竞争成功与否，至关重要的一点就是看其能否赢得客户。我们首先必须确立“真正的敌人是我们自己”的价值观念，坚决克服依赖行业保护、行政干预的思想意识，自觉遵守和运用市场化的规则，建立以市场为导向、以客户为中心的营销战略。企业集团财务公司的市场定位应是仅仅围绕集团企业的需求，通过金融创新，大力发展所谓的“贴身服务”，以期有效地稳定和拓宽基本客户，培育和发展大客户、重点客户。与一般大中型金融机构以大取胜、以强取胜的策略不同，财务公司只能是以巧取胜、以精取胜，以特取胜，以优取胜。

据此，财务公司既要积极巩固和提高传统业务，又要加快开发和拓展创新业务，并要特别注重将两者有机结合。上汽财务公司的应对措施是，其一，开发和深化汽车消费信贷、买方信贷产品，为客户提供从产、销到售后服务、维修保养全程式配套的集约化金融服务，以提高财务公司产品的附加值。其二，进一步拓展中间业务的深度和广度。充分利用财务公司的银企关系密切的独特优势，积极开展信用鉴证、资产评估及咨询代理服务；主动参与集团企业资产经营、资本运作，为客户提供全方位的增值服务，包括为企业资产重组、兼并收购提供策划、安排和资金融通服务，承销企业债券，为客户进行公司理财业务，以财务顾问角色开展或与其他证券公司合作开展企业改制、重组和上市等。其三，积极争取有关外管政策空间，加强中、外资金融机构的合作，着力发展外汇业务，并使之与人民币业务有机结合，以期为集团的全球经营战略提供金融支撑服务。

4. 加快金融电子化建设步伐

上汽财务公司将借助上汽集团电子商务和网络化建设的东风，借鉴国内商业银行和国际合作伙伴电子金融的经验，以现代科技为支撑，循序渐进，逐步建立和完善财务公司电子金融体系。第一步，公司在对现有账户管理系统进行整理和技术改造的基础上，开发和完善信贷管理系统和风险预警预报系统；第二步，开发以客户为中心，信息服务为手段，集业务处理、协调管理、支持决策于一体的综合管理信息系统。通过两步改造和建设，进一步实现业务与管理的再造工程，基本建成现代化管理的财务公司及与其相适应的组织结构、业务流程和企业文化。同时，在做好接口安全管理的基础上，继续完善财务公司网络功能，不断共享商业银行电子金融发展的新成果，力求更好地为财务公司的客户提供及时、便利的金融服务。

5. 实行科学的人力资源管理

国内大多数财务公司原本就存在金融业务骨干人才匮乏现象，尤其是熟知国际金融市场和国际运作惯例的专业人才更为稀缺。入世后，外资金融机构“挖人”，无疑使财务公司雪上加霜。因此，对于人才问题，财务公司必须有强烈的危机感，必须通过建立健全适合财务公司发展需要的人力资源管理体系，以期有效实现感情留人，机制留人，事业留人。

财务公司一要牢固树立“以人为本”的经营理念，建立和完善科学合理的人才评价体系，客观公正地做好对全体员工绩效考核工作，使之真正发挥其对人才激励的基础作用。二要深化人事干部制度改革，实行选聘、竞聘上岗等多种形式，引入优胜劣汰的竞争机制，健全公正公开的人才使用机制。三要改革工资收入分配制度，完善奖励办法，条件成熟时，积极实施年薪制和期股期权制等奖励措施。四要在加大对现有人员培训力度、全面实施持证上岗的基础上，积极引进高素质的骨干人才。

总之，经济全球化浪潮势不可挡，只要我们顺应前进的方向，不断开拓奋进，不断超越自我，财务公司一定会在激烈的市场竞争中获得更大的发展，一定能为企业集团作出更大的贡献。

思路决定出路

江铃汽车集团财务有限公司　罗　军

企业集团财务公司已走过了13年的风雨历程，目前已发展至71家，到2000年底截止，全国财务公司资产总额为2533亿元，净资产233亿元。现在，随着2000年新的《企业集团财务公司管理办法》（以下简称《办法》）的出台与中国加入WTO脚步的临近，财务公司的生存、经营环境正在发生或将要发生根本变化。在这种新的形势下，财务公司要及早筹划，找到恰当的应对思路，以期找到更广阔的发展空间。

（一）《办法》的出台对财务公司的影响

《办法》出台已有一年多，各财务公司都经过认真学习、领会，并逐步按《办法》的规定规范自身业务发展方向。主要是增加资本金；更换新的营业执照；调整相关业务。

1.《办法》与以前的有关规定相比的优缺点

主要优点有：资金来源的渠道多了，如今后可发行财务公司债券，可对集团外负债不超过总负债的50%；业务范围扩大了，增加了消费贷款、有价证券、金融机构股权及成员单位股权投资、境外外汇借款；增加资本金，有利于进一步提高财务公司的抗风险能力和业务扩展能力；扩大了服务对象，集团成员单位的范围有所扩大。

主要的不足有：业务要调整至以中长期金融业务为主，而对应的中长期负债的有关具体规定仍未出台；只许吸收成员单位三个月以上定期存款，结算业务要另行报人民银行批准，这与现在财务公司实际情况相差很大。

2.《办法》对财务公司的深远影响

《办法》是规范我国企业集团财务公司发展的纲领性的法律文件，现阶段财务公司只能认真地贯彻执行，可以商讨的余地很小。这就要求各财务公司根据各自所属集团及自身的特点，去探索一条既符合《办法》规定又适合自己的发展道路。这样，现有的绝大多数财务公司都要进行经营思路、业务范围、人员结构等方面的重大调整。

（二）加入WTO对财务公司的影响

加入WTO，对我国经济发展将产生深远的影响。金融行业的对外开放，将改变现有金融市场的竞争方式，对我国目前的金融体系产生极大的冲击。而财务公司因整体规模小、实力弱，服务仅限于集团成员单位等特性，所受的影响和冲击将更为强烈。

1. 生存发展环境的冲击

财务公司隶属于集团，长期受到集团的保护与扶持，许多集团采取行政干预手段，尽可能地把集团成员单位的有关金融业务让给财务公司来经营，因此现阶段财务公司与国内银行业的竞争不是很激烈。但加入WTO后，国内银行业为减少所受冲击，会加强与财务公司的竞争；而国外金融机构更会凭借其在资金、技术、人才、服务与管理经验等方面的强大实力和优势，发起对财务公司的强有力的冲击。

外资银行进入中国金融市场，在很多业务的开展上，还有一定的时间限制，这种限制对国内同业来说是一种保护，如两年才可以向国内企业提供人民币业务服务，五年才可以向国内个人提供人民币业务服务。但国外财务公司进入中国开展业务则没有这方面的限制和规定，如美国通用电气财务公司已进入中国，并且正在开展有关的业务。从这个意义上说，加入 WTO，对财务公司等非银行金融机构的冲击更大。而且，加入 WTO 会对许多行业产生巨大的冲击，而财务公司与集团唇齿相依，所受的冲击将是双重的。

2．技术的冲击

随着电子通信、网络技术的迅猛发展，金融业电子化程度也在不断提高，金融机构要想在未来的经营发展中占有优势，就必须在电子化建设上占有优势，这就需要投入大量的人力、财力与物力，而这是作为中小金融机构的财务公司无法承担的。加上财务公司具有网点少等不利因素，这将直接影响财务公司的内部转账结算功能。如果财务公司结算业务减少，那么因结算而派生的存款也必将减少，这样，财务公司的资金来源就极其有限，从而许多业务都将无法开展。

3．人才的冲击

入世后，外资金融机构全面进入中国，将会引发一场人才争夺战。由于国外跨国公司一般采取人才本地化战略，除极少数高级管理人员及关键技术人员之外，他们将以高薪聘用、出国培训等优厚待遇，以及较能成就个人事业的条件来吸引中方优秀人才。这些优秀人才的加盟，将使本就处于明显竞争优势的外资金融机构如虎添翼，而人才的流失将极大地削弱本就处于竞争劣势的财务公司的竞争力量。

（三）新形势下财务公司进一步发展的思路

《办法》与入世改变了财务公司的生存环境，给财务公司带来了挑战，也为其发展提供了机遇。在如此恶劣的竞争环境中，财务公司要调动一切可以调动的因素，以积极开放的姿态迎接挑战。

1．进一步搞好与所属集团的关系

因为财务公司的业务局限在集团内，因此要进一步搞好与集团的关系，在集团成员单位中广泛地宣传财务公司，取得他们广泛深入的支持。另外，在人事上许多财务公司人员都来自集团，与集团各成员单位的财务人员有着良好的人际关系与合作关系，这些都构成了财务公司独特的经营优势。

2．以市场为导向、以客户为中心，大力发展对客户的“超值”服务

市场竞争成功与否，至关重要的一点就是能否赢得客户。财务公司要自觉遵守和运用市场化的规则，设身处地的为客户着想，为客户提供灵活经济、方便快捷、及时优质的各类金融服务。有时甚至可以适当让利给集团企业，以更好地实现集团整体目标，让集团成员单位更好地发展起来。这是财务公司赢得客户、能够长久生存与发展的另一个优势。

3．结合集团特点，发展财务公司的核心业务

有耐用消费品的工业企业集团财务公司，可为集团成员单位产品提供消费信贷、买方信贷和融资租赁，以此作为核心业务发展。无中间产品的财务公司可以搞活结算与信贷业务、投资业务。

国外经营较好的财务公司，无一不是结合集团特点，因地制宜各具特色的，如美国福特财务公司、通用汽车财务公司以提供汽车消费信贷为主；通用电气财务公司以贴近企业的资金运用为主；而部分欧洲的财务公司则专以结算业务、资金管理等业务为主。

4．开展投资有价证券业务

《办法》允许财务公司进行有价证券、金融机构股权及成员单位股权投资，这符合当今金融业混业经营的趋势。现阶段，可在确保资金流动性、安全性的前提下，投资证券一、二级市场，提高资金使用效率，并提高财务公司的效益。

5．大力发展中间业务

《办法》允许财务公司从事多种中间业务，包括财务顾问业务、商业票据、承销成员单位债券、委托贷款与委托投资等业务，上述中间业务

无论哪一项都蕴藏着巨大的商机。财务顾问业务可以协助集团通过并购、联合，股权转让、合资合作等手段促进集团内部、集团与外部的重组，实现资源的重新配置；和券商合作，可推进集团内优势企业改制、上市；商业票据的推广，有利于规范和提高企业的商业信用，解决应收账款，降低企业财务费用。人民银行如能给一定的再贴现政策予以扶持，则更有利于财务公司推动商业票据的发展，有利于提高所属集团的效益。其他中间业务也有广阔的发展空间。

6．与竞争对手开展竞争与合作关系

市场竞争并不排斥竞争对手之间的联合或合作。财务公司可利用行业信息、客户关系、业务资源等优势，与国内外其他金融机构形成既有竞争又有合作的关系。可与大型商业银行开展集团内企业的网上银行业务；与券商开展投资银行业务；与保险公司开展集团内的财产、人寿等保险业务。形成竞争与合作并存的局面。

7．利用多种可能的方式，增强财务公司抗风险能力

在条件允许时，发行财务公司中长期债券，筹措中长期资金，防范流动性或短期支付风险；吸引有实力的企业入股财务公司，或让有条件的财务公司上市，一方面增加资本金，另一方面加强外部监督，以提高财务公司抗风险能力。

8．在集团内实施金融创新

利用财务公司熟悉集团，又熟悉金融的特点，充分利用集团资源，在原有金融工具上适当改进，开发新的金融品种，只要能方便客户或使客户得到实惠，能赢得客户，就是创新。

9．实行科学的人才资源管理

财务公司本来就缺乏金融业务骨干人才，入世后，外资金融机构“挖人”，将使人才更匮乏。因此必须尽快建立一套适合财务公司发展需要的人力资源管理体系，以期有效地用感情留人、用机制留人、用事业留人。

树立“以人为本”的经营理念，完善企业用工制度，改革工资、奖金等收入分配制度，完善奖励办法，在条件成熟时，积极实施年薪制、期股期权制等中长期激励措施。

10．夯实资产质量、夯实管理基础，迎接挑战

财务公司应尽快解决以前年度因违规拆借、超经营范围贷款、盲目投资等形成的不良资产，并不再增加新的不良资产，夯实资产质量，夯实管理基础，要以优质资产、健全的管理迎接加入WTO带来的冲击。

（四）现阶段，财务公司为加强竞争能力，希望获得的一些政策

《办法》已为财务公司今后的发展指明了方向，但在现阶段，在竞争日益加剧的形势下，财务公司仍希望上级主管部门能给予一定的政策扶持，或尽快出台一些相关配套措施，以利于加强自身竞争能力、更快更好地发展壮大。

1．给财务公司一定的利率浮动空间

财务公司的服务对象、主要资金来源，都集中在集团成员单位，对社会影响很小，因此能否让财务公司在利率上有更大的自主权，即对一些信誉好的大客户、重点客户的存款利率高一些、贷款利率低一些，以此来稳定客户，聚集内部资金支持集团的建设，实现集团的战略目标。

2．适当给予一定的再贴现、再贷款额度

多数财务公司目前都在集团内发展票据业务，但过多的商业票据贴现会导致资金紧张，因此希望人民银行能给予一定的再贴现规模，以支持集团内的票据市场的建立与发展；同时在财务公司资金紧张时给予一定的再贷款支持，或允许财务公司向其他金融机构贷款。

3．适当延长同业拆入时间

目前，财务公司拆入资金最长期限为7天，期限太短，实际操作比较困难，因此希望适当延长同业拆入时间，以期解决临时性资金短缺。

4．完善相关配套措施

如《办法》允许财务公司发行金融债券筹措中长期资金，却没有相应的债券发行与管理办法出台。因此希望有关方面尽快完善相关配套措施，以利于财务公司开展业务。

5．允许为外部股东单位提供金融服务

《办法》规定可向成员单位以外募集不高于40%的股份，这有利于吸引集团外有实力的企业入股财务公司，调整和改善财务公司的股权结构。而财务公司服务对象是集团成员单位，不能对集团外企业提供金融服务，这又影响了集团外企业投资，因此财务公司希望能为外部股东提供金融服务。

总之，在新的形势下，只要我们顺应时代前进的方向，开拓进取，不断地超越自我，结合集团特点，找到适合自己的发展道路，财务公司一定能在激烈的市场竞争中得到更大的发展，一定能为集团作出更大的贡献，实现“大公司、大集团”的战略目标。

新形势下葛洲坝财务公司的发展思路及对策

葛洲坝集团财务公司 李涛宇

经过十几年的发展，财务公司已经成为我国金融体系的重要组成部分，而且财务公司以其富有特色的金融服务，在有效配置资源、提高资金使用效率、支持集团经济发展、深化企业改革、增强企业实力等方面发挥了重要作用，是目前最受企业集团欢迎的配套政策之一。在《企业集团财务公司管理办法》(以下简称《办法》)颁布以及我国加入 WTO 后，财务公司将面临一系列的发展机遇和挑战，在这种新形势下财务公司如何尽快抓住机遇和尽快适应挑战就成为一个很重要的课题。本文仅结合葛洲坝集团财务公司的实际探讨新形势下财务公司近五年的发展思路及对策。

(一) 葛洲坝集团财务公司的发展现状

葛洲坝集团财务有限责任公司（以下简称财务公司）是于 1996 年 1 月 3 日经中国人民银行总行批准成立、办理葛洲坝集团成员单位金融业务的非银行金融机构。1997 年 12 月 19 日经国家外汇管理局核准经营外汇业务。公司由葛洲坝集团内部具有独立法人资格的成员企业共同出资组成，注册资本金为人民币 35053 万元（包括 1000 万元美元)。公司成立以来始终坚持“依托集团、服务集团”的经营宗旨，不断开拓服务领域，坚持稳健经营、规范运作，充分发挥了财务公司服务集团的金融功能。公司已累计创利 12000 万元，累计向集团成员单位发放各类贷款 36 亿元，有力地支持了集团经济发展和三峡工程等国家重点工程项目的建设，不断推动集团向“管理型、现代化、多元化、国际化”方向发展。

财务公司所依托的葛洲坝水利水电工程集团是以中国葛洲坝水利水电工程集团有限公司为核心企业组建而成的，是国务院第 56 家大型企业集团试点单位，享有对外经贸权、融资权、外事审批权、国际招标权，具备国家建筑工程总承包一级资质。拥有 23 家子、分公司和控股子公司，有 500 余家涉及工程承包、建材生产、工矿运输、商贸、旅游服务和金融业的关联公司，形成了多元化、跨地区、跨行业的大型综合企业集团，位居全国水利水电施工企业之首。

(二) 财务公司面临的新形势

目前，从宏观的政策上来看，财务公司面临的新形势主要来自两方面：一是《办法》的颁布实施，二是我国已加入 WTO。新《办法》的出台为财务公司的发展提供了更广阔的空间，业务范围进一步放宽，这是财务公司进一步发展壮大的良好机遇，但是《办法》关于财务公司是“以中长期金融业务为主的非银行金融机构”的定位与我国财务公司发展的实际要求有较大的差距，目前我国大多数财务公司是以短期业务为主，如果定位与发展实际不相适应，不能尽快与国际接轨，加入 WTO 以后将会延缓我国财务公司的发展步伐，当然定位要得到官方的确定，同时也需要财务公司的积极争取。我国加入 WTO 以后，财务公司作为金融机构面临的冲击可能要比银行、证券、保险等机构小得多，因为财务公司的经营业务绝大部分还只局限在集团内部，不会直接和外资金融机构短兵相接，更多的冲击可能会来自对企业集团的冲击所进一步带来的对财务公司发展的影响。

（三）今后五年葛洲坝财务公司的发展思路

面对如上所述的新形势，葛洲坝财务公司将进一步深化改革，开拓思维，与时俱进，主动迎接新的机遇和挑战。在2001—2005年这五年时间里，葛洲坝财务公司将继续以依托集团、服务集团为宗旨，以经济效益为中心，以支持集团经济发展为己任；努力提高经营管理水平，合理筹措调配资金，提高资金使用效率；锐意进取、开拓创新，积极研究拓展适合葛洲坝集团发展实际的新业务、新品种，切实防范金融风险；加大内源和外源融资力度，扩大规模，增强实力，使财务公司的总资产到2005年达到30亿元人民币。

（四）新形势下葛洲坝财务公司的发展对策

1. 加快申请办理内部结算业务。结算业务是由存款业务衍生出来的一种业务，从某种意义上讲也是各项金融业务的基础。财务公司办理内部结算业务，一方面可以为成员单位之间的经济往来提供便利，另一方面可以稳定集团成员单位在财务公司的存款。《办法》第二十条规定“企业集团规模较大、集团成员单位之间经济往来密切、且结算业务量较大的财务公司，需办理成员单位之间内部转账结算业务的，应另行报中国人民银行批准。”葛洲坝集团控股20%以上的成员单位共有137家，加上成员单位控股的子公司共达500多家，而且90%以上的成员及其控股子公司的注册地都在总部所在地——宜昌市，各成员单位之间经济往来密切，结算业务量大。财务公司办理内部结算业务将有利于提高集团内部的资金管理水平，将集团各成员单位的闲置资金聚集起来，开展集团内的资金融通，合理调剂资金余缺，缓解集团内部资金的紧张状况，降低集团的整体资金成本，提高内部资金的使用效率，增强企业竞争实力。因此，财务公司应充分借助政策支持，尽快申请办理内部结算业务。

2. 扩大筹资渠道，壮大资产规模。只有财务公司的规模扩大了，实力增强了，才能更好地服务集团、支持集团经济发展。目前葛洲坝集团财务公司的总资产在11—12亿元之间徘徊，资产规模一直上不去，主要是融资渠道单一，除资本金外仅靠吸收集团成员单位存款以及少量的资金拆借。而由于水电施工市场竞争激烈，集团成员单位效益欠佳，造成财务公司稳定性存款不足，资产规模上不去，以至于财务公司服务集团发展的金融功能不能完全有效的发挥出来。因此，财务公司应积极扩大融资渠道，壮大资产规模。

一方面要加大内源融资力度。内源融资指筹资单位不依赖外界而挖掘单位内部潜力，在本单位内部筹集所需资金的活动。目前财务公司除加大成员单位的存款归集力度，吸收集团的住房公积金、社会保险资金、医疗保险资金、教育基金外，还应充分吸收集团某些暂时闲置的可用来周转的资金，如出售固定资产所得等。另外，还应通过提高服务水平、业务创新以及利用行政手段等方式把成员单位存在各商业银行的资金吸收到财务公司来。

另一方面要积极扩大外源融资力度。外源融资指筹资单位面向社会筹措所需资金，主要分为银行借款、股票融资、债券融资和其他方式的融资。目前葛洲坝财务公司已加入了全国银行间同业拆借市场和债券市场，我们要充分利用这一有利地位，根据发展需要适时进行融资；还要根据《办法》所规定的业务范围，尽快向中央银行申请办理再贴现业务和发行财务公司债券来筹措资金；还要积极争取目前商业银行能享受而财务公司还不能开展的向中央银行的再贷款业务；另外在今后一段时间内还可根据发展形势及时申请财务公司上市以便到资本市场上进行直接融资。

3. 加大投资银行业务研发力度，突出资本市场运作能力。《办法》规定，经人民银行批准财务公司可以经办股权投资、承销成员单位企业债券、财务顾问、信用鉴证、咨询代理等投资银行业务。财务公司开办投资银行业务，通过为成员企业提供融资并购咨询服务、财务公司对成员企业的债权转股权等，可以促进企业进行资产重组、兼并联合或股份制改造，不但能减轻企业负担，为困难企业带来新的发展机遇，而且还能盘活财务公司信贷资产，特别是信贷资产证券化的发展，使传统的信贷业务与投资银行业务的结合越来越紧密，更需要财务公司办理投资银行业务。投资银行业务的发展离不开资本市场的支持，资本市场的不断完善和多样化发展趋势为投资银行业务提供了广阔的活动空间。因此，财务公司在积极申请办理投资银行业务时，应不断加强对资本市场的研究，突出资本市场运作能力，充分发挥资源配置、资本控制职能和投资管理、中介顾问业务功能。这也是我国加入 WTO，适应经济全球化、金融国际化的发展要求。

4. 积极支持集团经济发展。按照目前我国的相关法规，财务公司依托集团服务集团，其服务对象和经营领域还只局限在集团内部，还没有完全自由地进入到开放的金融市场，因此财务公司的发展壮大与集团的发展状况息息相关，“一荣俱荣、一损俱损”，只有集团的效益提高了，实力增强了，财务公司才有赖以生存和发展的基础，才能有更广阔的发展空间，否则“皮之不存、毛将焉附”？因此，财务公司应积极支持集团成员企业的经济发展，要通过各种方式来帮助企业尽快占领水电施工市场。一要提供必要的资金支持，帮助企业加强水电施工技术的研究和水电施工人才的培养，帮助企业更新改造施工设备，配备现代化的施工装备，提高葛洲坝集团的施工技术力量和技术水平，逐步缩小与国际先进水平的差距；二要提供优质高效快捷的金融服务，特别是在办理投标保函、履约保函、担保等方面要及时规范，帮助企业提高中标率，拿到更多的市场份额。总之，财务公司要在“入世”后国外水电施工企业进入我国水电施工市场之前支持集团成员企业尽快提高施工和管理水平、壮大人才队伍、树立良好信誉、拿到更多的“订单”，以增强集团同国内国外其他水电施工企业的竞争实力。

5. 提高现代化管理水平。随着我国加入WTO，各行各业将逐步与国际接轨，对金融业的发展提出了更高的要求，财务公司只有紧跟现代化金融发展潮流，才能确保在开放的市场竞争中处于有利地位：一要实现科学化的决策。决策失误是企业最大的失误，要通过加强项目的可行性研究，实施规范严密的决策程序，建立严格的决策监督（包括完善“三会”制度、信贷资产审批权限的划分等）和责任追究机制，保障财务公司经营决策的正确性并得到贯彻实施；二要实现信息化的管理。通过建立科学高效的管理信息系统，实施网络化管理，使组织结构更加精简和专业化，以达到提高财务公司的管理水平和工作效率、降低经营管理成本的目的；三要加大风险防范力度。奉行“稳健经营、规范运作”的原则，加大风险防范力度，积极配合人民银行的监管，切实完善资产负债比例管理和风险管理与控制，健全有效的内部稽核制度和业务管理制度体系，确保业务经营顺利进行。

6. 加大人才培养力度。市场竞争归根结底是人才的竞争。我国加入 WTO 以后，外资金融机构将纷纷进入我国，他们首要需求的就是高素质人才，必然会利用各种优惠条件和政策来吸引这些人才，特别是有一定工作经验、熟悉中国市场环境、懂金融业务知识、熟知中国法律法规的金融专业人才，这其中就包括现在财务公司的一些高素质员工。如何通过事业留人、待遇留人、感情留人等方式把优秀人才吸引过来并留住是目前财务公司应尽早重点考虑的问题之一。因此财务公司要紧跟时代潮流，大胆冲破传统用人观念的束缚，建立吸引人才留住人才的机制，为财务公司可持续发展打下坚实的基础：首先要强化对员工培训工作，完善岗位技能培训、职业资格培训，提高员工专业技能水平，鼓励支持员工进行继续教育，提高整体水平，重点培养一批高素质高学历的金融管理人才，同时要真正建立起“人尽其才”的人事制度和“优胜劣汰、能上能下、能进能出”的选择机制，充分发挥员工的工作积极性和创造性，为员工创造一个公平竞争的环境和施展才华的舞台，让他们在事业上有一定的成就感；其次要逐步改善工作环境和提高员工的福利待遇，在政治前途、薪金水平、住房分配等方面要向优秀人才倾斜，让他们感到在财务公司工作“有所值”，同时要加大人才引进力度，对比较紧缺的专业人才要通过提供优厚待遇和福利将他们吸引进来，缓解财务公司紧缺急需人才不足的问题；再者要加强企业文化建设，创造良好的工作学习生活条件，开创一个既有统一意志、又有个人心情舒畅的工作局面，把财务公司建设成一个具有浓厚人情味的大家庭，用真心真情把人才凝聚团结在财务公司，让他们为财务公司的发展壮大贡献智慧和力量。

南阳市农村信用联社

理事长、主任：刘建友

南阳市农村信用联社于2000年6月9日成立，是河南省惟一一家地市级信用联社，下辖13个县、市、区联社，261个信用社，职工总数3951人。近年来，全市农村信用社认真贯彻落实省、市农村工作会议精神，努力实践“三个代表”重要思想，紧紧围绕“信贷支农、清收盘活、扭亏增盈、防范风险”四个重点，在“管理创新、结构调整、夯实基础”等方面做出了不懈的努力。到2001年末，全市农村信用社各项存款余额达107亿元，其中低成本存款28.9亿元，占27%；各项贷款余额83亿元，其中支农贷款53.7亿元，占65%。机构网点、从业人员和业务量均居全市各家金融机构之首。先后被人总行授予“全国农村信用社支农先进单位”称号，被省信合办评为“信用合作管理先进单位”，被市政府通令嘉奖。

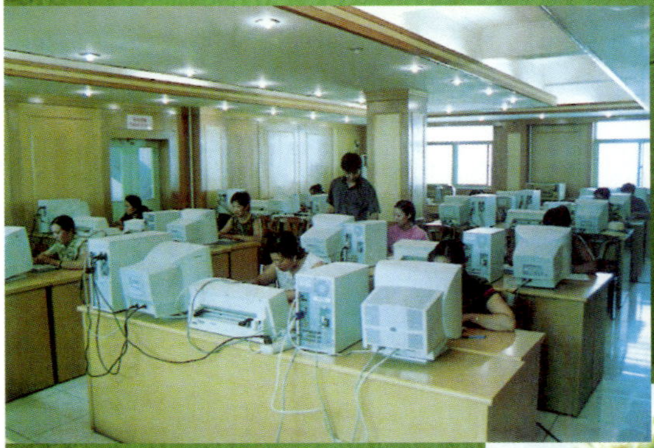

支持南召县农民发展养殖业

支持桐柏县农民种植板栗

建成的香花辣椒示范基地

支持宛城区兴建花卉基地

地址：河南省南阳市人民北路
邮编：473000
电话：0377-3320533

平舆县农村信用合作联社

平舆县农村信用社始终坚持为农民、农业和农村经济发展服务的宗旨，坚持支农方向，壮大支农实力，调整信贷结构，扩大支农领域，改善金融服务。2001年信贷支农工作受到县政府的通令嘉奖。其支农成绩先后被《河南科技报》、《金融时报》、《金融早报》、《驻马店日报》等多家报社报道。9月份，被人总行授予全国支农先进单位。平舆县农村信用联社以实际行动实践江总书记“三个代表”的重要思想，根扎于“三农”这片沃土，奏响了一曲曲支农新乐章，赢得了广大农户的信赖和支持，为平舆县农业和农村经济的发展起到了巨大推动作用，取得了社会经济效益和信用社自身经济效益的双丰收。2001年县农村信用社实现营业收入2840万元，其中利息收入2453万元，农业贷利息收入占93%，一举改变了多年来连续亏损的局面，全辖盈亏轧差后实现盈余46万元。

信贷员了解种植效益情况

驻马店市信合办主任崔黎明同志察看信用社支持的黄花菜种植

县联社领导信用社扶持的高科技示范园

地址：河南省平舆县古槐镇挚地大道中段
邮编：463400
电话：0396-5022573

中国农业发展银行内江市分行

中国农业发展银行内江市分行辖内江、资阳两市的7个支行、1个营业部。全行现有职工219人。建行5年来，在省分行党委和当地党政的正确领导下，紧紧围绕“强基础、严操作、重规范、出效益”的工作思路，以粮棉油收购资金封闭管理为中心，以综合目标管理考核为手段，以内部基础管理和基层行建设为重点，以与时俱进的创新精神和求真务实的科学态度，全面推进基础管理规范化，深化内部改革，完善经营机制，营造规范、自律、竞争、高效的工作氛围。该行积极做好农业政策性金融工作，为当地农业和农村经济的持续稳定健康发展做出了积极的贡献。先后被省分行表彰为先进基层党组织；被中共内江市委、市人民政府表彰为支农工作先进单位。2001年，全辖区内8个机构中，1个机构保持了省级最佳文明单位，2个机构保持了省级文明单位，1个机构新创为省级文明单位，4个机构保持了市级最佳文明单位，全系统保持了市级文明行业称号。

机关中层以上干部
（正中：党委书记、行长：李希荣
中右一：党委委员、副行长：陈俊逵
中左一：党委委员、副行长：邓建辉）

职工技术练兵

地址：四川省内江市公园街112号
邮编：641000

瓦房店市农村信用联社

联社理事长、主任：崔洪良

瓦房店市地处大连市北部，属县级市，现有人口约100万，其中农业人口占70%左右，被称为是一个六山一水三分田的农业市。

瓦房店市农村信用联社下辖29个信用社、一个营业部、72个机构网点，现有员工650人，承担着为全市25个乡（镇）、5个办事处的25万客户提供存款、贷款、结算业务和服务的任务。截止2001年6月末，各项存款余额为21.79亿元，占瓦房店市各金融机构各项存款余额的26%，位居瓦房店各金融机构之首；各项贷款余额为14亿余元，占瓦房店市各金融机构贷款余额的27%，位居瓦房店各金融机构的第二位。其中农业贷款余额为7.44亿元，占各项贷款余额的52%，位居瓦房店各金融机构之首。

地址：辽宁省瓦房店市新华路17号
邮编：116300
电话：0411-5616359
传真：0411-5611560

联社大力支持生态农业发展，图为超大公司在瓦市开发兴建的无公害蔬菜基地。

云梦县农村信用合作社联合社

联社主任：杨德义

云梦县农村信用合作社联合社辖11个独立核算农村信用社和4个专业经营部，下设22个信用分社（储蓄所），现有干部职工256人，发展农户联络员185人，机构网点遍布城乡。

2001年，云梦县农村信用合作社联合社在县委、县政府的高度重视下，在全县农村广泛开展了创建信用户、信用村、信用乡镇的“信用工程”活动，全县有60%的农户被评为信用户，30%的村被评为信用村，30%的乡镇被评为信用乡镇。广大农民凭信用等级证和贷款证直接在当地农村信用社办理授信额度以内的贷款，极大地方便了农民，有效地促进了农村经济的发展。从而，农村信用社业务也得到了长足的发展。全县农村信用社各项存款比上年增加2510万元，增长7.3%；累计投放各项贷款6150万元，比上年增加3.7倍；净投放支农贷款1583万元，增长6.3%。充分显示其在全县金融体系和支持农村经济发展中不可替代的主力军作用，全县农民称赞农村信用社为“自己身边的银行”。

领导班子成员（从左至右）
总稽核：游汉清 副主任：操小清
主任：杨德义 副主任：彭金凤 副主任：王金明

地址：湖北省云梦县城关云台东路
邮编：432500
电话／传真：0712-4221434

隆回县农村信用合作联社

1996年12月9日，湖南省隆回县农村信用合作联社与农业银行脱离行政隶属关系，自成体系。联社现辖22个农村信用社，68个信用分社、储蓄所，现有正式职工406人。该社以代表广大农民利益作为工作的出发点，以服务农民增收、农业增效和农村经济发展为重点，围绕农村产业结构调整和农民利益，积极推行小额农贷、联保贷款支农新举措，支持全县形成以中药材等生产基地为依托的集种植、养殖、加工于一体的农业经营体系，构筑了一个富民兴社的“双赢”模式。至2001年末，各项存款余额达到77187万元，比1996年增长232.8%，各项贷款余额41365万元，比1996年增长158.5%。4年累计投放各项贷款15.5亿元，扶持190多个重点财源建设项目，年创税3500万元以上。该社连续4年蝉联全市农村信用社先进单位；1999年被邵阳市人民政府授予“双文明单位”称号；2000年全市6个单项考核3项名列第一、2个单项获第二，在县财贸系统考核中11项获奖，“三防一保”被人民银行总行授予先进单位。

党委书记、主任：田志立

团结务实，开拓进取的领导班子

地址：湖南省隆回县桃洪镇紫霞园开发区
邮编：422200
电话／传真：0739－8232650

河南省固始县农村信用联社

固始县农村信用联社下辖37个信用社、1个营业部、24个分社、16个储蓄所，有正式职工569人，主要担负着对全县33个乡镇598个行政村近40万个农户的信贷服务工作。截止2001年底，全县农村信用社各项存款加股金余额10.6亿元，当年净增2.5亿元，余额和净增额均居全市各县、区农联社之首；各项贷款余额7.3亿元，其中支农贷款余额6.1亿元，占84%；当年实现收入6428万元，盈利318万元，全县37个信用社全面盈余。各项业务指标均创历史同期最高记录。由于支农成绩突出，连续6年被上级行和县委、县政府评为先进单位、4次通令嘉奖、4次支农通报表彰，1997年、2001年两次被人总行评为全国农村信用社系统支农先进单位。

▲地处大别山的固始县被誉为全国的“柳编之乡”。图为县联社主任张瑞华（右二）、副主任马福启（左一）、张永生（左三）深入信用社支持的柳编加工企业了解产品加工情况。

◀固始县农村信用联社高度重视农村产业结构调整，根据市场需求，大力发展种养业。图为联社主任张瑞华（左）副主任张永生（中）深入养鸽专业户中考察情况。

▶固始县农村信用联社把支持千家万户柳条栽插作为信贷扶持的重点，使当地农户柳条种植规模不断扩大。图为该县联社主任张瑞华（中）查看信用社支持的万亩柳条栽插基地柳条生长情况。

地址：河南省固始县蓼北路480号
邮编：465200
电话：0397－4991003

联社主任：温景红

临潭县信用合作联社

临潭县信用合作联社成立于1985年9月，成立时网点遍布全县19个乡镇，全辖19个信用社和2个代办站，全县各项存款只有102万元，各项贷款余额126.8万元。目前全县共有10个信用社，1个营业部，5个信用分社，有正式职工52名，退休职工16名，担负着19个乡镇，141个行政村，723个合作社，14.68万人的农村信贷业务。

联社成立16年来，立足农村，为农服务，把帮助农民脱贫致富当作头等大事来抓，牢固树立为农民、农业和农村经济服务的宗旨，在激烈的竞争中，全社上下精诚团结，开拓进取，大力组织存款，不断壮大资金实力。截止2001年10月底，全县各项存款余额达到了5108万。各项贷款余额达6209万元，为支持临潭农业和农村经济发展做出了积极贡献。同时，辖属5个信用社实现微机处理业务。县联社参加了全国电子联行汇兑和省辖电子汇兑业务。至今年10月，该社所有者权益达391万元，拥有固定资产359万元。今年9月新搬迁的营业办公楼，为临潭县农村信用联社树立了崭新的形象！

地址：甘肃省临潭县城关镇西大街
邮编：747500
电话：0941-3122571
传真：0941-3121064

湖南省双峰县农村信用联社

湖南省双峰县农村信用社始建于1952年，现辖20个独立核算信用社，1个营业部，35个信用分社，806个村级信用站，在职正式职工395人。至2001年底，全县农村信用社各项存款余额124101万元，贷款余额86443万元。存款和贷款总量占据全县各金融机构的“半壁江山”。是双峰县辖内资金实力最强，营业网点最广，服务范围最宽，从业人员最多的金融机构。

自1996年与农业银行脱离行政隶属关系后，县信用联社新的领导班子坚持“内强管理、外树形象、自加压力、加快发展”的指导思想，一手抓改革，一手抓发展；一手抓管理，一手抓建设；不断强化基础管理，完善经营机制，健全各项组织，提高整体素质，加强对外宣传，提高社会地位，各项业务以空前的速度迅猛发展。2001年度净增存款13524万元，资金总量跃居全市各家金融机构之首。同时，以服务“三农”为已任，做到脱钩不转向，改革不忘农，面向农村，立足农业，坚守农村阵地，每年累放贷款4亿元以上，重点支持了全县农业产业化和地方经济的快速发展，连续多年荣获县委、县政府授予的支农“丰收杯”荣誉称号。

联社领导班子

法人代表：曹胜初
地址：湖南省双峰县永丰镇复兴西路35号
邮编：417700
电话：0738-6828856
传真：0738-6821249

池州市贵池区农村信用联社

安徽省池州市贵池区地处佛教圣地九华山北麓、长江南岸，历史上以盛产鳜鱼而得名。全区总面积2516平方公里，总人口60.6万元。贵池区农村信用联社下辖一个营业部、30个信用社，561名员工。自行社脱钩以来，全区农村信用社各项业务发展较快，存贷规模将近翻了一番。尤其是近两年，联社大力推行农户小额信用贷款，为帮助农民增收、支持地方经济发展做出了重要贡献，据统计，两年来，累计发放小额贷款16478万元，平均每个农户1400元。

联社领导班子成员（左起）：
朱建宁、何建明、汪权

法人代表：何建明
地址：安徽省池州市贵池区翠柏路186号
邮编：247100
电话：0566-2021150　2038424
传真：0566-2036407

合水县农村信用联社

甘肃省合水县农村信用联社成立于1984年，下辖14个信用社，4个分社和34个信用代办站，干部职工103人。截至2001年11月底，各项存款余额12440万元，各项贷款余额12145万元，实收资本689万元，存贷规模均居全县各金融机构之首。联社自成立以来，始终坚持为"三农"服务的办社方向，多渠道广泛筹集资金，积极支持地方经济发展，年均投放农业贷款1.2亿元，农户贷款面达98%以上，为实现全县农业产业化做出了积极贡献。

联社理事长、主任：杨栓民

地址：甘肃省合水县县城南华中街
邮编：745400
电话：0934-5523216
传真：0934-5521633

联社理事会成员在讨论工作

联社办公大楼外景

咸丰县农村信用联社

咸丰县地处鄂西南边陲，位于湘、鄂、渝、黔四省（市）边区结合部，是湖北的南大门。全县农村信用社现有营业网点43个，其中有独立核算社12个；营业部1个；分社25个；储蓄所4个；信用站1个。现有正式员工159人。

咸丰县农村信用社自从与农业银行脱离隶属关系以来，在上级行、办的正确领导下，在县人行和地方党政部门的重视与支持下，紧紧围绕“调整巩固、稳定提高、精细管理、深化改革、注重实效、求得发展”的思路，各项业务得到了长足发展，全县农村信用社各项贷款余额达12062.8万元；各项存款余额达18009.9万元。有力地支持了地方经济建设的发展和农村产业结构的调整，最大限度地满足了农民对贷款的合理要求，充分发挥了农村信用社在农村金融中主力军和联系农民纽带的作用。

咸丰县农村信用联社办公大楼

地址：湖北省咸丰县高乐山镇解放路49号
邮编：445600
电话：0718－6831858，6822464
传真：0718－6822464

县联社班子成员在研究工作
主任徐亚（中）、副主任顾杰（右）、总稽核李治安（左）

石河子市农村信用联社

石河子市农村信用社始建于1954年，是石河子地区唯一一家面向农村，服务于城乡的合作制金融组织。48年来，在各级行和监管部门的正确监管和指导下，特别是在金融体制改革后，联社各项工作有了长足的发展。开办了全疆联行、通存通兑等业务，使信用社的资金实力迅速增强。信用社机构从1996年底的10个，发展到今天的18个，现有在职职工人数164人，是一支政治素质好、专业技术强、综合素质高的金融队伍。

石河子市人行副行长：张元生（左）与赵金荣主任（右）在总结大会上

截止2001年末，石河子农村信用社各项存款34440万元，其中：储蓄存款23278万元，对公存款11162万元。各项贷款23167万元，其中：农业贷款12477万元，其它贷款10690万元。经济的发展离不开农业，农业的发展离不开资金投入。农村信用社是支持农村、发展农业、方便农户不可缺少的资金支柱。石河子市农村信用社在支持石河子农村经济的持续、稳定发展中起着举足轻重的作用。

2000年度总结表彰大会

主任：赵金荣
地址：新疆石河子市东环路99号
邮编：832000
电话：0993-2814588
传真：0993-2810273

河南省睢县农村信用联社

河南省睢县农村信用联社内设7个科室、1个现金调运中心，下辖20家农村信用社、1个营业部、13个储蓄所、14个信用社分社，员工人数320名。截止2002年2月末，各项存款余额5.8亿元，各项贷款余额为4亿多元，有力的支持了睢县经济的发展，受到了全县人民的好评。1999年度该联社被县委、县政府授予“目标管理先进单位”，被商丘市授予“驻千村、联万户，解民难、暖民心”先进工作队；2000年度被市农金改办授予“盘活资金第一名”、“信贷支农第二名”、“综合考评第三名”，被市中心支行命名为“青年文明号”，被县委授予“五好”党支部；2001年度被县委、县政府授予“目标管理先进单位”、“三下乡”活动先进单位、“纪检监察先进单位”，被市农金体改办授予“综合考评第一名”，被省委、省政府命名为“省级文明单位”，被中国人民银行授予“全国农村信用社支农先进单位”。2001年10月睢县联社办公室主任王训领的通讯《多法并举抓扭亏，开源节流出效益》荣获第七届“中华大地之光”征文二等奖，联社主任王耀林被授予“中华大地之光”优秀主人公，在北京人民大会堂出席了颁奖大会，受到了党和国家领导人的亲切接见，并与党和国家领导人合影留念。

联社领导班子成员，中为联社主任王耀林

睢县农村信用联社送贷下乡到农家

地址：河南省睢县水口路南段　邮编：476900
电话：0370-8162551　传真：0370-8163741

中国农业发展银行辽阳市分行

党委书记、行长：刘宏

党委领导班子成员

千山之隅，衍水河畔，矗立着一座现代化的石化轻纺工业城市——辽阳。在这座有着2400年文明历史而又踏着改革的春风生机勃发的城市里，农发行4个分支机构（辽阳县支行、灯塔市支行、弓长岭支区支行、市行营业部），103名职工担负着这一地区年均20多亿元收购资金的供应与管理工作。该行从1996年10月份按照党中央、国务院关于进一步深化农村金融体制改革的要求成立至今，以机构精干、素质优良、管理严谨、效率一流为目标，以“团结进取，清正严实”为行业精神，以深入开展规范化建设为手段，以抓好党的建设、队伍建设为保证，认真贯彻执行国家农业政策性金融方针政策，不断加强和改善收购资金封闭管理，取得了两个文明建设的双丰收。各项经营管理水平迈入了全省先进行列，在市政府开展的公仆杯竞赛、目标管理竞赛中多次荣获先进单位荣誉称号。

面对新世纪的机遇和挑战，分行党委班子将以“三个代表”重要思想为指导，团结带领全行干部职工，与时俱进，奋发有为，为辽阳地区农业和农村经济发展做出更大的贡献。

地址：辽宁省辽阳市白塔区西顺城路48号
邮编：111000
电话／传真：0419-2151215

十堰市农村信用合作社联合社

十堰市农村信用合作社联合社履行对9个县联社的管理、指导、服务和资金调剂等职能,机构遍布城乡。近年来，十堰联社坚持深化改革、强化经营、竭力支农、严格管理、突出效益的指导思想，以“四项改革”为主线，积极开展工作，取得了较好的成绩，连续2年夺得全省综合排名第二名。2001年十堰城区联社、郧县联社、丹江联社囊括全省县级联社综合排名前三名。

截止2002年4月底，全市农村信用社各项存款余额363872万元，比年初净增47919万元，增长15.2%，占年计划的106.5%，各项贷款余额235432万元，比年初增加33589万元，资产总额70多亿元。十堰联社端正经营方向，以服务“三农”为宗旨，将贷款重点投向农民、农业和农村，并且坚持以小额分散为主，全市仅2001年累计发放贷款13.8亿元。与此同时，全面推行信贷“阳光工程”、“信用工程”和“农户联保工程”等便民措施，建立支农联系点，切实解决了农民贷款难的问题。

十堰市联社理事长王厚明同志（中）深入农村信用社支持的养殖基地检查工作

地址:湖北省十堰市柳林路6-1号
邮编:442000
电话:0719-8676735
传真:0719-8688517

十堰联社在全省金融系统首创的“金融超市”

十堰市联社主任王德升同志（右）向上级领导汇报工作

安徽省青阳县信用联社

青阳县农村信用合作社联合社成立于1984年12月，下辖19个信用社，13个信用分社，5个储蓄所，有正式职工156人。

青阳县农村信用合作社联合社自成立以来，走过了一条艰难而又辉煌的创业之路，特别是1996年与农行脱钩后，步入了改革和发展新时期，全县农村信用社围绕自主经营、自负盈亏、自担风险、自我发展的合作金融企业的改革目标，通过合作制规范完善经营责任制，拓宽业务领域，提高服务质量，使经营机制日益完善，各项业务长足发展，成为青阳县金融业的重要组成部分，为青阳县农村经济的发展和农民群众致富奔小康发挥了重要的作用。

青阳县农村信用合作社联合社坚持合作制方向，改进支农服务措施，加大支持“三农”的力度，落实小额农户信用贷款，在支农的深度、广度和高度上下功夫，取得了社会和自身效益双丰收。截止2001年末，各项存款达36266万元，各项贷款19700万元。在青阳县金融系统中确立了“三分天下有其一”的地位。

地址：安徽省青阳县木正路17-4号
邮编：242800
电话：0566-5022047
传真：0566-5022832

浠水县农村信用合作联社

浠水县联社理事长：周发斌

浠水县联社主任：祖同发

浠水县农村信用合作联社（简称县联社）是浠水县农村信用社的联合金融组织，为独立的企业法人，实行自主经营，自负盈亏。所辖共有99个经营网点，其中独立核算的乡镇农村信用社14个，联社营业部1个，非独立核算的农村信用分社74个，储蓄所10个。全系统在编职工512人，其中党员196人，占38.3%；大专以上学历65人；初级技术职称以上198人。至2001年10月末，全县信用社各项存款达6.1亿元，位居全县各金融机构之首，各项贷款余额3.5亿元。

该县联社自1996年行社脱钩独立运行以来，坚持正确的办社方向，积极充当支农主力军和信贷投入主渠道，为促进农村经济发展作出了突出贡献，获得了社会效益和内部效益双丰收。连续多次被市、县人行、市联社和县委、县政府等有关部门评为“四讲一服务先进单位”、“文明单位”和“优质服务先进单位”。

该县联社在服务农村经济建设的同时，自身业务得到快速发展，服务功能和基础建设不断增强。以计算机为主的科技管理手段全面推广应用；结算渠道相继辐射全省乃至全国，所有网点实现业务微机化、结算传真化。联社建起全县一流的办公大楼和住宿楼，“五小建设”实现配套化和社容社貌美化、亮化，社会信誉和形象不断提高，各项工作呈现出健康、平衡的发展态势。

地址：湖北省浠水县清泉镇车站路
邮编：438200
电话／传真：0713-4233753

浠水县联社领导班子成员

绍兴县农村信用联社

绍兴县农村信用合作联社成立于1987年5月。14年来，联社在为社会提供优质金融服务的同时，自身也得到了规模与效益的同步增长。联社下辖16个办事处、1个营业部、66个分理处；联社拥有一支知识化、年轻化的高素质队伍，1078名员工中，大专学历占24.68%，本科学历占5.4%，具有专业技术职称的占76.72%。截止2001年10月，联社存贷规模达132亿元，拥有固定资产2.8亿元，所有者权益4.21亿元。

近几年来，联社注重开拓业务领域，完善服务功能。1998年以来陆续投资2000余万元开发综合业务系统，目前已实现了全系统储蓄业务通存通兑，对公业务实行电子化操作，还开辟了代收代付等多项中间业务，该系统已通过了浙江省省级科技成果鉴定。2000年6月联社经人总行批准，成为全国首批开办自营外汇业务的联社，今年1-10月，办理外汇业务9900万美元，进一步拓展了业务空间，增强了竞争能力。联社还引进了美国万事利公司制造的、采用全球最先进的指纹识别系统的保管箱。目前联社结算渠道畅通，服务手段多样，已能较好地满足客户的金融服务需求。

新世纪，新起点。绍兴县信用合作联社将以崭新的姿态、饱满的工作热情，进一步做好支持“三农”这篇文章，积极防范化解金融风险，着力创建金融安全区，努力发挥农村金融主力军和广大农民走向市场的纽带作用，为把绍兴县建设成全国一流强县，全省一流县城作出新的贡献。

地址：浙江省绍兴市人民中路208号
邮编：312000
电话：0575-5136750
传真：0575-5132505

成都市龙泉驿区

农村信用合作社联合社

成都市龙泉驿区信用合作联合社成立于1984年8月，1996年，按照国务院《关于农村金融体制改革的决定》与中国农业银行脱离了行政隶属关系，独立承担领导管理农村信用社职能。现全辖有独立核算的农村信用社13个，营业网点36个，有职工259人。

农村信用社与农行脱离行政隶属关系后，联社继续坚持“两手抓、两手硬”的方针，联社领导在“团结、务实、创新、发展”的精神指导下，以坚实的步伐，不断探索发展新路，带领全区信合员工发扬艰苦创业精神，抓住机遇，深化改革，脚踏实地的沿着稳健发展道路向前迈进，工作上结出了累累硕果。连年被当地党政机关评为先进集体和文明单位。今年将建成省级文明单位。

在工作中，龙泉联社坚持做到以下三点:

一、狠抓职工教育，树立整合服务思想，即职业道德、职业技能、职业责任和职业纪律教育，特别是江总书记“三个代表”重要思想教育。

中央电视台在龙泉信用联社支农现场采访联社理事长练世清同志

二、狠抓资金组织工作，牢固树立为“三农”服务思想。主动上门揽存，培植客户源和客户群，把农民增产增收作为衡量工作的主要标准，支持发展了“三高”农业区、农业万亩观光科技园和传统农业种、养、加工业等，联社的支农经验多次在省、市信合系统交流，受到省信合协会、市农村信用联合社表彰。

三、强管理，增效益。一是改革劳动人事制度，干部实行竞聘上岗，员工实行双向选择，能者上，平者让，劣者下；二是抓经营，抓安全，努力增收节支；三是目标措施落实，奖惩分明。

目前，成都市农村信用社龙泉联社正以一个崭新姿态朝着新的目标前进。

龙泉信用联社员工综合素质培训讲座

龙泉信用联社庆祝中国共产党建党八十周年文艺演出

龙泉信用联社送知识下乡宣传活动

地址：四川省成都市龙泉驿区
邮编：610100
电话：028-4853361
传真：028-4878151

响水县农村信用社

理事长、法人代表：张飞

响水县是江苏省重点扶贫县，55万人口，63万亩耕地，年财政收入不过1亿元。就是在这样的贫困小县，农村信用社靠改革不但站稳了脚根，求得了生存，而且得到了发展和壮大，各项存款形成了三分天下有其一的局面，农业贷款撑起了全县的半壁江山，成了全县经济发展的后盾和基石。

该社1996年初与农业银行脱离行政隶属关系以后，面对牌子不响，规模不大，结算不畅，实力不强的现状，锐意改革，开拓进取，先后进行了联社一级法人、统一核算改革，人事劳资改革，内部经营机制改革，走出了一条农村信用社求生存、求发展的路子，两个文明建设也伴随着改革的一步步推进向纵深发展，联社连续三年被评为市级文明单位，联社理事长张飞、主任刘志荣在成绩面前不自满，改革路上不停步，决心用集体的智慧和胆识铸造响水农村信用社新的辉煌。

地址：江苏省响水县城双园东路北侧
邮编：224600
电话：0515-6887540 6886450
传真：0515-6887540
电挂：6100

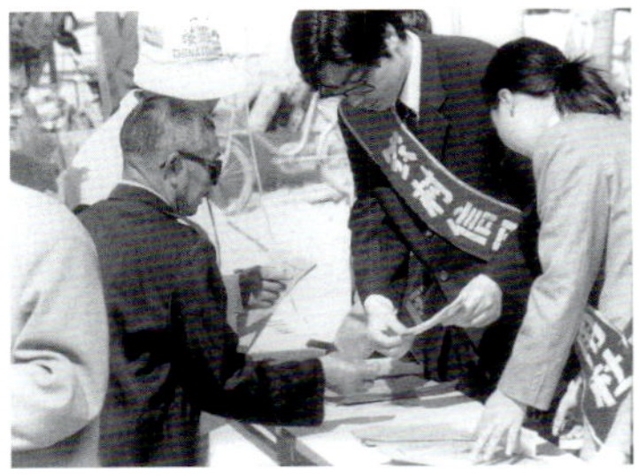

农村信用联社员工走上街头进行反假币宣传

东方市农村信用合作联社

东方市农村信用合作联社，下设8个股室，10个信用社，9个信用分社，2个储蓄所，拥有职工165人。截止2001年9月底，资产总量达17267万元，各项存款超亿元，网点遍布八乡九镇，为全市34万人提供了优质金融服务，东方市农村信用合作联社累放支农资金近5亿元，为东方市城乡经济发展，尤其是为“三农”经济的发展立下汗马功劳。

联社主任李海洋与副主任翁照明、综合办公室主任曾定能深入香蕉基地考察

联社主任李海洋在联社扶持的拥有400亩面积的板桥镇“孔圣庄园”与“园主”孔老三亲切交谈

该联社的业务种类：人民银行批准的其他业务，并开设了电话银行、寻呼储蓄、代发工资、以存引贷、承诺、限时服务等新业务。

服务宗旨：信誉第一、顾客至上、竭诚服务、高效廉洁、无私奉献。

优质服务：推广行业优质文明服务用语，杜绝服务禁语，实行办事承诺制。礼貌待客，主动、热情、耐心、周到。

地址：海南省东方市八所镇东海南大街
邮编：572600
电话：0898 － 25531819
传真：0898 － 25531819

安西县信用联社

安西县农村信用社创建于1953年，多年来，在上级行和各级党政及有关部门的支持下，经过广大信合职工的艰苦奋斗、团结拼搏，现已发展成各种服务功能齐全、业务范围广泛、资金雄厚、营业网点遍布城乡的金融机构。特别是近几年来，随着农村信用社管理体制改革不断深化，为信合事业注入了新的生机和活力，农村信用社已成为农村经济发展中一支重要力量和不可或缺的金融机构。

——机构网点遍布城乡。至2001年9月底，全县13个乡镇、一个国营农场，共有12个信用社（部）、7个信用分社、6个信用站，职工108人，基本形成乡镇设立信用社，村组按经济区域设置分社和站，县级建立信用联社的机构网络。

——资金实力不断增强。截止2001年9月底，全县信用社各项存款达1.86亿元，各项贷款规模达1.71亿元，股金达578万元，信用社金融市场占有份额逐年提高。

——支持农村经济发展成效显著，自身经营效益不断提高。自分设以来，信用社累计发放农业贷款5.1亿元，为当地农村经济发展注入了强大的资金力量，提供了全方位、系列化服务，做出了巨大贡献。在支持农村经济腾飞的同时，自身实力大大增强，经营效益不断提高，经营环境不断改善。资本总额达到1426万元，固定资产达到1305万元，人事、信贷、财务、门市业务基本上实现电脑化。

展望未来，在党的十五大精神鼓舞下，全体信合员工将以饱满的工作热情，为发展信合事业和西部大开发实施做出更大贡献。

联社主任：张新荣
地　　址：甘肃省安西县西大街15号
邮　　编：736100
电　　话：0937-5528807
传　　真：0937-5521320

山西省忻州市农村信用合作社联合社

山西省忻州市农村信用合作社联合社（以下简称忻州市信用联社），经中国人民银行批准于2000年元月14日成立，同年9月22日正式开业运转。辖内共有法人机构251个，其中，市级联社1个，县级联社14个，农村信用社236个，下设分社、储蓄所71个，信用代办站2055个，共有干部员工2600余名，业务规模和机构网点均居全市各金融机构之首。

农村信用社是农民自愿入股，实行社员民主管理，主要为入股社员服务的合作金融组织。忻州市信用联社自成立以来，积极履行其管理、指导、协调和服务的行业管理职能，以服务“三农”为己任，坚持“稳健经营、规范管理、以德治社、务实求新”的工作方针，不断更新观念，创新经营，完善机制，注重效益，有力地促进了业务发展。截止2001年12月底，全市农村信用社各项存款余额51.18亿元，市场占有率29.1%。各项贷款余额33.11亿元，市场占有率31.2%，其中，农业贷款余额17.67亿元，占全市金融机构农业贷款总额的89.86%，农业贷款较年初净增3.61亿元，占到全市金融机构农业贷款净增总额的105.7%，极大地支持了地方经济的发展，充分发挥了农村金融主力军和联系农民的金融纽带作用。

忻州市信用联社的领导班子成员为：理事长王尚仁、监事长陈宽文、主任郝建会、副理事长宿怀玉、副监事长郭晓俊、副主任张建军、李建源和主任助理王守珍。

地址：山西省忻州市新建南路13号
邮编：034000
电话／传真：0350-2030734

POST

深圳邮政储汇局

深圳

宽敞明亮的营业大厅

深圳邮政储蓄于1986年开办，各邮政储蓄所是中国人民银行批准成立的金融机构，迄今已发展成为一家拥有79家营业机构和1200多名从业人员的综合性发展的现代化储蓄机构。十多年来，深圳邮政储蓄本着“服务第一、信誉第一”的宗旨，坚持开拓经营、科学管理、科技创新的道路，取得了良好的经营业绩。目前，深圳邮政储蓄拥有240多万储户，每年办理个人邮政汇款达1200多万笔。

涓涓细流，汇聚成川；海纳百川，有容乃大。深圳邮政储蓄，秉承“每天前进一步，永远真诚服务”的服务宗旨，正朝着全面的专业化个人理财金融机构稳步前进。他们表示有信心、有能力，为深圳的广大市民提供更多、更好、更贴心的金融服务！

先进精良的金融设备

地址：深圳市深南东路3040号邮政大厦
邮编：518001
电话：0755-5168502
传真：0755-5168512

新形势下财务公司进一步发展的思路

中山集团财务有限责任公司张其黎

（一）新形势下财务公司面临的发展机遇和挑战

审视当前财务公司改革发展的政策环境和市场环境，财务公司面临的形势，有几点突出的变化。

1.《企业集团财务公司管理办法》的颁布实施为财务公司的发展提供了新的机遇。2000 年 6 月份人民银行颁布实施的新的《企业集团财务公司管理办法》，按照推进国有企业深化改革和金融体制结构调整的要求，对财务公司的市场定位和发展方向进行了重大的战略性调整，将财务公司的运行模式由封闭运行发展调整转换为适度开放性的制度选择，在重点突出财务公司为大型企业集团金融服务功能的同时，对财务公司的产权制度、组织架构、业务范围、资金配置进行了相应调整，扩大了财务公司的业务范围，放开了集团外部的投资参股，增加了财务公司的融资渠道，进一步强化了财务公司的金融服务功能。新办法是财务公司改革发展进程中的重要里程碑，它的颁布实施，为财务公司下一步的改革和发展，提供了新的发展机遇和发展空间。

2. 中央关于培育具有国际竞争力大公司、大集团的战略决策，对财务公司下一步的工作提出了新的要求。党中央和国务院在《“十五”计划纲要》中明确指出，“十五”期间，根据对我国工业发展提出的“优化工业结构，增强国际竞争力”的总体要求，要培育和发展“一批拥有著名品牌和自主知识产权、主业突出、核心能力强的大公司和企业集团”。这项战略决策，是立足于我国加入世贸组织、国内市场开放、国际竞争日益激烈的大背景，积极应对经济全球化的冲击，提高企业集团的国际竞争能力，确保我国国民经济持续稳定发展的一项重大的战略决策。财务公司是为“大公司、大集团”的经济发展提供金融配套服务的金融机构，如何围绕“十五”期间企业集团战略发展目标，积极调动金融服务功能，运用各类金融工具，支持集团的科技创新、体制创新和结构调整，支持集团自主知识产权的开发，扩大集团的品牌效应，提高集团的核心竞争力，实现集团国际化的发展目标，这是企业集团“十五”期间的战略发展目标对财务公司下一步的工作提出的新的要求。

3. 入世后的冲击，使财务公司的发展面临着新的挑战。当前，我国加入世贸组织的日程已经临近，国内市场开放后，财务公司将面临集团经济运行和金融市场竞争两个方面的冲击。一方面，是经济全球化对我国产业经济发展的冲击。按照国家有关部门的研究和预测：市场开放后，除具有比较优势的行业外，一些技术发展水平低、基础薄弱的行业将受到比较强烈的冲击。财务公司依托于企业集团，集团经济运行的状况必然波及财务公司的资金运行和资产质量，乃至使财务公司面临生存和发展的威胁；另一方面，则是市场开放后外资银行对我国金融业形成的冲击。财务公司属中小金融机构，与外资银行和国内其他金融机构相比，由于资产规模小、资金实力差、服务对象特定，在市场竞争中不具有规模优势，加之，长期以来财务公司一直在相对封闭的体制环境中运行，因此，面对开放的金融市场，无论是在经营理念、组织架构、经营机制、管理水平、人才资源以及金融创新能力方面，都有一个逐步适应和提高的过程。此外，由于未来金融业的竞争，是建立在金融电子化基础之上的金融资金实力、金融服务手段和金融产品创新能力的竞争，财务公司由于信息化建设滞后，金融创新能力不足，因此，金融市场开放后，财务公司将首当其冲，面临严峻的考验。

面对新形势下企业集团战略发展的要求，面对新的机遇和挑战，财务公司需要认真地思考下一步的发展思路。

（二）对财务公司下一步发展的思考

新的形势下，财务公司要实现可持续发展，关键是要围绕企业集团“十五”期间的战略发展目标，按照新的《财务公司管理办法》对财务公司的市场定位，加快功能转换和制度创新。

首先，要按照人民银行颁布的《企业集团财务公司管理办法》，搞好规范整顿。规范调整的内容包括增补资本金、修订公司章程、调整机构设置、调整业务范围和资产负债结构。通过规范整顿，增强资金实力、规范经营行为、挤干资产水份、化解运营风险、改善资产负债结构、提高资产质量，这是财务公司可持续发展的前提。其次，要坚持金融创新，按照新颁布的《财务公司管理办法》确立的功能定位和发展方向，重塑财务公司的发展模式，进行财务公司的制度创新，这是财务公司可持续发展的动力。

金融创新的思路：

1. 以产权制度改革为契机，进行体制创新

产权制度的调整给财务公司体制创新开拓了新的发展空间。在分业管理体制下，随着经济全球化和入世步伐加快，金融业寻求通过控股或合作，相互渗透，实行金融集团化和联合化经营，已经成为提高市场竞争能力、抵御入世冲击的必然趋势和可行选择。财务公司可以根据自身的战略发展目标，有选择地通过调整股权结构，对集团外部定向募股，与股份制商业银行、证券、保险、基金以及其它财务公司、租赁公司等建立股权关系，通过代理、合作方式，发展合作关系，依托金融集团化的经营优势，拓展新的业务空间，引入新的服务功能，增强财务公司市场竞争能力，构构建财务公司新的体制模式。

2. 以市场开发为核心，充分拓展市场空间，进行市场创新？业务公司的服务对象、业务范围和市场活动的空间已经确定。市场创新的着眼点是：根据人民银行界定的市场定位，制定市场开发的战略和市场开拓的目标，进一步开发市场。首先，需要依照集团成员单位的控股关系，层层延伸，界定财务公司的服务对象，牢牢把握财务公司的基本客户群，充分拓展财务公司的市场空间；其次，要在人民银行核准的业务范围内，在对集团成员单位金融需求充分进行市场调查的基础上，对集团的重点企业、重点产品、重点项目的金融服务需求进行市场细分；第三，要结合企业的金融需求和财务公司自身情况，确定市场开发的重点，包括确定重点服务对象和重点业务品种，充分运用信贷、投资、融资租赁、买方信贷和产品融资租赁以及中间业务等服务手段，不断开发和创新新的业务品种，开拓目标市场，强化对集团企业的服务功能，在激烈的市场竞争中，运用财务公司与集团依存关系的经营优势，努力扩大市场份额。

3. 以功能转换为导向，努力开拓新的业务，进行业务创新？通过积极开拓新的业务，增加中长期资金筹措，加快功能转换，进一步强化对集团产品研制、技术开发、市场开拓的服务功能，促进集团以技术创新能力为核心的市场竞争力进一步提高。

积极申请发行金融债券、调整存款结构，增加中长期资金来源？资金的匮乏，而对外发债融资又受外债与内债比例规定的制约。因此，要增加中长期资金的投入，必须从对外增发债券和对内开掘定期存款两个方面入手，双管齐下。公司应重点从集团内部挖潜入手，深入成员单位，加强存款业务开发的调研，积极争取企业定期存款，并选择集团重点项目、增发债券，增加中长期资金来源。

努力开拓货币市场业务，扩大财务公司与同业拆借市场、债券市场和票据市场的融资渠道努力开拓宽融资渠道，是财务公司强化对集团企业融资服务、保证资金平稳运行和扩张资产规模的客观需求。人民银行关于《财务公司进入全国银行间同业拆借市场和债券市场的暂行规定》以及批准财务公司开办票据承兑、贴现业务的有关规定下发后，财务公司应积极申请进入货币市场，开通与货币市场资金融通的渠道，目前，货币市场业务开拓的重点是同业市场拆借、国债回购和票据转贴现和再贴现业务，尤其是集团成员单位中经批准可以办理商业承兑汇票贴现与再贴现的国家重点企业。通过发展企业商业信用，运用票据的贴现变现功能，增强对国家重点企业资金融通的服务。

努力开拓集团产品买方信贷、消费信贷和融资租赁业务，促进集团产品的市场开拓？调查研究的基础上，结合企业的产品特点和销售策略，制定配套的买方借贷、消费信贷或融资租赁业务开发方案，在作好风险防范的前提下组织实施。并逐步将促销的范围由集团的品牌产品扩大到一般产品，由消费类产品扩大到投资类产品，信贷的对象由企业扩展到个人消费信贷，努力强化对集团企业市场开拓的服务功能。

积极而审慎地开发投资业务和财务顾问业务，参与资本运作，运用风险投资手段，促进集团技术创新和结构调整？

运用传统业务手段，增加科技贷款、技改贷款的金融支持之外，运用财务公司的投资功能和财务顾问业务的服务功能，也是可以开拓的一种思路。可以考虑选择集团内成长性较强的高科技项目，提供投资策划，运用风险投资手段，注入风险投资基金来促进集团高科技项目的成长，提高集团科技创新能力。待高科技项目完成创业、成功地转化为现实生产力后，通过股权转让或二板市场上市的方式获取投资回报，退出风险投资。以通过风险投资的资本运作，促进集团科技进步、产品升级和结构调整。

4. 以强化管理、防范风险、提高效益为目标，进行管理创新？

逆水行舟功在不舍

中国印钞造币总公司长城金银精炼厂走向市场纪实

中国印钞造币总公司长城金银精炼厂马宗山

中国印钞造币总公司长城金银精炼厂。是迄今为止我国黄金白银精炼加工能力最大、技术最全面、设备最完善、检测手段最先进的工厂。数十年里，为国民经济发展做出了巨大贡献，先后受到中央军委、国务院、国家科委的表彰。

该厂产品分为两大类：一类是对全国各地银行收购的低成色金、银进行精炼，使成色提高到99.95%以上，再按银行或用户的要求熔铸成不同规格、不同重量的成品锭；一类是工业金银材加工，包括以金（含金合金）、银（含银合金）为原材料制成的不同成色和不同规格的板、带、箔、棒、丝、触头和粉等100余个品种，长期以来，广泛应用于航空、航天、机械、电子、仪表、兵器等部门。

长城金银精炼厂的历史可追溯到1917年的奉天造币分厂，其直接前身是1970年由沈阳造币厂金银精炼部分成建制迁移四川旺苍组建的国营东河公司五零三厂。

在计划经济时期，该厂吞吐着全国的金银精炼任务，基本垄断了西南西北片区金银材加工，真可谓唯我独尊，一枝独秀。该厂职工自然也占得先机、无虑无忧。

改革大潮浩浩荡荡，蛰居山区已无法适应新的形势，于是千里大搬迁，于1993年来到天府之国的温江县，开始了新的创业与奉献。

涉足涛头初弄潮

十二大春风吹绿神州，市场经济开始冲击该厂，总行取消了“指定工业金银材用户必须到该厂加工，否则不给金银指标”这一特权，各用户可以自己选择加工单位。从此，全面的指令性计划生产撕开了一条大裂缝。

20世纪80年代末期，军工企业在市场冲击下，纷纷关停并转，加工订单日益减少；指令性任务的提炼生产，进入90年代以后，也因为内部竞争的出现而受到了重大影响。形势的急剧变化，使该厂领导者们清醒地意识到：市场经济是一个完整的有规律可循的科学体系，不能停留在头痛医头，脚痛医脚，四处灭火上，必须加强市场经济知识的学习。在公司举办工商管理培训时，该厂厂长、党委书记以身作则，率先垂范，厂长陈炳富的毕业论文《路在何方，拓展市场》还被四川省行政学院推荐上报国家经贸委。

1996年春天，和往年一样，明艳妩媚，但领导班子却只觉得秋风萧瑟，他们清醒地认识到：在目前形势下，“等靠要”行不通，只能靠自己去争市场，到市场上找任务。要占领市场，就必须开发新产品，否则，路子将越走越窄。

同年，该厂金银纪念币坯饼试制拉开了序幕。在技术人员、技术工人的共同努力下，仅仅两个月时间，就试制出了第一批500枚1/2盎司银质纪念币坯饼，中国金币总公司和深圳金币国宝制造厂领导看了产品，都认为合乎要求，十分满意。在这短短的时间里，试制人员克服了多少困难，付出了多少代价啊！没有技术资料、没有生产经验、没有现成设备，但他们像大庆人一样，“有条件要上，没有条件创造条件也要上”，没有落料模具，立即外协制做；没有抛光机，采用布轮手工抛光；没有光边机，派人星夜兼程购置……

长城金银精炼厂领导在上级领导支持下，靠自己的远见，靠全体职工的拼命精神，仅用半年时间，就将1/2盎司、1盎司两种规格10万枚纯银质普制和精制纪念币坯饼按时保质发往深圳国宝厂，在加工市场上争得了一席之地。

初尝胜果后，该厂领导者们在喜悦之余，更深切意识到，全面走向市场是大势所趋，必须使职工们从思想上有所准备。于是，他们提出了全新的1997年工作方针——扩规模，调结构，争市场，创效益。

弄潮大展好身手

俗话说：天有不测风云。尽管长城金银精炼厂领导们对市场大潮的来临和威胁早有预料，但形势变化之迅速，却是始料未及的。1997年12月，总行金银司北海会议精神和《非合同金银收购盈亏风险自负办法》、《金银原料送厂验收办法》两个文件传达，犹如晴空霹雳，震惊了全体职工。

外部形势十分严峻！厂领导们心急如焚，而尤其令厂领导者们揪心的还是职工们的思想观念跟不上新形势，数十年计划经济条件下形成的思想观念，要在短时间彻底改观，谈何容易！然而如果不迅速改变，又何谈市场经济呢？当时的职工思想状况，正如陈炳富厂长在《路在何方，开拓市场》一文中所说，长城金银精炼厂在传统的计划经济体制条件下走过了30年的历程，形成了一系列与市场经济水火不相容的思想意识和传统观念："等靠要"思想；"我们是国家垄断的特殊行业，无市场竞争风险"思想；"手捧金饭碗，不愁吃和穿"思想；"重内部管理，轻对外经营"思想等。针对这些思想，党委书记陈华荣也大声疾呼："我们不能眼睁睁看着市场一个个被抢走，企业要生存、要发展，就必须转变思想观念，顺应时代潮流"。

"置诸死地而后生"，这古来兵家的至理名言，给该厂领导者们以极大的启发。他们面对恶劣的形势，全面深刻地转变观念，切实勇敢地走向市场，力争在弄潮中求生存、得胜利。在安排1998年年度工作时，该厂更加响亮地提出了"转变观念争市场，快捷优质树信誉，搞好技改扩规模，强化管理增效益"的口号，并切实变为行动。

为改变长期计划经济管理模式形成的拖拉作风导致的结算不及时状况，该厂召开了"提炼产品结算周期专题研讨会"，对结算进行了大胆改革。在随后进行的湖北行40余吨原料的验收中，该厂职工齐心协力、挖潜想法，不到九天的时间，就拿出了结算清单，只用了规定时间的五分之一。昆明行送来20多吨原料从开箱过秤到熔化验收只用了五天时间，其带队领导高兴得连声说："你们厂真的变样了，我们没有想到，你们熔化验收得这么快！"河南焦作行送来的近60吨原料开箱完毕时，带队的领导也禁不住啧啧称赞："你们的职工敬业精神真强，我们原来估计最快也要三天才开得完，而你们却不到两天就开完了，真正出乎意料！"

该厂厂长和分管副厂长还带着满腔热忱，跋涉数千里，分别走访了山东、陕西等部分省分行及下属地市银行，并向总行有关部门汇报了近几年该厂的生产工作情况。通过走访、汇报，沟通了思想，消除了多年产生的隔阂和误解，也大大增进了总行和各省行对金银精炼厂的理解和信任。

弄潮之初，该厂虽然在金银材生产上凭着创新求存的强烈欲望试制出了1/20盎司、1/10盎司、1/2盎司、1盎司、5盎司和1公斤等不同规格和品种的金银币坯饼，但作坊式的生产方式，人工抛光的原始方法，却成了飞速发展、量大质高的产品要求的桎梏。这种状况深深地刺激了厂领导和科技人员，他们竭忠尽智，艰苦探索，经过反复调查研究和千百次实验，终于变人工抛光为机器抛光，改变了劳动环境，降低了劳动强度，节约了资金，提高了效率，也强化和稳定了质量。1999年初，该厂坯饼技改扩建工程顺利通过了峻工验收，生产进入了规模化、正规化的崭新阶段。

不断的斗涛破浪，不断的改革创新，该厂贵

金属回收技术和质量水平现已达到国内一流，金银币坯饼和金银铜合金纪念制品已深受客户的青睐。而今，他们的目光已不单盯在国内市场，而且瞄准了国际市场。

"欲穷千里目，更上一层楼"。该厂还自加压力，自订高标准，提出凡该厂生产的标准银锭，除必须在产品质量保证单上填报主成分（行业内惯例即此就可出厂）外，还必须严格填报杂质含量（不得超过国标），达不到自订高标准的产品，一律不出厂。为了质量，苛求自己，不但增加了自己的困难，而且在短期内对产量还有所影响，但他们更明白这么做的结果无论对内树立质量第一的意识，还是对外树立形象，争取和扩大市场，都具有十分深远的意义。正如厂长陈炳富所言："虽然我们目前生产的标准银锭的主成分已经符合国家标准，但作为全国最大的金银精炼厂，我们在质量上就是要精益求精"。不仅如此，他们还根据检查和用户反馈意见，定期召开质量分析会，及时解决质量问题，并坚持搞好售后服务，热情、及时而负责，使用户们十分放心、满意。

为了扩大影响，1998 年，该厂在人民日报社的《市场报》上刊登了广告，印制了漂亮精致的宣传画册。对于这个多年"国字号"的靠计划经济指令性生产的企业来说，真是破天荒的举动：它第一次公开向世人展示自己的风彩，也第一次公开宣布向市场挑战。不仅如此，他们还抓住"98’北京钱币博览会"的机会，由厂长、党委书记带队，在博览会上进行产品宣传，可以毫不夸张地说，在几天的时间里，参观者摩肩接踵，几乎挤破了柜台，很多人都惊奇地说，这真是平生第一次开眼界，饱眼福。其时，《北京青年报》也连续三天在头版以较大的篇幅报道该厂产品，一时间轰动京城。

扬帆破浪济沧海

"有志者，事竟成，破釜沉舟，百二秦关终归楚；苦心人，天不负，卧薪尝胆，三千越甲可吞吴"。蒲松龄先生这副对联，说的是楚霸王项羽和越王勾践的故事，而金银精炼厂的领导者们也深谙个中道理，他们率领全厂职工经过艰苦的努力，破釜沉舟、卧薪尝胆，终于变"山复水复疑无路"为"柳暗花明又一村"。

为从根本上扭转形势，适应市场竞争需要，2001 年 3 月，该厂经中国人民银行总行和国家经贸委核准，将厂名注册为"长城金银精炼厂"；鉴于黄金白银均已市场化，目前该厂正在进一步深化体制改革。

2001 年 5 月，中国人民银行总行副行长史纪良参观该厂时对该厂产品赞许有加；中国金币总公司领导参观该厂后，连声称赞："精炼厂职工队伍精神面貌好，我们把产品放到这里试制、生产放心"。

精诚所至，金石为开。今年 8 月，厂长陈炳富率队赴伦敦，受到伦敦贵金属市场联合会热情接待。市场联合会执行总裁对长城金银精炼厂金银产品十分赞赏，不但换发了新厂名的《LBMA 合格金锭供货商/精炼厂认证证书》、《LBMA 合格银供货商/精炼厂认证证书》，而且接纳该厂为我国精炼厂唯一的国际会员。在今年成立的国家黄金交易所中，该厂不但是理所当然的会员，而且也是精炼厂中唯一的理事。11 月份，该厂又荣获中质协颁发的 ISO9002 质量认证证书。正是由于该厂上下齐心协力，勇斗狂涛，殚精竭虑赋同袍，从而使该厂形象大改观。国际知名度、信誉度都达到空前高度。

"弄潮儿向涛头立，手把红旗旗不湿"。长城金银精炼厂面对严峻的形势，勇猛地投入市场经济大潮，历经惊涛骇浪，终于在千回百折、波诡云谲中化险为夷，赢得一席之地。他们成功的实践，既为自己弄潮逐浪积累了经验，也为国有企业涉足市场竞争大潮提供了有益的启示。

放眼今日的长城金银精炼厂，环境幽雅整洁，一派郁郁生机。可以期待：长城金银精炼厂的人们必将劈波斩浪，占领更多的市场份额，获取更大的经济效益，求得更快更好的发展，唱出更加响亮的弄潮之歌。

努力实践"三个代表"促进企业精神文明建设

石家庄印钞厂宣教处

江泽民总书记在庆祝中国共产党成立八十周年大会讲话中指出："社会主义社会是全面发展、全面进步的社会。社会主义事业是物质文明和精神文明相辅相成、协调发展的事业。"江总书记这一论述，站在历史与现实的高度，又一次对两个文明建设的内在关系作出了科学的阐述，为我们建设有中国特色的社会主义指明了方向。结合石家庄印钞厂多年来两个文明建设的实际，深入学习和领会"三个代表"和"七一"讲话的精神，对企业的建设和发展具有十分重要的意义。

（一）领会"三个代表"内涵，把握两个文明的关系

江泽民总书记"三个代表"的论断是在新的历史条件下，对党的性质最新的科学阐述和理论概括，同时也为全党全国人民的实践和行动指明了方向，提出了要求。历史唯物主义认为：人类社会是一个有机的整体，其中生产力和生产关系、经济基础和上层建筑是互相依存、互相促进的。先进的生产关系和上层建筑促进生产力的发展，落后的生产关系和上层建筑阻碍生产力的发展。作为经济基础范畴的物质文明建设和作为上层建筑范畴的精神文明建设存在着同样的互动关系。物质文明作为两个文明建设的基础，为精神文明的建设提供必须的物质条件，精神文明反过来对物质文明发生巨大的推动作用，为它提供精神动力和智力支持，并为其提供理论指导、舆论力量、价值观念、文化条件和社会环境。

两个文明建设的互动作用贯穿于社会发展以及企业建设和发展的各个方面，其重要性已为无数事实所印证。在庆祝建党八十周年之际，石钞厂排练演唱了大型文艺节目《长征组歌》，并参加了总公司文艺调演。《长征组歌》的演出获得了巨大的成功，受到总公司领导、地方政府领导、观看演出的兄弟单位代表、本厂全体职工以及驻厂武警官兵的好评。在一片赞扬声中，石钞人并没有自我陶醉，而是对演出成功的经验进行了理性的分析和总结。毫无疑问，排练《长征组歌》是石钞厂历史上规模最大、历时最长、职工参与人数最多的一次群众性文艺活动，其成功绝非偶然。一方面《长征组歌》是在生产形势十分严峻的情况下进行决策和实施排练的，当时正值9604品转产，由于新品生产工艺不熟悉，产品作废率居高不下，阶段性生产任务十分繁重，全厂由双休日改为单休日，一线职工更是加班加点以确保生产任务的完成。试想在这种情况下，如果没有石钞厂多年来物质文明建设的基础，没有不断提高的生产管理水平和日趋完善的生产协调机制作保障，《长征组歌》的决策和排演成功都是不可能的。另一方面，《长征组歌》的排演是在石钞厂即将进行劳动人事制度改革的背景下进行的，企业劳动人事制度的改革，势必会涉及到一部分人的切身利益，有些演职员甚至已面临提前退休的可能性，在这种人心浮动的时候，如果

没有石钞厂多年来精神文明建设成果为后盾，没有职工思想素质和文化素质的提高，没有企业业已形成的强大的凝聚力，《长征组歌》的决策和排演成功也是不可能的。事实上，在取得排演成功的同时，石钞转产工作顺利进行，三个品种的生产全部完成计划，达到预期的最好目标。在长达几个月的过程中，演职员们几乎牺牲了自己所有的节假日和业余时间，但始终没有人打退堂鼓。他们在排演《长征组歌》的同时感受长征精神，接受心灵洗礼，受到了一次深刻的革命传统教育。未能参加排练的职工也深受感染，从而把长征精神化为生产的动力，全身心地投入到生产中去。最使人难忘的是职工群众那种忘我的工作态度和无私的奉献精神，他们既是物质文明的建设者，也是精神文明的创造者，无论是在机声轰鸣的生产一线，还是在情感激扬的排练现场，他们都认真、严谨、一丝不苟，用实际行动默默地实现着自己的人身价值。他们在舞台上所展现的不仅仅是革命前辈艰苦奋斗、百折不挠的英雄形象，也展现了石钞人敢打硬仗，善打硬仗的优秀品质，展现了石钞人团结协作、顾全大局、积极向上的精神风貌。

（二）加强企业文化建设，打造精神文明精品

认真学习江总书记“三个代表”和“七一”讲话的重要思想，深入领会两个文明建设的内在关系，其根本目的就是要脚踏实地地把两个文明相辅相成、协调发展的思想落实到实际工作中，打造物质文明和精神文明精品。多年来，石钞厂坚持以科学的理论武装人，以正确的舆论引导人，以高尚的精神塑造人，以优秀的作品鼓舞人，坚持“为央行履行职责服务”的宗旨，紧紧围绕生产中心，在不断深化企业改革的同时，加强企业文化建设，取得了两个文明建设的阶段性成果，保证了国家指令性计划的完成，历次新品转产顺利实现，产品质量不断提高，生产成本呈逐年下降趋势，经济效益不断增加，企业整体管理水平不断提升，企业文化建设、法制建设、职工队伍素质等方面都有了长足的进步，多次被授予市级“思想政治工作优秀企业”称号，1994－1999 年连续 6 年获市级文明单位，1996－1999 年连续 4 年获“省级文明单位”光荣称号。这些成绩的取得，与该厂认真贯彻执行“两手抓，两手硬”的方针是分不开的。跨入新的世纪，面临新的挑战，因此，认真总结经验，不断探索石钞厂精神文明建设的新思路显得尤为必要。

1. 搞好精神文明建设，领导重视是关键

首先，领导干部既是精神文明的倡导者、组织者，又是精神文明建设的实践者，因此，领导干部必须认真贯彻“三个代表”的重要思想，坚持讲学习、讲政治、讲正气，做到以身作则，严以律已，率先垂范。自从党委工作实行垂直领导以来，石钞厂领导从抓中心组学习入手，结合创建“五好班子”和“三讲”教育，加强领导干部自身思想素质教育，加强领导班子的组织建设，保证了思想上和认识上的统一。其次，建立完善组织体系，建立两个文明建设的互动机制、激励机制和保障机制，改善以往那种精神文明建设仅靠政工部门“孤军奋战”的做法，形成党政工团齐抓共管的大好局面。同样以《长征组歌》排练为例，在决策时，党委、厂部既考虑到阶段性生产任务的严峻，也考虑到《长征组歌》重大的教育意义，以及对石钞厂精神文明建设的长远影响，为确保演出成功，还成立了党政一把手亲自挂帅的领导小组，从人力、物力、时间上合理协调，同时，厂各车间、处室党政工团全力支持，从而形成了强大的合力和凝聚力。再次，必须培养一支过硬的基层政工队伍。“打铁首先自身硬”，基层政工队伍的建设，必须做到“五个到位”。即：思想信念到位，自身行为到位，自身素质到位，专项基金到位以及感情投入到位。只有这样，才能把“三个代表”的思想落在实处，

保证精神文明建设在思想上和方法上行之有效。

2. 精神文明建设必须坚持“以人为本”

坚持以人为本，就是要提高广大职工群众的思想素质和文化素质，尊重知识，尊重人才，把人力资源作为企业生产经营和文化建设的重要资源，充分调动和发挥人的积极性、主动性和创造性。近年来，石钞厂主要做了两方面的努力，一是注重职工文化层次和技能水平的提高，鼓励职工利用业余时间参加自考、夜大、成大等文化学习，并实行配套的奖励政策，厂校联办印刷大专专业证书班和印刷专业大专学历班等培训职工专业技能，不断改革和完善用人机制，尽力做到人尽其才。2000 年，石钞厂进行了公开招聘管理人员和市场营销人员的尝试，由于运作中坚持了公开、公平、公正的原则，使广大职工看到了学有所为、学有所用，极大地鼓励了职工在职学习的积极性。有耕耘就有收获，在总公司组织的电工比赛中，该厂取得了团体总分第一名；胶、凹印职工职业技能考试中，取得了总及格率第二名的好成绩；在 9605 品模拟竞标中，获得总分第一的好成绩。二是加强职工理想信念、职业道德和遵法守纪教育。通过上党课，举行以“党在我心中”、“我爱印钞事业”为主题的演讲和征文活动；组织职工参观革命纪念地等多种形式的活动，培养职工正确的世界观、人生观、价值观和道德观，培养职工的集体主义精神和无私奉献精神。

坚持以人为本，要充分发挥党员和先进人物的模范作用。石钞厂党员、劳动模范分布在各个生产岗位，多年来，厂里通过举办“党员轮训班”，坚持隔周四党员学习日制度，开展“党员责任区”、“党员身边无事故”等活动加强党员队伍自身建设。通过签定“三禁”（禁黄、赌、毒）保证书等形式，规范党员干部日常行为，带动全体职工树立社会主义新道德、新风尚。1999 年以来，石钞厂特管处支部实行党员挂牌上岗，此举在群众中产生了良好的影响，该支部一名普通党员深有感触地说：“挂牌上岗使我在说每一句话、做每一件事的时候，首先想到自己是一个党员”。榜样的力量是无穷的，在总公司劳模报告团来该厂巡回报告后，该厂不失时机地组织职工进行讨论，写心得体会，在职工中掀起了学劳模、学先进的热潮。

坚持以人为本，还必须相信群众，依靠群众，尊重群众。首先要发挥工会的维权职能，发挥职工代表大会的作用，重大问题如分房、劳动人事制度改革等要请职工参与并听取他们的意见和建议，给群众“知情权”、“参与权”和“表决权”，尊重职工群众的主人翁地位。其次，建立和完善厂务公开制度，实行民主监督，让职工群众参与企业民主管理，真正体现新时期党的群众路线。使职工自觉自愿地以饱满的热情投入到两个文明建设中来。

3. 精神文明建设内容和形式要做到“两个结合”

精神文明是一个抽象的概念，要把它落到实处，就要使内容和形式具体化，注重实效，做到“两个结合”。即：正面教育与忧患意识教育相结合，传统方法与现代手段相结合。

正面教育是职工保持旺盛工作热情、热爱企业、维护企业形象、形成企业凝聚力的重要源泉。印制企业作为一个特殊的行业，生产的是特殊产品，更应该培养职工的企业自豪感。石钞厂提出了“内强素质，外树形象”的口号，通过培育和构建企业精神、征集厂歌、厂徽等活动，强化职工的企业自豪感，同时，该厂也通过横向和纵向对比宣传，在职工中进行忧患意识的教育，使职工认识到即使是在这样特殊的行业里，安于现状、不思进取，也会在行业内外激烈的竞争中失去生存和发展的良机。

现代科技的发展，为石钞厂提供了新的公众传播媒介，相对于传统的宣传教育工具而言，电视、多媒体、互联网等具有方便、快捷、信息量大、涉及范围广等优点，在继续发挥厂报、厂广播、板报等宣传工具作用的基础上，该厂充分利用现代传播技术的优势，实现宣教载体的更新，生产出更多群众喜闻乐见的精神产品。石钞厂厂内电视自1999年元旦开播以来，已经制作播放了30期石钞新闻和70个专题片，还播放了《石钞厂企业管理上先进型工作纪实》、《首届石钞杯卡拉OK大赛》、《厂公开招聘管理人员、市场营销员现场答辩实况》、《庆祝建党八十周年印制系统文艺调演》和《石钞厂建厂以来获厂级以上优秀共产党员光荣榜》等节目，深受职工欢迎。厂电教室也在年内投入了使用。对于厂内计算机网络系统，一方面石钞厂正致力于使其成为精神文明建设宣教阵地的探索，设置有《石钞之窗》、《石钞论坛》、《公告宣传》等栏目，另一方面也在加强管理，使其向规范、健康的方向发展。

综上所述，石钞厂近年来两个文明建设的实践，充分体现了江总书记两个文明相辅相成、协调发展的思想。目前，全厂上下正在进一步深入学习和贯彻“七一”讲话精神，努力实践“三个代表”，相信在今后的工作中，全体石钞职工将不断发扬“精印人民币、塑造石钞人”的企业精神和理念，为两个文明建设作出更大贡献。

创新：紫金构筑腾飞平台

福建紫金矿业股份有限公司 邹永明 张文如

福建省著名苏区上杭县境内有一座大山，名叫紫金山，蕴藏着丰富的金铜宝藏。千百年来，这座大山始终蒙着一层神秘的面纱，不为世人所知晓。宋代以来，一群又一群掘金者依靠原始的手段和简单的方法进行采矿“淘金”，留下一个个古老的洞穴，也留下了一个个令人难以破解的谜团。

历史的长河流到公元21世纪90年代。中国黄金行业突然闯出一匹“黑马”，让世人为之刮目相看。这匹“黑马”，就是现在闻名遐迩的福建紫金矿业股份有限公司。这家公司现已成为我国的重点高新技术企业。目前，紫金人又擂响战鼓，满怀豪情地踏上了西部开发的征程。

谁也不曾想到，紫金就是从那座“神秘的大山”中闯了出来。紫金从诞生到发展，很关键的一点就是依靠科技创新、管理创新、体制创新，促进了企业的长足发展。

成就中国南方的一个“神话”

西方国家的黄金矿山采用堆浸提金并不罕见。而要在我国气候潮湿多雨的南方搞堆浸提金，这在许多人的眼里是一个可望不可及的“神话”。专家的态度很明朗：在南方搞堆浸，行不通。即使行得通，效果肯定不理想。然而，当时在紫金山搞地质勘探和紫金山金矿开发前期工作的地质队长陈景河不相信。这位农民的儿子，大学一毕业就一头扎进了神秘的紫金山，以他的机智和执著，叩开了通往揭开紫金山神秘面纱的大门。他以翔实有力的证据和严密细致的分析阐述了紫金山“上金下铜”的观点，并坚信可以通过堆浸提金法开辟紫金山金矿的灿烂前景。

说干就干。筑堆、布管、喷淋，地质队长陈景河甩开膀子，带领着紫金的创业者们热火朝天地干开了。他们在高山峻岭上、悬崖峭壁间搞起了一块块堆浸提金的“试验田”。

针对紫金山金矿矿床赋存大量低品位矿石、含泥量较高、氧化程度深、易采易选并含有一定比例的粗粒金等特点，陈景河创造性地把重选+堆浸+炭浸工艺联合起来，研究出一次性筑堆、分层喷淋、无底垫堆浸等技术，使联合工艺综合选矿回收率达到80%，而且具有投资少、成本低、处理量大等优点。中国南方第一个堆浸试验终于成功了。重选+堆浸+炭浸联合工艺已超过了堆浸本身的意义，实现了堆浸工艺的多极幅射，里面的积极生产因素连成了“一条龙”。正是陈景河以敢吃螃蟹第一人的大无畏的精神，才在我国南方潮湿多雨的环境中开创了堆浸法提金的成功典范，其主要经济及技术指标达到国际先进水平，并创造了五个全国之最：发展速度最快、平均品位最低、采选规模最大、产金量最高、单位投资最少，从而也助陈景河成就了一个个紫金“神话”。

“异想天开”再攻关，紫金大山变“宝山”

最初，原地质部门探明紫金山金矿可利用的

储量是5．45吨，这5．45吨金对于贫困的革命老区上杭县来说，当时算是一件很了不起的事。长期以来，经济基础薄弱，生产水平欠发达，产业结构单一，一直困扰着这个小山城的经济发展。无疑，5．45吨金让上杭县看到了经济增长、事业繁荣的希望。1998年，上杭县的领导开始全方位考虑如何合理开发好紫金山了。

“创业艰难百战多”。金子藏在大山的泥土岩石里，怎么样把它“掏”出来？时任县矿产公司领导的陈景河苦苦思考着。贫困县多方挤出来的矿山建设资金，一分一厘都是血汗钱；资金不多，但矿山要建设，经济要发展，钱少也得干大事啊！紫金的创业者没被困难吓倒，心底反而升起了一股白手起家、大干一番的豪气。金矿第一期工程建设的投资，按设计部门的设计，至少也要2900万。这2900万从哪里来？向银行借，即使企业两年内利润翻番，也无法支付利息，企业还没发展就背上沉重的债务。但陈景河却“异想天开”地对大伙说：用技术创新去解决这个难题，试一试，不要怕。结果，只用了700万元，就完成了金矿第一期工程建设，生产能力超过了原设计部门的要求，节省了大量的建设资金。看着一克克金子从炉子中出来，紫金人的心里乐开了花！

在成功的鲜花和掌声中，紫金的创业者们，没有小富即安的思想。“一百年太久，只争朝夕”。他们总觉得步子迈得不够大，他们把目光转向露采。1997年11月，紫金又成功实施了千吨级定向抛掷揭顶大爆破，把紫金山的山头来了个“大揭盖”，实现了从硐采到露采的战略大转移，并把矿石的入选品位从1．6克/吨一降再降，到2000年，矿石平均入选品位是0．96克/吨，矿石的采运量和堆浸规模扩大了几十倍，大大提高了工作效率和安全系数。

“只有更好，没有最好”。在紫金人的眼里，金矿还要更好，还能更好。于是，紫金又以创造性思维成功实施了金矿第二期、第三期技术改造，将生产规模成倍成倍地扩大，特别是投资近两亿元的四期技改，各项工程建设已如火如荼进行，一个年处理超千万吨的世界级大矿山将出现在世人面前。

依靠人才，科技创新结硕果

人是生产中最积极的因素。从创造性利用堆浸提金工艺开始，紫金的科技创新就从来没有停止过，科技创新的过程也是不断引进人才、人才发挥重要作用的过程。

紫金以优越的条件、丰厚的待遇吸引全国各类人才，通过媒体的便捷通道，表达了自己求贤若渴的心情。很多人从一则则招聘信息中看到的是紫金干事业的雄心壮志，是紫金更加美好的未来，于是他们一个个加盟紫金，紫金也依靠他们大搞科技创新，把科学技术转化成生产力，推动企业快速发展。

依靠人才，紫金利用重选工艺解决了粗粒金在堆浸过程中难以回收的问题；依靠人才，紫金研制了高温无氰解吸电解设备，改进了黄金提纯工艺；依靠人才，紫金成功开发了金盐产品，填补了国内金盐项目的空白……现在，紫金的《黄金生产废水废气零排放技术应用》及《固定床甲醇氨氧化生产氰化钠》项目被国家科技部列为2000年度科技成果推广项目；《福建省上杭县紫金山铜金矿区西北矿段的金矿地质勘探报告》通过了国土资源部的评审，经确认现已探明可供利用的储量达138吨，紫金山金矿成为国内保有储量最大的特大型黄金矿山；经福建省科技厅评审，《紫金山金矿采空区处理研究》项目达国内领先水平；《生物冶金技术及工程化》项目被列入“十五”国家科技攻关计划；《紫金山金矿低品位物料综合利用项目》被国家科技部列为2001年国家火炬项目；黄金冶炼厂获上海黄金交易所合格精炼厂认证，“紫金9999金锭”被指定为准许进入上海黄金交易所交易的产品……

紫金搞科技创新，并不是什么都自己“单干”，他们很注重与科研院所的友好合作、携手攻关。紫金与北京有色金属研究总院、有色金属设计总院共同开发了湿法冶金工艺，运用这个工艺，铜的品位可以降低1%—0．5%，这样紫金山金矿下部125万吨铜矿的开发就大有可为，紫金还将利用这一新工艺着手进行生产有色金属纳米材料和其它新型粉体材料及复合粉体材料的研究，逐步实现传统矿业经济向新型经济产业迈进。现在，紫金引进的博士、硕士研究生等各类高级人才有53人，各类专业技术人员已超过410人。成立股份有限公司后，紫金定下目标，用五年时间，把公司建设成为国内著名的以矿业为主高科技效益型特大企业集团，实现紫金山金铜矿的全面开发，在难处理金矿开发和生物提铜技术方面取得实质性的重大成果，中西部开发和对外投资规模及效益要超过紫金山金铜矿。

随着科学技术的不断进步，生产工艺的不断更新，紫金把入选矿石的边界品位从1克/吨一直降到0．5克/吨进行了重新圈定，紫金山金矿储量大大增加。2001年8月，国土资源部下达了紫金山金矿矿产资源储量认定书，确认紫金山金矿储量达138吨，是原地质部门探明储量的25倍，使原先认为价值不大，规模较小的金矿床，一跃成为国内著名的特大型金矿床，潜在价值将从4．3亿上升到上百亿元；接着，国土资源部又确认，紫金山可供利用的铜工业储量达146．5万吨，紫金的市场前景越来越广阔，但紫金并不满足摆在自己面前的这块“金铜蛋糕”，他想做的是要把市场的“蛋糕”做大做好，于是，紫金把发展目标指向了西部开发。2001年3月，紫金以绝对优势获得新疆东天山铜矿913平方公里的勘探权。今年，紫金在安徽成立安徽紫金矿业有限公司，在较短的时间里生产了第一桶金，中西部开发初见成效。最近，紫金又加盟了西部的大型铜业公司——新疆阿舍勒铜业股份有限公司。重点研究难选冶金矿的开采利用是紫金西部开发的一个重要内容，为此，紫金在厦门成立了科技股份有限公司，顺应对西部开发的技术攻关，在这里汇集的专家，将充分利用取得的生物提铜技术成果，对西部大型低品位铜矿及其它有色金属进行开发；应用开发紫金山低品位金矿的成功经验，参与大规模低品位金矿的勘查和开发……一句话，紫金要让科学技术成果有所作为，让它转化为生产力，为企业创造利润。

浇铸全新的发展平台

紫金的高速发展引起了矿业界的关注，也吸引着全国各地的参观者和取经者。2001年8月29日，山东蓬莱黄金总公司总裁兼总经理穆范敏一行来到紫金山金矿，了解到紫金把采剥以工程市场化外包方式竞争承包，并节约近一个亿的投资时，他连称：“这个办法真好，体现了紫金的管理创新思路。”

这是紫金管理创新的一个小小的例子，股份制改造完成后，紫金大刀阔斧进行了固定工身份置换和工资制度改革，紫金原来290名国有固定工一次性办理了身份置换手续，全部离开了国有企业的“怀抱”，并依靠健全的社会保障体制让员工走向市场、走向社会，实现劳动力资源市场化。接着，紫金又实施了岗位工资制，把员工的收入与市场接轨，把用工形式划分为高级、中级、基层管理和技术人员以及一般人员等不同级别，建立了全新的市场经济条件下的劳动用工制度。未雨绸缪，紫金人现在就体会到了“双向选择”的滋味，干得好，公司继续聘任你，甚至提拔你；干不好，公司和你说byebye。

2001年9月6日，国土资源部副部长蒋承菘在视察紫金后，高度评价紫金在大规模低品位金矿利用方面开创了国内黄金行业的成功先例，探索出一条在社会主义市场经济条件下，依靠体制创新、管理创新和科技创新建设新型矿山的发展道路，是全国矿业界的一面旗帜。

紫金的崛起，与其说是超常规发展的奇迹，毋宁说是创新的必然，从体制创新、管理创新再到科技创新，紫金发展的每一个足迹都是创新的体现，紫金用创新推动发展，从而创造了一个个紫金“神话”。依靠创新，紫金人尝到了甜头：

2000年，紫金在品位不到1克/吨的情况下，生产黄金4018公斤，选冶综合回收率76%，吨矿综合成本39元，实现利润8500万元，主要经济技术指标达到国际先进水平，真正实现低品位出高效益；

2001年，紫金实现产金超五吨、利润上亿元，在国内黄金行业并不看好的形势下，又创造了一个辉煌业绩，再次坐上黄金年单产居全国榜首的“第一把交椅”；

2001年底，紫金接到国家人事部的正式文件，批准紫金设立博士后工作站。国家人事部称：此举是为了“吸引和培养高层次技术和管理人才，促进产学研相结合，进一步增强企业的科技创新能力。”

创新已成为推动企业发展的最强大的力量，依靠创新，紫金正在浇铸全新的发展平台。

骅骝千里路

——安徽铜都铜业金昌冶炼厂发展历程纪实

安徽铜都铜业金昌冶炼厂

安徽铜都铜业股份有限公司金昌冶炼厂是一个以冶炼、化工为主业的大企业。该厂建于1971年，坐落于长江南岸、铜陵市北郊，占地133万平方米，拥有固定资产3.2亿元，职工3000余人，其生产规模为年生产粗铜6.2万吨，电解铜6万吨，硫酸17万吨，并综合回收和开发黄金、白银、铂、钯、硫酸铜、硫酸镍、硝酸银、粗铋、粗硒、微米铜粉、纳米银粉、磷肥、喷砂磨料等稀有贵金属及副产品20多种，年销售收入13亿元。

近年来，该厂紧紧依靠科技进步，大力实施名牌战略，建设质量效益型工厂，努力塑造企业新形象。其主要产品"铜冠"牌高纯阴极铜质量稳定可靠，铜含量达99.98%以上，而且外观平整无粒子，边缘整齐美观。经国家质量检测中心多次现场采样检验，产品质量达到国内同行业先进水平。1984年和1986年"铜冠"牌电解铜分别荣获省优、部优产品称号；1996年初又在上海、深圳两个交易所同时升格为"一级一类铜"和"升水级"电解铜；同年11月被评为安徽省名牌产品、质量信得过产品、免检产品，金昌冶炼厂也因此被评为安徽省质量最佳企业；1997年，"铜冠"牌电解铜在全国同行业中率先通过ISO9002国际标准质量认证，领取了国际"通行证"；1999年，该厂又通过ISO10012-1计量体系认证，成为全省冶金系统第一家和铜陵市第一家与国际计量标准接轨的企业；2000年9月，该厂又荣获"国家质量管理先进企业"称号，年底，"铜冠"牌获得"安徽省著名商标"称号；2001年3月23日，经伦敦金属交易所(LME)铜委会委员会议决定，正式批准"铜冠"牌高纯阴极铜在LME注册。伦敦注册成功标志着该厂"铜冠"牌高纯阴极铜走向了国际市场。

创业

该厂筹建于20世纪70年代初期，建厂时采用的主工艺相对落后，技术装备水平偏低，留下了许多先天不足，严重阻碍了企业的发展。在困难面前，金昌人没有退缩，他们以大庆人为榜样，以自己无畏的气魄依靠科技进步，坚持科技创新，加快科技步伐，发挥自身聪明才智来推动企业发展。坚持"边生产、边投入、边改造、边增效"的治厂方针，主要走内涵扩大再生产的道路，在企业发展史上铸造了一个个丰碑：1983年增建2号鼓风炉，1985年在全国率先应用密闭鼓风炉富氧熔炼新工艺，填补了有色冶炼生产史上的一项空白。"八五"以来，该厂技改步伐明显加快，其科技含量更高，1991年增建了2100吨烟灰处理系统和年处理150吨阳极泥的贵金属冶炼系统，新建了污水处理系统。从1992年到1999年，这个厂又投入资金2.5亿元，先后完成了3号、2号、1号30吨转炉、Ⅱ期电解、硫酸净化Ⅰ、Ⅱ系统干吸系统的改造、阳极炉改造、硫酸转化Ⅱ系统改造等技改工程。2000年11月18日投资近2亿元的金昌铜系统环境污染治理项目熔炼工艺正式破土动工，为金昌的发展注入了新的生机和活力。金昌人始终把企业每一步的发展作为新一次的创业，他们正是在不断地创业中实现着人生价值，加快企业发展。"铜闪金辉，冶炼昌盛”，他们又向着新的更高的目标迈进。

创新

改革的春风吹遍大江南北，金昌冶炼厂抓住改革开放的机遇，大胆地解放思想，驾起深化改革的风帆，坚持以创新保驾护航。1982年该厂就在经营机制中引入竞争机制，在全厂推行了经济责任制，随后逐步推行和完善了厂长负责制和职代会制度，并废除干部终身制，全面推行干部任期聘用制等重大改革，使企业领导机制适应了企业发展的需要。1992年，该厂又以三项制度改革为突破口，在全市率先实行了全员劳动合同制。1993年，该厂又作出“分离一批、放开一批、独立一批、兴办一批”的重大改革举措。1996年，该厂生产主体的8000多万元资产与原铜都发展公司合并，组建安徽铜都铜业股份有限公司，并在深圳上市，成为中国铜业第一股。同时，根据集团公司“精干主体、拓展两翼”的战略方针，该厂制定了“下岗分流、减员增效”管理规定，先后剥离了生产服务型和社会职能型单位，组建了十多个独立经济实体，使二分之一的职工直接汇入市场经济的大潮。1996年该厂又大刀阔斧地进行了机关机构改革，建立了精干高效的管理体制。目前，金昌冶炼厂正以坚定的步伐致力于实现由粗放型经营向集约型经营的历史性转变。

在实践中创新，在创新中前进。该厂紧紧围绕“挖潜改造、节能降耗、创优达产、加强环保”的16字办厂方针，从严治内，强化管理，把科学的管理渗透到企业行为的各个方面，使企业管理不断深化。近年来，该厂为进一步提高企业管理效能，坚持从企业实际出发，大胆改革，锐意进取，强化现场管理，推选标准化作业，开展“学邯钢、创三优”、“创无泄漏”工厂活动，实施目标成本管理，厂区实行封闭式管理，进一步提高了全员劳动生产率，企业管理的内涵方式实现了新的飞跃。由于企业管理向科学化、标准化、现代化方向迈进，该厂已连续23年杜绝了死亡事故，连续8年杜绝了重伤事故，“严、精、细、实”的管理手段，使企业发展充满了生机和活力。

前进

三十年来，金昌人充分发挥“团结、拼搏、求实、创新”的企业精神，在经济的大潮中搏击风浪，取得了物质文明和精神文明的双丰收，而动力来源便是该厂两级班子团结有力，职工队伍干劲十足，两者形成合力，凝心聚力抓生产的结果。长期以来，该厂党委、厂部坚持以邓小平理论为指导，突出“三个代表”重要思想，从治厂育人入手，不断加强和改进思想政治工作，舍得花钱花时间，舍得感情投入，大力开展创建文明单位活动，培育企业精神，弘扬企业文化，加大“四有”职工队伍培训，谱写了精神文明建设的壮丽诗篇；厂职工教育中心坚持不懈地对职工进行理想、信念、纪律、道德、科学、文化、技术教育和培训；文化体育活动中心既是炼铜人施展自己多才多艺才华的舞台，又是展示新时代产业工人风采的场所；广播、电视、报纸、橱窗等传播媒介，弘扬冶炼厂的主弦律，陶冶着炼铜人的情操，传颂着榜样的风采。冶炼厂在熔铸青铜的同时，也熔铸了新一代炼铜工人，相继涌现出了全国“三八”红旗手、全国新长征突击手、省劳动模范和“五一”奖章获得者等一大批先进模范人物。在日益发展壮大腾飞的工厂这个大家庭不仅有机器轰鸣，而且也有竞争激烈的体育比赛，有欢歌笑语的文艺演出，有格调高雅的书画展览，有孕育人才的朗朗书声，这里到处都是一片生机勃勃的景象。该厂现已步入“市级文明单位标兵”行列，多次被授予省、市、公司“思想政治工作优秀企业”称号；职工培训、计划生育、拥军优属、民主管理、思想政治工作研究会等先后受到省、部级表彰，民兵预备役建设受到中国人民解放军总参谋部、总政治部通令表彰；厂党委多次荣获市、公司“优秀党委”称号。

在发展生产、提高效益的同时，该厂集体福利事业也在不断发展。到2000年，职工人均年收入达到1．4万元，人均住房面积超过20平方米，厂区内电话普及率达85%，鲜花斗艳，绿树成行，草坪茵茵，治安秩序良好，居住环境优美，文明小区的建设使职工拥有一个舒适的休息空间，工作的劲头更足了。

观念决定思路，思路决定出路，该厂党委在抓好职工教育培训的同时，注意引导职工转变观念，解放思想，在经济的大潮中闯荡。按照公司“精干主体、拓展两翼”的发展思路，大力发展第三产业。

分流出去的职工不仅没有抱怨、气馁、产生畏难情绪，反而以不甘人后、奋发进取寻求发展之路。他们先后兴建了感光级超纯硝酸银项目、铂钯提取项目以及与长沙顶力新材料有限公司合资兴建的金中纳米新材料和金顶铜粉加工等产品科技含量高、市场前景好的高新技术项目。目前，该厂“三产”发展已初具规模，形成化工、防腐材料、保温材料、工民用清洗材料、稀贵金属深加工和金属粉末生产、研究等两个系列产业链，产品多达20余种。2001年“三产”实现销售收入达到1．2亿元。

憧憬

2001年底，金昌冶炼厂召开党委扩大会和职代会，制定了该厂“十五”规划和2010年远景发展目标。按照“壮大主体、振兴两翼、强内拓外、持续发展”的思路，力争实现“六个迈进”总体目标，即主体建设向新高度迈进；两翼发展向新领域迈进；企业管理向新目标迈进；科技进步向新台阶迈进；内部改革向新层次迈进；职工生活向新水平迈进。工业总产值到2005年达到161004万元，内部利润到2005年达到9068万元。展现在人们眼前的是一个现代化工厂的恢宏蓝图。如今金昌人又以百倍的干劲投人各方面改革，刻苦钻研业务学习，提高市场应变能力，借入世东风，扩大金昌品牌影响力。

“直挂云帆济沧海”。金昌人不待扬鞭自奋蹄。付出总有回报，金昌人如是说。

金彩一身真情一饰
安盛华部署品牌战略

深圳安盛华实业发展有限公司　阳吉荣

国内珠宝界久负盛名的深圳安盛华珠宝有限公司在今年9月的国际珠宝展上成了业界亮点之一。与此同时，面对国家即将放开黄金零售市场和中国加入WTO的大背景，安盛华公司部署的品牌战略则是业界瞩目的又一亮点。

企业规模引人瞩目

深圳市安盛华实业发展有限公司是经中国人民银行批准并于1999年开业的。公司具有境内外金银来料加工，铂金、珠宝饰品的生产、加工、批发的特许经营资格，还具有兴办实业、中国大陆商业、物资供销的经营权。目前，安盛华有金银珠宝生产厂房5000余平方米，展厅两个1000余平方米，技术工人1500名，加工设备均由意大利、新加坡、德国等地引进。公司下属的六个加工厂中，有四个金银饰品加工厂，一个钻石加工厂，一个珠宝镶嵌厂，并设有两个较大的综合展厅和信息发展中心。

安盛华钻石加工厂是深圳市第一家钻石切磨加工企业，承接境外来料加工，完全按比利时工艺切磨，产品全部销往世界各地。安盛华金银珠宝加工厂加工的产品风格多样，以美式及泰式风格的工艺产品和精湛工艺技术而赢得了广大消费者的赞赏和宠爱，珠宝镶嵌产品紧跟世界潮流，不断创新，新花色、新款式达3000余种，安盛华的黄金饰品日生产能力已达100余公斤。

品牌延伸靠形象导向

安盛华如今已迈过了“生产导向”、“营销导向”阶段，现已进入了崭新的“形象导向”阶段，安盛华的品牌战略已经在深圳部署，并积极向全国扩展。目前安盛华实业正全面导入“CIS——企业形象识别系统”并大力发展连锁经营，“安盛华的企业文化通过企业对内对外的行为活动以及系统化的视觉识别设计传达给社会大众，得到了社会的认可，从而打造出具有安盛华特色的企业形象”。“安盛华”商标是由3个黄色的“9”组成，形体结构似“a”，正好是“安盛华”三家拼音首个字母的隐形。标识中的“9”又象征着黄金99.99%的纯度，完全可体现安盛华的品质优良可以信赖。这个标识在形状及视觉上以符合中国传统的团圆形式来表现，表达企业沿承的传统文化。颜色选用中国传统的黄色表示富贵、吉祥。“金彩一身，真情一饰”是安盛华的广告语，象征着安盛华的真情实意，装扮每一个人永远幸福，金彩一身。

目前，“安盛华”通过形象导向已向着商业化、国际化的市场目标迈进。

资源整合迎未来挑战

中国已加入WTO，国外一些著名珠宝品牌将在品牌推广、消费引导、款式设计、人才争夺等多方面对国内珠宝企业形成资金、技术、营销领域的绝对竞争优势，那么在此之前，国内珠宝企业应在现阶段大力加强员工培训，引进设备，更新观念，大力推广中国自有珠宝品牌，全力打造具有雄厚竞争实力的民族品牌。安盛华在这方面所做出的努力和探索值得借鉴。

（一）加强企业人力资源储备

任何企业的发展都离不开人的因素，人才可决定一个企业的兴衰，安盛华为了保持企业的高速发展和保持强大的企业竞争力，每年都要从高校招聘应届毕业生补充到公司来，每年都抽调员工进行再培训。

（二）控制企业成本

未来企业在市场的竞争中，谁能控制成本，谁就能最终赢得市场。安盛华在企业经营成本的控制所取得的成绩可说是业界瞩目。面对现在行业内不断恶化的加工费降价大战，安盛华一方面调整自己的经营思路迎接挑战，一方面在确保加工品质的情况下对工艺流程不断的改进，对管理机构进行精简，还花重金引进先进工艺设备以缩短工艺流程。

（三）资源整合共享

安盛华下属有多家加工厂，安盛华把以往分散经营的各个企业集中重新整合，在设计、原料、技术、设备、营销、厂房、人员等方面实行资源共享，这样的结果是原先需要大量精力、物力去经营的东西现在都好解决了，企业效率提高了，经营成本降低了，首饰款式多了，企业的竞争实力得到了充分展现，员工的积极性得到了充分的发挥，安盛华的整体实力得到进一步的加强。

（四）生命力在于创新

世界在进步，全球各类企业的技术产业升级和转型也将风起云涌，为了保证安盛华的竞争优势，安盛华设立了一系列的企业奖励政策，如鼓励员工对现有的工艺流程、款式设计、企业管理提出各种改进措施，加大对高科技的生产工艺的应用，加快企业的电子商务步伐建设。

前进中的深圳邮政储蓄

深圳市邮政储汇局林茂新

像特区的许多其他事业一样，深圳邮政储蓄伴随着特区的成长而成长。1986年蹒跚起步，从当年的几个柜台发展到如今遍布全市的79个邮政储蓄所，1990－2001年存款余额年增长率达68.18%，用户量年增长率达54.84%。在短短的16年中，深圳邮政储蓄走过了从无到有、从小到大的发展历程。今天，它已经成长为一个拥有现代化的技术装备和科学的管理手段，业务范围涉及金融、证券、保险、电子商务等领域，在个人储蓄业务、个人理财业务等方面独树一帜的邮政金融机构，其特有的平易近人、全面周到的服务形象已经深入广大市民特别是外地劳工（占特区人口60%以上）的心中，成为外地劳工存款、汇款的首选机构之一。

开拓经营篇

深圳是我国重要的经济金融中心之一，金融竞争异常激烈，深圳邮储要想求得生存、得以发展，就必须转变经营观念，发挥自身优势，展示本身特色，不断发展新型业务，使邮政储蓄在金融市场上独树一帜。在对市场充分了解后，他们发现外来流动人员虽然占了特区人口的大部分，但由于其流动性大、储蓄余额相对较低，未能得到金融机构足够重视。而这部分用户对邮储业务有稳定的需求，如果以此为业务市场开拓的基点，提供具有邮电特色并适合外来人员使用的服务，就能够吸引广大的外来人员选择邮政储蓄。因此，邮政储蓄从创办之初，就将自己的服务宗旨定为：贴近市场，贴近市民，一心一意为广大市民提供优质的个人金融服务。

1993年，深圳邮政储蓄开发了本地计算机网，在全市范围内实现了由电脑操作代替手工劳动，网点之间通存通兑，这在全省乃至全国邮政储蓄中都处于领先地位。计算机的广泛应用使邮政储蓄发生了根本性的转变，首先是改变了手工操作的落后局面，提高了工作效率，更为重要的是为发展代收代付业务奠定了基础。在技术条件基本成熟的情况下，他们重点发展了代收手机、电话费业务，经过几年的不懈努力，目前，代收话费业务在深圳的市场占有率为50%左右，正逐步成为深圳市最大的话费缴纳中心；1995年，邮政储蓄又成功地由本地网向广大省邮政金融网转移，在全省67个县市实现了通存通兑，成为当时全省覆盖面最大、联网网点最多的储蓄网络；1999年，省邮政金融网顺利完成二期扩容工程，邮政储蓄实现了全省100个市县的近1500个营业网点、500台ATM的通存通兑，联网规模进一步扩大；2000年邮政储蓄实现了全国16000多个储蓄网点联网，邮政绿卡全国通存通兑。

在网络得到不断完善的前提下，他们积极依托金融网，实现与其他行业强强联手，促进储汇业务的快速发展；他们先后推出了代理移动局和联通公司的移动电话放号业务；加入“金融联”ATM网络，全市99台邮储ATM机均可为市民提供跨行服务，提高了绿卡的竞争力；加入“金融联”POS网络，打破了用户必须携带现金消费的限制，用户在深圳可刷卡消费；开办网上支付卡业务，为电子商务网站和物流配送公司提供汇款、网上银行等支付方式，介入新兴的电子商务市场；开办邮储“银证通”业务，实现邮储存折直接炒股；开办代理保险、代理彩票、代发工资、代收水电费等新型业务，取得了较好的经济效益。储汇互转业务是邮政储蓄的另一大特色。把邮政储蓄和邮政汇兑有机地结合起来，使两者相得益彰，不仅可以节省汇兑的点钞环节，避免假钞危害，提高工作效率，而且也可以利用深圳汇款最大的特点增加储蓄余额。早在1993年，他们就推出了汇转储、储转汇业务；1996年，又把这两项业务重新组合，赋予全新的内涵，推出了凭邮政储蓄卡/折在POS终端汇款和入账汇款业务。利用POS终端汇款是一项创新，它不仅把储转汇业务推向一个崭新的阶段，同时也是POS终端应用于其他领域的大胆尝试和有益探索。

1997年以来，深圳邮储本着为广大储户提供功能丰富、手段先进的新业务的宗旨，大胆开发了一系列富有创新意义的电子化金融产品：在电话银行系统中，开办电话汇款、邮储200卡，电话缴费、股票保证金转账业务，融先进的电话语音交易系统与传统邮政储蓄、邮政汇兑、电信业务于一体，充分发挥了储汇结合、邮电结合的优势；基于邮政储蓄自助服务系统创建了“流动邮局”，到宝安、龙岗等乡镇工厂上门服务；紧跟无线通讯技术革命的新潮流，开发“移动银行”，实现移动电话办理各项金融业务。在全国、全省范围内，还推出了入帐汇款，特快入账汇款、礼仪汇款、国际汇兑等新业务品种，丰富了业务种类，为储户提供了更快捷、更安全、更保密的多项选择。

科技管理篇

科学的管理是深圳邮政储蓄实现经营目标，走向成功的重要保障。深圳邮政储汇局领导班子一直遵循一手抓经营、一手抓管理的原则，十六年来不断改进管理方法，调整经营策略，使深圳邮政储蓄的管理逐步走向科学化、规范化、系统化。

资金安全一直是金融管理中最重要的工作。在做好金融服务、资金安全管理的事后监督的同时，他们更加注重事前、事中监督。对大额支付、挂失补折等业务处理增加证件核对程序和授权控制，严格执行现金和重要空白凭证盘点制度、现金监封制度等等，堵塞漏洞，消除隐患。

注重人力资源的开发和利用。深圳邮储事业的发展，有赖于高质量的决策人员、管理人员和高素质的员工队伍。他们建立了公开、公平、公正的用人机制，并坚持“以人为本”的人力资源管理原则。他们按市场经济规律和管理科学的要求，重新实施定岗、定员，对部分重要岗位进行公开招聘，实现人力资源的优化组合。同时加强对各岗位人员履行职责情况的考核，实行黄红牌制，彻底打破“铁交椅”式的用人制度，构建能者上、平者让、庸者下的劳动用工机制，充分调动全员的工作积极性。深圳邮储要求员工以“慎独、厚德、勤奋”自勉，并为员工提供多方面的培训、学习和发展机会，努力使员工具备高尚的职业道德、良好的职业素质和出色的专业技能。

从1991年开始，深圳邮储就开始实行岗前培训制度和持证上岗制度。如今受培训人员已由单一的营业员发展到营业员、管理员、技术员、储蓄所主任等多个层次，培训内容已由原来简单的业务知识发展到业务知识、电脑操作、经营管理、市场营销、财务管理、金融保险、证券投资、企业咨询等各个方面。经过十几年的不懈努力，邮政储蓄从业人员的素质已有了根本性的转变。也正因为有了这支政治强、作风正、懂经营、善管理、精技术的员工队伍，深圳邮储的各项事业才得以快速发展。

优质的服务永远是企业的生命线。深圳邮储树立“服务第一、信誉第一”的思想，在树立企业形象、端正行业作风上加大投入。他们建立了柜台服务、流动服务、电话银行服务、移动银行服务、自助银行服务等相结合的服务体系，推出了限时服务、窗口有声服务、按用户要求的面额付款等多项措施，今年深圳特区内邮政储汇实行专业化经营管理，他们对特区内所有邮政储蓄所进行了大规模的形象改造。委托专业公司对储汇形象作整体策划，全面提升邮储形象；把一些基础好、位置佳、收入高的储蓄所努力建设成服务优良的“精品网点”，树立邮政储蓄在公众中的良好形象。他们还从营业环境、服务标准、服务监督等各个方面，执行统一的营业规范，使服务质量得到了显著提高，优质服务走向规范化、长期化。

十六年来，深圳邮储坚持有计划、有步骤地对邮政储蓄的外部营业环境进行改造，对内部管理机构进行改革，向邮储创办初期的基本目标迈进了一大步。面对二十一世纪中国加入 WTO 的机遇与挑战，深圳邮储将继续扎实做好固本培源的基础工作，以更强的实力迎接挑战。

科技进步篇

科学技术是第一生产力，这是不可磨灭的真理。科学技术发展不仅满足了邮政储蓄业务的需要，同时又为邮政储蓄业务的不断发展提供了更为广阔的天地和更为有力的工具。当今商业银行为适应计算机、通讯、网络等技术迅猛发展对社会生活的冲击，满足居民理财需要，进一步加快了业务处理电子化、网络化、自助化的步伐。为跟上金融业发展的潮流，深圳邮储坚持实施“科技兴储”战略，加大科技投入，努力缩短邮政金融与商业银行的差距。

从 1992 年开发邮政金融计算机网开始，邮政储蓄技术的进步可以说是日新月异。1995 年完成了主机的升档扩容工作，并成功地实现本地网向省网的转移；1996 年起陆续在全市安装了 99 台自动柜员机，建立了集汇款、消费、交纳电信资费等功能于一体的 POS 系统；1997 年开发了电话银行系统、自动催缴电话费系统、200 卡金融划拨、股票保证金转账业务等多个项目；1998 年进一步完善电话银行系统，开发了自助服务系统；1999 年，完成了邮政储蓄金融网二期工程，使金融网的功能进一步完善，联网范围扩大深入到全省各乡镇的 1500 个网点，这为后来邮政储蓄实现全国联网打下了坚实的基础；2000 年深圳邮储加入了“金融联”跨行 ATM 系统，邮储绿卡可跨行交易，加强了与银行同业的合作与竞争；今年邮政储蓄又加入了“金融联” POS 消费系统。截止 2001 年 10 月，深圳邮储在全市拥有 79 个全国通存通取网点，99 台 ATM 机，遍及市区主要商业中心和住宅区，深入到宝安、龙岗各镇及工厂区。邮政储蓄基本上实现了由劳动密集型向技术密集型的转变，在电子化、网络化的道路上迈出了一大步。

涓涓细流，汇聚成川；海纳百川，有容乃大。深圳邮储秉承“每天前进一步，永远真诚服务”的服务宗旨，正朝着全面的专业化个人理财金融机构稳步前进。他们表示有信心、有能力，为深圳的广大市民提供更多、更好、更贴心的金融服务！

浅析我国保险市场对外开放的对策

海南通汇保险代理有限公司 周建辉

自1996年以来,我国为恢复关贸总协定缔约国地位和加入世界贸易组织进行了艰苦卓绝的努力。复关和"入世"所进行的工作及取得的成就,已经并将继续对我国经济与社会产生深刻影响。在中国加入世界经济体系过程中,作为金融服务业之一的保险业,既面临着重大的历史发展机遇,也面临着严峻的国际挑战。稚弱的民族保险业如何面对国际保险巨头的竞争,是业界应当注意的重大问题。

(一)我国保险市场的现状及存在的问题

首先,我国保险市场仍属未经开发的市场。中国的保险公司屈指可数,它们虽占据全国80%的市场,但中国的保险密度仍然只占国民生产总值的1.55%,不足世界平均保险密度(4%)的一半。英国一家跨国保险公司上海办事处的一篇文章指出:"中国目前在世界非寿险业中所占的比例还不到1%,比起经济发达的瑞典和芬兰差距更大。从另一角度看,中国每年资本保险费人平均不到12美元,而发达国家平均年资本保险费却有200美元。其他如马来西亚为181美元,台湾为679美元,新加坡为1191美元,美国为2350美元,日本则为5100美元。"直至1998年9月底止,中国保险业的总资产为1990亿人民币,这统计数字反映中国保险市场仍然是一个未经开发的市场。

其次,我国由于经济仍不发达、经济体制改革及一些历史原因,保险市场仍不健全。具体而言,我国保险业目前存在的突出问题是:

1. 由于我国经济发展中"低通膨胀"战略的成功实施,保险市场有效需求不足。相对而言,保险供给相对过剩,出现了按保险资本金计算的"供给大于需求"的现象,在沿海经济发达地区,这种现象尤为突出,从而造成空前激烈的保险市场竞争,甚至引发了恶性竞争和市场混乱。

2. 再保险体系尚未建立。作为保险市场的重要组成部分,再保险是实现保险业风险分散和转移的必要手段,对一国保险业的稳定、持续发展起保障作用。但因我国保险业发展的历史原因,更由于缺乏资金、技术、人才和组织管理经验,目前尚未建立与直接保险市场配套的再保险市场体系。

3. 由于保险法律体系尚不完善,保险监管机构、人员、力量相对薄弱,保险监管方法滞后,特别是由于缺乏与国际惯例接轨的再保险市场体系,从而难以对各保险人形成公平、公正且有力的技术约束,造成保险监管不科学,难奏效,对保险业的监管尚处在实体监管阶段,管得太严,统得过死,严重制约了市场竞争和保险业的发展。

4. 我国保险业无论是在承保技术、管理水平、产品创新、人才素质,还是在承保实力等方面,都与国际保险业发达国家存在一定差距,特别是由于我们在参与国际市场的再保险方面积累的经验较少,在再保险市场组织能力方面的差距更大。

以上问题决定了我国保险市场必然要对外开放,学习国外的先进管理技术,同时引入竞争。自1992年许可美国友邦进入我国市场以来,至今已有200余家外国保险公司或直接进入,或在我国设立营业代表处。然而,由于对开放我国保险市场的认识尚不深刻,加之对开放的"度"和开放的方法缺乏基于本国实际的科学策略，使我国保险市场的对外开放存在着诸多问题。表现为：

1. 把对外开放等同于单向引进外资保险公司。无论是法律、政策的制定，还是舆论宣传，都倾向于构筑吸引外资公司进入我国市场“环境”，而缺乏走出去的意识和政策引导，更没有与走出去相配套的法规。

2. 把开放等同于开放我国的直接保险市场，而没有充分考虑与之相配套的再保险市场的开放和构建，对保险市场的结构平衡、保险业自身的风险保障机制重视不够。如我国在短时间内引进了一批外资产、寿险公司，由于这些主体直接参与分割我国的保险市场，造成了目前我国保险市场上供大于求的局面。

3. 把保险业的繁荣与保险公司的数量相等同，在短期内引进了一批实力远远超过国内保险公司的外资保险公司。如在 1992 ~ 1998 年不到 6 年的时间里，在我国开业的外资公司已达到 9 家，境外保险公司在我国设立的代表处已近 200 家。这些中国保险市场上的“潜在主体”，目前已开始在人员分流、市场分割、价格竞争等方面对民族保险业形成冲击。作为一种极端情况，如果这些公司都获准在我国开业，对民族保险业的冲击将是致命的。这方面，旧中国保险业发展的教训值得我们汲取。

4. 由于资本的趋利本性，外资保险公司在时机成熟时必然会充分利用其在华建立的机构，以参股、购买我国保险公司股票、收购我国保险公司等“隐形进入”手段，渗入我国保险业或其它经济部门，从而对国家的经济安全构成挑战。

(二)我国保险市场对外开放对保险业的影响

总的来说，中国加入 WTO 后对保险业的发展是积极的，有利的方面主要表现在以下几点：

1. 利于扩大保险市场。引进外资不但可以带来资金，还可以扩大整体承保能力及扩大保险业的社会影响，以及公众的保险意识，刺激保险市场需求。

2. 利于中国保险业体制改革和增长方式的转变。外国公司参与竞争，可以促进中国公司建立适应市场竞争需要的竞争体制，缩短与国际保险公司的差距。同时，可以引进先进的管理架构和管理经验，加快中国保险公司从粗放型向集约型的转变。

3. 利于完善保险法律法规体系。制定相应的保险法律法规，改善和提高监管水平。

4. 利于中国保险业加快国际化进程。从长远角度看，有利于开拓国际市场。中国加入 WTO 后，保险市场格局将有所调整：外资公司数量进一步增加，份额进一步扩大；保险公司人才短缺，流动性普遍，职业经理队伍加速形成；新的保险公司组织形式、新产品、新服务将出现，并向专业化、国际化发展。

加入 WTO 后对保险业产生的主要不利影响：

1. 加入 WTO 后我国将逐步开放保险市场，我国保险市场的主体和配套服务的保险代理公司、保险经纪公司、保险公估行等保险中介机构会不断增加。外资公司会利用其先进的技术、丰富的管理经验及雄厚的资金实力争夺市场，在激烈的竞争中，中资公司市场所占比例将会逐步下降。

2. 外资保险公司进入我国保险市场后，管理人员和专业技术人员将大多从本地聘用。外资公司优厚的待遇、灵活的分配机制、良好的培训条件和用人机制会吸引国内的保险人才，国内保险公司的高级管理人员及业务骨干的流失问题必将进一步突出。

3. 国际金融保险业综合性经营发展趋势的影响。当前国际金融保险业出现了重组、合并等趋势，已由过去的分业经营趋向综合经营。这样有利于降低经营成本和增强抗风险的能力，而我国金融保险业尚处在分业经营阶段，境外保险公司的综合性的经营方式将对我国保险业目前的经营方式形成挑战。

4. 外资公司先进的信息技术、管理技术的挑战。目前，国内除个别中资保险公司在办公自动化、业务处理、财务核算等方面采用了计算机网络化集中管理体制外，绝大部分仍然处于较落后状况，经营管理粗放，并潜藏着经营风险。这也将影响中资保险公司的竞争能力。

5. 中国"入世"后,中资保险公司将与外资保险公司一起平等参与市场竞争。外资保险公司低费率将对中资保险公司构成威胁。目前我国保险市场的平均费率明显高于保险业的平均费率。这种过高的保险费率已严重削弱了国内保险企业的竞争力,"入世"后将经受外资公司低费率的冲击,中资保险公司的平均利润率将会进一步下降。

6. 我国的资本市场尚处于培育和发展期,由于种种原因,目前保险资金运用渠道较窄,难以使中资保险企业的资金运用达到较高的水平。随着竞争的加剧,成本的上升,平均利润率的下降,提高保险资金运用效益的问题显得十分突出。

(三)对策与措施

政府部门、保险监管部门作为市场监管主体,在开放保险市场、统一保险企业税赋以及放宽保险资金运用渠道等方面应当作进一步研究改进,为中外保险公司创造公平的市场竞争环境。

首先,要保持清醒的认识和充分的思想准备。结合我国国情,从战略的角度来思考中国保险业的总体发展框架,近几年中国保险界已对加入世界贸易组织可能产生的影响给予重视,但对国际保险市场了解不多,"入世"后,等待观望的心理仍未摆脱。我们应该深入研究 WTO 有关服务贸易的条款规定,同时也加强总结开放保险市场中的经验教训。中国保险业人士应有一种紧迫感和危机感,彻底转变观念,只有未雨绸缪,才能有备无患。

其次,根据我国的具体情况,有计划、有步骤地开放保险市场。由于中国保险业恢复时间不长,在计划经济向市场经济的转变过程中,整个体制仍难以满足"入世"的要求。因此,为了培养我国企业的竞争力,应该以积极的态度扶持国内保险企业,先使本国保险业在有一定开放度的国内市场中得到锻炼,才有可能应付国际市场的激烈竞争。在现阶段,我国保险企业要进入国际市场的难度较大,不过在国际上可以以兼并、购买股份等形式逐步渗透。

最后,在保险市场开放上,应设置必要的防线,根据《服务贸易总协定》有关条款的规定,采取国际惯用方式:

1. 在开放险种上,应采取逐步放宽的原则。首先,在货运保险方面,可先期开放咨询、风险评估、索赔等辅助性保险服务;其次,在财产保险方面,将外资保险业务的范围限制在从外币业务开始,以后逐步放宽;最后,在人寿保险的开放方面应慎重,由于其业务期限长,资金量大,在资本市场中起着重要的作用,应在严格管理条件下逐步开放,提倡以中外合资形式引进外资寿险公司,并由中方控股。

2. 在开放地区上,对外资保险机构的设立采取逐步开放的原则,在逐步开放特区及沿海城市的同时,提早引进少数外资公司到中西部地区试点,这样不仅可以促进落后地区资本市场的发育,也有利于其经济发展。

3. 在开放数量上,应采取有计划、有步骤地引进外资企业的方针,如每年开放若干家,在众多的申请者中,依据国际权威机构的评估择优引进。

4. 在对象选择上,应考虑国别原则、对等原则、资金实力、知名度、信用度以及历史上与我国合作情况等因素,作出合理选择。

5. 在费率执行上,一般险种必须遵守我国保险监管部门或保险同业公会的统一规定,不准超越允许的费率浮动幅度争抢业务。对特殊险种或个别保险标的,则可由保险人自定费率,但需向监管部门或同业公会备案。

6. 在税收政策上,既要遵循"国民待遇"原则,又要努力维护本国利益。目前,我国保险企业的税赋过重,由此造成保险市场供给价格偏高。这种情况使我国保险企业的发展面临困境,保险业务的广度、深度难以得到提高。面对外资、合资保险企业的低税率制,中国保险企业在竞争中处于十分不利的地位。因此,建议降低并统一税率。最后,深入研究国内保险企业的资金运用问题,适当拓宽保险资金运用渠道,增加保险投资收益,以提高国际保险业的竞争能力。

保险企业作为市场主体,应从自身的努力着手,通过转变经营观念,转换经营管理机制,增强综合竞争力，按照市场规律运作。笔者认为，我国保险企业要提高参与竞争的能力还应实现六个方面的“转变”，提高整体竞争力。

1. 粗放经营向集约经营的转变。中资保险机构突出的问题就是现代企业经营机制的欠缺。从长远发展来看，中资保险企业要获得国内市场竞争的胜利，进而参与国际市场的竞争，经营方式上应由粗放型向集约型转变。一部分保险企业正在经历着从计划经济体制向市场经济体制的转变，粗放式经营、恶性竞争、违规作业等现象时有发生，那种不计成本、效益，重保费、轻管理的粗放经营方式如同慢性自杀。中资保险公司要提高综合实力，增强市场竞争力，应加强内部管理，实现集约化经营，采取现代管理技术、方法和手段，健全内控机制，实现业务运作的规范化、专业化，强化人才管理、业务管理、成本管理、资金管理，促进企业的持续健康发展。

2. 实现经营管理者和员工队伍素质的转变。“人才”资源是第一资源，是最重要的资源。保险业的发展必须高度重视知识、重视人才，改革现有人事制度、分配制度，建立灵活的激励约束机制，集中人才、技术、资金，选取自己发展的定位和竞争策略。不提高保险公司高层管理者的素质和经营管理水平，就很难适应今后市场竞争，因此，要建立系统化、制度化的培训计划，造就一支既懂经营又善管理的跨世纪、高层次的经营管理者队伍。同时要花大力气、下大功夫培养一支训练有素、勤奋进取的员工队伍，才能在未来竞争中立于不败之地。

3. 加大科技投入，提高保险业的科学技术含量，增强竞争力。目前，相当部分保险公司的经营仍停留在分支机构小而全的粗放型经营，经营风险控制能力不强；科学技术的含量较低，与国外保险企业相比差距较大。先进的保险技术是竞争力的重要因素，因此，应加大科技投入，运用电子技术推进保险经营管理的信息化、网络化，提高保险业科技含量已是当务之急。

4. 实现保险产品不断优化创新的转变。保险所提供的是一种特殊服务，也是一种特殊商品。其市场竞争必须要符合市场经济规律的要求，必须以市场为导向，加大保险产品的开发，依靠产品本身的技术创新占领市场。目前我国的险种内容尚不丰富，难以满足经济发展和居民多层次的需要。不断优化创新保险产品是保险业竞争策略的重要内容。应十分重视保险产品的开发工作，当前，尤其要开办与市民密切相关的保险产品，配合养老、医疗、住房等各项改革，拓宽服务领域，扩大保障范围。

5. 探索保险营销体制的改革，实现营销方式的转变。目前，保险公司的营销主要形式有自营和代理两种。近几年保险代理人及其业务发展较快。保险公司代理业务占自营业务的比重明显上升，已成为保险公司拓展市场的重要途径，随着今后经纪人公司的出现，营销方式又将会有新的变化。在与外资保险机构在许多方面还存在差距的情况下，中资保险机构参与市场竞争的最大优势就是经营网络。当前应学习海外保险企业的营销技术和经验，根据我国的实际，不断探索营销体制的改革创新，加强对代理机构、代理人队伍的建设，提高网络的经营管理水平。同时，还要积极探索网上销售保险的新的营销方式，不断推进保险营销方式的多元化、多渠道化。

6. 转变观念，转换经营机制。要加快我国保险企业的改革，促进经营理念的革新，尽快建立既适应 WTO 运作机制要求，又符合社会主义市场经济特点的企业经营机制，特别是在用工制度、收入分配、生产要素流动等方面探索改革。推行竞争上岗制度，不拘一格选用优秀人才。建立多元化的工资分配机制，积极探索工资分配市场化的办法，对企业的主要经营管理者，明确责任和义务，实行工资收入与年度工作目标和业绩挂钩，逐步推行年薪制。同时，应改进考核机制、分配机制和激励机制，创造良好的催人奋进、助人成长的环境和氛围，留住人才，鼓励人才成长。

培植核心实力　力争持续发展

——建设银行大连经济技术开发区分行提高经营管理水平工作纪实

建设银行大连经济技术开发区分行杨成宽戚宇

中国建设银行大连经济技术开发区分行成立于1984年10月，位居改革开放的前沿和“窗口”，作为隶属于大连市分行的二级分行，历经了三届领导班子，有过辉煌的经营发展历史，也曾饱尝粗放式经营所带来的“苦果”：至1999年末，分行市场经济持续下滑，不良资产比率居高不下，利息实收水平极度低下，累计亏损5041万元，员工队伍士气低迷，经营管理考核在大连市分行18个基层行中排名倒数第一，真正成为了“老大难”单位。1999年末，新一届领导班子上任后，努力开拓，奋力拼争，积极在困境和改革中培植、强化经得起冲击和考验的能力；在经营中力求突破瓶颈阻塞，不断提升经营收益能力；在管理中立足构建和营造浓厚的企业进步文化氛围，在调控和突破中谋求并取得了持续发展，使分行核心竞争实力不断增强和壮大，使一个深陷困境的国有商业银行焕发了生机与活力。2000~2001年，该分行领导班子连续被大连市分行党委评为经营管理一等奖，党总支被评为先进基层党总支，综合考核排序也由倒数第一跃进至前列。2000年，该分行党总支书记刘广义被评为全国建设银行思想政治工作先进个人；2001年，刘广义同志又被中央金融工委授予全国金融系统“五一劳动奖章”。

（一）培植核心实力，就是要强化经得起困境、改革和利益调整考验的能力

1999年末的中国建设银行大连经济技术开发区分行，正处于成立15年来的最低谷：分行的市场份额持续下滑，存款只有12．9亿元，原有的支柱性客户群体已经开始动摇和萎缩；贷款余额12．1亿元，虽经过一定程度的剥离，不良资产比率仍然高达84%，利息实收水平极端低下，利息实收率仅有20%，累计亏损5041万元。更为严重的是，分行机构臃肿，冗员繁多，22个部门造成推诿扯皮现象层出不穷，人心涣散，士气低迷，高层次专业人才宁愿不要人事关系也纷纷“跳槽”，分行上下既无奈又无力，经营管理工作举步维艰。

1999年12月18日，建设银行大连市分行党委选派具有使后进转化为先进突出业绩的原西岗支行党总支书记、行长刘广义同志担任开发区分行党总支书记、行长，组成了新一届领导班子。面对重重困难和压力，“一班之长”刘广义同志多次在班子和党员会上强调：“340名员工在盯着我们，越是在困难时期和关键时刻，越应该体现出共产党员的本色和班子的战斗力。”上任伊始，他带领班子马不停蹄地进行了一系列对市场、对本行的调研，经过认真细致和审时度势的调研论证，2000年初，分行领导班子提出了“内强素质，外树形象，提高综合经营管理水平”的总体思路和三年规划，吹响了“一年脱困，二年争先，三年创优”的进军号。分行同时提出主动加快改革步伐，加大改革力度，依托改革来冲破两个“瓶颈”，以求得生存和发展的实质性突破。一是加快扁平化改革进程，通过裁撤机构，精减冗员，提高效率来打破人心士气低迷，员工出工不出力的“瓶颈”，达到稳定队伍、恢复信心和士气，不断提高办事效率，适应市场竞争的

目的。2000年下半年，分行经民主酝酿，借助“扁平化”改革的有利契机，裁撤机构12个，从22个压缩为10个，精减实职科级干部26人，保留17人。在2001年初全员定岗定编和定员的实质性阶段，分行辞退临时工16人，一次性解除劳动合同38人，加之“内养”和分流及调出人员，分行减员160人，员工从340名压缩至180名，积极稳妥又十分成功地解决了历史遗留难题，受到了大连市分行党委的高度肯定，称之为“大连行人事改革一大贡献”。通过这次机构和人事改革，分行成功地将全员划分为柜面业务、客户经理和支撑保障三个层面，牢固地树立起了行长为员工，二线为一线，全员为客户的管理和服务理念，形成了精干、高效的运营机制。同时，通过班子对事业的真心投入，换来了职工对分行的真情回报，员工的责任感、敬业心增强了，集体的力量得以充分蕴育和发挥。二是加大经营机制的改革力度，以不良资产的化解为突破口，冲破不良资产居高不下、利息实收水平低下对业务经营的“瓶颈”制约。两年来，开发区分行通过层层签订责任状，建立健全科学合理的激励约束机制，加快了不良资产的化解进程，分行领导班子主动承担起多年遗留下来的大户“顽贷”的不良资产化解工作，并取得显著成效。截至2001年末，开发区行的不良资产比率已经由1999年末的84%下降至33%，利息实收率由20%提高到75%，业务经营局面明显得到改善。开发区分行在大连市分行季度综合考评排序连续递进，已经跃进前十名，分行焕发出勃勃的生机与活力。

在困境之中，开发区分行通过积极稳妥地推进改革，取得经营管理工作的不断突破，领导班子作为分行的核心和关键，起到了举足轻重的作用，班子经受住了困境和改革的考验，经受住了利益快速调整的考验，班子勇于进取，知难而上，科学决策的能力得以锻炼和提高，分行的核心实力得以充实和加强。

（二）培植和扩大核心实力，就要在业务经营上取得突破，明显提高综合收益能力

经营工作是商业银行永恒不变的主题，商业银行的核心实力也主要在适应市场、竞争市场、不断追求效益最大化上体现出来。2001年，在完成机构和人事改革，各项管理工作逐渐走上正轨的基础上，建设银行大连经济技术开发区分行加大市场营销力度，不断追求金融创新，努力提高中间业务收益水平，管理思路向财务成本管理转变，从根本上扭转了业务停滞不前甚至大幅下滑的局面，使得综合收益能力显著增强，培植和扩大了核心竞争实力。

在加强市场营销力度上，开发区分行强化了市场调研工作，注重培植优质客户群体，使得资金实力不断得以提高和扩大。2001年，分行针对区内三资企业、同业状况以及新签订招商引资项目进行了五次有针对性的市场调研，每月定期召开经营形势分析，同时采取现场办公会等形式，筛选了一批优质客户作为主攻方向，对重点客户实施了差别化服务战略。对大型企业，开发区分行配备了专管员和专车，全天候和全方位进行上门服务，对在银企合作中出现的重大问题，班子“一把手”担当起了专管员角色。分行还通过追加授信来进一步牢固银企合作基础。在加强银企合作的同时，开发区分行力求充分运用业务优势、网络优势和技术优势，主动出击市场，全面加强同高校的合作。2001年，分行运作、实施了同大连大学、大连民族学院、大连翻译进修学院和艺术学院的银校合作，8月份至10月份，仅为几所高校代收学费即达4800余万元。

资产质量低下是开发区分行提高经营效益的主要障碍，提高资产质量、化解不良资产成为开发区分行一项长期而艰巨的任务。2001年，分行一是严把组织关，强化集体决策，严格贷前审查，所有新发放贷款全部采取抵押方式，确保新发放贷款全部为优质贷款，利息实收率为100%；二是千方百计化解不良资产，通过法律

诉讼、偿债物变现、变更担保以及签订还款协议等方式和手段，加大不良资产的回收力度。2001年，开发区分行成立了由刘广义行长负总责的“清贷压缩不良资产办公室”，抽调了6名有多年信贷工作经验的精兵强将来加强不良资产的化解、核销工作，通过逐步清查、搜集、整理资料等艰苦的工作，2001年完成不良资产核销1358万元。

中间业务在现代商业银行业务经营中占有着越来越重要的地位。相对于存款和信贷这两项传统业务，开发区分行的中间业务长期以来基础差、底子薄、收益低。2001年，分行有针对性地加强和夯实了中间业务基础，提高了中间业务的收益水平。首先分行领导班子带头贯彻执行国家金融政策法规，坚持依法经营，确保业务经营合法性、真实性，杜绝了各类金融风险。同时，又致力于金融品种的不断创新，开办了银证联、银证通等代理证券清算资金结算业务，推出了速汇通、网上银行以及95533客户服务热线等，获得了客户好评。其次是通过加大国际业务工作力度，促使国际业务取得长足进展。2001年，开发区分行除外汇存款较年初有较大增长外，国际结算业务量首次突破4亿美元，达到4．2亿美元，同比增长9120万美元，增幅达28%，位居大连市分行首位，完成结售汇1．67亿美元，同比增长51%，通过国际业务，实现利润24万美元。住房金融业务一直是建设银行的品牌业务，2001年，开发区分行调整了住房金融业务重心，加大了政策性业务力度，注重了个人住房贷款的质量和风险防范，使得这一品牌业务继续得以稳健发展。

2001年，开发区分行进一步坚持以财务管理为核心，加强了对负债成本和费用开支的有效控制，树立节约就是增盈的思路，努力减少机会成本，提高费用利润率，不断增强了收益能力。首先加强资本性支出管理，尽力压缩无效、低效资产，提高资产利用率。二是树立过紧日子思想，努力压缩人力和非人力费用，2001年，开发区分行较上年压缩人力费用221万元，压缩非人力费用150万元。分行综合收益水平大幅度提高。2000~2001年，开发区分行不仅化解掉5041万元的亏损包袱，而且实现了从亏损到盈利质的飞跃。截至2001年末，实现利润1400余万元，实现劳动增加值2769万元。开发区分行的综合竞争实力得以大幅度的提高。

（三）培植核心实力，就要立足构建和营造浓厚的企业进步文化氛围，不断增强企业活力

金融企业文化是商业银行在经营实践中凝聚、沉淀起来的一种文化氛围、精神力量和经营境界，它既体现了深邃的文化价值观念，也包容了广泛的高层次的管理内容。建设银行大连经济技术开发区分行新一届领导班子，注重把江总书记“三个代表”要求落实到基层组织建设中去。通过深入细致地抓好党的建设、班子建设、工会建设和共青团建设，校准一字之差，摆正担心与信心、立言与立行、行囊与智囊、效应与效益和造势与造福关系，力求在点滴上体现基层组织的先进性；建筑“民心工程”，推动了“两手抓、两手硬”，构建和营造了浓厚的企业进步文化氛围，不断增强了分行的活力和内驱力。

首先，在党建工作上，开发区分行坚持清晰的思路和目标：建设一个党风正、作风硬、团结好、干劲足的领导班子；培养一批思想好、业务精、懂管理、善经营的干部队伍；塑造一支顾大局、爱岗位、讲奉献、素质优良的队伍；以组织建设为轴心，思想建设为动力，作风建设为保证，真正做到通过抓党建，切实发挥党组织的战斗堡垒作用。为充分发挥党员的模范带头作用，党总支按照长、宽、高的“三维”模式来要求党员干部，即在业务工作上要有专长，在现代经济和管理知识面上要宽，在奉献意识和思想境界上要高，通过启动和推进“三维”管理模式，使得党员在艰难困苦时刻充分发挥了中流砥柱的作用。在纪念建党八十周年之际，分行组织了党史、行史教育，参观了爱国主义教育基地关向应烈士故居，举办了本行优秀客户经理事迹报告会，举办了书法、绘画、摄影展，并开展了一系

列争先创优活动，提高了全体党员的党性和觉悟。在班子建设上，刘广义和“一班人”形成共识：事业要发展，工作要提高，关键在班子。班子要时刻密切联系员工，把员工的利益取向同集体的利益结合起来，要为员工办实事，把实事办好，把好事办实。2001年初，分行班子经过慎重考虑后，在全行职工大会上郑重承诺年内为职工办好五件实事，其中就有分行在上级行考核入围前列及员工人均月收入提高500元等大事，这五件实事已全部兑现，员工的心理和感情也融化到了事业和集体之中。

其次，在工会工作上，开发区分行以职代会为载体，不断推进民主管理，民主参与和民主监督机制，致力于将工会建设成为可以让职工信赖和依靠的“职工之家”。2001年，开发区分行工会立足维护建设银行和职工的合法权益，把职工关注的“难点”、“热点”问题调解、解决好，把问题和矛盾化解在萌芽状态，力求保持职工队伍的稳定和统一，不断提高员工队伍的积极性和创造性，为分行的改革和发展营造一个良好的内部环境。2001年，分行工会结合本行实际，通过开展一系列丰富多彩、寓教于乐的群众性文化体育活动，不断塑造追求卓越的企业精神。通过这些文化体育活动，丰富了职工业余文化生活，陶冶了职工情操，增强了员工的凝聚力和向心力，形成了积极向上的企业团队精神。2001年9月，开发区分行工会被大连市总工会评为先进基层工会，共青团通过开展创建“精神文明号”有效地推动业务经营的发展，分行营业部被确认为总行级“青年文明号”。

2001年，建设银行大连经济技术开发区分行在驱动效应与效益的良性统一上取得了突破。通过党、政、工、团合力的坚持不懈地宣传、教育，逐渐形成了积极、浓厚的企业进步文化，职工的信念、觉悟和工作姿态不断提高，奠定了思想和精神基础。分行领导班子学习和实践江总书记“三个代表”重要思想的做法体会，得到了大连市分行的高度评价，班子领导和支持工会工作做法受到了建设银行总行的充分重视。如今，开发区分行的经营管理工作有了根本性的变化，员工的活力和内驱力明显提高，180人的队伍成为了精干、高效、颇具战斗力的优良团队，分行的核心实力得以显著加强。中国建设银行大连经济技术开发区分行正向着规范化商业银行的标准大踏步前进。

“入世”构筑新建行人的思考

中国建设银行潮州市分行 梁焕光

随着中国加入 WTO，整个经济体制将发生质的变化，外资银行的进入，对国内银行是一次冲击，对人力资源是一次震动，摆在决策者面前的首要问题是如何直面“狼来了”的挑战。江泽民同志在接受美国《科学》杂志主编采访时说：“未来的竞争是人才的竞争，是全民素质的竞争”。万事人为本，人是生产力最活跃的要素，人的问题解决了，竞争胜券在握。因此，建设一支高素质的队伍是未来发展的需要，更是未来发展的要求。那么，如何去满足需要，适应要求，作为领导者不但要思考，而且要拿出对策。

（一）端正思想认识，提高人格觉悟

在抓提高队伍素质时，首先要从思想政治工作做起。要根据转型期的实际，以“三个代表”为指导，注重创新，解决工作方法与新形势不相适应的问题，做到解决思想认识与解决实际问题相结合，正面灌输教育与引导沟通相结合，在思想上奠定政治基础。

其次是抓好干部队伍建设。中层干部是企业的骨干力量，支撑着企业的发展，既是决策层的参谋者，又是执行者。因此，这一层面至关重要，要转变用人观念，坚持“四化”方针和德才兼备的标准，大胆启用和选拔年轻干部，扬弃以长者的眼光求全责备。要优化中层干部队伍的结构，充分发挥骨干力量的作用。要努力把中层干部队伍建设成一支整体素质优良，人才优势互补，富有生机活力的战斗队伍。

第三是发挥整体联动效应。要通过中层干部队伍的感染力、号召力，提高班子的凝聚力，让员工寄予希望，看到光明，从而牢固树立敬业爱岗、无私奉献的精神。队伍得到武装之后，重要的问题是如何保持住。加入 WTO，外资银行进来以后，他们不可能带来大批的员工，而是实行雇员本土化，这样既降低成本，又熟悉本地市场，容易进入角色。所以，要以个性化、人性化去教育全员热爱本职，热爱事业，在“谋生”的基础上，提高境界，提高人格觉悟，以“不以物喜，不以己悲”的心态忠诚事业。如果在这一点上没有引起足够重视，那么我们千方百计培养出来的高素质员工，会更加引起外资银行的“虎视眈眈”，成为人家不劳而获的培训基地。特别是掌握客户资源的销售经理类人才可能成为其优先争夺的对象，会出现大量年轻优质人才被挖走，并通过这批优质人才带走优质客户，致使我们的队伍变为“6038 部队”，没有竞争力、生命力、战斗力。所以，只能创造一个好的工作氛围、工作环境来留住人。

（二）构筑新型企业文化，营造宽松的人文环境

马斯洛“需要层次”最基本的一层即是“生理需要”，劳动报酬是人们工作的基本目的。但如果片面强调个人收入，以收入来留住人才，招徕人才，恐怕也是不现实的。因为就建行目前的经营效益，要大幅度提高工资待遇是不可能的，况且如果你提高工资，对方也提高工资，岂不是陷入了“鹬蚌相争、渔翁得利”的被动局面？所

以，单靠提高工资收入不是稳住队伍、留住人才的最佳方法。中国人自古就受“仁义礼智信”的教育，要古为今用，以传统观念、民族意识去感化职工。当前的公民道德教育中倡导“明礼诚信，团结友善，勤俭自强，敬业奉献”等正是在寻找失去的美德。要提高企业的凝聚力，必须在抓德育的同时，做到效率优先，从而使员工能更好地树立公平意识和“大家庭”精神。

效率优先也即是资源配置的合理与否，人、财、物的不同配置会产生不同的效率。有调查表明，产生效率低下的原因有三个：一是群体目标与个人目标不一致；二是成员之间有矛盾；三是人的惰性。而公平意识实际是个体对群体的认同，在效率低下的情况下，不可能使人对群体产生认同感，缺乏认同感也就失去公平，跳槽的念头往往于此萌发。所以，要合理配置资源，使个人在群体中找到位置，满足了“尊重的需要，自我实现的需要”，在岗位、待遇问题上，提高认同感，最大限度取得公平，就是工资收入拉开距离，也会干得心情愉快。

树立“大家庭”精神也即突出“明礼诚信、团结友善、勤俭自强、敬业奉献”的道德规范。作为家庭的一员，自然会遵循“子不嫌母丑、狗不嫌家贫”的古训。如何去营造家庭气氛，共塑新的建行人形象，必须努力构建新的企业文化，培育员工的情商意识，不断提高情商水平，使员工能感受到自己是处在一个“家庭式”的宽松人文环境中工作。这样不但能发挥人最好的潜能，而且能形成合力，荣辱与共。真正做到人格上自重，思想上自警，行为上自省，工作上自励。

（三）加强教育培训，努力练好内功

市场的竞争已逐步摒弃过去的“礼尚往来”，人们希望得到满意的服务不是看关系，而是看质量、看水平，是要感受你的高效、你的素质，并非贪图空调的凉爽，优美的环境。所以，要多争一口“蛋糕”，就得抓好培训，练好内功。

首先要重视素质教育。建行率先推行 CIS 战略，广泛开展理念教育，要让其在员工中扎根、开花，真正溶化。所以，要再次掀起高潮，强化培训，并将其列入考核内容。在“大家庭”精神的倡导下，员工能自发地以家庭成员的热情去接待每一位来访的客人。

其次要加强技能培训，理论培训。“工欲善其事，必先利其器”。要提高服务水平，服务质量，就必须练就过硬的本领。要完善考核制度，把能手等级与工资收入挂钩，进一步促进员工学技能的自觉性和动力。同时要充实理论培训，以前的培训多是“眼前式”的被动培训，这样再发展下去，我们的职员充其量也就是纵向的熟练工，绝不能成为银行家。所以，要改变培训方式，有计划、有步骤地系统培训，不断充实理性认识，与时俱进。要开展一系列适应入世的教育，包括职业道德教育、专业知识教育、法制建设教育和更新知识教育。要通过灵活多变、生动活泼的教育方式提高参与率，扩大教育面，使教育培训工作真正发挥作用。

“物竞天择，适者生存”。入世的挑战已不是遥远的空谈，正咄咄逼人地接近我们，如果缺乏前瞻性、预见性，总有一天会措手不及，甚至被淘汰出局。因此，从现在起的“保护期”内，作为领导者应该未雨绸缪，从人事机构入手，重视意识形态建设，抓好全面的素质教育，按江泽民同志的要求，把队伍建设成一支“政治过硬、业务熟练、作风优良”的高素质队伍。

抓党建 促发展

——建设银行太原市河西支行党建工作纪实

建设银行太原市河西支行

2001年，在建设银行山西省分行党委的正确领导下，太原市河西支行党总支努力实践江泽民同志“三个代表”重要思想，认真贯彻党的十五届六中全会精神，积极开展基层党组织建设，充分发挥支部战斗堡垒作用，圆满完成了年度各项工作任务。实现利润7988万元，超额上级行核定的利润指标计划10370万元，综合考评在全省跨入A类行；不良贷款率较年初降低了3.48个百分点；不良资产额净压缩了12730万元，完成计划的397.81%，被评为建总行“压不良”先进集体。

河西支行共有8个基层党支部，党员102名，从党员数量看在支行机关工作的党员比较多，在基层工作的党员数量较少，分布在基层网点的数量更少，全行29个储蓄网点都没有党员，形成了“空白点”，客观上给基层党支部开展党建工作带来一定困难。为此，支行党支部从发挥支部战斗堡垒和党员先锋模范作用出发，积极做了以下工作，并取得了一些成绩。

（一）明确党组织的地位和作用，把党建工作列入党总支工作的重要议事日程

在日常工作中，支行党总支始终把党建工作摆在工作的重要议事日程，并正确处理好党建与业务发展的关系，坚持了“两手抓，两手都要硬”的方针。为了真正发挥党组织在经济工作中的领导作用，提高党员干部特别是党员领导干部在具体工作中的领导水平，支行组织各支部书记进行了培训，在培训中，党总支书记梁保成同志亲自讲党课，努力使各基层行领导学会做党务工作，既当好行长也要当好书记，既会搞经济工作也会做思想政治工作。在中心组学习中，统一制定了学习规划和学习计划，根据学习内容联系建行的实际进行学习，达到在学习中不断进步，在进步中不断创新的目的。同时，支行把中心组学习规划和学习计划内容下发到各支部中心组，做到全行同步进行，共同提高。

（二）加强制度建设，保证党的路线、方针、政策的贯彻落实

加强制度建设是邓小平同志新时期党的思想建设的一个重要内容。江泽民同志也曾说过：“我们党在七十多年的发展中积累了丰富的党建经验，有着优良的传统和作风，如何发扬光大，如何持之以恒，很重要的工作就是要使之制度化，建立一套科学严密的组织制度。”从这个意义上讲，党的制度建设搞好了，才能使思想建设更加巩固，更加深入。靠制度建党，按制度办事，用制度管人也是我们党在发展与建设中的传统作风。由于河西支行成立的时间较短，各种制度还需要进一步完善。今年以来，党总支先后制定和下发了《贯彻民主集中制若干问题的暂行规定》、《党组织生活制度的规定》、《党员发展细则》、《河西支行党总支成员调查研究工作制度》、《河西支行党总支中心组理论学习制度》、《河西支行党总支工作规则》、《领导干部廉政建设制度》等制度。这些制度的制定与完善，在支行的发展与建设中发挥了积极的作用。

（三）加强领导班子建设，带好队伍，办个好行

建设一个好的领导班子，带出一支过硬的员工队伍，办一个优质高效的好行是河西支行党总支的工作目标。建设一个好的领导班子是党的建设的重要环节，支行在班子建设中首先从选用干部入手，在选用干部时不仅仅是选拔那些符合“四化”标准的干部，而且关键还要选拔那些想干、会干、能干工作的干部。其次支行在平时工作中也注意对年轻干部的培养教育工作。党总支书记梁保成同志亲自为年轻干部出课题，让他们撰写论文，深入调查研究，以提高他们的政策水平、文字综合能力。在实际工作中给他们压担子、交任务，以提高他们的管理水平和实践经验。支行还为中层干部购买了《如何当好第一把手》等读物以帮助提高其管理水平和解决问题、处理问题的能力。以上工作对提高全行干部素质发挥了积极的促进作用。同时，党总支十分重视把召开领导干部民主生活会当作加强班子建设、考查和解决班子问题的契机，派分管领导到基层行处参加会议，发现问题及时解决，促进了班子的建设，加强了班子的团结。另外，支行还适时的进行班子调整，把基层领导班子调整到最佳工作状态，充分发挥其战斗堡垒作用。目前河西支行各级领导班子团结，工作干劲大，员工队伍稳定，风气正，信心足。为真正把支行建成一个优质、高效的好行积蓄了能量，奠定了基础。

（四）支部下好一盘棋、树好党员一面旗，积极开展“创先争优”工作

创先进党支部、争做优秀党员是党建工作的经常性工作。河西支行在创先争优工作中，领导重视，气氛浓厚。在活动中，党总支提出了“支部下好一盘棋、树好党员一面旗”的思路。只有把班子建设好，树立一盘棋的思想才能带领群众完成上级行交给的各项工作任务，否则各吹各的号、各唱各的调就会变成一盘散沙。树好党员一面旗，就是在全行营造出当先进光荣、当模范“实惠”的氛围。使大家学有榜样、比有干劲、超有目标。党总支号召全行共产党员在工作中“啃骨头、打头阵、当骨干、架桥梁”，关键时刻冲在前，业务难点抓在前，思想工作做在前，各项工作走在前。在开展创先争优工作中，支行涌现出了一大批好人好事，党组织的战斗堡垒作用和共产党员的先锋模范作用得到了充分的发挥，受到了群众的好评，也为支行取得良好的业绩发挥了促进作用。

五、创新组织活动方式，搞好宣传教育工作

创新是一个民族的灵魂。基层党组织的活动方式，应当根据时代的发展和党员队伍的变化，因地制宜、因时制宜地进行改革创新，不断总结和推广好的经验和作法，从中找出规律性的东西，更好地发挥党员模范带头作用，发挥党组织的凝聚作用。河西支行在组织生活的方式上做了许多工作，通过组织活动提高了党的威信，增强了党员的荣誉感和责任感。在庆祝建党 80 周年活动中，组织全行党员代表到革命老区进行革命传统教育，到南街村参观改革开放的成果，并组织全行员工进行了歌颂党、歌颂祖国、歌颂建行的歌咏比赛，举办了“党的光辉历史”大型图片展，还进行了“我身边的共产党员”征文、演讲活动，号召全体员工向优秀共产党员学习，这些活动的开展不仅活跃了企业文化生活，也激发了员工蓬勃向上的团队精神。在揭批“法轮功”斗争中，支行举办了“法轮功”残害生命、反对科学的图片展，同时我们还组织全行员工进行了揭批、声讨“法轮功”的签名活动。丰富多彩的组织活动使党组织在群众中的凝聚力得到了进一步增强，党员在群众中的威信不断提高，要求入党的员工出现不断上升的趋势。

在开展好党的组织活动的同时，党总支还注重宣传教育工作。2001 年初，省分行召开宣群工作会议后，河西支行就如何开展好宣群工作进

行了认真的研究和探讨。支行近三年的工作实践里取得显著成绩表明，搞好企业文化建设，加强宣传工作和理念教育，积极开展思想政治工作，树立正确的思想和舆论导向，表彰先进、鞭策后进不仅能激发员工的干劲，更能调动员工的积极性。近年来，河西支行一直把宣传工作和企业文化建设列入议事日程，坚持了“两手抓，两手都要硬”的方针。开展了“职业道德教育”活动，在员工中树立了“市场就在岗位上、效益就在工作中”的工作理念，在员工中广泛开展遵纪守法、爱岗敬业教育，并通过各种宣传载体弘扬好人好事，树立当先进光荣的思想，通过这些宣传教育工作，激发了广大员工干好本职工作的热情，树立了正气，促进了工作。但随着机构改革的变化，给宣传工作也提出了新的要求。由于在机构改革中河西支行所辖行、处的各储蓄网点收回支行统一管理，这样原来基层行处管理的人员减少，有的基层行由过去的近百人减少到不足30人，给组织学习、教育工作带来不便，一些上级的指示精神也不能及时地传达到全体员工之中。为此，在支行内部创办了传递载体《党群园地》，做到每月一期，发到各储蓄所、柜。《党群园地》的宗旨是：紧紧围绕河西支行的中心工作，通过企业文化、经验交流、思想工作、安全保卫、工作动态、上传下达、好人好事、理论园地、中心组学习等栏目为支行的改革发展加油鼓劲，呐喊助威。坚持以科学的理论武装人，以正确的思想引导人，以高尚的情操塑造人，以优秀的作品鼓舞人。《党群园地》与大家见面后，在基层行、处和全体员工中形成一定反响，大家都踊跃投稿，介绍工作经验，表扬好人好事，发表理论文章，在各行、处之间形成了比稿件数量、质量，比工作干劲的热潮，促进了支行各项工作的开展。《党群园地》的开办，不仅形成了支行企业文化建设的亮点，也是传达党总支中心工作、领导意图的途径之一，是宣传党的路线、方针、政策，占领宣传文化阵地，落实和实践先进文化思想的重要手段。

（六）落实“五个基础”，提高“五种能力”，消灭“党员空白点”

省分行张斌政书记在分行机关党委纪念建党80周年暨“创先争优”表彰大会上的讲话中指出：“抓好党的自身建设总的要求是：打好‘五个基础’、强化‘五种能力’。五个基础是：组织健全、思想统一、作风端正、纪律严格、制度落实。五种能力是：实施政治思想工作的领导能力、保证监督的能力、解决自身问题的能力、党员团结带领群众的能力、支部书记的工作能力。”河西支行根据这一讲话精神，从今年9月份就开始在万柏林支行党支部进行试点工作，把支部党建工作纳入正规化、制度化、规范化。一是建立一个党员活动室；二是建立健全党的各种生活制度；三是消灭全行储蓄网点没有党员的“空白点”。通过上述工作来进一步提高支行党组织的凝聚力和在群众中的威信，增强党员们的荣誉感、自豪感和责任感。通过加强制度建设，用制度管理党员。通过消灭储蓄网点没有党员的“空白点”，向储蓄网点选派党建“指导员”，使河西支行在开展党建工作，宣传、贯彻党的路线、方针、政策和开展思想政治工作中横向到位、纵向到底。哪里有机构哪里就有党的组织领导，哪里有人员哪里就有党员在开展工作。

支行没有党员的储蓄网点共29个，党总支都为其选派了党建“指导员”，要求指导员们切实负起责任，积极开展党建工作，发挥党组织的先进作用。零售部在向储蓄网点选派党建指导员工作中已走在了前面，他们通过开展“党员一帮一”活动（即一个党员帮一个储蓄所）取得了很大的成绩。

（七）注重积极分子的培养，做好党员发展工作

河西支行2001年对入党积极分子的培养教育，主要通过正确引导，积极开展各类学习及党课教育，并联系业务实际给他们压担子、交任

务、当表率。指定专人做培养联系人，随时掌握入党积极分子的思想动态和表现，帮助他们树立为共产主义奋斗终身的理想教育。从支行今年培养的20多名积极分子来看，整体发展比较平衡，进步幅度较大，达到了预期目的。

对新党员的发展工作提出了明确的要求，坚持了“坚持标准、保证质量、改善结构、慎重发展”的原则，切实做到了领导重视，扎实开展。各支部在发展过程中，都建立了发展党员工作责任制，特别是在把握新时期党员的标准方面提出了更高的要求，体现了江总书记提出的“三个代表”重要思想的要求，同时建立了考查、培养、提高、培训、发展一整套办法与措施，使发展对象政治上合格、工作上突出、思想上进步，胸怀共产主义理想，全心全意为人民服务观念强。切实把党员标准、政治素质、思想品质放在了首位，同时和学习情况、工作实际、工作能力相结合，保证了成熟一个发展一个的原则，使支行的组织发展工作健康、有序开展。

积极扶持中小民营企业为建行培植新的客户群体

建设银行福建省福安市支行 林隆钦

福安历来是闽东地区的经济重镇，但由于历史原因，福安建行存款比率低，资产质量差，亏损严重。1998年初福安建行一般性存款8600万元，贷款总额12860万元，不良贷款7860万元，不良贷款率61%，1997年底亏损680万元。面对严峻的局面，新一届福安建行领导班子冷静思考、沉着应对，在省、地分行的大力支持下，一方面着手解决历史遗留问题，一方面积极拓展业务，尤其是加大对中小民营企业客户的营销。截至2001年6月底，福安建行一般性存款31808万元，不良资产率下降到10.08%，利息实收率94%，实现账面利润315万元，实际利润319万元。这些成绩的取得，与福安建行积极开拓中小民营企业客户是分不开的，目前中小民营企业的存款已达到福安建行存款总额的70%以上，成为福安建行主要获利渠道。

（一）福安建行扶持中小民营企业的主要做法

福安建行介入中小民营企业主要是从1999年初福安市成立恒实担保公司开始，该公司的成立主要为解决民营电机企业贷款难的问题。福安建行通过认真的调查后认为，民营电机是福安的重要支柱产业，已经具有相当的规模和档次，经过了数十年的发展与市场的考验，具有较强的抗风险能力，可以积极介入。同时也应看到部分电机企业产品档次不高、竞争力不强、财务管理不规范等问题，应制定严格的风险防范措施。为此，福安建行提出了包括控制担保规模、确定风险警戒线、落实客户经理制、规范入股企业的财务行为等一系列的管理措施。主要包括：（1）电机企业

入股担保公司，股金作为建行控制风险的押金。（2）福安建行要求担保公司按1:3～1:5比例为其股东提供担保，银行发放相应贷款。（3）在整个担保公司形成连环制约的条件下，要求每两家企业再进行单对单互保。（4）电机行业企业之间资产互通性强，互相变现快，一家企业若出现信用危机时，其他股东企业只要消化其资产则可代偿，这就从根本上解决了过去诉讼判决执行难的症结。实践证明，担保公司的运作十分成功。从1999年4月运作至今，累计发放贷款216笔，总金额1.4亿元，全部收回本息。同时还拓展了国际结算业务、中间业务等。担保公司业务的开展，也为福安建行进入中小民营企业主战场作好了思想上和物质上的准备。今年福安建行把银行承兑汇票营销的重点放在民营企业，提出了“绩优客户、有效担保和银行效益”的三原则，即扶持对象必须是绩优客户，客户必须提供资产抵押和有实力的企业担保，必须有较高的银行效益，取得了明显的经济效益和社会效益。

（二）中小民营企业成为建行重要的客户资源

随着我国社会主义市场经济体制改革的深入，市场经济作为资源配置的主要方式，客观上要求市场机制成为生产要素合理流动和促进资源优化配置的基本运行机制。作为所有制形式之一

的中小民营企业，其在市场机制中的优势得到充分体现。(1) 产权归属明晰。明晰的产权关系是实现资源优化配置的基本前提，目前中小民营企业大都采取股份合作制的形式，股东之间的产权归属清晰，产权比例明确，这种产权关系有利于激励和约束产权主体，充分调动股东的主观能动性，采用先进管理方式和先进的技术，最大限度地促进资产的保值、增值。(2) 利益分配依据明确。中小民营企业明确界定了出资人、经营者和生产者之间的权利和义务关系，有利于建立一套行之有效的激励约束机制。民营的利益分配主要有两个层次：一是出资人或经营者（大部分出资人也就是经营者），主要是根据公司经营所得的利润按股份或业绩进行分配；二是生产者，主要是按劳动贡献率与所得挂钩。这种分配关系主要以资本、土地、劳动等生产要素作为利益分配的依据，有利于从根本上消除平均主义的现象，从而保证了企业职工工资、企业利润等由市场进行分配；随着我国加入 WTO，中小民营企业在市场竞争中总体上处于有利的地位，主要表现为：在经营机制上，与市场经济接轨，经营方式灵活，市场信息反映迅速，资源配置快捷；在经营产品上，中小民营企业大都以生产中档的产品居多，与发达国家相比，具有劳动力资源的优势，与发展中国家相比又具有一定的技术优势，加入 WTO 有较大的生存空间；在人才积累上，中小民营企业由于其自身追求利润的需要，对各种人才大多采取高薪或入股的形式加以吸收，绩优人才的聚集速度加快，为中小民营企业的发展提供了强劲的动力。从近几年的情况看，随着国家加大对中小民营企业的扶持力度，中小民营企业出现了较快的发展势头，产值和利润都以较快的速度增长，必将迎来一个新的发展阶段。建设银行作为全国性的国有商业银行，在服务中小民营企业上具有一定的优势，主要表现在：(1) 结算网络上的优势。建行具有分布广、网点多、企业结算网络全国联网的优势，有利于民营企业对资金结算上的需求。(2) 服务品种上的优势。随着建行银行功能的逐步完善，已经形成了贷款、票据承兑、贴现、保函、代客理财等一系列的服务品种，对满足中小民营企业的信用需求提供了保障。(3) 近几年，建行在探索服务中小型民营企业上进行了有益的尝试，积累了一定的经验，为进一步开拓中小民营企业奠定了一定的基础。因此，中小民营企业作为当前一个新的经济增长点，建行若能抓住机遇，抢抓市场，充分发挥市场现有的资源优势，扬长避短，中小民营企业必将成为建行的主要客户群体。

（三）建行在服务中小民营企业中存在的问题

主要有内部经营机制和外部经营环境上的问题。内部经营机制上的问题包括：(1) 信贷决策上的高度集权制，限制和制约了对中小民营企业的金融服务。现在的信贷审批权大都在一、二级分行，县级支行基本上没有信贷审批权，这种集权审批制对防范基层行审批人的道德风险和规范管理具有一定的作用，但同时也存在信息不对称、审批效率低、审批工作量大的问题，这在一定程度上限制和制约了对中小民营企业的金融服务。(2) 信贷申报材料上的统一版本制，使组织申报材料难度加大。目前建行实行的是全国统一企业的申报贷款版本，无论贷款金额大小，均使用统一的申报版本，每一个中小民营企业几十万元贷款申报材料收集起来都是厚厚的一本。客观地讲，这对规范信贷审批有一定的好处，但也造成人力、资源和财务上的浪费，对提高贷款审批的针对性、实效性都有较大的影响。(3) 对中小民营企业的信贷准入门坎较高。我国的中小民营企业由于起步较晚，原始积累较少，规模也较小。目前建行出于对信贷风险的考虑，大都要求企业在贷款时提供不动产抵押，企业的信用等级在 AA 级以上，贷款额控制在注册资本金以内等诸多制约条件，这些措施对防范银行的信贷风险确实起了一定的作用，但能够入围的中小民营企业比例小，在一定程度上也制约了对中小民营企业的信贷供给。

外部环境上的问题包括：(1) 部分中小民营企业政策意识弱。一些中小民营企业急功近利，只顾眼前和个人利益，在守法合规经营、符合国家产业政策、环保政策等方面意识淡薄，给中小民营企业的经营带来了一定的风险。(2) 市场行为不规范。一些企业在竞争中存在着较多违反市场规则的行为，如进行不正当竞争，违反国家工商、税收政策等不规范的市场行为。(3) 财务行为不规范，一些企业存在注册资金虚假，抽逃资本金，财务账表不实，故意隐瞒真实情况等问题，造成了财务信息的不真实性。

(四) 建行如何积极稳健地扶持中小民营企业

建行在扶持中小民营企业中应注意处理好以下关系：(1) 正确处理好扶持大中型企业与中小民营企业的关系。建行既要积极扶持大中型企业，又要积极稳妥地扶持中小民营企业，两者不可偏废。(2) 正确处理信贷审批集权与分权的关系。建行作为全国性的大型国家商业银行，在信贷审批的集权与分权上应抓大放小，对金额较大的贷款项目从防范风险和规范经营的角度考虑，应由二级以上的分行进行审批。对于金额较小的贷款项目，在信贷规模和资金允许的范围内，应下放给县级支行审批，同时，为有利于防范风险，二级分行可对确有必要的县级支行实行派驻稽查员制度，稽查员代表上级行对县支行的贷款审批进行审查、监控，这样既有利于风险的防范又有利于审贷效率的提高。(3) 正确处理好开拓市场与防范风险的关系。由于受传统观念的影响，中小民营企业并未受到应有的重视，因此，对中小民营企业首先要有开拓市场的勇气，正确认识其潜在价值。同时，在开拓市场时应积极防范信贷风险，努力探索防范信贷风险的有效措施，防范风险的关键在于贷款运行模式是否有效，即贷款运作模式是否对借款人构成足够的制约。(4) 正确处理好规范经营与简化手续的关系。随着建行商业银行改革的深入，规范经营意识的加强，在许多管理模式上力求全国统一。这从大局上来讲是必要的，但也存在不切合实际的问题。因此，在管理模式上，总行应制定统一的指导性意见，各地分行应结合自身的实际，创造性地开展工作，从而提高服务的针对性和有效性。(5) 正确处理好优质服务与严格管理的关系。首先，应加强对中小民营企业的金融服务，树立全心全意为客户服务的思想，千方百计地解决企业的疑难问题，为客户提供多角度、全方位的金融服务，尤其要提高中小民营企业贷款的审批效率，增加服务品种。在加强服务的同时，也要严格对中小民营企业的管理，强化企业的法制意识和政策意识，不断规范企业的市场行为和财务行为，提高企业自身风险防范能力，为银行的金融服务创造良好的条件。

创业兴业追求卓越

——深圳市商业银行工作纪实

深圳市商业银行

深圳市商业银行成立于1995年6月，是全国第一家成立的城市商业银行。成立以来，深商行以科学的态度、专业的精神、严谨的作风，聚集了全体员工的智慧与勤劳，积极探索防范和化解金融风险的管理模式和有效途径，不仅为创建深圳金融安全区做出了积极贡献，而且在竞争激烈的深圳银行业占有一席之地，并呈现出新的发展局面。目前深圳市商业银行总股本16亿元，总资产280亿，是成立之初的2.1倍，各项存款200亿元人民币，是成立之初的3倍。

（一）责任为先干事兴业

商业银行是在接收全市16家城市信用社基础上组建的，从成立以后可以说始终处于艰苦的创业期。肩负市委、市政府的重托，面对股东和员工们的殷切期望，商行领导班子深感任务艰巨，责任重大，一种历史的责任感和现实的使命感驱使他们要做好自己应该做的事。干事兴业的关键在领导班子，调动群众积极性共同奋战的关键在于要让员工对班子有信心。群众如果认为班子是团结、廉洁、开拓的班子，他就会甩开膀子同你一起干。因此，领导班子要打破困局，要干事兴业，唯一的选择就是要精诚团结、不计得失、开拓进取。

干事兴业必须走改革创新的路子。1995－1996年，商业银行一手抓整合城市信用社，一手抓业务的发展，资产规模和网点数量增长较快，但由于受整个金融环境的影响，违规经营问题没有从根本上解决，加上信用社时期遗留下来的问题开始逐渐暴露，经营风险逐渐增长。1997年，面对经营管理出现的新情况，深商行开展了治理整顿工作，及时纠正了指导思想和经营行为的偏差，确定了“依法守规，稳健经营”的基本方针，坚决制止和查处违规行为，有效遏制金融风险的滋生和不良资产的攀升，使整个经营活动开始走上健康有序的轨道。1998年，深商行顶住亚洲金融风暴和国内金融机构关闭事件所带来的负面影响和冲击，采取了稳中求进的策略，经受住了考验，成功化解了金融风险。全面完成了电脑综合业务系统上线、万事顺卡发行、商业银行大厦峻工等三大基础设施建设，实现了年度“确保支付，打好基础，实现盈利”的三大目标。1999年和2000年，在前两年调整的基础上，深商行因势利导，及时实行了发展战略的调整与转移，适时推出加快发展的措施，全行业务得以快速发展，重新树立了商行的信誉和形象，资产规模和质量开始呈现好的发展势头。

几年来，深圳商业银行坚持贴近市场，贴近经营目标的原则，不断深化改革。在组织结构和业务流程改革方面，首先精简机关部室，适时地调整各部门的职能，以满足市场变化业务创新的需要。为了加强营业机构的管理，设置了机构管理部，统一组织协调解决网点建设、网点规划等对全行发展有影响的重大事项。为了贯彻以客户为主的经营思想，先后组建了市场部、公司部以及个人部，统一协调开发全行的公司业务、政府业务和个人业务；为了适应IT行业发展的特点，深商行适时将电脑部的人事、分配和组织架构进行了调整。

在分支机构调整方面，深商行的改革围绕着一切要有利于生产力的发展的指导思想，把资源向着有管理能力的支行长手里集中，使之发挥更大的效益；同时实行升降级制度，对班子过硬、业绩突出的支行升格，对能力弱、业绩差的支行合并降格；系统地推出网点的改造，统一调整、统一风格、统一形象，力争使每一个网点成为宣传商行形象的“窗口”。在人事分配体制方面，坚持按市场化、企业化的标准，不断深化改革，识人用人，奖励惩罚都按照“三公”的原则来处理，用人重品德，分配看业绩，鼓励到基层，贴近是市场。

为了在竞争中立于不败之地，几年来深商行遵循江总书记提出的特区要创新的要求，特别重视体制创新和科技创新的作用。首先是发展战略的创新，深商行明确分析划分自己的发展阶段，不失时机地推出新的发展目标，激励大家不断地进取。在科技创新上，作为一家地方性的小银行，尽管深商行在成本分摊上没有优势，但紧跟客户的需求，适时地推出了自己的综合业务系统和银行卡系统，推出电话银行和网上银行等先进的电子银行技术。在经营业务创新上，深商行紧跟市场，抓紧时间开办了监管机关给予城商行系统的所有业务，成为全国城市商行少数几个业务品种最多的行之一。在业务合作上，与中国开发银行进行了房屋按揭资产置换和企业贷款资产置换，这种创新起到了示范作用，也促进了业务发展。深商行提出“合作不合并、争取连锁店”的对外合作模式，与大连、杭州、南京、武汉、贵阳等商业银行签定了包括共享信息资源，共同开发新业务品种在内的全面合作协议，开创了城市商业银行合作的新模式。

同时深商行极力鼓动团队创新，上步支行2000年末的存款是1999年的2倍，是1998年的4倍，他们的创新精神昭示：不是你不行而是你没有行，不怕做不到就怕想不到。他们的非凡业绩，为全行的发展打开想像的空间，充分说明了员工中蕴藏的极大的积极性。南山支行连续4年实现利润超千万，成为商行持续发展的典范，他们的创新源于精细管理，始于一点一滴。皇岗支行2000年高举高科技的创新旗帜，一举扭亏为盈。这些生动的事例告诉我们：人是需要一点精神的，优秀团队是在实践中涌现的。

（二）完善制度强化管理

小企业做事，直线职能式的管理，靠人盯人、面对面的管理；大企业做人，矩阵协作式的管理，必须用制度、靠机制来决策事务管理员工。商业银行从事的是特种行业，要按其固有特点、内在规律和专业标准来策划和配置资源的运行轨道。几年来，深商行从制度抓起，先后建立和完善了管理的各项规章制度，涵盖了全行整个业务操作规程和员工的行为规范；注重用改革的态度进行制度创新，建立了一级法人、授予权经营的管理模式；不断调整和完善经营计划指标体系及相应的控制和考核办法；精简机构设置，优化业务流程；改进人力资源管理，建立竞争、激励和淘汰机制；统一财务核算，规范全行费用管理；建立严格的内控制度，实行集中式的事后监督体制，专项稽核与全面稽核相结合，实时监控大额资金流，随时监控前台业务，即时对问题和事件实行专项报告制度。确立并启动了全成本管理、信息管理、全员目标管理等管理工程，对提高劳动生产率和工作效率起到了积极的推动作用。

针对银行行业的特点，为了避免出现权力高度集中、暗箱操作等弊端，深商行刻意制衡个人决策。在全行有关资源分配的重大问题上，决策实行委员会制，规定决策的方式和程序，从根本上消除个人独裁的可能性。如信贷审批委员会、大额开支审批委员会、考试考核委员会、行政处罚委员会等等，成员都是由分管领导和专业人士担任，他们按照既定的工作方法和程序议事决策，一个人不可能通过拍脑袋临时定事。作为金融企业，面对手中掌握的较之其他企业更多的资源，深商行的主要领导只有权说“不”却无权说“行”。如贷款，审贷会由A、B两组委员轮流出席，采用无记名投票方式表决，保证了审贷的独立性。行长对审贷委员会签批的贷款只有提起复议和否决的权力，没有决定权。董事长作为法人代表，在制度设计上就规定了不具体参与任何一个委员会，而是站在具体业务的管理和操作之外，从全行战略目标和经营方向上，把握时机，控制节奏，审视决策，监督运行。

为了将管理监督寓于决策的事前、事中、事后的每一个环节，深商行实行了一系列“阳光操作”策略。首先通过周一例会的通报形式，领导班子充分沟通情况，交流思想，汇报工作，布置检查，并将会议纪要行文下发，做到行务公开。其次，主要领导和分管领导保持经常的沟通，充分研究讨论经营管理中的问题。董事长与行长在紧密的联系中，保持对要事要务的信息共享，以保证决策时信息对称，谋求共识。对于涉及聘人、投资、贷款、采购、开支等一系列资源运用问题，分设“财权”和“事权”。行领导作为财务活动的最终决策者，重点审查财务支付行为的节约性、合法性、有效性，而具体业务活动，则由职能部门操办；对行将出台有关人、财、物的重要事项，多层面反复讨论，征求意见；对重大支出项目，严格按照招投标的规定进行公开招标；进人由考试考核委员会组织公开笔试、面试，集体投票决定是否录用；用人则坚持考核考绩的原则，民主集中，分级决策。

（三）树好风气，建好队伍

抓工作必须抓队伍，抓队伍必须抓班子。这是深商行领导班子在经营管理实践中达成的共识。同时他们体会到，一个单位的班子最重要的工作就是要树立正气，创造干事兴业的好氛围。深商行要求全行上下的各级领导和全体员工要做老实人、说老实话、办老实事，受人之托就要忠人之事，要受得起委屈经得起磨难。

深商行把创建商行崭新的企业文化，作为市场经济条件下企业思想政治工作的载体，用理念和价值观来武装人、改造人，不断寻求以人为本的外化形式，在全行确立“真诚服务社会，追求可持续发展”的企业理念。

深商行始终坚持思想领先、文化至上。“三个有利于”和“三个代表”的思想落实到商业银行就是要化解风险、改变面貌，就是要不断进取，进入同业先进行列。深商行领导班子坚持把银行当作企业办，抓住市场开拓这个核心，身体力行，放下“官”架子，甘做“客户经理”，带动了全行经营和行为的转变。几年来，利用宣传发动、形象设计、专题报告、领导授课、培训讨论、电视报道以及编写报告集、故事集和案例集等多种形式，积极推动企业文化建设，努力营造民主、团结、开拓、奉献的工作氛围，一方面积极倡导员工在工作中讲精、气、神，要有迎难而上、敢打硬仗的勇气；要有承担责任的勇气，不惧任何困难的气慨；要有拼搏进取，除旧创新的精神。另一方面，坚持以人为本，尊重员工，通过竞争、激励、淘汰等机制，公平、公开、公正地为每一个员工提供发展的机会和舞台，让大家在工作中学本事，长见识。以此调动了员工积极性，增强了凝聚力，促进了经营管理的发展。而经营管理的成就，又反过来使广大员工在深层次上认同行班子所倡导的价值观念，“职业生涯靠打拼”，不少员工在思考和行动中找到了动力，在精神和物质中寻求了平衡，在协调和沟通中感受了激励，在奉献和拼搏中实现了自我价值。

在实践中深商行领导班子深深感到，建设一个好的团队，必须要有意识、有目的，必须严格要求、严格管理，而这一切又必须要由领导带头从自身做起。班子的团结首要的就是领导成员特别是主要领导要有共同的价值观和行为准则，班子的廉洁体现在以公心为大、事业为重、廉明为纲，班子的开拓反映在是不是想干敢干、是不是有长期打算和长远追求。

几年来，全行员工在总行、支行两级班子创建活动的带动和影响下，服从调整，队伍的总量规模压缩而且结构得到了有效地调整；自觉培训，满足了各项业务活动对专业人才的需要；认真工作，努力实现自己的业绩目标；严格要求，按照专业标准处理各种工作矛盾；自重自律，各类案件和新增资产质量的控制都达到了银行同业的好水平。一批新人在干事兴业中得到了锻炼成长，一支重义有情的团队掌起了深圳市商业银行事业的天地。

未来几年，深商行发展将面临着深圳经济持续发展和同业竞争加剧的双重局面，也有外资银行尚未大规模进场和国有银行尚处调整期所形成的难得机遇。深商行将以改革统揽全局，以创新推动发展，稳健经营，强化管理，扩大合作，超常求变，实现可持续发展。

改革出效益创新求发展特色是出路

——厦门市商业银行业务发展综述

厦门市商业银行　游盛华

在激烈的金融市场竞争中站稳脚跟发展壮大，依靠的是根植于厦门市经济发展的土壤，发挥股份制商业银行灵活的机制，发扬改革创新不断开拓业务的进取精神，发展“市民银行”的特色服务。

（一）加快业务创新步伐，积极拓展业务领域

1. 注重金融业务创新，积极发展特色服务。

厦门市商业银行不断加大科技创新力度，加快银行电子化建设步伐，实现了储蓄业务的通存通兑，推出“银鹭储蓄卡”并加入厦门市“金卡”工程，方便了市民取款和消费；开通了银证资金转账系统，满足了市民投资股市的需要。积极开办教育储蓄、个人存单小额质押贷款、个人支票结算、个人通知存款、存本取息储蓄、保管箱、特约汇款、住房抵押贷款、楼宇按揭贷款、对公理财等业务新品种以及国际金融业务，拓展了业务领域，提高了市场竞争能力。

2. 努力扩大代理业务品种，大力发展中间业务。

厦门市商业银行不断依托先进的科技手段，拓展了代理区金库、代理保险业务、代收税款、代理行政事业收费、代理财政信用的委托贷款、代理审计部门和工商管理部门罚没款的收款、学校学杂费的代扣和代缴、代发工资、代理市体委发行体育彩票的收款、代理国债的发售等业务；争取到国家开发银行结算业务；开办缴费一卡通业务，增加“小灵通”的代缴费业务功能。积极争取各类代收代付等代理业务，大力发展中间业务，不但增加了金融业务新产品，培植了新的效

厦门市商业银行于1996年11月30日正式成立，是由地方财政、企业单位和个人共同出资组建的地方性、股份制商业银行。面对厦门市金融市场激烈的竞争格局，在市委、市政府和人民银行的领导、关心和支持下，全行员工齐心协力，知难而进，大胆实践，开拓创新，经过4年多的艰苦创业，不但在塑造现代商业银行形象方面取得了较大进展，而且在市场占有率和各项业务的拓展方面都取得了明显增长。截至2001年6月底，厦门市商业银行辖属对外营业机构32个（含总行营业部），职工600余人；资产总额达到40.99亿元，较成立时增长105%；各项存款余额达到27.18亿元，较成立时增长78.93%；各项贷款余额达到17.66亿元，较成立时增长54.5%；累计实现利税近2亿元。

厦门市商业银行自成立以来，坚持“竭诚服务，提高效率，稳健经营，开拓领域”的经营方针，坚持“立足厦门、面向市民、服务中小”的市场定位，以提高经营效益为中心，以规范管理和稳健经营为重点。一手抓业务开拓和机制改革，一手抓防范和化解金融风险，资产业务、负债业务和中间业务明显增长，各项业务得到了全面提高，资金实力不断壮大，实现了资产规模和经营效益的持续增长，已经成为拥有较完备的本外币业务经营和服务功能的城市商业银行。在支持地方经济建设，扶持各类中小企业和民营企业发展以及服务厦门市民方面，发挥着极其重要的作用，为促进厦门地方经济的发展做出了积极的

贡献。

厦门市商业银行从组建成立到稳步发展，并益增长点，而且还使银行金融服务功能多样化，发展了特色服务，方便了市民。

3. 积极发展公开市场业务，拓宽了融资渠道。

厦门市商业银行获得了全国公开市场一级交易商、国债乙级承销商、国家开发银行金融债券承销团成员以及全国银行同业拆借市场成员的资格，加入了中国国债协会和上海银行主办的全国城市商业银行通汇清算中心，并已与多家城市商业银行实现联网通汇。厦门市商业银行充分利用这一优势，适时推出对公理财业务，为不同层次的金融机构和企事业单位的大额存款进入全国统一货币市场提供中介服务，为客户在不同地区城市商业银行之间的结算提供便利，拓宽了融通资金的渠道。

4. 推行客户经理制，加大市场营销力度。

确立“以客户为中心”的经营服务理念，积极推行客户经理制，全国推销银行产品和金融服务，制订了客户经理的岗位设置、工作职能、考核办法以及奖罚政策等完整的管理制度，建立了一支较高素质的客户经理队伍，初步形成了一个以市场为导向的金融业务营销机制。

（二）强化管理，建立和完善现代商业银行的经营机制

1. 完善现代股份制商业银行的经营管理体制。

厦门市商业银行严格按照《公司法》、《商业银行法》的要求，从“自主经营、自担风险、自负盈亏、自我约束”的要求出发，明确股东大会、董事会、监事会和经营班子的职责，初步形成各负其责、相互支持、协调运转、有效制衡的公司法人治理结构。

2. 建立健全组织管理体制。

建立健全“一级法人、统一经营、分级管理”的组织管理体制，强化总行统一经营的领导、管理、稽核和监督职能。实行层层授权制，即董事会授权经营班子，经营班子对各支行分别授权和下达工作目标，形成统一经营、分级管理的工作机制。

3. 建立以质量和效益考核为主体的综合业务考核体系。

加强经营目标责任制与激励约束机制建设，完善经营目标责任制考核办法，加大各支行和总行主要业务部门经营目标责任制的考核力度，将各支行的经营费用和工资总额的核定与经营目标任务完成情况挂钩，按月考核兑现，总行主要业务部门亦按下达的任务指标进行考核，充分调动了各支行和总行主要业务部门工作的积极性、主动性和创造性。

4. 改革收入分配激励机制和干部管理制度。

在收入分配激励机制方面加大改革力度，建立符合本行实际的绩效挂钩分配制度，把员工工资收入与个人的业绩和贡献挂钩，使员工利益与业务发展紧密联系起来，较好地体现工资分配向一线倾斜、按劳取酬的原则，充分调动全体员工的工作积极性和创造性。改革干部管理制度，加大干部内部调整和岗位交流力度，实行竞聘上岗和优化组合，面向社会公开招聘高级管理人才，积极引进大学应届毕业生，努力改善员工知识结构，合理配置人力资源。

5. 密切同业之间的合作与交流。

通过密切同业之间的合作与交流，努力学习其他金融机构和兄弟行先进的经营方法和管理经验，不断提高业务经营管理水平，促进了各项业务工作的创新和发展。

（三）加强内控制度建设，促进各项业务工作的健康发展

1. 推行管辖行管理制，调整营业网点。

对所辖支行按业务发展规模和经营管理水平进行合理区分，推行管辖行管理制度，强化了内控制度建设，积极申请在台商开发区设立了新支行，并对现有的网点进行必要的合并和调整，建立集中统一管理与分级经营的管理体制，增强了总行的控制力，提高了管理效率，同时也使全行

人、财、物资源得到合理地利用。

2. 调整信贷结构，努力提高信贷经营管理水平。

信贷业务的开展，立足于扶持中小企业和服务广大市民，通过努力改善信贷结构，调整信贷投向，积极开拓信贷市场，培育优良贷款户，发展以优势产业、优良企业为主的基本客户群，积极推行客户经理制，为客户提供存款、贷款、结算“一条龙”优质服务，努力提高信贷经营管理水平。一是调整贷款投向，新增贷款重点支持有经济效益、有资金结算量（基本结算户）、有市场、有信用、有发展前景的企业；支持各区纳税大户和市、区担保公司（或担保基金）支持的企业；支持台资企业；支持在存款、结算、外汇业务等方面新发展的客户。二是全面开展为市民服务的个人消费信贷业务，重点支持住房按揭和住房、店面抵押贷款以及装修贷款；支持居民外汇存单抵押贷款；研究居民存单、国库券抵押的个人信用透支贷款办法和公务员个人信用担保贷款办法。三是注重银行信贷、承兑汇票、贴现、进口开证和出口押汇等业务的有机结合，大力支持企业发展。四是努力改善现有贷款结构，压缩单户大额贷款、长期贷款和房地产贷款的比重，压缩长期欠息、资信差、没有发展前景的企业贷款。

3. 改进财务管理体制，降低成本，增加效益。

实行财务集中核算管理办法，确保财务数据的真实性和合规性。建立集中审核制度，完善内部财务监督机制。严格控制费用，对费用开支实行全程监控。对固定资产、大宗物品的采购、各营业网点的装修等实行统一招标，统一竞价，并由总行审核小组进行专项审批，有效地控制了费用开支，降低成本，增加效益。

当前，经济全球化、金融国际化的发展趋势日趋明显，中国加入 WTO 后，国内银行业将在更大程度、更深层次和更广的范围内融入国际金融市场，中国银行业尤其是国内中小银行包括城市商业银行面临着严峻的挑战。厦门市商业银行将以创新发展为主线，以改革机制为动力，以质量效益为目标，以服务客户为中心，以市场需求为导向，以强化管理和化解风险为重点，全面推进各项业务发展。

“三管齐下”
促进城市商业银行的可持续发展

嘉兴市商业银行盛明强

城市商业银行是中国银行业中数量最多而规模最小的银行群体，面向新世纪，面对我国已加入WTO，这个特殊的群体应该如何抓住机遇、迎接挑战？突出特色、提高质量、加强联合——这是城市商业银行取得可持续发展，以全新的姿态走进新经济时代的必由之路。

（一）欲当全能冠军，先争单项冠军，城市商业银行应该以正确的市场定位，在激烈的市场竞争中闯出自己的一片天

城市商业银行的规模受到历史和现实两大客观因素的限制。历史因素主要是：城市商业银行的前身城市信用社（城市合作银行）是中国银行业中的“小作坊”，在资金、规模、操作程序上没有多少积累供城市商业银行继承。以嘉兴为例，嘉兴市商业银行1997年底在9个城市（市郊）信用社的基础上组建，9个信用社的核定注册资本只有2000万元，经地方财政和其他法人增资扩股，注册资本只有1亿元，总资产只有约8亿元（其中还有部分不良资产）。现实因素主要是：城市商业银行作为地方性的股份制商业银行，经营范围多年来仅限于本埠，因此其发展规模在很大程度上受城市规模及本地区经济总量的限制。

尽管各城市商业银行从自身纵向比较，发展速度比较迅速，譬如嘉兴市商业银行的总资产从8亿元增长到17.51亿元仅用了3年多时间，但是毕竟与其他银行相比，规模还是存在着较大的差距。据统计，到2000年底，全国102家城市商业银行中资产规模超过100亿元的只有17家，而有75家城市商业银行的资产规模在10～100亿元之间，约占全部城市商业银行的75%。

所以城市商业银行发展的突破口不在于一味地求大，而在于扬长避短，依靠正确的市场定位，突出自己鲜明的特色，在自己有优势的领域做好、做精，从而在激烈的市场竞争中取得一席之地。

中国人民银行行长戴相龙在今年3月召开的中小企业金融服务工作座谈会上明确指出：“城市商业银行突出‘立足地方、服务市民’的特色，真正办成市民的银行，主要为小企业和个体工商户服务。”

嘉兴市商业银行根据“以市场为导向，以风险度为标准，以可持续发展和效益为根本，建立起传统业务的进入和退出机制，有所为有所不为”的指导思想，近年来逐步明确了“地方银行”、“中小企业银行”、“市民银行”的市场定位。

首先，坚持“存款立行”的思想，始终坚定不移地狠抓存款工作，按照人民银行下达的指令性计划，对分支机构进行了大规模撤并，原43个网点减少到了25个，但是各项存款还是取得了较快增长：1999年存款增幅达11.35%，2000年存款增幅达12.04%，今年上半年存款又比年初增长了5.82%，高于全市本级同业平均增幅2.27个百分点，目前存款余额已达14.9亿元，资金实力逐年增强，有力地保障了各项业务的开拓。

其次，在资金投放上，嘉兴市商业银行根据自身特点，改善金融服务，积极支持地方经济发

展。主要是面向中小企业、个体私营经济和居民消费，相继推出了汽车分期偿还抵押贷款业务、个人商铺抵押贷款业务、个人存单抵押贷款业务等。对地方基础设施和技改项目建设大力支持，还积极参与“嘉兴市中小企业贷款担保中心”、“土地储备资金中心”等工作。到今年6月底，全行11.39亿元贷款余额中，对个体私营经济、中小企业的贷款余额达到7.7亿元，对事关地方经济发展大局的政府重点项目和国企改制配套项目的贷款投放也有较大幅度增加，另外也适度增加了对个人消费贷款的投入，真正贯彻了“植根嘉兴，服务嘉兴”的宗旨。

另外，发挥城市商业银行作为一级法人的优势，积极开展多元化业务。一是扩大国债投资业务，作为国债一级承销商，2000年累计承销凭证式国债3.1亿元、记账式国债1.6亿元，占全市金融机构承销总量的30%。今年上半年，承销二期凭证式国债2.5亿元，同时还进一步调整短期投资结构，增加了收益相对较高的凭证式国债投资5000万元，实际国债投资净增2800万元，不但提高了高收益资产的比重，同时增强了资产的流动性。二是充分利用全国同业拆借网络的优势，开展同业拆借业务，既弥补了资金波动大的缺陷，又有利于提高资金的利用率。

同时，嘉兴市商业银行利用各营业网点加强与有关企业的协作，开办了汽车票、IP卡代售业务。“南湖卡”的筹建也到了试运行的阶段。

（二）牢牢树立“以质量为保障”的理念，深化改革，强化管理，完善内控体系，着力防范和化解金融风险城市商业银行可以说是规避金融风险的产物，原信用社的粗放经营乃至恶性经营产生了许多严重问题，如不良资产率较高，尽管成立时进行了清产核资，但是由于种种原因，很多问题都遗留给了城市商业银行。嘉兴市商业银行成立初期的不良贷款率超过20%。城市商业银行在发展的过程中，不仅需要开拓业务，壮大实力，防范和化解金融风险的任务也可以说是任重而道远。

1. 进一步完善法人治理结构

依据《公司法》和人民银行上海分行《关于城市商业银行董事会工作指导意见》，进一步重视董事会、监事会对经营班子的监督和检查的作用，明确了对经营班子的授权内容，对年度发展规划、经营计划、重大投资、处置不良资产方案等进行了认真的审议，提出具体要求，并建立了“董事会工作制度”，对董事会行使职权的方式、方法、内容、程序进行了明确规定。

2. 不遗余力清理不良贷款，千方百计提高资产质量

2000年初，按照人民银行对城市商业银行化解金融风险的要求，精心编制了《2000～2002年化解金融风险三年规划》，行领导与各支行、处室签订了《金融安全责任书》。

全行按照“风险转化，财务清收，物资变现”三个轮子一起转的工作思路和方法，建立清收不良资产联系责任人制度，由市行领导分片蹲点到支行现场办公。1999年以来，累计清收不良贷款、化解风险贷款2.75亿元，并使一大批有问题的资产得到保全或初步保全。今年上半年，全行首次实现了不良率和绝对额双降的目标。

3. 严格信贷资产管理和风险防范

制定从董事会到各级经营班子及各个管理层面的内部授权制度，对信贷、资金运作进行权限控制，对下属各支行根据其经营业绩的优劣调整贷款审批权限，对在新发放贷款中出现问题的支行及时减少审批权限；加大贷审分离程度，进一步发挥贷款审查委员会的作用，对500万元以上贷款及疑难贷款反复论证；建立贷款风险责任追究制度，并制订奖罚措施；严格控制新增贷款的不良率，当年新建立信贷关系的贷款不良率不得超过0.5%。

经过上下齐心协力，嘉兴市商业银行的不良贷款率呈明显下降趋势：1998年（建行之初），超过20%；1999年，17.99%；2000年，16.6%（已明显低于全国城市商业银行29%的平均水平）；2001年上半年，14.46%。预计到2002年底，不良贷款率将控制在13%以下，低于人民银行关于城市商业银行2002年底总体不良贷款率控制在15%的要求。

（三）在新经济时代，城市商业银行靠单打独斗只有死路一条，在市场化、平等自愿原则基础上进行联合是一道迎接全球化挑战的“必答题”城市商业银行最大的劣势是缺乏全国性的网络，其导致的不利因素很多：私人客户持银行卡无法在异地城市通存通兑、公司客户无法直接办理异地资金清算业务、依靠自身力量进行科技投入（如开发信用卡系统）成本难以承受等等。

诸多瓶颈使城市商业银行必须在新经济时代到来之际认真地研究联合这个大课题。笔者认为联合既包括城市商业银行系统内的联合，也包括跨系统的联合；既包括全国性的大范围联合，也包括区域性的小范围联合。

就跨系统的合作来说，从1999年开始，嘉兴市商业银行就参加了上海区域性票据交换，并被批准为全国商业银行特约汇款证会员行之一，开通了全国52个城市、1612个机构的全国汇票，并与工商银行嘉兴分行签订了代签华东三省一市汇票与全国汇票转汇业务的协议，成为全国最早开办银行承兑汇票业务的城市商业银行；从2000年开始，进一步在票据清算、贴现与转贴现、信用卡代理方面与工行、中行、交行、华夏银行杭州分行、广发银行杭州分行等5家银行进行了合作，进行资源的互相利用和业务的合作。

在城市商业银行系统内，也应该在市场化原则、自愿原则和平等互利原则的基础上进行以优势互补、共同发展为目的的联合。如果全国性的联合暂时条件还不成熟，可以先考虑区域性的联合。就嘉兴市商业银行本身的规划，将逐步争取向城市新区和县（市）增设网点。

另外，如果说系统内的资产联合、重组需要一个较长和较复杂的过程，那么有一些合作则可以率先进行，譬如科技投入。如前所述，依靠单独一家城市商业银行开发包括信用卡管理信息系统在内的各种计算机管理软件往往事倍功半，但是如果全国的城市商业银行联合起来开发，则不仅可以起到风险共担、利益共享的作用，而且对于进一步打通系统内的结算通路也奠定了坚实的基础。

城市商业银行经过了5年的历程，不仅实现了成立时的初衷之一——缓解了原城市信用社的金融风险，渡过了求生存的困难时期，到了寻求进一步发展的新阶段，又必将在今后很长的历史阶段体现组建城市商业银行的根本原因：完善我国的金融结构，成为为中小企业和市民服务的地方性股份制银行。嘉兴市商业银行愿为进一步实现这个根本目标做出自己的努力。

调整业务结构　夯实发展基础
增强综合实力　迎接入世挑战

重庆万州商业银行　吴先贵

万州银行成立于1998年2月18日，由原万县市（重庆直辖后改为万州区）财政局和13家城乡信用社及24户法人单位共同发起设立。三年多来，万州商业银行根据股份制商业银行的治理要求，结合自身实际，努力探索经济落后地区小型股份制商业银行发展之路，完成了由多个法人向统一法人的转变，实现了由分散经营到集约经营的转移。在基础差、底子薄、包袱重、遗留问题多的情况下，取得了良好的经营效益。截止2001年9月末，全行资产总额、存款余额、贷款余额分别达到16.7亿元、15.1亿元和10.4亿元，分别比成立初期增长25%、61%和34%，累计实现利润1314万元。

（一）调整业务结构、夯实发展基础

万州商业银行成立三年多来，坚持稳健经营方针，以发展为主题，以改革为动力，以管理为基础，以科技为先导，以效益为目标。一方面积极消化和处理遗留问题，调整结构，理顺关系，防范和化解金融风险；一方面积极拓展业务，强化内部管理，扩大资金规模，提高资产质量，规范经营行为，提高经营效益。在基础功能、经营方式、管理体制、内控机制、科技水平和队伍建设方面都取得了重大进步，为未来的发展奠定了坚实的基础。

1. 抓住发展机遇，扩大资金规模。把加快存款发展，扩大资金规模，增加市场份额，增强竞争能力作为发展的重点，紧紧抓住拉动内需、扩大消费的政策和西部大开发、三峡大移民的历史机遇，依靠政府和人民银行的大力支持以及自身较为灵活的经营机制，大力发展新客户，巩固老客户，争取大客户，促进存款业务的快速发展和存款规模的迅速扩张。

2. 改革人事制度，建立激励机制。几年来，万州商行推出了一系列劳动用工制度和分配制度的改革措施。一是对支行领导实行定期轮换，竞聘上岗。二是在员工使用上推行末位淘汰制，达到减员增效的目的。三是实行绩效挂钩的工资制度，建立以业绩为基础的激励机制，有效地激发和调动了员工积极性和敬业精神。

3. 强化内控管理，规范经营行为。按照统一法人管理体制要求，建立了信贷、资金、财务、资产、人事、内审、税赋、形象宣传等八个方面的集中统一管理，制定了各项业务经营管理办法和规范的运作规程，建立了责权明晰、决策科学的人、财、物审批制度，制定了有效的内审稽核制度、个人经营责任追究制度等，保证了各项业务工作的规范经营和有效运行。

4. 加快科技建设，开展业务创新。针对成立初期科技发展滞后的状况，制定了高起点、高标准的科技发展战略。2000年以来，先后投资近1000万元建立科技网络，开通了储蓄通存通兑，实现了对公业务电子化。在科技网络带动下，积极开展业务创新，发展中间业务。目前，已发展中间业务10余个品种，签发银行承兑汇票2亿多元。中间业务的发展和票据业务的签发均居当地金融机构领先位置。

5. 调整业务结构，实现最佳效益。一是根据发展需要，调整组织结构。二是深化市场定位，调整信贷结构。三是大力清收不良贷款，盘活贷款存量，消化历史包袱。四是深入开展增收节支活动。

（二）增强综合实力，迎接入世挑战

未来几年里，我国金融业将进入一个多变的时期，随着全球经济一体化进程的加快和我国加入WTO以及我国金融体制改革的全面深化，银行的发展将面临一个崭新的经济环境和制度环境，象万州商业银行这样的地方小银行，面临的压力将越来越大，未来几年将是中小金融机构接受竞争考验和决定生存的关键时期。为此，在未来几年里，万州商业银行将以发展为主题，以壮大资金规模、提高资产质量、改善财务状况、增强综合竞争能力、防范金融风险为主线，深化改革，加快发展，强化管理，努力把万州商行建设成资产质量高、财务效益高、社会信誉高和抗风险能力强的现代化商业银行，迎接入世的挑战。

1. 以发展为主题，增强竞争实力。经过前三年的发展和结构调整，较好地解决了前进中的一些困难，有效地化解了一批历史遗留问题。在新的发展时期，发展重点要调整，发展体制要完善，发展力度要加大，要把提高综合竞争能力作为发展的战略任务。马克思曾经说过，对银行来说，具有决定意义的始终是存款。存款数量、存款结构、存款所占市场份额，是衡量银行实力的标志，直接决定银行的生存状况和对地方经济的支持力度。万州商行将进一步抓住西部大开发、三峡大移民的机遇，依靠地方政府的支持，发挥机制灵活的独特优势，促进存款业务的快速发展和资产规模的扩张，壮大资金实力，增强综合竞争能力。

2. 以市场为导向，调整业务结构。随着地方经济结构的优化和发展步伐的加快，一方面，市场对金融产品的要求越来越高；另一方面，其它银行的金融新产品不断上市。为提高生存和竞争能力，万州商行将以市场需求为导向，积极发展业务品种，调整产品结构。一是拓宽市场定位的外延，进一步丰富其内涵，实现市场规模的稳定增长。二是在发展传统业务的同时，利用科技网络积极发展中间业务和创新业务，把传统业务、中间业务和创新业务有机地结合，在发展中间业务和创新业务中创造自己的品牌，加强同业合作，通过业务互补，实现服务功能的延伸。三是以客户为重点，以客户需求为导向，不断增强综合服务功能。

3. 以管理为基础，强化两个机制。要学习和借鉴其它银行的管理经验，进一步规范法人治理结构，加强内部稽核审计工作，坚持从严治行方针，强化内控制约机制。同时，进一步加大激励机制建设，鼓励和奖励员工为万州商行多作贡献。一是加强对员工的业务培训，通过选送培训、办班培训和自学等多种渠道和形式，增强员工现代金融理论知识，提高员工队伍综合素质。二是加强人事制度改革，逐步完善人才轮岗、交流、竞聘等制度。三是加强现行分配制度改革，逐步推行和完善与岗位职责相适应的薪金制度，强化薪酬激励作用。

4. 以安全为核心，防范金融风险。激烈的市场竞争既给万州商行带来了许多发展机遇，同时也带来了许多经营风险。象万州商行这种经营规模小，金融工具落后，金融产品单一的地方小银行，抗风险能力相当脆弱，经营风险随时存在。必须随时保持强烈的优患意识和危机意识，注意金融安全，防范金融风险。一是切实加强信贷管理，在信贷工作中，进一步加强程序管理、权限管理、质量管理和个人责任追究制度，完善担保运作体系，从发展战略、制度、组织、手段和人员五个方面，建立科学的风险管理体制，确保贷款安全。二是加强债权管理，做好不良贷款化解工作。建立和健全企业改制的监测及报告制度，切实保全资产。进一步加大对不良贷款的管理力度，依靠政法部门，搞好依法收贷。三是切实做好“三防一保”工作，坚持两手抓，一手抓发展，一手抓安全，确保各项业务稳健运行和发展。

5. 以效益为目标，搞好增收节支。进一步强化效益观念，一切经营活动，都要围绕效益做文章，在合规经营的前提下，以增加财务收入为目的。一是进一步加强成本管理和成本核算。二是逐步参与货币市场和资本市场运作，努力拓展新的利润增长空间。三是加强对应收未收利息的管理和清收。四是加强财务费用管理，严格执行财务管理制度和财务纪律。力争在未来几年里，财务收入有大的增加，财力状况有大的改善。

三年拼搏看今朝

——温州市商业银行建行三周年纪实

温州市商业银行　江小建

在各行各业为“十五”开局之年作最后冲刺之际，在中国刚刚跨入WTO大门的时候，在新世纪第一个马年即将到来的前夕，温州市商业银行迎来了三周年华诞和乔迁新营业办公大楼两件大喜事。回首过去的三年岁月，让人感慨万千！这三年，是商行人艰苦创业的三年，团结拼搏的三年。

三年来，温州市商业银行坚持改革、发展、依法经营“三个不动摇”，在市委、市政府的正确领导和中国人民银行的关心支持下，坚持地方银行的办行特色，把促进地方经济建设、服务温州市民、支持中小企业发展作为自己应尽的责任和光荣的使命，取得了良好的经营业绩。截止2001年11月底，全行各项存款余额达51.54亿元，比年初增加3.98亿元，比建行初增加15.36亿元；贷款余额达36.63亿元，比年初增加5206万元，比建行初增加12.38亿元；资产总额达64.12亿元，比年初增加6.72亿元，比建行初增加21.33亿元；累计实现利税9399万元。

迎难而上，不断推进各项改革

过去的三年，是温州市商业银行推出改革措施比较频繁的三年。在机构改革中，温州商行按照集约化经营原则和业务发展需要，重新设置了总部内设管理部门，逐步形成合理分工、有效合原先的储蓄所、分理处升格为二级支行，实行二级行制度，进一步推进集约化经营。

温州商行的人事改革与机构改革同步，大胆改革和完善用人机制，先后推行总部科长岗位竞聘、二级支行行长竞聘和支行中层干部竞聘，充分体现能者上、平者让、庸者下的现代企业用人观念和模式。经过三年努力，初步建立了优胜劣汰的竞争机制，将竞争机制引入了人事管理，全行干部员工的竞争意识明显增强，精神风貌焕然一新。

立足地方，倾力支持温州经济建设

温州市商业银行始终坚持“立足地方、坚持中小、服务市民、回报社会”的市场定位，在继续做好服务中小企业和促进市区经济发展的同时，根据温州经济发展的新格局、新要求，重点支持了一批市政工程和基础设施建设项目。成立三年来，温州商行充分发挥一级法人银行机构的经营自主权，大力支持温州市个体、私营、股份合作等中小企业的发展和重点工程、基础设施建设。截止今年11月底，累计发放各项贷款191.27亿元。根据自身资金实力不断增强的现实，该行自2000年起到今年11月底对城市基础设施建设和市政重点工程累计发放贷款19.94亿元，其中包括东瓯大桥、机场大道、金温铁道、珊溪水利枢纽、高教园区、七里港区、灵昆大桥、高新技术产业园区等重点工程项目。

力求创新，金融服务功能显著增强

温州市商业银行始终坚持以市场为导向，以客户为中心，以科技为依托，以创新求发展，使金融服务功能不断增强。一是代收代付业务范围作的科学管理体系。同时，为提高管理效能，还对支行管理模式进行了改革，通过设置管辖行，整合金融资源，解决了总部管理幅度过宽的弊端。另一方面，为适应城市规划调整和中心区东移的客观形势，对全行网点布局实施战略调整，"撤、搬、并、改"并举，在增长潜力大的区域将不断扩大，自开业以来，从代理《温州晚报》等三报征订、发行彩票和债券、代收少量水电费到今年全面代收鹿城区学费业务，为打造"商行"品牌起到了积极作用；二是积极开展个人消费贷款业务，为扩大内需作贡献，截止2001年11月底，全行个人消费贷款余额1.57亿元，占贷款总额的4.49%；三是推出全国首创的"储而保"定期储蓄业务，"储而保"集储蓄、保险于一体，兼备理财和保障功能，既实惠又方便，赢得了市民的青睐，国内各大新闻媒体争相予以报导，同时引来了全国各地商业银行纷纷到该行取经；四是于今年8月下旬推出了功能齐全、设计规范的银行卡——金鹿卡，作为温州人第一张自己的银行卡，深受市民青睐，截止11月底，共发卡56019张，金额达1.99亿元，卡均存款余额3554万元。成立三年来，温州商行共推出10多项创新业务。随着金融服务功能的不断增强，该行的综合竞争力得到了迅速提高。

上下联动，社会公众形象明显提高

三年来，温州市商业银行一直非常重视社会公众形象的树立，努力体现"植根于温州，服务于温州"的经营宗旨。温州市商业银行社会公众形象的树立，一是靠对所有的网点门面进行统一设计、统一标识、统一装修，树立起统一的行徽标志。二是积极通过各大新闻媒体，采取多种形式塑造企业整体形象，提高知名度，扩大社会影响。三是加大投入力度，努力改善硬件设施和软件环境，1999年投入2000多万元建成国内领先的计算机综合业务网络系统，实现全市储蓄和对公业务通存通兑，2001年投入巨资自行开发了金鹿卡，并先后分两批配置了22台ATM机；与此同时，努力创造爱岗敬业、严谨务实、团结和谐的"软"环境，视强化优质服务为该行生存的"生死牌"，确保在服务、信誉、形象的新一轮高层次竞争中立于不败之地，由此，温州市商业银行得到了市政府的充分肯定和社会各界的普遍认同。除此之外，配合行内重大活动的各种广告横幅、宣传资料、传单、海报等接连不断地向社会公众输送信息，强化形象。

凝聚人心，企业文化建设成效显著

温州市商业银行成立三年来，一直非常重视营造团结向上的企业文化氛围，以文化的力量促进全行的稳步发展。

1999年12月开展了行庆一周年系列庆祝活动，举办了一台精彩纷呈的全行员工文艺汇演和一台独具特色的庆典文艺晚会，大大地激发了广大干部员工的创业热情，达到了凝聚人心、鼓舞士气的预期目的。

2000年8月至10月，开展了声势浩大的以"爱岗敬业、遵纪守法"为主要内容的职业道德教育活动，有效地提高了全行员工的综合素质尤其是政治素质，全行干部员工精神面貌焕然一新。

2001年5月25日，举办了全行首届职工乒乓球比赛；在建党八十周年之际，组织举办了全行纪念中国共产党建党八十周年"党在我心中"文艺汇演，进一步丰富了员工的业余生活，增强了员工的认同感和归属感。

2001年6-11月，开展了以"三优一满意"为主题的"双文明"创建活动，进一步提高了服务质量和窗口形象，有力地支持了温州市的全国文明城市创建活动。

为了学习贯彻党的十五届六中全会《中共中央关于加强和改进党的作风建设的决定》精神，改变机关不良作风和提高管理服务效能，从2001年11月10日开始，开展了为期40天的总行本级作风整顿，旨在通过此次活动，将全体干部员工的思想统一到"三个代表"的要求上来，统一到十五届六中全会的精神上来，统一到不断改进服务、努力拓展业务上来，为温州商行今后的改革和发展提供强有力的思想保证。

多哈会议一锤定音，中国入世已成定局。国内金融业将面临新的机遇和挑战，温州市商业银行全体员工决心韬光养晦，狠练内功，抓住机遇，迎接挑战。

艰难跋涉的三年已经过去，造就伟业的三年即将到来，温州市商业银行将立足现实，放眼未来，锐意改革，开拓创新，凝聚全行员工的智慧和力量，以坚定的信心和饱满的热情，共同缔造温州市商业银行辉煌灿烂的明天！

城市商业银行改革与发展初探

丹东市商业银行 宋玉佟 王 凯 李 勇

(一)

1998年4月，丹东市商业银行正式成立。目前，丹东市商业银行下辖17个分支机构，72个营业网点，1000名员工。截止到2001年末，全行的各项存款余额达到25亿元，各项贷款总量16亿，资本金总额为1.04亿元。

成立之初，丹东市商业银行面临着非常严峻的形势，资产状况较差，不良资产占比居高不下，面临着严重的经营风险；存款增长缓慢，面临着较严重的支付危机；在市民中的形象低下，面临着严重的信誉危机。为了扭转这一局面，行领导班子适时确立了“改革发展”的主题，力求以改革促发展，用发展解决各种遗留问题和前进中的困难。重新打造了队伍，优化了机制，完善了功能，同时也带来了效益状况的逐年好转。丹东市商业银行的基本做法是：

1. 调整了经营管理框架，强化一级法人制度，理顺了内部管理体制。

为了解决成立之初各支行之间的管理相对混乱的问题，着力进行一级法人管理体制的改造，强化了统一管理。实行统一的资产负债比例管理，统一了全行的资金调度，统一确定贷款投向及大额贷款审批，实行统一的会计制度，统一实施计算机综合业务系统的开发和应用，统一内部稽核审计，统一各支行的管理机构，统一劳动人事管理，统一对外承担责任和纳税义务，统一全行的形象标识。这些措施使得由城市信用合作社和城市合作银行间期形成的各自为政的局面彻底结束，形成了比较规范的现代化商业银行的基本架构，从而为进一步改革发展奠定了基础。

2. 整合了经营管理体制，明确了分支机构工作重点和主要责任。

原有的经营模式存在的主要弊端：一是不易抓住工作重点；二是在资产管理等一些问题上责任不清，不利于调动支行的工作积极性。在充分调研论证的基础上，丹东商行决定对各分支机构的业务范围进行重新调整界定，设立信贷管理行、经营行、存款行。信贷管理行中心任务是集中进行信贷资产的管理。经营行的主要任务是以效益为中心，做好各项工作。存款行的主要任务是存款组织工作。根据各支行的实际情况，对不同支行的资产负债结构进行了调整，在支行间实现了信贷资产“平移”。由于新的经营体制明确了各分支机构的工作责任，突出了工作重点，从而也调动了积极性。在效益上，各支行普遍实现减亏，有10家支行实现了盈利；在管理上，工作力度加大，不论是存款组织水平，还是资产管理水平都上了一个新台阶。

3. 进行了全方位、较为彻底的人事分配制度改革，调动了各级机构及全员的工作积极性。

丹东商行劳动用工制度的改革，实行了“三定”（定编、定员、定岗）和“淘劣纳新”。分配制度的改革，对各支行实行工资费用总额包干，即原有的行员等级工资一律放进档案，根据各家支行的效益情况核定工资总额，按月核拨，由支行进行二次分配；支行对员工实行绩效工资分配办法。干部人事制度的改革，对全行中层干部实行公开选拔、竞聘上岗和定期岗位交流制度。劳动用工制度的改革，不仅在员工中牢固树立了“银行不是铁饭碗，众志成城金饭碗”的新观念，而且使全行减员增效策略得以实施。

4. 实施科技兴行战略，不断提高服务的科技

一流的银行信誉，一流的工作效率”的办行宗旨和“立足地方，服务市民，支持中小企业发展”的市场定位，初步形成了以市场为导向，以客户为中心的服务理念，响亮地提出了“丹东市商业银行是丹东人民自己的银行”的主题口号，以此为出发点，采取了一系列的繁荣地方经济，服务市民，回报市民和光大市民银行形象的举措。

(二)

在发展实践中，丹东商业银行取得了一些成绩，积累了经验，也更清醒地认识到新形势下面临的新问题。这些问题如果得不到很好地解决，必将严重制约城市商业银行的进一步发展壮大。

优势，培育出了上海银行、北京市商业银行等优秀的城市商业银行代表，说明其具有极大的活力和广阔的发展前景。但是，严格的经营业务范围的限定，科技水平的相对落后，汇路的阻塞，独立经营的艰难，已经成为城市商业银行进一步发展的桎梏。改善外部环境，拓宽经营空间，已经成为首要问题。2001 年在上海召开的“全国城市商业银行论坛会”提出了“联合与合作”的构想。这是城市商业银行的正确选择，关键是要组织实施，迈出坚实的一步。目前存在的问题是：各家城市商业银行行政上隶属于各地方政府，难有独立的选择权；没有哪个政府部门或人民银行牵头组织此项工作的具体实施；有近一半的城市商业银行还在盈利线以下。由此可见，通过联合，组织成真正意义上的股份制商业银行还有很长的路要走，也是下一步需要付出艰辛努力，必须实现的目标所在。至于合作领域，笔者认为主要是在计算机业务系统的开发、银行卡的开发、储蓄业务的异地通存通兑等方面密切协作、相互支撑、互利互惠。

在加速促成外部环境建设的同时，要着力解决好城市商业银行的内部问题。首要的是要努力构筑股份制商业银行的法人治理结构。必须切实发挥董事会、监事会的作用，确立董事会的权威，进行真正意义上的股份制改造。要放宽入股限制，除政府和国有大中型企业入股成为城市商业含金量。

作为一家地方性商业银行，如果不能迅速地提高自身的科技水平，就无法在激烈的市场竞争中站稳脚跟。基于这种认识，丹东商行在全市首家推出了活期储蓄卡折并行业务；购置了性能先进的小型计算机，开发运行了综合业务系统，在全地区实现了通存通兑；推出了 POS 消费系统和银杏卡系列产品——金卡、银卡、生肖卡，极大地丰富了自身的产品，提高了科技含量。

5. 加大内部管理力度，着力防范和化解风险。

丹东商行确立了“存款立行”的基本指导思想，狠抓存款工作，化解支付风险。发动广大干部员工积极地捕捉信息，千方百计地稳定老客户，培养新的客户群体。教育广大干部员工增强危机意识和忧患意识，树立“给客户以真诚服务，给社会以完美回报，给员工以施展空间”的经营理念。增加服务功能，发展中间业务，培育新的资金增长点，推出了通存通兑业务、卡折并行业务、代发工资业务。建立健全了有关规章制度，加强监督检查和存款调度。

坚持以经济效益为中心，加强资产管理，防止经营风险的发生。建立健全了信贷管理工作的各项规章制度。采取多种方式，加大资产盘活和依法清收力度，重点抓好贷款大户的清收盘活工作。调整新增贷款的投向，主要向城市基础设施建设项目、国有大中型企业、高科技企业和再就业项目倾斜，既支持了地方经济建设，又降低了信贷资产的风险，还提高了银行在政府和市民心

目中的地位。在新增贷款审批上，强化了总部资产负债比例管理委员会和审贷委员会的职能，集中审批全行的信用和抵押贷款。实施资产多元化战略，不断开发信贷新品种，近两年来，陆续推出摊位贷款、助学贷款、住房贷款等信贷新品种10个，购买国债和国家重点建设债券，利用银行间货币市场拆入、拆出资金，有效地保证了资产的流动性、安全性和效益性。有效的措施和科学的管理，使信贷资产状况有了明显的改善。

完善服务功能，加大宣传力度，帮助市民解决实际问题，提高社会信誉度，防止信用风险的发生。根据实践探索，确立了“一流的服务质量，银行的股东外，还应吸收股份公司、个体私营企业和城市商业银行员工入股成为城市商业银行的股东。董事会要实行例会制，真正行使决策权。行长对董事会的决定应认真贯彻实施，向董事会负责并定期报告工作。监事会要对城市商业银行的经营活动、业务发展和财务收支行使监督职能，实行定期监督报告制度。建立真正的法人治理机制，有利于城市商业银行的健康经营，进而提高经济效益，步入良性循环的轨道。

（三）

城市商业银行在今后的改革发展中，要认真思考解决以下几个方面的问题：

1. 在体制上要加快实施联合与合作的步伐。走联合发展的路子，就是要打破区域限制。这是有联合意愿的城市商业银行自身很难独立操作实施的。需要由国务院和人民银行总行联合下发文件，要求各级地方政府不得行政干涉城市商业银行的联合意愿，并规定具体的联合申报程序和操作办法。国务院和人民银行总行应成立商业银行联合问题的专门办事机构，具体负责联合的审查、审核和审批。这样，有联合意愿的城市商业银行才能按照规定的程序报批，才能走出城市商业银行未来发展的坚实一步。城市商业银行的法人治理结构的完善，从一定意义上说，是实现自我生存发展的条件，也是联合发展的前提。

2. 内部管理机制的创新势在必行。不管是走联合还是重组的道路，首先必须保证每个个体有一个最佳的经济效益状态，否则将会给社会垒造一个更大的“包袱”，危及整个金融体系的安全与稳定，而科学严谨的内部管理机制是创造良好效益的保障。城市商业银行的内部管理机制不一定追求一种定式，可以根据自身的实际情况，以效益为中心，灵活多样。总的原则是：在业务管理上，要改变原城市信用社分散化经营的倾向，实行严格的一级法人管理、严格的授权授信制度、严格的财务制度和严格的内部审计制度；在人员管理上，应力求精干高效；在干部任用上实行聘任制，对员工实行全员劳动合同制；在劳动工资管理上，实行效益工资等。

3. 加速金融业务创新。城市商业银行的业务

经营，必须创造出自己的特色，树立起自己的品牌。应立足存、贷、汇的等传统的金融业务，大力开发新的金融工具和业务品种。贷款投向应以中小企业和私营经济为主体，除贷款支持外，还可以办理承兑、贴现等融资性服务。业务创新的重点应放在拓展中间业务上。一是大力开办代理地方性各种收费业务；二是开办各种咨询服务和代保管业务；三是拓展银行卡业务；四是开办贴现、承兑业务；五是稳步开办信用证和代理投资业务。

4. 加大跨区域业务的联合力度，实现业务领域和渠道的拓展。在进行跨区域合作的探索过程中，会遇到来自于思想意识、业务系统、科技手段等各方面的束缚。因此，建议全国的城市商业银行能够联合起来，加大跨区域业务的合作，特别是储蓄业务的通存通兑业务要作为一项重点工作来抓，争取早日实现。可以为此成立一个专题项目组，进行可行性论证，组织具体实施，逐步实现城市商业银行业务系统一体化。

5. 加大人力资源的管理和开发力度。增强可持续发展的后劲。城市商业银行目前发展中面临着一个共同的问题，即员工的数量多，而可用

的高素质人才少。虽然各家城市商业银行都在采取这样或那样的人事制度改革措施，调整人员结构，实现整体素质的提高，但现在看来收效甚微，加上分配制度没有充分体现“多劳多得”原则，现有的人才还在不断地流失，使得上述矛盾更加突出，直接危及银行自身的发展壮大。人力资源的开发要“两条腿“走路，一方面要积极大胆地引进人才，为我所用，不能被总量的过多所吓倒；另一方面要从内部培养人才，要善于发现可培养的对象，通过锻炼、培养、深造的途径，使其尽快地成长起来。加大人力资源的管理。一方面要重视人才的使用，将其放到适当的岗位上去，最大程度地发挥作用；另一方面要关心人才，爱惜人才，要在工资、福利待遇等方面予以政策倾斜，用政策和感情留住人才。这样，他们才会安心地为城市商业银行工作，城市商业银行才能具备健康发展的能力，才能在竞争中立于不败之地。

以创新为动力抓党建促监管

——人行朔州市中心支行2001年金融监管工作纪实

中国人民银行朔州市中心支行杨庆和

2001年,人行朔州中支党委以“三个代表”的重要思想为指导,坚持“两手抓,两手都要硬”的工作思路,按照天津分行党委的工作安排,通过大力开展创先争优活动,不断加强基层党组织建设,以党建工作促进金融监管和金融服务,支持和促进辖区经济持续、快速、健康发展,为依法履行中央银行职责提供坚强的政治保证。

(一)认真实施稳健的货币政策,积极支持地方经济发展

1.运用好货币政策工具,优化信贷结构,稳定金融运行。

(1)及时发放短期再贷款,为金融机构创造宽松的资金环境。今年上半年,朔州中支对各商业银行申请的再贷款从种类、期限、利率到用途进行认真审核,对符合政策规定的商业银行及时予以发放,确保票据清算和支付迅速快捷,缓解了金融机构短期资金紧张的压力。现累计共向国有商业银行发放短期再贷款49500万元,从而为全市国有商业银行发展提供了一个宽松的资金环境。

(2)及时发放支农再贷款,强化支农信贷服务。为了进一步加大对全市农业的信贷投入,支持农村经济快速发展,解决农户在农业生产中合理的资金需求,今年朔州中支经过积极向天津分行争取,获取支农再贷款限额1亿元,适时向农村信用社发放,有力地满足了农户生产、经营、消费和短、平、快项目的资金需要。现累计发放支农再贷款9450万元,收回5800万元。由于发放及时、投向合理,专款专用,达到了“农户、政府、信用社”三满意的效果。

(3)加强现金、利率管理,维持正常的金融秩序。在现金管理方面,朔州中支继续执行大额支现备案、审批制度。与此同时,按季组织现金检查,先后对全市各金融机构进行了检查,对违反现金管理规定的单位进行了经济制裁,并提出整改意见,全市现金管理工作状况有了明显改善。在利率管理方面,也加大了检查力度。对违规多付、少付利息的金融机构及时进行了纠正,同时给予严厉的经济处罚,有力地维护了利率政策的严肃性,促进全市金融业合法、稳健运行。

(4)拓展再贴现业务,以支持企业发展,缓解资金紧张矛盾。为做好再贴现业务、扩大票据承兑、贴现,朔州中支一方面大力加强商业承兑汇票的宣传组织工作,使企业认识和接受此项业务,缓解其资金紧张的压力,另一方面,注重业务的规范操作,制定了《中国人民银行朔州中心支行再贴现管理办法》,严格按照《办法》办理再贴现业务。此项业务的开展和规范管理,有效地缓解了企业资金紧张局面,较好地发挥了货币信贷政策工具的作用。

2.做好货币政策监测,实现调控手段的转变。

(1)建立货币政策监测分析制度,把实施效果放在中心位置。朔州中支根据《朔州市中心支行货币信贷监测报告制度》、《季度经济金融分析会议制度》,提出了监测报告的基本要求。同时,中心支行课题小组及时深入各金融机构和企业,对货币政策的实施效果进行认真细致的调查研究,及时向行领导和有关科室反馈信息,有效地增强

了中心支行实施货币政策的科学性。

(2)开好联席会议,疏通货币政策实施的各个环节。朔州中支坚持每季末及时召开政府有关部门和各金融机构参加的联席会,广泛听取各方面对货币政策实施的意见和建议。对金融机构的存款、贷款结构、总量及投入进行科学、合理的分析,并对国有大中型企业,500户、1000户企业的资金营运状况进行了跟踪分析,使金融机构及时掌握和全面领会人民银行货币政策的走向和重点,从而为有关部门的科学决策提供了第一手材料。

(二)加大金融监管力度,确保一方金融平安

一年来,朔州中支根据天津分行对金融监管工作的要求,把商业银行不良贷款下降3个百分点作为一项中心任务,按照"打好基础,抓住重点,提高效果"的工作思路,做到现场监管和非现场监管并重,常规监管和专项监管结合,有效地防范和化解了金融风险。

1. 对不良贷款进行动态监测,及时做好风险预警。一是制定了《对国有商业银行贷款质量监管指导意见》、《对国有商业银行不良贷款考核办法》,积极探索商业银行贷款质量监管的新思路、新方法;二是根据对金融机构不良贷款的监测分析,确定重点监管对象34个,并明确监管责任人,实行跟踪监管,充分保证监管工作的连续性和有效性;三是加强风险预警,共向金融机构发出《监管提示书》和监管通知书54份,提出其经营管理中存在的问题,提出整改措施和建议,促进商业银行依法经营。

2. 对不良贷款进行重点检查,为决策提供科学依据。在总结去年两次真实性检查经验的基础上,朔州中支配合太原监管办完成了对朔州市工行和农行系统2000年下半年不良贷款重点检查工作,对不良贷款进行了连续性现场检查,共检查了不良贷款13.8亿元。通过检查摸清了两家银行不良贷款的底数,查清了不良贷款形成和上升的主要原因,为制定行之有效的不良贷款"降点"措施提供了第一手资料。

3. 加强内控制度建设,切实防范金融风险。从今年7月1日至8月31日,完成对朔州市国有独资商业银行222个分支机构的内控制度建设与执行情况的全面检查。经检查发现存在的主要问题有:个别行对内控制度补充和修订不及时;现金管理制度执行有差距;重要空白凭证管理、使用和相互约束制度存在漏洞;贷款的管理制度、"三查"制度、保全制度执行不力;基层从业人员执行制度意识淡薄,风险防范意识差等。针对存在的问题,向被检查机构提出整改建议,做到堵塞漏洞,防微杜渐,确保一方金融平安。

4. 加强实名制检查,维护金融法规的严肃性。从今年9月1日至9月30日,中支对辖区内国有商业银行和邮政储蓄机构执行《个人存款账户实名制规定》情况进行了全面检查,共检查266个营业机构,检查面达98%。突击检查六月份个人储蓄账户83289户,发现违规办理储蓄存款5503笔,占检查总数的6.6%。对违规较严重的金融机构进行了处理,对11个违规金融机构予以警告,对13个违规金融机构处以罚款,维护了金融法律法规的严肃性,维护了公平竞争的金融环境。

5. 认真探索监管新思路,不断创新监管方法。在对农村信用社的监管中,合作金融监管科根据中支年初工作会议精神,对农村信用社监管工作进行了卓有成效的探索,完善了监管制度,形成了一套完整的监管体系,并取得了很好的效果,形成的经验材料在《金融时报》和天津分行办公室的《情况通报》上刊发,引起了有关领导的认可和重视。主要内容有:一是前移监管关口,对"三农"贷款按月监控。三季度共下发提示书45份,督促不合规机构限期纠正。二是实施"流程作业,连环推进",监管部门注意营建基础数据源,夯实监管源头,并实施了后续监管"六连环"。中支直接监管的19家农村信用社及联社不良贷款较年初下降1875万元,占比下降12.8个百分点;农贷比去年同期增加5772万元,创历史最高。

6. 认真抓好金融机构年检工作,把好金融机构的市场准入关。为加大对辖区内金融机构2000年度年检工作的广度和深度,根据辖区内金

融机构存在问题的实际情况，将年检的重点由过去对金融机构名称、证、章、照、地址等的合规性检查转移到对内控制度的建设及执行情况检查上来，从而发现经营中存在的问题，督促金融机构改进工作制度，有效执行各项规章制度，积极防范金融风险。

7. 加强住房监管，规范政策性住房金融秩序。根据中国人民银行关于加强政策性住房资金管理有关精神，朔州中支联合朔州市财政局、住房管理中心对朔市政策性住房资金进行了整顿，共检查了30家办理政策性住房资金业务的金融机构，检查资金3.01亿元，通过整顿，委托信誉和管理较好的8家金融机构办理住房资金业务，遏制了经办行的无序竞争，规范了经济行为，理顺了政策性住房资金管理的金融秩序。

8. 加大对农村信用社的监管力度，积极防范和化解农村信用社风险。

(1)认真开展“七项现场检查”工作。根据天津分行安排，从今年5月20日开始，朔州中支组成检查组，对城区联社及所辖机构开展了七项现场检查，即：1997～2000年新增贷款的质量检查，最大单户和最大十户贷款检查，清产核资及真实性检查后续检查，“三外”资金检查，县联社挤占信用社信贷资金状况检查，2001年信贷工作检查，年检。目前除年检工作之外，其它六项检查工作已全面完成。并向被检查机构下发稽核检查意见书75份，限其30日内整改完毕。与此同时，为了配合大型检查工作的开展，下发了《关于在开展“七项现场检查”以及年检工作中树立良好下乡工作作风的通知》，从而确保了七项检查工作的顺利完成。

(2)认真完成了对原城区、山阴两家城市信用社改制后落实弥补资产损失工作，并写出专项报告上报天津分行和太原监管办。朔州中支及时制定了落实弥补资产损失方案，由中支一把手亲自挂帅，分管行长具体组织实施，采取现场与非现场方式去抓此项工作。一是及时把任务分解到城信社每个职工头上，实行全社职工总动员，人人动脑筋，个个想办法，收到了事半功倍的效果；二是运用多种手段收贷收息；三是大力增资扩股，吸收存款，壮大信用社资金实力。由于措施得力，两社落实弥补资产损失方案收效明显。

(3)完成了对城区联社及信用社的债券投资情况专项检查和全市的汇总上报工作。全市所辖农村信用社进行有价证券投资的共28家，债券投资类账面余额为4769.43万元，其中自己保管的为2369.43万元，委托保管的为2400万元。针对检查中查出的问题，朔州中支制定了分类监管措施，一是对到期债券要求年内必须全部兑付；二是对因挂失支取形成损失的信用社，责成县联社逐笔清查，落实责任；三是对以委托购买及保管形式进行债券投资的信用社，责成县支行、联社进行清理整顿。

(4)全面完成了对六区(县)联社和城区所辖农村信用社主要负责人任职期间工作业绩的考核工作。根据《农村信用社县(级)联社主要负责人的任职期间考核暂行办法》，朔州中支于今年2月5日～3月5日对全市农村信用社联社及城区所辖农村信用社主要负责人2000年度工作业绩进行了考核。参加这次考核的县(级)联社主要负责人18人，经综合考评：合格6人，基本合格12人；城区所辖农村信用社主要负责人36人，经综合考评：合格16人，基本合格20人。

9. 加大外汇监管力度，防范化解外汇风险。一是今年3月份对2000年度中资企业经常项目外汇账户进行了年检，年检结果全部合格；二是于今年3～5月份，朔州中支联合市外经贸局、市工商局等部门对全市2000年度外商投资企业进行了联合年检。通过年检，发现了外商投资企业存在的问题，并提出了建议。通过年检，有力地规范了外汇管理秩序；三是于6月份对各外汇指定行的外汇账户进行检查。中支对工行、农行的信用证项下售付汇业务和资本项下外汇账户进行检查，没有发现违反外汇账户管理规定的行为。

在党的十五届六中全会召开后，中支党委继续大力加强党建工作，努力加强金融监管，大力探索金融创新，力争使朔州中支的工作得到全面提高。

围绕金融抓党建抓实党建促监管

中国人民银行忻州市中心支行　邢满红

金融系统党的工作实行垂直领导和管理以来，人行忻州中支党委及时调整思路，转变观念，积极探索新形势下党建工作的新方法和新途径，两年多来，摸索出了一条围绕金融抓党建，抓好党建促监管的新路子。

（一）健全机构，完善制度，夯实党建工作基础

面对党的领导关系发生变化的新形势、新任务和新要求，人行忻州中支党委及时调整工作思路，制定了《关于加强人民银行系统党建工作的意见》，着重从党的组织建设、思想建设、作风建设、制度建设四方面加强党的建设。首先从抓党的组织建设入手，健全党的组织机构，狠抓党员的教育和管理。建立了中支党委4个工作部门和中支机关党委，全辖成立了18个基层党支部委员会，46个党小组。并选配素质高，有一定工作能力和工作经验且热爱党务工作的103名同志充实了党务工作队伍，明确了工作职责。在此基础上，整章建制，先后制定完善了《党的组织制度》、《坚持完善领导班子民主集中制度》、《民主生活会制度》、《领导干部民主监督制度》、《三会一课制度》等28项党建工作规章制度。同时，健全了“九簿”、“五册”、“三表”、“一室”，将党的基本知识、党规党法、党务活动安排等，制成图版，装订上墙。初步形成了组织机构健全，职责任务明确，规章制度齐全，管理规范的党建工作新格局，使党建工作迈上了程序化、科学化、规范化的轨道。

（二）因地制宜，联系实际，创新党建工作思路

“火车跑得快，全靠车头带”。中支党委一班人深刻认识到“火车头”的重要作用。因此，在健全党建工作机构的基础上，把巩固和加强党的组织建设，发挥基层党组织的政治优势，努力把基层党组织建设成为带领广大干部职工团结战斗的“火车头”，作为党建工作的目标。为此，在深入开展“创先争优”活动的基础上，在忻州中支全系统实施了党建“火车头工程”，提出了“一线贯穿”，“四环紧扣”，“四力驱动”的党建总体思路。即：把增强党组织的凝聚力、感召力和战斗力，充分发挥广大党员的先锋模范作用，团结带领广大干部职工完成上级行交赋的各项工作任务，作为党建工作的主线，贯穿到各项金融工作当中。把选好书记带班子，建好班子带队伍，组织党员带群众，培养典型带全体的“四个环节”，作为抓好基层党组织建设的重要内容和核心。把靠党性观念增强凝聚力，靠密切联系群众形成吸引力，靠先锋模范作用形成感召力，靠强化制度建设形成调控力的“四靠”，作为解决“火车头工程”动力的重要途径，以此达到内增凝聚力，外强吸引力，提高向心力，增强战斗力的目的。党建“火车头工程”的实施，使全行的党建工作目标更加明确，任务更加具体，思路更加清晰，措施更加可行。

（三）层层负责，狠抓落实，开创党建工作新局面

为确保党建工作不走过场，围绕“火车头工程”总体目标，忻州中支全辖各级党组织采取有效措施，狠抓落实，一级抓一级，层层抓落实。一是按时定期组织学习。通过学习马列主义、毛泽东思想和邓小平理论，强化党员的“五种意识”，即：强化为人民服务的宗旨意识；强化党员的先锋模范意识；强化艰苦创业，为行争辉的奉献意识；强化党员求真务实，廉洁奉公的党性意识；强化爱岗敬业，开拓进取的责任意识。中支党委、党支部都坚持了每月不少于一天的中心组学习制度，并撰写出了高质量的心得体会，使理论学习避免了形式主义。二是在选拔培养基层党组（党支部）书记中，严把“三关”，即选择标准关，组织培训关，自身修养关。三是在班子建设上狠抓“四个严格”，即思想建设上严格要求，组织建设上严格管理，制度建设上严格执行，作风建设上严格监督，使班子树立起了“五种形象”，即：民主团结的形象，真抓实干的形象，廉洁自律的形象，勤政为民的形象，公道正派的形象。四是实行了“四包一带”的制度，即：党委书记包委员，委员包支部书记，支部书记包支委，支委包党员，党员带群众，使全辖736名干部职工全部纳入了党组织的管理之中。五是开展了“标准化党支部”和“五好班子”创建活动。制定了忻州中支“标准化党支部”和“五好班子”创建方案，明确了创建标准和考核内容，并结合党建、综合工作责任制进行检查验收，有力地推动了党支部建设和领导班子建设的顺利开展。六是在基层党组织和广大党员中开展了“创先争优”活动。要求党员做到：思想觉悟要高于群众，能力要强于群众，形象要好于群众，工作要超过群众。与此同时，忻州中支党委以建党80周年为契机，在党员干部中广泛开展了学先进、讲奉献、争一流、比贡献，一个支部一面旗，一个党员一颗星活动。七是在广大党员中开展了“五个一”竞赛活动，即：做一件好事，培养一名入党积极分子，学习一门新业务技术，创出一流工作成绩，争当一名优秀共产党员。八是党组织联系群众坚持做到了“五必访”，即：逢年过节必访，生病住院必访，红白大事必访，有困难必访，女职工生孩子必访。把党的温暖送到广大干部职工当中，使基层党组织工作开展得有声有色。

（四）创建结合，“两手”都硬，促进金融监管工作的有力开展

党建工作的深入开展，使忻州中支的行风行貌明显改观，精神面貌为之一新，有力推动金融监管工作的质量和水平上了一个新台阶。近年

来，忻州中支党委以江泽民“三个代表”重要思想为指针，以党建工作为龙头，使金融监管工作在水平和质量上出现了新的突破。一是规范监管工作程序，加大对监管部门的考核力度。落实监管工作目标责任制，对监管部门实行层层签订、百分制考核的办法，围绕管法人、管内控、管风险的“三管”要求，建立了监管手册，形成了项目清楚、层次分明、内容完整的金融监管体系。二是完善对金融机构及其高级管理人员的考核制度。对金融机构资产负债状况，采取逐月监控，按季考核，通报分析的办法和对金融机构高级管理人员经营业绩进行全面考核，实施建档管理。三是确定重点，着力压缩不良资产。针对国有商业银行和农村信用社不良资产居高不下的状况，确定重点，采取“三结合”的办法加强现场检查。检查不良贷款与检查正常贷款相结合；检查不良贷款成因与检查信贷管理内控是否到位相结合；检查不良贷款真实性与检查不良贷款抓降措施落实相结合。对农村信用社实行不良资产分账经营，着力清压。四是制定中支党委委员包点联系行制度，确定调研课题，深入基层调查研究，拟定解决问题的有效办法。2001年7名党委委员分别撰写调查报告，其中4篇被天津分行刊物采用。另外，严厉制裁逃废银行债权行为，保全银行资产。组织召开政、企、银三方金融债权座谈会，明确了企业逃废债界定标准及对逃废

债行为制裁办法，制定了银行债权管理联席会议制度等。五是发挥党员在监管队伍中的骨干作用。2000年是全行历史上检查次数及派出人员最多的一年，也是监管收效最明显的一年，有力地促进了辖区金融风险的不断化解，特别是辖区农村信用社在人民银行的严格监管之下，出现了良好的经营局面。2000年亏损额较上年减少了2400万元。防范和化解农村信用社风险工作取得了明显成效。

目前，忻州中支已经形成了任务到岗，责任到人，分类监管，责任明晰的金融监管责任体系；建立了风险预报准确、反映灵敏、处置及时的非现场监管体系；加大现场检查力度，及时查处违法乱纪行为，全辖金融机构未出现任何风险，保持了辖内金融安全、协调、稳健、高效运行。

加强党建工作改进党的作风

——人行大同中支党建工作纪实

中国人民银行大同市中心支行

（一）党的领导实行垂直管理后，全辖党建工作基本情况

人民银行党的领导管理体制实行垂直领导后，大同中支党委坚持“围绕金融抓党建，抓好党建促监管”的指导思想，把贯彻党的基本路线同基层人行的实际工作相结合，开创了“两个文明”建设同步发展的良好局面。

1. 建立健全党的各级组织，党建工作力度得到强化。为适应人民银行党的领导体制垂直管理后党建工作的需要，中支党委按照天津分行党委要求，设立了党委办公室、组织部、宣传部、群工部4个工作部门和7个县支行党组；成立了纪委及纪委办公室；召开了中支第二次党员代表大会，选举产生了新一届机关党委；根据中支机关工作特点，调整划分了机关党支部和党小组，对12个党支部进行了改选，在此基础上设立了29个党小组，还成立了中支团委。同时充实调整了党委部门负责人和工作人员，加强了党建工作力量。连续两年对党支部书记、组织委员进行了培训，充实了党务知识，增强了工作能力，使党建具体工作有部门，基层单位有支部，大部分科室有小组，所有党员全部编入党的组织。从上到下建立健全了党的组织机构，形成了党建工作的完整体系，从而在组织上适应了党的领导垂直管理体制的要求，保证了党的各项工作和活动能够有组织、有领导的正常开展，为全行“两个文明”建设和各项金融工作的顺利完成提供了坚强的组织保证。

2. 健全完善规章制度，促进了党建工作规范化管理。1999年党委成立后，就着手研究制定了加强和改善党建工作的实施意见和具体安排，党委各部门和基层党组织结合本部门本单位具体情况，围绕中支党委实施意见和工作安排，相继制定了具体的工作措施。党委（党组）坚持落实了每月一次的中心组学习制度，机关党委制定实施了《党支部目标管理和党员目标管理实施办法》及检查考评标准，坚持每半年对各支部进行一次考核评比，每年开展一次党员民主评议。2000年5月在大同县支行召开了党支部建设规范化管理现场会，学习推广大同县、左云县两个支行党支部建设规范化管理的经验，并统一印制了“四薄八表”（党课、支委会、支部大会、小组会记录薄，党员活动八种登记表），建立了“一室”（党员活动室），使党的日常活动及操作方式得到了统一，改变了原来由地方党组织领导管理时形成的不规范行为。今年5月又将近年来形成的支部建设、党员管理、发展党员、组织生活等7个方面30多项制度进行了修改完善，编辑印发了《党建工作制度》汇编，对统一和加强全辖基层党组织开展工作发挥了很好的作用。

3. 加强思想建设，发挥党的政治优势。市县两级行党委、党组始终坚持中心组理论学习，认真学习江泽民“三个代表”重要思想，广大党员人人写心得、谈体会，党的思想建设、作风建设得到进一步加强。紧跟时事政策动向，先后开展了上党课、参观爱国主义教育基地、“三讲教育”、职业道德教育、“三铁教育”、“警示教育”等活动，开展了党的知识竞赛、党的80周年图

片展、“党在我心中”文艺演出等活动。在党员和干部中开展的学习和教育，有效地提高了大家的政治觉悟，进一步认识了反腐倡廉的重要性，提高了坚持党的基本路线和执行纪律的自觉性，并在政治上、思想上和行动上与党中央保持高度一致。

4. 加强党员队伍管理，积极做好党员发展工作。认真坚持落实“一课三会”制度，通过经常的组织生活和严格的教育管理，不断增强党员的党性观念和组织观念。在抓好党员队伍管理教育的同时，严把党员“入口关”。坚持发展党员的“十六字”方针，并坚持由下而上、定期培训、严格发展程序的原则。这样不仅避免了发展党员工作中的不正之风，而且保证了新党员的质量。

5. 树立典型，引深“创先争优”活动的开展。2000 年大同中支树立了大同县、左云县支行两个先进党支部，并召开了现场会，总结推广了他们的经验。作出了“开展向优秀共产党员蒯海钦同志学习的决定”，最近机关党委又作出了“开展向优秀共产党员张少英同志学习的决定”，用身边的人、身边的事教育引导广大党员树立正确的世界观、人生观和价值观，教育广大党员爱岗敬业、勤奋学习、努力钻研、踏实工作，充分发挥党员的先锋模范作用，团结和带领全行干部职工完成好各项工作任务，取得“两个文明”建设新成果。

6. 构建党建、监管和服务工作三位一体的格局，提高了党建工作水平。一是认真履行好监管职能，建设金融安全区。二是支持经济发展，提供优质服务。市县两级行始终坚持把监管与服务统一起来，在监管中改进服务，在服务中加强监管，赢得了金融机构的支持与称赞。努力为社会提供优质服务，实行贷款证与开户许可证同步办理，大大方便了各企事业单位。加强了金融电子化建设步伐，加速了资金周转速度，提高了资金使用效益。

（二）加强和改进党的作风建设的基本情况及整改措施

在认真学习六中全会精神的基础上，大同中支党委对照“八个坚持、八个反对”就加强党的作风进行了认真的总结和查摆。

1. 近年来加强党的作风建设主要做法和成效

（1）加强思想作风建设，在创造性地贯彻落实党的路线、方针、政策上下功夫。特别是近年来人民银行实行党的垂直领导以来，市县两级行党委、党组认真贯彻执行解放思想、实事求是的思想路线，在发扬党的优良传统的基础上，立足辖内实际情况，锐意改革，科学监管，依法办事，推动了金融体制改革的深化，有力地促进了地方经济的健康发展，给作风建设注入了新的活力。同时，面对各种新情况，中支党委要求广大党员干部要从思想上高度重视新形势、新趋势、新技术和新竞争、新矛盾的挑战。

（2）加强学风建设，在学以致用上下功夫。市县两级行领导干部自觉做学习的表率，打牢马克思主义理论功底，坚定理想信念，提高政治敏锐性和政治鉴别力，增强工作的原则性、系统性、预见性和创造性。领导干部和广大党员开动脑筋，着眼于马克思主义的运用，着眼于对现实问题的理论思考，着眼于新的实践和发展，切实解决存在的实际问题。对党的路线、方针、政策和上级行的工作部署，能够坚决贯彻执行，并结合具体实际创造性地开展工作。领导干部坚持学习实践相结合，努力把握经济金融发展规律，增强驾驭全局、应对风险的能力。建立了理论学习的领导责任制，严格督促检查。健全了党委（党组）中心组学习制度、领导干部在职自学制度和干部理论学习考核制度。重点抓好领导干部特别是年轻干部的学习，坚持派出去与请进来相结合、自学与专题组织相结合、政治学习与业务学习相结合，加强对干部的培训，提高了理论业务素养，增强解决实际问题的能力。

（3）加强工作作风建设，在狠抓落实上下功夫。为切实加强党的作风建设，中支党委下决心从文山会海和繁多的应酬中摆脱出来，要求党委委员深入基层，掌握情况，解决问题，真正把转变领导作风落到实处。中支党委制定了《大同中支党委关于加强调查研究改进工作作风的指导意见》，建立了党委委员工作联系制度，确立了重点联系行，明确了重点联系和调研的内容。同时要求县支行党组成员也要经常开展调查研究，了解掌握基层情况和辖内经济金融运行情况。

(4) 加强领导作风建设，在强化宗旨观念上下功夫。市县两级行领导干部牢记党的根本宗旨，在实际工作中善于听取职工呼声，真正把干部职工拥护不拥护、赞成不赞成、高兴不高兴、答应不答应，作为想问题、做决策、办事情的根本出发点和落脚点，扎扎实实为职工办实事、谋实惠，做到公开办事程序、公平处理事务、公正追究责任，使行内重大事项的决策置于干部职工的监督之下。为进一步密切干群关系，中支党委将每周三确定为行长接待日，由行长直接听取来自基层干部和职工的意见和建议，不仅畅通了干群反映问题、献计献策的言路，也及时处理和化解了一些工作中的矛盾和问题。

(5) 加强干部生活作风建设，在防腐拒变上下功夫。全面加强基层人行队伍思想政治建设，在广大党员和职工中树立正确的世界观、人生观和价值观，在日常监管、服务工作中，坚持做到“六个不准”、“十个严禁”，坚定对社会主义的信念、增强对改革开放和现代化建设的信心，牢固筑起思想道德和党纪国法两道防线。一是以廉洁自律为核心，领导干部作表率。二是严肃行纪，管好自己的人。三是以制侈勤俭为核心，围绕管好钱做文章。通过实行财务、会计的审核、记账、核算“三分离”管理，并逐步建立起财务控制机制，使全行的一切资金都纳入大账统一核算。

(6) 加强行风建设，在职业道德上下功夫。以党风建设带动行风建设是加强和改进基层人行党的作风建设的一项具体要求。为此，中支党委、县支行党组正确认识处理党风建设和行风建设二者的关系，扎扎实实地从具体工作入手，不走过场，不图形式，真正通过加强自身作风建设，带动行风建设，塑造良好的央行形象。中支党委要求大家树立五种良好风气。一是进一步树立求真务实的良好风气；二是树立开拓创新的良好风气；三是进一步树立认真学习的良好风气；四是进一步树立调查研究的良好风气；五是进一步树立文明兴行的良好风气。按照这一要求，以“三铁”教育的深入开展为契机，中支党委把纠风工作有机地溶入到弘扬“三铁”精神中去，专门召开“整顿机关工作纪律，提高服务水平”全行职工大会，号召全辖广大干部职工联系岗位和自身中有悖于“三铁”精神和有损于“三铁”信誉的问题，进行深刻的自我剖析、整改和总结经验，并有针对性地开展因人施教、因岗施教活动。以求真务实，重塑“铁账本”；夯实基础，铸造“铁规章”；勤俭治家，精打“铁算盘”的标准，倡导行业管理的“三铁”建设，使“三铁”精神成为全体员工亮丽的职业标志。

2. 党的作风建设方面存在的主要问题

几年来，大同中支党委带领党员和干部职工做了一些工作，也取得一定成绩，但是，中支党委深深地感到，当前党建工作无论是与其所肩负的任务相比较，还是与上级党委的要求相比较，均存在一定差距。主要表现在：一是一些同志对加强党建工作的重要意义认识不足，影响了党建工作广泛、深入地开展。二是部分党组及支部对党的一些制度特别是“三会一课”等基本组织制度坚持不够，落实不好，党组织活动不经常，基层党组织和党员应有的作用发挥不够。三是思想政治工作比较薄弱，不能充分体现和发挥党的政治优势。四是一些干部因循守旧，创新不足，思想不够解放。五是部分同志学习不刻苦，联系实际少。六是工作不深入，形式主义和官僚主义作风在某些方面还比较严重。七是要求不严，言行不一，党员干部的表率作用发挥得不够。

2. 进一步改进党的作风建设采取的措施

针对存在问题，中支党委要求广大党员干部要充分认清新的历史时期基层人民银行面临的新形势和新任务，深刻认识到加强和改进党的建设特别是作风建设的极端重要性和紧迫性，要求各级党组织采取有效措施，把党的作风建设提高到一个新水平。党建会议结束后，中支党委一是组织广大党员和干部职工认真学习党的十五届六中全会、温家宝副总理讲话和总分行会议精神，充分认识和理解改进党的作风的重要性；二是认真查找在党的思想作风、学风、工作作风、领导作风和干部生活作风五个方面存在的差距；三是在查摆问题的基础上，结合县支行、科室工作的实际，研究解决工作中存在的问题，并抓好对措施落实情况的督查工作；四是向各县支行、各科室征求中支党委工作作风方面存在的问题；五是利用此次良好契机，大力整顿工作作风，在监管、金融服务等科室开展了“形象工程”，力争建立一支政治过硬、作风清正、业务优良、纪律严明的干部队伍。

具体改进措施：

(1) 强化创新观念，强化理论武装。一是增强创新观念，树立强烈的创新意识。要求各级党组织把不断增强创新观念，作为努力推进党的基层组织建设的基础工作来抓。二是从思想上强化党的意识，切实注重提高党员素质。三是强化理论武装，提高党性修养，树立宗旨观念。

(2) 理论联系实际，深入调查研究。中心支行党委和县支行党组继续坚持和完善中心组理论学习制度，党委委员、党组成员结合工作实际写出 1－2 篇理论学习体会。抽出更多的时间和精力，加强同基层干部和群众的直接交流，倾听呼声，了解实情，指导工作，解决问题。继续坚持党委委员联系行制度，中支党委委员在做好分管工作的同时，深入基层抓点带面，总结经验，查找不足，并及时向党委反馈。

(3) 密切联系群众，真抓实干。一是不打被动仗，打主动仗；不打突击战，打持久战。二是领导以身作则，查找自身在作风方面存在的问题和不足，制定改进的措施。

(4) 发扬民主，坚持集中。各级党组织工作中的重大问题，力求组织广大党员讨论，听取意见，充分发挥党员和基层党组织的积极性、主动性、创造性。切实加强全市人民银行系统各级领导班子建设，完善党委内部议事决策机制，认真执行“集体领导、民主集中、个别酝酿、会议决定”的基本制度。继续完善干部管理办法，坚持任人唯贤，量才使用，反对论资排辈，照顾迁就。坚持用好的作风选人，选作风好的人。积极推行公开选拔，竞争上岗等措施，完善干部交流、轮岗和回避制度。

(5) 遵守纪律，依法办事。在思想上、政治上同中央保持高度一致，保证党的金融方针、政策和各项措施在本系统、本单位、本部门得到贯彻落实，决不允许有令不行、有禁不止、阳奉阴违搞“上有政策，下有对策”，确保政令畅通。

(6) 艰苦奋斗，勤俭办行。进一步严格财经纪律，加强财务管理。费用指标一律不准突破，不得挂账，不得技术处理，违者一经发现，严肃处理。严格差旅费开支和招待费管理，不准高标准接待。

(7) 弘扬正气，加强廉政建设。教育全体共产党员和副科级以上干部在作风建设中起表率作用，引导党员干部树立良好的作风，形成知实情、说实话、办实事、求实效的良好风气。建立健全党的工作制度，保证党委领导、决策和党建工作的科学化、规范化、制度化，不断完善各项规章制度。紧密结合实际，坚持关口前移、查防并举的方针，抓源头、堵漏洞，从体制、机制、制度和管理上预防和治理腐败。通过党风建设带动行风建设，在全系统树立起“严格、规范、谨慎、诚信、创新”的良好行业风气。

(三) 对分行党委改进党的作风的建议

分行党委一直重视党的作风建设，特别是自党的领导实行垂直管理以来，建立健全了党的各类组织机构，各部门能够各负其责，各司其职，相互协作，齐抓共管，形成合力；制定完善了加强党风建设的各项制度，领导干部率先垂范，一般职工积极配合，在思想作风、工作作风、领导作风、生活作风以及行风等方面都取得了较好的成效。

建议：

1. 上级行领导多深入基层支行了解情况，指导工作。

2. 进一步建立党内有效监督机制，使党员言行和日常工作置于制度约束和相互监督之下，以党风促行风。

3. 在管理创新上多做文章，全面实行系统管理、人本管理、责任管理。多组织开展学业务、学金融知识、学外语、学科技活动和培训。

4. 进一步强化服务意识，不断提高办事效率。

5. 坚持依法治行与以德治行相结合，加强职业道德教育，不断推进双文明建设。

展理论大旗促工作发展

中国人民银行丹东市中心支行 崔显文

中国人民银行丹东市中心支行下辖三个县（市）支行，现有在职干部职工 298 名，其中党员 167 名，占在职职工人数的 57%，离退休干部中党员 57 名，基层党支部 11 个，是中央金融工委和人总行确定的党建工作联系单位。其前身人民银行丹东市分行机关党委在 1994～1999 年曾连续 6 年被丹东市市直机关工委授予“先进机关党委”称号。近两年来，在中央金融工委、人总行和沈阳分行党委的亲切关怀和热忱帮助指导下，丹东中支紧密结合履行职能，加强党的建设，开展以目标管理竞赛为载体的“创先争优”活动，取得了明显的成效。1999 年市中心支行党委被沈阳分行党委评为“党风廉政先进集体”，市中心支行机关党委被沈阳分行党委评为“先进党组织”，市中心支行机关老干部党支部被中共中央组织部授予“全国离退休干部先进党支部”称号，2000 年 7 月市中心支行党委被人总行授予“先进基层党组织”称号，2001 年 7 月 1 日被中央金融工委授予全国金融系统“先进基层党组织”称号，被人总行授予人民银行系统“双文明单位”称号。

（一）坚持理论学习，加强廉洁自律，提高领导班子自身建设

做好党建，班子建设是关键。几年来，丹东中支党委班子以“三个代表”思想为指导，通过学习，努力提高自身理论修养和执行政策的能力，班子建设取得较好的成果。

一是自觉坚持理论中心组学习制度，做到四个严格，即严格落实《理论学习计划》、严格遵守《学习考勤制度》、严格《请假和补课制度》、严格《督促检查学习制度》。中心支行党委始终把领导班子的政治理论学习放在首位。坚持按计划实施

“中心组”学习制度，每月一次，做到学习时间可串不可占。“中心组”组长认真履行职责，定期检查班子成员学习笔记和心得体会落实情况。近两年班子成员共撰写心得体会、理论文章 40 余篇，计 20 多万字，仅去年在省级以上刊物就发表了 8 篇。

二是认真贯彻民主集中制原则，不断增强领导班子的凝聚力和战斗力。为使民主集中制原则制度化、规范化和程序化，中心支行党委相继建立完善了《关于加强领导班子建设的十项规定》、《领导班子议事规则》、《党员领导干部民主生活会若干规定》、《领导班子成员接待日制度》、《丹东市中心支行民主议事管理委员工作制度》、《中层干部竞聘上岗实施方案》等二十几项制度和规定，并在工作中严格贯彻执行。由于领导班子始终坚持民主集中原则，办事公开，决策民主，不仅得到了群众的拥护，而且领导班子的凝聚力和战斗力也进一步得到加强。

三是廉洁自律，自觉过好“五关”。领导班子严格执行《廉政准则》和“十个严禁”，自觉过好“五关”。先后制定了《中国人民银行丹东市中心支行纪委对同级领导班子及其班子成员实施党内监督的工作制度》、《中国人民银行丹东市中心支行科级以上干部廉政监督的暂行办法》等十五项廉政规章制度和办法。在金融监管工作

中，从不为违规违纪问题说人情，疏通关系，做到廉洁监管，执法如山。自觉拒吃请、拒收礼金，凡推托不掉的金钱礼品，一律交公，实行登记。班子成员坚持密切联系群众和“五必谈”、“五必访”以及“行长接待日”制度，经常深入实际了解情况，解决实际问题。领导班子代表职工利益，关心职工生活，为职工办实事的行动，受到了全行职工普遍赞誉。

（二）提高队伍素质，培养一支“复合型”干部队伍

党员干部队伍是“创先争优”活动的主体和基础，在建设一个好班子的同时，还要带出一支政治过硬、业务精良的党员干部队伍。针对不同时期党员干部队伍的状况和特点，采取有效措施，加强党员干部队伍建设。

一是实施理论武装工程。坚持用邓小平理论武装党员干部的头脑。去年中心支行党委为了提高党员干部思想理论素质，开办了业余党校，制定了《关于加强干部政治理论教育的实施意见》，规定了业余党校作为党员干部的政治理论教育培训基地，请市委党校和市中心支行领导讲课，并组织党员干部进行座谈讨论，交流学习体会。

二是抓紧党员干部经常性的思想教育，努力提高党员干部的政治素质。两年来，中支领导班子根据金融改革的形势任务和发展变化情况，在党员干部队伍中先后进行了爱国主义、集体主义、社会主义和艰苦创业精神的教育，进行了职业道德、遵纪守法、爱岗敬业等集中性的教育。还通过各种渠道和手段增强教育的效果。建立了党员干部读书学习笔记、撰写心得体会文章、记载业绩档案等项资料，并每个季度检查考核、打分评比。两年来还编发《丹东金融信息》547期。这些经常性的政治教育，不断增强了党员干部的理想信念和爱岗敬业、遵纪守法的自觉性。

三是强化金融业务培训，提高党员干部履行岗位职责的能力和水平。两年来，丹东中支紧密围绕金融中心工作，以金融政策法规和业务操作技能为主要内容，开展“新知识、新业务、新技能”的适应性培训。在培训工作中还注意发挥科室的作用，本着缺什么，补什么，少什么，训什么的原则，由各科室组织小范围的短期专业培训。据不完全统计，1999年以来，科室举办各种培训50余次，参加人员近千人次。

四是按照复合型干部“一高、三精、四能”的标准，确定党员培养目标，在开展业务知识竞赛、岗位练兵活动这些竞赛活动中党员干部要走在前面，成为业务骨干、技术尖子，率先达到复合型干部标准。

五是为了提高党员队伍的整体建设水平，在队伍建设上还采取了一级抓一级、一级带一级的办法。书记带班子、党委带支部、支部带党员、党员带群众的示范、互帮活动，不让一个支部落后，不让一名党员掉队，争取整体进步。这些教育培训活动，使广大党员干部的综合素质得到明显提高，为深入开展“创先争优”活动，实现更高的创先目标奠定了基础，创造了条件。

（三）抓制度建设，构筑党建工作的保障体系

一是完善党建工作运行机制。去年，依据《党章》和人总行、沈阳分行的有关要求，中支党委班子研究制定了《基层党组织落实组织生活制度实施意见》，进一步明确基层党组织的指导思想和主要任务、地位和作用，明确基层落实组织生活制度的责任。又在总结以往党建实践和制度建设的基础上，由中心支行党委书记牵头，以党委组织部为主，组成专门班子，查阅资料，反复研究，广泛征求意见，通过两个多月的加班加点工作，归纳整理了有关党建工作制度53份，党委、纪委、基层党支部和党的职能部门岗位职责32个，常用党建工作程序9个，以及上级有关党规党纪文件24篇，并汇编成了25万余字的《党建工作制度汇编》一书，为党建各方面工作进行了比较全面系统的分类规范，使基层党组织和全体党员达到“三个明确”，即明确党规党纪的具体内容，明确制度措施的具体要求，明确职责程序的具体界定。

二是建立党建工作考评机制，增强考核工作的针对性和实效性。去年丹东中支在基层党支部工作中实行了目标管理，把基层党支部建设分为10个大项24个具体项目，设定分值进行量化考评，对加强基层党支部建设产生了积极的作用。今年初，对基层党支部考核工作重新进行了研究，重新拟定了基层党支部"创先争优"量化考核标准，将市行机关党支部与县（市）支行党支部的考核分开进行，针对各自的实际。掌握量化考评标准，使量化标准增强可比性，减少工作的不确定性。

三是统一基层党务活动要求。针对新时期金融党建工作特点，2000年11月丹东中支举办了基层党务干部集中培训班。从如何加强党支部建设、怎样做好发展党员工作、怎样抓好党员教育工作、如何加强党员管理、怎样做好党支部基础建设工作等五个方面提出了统一要求，并通过参加培训同志的座谈讨论，提出意见，反复修改，编辑了《机关党支部工作手册》。

四、抓党建工作，促进中心支行的工作全面发展

两年来，通过开展党建"双先双优"评比和"创先争优"活动，在全系统内产生了积极的影响，党委班子建设、基层党组织建设和党员干部队伍建设都有了一定的进步和提高。

一是树立了党委班子的良好形象。通过不断加强党委班子自身建设，使班子增强了核心领导作用，提高了贯彻落实金融方针政策和执行上级党委指示的自觉性，保持了政治上的坚定和理论上的清醒。在"三讲"教育及"三讲"教育"回头看"期间，群众对党委班子和领导干部满意率达到了100%，检验了党委班子的民主作风和领导干部在群众中的威信。在工作和学习上率先垂范，求真务实，积极进取。在抓"三讲"教育、职业道德教育、真实性检查、双文明建设等集中性工作中都受到了上级的肯定。在廉政建设上，党委班子成员自觉做到拒绝有碍公务的宴请、拒收礼品礼金、保持清正廉洁，两年来，班子成员上缴礼品礼金145500元。

二是党员的先锋模范作用突出了。两年来，党员业务创新98次，超额完成工作计划380项。国库、会计、清算科室的党员严格执行"三铁"制度，保证了国库资金及时入库退库、联行清算和核算安全；保卫、发行科的党员带头严守纪律、严格要求，保证了发行库款的安全无事故；各监管科室的党员带头深入监管现场，定位监管，把住易发风险部位的关口。近两年，年终行员考评，在优秀行员中党员约占90%以上。

三是规范内控管理，实现内部核算安全运行。在内部管理上，中心支行党委坚持用机制和办法规范人的行为。按照"量化到岗，责任到人"的要求，对67个执行制度的岗位进行责任目标分解，定出责任目标考核标准。建立了457条规章制度，使各项核算业务操作"后岗监督前岗，上一岗位监督下一岗位，环环相扣"。几年来，他们坚持用制度和办法严格加强内部管理，实现了内部核算、"三防一保"安全无事故。

四是监管到位，实现了地区金融总体运行平稳。两年来，通过强化金融监管，"三位一体"监管机制有效运作，较好地规范了金融行为，维护了良好的金融秩序，去年底，市、县两级行领导包扶的高风险社，全部达标，备付金率达到3%以上，抗风险能力明显增强。全地区中小金融机构未发生支付风险，不良资产的占比有所下降，经营效益有明显好转。市中心支行积极支持和协调丹东商业银行运用法律武器，制止了永立集团使用诈骗手段逃废1.4亿元银行债务行为，维护了商业银行的合法权益，维护了人民利益。保证了"两债"到期兑付，"两债"余额有了较大幅度的下降。全市证券回购余额比年初下降10.1%，企业债券余额比年初下降32.9%。处于一线的监管人员，特别是其中的党员为其付出了艰苦的劳动和辛勤汗水。

五是行风行貌有了新的变化。中心支行和三县（市）支行保证了建行以来职工队伍的稳定，从来没有发生过违反政治纪律的问题和违法违纪案件，全行没有一人参与"法轮功"活动，干部职工心往一处想，劲往一处使，有着良好的精神

状况和较高的工作热情。自觉遵守劳动纪律，按时上下班，言谈举止、接人待物文明礼貌、热情周到，在地区金融系统中树立了良好的央行员工形象，受到全市金融机构乃至丹东市委、市政府的高度赞誉。1999～2000年度市中心支行机关被省委、省政府授予“文明机关”称号，同年度被丹东市委、市政府评为先进单位，市中心支行老干部工作被中国人民银行和中国人民银行工会授予“中国人民银行离退休干部工作先进集体”称号，中心支行团委被沈阳分行团委评为“六个一国庆献礼工程，领取21世纪入场券”活动先进单位。

征稿启事

敬请您关注　欢迎您参与

《中国金融市场年鉴》是中国金融界一部大型资料性、历史性、综合性年刊，将全面反映我国银行、证券、保险及其它相关金融业的改革和发展历程，内容可靠，数据详实，是一部具有权威性、专业性、连续性和科学性的综合性史册。

《中国金融市场年鉴》2002年卷特设“金融监管”“改革与发展”“信息化建设”、“精神文明建设”、“农村信用合作”、“证券市场”“期货市场”等专辑。

为丰富年鉴内容，加大信息含量，现特向广大读者征稿，欢迎相关部门、单位和个人踊跃投稿！

来稿务请注意以下事项

1. 文稿要求观点新颖、说理透彻、文笔流畅、实用性强；文章所用的数据力求准确、资料翔实可靠、图片清晰、计量标准、正文简体，作者直投软盘或发E－mail均可，字数不限。
2. 译文需附原文，并注明出处。
3. 来稿要求注明作者姓名、工作单位、电话及联系地址、邮编。
4. 来稿一经采用，即付稿酬并赠样书。
5. 请勿一稿多投，如有版权纠纷，责任自负，作者若超过2个月没有收到任何形式的用稿通知，稿件可自行处理，恕不退稿。

联系方式：

北京89－136信箱（100089）

电话：010－88570128 88570129

传真：010－88570139

http：//www．cmjrw．net．cn

E－mail：cmjrw@sina．com　cmjrw@sohu．com

走过二〇〇〇

——中国人民银行吉林市中心支行2000年工作探索与实践

中国人民银行吉林市中心支行　许延辰

2000年是中国人民银行的管理年。按照中央金融工作会议、中国人民银行工作会议精神，根据沈阳分行提出的“高举邓小平理论伟大旗帜，认真贯彻党的十五届四中全会、中央经济工作会议和中国人民银行工作会议精神，紧密结合东北地区实际，以支持老工业基地经济发展为重点，进一步发挥货币政策作用，不断加大对金融机构的监管力度，防范和化解金融风险，认真履行职责，强化内部管理，夯实基础，开拓创新，努力把辖区人民银行工作提高到一个新水平”的指导思想，中国人民银行吉林市中心支行结合吉林地区经济、金融发展的实际情况，不断加大金融监管工作力度，加强和改善金融服务；进一步完善内部控制制度建设，提高内部管理工作水平；充分发挥货币政策作用，积极支持国有企业改革和发展；严厉打击各种金融违法活动，努力防范和化解金融风险；全面加强党的建设，进一步深化思想政治工作和加强干部队伍建设，维护了金融秩序的稳定，有力地支持了地方经济持续、快速、健康发展。

2000年，中国人民银行吉林市中心支行全体员工认真贯彻稳健的货币政策，立足地区经济及金融发展特点，创造性地运用货币政策工具，努力发挥货币政策对经济发展的推动作用，引导贷款投向，促进经济和产业结构调整；加大金融监管力度，有效地防范和化解了部分金融机构的风险，维护了正常的金融秩序和社会稳定；辖区金融运行继续保持健康、平稳态势，各项存款稳步增长，贷款总量有所增加，贷款增量结构变化明显；2000年年底，全市金融机构各项存款余额376亿元，同比增加36亿元；各项贷款余额374亿元，同比增加44亿元，有力地支持了地方经济的发展。

（一）认真贯彻执行稳健的货币政策，采取积极有效措施，支持地方经济发展

1．充分运用货币政策工具调控社会信用总量，及时发放支农再贷款，支持农业和农村经济发展，保障农民春耕生产的资金需要。加大对地方股份制商业银行的监管力度，规范其经营管理方式，提高同业竞争能力，为地方经济发展提供有力支持。

2．加强信贷监督管理，发挥窗口指导作用。认真执行稳健的货币政策，疏通货币政策传导机制，及时研究货币政策执行中存在的问题，确保货币政策的顺畅执行。加强窗口指导，在充分调查研究基础上，对金融机构储蓄、信贷、机构迁移等工作进行指导，引导金融机构将资金向效益型企业倾斜，努力满足信贷资金有效需求，提高信贷资产质量。

3．采取有效措施，引导商业银行加大对国有企业的信贷支持力度，增加消费信贷投放力度，积极支持中小企业发展。

（二）加大金融监管力度，防范和化解金融风险，确保辖内金融安全和金融秩序的稳定

1. 进一步完善金融监管责任制，制定了金融监管责任制量化考核标准，自上而下，层层签订了监管责任书。同时，将监管指标分解，责任落实到人，明确了监管的目标、内容和责任，为确保一方金融平安奠定了良好的基础。

2. 严把金融机构的市场准入、退出关和高级管理人员任职资格的审查关，严格按照规定对机构和人员变动进行审核和报批，严厉查处擅自迁移机构所在地等违法行为，维护金融秩序稳定和行业竞争的有序性。

3. 加强对商业银行的日常监管，按风险等级分类管理，建立防范和化解风险的预警机制，做到每日监控、旬末报表、按月分析，将可能出现的风险消灭在萌芽之中。

4. 大力推进农村金融体制改革，加强对农村信用社的监管。

（三）认真开展“三讲”教育，深入学习江总书记“三个代表”的重要思想，大力加强系统党建工作和思想政治工作

1. 认真开展“三讲”教育“回头看”活动，进一步巩固了以“讲学习、讲政治、讲正气”为主要内容的党性党风教育成果，把“三讲”教育贯穿思想政治工作的每个环节。用“三个代表”思想指导工作，切实发挥理论中心组的积极作用，用实际行为践行“三个代表”思想。

2. 努力加强系统党建工作和领导班子建设，完善了辖区各级党组织建设，健全了职能部门，充实和调整了党务工作者并对全辖党务工作者进行培训。

3. 以职业道德教育为契机，深入扎实地开展思想政治教育。通过学先进、比先进，使广大干部职工进一步提高了思想觉悟，增强了为金融事业服务、为人民服务的自觉性，为各项管理工作的顺利开展打下了坚实的基础。

（四）认真履行央行职责，金融服务工作取得新的突破

金融服务工作是中央银行重要职能之一。吉林中支一直将金融服务工作视同货币政策、金融监管工作对待，当成一项重要工作来抓，不断改善金融服务管理模式，强化金融服务意识，改进金融服务手段，带动了全辖人行系统金融服务水平的不断提高，为贯彻稳健的货币政策，实施有效的金融监管提供了强有力的支持，为地方政府和社会各界提供了优质高效的金融服务，促进了地方经济和金融事业的发展。

1. 加强经济、金融调查统计工作，逐步完善金融统计管理信息系统，完成了全科目上报项目电报的升级优化工作，为实施稳健的货币政策，强化金融监管提供了重要依据。

2. 强化经理国库职能，进一步健全各项规章制度，强化内部管理，坚持重大事项请示报告、国库会计主管坐班、国库会计账务事后监督制度，按月与征收机关对账，从源头上杜绝了违法违规案件的发生，防范了资金损失风险，保证了国库资金安全。

3. 加强货币金银管理，满足了商品流通和交换的需要。按照总行“保证总量、调整结构、合理调拨、提高质量”的总体要求，结合辖区经济金融条件，科学地制定现金发行计划，合理调拨发行基金，既保证了发行基金调拨安全，又满足了有效的现金需求，支持了商品流通和交换的发展。

4. 加强金融科技工作，为全行各项工作开展提供了坚实的技术支持和保障。1999～2000年，该行充分调动相关部门的积极性，成功实现了计算机系统安全、稳定地过渡到2000年，各敏感日期也实现了平稳过渡，保障了各项工作的顺利开展。科技部门成功地开发了同城实时清算系统，成为沈阳分行辖内第一家开通同城实时清算业务的中心支行。

5. 加强支付清算和结算工作，为金融机构和企业提供了方便、快捷的服务。

2001年是新世纪第一年，也是我国“十五”计划第一年，根据十五届五中全会、中央经济工作会议、中国人民银行工作会议以及人民银行沈阳分行工作会议精神，结合辖区经济、金融发展

的实际情况，中国人民银行吉林市中心支行将继续执行稳健的货币政策，支持地方经济结构调整和经济增长；以加强金融监管为重点，进一步加强内部管理，提高金融服务工作水平；督促商业银行全面提高资产质量和经济管理水平，努力化解金融风险；加大金融创新力度，改进金融服务，努力开创新世纪基层央行工作的新局面。

在“三个代表”重要思想指导下全面加强基层央行党的建设

中国人民银行四平市中心支行 杜玉华

加强党的建设是巩固党的执政地位，提高执政水平的需要，从金融角度去看，是保证党的金融事业健康发展的需要。全面加强基层央行党的建设，是基层央行践行“三个代表”重要思想，贯彻实施党和国家货币政策，对辖内金融业监督管理并提供金融服务的基本前提和重要保证。

（一）全面加强基层央行党的思想建设，必须解放思想，强化理论学习

解放思想，实事求是，是我们党的思想路线，是马克思主义的活的灵魂，也是我们认识新事物、适应新形势、完成新任务的思想武器，只有解放思想，认真学习党的理论、方针、政策，才能做好新时期新形势下党的金融工作。

1. 加强党的思想建设，要坚持理论联系实际的学风，落实理论中心组学习制度，形成良好的党的政治理论学习氛围，不断提高基层央行党委领导班子的政治理论水平。理论中心组的学习要坚持以邓小平理论为基础，以“三个代表”为核心，以党的路线、方针、政策为重点，在内容上不断丰富，在内涵上不断深化，在理解能力上不断增强。理论中心组成员要能够刻苦学习，勤于思考，对各种理论观点能够运用科学的方法加以理解和把握，对学习内容融会贯通。要在学习过程中认真地记学习笔记，并结合实际写出学习体会，真正做到学有所获。

2. 加强党的思想建设，要强化政治理论学习，提高全体党员的政治、思想素质。对江泽民总书记提出的“三个代表”重要思想，基层央行要及时安排、指导机关党委在各支部和全体党员中有计划、有步骤地联系金融工作和个人思想实际，开展学习教育活动。要采取多种形式，把学习进一步推向深入。要通过读书报告会等形式，交流学习体会，加深理解，领会实质。

3. 加强党的思想建设，要强化对党员干部进行廉洁自律和法制教育，增强组织纪律的严肃性和党员思想的纯洁性。基层央行要结合金融工作实际，组织广大党员干部学习《党章》，学习金融法律法规，使广大干部职工随时学习、时刻自警，不断增强法律意识，提高金融监管水平。

通过对“三个代表”重要思想等政治理论的学习教育，可以强化“四个意识”，发挥“四个职能”。一是强化发展意识，发挥好实施货币政策的职能，以促进生产力的发展；二是强化稳定意识，发挥好金融监管职能，处理好发展与稳定的关系，以保护人民群众的根本利益；三是强化服务意识，履行好金融服务职能，践行全心全意为人民服务的宗旨；四是强化廉政意识，发挥好党员的监督职能。

（二）全面加强基层央行党的组织建设，必须以人为本，完善组织领导

1. 加强党的组织建设要完善组织，理顺机构，充实力量。1999 年初，按照上级党委和分行党委的要求，基层央行在顺利地完成了与地方党工委的脱钩工作之后，首先进行了基层的党的组织机构整建工作。在各级党组织的建设中要选派政治思想素质好、责任心强、熟悉党建工作业

务的专职干部组成机关党委办公室。基层党支部要分别由县支行领导和市行机关优秀中层干部兼任书记和委员。要扎扎实实地研究完善组织机构建设和人员力量配备，为做好基层央行党建工作打下良好的组织基础。

2. 加强党的组织建设要强化培训，提高素质，增强能力。基层央行自党组织实行垂直领导后，党员队伍和干部队伍发生了一些新的变化，新党员大幅度增加，一大批年轻干部走上了各级领导岗位，他们的思想作风、政治素质还有待于进一步加强和提高。同时我们还必须看到个别党员中，在思想作风、工作作风、学风、领导作风和生活作风方面还存在着一些问题。做好党务工作者和广大党员的培训，努力提升他们的综合素质和工作能力，明确对党建工作认识，是当前做好基层央行党建工作的前提和重要保证。

3. 加强党的组织建设要定岗定责，明确分工，高效运转。基层央行党组织要依据《党章》、《党和国家机关基层组织工作条例》和上级有关文件，结合本单位实际情况，组织制定本单位的《机关党委职责》和《机关党支部工作职责》以及机关党委和支部各委员职责、党小组长职责。明确各级基层组织和每个党务工作者的任务、权力、责任和相互之间的分工协作关系。使基层央行的党建工作形成以中心支行党委为核心、以机关党委为主体、以各党支部为基础的职责明确、分工负责、相互协作、高效运作的良好体系。

4. 加强党的组织建设要公开选拔，竞争上岗，任人唯贤。基层央行要坚持党管干部的原则和公开平等、竞争择优的选人用人机制，切实做到任人唯贤，人尽其才。要根据人事制度改革的精神，对副行长级及其以下职务进行公开竞聘，调动全行干部的工作积极性，形成全行干部职工奋发工作，能上能下的竞争氛围。

（三）全面加强基层央行党的作风建设，必须强化管理，求真务实高效

以党风促行风，带动基层央行各项工作的开展，是基层央行党建工作的重要内容之一。

1. 加强党的作风建设要抓规章、抓制度，严格监督落实。按照“党要管党，从严治党”的要求，基层央行要建立健全机关党委工作制度、党支部工作制度、党员管理制度、民主评议党员制度、党内监督制度、廉正建设制度等党内规章制度。同时要为每名共产党员建立“党员档案”，单独立卷，专门管理，用于记载每名党员的学习、工作、奖惩情况，使党建工作更加规范化、制度化。

为了使各项规章制度能够真正落到实处，基层央行要制定相应的措施：一是党委和机关党委班子成员要做执行制度的模范，起到表率作用；二是要定期深入基层，调查了解规章制度的执行情况和存在的问题，及时加以解决；三是行党委要把基层党建工作列入重要议事日程，经常研究和解决有关问题，及时提出意见指导工作；四是要把党建工作纳入“双文明建设”考核内容，同业务工作统一布署、统一检查、统一考核。

2. 加强党的作风建设要抓支部、抓党员，真正从我做起。在强化机关纪律作风和工作作风的工作中，基层央行要抓住发挥党员先锋模范作用这条主线，要求每位党员不论职务高低、岗位如何、年龄大小都要首先从我做起、身体力行，在群众中树立起良好的形象。党委班子成员要带头严格执行劳动纪律，为职工做出榜样；带头到企业和农村搞调查研究，亲自撰写调研报告；要带头包扶贫困乡、贫困户和贫困学生；要到各家金融单位和企业、乡村现场办公，解决实际问题。党员干部要自觉转变作风，严以律己、率先垂范。在制止金融机构违法违规经营工作中，基层央行要注重充分发挥党支部的战斗堡垒作用，做到坚持原则，克服困难，依法办事，要处处体现出共产党员的坚强意志和正义品格。在化解金融风险工作中，党员干部要想在前、干在前，深入调查研究，认真研究化解对策，积极向行领导和上级部门汇报情况，提出建议，为及时圆满地化解金融风险做出自己的贡献。

3. 加强党的作风建设要抓基层、抓困难，密切联系群众。要牢记党的群众路线，牢记党是始终代表最广大人民群众的根本利益的。为了密

切联系群众，使每位职工都心系人行，基层央行的领导要尽可能多地下基层，与基层的职工经常促膝谈心，可以采用定期召开思想分析会、支部大会、联席会、民主生活会等多种形势，切准职工思想脉搏，帮助他们解决思想问题和实际困难，使他们能够把全身精力全部投入到金融工作中去。

（四）切实做好基层央行的各项工作，必须践行“三个代表”重要思想，联系金融实际，履行好基层央行职责

寓党建工作于业务工作中，真正做到党建工作看得见，摸得着，就必须将党建工作与金融业务工作相结合，这也是基层央行党的建设的根本目的。

1. 进一步发挥货币政策作用，助推地方经济跨跃式发展。货币政策是国家调控国民经济的重要杠杆，是促进先进社会生产力发展的重要手段。做好货币信贷工作，支持经济健康快速发展，既是促进先进生产力发展，落实“三个代表”的必然要求，也是金融业的历史使命和重要职责。基层央行要采取一系列的必要措施，通过信贷政策引导和优化贷款投向，促进地方经济结构调整，提高经济发展质量。一是要积极与政府各部门和各金融机构保持联系，协调好关系，为地方经济发展做贡献；二是要积极发放支农再贷款，加速农业产业结构调整，帮助农民抗灾自救，满足农民生产资金的合理需求，支持农村经济的发展；三是要灵活运用再贴现工具，倡导金融机构开展票据业务，规范商业信用；四是要积极指导各金融机构更新经营理念，拓宽经营思路，结合辖区实际，开办业务新品种，如消费信贷、中间业务等；五是要继续做好调查研究工作，为经济、金融的发展提供有价值的第一手材料。

2. 进一步加强金融监管，建立良好的金融和社会信用秩序。加强金融监管，有利于规范金融和社会信用秩序，有利于形成良好的社会道德规范，有利于促进社会主义先进行业文化的建设。一是要紧紧抓住整顿和规范金融秩序的有利时机，依靠政府打击逃废金融债务行为，重建社会信用秩序，在地方党、政部门的支持下，运用法律手段，维护金融债权；二是要搞好金融服务，弘扬金融职业道德，树立金融业良好的社会形象；三是要坚持两手抓，两手都要硬，大力加强党的建设和精神文明建设，加强思想政治工作，建立起爱岗敬业、遵纪守法、诚实守信的良好的金融文化，为推动金融工作提供精神动力和智力支持。

3. 进一步加强金融监管，防范和化解金融风险。建设高质量的银行，创造一个良好的金融环境，是新时期实现国民经济持续、健康发展必不可少的重要条件。基层央行的责任，就是要通过有效的金融监管，维护金融体系稳定，控制风险，保证存款人的利益不受侵害，监督和促进各金融机构安全、稳健运行，在自身获得较好效益的同时，促进地方经济发展。一是基层央行要把降低不良贷款占比作为当前监管工作的主要任务，克服困难，加大监管力度，采取切实有效措施，实现年初制定的“抓降”目标；二是要继续加大监管和综合治理力度，防范化解金融风险，既要维护金融业的信誉，又要保证广大储户的切身利益不受侵害；三是要继续加大对违规贷款和违规授信人员的查处力度，对违法违规经营的金融机构及主要负责人严惩不怠，切实保护国家资金和人民利益不受侵害。

我国已经加入 WTO，金融业即将面对外资机构的全面竞争，基层央行将在实施党和国家货币政策、加强金融监管和金融服务方面面临严峻挑战。大力加强党的建设，全面提高党组织的战斗力、凝聚力，多角度、全方位提升党员的综合素质，是基层央行应对即将面对复杂多变的金融局势的重要策略。我们要以“三个代表”重要思想为指导，切实履行好基层央行职责，为辖区内金融业的全面发展做出自己应做贡献。

促白城经济发展保一方金融平安

中国人民银行白城市中心支行 李桂林

白城市位于吉林省西北部，是镶嵌在科尔沁草原东部的一座美丽的边陲小城。改革开放以来，200万白城人民务真求实，开拓进取，使原本贫穷落后的白城发生了翻天覆地的变化，成为蓬勃发展的新兴城市。人民银行白城市中心支行作为辖区的中央银行，多年来认真履行职责，积极为地方经济发展出力献策，切实强化金融监管。尤其是今年以来，面对改革浪潮和迅猛发展的经济金融形势，该行牢记职责，不辱使命，抓监管，防风险，促发展，在认真贯彻执行上级行各项金融方针政策的基础上，结合区域实际，深化改革，扎实工作，为辖区经济发展营造了良好的金融环境，拓展了广阔的发展空间。

（一）认真执行稳健的货币政策，支持经济结构调整，促进地方经济发展

白城市经济总量较小，符合投放载体少、货币政策传导制约因素多的信贷政策，特别是工业基础比较薄弱，为疏通传导机制，寻求货币政策与白城市经济发展的最佳结合点，把实行稳健的货币政策落到实处，年初以来，白城中支认真贯彻落实总、分行货币政策工作会议精神，加大对各金融机构的窗口指导，制定了一系列支持经济发展的措施和意见，明确要求各金融机构找准经济发展的支持点，适度增加信贷投放，并将其列为行长联席会议的首要内容；考核各金融机构支持经济发展情况，约束各金融机构的经营行为。在此基础上，针对白城市农业自然资源丰富，农业经济发展潜力大的实际，以支持农村经济发展为切入点，加大支农再贷款投入，全力支持地方经济的发展。

1. 统一思想认识。在认真研究、总结支农

再贷款工作经验教训的基础上，白城中支多次召开会议，要求各县（市）支行和农村信用社站在讲政治的高度上，加强为“三农”服务工作，加大信贷投入。工作中注意克服两种倾向：一是防止盲目扩张，做到放得出、收得回；二是反对紧缩不放的“怕贷”、“惜贷”倾向，最大限度地满足农户合理有效贷款需求。在确保支农再贷款用于支持信用社增加农户贷款的基础上，要求信用社增加对农户、农业的贷款，完善管理制度，避免多放大责任、少放小责任、不放无责任的思想，全力支持农村经济的发展。同时结合实际，确定了信贷支农的重点，以产业结构调整为重点，围绕效益农业、定单农业和科技含量高的项目做文章，合理界定贷款的投入和投量，为充分发挥高效农业的示范作用奠定基础。

2. 合理配置、及时下摆资金。在支农再贷款的分配上，向农村产业结构调整力度大的县（市）和已形成规模的支柱产业、龙头产品重点倾斜，对农村信用社资金实力较强的地方少安排或不安排资金。

3. 实施有效的窗口指导，严格管理。正确引导贷款投向，努力改进金融服务。在贷款投向

上，除化肥、种子外，还适当地发放了柴油、农机具、养殖业及抗旱贷款。在贷款方式上，采用农民自由选择的方式，即“要现金给现金，要转账提供方便”。坚决改变过去转账结算方式，实行现金到户，减轻农民负担。在贷款管理上，明确“四项原则”、强调“三个不准”、狠抓“一个落实”、做到“两个加强”。“四项原则”即对农户贷款专户管理、多户联保、放得出和收得回；“三个不准”即不准挪用、不准抬高利率、不准集中放大户；“一个落实”即落实责任制，从人行中支、县支行、信用联社中放中放中放中放中放中放中放中放任书；“两个加强”即加强统计和情况反映，加强监督检查。支农再贷款投入加大、投入及时，取得了显著效果，地方政府、农民、信用社“三满意”：一是政府满意，解决了资金供需矛盾，支持了农村经济结构调整和发展。二是农民满意，农民合理有效的资金需求都得到满足，减轻了农民负担。全市农户贷款面达到85%以上，在支持农户生产的同时，有力地抑制了农村高利贷的行为，据调查，目前，民间借贷面在35%左右，比前两年下降35个百分点，减轻了农民负担。三是农村信用社满意，加快了农村信用社扭亏的步伐，重塑了农村信用社良好的社会形象。

（二）认真履行监管职责，防范和化解金融风险，保一方金融平安

2001年中国人民银行工作会议明确提出：今年人民银行工作要以金融监管为重点，要把主要精力放在加强和改进金融监管方式上。白城中支全面领会这一精神，加大监管力度。通过金融监管建立正常、有序的金融秩序，保证金融机构在公平、合理的金融环境中竞争，从而保证其健康、稳健发展；另一方面通过金融监管引导和督促商业银行加大综合治理力度，逐步建立和完善现代银行制度，从而促进金融、经济的健康发展。

1. 构建监管责任网络、健全监管工作制度，促使金融监管工作规范化、制度化。

2. 实施重点监管策略，有效防范金融风险。

3. 加强对金融机构高级管理人员任职资格管理和经营业绩考核。

4. 发挥现场检查警示金融机构、总结监管经验教训的作用，促进金融机构依法合规经营。

（三）加强和改进金融服务，为全面履行中央银行职责提供保障

提供优质高效的金融服务，是人民银行的重要职责之一，白城中支在认真执行货币政策、加强金融监管的同时，注重搞好金融服务。

1. 以科技为先导，推动金融服务水平不断提高。到目前，所辖支行均已开通电子联行业务，提高了同城资金清算速度和社会资金周转速度。国库业务核算系统、中央银行会计核算系统、金融监管信息系统、人事档案信息系统、金融统计系统等一系列系统软件的应用对提高各项工作水平起到了积极作用。

2. 加强调查统计工作，为执行货币政策和有效实施金融监管乃至经济发展提供有力的支持。一是结合热点问题、难点问题深入实际开展调查研究工作，为领导决策提供依据。二是密切注意经济、金融运行情况，切实搞好经济、金融形势分析。三是建立动态反映工作制度。针对经济、金融运行中的新情况、新问题和重大政策出台的实施效果、社会反映以及金融突发事件，及时开展动态反映，为决策提供依据。

（四）积极推进人事制度改革，建立充满生机与活力的用人机制

为逐步建立并完善与中央银行性质、任务相适应的干部管理制度，推进干部人事民主化进

程，尽快形成能上能下、充满生机与活力的用人机制，白城中支解放思想，大胆实践，市、县两级行进行了人事制度改革，实行中层干部竞聘制。人事制度改革在全行干部职工中产生深远影响，形成了激励干部奋发进取的正确导向，促使全行面貌焕然一新，对提高干部职工整体素质起到了积极作用。同时，白城中支建立健全了考核办法和管理制度，增强中层干部的责任心和紧迫感，督促其创造性地完成各项工作任务，为金融业的健康稳定发展提供强有力的组织保证。

站在新世纪的起点上，白城中支决心以江总书记“三个代表”的重要思想为指导，满怀信心，团结协作，开拓创新，锐意进取，全面开创各项工作的新局面，为促进地方经济和金融稳定发展而努力奋斗。

强化基层央行依法行政工作

中国人民银行辽源市中心支行　刘柏清

（一）为什么要强化基层央行依法行政工作

自1995年以来，我国相继颁布出台了一系列的金融法律法规，但是一些法律法规制定得比较原则和笼统，未制定整套的实施细则，可操作性不强，不便于基层央行准确地控制法律的界限和执法的宽严适度，存在着有法难依现象。据对辖区商业银行执法情况调查表明，由于外部环境和内部因素的制约，对各部法律法规贯彻执行产生不同程度的影响。从外部金融环境看，主要是社会对金融工作缺乏理解，虽然自1998年以来行政干预行为逐渐减少，但个别现象依然存在，短期内难以消除；企业金融法律意识和信用观念淡薄，恶意逃废银行债务问题较为突出，银行依法保护金融债权困难；群众的金融法律意识有待提高。从银行自身方面看，反映在：金融机构对金融执法认识不够，有的感到各部法律法规超前，限制了银行的经营行为，一些金融机构负责人仍然认为不搞点违规经营，就限制了发展，执行起来存在畏难情绪，个别基层单位存在高息揽储的现象，在一定程度上扰乱了金融秩序；在一些领导干部中，思想上存在着就金融业务抓业务，沿用传统的思维方式和工作方法，凭老经验办事，凭感觉工作，忽视法律规章，有的还没有建立起依法行政、依法监管的工作制度和工作程序；经营管理需要加强，金融业管理方式落后，尚不能准确把握市场运行规则，执法适度难以掌握，处罚工作难以到位；农村信用社的行业自律组织还没有建立健全；人民银行“代行”行业管理职能，集管理者和监管执法者于一身，使基层央行难以有效行使金融行政执法职能；法律体系还需要进一步完善，有些金融法规可操作性差，缺少实施细则，遇到具体问题，缺少依据可循，各层次的法律法规相互衔接、配套、统一上不尽科学；学法、懂法存在差距，金融行政执法队伍的法律素质低，金融行政执法的准确度与效率不高，基层央行真正懂法律的人不多，既懂法律又懂金融的复合型人才更是十分缺乏，不少行政执法部门的人员对法律也是一知半解，只在执行检查时才临时找出法律条文进行对照，基层央行虽然在办公室内设立法律专兼职人员负责法律事务工作，但由于人手有限，兼职多，专职少，绝大多数对法律知识知之不多，发挥不了应有的作用，在执法过程中难免出现偏差；有的行及一些监管人员，在行使金融行政管理权时，不能准确地适用法律法规，有的超越法律规定的权限行使权力，有的不按法定程序实施监管处罚，有的还在运用已废止、修改的法律行政，这些问题直接影响人民银行形象。

（二）适应新形势需要，强化基层央行依法行政工作

党的十五大提出：“依法治国是党领导人民治理国家的基本方略。”金融是现代经济的核心，金融业的稳健运行是国民经济健康发展的基本条件，依法治理金融是依法治国的重要组成部分。加强金融法制建设，是维护金融秩序、促进金融

业稳健运行的基础，同时也是实施货币政策、强化金融监督管理、防化金融风险的依据。基层央行是国家行政机关，又不同于一般行政机关，既承担了大量的国家行政职能，又承担大量的金融服务职责。因此，基层央行的依法行政集中体现在依法履行中央银行职责上，特别是体现在依法监督上。

随着我国社会主义市场经济体制的日益完善，加入WTO后金融市场的对外开放，迫切需要中央银行进一步加强金融法制建设，强化金融行政执法力度，依法规范金融机构的各项业务活动，提高金融业的竞争能力，真正发挥其执行货币政策，加强金融监管，提高金融服务水平的职能作用，确保我国金融业的安全。

1. 增强全民对金融法律的认识。保证法律法规的全面贯彻执行，不仅需要银行自身的努力，也需要社会各方面的理解和支持。努力增强全民金融法律意识，创造良好的金融法制环境。首先，各级政府和金融单位要转变思想观念、思维方式和工作方式，各级干部要响应江泽民同志“都要学一些金融基本知识”的号召，深刻理解和认识金融是现代经济核心的丰富内涵，切实提高严格按照金融法规办事的自觉性，不干预商业银行正常的金融业务经营。其次，加强金融法律的普及，政府普法教育主管部门要将金融法律法规列入“四五”普法的内容，将领导干部和企业法人作为重点对象，有计划、有步骤地搞好培训，使其金融法律意识和信用观念得到提高。人民银行和各金融机构要在深入学法、知法、懂法的同时，切实搞好社会宣传，通过广播、电视、报刊等传媒普及金融法律知识，为金融执法创造良好的社会环境。

2. 建立和完善金融法律法规。一是清理、规范现有的法律法规，对一些不切实际的法律法规进行修改，对过时的法律法规适时进行废除；二是修改《商业银行法》等法律，以解决基层央行行政执法中的有法难依和执法难问题；三是尽快出台人民银行金融监管方面的法律法规及实施细则。

3. 深化金融体制改革，为基层央行严格执法创造良好条件。一是尽快组建农村信用社行业自律组织，以便对其加强行业管理和金融监管；二是采取措施改变人民银行对金融机构既负责监管又负责风险的现状，减轻基层央行执法负担，让人民银行更有效地发挥“三大职能”作用。

4. 完善央行内部执法运行机制，规范金融行政执法行为，成立金融行政执法监督委员会，统驭现有的行政复议和处罚委员会，集中听取监管部门的金融执法情况汇报，统一对违规金融机构的处罚研究决定，提高行政执法水平。确立和明确执法部门和法律事务部门的地位和职能作用，设专人专司行政执法工作，加大行政执法力度，强化内审和纪检监察部门的执法再监督，对监管部门在监管中有法不依、执法不严造成秩序混乱或不良贷款风险等严重失职行为进行严肃查处，并追究执法责任。

5. 加强与司法部门的沟通和协调，有效施行金融行政执法。人民银行应联合各金融机构，加强与公安、法院、检察院、工商等部门的联系和沟通，搞好依法行政协作，形成有机的执法体系，借助司法部门的力量，提高金融行政执法效果。

两个文明结硕果

——人行驻马店市中心支行"双文明"工作纪实

中国人民银行驻马店市中心支行

一事一监督，由纪委专门建立重大事项监督档案，堵住了腐败的源头。

建队伍强素质

建设"政治过硬、业务优良、作风清正、纪律严明"的高素质队伍，是该行党委作为"双文明单位"建设的支持系统来抓。用精神凝聚人，该行提出了"团结、敬业、奉献"的驻马店人行精神，并举办了相关演讲比赛，用身边的典型人和事来启发大家干事创业，并对成绩突出的员工给予重奖，使全行上下形成了"人心思上、人心思进"的良好氛围。用教育提高人，该行根据人才"梯次"结构断层的实际，从现代化金融监管需要的战略出发，建立"人才生产线"，使员工素质有明显的提高，第一条生产线是与高校联合分期分批选送在职员工脱产学习，时间为一至三个月，用三年时间力争使在职员工轮训一遍；第二条生产线是坚持开展"续学"，即是每月利用双休日，请有关专家、教授为全系统副科级以上干部进行讲授，使他们经常处于"充电"状态；第三条生产线是分期分批选派优秀中青年干部到商业银行和城乡信用社进行挂职锻炼，丰富实际工作经验。用管理约束人，该行在继续对支行和科室实行目标管理的同时，注重对员工的管理，实行了"行员十项目标"管理，与支行目标、科室目标共同形成了目标管理的"链式结构"。十项目标具体为"安全保卫、学习教育、遵纪守法、文明素养、重要建议、廉政建设、宣传调研、争先创优、工作周志、岗位工作"等。

促业务强监管

"实施货币政策，强化金融监管，搞好金融服2000年，是人民银行驻马店市中心支行步入辉煌的一年。一年来，他们获得多项殊荣：被人行济南分行评为A级行，被人行郑州中心支行评为金融服务先进单位，被中国金融工委授予"五一劳动奖状"称号，2001年6月，人民银行驻马店市中心支行机关被人民银行总行命名为"双文明单位"。

抓班子强核心

塑造"团结、工作、表率、廉洁、管理"的领导班子形象，是该行党委追求的目标。注重理论学习与实践的结合使党委成员理论水平与驾驭全局的能力不断提高。为使理论与实践紧密结合，近年来，他们开展了"百人百题"调研活动并成立中青年写作会，大力营造大调研的氛围。党委班子成员不仅是组织者，而且是积极参与者。近几年，他们在各种刊物发表文章20余篇，其中有五项课题被省地社科联评为优秀论文或调查报告。注重发扬民主作风，坚持走群众路线，使党委班子与干部群众血浓于水。他们将"重要建议"列为员工十项目标之一，每半年有组织地开展一项重要建议征集活动，经党委研究后，在职工大会上进行解答，交有关部门落实，并且每年进行一次回头看，2000年征集重要建议998条，落实率达98%，对"十佳重要建议"给予了重奖。注重廉洁从政，两年来，他们围绕“管好权、管好钱、管好人”三个重点，坚持用制度来约束每一位成员，围绕人事任免、机构审批、再贷款发放、财务开支、物资采购等方面，制定了《重大事项监督办法》，并成立了由纪委、内审、会计、工会、职工代表参与的监督组织，实行全过程的务，推动党建工作”是该行确立的四项工作重点。建立金融监管体系，寻找一套现代化的金融监管体系，有他们的独到之处。他们结合实际建立了五大体系。即：金融监管的组织体系，成立了金融监管委员会、监管办公室、监管小组，使全行监管协调统一；金融监管的目标体系，设立了13项衡量监管绩效的指标；金融监管的制度体系，建立了“监管错案责任追究制”等20余项制度；金融监管的操作体系，对监管工作的立项、准备、实施、报告、处理五个阶段作了明确具体的规定；金融监管的考核体系，对金融监管实行量化考核，奖优罚劣。五大体系的运作，使该行金融监管步入了制度化、规范化、科学化的轨道。建设金融安全区，寻找一个强化金融监管的有效载体。1998年，该行针对10个方面的专题进行了调

查，摸清了金融发展、金融风险、社会信誉等方面的情况，果断提出建设安全区的设想，并成立了由当地政府主要领导为组长的领导小组。1999年，由当地政府批转《金融安全区建设试点方案》，在汝南县支行试点县通过信用乡镇建设、建立中小企业扣留基金、打击逃废银行债务、加大优良企业信贷投人等措施，达到了预期的效果，实现了“双赢”。辖内社会各界形成了关心金融、支持金融的良好局面，盘活了部分不良资产，促进了银企关系的改善。打击了恶意逃废债行为，金融机构违纪经营明显减少。试点县的成功经验启发了其他县，纷纷要求开展建设金融安全区活动，市政府与驻马店中支大力配合，于2001年5月召开全市大规模的动员大会，使金融安全区建设工作在全市推开。

唱响发展主旋律

——中国人民银行汕尾市中心支行工作综述

中国人民银行汕尾市中心支行　李文阳　何仲刚　王良文

汕尾市地处粤东地区西南面，依山傍海，于1988年建市，辖属三县一区，经济以农业为主。面积5271平方公里，海岸线长302公里，为海水养殖提供了优越条件。建市以来，汕尾市经济发展迅速，金融运行也基本平稳，但经济基础薄弱，仍属经济欠发达地区。我国已加入WTO，这必将对我国金融业产生巨大影响，如何深化金融改革，防范化解金融风险，应对入世挑战，确保辖区经济金融平稳运行，是摆在人民银行面前的一个重要课题。

（一）充分利用货币政策工具，促进辖区经济发展

1. 汕尾市区域货币政策运行中的优良做法和先进经验

建市以来，中国人民银行汕尾市中心支行一直以“保持人民币币值的稳定，并以此促进经济增长”货币政策目标为指导，按照总行和广州分行的部署，实施宏观调控，贯彻执行区域货币政策，运用窗口指导、再贷款、再贴现等货币政策工具，确保汕尾金融平稳运行，促进经济迅速发展，基本实现区域货币政策目标。在实施货币政策的过程中，结合汕尾市实际，总结出一些先进经验，主要是：

（1）发挥中央银行窗口指导作用，指导商业银行加大投入，调整投向。定期召开行长联席会议和金融形势分析会议，向商业银行通报人民银行对当前经济金融形势的看法以及货币政策意图，指导商业银行安排其信贷投入量和投向。一是针对商业银行的惜贷现象，利用联席会议制度，发挥央行的窗口指导作用，引导商业银行加大信贷投入，增加工商企业贷款和消费贷款，增加供给，刺激消费，形成经济热点。二是引导商业银行调整信贷结构，实行贷款分散化、风险分散化，降低不良贷款比例，提高信贷质量。三是在贷款投向上，与国家产业政策和经济结构结合起来，重点加大对中小企业的投入和科技投入。

（2）发放支农再贷款支持农信社发展，以发展来化解金融风险。汕尾市农信社于1999年5月开始出现金融风险。为防止风险进一步扩大，保一方金融平安，人民银行汕尾中支发放紧急贷款来解决农信社支付问题，虽然避免了挤提危机，但存款仍阴跌不止，农信社经营仍举步维艰，业务停滞不前，到2000年3月，农信社存款比1999年5月下降了35418万元，紧急贷款也高达53600万元。汕尾中支通过专题调研发现，要保持存款稳定，首先要恢复农信社信誉，发展农信社支农信贷业务，突出农信社“扎根农村，服务三农”且经营稳定、业务不断发展的形象，才能赢得广大储户，特别是农民的信心。于是2000年3月起，汕尾中支开始向农信社发放专项支农再贷款，用于满足农户生产资金需求，支持农村经济发展。此举效果明显，发放支农贷款两个月后，农信社存款出现了自发生风险以来的第一次上升；到2000末，农信社存款比发放支农贷款前仅下降了3742万元；到今年9月，则比发放支农贷款前上升了8418万元，并压缩紧急贷款10200万元，部分地区还全部还清紧急贷款。发放支农再贷款，不但稳定了存款，改善了

经营面貌，而且逐步化解了风险，使农信社在农村经济中日益发挥重要作用，成为联系农民的最好的金融纽带和农村金融的生力军。

2. 区域货币政策贯彻执行中存在的问题

人行汕尾中支宏观调控虽基本达到预期目标，但在贯彻区域货币政策过程中，也遇到了不少困难，存在着一些问题，具体表现在：

(1) 人民银行发放紧急贷款，投放基础货币，保持了金融体系和社会的稳定，基本解决了历史遗留问题。但这些紧急贷款存量大，且大多已逾期，到今年 9 月末，其余额为 43400 万元，其中逾期 21800 万元，最长逾期天数达 485 天，农信社逾期罚息挂账达 4560 万元，成为农信社新的包袱。这都将对汕尾市经济金融运行产生潜在的冲击，对货币政策的实施产生不利影响。

(2) 对于信贷结构调整，人民银行能力有限。随着银行商业化进程的推进，银行在选择贷款对象时主要考虑的是赢利性和安全性，在商业银行实行无差别信贷政策和责权利不对称的前提下，必然导致商业银行对经济欠发达地区信贷投放总量减少，增量结构重点向电信、交通、供电、供水等垄断行业和大中型企业倾斜。由于汕尾经济和社会信用环境差，缺乏效益好的大中型企业，而占本地区绝大部分份额的中小企业信贷需求无法满足，中央银行货币政策无法传导至经济欠发达地区的微观基层组织，在结构调整上，人民银行力量有限。

(3) 利率、再贴现工具难以发挥作用。随着我国加入 WTO，宏观调控向间接调控方式转变，利率市场化成为必然趋势。近几年来，我国加大利率调节力度，放开货币市场利率，扩大贷款利率浮动幅度，改革外币利率制度，可以说利率市场化已在进行中，但金融机构和微观经济主体对此反响不大，仍按人民银行公布的贷款基准利率执行，而未按客户性质、资信状况实行有差别的浮动利率，利率作为资金价格作用难以体现。再贴现不仅可以调节总量，还可调节结构，是一项主要的货币政策工具，但由于汕尾经济欠发达，且受传统思想影响，人们仍习惯于用现金交易，票据的使用量少，难以形成区域性票据市场，使再贴现工具无法发挥其应有的作用。

3. 建议

(1) 转变观念，树立发展意识，通过发展化解风险。发展是硬道理，从人行汕尾中支发放支农再贷款，以发展来化解农信社支付问题的成功经验看，通过发展来降解不良贷款，盘活存量，是金融机构提高资产质量，获得赢利的有效方法。因此要继续对农信社给予支农再贷款支持，促进农信社业务的正常发展，并逐步降低直至收回紧急贷款，使再贷款成为人民银行的货币政策工具。对于目前商业银行不良贷款居高不下，资产质量不高，风险较大的问题，同样应该树立发展观念。只有商业银行各项业务得到正常发展，才能提高资产质量，化解风险。那种企图减少增量，压缩存量的作法只会导致经济、金融的“双输”。

(2) 用活信贷政策工具，加大中央银行窗口指导力度。指导金融机构进一步发展消费信贷业务，加大对中小民营企业、科技项目的信贷投入；发挥消费信贷对利率的弹性作用，逐步使其成为货币政策的有效传导工具；以支持高附加值的科技产业的发展来促进地方经济的蓬勃发展，地方经济的发展反过来又能带动金融企业的发展，形成良性循环。

(3) 货币政策与财政政策、产业政策协调配合，促进宏观经济结构调整目标的实现。以再贴现、再贷款作为信贷结构调整的区域货币政策工具，配合人民银行总行的公开市场操作，更好地发挥中央银行在结构调整中的作用，同时通过财政政策、产业政策来引导信贷投放，直接影响到企业等微观经济层次，促进宏观经济结构调整目标的实现。

(二) 强化监管职能，加大监管力度，确保汕尾金融业加入 WTO 后的稳健运行

加强金融监管，维持辖区以良好的金融秩序运行，这是人民银行的重要职能，也是我国金融业健康发展的重要保障。鉴于汕尾辖区内国有独资商业银行的资产质量和风险情况以及新形势下

将产生的新问题，汕尾中支必须强化监管职能，加大监管力度，以规范整顿金融市场秩序，防范化解金融风险，从而确保辖内金融业能够大力发展，增强实力，从容应对入世挑战。

1. 汕尾市当前商业银行资产状况

当前汕尾辖区内国有独资商业银行的信贷资产质量情况较差，存在着较大的风险。截止2001年9月底，汕尾全辖国有独资商业银行各项存款余额685485万元，各项贷款余额517434万元，存贷比约为1．32：1；不良贷款余额341016万元，不良比率约为65．9%，虽然比年初下降了3．7个百分点，但整体不良比率居高不下。至2001年9月底，汕尾全辖国有独资商业银行当年亏损20364万元，应收未收利息为262920万元，由于欠收利息数额巨大，实际的亏损额相当惊人，加大了银行的运营成本，使得全辖国有独资商业银行财务风险状况相当严峻。

汕尾市各国有独资商业银行信贷资产质量情况差，其原因是多方面的，既有外部因素的影响，也有商业银行自身的问题。主要有：

(1) 汕尾市经济基础薄弱，信贷环境差。汕尾是新建市，又是经济欠发达地区，商业银行投入的巨额基建资金纯属信用贷款，由于当地财政收支失调，回收的难度极大；当地企业的资金来源主要是银行贷款，企业的投资风险都转变成了银行投资风险；此外，经济环境的变化使房地产市场疲软、公司停业关闭，商业银行投入到其中的资金难以收回。

(2) 商业银行违规经营，逃避监管。主要是违规担保造成大量不良贷款，一旦巨额未垫付的担保本金被法院强制执行，各国有独资商业银行的不良比率将继续上升，而由于前几年指导思想的偏差和决策失误发放的大量贷款已使得商业银行的部分信贷资产仍处于高风险之中，盘活和回收的难度相当大。

(3) 商业银行内部管理问题突出，主要是内部管理较松，内控制度不完善，缺乏风险管理观念，存在重贷轻管、重放轻收的思想。

(4) 商业银行从业人员整体素质低，业务水平不能适应商业银行发展的需要，从而导致金融政策的执行出现偏差。

2. 入世对汕尾金融业的影响

我国加入WTO，外资银行进入汕尾市后，对辖内国有商业银行的影响主要体现在以下几个方面：

(1) 观念的冲击。能够进入中国市场的大多数外资银行都具有雄厚的实力、良好的国际声誉和比较先进的经营管理理念，而且外资银行有高效率的工作方式和很好的服务形象，其运作程序也更符合市场的要求，所以更容易吸引高层次的客户，这必须将给辖内的中资商业银行以极大的影响。

(2) 业务的竞争。由于外资银行大多实行混业经营，往往集商业银行、投资银行、证券和保险于一身，更能满足客户多元化的业务需求，而汕尾市的信贷资产质量本来就差，各商业银行竞争乏力，一旦外资银行进入，其发展将会相当艰难，各商业银行的不良贷款的回收难度也更大。

(3) 人才的争夺。外资银行灵活的人事及工资制度有利于其吸引中资银行的优秀人才，人才的流失也将意味着相关业务的流失。汕尾市各商业银行的从业人员素质相对不高，若再失去其最好的人才，那将是非常严重的打击。

外资银行进入汕尾对汕尾市的中资银行影响是广泛的，但同时也带来了机遇，比如学习、合作、完善自我机制、解决现有难题等。

3. 应对入世挑战

根据金融监管的发展趋势和汕尾辖区面临的新形势，中心支行应以金融监管为中心，一是进一步完善和明确金融监管的工作内容，促使金融机构构造稳健运营的机制，强化市场约束，监督和及时处置金融风险，建立一套完善的化解风险机制。二是加大监管力度，督促辖内商业银行强化自我约束机制和内部控制制度，并建立起比较完善的监管机制和监管框架，完善现场检查和非现场监管的方法和程序，使各国有独资商业银行基本达到人民银行制定的各项指标要求。

要做好汕尾辖内的金融监管工作，人才是关键，要有一支懂业务、懂法律、廉洁敢管的监管干部队伍，他们不仅要适应当代经济、科技、金融发展的要求，还要适应新形势下金融机构运用新技术，拓展新业务，采用新机制等方面的变化。同时在落实金融监管责任制的基础上，要改进监管方式，探索符合汕尾辖区实际的监管方法，要重点注意“五抓”，即一抓源头，二抓检查，三抓调研，四抓秩序，五抓服务，从此处入手，结合汕尾的实际，探索出符合新形势要求的高效率的监管方法，以应对加入 WTO 以后汕尾市国有独资商业银行所面临的局势。当前，最重要的是通过切实有效的金融监管，监督汕尾辖内国有独资商业银行完善内部控制，改善经营管理，加快不良资产的清收、盘活速度和幅度，提高资产质量，降低不良资产比例，防止出现新的资产风险。

（三）改进金融服务，促进货币政策的顺利实施，提高金融监管的实效性

1. 完善清算服务体系。

2. 代理国库服务。

3. 做好统计工作，加强分析和调研，提高预测能力。

“负责金融业的统计、调查、分析和调研”是中央银行的主要职责之一。为此，汕尾中支按照《金融统计制度》和《现金收支统计制度》有关规定，督促辖内各金融机构及时、准确、高质量的报送各类金融统计报表。针对汕尾市金融统计方面存在的问题，提高认识，总结经验，弥补不足，使汕尾市统计质量有了质的飞跃，对金融统计工作加强指导和检查，进一步加强对电脑统计系统的维护和安全管理，组织操作人员进行集中培训。同时加强调研和分析，定期与商业银行、市政府有关部门就经济金融形势交流意见，加强联系，总结经验，对出现的新情况新问题及时进行调研和监测分析，为更好地贯彻执行货币政策和为领导作出决策提供金融服务。

4. 进一步推广和完善银行信贷登记咨询系统，为实现信息共享服务，按照上级行部署，制定系统建设工作计划，有序地推进系统的建设和完善工作，布置贷款卡的年审工作，同时对系统的推广建设工作展开全面检查，督促各金融机构进一步做好系统建设和数据上报工作。银行信贷登记咨询系统的建设和完善，在贷款资格和准入上实行把关，加快实现银行间信息共享，促进银行间的信息沟通，同时为各金融机构提供贷款查询服务，实现贷款资料共享，共同监控借款人的动态，防止多头贷款和逃废债行为，加大对逃废债企业的联合制裁力度，在防范化解金融风险方面发挥重要作用。

加入WTO后北海金融监管何去何从

中国人民银行北海市中心支行　陈　锋

中国加入世贸在即，北海市作为全国最早对外开放的沿海城市之一，必将成为一些外资金融机构抢滩设点的首选城市，外资金融机构的进入，对北海的金融监管无疑是一个巨大的冲击，也对中国人民银行北海中心支行如何实施有效的监管提出了新的挑战。作为中央银行基层行，在迎接WTO带来的压力和挑战面前，要未雨绸缪，高瞻远瞩，审时度势，做好各方面的准备。

（一）加入WTO后北海金融监管面临的新问题

1．外资金融机构的进入，金融业经营压力加大，使北海中支维护北海金融运行稳定的任务更加繁重。入世5年后，外资银行将完全取得国民待遇，中外资银行竞争地位将是平等的，但是二者的竞争能力却有显著的差别。外资银行的管理手段先进，人员素质高，待遇优厚，资产质量优良，盈利能力强。而北海市金融业的现状是资产质量差，不良资产比例居高不下且个别金融机构还有进一步上升的趋势，经营艰难，亏损严重，内控制度薄弱，特别是地方中小金融机构支付困难，稳定的基础十分脆弱。因而入世后，北海市银行业的生存发展空间将受到挤压，经营难度、经营风险将进一步增大。同时由于待遇问题将面临人才的压力与竞争。尤其是地方中小金融机构面临的形势将更加严峻，一旦出现金融政策的某些失误，宏观金融形势的变化，就很容易产生“多米诺骨牌”效应，从而造成中小金融机构的支付困难，严重的还可能引起支付危机。

2．外资金融机构的进入，使北海中支防范化解风险的任务更加艰巨。目前，北海市已属金融高风险区，处置原北海12家城市信用社支付危机和对两家信托机构进行停业清理整顿的工作任务仍十分艰巨。外资金融机构进入北海市后，若对其在经营活动中的违法违规行为监管不力，将在一定程度上加大该市金融业的总体风险。外资金融机构也并不是都十分守法经营，目前在我国境内的一些外资银行存在的问题有多存少贷、把在境内吸收的外汇资金调往境外套利、转移利润、逃避税收、违规经营等，特别是利用非价格手段进行不公平竞争，若不对此进行有效的监管，势必加大辖内金融风险。

3．外资金融机构的进入，对北海中支的金融监管工作提出了更高的要求。目前，北海市商业银行还以传统的存贷业务为主，现代金融业务占比极小，与传统的金融业务相对称，北海中支对金融业实施的监管也是传统的监管方式，大多停留在资产负债比率指标的管理和分析。外资金融机构进入后，必将带来新的金融技术，包括尚未开展的金融新业务，诸如金融租赁、投资组合、保险中介和金融衍生工具等。这些金融业务至今并未被北海中支的监管干部所熟悉，这无疑对今后的监管工作不利。

4．外资金融机构的进入，使北海中支的监

管干部队伍面临更多新的考验。尽管近几年来，北海中支在监管干部队伍建设方面做了大量的工作，监管干部队伍素质有了很大提高，但整体素质还跟不上新形势下金融监管的需要。据对北海辖内人民银行人员的文化程度、业务素质（包括对WTO的了解程度）和敬业精神的调查了解，辖内人民银行干部职工中，具有本科以上学历的不到30%，具有大中专学历者中金融专业毕业的不到一半，一些干部没有紧迫感和忧患意识，很多人对金融新业务、新知识、新技能不熟悉或根本不知道，更谈不上对这些业务进行监管。因此，尽快提高监管干部队伍素质是迎接WTO挑战的一个紧迫而艰巨的任务。

（二）基层央行面对WTO挑战的应对策略

1. 迎接加入WTO的挑战，必须加快北海金融安全区建设，尽快化解现有金融风险。一是抓好地方中小金融机构风险处置工作。在对原城市信用社储蓄存款基本兑付完毕后，加快对资产的处置，根据北海的实际情况，因地制宜地研究新的资产处置办法，以加快资产处置的工作进度。同时积极协助地方政府搞好信托机构的停业清理整顿工作，争取在1~2年内完成城市信用社及信托机构的市场退出工作，从根本上妥善化解风险。二是抓好金融机构不良贷款的促降工作。对部分商业银行不良资产的剥离、呆坏账核销还没有最后落实的，要进行指导、督促和协调，以尽快减轻国有商业银行的历史包袱。同时加大对金融机构清收不良资产的监管和考核力度，除支持商业银行依法收贷外，还要发挥央行“窗口指导”作用，引导辖内金融机构调整信贷结构，将支持地方经济发展与盘活不良资产结合起来，从而做到在发展中盘活银行不良资产的目的，以实现辖内金融机构不良贷款率每年下降3个百分点的目标。

2. 迎接加入WTO的挑战，必须加强和改善金融监管，提高金融监管效率。一是加强金融监管规范化建设。结合北海实际，在严格遵守党和国家有关法律法规的基础上，进一步制定完善具有可操作性的规章制度和细则，既要兼顾地方灵活性，又要注意与国际监管通行做法接轨，逐步实现监管工作的规范化。二是利用有限的时间，组织监管干部学习对金融衍生工具的监管方法，借鉴发达国家的监管方法和监管经验，满足可能的监管要求，防止出现监管“空白”。三是依法行政，从严监管，对违法违规行为严肃查处，维护正常的金融秩序。四是加快非现场监管的硬件建设，重视应用非现场监管，提高预警能力。

3. 迎接加入WTO的挑战，必须深化北海金融组织体系改革，加快业务创新和科技进步，提高金融机构竞争和抗风险能力。一是进一步完善北海金融组织体系。对农村信用社的部分高风险网点，按照撤并、重组等手段，使之成为“自主经营、自担风险、自我发展”的合作金融机构，待条件成熟后，组建北海农村联社一级法人。对商业银行机构网点按照集约化经营原则，农行机构网点原则上设到镇一级，其他商业银行机构网点设到县一级，对一些规模偏少、效益较差的网点全部予以搬迁或撤销。二是支持金融机构加快金融创新。在稳步发展消费信贷的同时，支持金融机构大力发展中间业务，三是支持加快辖内金融科技建设步伐。重点组织实施电子银行到县工作；完善银行信贷登记咨询系统建设，如期实现全国联网；建立个人信用管理系统，为商业银行大力发展消费信贷创造条件；大力推动银行卡联网联合工作；加快农村信用社电子化建设，早日实现市内储蓄存款通存通兑；建立现代银行支付和结算体系，加快市内自助银行、电话银行、网上银行的建设等。

4. 迎接加入WTO的挑战，必须培养和造就一支高素质的监管干部队伍。一是牢固树立以人为本的监管理念。未来的金融监管工作，要彻底确立人在监管过程中的主导地位，围绕监管干部的积极性、主动性、创造性开展对金融业的监管工作。创造一种尊重人、爱护人的工作氛围和机制，提高全体监管干部的荣誉感和向心力。二是在立足现有人员的基础上，强化多层次、多形式的业务培训，可通过自我进修、岗位培训、深造培养、专家讲座等方法，不断学习金融新知识、新业务、新技能。三是吸收和引进一批国际金融专业毕业生和精通中央银行及商业银行金融理论和实务的专业人才，加速新陈代谢，充实监管队伍。四是进一步完善激励机制，在干部选拔上继续完善竞聘上岗机制，促使监管干部奋发图强，积极向上，促使优秀人才脱颖而出。五是进一步加强内控制度建设，狠抓内部管理，从严治行，做到从制度和管理上促使监管干部提高工作责任心和敬业精神。

中西部地区银行业堪喜堪忧

中国人民银行阿盟中心支行 张利群

从入关到入世的风雨13年间,中国的金融业经历了扩张、繁荣到调整、改革的发展之路。从入世到外资银行享有与中国银行业同样的待遇仅有5年,在充斥着外在竞争压力和内部改革压力的5年中,经济相对比较落后的我国中西部地区银行业将如何应对这种压力和挑战?

(一)外资银行在我国金融业的业务取向

根据向美、日、英、德等西方八个国家在华的14家分行的负责人进行拜访,得到了近乎一致的看法:第一,希望中国进一步开放金融市场,放松外资银行进入中国的限制,希望在经营地域、客户对象、业务品种等方面像国际上的发达国家标准一样,全面开放。第二,对于是否准备到中国中西部地区拓展业务,由于受地理位置及交通、通讯、经济发达程度等方面的限制,回答均暂无兴趣、暂无计划或是等待、观望。第三,希望在我国获得开展人民币业务的经营权。第四,出于对投入成本大、与中资银行网点差别悬殊等因素的考虑,暂不打算大力开展零售业务。外资银行在华业务的焦点主要是:1. 国际结算业务。2. 放款业务。3. 投资银行业务。

从中不难看出:争夺储户和零售业务将不是外资银行与中资银行的主要竞争方向,所以在短期内外资银行对我国中西部地区银行影响不大甚至可以说很小。原因一是四大国有商业银行相对发达的国内分支机构网络是外资银行短期内无法实现的;二是外资银行在华机构的业务规模远逊于四大国有商业银行;另外一个很重要的原因就是中西部地区居民对外资银行缺乏了解。

(二)从长远看,加入WTO我国中西部银行

中国加入WTO之后,虽然完全对外开放可能仍需5年、10年或更长的时间,但是不管我国东西部经济发展怎样不平衡,中国银行业运作都必须向国际标准转轨,中国的银行业必须逐步转向商业化经营。从某种程度上讲,我国中西部地区银行业受地理位置、经济发展程度、本身业务规模的限制,与沿海发达地区相比,其入世后的发展将受到严峻的考验。

1. 对外资银行的开放,加大了我国中央银行宏观调控的难度。第一,外资银行的资金来源主要来自国际金融市场,当受到我国国内货币政策约束时,外资会更多地转向国际市场,使中央银行货币政策控制力减弱。第二,随着外资银行在我国业务的扩展,金融创新将会传递到我国,新的金融工具以及新业务对我国中央银行的金融监管提出了更高、更新的要求。第三,外资银行的进入加大了国际资本对国内资本的影响,使我国金融业的波动程度加大。

2. 外资银行的进入,对我国的分业经营、分业管理的银行体制产生冲击。外资银行的混业经营与国内银行的分业经营格局将使外资银行在竞争中处于有利位置。

3. 业务竞争。加入WTO后我国银行业受到的冲击首先来自于最先开放的公司业务中的外币业务。外资银行在外贸、外商直接投资企业、外商

投资项目和重大基础设施利用外资项目这些优势领域当中将会占到一定的市场份额。除了外商独资企业、合资企业外,还将会包括我国的外向型企业、跨国企业、大型集团公司、高新科技企一比重将达30%,美国银行这一比重将达50%。如果仅从传统竞争的角度准备,很难适应高科技条件下的竞争。

目前外资银行机构少(不可能也不会去发展大量机构),主要分布在少数中心城市,业务重点又是少量优质大客户,外资银行更有条件运用高技术尤其是发展网络银行以适应竞争。因此,加入WTO后的竞争从根本上说是高技术或者说是网上银行的竞争。

(三)加入WTO后我国中西部地区银行面临的机遇

与我国银行业相比,外资银行的机遇是非常明显的。除去机构网点相对不足外,在资金实力、国际网络、管理经验、技术水平、人才机制等多方面都存在相对优势,而机构上的劣势在信息技术时代又相对减弱,因此加入WTO后,外资银行在我国发展的前景广阔。但这并不意味着国内银行业前景黯淡,相反在外资银行的外部竞争压力下,可以促使我们清醒地认识到自身的不足,扬长避短,充分利用发挥中西部金融机构网络发达等优势。加入WTO对我国银行业的影响虽然是巨大的,但无疑也给我国银行业带来了发展机遇,主要表现在:

1. 中西部地区银行间特别是四大国有商业银行间的业务友好与合作在入世后显得尤为重要。中西部地区资金相对较少,地区间资金流动少,这就使得一个地区行与行之间业务竞争激烈,行与行之间协作关系淡泊。入世后极需要行与行之间对外业务处理时基本达成同一口径,这样不仅可增强竞争性,还能节约经营成本。

2. 中西部银行互相协作,稳定现有的客户群,防止国内好客户的流失。充分利用好现有健全的分支机构网点,强大的吸储能力等优势。

3. 学习外资银行的先进管理经验并与其合作,促进国内中资银行整体素质的提高。我国银行业与外资银行之间存在着既竞争又合作的关系。随着外资银行在我国市场上的发展,他们将逐渐成为我国金融体系的重要组成部分,与他们开展业务合作尤其是人民币业务的合作将是必然趋势。这不仅符合互惠互利的原则,而且也有利业以及部分民营企业。其中又以风险小、收益高的中间业务(主要是国际结算、进出口融资以及咨询业务等)和外汇贷款为重点发展领域,并会继续借助母行作为金融百货公司的优势,以全方位的服务吸引客户。

在加入WTO的最初阶段,外资银行与本地银行零售业务的竞争还不会太激烈,但从中长期来看,零售业务将是外资银行大展身手的领域,因为我国的零售市场有着巨大的发展空间。

加入WTO后外资银行的业务将集中于中心城市,这也是本地银行的重点业务和盈利来源地,因此中心城市将是未来竞争的重点地区。目前外资银行分布在上海、深圳和北京的资产占外资银行总资产的比重为70%左右。在少数重点地区,外资银行外汇贷款业务的市场份额已经高于国内银行,例如在上海,外资银行贷款余额约占外汇贷款总额的60%。

4. 人才市场的竞争。精通银行业务又懂外语的银行专业管理人员、业务操作人员将是未来银行竞争最激烈的焦点,我国银行业在这方面面临严峻的挑战。薪资福利政策是我国银行业人力资源管理体制中与外资银行差异最明显的地方,是我国银行界上下反映最强烈的问题,也是造成我国银行业吸引人才难、留住人才难的主要因素之一。外资银行灵活的人事及工资制度有利于为其吸引国内银行的优秀人才。由于优秀人才与有关的业务发展密切相关,人才的流失意味着业务的相应流失。应当注意的是,在信息技术时代,人才的概念也应赋予新的涵义。

5. 网络银行的竞争。网上银行是国际银行业发展的趋势,他将促使金融市场更加自由、开放。21世纪的银行业竞争将不再仅仅是传统的同业竞争、国内竞争、服务质量和价格竞争,而是涵盖金融业与非金融业、国内与国外、网上银行与一般银行等的多元化竞争。目前世界大银行正普遍加大科技投入,提高网上银行的服务质量和水平。根据有关方面预测,1997~2000年,金融服务机构在互联网上的投资占咨询科技投资比重的每年累进增长速度是36%。2002年内西方国家网上银行业务所占的比重将达15%左右,2005年这于我国银行业的风险管理。例如,1999年10月20日,中国银行与英国汇丰银行、渣打银行在伦敦分别签署了总额达30亿元的备用信贷协议。由于这些银行均是高信用等级的全球性银行,把人民币资金拆借给他们有利于国内银行实现风险分散化的目的。此外,国内银行还可以与外资银行组成银团,共同对大客户或者大型项目提供贷款。

6. 彻底转换经营机制的机遇。加入WTO后留给我国银行业的时间是很有限的,我国银行业不能再存有任何幻想,必须彻底转变经营机制,主要包括以下方面:

首先,应逐步完善国有商业银行的法人治理结构。十五届四中全会《决定》已对国有企业明确提出了"建立和完善现代企业制度"的要求,并指出"公司制是现代企业制度的一种有效组织形式。公司法人治理结构是公司制的核心。要明确股东会、董事会、监事会和经理层的职责,形成各负其责、协调运转、有效制衡的公司法人治理结构"。要使国有银行转变为适应市场经济要求的真正的商业银行,必须建立现代企业制度和规范的法人治理结构。

其次,改革国有商业银行人事工资体制改革,培养人才,留住人才。主要措施包括:一是进行干部体制改革,摒弃官本位,建立与商业银行相适应的职务序列和相应的考核、任免、奖惩等管理制度;二是允许银行拥有人事自主权,银行对员工的录用、调入调出、辞职辞退、奖励与处罚、培训培养、管理与监督等应拥有完全的决定权,同时国有商业银行应当加快"减员增效"的机构改革。

第三,建立与市场经济接轨的分配制度。一是改革人事费用管理办法。改革现行的内部分配制度,按照市场引导、效益优先的原则,把员工报酬与职务、岗位和所在单位效益挂起钩来,不保底,不封顶,拉开贡献大的员工与贡献小的员工之间的报酬差距;二是降低员工固定收入和福利性收入在总收入中的比例,逐步实现福利待遇货币化,减少"银行办社会"的压力。

7. 可以推动我国金融运行和金融监管向国际标准化靠拢。入世后,我国银行业在加入国际一体化的过程中,必须遵循国际银行经营管理的统一规则。按国际通行原则加强风险管理,改进信息披露,规范银行业的经营管理,形成统一规范的金融监管体系,从而提高我国金融业的监管水平。

8. 妥善处理不良资产的机遇。美国银行业的不良资产比率为0.67%,我国银行业的不良资产比率无论从哪个角度看,都要比这个数字高得多,这使得我国银行业无法与之竞争。我国银行业的不良资产主要是由自身无法控制的历史和体制等因素造成的。为妥善解决国有银行的不良资产问题,1999年我国政府成立了4家资产管理公司,目前资产管理公司以及债转股的工作正在稳步推进。外资银行在资产重组方面有比较丰富的经验,外资银行的参与将有助于银行业不良资产的处理。

9. 开拓海外市场并实现海内外业务发展一体化的机遇。加入WTO后,外资银行在能够进入我国市场的同时,也为我国银行业开拓海外市场提供了条件。加入WTO后,我国银行业可利用WTO的无歧视原则,适当增设海外分支机构,拓展海外业务。并从适应跨国公司发展需要出发,把海内外业务联系起来。

10. 重组机遇。加入WTO,我国银行业将面临实力强大的外资银行的竞争,资本实力相对较弱。尽管在1998年财政部曾发行2700亿元补充国有银行资本金,但随着资产的快速增长,国有商业银行的资本金仍相对不足,国有商业银行的股份化是解决国有银行资本金不足问题的一个重要途径,国有商业银行的产权结构改革主要有三条路可走:一是上市;二是向国内非国有部门出售股权;三是向国外投资者转让股权。

入世后虽然我国中西部地区银行业在短期内不会受到影响,但是从长远看,随着我国对外资银行的全面开放,我国中西部地区银行业必将经历一场巨大的变革。

忠实履行基层央行职责 努力实践"三个代表"思想

中国人民银行庆阳地区中心支行　贾　涛

江总书记"三个代表"的重要思想，是全党全国跨入新世纪、走向新时代、迎接新挑战的行动纲领。地县人民银行学习和贯彻"三个代表"的思想，归根到底是要把"三个代表"的要求落实到履行中央银行职责的实际工作中去。为此，我们在深入学习、深刻领会"三个代表"思想的基础上，审时度势，及时调整工作思路和总体目标，形成了共识。这就是：以江泽民"三个代表"重要思想为指针，以创建金融安全区、力促地方经济发展、塑造央行良好形象为目标，以贯彻货币政策、加强金融监管、改善金融服务为重点，以加强领导班子建设、干部队伍建设、精神文明建设、党风廉政建设为保证，以开展建一流队伍、抓一流管理、创一流监管、树一流行风、促一流服务、争一流业绩的"六个一流"活动为载体，以思想政治工作和内部管理为驱动，全面推动全区人民银行工作上台阶、上水平，跨入西北五省区先进行行列。具体抓好以下几方面的工作：

（一）积极贯彻稳健的货币政策，支持西部大开发战略实施

西部大开发是我们党走向新世纪推动生产力发展的重大战略决策，体现了"三个代表"的重要思想。庆阳地区是一个老区，也是一个贫困地区，基础差，底子薄，资金短缺，发展后劲不足，做先进生产力发展要求的代表，认真贯彻货币政策，支持西部大开发战略实施，对我们来说责任更大，任务更重。支持西部大开发，一定要从庆阳这一特殊的区情出发，理顺"一个机制"，发挥"两个作用"，搞好"三项服务"，实现"四个突破"。

理顺"一个机制"：对货币政策传导过程中存在的问题进行调查研究，分析影响货币政策传导因素，属于金融机构自身方面的问题，积极督促其转变观念，改善服务，放宽条件，简化手续，提高审贷效率；属于系统管理和信贷投入环境方面的问题，积极反映情况，提出合理化建议，不断理顺货币政策传导机制。

发挥"两个作用"：一是"窗口指导"作用。按照"突出抓好一个调整，加强两项建设，培育三个新的增长点，实施十大产业化工程"的庆阳实施西部大开发思路，确定信贷支持重点，引导金融机构的信贷投入。二是货币政策工具作用。充分运用中央银行再贷款，重点支持农村信用社加大支农力度，促使农村经济发展。灵活运用短期再贷款，创造条件发展贴现和再贴现业务，弥补金融机构临时性头寸不足。

搞好"三项服务"：一是政策指导服务。及时向地方政府、企业单位、金融机构汇报宣传新出台的各项货币、信贷政策的意图，帮助指导地方政府用足用活各项货币政策。二是支付清算服务。充分运用现代化的支付清算系统，做好异地资金的汇划，疏通结算渠道。三是货币发行服务。及时调拨现金，合理搭配券别结构，加大反假打假力度，加快损伤券的回收速度。

实现"四个突破"：一是坚持国家产业政策和信贷政策，着力培育新的经济增长点，大力支持重点建设工程和骨干项目，力争在增强地方经济发展后劲上有新突破；二是大力宣传新的信贷政策，开办新的信贷业务，增加新的信贷种类，

拓宽新的信贷领域，全面启动个人贷款、私营贷款、住房贷款、助学贷款和消费贷款业务，力争在扩大信贷规模上有新突破；三是积极探索贷款担保抵押途径，建立贷款担保基金，解决中小企业贷款担保抵押落实难的问题，力争在地方企业贷款投入上有新突破；四是健全落实金融债权管理制度，依法制裁逃废银行债务行为，严格基本账户管理，建立正常银企关系，强化企业信用观念，力争在营造良好的社会信用环境方面有新突破。

（二）依法加强金融监管，防范和化解金融风险

金融是现代经济的核心。金融安全直接关系到经济安全、社会稳定和广大人民群众的根本利益。基层人民银行最重要的职责就是依法加强金融监管，防范和化解金融风险，确保一方金融平安。根据庆阳实际，要把“三个代表”的要求落实到金融监管工作之中，就必须以创建金融安全区为目标，以城乡信用社为重点，改进监管手段，探索监管方法，增强监管效能，实施“54321”工程。

开展“五项规范”。一是法律运用规范。二是监管程序规范。三是监管文本规范。四是执行公务行为规范。五是监管制度规范。

实现“四个转变”。一是以合规性监管为重点向以风险性监管为重点转变，摸清风险状况，制定防范化解风险规划，落实防范化解措施；二是以现场监管为主向以非现场监管为主转变，完善非现场监管指标体系；三是以市场准入监管为主向以市场准入与市场退出并重监管为主转变；四是以管事为主向以管人为主转变，贯彻落实新的高级管理人员任职资格管理办法，对金融机构高级管理人员任职期间进行考核，加强对高级管理人员和重要业务人员的管理。

确保“三个到位”。一是监管力量到位。二是监管责任到位。三是监管措施到位。

处理“两个关系”。一是加强监管与改善服务的关系。既要加强监管，又立足纠改，寓监管于服务之中。二是加强监管与支持创新的关系。鼓励金融机构改革和创新。

完善“一个体系”。要通过强化金融机构内部控制、制定行业公约，争取政府、企业的配合和支持，建立银行自我约束、同行业相互自律、人民银行依法监管、社会共同监督的严格有效的金融监管体系。

（三）加强对农村信用社的管理，推动合作金融事业健康发展

庆阳是一个农业地区，在支持“三农”中农村信用社具有举足轻重的作用。目前，在行业管理组织尚未健全、行业管理尚未到位的情况下，人民银行更应履行好对信用社的金融监管和行业管理的双重职责。这既是农村信用社和农村经济发展的客观要求，又是对“三个代表”重要思想的具体实践。在学习贯彻“三个代表”重要思想、深入开展调查研究的基础上，针对庆阳地区农村信用社管理中存在的问题，我们提出了“改、调、管、扶、扩、融、增、降”八字经营管理方针：

“改”，就是要坚决按照效益原则，改掉不合理的制度、机制和习惯，用改革的精神，完善内部管理机制。一是按照合作制原则，继续规范农村信用社及其联社，切实把股东代表大会、理事会和监事会的职能作用发挥好。二是探索等级管理制。把全辖信用社按经营规模划分为大、中、小型社，按照经营效益划分为好、中、差型社，实行不同的工资待遇。三是改革干部管理制度和劳动用工制度。下决心扳倒“铁交椅”，打破“铁饭碗”，革除“铁工资”。

“调”，就是调整工作思路和经营策略。要以全新的视角观察和分析农村市场及客户需求，大胆开展产品设计和业务创新。在坚持为“三农”服务的前提下，拓展服务范围，改进结算手段，发展中介业务，开发新的存款形式和贷款种类，以规避风险，获取“潜在收益”。同时，按照经济效能、合理布局的原则，适当撤、并、降一些信用社。

“管”，就是加强行业管理。一要加强地区联社对县市联社的管理，二要加强县市联社对农村信用社的管理，规范合作金融运作。

“扶”，要继续加大对农村信用社的扶持力度。为农村信用社提高经营管理水平、防范化解金融风险创造条件。

“扩”，就是要不断扩大经营规模。一是扩大股金。股金是立社之基，要让更多的农民群众加入到农村信用社中来，吸收更多的股金，以增强信用社抵御风险的能力。二是扩大存款规模。存款是发展之本，要加大揽存力度，壮大资金实力。三是扩大贷款规模。贷款是效益之源，要按照信贷原则，积极营销贷款，并将贷款投放列入主要工作目标进行考核。

“融”，就是要灵活融通资金余缺。信用联社要充当资金调剂中心，搞好资金的大调度，调剂社与社、县与县之间的资金余缺。

“增”，就是要增收节支，增加效益。一方面要增收，要注意压缩非生息和低息资金占用，充分运用信贷资金，加大收息力度，增加收入；一方面要节支，要注意调整负债结构，着力降低存款成本，严禁抬高利率吸收存款，并严格控制费用开支。

“降”，就是要下功夫降低经营风险。一是要立足于防，优化增量。二是要着眼于化，盘活存量。三是要啃硬骨头，打歼灭战。

（四）切实加强党的建设，全面提高干部队伍的政治思想素质

江泽民“三个代表”的重要思想是加强党的建设的根本指导思想，是永葆党的先进性、战斗力和创造力的行动指南。人民银行的组织体制实行垂直领导以后，党建方面的许多工作还不适应，尚处于摸索、起步阶段，“三个代表”的重要思想，为人民银行的党建工作指明了方向。我们认为，加强基层人民银行党的建设必须抓住一个关键，打好一个基础，发挥一个优势。

抓住一个关键，就是加强领导班子建设。这是贯彻落实“三个代表”思想的核心内容和关键所在。必须立足当前抓“存量”（现职班子），着眼长远抓“增量”（后备干部），坚持抓好领导班子的思想、作风和组织建设，使各级领导干部始终站在时代前列，努力成为“三个代表”的忠实代表，使各级领导班子始终保持旺盛的活力和战斗力。

打好一个基础，就是加强党的基层组织建设。要在健全党的基层组织的同时，进一步明确责任，完善制度，健全党建工作机制，抓好对党员的经常性教育管理、党员的“争先创优”活动和发展新党员的工作，充分发挥基层党支部的战斗堡垒作用和党员的先锋模范作用。发挥一个优势，就是发挥思想政治工作，必须把握一个核心，健全两个机制，发挥三个作用，实施“四心”工程。把握一个核心，就是抓好理想信念教育。坚持用科学理论武装党员干部职工的头脑，坚定对马克思主义的理想和信念，增强对建设有中国特色社会主义的信心。健全两个机制。一是健全思想政治工作的领导机制。党委（党组）要把思想政治工作列入重要议事日程，坚持“两手抓，两手都要硬”，形成一把手亲自抓，主管领导具体抓，其他领导配合抓的齐抓共管的格局。二是健全思想政治工作考核机制。要制定思想政治工作责任制和具体考核办法，把思想政治工作与业务工作同安排、同部署、同检查、同考核。发挥三个作用。一是发挥领导带头作用。二是发挥典型引路作用。三是发挥职能部门作用。实施“四心”工程。一是“安心”。要积极创造一个良好的工作、学习、生活环境，让干部职工真正能够安心工作。二是“交心”。领导与职工之间、领导干部相互之间、职工之间要广泛开展谈心、交心活动，消除思想隔阂，在全行形成相互理解，相互尊重的新型人际关系。三是“顺心”。对一些思想上有情绪、心里有疙瘩的职工，要积极主动地了解症结所在，帮助解除思想障碍。四是“暖心”。做到职工家庭成员不和，调解规劝到家；出现天灾人祸，慰问救济到家；生老患病住院，关心探望到家；新婚生日喜庆，关怀祝贺到家；家庭生活困难，排忧解难到家。使职工时刻体会到组织的温暖和关心。

（五）切实加强央行文化建设，树立良好的精神风貌

江泽民“三个代表”中关于“代表先进文化前进方向”的论述，是我们党关于加强社会主义精神文明建设指导思想的一个新发展。认真贯彻这一重要论述，加强央行文化建设，是摆在人民银行面前的又一重要任务。根据庆阳实际，我们要着力培育“一种精神”，建好“文化阵地”，开展“四个争创”，搞好“五项活动”。

2000年我国经济金融形势之分析

中国人民银行丹寨县支行　许　林

2000年，在国家不断扩大内需，采取积极的财政政策和稳健的货币信贷政策等拉动经济增长的宏观调控政策的作用下，我国经济增长呈现稳步回升态势。金融运行也健康平稳，有力支持了地方经济的发展。

（一）宏观经济形势

伴随着国际经济形势的好转，我国国内经济形势也不断好转，全国经济保持了稳步上升的良好势头，国民经济在保持较快发展的同时，增长质量和效益也不断提高。2000年国内国民生产总值（GDP）完成了89404亿元，增长率为8%，增幅比1999年提高了0.9个百分点。从“九五”期间我国GDP走势和2000年GDP增长趋势看，全国经济初步达到了平稳回升的经济增长平台。

1. 全年经济运行的主要特点

（1）第二产业带动经济增长加快，农业和第三产业贡献率有所下降。2000年，我国农业在遭遇严重旱灾的情况下仍能丰产，但粮食价格有所下降，重要农作物生产开始向优势产区集中。我国高新技术产业快速发展，成为新的经济增长点。电子通信产品制造业总产值首次突破1万亿元，占GDP的11.19%，成为制造业中的第一大产业。移动通信手机增长130%，半导体集成电路增长51.5%，固定电话网和移动电话网规模均位居世界第二。以企业为主体的技术创新体系建设进一步加强，产学研联合达成合作项目14万项，扩大了第二产业在GDP中的贡献率。

（2）消费稳中见活，出现强劲增长，投资增长加快，呈现三大需求合力拉动经济增长的新格局。城镇居民收入的提高，以家用电器为主的降价浪潮及灵活多样的促销方式，消费信贷的日趋完善和蓬勃发展，有力促进了消费者消费信心的增强和市场的活跃。全国消费需求稳步回升，人民生活继续改善，生活质量不断提高。

（3）固定资产投资稳定增长，国债项目建设成效显著。全社会固定资产投资完成32619亿元，比上年增长9.3%；电子工业和科研技术服务的基本建设投资分别增长48.9%和19.2%，技术改造投资增长13.2%，西部地区投资增长14.4%，分别高于东部和西部地区6.1和0.6个百分点。

（4）外贸进出口增长迅猛，利用外资质量进一步提高。全年进出口总额4743亿美元，比上年增长31.5%。利用外资形势好转，新批外商投资项目比上年增长32.1%，合同利用外资金额增长51.3%，实际利用外资590亿美元，其中外商直接投资407亿美元。一些大型企业集团在境外股票市场上市取得成功。

（5）财政收入大幅增长，金融运行保持平衡。全国财政收入13380亿元，比上年增长16.9%；支出15879亿元，增长20.4%。全国财政收支相抵，支出大于收入2499亿元，其中中央财政赤字2598亿元。年末广义货币供应量（M2）、狭义货币供应量（M1）分别增长12.3%和16%，全年现金净投放控制在1500亿元以内。全部金融机构各项贷款余额9.9万亿元，当年增加1.3万亿元；年末国家外汇储备达到1656亿美元，增加109亿美元。

2. 金融运行的主要特点

(1) 在资本市场上。股票一级市场筹资大幅度增加，二级市场成交金额猛增，市盈率维持较高水平。债券发行平稳，结构有所变化。2000年，沪、深两市共有139只股票上市，企业通过股票市场共筹集资金2103亿元。2000年共发行债券6385亿元，政策性金融债券发行下降，企业债券发行萎缩。

(2) 在货币市场上。货币市场交易量迅猛增加，市场利率持续走低，资金主要流向证券公司和投资基金，交易所与银行间市场国债交易发生变化，交易所现券交易减少，回购交易增加。

(3) 存款高速增长，储蓄存款增幅小于企业存款增幅，存款流动性增强，增量结构变化明显。企业存款保持了良好的增长势头，新增企业存款6911.37亿元，占全部新增存款的比重达46%。企业存款增加较好主要得益于经济形势的好转，企业产销两旺。储蓄存款64332.38亿元，增长7.9%，增幅呈逐年下降趋势，但下降幅度逐年降低，存款流动性增强，增量结构发生明显变化。全年新增企业活期存款和储蓄活期存款占全部新增存款的比重达69.45%。其中，全年新增储蓄存款占全部增量存款的比重为31.35%，金融机构贷款进度加快，结构调整明显，投向更趋合理，消费信贷快速发展。2000年，全国新增贷款结构发生了变化，对农业、基本建设、技术改造及非国有企业的支持力度加大。一是在短期流动资金贷款中，以国有企业为主的工商企业贷款增长幅度减小，工业贷款增加232.82亿元、商业贷款减少1121.01亿元；二是农业、乡镇企业、三资企业、私营企业及个体等以其它经济成份为主的贷款保持了较高的增长速度，分别增加3144.36亿元、3455.42亿元、374.33亿元和8554.71亿元；三是中长期技术改造贷款和基本建设贷款等快速增长，全年新增中长期贷款5139.43亿元。从贷款增量的投向结构看，对农业、乡镇企业、三资企业、私营企业及个体等的流动资金贷款比1999年增加较多，但增长量快的是个人住房、消费和助学贷款，占全部金融机构各项贷款多增额的68%，增势强劲。

(二) 经济金融运行中需要关注的问题

2000年我国的生产、销售、需求均出现了较为明显的回升势头，但基础还不太牢固，经济金融运行中还存在不融运行中还存在不少问题：

(三) 政策与建议

针对当前经济金融运行中存在的问题，提出以下政策建议：

1. 要以提高经济运行质量为中心，加大企业改制和结构调整力度，实现经济的可持续发展。目前我国的经济水平是东、西部差距较大，西部发展潜力也较大，要调整企业与产品结构，加大投入力度，在加快发展的同时，更要重视经济增长质量的提高。应充分利用加入WTO的有利时机，加快企业改革、改造步伐，加快结构调整和技术进步，以高新技术改造传统产业和产品。按公平竞争原则，培育多级经济增长点，要在国家产业政策的指导下，在积极扶持重点、优势国有企业和支柱产业发展的同时，加大扶持非国有经济的发展。

深细严实

——人行甘肃天水市中支力书“四篇文章”

中国人民银行天水市中心支行　杜永强　李来福

天水市地处甘肃省东大门，是全省第二大城市，有“羲皇故里”和“陇上小江南”之称。该市先后被列为国家经济体制改革试点城市、全国优化资本结构试点城市、国家老工业基地改造重点城市、国家科教兴市与技术创新试点城市、全国中小企业融资与社区发展示范城市。人行天水市中支新班子上任一年来，严格按照“深、细、严、实”的工作标准，为抢抓西部大开发机遇，一步一个脚印，认真履行中央银行职责，积极深化改革，狠抓金融监管，整顿金融秩序，力促经济发展，取得了明显成效。

（一）以人为本抓管理

针对内控制度不健全和部分规定过时、科室之间职责不清、中层领导年龄偏大、知识老化、干部职工素质偏低、精神状态不振和经济案件频发等现状，人行天水中支狠抓内部管理，优化人才资源配置，提高员工素质，激发了全行干部职工的内部活力和工作热情。

加大内审力度，利用半年多时间对市县两级人行进行了常规、专项、离任、后续、调研和专案等12个项目的内部审计工作，发现存在金融监管、财务管理、货币信贷、金融服务以及制度和管理等方面的13大类46个问题，通过客观分析，提出了64条整改建议，促进了内部管理，提高了工作质量和效率。

加大执法监察力度，与天水市检察院联合召开了全市金融系统案件通报与分析联席会议，成立了市、县两级预防职务犯罪领导小组，秦安县及时召开了全县金融系统经济案件通报大会，用发生在身边的案例教育职工，起到了警钟长鸣、防腐拒变的作用，一年来没有发生任何经济案件。

在原有规章制度的基础上，按照政务、内务、档务、财务等内容分门别类修订完善了内部控制制度，并汇编成《中国人民银行天水市中心支行内部管理制度》下发各县（区）支行执行，使各项工作走上了系统化、规范化、程序化轨道，改变了过去有章不循、有禁不止、有令不行的局面，仅电话费一项年均下降了一半。

以人为本。搞好各项工作的关键是人，人行天水中支为调动员工积极性，多形式、多渠道、全方位开展工作，通过民意测验、组织考察、党委研究、公示评议、聘任交流等办法，先后两次调整、提任科级干部14名、交流干部26名、上派下挂2名、岗位轮换48名，使中层干部的年龄、知识结构得到优化，增强了职工的上进心。为提高员工素质，积极创造条件，岗位培训坚持“缺什么补什么、急需先学”的原则，先后开展了监管实务、计算机操作、电子公文、法律法规等15项培训，学历教育坚持“按需先培、专业对口”的原则，通过自学、函授、脱产进修等途径，现在全辖有146名干部参加研究生、“专升本”等学习。为强化员工实务能力，抽调30名同志参加对147个农村信用社的审计，历时100余天，通过岗位培训、统一方案、实地审计，全面锻炼了队伍，提高了员工的政策水平、监管素质和写作能力。

（二）开拓创新抓监管

从讲政治、求稳定、促发展的大局出发，积极创建金融安全区，抓重点，攻难点，确保一方金融平安。按照“坚持改革、合理分工、管监分离、集中监管”的原则，制定和完善了金融机构监管工作责任制和金融监管例会制度，修改和签订了《金融机构分类监管责任书》，形成了一级抓一级、层层抓落实的监管格局。为了提高监管水平，把部分讲原则、业务能力强、有责任心的同志充实到了监管部门，使监管队伍的专业结构更趋合理。根据岗位设置和个人专业特长，调整落实了监管AB制，形成了金管科分人分行、合作科分人分县、货统科分人分岗的监管体系。通过充实力量、明确职责、落实责任，增强了监管人员的责任感和使命感，扭转了被动监管的局面，辖内各种违规行为明显减少。

针对目前农村信用社资产质量差、信贷风险大、高风险社多、人员素质低等突出问题，早安排，早行动，经过认真分析和充分论证，根据各县（区）农村信用社实际情况，区别重点，于2001年初从存款、贷款、不良贷款下降比例、营业收入、高风险社化解、扭亏增盈、增资扩股、职工素质、电子化建设、职工收入十个方面制定了《天水市农村信用社2001～2003年发展规划和任期责任目标》，提出了具体量化指标，制定了百分制考核办法，同联社主任三年任期目标挂钩，进行考核。为了配合三年规划的实施，又于2001年3月15日至6月30日从市县（区）两级人行和各县（区）联社抽调27名业务骨干组成7个工作组对全市147个农村信用社的信贷资金管理、内控制度、会议决算报表、固定资产管理和离任审计五个方面进行了现场审计，为加强农村信用社监管掌握了第一手资料。在内审期间，采取边审边纠的办法，对问题较大的8个社主任进行了撤换。通过全面内审，逐户建立了农村信用社档案，编写了《天水市农村信用社基本情况及高风险社风险成因和化解措施》。内审结束后，全市农村信用社根据存在的问题，制定了整改措施，开展了百日纠改活动，全面推动了农村信用社的各项工作。9月末，全市农村信用社各项存款余额124365万元，较年初增加9374万元，占年计划的104%；各项贷款余额115132万元，较年初增加33867万元。不良贷款绝对额下降3830万元，占年计划的106%；增资扩股693万元，占年计划81%；同比扭亏792万元。

（三）多方联动抓信用

整顿信用环境，大力开展打击恶意逃废金融债务行为活动，维护金融秩序。

加大对金融“三乱”和“两非”的整顿力度，对当地一家办事处和两家储蓄所擅自变更营业场所、合并储蓄账务的违规行为进行了严肃查处，及时查堵了私自开办典当行和来自陕西的集资入股事件，净化了金融环境。主动利用银行信贷登记咨询系统功能，对逃废债企业和恶意欠息企业通过公告栏向各金融机构发布信息，共同防范金融风险。

建立金融债权行长联席会议制度，成立以市政府副市长为组长、市中支行长为副组长和财政、工商、经贸委、司法及各金融单位负责人为成员的打击逃废债务领导小组，制定了《天水市金融系统打击恶意逃废金融债务实施意见》并由市政府下发执行。为了扩大影响，通过天水电视台、天水日报等新闻媒体和全市县级领导干部“七一”讲话报告会等各种场合进行广泛宣传，营造了一个打击逃废金融债务的社会氛围。打击逃废债务领导小组根据各金融机构提供的逃废债企业名单认真研究，精心挑选，对首批54户恶意逃废金融债务的企业已发出“金融债权债务确认通知书”，限定了期限，如仍蒙混过关将分期分批向社会公开曝光，联合制裁。在政法部门的支持下，在逃废债比较严重的北道区召开了4000多人参加的依法收贷大会，传唤重点借款人300人，现场收回贷款17户21笔，本息合计37.4万元，拘传“钉子户”26人，对既不还款又不签订还款计划的4名赖债户当场依法拘留，同时请天水电视台在现场实况转播，连续播放，真正起到了以点带面，打一户、震一方的作用，增强了借款人的信用意识和法制观念，为金融机构维护债权创造了良好的社会氛围。

（四）抢抓机遇促发展

紧紧抓住党中央、国务院西部大开发这一千载难逢的历史机遇，引导金融机构认真贯彻落实近年来人总行和西安分行为做好农村信贷、开展个人消费信贷、改进对中小企业金融服务、支持高新技术等产业先后出台的一系列“指导意见”及国务院《关于实施西部大开发若干政策措施的通知》精神，紧紧围绕市委、市政府“农业稳市、工业强市、旅游富市、科教兴市”的四大发展战略，认真贯彻执行稳健的货币政策，灵活运用货币政策工具，积极发挥“窗口指导”作用，努力改进金融服务，有效地促进了当地经济的持续、稳定、健康发展。

截至今年9月底，全市各项存款余额911248万元，较年初增加63269万元，增长7.4%；各项贷款余额710862万元，较年初增加45207万元，增长6.7%。其中：农业贷款较年初增加19416万元，增长29.2%，增量占全市各项贷款增加额的43%。为了加大支农力度，人民银行天水市中心支行今年已发放支农再贷款40000万元，同比多增37000万元；工业贷款较年初增长7.63%，增量占各项贷款增量的31.20%；消费贷款较年初增长45.2%，其中住房贷款增长76.18%，助学贷款增长100%，汽车贷款增长60.14%，其他消费贷款增长112.83%；基础设施贷款增长11.4%。

前9个月，全市限额以上工业企业完成现价总产值同比增长16.3%，完成工业销售产值同比增长14.4%，实现社会消费品零售额同比增长9.2%，完成固定资产投资同比增长28.45%。

为了更好地支持地方经济的发展，人行天水中支紧密结合经济金融运行中的热点、焦点和难点问题，定课题、大兴调研之风，以创办的《天水金融调研》为阵地，深入开展调查研究，为指导该行工作及上级行制定货币政策和地方政府经济决策提供了重要参考依据。一年来，针对该市商业银行不良贷款占比高、三线企业多、结构调整不力的状况进行了调研，指出了内在问题；为强化对农村信用社的监管，下达课题，全辖集中调研，找出了存在的问题，提出了“一社一策”方略，得出了“抓好信用社的关键是一个好主任，只要立足‘三农’，资产质量、经营业绩就不会出现大的偏差，信贷员嘴不贪、手不伸，就没有追不回的贷款”的结论。今年前9个月，全市人行员工撰写调研材料达320多篇，被省级以上报刊采用36篇。

实践"三个代表"实现"三个结合"

中国人民银行陇南地区中心支行　王宝贤

"三个代表"的重要思想是以江泽民同志为核心的中国共产党人面对世界经济全球化和我国改革开放以及现代化建设的全局，对我党的历史使命所作的极其深刻而精辟的论断，它是我党实现民族复兴历史伟业的行动纲领。金融是现代经济的核心，作为履行中央银行职责的人民银行中心支行，实践"三个代表"的思想，必须认真贯彻货币政策，全面加强金融监管，切实改进金融服务，努力实现"代表先进生产力发展要求"、"代表先进文化的前进方向"和"代表最广大人民的根本利益"的思想与"促进经济发展、金融文化建设和科技兴行战略"的有机结合。

(一) 与促进经济发展相结合

金融业属第三产业中的特殊服务行业，金融"一着棋活"，经济"全盘皆活"，金融机构要为辖区经济快速、健康发展提供便捷、高效的金融服务。

1. 进一步解放思想，调整思路，发展"特色经济"。要进一步加深对邓小平"特色理论"的再认识和再理解，更新思维方式和观念，用比开发东南沿海更大的胆略、更足的勇气和比开发沿海城市更加优惠的政策及灵活的操作方式，吸引更多的资金推动"山区特色经济"。发挥山区优势，增加对陇南山区特别是"路、电、水"等基础设施建设的投入，从根本上彻底解决"行路难、常断电、水不足"的老大难问题，增加对生态环境建设、农业产业化开发和小城镇建设的资金投量，加大对山区的矿石、中药材、土特产进行深加工行业的信贷投入，走出一条充分利用群山众水发展特色经济、富民强区的新路子。

2. 构建适宜"非公"经济快速发展的金融服务体系。要进一步转变观念，按照"三个有利于"的标准大力支持"非公"经济发展，尊重市场运行规律和价值法则，放宽政策，使服务方式和手段同"非公"经济相互协调，促其加快发展，把"非公"经济培育成为西部山区经济持续增长的重要力量。要协助解决企业借款担保难的问题，配合组建"贷款担保公司"，建立贷款担保基金专用账户，以彻底解决落后地区中小企业、"非公"经济和贫困农户贷款难的问题。

3. 进一步拓宽和完善金融服务功能。金融业对山区经济的支持与服务是全方位的，要适应西部大开发、山区大发展的形势，人民银行必须进一步加强金融监管，严把金融机构市场准入和退出两个关口，努力创建金融安全区，为经济建设营造良好的金融环境。各金融机构也不能拘泥于原有的思路、手段和方式，必须面对山区生产力和经济发展的现状，大胆探索，勇于创新，促进信贷品种的多样化，同时要转变作风，克服"官行"和"衙门"陋习，简化信贷手续，减少审批环节，努力提高服务的质量和水平，以最大限度地满足城乡经济和人民群众不同层次的需要，为山区的大发展做出新的更大的贡献。

(二) 与金融文化建设相结合

金融业是"窗口"行业，加强以提高素质、转变作风、树立形象为主的金融文化建设至关重要。

1. 提高对增强干部队伍综合素质重要性和迫切性的认识。金融既是现代经济的核心，又是一种高科技、知识和资金密集型的高风险产业。

不能识别现代信息符号并应用计算机进行信息交流和管理的人，有可能成为现代文盲。金融产业和中央银行的特殊性，决定了提高人民银行干部队伍综合素质的重要性，人才质量的优劣，说到底取绝于干部素质的高低。要造就一支政治坚定、业务精良、作风清正、纪律严明的职工队伍。

2. 强化管理，严格制度，转变作风。内部管理工作的强弱，是做好各项工作的关键。要按照温家宝同志提出的“制度要严，执行要严，处理要严，责任要严”的标准，建立起责权分明、平衡制约、规章健全、运作有序的内部控制制度，形成部门内部自我约束、部门之间相互制约、上级部门有效控制的内部管理机制。同时，要转变工作作风，引入竞争机制，要通过严格有效的管理和科学的考核，激发、保护和最大限度地调动干部职工的积极性、开拓性和创造性。

3. 加强职业道德建设，塑造良好的行业形象。教育员工牢固树立正确的思想、信念、人生观、价值观、世界观，牢固树立热爱金融、乐于奉献的敬业精神，增强同行业荣辱与共的责任感和使命感，克服利已主义、拜金主义和享乐主义等不良思想的影响，努力把员工群体的智慧和力量汇入实现行业和社会的整体目标之中，使行业形象成为金融业发展的精神动力。

（三）与科技兴行战略相结合

高新技术的普遍应用，极大地推动了世界经济的迅猛增长，高新技术产业在经济中的比重日益提高，纵观经济强国的发展，无一不是高科技支撑和拉动的结果。

1. 以科技推进金融创新，努力提高陇南地区金融机构的市场竞争能力。要注重金融科技成果向现实生产力的转化工作，依靠金融电子化优

势，推动银行发展中间业务，改善传统业务结构，积极开办通存通兑、银证转账、委托代理、家庭理财、自助银行和网上银行等业务，鼓励并规范中间业务的健康发展，提高金融创新能力、金融竞争能力和经营赢利能力。

2. 实施“科技兴行”战略，实现陇南金融业的“跨越式”发展。金融科技水平对金融业的发展有着极其重要的作用，金融电子化程度的高低决定着金融对经济支持的广度和深度。金融电子化服务是改变陇南金融业落后服务面貌，提高进入世界金融市场能力的一项极重要的工作。一是高度重视人才储备和技术储备；二是坚持开发、引进、提高相结合的方针，增加科技投人，改善硬件设施；三是以更新更广的视角，牢固树立科技兴行意识，特别是各级行领导要有超前的科技意识。

3. 积极创造条件，加快实施金融电子化工程。一要加快实现支付结算手段电子化的建设，力争在一、两年内完成同城票据实时清算系统和电子联行业务在县支行推广应用，逐步使会计账务通过电子化手段集中核算，加大力度推动银行卡业务的联合和跨行通用，在完成内联网和电视会议系统建设的基础上，推广办公自动化系统。二要开发金融统计和银行信贷登记咨询系统网络信息，开展个人征信制度建设，提高通过电子化手段进行非现场监管资料的采集及监测水平，按照准、全、快的基本要求，完善金融统计汇总、报送程序，挖掘金融信息资料，扩大信息共享的范围，加强金融信息分析、预测，加快信息传递、反馈速度，使之更好地服务于金融监管和货币政策。

火焰山下党旗红

——人行吐鲁番地区中心支行的党建之路

人行吐鲁番地区中心支行　段永相

吐鲁番位于新疆天山山脉以东，土地面积6.9万平方公里，是一个以维吾尔族居多的少数民族地区。吐鲁番交通四通八达，自古就是中亚交通中心之一，并有着千年的交河、高昌故城；蕴藏着丰富的矿产资源；独特的气候造就的优质葡萄、哈密瓜享誉世界。人民银行吐鲁番地区中心支行214名干部职工就是在这火焰山下，始终以江泽民总书记“三个代表”重要思想为指导，依照分行党建工作纲要，全面加强党的思想建设、组织建设和作风建设，充分发挥基层党组织的战斗堡垒作用，认真履行中央银行职能，有效地维护辖区金融平安。

随着金融体制的改革，人民银行党的领导体制由属地管理改为垂直领导，人行吐鲁番地区中心支行党委及时调整工作思路，逐步转变观念，积极探索和寻求党建工作新思路、新方法。为了健全党委机构，设立了党委组织部、党委宣传部、党委办公室、纪委办公室、机关党委办公室等5个职能部门和11个业务科室、2个县支行，并成立了5个基层党支部，14个党小组，其中共产党员占全行职工51.86%。针对吐鲁番春季常受狂风、沙尘暴袭击，夏季高温酷暑，自然环境恶劣，又是少数民族边远地区等艰苦条件，行党委始终坚持以政治思想工作为先导，团结稳定为大局，充分发扬共产党员吃苦在前，享受在后的优良传统，带领全行干部职工注重“两手抓，两手都要硬”的工作方针，认真贯彻执行稳健的货币政策，更新监管理念，切实防范和化解金融风险，促进了金融业的健康发展。

经过多年的工作实践，人行吐鲁番地区中心支行在抓党建工作方面走出了自己的独特之路，一是抓班子，强核心。二是建制度，强责任。三是抓思想，树风尚。四是抓支部，强作用。五是建队伍，强素质。六是两手抓，两个文明结硕果。近年来，多次被地方党委和上级分行评为优秀基层党组织、综合治理先进单位、纠正行业不正之风先进单位；“三防一保”工作被评为全疆先进单位；中心支行行长、党委书记被评为分行优秀共产党员；全行党员90%以上都是各个业务岗位上的骨干力量和工作模范，共有47人次被评为优秀共产党员和优秀党务工作者。

（一）抓班子，强核心

建一个讲政治、讲学习、讲正气，精诚团结，廉洁勤政，开拓进取的领导班子是做好党建工作的首要条件。

1. 在继续巩固“三讲”教育成果的基础上，完善学习制度。中心支行建立了以党委成员为主、由各部门负责人组成的党委中心组，规定了学习时间。同时分别建立了考勤册、记录本、学习笔记等6项制度。党委班子每年还根据金融工作重点和国内政治形势，有针对性、有计划性地组织中心组学习，通过系统的理论学习，撰写体会文章，坚持每月一次研讨，每半年一次小结，解决了思想认识上统一的问题，进而提高了领导干部的理论水平和政策水平，为更新观念、转变工作作风提供了坚实的基础。中心支行党委在坚持自学的基础上，注重理论联系实际，经常深入基层开展调查研究，为实践提供指导。近年来，中心支行党委领导班子成员撰写的多篇文章分别在地方党报、党刊上发表，有的还被地方纪检监察学会评为优秀作品。

2. 转变工作作风，努力做“三个代表”重要思想的实践者。中心支行党委不断更新管理理念，转变工作作风，深入基层现场办公，从而不断提高决策的实效性、准确性。采取多种方式组织各国家有商业银行、政策性银行行长座谈会，共同分析研究如何降低不良贷款，减亏增效，提高资产质量，支持地方经济发展的对策；深入基层支行对双文明创建，党建暨思想政治工作，反腐抓源等工作进行调查研究，并现场提出指导意见；深入基层农村信用联社召开季度主任例会，直接了解本地区农业生产资金等情况，掌握基层工作中的实际困难和问题，并进行现场指导。这些都充分体现了中心支行党委班子务实事、求实效的工作作风，从而脚踏实地把党的金融方针政策落到实处。

3. 自觉执行领导干部廉洁自律的有关规定。近年来，中支党委领导在党风廉政建设上态度坚决，措施得力，建立健全了《党员领导干部从政行为规范八不准》等廉政制度，曾多次拒收各种礼金、礼品，金额超过数十万元。党委领导不仅管好自己而且注意带好队伍，党委每年与主管各部门分别签订《经济案件防范目标责任书》和《纠风目标责任书》，年终进行检查、考核责任书的完成情况，并与干部考核、双先评比相结合。在廉洁自律的同时，党委班子还注重关心职工的生活疾苦，由于吐鲁番自然环境恶劣，条件艰苦，中心支行始终本着“实事实办，实办实事”的工作态度，采取多种有效措施，不断地为职工解决住房生活困难，并美化了干部的办公和生活环境。

4. 党委领导班子坚持民主集中制原则。分别建立了党委会议制度、民主生活会议制度、大额开支集体研究审批等多项制度，并严格执行。班子成员之间大事讲原则，小事讲风格，注重平时思想沟通和团结配合，增强了党委班子的凝聚力。凡涉及群众切身利益的热点问题，如住房、用车、调资等都能充分走群众路线，集思广益。党委班子正是靠自身的高尚风范、扎实的作风和深入细致的工作方法赢得了广大职工的敬重和信赖。通过几年的民主评议、考核，党委领导班子被职工一致认为是一个团结进取，廉洁勤政，战斗力强，信得过的领导班子。

（二）建制度、强责任

强有力的组织领导、周密的规划部署和严格的责任目标，是建立起一个有序高效的领导工作机制，确保党建工作良性运行的关键。

中心支行党委站在讲政治的高度，把党建工作列入了党委的重要工作议事日程进行研究部署。在认真执行落实上级行各项制度规定的基础上，还根据本行实际制定了一系列内部管理控制制度。特别是要害部门、对外窗口都制订了严格的管理制度和服务规范标准。例如《领导干部纪检监察诫勉谈话制度》、《财务管理办法》、《接待费管理办法》等46个涉及全行各个部门的《内部管理制度汇编》。并设立了5个管理督导组进行督导执行。

为加强党建工作管理，成立了党建工作量化考核领导小组，由一把手担任组长负总责，并结合自身行业特点，制定了《党建基础工作量化考核责任制》。建立健全了“纵向到底、横向到边”的组织管理体系。在纵向上，中心支行党委建立、健全了党委组织部、党委群宣部、党委办公室、纪委办公室、机关党委办公室5个党委工作部门，在机构设置方案中，明确了党委工作部门的职责。并由一名党委委员专门负责党建工作，形成了党委书记全面抓，分管党建工作的党委委员具体抓，党委职能部门协同抓的工作格局。同时，在规范党支部工作上狠下功夫，成立了5个党支部和14个党小组。从党员队伍中民主选举出5名支部书记和27名支委，强化了基层党组织的领导力量；在横向上，实行“一岗两责”和以党带群、以党带团的管理体制，使党建工作的触角伸向全行的各个角落，形成了“纵横交错，相互贯通”的党建工作网络。完善了以“四纳入，五同步”为主要内容的制度体系。本着简明适用、便于操作的原则，制定了《党支部工作考核办法》、《党员量化考核办法》、《民主评议党员制度》、《党支部会议制度》等各项制度，装订成册，严格执行，定期检查，兑现奖惩。根据形势发展，每年制定《党建工作目标责任制》以及责任书，明确年度“一岗两责”工作制度；严格党组织“三会一课”以及党建“双评”工作等制度的贯彻落实，坚持把党建工作纳入全行工作的总体规划、纳入全年岗位目标责任制管理、纳入各项工作考核目标之中，从而做到党建工作与金融业务同计划、同检查、同考核、同总结、同表彰。

（三）抓思想、树风尚

思想政治工作是一切工作的生命线。针对社会经济体制转型期的特点，行党委在实践本行行业理念、塑造形象工程中，注重抓好职工的思想政治教育。围绕“改革开放与思想政治工作”、“市场经济与精神文明”、“党员标准与人行形象”这几个主题，把对党员干部的思想道德教育摆在首要位置，通过各种形式的学习教育活动，着力培养职工美好的道德情操，塑造职工高尚的灵魂。始终坚持每周五半天全行学习制度，严格考核，做好笔记并定期检查。同时利用征文活动，征集合理化建议。通过这些活动的开展，既增强了干部职工的参政议政主人翁意识，又有利于行党委民主决策。另外，行党委在保证业务正常运行的前提下，充分利用业余时间，对职工进行了以理想信念、爱岗敬业、党风党纪为主要内容的职业道德教育活动。从职业理想、职业道德、职业纪律等多个方面进行自我剖析，谈体会，找差距，制定整改措施，纠正不足，树立了正确的理想信念，全行干部职工共撰写职业道德教育读书笔记276万字，思想认识得到提高，全行上下爱岗敬业，无私奉献，主人翁意识明显增强，党员和职工的精神面貌焕然一新。他们不仅在本职岗位上甘于奉献，而且在人民群众遇到困难和危险时，积极冲锋在前，奉献自我。例如，在吐鲁番地区遭受特大风暴袭击的紧张时刻，中心支行党委领导亲自率领一些党员干部冒着车被刮翻、人被卷走的危险，从风区救出受困群众达200多人。自1999年以来，帮助灾区群众恢复生产、南疆改水工程、下岗职工再就业等捐款近30万元，为维吾尔族孤寡老人以及7名辍学儿童捐助生活用品和学费……每一件感人事迹，都折射出中心支行共产党员的高尚品质。

（四）抓支部、强作用

切实加强党支部的各项基础工作，进一步强化党支部的战斗堡垒作用。

首先，严格坚持“三会一课”制度，进行“一学、二看、三写、四讲、五唱、六答”活动。一是学，抓好党员的政治理论学习。组织全体党员认真学习江泽民总书记“七一”讲话及“三个代表”重要思想，学习国务院颁布的有关金融方针政策以及金融体制改革新举措。并在建党80周年之际，开展了重温党章和党的誓词活动，以加深对党性知识的理解和再认识；二是看，组织观看了批驳“法轮功”邪教歪理学说电视片、胡长青警示教育电教片，建党80周年优秀共产党员饶才富等10名同志的模范事迹展播等等，结合学习内容规定思考题，使每位党员结合自身找差距，逐步提高政治觉悟。三是写，组织党员干部围绕如何实践“三个代表”，落实党建暨思想政治工作“一岗双责”，建党80周年“党旗下的辉煌”等课题开展调研征文活动。四是讲，组织基层党支部开展了庆祝建党80周年“党在我心中”演讲比赛活动，讴歌党的光辉历程和辉煌业绩，表达了在邓小平理论的旗帜下，团结在党的第三代领导集体周围，为实现具有中国特色社会主义而努力奋斗的信心和决心。五是唱，组织开展“党的光辉照千秋”金融系统“百人大合唱”歌咏晚会。六是答，组织党员以及入党积极分子参加了建党80周年党的知识竞赛以及学习“七一”讲话测试答题活动。同时，还开展了“五个一”活动，即：党员与群众结对子互帮活动；党员下基层与农民同吃、同住“三同”活动；访贫问苦送温暖活动；每年做一件好事活动；每年为行里提一项合理化建议活动。在形式多样的支部活动中，每个党员党性观念不断增强，把每个党员塑成一面旗帜。

其次，以“创先争优”活动为载体，抓好党支部的考核工作。中心支行成立了由党委书记任组长，党委各工作部门组成的“创先争优”活动领导小组，制定了《“创先争优”活动实施规划》，确定了评选“先进党支部”和“优秀党员”的条件以及奖励办法。并重新修订了《党支部工作考核办法》，定期进行检查考核，以促使基层党支部工作逐步走上正规化轨道。在这种良好的氛围下，全行广大党员的党性观念明显增强，党员中不断涌现了许多忘我工作、勇挑重担的好人好事。

三是稳步做好党员的发展工作。按照“坚持标准，保证质量，改善结构，慎重发展”的16字方针，积极培养新党员，特别是重视了对优秀团员和监管第一线业务骨干的培养，壮大党组织力量。结合江总书记“七一”讲话精神，采用举办“入党积极分子，党支部书记”培训班等形式，有针对性进行教育和帮助，使入党积极分子和预备党员增强了党的理想、信念，端正了入党动机，确保了新党员的质量，壮大了党员队伍，规范了发展工作。

（五）建队伍、强素质

建设“政治过硬、业务优良、作风清正、纪律严明”的高素质队伍，是被中心支行党委作为党建工作的支持系统来抓的一项重点工作。用精神凝聚人，中心支行党委总结多年党建工作的实践经验，提出了“团结协作、勤政廉洁、优质服务、求实争先”的吐鲁番人行精神，用以鼓舞、激励全行员工努力奋斗。根据人才“梯次”结构断层的实际，从现代化金融监管需要的战略出发，中心支行党委通过“四种渠道，一个保证”大力鼓励和支持干部学习科技知识，使员工素质得到明显提高。这四种渠道分别是：1. 依靠自身力量开展培训工作。中心支行经常结合形势，组织举办有关“WTO”知识讲座、微机培训、金融监管知识等各类业务的培训活动；2. 送出去接受学历再教育。自1995年以来，中心支行输送到各类高等院校学习深造的人员近50人次。派出参加各种短期业务培训的有70多人次；3. 邀请金融专家做学术报告和组织金融研讨会；4. 利用工余时间自学。为了确保“学习与正常工作两不误”，有50%以上的员工利用工余时间，自费参加电大、职大、函授等学习。“一个保证”，即始终保证职工进行教育培训资金的正常投入。自1999年以来，用于购置办公自动化设备及各种学习资料的费用达数十万元，从而确保了教育培训工作的顺利进行。通过近年来多种形式的培训和教育，干部职工的综合素质明显提高，工作在金融监管一线岗位上的干部中，大专以上学历43人，占77%。这对提高监管和服务工作水平起到了积极的推动作用。

（六）两手抓，两个文明结硕果

中心支行党委以江泽民总书记“三个代表”重要思想为指导，始终坚持“两手抓，两手都要硬”的工作方针，促使两个文明建设取得了丰硕成果。

1. 为进一步抓好“双文明”建设工作，结合本行实际，制定了《“双文明”创建活动量化考核标准》。此《标准》共分5大项，21小项，77条，对全行各科室、各岗位以及每名干部职工的责任目标、考核办法、评分标准等进行量化、细化、硬化，使“双文明”创建工作与干部业绩、年度考核、专业考核挂钩，并将完善建立的46个制度装订成册，分发到每名职工手中以便熟悉掌握、对照执行。结合双文明考核内容，成立了5个督导组，即：党风行纪督导组，综合治理督导组，理论宣传督导组，金融业务监管督导组，行风行貌督导组。5个督导组按季对领导班子、职工队伍、金融监管以及金融服务等全行的各项工作进行督导检查，并及时反馈给行党委及相关部门，以便及时进行整改纠正，彻底消除一切隐患。党委还十分注重内强素质，外树形象。建立了职工阅览室，荣誉室，健身房，多功

海南通汇保险代理有限公司

海南通汇保险代理有限公司是我国首批经中国保险监督管理委员会批准开业的专业保险代理公司之一。公司成立于2000年1月24日，注册资本为500万元人民币，公司董事长杨素梅。

公司设立股东会、董事会、业务审定委员会，公司经营实行董事长授权下的总经理负责制。经过一年的努力，公司在经营管理、业务规模、人员培训等方面取得了一定的成绩。根据业务发展的需要，公司下设8个部门，共有员工41人。

经过中国保险监督管理委员会批准，公司经营范围包括：代理推销财产保险、人身保险、责任保险及意外伤害保险产品；代理收取上述险种的保险费；协助保险公司查勘、理赔。公司可代理的险种具体包括：

财产保险类：企业财产保险、家庭财产保险、利润损失保险；货物运输保险；运输工具保险（飞机、船舶、汽车等）；建筑安装工程保险、航天保险、能源开发保险、机器损坏保险；

人身保险类：各类寿险业务；各类意外伤害保险及各类医疗保险；

责任保险类：产品责任保险、雇主责任保险、职业责任保险（包括医生、会计师、药剂师、律师等）、公众责任保险；

信用及保证保险类：合同保证保险、产品质量保证保险、忠诚保证保险、出口信用保险。

在中国保险监督管理委员会的监督管理下，公司与各家保险公司进行全面合作，在发展中得到了各家保险公司的大力支持，并建立了良好的业务合作关系。从而为客户争取优惠的承保条件，提供优质的售后服务打下了坚实的基础。

公司不断开拓进取，严格遵循信誉第一、效率第一、客户至上、服务至上的服务宗旨，致力于为客户提供准确、高效、专业化的保险服务：公司设立了保险费代收账户，在代理投保的基础上，代理客户收取保险费；设立了24小时报案电话和投诉电话。

公司将本着“立足海南、走向全国”的既定目标，建成一个规范化的保险代理公司，朝着大型专业化保险中介机构方向发展。公司近期发展目标是：在2-3年之内，实现保险费收入突破1亿元人民币，代理费收入突破1千万元人民币；在5年之内，实现保险费收入突破2-3亿元人民币，代理收入突破2-3千万元人民币。

地址：海南省海口市海秀路29号海航发展大厦附楼15楼
邮编：570206
联系电话：0898-66709520　66739560　66782420
公司传真：0898-66709512
24小时报案电话：0898-66737051
投诉电话：0898-66739561

浙江省租赁有限公司

浙江省租赁有限公司成立于1984年，是浙江省唯一一家经中国人民银行总行批准的主营融资性租赁业务的非银行金融机构。在历届省政府领导的直接关心和有关部门的支持下，为培育和发展地方经济作出了很大贡献。截止2000年12月底，累计投放租赁设备款项已超过80亿元。浙租公司成立17年来，坚持面向中小企业技术改造和技术进步，服务地方经济，推崇现代租赁，积极为中小企业提供个性化租赁解决方案，形成了公司自身的经营风格。公司从资产50万元，租用两间办公室的四人小组发展到拥有26亿资产的"中国金融租赁希望之星"。走出了一条富有特色的融资租赁发展之路，获得了业内同行及中国人民银行、地方政府的高度评价，并被誉为"浙租模式"。2000年5月，《金融时报》以整版的篇幅引用浙租公司十几年来的成功经验，阐述我国发展金融租赁业的重要性。这既充分肯定了浙江租赁所取得的成绩，也充分显示浙租公司在国内租赁界和理论界所具有的地位。

总裁：程东跃

17年来，经浙租公司扶持发展的企业有1800余家，利税超千万元的企业已超过130家，其中60多家进入"五个一批"，支持了一大批如万向集团、新昌新合成股份、富通集团、步森集团、卧龙集团、上风集团、星星电器、华伦电缆、盾安空调、亚东制药、上峰包装、海宁天通、桐乡巨石等代表浙江产业形象的大中型企业集团、地方骨干企业。近年来，公司租赁业务积极向医疗设备、电子通信、环保设备、公共事业、不动产等领域渗透，开发了倍受业内人士关注的"绍兴广电"、"杭州公交"、"华为技术"、"广东金网"、"上虞污水"、"南方证券"、"海通证券"、"武汉协和"等租赁项目，实现了融资租赁向专业领域渗透和高新技术产业化方面嫁接。公司拥有5家控股公司、3个分支机构和基本覆盖浙江全省的34个代理机构，内部成立了国内业务总部、国际业务总部、资金管理总部、资产保全总部等一线业务部门和以总裁办、财务部、管理部、资本运作部、稽核部、项目评审部、法律事务室等组成的管理职能部门、荟萃了一支具有金融、贸易、外汇、法律等专业人才的租赁队伍。

目前，按照《金融租赁公司管理办法》的要求，浙租公司正在进行以增资扩股为目的的资产重组工作，增资扩股后，公司的金融法律地位将更为明确，经营范围更广，资本金实力更强（将达到5－10亿元）。浙江租赁将秉承现代租赁的理念，孜孜不倦地拓展中国的金融租赁市场，继续服务于地方经济发展和社会进步，促进产业结构调整，推动企业技术进步，培育新的经济增长点和优势骨干企业，在原有领域基础上积极参与诸如环保、医疗卫生、教育产业、交通运输等社会公用事业发展，并力争成为中国租赁业的"航母"。

地址：浙江省杭州市曙光路15号世贸大厦七楼
邮编：310007
电话：0571－87950566　87950533
传真：0571－87950511

葛洲坝集团财务有限责任公司

葛洲坝集团财务有限责任公司是于1996年1月3日经中国人民银行总行批准成立、办理葛洲坝集团成员单位金融业务的非银行金融机构。1997年12月19日经国家外汇管理局核准经营外汇业务。公司由葛洲坝集团内部具有独立法人资格的企业共同出资组成，目前公司注册资本为人民币35053万元，其中包括1000万美元。

总经理：李涛宇

公司行政上隶属于中国葛洲坝水利水电工程集团有限公司，业务上接受中国人民银行的领导、管理、监督、协调和稽核。公司实行董事会领导下的总经理负责制，设有总经理办公室、信贷部、投资部、资金部、计划财会部等职能部门，目前公司已基本形成了不同层次、具有较高素质的金融员工队伍。

经批准，公司承办下列金融业务：吸收成员单位3个月以上定期存款；对成员单位办理贷款及融资租赁；办理成员单位商业汇票的承兑及贴现；办理成员单位的委托贷款及委托投资；发行财务公司债券；承销成员单位的企业债券；对成员单位办理财务顾问、信用鉴证及其他咨询代理业务；对成员单位提供担保。吸收集团内部企业3个月以上外汇存款；办理集团内部企业外汇贷款、外汇投资；办理集团内部企业的外汇委托存款、委托贷款、委托投资；外汇同业拆借；境外外汇借款、外汇担保以及资信调查、咨询见证业务。

公司2000年9月获准首批加入全国银行间同业拆借市场和债券市场；并可进行有价证券投资、股权投资等。

公司成立五年来，依托集团、服务集团，热忱为集团成员单位提供优质高效的金融服务，不断开拓服务领域，积极稳妥地开展各项业务，有力地支持了集团经济发展和三峡工程建设，充分发挥了财务公司服务企业集团的金融职能。

董事长：李韶秋
总经理：李涛宇
地址：湖北省宜昌市石子岭路3号
邮编：443002
电话：0717-6719729
传真：0717-6771447

新世纪金融租赁有限责任公司

NEW CENTURY

新世纪金融租赁有限责任公司于1994年经中国人民银行批准成立，是上海唯一一家专业从事国内外金融租赁业务的全国性金融租赁公司。公司注册资本为5亿元人民币，资产总额近16亿元。

公司的经营范围为：办理动产、不动产的租赁、转租赁、委托租赁及回租业务；前款租赁业务所涉标的物的购买业务及残值处理业务、闲置设备的转租赁；通用设备的经营性租赁业务；特定租赁项下的信托资金；租赁项下的流动资金贷款业务；向金融机构借款及其他融资；人民币担保；经济咨询及代理业务；经中国人民银行批准发行债券。

外汇租赁；外汇同业拆借；外汇借款；租赁项下的外汇流动资金贷款；外汇投资；外汇担保；资信调查、咨询、见证业务。

新世纪金融租赁有限责任公司自成立以来，坚持立足上海，面向全国，走向世界的发展路线，遵循“安全性、流动性、效益性”的经营原

新世纪

创新一步 领先一步

则，发扬敬业、团结、务实、创新的企业精神，始终以稳健经营为本，充分利用公司多年来形成的管理优势和人才优势，开拓了以航空运输、通讯技术、印刷包装等为主体的租赁业务。现业务范围涉及全国各主要城市，主要业务指标持续稳定增长，经营业绩良好，保持了同行业中的领先地位。

随着加入WTO，国民经济各行各业都将参与到世界经济的循环与交流中，金融租赁作为国际上重要的盛行的金融行业，其地位日益强化，作用日益突现，发展的空间也更加广阔。新世纪金融租赁有限责任公司将不负时代的重托，努力为中国金融租赁事业的健康发展开辟道路、创造典范。

德国海德堡CD102－4四色对开胶印机（公司租赁项目）

日本小森L440－4四色对开胶印机（公司租赁项目）

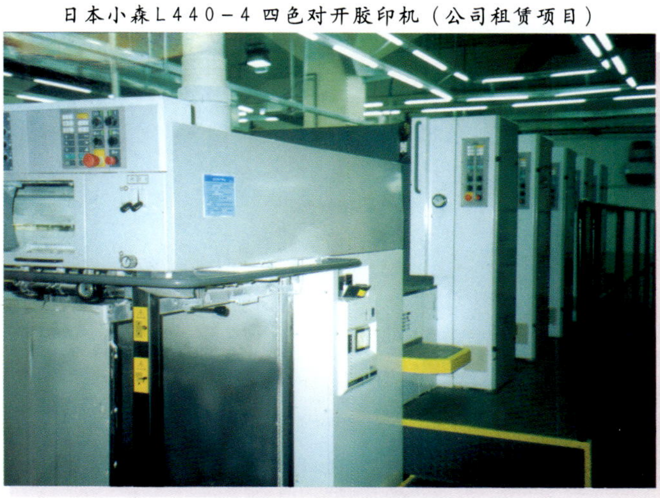

地址：上海市浦东新区东方路800号宝安大厦20楼
邮编：200122
电话：021－68761888
传真：021－68755101

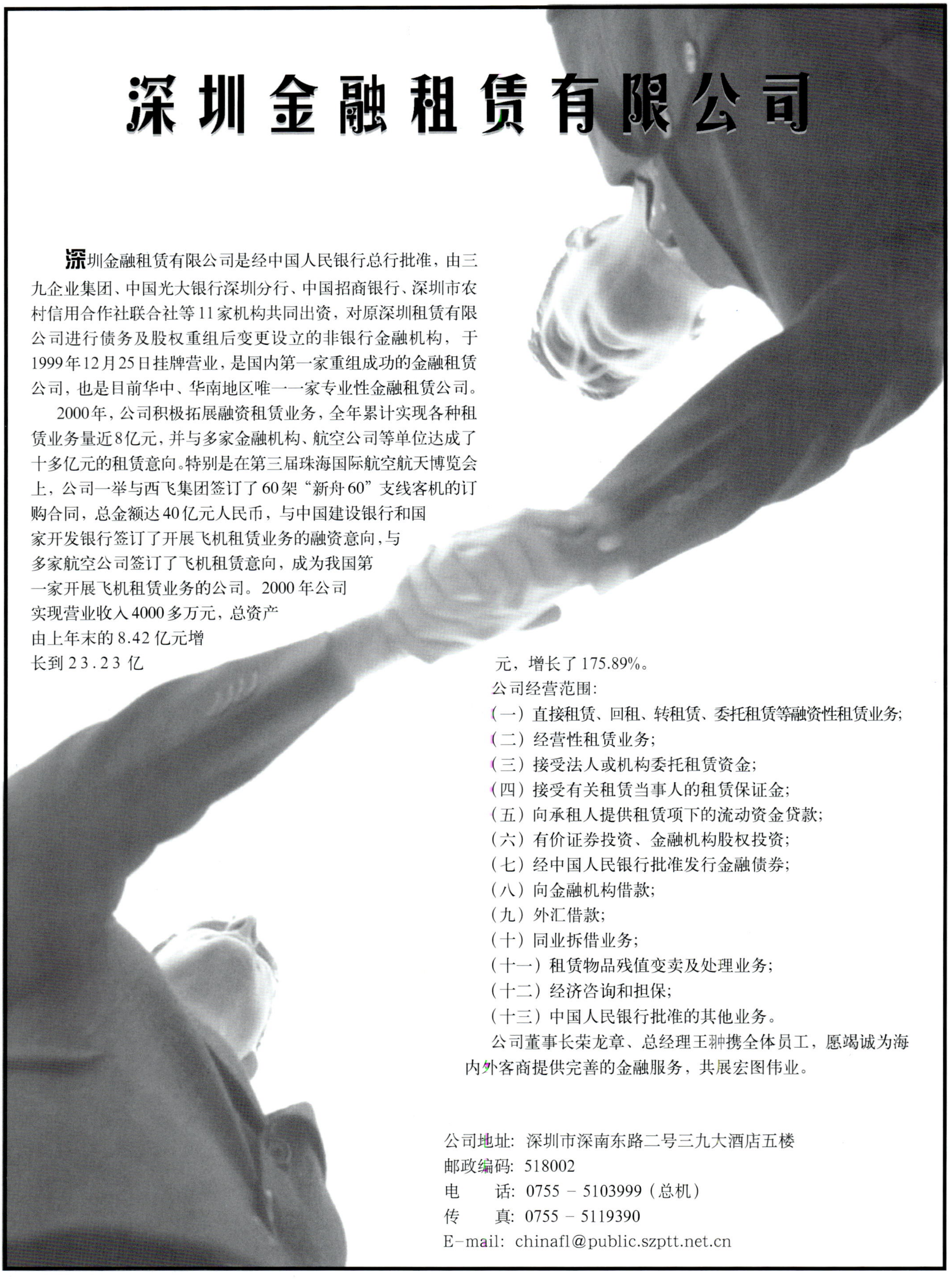

深圳金融租赁有限公司

深圳金融租赁有限公司是经中国人民银行总行批准，由三九企业集团、中国光大银行深圳分行、中国招商银行、深圳市农村信用合作社联合社等11家机构共同出资，对原深圳租赁有限公司进行债务及股权重组后变更设立的非银行金融机构，于1999年12月25日挂牌营业，是国内第一家重组成功的金融租赁公司，也是目前华中、华南地区唯一一家专业性金融租赁公司。

2000年，公司积极拓展融资租赁业务，全年累计实现各种租赁业务量近8亿元，并与多家金融机构、航空公司等单位达成了十多亿元的租赁意向。特别是在第三届珠海国际航空航天博览会上，公司一举与西飞集团签订了60架“新舟60”支线客机的订购合同，总金额达40亿元人民币，与中国建设银行和国家开发银行签订了开展飞机租赁业务的融资意向，与多家航空公司签订了飞机租赁意向，成为我国第一家开展飞机租赁业务的公司。2000年公司实现营业收入4000多万元，总资产由上年末的8.42亿元增长到23.23亿元，增长了175.89%。

公司经营范围：

（一）直接租赁、回租、转租赁、委托租赁等融资性租赁业务；
（二）经营性租赁业务；
（三）接受法人或机构委托租赁资金；
（四）接受有关租赁当事人的租赁保证金；
（五）向承租人提供租赁项下的流动资金贷款；
（六）有价证券投资、金融机构股权投资；
（七）经中国人民银行批准发行金融债券；
（八）向金融机构借款；
（九）外汇借款；
（十）同业拆借业务；
（十一）租赁物品残值变卖及处理业务；
（十二）经济咨询和担保；
（十三）中国人民银行批准的其他业务。

公司董事长荣龙章、总经理王翀携全体员工，愿竭诚为海内外客商提供完善的金融服务，共展宏图伟业。

公司地址：深圳市深南东路二号三九大酒店五楼
邮政编码：518002
电　　话：0755 - 5103999（总机）
传　　真：0755 - 5119390
E-mail：chinafl@public.szptt.net.cn

中山集团财务有限责任公司

中山集团财务有限责任公司，原名中山集团财务公司，是经中国人民银行总行批准组建的全国第二家企业集团财务公司。公司创建于1987年8月，同年9月24日开业。公司注册资本金18300万元，其中外汇资本金1000.44万美元。

公司依托于中山集团，是为企业集团及其成员单位提供金融服务的非银行金融机构。经中国人民银行批准，公司经营以下业务：吸收成员单位3个月以上定期存款；发行财务公司债券；同业拆借；办理集团成员单位贷款、成员单位产品的买方信贷及融资租赁、商业汇票的承兑及贴现、委托贷款及委托投资；承销成员单位的企业债券；办理成员单位信用鉴证及其他咨询代理业务；对成员单位提供担保、内部转账结算以及经中国人民银行批准的其他业务。

中山集团财务有限责任公司创建以来，在推进我国企业集团财务公司改革的发展上所作的开创性的卓有成效的努力，受到了各方面的高度评价。公司真诚希望与社会各界加强合作，共创新世纪的发展。

董事长：张关林　　总经理：张其黎
地址：南京市管家桥9号华新大厦六楼
邮编：210005
电话：025-4714154
传真：025-4726544

金瑞期货经纪有限公司
JINRUI FUTURES CO., LTD.

金瑞期货是由原江西铜业公司深圳期货部发展而来，1997年成立。1998年，江西铜业公司将所属上海期货部并入金瑞期货。1999年，增资扩股至3000万元。

公司现有员工20人，其中18位是大专以上学历。公司实行的是董事会领导下的总经理负责制。根据业务发展需要，设置了四部一处，即财务结算部、信息研究部、上海营业部、深圳期货部及大连办事处。

公司盈利水平在深圳地区经纪公司中最高，在全国同行中位列前三名；经营规模名列前茅，2000年名列全国第17位；在所在交易所历次评先中，金瑞期货均榜上有名，多次获得“十佳会员单位”、“文明礼貌窗口”等先进称号。金瑞期货是上海期货交易所、中国期货业协会理事单位，也是中国证监会期货部重点联系的20家期货公司之一，其事迹多次被《中国证券报》、《深圳特区报》等媒体报道。

发展目标及措施：

总的目标：办成综合类试点期货公司

措施：引入大型券商或金融机构作为新增股东扩大注册资本，既提高了金瑞的实力，又能办成更加规范的股份公司；加快人才的引进和培养，特别是金融、证券人才的引进；重点抓服务创新，使投资者在金瑞的投资回报率不断上升，提高金瑞的核心竞争力。

五年来经营业绩：

时间　项目	交易额（亿元）	税金（万元）	利润（万元）
1997（7-12月）	42	17	146
1998	155	89	310
1999	201	113	365
2000	200	106	350
2001（1-10月）	320	39.5	160
合计	918	364.5	1277

深圳市人大常委主任李广镇给金瑞公司总经理姜昌武颁奖。

大　连　商　品

大连商品交易所领导成员

（前排左起：理事长武小强、总经理朱玉辰；后排左起：行政助理刘志强、纪委书记石嘉星、副总经理郭晓利、副总经理曲立峰、总经理助理夏耘）

年轻有为的大连商品交易所中层干部队伍

大连商品交易所是经国务院批准设立的，直接隶属中国证券监督管理委员会管理的全国三家期货交易所之一。自1993年2月成立以来，大商所始终坚持规范管理，稳健运行。近两年来大商所发展速度较快，2000年，大商所累计成交期货合约3496万手，累计成交额7817亿元，分别占全国期货市场总成交量和总成交额的64%和49%。2001年1－9月份，大商所实现成交量6350万手，实现交易金额13446亿元，分别占全国期货市场总成交量和总成交金额的80%和67%。

大商所的运行品种有大豆、豆粕和啤酒大麦，其中大豆是交易最为活跃的品种，也是国内最活跃的大宗粮食期货品种。目前大商所是全球第二大大豆期货交易市场，交易规模仅次于美国的芝加哥期货交易所（CBOT）。截止2001年9月，大商所共有会员176家，覆盖全国27个省、市、自治区，客户总数达3.7万个，累计成交期货合约2.6亿张，累计成交额6万亿元，累计交割粮食230万吨，为我国市场经济的发展和粮食流通体制改革做出了积极的贡献。

大连市是我国北方重要的交通枢纽，其良好的海陆空交通条件和与东北三省、内蒙古广大粮食主产区邻近的地理位置，都为大商所成为世界著名、亚洲最大的农产品期货交易所奠定了良好的基础。随着我国加入WTO和市场经济进程的加快，我国粮食企业将全面进入市场、走向世界，期货市场的套期保值和价格发现等经济功能将发挥更加重要的作用，大商所将进一步发展壮大。

大商所的稳步健康发展引起国内外各界的关注，党和国家领导人江泽民、李鹏、朱镕基、李瑞环等先后来所视察工作，对大商所的发展给予肯定。世界上数十个国家和地区的国际友人和团体先后来所考察，大商所还同美国芝加哥期货交易所、德国期货交易所、日本东京谷物交易所等国际同行建立友好合作关系。

21世纪将为大商所的发展提供更加广阔的舞台和更大的机遇。大商所将凭借得天独厚的地理位置和良好的发展潜质，发扬“公平、透明、效率”的市场发展理念，励精图治、开拓创新，努力提高市场竞争力和知名度，向国际化农产品期货交易的目标迈进。

交　易　所

生机勃勃的员工队伍

气势宏伟的大商所交割仓库

地　址：大连市会展路18号
邮　编：111023
电　话：0411-4808888
传　真：0411-4808588

郑 州 商 品 交 易 所

郑州商品交易所期货交易大厅

郑州商品交易所（以下简称郑商所）成立于1990年10月12日，是经国务院批准的我国第一家期货市场试点单位，是我国三家试点期货交易所之一，接受中国证券监督管理委员会的垂直领导和监管。

郑商所现有期货会员200多家，分布于全国26个省、市、自治区，现有指定交割仓库30多家。郑商所下设综合部、交易部、交割部、结算部、稽查部、市场开发部、计算机工程部、研究发展部等部门，采用计算机进行交易、结算、交割、信息发布、会员管理和会计事务处理，利用12条报价系统向全世界同步发送行情信息。

郑商所依照《期货交易管理暂行条例》和《期货交易所管理办法》及交易所章程、规则，实行自律性管理。截至2001年7月，郑商所累计成交期货合约25914万张，成交金额93784亿元人民币，其中1997年、1998年、1999年连续三年成交量和成交金额全国排名第一。郑商所自推出期货交易以来，在中国证监会的领导下，坚持“公开、公平、公正”原则，按照“规范、自律、服务、创新”的指导思想，把规范运作、风险控制、强化服务作为工作重点，市场得以平稳发展。期货交易价格反映了现货市场供求状况，期货市场发现价格和规避风险的功能初步得到发挥，越来越多的生产、加工、贸易企业开始利用郑商所开展套期保值业务，规避现货市场风险，提高经济效益。

目前，根据中国证监会关于活跃大品种期货交易、进一步发挥期货市场功能、为国民经济服务的指导思想，郑商所把活跃小麦期货交易作为一项重大任务，努力开发小麦市场。同时，根据证监会指示，郑商所已做好推出白糖和棉花期货交易品种的准备，并根据长远发展需要，开展了金融期货、期货转现货、期权等课题研究。

郑商所的稳步健康发展引起了国内外各界的极大关注。江泽民、朱镕基、李岚清等党和国家领导人先后亲临视察指导，对郑商所的发展予以肯定。世界上数十个国家和地区的政府官员、实业界人士、期货专家、学者先后前来考察访问。郑商所与美国、英国、日本、加拿大等国家的期货交易所、研究机构建立了友好合作关系，是国内唯一一家国际期货期权市场协会会员，在国际期货界树立了中国期货市场的形象。

地址：河南省郑州市未来大道69号
邮编：450008
电话：0371－5610069
传真：0371－5613068

上海外高桥期货经纪有限公司

总经理　姚革

上海外高桥期货经纪有限公司是1999年3月经中国证监会、国家工商局批准，通过收购上海茂申期货经纪有限公司变更改名而来的，同年年底公司增资到3000万元，增资后，浙江华盟股份有限公司占93%的股权，上海外高桥保税区开发（控股）公司占7%的股权。

上海外高桥期货经纪有限公司具有全国期货市场全部上市品种业务代理资格，是上海期货交易所、大连商品交易所、郑州商品交易所会员单位，业务范围是代理期货交易和实物交割；提供期货行情、证券市场行情；期货投资咨询服务；为国有大中型企业套期保值设计实施方案等。公司总部设立在上海期货大厦内，公司开业两年多来，经营规模逐渐发展壮大起来。1999年公司实现交易额42.31亿元，成交量14.33万手，净利润2.6万手；2000年度代理交易额为152.82亿元，成交量59.55万元，净利润105.9万元。排名为2000年度全国期货经纪公司第29名，上海第6名，实现了去年初提出的的排名进入全国30名，上海前10名的战略目标。今年上半年，公司完成代理交易额为201.51亿元，比去年同期上升50%，利润97.58万元，公司业务仍保持上升趋势。

经营宗旨：认真贯彻执行国家金融方针政策；稳健经营、持续发展；自律规范、勤勉诚信。

公司大门

交易大厅

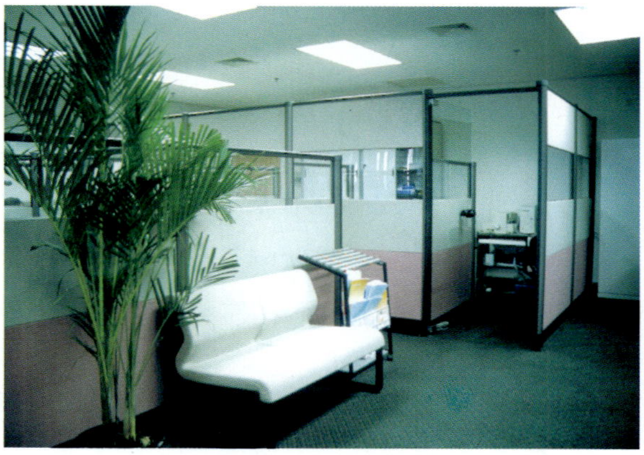

公司财务部

公司总部：上海市浦东松林路300号上海期货大厦2003室　　邮编：200122
电话：021-68401351、68401353、68401356　　传真：021-68402703

大连营业部：
大连市会展路18号大连商品交易所西区376室
邮编：116023
电话：0411-4807576 、4807376
传真：0411-4807676

郑州营业部：
郑州市未来大道69号未来大厦1801室
邮编：450003
电话：0371-5613294
传真：0371-5613220

浙江南华期货经纪有限责任公司

ZHEJIANG NANHUA FUTURES TRADING CO.,LTD

罗旭峰　　总经理

浙江南华期货经纪有限责任公司成立于1996年5月，是上海期货交易所（席位号96）、郑州商品交易所（席位号212）、大连商品交易所（席位号152）的全权会员单位。

浙江南华期货经纪有限责任公司自成立来，始终坚持以客户服务为根本的经营理念，以信息为核心的经营思路，致力于市场的培育与开发。公司拥有多套交易、信息、结算、管理软件，可随时为客户提供交易、信息、账务管理的投资服务与决策支持。在交易技术保障和信息服务上均保持行业领先水平。尤其是公司集中投入大量资金和人力独立开发的“浙江南华期货信息服务系统”网站，更是走在了全行业的前列，无论是信息供应量还是客户访问率都保持了国内期货专业网站的最高水平。此外，南华公司还专门为客户在第一时间内准备了每日两万字以上的“南华早讯”和“南华信息及盘后分析”，除供客户及时在网上调阅外，亦开通传真提取和内部无纸化发送方式，竭诚满足客户的要求。

浙江南华期货经纪有限责任公司的市场研发力量雄厚，公司对期货行情发展趋势与走向的把握达到了较高的水平，在业内树立了良好的专业形象。南华公司也是浙江省内较早开展生产加工企业参与期货市场铜、铝、橡胶、大豆等品种的套期保值交易服务的期货公司之一。

自开业以来，南华公司始终遵循“公开、公平、公正”的原则，以“规范、自律、诚实、信用”为准绳，以客户资金的增值赢利为自身经营的目标，努力为投资者提供一流的服务。几年来，南华期货始终保持着良好的市场信誉和形象。

浙江南华期货经纪有限公司热忱欢迎投资者前来公司指导，愿与广大客户携手共进，把握时机。

公司地址：浙江省杭州市文三路20号
电　　话：0571-88393757、88392089
网　　址：www.zjnh.com/www.nanhua.org
E-mail:　nhqh@nanhua.org

浙江中大期货经纪有限公司

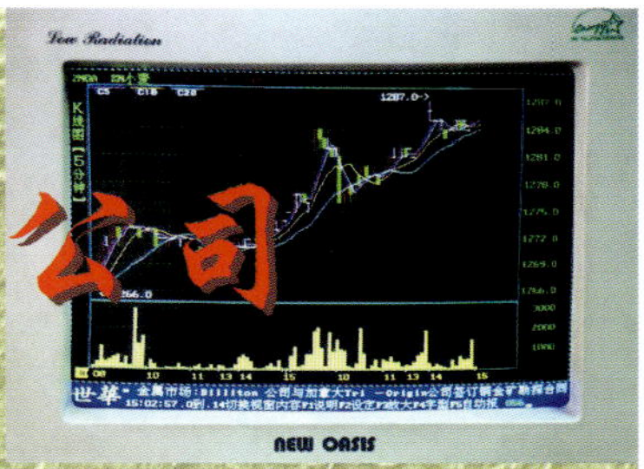

浙江中大期货经纪有限公司成立于1993年，由中国证券监管委员会核准，国家工商局登记注册，注册资本金3000万人民币。

公司总部位于杭州市中大广场六号楼七层，营业场地2000多平方米。公司是上海期货交易所、郑州商品交易所、大连商品交易所的会员单位，在国内三大交易所均拥有场内及远程交易席位。拥有先进的通讯设备，采用世华“金融家”信息系统，提供即时全球期货、外汇、股市等金融市场行情和信息。公司有一支技术力量雄厚的咨询、研发队伍，为客户提供全方位的信息服务、在线咨询、网上交易等现代化通讯服务和交易手段。

公司总部设有办公室、机构部、客户服务中心、市场信息部、运作部、工程技术部、财务部等机构，在北京、重庆、福州、温岭、永康等地设有营业部，在郑州、大连、上海三家交易所所在地设有办事处。

公司2001年期货交易额577亿元，在期货公司代理额排行榜中列全国第七位。为适应期货交易的特点和顺应其发展趋势，公司始终将信息服务和技术创新放在第一位。客户可进行国内各交易所的异地下单，也可通过国际互联网在任何地方进行网上交易。公司坚持“和谐、创新、高效、立誉”经营宗旨，竭诚为社会各界提供期货代理、信息咨询、期货知识培训等服务。以“规范运作，稳步发展”为经营方针，一切从客户利益出发，谋求与客户共同发展。

董事长：宣敏洁　　总经理：林　皓

总部地址：浙江杭州市中大广场A座七层　邮编：310003

电话：0571-85777049　传真：0571-85777049

重庆营业部地址：渝中区上清寺太平洋广场A座15B

电话：023-63636716　邮编：400015

永康营业部地址：永康市解放街8号供销大厦四楼

电话：0579-7135411　邮编：321300

北京营业部地址：北京市西城区三里河东路A9楼-2

电话：010-68510392　邮编：100037

福州营业部地址：福州市五一路88号平安大厦22层B单元

电话：0591-3360664　邮编：350005

温岭营业部地址：温岭市购物中心南大门

电话：0576-6208566　邮编：317500

上海部地址：上海市浦东新区浦电路500号上海期货大厦1801

电话：021-68401605　邮编：200122

大连部地址：大连市大连商品交易所东区315号

电话：0411-4806515　邮编：116023

郑州部地址：郑州市未来大道69号未来大厦

电话：0371-5990885　邮编：450003

环境优美的接待大厅

滨海期货经纪有限公司

滨海期货经纪有限公司是经中国证券监督管理委员会批准，国家工商行政管理局注册登记的云南省首家期货经纪公司。工商注册登记：100002201-2，期货经纪业务许可证号：0507801，经营范围为：国内商品期货经纪业务、信息咨询服务业务、期货从业人员培训业务。公司成立于1993年11月，注册资本3216万元，是国内三家期货交易所（上海期货交易所、郑州商品交易所、大连商品交易所）的全席会员。

公司坚持“公开、公平、公正”的原则，坚持“客户第一”的服务宗旨，坚持“信誉至上”的经营方针，只做代理，不做自营，严格按中国证监会的要求进行规范化运作，并以管理规范、准确无误、迅速及时、安全可靠等经营特点赢得了客户的信赖。

公司采用国际通行的管理体制，实行标准化管理。

公司把信誉视作生命，竭诚服务，追求效率，甘当广大客户跨入期货市场的桥梁。

地　　址：云南省昆明市东风西路280号
文贸大厦五楼
电　　话：0871-5317466　　5328895
传　　真：0871-5328926　　5328995
网　　址：www.ynbinhai.com
E-mail：ynbinhai@km169.net

宽敞明亮的交易大厅

华证期货经纪有限公司是由宜兴市华证投资集团有限公司等几家股东共同投资，经中国证监会批准颁发期货经纪业务许可证，在国家工商行政管理总局登记注册的全国性专业期货经纪公司，主要从事国内商品期货的代理、期货咨询与培训业务。公司下设行政部、财务部、交易部、结算部、交割部、市场部、咨询部和技术部，在上海、郑州、大连等地均设有业务机构。

华证期货经纪有限公司拥有上海期货交易所、大连商品交易所、郑州商品交易所直接进场席位，能为广大投资者提供直接、快速、准确的交易服务；软硬件设施齐全，多套信息系统可为客户提供即时行情信息支持；宽敞明亮的交易大厅、功能齐全的大中户室为客户提供舒适的投资环境；网上交易系统帮助众多投资者运筹帷幄，决胜于千里之外；拥有高素质的员工队伍，均持有国家颁发的期货从业人员资格证书，具有较高的理论水平与实际操作经验，擅长运用客观系统的投资分析有效地为客户控制风险，提高客户在期货交易中的竞争能力。

华证期货经纪有限公司将本着“公开、公平、公正、诚实信用”的交易原则，以“规范、严谨、诚信、自律”为服务宗旨，致力于对客户的全方位优质服务。华证期货将以一流的服务、一流的设施、一流的品质为您的成功助一臂之力。

华证期货经纪有限公司高管层在研究工作
董事长：闵明（中）、副总经理：蒋涛（左）、副总经理：蒋艳（右）

宽敞明亮的交易厅

地址：江苏省宜兴市王府商场三楼六区投资广场
邮编：214200
电话：0510-7907971 7909431
传真：0510-7911794
网址：www.huaz.com.cn
E-mail:yxhzqh@sina.com

上海地址：上海浦东松林路300号期货大厦2601B
邮编：200122
电话：021-68402731
传真：021-68402748

华证期货经纪有限公司

HuaZheng Futures Brokerage co.,ltd.

国家计划委员会副主任汪洋（时任安徽省常务副省长）和宋明（原省政协副主席）为华物期货公司成立揭牌

安徽华物期货经纪有限责任公司是以国内商品期货代理为主，以期货咨询培训为辅的期货经纪公司。公司由安徽省徽商集团有限公司、安徽省金属材料总公司和安徽省化工轻工总公司三家共同出资设立，现有注册资金3000万元，为郑州、上海、大连三家交易所的会员。公司内设市场部、投资发展部、基金部、财务部和办公室等部门。公司现有员工28人，其中高级管理人员2人，有大专以上学历的24人，专业技术人员22人，公司拥有技术先进的交易行情收视网络、计算机软硬件和其它经营设施，正在投资建设的交易自助委托下单系统在今年十月份建成后，将为广大期货投资者提供更快捷的服务。

作为安徽省最早成立的期货经纪公司，华物公司在做好内部管理、规范经营行为、防范经营风险的基础上，大力进行市场开发，为投资者提供优质服务。通过几年的努力，华物公司的交易规模不断壮大，成交量连续五年获全省第一，公司的经济效益不断提高。公司还全力支持安徽大学并与之合作创建了安徽大学华物期货实验室，在省内外产生了良好的社会效应。目前，华物公司正在向制度健全、管理规范、决策科学、内控严密、运作高效、求实创新的期货公司迈进。公司总经理汪伟、副总经理许瑞峰携全体员工欢迎您的到来!

- *安徽省首家成立的期货经纪公司*
- *连续5年交易量全省第一*
- *与安大合作设立“国家211重点项目”华物期货金融证券实验室*
- *设有专业投资工作室，拥有大批著名操盘手，风险市场令您笑傲江湖*
- *我们为您精打细算，专业研发队伍为您量身定制投资方案*
- *5年累计交易量407亿元，成交112万手*
- *培养期货人才是我们长年的义务。*

公司总经理汪伟在安徽大学华物期货金融证券实验室揭牌仪式上讲话。

公司举办期货知识培训

丰富多彩的职工业余文化生活▶

请点击
www.huawu.com.cn
或进入
ahhwj@mail.hf.ah.cn
或函至
230061－合肥市芜湖路260号
或拨打
0551-2862590、2861254
我们都将为您提供优质服务

安徽华物期货经纪有限责任公司

ANHUI HUAWU FUTURES BROKERAGE CO.,LTD

深圳市安盛华实业发展有限公司

深圳市安盛华实业发展有限公司是经中国人民银行批准的从事金银珠宝首饰生产、加工、批发兼零售，承接境内外金银、珠宝的来料加工的大型专业公司。

公司现拥有5000多平方米的生产厂房和千余名专业的技术人员，引进意大利、美国、台湾及泰国的先进设备和工艺技术，设计生产的金银珠宝饰品工艺精湛、款式新颖、品种多样、价格合理，深受国内外广大消费者的青睐。

公司自创办以来，始终坚持“客户至上、诚信待人”的原则。以先进的设备、科学的管理、合理的价格、优质的服务配以一流的产品服务于广大消费者，该公司承诺：千足的含金量，万分的顾客满意。

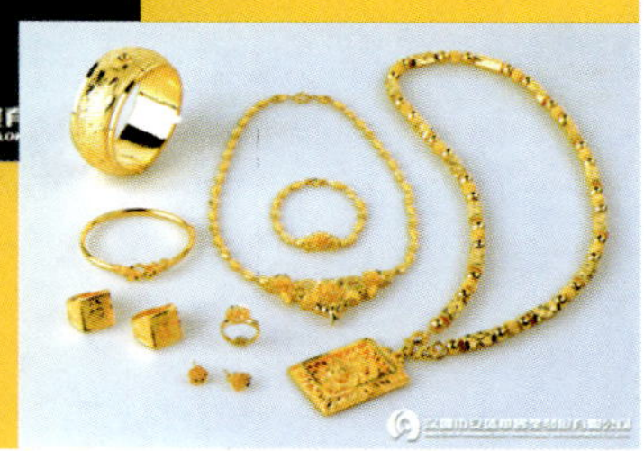

联系人：许勉星
地址：深圳市盐田区沙头角保税区19栋5楼
邮编：518081
电话：0755-5353888 5358999
传真：0755-5352333

深圳免税集团珠宝世界

深圳免税集团珠宝世界是由深圳市国有免税商品(集团)有限公司所属的黄金珠宝公司开设，位于深圳华强北商业街的黄金珠宝首饰专营店，设有一楼和二楼两个营业大厅，经营面积1300多平方米。商品琳琅满目，选料上乘，做工精湛。经典、时尚、前卫性饰品凸显个性，欧美、日、港等流行款式引导潮流。黄金、白金、钻石、翡翠、银饰品、K金、珍珠、名表等10大类3万多个品种可以满足消费者不同层次的需求。

开业两年来，珠宝世界以其独具特色的市场定位，创建了“免税”品牌。黄金、珠宝首饰、名表“一站式”购物商场是珠宝世界的经营业态定位；种类广、品种全、集精品、流行式品种于一体是珠宝世界商品组合定位；求真务实、货真价实是珠宝世界商品价格定位。

珠宝世界秉承免税集团“创新、高效、亲和、诚信”的企业精神，坚持“顾客至上”的理念，为广大消费者提供一流的购物环境和最优质的服务。珠宝世界在全市独家推出黄、白金以旧换新业务，倍受广大消费者称赞。商场的所有商品规范标价，货真价实，杜绝一切欺诈行为。商场商品实行适时免费维修、终身免费清洗、即时度身改做等十项售后服务。商场内设有广东省质量技术监督局金银珠宝质量咨询检测工作站，并设有金银、珠宝、名表维修站以及深圳地区的日本精工表独家特约维修站，向顾客提供良好、周全的服务。

珠宝世界以其“规模大、品种全、质量优、服务好”赢得了广大消费者的厚爱和信赖，获得了社会各界的肯定和支持。珠宝世界销售额一直雄居同行榜首，历年被深圳市质量技术监督局评为“计量、质量信得过金行”，被政府授予“文明经营先进单位”称号。

一流的环境，一流的服务，一流的商品，一流的品牌是免税集团珠宝世界永远的追求和真诚的奉献。

集团公司董事长来珠宝世界视察工作。

集团公司董事长田巨峰亲切慰问员工。

集团公司总经理杨伟荣，来珠宝世界视察工作。

珠宝世界“青年文明号”成员

春节联欢晚会

集团公司董事长在珠宝世界试业典礼上讲话

地址：深圳市华强北商业街华联发大厦1-2楼
邮编：518031
电话：0755-3999595　3999334
传真：0755-3999366

The Great Wall Gold and Silver Refinery

长城金银精炼厂

地处四川成都的长城金银精炼厂是中国人民银行所属、我国迄今最大的国有金银精炼厂。该厂金银精炼的历史达65年，注册资金1亿元。

该厂拥有国际水平的火法氯化工艺技术和设备，以及高色金银提纯技术，工业金银材加工工艺领行业之先。年精炼黄金可达100吨以上，白银300吨以上，可加工多品种、规格的金银纪念币（章）坯饼200余万枚及各类工业、民用金银材产品50吨以上。其主要产品: 12.5公斤国际标准金锭（伦敦市场注册商品），一公斤、三公斤普通金锭，长城系列金锭，15.5公斤标准银锭，纯金银及合金板、带、丝、触点、粉等百余种。2000年生产的“千禧金条”轰动全国，供不应求。该厂技术力量雄厚，近年来，先后主持制订了《金化学分析方法》、《合质金化学分析方法》、《合质金化学取样方法》、《粗银化学分析方法》、《合质金锭》等多项国家标准。该厂曾荣获国务院授予的“七五期间为黄金工业发展做出突出贡献的先进集体”称号。

厂领导班子

千禧金条

◀标准金锭

金银元宝

1 公斤金锭

法人代表: 陈炳富
地　　址: 四川省温江县新建路60
邮　　编: 611130
电　　话: 028-2723590-2306

福建紫金矿业股份有限公司

福建紫金矿业股份有限公司是中国黄金行业的一面旗帜。它最早的前身是福建省上杭县矿产公司，历经几次制度改革，于2000年8月创立了规范的股份公司，总股本9500万股。现公司已拥有资金5.4个亿，净资产为2.2亿元。

公司通过对紫金山金矿的成功开发，在全国黄金行业中创下了多项纪录：采选规模最大、单矿山黄金产量最大、矿石入选品位最低、单位矿石处理成本最低等。今年以来，公司发展继续保持了良好的势头，年产黄金5200公斤，利润超过1亿。

历年来，公司凭借辉煌的业绩，被列为国家经贸委直管的五大黄金企业集团之一，被福建省列为“福建省百家重点企业”、“福建省高新技术企业”、“福建省技术创新示范企业”。2001年初，公司又被国家科技部列为“2001年度国家火炬计划重点高新技术企业”，承担了多项国家级科技攻关项目，其中，“生物冶金技术及工程化”项目新列入国家“十五”科技攻关计划中。9月前后，在国内黄金市场即将放开之际，中国黄金协会和福建省黄金协会先后成立，公司董事长陈景河分别当选为中国黄金协会副会长和福建省黄金协会理事长。

总经理罗映南

公司生产的黄金产品成色稳定在99.995%以上，获准使用“采用国际标准产品”标志，并已通过ISO-9002国际标准“双认证”。公司黄金冶炼厂顺利通过上海黄金交易所有关专家的考评，成为上海黄金交易所认证的首批合格精炼厂，“紫金”9999金锭(相当于国标一号)被指定为准许直接进入上海黄金交易所交易的金锭产品。公司实验室顺利通过了国家实验室认可的现场评审，有望于2002年1月底获得中国实验室国家认可委员会颁发的正式证书。届时，根据实验室认可国际互认原则及我国参加的多边协议情况，由公司实验室签发的金锭、标准阴极铜、银锭等3项产品的检测报告可在美国、英国、德国、日本、韩国、香港、台湾等35个国家和地区获得承认。2001年12月，经国家人事部批准，正式设立紫金博士后工作站。

董事长陈景河

另外，公司几年来经过对紫金山金铜矿床的深入勘探，实现了对矿体的重新圈定，经国土资源部新批准，紫金山金矿现保有储量为124吨，铜矿储量为146万吨。与此同时，公司还积极响应国家号召，主动介入西部开发，现已在贵州、新疆、四川等省取得900多平方公里的矿权和资源，并瞄准亚洲最大的铜矿——西藏玉龙铜矿进行开发的前期工作。公司发展的总目标是把紫金山矿业建设成为国内著名的以矿业开发为主的高科技效益型特大企业集团。

紫金四九金锭产品，获准采用国际质量标准证书，通过ISO-9002产品质量认证。

紫金山金矿露采场

法人代表：陈景河
总部地址：福建省上杭县北环路277号
邮编：364200
电话：0597-3882280　　传真：0597-3883997
网址：www.zjky.com.cn

广东高要河台金矿

矿长：罗新昌

广东高要河台金矿，是一个以金为主，多元发展的综合型企业。从名不经传到南国明珠，从传统企业到信息化企业，从独立舰只到“联合舰队”，从“黄金人”到“经济人”，无一不凝聚了矿山人的奋斗血汗。它的成长及取得的辉煌，令人瞩目，令人赞叹，被人们誉为南国明珠，熠熠闪耀在广东这片热土上。

1994年1月，企业进行三期扩建工程（500吨／天）。1998年云西技改主体工程竣工。截止2001年底，河台金矿基建（含技改）累计投资11449万元。采、选、冶工程配套，规模已达750吨／天。

在硬件建设前面，河台金矿专门成立了一个信息中心，配专业技术人员6人，配置程控交换器、服务器、微机、惠普绘图仪、投影仪等。在软件开发与利用方面，河台金矿建成了河台金矿信息网，让决策管理层和广大职工及时了解情况；同时在矿信息网上还开设学习园地等。为进一步加大对外宣传力度，迎接入世和黄金市场放开，树立企业新形象，河台金矿建立了“金鼎黄金”网站。

2001年，广东高要河台金矿深化企业改革，初步实现企业转型，开始与市场接轨，在走向多元化企业方面已迈出关键的一步。企业重新设置机构和重新定岗定员，实施新经济责任制，并专门成立了市场部。与此同时，企业改革后，该矿人才的选拔方式也大为不同，由原来的“伯乐相马”变为现在的竞争上岗。员工队伍整体结构也由以往的地、测、采、选、冶为主的技术型人才，成为信息网络、资产运营、市场营销等方面的复合型人才，为企业应对市场挑战作了有力保证。目前，该矿除了进一步深化企业改革，还不断加强与日本等外商的合作，走多元化发展路子，以应对入世和黄金市场的放开。“长风破浪会有时，直挂云帆济沧海”。河台金矿正扯起强大的风帆，驶向市场经济大潮，迎风搏浪。

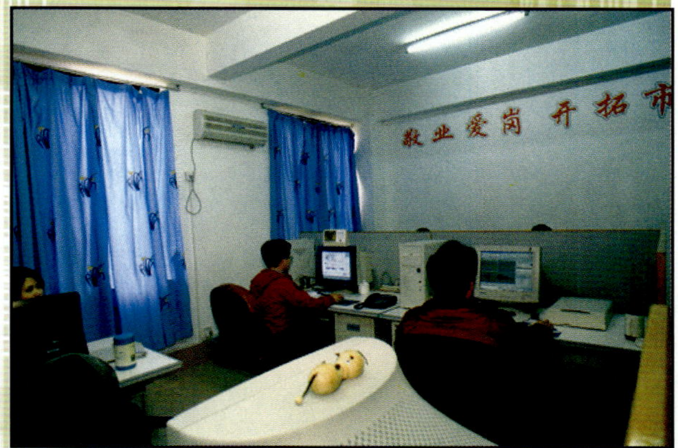

河台金矿信息中心

优质的”金鼎”牌黄金

河台金矿鸟瞰

7铸锭2－熔炼

地址:广东高要市河台镇
邮编:526127
电话:0758-8216636
传真:0758-8216522

银行中间业务，有我更精彩

北京南开戈德自动识别技术有限公司为天津南开戈德股份有限公司的全资子公司，坐落于北京中关村科技园区。是中国自动识别行业协会的副理事长单位，致力于发展自动识别高科技产品的开发与研究。

凭借南开大学强大的科研能力，天津南开戈德股份有限公司的品牌、资金的支持，硬件、软件和集成等方面的技术优势，以及在全国十三个中心城市设立的分支机构的高效率技术支持和售后服务网络，并与条码行业世界领先企业美国Symbol公司结成战略合作伙伴，成功地开发生产出一系列的条码识读设备。具备了承接国家大型行业信息化应用工程，为广大用户提供卓越的产品和全方位的服务的实力。

银行中间业务行业形势和现状

中间业务是指商业银行除传统的资产业务和负债业务以外，不直接承担或不直接形成债权债务，不动用或极少动用自身资产，为社会提供的各类金融服务并收取手续费的业务。日前，中国人民银行行长戴相龙指出："发展中间业务是金融市场发展对商业银行的客观要求，我国商业银行要抓住机遇大力规范发展中间业务，不断提高商业银行的综合能力和社会服务水平。"

商业银行的中间业务主要包括结算业务、代理业务、信托业务、信用证业务、租赁业务、咨询业务、保管及其他业务。20世纪70年代以来，全球商业银行中间业务发展十分迅猛，其在商业银行业务经营中所占的比重不断上升，其业务品种也已从刚起步时单一的代理收付业务，扩大到包括结算、担保、融资、管理、咨询、衍生金融工具等广泛的业务群体。在发达国家的商业银行，中间业务收入已成为其经营收入的重要来源，甚至超过了利息收入所占比重。据统计，美国商业银行的中间业务收入占全部收入的比重，已由80年代的30%上升到目前的38.4%。日本银行由24%上升到39.9%，英国由28.5%上升到41.1%。可以说，中间业务的兴盛，已经对传统现代商业银行在金融市场中所发挥的功能和充当的角色产生了巨大的冲击。

随着金融改革开放的不断深入，加快中间业务的发展也被提到了国内各家商业银行的重要日程，中间业务无论从量上、质上都有较大的发展。据统计，目前国内各商业银行已经开办的中间业务品种已260多个，在为社会提供快捷、方便的金融服务的同时，也为银行带来可观的经济收益。但是与国外相比，我国商业银行中间业务由于起步较晚，水平较低，因此远不能适应金融发展的潮流和市场需求的变化。业内有识之士指出："在中国加入WTO之后，中国金融市场一旦开放，国内商业银行首当其冲受到外资银行冲击的就是中间业务。"国内商业银行在开发中间业务上都存在着不言而喻的差距。但差距同时也意味着巨大的市场潜力和发展空间，如何抓住机遇，拓展市场，大力发展中间业务已成为摆在国内商业银行面前的一个紧迫任务。

戈德以其雄厚的技术实力和强大的网络优势，积极参与银行中间业务，提供先进的软、硬件服务和设施，为金融服务再续新篇章。

银行中间业务系统

产品宗旨

- 简化中间业务的扩展
- 规范中间业务的流程
- 统一中间业务的管理
- 提高中间业务的服务

设计思想-技术特色

- JAVA与XML技术的完美结合，实现运行平台独立性
- 提取各种中间业务的共性，实现业务种类无关性
- 贴近用户需求的人性化设计，实现关键技术透明性
- 内置自主开发的中间件产品，具备无限的扩展能力

带给您的回报

- 轻松、快速地部署中间业务
- 提高现有客户的满意度和忠诚度
- 发展新的客户群体，占有更大的市场份额
- 提高中间业务营业收入，创造更多的利润

系统整体架构

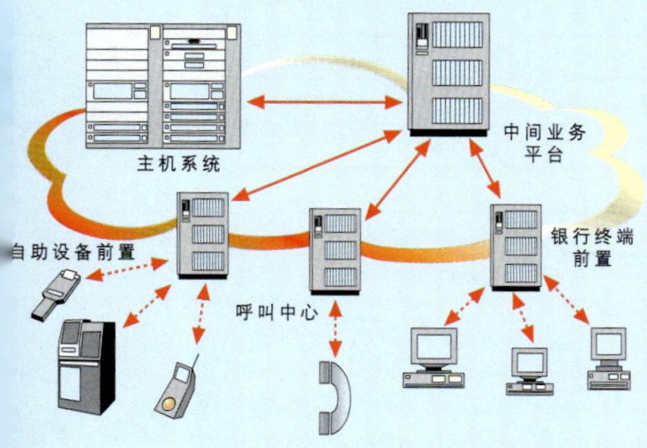

货币信息二维条码管理系统

- 简化操作手续，提高管理效率
- 以二维条码作为信息传递的载体，防伪纠错能力强
- 保密性好，安全性高
- 货币物流的全程跟踪
- 界面友好，方便易用
- 系统运行更稳定，信息交互更快速、及时
- 实现信息化管理
- 方便统一管理，杜绝越权行为

银行货币物流系统

- 实现计划调拨
- 优化库存管理
- 方便统一管理，明确责权关系
- 通过二维条码对货币流动过程全过程跟踪
- 为金融决策管理提供准确、及时的依据
- 实现信息化管理，与国际先进技术接轨

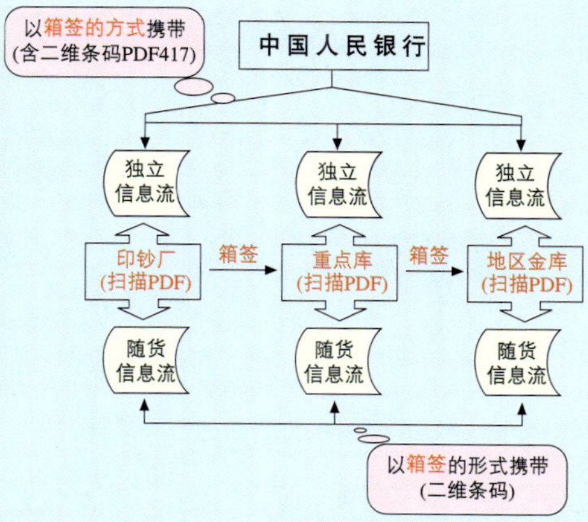

LS4000系列激光扫描识读器

高效、经济、实用的条码识读器。

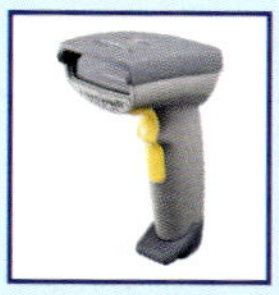

手持式激光扫描器中的佼佼者

采用Symbol技术的LS4000系列树立了一个典范：它具有强大的功能、精心的设计和合理的价位。

LS4000系列系列产品继承了Symbol最受市场欢迎的手持式激光扫描器的所有优点。Symbol以其卓越的革新能力和创造力，使LS4000系列成为市场上的佼佼者。

LS4000系列表现优秀，设计精良。枪身小巧而线条流畅，拿在手中感觉十分舒适。获得专利的双指扳机设计比一般的扳机长出一截，使用者可以灵活地用中指和食指操作，减少了长期食指扣动扳机带来的疲劳。

LS4000系列不光使用舒适，其外观设计也很独特。Symbol的外形设计增强了LS4000的实用性。

LS4800集成2-D和1-D扫描方案的识读器

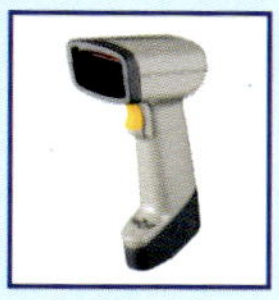

LS4800具有的"定位扫描"功能大大提高了识读效率，它既可以扫描1-D条码也可以扫描2-D条码。为了适应便携式扫描需要，LS4800集成了解码器和电池盒(选项)；而其价格只比一般的高性能1-D激光扫描器高一点。

比你眼见到的还要精彩

由Symbol发明的PDF417是一种高密度、大容量的"便携式数据文件"，它提供一种低成本且无需额外数据库链接的大容量信息处理方法。一个PDF417条码可以容纳1KB数据，是相同面积的1-D条码的100倍。船运标签、箱单、设备数据信息、车辆登记等需要大量自动识别信息的应用都可采用PDF417。目前美国汽车工业协会、美国汽车联盟协会、Defense美国分部，和其他的一些知名组织都已经选用PDF417作为他们的2-D标准。

都市新潮流　消费新时尚

昼夜营运的移动商店

全新的销售概念，24小时提供自助消费服务，引导消费时尚，为客户带来无限商机。

新颖的机身灯箱视窗

自动售货机独具特色的灯箱视窗，将是展示现代时尚产品的全新媒体，为众多的商家和消费者所瞩目。

操作简单，快捷方便

点击式按键操作，迅速完成自助购买，紧贴时代消费步伐。

识别硬币、纸币、找零同样准确

可使用10元、5元纸币与1元、0.5元硬币，自动识别人民币的真伪，自动找零，拒绝接收残币、假币。

程序化操作，方便管理

计算机程序控制与检测，自动记录销售商品的数量与金额，便于管理与控制。

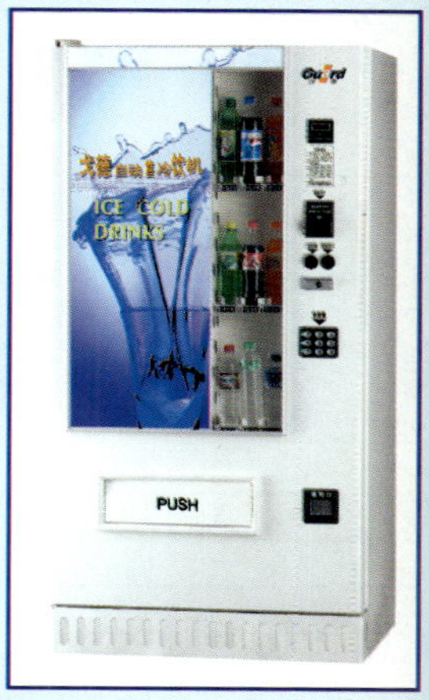

技术指标	
电压	交流220V ± 10% 50Hz
额定电流	制冷时6A ± 15%(max)，加温时7A(max)
货物容量	瓶装饮料234瓶，标准听装饮料351听
商品价格设定	可自由设定各通道的商品价格
人民币的容量	纸币约300张，硬币约300枚
使用环境温度	-15℃~40℃，机内温度0℃~10℃
净重	约400 Kg
体积	1830mmx873mmx940mm (高x宽x深)

都市新潮流　消费新时尚

昼夜营运的移动商店

全新的销售概念，24小时提供自助消费服务，引导消费时尚，为客户带来无限商机。

新颖的机身灯箱视窗

自动售货机独具特色的灯箱视窗，将是展示现代时尚产品的全新媒体，为众多的商家和消费者所瞩目。

操作简单，快捷方便

点击式按键操作，迅速完成自助购买，紧贴时代消费步伐。

识别纸币，硬币找零同样准确

可使用10元、5元纸币购物与1元、0.5元硬币找零。自动识别人民币的真伪，自动找零，拒绝接收残币、假币。

程序化操作，方便管理

计算机程序控制与检测，自动记录销售商品的数量与金额，便于管理与控制。

技术指标	
电压	交流220V ± 10% 50Hz
额定电流	约5A
货物容量	约325听
商品价格设定	可自由设定各通道的商品价格
人民币的容量	纸币约400张，硬币约280枚
广告视窗	430mmx490mm
净重	约400 Kg
体积	1606mmx680mmx280(460)mm(高x宽x深)

Guard 戈德 天津南开戈德股份有限公司
Tianjin Nankai Guard Co.,Ltd.

地址：天津经济技术开发区第三大街16号泰达中心　邮政编码：300457
电话：022-28590508 全国服务热线：8008180300
http://www.nkguard.com E-mail:guard@nkguard.com

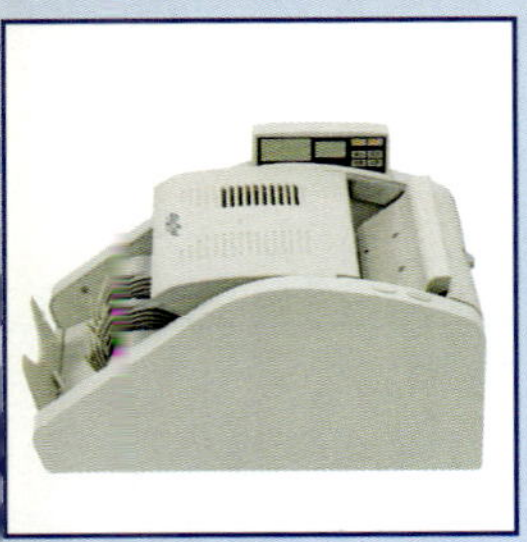

GD-戈德自适应智能系列点钞机

戈德点钞机独创"自适应"智能系统：

1.可模拟人手点钞，自动分辨，自动适应不同状况票面，准确、迅速。
2.可随外部环境（湿度、温度）变化，自动调节各类参数，以保持工作稳定。
3.原装进口磁性、紫外线、红外线传感器，检伪更可靠。
4.防止假钞、自动吸尘，工作便利、卫生。
5.采用先进自适应算法，成功实现第四版和第五版人民币的混点、混分。

性能指标

型号	GD-戈德
体积	333mmx222mmx186mm
重量	6 kg
电源适用范围	220V ± 15%, 50/60Hz
消耗功能	50W
工作噪声	<45dB
环境温度	0~40℃
环境湿度	20%~80%RH
清点尺寸	长80~180mm 宽20~150mm 厚0.05~0.2mm
托钞台和接钞台容量	200张
清点速度	100张/6秒

多功能中国钞票专用清分机，劳雷尔为中国的银行现代化贡献力量。

劳雷尔TDU-60G纸币清分机

TDU-60G纸币清分机是劳雷尔公司针对中国钞票的状态，采用最高新技术开发的，可同时处理4种不同面额人民币的，多功能中国钞票专用清分机，对银行入金的钞票进行全面的质量分析和控制，通过10个清分机等级的自由设定，判定是否可以继续流通，或适合自动柜员机(ATM)的使用。

TDU-60G与众不同的特点

- 将人民币4种不同面额的钞票同时进行张数、金额点算、清分。
- 超强的正损分清能力，完全满足人行对钞票必须达到7成新的要求。
- 唯一的智能模化块设计，30秒可取出夹钞，操作更加简单可靠。
- 唯一能使面额清分、混合记数、表里、天地清分等功能组合使用。
- 防尘遮音装置，防止灰尘，降低噪音，营造良好的现代化办公环境。
- 不同的清分功能可组合使用。

技术规格

体积	宽度360mm 深度580mm 高度330mm (包括显示屏为410mm)
重量	约48kg
可处理面额	10元、20元、50元、100元
入钞口容量	A、B、C 出钞口 各约200张 剔除钞票 出钞口 约100张
点钞速度	每秒8张
功能	钞票点数、金额计算 批量点数、面额清分 表里清分、正损清分 钞票厚度检测(防止两张同时通过) MG磁墨检伪 UV紫外线检伪(10个强/弱等级自由设定)
钞票状态检测	脏物、破洞、折角、胶布、裂缝、尺寸缺损
联接	RS232串行接口界面(可联接打印机或其它设备)
电源	220V±10%/50Hz(±1Hz) 消耗电力:200W(工作时)

因产品改良，技术规格变更，恕不另行通知。

劳雷尔LAC-16硬币包装机

"LAUREL"是您的硬币包装机正确的选择。

LAC-16型是劳雷尔有35年悠久历史技术的产品，世界级硬币包装机及多种其它硬币处理设备和综合系列上熟练技术及专业知识的完美成果。它无疑是世界上最快最具生产力的硬币包装机！让劳雷尔LAC-16来为您效力。我们有信心它不仅能使您对它的处理能力及成本性能充分满意，同时为您每天的货币处理业务带来许多方便和快乐。

图示LCD显示屏

用户简易操作面板为您提供一个易读、简便、清晰可视的操作引导，所有计数和包装过程在显示屏上形象地显示出来，为操作者提供指导。

高度可靠性

机器本身的坚固构造及高速机制保证了稳定及高效的硬币计数及包装的生产率，它独一无二的"维护模式"大大减少了灵敏的和费时的机械及电子调节。

多种硬币处理能力

通用的中央地址储存器及记忆卡使改变硬币包装规格变得快捷而简便，如果一种新的硬币或标记开始在市场上流通，您所要做的只是安装一张新的劳雷尔内存卡，新货币及标记所需的数据已注册于卡上，其它工作交给LAC-16来完成。

自动的堵塞调节和排除

对LAC-16来说，调节硬币堵塞是一件容易处理的事，它独一无二的机制可迅速自动地消除堵塞，使机器无干扰地继续工作，另外，外币、较小/较大直径的硬币，古怪的和不规则的硬币堆被自动送加到清除箱/分类组，同时被排除的硬币数量自动减少并显示计数屏上。

选件

硬币筒高检测单元硬币筒斜槽开关
机械硬币筒计数器
RS232C/RS422串行接口设备

技术规格

三维尺寸高	高度1150mm 宽度410mm 深度600mm
重量	约137kg
硬币直径范围	15mm ~ 38mm
硬币厚度范围	1mm ~ 3.5mm
包装速度	40筒/分钟
点算速度	3,000枚/分钟
硬币/标记规格	最大16
进币口容量	8,000枚(24mm硬币/标记)
电源	100~125VAC/200-240AV,50~60Hz
与EC指令的兼容性	EMC & 低压

劳雷尔LPC-2S硬币包装机

"劳雷尔"LPC-2S是一种硬币自动计数和包装的机器，并且它的操作简单又容易。这种机器简单轻便，有脚轮便于移动。它无疑是世界上最快最具生产力的硬币包装机！

"劳雷尔"LPC-2S不仅能使您对它的处理能力及成本性能充分满意，同时为您每天的货币处理业务带来许多的方便和快乐。

操作简单

这是一场硬币包装机的革命，将操作者从复杂的操作过程中解脱出来。使用LPC-2S型硬币包装机，不再需要事先调整硬币的厚度、卷曲度以及包裹的数量，只需重新安排刻度盘上的命名和包装纸即可。

有用的操作键盘及显示

大屏LED显示，手边键区固定在一个位置上，使得操作简单易行，一旦发生异常状况即会有报警指示灯亮起。批量操作的灵活性包装1-9999个硬币只需通过10个键即可完成，也可以事先设定好需要包装的卷数的批量包装，转换包装模式非常简单，在变换包装模式的同时内置的包装斜道自动转换。

微处理控制

微处理系统控制确保设备使用的稳定、安全、易于维护、保养。

包装速度

独特的硬币包装装置和有磁性的传感器，使得包装量已突破1分钟20卷。

技术规格

计数/包装可用部分的硬币	直径：15毫米~33毫米 厚度：1.0毫米到3.5毫米 堆积高度：55~125毫米(标准：35~106毫米)
包装单位(每筒硬币的数量)	20、25、40、50(在工厂已预先设置)
包装速度	约最多20筒/分
计数速度	约1,500枚/分（对于直径为24毫米的硬币）
预定的装袋限量	1~9,999 & 无穷大(∞)
机器尺寸	400毫米(宽)x 550毫米(长)x 1107毫米(高) 标准：400毫米(宽)x 550毫米(长)x 1027毫米(高)
重量	约120公斤
电源	110/115/200/220/240伏交流电 +10%， 每阶段50/60赫兹
功率	250瓦特
包装纸卷尺寸	外圈直径：最大220毫米 内圈直径：50+2毫米/-0毫米
进币口容量	约5,000枚硬币

因产品改良，技术规格变更，恕不另行通知。

劳雷尔LBD-100美金鉴别仪

LAUREL LBD-100美鉴别仪检伪快速、准确外观轻巧，使用简单

主 要 性 能	
面额范围	7种面额美元纸币：1、2、5、10、20、50、100。 1988年及其后各版面额为100、50及20美元纸币。
屏幕显示	液晶数字显示(16字x20行)
功能键	显示每类面额的数量，总额清零
验钞速率	0.8秒/张
入钞方向	沿长边进钞，正面朝上
电 源	100-240V
能 耗	14W(主机部分)
外部尺寸	166mmx220mmx112mm(含出钞托盘)
重 量	主机部分约1.7kg；特备交流电源适配器为370g

因产品改良，技术规格变更，恕不另行通知。

LAUREL 中国唯一代理：中国唯一售后服务商：Guard 戈德

天津南开戈德股份有限公司
Tianjin Nankai Guard Co.,Ltd.

地址：天津经济技术开发区第三大街16号泰达中心 邮政编码：30045
电话：022-28590508 全国服务热线：800818030
http://www.nkguard.com E-mail:guard@nkguard.com

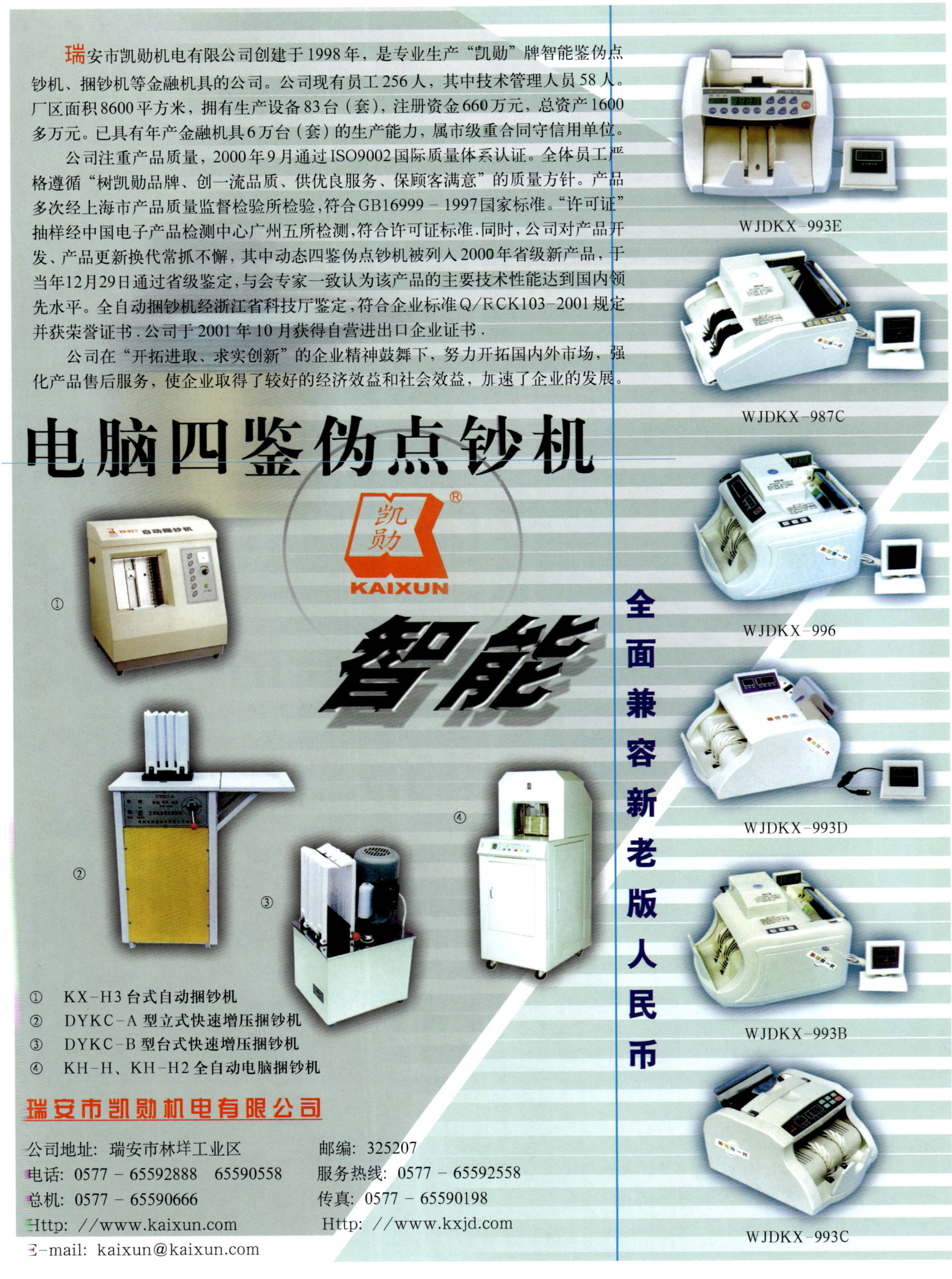
瑞安市凯勋机电有限公司创建于1998年，是专业生产“凯勋”牌智能鉴伪点钞机、捆钞机等金融机具的公司。公司现有员工256人，其中技术管理人员58人。厂区面积8600平方米，拥有生产设备83台（套），注册资金660万元，总资产1600多万元。已具有年产金融机具6万台（套）的生产能力，属市级重合同守信用单位。
公司注重产品质量，2000年9月通过ISO9002国际质量体系认证。全体员工严格遵循“树凯勋品牌、创一流品质、供优良服务、保顾客满意”的质量方针。产品多次经上海市产品质量监督检验所检验，符合GB16999－1997国家标准。“许可证”抽样经中国电子产品检测中心广州五所检测，符合许可证标准.同时，公司对产品开发、产品更新换代常抓不懈，其中动态四鉴伪点钞机被列入2000年省级新产品，于当年12月29日通过省级鉴定，与会专家一致认为该产品的主要技术性能达到国内领先水平。全自动捆钞机经浙江省科技厅鉴定，符合企业标准Q/RCK103-2001规定并获荣誉证书.公司于2001年10月获得自营进出口企业证书.
公司在“开拓进取、求实创新”的企业精神鼓舞下，努力开拓国内外市场，强化产品售后服务，使企业取得了较好的经济效益和社会效益，加速了企业的发展。
电脑四鉴伪点钞机
凯勋®
KAIXUN
智能
全面兼容新老版人民币
WJDKX-993E
WJDKX-987C
WJDKX-996
WJDKX-993D
WJDKX-993B
WJDKX-993C
①
②
③
④
① KX-H3台式自动捆钞机
② DYKC-A型立式快速增压捆钞机
③ DYKC-B型台式快速增压捆钞机
④ KH-H、KH-H2全自动电脑捆钞机
瑞安市凯勋机电有限公司
公司地址：瑞安市林垟工业区
邮编：325207
电话：0577－65592888 65590558
服务热线：0577－65592558
总机：0577－65590666
传真：0577－65590198
Http://www.kaixun.com
Http://www.kxjd.com
E-mail: kaixun@kaixun.com

复旦金仕达产品体系

一个网络 三个中心

今天，伴随着市场化、国际化和网络化的进程，中国的证券、银行和期货电子化正经历着重大变革：

一是从分散走向集中的趋势：即从传统的以营业网点为核心的分散模式转向以总部为核心的集中模式转变，从上至下地整体规划和建设各种IT系统的体系结构和应用。

二是从局域网走向广域网的趋势：利用INTERNET和业务通讯平台，构建公司级的广域网体系。

三是从单纯交易电子化走向深层次的服务、管理和决策电子化。

四是从以低端计算机技术为主走向高端计算机技术、通信技术的广泛应用。

基于上述理念和趋势，金仕达软件产品体系主要围绕“一个网络、三个中心”而展开，其中一个网络是“企业级业务通信平台”，三个中心分别是“业务中心、服务中心和决策中心”。“一个网络、三个中心”的基本使命就是为金融企业提供IT整体规划，在高端信息技术平台上构建一体化的金融电子商务平台。

	证券	银行	期货
一个网络	业务通信平台	客户服务平台	业务通信平台
业务中心	总部管理系统 集中交易系统 柜台交易系统 视频宽带网分析系统 远程大户室系统 开放式基金销售管理系统	开放式基金销售管理系统 银证通系统 股票质押贷款系统	期货交易管理系统 营业部管理系统 B-B电子商务平台
服务中心	网上服务中心　呼叫服务中心		
决策中心	金融行业商业智能解决方案		

上海复旦金仕达计算机有限公司
SHANGHAI FUDAN KINGSTAR COMPUTER CO.,LTD

地址：上海市浦东张江高科技园区郭守敬路498号
电话：021-38954588　38954567
传真：021-50801350
Http://www.Kingstargroup.com.cn

江铃汽车集团公司改装车总厂

江铃汽车集团公司改装车总厂是江铃汽车集团公司的全资子公司，是唯一研制、开发、销售江铃轻型改装车的专业生产厂家。具有较强的底盘、车身改装设计能力，并已充分应用计算机辅助设计，拥有冲压、焊装、涂装、总装等完整的制造体系。是全国33家专用（防弹）运钞车生产定点企业之一。该厂已有江铃四大系列产品，包括防弹运钞车、救护车、工程车等40多个专用车品种，年生产能力5000台。

江铃公司在全国各省及重要城市建立了56家三位一体的代理商和170余家特约维修站。为客户提供全面的售前、售中、售后服务，及时解决客户的各种问题。

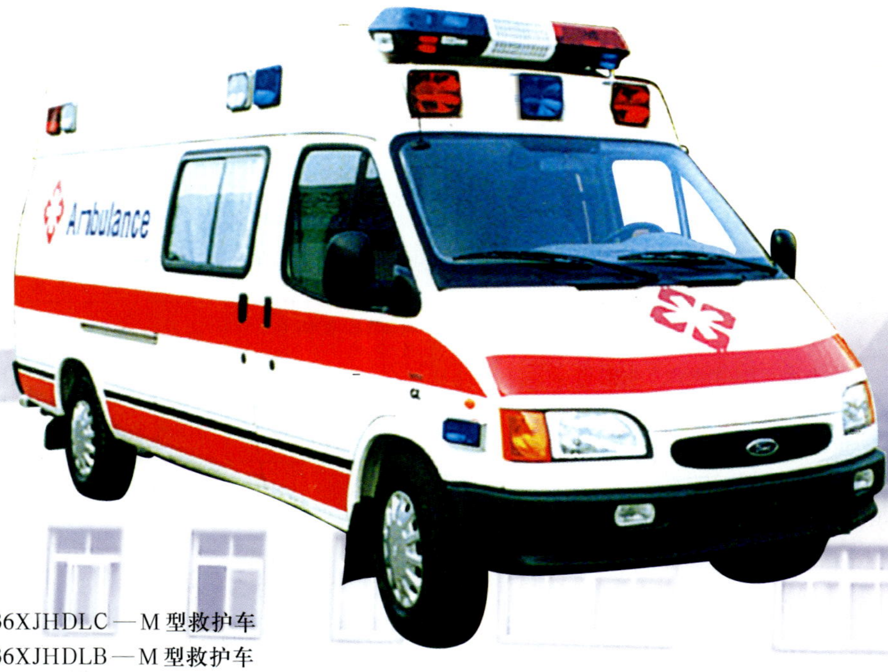

JX5036XJHDLC—M型救护车
JX5036XJHDLB—M型救护车

地址：江西省南昌市迎宾大道631号
邮编：330001
销售电话：0791-5210541　13807098820
售后电话：13607004528
传真：0791-5232767

江铃的质量目标：让顾客满意

JX5023XYCDB 型 ——— 防弹车
JX5021XYCDA 型 ——— 防弹车

JX5035XYCDLA-M 型 ——— 防弹车
JX5036XYCDL-M 型 ——— 防弹车

JX5035XYCDA —L 型防弹车
JX5036XYCDA —L 型防弹车

JX5030XYCDA 型 ——— 防弹车
JX5032XYCDC 型 ——— 防弹车

先科PDP-TV

等离子体电视

新世纪 新技术 新电视

SAST®

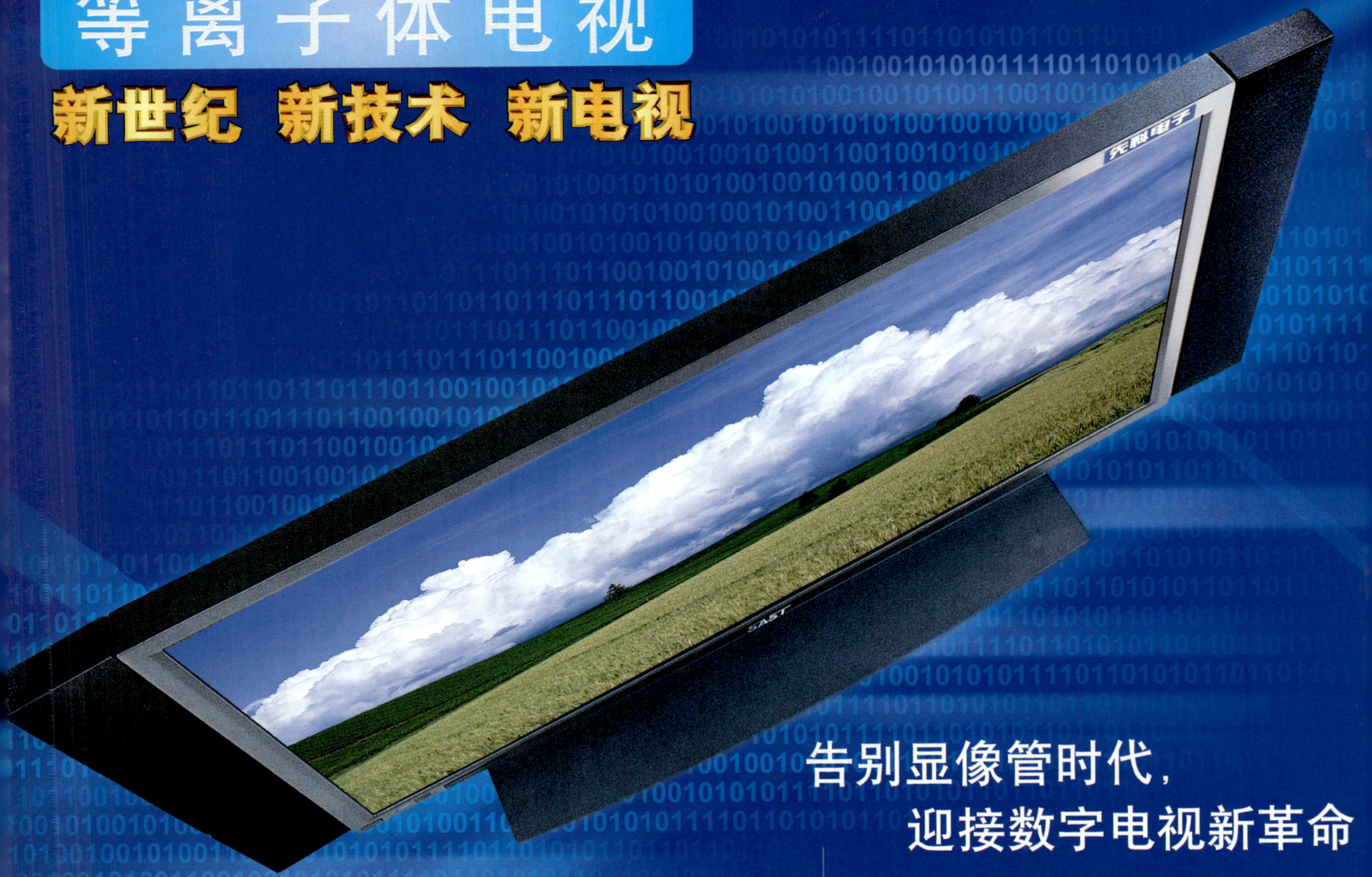

告别显像管时代，迎接数字电视新革命

- **新世纪** 这是个创新的世纪，数字电视革命浪潮日益迫近，2003年，数字广播系统将全面启动！高清晰、无杂音的21世纪数字广播需要相应的图像载体，PDP等离子体电视——真正的数字显示终端由此应运而生，预示着显像管王国的终结，中国电视业驶入数字广播高速发展时代！
- **新技术** 先科藉积淀十多年的音视频领域技术和包括六名享受国务院政府津贴的专家、多名博士在内的技术和管理人才，结合当今国际影音技术最新成果，在国内率先推出多功能、大屏幕超薄PDP等离子体电视。
- **新电视** 先科PDP-TV突破电视局限，一机多用，灵活接驳DVD、录像机、个人电脑、电子游戏机等设备，并通过外置机顶盒和调谐器连接卫星电视和数字高清晰度电视等不断扩展的多媒体信号源，充分实现数字电视带给您的更清晰、更震撼的全新体验。

深圳市先科电子股份有限公司集消费类电子与IT外围产品软硬件研发、产销于一体，是跻身中国最具实力电子百强前列的专业数字视听企业。

先科电子专攻数字压缩技术在音、视频领域的应用，不断将世界数码影音最新成果引入中国，从LD、CD、VCD到超级VCD、DVD，先科以率先推出的高新技术产品填补了国内影音界多项空白，牢固地树立了在中国专业数字视听领域的强势品牌形象。目前，公司已拥有数千名包括博士、硕士和学士在内的技术开发人员和管理人才，并形成了数字影音系列、数字刻录系列、IT系列和PDP等离子体电视四大类产品齐头并进的合理产业结构。

作为国内影碟机行业三大巨头之一，先科电子凭借积累近二十年的数字视听技术实力，不断向等离子技术和IT领域拓展，在国内成功推出了数字录像·DVD、刻录DVD及数码相机、PDP-TV等一大批高新技术产品：刻录DVD集光盘录像及DVD功能为一体，数码相机将现实生活与网络虚拟空间巧妙联结，PDP等离子电视全面告别显像管彩电，迎接数字化时代的到来。这些高新技术产品将给现代娱乐带来崭新的革命性变革。

先科，在激烈的市场竞争中显示了强劲的发展动力，并多次荣获国内外各项殊荣：1999年，公司顺利通过ISO9002国际质量体系认证；2000年，获“世纪中国最佳品牌企业”、“维护消费者合法权益先进企业”称号，先科超级VCD技术规范成为国际标准；2001年，数字录像·DVD获全国“产品创新设计优秀奖”…… 领先的技术、卓越的品质及遍布全国城乡的6000多个售服网点，令先科电子SAST品牌赢得了中外消费者的广泛青睐，产品远销欧美及东南亚等几十个国家和地区。

先科电子的光辉历程和勃勃生机引起了高层领导的关怀和关注，邓小平、江泽民、李鹏、朱镕基等国家领导人及前联合国秘书长加利，曾先后到先科视察和指导工作。

把握机遇，迎接挑战，先科电子正以雄厚的技术、卓越的管理和人才优势，立足于高新技术前沿，为将SAST打造成数码影音领域的国际名牌而奋斗！

先科PDP-TV　世界看中国　中国有先科

能电视、电话会议厅以及职工文明学校，职工之家，党员之家等，并以形式多样的活动为载体，充实双文明建设活动，从而充分展现了人行员工良好的精神风貌。

2. 认真落实金融监管责任制，依法监管，改善金融服务，构筑金融安全区，为地方经济发展以及西部开发提供有力的金融支持。

(1) 全面落实“创建金融安全区”规划，做到监管对象、人员、职责、措施四落实，把好“四道关”，即：市场准入退出关，人员监管关，合规经营关，内控监管关。建立了中心支行、县支行监督人员、科（股）长、分管行长、行长“四级”责任制。通过“真实性”检查，对风险隐患机构制定了预防办法，建立了风险档案，实行了跟踪监管制度，消灭了资不抵债金融机构。

(2) 突出金融监管工作重点，进一步督促商业银行切实降低不良贷款。围绕如何提高资产质量、降低不良贷款、减亏增盈等内容，与商业银行行长进行座谈，共同分析研究对策，并抽调监管人员组成工作组“进行入社”，开展了整章建制以及清收贷款等工作，收到了一定的成效。

(3) 坚决维护金融债权，严厉打击逃废银行债务行为。建立了“地区金融债权管理行长联席会议制度”、“改制企业金融债权落实情况通报制度”等多项制度，依法监管，果断采取制裁措施，1999年以来，直接协助金融机构对13家逃废金融债务企业进行制裁，共落实银行债权4000余万元。

(4) 进一步加大监管力度。建立健全了金融监管委员会、行政复议委员会等机关监督组织，对辖区金融违规、违法行为，严格按照《人行法》等法规进行审议，下达处罚通知书，并对监管执法人员颁发了执法证，近两年来，中心支行共查处违规金融机构29家，发现各类问题150条，提出整改措施建议92条，破获假币案4起。从而真正维护了金融法律、法规的严肃性。

(5) 积极配合当地公安、司法部门开展“严打”斗争，严厉打击侵害银行安全的各类金融犯罪活动，全辖层层签定了“三防一保”、“社会治安治理”责任书，保证了各部门协调一致，齐抓共管。坚持行领导带班，科长以下干部值班，经济民警坐岗，护行队待命的“四级”值班制度。

(6) 充分发挥纪检监察部门在防范和打击金融违法犯罪活动中的作用，从源头上消除各类金融犯罪的隐患。从制度入手，责任到人，建立健全了《吐鲁番地区金融系统反腐败抓源头工作实施方案》、《关于加强领导干部重大事项报告、公务往来、公款接待、通讯工具管理的具体规定》等各项制度，通过在全辖人行系统实行《案源排查制》，对干部的思想动态监督管理由8小时内拓展到8小时以外，使案件防范关口前移，并注重全行各部门尤其是党、群、工、团部门的联动作用，发挥各自优势，共同促进党风廉政建设工作的稳步进行。

由于措施得力，监督有方，全行干部遵纪守法，令行禁止，在执行监管活动中不吃请，不收礼，依法监管，秉公办事，几年来，没有发生一起违章违纪案件。

“荣誉面前不骄傲，成绩面前找差距”，人行吐鲁番地区中心支行将继续以江总书记“三个代表”重要思想为指导，牢固树立发展意识、稳定意识、服务意识，以更加饱满的热情，开拓进取，不断提高工作水平，为支持和促进西部大开发战略再立新功。

坚持过程中改进增强基础上创新

——关于改进和增强巴州人民银行系统党建工作的调查与思考

中国人民银行巴州中心支行　孟　昭　孔玉玲

江泽民同志在《讲话》中指出："八十年的实践还启示我们，必须始终自觉地加强和改进党的建设，不断增强党的创造力、凝聚力和战斗力，永葆党的生机和活力。办好中国的事情，关键在我们党。要结合形势的发展，紧紧围绕党的中心任务，不断加强党的建设。要善于总结经验，坚持真理，纠正错误，谦虚谨慎。要勇于正视党员和干部队伍中存在的问题，并依靠全体党员和人民群众不断加以解决。这是保持党的生机和活力的根本所在。"根据江泽民同志的"七一"讲话精神，今年9月份，巴州人行领导深入实地，就如何改进和增强人民银行系统党组织实行垂直领导后的党建工作进行了专题调研。总的来看，自党的十五大以来，巴州人行系统各级党组织结合实际，不断改进和增强党建工作并取得显著成效。在调查研究的过程中，他们深深感到：要全面落实"三个代表"的重要思想，做好改革开放时期的金融工作，必须抓好党的建设工作；要使党建工作切实发挥作用，就应不断地改进和增强。这是经过调查得出的一个基本结论。

基本判断：

当前巴州人行系统党建工作的基本状况是——全辖人行系统各级党组织坚持"围绕金融监管抓党建，抓好党建促监管"的思路，使党建工作与金融监管、金融服务紧密联系起来，为金融工作提供坚强保证，但存在的问题仍需解决。

烈的自豪感和荣誉感，争先创优的氛围越来越浓；其二，加强和改进党的建设工作，用以推动金融工作，已经成为全辖人行系统各级党组织的工作主流，党的凝聚力和向心力不断增强；其三，切实解决了辖区各级领导班子和领导干部在党性党风方面存在的突出问题，党组织的战斗力得到进一步加强，职工队伍特别是党员干部的素质有了新的提高，为更好履行中央银行职责提供了有力的保障，取得了日趋明显的工作效果。

这一判断的主要根据是：

（一）从社会各界公认的程度来看，基本结论都是一致的：即认为巴州人行系统的各级党组织坚强有力，坚定不移的执行党的路线、方针、政策，不断加强党建工作，把党建工作与理想信念教育相结合，把党建工作与加强内部管理相结合，把党建教育与双文明创建活动相结合，把解决思想问题与解决实际问题相结合，坚持党委统一领导，充分调动职工积极性，使各项工作不断步入新的台阶，在金融系统享有崇高威信（持此看法的为94．5%，认为"一般"的是5．2%）；

（二）从双文明建设的工作实绩来看，近年来，巴州人行系统各级党组织认真贯彻党中央的路线、方针、政策，结合当地实际，锐意进取，真抓实干，在创造性地开展党建工作的基础上，不断促进经济、金融与社会的健康发展，塑造了良好的中央银行形象。全辖6个县支行90%的党组织是先进基层党组织，并全部获得自治区级精神文明单位的光荣称号，中支机关被命名为总行级双文明建设单位；而党建工作实绩一般的仅为个别党组织。

（三）从对待重大政治问题和处理突发性事件上来看，巴州人行系统的各级党组织，坚定不移地与党中央保持高度一致，经受住了各种考验。在特大洪灾时，在反对民族分裂和非法宗教活动等重大问题上，在业务工作中……事实一次次表明，巴州人行系统的各级党组织是坚强有力的，广大党员和职工是奋发向上的。

同时，调查还表明，尽管巴州人行系统的各级党组织整体状况是好的，在各方面取得了显著的成绩，但也还存在着一些问题：一是全辖的党建工作开展力度还不够平衡；二是个别党员领导同志对党建工作适应性较差；三是“一岗两责”落实还不完全到位；四是党建工作还缺乏针对性；五是个别党组织的战斗力和凝聚力不强，工作缺乏创意；六是部分党建工作专职人员缺乏系统培养，有待提高素质。

经验效果：

在坚持中改进、在增强中创新是其党建工作发展的主要趋势；坚持“两副担子一起挑，两个文明一起要”是其党建工作的工作准则。

在巴州人行系统改进和增强党建工作的具体运作中，其具体做法是：

（一）认真探索，建立党建工作新格局。实行党组织的垂直领导后，根据人总行的文件精神和中支党委加强党建工作的思路，中支党委在抓好中支党委工作机构设置即成立党委办公室、组织部、宣群部并选举产生第一届机关党委的基础上，进一步加强了各基层党组织建设，本着重视党建工作、选配精兵强将抓党建的指导思想，调整充实党委机构人员并改选了各基层党支部，初步形成一整套切合实际、行之有效的专门机构主要抓、兼职人员配合抓的党建工作机制，化虚为实，软件硬抓。同时，为确定工作重点，积极探索党建工作新思路，中支党委在认真学习马列主义、毛泽东思想和邓小平理论的基础上，结合巴州是边远多民族地区的实际，着力研究党建工作在多民族地区的特殊性，把加强民族团结、执行党的民族政策、反对民族分裂主义和非法宗教活动作为党建工作的一项重要内容，使党建工作更富有生命力并与巴州多民族地区实际有机融合。

（二）明确职责，不断规范党建工作。各级党组织在完成党委（党组）工作机构建设的同时，狠抓党建工作规范化建设，在对各工作机构职责进行明确界定，实行层层目标管理的同时，确定了一名党委（党组）成员专抓党建工作，切实落实了机构到位、人员到位、职责到位，形成了齐抓共管的工作格局，为党建工作的开展提供了强有力的组织保证。同时，为使党建目标管理制度化、规范化，增强党建工作的整体合力，中支党委对原有的党建工作各项规章制度进行补充、修订和完善，编写出《中国人民银行巴州中心支行党组织工作规则》，确保了中支和各基层行党建工作有规可遵，有章可循。

（三）以人为本，狠抓党员培养教育。为了切实抓好党员的培养教育工作，各级党组织重点抓好党委（党组）中心组理论学习，制定了《党委（党组）学习制度》，把其纳入党委（党组）工作的重要议事日程。还针对性地开展了“读好一本书，写好一篇心得体会”、“我为金融改革发展献良策”、“创先争优”和“职业道德教育”等四项活动。

（四）加大力度，强化党风廉政建设。由中支党委牵头，纪委组织与各级领导签定了党风廉政建设、“三防一保”、纠正行业不正之风目标责任书，重新修订了《人民银行巴州中心支行党风廉政建设实施意见》，以百分制的形式量化考核党风廉政建设的实施，实行了党员干部诫勉谈话、双重组织生活、定期谈心等制度，建立了领导干部廉政档案，加大党风廉政建设的监督力度和查案力度，有效遏制了腐败歪风的滋生和经济案件的上升。同时，特别强调充分发挥党组织的战斗堡垒和党员的先锋模范作用，不断加大金融监管力度，落实金融监管责任制，有效遏止了金融风险，维护了辖区金融业的稳定。

（五）坚持考核，落实各项考核标准。中支党委把先进基层党组织应具备的条件量化为18项53条，把优秀共产党员的基本条件量化为16条。各级党组织在对党员的量化考核中，坚持做到“四查四看三个形象”。“四查四看”即查思想，看理想信念是否坚定；查纪律，看是否廉洁奉公遵有益探索：

面对金融改革不断深入发展的形势，围绕中心工作，大胆探索、勇于实践，创造性的改进和增强巴州人行系统的党建工作，真正发挥党组织的保证作用。

1. 围绕金融发展这个中心，选准党建工作的切入点。巴州人行系统围绕不同时期的金融改革任务，确定党建工作的目标和重点，努力使党建工作植根于并更好地服务金融建设之中。工作中着力于释疑解惑、理顺头绪，把党员思想统一到党的路线方针政策上来，凝聚到完成各项工作任务上来。实践证明，找准切入点，党建工作就有作为，有地位，就能不断得到丰富和发展。

2. 抓住热点难点问题，把加强党建工作与纪守法；查作风，看是否密切联系群众；查作用，看是否发挥先锋模范作用。"三个形象"即在业务工作中，树立忠于职守，秉公办事形象；在工作作风上，树立严守纪律、实事求是的办事形象；在廉政建设方面，树立勤政廉政、无私奉献的廉政形象。同时，对党员领导干部提出"四严四自"的要求，"四严"即严格要求、严格管理、严格监督、严肃查处，"四自"即自重、自省、自警、自励。这些不同层次的要求，使党员思想教育工作有了考核的依据和标准，从而实现了党建工作由虚变实，由弱变强，由软变硬的转变。

3. 在检查考核上，坚持"两位一体"，抓好"五个工程"。既把党建工作和业务的任务和目标同时制定下达，同时考核验收并切实和责任、利益挂钩，责任与利益双向趋动，共同抓好党建工作。注重抓好五个工程建设即以加强理论学习，引导党员正确树立世界观的"支柱工程"；以提高党员的素质为核心，加强思想道德教育为重点的"素质工程"；以党组织为基础和依托，优化细胞为重点的"基础工程"；以培育党员先进典型，发挥示范表率作用为重点的"楷模工程"，并使其相互依存，相互延伸，相互渗透，相互作用，形成涵盖面广、重点突出、内容全面、条块结合、任务具体、责任明确、操作性强的党建工作"系统工程"。

通过改进和加强党建工作，效果十分显著：

第一个效果：自强不息，争创第一的精神得到弘扬。

第二个效果：讲求公德、助人为乐的传统得到发扬光大。

第三个效果：促进业务工作进入迅速发展的"快车道"。

4. 建立制度，保证落实督促到位。为使党建工作尽快走上的制度化、规范化，结合实际，中支党委逐步建立 4 项制度，即《党建工作制度》、《党建工作例会制度》、《党委党建工作联系点制度》和"三位一体"的目标责任考核办法。仅 2000 年，中心支行 6 名党委成员下基层 308 天，写了 14 篇调查报告。中心支行党委还制定了行级领导同中层干部每季不少于一次、科长同下属不少于两次的谈心制度，实行主管行长和主管科室科长星期一例会制度等。

巴州人行系统在改进和加强党建工作的具体运作中，其具体经验是：

1. 在整体运作上，特别注重"联动合力"，发挥整体威力。实行党委（党组）领导，党委各有关部门负责，纵向到底、横向到边的工作机制，各级党组织齐抓共管，各司其责，共同唱好党建工作的大合唱。全面推行党建工作目标责任制，对党建工作定准目标，定项分解，定期检查，定量考核，形成上下左右联动合力的科学运作。

2. 在规划部署上，坚持"四个转变和四个抓"的原则。即从党委及分管部门抓向党委领导下的齐抓共管科学运作方向转变，大家合力抓；从随意性状况向既有长远、又有阶段性计划转变，职能部门规范抓；从虚多实少向虚功实做、求真务实方向转变，当成"硬件"抓；从单载体向多载体转变，全方位多层次抓。"抓住四个环节"即一是从制定方针目标入手，提出党建工作的统一目标、建设任务和总体部署，用规划统率党建工作的全过程；二是分层制定计划，分解总体目解决实际问题相结合。巴州人行系统各级党组织把解决党员最关注、与党员切身利益联系最

密切的问题作为解决党员思想问题的钥匙，为党员办好事、办实事，使党建工作溶于“落地有声”的关心职工切身利益之中，不断增强党建工作的渗透力，通过有形的服务、无形的引导，发挥了党建工作暖人心、稳人心、得人心的重要作用。

3. 注意区分不同层次，切合实际进行教育引导。巴州人行系统各级党组织针对不同群体、不同层次的突出问题，开展党建工作，注重以理服人、以情感人并紧密结合实际。如在进行“三德”和“三观”教育时，注意从党员的思想和道德水平出发，从多层次、多侧面的先进典型引入，从具体事情抓起，把先进性与广泛性有机结合。

4. 充分应用有效载体，把党建工作渗透于有关活动之中。巴州人行系统各级党组织依靠形式多样的受职工欢迎的载体，充分发挥精神的激励作用和人的主观能动性，使党建工作通过金融文化建设的形式得到释放并坚持“以人为本”，尊重党员的价值和尊严，将党建工作寓于支柱、素质、基础、楷模“四项工程”之中，提出“落实一项工程、建立两个体系、确定三个目标、突出四个重点”的“一、二、三、四”工程，不断提高党建工作的层次，塑造形神兼备的良好形象，使党员受到教育、陶冶情操、开拓视野、提高素质。给党建工作注入生机和活力。

5. 积极开辟各种阵地，营造党建工作的氛围。巴州人行系统各级党组织依靠各类阵地，把党建工作多渠道、全方位、立体式地联系到各方面，使党员置身于党建工作的浓厚氛围之中。同时应用系统管理学的原理，在全辖党组织中形成齐抓共管党建工作的总体格局，形成相互联系、相互衔接、相互协作、相互促进的优化网络，使党建工作规范、科学、制度化，激励全辖党员的自我教育、自我约束、勤奋工作、锐意创新，为做好各项工作奠定了坚实的基础。

6. 勇于开拓创新，把党建工作渗透到各项工作之中。巴州人行系统各级党组织切实做到“三确立”（即确立新的创新观、系统观、实践观）、“三有”（即有领导、有规划、有投入）、“三纳入”（即把党建工作纳入总体规划、党委的重要议事日程、领导班子、领导干部任期目标责任制）、“三个不动摇”（即在深化金融改革的同时，确保党建工作上新水平不动摇；在加快金融业务发展的同时，坚持抓党建工作不动摇；在支持地方经济建设的各项工作中，强化党建工作不动摇），在全辖上下开展了以学习党的方针、路线、政策为主要内容的党建系列教育，以党员准则规范为主题的党风教育，以“党员是一面旗帜”为中心的党性、党纪教育，以提高党支部战斗堡垒作用为主的党员“双学”活动，以无私奉献为主题的爱岗敬业教育系列活动，以研究深层次党建理论为中心的党建理论研究活动并注重从实际出发不断调整、充实、完善、优化内容，以点带面，典型引路，推动了全盘工作。

几点思考：

在坚持解放思想、实事求是的基础上，应用现代化的科技成果，不断推进党建工作的系统化、制度化、科学化。

尽管在党建工作的探索方面，巴州人行系统各级党组织积累了比较丰富的经验，产生了积极的效果。但也应清醒地认识到，这种探索只是初步的，还有待进一步研究和解决。在深入实际的调研中，他们充分认识到：要认真落实“三个代表”的重要思想，做好党建工作，一定要坚持研究新情况，解决新问题，在坚持的过程中改进，在增强的基础上创新，不断提高党建工作水平。

（一）加强整体部署，推进党建工作的系统化。党建工作是一项系统工程，包括教育内容、方式方法、领导体制、运行机制等，并与其他有关方面密切相关。这些要素相互影响、相互制约，其综合作用决定着党建工作的效果。党建工作置身于全局，服务于全局，应当进行整体部署，不能单打一。既要发挥党建工作部门的作用，又要依靠社会各方面，形成党建工作的合力；既要根据基层央行党委（党组）职能的转变和职责任务的变化，重新调整工作思路，确定工作重点，保证工作的连续性和实效性，健全党建工作的领导体制和运行机制，又要完善载体和建设阵地，使党建工作更好地发挥整体效能。

（二）健全运行机制，推进党建工作的制度化。要建立和完善在党委（党组）统一领导下，各级党组织一起运作的体制，建立把党建工作与金融工作相结合，实现良性互动的“一体化”工作机制并切实落实制度。同时，要将金融改革与发展中遇到的难点作为党建工作的突破点。着力解决如何把重点放在加强领导班子建设和党员队伍建设上，突出抓好以邓小平理论武装全党，并把深入学习“三个代表”的思想作为学习邓小平理论的重要组成部分；如何进一步抓好党员特别是各级领导干部的思想教育，抓好党组织的战斗堡垒作用和党员的先锋模范作用的发挥；如何既支持地方经济建设，又有效防范和化解金融风险，化解不良资产等问题。

（三）扩大社会覆盖，推进党建工作的网络化。面对金融体制改革的不断深入，传统的党建工作网络存在许多不适应的地方，迫切要求尽快建立和完善能够覆盖全社会的新的工作网络。要更好地发挥战斗堡垒作用，同时充分发挥群众组织的作用，形成专兼结合、优势互补的组织和队伍网络。加强党建教育、宣传、舆论、文娱等阵地建设，形成深入到单位、家庭、社会各个方面的党建教育阵地网络。做好党建工作的调查研究，建立能够及时反映情况的高效灵敏的党建工作信息网络。

（四）注重转轨创新，推进党建工作的多样化。拓宽思路，改变过去过时、守旧、呆板的让人感到厌倦的党建教育模式，创造新鲜、活泼、多层次、多渠道、多样化的方式、方法和手段，力求在深、细、实、活上下功夫，充分发挥党建工作的作用并在金融工作充分体现出来。坚持把党建工作的思想教育渗透到管理之中，形成一整套有效的工作载体，紧紧围绕金融改革与发展的总体目标，认真落实从严治党的方针，大兴认真学习、民主讨论、调查研究、求真务实的风气，把党建工作抓到明处，落到实处。

（五）运用科技成果，推进党建工作手段和方式的现代化。高科技的迅速发展，迫切需要党建工作充实新的内容，采用新的手段，吸收新的科研成果，跟上时代发展的步伐。要抓紧研究构建继承优良传统又有鲜明时代特色的思想道德和价值观念体系，帮助职工树立正确的世界观、人生观、价值观，增强科学、竞争、效率、民主法制、可持续发展意识，形成积极向上的精神风貌和良好的社会风尚。增加党建工作的科技含量，充分运用现代传播媒介，不断扩大和丰富工作手段。注意吸收和借鉴心理学、社会学等相关学科的科研成果，改进工作方法，使党建工作焕发出新的生机和活力。

通过几年的推广工作，劳雷尔产品以其卓越的性价比，获得了中国用户的一致认可和信赖。为了更好地维护自己的品牌形象和中国广大用户的利益，并进一步扩大市场份额，劳雷尔公司决定寻找一家经济、技术和服务实力俱佳的企业，担当其中国总代理的大任。通过与多方接触，劳雷尔将目光锁定了天津南开戈德股份有限公司。

天津南开戈德股份有限公司秉承“以科技臻善生活”的宗旨，凭借着雄厚的经济实力和一流的产品研发、制造技术队伍，以及在全国 22 个省市建立的金融领域畅通的销售网络，严密地推行企业完善、严格的售后服务先进理念和标准的优维护。章牧榕先生介绍，就在 2001 年 3 月，劳雷尔派出公司最具权威的技术人员来华，对南开戈德的所有金融机具技术人员进行了一系列严格的培训工作，大大提高了技术队伍掌握劳雷尔产品性能的实力，为用户提供最专业的技术服务。据章牧榕先生透露，这样的培训会不定期的举办，2001 年就举办了两期。

为了进一步规范销售渠道和保证劳雷尔产品品质的真实可靠，南开戈德对在中国市场有销售劳雷尔产品资格的厂商颁发了授权证书。章牧榕先生对此特别强调说，请广大用户在选择劳雷尔产品时，应予以留意。

对于合作前景，章牧榕先生表现出很大的信戈德自适应智能系列点钞机吸引了众多金融界朋友驻足观看劳雷尔纸币清分机、硬币包装机精确的演示吸引了众多银行界业内人士的目光势，在中国金融业有口皆碑。凭借天津南开戈德股份有限公司的品牌形象和市场声誉，日本劳雷尔公司最终把中国市场的惟一总代理权委托授权给了南开戈德，由南开戈德全面负责产品的销售和售后维护工作。并希望通过南开戈德在国内的销售和售后服务巨大的网络优势，使金融机具市场更为秩序化、规范化，让日本劳雷尔公司的用户得到由南开戈德提供的最佳的硬件和软件服务，以实现进一步扩大劳雷尔产品在中国的市场份额。

在获得总代理权的同时，南开戈德也获得了劳雷尔产品在中国惟一的售后服务权。在劳雷尔提供的技术支持下，南开戈德负责对其产品进行心，因为南开戈德选择了劳雷尔顶级的技术。劳雷尔旗下有一款专门针对中国市场特点开发的纸币清分机：TDU－60G，通过一段时间的推广，取得了不错的成绩。同时，中国人民银行总行对钞票达到七成新的规定也给 TDU－60G 带来了很大的商机。另外，南开戈德还将在近期继续推出 TDU70C 型，其产品的性价比将更为卓越。

章牧榕先生最后说道：以客户利益为重是天津南开戈德股份有限公司与日本劳雷尔公司进行真诚合作的原则，彼此信任是合作成功的基础，互利双赢是合作双方所追求的目标。南开戈德与日本劳雷尔公司的合作正是体现了这一理想的境界。

白族之乡文明花

——人民银行洱源县支行创建双文明单位纪实

中国人民银行云南省大理州洱源县银行　张　煦

中国人民银行洱源县支行，位于滇西高原白族之乡。多年来，该行在创建双文明单位活动中，始终坚持“两手抓，两手都要硬”的方针，加大金融监管力度，努力改善金融服务，确保了一方金融平安，促进了当地民族经济持续、健康、稳定的发展，先后10多次受到县、州、省级地方党政部门及上级行的表彰和奖励：1994年该行获云南省“先进职工之家”称号；1996年被评为省级“模范职工之家”；1997年获“省级文明单位”称号；1999年通过了“省级文明单位”复检；2000年又率先被评为人民银行成都分行级“双文明单位”。

（一）构筑民心工程

现代管理成功的范例表明：团结合作是走向成功的先决条件之一。该行领导班子成员顾全大局，精诚团结，有意见就当面提，有问题就摆到桌面上谈，决不当面不说背后乱说，会上不说会后乱说。任何事情，一旦会议上决定了，就坚决执行，决不互相推诿、扯皮，从而在职工中树立了良好的威信，深得民心。

同时，该行领导班子正确对待和使用手中的权力，切实加强民主管理，自觉接受群众监督，充分调动了广大干部职工的工作积极性和参政议政的热情。在制定支行规章制度时，他们博采众议，广纳良谏，认真听取职工的意见和建议，几经修改后，才正式实施，从而使规章制度更完备、更具体、更有说服力和约束力；在财务管理方面，他们增强透明度，定期向全行干部职工通报情况，接受职工监督，较大的财务开支项目由财管领导小组集体讨论后方决定，杜绝了一个人说了算的现象；支行班子成员坚持每周五“行长接待日”制度，通过与职工以诚相待的谈心交友活动，把和风细雨的思想政治工作做到家，进一步促进了干群关系；在平时的工作和生活中，多为职工办好事、办实事，及时为职工创办了食堂，添置了娱乐设备，及时修复损坏的太阳能、自来水系统，关心和看望生病住院的职工，节假日组织慰问离退休干部和职工家属，用关爱架起了干群之间心心相通的桥梁。投之以桃李，报以琼浆。该行构筑的民心工程，形成了一股股暖流，激发了全体员工的工作积极性和创造性。他们爱岗敬业，努力工作。几年来，洱源县支行内部形成了“创先争优”、比学赶帮的良好氛围，各项工作在大理中支目标考核中名列前茅。1997年至今，该行获各种先进集体、先进个人、优秀党团员称号的干部职工达40多人（次）。

（二）铸就勤政廉政工程

作为基层央行的干部与职工，如何面对各种诱惑与看待自己手中的权力，这是社会主义市场经济条件下不可回避的问题。洱源县支行领导班子成员牢记“公生明、廉生威”的古训，坚决执行《中国共产党党员干部廉洁从政若干准则》，并与党、团、工、青、妇一道，制定了《党风廉政建设量化考核标准及实施办法》、《关于下乡工作人员廉洁自律有关问题的规定》等一系列勤政廉政的规章制度，要求全行干部职工自觉遵守，严格执行，从而把党风廉政建设责任制细化到岗、落实到人。支行领导与监管人员严于律己，廉洁奉公。一是在开展检查工作时充分发挥现场监督监管的职能作用，深入细致，查清事实，找准问题，并依据有关金融政策法规，做到把握原则，定性准确，不枉不纵，处理恰当，不办错案、假案、人情案，做到及时帮助辖内金融机构纠正违规经营行为，有效防范和化解金融风险，维护好辖内良好的金融秩序。二是监管检查人员从不接受被检查单位赠送的纪念品、土特产品，不接受被检查单位安排的宴请等有碍公正执行公务的活动，一心为公，决不吃拿卡要，下乡期间住宿费自理，每人每天向就餐单位交纳20元的基本伙食费。三是监管检查人员发扬务实、廉洁、高效的工作作风，遵纪守法，坚决抵制和反对各种不正之风，在开展检查工作时，即便被检查单位盛情邀请，亦从不上娱乐场所，从而维护了中央银行的良好形象，深受当地党政部门及金融机构的好评。

（三）培植"建家兴行"工程

双文明建设有着极为丰富的内涵，在创建活动中，要找准着力点，才能收到实效。几年来，洱源县支行以建设"职工之家"为创建双文明活动的着力点，"职工之家"活动开展得丰富多彩。他们利用节假日，开展大型综合类系列文体活动，内容包括书画、摄影、影视欣赏、金融法律知识竞赛、文化旅游、球类比赛、登山、游泳比赛等等，增添了职工的生活情趣，陶冶了职工的性情，提高了职工的文化修养，增强了职工的体质，增进了职工之间和家庭邻里之间的团结和互助。以此为契机，该行在职工中大力开展争创"五好家庭"的活动。通过家庭美德教育，使职工在紧张繁忙工作的同时，都有一个幸福美满的家，一个消愁解困、养精蓄锐、增强工作信心和责任心的家。在"职工之家"活动中，洱源县支行结合学习研讨江泽民同志"三个代表"的重要思想，耐心细致地对职工进行思想道德、爱国主义、集体主义、艰苦创业等方面的教育，收效显著。通过开展"职工之家"活动，洱源县支行职工爱"小家"，更爱"大家"，人人洁身自好，处处维护支行形象。多年来，该行干部职工家属无一涉及吸毒、贩毒、赌博等"六害"行为，从未出现过超生、计划外怀孕等违反计划生育这一国策的人和事。

该行还主动全力配合当地政府及环保环卫部门搞好环保和环卫。食堂等部门排放的废水不超标；办公区和生活区垃圾分类袋装、置放，定时、定人打扫、清洗、检查环境卫生，做到窗明几净；生活和办公用品摆放整齐、有序；各股室皆盆栽花草，保持环境优美。

（四）创建金融安全工程

创建金融安全区，保一方金融平安是人民银行工作的重中之重。为此，洱源县支行把双文明建设与金融监管有效地结合起来。具体做法一是建立和落实了金融监管责任制；二是建立了定期风险测评制度；三是加大了现场检查频率；四是优化对金融机构的服务。辖内金融安全开展了扎实有效的工作，金融监管富有成效。1999年测评总分为80．5分，创建级别为A级金融安全区；2000年测评总分为86．875分，指标分数较上年提高了6．37分。A级金融安全区的巩固，促进了辖内经济金融的健康发展。2001年末全县金融机构各项存款71399万元，比上年末增加9389万元，增长15．14%；各项贷款47961万元，比上年末增加7948万元，增长19．86%；现金净投放15987万元（中支下达计划1700万元），比上年末增加877万元，增长5．8%；保费收入1973万元，比上年末增加146万元，增长13．61%；全辖金融机构实现净利润731．5万元，较上年增长2．73倍。辖内无"三乱"行为，金融机构安全稳健运行，全县经济金融秩序良好。

抓党建 促监管 确保一方金融平安

中国人民银行资源县支行 莫千葵 马荣安

自人民银行党的组织关系实行垂直领导以来，人民银行各级党组织狠抓党的建设，使人民银行的党建工作取得了很好的成绩。人行资源县支行在上级党委的领导下，把党建工作摆上重要日程，做到党建工作与业务工作同研究，同布署，同检查，真正体现了业务以党建为指导，党建以业务为载体，实现了党建与业务双丰收。2000年以来，支行先后被人行广州分行授予“先进基层党组织”、被桂林中支授予“双文明单位”“党风廉政建设先进单位”、被桂林市授予“精神文明单位”等一系列荣誉称号。同时，支行辖内抓降措施得力，成绩突出，各金融机构效益明显提高，全部实现了当年盈余，真正做到了确保一方金融平安。

（一）加强党建工作，充分发挥党组“火车头”作用

人行资源县支行坚持把加强支行党的组织建设贯穿到各项业务中去，把党建工作摆在支行的首要位置，充分发挥党组在党建工作中的“火车头”作用，使班子成为一个坚强有力的战斗集体。

“火车跑得快，全靠车头带”。有了好的领导班子，才能带出好的队伍。人行资源支行党组以创建坚强的领导班子为目标，大力加强班子建设，率先垂范，以身作则，在员工中树起一面具有感召力和战斗力的旗帜。注重理论学习与实践结合，使党组成员理论水平和驾驭全局的能力不断提高。一是坚持支行中心组学习制度。有重点地学习邓小平理论、江泽民同志“三个代表”重要思想和党的路线方针、国家金融法规，统一了班子成员的思想认识。二是注重班子成员的自学。支行党组书记经常询问和检查班子成员的自学情况，并多次在职工会上宣读自己写的学习心得，增强了干部职工认真开展自学的自觉性。三是大兴调研之风。党组成员不仅是组织者，而且是积极的参与者，今年以来支行成立了“旅游业发展对资源县经济的影响”“如何加强银行资产保全”“对降低不良资产问题的思考”“对农村信用社发展问题的思考”“流通人民币七成新的调查”等7个调研课题组，紧紧围绕金融改革和发展，研究解决工作中的热点、难点和重点问题。四是注重发扬民主作风，坚持走群众路线。支行领导班子在实际工作中，始终遵循“从群众中来，到群众中去”的民主管理原则，发挥民主监督作用。支行的主要工作由党组成员集体研究决定，重大事项由行务会讨论通过，实施透明的财务管理制度，行里的每一笔重大收入或支出，都在职代会上公开，接受群众民主监督。同时，在支行院内常年设置意见箱，收集干部职工的意见和建议。

（二）加强队伍建设，增强职工素质

金融是现代经济的核心，要使金融业在支持社会经济发展、深化改革和扩大开放、维护社会稳定等方面发挥更大的作用，就必须建设一支“政治过硬，业务优良，作风清正，纪律严明”的金融队伍。资源支行在提高干部职工素质过程

中，着力推进“全员教育工程”，采取思想教育与业务技能培训两不偏的方式，全面提高干部队伍素质。

为了提高思想教育的效果，支行注重将干部职工喜闻乐见、生动活泼的教育方法引入全员教育过程。对于重大政治学习课题，邀请有关专家做专题辅导授课，加深理解；针对支行青年人较多的特点，经常以举办演讲比赛等方式，促进学习领会；开展种种形式的职业道德教育活动，增强职工无私奉献、严守纪律的意识；组织干部职工经常观看廉政建设正反两方面的教育录像片，做到警钟常鸣；通过组织到井冈山、百色等革命老区参观学习，接受革命传统教育，增强职工艰苦奋斗、爱岗敬业精神；积极开展扶贫助学工程，让职工直接参与扶贫攻坚工作，了解贫困户的生活，更加珍惜自己的良好环境，多年来支行负责资助两名孤儿的上学费用，增强了职工的责任感。通过一系列的思想教育活动，帮助干部职工树立正确的世界观、人生观和价值观。

在对干部职工进行思想教育的同时，资源支行特别注重提高员工的业务知识水平和实际操作技能。积极鼓励职工参加学历教育，全行 33 名职工中，有 21 名先后参加过更高一层次学历的函授或自学考试，目前支行大专以上学历人数达到 70%。按照要求，在规定年龄内的职工全部获得计算机操作初级等级证书，5 人获得公安部门核发的计算机安全知识合格证书。在知识不断更新的今天，大家都意识到：不努力学习，就会落伍。因此，支行学习新知识新业务的热情始终不减。

干部职工队伍素质的提高，为资源支行各项业务的开展提供了坚强的保障。在人行桂林中支每年举行的各项专业竞赛中，资源支行各业务部门均能名列前茅。

（三）加强金融监管，确保一方金融平安

资源支行党组认识到，党建工作的落脚点不仅要使广大干部职工坚定正确的政治方向，更要体现在做好自身本职工作上。因此，紧紧围绕金融监管这一中心，支行采取了一系列监管措施：

一是夯实监管基础工作。加强监管部门人员力量，制定金融监管责任制，落实一把手负责制和监管员 AB 责任制。建立监管档案制度，为每一个被监管对象建立单独档案。

二是以人本监管为核心，加强对金融机构高级管理人员的管理。建立了《金融机构高级管理人员诫勉谈话制度》，定期或不定期约见金融机构负责人。

三是加强金融债权管理，确保银行信贷资金安全。成立了资源县金融债权管理领导小组，建立债权管理行长（主任）联席会议制度和金融风险报告制度。

四是积极开展创建金融安全区工作。协助政府部门成立以县政府主要领导为组长的资源县创建金融安全区工作领导党小组，结合整顿规范经济金融秩序工作的开展，严厉打击逃废银行债务行为。

五是加强非现场金融监管。通过分析金融机构报来的报表资料和各项考核指标，对于有可能出现风险的金融机构，及时发出风险预警通知书。今年累计发出风险预警通知书 12 份。

六是认真抓好“促降”工作。把“促降”工作作为实施金融监管的主要内容之一。首先，通过召开金融联席会，对全辖不良贷款的总体情况进行摸底，由支行监管部门进行逐笔登记。其次，人民银行统一向县政府汇报基本情况，争取政府的大力支持，要求银行直接参与改制、重组或破产的债权企业的处理过程，防止逃废银行债务行为。同时，对于恶意逃废债企业，在媒体上给予公开曝光。

七是帮助农村信用社整章建制，抓好制度的落实。农村信用社是支持农村经济发展的主力军和联系农民群众的纽带和桥梁，又是农村金融的高风险区。人行资源支行把高风险的农村信用社作为防范和化解金融风险的重中之重，制定“一社一策，专人盯守”的监管办法。通过发放支农再贷款等方式。支持农村信用社端正经营思想，全力为“三农”服务，在支农过程中求发展，化

解经营风险。

八是防范金融案件的发生。采取层层签订安全责任状的方式保证“四防一保”责任的落实，同时加强安全防护设施的检查，制定各种案件发生预案，确保一方金融平安。

目前，资源县辖内金融机构安全运行，金融秩序稳定。截至11月底，全辖金融机构不良贷款比率比年初下降了8．68%，其中农村信用社不良贷款下降了20%。全县金融发展呈现良好态势。

浅析县域中小企业贷款难点

中国人民银行甘肃省金塔县支行　何崇生

中小企业是国民经济发展的重要组成部分，为其提供信贷支持，是贫困地区银行的工作重点之一。但人民银行总行在支持西部地区（尤其是像金塔县这种经济欠发达地区）实施这一指导意见时却遇到了多方面的困惑，一方面，银行调整信贷结构难，化解金融风险举步维艰；另一方面，企业经济效益差，寻求银行信贷支持的呼声却很高。笔者认为，要解决这个矛盾，必须寻找形成问题的根源，从根本上加以解决。

（一）辖区金融机构支持中小企业发展现状

据统计，当前在金塔县注册的中小企业有702家，注册资金达到33432万元，从业人员达到9500人，已成为全县经济发展的重要力量。近20年来，金塔县中小企业从无到有，继而发展到以立足地方资源优势的农副产品加工、商贸流通、矿产品加工、农产品流通等为一体的公有、非公有制中小企业。特别是近年来一些私营企业的崛起，大幅度拉动了地方经济的发展，为辖区经济健康、稳步发展和银行抵御与防范金融风险起到了积极作用。中小企业的蓬勃兴起与发展，离不开银行的信贷支持。截止2001年4月末，全辖金融机构各项存款达到64260万元，国有商业银行和农村信用社各项贷款达到49383万元，分别比1981年增长了25倍和36倍。近三年来，辖区各金融机构累计向中小企业发放贷款约12亿元，其中向国有中小企业发放8亿元，向私营中小企业发放7000万元，有80%的中小企业都得到了银行的信贷支持。从上述分析可以看出，银行对中小企业的信贷支持是积极的。然而，面对西部大开发战略所提出的大规模经济结构调整和人总行提出的信贷指导意见，以及西部大开发大量的资金投入，银行如何调整信贷结构，以满足中小企业的资金需求，无疑是金融业所关注的热点问题，也是金融机构需重点解决的症结所在。

（二）信贷支持中小企业存在的主要症结

1．企业融资渠道狭窄，银行信贷资金需求大于供给，有限的资金存量难以满足企业的资金需求。据调查统计，金塔县中小企业为适应西部大开发战略性产业结构调整，目前资金总需求量达到12亿元，加之县域企业起步比较晚，基础薄弱，生产规模小，很难从其他渠道筹措到资金，要维持正常的生产经营，80%的资金要靠银行的贷款，而银行目前的存款总量只有5．8亿元。较小的存款总量对大规模的资金需求来讲，实数杯水车薪。

2．虽然国家应用债转股政策，资产管理公司出资收购银行不良贷款，但不良贷款比重仍居高不下，银行信贷结构调整有一定的困难。截止2001年4月，辖区国有商业银行剥离不良贷款4600万元，占贷款总量的9．3%，但全辖国有商业银行和农村信用社不良贷款余额高达15000万元，占全辖贷款存量的22．4%。不良贷款占比较高的格局，使银行难以走出困境，最大限度的优化信贷结构。

3. 银行信贷投向过于集中，单笔贷款额度大，银行调整信贷结构难。据统计，县辖金融机构投向辖区最大的四户企业的贷款总量达到19700万元，占全辖贷款总量的40%。40%的贷款被0.6%的企业占压，在有限资金的局限下，对其他中小企业的贷款需求受到限制，贷款覆盖面减小，贷款风险加大。

4. 受经济大环境的制约，县域中小企业生产经营普遍外于低迷状态，生产经营不景气，有些企业还债意识差，把银行贷款作为软负债，认为银行的贷款是国家的，可还可不还，这种状况一方面影响了企业的信誉度，另一方面使银行收贷收息的难度加大，这也是中小企业贷款难的主要原因。

（三）解决症结的几点建议

1. 银行方面存在的主要问题

（1）金融机构特别是国有商业银行要改变经营意识，抓住西部大开发战略的良好机遇，积极落实中央提出的支持中小企业的信贷指导意见，把中小企业的信贷投入作为优化信贷结构的大方向和提高经济效益的立足点。同时要积极拓宽资金来源渠道，最大限度的筹措资金，为地方中小企业的发展提供有利的资金保障。

（2）建立中小企业信用担保体系，解决他们贷款担保难的问题，降低金融机构贷款风险。

（3）加强调查研究，对贷款企业分类排队，采取强有利措施，盘活已沉淀的贷款。一方面金融机构要加大贷前调查，防止新贷的沉淀，另一方面要加大旧贷本金和利息的清收力度，对有意逃废银行债务的行为，金融机构要及时采取金融联合制裁行动。

（4）地方政府要借西部大开发对中西部地区带来的发展机遇，立足地方资源优势，积极建立一批效益好、产品科技含量高，能带动地方经济长足发展的优势项目，为金融业的发展创造良好的外部环境。

5. 中小企业要逐步建立健全内部管理制度和经营、财务管理制度，为金融机构的贷款审查提供强有力的第一手资料。

2. 企业方面存在的主要问题

（1）县域中小企业在发展中普遍存在规模小，技术含量低，产品竞争力差，资产负债率高，资金周转缓慢的状况，这种现状很难达到银行的贷款条件，这是制约银行增加信贷投入的首要原因。

（2）辖区中小企业（包括大部分国有控股企业在内）大多存在内部管理混乱，财务制度不健全的问题，银行很难得到真实合法的财务和经营状况资料，造成银行贷前调查难，贷后调查难上加难的现状，相对制约了银行发放贷款的积极性。

（3）贷款企业贷款担保难，担保抵押物变现能力更难。从目前情况看，县域中小企业贷款没有固定的担保机构，只能是贷款企业之间互相担保，已投放贷款大多属这种方式。这种担保方式存在隐患比较大，有些风险已经暴露，抵押物已通过法律归银行管理，但这些抵押物在没有二级交易市场的情况下，很难变成货币资金。

（4）银行信贷资金来源不足，相对削弱了对中小企业的信贷力度。截止2000年4月末，辖区国有商业银行和农村信用社各项存款58000万元，存贷比例达90%，除建行外，农村信用社和两家国有商业银行在资金应用上已形成明显借差，因此，银行很难在现有基础上增加新的信贷投入。

（5）贷款企业欠息、欠本现象比较普遍，贷款企业信用等级低下，银行在信贷投入上顾虑重重，使银行对中小企业的信贷支持失去信心。据统计，今年1-4月，贷款企业不良贷款余额高达12000万元，欠息贷款余额达5837万元，欠息622万元，其中农村信用社企业贷款的80%已形成沉淀，欠息问题相当严重。

坚持有质量有效益的经营之道

中国工商银行内蒙古分行　贺福元

针对经营中存在的资产质量差、包袱沉重的问题，1999 年以来，工商银行内蒙古分行树立商业银行的经营理念和经营意识，解放思想，深化改革，强化管理，大胆创新，短短三年，实现了资产质量和效益的统一，在加大对地方经济支持力度的同时自身实力得到壮大，探索出一条经济欠发达地区银行超常规发展之路。全行存款稳步增加，贷款结构有效调整，资产质量明显改善，财务包袱得到消化，经营效益显著提高，优质规范服务上新台阶。

（一）转变观念，抓住制约经营发展的主要矛盾和关键环节

长期以来，资产质量差和优质规范服务滞后，严重制约着内蒙分行经营效益的提高。面对严峻的形势，分行组织全行上下就经营管理中所存在的问题进行了认真的反思，通过认真查找和分析原因，认识到资产质量低、经营效益差的根本原因是陈旧、落后的经营观念没有破除，没有真正按商业银行的经营机制运作；只有突破制约经营管理和发展的主要矛盾，全行才能尽快实现扭亏增盈，并步入可持续发展的良性经营轨道。为此，分行及时制定了《关于进一步提高信贷资产质量的决定》和《关于进一步加强优质规范服务的决定》，明确提出资产质量是全行生存与发展的基础，优质规范服务是竞争取胜的根本，对全行经营观念的转变产生了极大的影响。

（二）提高资产质量，建立符合自身实际的经营管理体系

在管理措施方面：实施信贷分段经营目标管理，科学评价贷款经营成果。一是根据客户的信用等级、贷款质量等定性、定量指标，将客户划分为甲、乙、丙三类，并对贷款投向、投量、质量和效益情况实行月度监测、季度通报、半年考核。二是按“全额锁定、双向考核、两条线控制、年终兑现奖惩”的信贷风险考核办法，对不良贷款基数锁定，既考核不良贷款占比，又考核不良贷款绝对额；既控制一逾两呆，又监控五级分类后三类不良贷款；既考核存量贷款中不良贷款压缩情况，又考核新增贷款中不良贷款的控制情况，将不良贷款压缩和控制作为行长目标责任考核的重点。三是加大对新增贷款质量专项稽核，对新发生的不良贷款逐笔进行责任认定，对增量贷款出现风险和存量贷款继续恶化的行，查明原因，追究责任，下岗清收。

在贷款投向方面：优化信贷资源配置，培育优良贷款客户。新增贷款向重点行业企业、重点项目、重点地区、非公有制企业和消费信贷领域倾斜，巩固和扩大优质客户群体。抓住国家对基础设施建设增加投入和实施西部大开发战略的有利时机，紧紧围绕地方建设“大动作”，适时调整贷款投向，加大对基础产业的信贷投入。一是选择西电东送、西气东输，推动本区资源优势向经济优势转变的项目；二是做大做强，支持以羊绒、乳肉加工为主的农畜产品加工业项目，推动农牧业产业化进程；三是优化提升冶金、化工等

具有一定竞争力的项目；四是培育发展以稀土、生物制药等为主的高新技术产业项目；五是积极参与国家重点交通主干线项目。1999 年以来，内蒙古工行支持近百个重点建设项目，有力地促进了传统产业的优化升级。同时，在贷款投放上，坚持走内涵式发展道路，建立健全贷款评审机制，落实责任制，正确处理支持经济增长与防范信贷风险、加大贷款投入与防止支持重复建设、保持贷款适度增长与提高质量效益的关系，做到有进有退、有所为有所不为，以创造贷款精品为目标，确保新增贷款质量。

在信贷结构调整上：以客户调整为核心，实现信贷投向的战略性转移。在稳定发展原有优良客户的基础上，解放思想、拓宽思路、积极培育新的贷款增长点，将低风险、高效益作为信贷扩张的基本出发点，实现了“贷款投向重点从以国有大中型企业为主，逐步向股份制企业、合资企业、民营等多种所有制延伸；信贷市场从传统的生产领域向非生产领域延伸；贷款对象从企业法人向事业法人、社团法人的延伸”。项目、住房和个人消费贷款的结构得到调整，贷款的周转速度明显加快，运用效率得到提高。在流动资金贷款市场退出机制方面进行了探索，大力控制制糖行业贷款，严格控制对小冶金、小水泥、小玻璃、小造纸、小煤炭企业的新增贷款，收回高风险企业贷款。

在贷款的风险防范上：严把贷款投放第一关，运用行政、法律等多种手段清收不良贷款。一是严格信用评级政策，对客户的领导者素质、管理水平、资金实力、偿债能力、生产经营成果及其发展前景等进行综合评价，作为信贷决策的主要参考依据，从源头防范贷款风险。二是开展统一授信工作，采取定量计算与定性分析相结合，以工行最高综合授信额度参考值为基数，分析客户信用记录的好坏，经营管理水平的高低，发展前景如何，还款来源有无保障。三是对银行风险进行分析，包括工行现有融资总量和同业占比的适度性及工行能够并愿意承担的风险额度，综合测评后确定对客户的最高综合授信额度。四是对部分恶意逃废贷款企业大张旗鼓地开展“追偿一批、起诉一批、执行一批”的活动。

在贷款风险监测方面：利用现代化的手段，建立起对贷款增量、存量的动态运行和静态全貌的分析监测体系。开发和完善了信贷综合系统，并运用该系统建立分地区、划行业、按品种的信贷监控体系，对所辖行的新增贷款逐日逐笔的监控，使信贷管理向科学化迈进。对新增贷款实行按月从信用等级、产业类型、是否逾期和欠息等方面进行归类、分析、检查，发现问题，跟踪到户，对新增贷款的投向、质量和效益进行评价监督。同时，加强信贷制度建设和落实。开展了全区信贷基本制度大检查，从新增贷款质量、依法合规、贷款审批、贷后管理等方面进行了检查，对查出的问题进行通报，责成限期整改，大大推动了全行信贷的基础建设和制度落实。

在贷款的责任追究方面：建立严密的监控和责任追究管理体系。一是建立起一套与国际惯例接轨的科学、规范的内控制度，对全行的稽核管理体制进行改革，在强化分行稽核职能的基础上，分别成立直属稽核特派员办事处，直接由分行统一调度，为全行依法合规的稳健经营提供了强大的内控平台。二是运用信贷综合管理系统对各类违规业务进行跟踪监测，对存在违规操作疑点的信贷业务和新发生不良贷款的有关行及时下发检查书，收到了好的效果。

通过努力，内蒙古工行资产质量出现持续好转的局面。不良贷款率比 1998 年下降 13．4 个百分点。

（三）强化措施，促进存款稳定增长

内蒙古工行牢固树立立足经营抓存款的指导思想，把不断壮大资金实力作为追求的目标。在储蓄存款方面，以城市行为龙头，以盟市行所在地为重点，以旗县行为基础，实施“大所”和“精品所”战略，狠抓优质文明服务，增强服务功能，提高网点业务的辐射能力和竞争实力，以一流的服务水平稳定和增加存款，根据客户的贡献度提供分层次的服务，建立并坚持存款大户的拜访制度。在对公存款方面，认真做好系统大户和优质客户的综合服务，将电力、邮电、烟草、民航、交通等系统作为存款市场开拓的主要目标，巩固和扩大存款阵地；加大考核力度，将存款市场占比纳入对二级行行长经营管理目标考核。同时，加快业务创新步伐，推出网上银行、个人综合消费贷款、个人汽车消费贷款、个人质押贷款和票据贴现等新业务品种。

（四）全面加强成本管理，改善经营状况

一是实施“锁定指标，划段经营”的财务核算管理。对主要经营指标进行锁定、划段，分别控制、监测、考核和管理。根据各行经营状况、地区差异及扭亏难易程度每年分别核定减亏或增盈计划。二是实施全面成本管理，推行成本认定制度、部门成本责任制规范和专业成本标准等，实现精细化核算。完善管理体系与提高管理水平。三是强化无息和低息资产的管理。坚持谁主管、谁负责、谁清理的原则，明确目标，制定措施，下达清收任务，责任到人，实施奖罚。四是设立了其他资产管理的职能部门，加大其他资产管理变现力度。1998 年以来，全行平均减亏幅度达 30% 以上，盈利的二级行由 2 个增加到 7 个，盈利面达 53．85%，盈利的旗县行由 34 个增加到 85 个，盈利面达 71．43%。

（五）大力发展外汇业务，为经济建设提供全方位支持

一是积极创造条件，向多功能综合性银行迈进，国际业务得到长足发展。在办理传统外汇存贷款和国际结算业务的基础上，扩大出口押汇、打包放款、国际融资转贷款等业务规模，并积极探索贸易融资、出口退税贷款、个人外汇买卖等新业务品种。二是提升外汇服务手段。加大国际业务的科技投入，实现全球银行间外汇清算网络 SWIET/PCC 的延伸，极大地提高了资金清算速度和结算报文的传递速度。三是实施跨国战略取得成效。积极发展同国外代理行及境外机构的业务联系，与俄罗斯外贸银行建立直接的账户行关系，改善满洲里地区边贸结算条件；与国外代理行进行业务洽谈，拓展合作空间，国际竞争力得到增强。四是为出口创汇企业提供快捷便利的贷款、国际结算一条龙服务，一大批外向型骨干企业的国际竞争力得到增强。

在市场的搏击中成长

——记中国工商银行上海市外高桥保税区支行

中国工商银行上海市外高桥保税区支行钦伟

作为中国工商银行设立在全国第一个保税区——上海外高桥保税区的分支机构，外高桥保税区支行自1998年重组成立以来，认真贯彻落实工总行和市分行提出的工作要求，直面众多外资银行和外资企业的挑战，努力提高服务质量，大力拓展以世界500强为主体的跨国公司市场业务，为塑造保税区良好的招商引资环境作出了努力，并在发展中初步实现了经营管理机制的转换，坚持本外币一体化经营特色，取得了可喜的经营业绩。至2001年末，本外币存款总量达48.4亿元，较1998年末增长了154.6%；本外币贷款总量达54.6亿元，较1998年末增长了283.9%；2001年完成国际结算量达18.6亿美元，较1998年增长了226.3%；实现业务经营利润12582万元，较1998年增长了225.62%；人均利润超75万元，资产净利润率达2.71%。

(一) 在市场的搏击中塑造一支高素质的干部员工队伍

外高桥保税区在浦东的开发开放中具有特殊的地位和作用，是外商云集的投资“热土”，众多跨国公司纷纷大规模地进入保税区，为保税区的中资银行带来了前所未有的商机。但是，中资银行面对的强劲对手是外资银行，他们与外企有着血脉相连的联系，市场经济的法则在每一次业务谈判、每一笔业务交易中都得以充分体现。面对挑战，支行面临着的是“生存或死亡”的考验。支行班子要求全体干部员工直面挑战，把握机遇，以努力达到国际中等商业银行水平为目标，实现跨越式的发展。支行的干部员工展开了一场“以市场为导向，以客户为核心”的经营理念大讨论，这支平均年龄仅为31岁的队伍由此投入了与市场搏击的汹涌波涛之中。支行迅速组建了一支以近年来新进行大学生为骨干的市场营销队伍，将本外币存款、贷款、结算业务的一体化营销重任放在了他们的肩上。他们在带回一笔笔存款、贷款的同时，也带来了跨国公司提出的一个个问题。为客户“度身定制”提供服务的课题也由此摆在了全体干部员工面前。结算部门的同志面对客户服务需求，打破传统理念的束缚，在坚持合规经营的前提下交出了一份份外企经理、财务主管们倍感满意的答卷。保税区有特殊外管政策，往往使外企不甚理解。信贷、结算部门的同志陪同他们一起去走访外管局；保税区特殊的经贸政策使外企感到困惑，他们又陪同着去工商局、税务局、海关协调；人民币结算上经常面临着外企的特殊需求，耐心细致周到的服务使外企倍感称心。

在与市场的搏击中，干部员工们感受到提高队伍素质的紧迫性。支行适时提出员工成长目标管理这一独特的“自我管理”方法。每年年初员工以思想成长、岗位成长、技能成长和学识成长为内容而设定全年努力方向，学习专业技能、学习计算机、学习外语在支行蔚然成风，青年们将自身价值的实现融入于支行的发展之中。树立正确的世界观、人生观和价值观的教育细化落实于支行三年来的每一次党的组织生活、工团组织活动之中，在党总支组织的“创先争优”活动中，党员以个人争优目标公示的方法，向员工们展示了党员的先锋模范作用。全面推行科级干部岗位竞聘的办法已实行两年，“能者上，平者让”使干部队伍充满朝气充满干劲，干部职数由支行重组之初的26人下降为14人。今年，支行又在全体组长和关键岗推行岗位竞聘制，71个核心岗位全数由员工们竞聘上岗，起到了激活用人机制的效应。

优质的服务、严格的管理和富有进取精神、学习氛围的内在文化环境，使支行赢得了IBM、英特尔、朗讯、飞利浦、康柏、丸红、GE、施乐、惠普等一大批以财富500强为核心的著名跨国集团客户，在著名外企选择业务主办银行的一次次投标中，他们向支行亮出了高分，其中不少企业的外汇资本金、结算账户均开立在工行，为他们所称道的是工行的服务精神和员工的敬业精神。不少外企还以高薪、职位招揽支行的员工，而员工们的回答是“我们的事业在工行，我们的发展在工行”。三年来，支行未发生经济案件，有531余人次上交礼金38360元，礼品836件，价值约83874元。这支年轻的队伍在市场经济的大潮中经受了形形色色的考验。

（二）在市场的搏击中实现经营管理机制转换

机制转换，是国有商业银行向现代商业银行转变的关键所在。勇于改革和善于把改革的具体要求贯穿于发展与调整之中，则是基层行必须面对的一个课题。三年来，支行在实践中积极贯彻落实上级行的要求，逐步形成了以本外币一体化经营为特色，以大力拓展公司业务为目标，以市场营销和结算服务一体化运作为基础，以全过程风险管理为支撑的经营管理机制，充分体现“以市场为导向，以客户为核心，以效益为目标，以防险为主线，以内控为基础”的经营理念。

扁平化的决策协调机制在市场竞争中赢得先机。行长室、科长们所研究、分析、讨论的重要问题是经营。贷审会、市场分析例会经常性地对一个个客户的个案进行讨论，客户经理和结算部门的同志充分参与。市场信息分析系统的建立，采集了每一个客户的存贷款结算量，《市场要情》三年来共编发431期，将客户的需求及时地转化为营销方案。

严格的授权管理在经营决策中防范风险。今年，支行严格按照授权管理要求，将市分行下达的授权管理内容予以细化，修订了贷审会议事规则和贷审委员专业审查责任等项制度，信贷部门为落实授权管理要求，建立了授权管理“一户一档”制度，努力提高防范决策风险的能力。

一体化的营销、结算服务机制在市场拓展中争得主动。两年来，支行着力构建营销部门与结算部门的联动机制，以高速度的服务争得市场赢得客户。针对外资企业和专业进出口公司之间的业务协作，支行设计了贯穿信贷、结算和国际业务科多个部门的营销方案，实现信贷与结算业务的联动和本外币业务的联动，一举成功地争揽了保税区五大进出口公司的主体业务。

程式化的流程再造在业务发展中完善内控。三年来，支行先后针对内控的薄弱环节和存在的不足，组织全体员工开展“业务风险点分析”活动，由此引发了支行各部门的业务流程规范化设计，全体员工共同参与，按照工序要求以受理标准、审核要求、操作要领、权限控制、服务时效为要素，设计完成了信贷、国际结算、存汇业务等56项业务流程。

科学的设岗定责实现了岗位满负荷运作。按照机制整合的要求，支行严格限定职能科室的人员数量，率先实行了会计结算和出纳岗位的整合，目前又着重整合本外币会计结算岗位职能。通过工作职能整合、流程整合、岗位整合等一系列措施，达到减员增效的目标，集约化经营的原则在日常管理中得以落实。

（三）在市场的搏击中实现高效益、低风险发展

基层支行的经营取向是“以效益为中心，以质量为生命”。三年来，支行牢牢把握自身发展定位，坚持“有所为有所不为”，经营上在迅速扩张规模的同时，严格实行目标客户分类管理，

锁定以500强跨国公司为主体的市场板块，稳健经营资产业务，千方百计提高市场（客户）开发深度，适时切入客户的经营运作过程捕捉商机，拉动负债业务和中间业务发展。管理上努力实现对现有资源的有效、合理、优化配置，集中优势兵力投入保税区业务主战场，控制管理成本，减少经营费用，实现高效益、低风险发展。

坚持以跨国公司和优质国有企业为目标市场，在度身定制地设计营销方案的同时，把握业务风险点。支行全面地分析每一客户的产、供、销流程，掌握好信贷投放的时间和投放方式，充分发挥本外币一体化特色，大力发展贸易融资，通过与企业国际、国内贸易的现金流和物流的紧密配合，求取控制风险的主动权。三年来，新增贷款的收息率始终保持100%，本外币贷款收息水平达99.5%以上。

坚持适时退出的方针，对行业性亏损、产品缺乏竞争力的企业，通过压缩信用总量、收缩贷款期限、提高利率价格等手段多管齐下，三年来主动退出低劣企业的贷款总量超3.5亿元，把握了提高资产质量的主动权。支行锁定三项不良贷款和五级清分后三类贷款的基数，严格实行分类管理，提出“一户一策”的具体措施。为保全国有商业银行的资产，支行与相关企业进行了一轮轮艰苦的谈判，通过追索担保责任、处置抵押物和加大诉讼执行力度等渠道，取得了较为明显的成效。至2001年末，三项不良贷款占比仅为1.9%，后三类贷款占比为3.03%。

坚持本外币业务一体化发展。支行注重开拓保税区外资企业这一市场，为外企及其关联企业提供本外币一体化存、贷、结算服务，努力做大国际结算业务，并使之形成支行的业务特色。支行大力拓展保税区企业信贷市场，三年来，新增外汇贷款达五千多万美元，从单一的贷款业务发展为押汇、信用证等多种业务品种，国际结算业务由1998年末的不足5亿美元，一举达到2001年末的18.6亿美元，本外币业务联动取得了较好的经营效益，2001年末外汇利润达445万美元，占利润总额的30%。

在业务发展的过程中，支行优化资源配置，将有限的人力、物力和财务集中于市场营销部门和对公结算服务部门，撤销了盈利水平较低的三个网点，在新兴的保税区工业园区和人口导入区各增设了一个网点。在对公存款迅速增长的同时，储蓄存款实现稳中有升，千方百计开拓代发工资等低成本业务品种，在向跨国公司推介公司业务的同时，也着力做好外企员工的个人金融业务。

经过两年来的艰苦努力，支行着眼于应对我国加入WTO的新情况，努力探索可持续发展的成长之路，努力提高经营水平和员工队伍素质，各项改革稳步推进，机制整合初见成效，资产规模迅速扩张，资产质量保持稳定，经营效益显著提高，各项主要经营指标名列市分行前茅，成为保税区金融业中深受客户好评的一家银行机构。

创建先进基层党组织
谱写金融工作新篇章

——中国工商银行德州市分行　孙建勇

（一）建设一个好的领导班子是创建先进基层党组织的关键

近几年来，分行党委认真贯彻落实江泽民总书记“从严治党”的方针及“三个代表”的重要思想。按照温家宝同志在全国金融系统党建会议上提出的好的领导班子必须具备的“五个条件”，一个合格的一把手应具备“五个方面”的基本素质和《领导干部要过好“五关”》的讲话，切实搞好领导班子及其成员的政治、思想、道德建设，切实将党性、党风、党规、党纪和廉政落实到领导班子的日常工作中。

既加强理论学习，提高思想理论水平，又认真坚持民主集中制，做到了正确决策、科学决策。同时注意班子团结，发挥整体功能，并密切联系群众，全心全意为员工服务。在行风廉政建设中，坚持两手抓，两手都要硬，求真务实，真抓实干，使党建、思想政治工作和以效益为中心的各项工作做到了“十个同步”。

（二）培育一支好的党员队伍是创建先进基层党组织的一个重要的组织基础

近几年来，分行党委通过坚持经常性的党内活动、党内学习和坚持党的各项制度，上党课，开展争做优秀共产党员的活动，实施党员素质建设工程。按照党章的规定和江泽民总书“三个代表”的重要思想及上级行党委的要求，从理想、信念、全心全意为人民服务的宗旨教育和在实际工作中做到“三个代表”入手，严把了党员培养考查关、质量关、监督关、奖惩关、先锋模范作用关，细化了保持共产党员的先进性、充分发挥党员的先锋模范作用的具体内容，要求做到“十个带头”，争当“十个模范”，培育了一支好党员队伍，抓住了创建基层党组织的一个极其重要的组织基础，从而带动了该行各项工作的全面发展和进步。

这支好队伍不仅带动了用工制度和分配制度等各项改革的稳步推进，而且带动了思想政治工作的深入开展；带动、促进了党风、行风和廉政建设；带动了规范化服务水平的进一步提高和内部管理的进一步加强；带动了好风气、好作风的形成，弘扬了正气；带动了以效益为中心的各项工作任务的顺利完成，促进了全面发展。

（三）建立健全一套好的党建工作制度是创建先进基层党组织的保证

中国工商银行德州市分行党委自金融系统施行党的工作垂直领导之后，特别是在开展创建先进基层党组织和争做优秀共产党员活动以来，按照金融工委、省总行党委的布署、要求和“创先争优”应具备的基本条件，以江泽民总书记“三个代表”重要思想为指针，紧密联系党的建设，机构改革，经营管理和以效益为中心的各项业务工作的实际，坚持从严治党的方针，切实搞好思想、组织、作风建设和党规、党纪、廉政建设及制度建设。围绕建设一个好的领导班子、培育一支好的党员队伍、建立一套好的党建工作制度、完善健全一套好的思想政治工作机制、创造一个好的工作业绩的指导思想，加大了党建工作力度，积极探索新形势下搞好党建的新途径，增强了党委领导班子的凝聚力、战斗力，充分发挥了班子的领导核心作用，为业务开拓与发展注入了生机和活力，提高了资产质量和经营效益，开创了党建工作的新局面，创造了各项工作的新业绩。

在创建先进基层党组织、争做优秀共产党员的活动中，进一步建立健全了党建工作的各项制度，运用搞好“七个结合”、实行“十个公开”的方法，把严密的“十看”监督约束内容融入持之以恒的坚持党建工作的十项制度之中，为创建先进基层党组织、开创党建工作和各项工作的新局面，提供了制度保证。先后建立健全的党建工作制度有十种：一是学习制度。党委成员和党员坚持每周集中半天学习的制度。二是实行党委集体领导和分工负责的制度。三是党员领导干部参加“双重组织生活”的制度。党委成员既要参加所在支部组织的党内活动和党小组的组织生活会，又要参加党委召开的民主生活会。四是民主评议考评党员的制度。在开展的专项活动和一年一次的党员测评中，坚持民主评议，广泛听取党内外意见，在此基础上进行讲评。五是党风廉政建设责任制。根据党中央、国务院“关于实行党风廉政建设责任制的规定”，结合本单位实际，制定了党风廉政建设责任制。六是“三会一课”制度。坚持定期召开党支部委员会、党员大会、党小组会的制度；坚持党委书记党委成员给党员和入党积极分子上党课的制度。七是党费交纳制度。党员做到了按时足额交纳党费并将党费收缴情况每半年张榜公布一次。八是党管干部的制度。通过实行干部任前、竞前公示制度，考评，测评制度，警示谈话制度，离任稽核制度等各项制度的实施，坚持了党管干部的制度。九是坚持了重大问题请示报告制度和定期工作报告制度。十是对党建工作进行检查分析的制度。党委每季对党建工作进行分析总结，肯定成绩，找出不足。

（四）完善健全一套好的思想政治工作机制是创建先进基层党组织的强大动力

分行党委始终把党的思想政治工作贯穿于各项工作中，作好结合的文章，使之在百分之百的时间中和百分之百的人员中起作用，并在实践中进一步探索、完善、健全了一套行之有效的思想政治工作运行机制，继承发扬了思想政治工作的光荣传统，充分发挥了思想政治工作对创建先进基层党组织和各项工作的生命线作用及其强大的促进和动力作用。一是完善健全了思想政治工作的组织领导机制和齐抓共管机制。实行了党委书记、行长负总责，分管领导靠上抓，党委宣传教育部门主管，党委组织人事部门、群工统战、工会、团委协管，其他业务部门一岗双责，干部职工主动参与，家庭、社会积极配合，党、政、工、团齐抓共管的思想政治工作组织领导机制和齐抓共管机制，对思想政治工作这个生命线做到了经常讲、反复讲、认真抓、放在重中之重的位置。这种一把手总管、一把手抓一把手、分层次一级抓一级、各尽其责、齐抓共管的运行机制使分行的思想政治工作落到实处。二是完善健全了政治思想教育的运行机制。以树立正确的理想信念、价值观为主，紧密联系实际，适时搞好政治思想教育。在教育内容上把政治导向、行为规范、党规党纪约束有机结合起来。在教育方法上做到了形式多样，面向实际、面向社会，把上级党委布署的教育与单位教育、家庭教育、群众自我教育有机的结合起来，形成了“大教育”格局。形成了一时一刻也不间断的健康有序的教人育人的运行机制。三是完善健全了思想政治工作的结合渗透机制。围绕一个时期的中心工作，选准思想政治工作的结合点，做好思想政治工作与其他各项工作相结合的文章，把思想政治工作贯穿到各项工作的全过程。四是完善健全了群众性的思想政治工作运行机制。加强了对党员、科长、所主任、工会小组长、职工代表、共青团员等思想政治工作骨干的培养；实行了群众性的自教、互教、互帮、互学和开展了谈心活动；组织了多种形式的群众性的比、学、赶、帮、超、创先争优活动；组织了群众性的一事一议、案例分析、闪光赞颂会、读书演讲、经验交流、行政民主生活检讨会，弘扬正气、抵制歪风邪气，培育了积极向上、助人为乐、服务人民、奉献社会、干好本职工作的良好风气。五是完善健全了思想政治工作的考核、检查、奖惩机制和激励约束机制。把思想政治工作考核、检查、奖惩、激励约束与各项工作的考核、检查、奖惩结合起来；与对思想政治工作的评估督导结合起来；与对政工干部的培养教育、考核、奖惩结合起来；与对思想政治工作的硬件投入和保障工作结合起来，融为一体、同步进行。完善健全的这种激励和约束机制主要是通过全员竞争上岗、实行动态式末位淘汰下岗，任务、防范案件确保安全的量化考核，双层结构工资，签定责任状，民主测评、考核、总结讲评，评先树优，检查稽核，违章违纪必究，规范化服务星级达标，行长信封等多种形式的社会监督，进行激励和约束教育等来运行实现的，保证了各项工作任务的顺利完成。

（五）创造好的工作业绩是创建先进基层党组织的必然结果

紧密联系实际，"围绕效益抓党建，抓好党建出效益"，从1998～2000年连续三年创造出了新的工作业绩，特别是自开展"创先争优"的活动以来取得的工作业绩更为突出，工作实践充分证明：开展"创先争优"活动，在提高领导班子总体素质、提高全体党员和党员领导干部自身综合素质的同时，必然会促进经营效益的显著提高，创造出更好的新的工作业绩。分行2000年末各项存款余额56.9亿元，在营业网点减少56%的情况下，存款额比1997年末增长16.9亿元，年均增长5.6亿元，相当于1997年全年增长额的3倍，从经营效益看，他们三年迈出了三大步，1997年亏损1032万元；1998年扭亏为盈，实现利润7万元；

1999年实现利润546万元，全辖8个亏损县支行全部实现扭亏；2000年实现利润2307万元，所有的机构网点都盈利，连续三年实现了安全无事故。2001年6月末全行各项存款余额662469万元，各项贷款达431416万元，存、贷款分别较1998年增长1.5倍和1.3倍，成为德州市金融系统中惟一实现盈利和存款突破60亿元的商业银行，信贷结构调整成效显著，资产质量稳步提高。1999年至2001年上半年全行新增不良贷款率为零；2001年上半年实现利润1551万元，同比增加542万元；全省综合绩效考核第五位；连续三年收息率保持在90%以上，居全省工行系统的前列。全行工作走上了管理出效益、效益保稳定、稳定促改革、改革促发展的良性发展轨道。

1999年分行被德州市委授予思想政治工作先进单位称号，被山东省团委授予山东省希望工程贡献奖，1999年在德州市组织的万人评行风活动中被评为全市各行业第三名，金融系统第一名，1998年至2000年一直保持了德州市市级文明单位荣誉称号。2000年5月在分行召开了全省工行系统机构改革现场会，全面推广了分行机构改革的经验，工商银行总行姜建清行长来山东检查工作时对分行机构改革的经验作法给予了肯定和鼓励。

积极应对入世挑战 加快工商银行发展步伐

中国工商银行十堰市分行　张立忠

加入 WTO，是中国对外开放的一个重要里程碑，是中国主动参与经济全球化、融入世界经济主流的战略选择，也是中国银行业改革发展的历史性转折和新的起点，必将促使我国银行业的经营管理制度、政策法规体系加速与国际规则接轨，真正走上国际竞争的大舞台。加入 WTO，参与国际金融竞争，对我国银行业来说是机遇与挑战并存，我们必须正视其影响存在，对可能发生的变化做出客观，准确的分析和判断，并在此基础上寻求对策，加速发展。

（一）加入 WTO 对我国金融业的影响

加入 WTO，一方面为我国银行业学习借鉴和引进国外先进经营管理经验，加快自身的改革发展，拓展海外业务，实施跨国经营创造了良好条件和重要机遇；另一方面，也必将对中国银行业形成现实的全方位的冲击和巨大的影响。主要表现在以下几个方面：

1. 对银行业务经营的影响

就外汇贷款而言，目前外资银行的外汇贷款占国内全部外汇贷款余额的比例已高达 23%，而其不良资产的比率却远比国内商业银行低；在国际结算方面，外资银行办理的出口结算业务已占国内市场份额的 40% 以上。从国外银行业务的发展趋势来看，传统业务占比正逐步下降，而风险小、成本低、利润高的中间业务如国际结算、代理业务等已发展成为国外银行利润的主要来源。因此，从目前已产生的实质影响来看，随着中国加入 WTO，在华外资银行将从目前只办理外币结算业务逐步扩展到与国内银行相同的其他本外币结算业务，外资银行的获利能力将大大增强，其对国内商业银行的冲击将更大。

与国外银行相比，国内商业银行的一个突出的弱点是缺乏创新机制，创新动力不足、能力不够。而银行业的活力和获利源泉正是来自于不断的创新。对国内商业银行而言，目前已经或正在开办的“新业务”，如消费信贷、外汇交易等，对国外银行来说，已经是非常成熟的业务品种，具有成功的营销和操作经验。因此，随着业务品种限制的逐步取消，外资银行将带着他们最有优势的业务来与国内的商业银行竞争，这将构成对国内商业银行的最大冲击。

2. 对银行客户的影响

主要是国内商业银行优质客户的流失和衰退。国外银行进入一个新市场的基本发展战略思路是“国际化——本土化”。进入初期，外资银行基本上是随着其总行客户的进入而进入，为其总行客户在东道国的分支机构提供金融服务。但是，随着我国金融市场的逐步开放，外资银行将逐步培养当地的优质客户，最终将以当地客户为主要服务对象，国内商业银行原有优质客户将会有所流失，对未来具有成长性的潜在客户的竞争将更加激烈。同时由于加入 WTO 将对我国经济产生总体性的影响，行业、产业及产品将随世界范围的调整而调整，这就意味着银行客户的风险会出现转移和变化，原有的客户资信和效益将发生很大变化，优良客户可能会失去优势。原先处于劣势的一些产业、行业因出口需求增加、配额的取消和避免倾销指控，可以获得重新发展的机会。这种影响和变化，对承担国内近一半工商企业金融服务业务的工商银行来说意味着更大的困难。

3．对金融市场和银行竞争力的影响

随着中国加入 WTO，市场准入及国民待遇承诺的逐步兑现，国内金融市场的格局将发生很大的变化：外资银行的数量将有所增加，规模将大大扩张；外资银行在非传统业务中所占的市场份额将大大提高；外资银行与国内商业银行，尤其是与对那些具有良好结算网络的商业银行合作将会得到加强。另一方面，由于体制及历史的原因，国内商业银行普遍存在不良贷款比率过高和资本充足率偏低、现代化程度较低、从业人员的综合素质较差等问题，将无法与发达国家的银行竞争。同时，随着网络技术的发展，电话银行、网络银行不断兴起，外资银行的优势将逐步显现，这将使我国商业银行特别是国有独资银行的机构（网点）优势渐渐丧失，从而进一步影响我国商业银行的竞争力。

4．对银行业人才的影响

外资银行凭借其优厚的待遇、优越的工作条件、先进的经营管理模式以及良好的个人培训与成长机会，将吸引、挖走国内银行的优秀人才，进一步加剧人才流失的严重程度，而国内商业银行由于人才激励机制不健全，优秀管理人才流失，加之难以吸引足够多优秀人才，有可能导致整体员工素质和经营管理水平的下降。

（二）工商银行面对“入世”的应对之策

工商银行是目前国内最大的国有独资银行。经过十几年的改革，虽然取得了巨大成就，但离“办成真正的商业银行”这一基本要求仍有相当大的差距：与社会主义市场经济相适应的经营管理体制及相应的激励发展机制还没有真正确立；合乎商业银行经营原则的经营机制更需要完善；信贷资产质量不高；管理经验不足；人员素质偏低；服务水平、服务手段和品种还不能完全适应市场需要。对此我们要有清醒的认识，并给予充分的重视。要从战略的高度、以系统的思路做好我们的工作，解决和克服那些与市场不相适应的体制和机制上的矛盾问题，在机遇和挑战并存的时刻，迎接挑战，抓住难得的发展机遇。

1．转变经营观念，深化体制改革

首先，要认清当前国际、国内的经济、金融形势及其发展趋势，积极转变旧的观念，牢固树立竞争、创新、危机、集约化经营、成本效益等新观念，在思想上做好迎接挑战的准备。其次。要按照市场经济的要求，继续深化体制改革。工商银行是目前国内最大的国有独资银行，同时也是中国银行业的主力军之一，面对加入 WTO 这一发展形势，要突出主力军地位，发挥主力军作用，就必须在体制和组织形式上有所突破。我们设想，在保证国家控股的条件下改善工商银行的资产组织形式，即根据地域上的相关性，集中一部分优质资产，采取到境内或境外上市的方式，从证券市场直接筹资。这样，一方面可以增加其资本金的不足，提高资本充足比率，进一步提高抗风险能力；另一方面，加快转换经营机制，更适应市场经济的需要，有利于自主行为的确立和贯彻，提高市场竞争力。

2．适应市场原则，转变经营机制

国有商业银行改革的目标是要建立现代金融企业制度，使银行成为真正的银行，成为自主经营、自负盈亏的市场竞争主体。工商银行实现这一目标关键在于深化改革，通过改革解决好自身存在的问题。在业务和组织上按照商业银行的原则调整因历史原因所造成的不合理的机构布局，以及各级机构的设置、职能、相互关系、人员素质及结构等。在经营机制上要理顺各级及各部门之间的关系，协调运作，确立以责权利为中心的发展激励机制，奖励先进，鞭策后进，形成人人向上的好风气。进一步分离政策性业务和商业性业务，加快业务增长方式向集约化转变的步伐。实现向集约化经营的根本性改变，应主要依靠科技进步，加快网点电子化建设，提高电子化网点的覆盖率，对低效、亏损的营业网点进行撤、并、迁等改造，优化网点布局，提高网点单产水平。除此之外，要抓住组建资产管理公司的机会，综合运用出售、置换、资产重组、资产证券化、债权转股权、资产剥离、存量盘活等办法，千方百计盘活不良资产，改善和提高资产质量。要在大力抓好内部控制建设，在内控的组织机构、同业自律监控机制、内控新办法等方面下大力气，推行资产负债比例管理和风险管理，确保资金的安全性、流动性，提高盈利能力。

3．推进业务创新，走多元化经营之路

业务创新是银行活力的来源，在竞争日趋激烈的情况下，创新已成为取得竞争优势的重要手段和途径，同时它也成为实现集约化的重要内容和取得效益的主要源泉。工商银行是以传统业务为主的银行，未来的发展面临极大的挑战，面对WTO的冲击，更要加快业务创新，在竞争中抢得先机。其应对措施的基本思路应该是：在保持和充分发挥传统优势的基础上，以客户为中心，按照市场原则，不断地进行业务创新。在现阶段，围绕业务创新、经营机制、提高管理水平等方面，主要应做好以下几项工作：

(1) 建立和巩固工商银行基本优质客户群。以优质重点客户为调查对象，找出在提供类似金融服务过程中与外资银行的差距，并在合法合规的前提下创造一些新的服务手段，尽一切可能予以弥补和满足，以巩固和加强与这些基本客户的关系。过去长期以来形成的基本客户是工行主要的和基本的收入来源，是工行赖以生存和发展的基础，是在加入WTO后开展竞争的本钱。抓住这些客户主要还是要依靠增强服务意识和手段，不断提高服务质量和水平。

(2) 加强对市场的研究和开发，加快金融电子化网络化建设。以现有的和不断发展的科技手段开发新的业务种类，同时要加大市场营销力度，并根据客户的需求和风险防范的要求，适时调整金融产品的设计，注意发挥工商银行的网点和电子化科技优势，不断总结业务操作上的经验，尽快形成成熟的、具有特色的业务品种，在日趋激烈的市场竞争中以特色和优势服务巩固和扩大市场份额，使工商银行的网点及科技优势真正得到有效的发挥。

(3) 积极发展包括国际结算、信用证、外汇买卖、银团贷款以及金融衍生工具在内的国际业务。国际业务将是首先与外资银行要打的一场遭遇战，工行必须争取主动，在外汇买卖、利率汇率保值以及金融衍生产品方面不断开发适合市场需求的业务品种。进一步发展国际结算业务，为客户提供资金配套服务。

(4) 借鉴和引进国外同业先进的业务管理和风险控制系统，提高业务处理的质量和效率，完善风险监控措施。当前应着重从以下两方面入手：一是积极做好不良资产的清收和处置工作。通过核销一部分、转换一部分、盘活一部分等办法来降低不良贷款的比例，减轻银行的历史包袱，使之轻装上阵。二是要优化贷款增量。通过制定和执行一系列的措施，如严格审贷分离、落实贷款风险责任制等来确保新增贷款的质量。

(5) 大力发展中间业务和零售业务。首先，中间业务是商业银行之间及与外资银行之间争夺的重点。工商银行要想在竞争中立于不败之地，必须充分运用其良好的信誉、雄厚的资金实力、广泛的客户基础、发达的分支机构等优势大力发展中间业务。通过中间业务的发展起到联系客户、稳定客户、促进传统的银行资产负债业务的扩大、提高银行收入的作用。其次，工商银行要根据国内经济形势的变化，调整过去“重批发、轻零售”的经营战略，重视零售业务的发展，如消费信贷、个人理财、个人银行卡等零售业务的市场潜力很大，应是重点开发的目标。

(6) 尽快培养更多的懂国际金融、国际惯例和相关法律的外向型、复合型人才，建立激励优秀人才的选人用人机制。加大对银行高级管理人员的考评，真正做到管理人员能上能下、一般员工能进能出。在分配上破除“大锅饭”，实行综合经营计划考评和经营绩效挂钩，建立科学的收入分配办法，充分调动集体和员工个人的积极性。

与时俱进　开拓创新
努力实现最佳社会效益和经济效益

中国工商银行西安高新技术开发区支行　杨　瑞

江泽民总书记“三个代表”思想的提出，特别是结合“七一”讲话的深刻阐述，符合历史发展规律和时代进步的要求。这一思想将会成为当前乃至今后我们各项工作的指南。回顾工商银行西安高新技术开发区支行建行9年来取得的成绩，充分说明了只有联系实际实践“三个代表”，与时俱进，才能无往而不胜。

西安高新技术产业开发区是一片充满生机与活力的土地。强劲的经济发展势头、高新技术企业聚集的氛围为金融业的发展提供了有利的外部环境。但是对于金融业的经营来说，区内大量急需贷款支持的中小型企业、民营企业，既为银行拓展业务提供了广阔的市场，又潜伏着复杂而巨大的金融风险。

在不断拓展业务的同时学会规避风险，在稳健务实的理念上实现效益最大化。作为以高新区为主要服务区域的基层支行，从1993年元月成立至今，坚持在规范的基础上争取最大的效益，在力促区域经济飞速发展的同时实现了自身的高速健康发展。建行9年来，高新支行资产总额由零扩张到近40亿元，累计实现利润逾2亿元。特别是近3年来，支行业务发展步入成熟扩张时期，各项存款平均每年以33%的速度递增，各项贷款平均每年以38%的速度递增，人均创利年平均增长率超过62%。2001年实现利润较上年同期增加66%，不良贷款余额和不良贷款率实现双降，保持了建行以来连续9年无案件和重大差错事故发生，在陕西省工行营业部系统各项综合指标考核中名列前茅，被西安高新区管委会誉为开发区中金融业的“大哥大”。

高新支行坚持以业务开拓和业务创新为基础、以高质量和高效益为目标、以思想政治教育为先导、以群众性创建活动为载体，坚定不移地走质量效益型现代商业银行的发展道路。在带来巨大经济效益的同时，也产生了巨大的社会效益。在连续获得区级文明单位、市级文明单位之后，2000年高新支行成为西安市惟一一家获得省级文明单位称号的金融单位，2001年再接再励，被工总行授予“中国工商银行文明建设先进单位”荣誉称号。

（一）抓住开发机遇，深化效益和风险意识

高新支行准确把握外部经营环境特点，将支行的发展定位在高质量、高效益、可持续发展上，要求员工素质高、文化品位高、业务技能强。抓住西安高新开发区一期、二期建设时机及西部大开发的机遇，确定信贷支持重点，找准贷款投放点，努力做好营销工作，保证了信贷规模的不断扩大和资产质量优良。

突出支持国家重点行业和企业。根据国家产业政策和区域经济发展状况，支行对辖区内具有行业代表性的邮政信息行业给予重点支持，保证了陕西省电信网络建设所需资金。特别是近年来支持建设的小灵通网、农话网、固定电话交换机扩容等项目取得了很好的社会效益，仅2001年的净投放额即达到3亿元。

突出支持开发区龙头企业。开发区龙头企业西安高科（集团）公司是开发区管委会委托的惟

——家从事开发区基础设施建设企业，是全国高新技术百强企业之一，针对该企业承担着开发区二期扩建和长安产业加工基地的建设项目，为先期渗透到今后入区的高科技研发中心、信息网络中心及软件技术中心这部分潜在市场，高新支行紧紧抓住信贷营销这一关键环节，在提供全方位服务的前提下与企业签定了5年投入40亿元的信贷融资协议。近两年支行对高科集团的累计贷款超过10亿元，极大地改善了区域投资环境。

突出支持发展前景好的股份制企业。目前在国内享有较高知名度的西安交大开元集团，1993年初支行投入第一笔流动资金贷款100万元时，它只是一个拥有几万元固定资产、十几名教学科研人员的校办企业。瞄准其有西安交大的科技优势和人才优势的背景、以高新技术为核心的企业定位、以高科技业务为重点的发展方向，支行将该企业作为扶持重点，特别是1995年8月在研发的关键时刻一次性投入的8000万元贷款支持企业开发CMOS摄像芯片获得成功，为此项技术的不断提升和企业的进一步发展奠定了基础。多年来支行累计向企业投入6．7亿元，支持企业以高科技为主向教育、地产开发等领域扩展，目前该企业整体水平居全国高校企业前列。

突出支持高科技企业和高附加值企业。支行围绕科技成果的转化和技术创新扶持了一批中小型企业成长壮大，西安通视数据公司的前身是西安交大的一个实验室，欲发展的项目技术含量高但缺乏启动资金，基于充分的市场调研论证，运筹于未来信息市场，支行从60万元贷款起步支持企业发展通视数据广播产品并将其产业化，特别是2000年发放贷款3500万元扶持公司进行高新技术示范项目——绿色出版系统技术改造，使该公司VBI技术达到国内首创、国际领先的水平，通视系列产品市场占有率达到75%。

突出服务创新以增强市场竞争能力。支行强调为不同类型的企业提供多样化、综合化、现代化的金融服务。一是加强品种创新，在省内率先推出汽车消费贷款、个人住房贷款、家居组合贷款等业务，并通过推出大量中间业务引来开发区内一批客户关注；二是加强功能创新，以省行和营业部为依托大力开发电子银行业务，使电子银行交易量大幅增长；三是加强服务创新，通过帮助省电信、邮政系统建立全省资金调度中心，稳定大户存款；通过向大户派驻客户经理，为企业提供全方位服务；通过为辖区内公路、交通、证券等行业提供专门服务保证了行业需要。从2000年开始，陆续推出一系列服务新举措，包括多种中间业务在柜面推出、自助银行投入运行、电话银行和网上银行的宣传、代保管箱的推出、自动叫号系统的投入使用等，以营业室为代表的精品网点凸现其强大优势。

防范经营风险的关键是建立一套完善的规章制度并贯彻落实，力求将其渗透到银行各项业务的全过程和各个操作环节，使它们覆盖到所有部门和岗位。建行9年来，支行先后组织编写了《内控手册》、《岗位作业指导书》等近百种规章制度及管理办法，基本形成了一套比较完整的信贷风险防范体系，将决策层、管理层、操作层三个层面，贷前、贷中、贷后的各个程序全部纳入监控之中，有力地提高了风险决策水平。

规范的管理赢得客户的尊重和社会的认可，一大批知名企业与支行保持着密切联系，目前开发区内数千户企业与支行保持着密切的结算关系，有近百户企业与支行建立着良好的信贷关系，实现了银企双赢的目标。

（二）立足长远发展，牢固树立服务意识

银行能否为市场和客户提供优质的服务，关系着银行的生存与发展。高新支行9年的创建与发展，9年的实践摸索与理念碰撞，探索出一条全新的发展模式。

1．确立全新的发展思路。高新支行作为在省行营业部率先按照商业银行经营模式运行的改革试点行，在用人机制、分配机制、业务管理机制和内部运行机制等方面都确立了全新的观念，合理利用人力资源，最大限度地激发员工的积极性。

2．建立精简的内部机构。支行内部运行模

式建立在“小机构、大服务”的思路上，两部一室的科室设置、“一人多岗、一专多能”的要求，既有利于业务发展、复合型人才的涌现，更有利于大服务格局的形成。通过强化思想政治工作为业务服务的功能，努力把思想政治工作和管理工作紧密结合，在全行上下营造出既抓业务又抓管理的良好氛围。

3．建立创新的管理模式。中国加入WTO，意味着国内商业银行全面步入国际金融市场。这对我国商业银行的改革与发展将产生积极影响，将给我国商业银行带来难得的历史机遇。为适应金融业竞争形势的需要，尽快与国际惯例接轨，全面提升内部管理，2000年支行在行内推行ISO9002国际质量保证体系，围绕管理和服务这两个环节，提出了“管理严谨、服务卓越、争一流金融企业、创工行高新品牌”的质量方针，编写了共108个计37万余字的质量体系文件在全体员工中进行宣传贯彻，在全行上下形成以贯标提升管理、以贯标促进服务、以管理和服务促进业务发展的局面。支行ISO9002服务质量保证体系的建立，以专业管理为纵向、部门协调配合为横向的网络使服务涉及到各个岗位，点、线、面的结合形成全方位抓服务的格局。2000年9月底支行通过ISO9002国际质量体系认证，这在西北地区金融业中是第一家。

立足服务创新，着眼经营效益提高。支行通过建立ISO9002质量保证体系，有力地促进了服务水平的提高，通过制定实施《高新支行服务管理办法》，将总行“一个细则两个标准”贯穿其中，全面推进网点规范化；通过举办全员服务规范化培训班，加强服务规范训练。2000年一所大学附属医院欲通过公开招标方式寻求新的合作伙伴，获此信息后多家银行跃跃欲试，在公开答辩会上由行长亲自阐明支行立足服务的管理思路及具体服务措施，最终高新支行从包括招商银行、商业银行在内的十一家金融机构中脱颖而出，争得这一日均余额几千万元的基本结算户。企业认为高新支行服务意识强、服务观念新、服务措施具体，是银企合作的最佳选择。

客户的满意程度就是评价服务的最终标准。支行2000年和2001年先后两次通过发放“顾客满意度调查表”来检测支行服务水平，顾客满意率均达到98%以上。

从2000年开始推出的网上银行业务最能说明业务推广的速度。仅2001年网上银行的交易额即达到19．5亿元，居营业部系统第一。服务创新给工行带来的不仅是经济效益，更重要的是提高了服务的品质，提升了工行高新支行品牌的档次。

（三）围绕中心工作，建立以人为本的意识

高新支行最大的优势是人的优势，支行注重知识的更新和技能的提高，把人力资源视作企业最宝贵、最具开发潜力的资源，努力提高人的综合素质，以激发员工的积极性和创造性。

1．培养、凝炼企业文化

保持企业持续发展，必须有良好的企业文化的积淀。高新支行经过9年艰苦创业和发展磨砺，在不懈的探索与追求中逐渐形成了独具特色的企业文化。塑高新支行之魂，通过献身工行事业的教育，使全行200名员工拧成一股绳；树高新支行之形，为实现“培养一流员工、实现一流管理、创造一流效益、塑造一流形象”的目标，对内提升管理水平，对外抓好规范服务；扬高新支行之貌，通过培养员工良好的群体意识和主人翁责任感，使支行员工始终保持着奋发向上、朝气蓬勃的良好风貌。

2．强化员工职业道德教育

加强对员工队伍的形势任务教育和职业道德、职业责任、职业义务、职业纪律、职业要求教育，建立起符合工商银行特点的思想教育体系，重在培养一支业务精良、素质过硬、爱岗敬业、开拓创新的金融干部队伍。通过年初制定《员工培训计划》并据以实施，设立员工培训档案，建立起培训记录；通过建立假日学校，利用每周日非业务时间举办研究生层次培训；邀请全国金融系统劳模张晓智同志作的《无悔人生》的报告在西区分理处引起员工的共鸣，大家以极大

的热情投入到工作中，短期内的变化引来一片赞扬声，在短短二十几天内储蓄存款增加了200多万元。政治思想教育与业务培训相结合、与知识更新相结合、与职业道德教育相结合，为全行发展奠定了坚实的基础，支行先后举办了金融礼仪培训、中国入世讲座、干部管理知识和技巧培训、ISO9002质量保证体系讲座、依法合规经营学习宣讲活动，组织研究生研修班，有效地提高了员工的知识水平和业务技能。支行的工作受到上级行的肯定，在工总行进行的"三讲"教育"回头看"检查中，经省工行推荐，支行作为陕西省分行惟一一个基层支行接受了工总行的检查，受到工总行检查组人员的肯定和好评。

3．开展丰富多采的文明单位创建活动

支行先后组织员工赴革命圣地延安学习，派出中层管理干部学习观摩全国服务先进单位经验，突出了爱国主义、社会主义、集体主义为核心内容的主旋律教育；通过开展大讨论，举办征文及专题讲座，集中开展职业道德教育；通过贯彻党风廉政建设和防范案件责任制，以及金融法律法规学习和典型案例教育，强化遵纪守法意识。结合各种形式的教育活动，注重发挥典型的示范效应，通过开展"争先创优、建功立业"活动，两年来仅支行营业室受到支行以上单位表彰的员工有24名，涌现出省行金融先进工作者万娟丽、省行营业部"十佳青年"贺志远等一大批先进个人。支行营业室被省工行命名为"文明服务示范窗口单位"、"优质文明服务先进集体"，先后被团市委、团省委命名为"青年文明号"，2000年被批准为总行级"青年文明号"。三年中营业室对公结算户由960户增至2100户，对公存款由2．8亿增加到12亿，储蓄存款由0．27亿元增加到近4亿元。

（四）加强党建工作，树立"生命线"意识

高新支行是在邓小平同志南巡讲话发表的形势下应运而生的，一家国有商业银行，依靠改革开放的政策才有了今天的飞速发展。支行领导班子充分认识到，以"三个代表"思想为指导，注重加强党建工作，是促进"两个文明"建设，确保各项任务顺利完成的根本保障。

发挥党的作用，首先要加强党的组织建设。高新支行初建时只有一个党支部，由不足10名党员组成。支行把加强党建的首要工作放在加强基层党组织建设上，加大培养积极分子的力度，努力增强基层党组织和党员的辐射作用。到今天支行已拥有一支近百名党员和入党积极分子组成的骨干队伍，涌现出了一大批在改革和发展风口浪尖上的优秀共产党员，他们在支行党委的领导下发挥着模范带头作用。

在加强组织建设的同时，支行注重做好制度健全和管理工作，将基层党组织工作纳入制度化、规范化管理的轨道。在基层支部坚持落实"三会一课"制度，建立了党建工作责任制、党建工作联系点制度，实施了党建工作量化考核办法。同时在全体党员中深入开展"创先争优"等活动。今年在高新支行庆祝建党80周年大会上，有22名党员受到表彰，其中5名党员受到上级行的表彰。支行党委被营业部授予"先进党委"称号。

（五）班子成员带好头，树立榜样意识

领导者的素质，直接关系到企业的生存与发展。在高新支行优异的经营业绩和良好的行风行貌背后是一个素质高、勤政廉政的领导班子。

坚持党委中心组学习制度是一个好的传统。在这里，上级党委的工作精神及时得到传达、贯彻和落实；各种疑难问题得到研究讨论；工作中的想法得到统一；现代金融业务和商业银行经营管理知识得以传播，为各项工作的顺利开展提供了强有力的动力源泉。

支行成立9年来，领导班子先后调整过三次，但是坚持民主集中制的制度没有变过。凡是行里重大问题必须经过党委充分酝酿和讨论，由党委集体决定。工作中坚持"一把手"总揽全局，副手各司其职、相互协作的良好局面。

深入调查研究，注重解决工作中的实际问题。行级领导有固定的联系网点，有规定的时间投入基层调研。到各营业网点进行座谈、明察暗访，到存贷款大户走访，联络感情。员工的建议和意见反映到领导层的渠道更多了，客户的需求掌握了，领导和员工、和客户的距离也拉得更近了。

支行领导还十分注重构筑防腐大坝，营造廉洁之风，认真抓好领导干部廉政建设，抓好案件防范工作，特别是充分发挥制度管理人、制度约束人、制度激励人的作用，正确处理自律与他律、疏导和控制的关系，保证了支行建行以来连续9年无经济案件和重大差错事件的成果。

新支行领导班子在勤政、廉政上所起的模范带头作用，进一步激励了广大员工的事业心和责任心。支行形成了爱岗敬业、团结奉献的良好氛围，确保了支行各项工作顺利完成。

加强党建工作激活员工队伍推动业务发展

——记中共中国工商银行宣化支行总支委员会中国工商银行宣化支行

宣化支行是按照上级行在同一辖区不设双重机构的改革精神，于1997年由宣化区办事处与宣化县支行合并组建的。1999年庞家堡办事处降格为分理处并入该行，2000年赤城县支行撤销后该行又接收了其全部资产。目前宣化支行为四合一的基层行处，拥有在职员工312人，离退休人员263人，党员194人，占全行员工的34%，担负着全辖2485家工商企业和37万个人客户的金融服务业务。近年来，面对深化金融改革的强大动力、辖区16家金融机构日益激烈的竞争环境和四行合并带来的诸多经营困难，该行顶着区域经济低迷的压力，党总支一班人紧紧围绕经营效益这一中心，把党建工作作为全行的核心工作来抓，坚持“两手抓、两手都要硬”，走加强党的建设、促进业务发展的路子，发挥党建工作特有的政治优势，两个文明建设取得明显成效。自1997年以来各项存款以每年两亿元的速度增长，五年翻了一番，各项贷款余额达163031万元，存款、贷款同业增量存量占比均居辖区首位。消化四行合并带来的近千万亏损因素后继续保持了盈利行位置。宣化支行连年被省、市行评为“金融先进单位”，被张家口市委、市政府评为“文明单位”，被省、市分行评为“优质文明服务先进集体”；连续两年在市分行目标管理考核中排名第一；1998年营业室被中国工商银行总行命名为“优质文明服务窗口示范单位”；2001年获得中国工商银行总行“先进基层党总支”的荣誉。

（一）以身作则，围绕经营抓党建，突出党总支的核心作用

1997年以来，由于区域经济一度低迷，企业经营困难，不良贷款前清后溢，加上一个盈利行与三个亏损行合并，员工队伍急剧增加、资产质量恶化，经营包袱沉重，致使部分员工思想出现波动，竞争意识淡薄，安于现状，一度导致业务下滑，发展步入低谷，针对这一现状，该行党总支进行了认真的反思和调查研究，确定了“以抓党的建设为突破口，推动业务发展”的经营管理思路，从抓班子自身建设入手，强化员工队伍的凝聚力和战斗力。

他们首先抓了领导班子的思想政治建设。制定了中心组理论学习计划，把学习时事政治、江总书记关于“三个代表”重要思想论述和商业银行管理及实务作为提高思想政治素质的基础。使每一位班子成员既是党建工作的领头雁，又是业务管理的排头兵。在坚持学习的同时，认真做好三个方面的工作：一是团结求实，增强班子的战斗力。坚持开好一年两次民主生活会，广泛征求员工意见，深入开展批评和自我批评，相互支持、勇担重任，互相补台、密切合作、形成良好的管理氛围。在干部任免、财务开支等重大问题上，不搞“一言堂”，实行民主决策。二是廉洁自律，提高班子的凝聚力。认真落实党风廉政建设责任制。制定了党风廉政建设量化考核办法，将考核结果与班子职责相结合，总支一班人主动

发挥表率作用，对中纪委、中央金融工委提出的“五不准”、“过好五关”、“十个严禁”认真学习、认真落实，在住房、乘车、通讯工具等群众敏感的问题上无一人违纪，为广大员工树立了榜样。三是勤政务实，提高班子的感召力。强化群众观念和宗旨意识，坚持经常深入客户和企业调查研究，亲临一线营业网点慰问员工、征求意见，及时解决员工在工作和生活中的困难，为职工办实事，解决了员工的住房问题，改善了一线网点的工作环境，补充了边远办事处的交通工具……，有效调动了员工的积极性。由于该行党总支一班人思想上齐心、工作上合力、行动上一致，以“团结、务实、勤政、廉洁”的领导班子形象，在员工心目中树立了较高的威信。从而为各项业务的发展奠定了良好的基础。

（二）以人为本，完善“两个机制”，为党的队伍培养新生力量

一方面，完善用人机制，为员工积极上进营造宽松良好的环境。在用人上引入竞争机制，通过公开竞聘、群众评议、总支把关等程序公开选拔任用中层干部，先后有14名思想作风过硬、工作扎实、业务精通的青年员工被提拔聘任为中层干部，有3名落聘，4名低聘，从而增强了干部队伍的活力。同时适应商业银行改革发展要求，主动为员工提高业务文化素质创造条件，举办职工夜校，进行综合培训，鼓励自学成才，在全行掀起学知识、练技能的热潮。在市分行组织的业务技术比赛中，连年名列前茅。员工综合素质的提高为支行深化改革和创新业务品种奠定了坚实的基础。

另一方面，完善党员后备力量的培养和发展机制，坚持标准，保证质量，认真抓好三个环节。一是做好要求进步同志的思想提高和培养工作，对入党申请人按所属部门分划到各个党小组，将对这些同志的培养纳入党支部和党小组职责范围，进行具体帮助和指导；二是加强对培养对象和预备党员的跟踪培养教育，严格落实按季思想汇报和谈话制度；三是明确培养对象和发展对象，列入年度发展计划，保证新生力量源源不断。

（三）典型引路，抓好“三个强化”，发挥党员的模范带头作用

一是强化党的组织建设。中央金融党委成立后，该行及时对组织机构进行了重新组建，改选了党支部，重新成立了党小组，建立了党员学习制度，完善了党员学习计划，通过“三会一课”、开展“新时期如何发挥党员先锋模范作用”讨论、“我为支行献计策”活动、重温入党誓词、到驻军参观“红一师”革命历史展、参观革命老区“西柏坡”、到北京观看升旗仪式、举办爱国主义歌咏比赛等活动，活跃党员的组织生活，抓好对党员的思想教育，使党员的政治思想素质进一步提高。党员干部积极为支行的发展献计献策。

二是强化党员的责任意识，坚持开展“党员身边无事故”活动。根据党员分布状况，划分党员责任区，增强党员责任感，使每个党员在各个部门充分发挥表率作用。他们结合党风廉政建设和安全防范建设两个责任制的落实。针对员工队伍的思想现状，适时开展了“一帮一”、“一带二”活动，以良好的党员形象带动了员工队伍的健康发展，保障了经营的稳健运行。

三是强化党员的先锋模范作用，广泛开展“争先创优”活动。该行以弘扬正气为主旋律。大力宣传身边的先进事迹，两年来，先后涌现出零售、信贷两个先进党支部和23名优秀党员。共产党员刘森林同志1995年由部队转业安排到该行保卫部门，到现在已有六个春秋。六年来，他以行为家，以苦为乐，每年累计超时工作800小时以上，毫无怨言，为确保节日期间的安全，他六年没有和年迈的父母及身边的妻子、儿子过一个团圆年，在日常工作之余，他坚持定期或不定期进行安全检查，每年对营业网点实施安全检查150余次，并从维护银行“铁”制度，保安全

原则出发，对发现的问题不循私情，敢于叫"真"，严格照章办事。凭着一个普通共产党员对工作的执着追求和对事业的强烈责任心，使支行保卫工作继往开来实现了守库、押运连续10年无事故，其本人多次被评为省、市级"金融先进工作者"和"优秀党员"。零售业务党支部在网点多、青年员工多、党员比例少的情况下，始终把发挥党员的先锋模范作用作为抓好各项工作的重点，哪里担子重，哪里最艰苦，哪里就有党员的身影，支行储蓄存款稳步增长，在辖区一直保持增量和存量占比的首位，在省、市城市行储蓄工作联赛中均取得骄人业绩，受到上级行的好评。涌现出3个亿元所、一个省级"青年文明号"、两个市级"青年文明号"和17个"星级服务窗口"，党员的战斗堡垒作用得到有效发挥。

（四）求真务实，搞好"四个结合"，推动各项工作全面发展

一是党建工作与业务拓展相结合。面对同行业的激烈竞争和日益深化的金融改革，总支一班人将谋求发展作为党建工作的重要目标来研究。2000年初，他们自我加压确定了当年实现盈亏持平后两年为市行盈亏持平和省行"三年走上良性循环，五年上一大台阶"做贡献的奋斗目标，而后反复测算制定了20项2000年主要任务指标和8项三年发展规划，并围绕完成全年目标制定出具体的工作措施。以提高经营效益为中心，以调整资产负债结构为重点，以拓展住房信贷、国际业务、信用卡市场占有份额为突破口。在传统业务巩固发展的同时，把解决自身资产质量低、严重制约经营效益提高的问题纳入党总支的重要议事日程。把清转不良贷款作为"生命工程"来抓，在新增贷款优化率达100%的同时，将清转责任落实到每位总支成员身上，作为工作业绩进行考核，实施重点攻坚。到2000年末宣化支行不仅完成了各项经营指标，消化了四行合并带来的水分和亏损因素近千万元，而且当年实现利息收入11066万元，其中实收利息7793万元，封闭算账实现利润307万元，账面盈利27万元，保持定期应付息余额1451万元。

二是党建工作与思想政治工作相结合。发挥我党强大的思想政治优势，成立了由总支书记任组长的思想政治工作领导小组，各支部书记作为本支部思想工作第一责任人，实行普及教育和重点帮教两不误，结合经济形势和任务有计划地进行党的路线方针政策教育、革命传统教育、爱国主义教育、职业道德教育、爱行爱岗教育和法制教育，提高广大员工的政策理论水平和思想政治素质，使广大员工以满腔热情投入到工作之中。近年来，该行没有一名员工练习和参与法轮功活动，没有发生一起违反社会治安的事件，思想政治工作取得了明显效果。

三是党建工作与优质文明服务相结合。靠服务赢得客户、靠创新在竞争中取胜、服务出效益已成为该行党员干部的共识，他们以《中国工商银行服务工作规则》和《营业网点规范化服务标准》为尺度，进一步规范了文明用语、着装礼仪、服务程序。在辖区率先推出了大堂经理、流动银行、上门服务、预约服务等特色服务。并合着市场的节拍推出了一系列新的服务品种：解决客户暂时资金需要的小额质押贷款和个人消费贷款业务，帮助客户建家安居的个人住房贷款业务，方便客户查询账户信息的电话银行业务，ATM自动取款业务等，赢得了越来越多客户的肯定和信任。同时，在内部营造大服务格局，把优质服务由一线延伸到二线，由员工延伸到领导，领导为员工服务从办实事、做表率入手，二线为一线服务从讲效率、保满意入手，从而真正形成了领导为员工服务，二线为一线服务，全行为客户服务的大服务格局。支行服务工作多次受到上级行的表彰和奖励。

四是党建工作与防范风险、规范经营相结合。他们将案件防范责任制和党风廉政建设责任制进行量化，纳入支行目标管理考核分配办法，层层签定责任状，强化员工安全防范意识。切实

落实各项规章制度，堵塞漏洞，消除事故隐患。由于坚持制度，1999 年以来，成功地堵截假银行承兑汇票 14 笔 2020 万元，没收假币 1177 张，有效杜绝了各类经济案件的发生，保障了国家的资金安全，受到了上级行的高度赞扬和表彰奖励。

宣化支行坚持党建工作和业务发展“两手抓，两手硬”，在逆境中扭转了亏损局面。既得益于上级行党委的正确领导和有一个坚强团结的领导班子，又得益于有一支作风过硬的党员队伍和敢打硬仗的员工队伍。今后他们将继续把党建工作作为一项长期工作来抓，使党建工作成为推动业务和各项工作健康发展的有力保障和强大动力，把宣化支行建设成为全功能、多元化的辖区一流银行，为河北省分行“三五”发展规划做出积极贡献。

网上银行对我国银行业的影响及应对策略研究

中国工商银行青岛市分行四方区支行　姜蓬勃

产生于1995年，已风靡全球的网络银行，正伴随着我国网络业的迅速崛起而发展，它依托迅速发展的计算机网络与通讯技术，实现了网上信息流、物流和资金流的统一，对于银行业来说，电子商务为之带来空前的机遇和挑战，这不仅仅是应运而生的网上银行的兴起，更是根植于人们头脑中的银行经营理念的一次脱胎换骨，网上银行可谓是信息革命在世纪之交贡献给金融电子化领域的创新之作。目前，世界各大银行已纷纷走上互联网，我国国内一些商业银行也正融入到这股势不可挡的浪潮之中。今天的挑战就是明天的机遇，对各家商业银行来说，在传统金融业务逐渐萎缩的今天，谁能充分利用网络银行进行金融创新，改善服务功能，谁就能赢得先机和客户，继续取得未来竞争的主动权。本文仅就网上银行对我国商业银行的诸多影响及应对策略做以探讨。

（一）“网上银行”的定义及特点

网上银行又称在线银行，是指银行利用互联网技术，通过互联网向客户提供开户、销户、查询、对账、行内转账、信贷、网上证券、投资理财等传统服务项目，使客户足不出户就能够安全便捷地管理存款、支票、信用卡及个人投资，可以说，网上银行是在互联网上的虚拟银行柜台。

其主要功能及特点：首先是访问功能，即银行员工和客户之间可以通过电子邮件相互联系；其次是展示功能，即主页提供了银行展示的和被访问的界面，内容包括行史、业务范围、服务项目、经营理念等；三是网上银行还有超越地域限制功能，如借助网上银行，客户使用鼠标、键盘就可以轻松地坐在家里进行账务管理、查询转账、网上银行、缴纳各类费用等。与传统银行相比，网上银行还具有费用开支少、业务市场大等特点。根据报载，不久前美国一家大银行因开办网上银行业务，使办公人员、网点数量、费用大大减少，于是该行决定实施银行“网点”收缩战略，仅在加州就关闭120余家网点，导致3700名工作人员被裁。网上银行可以降低经营成本是有目共睹的。据我国互联网信息中心调查统计表明，在我国利用网络转账交易成本只有电话银行的1/4，网点柜台服务的1/10，网络银行的总经营成本只占经营收入的15%，大约仅为传统模式的1/4，而客户足不出门就可尽享服务。以上数据足以说明：传统银行靠增加网点的外延规模扩张战略已经过时，取而代之的网上银行将成为银行业发展的主流走向，特别是加入WTO后尤为明显和重要。

（二）加入WTO后我国商业银行发展网络银行的重要性及紧迫性

1．加入WTO后，进入我国的外资银行优势表现

随着我国加入WTO最后谈判的成功，外资银行不久即将进入我国，而进入我国金融市场的无疑是一些国际化、资本充裕的大商业银行，其

主要优势具体表现为：第一，已实现现代商业银行管理，经营机制既规范又富有活力，并高度重视金融创新，适应当代市场经济发展中金融同业竞争的形势。第二，经营规模大，资金实力雄厚，资产质量优良，如美国商业银行目前的不良资产率仅为0．67%。三是科技含量高，而且已先取得发展网络业务的经验。据统计，世界银行100强中70%的银行已在互联网上建立网点，向客户提供网上服务。

2．外资银行抢滩国内金融市场的可能步骤及竞争策略

外资银行进入后与我国商业银行的竞争在范围上会逐步扩大，最终全面铺开。从业务领域来看，它们首先会加大吸收外汇存款和个人外汇储蓄的力度，使我国商业银行外汇存款分流，它们会以电子化个人理财方式克服网点少的劣势，以外汇、托收和信用证业务为重点，争夺风险小、利润高的国际结算业务及以信用卡为核心的零售业务，开办各类风险小、坏账少，收益稳定的个人消费信贷业务。其次会在客户上进行竞争，在对公方面，它们将争夺跨国公司、三资企业、世界500强企业及我国外向型大型集团及高科技企业等客户；对个人方面，他们将积极争夺那些有稳定收入、受过高等教育、个人理财愿望较高的客户，而这些客户则最有可能率先接受网络。这都是外资银行发挥电子化方面的优势。如1995年全球第一家开办网络银行业务的安全第一网络银行，简称SFNB，开业时资产额为4000万美元，只在亚特兰大设有总部，再无任何分支机构及网点，属于全新的银行模式，虽然SFNB并未尽善尽美，但它的发展可谓一日千里，只有15名员工的SFNB开业仅16个月后就拥有客户1万人，遍及全美50个城市，现在正以每月650人的速度快速增长，存款余额已超过1亿美元。据统计全美1997年有400家银行上网，而到1999年猛增到7200家。由此可见，外资银行进入我国后，其网络业务的开展将对我国商业银行的现状构成极大的挑战，因此加快网上银行的发展步伐，也是迎接WTO的挑战，缩小与国际银行业发展差距的有效捷经和机会。

（三）我国商业银行发展网络银行业务的现状

我国网上银行近几年也得到迅速发展，目前各大商业银行都已在因特网上建立了自己的主页，提供银行信息、发布市场利率、汇率查询等即时金融信息，目前我国商业银行依据其与商务相关的服务，可以将网站分成两类：

第一类网站是内容信息和服务都比较完备的招商银行和中国银行网站，目前较为成功的网络银行应属招商银行“一网通”。自1996年底开始在互联网开发在线业务，目前已开办了“网上企业银行”、“网上个人银行”、“网上支付”、“网上证券”、“网上查询”和“网上商城”等，为企业和个人提供账务查询、转账、缴费、代发工资、网上购物、订票、买卖股票、金融咨询等多种服务，带来了强大的市场冲击力。据中国互联网信息中心CNNIC的最新统计数据，招商银行的网上服务网点覆盖面涵盖了国内近10万户上网企业的79．02%，以及890万网民的72．24%，仅1999年开通网上支付功能的个人客户就达3万多户，网上特约商户130多家，安装“企业银行”989家，完成交易达5．6万笔，358亿元，分别是1998年的32倍和4倍。以上数据表明，招商银行的互联网业务服务已经基本成型。

中国银行作为国内主要经营外汇业务的服务机构，在网上银行的内容设计上比较全面。他们与各种大型及综合类的网站链接较多，同时在招商银行网站有163个被进行功能化分类的商城，而在中国银行的网站上，除了国中网、新浪、搜狐等链接外，都有自己的商务平台，其商城中的服务商亦不下30家。目前中银的网站还处在应用初期阶段，但利用长城电子借记卡在中银网上支付，其安全性是绝对能够保证的。

第二类网站主要是服务于银行内部区域网的

中国工商银行和中国建设银行网。在工行和建行的网站上，从页面设计和提供的信息内容都是以银行及金融等主营业务为主，很难看到有关电子商务的服务及与其他网站的链接。此外，银行的网上金融服务内容都以 B2B 为主，建立账户的申请程序都比较方便且易于操作。由此看出工行开展网上银行的步伐比较慢，时间也较晚，直到 2000 年初工总行才开通部分地区网上银行的对公业务，差距是非常明显的。惟一值得一提的是：工行由于发展网上业务慢，时间晚，在网上安全支付方面采用了利用系统自动和后台手工操作的双重安全措施，同时采用 SSL 安全通讯加密，使用高性能 IC 卡作为存储介质，并设立了多道防火墙和安全代理服务器，保证所有数据都经过加密传输，由于总结了其它商业银行网上支付安全优点，整个系统的安全性值得称道。

可见，从总体情况看，我国商业银行网上银行业务刚刚起步，与美国等发达国家相比，存在较大差距，仍处在初级阶段。据预测，在西方国家，2000 年网上银行业务量将占传统银行业务量的 10%～20%，在美国，到 2005 年网上银行业务量占银行总业务量的比重将接近 50%，而在我国，现在连 0．1%的比例也达不到，发展速度不尽人意，差距相当明显。

（四）发展网络银行业务存在的问题

网上银行是一种高科技、高智能的“AAA”式银行，即能在任何时间（Anytime）、任何地方（Anywhere）以任何方式（Anyhow）为客户提供服务的银行。从发展的主流上看，它提供了前所未有的丰富的几乎涵盖了金融业所有金融产品的金融活动，它是金融业在金融产品、金融组织、金融科技、金融市场等方面创新的结合，它代表了金融创新的一个崭新的阶段，并推动了新世纪银行业的大发展。与此同时，网上银行作为知识经济的必然产物，同时又推动知识经济的发展。另外它所提供的网络结算服务极大地促进了电子商务的发展，并为零售业提供了商机，从而促进了供求的扩大，又刺激了人们的消费欲望，扩大了社会需求。但是也应该看到，任何新生事物的出现必然会带来一定的阵痛。就我国目前网上银行的发展现状而言，还存在着一些这样那样的缺陷与不足，具体为：

1．战略因素

我国缺乏网络银行系统设计开发的经验，因此在相关系统的建设中规范化、标准化意识不强，没有一个详细的总体战略和规范标准，致使建成的系统通用性不强，不同系统之间没有预留接口或接口标准不统一，给网络银行的发展人为制定了许多障碍，例如：认识体系不统一，软件开发重复、低效，硬件设备的的购置各异等等。

2．网络银行安全保密技术问题

因特网最大的特征就是一切信息都数字化，因此，数据的安全就成为网上银行安全的首要问题，特别是网络银行发展为银行业的主流服务渠道，进行资金划拨、转账等业务，首先面对的是计算机“黑客”入侵问题。网络银行的客户最为担心的是，加密的交易资料被黑客盗用或被篡改。因此建立一套网络安全系统，切实保障网络的安全是发展网络银行需要解决的难题，也是网络银行发展的主要课题，目前国际上采取“防火墙”作为网络系统安全的控制系统，它将银行内部网络与外部公共网络隔离开来，防止非法入侵。这与传统银行安全问题集中、具体、风险防范环节多等相比，显得更为复杂，且不可回避。

3．制度因素

网上银行的开通，自然要涉及到两大问题即税收和监管。网上银行的无国界化的直接交易除导致银行中介作用削弱外，这部分交易的税收基础也将失去部分收入来源。此外，以我国央行目前监管水平，如何更有效地加强对迅速发展的没有时间和地域限制的网络银行进行监督，也是一个值得深入研究并深思的问题，特别是新体制的衍生物，如：网络银行时代，社会货币流通速度将发生微妙变化，由于企业和个人资金划转的效率提高，将大大缩短社会资金的在途时间。毫无疑问，在同样的货币总量条件下，货币的乘数作用将被放大，其结果是扩大了一定时期的社会货币投人量，将产生多大货币效应等问题，应引起人行的高度重视，以加强监测，增强制定货币政策的前瞻性、准确度。

（五）我国发展网络银行业务的具体对策

银行业发展日新月异，使人民银行的金融监督面临新的课题，所以，人民银行要未雨绸缪，积极做好有关法律的制定及网络银行的监管工作。

1．建立全国统一的金融认证中心是我国电子商务发展的必然选择

为保证网上支付的安全性，实现交易各方身份的确认和不可否认，建立全国统一的金融认证中心已成为当务之急。网上支付事关支付系统的安全，根据《中国人民银行法》，人民银行具有维护支付清算系统正常秩序的职责，近日，由人总行牵头，国内12家银行联合共建的中国金融认证中心历时两年多，已基本完成了从网络到业务系统的全面建设，并于近日公布正式对外提供发证服务，这标志着中国电子商务进入了可以提供跨银行安全支付的新阶段。金融认证中心在建设过程中，采用了世界上最先进的安全认证技术及公安部认可的ZSS产品，同时遵照国家有关规定，对系统中的密码产品模块进行了本地化，确保为各商业银行创造安全、高效、公正的环境，避免了重复建设和无序竞争的混乱局面，金融认证中心的建成和运行，奠定了我国发展电子商务最关键的网上支付基础。

2．建立一套完整的网络银行业务审批和监管制度

结合我国具体情况，借鉴国外经验成立有关机构，对网络银行的设立、管理、具体业务功能的实现及硬件、软件系统的应用等进行研究，为网络银行的持续发展提供技术服务、支持与指导，并利用互联网为人民银行加强非现场监督创造条件，同时人民银行承担起为电子商务、网络银行在中国的发展营造良好的宏观环境，并为网上支付、电子货币等金融开发高科技产品的规范管理提供依据的重要责任，特别是就市场准入、通讯安全、控制权的法律责任，存款保险和争端的适应等问题加入立法，确保立法制度能配合银行业因结构及科技发展而出现的转变。

3．政府加大部门支持力度

目前我国大多数企业还没有意识到发展电子商务的必要性。据统计，现已经上网的企业大概不到企业总数的1%，域名数量只有4．8个，因此，政府部门应着眼入世形势和提高企业素质及核心竞争力的需要，加快对电子商务知识和定义的普及教育，引导、鼓励和支持企业在网上进行商业活动，培养人们上网采购和网络支付的习惯。同时对从事网上银行业务和电子商务的机构予以资金、技术、税收、政策、法规等方面的支持，做到尽量少干预、多鼓励，并给予资助和优惠。

4．人民银行应加强对网上支付的管理

电子商务的关键问题是消费者如何为各种产品和服务进行网上支付。目前，一致的、安全的支付机制并不存在，针对网上支付问题的解决案都是特定的。银行面对着不情愿的选择，要么支持一种标准，从而疏远那些不支持该标准的消费者和商户；要么支持多个标准，而花费额外的时间和金钱；不兼容的网上支付机制会阻碍电子商务的发展，如20世纪70年代BETA标准和VHS标准之间的分歧阻碍了音像产业的发展一样，而在电子商务中，银行再一次面临要解决这些问题。所以，支付方式的革新必须依赖中央银行的支付，而中央银行也应加强对网上支付问题的研究和规范，积极防范与网上支付相关的金融风险。

5．加强业务控制措施

网上银行作为一种全新的银行运营模式，对

于保守型的银行行业来说，特别是对我们工商银行来说，起步较晚，在选择网上银行服务种类时，应该采取逐步增加业务种类的方式，对于已经开展的业务，应该采取多种业务限制，尽可能地降低风险。

(1) 转账限制：应在加强业务限制上下功夫，对账户性质、资金流动方向等内容加以限制。例如，只能是活期账户间互转，只能是同一客户的账户间互转等。

(2) 交易限额：对不同品种的单笔交易额、当日累计交易额等进行限制。

综上所述，随着我国金融电子化建设的不断创新，银行产品和服务的发展必将出现两极化的现象，特别是商品型及高增值型，而采取"以客户为主导"及创新的经营策略将是未来银行的发展趋势，而当以互联网为基础的银行业发展成熟时，金融服务业的环境将完全改变，我国商业银行应及时转变经营思路，充分利用互联网作为服务数据挖掘工具，为客户提供切合其个人需要的、高增值的产品及服务，有针对性地进行推广工作，因此传统商业银行必须把握新机会，抓紧部署，迎接新的挑战。

带好党员队伍促进业务发展

中共哈尔滨市平房工行总支委员会

中国工商银行哈尔滨市平房支行现有员工255名，其中党员77名，约占员工总数的三分之一。因此，如何在外部经营环境逐渐恶化、内部人员思想日趋复杂的情况下，带领这支团队在历史转折时期书写新的篇章，就成了党总支一班人无时无刻不在思考的课题。经过几年的工作实践，平房工行的领导深深感到，在社会主义市场经济和金融体制转轨的新时期，党建工作必须适应新形势下的新特点，而建立一支思想过硬、作风顽强、技能高超、生气勃勃的党员队伍，则是克服一切困难、推动各项工作全面发展的有力保证。几年来，在上级党委的正确领导和全体员工的努力下，平房工行党员队伍建设取得了较大进展，有力推动了各项工作的开展，党总支在2000年被评为省行级先进基层党组织，支行晋升为省级文明单位，连续三年被评为省行系统先进单位。近三年累计实现利润15829万元，人均利润59.51万元，达到历史最好水平，平均收息率为103.16%，三项不良贷款余额为11383万元，仅占全部贷款的5.65%，远远低于全市平均水平，并连年实现了安全年，在省行营业部系统行长责任目标考核中始终保持在前五名。总支书记张景滨同志分别被总行、省行和营业部评为模范党务工作者。

（一）以企业文化建设为载体，加强党员思想建设

1997年新班子上任之初，正值平房工行迁入哈尔滨市经济技术开发区综合工业区。在客观条件上发生了三个变化，一是工作环境改善了，办公大楼宽敞明亮，电子化建设陆续展开；二是服务对象扩展了，增加了许多进入开发区的三资企业；三是同业竞争更加激烈了，不但原来的工、农、建、商四家金融机构竞争，中行、交行也进驻平房区，一个不足17万人口的卫星城被6家银行数十个网点覆盖，经营形势十分严峻。与新形势格格不入的是三个不适应：一是思想观念不统一，面对改革大潮的冲击和发生的新变化，一些党员的思想意识还停留在过去的阶段上，对新生事物困惑重重；二是经营方法比较传统，由于处在大工业区，受计划经济影响较深，信息比较闭塞、经营方法相对落后，导致工作没少做，效果却不明显；三是党员素质参差不齐，缺少现代意识，服务不到位的问题时有发生。

这些情况使总支班子认识到，不从适应新形势的需要入手，转变观念、加强党员的思想教育工作，就不能扭转被动的局面。为此，班子成员多次磋商，萌生了将企业文化与思想政治工作相联系应用到实践中来的想法。企业文化是20世纪80年代传入我国的先进管理经验，与思想政治工作有着密切的联系。二者总体一致，互相促进，都是以人为主体，都是做人的工作。企业文化既可以为思想政治工作提供新思想、新方法，又可以解决政治工作与业务工作“两层皮”的问题，能够保证两个文明建设的协调发展。

为了使企业文化更有特色，平房工行把它定名为银星文化。银星，意为银行之星。银星文化，就是以创新劳动为特征、以育人工程为主线、以提高竞争力为目标的形象塑造工程。它包

括一个目标、三项建设、三个阶段，总称为银星战略。一个目标是建设一个员工素质高、决策水平高、经营质量高、文明程度高和文化品位高的国有商业银行；三项建设包括更新观念的思想建设、提高素质的智能建设和改进服务的形象建设，总称为育人工程；三个阶段是导向阶段、创建阶段和升华阶段。三个阶段各有目标，三项建设相互渗透，力争塑造全新的平房工行形象。银星文化开创了平房工行思想政治工作的新局面，有力促进了党员队伍和员工队伍的建设，全行上下出现了团结协作，争先创优的良好局面，2000年9月省行营业部在平房支行召开现场会推广了这种做法。

（二）以“五比五看”为主线，提升党员的光辉形象

平房工行在职党员分布在各部门的重要岗位上，他们表现如何对全体员工有着至关重要的影响。为了充分发挥党员的模范带头作用，总支班子决定在党员中开展“五比五看”评比活动。其内容是：比表率作用，看思想觉悟；比业务技能，看工作本领；比争揽客户，看服务质量；比工作业绩，看贡献大小；比遵章守纪，看党性原则。各支部相继以“党员签名”、“帮新结对”等形式开展了竞赛活动。总支班子发出了“积极分子个顶个、共产党员强中强”的号召。活动开展以来，涌现了许多先进党员，在每年评选的各种状元、服务明星和先进工作者中党员占比达到70%以上。

平房工行储蓄战线有一位党员，名字叫洪江，今年30岁，虽然不善言谈，但对枯燥乏味的储蓄工作有一种特殊的情感，创造了“储户跟着洪江走”的特殊现象。为了使这样的先进典型发扬光大，党总支及时总结了“洪江现象”和“洪江精神”，在行内专门举办了以“让服务超越昨天”为题的“洪江事迹演讲会”，对各种服务问题现身说法，通过典型示范，推动服务工作。洪江同志为了提高自己的工作标准还自学了手语、外语，取得了会计专业本科学历，服务技能和管理能力得到了进一步提高。今年他又走上了所主任的领导岗位。洪江入行以来共获得了23个荣誉证书，其中有“市行级十佳青年”、“省行级优秀共产党员”、“总行级最佳储蓄员”。2000年被授予哈尔滨市第28届劳动模范，2001年被评为总行级优秀党员。就在洪江同志进京参加总行表彰大会归来的当天晚上，平房工行召开职工大会，宣布了“向洪江同志学习”的决定。榜样的力量是无穷的，一

个典型就是一面旗帜。实践证明，总结“洪江现象”，安排洪江传帮带，在平房工行确实起到了“拨亮一盏灯，照亮一大片”的作用。

“五比五看”活动对个别落后党员还起到了鞭策作用。办公室一位党员由于文化素质低，平时不注意学习，在2000年竞争上岗考核中排在末位。而其它部门排在末位的都是普通群众，按照规定应该从11个排在末位的员工中按比例选择下岗人员。在党员和群众同处于末位的情况下，选择谁来下岗，对此大家议论纷纷，意见很不统一。针对这种情况，党总支决定以“党员和群众在同样条件下谁先下岗”为题召开一次公开辩论会，党员和非党积极分子全部参加，当时四个支部组成四个代表队，党员群众各抒已见，台上台下互相补充，气氛相当热烈。有的说因为他是党员，过去比群众先进，不应该下岗；有的说虽然他是党员，但是排在末位，说明没有发挥模范作用，应该下岗；还有的说“五比五看”第一条就是比表率作用看思想觉悟，“末位党员”不下岗，无论如何说不过去。通过辩论，大家明白了这样的道理：下岗是淘汰劣者。党员排在末位，说明已经丧失了党员的先进性，应该同其它末位群众同等对待。考核领导小组经过全面衡量，投票表决通过让这位党员下岗。这位下岗的党员开始有点想不开，通过大讨论有了清醒认识，表示下岗期间要努力学习，争取早日上岗，并担负起7名下岗员工的小组长责任，每天往返十几公里参加培训，态度积极乐观，终于重新上岗。

（三）以人本经营为理念，提高党员队伍的综合素质

高素质的党员队伍是银行发展的重要保证。在实践中平房工行的领导注意在人、财、物的关系上突出人的价值；在决策、管理、操作的关系上突出决策的重要；在员工与客户的关系上，重视客户首先重视员工。

一是注重培育行魂，在提高凝聚力上下功夫。理论武装是加强党员思想建设和队伍建设的前提条件，只有通过不断的学习才能适应当前的新形势，开拓经营新思路。班子主要成员努力抓好中心组的学习，每月第一周的星期四作为中心组的学习日，学习范围由过去的总支委员扩大到各支部的委员。学习内容尽量突出重点，主要围绕提高党员素质，引导党员树立正确的世界观、人生观和价值观，把思想统一到党的路线、方针和政策上来，统一到以企业文化为标志的现代化管理思想上来，统一到改进传统教育形式提高支行凝聚力上来。

总支班子将“内强素质，外塑形象，人本经营，更优更强”确立为支行精神，又组织创作了支行行歌和服务之歌，举办了行歌演唱比赛，突出了“国有国魂、行有行魂”的主题思想。参赛者中，有白发苍苍的老同志，有家里放着嗷嗷待哺孩子的年轻母亲，更多的则是整天忙忙碌碌的一线员工。他们每天利用午休时间进行练习，司机出车回来也马上投入排练，整个支行出现了以集体荣誉感为荣的团结向上气氛，合唱形成了合力。特别是由 98 位储蓄员组成的零售业务部代表队，克服了人员多、下班晚等困难，连续五天练歌到深夜，夺取了第一名，凝聚力也明显增强。在这种荣誉感的鼓舞下，他们加大了内部改革力度，进一步提高了经营水平。1999 年，储蓄存款在利率降低、开征利息税等不利因素的影响下，仍然稳步上升，超额完成了营业部下达的存款计划。其中，外币储蓄存款比年初增加 246 万元，完成计划的 383%。2000 年末储蓄存款余额为 123270 万元，比上年增加 16567 万元，在营业部系统储蓄存款增量排名第一，综合考核排名第二。

二是加强素质培训，在增强危机感上下功夫。1998 年金融系统党的工作实行了垂直领导，上级党委批准平房工行组建党总支，由原来的一个支部扩建为四个支部。为了使新上任的党务干部尽快适应工作，行里举办了二十余人参加的党务干部骨干培训班，重点解决了“十个怎么办”，得到营业部党委的表扬。省行党委组织部在检查工作时也对该做法予以肯定，并确定平房工行为党建工作联系点。2001 年初，省行党委开展了“争先创优”活动，该行总支班子及时研究主持制定了党总支（支部）评比考核目标，要求努力做到“四有”，即领导班子创新有为，党员队伍优良有样，

组织制度健全有章，党建工作坚强有力。几年来，通过培训规范了组织生活制度，摆正了党建工作与其它工作的关系，提高了党课教育、党日活动以及纳新党员的质量。1998 年以来平房工行先后吸收 12 名同志入党，个个都是业务骨干或管理人才，起到了先锋模范作用。党务干部宋宝昌同志是部队转业干部，对地方党务工作缺乏经验，通过培训很快适应了工作，不仅善于在理论上提炼总结行内党建工作的经验，撰文在多家报刊发表，而且注重运用文化手段开展思想政治工作，由他创作的行歌《前进，中国工商银行》在总行获得三等奖。

三是扣紧发展主题，在发挥核心作用上下功夫。由于平房工行党员绝大部分是中层干部和业务骨干，因而抓住了党员队伍就抓住了经营的中坚力量。为了发挥党总支在经营工作中的核心作用，行里坚持经营方面的大政方针都要经过党总支研究制定。首先进一步完善了“银星战略”体系，围绕总、省行及营业部工作思路和我们所处的地域特点，制定了明确的经营战略与策略，在长远目标上，制定了“银星战略”；在近期目标上实施了“抓弱稳强”、“主动出击”、“联手攻关”等措施。其次以党总支的名义开展了全员策划活动，三年来收到各种建议和意见 230 余条，采纳 90 余条。如市场开发部经理焉信提出：在

对公存款发展战略上，应该采取“立足平房区，竞争开发区，开拓周边区”的措施。总支班子采纳了这一建议，采取外勤、经理、行长“三位一体”的走访措施，对新建户企业采取“一条龙”服务，经过两年多的不懈努力，取得了较好成果。仅以经济开发区为例，截至2000年12月，在平房工行开户企业已达23家，占进入开发区企业总数的70%，对公存款平均余额为1253万元，使平房工行对公存款在多家银行竞争情况下，保持了持续增长。第三，发挥领导班子的带头作用，勤政为本、创新求进。要求班子成员勇挑重担，包存款大户、包欠息大户、包大储蓄所，并和员工一样劳效挂钩，定期兑现。班子成员努力做到既要廉政更要有为，防止由于个人的无为造成班子的平庸。

佳木斯工行营业部党建工作谱新篇

中共中国工商银行佳木斯分行营业部党支部

中国工商银行佳林斯分行营业部党支部充分发挥党建工作的政治优势和保障作用，努力提高党支部的向心力、凝聚力和战斗力，发挥广大党员及员工的积极性、主动性和创造性，面对激烈的市场竞争，坚持以经济效益为中心，走改革创新之路，提高竞争能力，促进业务发展，实现了物质文明和精神文明的双丰收。

截止 2001 年 9 月 30 日，营业部储蓄存款较年初增加 8807 万元，完成年计划的 105.43%；对公存款较年初增加 23991 万元，完成全年时点计划的 263.4%，完成旬均计划的 164.12%。

营业部先后 8 次获省行表彰，其中，党支部两次荣获省行党委授予的“优秀基层党支部”称号，一次荣获省行级“思想政治工作先进单位称号”，5 次荣获省行级“先进单位称号”。党支部连续 11 年获市直机关工委、市行党委授予的“先进党支部”称号。营业部连续 11 年保持无经济案件和重大事故。涌现出了由总行命名的“舍己救人模范”王立新，总行级优质服务标兵孙玉环、任波等一大批先进人物。1997 年营业部被省委、省政府授予省级“文明标兵单位”称号。

（一）心系党性原则构筑坚强堡垒

辉煌业绩的取得，离不开一个加强党性修养、明确党建任务、做好各项工作的支部班子。

——班子形成合力。党支部支委 5 人中，有 4 人是部正、副主任，知识结构、年龄结构、业务水平的搭配都很合理。他们在支部书记、部主任李成师的带领下，政治上和思想上清醒、坚定和成熟，讲团结、求同存异、互相尊重、思想上合心；讲原则、敢抓敢管、互相支持、工作上合力；

讲奉献、身先士卒、互相学习、行动上合拍。

——坚持理论学习。党支部把理论学习作为一项重要工作，采取灵活多样的学习方式，常抓不懈：（1）研讨式：每季度班子成员确定一个题目，组织党员和科级干部进行学习，由班子成员进行专题发言。（2）批阅式：每一季度由支部对全体学员统一进行一次学习辅导，出复习思考题。每名党员都要整理出学习笔记。学习笔记每月由支部书记批阅一次。（3）拓展式：党支部结合本单位实际情况，引导党员与员工带着问题进行学习。学习《金融楷模》中的模范人物，组织党员与员工分析《金融警鉴》中的违法违纪案例。聘请市委党校资深教授到营业部举办国内外经济和金融专题报告会。

——强化廉政建设。党建工作一个重要的方面是党风廉政建设。党支部组织党员到市爱国主义教育基地参观学习。并制定了《党风廉政责任制》和《纠正不正之风实施细则》，班子率先垂范，牢固地筑起思想道德防线。为了适应大服务工作的需要，一线科室和客户休息厅都上了新档次，而班子成员的办公室依然是旧模样。为了便于上门收款，市行为营业部配置了 3 辆运钞面包车，而几位班子成员不论在什么天气情况下，都骑自行车、挤公共汽车上下班。

——发挥党内民主。营业部党支部坚持每半年召开一次廉洁自律民主生活会。2000年营业部召开民主生活会，改变传统的班子成员内部总结方式，党支部吸收各科科长参加会议，使之增加了透明度。会上，班子成员亮“丑”揭“短”。支部书记、部主任李成师从政治素质、党性党风、工作作风等方面查摆自身存在的缺点和不足，并就营业部班子所存在的共性问题进行批评与自我批评。班子成员诚心诚意、虚心愉快地接受与会中层干部提出的批评意见。经常性民主生活会，保证了党支部成员及时发现不足，总结经验，统一认识，增进团结。

——抓好党建工作。营业部党支部为了让党组织永远充满活力和朝气，注重党的积极分子的培养，确定培养人，经常找积极分子谈话，认真考察、写实。近两年，营业部党支部已相继发展了3名同志加入党组织，其中一名是代办员，在员工中引起了强烈震动。营业部党支部富有感染力的工作与活动也吸引了退休职工，70岁的段世平老人，已退休多年，在新世纪到来之际向党组织郑重地递交了入党申请书，表达了他对党的信任和追求。

（二）心系工行兴衰弘扬奉献精神

营业部有39名党员，占职工总数的近四分之一，他们以身作则，以行为家，充分发挥了党员的先锋模范带头作用。

营业部承办工商银行佳木斯分行所有开户的大中型企业、党政机关的存贷款业务，业务量占全行业务量的三分之一，各项经济指标均占全行的半壁江山。营业部能否完成任务，对外服务好坏，都将直接影响全行的社会信誉和整体形象。为此，营业部支部班子率领一线员工常年加班加点，超负荷工作，把这看作是树立工商银行形象的最佳结合点。储蓄所常年延时至晚18点，上门收款最后到晚上20点，全部业务结束最晚要到晚上21点。尽管工作强度大、超时限，在党员团员带动下，没有一个员工向组织提要求，要报酬。2000年6月份，受各种因素影响，营业部的存款出现下滑，对公存款出现了负增长。人民银行已有规定，不准给职工下达存款任务。怎么办？在这关键时刻，党支部向全体党员发出了动员存款的号召，没有下达具体的任务数，但党员和中层干部在不到半个月的时间里，人均动员存款40多万元。营业部4位主任动员存款243万元，其中，支部书记、主任李成师一人动员存款达120万元。党员的无声行动感染了全体员工，纷纷主动地参与到揽储工作中来。

“喊破嗓子，不如做出样子。”营业部领导要求别人做到的，自己首先做到，而且付出的要更多。

在营业部，党员的作用得以充分体现，凡是艰苦的工作都是党员冲在最前面。冬季下雪，党团员都能够以雪为令，在早晨七点半准时到岗义务清雪。每当落雪，佳木斯市上班的人们都会在中山路和保卫路交叉点见到营业部这支干劲十足的清雪大军，营业部多次在佳木斯市广播电台受到了市政府的表扬。

（三）心系团队荣辱塑造社会形象

营业部党支部坚持树立团队观念，引导员工处理好个人与集体的关系；坚持树立整体观念，教育员工处理好局部与全局的关系，在潜移默化中营造一种内修敬业、外化行风的企业理念。

严管严治，打造一支铁军：营业部完善各种制度、措施，保证了业务的正常开展。制定了《营业部会计岗位考核制度》等多项制度，有效地堵塞了漏洞，消除了隐患。出纳专业每日午、晚查尾箱、查库的做法，会计专业内部资金与上级行面对面对账等5项做法，科技专业重新开机申请的做法，均被市行采纳推广。营业部所辖的中心储蓄所成为总行级核算质量达标所，中山储蓄所成为省行级核算质量达标所。

规范服务，展示一流形象：优质服务就是一

扇敞开的温馨的窗口。为此，营业部班子找准沟通群众的结合点，在提升服务水准上下工夫。推行《营业部晨训工作制度》，每天早晨营业前全体员工统一着装，在营业厅由代班主任主持晨训，通报前一天服务工作总体情况，表扬先进，鞭策后进，诵读文明用语等。制定《等级服务人员评定办法》，每半年对员工进行一次业务考核，评选服务人员等级。服务工作的规范化、具体化，推动了全部优质服务的不断进步。全营业部收到各类表扬信一百多封，营业部所辖的中心储蓄所被评选为“全国金融系统优质文明服务百家示范窗口”，两家储蓄所分别被授予省行级“优质服务先进集体”、“省行十佳储蓄所”、“省级青年文明号”和“市行十佳储蓄所”、“市级青年文明号”等光荣称号，20人次被总行、省行、市行授予“优质文明服务标兵”称号。广大客户反映：来到工商银行佳木斯分行营业部有信任感，接受服务有亲切感，离开时有留恋感。

学有榜样，推出一批典型：榜样的力量是无穷的。针对部分员工嫌出纳工作风险大又艰苦，想调离出纳专业，营业部为此树立了二十年如一日工作在出纳专业的总行级服务标兵孙玉环为先进典型；针对部分员工工作不热心，不专心，营业部为此树立了“身在守库岗位，志在为党争辉”的保卫科长吴俊岩为先进典型；针对部分员工服务不热情、不主动等问题，营业部树立了省行级服务标兵、储蓄员张丽为先进典型；办公室管理员王立新是一名普通员工，当他面临惊马危及群体生命的时刻，奋不顾身，勇拦惊马，被总行授予“舍己救人模范”，营业部向全体员工发出了向王立新学习的号召。

（四）心系群众冷暖创造优良环境

党支部抓“两个文明建设，其中第一位的是把思想政治工作的着力点放在关心员工，体贴员工，依靠员工上”。使员工在实践中诚实守信，爱岗敬业，无私奉献。

1. 有动力，得人心。营业部支部班子，竭力为员工创造良好的工作条件。冬季，一楼营业厅非常冷，为此铺设了木质地板，安装了热风幕，挂上了棉布帘，每人配置一片脚踏垫，夏季，在办公场所安装电风扇，为一线员工送上消暑饮品。

2. 有活力，得主动。营业部支部班子对特殊员工群体给予特殊关怀，部内的女员工占总人数的70%，为此专门成立了女工委员会，专管专理专办，每年为女员工检查一次身体，给予精心治疗，并且进行“五好家庭”、“优秀女工”、“巾帼英雄”等评选活动。2000年营业部被市妇联授予“三八”红旗集体荣誉称号。

3. 有引力，得效益。营业部支部班子寓教于各种活动之中。当发现部分员工讲条件、要报酬、不愿奉献时，组织员工到烈士陵园、儿童福利院参观。在儿童福利院，许多员工流下了慈爱的泪水，纷纷捐款并为孩子们购买各种衣物。当发现部分员工受社会思潮影响，不安心本职工作时，组织员工到工作条件比较艰苦的皮革厂参观，许多员工受其触动而感慨万千，他们说，不比不知道，亲眼所见才知我们没有理由不干好本职工作。

4. 有压力，得效率。营业部支部常年开展“党员责任区”活动，党员在责任区内发挥先锋模范作用，与个别身上存在问题的员工结成对子，有针对性地解除思想障碍，共同发展。出纳科刘福东想调离出纳专业，加之身体不好，经常以生病为借口上花班、闹情绪，共产党员、出纳科长韩桂梅主动与刘福东结成对子，帮助他解决一些生活中的困难。刘福东的思想发生了深刻变化，表现突出，成为业务骨干，目前，刘福东已多次获市行先进个人称号，并被聘为出纳科副科长。28岁的员工孟影，是法轮功痴迷者，曾进京护法，这引起了营业部支部的高度重视，组织专人对她进行转化工作，储蓄所、储蓄科、纪检委员、主管副主任，分别多次与她接触淡心，谈理想，谈人生，孟影幡然醒悟，认识了法轮功邪教本质，决心与之彻底决裂，成为业务骨干。

5. 有潜力，得拥戴。营业部支部对离退休人员更是悉心关怀。每逢春节，营业部支部都要召开离退休人员座谈会，与他们沟通思想，了解生活情况，征求意见和建议。每逢夏季，营业部都要送离退休人员去风景优美的市郊，领略自然风光，畅叙新情旧谊，每逢搞集体性福利，班子成员都要亲自带车，把米，面，油等分送到离退休人员家中。无微不至的关怀，使离退休老人的心温暖了。几位离退休老人自发聚集在一起，自费做了一面锦旗："人走茶不凉，关心无法量。"

面对已取得的经济效益和社会效益，营业部党支部并没有满足，他们认为这仅仅是一曲雄壮交响乐的前奏，动人心魄的高潮还在后面，他们的目标是优秀的服务质量，更高的经营效益。

围绕经营抓党建 实现经营跨越式发展

中国工商银行吉林省农安县支行

工行农安县支行党总支下设三个党支部，有党员58人，占全行职工总数的29%，近几年来，支行党总支在上级行党委的正确领导下，坚持"围绕经营抓党建，抓好党建促经营"的方针，始终把党建工作与经营管理有机结合，以提高经营效益为根本出发点，面向市场抓经营，立足管理抓效益，在客观经济环境并不景气且金融竞争十分激烈的条件下创造了1998年以来连续三年累计盈利1066万元的显赫成就。

同时，该行党总支在"两手抓，两手都要硬"的战略思想指导下，以其艰苦卓越的精神铸魂、育人，先后被吉林省分行营业部评为优质文明服务优胜单位、双先达标竞赛先进单位，被省分行确立为优质文明服务示范窗口，被长春市委授予社会治安综合治理先进单位称号，被吉林省委省政府授予精神文明建设先进单位称号，并在地方行风测评中取得金融系统第一名的好成绩。今年支行党总支又被省分行营业部、省分行、工总行评为先进基层党组织。

（一）审时度势，充分认识新形势下党建工作的重要性

如何认识市场经济条件下商业银行党建工作的重要性，这是该行党总支自始至终考虑的大事。1998年初，也就是当金融体制改革的大潮涌动在农安这片黑土地时，以周德军为行长兼总支书记的新班子组成。当时，摆在新班子面前的情况是支行连续五年亏损，1997年亏损额达1488万元，当时，有人断言：农安支行可能被摘牌撤并。整个农安支行士气低落，人心涣散。

做为支行领导班子，此时也十分忧虑，但考虑最多的是怎样面对现实，带领全行员工苦战一番。经过痛苦思考之后，班子形成了共识，那就是支行要摆脱困境，扭亏为盈，首先就必须营造一个扭亏为盈的氛围，这也就是后来被称之为抓扭亏先要抓人心的党建工作的初衷。

基于这种认识，支行党总支组成不久，便召开了一次全行员工大会，在这次大会上，支行提出了"同舟共济，背水一战，全面开创1998年各项工作新局面"的口号。后来，有人把这次大会说成是支行助跑腾飞的新起点。也就是这次大会之后，全行员工包括班子成员人人都有一种危机感，认识到农安支行的出路只能是背水一战，拼死一搏。事实上，没有当时那种环境，班子不会认识到党建工作的重要意义，用周德军的话说，他们的认识是超前的，如果不是三年前那场痛苦的思想大碰撞，农安支行不会有今天这样喜人的开端，从这个角度上说，支行党总支抓党建经历了由实践到认识，再由认识到实践的飞跃。

正因为如此，该行党总支始终把党建工作作为支行一项重要工作纳入行长经营目标责任制进行考核，常抓不懈，充分发挥并加强党建工作对业务发展的促进和推动作用，实行一把手负责制，从组织与措施的保证上使党建工作扎扎实实，真正体现新时期党建工作的新特点。

（二）确定重点，围绕经营抓党建，抓好党建促经营

事实使支行党总支认识到，作为国有商业银行的基层党组织，抓党建工作必须把其出发点和落脚点放在银行发展这个根本点上。发展是硬道理，也是新时期党建工作的主题，为此，支行党总支从3年前就明确提出了“围绕经营抓党建，抓好党建促经营”的指导方针，并为之不懈地努力奋斗。

1. 不断更新经营理念，增强优患意识，在激烈的竞争中不断寻求一条发展之路。

农安支行1998年以前的严峻现实教育了班子，特别是经过深刻的反思之后，他们认识到要想打好翻身仗，冲出地平线，就必须从经营思想到经营行为都有所突破。于是，班子果断地提出了“同舟共济，背水一战”的口号，确立了“以经营效益为中心，以优质文明服务为突破口，通过优质文明服务创区域名牌，促进存款扩张，扩大资金上存，进而增加金融资产收益，最终达到提高经营效益的目的”的总体思路，这个思路作为该行的基本经营理念始终扎根于员工心中。

在这种经营理念的支配下，支行党总支总是根据不同时期的形势和任务提出新的目标，继1998年当年扭亏为盈之后，于1999年初提出了“乘胜而上，合力攻坚，为圆满完成1999任务而奋斗”的口号，次年初又确定了“群策群力，再攀高峰，为实现支行经营效益的根本好转而努力奋斗”的工作方针，2001年针对所面临的经营形势又适时提出了“强化管理，合规经营，巩固成果，开拓创新，努力实现农安支行跨越式发展”的新思路，并确立了2001年各项工作的“以完善各项规章制度、依法合规经营为重点，以提高资产质量、增强资产收益能力为突破口，以强化管理、改革分配制度为手段，以创新优质服务为主线，以‘创先争优’活动为载体，加强精神文明建设，确保2000年行长目标责任制的全面实现”总的指导思想。通过这些经营目标的确立和提出，使全行员工的经营理念总是处于不断更新、上进的状态之中，经营成果也随之一步一个新台阶。

2. 以优质文明服务为突破口，创区域名牌，进而实现以党建促经营，达到提高经营效益的目的。

支行党总支认为在市场竞争愈演愈烈的新形势下，基层商业银行的党组织围绕经营抓党建，就是要让人树立大服务观念，营造大服务格局。服务是国有商业银行永恒的主题，是一项永不峻工的工程，因此，支行党总支把加强党建工作与优质文明服务有机地结合起来。

一是加强优质服务的规章制度建设。他们根据工总行《规范化服务标准》和吉林省分行营业部《优质服务细则》的要求，结合支行的实际情况制定了《优质服务实施方案》，并制定了相应的考核办法，推出了优质服务的“四统一”标准，即统一使用文明服务用语，统一着装上岗，统一站立服务，统一挂牌服务。并把“客户就是上帝，客户永远是对的”作为服务准则，把“客户至上，信誉第一”作为服务宗旨，把“客户的需要就是我的追求”作为服务目标，主动自我加压，强化训练，使全行员工包括二线员工树立并形成了一种服务出效益的思想意识。

二是重视形象建设，形成品牌意识。支行党总支认为形象、品牌是在商业银行竞争中取胜的重要因素，为此，自1998年以来，先后对设施陈旧、营业面积较小的支行营业厅、兴华路储蓄所等下属6个储蓄网点进行装修改造，加强形象包装，对内使员工对工行有一种优越感，对外使客户对工行有一种信赖感。同时，还在服务手段上狠下功夫，积极推行资金结算实时汇兑、活期储蓄存款与全国127个大中城市通存通兑，在辖区内做到人无我有，人有我新，人新我优。另外，党总支在服务上提出并实施大所战略，创精品。通过装修改造兴华路储蓄所，使“兴华”在古城独领风骚，成为“黄龙”第一所，老百姓心目中的“总行”。

三是把“创先争优”活动寓于服务之中。支行党总支根据党建工作要求，在大的营业网点成立了党小组，建立党员窗口，要求党员充分发挥

在优质文明服务活动中的先锋模范作用。同时，推出上门服务、首问服务、延时服务、无缺陷服务和无障碍服务，最大限度地为客户提供方便，满足客户需要。

四是牢固树立“存款立行、效益立行、服务立行”的观念，坚持“面向社会、面向百姓、面向市场”的业务发展战略，狠抓存款，拓新储源，寻找新的增长点，在全行形成了人人想存款，人人抓存款的小气候，使该行两项存款超常规增长，在同行业中处于领先地位。由于存款大幅度增加扩张，实现了由借差行向存差行的转变，成为支行增加效益的主渠道。

3. 以挖潜、提高信贷资产质量和收息水平为主攻方向，合力推动效益的第二驾马车。

多年的效益攻坚战使支行党总支看到这样一个现实，那就是不很景气的经济环境和日趋低下的信贷资产质量，使支行员工产生了一种畏难情绪。为此，党总支努力让员工形成一种“没有贷款的滚动效益，支行就难以实现扭亏增盈的经营目标”的思想意识，并以此催人出征，形成一个知难而进、不怕碰硬的人文环境。而后，在清收上统筹规划，建立收贷收息体系，成立收息小分队，把任务逐月分解，量化到人，工效挂钩，奖罚兑现。为使清收工作有效进行，支行重点抓住了三个方面：一是协议加协商。要求有关部门每年初与每户企业分别签定收息协议，对协议收息后仍有潜力的企业进行二次协商，争取多收利息。二是守住传统阵地，确保息源稳定。三是协助企业清欠，减轻企业负担，增加银行效益。

正是清收意识的强化，提高了信贷资产的收益率和收息率，这两项关键性指标均超过全省工行系统平均水平。

由于支行党总支把党建工作与经营有机结合，并贯穿于支行业务发展的始终，该行各项经营指标都实现了历史性大跨越，尤其是1998年在经营形势极其困难的条件下盈利660万元，实现了当年冲出地平线的夙愿，开创了经济欠发达地区县级工行盈利的先河。而后两年又一鼓作气，年年盈利。这些成绩的取得，无不包涵支行党总支的运筹帷幄、精心策划和全体党员干部的心血与汗水。为了争取存款，支行上下不畏严寒、不分昼夜，为了收息收贷，信贷人员到企业蹲点，涌现出一大批可歌可泣的事迹，充分展示了支行一班人马在党组织的领导下爱岗敬业、视行如家的精神风貌。

（三）以制度、纪律相约束，强化从严治党，实现从严治行

支行党总支始终认为，稳健合规经营离不开规范化管理。为此，他们把经营与管理视为支行生存、发展的生命线，确定了“围绕经营抓党建，抓好党建促经营”的指导思想。这是一项复杂而艰巨的系统工程，为此，他们把制度建设贯穿于始终，并不断充实、完善，使支行从业务经营到人员管理再到党风、行风建设总是在强有力的约束中健康发展。

1998年初，也就是支行的班子刚刚组建并研究支行扭亏战略之时，他们就一针见血地指出，支行多年亏损固然有不利的外部条件，但内部管理混乱是导致亏损的人为因素。为此，他们下决心围绕经营这一根本目标强化内部管理。他们总结支行多年的经验教训，采取上下相关，左右效仿等一系列手段，先后制定了《岗位责任制》、《支行内控制度》、《人员管理制度》、《优质服务考核细则》及《党风廉政制度》等各项规章制度。

按照支行党总支的总体设想，围绕经营管理业务行为，他们把各项指标、任务层层分解，落实到人头，按季考核，年终奖惩，并加大稽核检查力度，狠抓违章现象，发现苗头，杀一儆百。支行普遍展开一次执行制度大检查，点点滴滴漏洞使人们看到制度不可儿戏，进而，从上至下警钟长鸣，人们始终处于一种永不打盹儿的状态。

管业务的同时，支行还特别重视管理人，让人人都养成服从管理、参与管理的自觉习惯，该行党总支书记周德军常说：“要求员工做到的，自己首先必须做到；要求员工不做的，自己首先不做。”支行班子成员为了管好这支队伍，真正担负起领导责任，一是自觉学习党的方针、政

策，学习邓小平理论、江总书记“三个代表”思想和金融法规、业务知识，力争政治上合格，业务上精通，对支行经营管理实施正确决策。二是牢固树立全心全意为人民服务思想，树立公仆意识，做到为官一任，造福一方。三是坚持民主集中制原则，充分发扬民主，认真开展批评与自我批评。同时，还制定了《党员工作细则》，定期召开民主生活会，凡事从大局着眼、小事做起，严格遵守中纪委两个《五条》规定和工总行下发的《十大禁令》，始终保持清政廉洁的形象。几年来，农安支行一班人把党和人民交给自己的权利当成为人民服务的责任，从不利用职权搞特权，用金钱做交易，满足个人私欲。班子一身正气，两袖清风，全行员工也一步一个脚印。实地考察过农安支行的人都会情不自尽地发出这样的赞叹：好一方清空净土，党风、社会风气从这里升起希望。

管理在农安支行是严厉的，管理出效益，他们始终坚持这样的经营理念，一个单位如同一个家，居家过日子，必须精打细算。从这个意义上说，反对铺张浪费，提倡艰苦奋斗、勤俭节约既是党建工作的重头戏，也是从严治党、从严治行的前提。为此，党总支决定从压缩费用开支入手，实施节支增效战略，对原有各项费用逐项核定定额，严格控制，超额自负，节约有奖。这不仅提高了该行的自身效益，也从金钱这个角度上堵住了不正之风滋生、蔓延的渠道。同时，该行实现了连续多年无差错、无事故、无案件。

（四）以党风带行风，熔炼出一支高素质、能力强的员工队伍

有人说市场经济就是金钱关系，支行党总支却不这么看，他们认为支行近3年来的跨越式发展，关键是以人为本。因此党总支极力主张以党风带行风，通过强有力的思想政治工作，建设一支具有现代商业银行经营素质的员工队伍。在这个大前提下，他们采取了以下几点做法：

一是班子率先垂范，为人师表。行长周德军始终把自己看成是一名普通共产党员，从他上任的第一天起，就始终牢记党组织的重托，一心扑在支行。多年来，他总是第一个来行，又总是最后一个离开支行的大门，一年365天，他从没在家好好休息一天，他说：身教胜于言教。这就是当今最好的思想政治工作。当然，作为班子，他们并不满足于自身现有的力量，还经常在新的征途中加油、充电，使班子成为一个具有较高政治鉴别力、顾大局、识大体、脚踏实地、求真务实的核心和中流砥柱。

二是以人为本，带出一支好的队伍。该行党总支一直认为支行的兴衰不能只靠几个人而要靠整个队伍，形成强大的合力。为此，他们从三个方面熔炼精英才子。首先用正确的理论武装人。其次是用理想、道德观念培育人。再次是用先进模范作用鼓励人，号召全行员工向身边的模范人物学习，开展学先进、找差距、比贡献、见行动的形象示范活动。几年来，在党总支带领下，面向社会开展献爱心工程活动，党团员带头为母亲河行动捐款8500元，为灾区捐款13000元，为希望工程捐款7300元。

三是关心员工疾苦，解除后顾之忧。该行党总支认为市场经济形势下的思想政治工作不能空对空，必须用看得见、摸得着的事实让人心服口服，基于这个出发点，他们十分重视经常性的和有针对性的交心、谈心活动，做到“三必访”、“五必谈”，以此把握员工的思想脉搏。针对具体情况解决实际问题。为了使一线员工吃上热乎、可口的饭菜，支行克服重重困难成立了食堂，还把午餐送到各网点。为使每位员工住上标准房，党总支执意实施“安居工程”，领导班子主动跑省城、找县里，最大限度地用好用足房改政策，最终使每位员工都能住上一套标准的房改房……党总支为员工做的每一件事无不使人心凝聚到支行这个大家庭之中，进而形成了心心相印、一心向上的新局面。

四是营造企业文化氛围，弘扬工行精神。该行党总支认为一个有战斗力的集体还须有一个良好的精神生活环境。为此，该行党总支以“营造企业文化氛围，提高窗口服务质量”活动为契机，加强企业文化建设。在这方面，他们设立了

活动室、学习室，创建职工之家，开展各种球类、棋类比赛活动，用健康有序的文体活动陶冶情操，增强凝聚力和向心力。这项工作曾得到地方有关部门的称赞，在其组织召开的精神文明建设现场会上，该行作为惟一的典型在大会上介绍了经验，向社会再一次展示了工行的形象。党总支在回顾这件事时发出这样的感叹：精神可以变物质。

几年来，农安支行党总支在上级党委的正确领导下，以经济效益为中心，紧紧围绕经营管理，狠抓基层党组织建设，取得了丰硕的成果，面对明天，他们更深知肩负的历史重任，跨入新世纪的农安工行人将在上级行党委的正确领导下，踏实工作，奋勇向前，为实现吉林省分行提出的跨越式发展战略做出更大贡献。

围绕经营抓党建抓好党建促发展

——记工行海南省文昌市支行党总支部

中国工商银行海南省文昌市支行　陈兴群　黄良光

近年来，工行海南省文昌市支行党总支，始终坚持“两手抓，两手都要硬”的方针，紧紧围绕中心工作任务，紧密联系工作实际，十分重视和加强党的建设，积极探索适应市场经济发展的需要，抓好党建工作的新路子。按照“三个代表”重要思想的要求，坚持不懈抓教育、理直气壮抓廉政、从严治行抓制度、案件防范抓落实。以非凡的胆略和气魄，发挥党组织的战斗堡垒作用和党员的先锋模范作用，带领全行员工奋力拼搏，建设了一个清政廉洁的好班子，塑造了一个团结奋进的工行形象，有力地推动了精神文明建设与物质文明建设同步发展，取得了显著的成绩。

（一）造就一个好班子

“工作千条线，班子是关键”，处在改革与业务发展前沿的文昌市支行党总支结合业务工作中心，积极探索基层党建工作的新路子、新方法。始终坚持围绕“五年兴行”目标抓党建，抓好党建促进业务发展，充分发挥党建工作特有的政治优势，坚持打造一个政治过硬、作风优良、业务精专的领导班子，为推进各项改革和发展提供强有力的保障。

该行党总支在抓党建工作中始终叫响“一个党支部就是一个战斗堡垒，一名党员就是一面旗帜”的口号，并结合工作实际提出“党员身边无事故，党员身边无案件，党员身边无违纪”要求，使每位党员都成为本部门、本专业带头人。在党员中重点开展了立足本职，爱行敬业，充分发挥党员先锋模范作用活动，要求全体党员做到理论学习在先，工作干在先，活动抢在先，真正成为表率。党总支坚持每年召开一至两次民主生活会，广泛开展批评与自我批评，不断提高领导决策水平，这从制度和机制上保证了班子成员的廉洁正派和勤政务实，加上内在的素质功底，使班子充满活力。该行党总支坚持每月一次中心组学习，学习毛泽东思想、邓小平理论、江泽民“三个代表”重要思想，深刻领会其精神实质。在学习中，他们坚持理论与实践相结合，努力探索现代商业银行发展新路子。从而不断提高班子成员观察和分析政治、经济、金融现象的能力。此外，该行党总支也十分注重业务学习，三名班子成员带头坚持业余自学，扩大知识面，提高文化水平和驾驭全局的能力。在领导班子的带动下，员工也大兴学习之风，刻苦钻研，潜心进修，先后有72名员工自费参加学历教育。在抓党员队伍建设上，本着“严字当头”的方针，不断强化“三会一课”制度，积极开展民主评议党员活动、“党员一面旗帜”活动及一系列的党性党风教育和党风廉政建设教育。该行党总支一班人能做到“常在河边走，就是不湿鞋”。他们与各部门签订党风廉政建设责任状，并将其纳入经营管理目标责任制考核。班子成员时时处处身体力行，率先垂范。凡是要求群众做到的，自己首先做到。凡是要求群众不做的，自己坚决不做。党总支书记、行长曾兴跃经常告诫党员干部要正确处理“当官做什么，用权干什么，工作图什么”问题，做到政治上“明白”，经济上“清白”，并且以身作则，从来不放一笔人情贷款、关系贷款，从不收取企业和个人回扣。去年，有位工商个体户急需50万元现金贷款，找上门来把一万元现金送给他，要求他帮忙贷款，他当场拒绝并严肃批评。事后，他派信贷员上门了解情况，认为这个工商个体户符合贷款条件，经过信贷审查委员会讨论，批准了这笔贷款。曾行长以身作则，在干部群众中树立了清正廉洁的榜样，成为全行员工示范者和带头人。同时，加强了党的后备力量培养，健全了团组织。从1996年以来，发展了10名青年骨干入党，为党的队伍建设补充了新鲜血液。

在日常工作中，该行党总支坚持问题多沟通、工作多帮助、决策多商议，充分发挥集体智慧。凡遇重大事项、干部任免、大额费用开支、信贷决策等都集体讨论决定，不搞“一言堂”。在经营过程中碰到困难时，采取走访、召开座谈会、组织提合理化建议等形式，挖掘群众的“金点子”。

（二）培育一支好队伍

近年来，文昌市支行党总支把加强全行党员干部，特别是中层干部的理论学习，作为贯彻落实上级行党建工作部署和中心环节来抓。一是组织学习邓小平理论，教育广大干部职工完整准确地把握这一科学体系。二是开展“三讲”教育活动。按照省行“三讲”办要求，制定了实施方案，有计划、有步骤地学习。通过“三讲”教育，使领导干部和中层干部树立了勤奋学习、积极探索、求真务实、理论联系实际的好学风。三是开展警示教育。组织党员干部和员工观看了《胡长清案件警示录》影视专题片，使党员干部和员工从胡长清案件中吸取教训。此外，还组织干部职工观看《长天惊雷》、《警钟长鸣》、《警钟》和金融系统“现身说法”法制电视教育片。通过典型案例进行警示教育，有效地增强了员工拒腐防变的能力，时刻牢记我们党全心全意为人民服务的宗旨，树立正确的世界观、人生观和价值观，堂堂正正做人，老老实实工作，努力为金融改革和发展贡献力量。四是开展法制教育。为了进一步教育全行员工学法、懂法、守法，防止职务犯罪的发生，邀请了市检察院反贪局罗运文局长给全行干部职工上《学法、懂法、守法，预防职务犯罪》为内容的法制教育课，在员工中引起了强烈的反响，从而提高了员工们遵纪守法的自觉性。五是强化职业道德教育。为了引导员工树立“爱岗敬业、诚实守信、办事公道、服务人民、奉献社会”的职业道德精神，形成良好的职业道德氛围。在全行员工中，开展了以职业道德、职业理想、职业纪律为主要内容的职业道德教育活动。通过灌输“行兴我荣、行衰我耻”的道理，牢固树立“有大家，才有小家”的责任感。经常性地开展“远学金融劳模，近学身边先进”活动，形成崇尚先进、学习先进、争当先进的良好氛围，使广大员工增强了爱岗敬业、遵纪守法的意识。“今天不敬业，明天要失业；今天不爱岗，明天要下岗”的思想已深入人心，从而使该行服务工作质量大大提高，涌现出一批先进单位和个人。如文城分理处先后被授予“全国金融系统先进单位”、“优质文明服务先进单位”、“十佳储蓄所”、“文明单位”、“青年文明号”等称号；共产党员陈川琚、吴毓奔分别被金融工委授予“金融系统劳模”光荣称号；陈荣英被工总行授予“优质文明服务标兵”称号；周德壮同志被省行评为“十佳青年”。据不完全统计，两年来，该行收到客户来信和口头表扬共95人次。六是开展各种岗位培训。文昌市支行党总支把“以人为本”作为发展的原动力和“科教兴行”经营战略的中心环节来抓，积极采取措施，多渠道、多层次、多形式、多角度地开展职工岗位培训工作。近两年共举办会计、储蓄、电脑等8个专业培训班30多场次，参加学习员工达400多人次，培养了一批业务技术尖子和岗位能手，现有省级青年岗位能手15人。通过教育培训，全面提高了职工思想政治素质、业务素质和科学文化水平，造就了一支“业务优良、作风清正、纪律严明”的员工队伍，确保了各项改革和业务的健康发展。

关心人，是该行党总支一贯遵循的准则。他们从为员工办实事、办好事人手，始终坚持关心员工的学习、工作和生活，帮助员工解决思想问题和实际困难，以实际行动鼓舞人心。该行党总支重视职工之家建设和发挥工会的作用，并通过每年召开一次职工代表座谈会、每季度一次员工思想情况汇报会，以及经常谈心、谈话和家访，与员工保持密切联系。坚持做到“三必访，四必谈”，即职工婚、丧事必访，生病必访，家中有困难必访；新员工进行时必谈，员工退休前必谈，员工调动前必谈，员工有思想问题时必谈。在该行党总支无微不至的关怀下，全行员工真正感到了“大家庭”的温暖，增强了凝聚力。

（三）建立一套好机制

基层工作的好坏，关键在于是否有一套好机制。这几年，文昌市支行党总支班子自觉地把党建工作贯彻到业务工作中去，始终坚持两手抓、两不误。该行党总支根据当地经济发展情况，明确市场定位，更新经营理念，加快经营和管理机制创新。一是把党建工作和服务工作相结合。坚持学习济南工行，深化服务内容，以工行营业网点规范化服务标准和员工行为守则为主要内容，在全行员工中掀起了“让窗口更亮，让牌子更响，让文明服务更好”的活动，要求员工在接待客户时，必须做到“来有问声，问有答声，走有送声”，用实际行动树立工行形象。同时，把优质服务由一线延伸到二线，由员工延伸到各级领导，推行二线为一线服务标准，落实“八要九不要十做到”，真正形成了领导为员工、二线为一线、全行为客户服务的大格局。二是把党建工作与业务开拓相结合。面对同行业的激烈竞争，党总支把狠抓存款列为重中之重，把存款做为立行之本。他们从完善存款工作机制入手，多渠道吸取存款，特别是吸取低成本存款。出台吸收低成本存款考核办法，激励员工大力开拓低成本存款市场。由于全行团结一致，措施得力，促进了存款年年递增的好势头。至2000年12月底，各项人民币存款余额达60915万元，比1999年底增加1826万元，完成省行下达2000年任务的130%。外汇存款（折港币）余额达3564万元，比上年增加880万元。三是把党建工作同风险防范，落实责任制相结合。在内部管理上，先后制定了《文昌市支行案件防范工作责任制实施细则》、《加强劳动纪律管理暂行规定》、《优质文明服务暂行规定》等一系列制度，对各部门实行经营管理目标责任制考核，考核与员工收入挂钩。行长还与各部、室、处、所的经理、主任签定了加强内控管理、防范案件目标责任书。目前，该行已初步建立起自控、互控、监控三个层次组成的内控组织体系，切实加强与落实了各项规章制度，特别是在信贷管理上，他们建立了风险防范机制，在贷款发放中严格做到“三查”，从源头上堵住风险。同时推出风险贷款责任评议制度，对贷款质量、贷款过程、风险产生原因、风险等级进行评议，查清责任，对因违规操作造成贷款风险的，严格按照违规操作处罚规定进行处罚。他们把新增贷款投向有效益、有还贷能力、信用等级好的企业单位，以及一些有实力的个体客户群，在确保新增贷款不发生风险的前提下，全力给予支持。特别是做好综合消费贷款工作，实施“一条龙”服务，使这项业务得到健康、快速发展，到目前为止，已向541户购房业主发放了3140万元的个人住房贷款，市场占比达75%以上。

围绕经营抓党建，抓好党建促发展。工行文昌市支行党总支将党建工作与银行改革发展作为中心工作一道来抓，对促进“两个文明”建设起到了积极的作用，向现代商业银行迈出了可喜的一步。

培养高素质队伍争创一流业绩

——记中国工商银行厦门市城建支行党支部

中国工商银行厦门市城建支行　吴　杨

中国工商银行厦门市城建支行于 1997 年 3 月成立，这是一支年轻、精干的战斗队伍，在厦门市分行党委的领导下，支部一班人精诚团结、勇于创新，带领全行员工努力拼搏，不断开辟住房金融业务新领域，各项业务健康快速发展，有力支持了厦门房地产市场的发展。至 2000 年，支行累计发放住房贷款 50 多亿元，并取得较高的资产质量和较好的经济效益，共创利 5550 万元，人均创利 173.5 万元。同时，支行被授予厦门市计委系统“文明单位”称号；党支部多次被厦门市分行党委授予“先进基层党组织”，今年“七一”被工总行党委授予“先进基层党组织”。

（一）以人为本，强塑队伍，为业务的健康快速发展提供保证

1. 加强党的建设，促进银行业务健康发展。

几年来，党支部一班人重视加强党的思想建设，班子成员积极参加“讲学习、讲政治、讲正气”为主要内容的党性党风教育以及“三讲”教育“回头看”，认真听取群众的批评意见，积极开展批评与自我批评，深刻剖析自己，认真整改。组织全体党员、全行员工认真学习邓小平理论、江泽民“三个代表”等重要思想，在全行广泛深入地开展了职业道德教育、揭批“法轮功”邪教活动，组织员工观看“崇尚科学文明，反对迷信愚昧”图片展及科教片《宇宙与人》等，用辩证唯物主义和历史唯物主义的世界观和方法论作为思想武器，引导员工树立正确世界观和价值观，立足岗位，奋发向上，努力工作，争做贡献。

支行党支部在艰苦的创业和激烈的竞争中，始终站在金融改革的最前沿，充分发挥组织战斗堡垒作用和党员的先锋模范作用。党支部重视加强重要岗位、业务一线的党员力量，保证各部门有党员作为骨干，使党的形象深深地植根于广大群众之中，发挥党在群众中的凝聚力和号召力。全行员工自觉地团结在党支部周围，充分发挥积极性和创造性，完成好各项工作任务。随着支行各项业务从无到有，从小到大，不断开拓发展，党员队伍也随着壮大。支行成立时只有员工 22 人（其中党员 6 人、团员 10 人），发展到目前员工 53 人（其中党员 14 人、团员 20 人）。党支部针对机构新、青年多的特点，加强教育、培养工作，营造员工向上求进氛围。每年都有计划、有重点地培养发展新党员。在发展过程中坚持高标准、严要求，事先召开座谈会，征求群众意见，实行“公示制”，把真正优秀的员工吸收入党。支行去年又发展一名新党员，按期转正一名预备党员，又确定 4 名入党积极分子。还有 12 名员工向党组织递交了入党申请书。

支行党支部坚持不懈地开展反腐败斗争，经常组织员工学习反腐倡廉的材料，观看教育片《饶才富先进事迹》、《时代楷模》等，并开辟反腐倡廉宣传园地，弘扬正气。同时，对内严格信贷三级审查审批制度，成立财务审查小组，定期公布招待费使用情况。对外，公开信贷办事程序，实行“工作日限时审批制度”，提高工作效率，落实“八要九不十做到”及“三声微笑”服务、站立服务，使客户高兴而来，满意而归，用

实际行动实践党的宗旨。

2. 重视发挥共青团这支生力军的作用。

党支部非常重视共青团组织的工作，积极鼓励团支部大胆开展工作，引导团员青年投身到银行各项改革中，充分发挥团员青年的积极性、主动性和创造性，发挥青年突击队作用，争当“青年岗位能手”。团员严毅俊同志勤奋好学，工作实干，业务精通，虽然只有中专文化水平，但凭着对工作的责任感，利用业余时间钻研电脑知识，成为住房信贷会计核算系统的能手，并协助市分行电脑中心做好全辖住房信贷会计核算系统的推广和维护工作。在“计算机2000年问题”工作中，成绩显著，被市分行授予“个人二等奖”。目前，严毅俊同志被党组织确定为入党积极分子，被支行聘任为会计出纳科副科长。支行团委委员王菁同志不满足于自己的本科学历，继续攻读研究生，带头组织团员青年开展活动。她本人参加市分行开展的“职业道德建设”演讲比赛，获得一等奖，参加“跨入新世纪——女性、理想、事业、人生”演讲比赛，获得二等奖，王菁同志被团组织推荐为入党积极分子。

3. 努力培养造就一支高素质的员工队伍。

支行党支部严格管理，对员工加强“四项教育”。一是加强制度、纪律教育，完善内部管理机制和工作责任制，二是加强法制教育，通过举办有关法律法规常识的学习、宣传和知识答题，提高依法合规经营意识，三是加强廉洁自律教育，组织员工观看《胡长清案件警示录》、《广西玉林金融大案纪实》等，警钟长鸣，四是加强职业道德教育，培养员工爱行敬业争做贡献的精神。

支行党支部努力营造一个有利于人才发展的环境，让优秀人才脱颖而出。为迎接加入WTO的挑战，以适应业务健康发展，从各方面努力创造条件，培养德才兼备人才，充分发挥他们的聪明才智。一是积极支持鼓励员工利用业余时间参加文化学习，提高学历水平。二是进行适应性岗位培训，提高员工处理日常业务的能力。三是派人出去学习，回行当老师授课。四是组织各种研讨会，扩大视野，增长知识。五是营造企业文化氛围，建立图书阅览室，成立业务调研小组，组织羽毛球队和摄影爱好小组等。

（二）领导带头，党员先进，塑奋发向上的群体形象

榜样的力量是无穷的。支行党支部书记、行长吴毅锋，在金融战线上工作了三十多个春秋，在党的培养教育下，从一名普通出纳员到股长到行长，角色的不断变换并没有改变她为人民服务、做人民公仆的本色。她从受命组建城建支行起，凭着对事业的高度责任感，艰苦创业，以满腔的热情和工作魄力，带领全行员工在激烈的竞争中求生存、求发展。仅用4年时间，就抢占了厦门市住房金融业务“半壁江山”，成为厦门市办理住房信贷业务的重点银行，并以高质量、高效益赢得同行称赞。吴书记以身作则、廉洁自律，要求别人做到的自己首先做到，要求别人不能做的自己首先不做。她总是冲锋在前，废寝忘食地工作，以自己的模范行为教育、影响着全体党员、全行员工，并带领他们自觉地投入到金融改革和发展中去。这几年，城建支行业务成倍增长，仅住房贷款每月就发放1个多亿。繁重的工作，不是靠增人，靠的是榜样的力量，靠的是全行员工的凝聚力和拼搏精神。

“领头雁”带出好班子。支行成立以来，在书记的带领下，支行领导班子始终以其团结有力和民主和谐气氛得到广大员工的信赖和支持。支行党政领导成员分工协作，勇挑重担，相互支持，从不推诿。凡年度工作计划、财务计划、大项费用开支、人事变动等关系到支行发展方向及员工切身利益的事，都事先广泛征求意见，充分发挥民主，再提交班子集体讨论决定。集体决定的事项，班子成员带头执行，共同遵守落实。因此，不论是每年的年度考核或民主生活会，都深得上级考评组和员工的好评。

党员充分发挥先锋模范作用。党的先进性体现在党员模范行为中。党支部经常教育党员要站在时代的最前列，在改革发展中发挥先锋模范作用。几年来，在党员中不断涌现出许多先进人

物：有勇于开拓，善于经营管理，荣获全国金融“五一劳动奖章”的吴毅锋同志；有善于做员工思想政治工作，关心员工生活的工会积极分子林芹同志；有会计管理核算能手，先进工作者梁美珍同志；有积极拓展业务，脚踏实地做好贷后管理的优秀党员章新生同志；有工作不知疲倦、任劳任怨，被称为“老黄牛”的优秀员工李建春同志等许许多多在平凡岗位中默默无闻、无私奉献的先进人物。正是这些党员同志的先锋模范作用，带出了一支朝气蓬勃、奋发向上的员工队伍，铸就了今天城建支行的优秀业绩。

（三）改革创新，打造精品，争创一流业绩

支行党支部在改革创新中，坚持依法合规经营。一是贯彻“从严治党、从严治行”的方针，把党风廉政建设和反腐败工作列入支行日常议事日程。支行与各部门签订《案件防范工作责任制》、《党风廉政建设责任制》、《安全保卫工作责任制》等，保证了各项责任制的落实。二是坚持“业务发展、内控先行”的原则，完善各项制度，保证有法可依、有章可循、防范风险。三是加强宣传和规范服务程序。利用节假日时间，支行的党团员带头走向街头，开展“中国工商银行，您身边的银行，可信赖的银行”及“中国工商银行，心系万家住房”宣传咨询活动，扩大工行的影响；开通业务咨询专线电话，及时解答客户的疑难问题；实行上门服务、预约服务等特殊服务，建立优质客户群；设立“按揭服务中心”，开辟住房信贷业务“绿色通道”，经常请房地产开发企业、保险公司、土地房产管理局联合办公，推出“一条龙”服务，让购房者只进银行一次门，就办理了房屋保险、抵押登记、按揭贷款申请等手续，极大方便客户。不少党员及员工还经常因时间紧、任务重而加班加点，却毫无怨言，保证为客户提供快捷的服务。

支行的业务在竞争中不断发展壮大。支行成立四年来，其主营的住房信贷业务以年年翻番的速度发展，已取得占本地区同业40%的好业绩，并成为“精品业务”，为厦门市分行的信贷结构调整做出了积极的贡献。

在竞争中求生存，在创新中不断发展。支行成立之初，就确定了以住房信贷业务为主营的指导思想，在工总行和市分行的领导下，大胆探索，勇于创新，开辟出一条有工行特色的业务发展之路。几年来，支行领导、信贷人员走企业，下工地，穿街走巷，宣传工行开办的住房信贷业务，特别是推介个人住房按揭贷款业务，让“中国工商

银行，心系万家住房”深入人心，一步一步挤进住房金融市场，站稳脚跟，并被工总行住房信贷部列为发展住房信贷业务的八个重点区域之一。支行不满足已有的成绩，在业务品种上，始终坚持“以市场为导向”，积极开拓新业务，提高竞争力。目前已开办“个人住房按揭贷款”、“个人住房装修贷款”、“个人住房组合贷款”、“安置房贷款”、“商业用房贷款”、“高校学生公寓建设贷款”等品种。去年又扩大“二手房”按揭贷款业务，开办“拍卖房按揭贷款”、“房屋转按揭贷款”等新业务，深得客户的欢迎。

支行在拓展业务过程中，努力实施住房信贷“精品工程”。不仅坚持信贷投向，实行贷款全程监测管理和预警制度，防范和化解风险，同时积极支持和培育优秀客户群。以工总行提出的住房信贷“四统一”为手段，提高业务品种的科技含量，进行标准化管理。支行经过四年的艰苦奋斗，各项业务得到全面发展，已成为厦门市分行辖内的贷款大行和综合效益增长点。2000年支行经营管理考核位居市分行全辖前列，达到“四高一低安全无差错”即：利润高，贷款发放额高，对公存款高，收息率高，不良贷款率低，实现会计核算无差错，实现自支行成立以来的第四个安全年。

“要做就要做最好”，这是支行党支部书记的口头禅，也是全行员工的座右铭。几年来，全行员工基于对党的信仰和忠诚，以邓小平理论为指导，努力实践“三个代表”的重要思想，为金融事业多做贡献，使城建支行各项业务蒸蒸日上，不断创造出新的佳绩。自2000年以来，支行党

支部积极开展“争先创优”活动纪念建党八十周年，进一步促进业务健康发展。今年上半年各项存款增加 8917 万元，完成对公存款任务的 162.13%、完成储蓄存款任务的 288.33%，创下 1068万元利润的新业绩。支行党支部“七一”前被工总行党委授予“先进基层党组织”光荣称号。

如今，年轻的城建支行，在党支部的坚强领导下，正带领着充满青春活力的高素质员工队伍，迎着新世纪的曙光，迈出更加坚实的步伐，努力实现心中的理想，争创一流业绩，为党旗增辉。

征稿启事

敬请您关注　欢迎您参与

《中国金融市场年鉴》是中国金融界一部大型资料性、历史性、综合性年刊，将全面反映我国银行、证券、保险及其它相关金融业的改革和发展历程，内容可靠，数据详实，是一部具有权威性、专业性、连续性和科学性的综合性史册。

《中国金融市场年鉴》2002 年卷特设“金融监管”“改革与发展”“信息化建设”、“精神文明建设”、“农村信用合作”、“证券市场”“期货市场”等专辑。

为丰富年鉴内容，加大信息含量，现特向广大读者征稿，欢迎相关部门、单位和个人踊跃投稿！

来稿务请注意以下事项

1. 文稿要求观点新颖、说理透彻、文笔流畅、实用性强；文章所用的数据力求准确、资料翔实可靠、图片清晰、计量标准、正文简体，作者直投软盘或发 E-mail 均可，字数不限。
2. 译文需附原文，并注明出处。
3. 来稿要求注明作者姓名、工作单位、电话及联系地址、邮编。
4. 来稿一经采用，即付稿酬并赠样书。
5. 请勿一稿多投，如有版权纠纷，责任自负，作者若超过 2 个月没有收到任何形式的用稿通知，稿件可自行处理，恕不退稿。

联系方式：

北京 89－136 信箱（100089）

电话：010－88570128 88570129

传真：010－88570139

http：//www. cmjrw. net. cn

E－mail：cmjrw@sina. com　　cmjrw@sohu. com

加强基层党组织建设 促进业务健康发展

中国工商银行福建省三明市分行

中国工商银行福建省三明市分行党委在金融改革和发展中，紧紧围绕党的中心工作，全力发挥辖内各级党组织的政治核心作用、基层党组织的战斗堡垒作用和共产党员的先锋模范作用，有力促进了业务工作的健康发展，取得了两个文明建设的双丰收。2000年度该分行在地方政府组织的有33个窗口行业参加的“创文明行业，建满意窗口”活动中取得了综合评比第一名的好成绩；全辖11个支行有5个支行被福建省委、省政府授予省级文明单位称号，市分行机关及其余的6个支行也被授予了市级文明单位称号；涌现出一批先进基层党组织、优秀共产党员、优秀党务工作者、金融先进工作者、劳动模范；许多窗口被评为全国、省、市级的“青年文明号”“文明服务示范窗口”；2000年度该分行党建工作在全省工行系统党建目标管理考核中名列第三；经营效益稳步增长，2000年跻身全国工商银行系统市地分行经营效益30强行列，居22位；2001年上半年在全省工行系统8个二级分行、营业部经营绩效考评监测中位居全省第一。

（一）加强党的思想建设，夯实党建工作基础

“思想政治工作是我们党的政治生命线”，三明市分行党委及所辖各党支部始终把狠抓党的思想建设，发挥党组织的政治核心作用作为党建工作的主要目标，采取多种形式狠抓员工的思想作风教育，力求使思想政治教育生动、多样，易于被员工消化吸收。一是抓好党员的理想、信念和宗旨教育。一方面，以学习江泽民总书记“三讲”、“三个代表”重要思想活动为契机，对全体党员进行《党章》、人生观、价值观、世界观教育，着力帮助广大党员牢固树立马克思主义观点，切实改进思想作风。另一方面，利用2000年8月、9月两个月的时间集中力量在全行开展了以爱岗敬业、文明服务、遵纪守法为主要内容的职业道德教育活动，培养员工树立诚实守信、办事公道、服务客户、奉献社会的金融职业道德观念。二是抓好法规法纪教育。为了提高员工的法律意识，增强员工法制观念，该分行经常不定期邀请省分行法律事务处的同志为市分行机关中层以上干部、县支行行长举办法律讲座，提高中层干部的知法、守法、用法的能力，同时组织员工进行金融法律基本知识答卷测试，要求市分行条法员到各支行举办法律讲座，帮助员工进一步掌握金融法律知识和实务。2000年5月份，市分行还组织了由永安监狱的服刑人员进行现身说法的警示教育活动，服刑人员从自身的经历讲述了淡薄法律，一步步走向犯罪深渊的过程，做到以案释法、以案释纪，给员工以深刻的警示。三是抓好典型教育，努力弘扬正气和时代的主旋律。如开展向全国优秀共产党员、金融先进饶才富和向身边的典型福建省劳模列东支行的黄甘治学习活动，组织辖内先进人物进行先进事迹巡回报告活动，使员工远学有榜样，近学有目标，不断对照先进提高自己。

在开展思想政治教育工作中，三明市分行党委学习中心组始终发挥带头和示范作用，制定学习计划，明确学习要求，严格学习制度，切实做

到人员、时间、主题、考勤四落实，在学习内容上，坚持做到学习理论同学习贯彻执行党和国家的路线、方针、政策相结合，同学习贯彻落实上级党委的精神、工作部署相结合，同研究解决经营管理和改革发展中的实际问题相结合“三结合”，提高学习实效。

行之有效的思想政治教育活动，使员工牢固树力和守住了思想道德防线、规章制度防线、法律法规防线“三道防线”，为分行的改革和发展提供了强有力的思想保证。

（二）狠抓党的组织建设，发挥党组织的政治核心作用

1. 健全组织机构，完善考核制度。1999 年 11 月份，工商银行党的工作由地方党委管理改为系统垂直管理后，三明市分行党委及时组建了党委职能部门，调整、充实了基层组织机构，结合银行工作特点，制定了具有行业特色的基层组织党建目标管理考核办法，保证了分行党的工作的延续性。

2. 坚持公开选拔制度，进一步充实、优化支行领导班子，提高班子战斗力。

“火车跑得快，全靠车头带”，三明市分行党委一班人思想同步、目标同向、工作同步、责任同步，心往一处想，劲往一处使，坚持集体领导，发扬民主作风，制定实施了行长办公例会制度，加强行领导间的相互沟通和重大事项的及时协调，确保重大决策、重要部署得到切实有效的贯彻落实。

对县级支行领导班子的配备，坚持结构优化、效率优先的原则，最大限度地发挥班子合力。对新提拔的副科级干部，坚持公开选拔，从学识水平、业务能力、管理能力、思想品德等多方面进行综合考核考察，提高领导干部的整体素质，增强基层班子的战斗力。几年来，共有 27 名干部通过公开选拔走上了副科级领导岗位。通过调整、充实，三明市分行所辖支行领导班子的年龄结构、知识结构和专业结构进一步优化，平均年龄 38 岁，大专以上学历占 82%，96%的班子成员具备了中、高级专业技术职务职称。

3. 抓好党员队伍建设，积极为党组织输入新鲜血液。

一个党员就是一面旗帜，党员队伍素质的高低直接关系到党组织的形象。三明市分行党委注重抓好党员队伍建设，在提高党员队伍素质上下功夫，为了树立典型，弘扬正气，开展了创建先进基层党组织和争做优秀共产党员、优秀党务工作者活动。自垂直管理以来，共表彰了先进基层党组织 6 个，优秀共产党 70 人次，优秀党务工作者 29 人次，推荐省分行党委表彰先进基层党组织 1 个，优秀共产党员 5 人，优秀党务工作者 4 人，其中一位同志被总行党委评为优秀党务工作者。通过“一先两优”活动，进一步推动了基层党组织和党员队伍建设，激励基层党组织和广大党员、党务工作者在深化金融改革，防范和化解金融风险，改进金融服务，支持地方经济发展中发挥更大的作用。

在发展党员工作方面，三明市分行党委在对所辖支行的党员队伍结构、分布情况进行调查摸底的基础上，制定出符合分行实际的发展党员工作思路，把发展党员工作重点放在基层一线，放在青年业务骨干，有针对性地进行培养，坚持成熟一个发展一个的原则，不断为党组织补充新鲜血液。垂直管理以来，市分行党委共吸收新党员 56 人，壮大了党员队伍，增强了党组织的战斗力。同时，采取内部调整的办法，使党员队伍的分布更趋合理，逐步消除无党员网点的数量，使党组织的战斗力、党员的先锋模范作用在更多的基层发挥作用。

（三）严格党的作风建设，发挥党组织的战斗堡垒作用

1. 认真贯彻落实党风廉政建设责任制各项措施，党风廉政建设和反腐败斗争见成效。三明市分行党委以防范案件和事故为主线，全面加强内控外防工作。突出表现在：一是狠抓案件防范教育，加强全分行员工对案件防范工作重要性的认识。通过分析发案原因，组织服刑人员现身说

法，加强案例教育，推行廉政谈话和诫勉谈话制度等，增强全体员工稳健经营和遵章守纪的观念。二是切实落实案件防范各项措施，加强“三道防线”建设。通过全力推动《安全责任状》的落实，精心组织“安全防范分析会”，加强防范设施建设和安全保卫检查，强化稽核检查的广度、深度和频率，建立和推行“员工行为排查”制度，制定和实施《监督检查人员责任追究制暂行规定》，建立和落实《防范计算机犯罪管理办法》，严肃查处违规经营和案件、事故责任人，使“三道防线”建设全面得到加强。在全省工行2000年度党风廉政建设与内控外防量化考核评比中，分行综合评比名列第三，其中：案件防范责任制量化考核第一名，依法经营管理量化考核第三名，内控管理量化考核第三名。

2. 坚持走群众路线，倾听群众的意见和建议。年中和年末均召开职工大会，通报分行的经营情况，让员工了解年度工作任务、目标和执行情况；提拔干部前向群众进行谈话了解，对新提拔的科级干部均进行公示，广泛征求员工的意见；对群众的来信来访能认真对待，及时处理；深入开展“提合理化建议”活动，倾听群众的呼声。

3. 大兴调查研究之风，进一步改进工作作风。市分行制定实施了行处级领导挂钩联系支行工作制度，9位副处级以上领导与支行结成挂钩联系对子，切实加强对基层行工作的指导；建立重点联系基层处所制度，及时了解基层一线工作新情况和客户与员工的反映和建议，提高决策的针对性和适时性。进一步完善了基层行领导调研制度，要求县级支行行长每季度必须写出一篇调研文章，供市分行领导决策参考。进一步落实二线为一线服务工作，切实改进机关工作作风，提高工作效率和内部服务质量。

党员干部必须加强思想建设

海南临高工商银行　陈　健

(一) 加强党员干部思想建设的重要性

1. 加强党员干部的思想建设，关系到党的基本路线的贯彻执行。

党的基本路线是否得到贯彻执行，很大程度上取决于党员干部的思想和行动是否保持一致。经济形势的变化，必将带来各种利益关系的调整，党员干部将面临着更多的利益矛盾，如：职务、工资、岗位、职能等都有较大变化，有的同志由于思想觉悟不高，私心杂念严重，出现很多思想问题。在贯彻执行党的基本路线时，断章取义，各取所需，各行其事，采取实用主义态度，对自己有利的就执行，对自己不利的就不执行，这样，党的基本路线代表的不是党和人民的根本利益，而是个人的利益。最终导致从群众中来到群众中去的根本工作路线难以贯彻。

2. 加强党员干部的思想建设，关系到党的威望。

党员干部如果拥有崇高的思想境界，就不会被消极腐败现象所侵蚀，就能经得住各种各样的考验，准确履行自己的职责，用自己的实际行动实践党的宗旨，为人民群众排忧解难。人民群众有什么困难，作为共产党员就必须与群众共患难，同甘苦，哪里有困难，哪里就必须有共产党员，这样，才能使群众切实感到关怀和温暖，才能赢得群众的信赖和拥护；相反，党员干部如果思想僵化、腐化堕落，那么他将脱离群众，侵蚀人民群众的利益，就必然损害党的威望。

3. 加强党员干部的思想建设，关系到党员干部的素质修养。

行为是赋予思想的体现，行为反映着一个人的内在素质，党员干部自身的素质修养与思想信念密不可分。党员干部如果思想浮华，就必然导致行为不端，那么在群众中将产生负面的影响，难以树立榜样。只有每名党员都严格要求自己在工作中以身作则，群众才能看到的一支充满生机和希望、高素质的建设队伍。因此，要提高党员干部的素质修养，就必须加强他们的思想建设。

(二) 党员干部在思想观念上存在的错误认识

1. 追求享乐，意志薄弱

由于社会经济生活的多样化，个别党员干部经不住“灯红酒绿”的诱惑，在物欲横流的时代开始随波逐流，在思想上开始“蜕变”，在行动上，“身不由已”由一个意志坚强的优秀党员干部沦落为低级趣味的腐败分子。近几年，党内出现的一小撮腐败分子（如：胡长青、成克杰等）就是一本本反面教材，如果我们不彻底消灭腐败分江泽民总书记在“七一”庆祝建党 80 周年大会上精辟阐述了“三个代表”重要思想的理论依据，概括了中国共产党 80 年来的光辉历程。我们党在革命、建设和改革的各个时期各个阶段，始终代表着最广大人民群众的根本利益，全体党员一直为党的崇高事业而努力奋斗着，党员干部的一切工作都是全心全意为人民服务的。但是，随着改革开放的深入和社会主义市场经济的发展，社会经济生活开始日趋多样化，新的形势对我们的党员干部作出了新的考验，我们的党员干部将面临着更多的诱惑，其思想状况出现了多样化、复杂化，甚至个别党员干部出现偏差进人误区。因此，在新形势下，严格按照“三个代表”的要求，加强党员干部的思想建设，显得格外重要和十分迫切。相应的要求。

2. 牢固宗旨观念，发挥模范作用

对于党员干部来说，要在实际行动中摆正与群众的关系，就必须先在思想上牢固宗旨观念，正确认识个人在党的事业中的作用，在群众中的作用，事事处处以身作则，率先垂范，这样，干群关系就比较融洽，相反，就比较紧张。牢固这样的宗旨：在思想上尊重群众，在感情上贴近群众，在工作中依靠群众，发动群众，服务群众，与群众融为一体，以自己的模范行动去影响和带动群众；想人民之所想，急人民之所急，办人民之所需，切实解决群众的问题和矛盾，扎扎实为群众办好事，办实事；凡是人民群众需要的，我们应努力去做，凡是禁止群众做的，我们坚决不做；一切从群众的利益出发，不计个人名利得失，不谋小团体利益，把江泽民总书记提出的“三个代表”重要思想中的“始终代表最广大人民的根本利益”，通过我们党员干部的实际行动体现得淋漓尽致。

3. 坚定理想信念，确定远大目标

一个人如果没有理想信念，就缺乏对事业和生活执着追求的精神动力，就不会有博大的胸怀和崇高的思想境界。科学的理论信念，可以激发人们自强不息、奋发向上的雄心。大多数党员干部都有美好的理想和崇高的信念，抱着为国家强大而奋斗的真诚愿望和对未来的憧憬和希望，但也有一些人在复杂的斗争面前，放松了思想警惕，理想信念开始动摇，对自己的前途产生种种疑虑。其实，在前进的道路上碰到一些问题和困难都是暂时的，是可以解决和战胜的，我们应该认识到，为共产主义事业奋斗才是我们永恒的目标。党员干部只有在实践中不断坚定自己的理想信念，在艰难困苦和复杂环境中，锤炼自己的意志品质，在工作中增长才干，提高处理问题的能力，才能不被各种错误的思潮所俘虏。应牢固树立共产主义远大目标，确立崇高的人生追求，胸怀大志，“吃苦在前，享乐在后”，以高尚的精神激励自己，以积极进取的精神状态跨向未来，热爱自己的事业，在工作上兢业业，任劳任怨，努力创造一流的成绩，为实现社会主义现代化而奋斗。

4. 加强自身修养，发扬奉献精神

党员干部能否出色地完成党的各项任务，做好人民群众的工作，当好人民的公仆，树立良好的形象，关键在他自身的修养，在思想、道德、作风和生活等各方面，党员干部都不应将自己视同于普通群众，应以共产党人的标准严格要求自己，因为党员干部的言行举止，包括想问题、办事情、做决策，对于群众来说，都是有鲜明的导向性和示范性。孔子说：“其身正，不令而行，其身不正，虽令不从”。这就要求我们党员干部要增强自我约束意识，树立健康的精神情趣，不断加强自身建设，经得住考验，顶得住诱惑。时代在发展，社会在进步，事物在变化，但是党员干部全心全意为人民服务的根本宗旨不变，大公无私的精神不变，特别是在改革开放，发展社会主义市场经济条件下，发扬无私奉献精神极为重要。一个人如果只是为自己、为家庭而活着，意义是很有限的，只有为国家、为民族、为社会、为集体的利益，奋不顾身地工作着，毫无保留地贡献出自己的聪明才智，这样的人生才有真正的意义。党员干部每做一件事情，都要顾全大局，讲奉献，而不应索取，在物欲利益面前，坚决杜绝自私自利的个人主义思想，以不谋利为已任，为党的事业多做一份贡献，争做一名高尚的共产党员。

（三）加强党员干部思想建设的根本要求

1. 加强理论学习，提高思想素质

讲学习是党中央对党员干部的一项根本要求，学习理论不仅是做好工作的需要，也是立足于社会的最起码的要求。邓小平同志说过“不注重学习，忙于事务，思想就容易庸俗化，就是一个危险的起点”。一个优秀的党员干部，一旦思想上懒惰，不注意学习，不注重修养，就可能犯这样那样的错误，甚至一发不可收，给党和人民造成巨大的损失，从而扭曲自己的人生轨迹。也有一些党员干部平时只号召别人学习，自己却不认真学习或不学习，对自身存在的一些问题漠然置之。从根本上说，党员干部只有用科学的理论武装自己的头脑，才能站得高，看得远，防止在日益复杂的斗争中迷失方向；才能变无知为有知，端正自己的行为，担负起自己的使命；才能跟得上形势的发展，而不落伍，增加时代的紧迫感，而不波淘汰；才能从思想上形成共识，工作上互相支持，使自己思想境界不断升华。

2. 加强政治意识，增强适应能力

随着经济的发展，一些消极的东西逐渐滋生出来，从思想上、作风上以更加隐蔽的形式侵蚀着部分党员干部健康的肌体，有人却错误地理解为这完全是改革开放和搞市场经济的结果。其实，这些现象的出现，充分表明了个别党员干部的思想观念还不适应改革开放的新形势，最主要的原因就是政治意识淡薄，才造成认识上的误区，带来实践的偏差。因此，对于广大党员干部来说，越是改革开放，越是发展社会主义市场经济，越要加强政治修养，从而适应新形势的要求。首先，对有关政治方向的问题，要做到头脑清醒，是非分明，把握好自己在学习、工作和生活等方面的政治方向，才能澄清和克服思想上的模糊认识，摆正自己的位置，真正使自己在政治上成熟起来。其次，充分认识当前进行世界观改造的重要性。党员干部如果忽略或放松世界观的改造，就可能导致思想蜕化，走向堕落。世界观的改造，需要终生不息的自觉努力和不断锤炼，要敢于正视自己的缺点，实实在在地摆出自己的问题，并子，我们党就将得不到人民群众的支持，执政党的执政地位就将动摇，近一段时间，党中央、国务院加大反腐倡廉的力度，正是因为已认识到腐败对于党、对于社会的重大危害。

3. 安于现状，缺乏热情

个别党员干部容易满足于现状，不求发展，不求进步，不愿接受新事物，不论是在思想上还是工作上，都跟不上形势的发展和时代的要求，凡事处处为自己打算，对群众中间出现的问题和矛盾，不重视，不关心，甚至视而不见，麻木不仁，缺乏最起码的热情。临高工行也或多或少存在这些现象，如工作主动性不够，团队观念比较薄弱，工作上得过且过，这些人的“事不关已，高高挂起”的行为，从根本上背离了党的宗旨。

4. 畏难情绪，缺乏信心

21世纪，我们正处在一个国际国内形势变化多端的紧要关头，既有难得的发展机遇，又面临严峻的挑战。但有一些党员干部未能充分认清形势，在遇到挫折时，不是知难而进，将问题迎刃而解，而是萎缩不前，逢难而退，缺乏艰苦奋斗的精神，他们往往只看到自己的优点，而忽略了自身的不足，遇到棘手的问题，就深感力不从心，不去积极寻找解决问题的办法，反而把问题的难点推向党，一度解决不了，便对党产生怀疑，理想信念开始动摇，曾经对党的事业抱有的高度信心，也因此一泻千丈。这在我们搞经济建设的过程中，会给我们的事业带来重创。

5. 不讲党性，素质偏低

一些党员干部错误地认为搞社会主义市场经济就不需要讲党性，只是把“全心全意为人民服务”挂在嘴上，而不去实践，不讲学习，不讲政治，认为市场经济就是讲“效益”、讲“利益”，脑子里装的全是个人利益主义，唯利是图，共产党人的大公无私的作风荡然无存，甚至以不惜损害人民群众的利益而追逐个人的虚名和利益，严重损害党在人民群众中的形象，降低党员干部的威信。

以上存在的各种思想状况表明，对党员干部的思想教育要注重实效，区别对待，对不同层次的党员干部的思想情况，采取不同的形式，提出深挖思想根源，鼓起改正缺点和解决问题的决心和勇气，把自觉改造自我作为不能丝毫懈怠的大事融入改造客观世界的过程，树立科学的人生观、价值观，自觉抵制各种腐朽思想的侵蚀，筑造坚实的思想防线，以不变的政治本色和浩然正气在新形势下健康成长。

抓党建促发展打造一流队伍
抓结合增效益争创上佳业绩
——记中国工商银行梅园庄支行

中国工商银行梅园庄支行崔永清米嘉

中国工商银行梅园庄支行紧紧围绕改革和效益，坚持不懈地抓好支部和党员队伍建设，较好地发挥了党组织的政治核心作用和党员的先锋模范作用，保证了党的路线、方针、政策在该行的贯彻执行，促进了各项业务健康发展。截止2001年年末，各项存款余额已突破20亿元，较年初净增8．9亿元。对公存款、储蓄存款、同业存款实现跳跃性发展，分别完成上级行下达全年计划的16．47倍、1．9倍和18．19倍。不良贷款余额为2277万元，较年初下降200万元。全年创净利润3865万元，为上级行下达年度任务的212．6%。近5年来已累计创利18077万元。这些成绩无不得益于党建工作的抓紧、抓实。

（一）抓住两个结合，强化班子建设

该行党支部在党建工作中重点抓了“两个结合”。

一是党建工作与时代特点相结合。进入市场经济以来，人们的世界观、人生观、价值观发生了很大变化。针对部分职工（包括一些党员在内）对于党的宗旨、党员的作用、党员的价值产生了淡化倾向，支部组织党内党外员工，多角度、多层次、通过多种形式开展革命传统教育和形势分析，唤醒党员的危机感、责任感和使命感，要求他们不断学习、不断完善，与时俱进，充分发挥党员的先锋模范作用和党组织的战斗堡垒作用。

二是党建工作与业务特点相结合，避免出现就党建论党建，党建、业务“两张皮”现象。当前各家银行重在考核业务量、时点增存、同业占比、优质服务等环节，容易形成党建、业务双线分开，各自为战的现象。为了抓住党建业务的最佳结合点，梅园庄支行党支部针对储蓄、信贷、会计、公存各个专业不同特点，坚持双项目标一齐下，抓好党建促进业务。如储蓄一线网点的员工，既要完成存款任务，又要防止差错事故和案件，还要搞好优质服务、各项代理工作等，职工思想非常活跃，他们就充分调动“网点党员小政委”的积极性，通过这一个“点”的示范作用，既带头执行行规行纪，完成各项工作和任务，又帮助、教育一线员工，强化防范意识，消除安全隐患，消除化解职工的各种矛盾，保持了上下思想一致。在此基础上，该支部始终把班子建设作为做好其它一切工作的出发点，认真坚持民主生活会、组织生活会和中心组学习制度，坚持民主集中制原则，重大问题集体研究决定，形成了思想上合心、工作上合力、行动上合拍的“三合”领导核心。全体员工学有样板、做有标准、赶有目标，员工队伍素质不断提高，为各项业务发展奠定了坚实基础。

（二）密切党群联系，改进工作作风

该支部以十五届六中全会精神和《中共中央

关于加强和改进党的作风建设的决定》为主要内容，强化学习，改进作风。鼓励员工畅所欲言，开诚布公，征求对支部的意见。对于职工反映的一些生活问题也及时研究，尽快解决。

对在今年内设机构改革竞聘中落选的人员，他们坚持正面引导为主，释疑解惑，反复耐心地做其思想政治工作，同时，在具体工作的安排上也本着由轻到重的原则逐步加压，稳定了这部分同志的情绪，使这部分同志的工作热情恢复如初，化消极因素为积极因素。

在制度约束方面，除坚持正常党内监督之外，这个支部还建立健全了党外监督体系，聘请离职退养的一些老同志、老职工作为党风监督员，定期听取他们对于支部工作安排方面的意见，以切实帮助加强和改进思想工作作风。

（三）创新活动方式，突出党员作用

近年来，通过开展“党员责任区”、配备“网点小政委”、开展岗位创效比贡献、党员献计献策等活动，提高了全行党员的党性修养，激发了全体党员的工作热情。为进一步突出党员的政治地位，今年该支部又深入开展了“党员示范岗”活动。要求每个党员立足本岗，结合市行下达的工作目标，订立个人工作目标。这些目标既要有量的标准，又要有在全市横的比较。每个党员从中选择1－2条有望取得最突出成绩的指标作为“闪光点”，为之不断努力。支部为每个党员定做了一个“党员示范岗”标牌，放置于办公桌旁，将这些闪光点逐一罗列，打印在每个党员“示范岗”标牌最醒目的地方，时刻鞭策激励党员自发地带动身边职工为这一目标而努力奋进。

结合创建“党员示范岗”活动，该支部还有重点、分层次地深化了“创先争优”活动。对于在“创先争优”活动中做出突出贡献的共产党员，在大张旗鼓进行表彰的同时，敢于大胆给予物质奖励。全年先后通过专栏版面、简讯、通报等形式给予表彰的党员有14名，占在职党员总数的70%。有18名贡献突出的党员享受支行奖励金27410元。该支部“创先争优”工作先后受到了市工行、省工行和工总行的表彰。梅园庄工行党支部还克服经费紧张的困难，挤出资金，丰富了党员活动室。增订了党内生活报刊、杂志，丰富了党员的学习内容。利用“五一”长假期间，组织全体党员到革命圣地井冈山、韶山参观学习，深入细致、有侧重地开展革命传统教育活动。为庆祝建党80周年，组织全体党员、入党积极分子25人义务献血5600CC。在行内行外、党内党外的广大干部群众中引起了较大反响。

通过这一系列活动，党员主动发挥模范带头作用成了自觉行为。身边的干部群众感到，党员就是不一样。该行主要领导同志的表率作用也大大增强了班子的感召力。为服务辖区内企业股票上市，他们多次奔波于郑州、北京之间，请示上级行为企业出具了上市需要的贷款承诺函。为满足该企业提出的服务职工申购新股要求，一周内为其办理牡丹证券卡3．5万张，完成银证转账4000余万元。在省市行主要领导的亲自参与和全力支持下，最终保证了募股资金全额回归工行。在拓展票据业务，开辟新的效益增长点这一方面，该支部的党员同样扮演着极为重要的角色。共产党员、业务部主任刘明洁同志在得知距支行30多公里的水冶炼铁厂有贴现意向时，立即前往联系，再热的天，再远的路，也从未向支行提出任何条件，硬是凭着一股工作热情收回贴现利息13．3万元，打响了票据业务的第一炮。目前，该行已累计办理票据贴现18277万元，较去年全年增长了4．02倍，增加收息258万元，创利102万元。支行储蓄部的手续交换工作既苦且累又脏，很多人望而生畏，共产党员、原钢城分理处“网点小政委”焦峰挺身而出。接任以来，风雨无阻，早出晚归，虽然每天一趟跑下来搞得灰头土脑，但小伙儿总爱憨憨一笑，说“谁叫咱是党员！”热情、快乐的情绪不自觉地感染

着身边每个人。

正是因为支部的每个党员在各自的岗位上勤奋敬业、扎实苦干，才使得全行职工精神振奋，士气高昂，各项业务蒸蒸日上，经营效益连年增长。对公存款净增额在全省工行系统226家支行中位居第一，旬均增长额位居第二。人均存款已达2126万元，较上年末增加1080万元。人均创利38．2万元，较上年同期增加25万元。2001年9月，人行安阳中支行长邓中科同志陪同中央金融工委领导在该行检查工作时指出："人均创利20余万元在安阳金融系统各家基层支行中是个了不起的成果"。该行继被河南省委宣传部授予"职业道德建设先进单位"称号，被中央金融工委授予"金融系统文明建设先进单位"，被工总行确定为党建工作重点联系行之后，今年"七一"前夕，又被授予工总行"先进基层党支部"光荣称号。

明珠熠熠耀南国

——广东高要河台金矿发展纪实

广东高要河台金矿 赖伙胜

广东高要河台金矿，是一个以金为主，多元发展的综合型企业。自1989年建矿以来，已历经了十多个春秋。这十多年来广东高要河台金矿从名不经传到南国明珠，从传统企业到信息化企业，从独立舰只到“联合舰队”，从“黄金人”到“经济人”，无一不凝聚了矿山人的奋斗血汗。它的成长及取得的辉煌，令人瞩目，令人赞叹。被人们誉为南国明珠，熠熠闪耀在广东这片热土上。

从名不经传到南国明珠

广东是全国开放最热的地方，也是全国黄金加工及消费量最大的省份。然而10年前，广东省竟没有一个象样的黄金生产企业，那些稀稀落落，如暗淡星光的省内小型采矿山远远改变不了广东没有金矿的现状。

80年代初，河台发现有金矿之后，掀起一股民采浪潮。然而由于农民的滥采乱挖，缺乏科学，河台金矿资源流失严重。广东省719地质队进驻河台后，对河台镇的云西、高村矿区进行地质勘查。他们用了4年多时间，提供了勘探报告。1985年国家黄金局根据报告批准河台金矿建设规模为200吨/天。后来，由于探明储量增大，黄金局于1986年批准河台金矿建设规模扩大到500吨/天，分两期建设。根据719地质队资料，河台黄金矿区分为高村、云西、后迳3个矿床及一些深部远景储量，河台矿区黄金储量超50多吨。广东终于找到了一个大型金矿。

为了建设好河台金矿，圆广东人的黄金梦，广东各级领导都十分关心河台金矿建设，他们倾注了无限深情。1985年开始成立基建工程指挥部，筹建河台金矿；1985年5月选厂主厂房开工建设；1986年11月进行一期坑内工程建设；1987年6月3日，正式命名“广东高要河台金矿”；1987年下半年招收首批新工人并进行技术培训；1989年1月4日，河台金矿一期工程（250吨/天）顺利投产；1994年1月，三期扩建工程（500吨/天）投产；1998年云西技改主体工程竣工。截止2001年底，河台金矿基建（含技改）累计投资11449万元。采、选、冶工程配套，规模已达750吨/天。

从传统企业到现代信息化企业

早在1989年建矿初期，广东高要河台金矿就紧跟社会发展潮流，把握信息技术发展的机遇，及时运用现代科学技术来提升这个传统企业。将信息技术与现代管理相结合，投入资金购买微机，开始应用计算机进行一些文档处理。随着社会信息技术的日益发展，互联网的日渐普及，随之建成了计算机网络。在部门之间实现信息资源共享，并将计算机技术不断地应用到生产、经营、财务及一些矿山专业应用领域。通过信息集成，过程优化及资源优化配置，实现物流、信息流和价值流的集成优化，不断提高生产、经营、管理决策的效率和水平，排除昔日人为因素影响，规范了企业流程运作，提高了企业市场应变能力和竞争能力。

在硬件建设方面，河台金矿专门成立了一个

信息中心，配专业技术人员6人，配置程控交换器、服务器、微机、惠普绘图仪、投影仪等。设备配置齐全。在软件开发与应用方面，河台金矿建成了河台金矿信息网，让决策管理层和广大职工及时了解情况；同时，在矿信息网上还开设学习园地等等。为进一步加大对外宣传力度，迎接入世和黄金市场放开，树立企业新形象，河台金矿建立了"金鼎黄金"网站。目前，河台金矿在对企业内部管理系统整合的基础上，还与高等院校及科研单位联合开发《矿山企业管理信息系统》(MMIS) 等软件。为矿山企业由传统管理走向现代管理架起了桥梁，提高办公效率。河台金矿通过加强信息化建设，使企业经营管理运作过程节省了时间、节约了成本、提高了速度、提高了效率、增强了企业效益。

从独立舰只到联合舰队

河台金矿是我国南方一个大型金矿床。为寻求企业的更大发展空间，应对入世和黄金市场放开的挑战，河台金矿不断做大做强企业，使企业由单一的"舰只"逐步形成一组坚不可摧的"联合舰队"，扬帆出海。矿厂决策层在有关部门领导下，确立了一个以金为主，多元发展的企业格局。1997年4月，河台金矿建设了氰化冶炼厂，并在1998年7月产出首批合格的成品金。1998年投产了黄金精炼厂，这是我国目前惟一利用常温常压下溶剂萃取法提纯黄金的精炼厂，年产9999以上黄金达20多吨。投资少，工艺独特，回收率高，成本低，无积压，并可提供成套设备，安装调试，技术培训等技术服务。2001年11月27日，黄金精炼厂成为上海黄金交易所可提供标准金锭的首批认定企业，并成为上海黄金交易综合类会员。2001年10月15日，河台金矿与日本恩亿凯特精细化工有限公司成功合作，共同成立了广东恩亿凯特精细化工有限公司，这是目前我国首家中外合资贵金属精细化工公司。产品氰化亚钾（俗称金盐）立足高端市场，应用于电子、信息、舰空、航天等高科技领域。此外，国家金银检测中心南方分中心正在筹建；同时还成立了建安公司、运输公司等。一个集采、选、冶贵金属开发，并逐步向科、工、贸发展的现代化大型企业正在南方崛起。

由黄金人向经济人转变

2002年春节前后，广东高要河台金矿先后在北京、新疆、深圳等地与银行系统、产金企业及一些用金单位建立开展了有关金锭、金条加工和黄金提纯等业务。企业已经开始打破只顾挖金子的框框，实现了由"黄金人"向"经济人"转变。使企业进入黄金市场，为应对挑战迈出可喜的一步。

作为我国南方大型的黄金生产企业，广东高要河台金矿采取以"入市"应对"入世"方法。及早谋划，以快人一步的姿态主动与黄金大市场接轨。现在该矿的经营理念和经营模式已由原来的"计划——生产——交售"的"旧三曲"向"市场需求变化——调节生产——选择销售时机"的"新三步曲"转变，使企业成功步入市场。

2001年，广东高要河台金矿深化企业改革，初步实现企业转型，开始与市场接轨，在走向多元化企业方面迈出关键的一步。企业重新设置机构和重新定岗定员，实施新经济责任制等，并专门成立了市场部。与此同时，企业改革后，该矿人才的选拔方式也大为不同。由原来的"伯乐相马"变为现在的竞争上岗。员工队伍整体结构也由以往的地、测、采、选、冶为主的技术型人才，成为信息网络、资产运营、市场营销等方面的复合型人才，为企业应对市场挑战作了有力保证。目前，该矿除了进一步深化企业改革，还不断加强与日本等外商的合作，走多元化发展路子，以应对入世和黄金市场的放开。"长风破浪会有时，直挂云帆济沧海"。河台金矿正扯起强大的风帆，驶向市场经济大潮，迎风搏浪。

创建农村信用工程
发挥支农主导作用

十堰市农村信用合作社联合社　王厚明　王德升

十堰市农村信用合作社联合社（以下简称十堰联社）充分发挥农村金融主力军作用，以改善农村信用环境为业务工作重点，自2001年以来全面推行农户小额信用贷款、创建“农村信用工程”，切实解决农民贷款难，促进了全市农村信用社各项业务工作的开展，提升了农村信用社的社会形象。

十堰联社管辖9家县级联社，截止2002年4月底，各项存款余额363872万元，比年初净增47919万元，增长15．2%，完成省办下达任务的106．5%；贷款余额235432万元，比年初增加11577万元。通过扎实有效的工作，截止4月底，全市已有603个行政村通过了信用等级评定，评定面为21．7%，比年初增加340个；259403户农户通过信用等级评定，评定面为41%，累计发放贷款证267005户，授信金额95928万元，贷款证发放面为42．3%。

在开展“农村信用工程”创建活动中，十堰联社一是制定方案，及时传达政策精神；二是加强领导，成立专班，由十堰联社理事长王厚明同志和联社主任王德升同志分别带领工作组深入到竹山县宝丰镇和丹江口市新港办事处创办“信用工程”联系点，目前宝丰镇29个村已有21个村被评为信用村，达标率为65%，符合“信用乡镇”标准，市联社已在4月中旬会同十堰市人民银行、竹山县委县政府共同对该镇创建“信用工程”进行验收，授予该镇“十堰市第一信用镇”的称号。市联社王德升主任将丹江口市新港办事处作为联系点并多次与丹江口市委市政府协调，赢得了该市的高度重视和支持，并把此项工作摆上了党政工作的重要议事日程，较好地推动了此项工作顺利开展；三是广泛宣传发动，提高认识水平；四是紧密依靠村组干部，深入调查摸底；五是注重四个结合，确保工作质量，即：将领导重视与群众参与相结合、将调查摸底与集体审议相结合、将严格标准与公平公开相结合、将简化手续与防范风险相结合；六是结合信用等级评定，做好贷款发放；七是加强督办，切实把握工作方向。

“农村信用工程”是一项民心工程、兴社工程、富民工程、固政工程，是农村信用社实践“三个代表”的具体行动。全市农村信用社通过创建“农村信用工程”，在支农和促进农村信用社发展中取得显著成效。一是强化了农户信用观念，营造了良好的社会信用氛围。该联社在推广农户小额信用贷款、创建“农村信用工程”中，始终将“信用”作为唯一的标准和条件，通过信用等级评定、贷款证发放，将“有借有还，再借不难”的信用观念重新加以确定和弘扬，唤起了农民的信用意识。农户普遍反映，信用社为农户颁发信用等级证和贷款证，不仅是农户的一种资信证明，更是农户的“脸面”，是其社会地位和信誉的象征，并能享受信用社贷款的种种优惠，切实感觉到讲信用社带来的好处，而信誉差的农户在强大的社会舆论压力下，也主动向信用社归还陈欠贷款，并且要求参加信用等级评定，从而促进了农村社会信用关系的改善；二是有力的支持了春耕生产工作。目前正是春耕生产的关键时刻，资金成为农民发展生产调整产业结构、增加经营收入最重要的一环，农户小额信用贷款无疑是一场“及时雨”，全市农村信用社通过农户小额信用贷款的方式发放贷款，支持农户购买种子、种苗、化肥、农药、农膜、农机具等，有力的支持了春耕生产和农村产业结构调整，更好地激发了农户参与信用等级评定的热情；三是减轻了农民负担，激发了农户的致富热情。推广农户小额信用贷款有效抑止了民间高利贷，使农户少付利息，多得实惠。丹江口市蒿平镇新店村农民王新忠在 2001 年初种植大棚莲藕，由于当时缺乏资金，但又不能提供有效的保证和抵押，在信用社贷不到款，只好借了高利贷，年底莲藕喜获丰收，但除去高利贷利息，也所剩无几。今年初，信用社推广农户小额信用贷款，王新忠主动要求参与信用等级评审，被当地信用社评为二级信用户，他揣着贷款证直接到信用社贷款 3000 元，种植了 8 亩黄姜，预计年底可增加纯收入 14000 元左右。现在农户可以随时到信用社取得贷款，得到资金支持，因此更有信心从事农业生产，致富热情更高；四是支持了农业结构调整，加快了农村脱贫步伐。该联社把有前景、有市场、有销路、有效益的农业结构调整项目作为目前农户小额信用贷款的主要支持对象，突出支持了蔬菜、药材、养殖、茶叶、黄姜、魔芋基地的建设，郧县的蔬菜、郧西的黄姜、竹溪的魔芋等都已形成规模经营，提高了农产品的产量、效益和科技含量；五是巩固和增强了农村信用社地位，带动了相关业务的发展。农户小额信用贷款的推广使农户感觉到农村信用社是农民自己的银行，农民对信用社的认识不断提高，提升了信用社在农民心目中的地位，当地党政部门支持和关心信用社工作的热情也增强了，为农村信用社增存、增效、抓降等工作奠定了坚实基础。今年一季度该市信用社净增存款 43315 万元，增幅达 13.7%，其中郧县、房县、林区、丹江、竹山 5 家联社已超额完成全年任务，剔除票据贴现因素，贷款余额实际比年初增加 20802 万元，不良贷款比年初减少 5864 万元，实现收入 3060 万元，比同期增加 1402 万元，增长 84.6%，支出 3096 万元，比同期减少 46 万元，减幅为 1.5%，全市扎差后亏损 36 万元，比同期减亏 1448 万元，全市 132 个独立核算单位，73 家实现盈余，盈余面 55.3%。

精心管贷铸辉煌

——浩良河支行信贷管理工作纪实

银行是特殊的高风险行业。资产质量是银行的“生命线”，是银行生存和发展的基础。在发达国家，先进的商业银行都担尽可能低的不良资产作为自己孜孜以求的目标。降低不良资产、提高资产质量，不仅是当前国有商业银行生存与发展迫切需要解决和难以解决的课题，也是加入WTO后，国有商业银行能否角逐竞争激烈的金融市场的关键。在市场经济条件下，信贷对象选择上的反对择优限劣，有所为有所不为是商业银行经营行为理性化的具体化的具体表现。在当前情况下，资产质量怎么抓？如何扩大有效信贷投入，真正实现在发展中防范和化解金融风险，农行浩良河支行在近几年的经营管理中始终在思考和探索获得资产质量提升的途径，并取得了骄人的成绩。截至2001年末，全行各项贷款余额为15，615万元，其中不良贷款29万元，不良资产率仅为0．02%，在全国农行系统不良资产占比低排名中名列前十名，在通住实现“零”不良资产道路上，迈出了关键的一步，支行行长张成把成绩的取得归纳为“四自”，即“自畏、自重、自立、自豪”。“自畏”即要严格按章办事，不能触犯“高压线”，盲目闯禁区；“自尊”即在办理每一笔信贷业务时，要自重自爱，不能受个人利益的驱动，一定要按章操作，依规经营；“自立”即信贷笔者要不为上下、左右、内外关系所影响，始终保持清醒的认识和精神上的独立性；“自豪”即坚持不懈地抓下去，我行的信贷质量将会更高，发展前景将会更广阔。请看该行在信贷管理上的具体做法：

（一）源头控制，防范新的不良贷款的产生

从减少损失，降低成本等方面来讲，防范是第一位的。

防范重于化解。

1．努力提高新增贷款的质量，防止产生新的不良贷款。

增量贷款风险是信贷风险防范的重点。存量是增量转化而来的，今日增量即明日之存量，如果增量贷款在质量上存在问题，那么我们就会陷入一边化解，一边新增的怪圈，永远不可能取得决定性的胜利，只有努力提高新增贷款的质量，严格控制风险，才能逐步加大优质资产的比重，从根本上，源头上控制不良贷款的发生。因此，浩良河支行在发放贷款时慎之又慎，不该放的一分钱也不放，坚持走出“惟成份论”、“惟规模论”的桎梏，不求规模大小，只求质量提高，实行了“大小并举，抓优放劣”的信贷政策。

2．积极建立健全信贷风险预警机制

所谓信贷风险预警，就是重视信息的收集与处理，对信贷资产已经或可能出现的风险进行分析、警示、报告，以便及时采取相应的对策和措施。建立健全信贷风险预警机制，对于我们及时发现风险隐患，迅速采取措施，最大限度减少损失有非常重要的作用。浩良河支行把该机制与贷后管理体制相结合，做到“六要”，即一要保证检查时间，二要掌握检查方法，三要细化检查内容，四要坚持延伸检查，五要坚持检查分析，六要及时发报预警信号。

3. 严格执行信贷投放政策和信贷退出政策，建立优质的客户群体。

经过近年来的实践、探索，我们深刻体会到依法稳健经营是取得最佳效果的根本保证，努力探索适应市场和客户的经营战略，提高市场分析水平，加强市场的前瞻性研究，制定符合本地实际的贷款营销策略，制定出切实可行的信贷投放政策和信贷退出政策，坚持有所为有所不为。在信贷投放上坚持：绩优客户和信用等级高的客户，在当地处于行业龙头地位的企业，发展前景广阔的高新技术企业，已经真正建立了现代企业制度的优质国有企业等。而对以下情况执行严格的信贷退出政策：信用等级在C级以下的企业，贷款五级分类在可疑、损失类的企业，国家政策限制发展、清理整顿的企业，同时对列入高风险行业、客户、信贷品种的企业坚决不放。通过以上努力，浩良河支行近年来新放贷款的归行率和收息率均达到100%，从而优化了客户结构，建立了优质客户群体。

4. 加强制度约束，保证贷款审批决策的质量。

在贷款审批决策时，必须以信贷资金“三性”原则为依据来评价贷款是否发放。要以第一还款来源的分析评价为主，不能在发放贷款时就把希望寄托在担保措施即第二还款来源上。担保措施是最后的防线，如果认为担保措施好而不仔细审查评价企业的实力和经营状况，将是非常危险的。

（二）全力以赴功，上下合力收，化解不良贷款

针对不良贷款行成原因复杂的实际，浩良河支行巧妙地采取“先易后难、先近后远”的攻关方法把不良贷款进行区别对待，区别处理，建立并完善了以“定目标、定任务、定奖罚”为核心的清收责任制，建立了以行长为核心的清收工作机构，实行业绩、职责、收入三挂钩，极大地调动了清收员工的积极性和创造性。做到走活“三步棋”，调好“十味药”即候脉、会诊、下药。

候脉：浩良河支行在清收盘活不良贷款时发现，银行内部员工的“三违”责任贷款普遍难收。多数行成不良贷款，在员工中引起强烈反响。经过反复分析，得出这样的结论：对责任贷款思想认识不统一、范围界定不清、清收措施不利是责任贷款难收的主要症结。为此，在全面澄清责任贷款底数、找出责任贷款难收的主要症结以后，浩良河支行果断地走了第二步。

下药：浩良河支行根据会诊结果，为清收责任贷款开了一个药力很大但又有巩固疗效作用的“十味”药方。

一味药：下岗“双停”清收。对金额较大的实行停职停薪下岗清收，只发基本生活费，给责任贷款者以极大的压力，在规定期限未收回的不得上岗，“双停”收贷期间发生的各种费用自理，但在收贷期间必须遵守单位的劳动纪律，按时参加单位的各种活动。

二味药：缓签劳动合同，全行共有3人因有责任贷款而缓签劳动合同。

三味药：纳入年终考评。该行明确规定，凡有责任贷款者，年度考核不能评为优秀、合格，年终总评比时不得评为先进个人，不得享受工资奖励晋级。

四味药：职务任免挂钩。凡责任贷款的，在全部收回责任贷款以前，一律不得提拔，金额较大的，则根据金额大小分别给予撤职、免职、降职处分。

五味药：职称评聘制约。在责任贷款全部收回以前，一律不得评聘高一级技术职称，金额较大的，则根据金额大小分别予以解聘、低聘。

六味药：工作调动牵制。凡有责任贷款的一律不得调动，直到收回全部贷款。

七味药：实行经济处罚。按责任贷款余额的一定比例按月扣交罚款和风险金，罚款转为奖励基金，风险金则在责任贷款还清以后退回本人或直接抵收贷款。

八味药：取消贷款经办权。根据责任贷款金额的多少对责任贷款采取降低或取消贷款经办权、调离信贷岗位等措施。

九味药：与人党人团和到党校深造挂钩。凡

责任贷款未收回的，一律 不得接收为中共预备党员和共青团员，预备党员暂缓转正，不得进入大、中专学校脱产学习和深造，严把政治关和学校深造关。

十味药：定期检查认定。这是一种补药，该支行根据责任贷款台帐和清收名册，逐笔检查责任贷款清收的真实性，并对新发生的责任贷款进行认定和登记，确保责任贷款清收的真实性和连续性。

有人说责任贷款是疑难病症，没有特效药，浩良河支行却偏偏不信这个邪，而是多管齐下，标本兼治，把脉会诊，开出十味药方，不到两年时间收回责任贷款 152．4万元，狠刹了贷款违规行为，基本杜绝了新的“三违”责任贷款。

“雄关漫道真如铁，而今迈步从头越”，浩良河支行全体员工正以崭新的工作面貌、饱满的工作热情迎接新的挑战，决心在今后的工作中，百尺竿头，更进一步，为浩良河支行可持续发展谱写新的历史篇章。

非保护价粮油收购贷款管理之浅论

中国农业发展银行内江市分行 邓建辉 侯世忠

随着粮食购销市场化体制改革的推进，积极做好非保护价粮油收购，加强对非保护价粮油贷款管理已成为当前的紧迫任务。笔者就如何做好非保护价粮食收购，加强非保护价粮油贷款管理，切实防范和有效化解信贷风险，谈点肤浅的意见。

（一）树立创新观念，增强做好非保护价粮油收购信贷管理的责任感和紧迫感

针对全国粮食结构性矛盾，国家积极引导农民及时调整农业生产结构，提高粮食品质，逐步放开粮食购销，从根本上确保了农民增收。农业发展银行要统一思想，树立创新观念，充分认识到国有粮食收储企业的非保护价粮油收购及加强非保护价粮油贷款管理的重要性，增强责任感和紧迫感。支持非保护价粮食收购，即是一项政策性很强的工作，又是一项需要预测市场供求情况的工作。在实际工作中，既不能为了防范市场风险就地等政策不放贷款，又不能不顾市场行情盲目发放贷款。积极支持非保护价粮食收购工作，其重要性表现在：做好非保护价粮油收购及信贷管理工作，是执行国家粮食购销政策，有效防范信贷风险的需要，是农业发展银行改革与发展的需要。当前，保护价收购范围缩小，不少地方贷款业务大量萎缩，个别地方信贷资产质量持续恶化，直接影响到国家政策性贷款安全，影响到农民增收和农村稳定，同时也影响到银行的生存与发展。因此，积极支持国有粮食购销企业做好非保护价粮食收购，加强非保护价粮油贷款管理，是当前的一项重要工作，各级政府和有关部门必须要高度重视，切实抓紧抓好。

（二）准确把握“以销定贷、以效定贷”信贷政策

为适应粮食流通体制改革需要，对国有粮食购销企业收购退出保护价的粮食、其它非保护价的粮食和随行就市收购及优质优价收购粮食贷款，必须坚持“以销定贷、以效定贷”的信贷原则。

贯彻“以销定贷、以效定贷”的信贷原则，必须“以市场为导向、以价格为核心、以质量为基础、以销售为链条、以效益为目标”。并着重把握四个方面的内容：一是严格执行政策。贷款发放必须执行粮食改革和购销政策，要符合国家法律、行政法规。二是实行择优扶持。贷款发放必须根据企业的资质条件、经营状况和信用等级情况，实行“区别对待，择优扶持”。三是坚持市场定价。必须严格按照市场价格掌握贷款发放，做到“购得进、销得出、有效益”。四是强化风险管理。贷款发放必须在重新确定购销企业贷款资格的情况下，根据企业信用等级情况实行风险抵押担保，并与企业自有资金和平时执行政策、诚实守信情况挂钩。农业发展银行在执行“以销定贷、以效定贷”的信贷政策中，要正确处理政策性与效益性、封闭管理与风险管理、加强监管与改善服务、统一管理与分散决策的关系，打破常规作法，创造性的开展工作。做到既支持粮食企业扩大非保护价粮油购销业务，又提

高收购资金封闭管理水平，实现“企业增效、财政减赋、银行降险”的“三赢”目标。

（三）全面开展信用等级评定，实行区别信贷政策

开展贷款企业信用等级评定是加强非保护价贷款管理的基础性工作，对加强监管，促进企业改善经营管理，防范风险具有十分重要的意义和作用。各级政府要根据粮食购销改革政策和农业发展银行关于开展粮棉企业信用等级评定有关规定，全面开展企业信用等级评定工作。在具体工作中把握以下几点：一是对已在农发行开户、并有贷款关系的粮食购销企业，本着客观公正、实事求是的原则，与粮食企业主管部门一道进行评定。企业信用等级原则上划分为：AAA级、AA级、A级、B级、C级5个等级。二是对企业的信用等级评定要坚持以定量指标为主，定性指标为辅。三是对不同信用等级企业在贷款管理上实行区别对待。对AAA级信用企业，可实行信用贷款方式，重点给予贷款支持；对AA级或A级信用企业，实行担保抵押贷款方式；对B级以下和扭亏无望的企业，从严格控制贷款发放，直至取消其贷款资格；对挤占挪用收购资金的，给予停止发放新贷款的制裁；对地方政府为保护农民利益，调控粮食市场所需的收购和调入的粮食，在承诺价差补贴的前提下，可不受企业信用等级的限制，继续给予资金支持。

（四）全面推行企业有效资产抵押，防范化解信贷风险

全面推行企业有效资产抵押，是加强非保护价贷款风险管理的重要内容。实行企业有效资产抵押，有利于建立有效的风险防范和化解机制，增强农业银行抵御非保护价贷款风险的能力；有利于规范企业经营行为，防止其挤占挪用收购资金；有利于引入商业化管理机制，加强政策性贷款管理，实现依法管贷。在实际工作中要注意掌握以下几点：

1．采取适当的抵押方式，确保抵押的合法性。要积极创造条件将企业的全部有效资产严格按照《担保法》的规定办理抵押。凡用于抵押的资产如土地使用权、房屋所有权、机器设备等，必须经有关部门办理抵押登记。

2．鉴于大多数企业的有效资产价值小于应落实抵押的贷款余额，各地在办理抵押时可以根据《担保法》的规定，实行有效资产整体抵押，有条件的企业应对抵押物进行财产保险。

3．尽量简化手续，解决资产抵押中的具体问题。为减轻企业负担，顺利推行资产抵押，各粮食企业主管部门和农发行要及时向当地政府汇报，做好与有关部门的协调沟通，争取政府和有关部门的支持。尽量简化手续，减免登记费用。资产抵押要本着先易后难的原则，能办理抵押的资产就立即办理，暂时不能办妥的要积极协调，帮助企业完善手续，落实抵押。

（五）抓住关键环节，完善“四制”封闭管理

农业发展银行粮油收购贷款是国家政策性收购资金，必须按照国务院关于收购资金封闭运行的要求，重点抓住以下关键环节：

1．切实加强对现有粮食库存的监管工作。国有粮食购销企业现有粮食库存是农业发展银行政策性贷款形成的，必须严格按照“三项政策”切实加强监管，任何部门、任何购销企业未经银行同意，不得擅自销售现有粮食库存。否则，将按照《粮食收购条例》、《粮食购销违法行为处罚办法》和农发行有关信贷政策办法严肃处理。同时，农业发展银行要认真按照“四制”，坚持仓单管理，定期对库存进行核查，落实库存管理责任制，切实防止现有粮食库存流失。

2．认真做好非保护价信贷计划的编制工作。国有粮食购销企业及主管部门应与农业发展银行一道，深入开展调查研究，准确预测非保护价信贷资金需求，做好信贷计划的编制和实施工作。要积极探索非保护价贷款规模与限额贷款相结合

的计划管理办法。对粮食购销企业可按上一年度同品种销售量的 50－70% 核定贷款规模，以保证合理的资金需要。

3．建立健全贷款调查、审查、审批制度。一是要认真落实信贷管理责任制。督促信贷员做好贷前调查工作，信贷员要对收购价格、数量、质量及销售趋势进行贷前调查，并对贷款金额、期限及贷款方式提出具体意见，确保“以销定贷、以效定贷”的原则落到实处。二是建立健全贷款审查、审批责任制。各行要建立和完善非保护价贷款的审查和审批制度，明确部门职责和义务，严格执行贷款审查、审批的操作程序，严把贷款投放关，着力从源头上抓好风险防范。

4．切实做好贷款的发放和收回工作。对非保护价粮油购销贷款，应根据购销合同、购销比例、市场行情以及企业的预期效益，实行逐笔审核发放，封闭管理，确保专款专用。对于前期发放贷款本息到期不能足额收回的，不再发放下期贷款。企业销售贷款应全额归行，足额还本付息。若当笔业务经营利润较大，在扣除企业必需的财务费用后，银行和企业之间应互相协商，适当分摊前期贷款利息或收回不合理占用贷款。

5．加强库存监管工作。在粮食市场化改革的新形势下，除坚持过去行之有效的办法以外，还办须注入新的内容，以适应非保护价粮食经营。一是对非保护价粮食要实行单收、单储、单销、单独核算，以确保非保护价粮食与保护价粮食库存分开管理。二是完善非保护粮食仓单管理，落实库存管理责任制，对无其他资产抵押贷款收购的库存，要按照《担保法》规定，完善粮食质押贷款手续，防止非保护价粮食库存流失。三是坚持出库报告制度。粮食企业因销售、移库等原因而出库的，都应该按照“库存仓单管理协议”的规定，提前向农业发展银行报告，农业发展银行据此加强监管和调整相关分仓帐和库存台帐。四是缩短查库时间，加强粮食库存检查力度，对企业库存保管帐、统计帐、会计帐、银行信贷台帐与实际库存不相符的，必须查明原因和去向，直至清理收回，并追究有关人员责任。

6．做好台帐、统计和信息反馈工作。一是按照收购资金封闭管理要求，逐笔、序时登记台帐，及时、准确、真实地反映非保护价粮油购销调存及货款归行还贷情况，按规定时间统计上报非保护价粮油收购、经营的有关数据。二是建立粮油购销价格信息网络体系，充分发挥银行信息网络的优势，为企业提供及时、准确的信息服务。三是建立灵敏的信息反馈制度，定期开展银企联席会，及时通报粮油购销情况，开展企业经营活动分析，研究解决非保护价粮食收购贷款管理中的新情况和新问题，积极帮助企业开拓市场、扩大销售，提高经济效益。

（六）加强组织领导，搞好协调配合

积极支持粮食购销企业做好非保护价粮食收购工作，是落实国家粮食购销政策，保护国家粮食安全，支持粮食流通顺利进行的有效举措。为此，各有关部门要认真执行国务院［2001］28 号文件和国家发展计划委员会第五部委［2002］250 号文件的有关规定，积极做好非保护价粮油收购工作。粮食部门要按照“购得进、销得出、不亏损”原则积极组织收购。收购价格要合理，既保证种粮农民的收益，又不能出现亏损或库存陈化。农业发展银行要积极争取当地党政的支持，搞好与粮食主管部门的协调配合，积极为粮食购销企业提供快速的市场信息服务、便捷的结算服务，共同做好非保护价粮食的收购工作。粮食、工商部门要加强粮食市场的管理，严格粮食市场准入制度。卫生、质检、工商、粮食等部门要加强对粮食品质的监管，确保粮食食品安全。财政、粮食等有关主管部门要加强粮食风险基金的管理。有条件的地方可从节余的粮食风险基金中拿出一部份建立“非保护价粮食经营风险保证金专户”，专门用于非保护价粮食经营亏损补贴。

扎根"三农"沃土 奏响支农乐章

平舆县农村信用合作联社

平舆县地处豫南东部，辖18个乡镇，土地面积140万亩，94万人，其中农业人口占85%，属国家级贫困县。

2001年度，平舆县农村信用社始终坚持为农民、农业和农村经济发展服务的宗旨，坚持支农方向，壮大支农实力，调整信贷结构，扩大支农领域，改善金融服务，取得了一定成效。到2001年底，全县农村信用社各项存款余额50520万元，各项贷款余额40883万元，其中支农贷款占85%。全年累计投放贷款24785万元，其中农业贷款21050万元，占贷款投放总额的85%。2001年度信贷支农工作受到县政府的通令嘉奖。其支农成绩先后被《河南科技报》、《金融时报》、《金融早报》、《驻马店日报》等多家报社报道。8月份，平舆县委又致函人行驻马店中心支行党委，对平舆联社的支农工作给予了充分肯定和高度赞扬。10月份，被人总行授予全国支农先进单位。农信社支农作用的有效发挥，有力地促进了平舆县农来和农村经济的健康发展，全县基本形成了瓜菜、白芝麻、林果、烟叶、中药材、花生、畜牧养殖等七个支柱产业。一是粮油生产再上新台阶。二是特色种植初具规模。建立7个农业示范园区，形成了驻新公路沿线的高效农业开发带，各类温棚发展达到2．3万座，引进推广名优特新品种60个，初步打响了"清河源"蔬菜品牌。三是林果业生产力度加大。新增小杂果两万多亩，果林专业村达到26个，古槐镇小徐村小殷庄利用庭院空地种植小杂果，户均收入千元以上。四是畜牧业稳步发展，成为农民收入的重要来源。全县各类养殖专业村发展到80个，各类养殖专业户达到6000多户，养牛场发展到45家，养猪场发展到465个，皮革加工、猪鬃加工及冷库等企业发展到100多家。五是农业基础设施得到加强，为农业可持续发展奠定了基础。今年，在遭受严重自然灾害的情况下，农民人均纯收入有所增加，农村精神文明建设和各项社会事业健康发展，城乡居民安居乐业，社会大局保持稳定。

（一）更新思想观念，坚定支农方向

2001年，信用社认真学习贯彻中央农村工作会议和朱钅容基总理在江苏考察农村信用社工作时的讲话精神，深刻认识到信贷支农是农村信用社义不容辞的责任，更是农村信用社自身生存和发展的需要。通过江泽民总书记"三个代表"重要思想学习教育活动的开展，使全县农信员工形成一个共识，那就是只有把经营思想定位在农村，把信贷投向定位在农业，把服务对象定位在农民，才是农村信用社健康发展的唯一途径，也是实践江总书记"三个代表"的重要体体现。通过思想观念的更新，增强了全县农村信用社支农工作的责任感和自觉性。在支农工作中，做到"三为主"，即以农户贷款、社员贷款、种养业贷款为主；做到"三优先"，即优先扶持高效农业种植、优先扶持规模化种养业、优先扶持农业产业结构调整项目；"三到位"，思想到位，克服了怕担责任、惧贷、惜贷思想，时刻树立农村信用社为"三农"服务的观念。宣传到位，利用"合作金融宣传月"、"一联三送两促进"等活

动进行了全方位、多渠道的宣传。措施到位，按照人民银行总行下发的农村信用社改进和加大支农服务的十条意见，我们把支持农业增效、农民增收、信用社增盈放在信贷工作的首位，把增加对农业的信贷投入作为支持农村经济发展，提高服务水平，降低信贷风险，提高经营效益的战略举措来抓。

（二）积极筹集资金，壮大支农实力

2001年，不断加大筹集资金力度，为支农资金的投入奠定基础。特别是自去年联社领导班子组建以后，充分认识到组织信贷支农资金的重要性，提出了走规模效益信贷扩张之路，积极拓宽组织资金渠道，为信贷结构调整和支农作用的发挥奠定资金基础，备足支农后劲。在工作中，一靠领导带动。年初明确提出了组织资金净增1亿元、贷款投入1亿元的目标，并制定出了具体的措施，领导班子分工不分家，齐抓共管，独白落实。同时，班子成员自觉做到身卒，率先垂范，极大地调动了员工的积极性和主动性；二靠全员参与。我们改变吸收存款仅靠内勤人员的观念，充分发挥外勤交际广、信息快的优势，形成千斤重担大家挑，人人身上有指标的局面；三靠优质服务。全县农村信用社各营业网点都致力于营造视客户为“上帝”的服务体系，做储户最真诚的朋友，最大限度地满足客户的要求，从而树立了农村信用社的形象，稳住了老客户，吸引了新储户。同时我们对数额大的储户或公存户，采取上门吸储的办法，减少客户的麻烦，收到很好的效果。联社营业部和机关人员利用下班时间，在暑假前后到县一高、二高等学校代收学杂费达400余万元。经全体员工的共同努力，去年各项存款加股金净增10202万元，为信贷支农作用的发挥奠定了基础，提供了资金保障。

（三）调整信贷结构，突出区域特色

平舆县是一个典型的农业大县，农业占有举足轻重的地位。同时，还是国家级贫困县，农业基础薄弱，农民原有的陈旧观念根深蒂固。我们在增加农业信贷投入、扩大农民贷款投放面的同时，注重调整信贷投向和投量，积极引导农民按照市场需求调整产业结构，促进了农业产业化进程。

1. 围绕农业高科技开发，支持特色农业基地建设。紧紧围绕县委、县政府实施的农业高科技开发项目，在贷款发放上，根据本地的资源特点和市场需求，因地制宜，与县科委、科协及农口部门共谋县农业发展出路，走出了一条政策带路，示范带动，科技服务，信息引导，资金扶持，市场定位的农业发展之路，突出支持高效农业和规模种植，以形成支持一个，带动一片的效果。首先，积极支持了沿驻新路与汝南结合部的绿色长廊——高科技蔬菜开发基地建设。基地主要以高新技术为主，引进、开发蔬菜种植新品种。先后投放150万元贷款，支持农户500多户发展种植大棚蔬菜，有力地促进了高科技种植的集约化、专业化，逐渐形成了规模效益和产业主导优势。其次，因地制宜，大力支持了各乡镇实施的特色种植项目。针对杨埠镇低洼易涝的特点，信用社与镇政府提供信息资金，积极引导农民发展节水莲藕生产。先后发放贷款40余万元，建成莲藕生产池74个，面积60余亩，既增加了农民收入，又改善了当地生态环境，经济效益亩均收入8000余元，实现了当年投放，当年受益。调湾镇党委、政府组织人员到南黄花菜研究所通过实地考察，认为黄花菜不择土壤，泼皮易活，而且产量高，易保存，易管理，投资少，销路宽，见效快，收益期长，于是就在全镇大力推广黄花菜种植。可是农民一缺资金，二没信心，造成推广黄花菜种植难度很大。庙湾信用社经过调查了解，认为种植黄花菜有发展前景，就主动配合镇工作组做农民的工作，并及时将50多万元小额贷款送到农民手中。实践证明，黄花菜种植是产业结构调整、农民致富的可由之路。2001年，庙湾镇黄花菜种植面积又扩大到1500亩，信用社又及时送贷上门，办理贷款750笔，金额112万元，扶持750户农民，并已和外地客商签订2002年销售干菜6000斤的合同。已种植黄花菜无劳力的农户，出现了转包土地的现象，且建立了储藏库，已初步形成了产、供、销一条龙的公司加农户模式，使更多农户脱贫致富，“富而思进”的思想观念在这里得以实践。冯庄、杨竹园两个黄花菜专业村人均年收入可增加900元。目前在两个专业村的农民无不自豪地说，过去比谁家有存折，现在是比谁家的黄花菜种植的多了！双庙、万金庙两乡的烟叶种植，已形成规模。烟农与县烟草局签订收购协议，信用社及时提供小额贷款240多万元，县烟草局提供种子，负责技术指导，既密切了信用社与企业、农民的关系，又帮助农民增加了收入。2001年近3万亩的优质烟叶喜获丰收，亩均收入1800元，既富了当地财政又富了当地农民，农村信用社工作再一次被县委、县政府给予了表彰奖励。

2．大力发展庭院种养业，帮助农民走上致富路。把贷款落实到农户和家庭等微观主体，走小规模大市场之路，培植农户经济的发育，扩大农户家庭种植业、养殖业的贷款面，以小额农贷为主，适当提高贷款额度。先后扶持了古槐镇小殷等杂果种植专业村，使1200多户农民脱贫致富。古槐镇小殷庄位于县城东南2公里处，紧靠驻新公路，全村共有35户，耕地138亩。过去的小殷庄是个出了名的穷庄，农民靠传统的种植模式在土里刨食，温饱问题就很难解决。根据古槐镇调整种植结构的决策，以小殷庄为试点，从发展庭院林果入手，进而扩展到大田栽种。古槐信用社及时发放2万多元专项贷款予以扶持。经过试点，已初见成效，小殷庄35户的庭院全部栽满了杂果树，形成了大力发展林果业的“小气候”。2001年信用社又投放5万元，支持农民按照“良种化、矮密化、无毒化”的科学标准进行选种育种。从外地引进了曙光、华光、油桃等品种；藤稔、黑林等品种葡萄系列；皇家戛拉、美国黑李、冬枣、树梢红等枣、李、柿6大系列18个品种，做到小而不杂，全面开花。今年春已有30户在大田试栽了多种果苗。经过实践，小殷庄人摸索出了一条在果树下套种低杆农作物或蔬菜的高效种植模式。夏季套种大白菜、红薯、热抗白菜；冬季套种土豆、大蒜、蔬菜；春季套种各种时鲜蔬菜，仅此一项，每亩年经济效益增加800元以上。

3．不误农时，切实支持好全县的农业生产。今年来，县农村信用社每在春耕秋播等农忙季节之前，县联社就组织召开专题会议，研究制定支农的具体方案，组织信贷人员下基层了解资金需求情况及农业生产资料需求情况。对支农贷款做到早调查、早安排、早发放，确保资金及时到位。一是积极支持全县的春耕生产，2001年累计投放春耕生产贷款达2000多万元，为农业增产丰收打下了坚实的基础。二是大力支持“三夏”生产。“三夏”期间，投放支农贷款800多万元，支持农民购买农业机械1800多部（件），种子370多吨，农膜150吨，解决了农民“三夏”生产的需求。三是想农民所想，急农民所急，及时投放专项贷款用于农业生产最需要的地方，送到急需的农民手中。2001年夏秋两季，平舆县遭受百年不遇的大旱，持续140多天的干旱无雨，旱情十分严重，直接影响到全县农业生产和农村经济的发展与稳定。对此，我们迅速将1000万元抗旱保秋专项贷款发放到农民手中，打井2000余眼，购买喷灌机等抗旱农机具2000部（件）。仅玉皇庙乡就发放65万元贷款，帮助农民打井450余眼，秋季该乡的农作物呈现出一片丰收景象。郑营村村民苏国红感激地说：“靠信用社的贷款打的机井，今年可派上用场了，不然的话，这样的天气，秋季绝收不说，恐怕连小麦都种不上哩！”。

（四）立足本地实际，扩大支农领域

随着县农村经济的不断发展，农村、农业、农民需要全方位的金融服务。信用社从本地实际情况出发，不断拓展信贷服务新品种，扩大服务范围。

1．开办助学贷款。由于受家庭条件的影响，一些考入高等院校的贫困生往往为每年的学费无着落而苦恼。2001年4月万家农村信用社因发放助学贷款帮助该乡万明喜升入大学受到人总行“双文明”建设考评驻马店分行座谈会与会人员的高度赞扬。古槐镇李庄李莹，父已亡，仅靠母亲做小生意维持一家三口人的生活，日子过得十分艰难。2001年，李莹以优异的成绩被武汉大学录取，但学费家里再也无力承担。古槐信用社的领导得知这一消费后，向李莹伸出了援助之手，及时发放6000元助学贷款。李莹接到贷款，激动地对信用社的工作人员说："谢谢你们，感谢信用社，是你们改变了我的一生"。2001年，我们累计发放助学贷款670笔，金额300多万元，支持620名学子圆了大学梦。

2. 开办农村消费贷款。在确保农业贷款需求的前提下，开办了农民建房、婚丧嫁娶、购买耐用消费品等消费贷款业务，累计发放800多户，贷款1700万元。

3. 支持劳务输出。大批的农村剩余劳动力走出家门，涌向城市，他们的足迹遍布20多个省市，每年回流资金达5000余万元。为了向他们及时提供金融服务，一方面把握时机，适时提供信贷支持，外出打工的农民有半数受到过信用社扶持。另一方面，信用社给外出人员寄联系服务卡，注明农村信用社的服务方式和应注意事项，受到外出打工者的普遍欢迎。2001年，仅西洋店信用社就收到外出打工人员的汇款300万元。

4. 支持为农服务实体。为了使农业增产增收，经过调查论证，选择星海、农支两家复合肥厂，及时提供季节性信贷支持。2001年，我们累计发放贷款300万元，支持生产了1200吨适合本地土壤和不同作物生长的复合肥料，促进了农业增产增收。

5. 开发多种相关的中间业务，为农民提供全方位的金融服务。在不断发展贷款业务的同时，积极开办了10多项中间代理业务。如代理县农发行在各乡镇的粮油收购资金的提现和回笼业务，代收农村中、小学校学杂费业务等。仅今年就代收中、小学校学杂费1000余万元，从而树立了信用社的形象。

（五）转变经营作风，改善金融服务

2001年，把树立良好的服务作风落到实处，认真贯彻总行农村信用社支农服务工作座谈会会议精神和戴相龙行长提出的"四个严禁"、"三个不得"的要求，下决心解决少数人工作中存在的门难进、脸难看、事难办，甚至在信贷工作中吃、拿、卡、要，坑农害农等实际问题，推动服务作风根本好转。

1. 实行农户贷款证明，建立农户经济档案。2001年借小额贷款逐村宣传之机，各信用社组织力量走村串户调查了解各个农户的主要经营项目、耕地面积、经济状况和信用状况，在此基础上，建立健全农户档案，实施农户贷款证制度，做到一次性核定贷款额度，分期办理业务，随到随贷。同时，信贷员还及时散发了服务卡。2001年，全县农村信用社共建立农户经济档案14万户，建档率达85%，为近8万户农户发放了小额农贷贷款证，发证面占农户总数的42%。

2. 积极开展"一联三送两中进"活动，把农村信用社的信贷服务送到农民家中。努力做到信贷支农与农业产业结构调整有机结合起来，与盘活旧农贷结合起来，与提高两个经济效益结合起来，与树立信用社新形象结合起来。2001年7月17日，河南省农村信用社"三送"活动现场会在县庙湾镇冯庄村委召开，方圆几十里的万余名农民自发蜂拥而来。省农业专家团一行8人现场作了科技报告，在现场就全县种植、养殖、蔬菜 保鲜贮藏等农业技术进行了巡回咨询指导。群众高兴地说："这次可真是把'活财神'领进了门"。同时还现场为50多户申请贷款的农户发放了20多万元的小额贷款。

3. 切实改变工作作风，改进服务方式，送贷上门，发放小额农贷的运作不拘一格。发扬"背包下乡，走村串户"的传统，简化贷款手续，方便农民贷款，提高支农效果。根据农民的资金需求情况，及时把贷款送到他们手中。

4. 切实用好支农再贷款。结合资金的需求情况合理申请支农再贷款，及时保证"三农"的需要。在对支农再贷款实施过程中，按照国家有

关农业发展政策，地方经济状况及经济特色，因地制宜，用足用好支农再贷款。2001年，先后3次向县人行申请支农再贷款3500万元，加强对传统种养业、加工业、特色农业的扶持，提高了农产品的市场占有率和资金回报率。

2001年，平舆县农村信用联社以实际行动实践了江总书记“三个代表”的重要思想，根扎于“三农”这片沃土，奏响了一曲曲支农新乐章，赢得了广大农户的信赖和支持，为平舆县农业和农村经济的发展起到了巨大推动作用。取得了社会经济效益和信用社自身经济效益的双丰收。2001年，农村信用社实现营业收入2840万元，其中利息收入2453万元，农业贷利息收入占93%，一举改变了多年来连续亏损的局面，全辖盈亏轧差后实现盈余46万元。

深入开展信用乡镇创建努力实现富农兴社目标

南阳市农村信用联社

信用是现代市场经济的基石。立足于服务“三农”的农村信用社，改善内部管理、改变工作作风、改进支农服务固然非常重要。但是，如果没有一个好的信用环境，信用社的作用很难得到发挥。譬如逃废债务、拖欠贷款以及地方保护主义等缺失信用的行为会导致金融部门的不良贷款逐年上升。为在信用社服务辖区培育起优良的守信环境，拓展信用社的业务领域，促进贷款质量提高，使信用社的业务健康发展，使“三农”得到更大的支持，南阳市联社在2000年开展“一卡两村五户”工作的基础上，结合“一联三送两促进”活动，积极探索并开展了信用乡（镇）创建活动，为富农兴社目标的实现奠定了良好的社会信用环境。

（一）立足解决“两难”问题，形成创建活动共识

南阳市作为全省第一大市，农村人口占70%，农业在整个国民经济中占有突出位置。近年来，受经济发展水平和社会信用观念淡漠的影响，只贷不还的现象越来越严重。截至1998年末，全市不良贷款率46%，个别信用社高达70%，连年出现经营亏损，支农实力后劲不足，加之部分信贷人员对社会信用环境的疑虑，“贷款难”问题在一些地方也日趋明显。如何理顺农村信用关系，有效地解决“两难”问题，充分发挥农村信用社支农主力军的作用？这是近年来深入思考、不断探索的一个重大课题。1999年初，信用社在全系统创造性地开展了“一卡两村五户”活动，在对农户资信评定的基础上发放“守信卡”，重点支持信用村中的种植户、养殖户、庭院经济户和贫困村中的脱贫示范户和脱贫发展户。截至2000年末，全市农村信用社共发放“守信卡”12.7万张，投放贷款7.7亿元，扶持信用村、贫困村610个，“五户”农民人均增收400元以上。但在具体工作中，各地信用社遇到一些单靠自身力量难以解决的问题，例如项目的选下、技术的培训等，亟需地方政府的配合与支持。2001年初，我们在深入调研的基础上，借鉴广东高州市开展信用村镇建设的经验，提出了政信联手创建“信用乡镇”的构想。就是由信用社、镇政府、村委会和农户在相互守信的基础上，建立一种由农户自愿参加，政府、村委监督、指导、帮助，农信社提供贷款等金融服务的社会信用模式。我们首先选择在淅川县厚坡镇进行试点。该镇地处丘陵地带，人口8.3万，耕地16.4万亩，是南阳市十大乡镇之一，也是最贫困的乡镇。信用社确定在厚坡镇进行创建信用乡镇试点时，厚坡信用社的各项存款5400万元，各项贷款3500万元，其中不良贷款占48.9%，截至2000年末已连续4年亏损。在创建活动中，我们坚持政信联手，把镇政府的工作人员和信用社信贷人员综合编组，政府和信用社的工作目标同时分解落实到各组，从而使政府和信用社组织与支持经济发展的优势形成了合力。截至2001年9月末，该镇“一优双高”辣椒示范园和烟叶种植面积分别达到12万亩和3000亩，分别增长30.3%和21.6%，新培育大枣密植示范园1800亩，种养户加专业户新增2451户。信用社

各项存款净增 1175 万元，增幅居全县第一，各项贷款净增 970 万元，是前 3 年增加额的总和；不良贷款绝对额下降 837 万元，下降 23．6%，实现利润 26．96 万元。通过厚坡镇的试点，大家都认识到开展创建活动，政府和信用社具有“三个一致”，即：出发点一致，就是体现了江总书记“三个代表”的重要思想；任务责任一致，就是要千方百计解决农村信用社和农村经济发展中的“两难”问题；目标一致，就是以这项活动为载体，共同促进农村信用社业务与农村经济的同步发展。在各级党政干部和农民群众达成共识的基础上，积极建议市政府于 2001 年 11 月召开了全市创建信用乡镇工作会议。下发了《关于在全市范围内开展创建信用乡镇工作实施方案的通知》和《关于印发清收盘活农村信用社不良贷款工作方案的通知》，并授予淅川县厚坡镇为全市第一个信用镇。随之，各县相继召开了动员大会，拉开了市信用乡镇创建工作的帷幕。

（二）坚持政信联手，建立目标运行机制

创建“信用乡镇”是一个庞大的系统工程，需要乡镇政府和信用社密切配合、共同努力。为此，<一>坚持政信联手，明确责任。要求信用社与乡镇政府和村委会分别签订《信用乡镇贷款管理协议》和《信用村贷款管理协议》，明确各自职责。乡镇政府的职责主要包括四个方面：1．关心、支持农村信用社工作，帮助信用社解决工作中遇到的实际困难和问题；2．动员辖区内的单位和企业在信用社开立存款账户；3．积极支持农村信用社开展组织资金、发放贷款、清收贷款等项工作；4．为信用社提供信咨询和服务。村委会的职责主要包括：1．关心、支持信用社工作，积极协助信用社开展组织资金、发放贷款、盘活陈贷、清收利息等工作；2．共同把好贷款投放关，监督农户借款的使用；3．积极协助信贷人员深入农户清收款和利息；4．积极消化、偿还集体原欠信用社债务。信用社的职责主要包括：1．坚持立足农村、为“三农”服务的宗旨，全力支持地方经济建设；2．严格按照《南阳市农村信用社农户小额信用贷款试行办法》的有关规定，履行信贷支农服务承诺；3．不断改进服务质量，为农户和企业提供资金、结算、信息、科技等全方位服务。<二>确定工作目标。淅川、内乡、邓州等县（市）在实施方案中明确要求，3 年内，每一个乡镇机关干部和信用社职工要培育 100 个守信户，每一个工作队要培育 6 个信用村；每一个守信户存款余额达到 10000 元，股金达到 1000 元；贷款余额达到 6000 元；每一个信用村要培育 10 个以上致富项目；每一个信用乡镇要培育 1 至 2 个支柱产业。信用社各项存款、贷款、“双呆”贷款下降和经济效益每年分别以 15%、10%、10% 和 15% 的速度递增；农民人均纯收入年净增 400 元以上。<三>建立考核机制。按照互惠互利、共谋发展的原则，淅川、桐柏、社旗、新野等县要求乡镇政府、信用社与乡镇各部门、各村民委员会和村民小组层层签订“五位一体”的双向目标责任书，尤其是把信用社收储、收贷、收息、扩股、选项、放贷等 6 项业务指标也纳入乡镇机关、乡镇部门和各村民委员会的年度工作目标，定为 30 分列入百分考核，视完成任务情况兑现奖罚。从而充分调动了乡（镇）、村干部参与“信用乡镇”建设工作的积极性。2001 年 12 月以来，全市新增信用户 51260 个，信用村 286 个。

（三）细化等级评定标准，严把创建活动质量

<一>进一步明确“信用户”、“信用村”和“信用乡镇”的评选标准。明确要求，达到信用乡镇必须具备：1．乡镇政府关心、支持农村信用社工作；2．信用社班子团结，信贷管理人员工作扎实，能按信贷政策原则发放、管理和清收贷款；3．农户、企业及村民自治组织法制观念强，诚实守信，无逃废信用社债务现象，新发放贷款本息收回率达 90% 以上；4．村组集体陈欠贷款余额在 200 万元以下，且盘活工作每年都有新进展；5．有 60% 以上的村被授予信用村称

号。在此基础上，进一步细化了信用村、信用户的评选条件，并确定了信用户的三个等级。<二>规范评定程序。对农户的信用等级评定，依据“农户经济档案”，按照“农户自报、群众评议、小组审核、信用社确定”的程序，对信用户发给信用证（或守信卡）。同时，明确“一级信用户”授信额度为 5000 - 10000 元；“二级信用户”授信额度为 3000 - 5000 元；“三级信用户”授信额度为 1000 - 3000 元。对其他未评上信用户的不发卡，贷款上也予以限制，实行逐笔申请。对信用乡镇、信用村的评选实行动态管理，每年检查验收评定一次。信用乡镇的评选由乡镇申报，县创建信用乡镇领导小组依照条件进行初步认定，报市创建信用乡镇领导小组审定。信用村的评选先由乡镇创建信用乡镇领导小组依照条件进行初步认定，之后报县创建信用乡镇领导小组审定。被评定的信用乡镇、信用村，授予“信用乡镇”、“信用村”牌匾。<三>明确了对信用乡镇、信用村、信用户实行的优惠政策。要求各基层信用社要把支农再贷款、信用社信贷资金优先扶持信用乡镇、信用村的支柱产业发展，对信用户实行“贷款优先、利率优惠、期限放宽”政策。同时，对信用乡镇、信用村给予一定的物质奖励。

（四）坚持科学选定项目，确保创建活动实效

坚持把信用社的产业结构优化与乡镇产业优势和农户技术优势结合起来，努力做到信贷投向准、收得回、效益好。一是立足优势选项目。市联社要求全市信用社要立足当地产业优势和资源优势，着眼于产业结构的调整优化和多层次增值，重点发展农村种养等主导特色产业深加工项目，以拉长产业链条，提高抵御市场风险的能力。二是科学论证选项目。市联社积极与市农委协调，联合成立了经济信息中心，定期发布农经信息，对县乡政府进行科技信息引导。同时，负责对县、乡所报产业项目的发展前景和国内外市场进行科学预测，确保项目的可行性。三是共同把关定项目。淅川、桐柏、唐河等县政府明确提出了凡论证预选上的项目必须由县、乡政府和信用联社共同把关，使上马的项目符合国家产业政策和投资方向，符合农民的意愿，保证项目的顺利实施和资金投入的安全性和效益性。2001 年以来，全市农业新增 4800 多个短平快项目全部经过政府和信用社共同把关，其中有 726 个被否决，大大提高了项目的成功率。

（五）坚持做到“四个结合”，深化创建活动内涵

在创建“信用乡镇”活动中，坚持做到了“四个结合”。一是与农村精神文明建设相结合。积极建议各县（市、区）党委、政府把乡、村、户的信用状况作为文明乡镇、文明村、文明户的评选内容，不是信用乡、信用村、信用户的，不能被评为文明乡镇、文明村、文明户。去年末，绝大多县市都采纳了这一建议，对原有评选标准进行了补充，不仅进一步深化了农村精神文明建设的内涵，而且进一步推动了信用乡镇创建工作的开展。二是与“一联三送两促进”活动相结合。明确要求，每年每一个信贷员要向自己所联系的 100 个农户发放 50 万元的信贷资金，传递 100 条致富信息，发送 100 册（份）科技致富资料，在自己所包的村，帮助农民建立一个拥有 500 册以上书刊资料的图书室。并且对确定的联系户必须张榜公布，建立档案，设置联系户门前责任标示牌，承诺“三送”内容，接受社会监督。2001 年 12 月以来，社旗县晋庄信用社与镇政府联合举办农民技术培训班 3 期，并组织 160 多个农民到外地参观学习。先后引进巴西蘑菇、亚洲黄羊、波尔山羊、湖北旱鸭和天麻等 5 个新兴产业项目。三是与清收乡村集体不良贷款相结合。市政府在《关于印发清收盘活农村信用社不良贷款工作方案的通知》中明确提出，要用一年时间，调动纪检、监察、公、检、法、司等各部门力量，动用一切行之有效的手段，用“铁手腕、铁心肠、铁纪律”，大打清收盘活农村信用社不良贷款攻坚战。到 2001 年末，要使全市农村信用社不良贷款绝对额下降 69099 万元。按照

方案要求，对任务进行了分解，并成立了督查组，每月进行通报，有效地推动了盘活工作开展。四是与改进金融服务相结合。截至目前，全市 260 个信用社部设立了信贷专柜，农户持守信卡均可直接到柜台办理贷款业务，大大方便了群众。同时 80%的信用社积极推行了客户经理制，改变单一服务的业务员制度为综合服务，开展贷款营销，主动上门为农户特别是为信用户服务。

实践证明，创建活动的有效开展，进一步疏通了支农资金的投放渠道，提高了信贷支农的服务水平，社会信用环境得到明显改善，农业产业结构调整步伐加快。对此，《人民日报》、《河南日报》、河南电视台、《金融早报》等媒体进行了重要报道。

充分利用金融网络化管理手段促进商业银行业务发展

工商银行内蒙古自治区分行　娜日苏

21世纪是个网络时代，是充满竞争与挑战的时代，随着科学技术的发展，网络化已成为当代最具现代化的潮流。科学技术的高度发展及其在金融领域的应用，全球金融业将由具有地理概念的多中心走向无形化和无中心。面对这种情况，对于我国刚刚起步的网上银行，既是挑战，也是大力发展与完善的好机遇。特别是入世后面临外资银行的大举进入，银行业的竞争将更加激烈。因此，借助信息网络技术，为客户提供多样化的金融产品和优质服务，从而弥补其营业网点人力的不足，达到依靠自身的比较优势抢占市场的目的。时不我待，国内商业银行在内外夹击的严峻形势下，只有举时度势，扬长避短，适时调整发展战略，有所为有所不为，坚决走依靠科技进步和创新发展的道路，才能超越自我，变被动为主动。

（一）网络银行的特点

网络银行是信息时代金融电子化领域的最新创意，它凭借迅猛发展的计算机和互联网技术，摒弃了银行由营业厅前台承接业务的传统服务方式，把银行业务直接推向互联网，与传统银行相比，网络银行有如下特点：一是运作模式的虚拟性。网络银行改变了传统银行广设分支机构，客户在固定营业网点办理业务的方式，依托无边无界的互联网，建立虚拟化金融市场，将银行业务延伸到世界每一个角落，这使得银行在少增加甚至不增加网点和人员的前提下，便可迅速扩大经营规模，增加资金实力；二是服务方式的开放性。网络银行突破了时间和空间的界限，向客户提供AAA服务，网络银行业务的出现，使银行更加贴近客户；三是低成本、高效益。网络银行不必开设分支机构和建造豪华的办公大楼，所需成本只是购买必要的硬件、软件和雇用少量的职员，并且网络银行凭借互联网方便，快捷的特点，可以将交易信息迅速的传递到全球每一个角落，既降低了经营成本，又提高了资金运营效率；四是网上交易的安全性。网络银行对于银行业来说是一个新兴的领域，其客户数量远远低于传统银行，其主要原因是受安全性因素的制约，由于互联网具有开放性的特点，要真正实现网上交易，必须保证客户资料和资金的安全。为了解决这一问题，工商银行内蒙古分行采用了BtoB－企业网上银行子系统，作为网上银行的一个子系统。在金融市场竞争上起着不可替代的作用。

（二）发展网上银行业务，是改变我国商业银行传统经营管理的一次革命

我国商业银行起步较晚，至今仍没有完全改变把经营的重点放在铺摊设点和存贷业务上的粗放模式，庞大的机构和人员以及一放便乱，一收便死的种种弊端，给商业银行的发展背上了沉重的负担，这种现象虽然近几年有所好转，但要从根本上改变，需要在观念上、经营模式及业务品种上注入新鲜血液，也就是要进行一次彻底的银行革命。

网上银行正是适应这种需要而产生的，一种新型的银行体系，它具有方便、快捷，成本低等

多种优势。而它最大的特点是把虚拟银行的概念带入到我们现实生活中，使我们感到它的无所不在和无所不能。如：工行 BtoB 的网上银行是将传统的对公业务转到网上进行，企业客户通过互联网直接实现各种交易。在电子商务时代，网上银行的更大优势还在于能够运用信息技术提供自动化的互动服务，这对于稳定优质客户群，保证客户忠诚度的作用极大，作为新生事物，网上银行所展现的良好前景，使之成为众多国内商业银行的共同选择。这对新兴的商业银行无疑有着更大的紧迫性和现实意义。

与因特网发起渠道革命相对应，网上银行发起了银行革命。网上银行不同于以前银行应用的信息技术，如果以前的信息技术是在支持和运作银行业务的话，那么网上银行则是在改造银行业务。网上银行的出现，使”网络生活方式”更接近千家万户。靠传统业务支持的商业银行将面临生存的危机。一种革命性的说法已经为传统的银行业敲响了警钟，银行业务不可少，银行本身拟可无。

网上银行是一场革命，其意义就在于如果现在的商业银行忽略它，它就可能全面接管商业银行的资金媒介和支付服务职能，传统的银行就真会像比尔·盖茨所说那样”像恐龙一样灭亡”，如果银行业能够重视它，主动发展并成为网上银行，一方面摒弃简单资金中介的身价，提供更多更好的增值服务；另一方面迅速掌握新型电子支付工具的应用，在网上支付中占据重要地位。银行将会如春风化雨，占尽网上银行的优势，成为数字经济时代的赢家，重现昔日的辉煌。

（三）对网上银行发展的设想

目前，我行开办的网上银行业务还只局限于基本业务上网这一层次上，没有实现多样化，网上银行的各项功能还需进一步发展和创新，还需不断开发适应市场需求的新品种、新内容。在传统业务和信息技术的支撑下，使管理创新和技术创新相结合，创造性地把网上银行业务开辟为商业银行发展的新领域，主要有以下设想：

1. 使客户服务中心与网上银行相结合，发挥优势，强力营销。

客户服务中心是以强大的计算机软硬件及网络为依托，对外扩展业务，为客户提供无所不在的服务，对由构建一个包括业务、网络在内的大型数据机房，囊括所有业务品种，使客户服务中心能够以此为基础，利用数据库和数据挖掘技术，分析历史和现在的资料，预测将来的发展趋势，挖掘新的客户群体，把良好的各种金融产品，有针对性地传送到客户手中。

2. 网上银行与客户中心要紧密结合。共享脚本、共享网页、跟随浏览、客户应用示范、即时文件传输、网上交谈等一系列服务，使客户和银行拉的更近，让客户感受到银行是他价值的中心。同时，银行可以更多地收集市场情报和客户资料，为客户提供更丰富的服务内容。

3. 充分利用客户中心接触面广的优势，加强网上银行各项业务的营销力度。

在营销方式上，不能只消极等待客户，而要一方面广泛利用新闻媒体及宣传材料积极宣传网上银行的好处与便利，让公众从感觉上经常与我们的网上银行业务保持接触；另一方面，对于大户、重点客户，要进行专访宣传，解释，并具体指导，使他们对网上银行业务熟悉起来，尽早成为银行的网上用户。

4. 加快传统业务网上银行的移值和推广。

我国国有商业银行经过 20 年改革开放的不断磨练和近几年市场激烈竞争的摔打，不管是技术手段、操作流程还是风险防范和控制，都已经过实践考验并日趋成熟，这正是我国商业银行在入世后与外资银行进行竞争的重要法宝 。在这样的条件下，我国的网上银行业务惺须紧紧依赖于城市综合业务网络，充分发挥其现有的功能和优势，尽快把已经成熟和便于电子商务开展的功能向 Internet 延伸，直接利用 INTERNET 接入的简便性与低成本，跳过以往发达国家传统的在线金融服务阶段，使之成为提高我国商业银行竞争实力的一个重要手段。只有这样，我国的网上银行业务才会吸引更多的原有客户和潜在客户参与，才能避免由于前期的大量和超前投入在短期难以获得收益而出现停滞不前或夭折的局面。

此外，随着全球电子商务的发展，企业之间网上交易的 BTOB 模式将成为主流。因此，我国的网上银行要积极利用我国商业银行拥有庞大的企业客户群体这一优势，尽快把电子商务和网上银行引进和溶入到原有的客户业务里，从而最终提高中间业务收入。因此，目前像内蒙古自治区网上银行 BTOB 模式目前实行的“网上传输，落地记账”的业务处理方式，增加了客户的等待时间，还有一定的延迟，因此需进一步完善和改进。

5. 建立网上金融门户。

在由个体金融机构延伸出来的诸多渠道当中，网络与其他渠道存在着激烈的冲突与竞争，减缓或避免上述矛盾的途径称为渠道的套合，即从渠道冲突到渠道协同。这是网络经济推动下传统产业应有的思维。达到协同的方式可能是资本层面的并购活动，也可能是松散的外部合作，在二者之间有一种折中的方式称为网上金融门户。网上金融门户。在创新服务、研发科技平台、地理分布以及品牌等方面有强大实力，创造了一种客户服务的新模式。在金融混业经营成为趋势的背景下，这一模式是内蒙古自治区商业银行网上金融业务应采用的最可操作的高效模式。

综上所述：网上银行的发展前景十分广阔和诱人，它集中了其他科技手段的优势，特别适应内蒙古自治区商业银行网上金融业务采用。但它的发展也受到内外环境及各方面因素的制约。因此，发展网上银行要因地制宜，不能一哄而起。网上银行在自身发展的同时，也要积极参与政府上网工程，在搞好银政关系的同时，可以互通有无，共享信息，研究策略与对象。网上银行还是新生事物，需要我们大胆的创新和探索，把我们的思维发展到比网上银行更高的境界，才能全面实现金融信息管理现代化进程。

对"货币市场"运行的几点体会和见意

昌吉市农村信用联社

新疆昌吉市南临天山北坡，东距乌鲁木齐市36公里，西离石河子市115公里，北靠准葛尔盆地，312国道横贯东西，是天山北坡繁荣的经济地区。境内有乌奎高速公路、北疆铁路穿过，是欧亚大陆桥的重要组成部分，属乌鲁木齐市的卫星城市。昌吉市人口36．2万，其中农区16．2万，城区20万，耕地面积62．3万亩，主要种植经济作物有棉花、甜菜、水果、瓜类等，占总播面积的80%以上。昌吉市经济总产值27．3亿元，其中农业产值11．5亿元，工业产值15．8亿元，是全区的经济强市。辖区内较大的企业有屯河股份、特变电工、大天池公司、新欧奶业、三雄公司、西域公司、华兴公司、昌吉糖厂等。

新疆昌吉市农村信用联社有14个独立核算的信用社，34个信用分社，机构网点遍布昌吉市城乡各地。截至2001年底，我联社的各项存款207623万元，各项贷款113629万元，存贷比例为55%；不良贷款占比32%；短期流动性资产比例达102．6%；资本充足率5．9%；2000年盈利955万元，2001年盈利774万元。2002年初，我联社参加了全国农村信用社特约联行汇兑，省辖电子联行，人行昌吉州中心支行票据交换，以及昌吉州工商银行委托的代理联行业务等。开办的业务品种有银行汇票、托收承付、电汇、信汇、委托收款等。

2001年联社在上级领导的全力支持下，正式成为全国银行间同业拆借市场的成员，在中央国债公司开设了债券托管账户。我们本着保障联社风险的可控，充分运用富裕资金盘活存量，在以实现资金效益最大化的基础上，开办了债券回购与债券分销及现券买卖业务。在不到一年的时间里资金回购的笔数、债券持有量都初具规模。2001年12月底，持有债券61800万元，其中包括国债、金融债券5种，期限16个品种；债券持有结构较合理。其中现券买卖买入2个品种的债券，共3000万元，从各地经销商直接分销50笔60800万元，买出一个品种2000万元。在资金回购方面融入资金较多，其中正回购融入资金40笔共计124800万元，逆回购51笔73100万元。

目前已签订《债券回购主协议》的机构共有383家，其中商业银行100家，外资银行、证券公司、保险公司、财务公司共108家，农村信用社175家。我们和工、农、中、建四大行在内的30余家机构有业务往来，特别同常熟农村信用合作银行、昆明市联社、枣庄农信、大连商行、乌市商行等10余家兄弟单位业务往来密切频繁。我联社现卷买卖与资金回购发生额在全国金融机构中排名在132位。在交易中我联社本着诚实守信、合规经营、公平交易的原则，在资金运作高峰期，我们频繁在前台资金交易系统上发送报价。有效地保证了联社资金快速流动，并与其它成员主动沟通，保持联系。已拥有了较为固定的客户群体，为以后我们资金业务的扩大打下了基础。

1．经过一年多的运行，我们感觉到货币市场的信用度特别高，所有在网上做资金交易的成员都很注重自己的信用行为。其原因有三：第一，成员间为了能够长期进行资金交易必须按期履约；第二央行的监管职能起到了决定作用；第三货币市场和股票市场、期货市场不同，成员间进行资金交易都能够知到对手方资信情况。货币市场规范化的运作，使各金融机构能按央行的要求进行操作，在全国范围内营造了一个良好的信用环境。作为中小金融机构，我们期待的就是这种信用环境。在运作中首先考虑的是资金的安全性，其次是流动性，再次才是效益性。在此之前我们就是资金闲置也不冒险融出，在这方面我们有过痛苦的过去。为此我联社十分珍惜自己的信用形象。

2. 资金效益最大化是金融业的落脚点。新疆地处西北边陲，虽说幅员辽阔，但是人烟稀少，生产力水平还不很发达，农牧业生产季节性很强，一般为春种秋收。在春季农牧业生产投入时期，我联社的资金比较紧张，需要从货币市场融入资金，而在秋季资金回笼时期，我们又可以把闲置资金从货币市场融出，求得资金效益最大化。从参加货币市场运行的情况来看，资金交易收益已形成我联社第二大收入项目。2001 年我们分销了 1. 7 亿元的国债，又遇今年存贷款利率下调，无形中给联社增加了一部分收益。从中我们体会到参加货币市场既可以调剂资金余缺，又可以使资金效益最大化。

3. 在新疆地区，我们是第一家加入货币市场的农村信用联社，我联社的社会知名度较高。一年多来有很多地州（市）的农信社将多余资金拆借给我们进行资金交易，为我联社资金横向和纵向联合交易打下了很好的基础。以前国有商业银行对农村信用社的信用程度表示怀疑，认为农村信用社是小的金融机构信用度不好，尽可能不发生业务往来。自从加入货币市场后，国有商业银行都愿意和我们发生业务往来，把我们看成是经营中的合作伙伴。

4.1996 年农村信用社和农业银行脱钩后，资金余缺调剂曾一度混乱，形成了较大的风险。但在人民银行的监管下逐步得到控制。农村信用社的职工是勤劳的，有着吃苦耐劳、爱岗敬业的精神，为农村经济的发展做出了很大贡献，由于我们以前远离了市场，因此我们没有得到相应的回报和收益。加入资金市场使我们走出了低谷和误区。从资金交易中我们认识到货币市场具有时代气息和特征，为我们注入了新的思想、新的理念。为此我们逐步改变经营方略和市场营销策略，放弃落后的地域观念和旧的营销理念。

5. 资产多元化是金融企业规避风险和维护金融稳定的重要手段。支付能力差和业务品种单一，是制约农村信用社发展的主要原因之一。我们收益主要来自信贷投放，加入货币市场为我们实现资产多元化开辟了广阔的空间，拓宽了收益渠道。货币市场是央行根据国家金融政策对国民经济进行宏观调控的重要工具，货币市场的吞吐功能提高了我们中小金融机构防范支付风险的能力。

6. 我们认为加入货币市场是一次不可多得的机遇。首先是业务经营市场化、信息化，中小金融机构要在竞争中求得生存、发展和壮大，就必须有灵活的经营方略，而灵活的经营方略的决策来自市场的信息。其次是对中国加入 WTO 和党中央的西部大开发的战略决策，带来的挑战有一定的现实意义。加入 WTO，金融机构之间的竞争将更加激烈，外资银行的低成本经营和其先进的管理经验，是我今后的必修课题。西部大开发是繁荣和发展区域经济的重大战略决策，今后会有更多的金融机构涌向西部，必将对西部的经济、文化和传统观念带来更大的冲击。

下面是对货币市场运行的几点意见：

1. 新疆占全国总面积的六分之一，地域广阔。农村信用社网点比较分散，没有形成自上而下的行业管理体系。农村信用社现有的体制就象是有满天的星星而没有月亮，在行业内部无法形成资金余缺调剂功能。春季资金紧张、秋冬季资金闲置的矛盾显得尤为突出，造成资金和资源的浪费。而国有商业银行利用其先进的联行结算系统在本系统内对资金余缺进行调节，并由其总行代其在货币市场上进行资金交易。这一点我们农村信用社无法相比的。我们和国有商业银行进行资金交易相比存在以下问题：（1）授信额度问题。有的商业银行在和我们进行交易时，单笔交易有最底限度，而我们只能进行小额的资金交易，这就使我们在交易中存在被动性和局限性。（2）资金交易覆盖面的问题。在新疆信合系统，昌吉联社是惟一加入货币市场的成员，资金交易的辐射面不大，不能和本地区的信用社进行网上资金交易。(3) 由于时差和结算渠道不畅通的问题，我们和内地各金融机构之间不能做 T+0 的资金交易，只能和乌市商行做 T+0 资金交易(因为乌鲁木齐和我们相距不远)。解决的对策是根据市场准入规定，加大宣传力度，尽快促成西北地区的中小金融机构加入到市场中来，形成一个西北地区的资金交易圈和内地资金交易圈的有机结合。这样我们既可以和内地的金融机构做期限比较长 T+1 资金交易，又可以和西北地区的中小金融机构做额度小的 T+0 资金交易。

2. 关于票据业务。货币市场包括信用拆借、现券买卖、资金回购和票据业务。票据业务是金融服务的一个重要方面，是金融业增加收入的有效途径。票据业务对国有商业银行来说是一项传统业务，而对信用社来说是很遥远的事情。我们就是办理票据业务，也是在零星的、局部的范围内进行。股票市场、期货市场能在互联网上进行交易，我们同样认为票据业务也能在互联网上进行操作，建立以互联网为基础的票据交易中心，在央行的监管下运行。拓宽中小金融机构的融资面和业务的种类，为中小金融机构提高搞风险能力。

3. 我们处在边远地区，接触和经营的业务品种、范围是有限的，职工的业务素质相对内地来说是很低的。大的金融机构有专业水平很高的业务人员在网上作资金交易，而我们中小金融机构的交易员大多是兼职的，许多交易只能在保守的情况下进行。比如：现券买卖业务我们做得就很少，其主要原因是我们的水平有限，对市场的认识不够，信息闭塞等。

我们参加货币市场一年多来感触是很深的，同时也带来了很大收益。西部大开发战略的实施、入世后金融全球化的总趋势迫使中小金融机构必须真正走向市场化经营，加入和顺应银行业发展的潮流。农村信用社的前途是光明灿烂的，但也充满了困难，在全社会的关注下，它一定能够蓬勃发展，成为支持当地农牧业生产发展的主力军。

登攀不问高

——记农行宁德分行营业部总经理余平

张肇山

春光明媚，鸟语花香。

在一个春风拂面的下午，本人在一友人办公室里，随手翻阅着报纸，偶然间，中国农业银行“百优”支行排行榜中福建宁德分行营业部映入眼帘，随后，在同一版中还看到福建屏南支行也榜上有名。原来，这是《中国城乡金融报》今年2月6日刊登的“中国农业银行信贷资产百优支行”排行榜。福建农行获此殊荣的共有6家，其中我市就占了上述2家。此后，本人认真地翻阅了该报，发现在第三版的资产质量排行榜中，福建宁德分行营业部位列全国第38名。

为何宁德分行营业部能取得如此骄人的业绩？总经理余平身藏何种秘方？在当今，如何防患金融风险，化解金融危机？本人带着这些问题，于一个洒满阳光的下午，慕名采访了农行宁德分行营业部总经理余平。走进余总的办公室，首先看到的是一块大小适宜的镶在墙上的内方外圆的古铜币，上书八字旋读文，即：“国富兵强内安外静”；侧面墙壁上，悬挂一友人题写的“耐烦”二字隶书一幅。耐人寻味，意味深长……

余平经理，不惑年纪，谈话聊天，富有哲理。他说，放权得大权、放手得帮手、放心得人心，在生活上，做好守法+健康；在工作中，必须原则+情感；对待员工，应该严教+宽容；……寥寥数语，可见一斑。谈话间，得知他1994年至2000年3月在农行屏南支行任职，2000年3月至今在宁德分行营业部任职。也就是说，他前后任职的两家银行都是受中国农总行表彰的“百优”支行。问及余总，为何能取得如此骄人的业绩，余总微笑着，与本人聊起了诚信、廉政、家财、安内、攘外等话题。概其意，首先必须——

以行为家　行兴我荣

余总是1979年参加农行工作的。此后，他凭着一股不知疲倦的闯劲和锐意进取的拼劲，从一般干部走上了领导岗位。他在屏南支行任职期间，充分发挥自身的聪明才智，建章立制，完善经营管理。在全体员工中牢固树立“以行为家、行业我劳、行衰我耻、我与农行共荣誉”的忧患思想，将国家资产看作自家的家产来看待，来经理。先后提出“没有改革就没有出路”、“存款就是经营、存放就是效益”、“企业有困难、马上找农行”、“要效益、求质量”等经营理念，通过真抓实干屏南支行的经营效益逐年好转，1997年减亏80万元，1998年盈余20万元，1999年盈余106万元，2000年盈余136万元。信贷资产质量不断提高，1995年该行不良资产质量占比68%，到2000年不良资产下降至0.91%，名列福建省农行系统资产质量评比第一名，被列入资产质量全国50强（福建省唯一的一个县级农行），各项综合评比名利全区农行前茅。

2000年3月，他肩负着宁德分行的重托，担任宁德分行营业部总经理。当时的营业部是刚从原宁德市支行分离出来重新组建成立的，业务总量严重不足，99年末存袋总量仅为存款5128万元和7007万元，资产质量严重低下，不良资产占比高达48%，5年来连续亏损，亏损额高达800多万元。面对这样的摊子，余平走马上任后，凭着高度的责任感、使命感，把工作重点放在抓内部管理上，他先后制定了一系列从文明优质服务、劳动纪律、岗位职责到收入分配等各项管理制度，加强考核奖罚力度，定岗定责，依据各岗位的特点制定相应的奖罚措施，明确权责和工作目标，推翻“收入平台”，实行部门目标任务承包责任制、目标实现制和岗位定级相结合的方式，根据不同岗位的劳动强度和工作业绩的差异，将员工的收入分为一、二、三个等级，分部门分岗位考核，打破平均主义，加大员工收入与个人业绩挂钩的比重，合理拉开不同业绩员工的收入差距。由于制度完善，管理得力，宁德分行营业部取得显著成绩，1999年该营业部亏损65万元，2000年盈余152万元，2001年盈余614.5万元，两年来扭亏增盈679.5万元；不良资产质量1999年占比48%下降至2000年的4.48%和2001年的1.56%，两年来不良资产质量下降46.44个百分点，连续两年荣获全省农行信贷资产管理先进单位称号，2000至2001年分行营业部连续两年名列全市农行综合评比第一名。

谈起成绩，余平说，这都得益于各界朋友的帮忙与支持。他说，做人是做事的前提与基础，于是，他向本人侃起了——

诚信理念　人格魅力

香港富翁李嘉诚曾被问及他成功的秘诀，他的回答就是简单的两个字“诚信”。人无信不立！做人是做事的基础与前提。待人以诚，就是对人诚恳真挚、豁达大度。领导干部无论是在工作中还是在生活中，都要坦诚正派，对上对下都要出之以公、待之以诚，多做些与人沟通、化解分歧、增进团结的事情，绝不能高高在上、盛气凌人、以势压人，或者对下“横眉冷对”，对上阿谀奉承。对下更应该关爱与宽容，更要豁达大度、容人雅量，善于尊重人、理解人。

有人说，“人”字的一撇代表品格，一捺代表学识，高尚的品格和渊博的知识构筑有志者腾飞的双翼；“人”字的一撇一捺，又比为撇是长处，捺为短处，人应凭借这长处与短处组成的体态平衡，取长补短，站稳脚跟。人应当不断地认识自我、克制自我、超越自我、完善自我，才能堂堂正正地写好大写的“人”字，也才能忠于职守地把好“官”字两个口。

人应该依靠人格魅力来树立威望和威信，而不是靠权势立威。要坚守诺言讲信用，做到言行一致、表里如一、言必信、行必果，不说空话和大话，勇于承担责任，说了就要算数，对做不到的事情，决不能轻易许诺，开空头支票，一旦作出决定，就要一以贯之，兑现承诺，要光明磊落，一是一，二是二，不能当面一套背后一套，对做错的事，说错的话，要敢于承认，及时改正，绝不可推诿于众。

余平将这些诚信理念与人格魅力，融进实际的工作中。他在屏南任职期间，十分关爱与体贴自己的员工，为每位员工的生日订送鲜花与蛋糕；正月初一慰问上班的一线员工，每年春节都到离退休老干部、职工家里，走家串户，嘘寒问暖，并诚恳地提出，有什么困难需要帮助解决的没有，从感情上更亲近了；为解决员工的住房，他腾出大套间，搬进小套间；为解决员工的家属进城问题，他四处奔波；1999年7月的一个凌晨，他被一场异常的大雨雷声吵醒，立即拨响了每个营业所的电话，询问情况，当甘棠营业所因电讯受阻，电阻挂不通时，他马上唤醒了驾驶员驱车赶到场所，熟睡的员工被敲醒开门出来，看到被大雨淋湿的行走时，他们激动地说：“余行长，有我们在，不会出问题的”员工们的心与余行长贴得更紧了……所有这一切，都增加了屏南农行全体员工的凝凝力与向心力。他到分行营业部任职以来，将在屏南工作的好经验带到新岗位，每逢春节就给开户企业拜年，并送去花篮、春联等，祝贺企业风调雨顺、蒸蒸日上，业主们说，“财神爷”给我们拜年来了，万分感谢与激动，以此增进了银行与业主的感情，这从某种程度上也化解了金融风险。

从道德上讲，诚信是无价的；从盈利上说，诚信是最好的资本；从做人上看，诚信是人的尊严，是立身的本钱。余平靠这诚信理念与人格魅力实现了双赢的目的。他领导的企业取得了骄人的业绩，他个人的头上也戴了诸多的桂冠。1997

年至2001年，连续五年被评为宁德地区农行系统优秀行走；1998年被省分行评为“饶才富式的好干部”；2000年被评为“闽东十大杰出青年企业家”。2001年被省分行评为“1999至2000年度金融先进工作者”。

的确，在成绩与荣誉面前必要保持良好的心态和清醒的头脑，要严格自我和我约束自我完善，做到“外无愧于人，内有得于心”。凡要求别人做到的，自己首先做到，禁止别人做的自己坚决不做，做到不仁之事不为、不义之财不取、不正之风不染、不法之事不干，既要提防别人“演变”自己，更要警惕自己“演变”了自己。于是，余平的话题，转到了——

对事勤政　对外廉政

勤政，就是在其位、谋其政、尽其力。做为领导干部要有一种做不好工作就会食不甘味，寝不安席的责任感，要恪尽职守、任劳任怨地做好工作，要以满腔的热情，带头艰苦创业，吃苦在前，享受在后，要做到“先职工之忧而忧，后职工之乐而乐”。

廉政，就是要固守廉洁、两袖清风，一身正气。清正廉洁进对领导干部最起码的道德要求，也是凝聚人心，取信于民的重要基础，要经得起金钱美色的考验。要严格执行干部廉洁自律的各项规定，不折不扣地落实党风廉政建设责任制，养成自觉遵纪守法，不敢松懈的自律意识、远离腐败。

余平将对勤政与廉政的认识，化作实际的工作行动，取得了众口皆碑的社会效果。这一点从[宁地］农银稽（2000）002号稽核报告书中而得到印证。该报告书对余平是这样评价的：余平行长任职期间，带领党委班子和全体员工，认真贯彻党的金融方针、政策，积极完成上级行的各项经营指标，支持了地方经济的发展，作出一定的贡献，得到上级行和当地政府的好评。该同志97、98、99连续三年年度考评为优秀，连续三年被屏南县委、县政府评为先进工作者，98年获地区科技工作者最佳组织奖，98年被省行评为“饶才富式的好干部”，99年被提名为“闽东十大杰出青年企业家”。综合上述稽核情况，本次稽核评价认为余平同志在任职期间是个优秀的行长。

诚然，任何一项工作都离不开领导的重视，自身的努力与同事们的支持。话题至此，余平向本人谈了安内与攘外的辩证关系——

成就团队　成就个人

假如你有心，不妨观察一下雁群是如何在蓝天上飞翔和转变方向的。它们当中没有发号施令的官员，也没有一言九鼎的领袖，它们无从了解今后的天气，也无法预见征途的艰险；然而，它们的路线是正确的，它们的组织是和谐的。有科学家在风洞实验中发现，当雁群成V型飞行时，要比孤雁单飞节省70%的力气，相对地也就等于增加了70%的飞行距离。雁群的确够聪明，它们选择拥有相同目标的伙伴同行，这样可以彼此互动，更快速、更容易地到达目的地。

不可否认，这是团队的力量让雁群长途飞行，同样，在我们银行，也唯有团队的力量，才可以持续经营发展，要是内耗，那根本就难以生存，更谈不上发展了。在竞争激烈的今天，单枪匹马的神话已不复存在，想赢得机会，获取成功，就必须选择与自己目标一致的团队，互相扶持并乐于接受他人的协助。你比别人成功，源于你懂得善用集体的力量和伙伴的特长。因为无论是经验还是实践均告诉我们一个道理：只有成就团队，才能成就个人。

时间在过去与未来间延伸，历史在回顾与展望中更替，历史是过去的现实，现实是历史的延续。当今时代，是充满挑战、倍感压力的时代，同时，也是让人苦心思考、奋力拼搏的时代。余平说，回顾过去，既有创业的艰辛，也有收获的欣慰，展望未来任重道远。他希望全体员工就像步调一致的雁群一样，齐心协力、互帮互助、共同飞向那更加灿烂美好的明天！

2002年5月

关于化解基层国有商业银行不良资产的思考

——中国人民银行准格尔旗支行　张来树

目前,不良贷款的存在已成为制约商业银行生存发展乃至金融安全的严重障碍,引起了商业银行的高度重视,并把降低不良贷款作为了中央银行监管和商业银行经营管理的主要任务。笔者认为化解盘活不良贷款应全面分析形成原因,结合本机构、本地区实际,寻求切实可行的解决途径,积极采取强有力的措施,最大限度地盘活存量,化解信贷风险,提高信贷资产质量。

(一)基层国有商业银行不良信贷资产形成原因

1. 受一些政策性因素和历史原因影响,部分贷款沉淀为不良资产。

国家实行经济体制改革以前,银行对企业的固定资产贷款一般为"拨改贷",流动资金贷款实行周转使用余额控制,这期间,银行贷款受行政干预的色彩比较严重,被贷款企业长期占用,直至企业实行改制,由于这些贷款责任不清,债权很难从实质上得到落实,拖欠时间越长,越不被重视,大部分形成不良贷款。

2. 企业借转制之机逃废银行债务,形成不良贷款

企业转制进行过多次,形式不断变化,有许多企业在改制中由于资金短缺,市场竞争能力弱,或停产或自然解体。同时,在企业转制过程中,由于受企业转制制度不健全,基层可操作性差等原因影响,加之受地方保护主义思想,法制约束不严等因素影响,金融部门在维护债权时行动明显被动滞后,比如企业在实现民营过程中,企业往往将变现能力强的资产留给企业,将冷备呆滞的资产抵给银行,这种现象体现在商业企业尤为突出,致使银行不良贷款大幅度增加。

3. 企业经营管理不善使银行信贷资产质量下降。

当前银行信贷资产质量低下最主要的原因是企业经营管理不善所致。一是企业缺乏科学有效的管理机制,在人、财、物上没有达到最佳搭配。二是企业在经济核算上增产节约观念不强,降低产业成本核算,提高生产技术水平和产品竞争能力的工作不到位。三是对项目贷款不能按生产项目的可行性研究实施方案使用,导致项目不能按期投产或达不到设计生产能力,最终不能按还款计划归还到期贷款,形成不良贷款。四是企业经营管理不善导致资金紧张,流动资金不足长期占用银行贷款,一些市场前景较好的企业为提高生产能力增加盈利,向银行贷款进行技改扩建,贷款后生产能力虽有所提高,但生产成本却居高不下,亏损随着产量的增加而增大,无力归还到期贷款。

4. 银行信贷监督管理不力,造成不良贷款增加

从近年基层国有商业银行贷款占用形态来看,包括剥离的不良贷款在内,不良贷款上升的幅度很大,一方面说明经济效益低和社会信用观念淡薄的问题自然没有得到很好的改善;另一方面说明银行经营管理存在着许多问题,一是贷款投向受地方经济发展决策所存在的依赖程度过大,独立性较差,缺乏自生性和主动性,对贷款项目缺少充分的考究和调研;二是银行在贷前缺乏科学的调查依据,贷前调查易流于形式;三是贷款管理

没有跟上，没有深入企业监督其使用是否符合规定投向，由于贷款“三查”制度落实不彻底，导致决策失误，疏于管理，投入贷款形成不良资产。

（二）化解盘活不良贷款中存在的问题

1．部分不良贷款清收责任落实困难。

清收不良贷款化解不良资产重在责任落实，过去商业银行内控制度不健全是造成不良贷款占比高的主要原因，有许多贷款是依照行政命令发放或集体研究发放的，这部分贷款责任划分没有依据和标准，很难从实质上落实贷款责任，尤其是1996年《贷款通则》颁布实施以前发放的贷款，贷款责任的认定缺乏依据，另外商业银行贷款审批人和放款人员交流调动也给不良贷款责任清收带来一定的难度。

2．贷款抵押担保失效使不良贷款清收失去了应有的保障。

在对商业银行不良贷款的检查中发现，有许多不良贷款在发放时有抵押或担保属于合规贷款，但随着时间的推移，情况发生了变化，到现在抵押物品已折旧殆尽，有的担保单位自身经营状况很差，已失去担保能力，也有的贷款户为拖欠银行贷款而转移资产，由于这些现象的存在给不良贷款的清收设置了障碍。

3．银行缺乏良好的外部经营环境。

金融机构不良贷款占比高是当地部分经济领域经济效益低，社会公众金融意识和社会信用观念淡薄的集中体现，受这种氛围的影响，执法部门在贷款诉讼案件上执法力度小、执法效果差，银行维护债权工作被动，目前处于信贷低效阶段。

（三）解决问题的对策

清收国有商业银行不良信贷资产，提高信贷资产质量是一项艰巨的工作任务，需人民银行加大监管力度，商业银行强化内控，社会公众监督并普遍关心，政府大力支持几方面相互配合，相互作用下方可取得成效。

1．进一步加强金融监管，对不良贷款进行重点监控。

（1）成立地方性创建金融安全区领导组织，在其统一领导下，有安排、有步骤、定措施，银政协手共同开展清收不良贷款活动。（2）人民银行加强金融监管组织领导，建立健全金融监管责任制度，把不良贷款作为重点监管目标，全面落实监管责任，做到监管责任到位，工作到位，并对监管实施效果进行再监管。（3）建立不良贷款风险指标监测及预警系统，对不良贷款变化情况进行跟踪监管，发现问题及时提出书面警告或提示，并提出处理意见或措施。（4）加强金融债权管理工作，通过执行金融债权管理联度会议制度，定期公布逃废债企业名单等制度，集中解决清收不良贷款，维护金融债权中存在的问题，采取积极有效措施，制止打击企业逃废债行为，对逃废债企业在开户，贷款方面给予联合制裁，整顿和规范金融秩序。（5）加强对商业银行的现场和非现场监管，摸清不良贷款底数，对其详细资料归类整理建档，作为对不良贷款监管考核依据。

2．深入调查研究，全面清理核实不良信贷资产，明确工作重点和目标，落实清收责任，这是清收不良贷款保全信贷资产的重中之重，亟待做好以下工作是：

（1）针对商业银行不良贷款占比大的现状，商业银行要成立专门的不良资产管理组织机构，全面负责不良资产管理和清收工作。（2）对贷款企业资产进行实地清查核实，摸清企业家底，做到心中有数，贷款清收措施落实有方。（3）商业银行结合实际，研究制定活化不良贷款，降低贷款风险的方案措施，量化降低不良贷款指标，明确工作任务，确定提高信贷资产质量的具体奋斗目标，同时要积极制定清收不良贷款责任制和落实措施，把清收任务落实到人。

3．对不良贷款依据产生的原因进行科学合理分类，采取相应的措施进行盘活。

（1）对政策性因素造成的贷款风险，应充分按照国家经济政策和信贷政策进行清理，最大限度地活化信贷资金，把信贷风险压到最低点，盘活资金和个人工作责任目标挂钩,实行岗位清收。(2)对行政干预形成的不良贷款,要充分依靠政府的力量,在政府的支持下,以岗位清收为基础,寻找落实银行债权的最佳方案。(3)对企业经营不善形成的不良贷款,银行要深入贷款户调查研究,搞清企业的经营状况,集中精力下大力气进行盘活。(4)对银行决策失误造成的不良贷款银行要全面负责,明确认定落实责任人,研究出优化方案进行责任清收。

4. 规范银行信贷监督与管理,有效落实银行内控制度,对不良贷款实行严格的风险管理。

(1)统一思想,端正态度,全员职工必须认识到提高信贷资产质量是提高商业银行生存发展的前提,并把这种思想贯彻于整个经营过程中。(2)在建立风险管理组织的基础上,充分调查考证,科学测算不良贷款的风险度,实行不良贷款的风险管理,对不良贷款下降指标的考核实行工效挂钩。(3)对借款手续不完备的贷款按《贷款通则》、《担保法》规定补充完善,尤其要完善抵押担保手续,建议信贷管理台帐和贷款人经济档案,使大部分不合规贷款转化为合规贷款,提高防范,控制和转化风险的能力。(4)对生存有望的企业银行应深入参与其经营管理和市场营销活动,督促企业加强财务管理,针对企业经营中存在问题及时提出整改意见,在信息咨询,结算等方面提供服务,帮扶搞活企业,活化信贷资产,改善银企关系。(5)完善金融风险补偿机制,提足呆帐准备金,增强不良资产消化功能,将确实收回无望的呈帐尽快核销,减轻经营负担。

5. 加大依法清收贷款力度,切实保障金融债权依法受偿。

(1)商业银行建立依法管理贷款制度,在公、检、法等有关部门共同配合下加大依法清收不良贷款力度,对造成贷款损失的贷款清收和不良贷款清收中的责任追究制度,严格按照有关法律对逾期贷款责任人要依法追究法律责任;对于逃废银行债务的单位和个人,银行要依法提起诉讼,重新落实债权债务关系和追究有关人员责任。(2)依据《贷款通则》及有关信贷管理制度建立逾期贷款责任人进行追究,提高执法效力,防止不良贷款超过诉讼时效而推动法律保障。

6. 按照国家政策法规,做好不良贷款剥离后的信贷管理工作。

(1)按照国家政策界限和特定标准,应用即定的操作手段,实事求是地认真做好不良贷款的剥离工作,谨防剥离失真。(2)基层商业银行仍负责代理资产管理公司管理已剥离的不良资产,由于这部分债权所涉及的贷款企业和银行经营有着密切的依存关系,银行必须对这部分不良贷款分别采取行之有效的办法,尽可能收回。(3)不良资产的剥离为商业银行减轻了一些包袱,但资产质量和信贷结构没有彻底改善,还不能从根本上解决问题,银行进一步加强信贷管理,力争实现贷款“三性”,最终实现银行信贷资产质量提高和地方经济发展良性循环。

7. 加大宣传力度,优化社会信用环境。

银行应利用多方面途径积极开展大规模宣传教育活动,让全社会都认识社会信用的重要性,强化维护信用得道,破坏信用失道的观念,从而使遵守信用者受到社会的尊重其经营活动可得到支持与协作,不遵守信用者要受到排斥,其经营活动受到限制,促使全社会增强信用观念和法制观念,严格遵守信用。

8. 加强银政关系,提高社会各界的金融意识,创金融安全区。

银行不良贷款形成原因是多方面的,清收不良贷款是一项牵涉面广,操作难度大的工作,银行仅靠自身力量难以收到预期效果,地方政府具权威和影响,政策措施实施效应明显,比较容易协调银企及相关关系,兼顾各方面的利益,银行要搞好政策宣传,紧紧依靠当地党政部门的支持,银政联手清收不良贷款。同时,政府应把当地金融部门不良贷款清收及创建金融安全区工作列入上一级政府部门对下一级政府部门政绩考核之中,成立专门清收不良贷款领导组织,制定行之有效措施,为信贷资金的安全运行共同创造一个良好的金融环境。

深圳市蛇口龙电保安设备厂

SHENZHEN SHEKOU LONGDIAN SAFETY EQUIPMENT FACTORY

豪华重型金库门

JKM（C）金库门

双库单开微型金库（LFG82 竖式）

深圳市蛇口龙电保安设备厂是中国安全防范产品行业协会常务理事单位。是安防行业最早获得ISO9001国际认证的专业生产厂家。该厂创立于1991年，专业从事公共安全防范系列产品的研究、开发、生产、安装、销售和服务。

该厂产品分为金库设备系列、保险柜系列和防盗安全门系列三大类。目前，主要产品有：金库门、银行租借保管箱、组合式移动金库、微型金库、回单柜、简易改装运钞车车箱、特种保险柜、防盗保险柜（箱）、防盗安全门、各种特种门、直列式档案密集架等。并根据客户实际需要生产电动平移式金库门、双开式金库门、内开式金库门。该厂产品广泛用于银行、房地产、文物库、档案室、珠宝库等机要部门和国家重点建设项目中。部分产品成为公安部和银行系统的指定产品。

该厂主要产品均经国家公安部质量检测中心检测合格，金库门经英国威灵顿远东防火检测中心（WFR）防火检测合格。金库保险设备被国家经贸委评为1996年度国家级新产品。金库门、保管箱分别获1994-1995年深圳市科学进步奖。其中七项成果被授予国家专利。金库门的行业标准是由该厂编制的，保管箱的行业标准经公安部标委会指定由该厂正在编制之中。

该厂将以一流的产品，一流的服务，竭诚为客户提供专业服务。

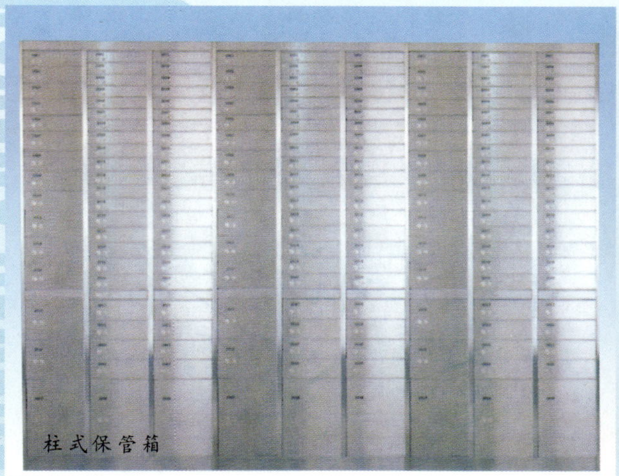

柱式保管箱

保管箱系列

地址：深圳蛇口工业大道北龙电工业小区　邮编：518067　http://www.longdian.com

电话：0755-6687489 6672703 6672707　传真：0755-6687575　E-mail:szldbasb@public.szptt.net.cn

【工厂宗旨】以优质产品参与竞争，以一流服务取信用户。

国营常熟电讯器材厂（常熟市金雀银行器具厂）始建于1958年，是原航空工业部定点生产企业，现为江苏东方机电集团（白雪电器集团）成员。具有自主开发、生产机电产品一体化的综合能力。现有职工600多人，工厂占地31000平方米，厂房面积28000平方米。

工厂自1998年开始与上海银行学校（上海金融专科学校）共同研制开发银行机具，至今已先后推出了DC系列点钞机，DCJ系列检伪点钞机、WJD系列多功能智能型检伪点钞机以及YYC系列捆钞机等机具。产品销往江苏、河南、陕西等20多个省、市、自治区，经用户使用证实，产品质量稳定，在市场上有良好的信誉和知名度。

工厂技术力量雄厚，设计开发能力强，加工检测手段齐备，质量保证体系完善（工厂已通过ISO9001国际质量保证体系认证，并制订了全面的企业管理标准体系）。

为适应第五套人民币流通防伪的需要，工厂积极推出了WJD310、WJD311、WJD380、WJD381系列多功能智能型检伪点钞机。具有以下几个突出的特点：

一、计数准确率达100%；
二、防伪辨假能力强；
三、操作简单直观；
四、高性能、低价位，性价比高，是目前国内市场上最具竞争力的机种之一。

国营常熟电讯器材厂

（常熟市金雀银行器具厂）

DCJ－4A
DCJ－5A
DCJ－5B

DC－3

YYC-2型
液压式压钞机

WJD 380
381

WJD 310
311

厂址：江苏省常熟市花园浜路149号
邮编：215500
电话：0520－2772561
传真：0520－2799952

※
常州市中银贸易公司
※

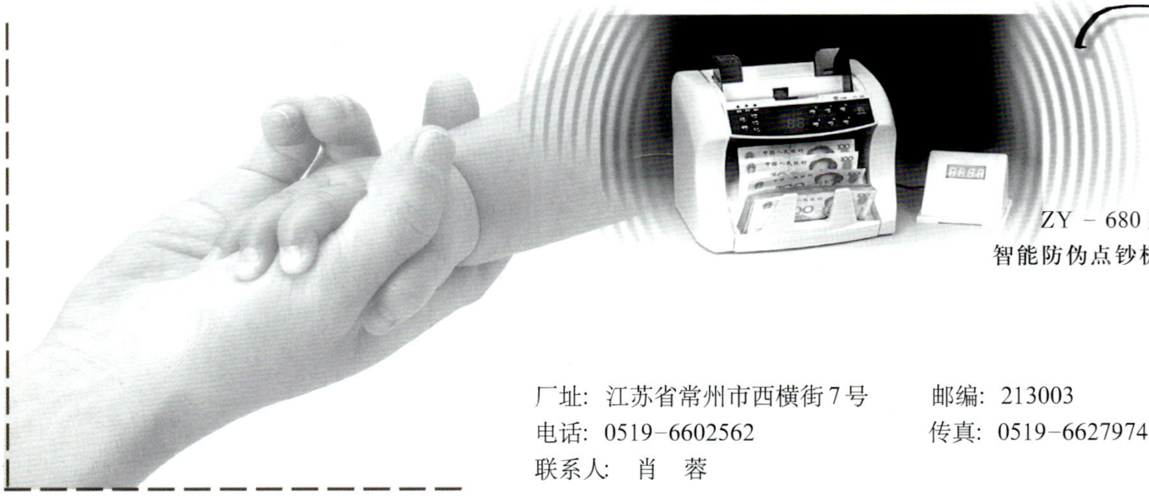

信诚（天津）电子科技实业有限公司

GWE GOLDEN WOREDS (TIANJIN)ELECTRONICS CO.,LTD

信诚（天津）电子科技实业有限公司成立于1993年，系中美合资高科技电子企业。该公司主要从事社会公共安全防范电子工程设计、施工及安全防范电子产品的开发、生产及营销，并在上述领域取得公安主管部门颁发的资质证书及生产准许证。

该公司开发的FGX型防盗防抢劫专用运钞箱荣获第七届中国专利新技术新产品博览会特别金奖。该产品由平安保险公司承担产品综合责任险，中国农业银行总行已将其列为指定产品，公安部二局、五局也向全国二十多个省市推荐金融系统运钞使用。该公司开发的银行营业厅互锁联动门为全不锈钢全防弹装备，是能有效地防止歹徒尾随进入营业区内部进行犯罪活动的安全门。该产品采用微电脑控制，可根据客户需要进行设计以满足客户的不同要求。该公司还生产保险柜防盗系统、监狱高压电网系统及多种安全防范电子产品，以满足各类客户的需求。

在自行研制、生产的同时，该公司还代理北京庄辰科技发展有限责任公司的ATM自动取款机防护门新产品。

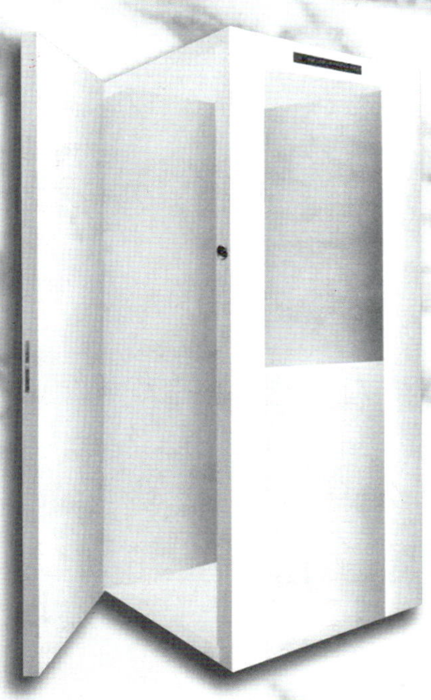

HSM 型互锁联动门

- 采用先进的单片微型计算机和TM卡识别技术，实现二扇门的开启和互锁。
- TM卡钥匙，用户可根据需要设置不同的数量，如遇丢失，可重新设置密码。
- 如遇停电，用户可使用机械锁开门。
- 外表面及门斗内表面全不锈钢装置，并具有全防弹功能。

FGX 型防盗防抢劫专用运钞箱

- 取得公安主管部门颁发的资格证书及生产准许证。
- 第七届中国专利新技术新产品博览会特别金奖（专利号 96 2 09530.3)。
- 公安部指定产品。
- 平安保险公司承担产品质量综合责任险。
- 随身携带的遥控发射器控制距离达100米以上，保证运钞人员的安全。
- 设计独特的电击方式及足够大的能量——确保制服歹徒终止犯罪。4－6秒的报警警告时间后产生高压——防止误击无辜者。
- 箱体由高强度工程塑料及铝合金框架组成。
- 高压电击设有短路保护——22 箱体具有较强的防破坏性。

地址：天津市河西区友谊路西园道1号
邮编：300061
电话：022-28356546
传真：022-28356491

大连市信用卡网络有限公司

大连市信用卡网络有限公司是于1994年9月，由人民银行大连市中心支行牵头，大连市各发卡银行出资成立的。是大连市金卡工程的具体实施单位。

其主要业务范围包括：建立、管理和维护大连市银行卡ATM/POS网络系统，为各成员银行提供跨行ATM、POS清算、授权、信息转接等服务，实现各种银行卡通用；根据人民银行的相关规章制度，协助健全和完善银行卡业务管理体制和经营机制；办理成员银行委托的其它增值服务等。

经过几年不懈的努力，大连的银行卡业务联合取得了突破性进展。至2001年11月底，共有工行、农行、中行、建行、交行、广发行、招商行、中信、华夏、民生、光大、深发展、大连市商业银行、邮政储汇局等14家成员单位加入银行卡网络系统。全市共发行各种银行卡429万张，联网ATM465台，直联商户1029家，直联POS2273台。几年来，各成员单位还利用自身优势，依托于银行卡网络系统，拓展各种银行卡服务功能，相继推出了IP电话、手机银行、网上银行、自动缴费、代收代付、持卡保险、持卡订房等众多富有特色的个性化服务，深受持卡人欢迎。

董事长：李林

机房场景

办公区场景

地址：大连市西岗区新开路99号（珠江国际大厦6层）
邮编：116011
电话：0411－3779099，3676765
传真：0411－3779100
http://www.dlgc.com.cn
E-mail:dccn@mail.dlptt.ln.cn

江苏银行卡网络服务中心

江苏银行卡网络自1995年初开始启动建设，作为国家金卡工程试点地区之一，目前覆盖全省13个地区的主干网已全面建成，工、农、中、建、交、邮储、中信、浦发、招商、华夏、广发、深发、光大、民生、福建兴业以及部分城市商业银行100家发卡金融机构加入网络，全省金融机构入网率达到98%，3700台ATM机开通了异地、跨行取款、查询业务。同时，在南京、镇江等地，通过建立专业化队伍，实现了银行卡特约商户市场的集约化经营，规范了市场行为，合理了资源配置，改善了受理环境，实现了不同发卡银行在POS业务上的联合经营，清理整顿了一大批POS重复摆放商户，入网商户范围遍及大型百货商场、超市、餐饮、娱乐、宾馆、家电、珠宝、建材、美容休闲以及专业性医院、房地产销售等各行各业，两地联网商户近700多家，POS机1700台，并在镇江地区成功地实现了POS机异地直联网络中心的联网模式。随着银行卡联网联合工作的进一步深入开展，随着各发卡银行银行卡功能的不断创新，银行卡应用领域的不断扩大，江苏银行卡网络将进一步开拓新的服务领域，不断提高服务水平、服务手段与服务意识，为创造江苏地区良好的用卡环境，为江苏地区各发卡银行、各行各业能提供更好的银行卡受理服务发挥更大的作用。

江苏银行卡网络服务中心会员大会

联网ATM遍布全省

联网特级商户——南京东方商城

地址：南京市中山东路3号
邮编：210005
电话：025-4786905
传真：025-4786909

imation

美国怡敏信优质产品

怡敏信1/2寸盒式磁带
荣获ISO-9002证书

1/2 寸盒式磁带

怡敏信公司将物料涂布及化学方面的研究与IBM在硬件和测试技术相结合，于80年代发明了1/2寸盒式磁带，在磁带质量、耐用性和创新等方面奠定今天同类产品的工业标准。产品家族包括：开盘带，DLT磁带，3480，3490E，3590，3590E，SD-3，9840以及LTO磁带等。拥有近50年磁带开发及生产经验的怡敏信公司，将许多特有的先进技术引入1/2寸盒式磁带

- 背面涂层与金属粒子涂布技术使磁带的可靠性及耐用性大大增强
- FlashGard™焊接技术，防止磁带盒焊接时产生微屑，影响磁带性能
- 伺服读写技术，确保磁道与磁头之间能精确定位，保证读写的准确性
- 先进注塑模具技术，不断提升磁带盒设计与生产工艺

3480 磁带
Ulltrium

3490E 磁带
9490E 磁带

3590 磁带
3590E 磁带

LTO

9840 磁带

SD-3 磁带

DLT 磁带

产品	3480	3490E	3590	3590E	9490E	9840	SD-3	LTO Ultrium
容量	210MB	810MB	10GB	20-40GB	1.6GB/3.2GB	20GB/80GB 25GB/75GB 50GB/150GB	10GB/30GB	100GB/200GB
	1/2寸盒式清洁带	9840磁带清洁带	SD-3磁带清洁带产品					

10100100

特约经销商
广州海油数据科技有限公司
电话 020-87769983 87761090 87624534
传真 020-87761090
电子邮件：tekway@21cn.cm